TAXNET
세무/회계 전문 재경비즈니스 포털 서비스

2025 비상장 주식평가 실무

개정 12판

김완일 · 김재은 공저

비상장주식 가치평가의 기본원리와
세무상 처리방법을
사례중심으로 해설한 실무서!

조세통람

머리말

실무, 강의, 연구를 통하여 수집한 사례와 관련 예규 및 판례 총망라!

필자는 개업 세무사로서 경험과 대학에서 강의, 학회에서 연구를 통하여 비상장주식의 평가는 매우 난해하고 그 평가액은 실제의 가치를 반영하지 못할 수 있다는 것을 알게 되었고, 그 평가액도 기업의 특성별로 차이가 많아 공평과세를 위해서는 평가 방법의 개선이 필요하다는 연구 결과를 얻게 되었다. 그뿐만 아니라 국세청 연구용역보고서인 「기업가치의 평가와 세무처리에 관한 연구」에 공동연구자로 참여하여 비상장주식 평가심의위원회가 설치되는 등 비상장주식의 가치평가 방식에 새로운 전기를 마련하기도 하였다.

국세청 연구용역인 「비상장주식 평가심의위원회 활성화에 관한 연구」와 국세청 비상장주식평가심의위원회의 위원으로 참여하여 유사상장법인 주가 비교평가법의 적용 범위 확대와 개선을 하였고, 기획재정부 연구용역인 「상속 · 증여세 재산평가제도 개선방안 연구」의 책임연구자로 참여하여 비상장주식 등의 평가제도를 개선할 수 있었다.

그동안 비상장주식평가에 대한 연구와 실무를 바탕으로 2004년에 「주식가치의 평가와 세무」라는 제목으로 개정 3판을 내는 동안 주식평가전문가나 국세공무원, 기업체의 실무자에게 많은 호응을 얻기도 하였다. 비상장주식의 평가액은 증여세완전포괄주의과세제도가 도입된 이후 자본거래에 대한 과세권 강화에 따른 과세기준이 되었고, 과세당국과 납세자 사이 분쟁의 한가운데에 놓이게 됨에 따라 최근 비상장주식의 평가가 세정가의 화두로 떠오르고 있는 것과 무관하지 않다.

이렇듯 납세환경의 변화에 따라 2010년 개정판부터는 「비상장주식평가실무」라는 제목으로 개명하면서 비상장주식평가에 충실하고, 자본거래에 대한 포괄주의 과세에 대비하기 위하여 노력하였으며, 2022년부터는 대학원에서 재산평가에 관해 집중적으로 연구한 김재은 세무사와 함께 집필하여 다음과 같은 내용에 초점을 맞추어 새롭게 출간하였다.

판례의 경향과 과세당국의 입법적 대응을 철저히 분석!!

첫째, 비상장주식을 평가할 때 「상속세 및 증여세법」에서 규정한 보충적 평가방법은 1개 조문의 법률과 시행령 등으로 구성되어 있어 실무적으로 해석상 어려움이 많이 있다. 이러한 점을 고려하여 실무, 강의, 연구를 통하여 수집한 사례와 관련 예규, 판례 등을 통해 공정한 평가를 할 수 있도록 보완하였다.

둘째, 비상장주식 평가의 기준이 되는 「상속세 및 증여세법」에서 규정한 공식은 시가와 괴리된다는 주장이 끊임없이 제기되어 왔다. 이러한 점을 개선하기 위해 주식평가와 관련한 이론과 평가모형을 활용하여 새로 도입된 평가심의위원회의 심의를 통해 비상장주식의 가치를 공정하게 평가할 수 있도록 지원하고 있어 이를 활용할 수 있도록 사례를 통해 적용이 가능하도록 지원하였다.

셋째, 비상장주식을 평가할 때 계산하는 순자산가액의 계산에서 개별 재산에 대한 감정가액의 적용과 판례, 이월채무의 적용, 장부가액의 의미, 유보금액 가감 원리, 자기주식 및 상호출자주식이 있는 법인의 주식, 국외 소재하는 법인의 주식 등에 대한 계산사례, 순손익가치의 계산과 관련한 분쟁 사례와 최신의 법원의 판례 등을 반영함으로써 평가의 기준을 제공하였다.

넷째, 비상장주식평가가 불합리한 경우에는 평가심의위원회의 심의를 통해 현금흐름할인법, 배당평균할인법 등으로 평가할 수 있도록 하고 있다. 이에 실무에서 많이 활용하고 있는 현금흐름할인법, 유사상장법인 주가 비교평가방법 등의 사례를 소개하여 실무에 적용할 수 있도록 하였다.

다섯째, 2004년부터 증여세완전포괄주의과세제도가 시행된 이후에 평가와 관련하여 축적된 판례의 경향 분석과 과세당국의 입법적 대응 등을 분석하고, 불합리한 부분이나 난해한 부분에 대해서는 각종 쟁점 사례별 "논점"을 정리하여 실무에 쉽게 적용할 수 있도록 하고, 불합리한 부분에 대해서는 개선방안을 제시하였다.

머리말

여섯째, 이 책은 주식평가를 기본으로 하면서 주식이동 유형별 평가액의 적용과 주식의 취득단계와 양도단계에서 발생하는 세무, 주식이동을 컨설팅 소재로 활용하는 경향에 따라 회사가 주식을 취득하고, 주식을 감자 · 소각하는 과정에서 발생하는 절차, 회계처리 방법 등에 대해 정리하여 주식이동 단계별 의사결정을 명확히 할 수 있도록 하였다.

일곱째, 납세자가 비상장주식을 평가하여 신고한 이후에 과세당국이 해당 법인에 대해 세무조사를 해서 소득금액이 정해짐에 따라 해당 비상장주식의 가치를 재평가해야 하는 문제가 발생하며, 이에 따라 주식평가에 반영할 요소에 대해서도 정리하였다.

여덟째, 주식이동 등의 자본거래 컨설팅을 진행할 때 기준이 되는 비상장주식의 평가와 관련하여 과세당국과 다양한 쟁점사례를 소개하여 발생 가능한 분쟁을 사전에 대비할 수 있도록 하였다.

이상과 같이 본서는 국세공무원, 세무사, 공인회계사, 기업의 주식담당자들이 비상장주식을 평가할 때 유용하게 활용할 수 있도록 최선을 다하였으나 아직도 부족한 점이 많을 것으로 생각된다. 독자여러분의 아낌없는 충고를 바라며, 이 책이 비상장주식을 공정하게 평가하는 데 도움이 되기를 기대한다.

끝으로 이 개정판을 출간하는 데 주식가치 평가이론과 평가모형에 대하여 지도해주신 한양대학교 이우택 교수님, 경기대학교 이병철 교수님께 깊은 감사의 말씀을 드린다. 또한, 실무상 애로사항이나 해석상의 문제점 및 개선방안에 대하여 제안해준 국세공무원, 동료세무사 그리고 세무법인 가나 부설 주식평가연구원의 연구원들에게 감사의 말씀을 드린다. 아울러 본서를 출간하여 주신 조세통람의 서원진 회장님과 직원여러분께 감사의 말씀을 드린다.

2025년 3월

저자 **김 완 일 · 김 재 은**

일러두기

약어표시예

① 관련 법, 영, 규칙 등의 표시

상증법 : 상속세 및 증여세법
상증령 : 상속세 및 증여세법 시행령
상증칙 : 상속세 및 증여세법 시행규칙
상증통 : 상속세 및 증여세법 기본통칙
상증규정 : 상속세 및 증여세법 사무처리규정

※ 기타 세법의 경우에도 당해 법의 두문자를 '법' '영' '칙' '통' 앞에 표시한다.

소 법 : 소득세법
소 령 : 소득세법 시행령
소 칙 : 소득세법 시행규칙
법 령 : 법인세법 시행령
기 법 : 국세기본법
부 령 : 부가가치세법 시행령
준 칙 : 상속재산평가준칙
훈 령 : 재산평가심의위원회 운영 규정

② 기타법률은 법률명 전체를 기재. 상법, 민법, 증권거래법 등

③ 예규 · 심판례 등의 표시

국 심 : 국세심판원의 심판결정례
재경부 재산 : 재정경제부 재산세제과
재경원 재산 : 재정경제원 재산세제과
재산상속 : 1999년 9월 조직개편 이후 재산세과에서 예규 생산
재 삼 : 국세청 재산세 3과
재 산 : 국세청 재산세과(재산세제국 신설 이전 예규)
법 인 : 국세청 법인세과
서 일 : 서면인터넷방문상담1팀
서 이 : 서면인터넷방문상담2팀

일련번호

본문은 Part 1, Chapter 1, 1., 1.1, 1.1.1 순으로 구분하였다.

목 차

Part 1 유가증권의 일반론

Chapter 01 주 식 · 40

1 의 의 · 40

2 주식의 종류 · 40

2.1 보통주 · 우선주 · 후배주 / 41
2.1.1 보통주 / 41
2.1.2 우선주 / 41
2.1.3 후배주 / 41
2.2 액면주식 · 무액면주식 / 42
2.2.1 액면주식 / 42
2.2.2 무액면주식 / 42
2.3 기명식주식 · 무기명식주식 / 43

3 주 주 · 43

3.1 의 의 / 43
3.2 주주평등의 원칙 / 44
3.3 주주의 권리와 책임 / 44
3.3.1 주주의 권리 / 44
3.3.2 책 임 / 45

4 주식회사의 설립과 주식의 발행 · 45

4.1 주식회사의 설립 / 45
4.2 수권자본제도 / 45
4.3 신주의 발행 / 46

5 자본의 증가와 감소 · 46

5.1 자본의 증가 / 46
5.1.1 유상증자 / 46
5.1.2 무상증자 / 49
5.1.3 기타의 증자 / 50
5.1.4 출자액과 발행가액의 차액에 대한 회계처리 / 51

5.2 자본의 감소 / 52
5.2.1 의 의 / 52
5.2.2 자본감소의 방법 / 52
5.2.3 자기주식 / 54

Chapter 02 기타 유가증권 · 58

1 의 의 · 58

2 신주인수권 · 58
2.1 의 의 / 58
2.2 신주인수권증서의 발행 / 59
2.3 신주인수권증서의 양도 / 59

3 전환사채 · 60
3.1 의 의 / 60
3.2 전환사채의 발행 / 60

4 신주인수권부사채 · 61
4.1 의 의 / 61
4.2 발행형태 / 61
4.3 신주인수권부사채의 발행 / 62
4.4 신주인수권부사채의 양도 / 62

5 주식매수선택권 · 62
5.1 의 의 / 62
5.2 주식매수선택권자 / 63
5.3 주식매수선택권의 부여 / 63

Chapter 03 주식시장 · 65

1 개 요 · 65

2 유가증권시장 · 66
2.1 의 의 / 66
2.2 유가증권시장의 기능 / 66

3 코스닥시장 • 67

3.1 의 의 / 67
3.2 특 징 / 67

4 코넥스시장 • 68

4.1 의 의 / 68
4.2 특 징 / 68

5 프리보드(구 제3시장) • 69

5.1 의 의 / 69
5.2 기 능 / 69
5.3 지정요건 / 70

6 장외시장 • 70

6.1 의 의 / 70
6.2 특 징 / 71
6.3 K-OTC시장 / 71

Part 2 주식평가 기초이론

Chapter 01 주식평가의 개관 • 74

1 기업가치와 주식가치 • 74

2 자본비용의 측정 • 75

2.1 의 의 / 75
2.2 현재가치 / 76
2.3 미래가치 / 77

Chapter 02 현금흐름 평가모형 • 78

1 배당할인모형(DDM) • 78

1.1 의 의 / 78

1.2 배당할인모형(DDM)에 의한 평가 / 78

2 현금흐름할인(DCF)모형 · 81

2.1 의 의 / 81

2.2 잉여현금흐름모형에 의한 주가의 측정 / 82

2.2.1 현금흐름의 측정 / 82

2.2.2 주식가치의 측정 / 83

Chapter 03 초과이익모형 · 87

1 의 의 · 87

2 초과이익에 의한 주식가치 · 88

2.1 초과이익의 측정 / 88

2.2 초과이익모형에 의한 평가 / 88

Chapter 04 경제적 부가가치모형 · 90

1 의 의 · 90

2 EVA모형에 의한 평가 · 90

Chapter 05 주가배수모형 · 93

1 의 의 · 93

2 주가수익비율(PER)모형 · 93

2.1 주가수익비율(PER)의 개념 / 93

2.2 주가수익비율(PER)에 의한 평가 / 94

3 주당순자산비율(PBR)모형 · 95

3.1 주당순자산비율(PBR)의 개념 / 95

3.2 주당순자산비율(PBR)에 의한 평가 / 95

Chapter 06 인공신경망모형 · 97

1 의 의 · 97

2 특 성 · 98

3 인공신경망을 이용한 주가 추정의 사례 · 100

Chapter 07 공모주식 발행가격 · 103

1 개 념 · 103

2 공모주식 발행가격에 의한 평가 · 103

2.1 본질가치 / 103

2.1.1 자산가치 / 104

2.1.2 수익가치 / 104

2.2 상대가치 / 105

Part 3 비상장주식의 평가

Chapter 01 재산평가의 일반원칙 · 108

1 평가원칙 · 108

1.1 개 요 / 108

1.2 시가의 적용순서 / 109

1.2.1 평가기간 이내의 사례가액 / 109

1.2.2 유사사례가액의 시가 적용 / 121

1.2.3 평가기간 이외의 사례가액 / 124

1.3 자본적 지출액 가산 / 126

1.4 평가심의위원회 자문 신청 및 결과통지 / 127

1.4.1 개 요 / 127

1.4.2 자문신청 대상 / 127

1.4.3 납세자의 자문신청 / 128

1.4.4 자문결과 통지 / 129
1.5 시가 적용 순서 / 129
1.6 시가로 보는 거래가액에 둘 이상의 재산가액이 포함된 재산평가 / 134
1.6.1 일반적인 경우의 안분계산 / 134
1.6.2 토지와 건물 그 밖에 구축물의 가액이 구분되지 아니하는 경우 / 134
1.7 다른 세법에서의 시가 개념 / 136
1.7.1 「소득세법」 / 136
1.7.2 「법인세법」 / 137
1.7.3 「부가가치세법」 / 138
1.8 각 세법에서 부당행위계산부인에 대한 평가기준일 / 139
1.8.1 「법인세법」 / 139
1.8.2 「소득세법」상 부당행위계산 규정 적용 시 평가기준일 / 140
1.8.3 「상속세 및 증여세법」에서 저가·고가 거래의 평가기준일 / 140

2 보충적 평가방법 • 159
2.1 의 의 / 159
2.2 재산의 종류별 보충적 평가방법 / 160

Chapter 02 비상장주식의 보충적 평가방법 • 162

1 보충적 평가방법의 개관 • 163
1.1 의 의 / 163

2 보충적 평가방법의 기본원리 • 166
2.1 평가원칙 / 166
2.1.1 1주당 순손익가치 / 168
2.1.2 1주당 순자산가치 / 169
2.1.3 부동산과다보유법인 / 169
2.2 순자산가치에 의한 평가 / 171
2.3 순손익가치 또는 순자산가치가 負數(-)인 경우 / 178
2.3.1 순손익가치가 負數(-)인 경우 / 178
2.3.2 순자산가치가 負數(-)인 경우 / 179

2.3.3 1주당 평가액의 계산 / 179
2.4 보충적 평가방법의 변경연혁 / 180

3 순손익가치의 계산 • 207
3.1 의 의 / 207
3.2 계산방식 / 207
3.2.1 1주당 최근 3년간 순손익액의 가중평균액의 계산 / 207
3.2.2 순손익가치환원율 / 209
3.2.3 추정이익에 의한 평가 / 209
3.3 발행주식총수의 계산 / 218
3.3.1 원 칙 / 218
3.3.2 증자 또는 감자가 있는 경우(2011.7.25. 개정 이후) / 219
3.3.3 무상증자 또는 무상감자가 있는 경우(2011.7.24. 이전) / 221
3.3.4 액면가액이 변동(분할 또는 병합)된 경우 / 226
3.3.5 우선주가 있는 경우 / 226
3.3.6 자기주식이 있는 경우 / 226
3.4 순손익액의 계산 / 235
3.4.1 의 의 / 235
3.4.2 세무조정 / 236
3.4.3 기업회계와 세무회계의 차이와 효과 / 238
3.4.4 각사업연도소득에 가산 또는 차감항목 구분 / 239
3.4.5 순손익액의 계산구조 / 247
3.4.6 유상 증 · 감자에 따른 자본이익 가감산 / 274
3.4.7 각사업연도소득금액이 변동된 경우 / 278
3.4.8 충당금 또는 준비금의 일시 환입 시의 순손익액 계산 / 279

4 순자산가치 • 293
4.1 의 의 / 293
4.2 자산총계의 계산 / 297
4.2.1 자산총계의 계산구조 / 297
4.2.2 재무상태표상 자산가액 / 298
4.2.3 가산항목 / 299
4.2.4 차감항목 / 336
4.3 부채총계의 계산 / 348
4.3.1 부채총계의 계산구조 / 348

4.3.2 재무상태표상 부채액 / 349
4.3.3 가산항목 / 350
4.3.4 차감항목 / 362
4.4 투자유가증권에 대한 평가 / 373
4.4.1 상장 및 코스닥상장법인의 주식 / 373
4.4.2 비상장법인의 주식 / 373
4.4.3 상호출자법인에 해당되는 경우(상속재산평가준칙 §60) / 374
4.4.4 외국법인에 출자하고 있는 경우 / 375
4.5 영업권평가액의 가산 / 384
4.6 발행주식총수 / 384
4.6.1 원 칙 / 384
4.6.2 자기주식을 취득한 경우 / 384
4.6.3 우선주가 있는 경우 / 384

5 비상장 외국법인 주식평가 • 407
5.1 개 요 / 407
5.2 감정가액의 적용 / 407

6 영업권의 가산 • 414
6.1 의 의 / 414
6.2 평가방법 / 414
6.2.1 최근 3년간의 순손익액의 가중평균액 / 416
6.2.2 평가기준일 현재 자기자본 / 416
6.2.3 기획재정부령이 정하는 이자율 / 417
6.2.4 영업권 지속연수 / 417
6.2.5 영업권평가액 / 417
6.3 영업권상당액에 포함되어 매입한 무체재산권 / 418
6.4 순자산가치 평가대상 중 영업권 가산 구분 / 419
6.4.1 영업권 가산대상 / 419
6.4.2 영업권 가산 제외 대상 / 420

7 최대주주 등의 보유주식에 대한 할증평가 • 429
7.1 의 의 / 429
7.2 할증평가의 대상 및 범위 / 429
7.2.1 원칙 / 429
7.2.2 할증평가 대상 주식 등의 범위 / 429

7.2.3 2019.12.31. 이전의 할증평가 / 431
7.3 최대주주 등의 범위 / 431
7.3.1 최대주주 등의 정의 / 431
7.3.2 특수관계인의 범위 / 432
7.3.3 최대주주 등이 보유하는 주식 등의 지분율 계산 / 435
7.4 할증평가 제외사유 / 435
7.5 할증평가규정의 변천과정 / 439
7.6 할증평가 적용대상거래 / 439
7.7 외국법인 주식의 최대주주 등에 대한 할증평가 / 439
7.8 중소기업 최대주주 등의 주식 할증평가 적용특례(2019.12.31.까지) / 440
7.8.1 원 칙 / 440
7.8.2 중소기업의 범위 / 440

Chapter 03 평가심의위원회에 의한 비상장주식평가 · 456

1 평가심의위원회의 설치 및 운영 · 456
1.1 의 의 / 456
1.2 평가심의위원회의 설치 / 457
1.2.1 개 요 / 457
1.2.2 평가심의위원회의 구성 / 457
1.3 평가심의위원회의 기능 / 458
1.3.1 평가기간 이외의 사례가액 / 458
1.3.2 부실감정기관의 지정 / 459
1.3.3 비상장주식 평가가액 심의 / 459
1.3.4 가업 사후관리기준 중 업종 변경 심의 / 460
1.3.5 건물, 오피스텔 및 상업용 건물 가치 산정·고시 자문 / 460
1.3.6 기타 상속 및 증여재산의 공정 평가 / 461
1.4 납세자의 신청 및 평가심의위원회의 결과통지 / 461
1.4.1 납세자의 신청 / 461
1.4.2 평가심의위원회의 결과통지 / 462
1.5 평가심의위원회가 심의할 때 고려사항 / 463
1.6 신용평가전문기관에 대한 평가 의뢰 / 463

1.7 평가심의위원회의 설치·운영·심의절차 등은 국세청장이 고시 / 463

2 평가심의위원회에 의한 비상장주식평가 • 464

2.1 개 요 / 464
2.1.1 의 의 / 464
2.1.2 평가대상 / 465
2.1.3 평가서 작성자 / 465
2.1.4 비상장주식에 대한 평가신청 / 465
2.1.5 요건심사와 보정요구 / 466
2.2 현금흐름할인법 / 467
2.2.1 평가서 작성기준 / 467
2.2.2 추정의 전제조건 / 467
2.3 배당할인법 / 467
2.3.1 평가서 작성기준 / 467
2.3.2 추정의 전제조건 / 468
2.4 유사상장법인 주가 비교평가방법 / 468
2.4.1 평가신청 / 468
2.4.2 평가신청 요건 / 469
2.4.3 유사상장법인의 선정기준 / 471
2.4.4 유사상장법인의 선정방법 / 473
2.4.5 비상장기업의 유사상장법인 주가 비교평가액 계산방법 / 474
2.4.6 유사상장법인 비교요소일람표의 이용 / 477
2.5 평가가액 결정 및 결과통지 / 478
2.6 1주당 평가가액의 활용 / 479

3 비상장주식에 대한 그 밖의 평가방법 • 481

3.1 개 요 / 481

Chapter 04 비상장주식의 보충적 평가방법 평가사례 · 483

1 일반적인 비상장주식 평가사례 · 483
1.1 법인의 현황 / 483
1.2 홍길동 소유주식 현황 / 484
1.3 증여재산가액 산출 / 484

2 부동산과다보유법인 · 547

3 1주당 순손익가치 또는 1주당 순자산가치가 0인 경우 · 553

4 상호출자주식에 대한 평가 · 556

Chapter 05 유사상장법인 주가 비교평가방법의 평가사례 · 568

1 유사상장법인 선정요령 · 568
1.1 유사상장법인의 선정 / 568
1.1.1 개 요 / 568
1.1.2 업종기준에 의한 선정 / 569
1.1.3 규모기준에 의한 선정 / 570
1.1.4 일반기준 / 571
1.2 자본이익률(ROI)에 따른 유사상장법인 적용방법 / 571
1.2.1 자본이익률 적용요령 / 571
1.2.2 사례별 적용 유사상장법인 / 572

2 유사상장법인에 의한 비상장 중소기업 주식의 비교 평가사례 · 573
2.1 유사상장법인 선정 / 575
2.1.1 업종기준에 의한 검토 / 575
2.1.2 규모기준에 의한 검토 / 576
2.1.3 일반기준에 의한 검토 / 576
2.1.4 자본이익률에 의한 유사상장법인의 적용 / 577
2.2 1주당 가액 산정 / 577
2.2.1 유사상장법인의 주가 비교평가액의 단순평균값의 계산 / 577
2.2.2 평가액 최소 한도액 / 579
2.2.3 1주당 평가액 / 579

Chapter 06 현금흐름할인법 · 587

1 개 요 · 587

2 현금흐름할인법의 기업가치 평가구조 · 588

2.1 개 요 / 588
2.2 영업가치 / 588
2.3 잉여현금흐름(FCF; free cash flow) / 589
2.4 가치평가 대상기간에 대한 가정 / 590
2.5 비현금흐름 / 591
2.6 순운전자본의 순증감액 / 591
2.7 투자소요금액 / 591
2.8 할인율 / 592
2.9 비영업자산의 가치 / 593
2.10 자기자본가치와 부채가치 / 593

3 현금흐름할인법 적용 사례 · 593

3.1 평가 자료의 개요 / 593
3.2 평가대상법인의 과거재무현황 / 594
3.2.1 재무상태표 / 594
3.2.2 손익계산서 / 595
3.3 미래추정 / 595
3.3.1 매출액 추정 / 595
3.3.2 매출원가 추정 / 596
3.3.3 판매비와 관리비 추정 / 596
3.3.4 CAPEX(투자소요금액) 및 감가상각비 추정 / 596
3.3.5 순운전자본에 대한 추정 / 597
3.4 추정 잉여현금흐름 및 현금흐름의 현재가치 / 598
3.5 1주당 평가액 / 600
3.6 보충적 평가액과 비교 적용 / 600

Part 4 기타재산의 보충적 평가방법

Chapter 01 부동산 등의 평가 · 602

1 토지의 평가 · 602

1.1 평가원칙 / 602
1.1.1 사례가액의 적용 / 602
1.1.2 사례가액이 없는 경우 개별공시지가 적용 / 602
1.2 개별공시지가가 없는 토지 / 603
1.2.1 평가방법 / 603
1.2.2 적용대상 / 604
1.2.3 개별공시지가가 없는 토지에 대한 평가신청 / 604
1.3 지가급등지역 토지의 평가(지정지역) / 605
1.4 특수한 사례의 평가 / 605
1.4.1 환지예정지의 평가 / 605
1.4.2 도로·하천 등의 평가 / 606
1.4.3 조성 중인 토지의 평가 / 606
1.4.4 개별공시지가가 경정·결정된 경우의 평가방법 / 606
1.4.5 개별주택가격이 공시된 주택 부수 토지 평가방법 / 606

2 건물의 평가 · 607

2.1 의 의 / 607
2.2 일반 건물의 평가 / 608
2.2.1 의 의 / 608
2.2.2 기준시가의 적용방법 / 608
2.2.3 건물기준시가 적용방법의 변천과정 / 609
2.3 오피스텔 및 상업용 건물 / 611
2.3.1 지정지역 내의 오피스텔 및 상업용 건물 / 611
2.3.2 지정지역 외의 오피스텔 및 상업용 건물 / 612
2.4 주택(아파트·연립주택 포함) / 613
2.4.1 의 의 / 613
2.4.2 주택 / 613
2.4.3 공동주택(아파트·연립주택) / 614

2.4.4 개별주택가격 또는 공동주택가격이 없는 주택 평가 / 615
2.4.5 주택가격이 공시되지 않은 주택에 대한 평가신청 / 616
2.5 건물평가의 특례 / 617
2.5.1 철거대상 건물 / 617
2.5.2 건물의 일부가 훼손·멸실된 경우 / 617
2.5.3 건설 중인 건물 / 617

3 지상권·부동산을 취득할 수 있는 권리·특정시설물을 이용할 수 있는 권리 평가 • 618
3.1 지상권 / 618
3.1.1 의 의 / 618
3.1.2 지상권 평가방법 / 618
3.1.3 지상권 잔존연수 / 618
3.2 부동산을 취득할 수 있는 권리 및 특정시설물을 이용할 수 있는 권리의 가액 / 619
3.2.1 의 의 / 619
3.2.2 평가방법 / 619
3.3 그 밖에 시설물 및 구축물 / 621
3.3.1 원 칙 / 621
3.3.2 재취득가액 등을 산정하기 어려운 경우 / 622

4 임대차계약이 체결되거나 임차권이 등기된 부동산의 평가 • 622
4.1 의 의 / 622
4.2 임대부동산 등에 대한 비교평가방법 / 623
4.2.1 원칙 / 623
4.2.2 임대료 등의 범위 / 623
4.2.3 일부분이 공가인 부분 임대에 대한 평가 / 624
4.3 토지와 건물의 소유현황에 따른 평가 / 625
4.3.1 토지와 건물의 소유자가 동일한 경우 / 625
4.3.2 토지와 건물의 소유자가 다른 경우 / 625

Chapter 02 선박·항공기 기타 유형재산의 평가 · 630

1 선박·항공기·차량·기계장비 및 입목의 평가 · 630
1.1 원 칙 / 630
1.2 구체적 평가방법 / 630
1.2.1 재취득예상가액 / 630
1.2.2 장부가액 / 631
1.2.3 「지방세법」상 시가표준액 / 631

2 상품·제품 등의 평가 · 631
2.1 원 칙 / 631
2.2 가액이 확인되지 않는 경우 / 631
2.3 제조 중인 제품 등의 평가 / 632
2.4 미착상품의 평가 / 632
2.5 매매목적의 부동산의 평가 / 632

3 서화·골동품의 평가 · 632
3.1 판매용이 아닌 서화·골동품의 평가 / 632
3.2 판매용인 서화·골동품의 평가 / 633

4 소유권의 대상이 되는 동물 등의 평가 · 633

5 임대차계약이 체결되거나 임차권이 등기된 유형재산에 대한 평가특례 · 634
5.1 개요 / 634
5.2 유형재산의 종류별 평가방법 / 634
5.2.1 선박, 항공기, 차량 및 기계장비 / 634
5.2.2 입목 및 그 외 유형자산 / 635

Chapter 03 유가증권의 평가 · 637

1 상장주식의 평가 · 637
1.1 평가원칙 / 637
1.2 증자·합병 등의 사유가 발생한 경우의 평가 / 638
1.2.1 평가기준일 이전에 증자·합병 등의 사유가 발생한 경우 / 638

1.2.2 평가기준일 이후에 증자·합병 등의 사유가 발생한 경우 / 639
1.2.3 평가기준일 전·후에 증자·합병 등의 사유가 발생한 경우 / 639
1.3 매매거래 정지 또는 관리종목으로 지정·고시된 경우 / 654
1.3.1 의 의 / 654
1.3.2 평가방법 / 654
1.4 기업공개 준비 중인 법인의 주식평가 / 657
1.4.1 의 의 / 657
1.4.2 평가방법 / 657
1.5 미상장주식의 평가 / 663
1.5.1 의 의 / 663
1.5.2 평가방법 / 663

2 국채·공채·사채의 평가 • 671

2.1 의 의 / 671
2.2 거래소에 상장되어 있는 경우 / 671
2.3 거래소에 상장되어 있지 아니한 경우 / 672
2.3.1 타인으로부터 매입한 국채 등의 평가 / 672
2.3.2 액면가액으로 직접 매입한 국채 등의 평가 / 672

3 전환사채 등의 평가 • 673

3.1 전환사채 / 673
3.1.1 의 의 / 673
3.1.2 평가방법 / 674
3.2 신주인수권증권 / 676
3.2.1 의 의 / 676
3.2.2 평가방법 / 676
3.3 신주인수권부사채 / 678
3.3.1 의 의 / 678
3.3.2 평가방법 / 679
3.4 신주인수권증서 / 680
3.4.1 의 의 / 680
3.4.2 평가방법 / 681

4 대부금·외상매출금 및 받을어음 등의 채권가액의 평가 • 688
4.1 의 의 / 688
4.2 회수기간이 5년을 초과하거나 회사정리절차 등으로 내용이 변경된 경우 / 688
4.3 회수기간이 5년 미만인 기타의 대부금 등의 경우 / 689

5 예금·저금·적금 등의 평가 • 689

6 집합투자증권의 평가 • 690
6.1 의 의 / 690
6.2 집합투자증권의 평가 / 691

Chapter 04 무체재산권 등의 평가 • 693

1 개 요 • 693

2 무체재산권의 평가원칙 • 693

3 매입한 무체재산권 • 694

4 기타의 무체재산권 • 694
4.1 영업권(어업권)의 평가 / 695
4.2 특허권·실용신안권·상표권·디자인권 및 저작권 등의 평가 / 695
4.2.1 의 의 / 695
4.2.2 일반적인 경우 / 695
4.2.3 장래의 경제적 이익을 고려한 평가가액 / 696
4.2.4 각 연도의 수입금액이 확정되지 아니한 경우 / 697
4.3 광업권 및 채석권의 평가 / 697
4.3.1 조업을 할 수 있는 광산의 광업권 등의 평가방법 / 697
4.3.2 조업할 가치가 없는 광산의 광업권 등의 평가 / 698
4.3.3 소득이 발생하지 아니한 광산의 광업권 등의 평가 / 698
4.3.4 광업권에 저당권이 설정되어 있는 경우의 평가 / 698

Chapter 05 조건부권리 등의 평가 · 702

1 조건부권리 · 702

1.1 의 의 / 702
1.2 평가방법 / 703
1.2.1 원 칙 / 703
1.2.2 존속기간이 확정되지 않은 권리의 가액 / 703
1.2.3 소송 중인 권리의 가액 / 703
1.2.4 연부 또는 월부로 취득하여 상환완료 전인 재산의 평가 / 703

2 가상자산 · 703

2.1 의의 / 703
2.2 평가방법 / 704
2.2.1 가상자산사업자의 사업장에서 거래되는 가상자산 / 704
2.2.2 그 밖의 가상자산 / 704

3 신탁의 이익을 받을 권리의 평가 · 705

3.1 의 의 / 705
3.2 평가방법 / 705
3.2.1 원칙 / 705
3.2.2 원본과 수익의 이익의 수익자가 동일한 경우 / 705
3.2.3 원본과 수익의 이익의 수익자가 다른 경우 / 706

4 정기금을 받을 권리의 평가 · 707

4.1 의 의 / 707
4.2 평가방법 / 707
4.2.1 유기정기금 / 708
4.2.2 무기정기금 / 708
4.2.3 종신정기금 / 708

CONTENTS

Chapter 06 저당권 등이 설정된 재산의 평가특례 · 715

1 평가특례규정 · 715

1.1 담보채권 등을 기준으로 평가한 가액 / 716

1.1.1 저당권(공동저당권 및 근저당권을 제외)이 설정된 재산의 가액 / 716

1.1.2 근저당이 설정된 재산의 가액 / 716

1.1.3 질권이 설정된 재산 및 양도담보재산의 가액 / 717

1.1.4 전세권이 등기된 재산의 가액 / 718

1.1.5 위탁자의 채무이행 담보 목적의 신탁계약 체결재산 / 718

2 평가특례규정의 보완 · 719

2.1 근저당 채권최고액이 담보채권보다 적은 경우 / 719

2.2 신용보증기관의 보증이 있는 경우 / 719

2.3 다수의 채권의 담보 / 720

2.4 공유재산의 타인지분에 근저당권이 설정된 경우 / 720

Part 5 소득세법상 주식평가

Chapter 01 주식 등에 대한 기준시가 · 728

1 의 의 · 728

2 과세대상 주식 등의 범위 · 728

2.1 주권상장법인 주식 / 728

2.1.1 주권상장법인 대주주의 양도주식 / 728

2.1.2 장외거래주식 / 729

2.2 주권비상장법인의 주식등 / 729

Chapter 02 기준시가 · 730

1 의 의 · 730

2 상장주식의 기준시가 · 730

2.1 평가원칙 / 730

2.2 평가특례 / 731

2.2.1 양도일·취득일 이전 1월 이내에 증자·합병 등이 있는 경우 / 731

2.2.2 취득 당시에 비상장주식이었던 상장주식 / 732

3 비상장주식 · 733

3.1 의 의 / 733

3.2 평가방법 / 733

3.2.1 일반적인 평가방법 / 733

3.2.2 순자산가치에 의한 평가 / 735

3.3 「상속세 및 증여세법」상의 평가방법과 비교 / 735

3.4 평가사례 / 741

4 신주인수권 · 745

4.1 평가원칙 / 745

4.2 상장되지 않은 전환사채 등 / 745

4.2.1 주식으로의 전환금지한 기간 중인 경우 / 746

4.2.2 주식으로의 전환 등이 가능한 기간 중인 경우 / 746

Part 6 유형별 주식평가액 적용

Chapter 01 증여이익계산 유형별 주식평가액의 적용 · 750

1 합병에 따른 증여이익 계산 시 주식평가 • 750

1.1 의 의 / 750

1.2 과세방법 / 751

1.3 주식가액의 평가 / 751

1.3.1 합병 후 1주당 평가가액 / 751

1.3.2 합병 전 1주당 평가가액 / 752

1.3.3 최대주주 등의 할증평가규정 적용 배제 / 754

2 증자에 따른 증여이익 계산 시 주식평가 • 754

2.1 의 의 / 754

2.2 과세방법 / 755

2.3 주식가액의 평가 / 755

2.3.1 저가 신주발행(신주발행가액<시가)에 따른 실권주 처리 / 755

2.3.2 고가 신주발행(시가<신주발행가액) 시의 실권주 처리 / 757

3 감자에 따른 증여이익 계산 시 주식평가 • 759

3.1 의 의 / 759

3.2 과세방법 / 759

3.3 감자주식 1주당 평가가액 / 759

3.4 최대주주 등의 할증평가규정 적용 배제 / 760

4 현물출자에 따른 증여이익 계산 시의 주식평가 • 761

4.1 의 의 / 761

4.2 과세방법 / 761

4.3 주식가액의 평가 / 761

4.3.1 현물출자 후 1주당 평가가액 / 761

4.3.2 현물출자 전 1주당 평가가액 / 762

4.3.3 최대주주 등의 할증평가규정 적용 배제 / 762

5 전환사채 등의 주식전환 등에 따른 증여이익 계산 시의 주식평가 • 763

5.1 의 의 / 763

5.2 과세방법 / 763
5.3 주식가액의 평가 / 764
5.3.1 전환사채 등의 시가 / 764
5.3.2 전환사채 등의 인수·취득가액 / 764
5.3.3 교부받은 주식가액 / 764
5.3.4 교부받을 주식가액 / 765
5.3.5 주식 1주당 전환가액 등 / 765
5.3.6 최대주주 등의 할증평가규정 적용 배제 / 765

6 주식 등의 상장 등에 따른 증여이익 계산 시 주식평가 • 766
6.1 의 의 / 766
6.2 과세방법 / 766
6.3 주식가액의 평가 / 767
6.3.1 정산기준일 현재 1주당 평가가액 / 767
6.3.2 증여 또는 취득 당시 증여세 과세가액 또는 취득가액 / 767
6.3.3 1주당 기업가치 실질증가분 / 768

7 합병에 따른 상장 등 증여이익 계산 시의 주식평가 • 768
7.1 의 의 / 768
7.2 과세방법 / 769
7.3 주식가액의 평가 / 769
7.3.1 정산기준일 현재 1주당 평가가액 / 769
7.3.2 증여 또는 취득 당시 증여세 과세가액 또는 취득가액 / 770
7.3.3 1주당 기업가치 실질증가분 / 770

Chapter 02 부당행위계산부인에 따른 주식평가액 적용 • 771

1 「법인세법」상 주식평가액의 적용 • 771
1.1 「법인세법」상의 시가 / 771
1.1.1 원 칙 / 771
1.1.2 유사거래가액이 있는 경우 / 771
1.1.3 주권상장법인주식 / 771
1.1.4 시가가 불분명한 경우 / 772

2 주식가액의 시가 적용과 부당행위계산부인 • 772
2.1 의 의 / 772

2.2 부당행위계산 부인대상 / 773
2.2.1 적용대상거래 / 773
2.2.2 부당하게 높은 가액 또는 낮은 가액의 범위 / 774

3 「소득세법」상 주식평가액의 적용 • 775
3.1 「소득세법」상의 시가 / 775
3.1.1 의 의 / 775
3.2 주식가액의 시가 적용과 부당행위계산 / 775
3.2.1 의 의 / 775
3.2.2 부당행위계산의 적용 / 776
3.3 추계결정 시 주식가액의 적용 / 777
3.3.1 의 의 / 777
3.3.2 주식가액의 적용 / 778

Chapter 03 합병 또는 주식의 포괄적 교환·이전 등에 대한 부당행위계산부인 • 779

1 개 요 • 779

2 법인의 합병 등에 관한 제도 • 780
2.1 「상법」의 제도 / 780
2.1.1 회사의 합병 / 780
2.1.2 주식의 포괄적 교환에 의한 완전모회사의 설립 / 780
2.1.3 주식의 포괄적 이전에 의한 완전모회사의 설립 / 781
2.2 「자본시장과 금융투자업에 관한 법률」에 따른 법인의 합병 등의 절차와 방법 / 781
2.2.1 법인의 합병 등에 대한 주요사항보고서 제출 / 781
2.2.2 합병 등의 요건과 방법 / 781
2.3 주식의 포괄적 교환 등에 대한 합병의 요건과 방법 등의 준용 / 786
2.3.1 교환 또는 이전 비율 등의 산정 / 786
2.3.2 외부평가기관의 평가 / 786
2.3.3 법률 규정에 따른 주식의 포괄적 교환 등에 대한 예외 / 787

3 추정이익에 의한 비상장법인과의 합병비율 결정에 대한 쟁점사항 • 787
3.1 과세당국의 주장 / 787
3.1.1 특수관계법인의 거래추정 / 787
3.1.2 1주당 추정이익의 산정의 부당성 / 788
3.1.3 평가기준일의 상이 / 788
3.2 납세의무자의 주장 / 788
3.2.1 합병 등의 절차의 적정성 / 789
3.2.2 평가액의 적정성 / 789
3.2.3 일방적인 세법 적용의 부당성 / 790
4 각 세법상의 시가의 적용 • 790
4.1 「법인세법」상의 시가 적용 / 790
4.1.1 원 칙 / 790
4.1.2 유사거래가액이 있는 경우 / 790
4.1.3 시가가 불분명한 경우 / 791
4.1.4 시가의 판단기준일 / 791
4.2 「상속세 및 증여세법」에서의 시가 적용 / 792
4.2.1 원 칙 / 792
4.2.2 비상장주식에 대한 보충적 평가방법 / 793
4.2.3 할증평가 / 794
5 법인의 합병 등에 대한 법인세 등의 부과근거 • 794
5.1 「법인세법」에 의한 부당행위계산부인 / 794
5.2 「상속세 및 증여세법」 제35조에 의한 부당행위계산부인 / 795
5.2.1 과세의 개요 / 795
5.2.2 특수관계인간의 거래에 대한 부당행위계산부인 / 795
5.2.3 특수관계가 없는 자 간의 거래에 대한 부당행위계산부인 / 796
6 저가·고가 양도에 대한 증여이익 적용에 대한 해결방안 • 796
6.1 시가 적용에 대한 사전분석 / 796
6.1.1 평가기준일의 판단 / 796
6.1.2 주식 평가규정의 분석 / 797
6.2 정당한 사유의 입증 / 797

CONTENTS

Part 7 주식의 취득과 양도에 따른 세무

Chapter 01 과점주주의 주식 취득에 대한 납세의무 · 806

1 개 요 · 806

2 과점주주 · 807

2.1 과점주주의 정의 / 807

2.1.1 친족관계 / 807

2.1.2 임원과 그 밖의 사용인 등 경제적 연관관계 / 807

2.1.3 주주·출자자 등 경영지배관계 / 807

3 과점주주의 취득세 납세의무 · 808

3.1 납세의무의 범위 / 808

3.2 과점주주의 성립시기 / 809

3.2.1 법인설립 시에 과점주주인 경우 / 809

3.2.2 과점주주가 아닌 자가 취득 등으로 최초 과점주주가 된 경우 / 809

3.2.3 과점주주의 주식 등의 지분율이 증가한 경우 / 809

3.2.4 과점주주가 과점주주 아닌 자로 되었다가 주식의 취득 후 과점주주가 된 경우 / 810

3.2.5 과점주주 사이의 주식 이전 / 810

3.2.6 명의신탁주식의 실명전환에 대한 과점주주 취급 / 810

4 과세표준 및 세율 · 812

4.1 과세표준 / 812

4.2 세 율 / 812

5 과점주주에 대한 취득세 부과징수 · 813

5.1 신고납부 / 813

5.2 보통징수 / 813

6 취득세 비과세 · 813

Chapter 02 주식양도 · 815

1 개 요 · 815

1.1 의 의 / 815
1.2 양도의 정의 / 816
1.2.1 「소득세법」상의 양도의 정의 / 816
1.2.2 양도담보 / 816
1.2.3 명의신탁주식의 실명환원 / 816

2 과세대상 주식 · 817

2.1 주식 분류와 과세대상 / 817
2.1.1 주식 분류 / 817
2.1.2 양도소득세 과세대상 주식 / 817
2.2 대주주의 판정 / 820
2.2.1 원 칙 / 820
2.2.2 예외적 고려사항 / 822
2.2.3 단계적 적용에 따른 지분율 및 시가총액 요건 / 823
2.2.4 시가총액의 계산 / 824
2.2.5 기타주주 합산 범위 / 824
2.2.6 주주 1인과 기타주주의 범위 / 826
2.3 특정주식 / 827
2.3.1 개 요 / 827
2.3.2 과점주주의 주식 / 827
2.3.3 부동산과다보유법인의 주식 / 829

3 비과세 · 832

3.1 개 요 / 832
3.2 창업자 등에의 출자에 대한 과세특례 / 833
3.3 우리사주조합원 등에 대한 과세특례 / 835
3.4 벤처기업 주식매수선택권 행사이익 과세특례 / 835
3.5 산업재산권 현물출자 이익에 대한 과세특례 / 838

4 양도 또는 취득시기 · 839

4.1 개 요 / 839
4.2 원 칙 / 840
4.2.1 대금청산일 / 840

4.2.2 대금청산일이 분명하지 아니한 경우 / 840
4.3 장기할부조건부 매매 / 840
4.3.1 장기할부조건 / 840
4.3.2 장기할부조건부 매매의 양도 또는 취득시기 / 841
4.4 자기가 건설한 건축물 / 841
4.5 상속 또는 증여자산 / 841
4.6 점유에 의한 취득 / 841
4.7 주식의 경우 / 842
4.7.1 원 칙 / 842
4.7.2 과점주주의 주식 / 842
4.7.3 현물출자 주식 / 842
4.7.4 타인의 기여에 의하여 재산가치가 증가한 경우 / 843
4.7.5 양도주식의 취득시기가 분명하지 아니한 경우 / 843
4.8 취득시기 의제 / 843
4.8.1 개 요 / 843
4.8.2 부동산, 부동산에 관한 권리, 기타자산 / 844
4.8.3 주 식 / 844

5 양도소득의 계산 • 845

5.1 양도소득세 계산구조 / 845
5.1.1 소득세 과세원리 / 845
5.1.2 양도소득금액의 구분계산 / 845
5.2 양도가액 / 847
5.2.1 원 칙 / 847
5.2.2 주식의 교환거래 / 847
5.2.3 양도가액을 모르는 경우 / 847
5.3 취득가액 / 848
5.3.1 원 칙 / 848
5.3.2 상속 또는 증여받은 주식가액 / 849
5.3.3 잉여금의 자본전입에 따른 무상주의 취득가액 / 851
5.3.4 무상감자된 경우의 잔여주식의 취득가액 / 851
5.3.5 주식매수선택권으로 취득한 주식 / 851
5.3.6 저가 양수에 따라 상여 등으로 소득처분된 금액 / 852
5.3.7 의제취득일 전에 취득한 주식의 취득가액 / 852
5.3.8 취득시기가 분명하지 아니한 경우 취득가액 적용 / 852

5.3.9 주식 등에 대한 이월과세 / 853
5.3.10 가업상속재산에 대한 이월과세 / 853
5.4 기타 필요경비 / 856
5.4.1 원 칙 / 856
5.4.2 신주인수권증서 구입비용 / 856
5.4.3 주식양도를 위한 평가비용 / 856

6 과세표준의 계산 • 857
6.1 개 요 / 857
6.2 장기보유특별공제 / 857
6.2.1 개 요 / 857
6.2.2 적용대상 자산 / 858
6.2.3 특정주식에 대한 장기보유특별공제 배제 / 858
6.3 양도소득기본공제 / 859

7 세액 계산 • 859
7.1 자산별 양도소득세율 / 859

8 가산세 • 864
8.1 개 요 / 864
8.2 무신고 가산세 / 865
8.2.1 일반무신고 가산세 / 865
8.2.2 부당무신고 가산세 / 865
8.2.3 일반과소신고 가산세 / 866
8.2.4 부당과소신고 가산세 / 866
8.2.5 부정과소신고와 일반과소신고가 있는 경우 / 866
8.3 납부지연가산세 / 867
8.3.1 의 의 / 867
8.3.2 납부지연가산세 적용방법 / 867
8.3.3 납부지연가산세의 적용제외 / 867
8.4 기장불성실가산세 / 868
8.4.1 주식거래명세의 기장의무 / 868
8.4.2 가산세의 적용 / 868

9 양도소득세 신고 • 869
9.1 양도소득세 과세표준 예정신고 / 869
9.2 양도소득세 과세표준 확정신고 / 870

10 증권거래세의 신고 및 납부 • 871
10.1 과세대상 / 871
10.1.1 과세의 범위 / 871
10.1.2 비과세 / 871
10.2 납세의무자 / 872
10.3 과세표준 / 873
10.4 세 율 / 873
10.5 신고·납부 및 환급 / 874

Chapter 03 자기주식 취득과 감소 • 875

1 의 의 • 875
2 자기주식의 취득 • 876
2.1 개 요 / 876
2.2 자기주식 취득방법 / 876
2.3 자기주식의 취득절차 / 877
2.3.1 절차의 중요성 / 877
2.3.2 주주총회의 소집 / 878
2.3.3 주주총회의 결의 / 878
2.3.4 자기주식 취득의 상법상 규정 / 878
2.3.5 자기주식 취득 회계처리 / 881
2.3.6 자기주식 취득에 따른 세무 / 881
2.3.7 자기주식의 처분에 따른 회계처리 / 883
3 자기주식의 감자 • 884
3.1 개 요 / 884
3.2 감자 절차 / 884
3.3 주식 감자에 따른 세무 / 885
3.3.1 감자법인 / 885
3.3.2 감자주주 / 885
4 자기주식의 소각 • 886
4.1 개 요 / 886
4.2 자기주식의 소각에 따른 세무 / 887
4.2.1 의제배당 / 887

4.2.2 이익소각 주식의 취득가액 / 888
4.3 자기주식의 소각에 따른 주식등변동상황명세서 작성 / 889

5 자기주식의 취득과 감소에 따른 회계처리 구분 · 889

5.1 자기주식 취득 / 889
5.2 자기주식의 감자 / 889
5.3 자기주식의 소각 / 890

Part 1

유가증권의 일반론

Chapter 01 주 식

Chapter 02 기타 유가증권

Chapter 03 주식시장

Chapter 01

주 식

1 의 의

우리나라 「상법」상의 '회사편'에서 주식회사는 합명·합자·유한회사·유한책임회사 등과 함께 회사의 종류 중의 하나로 규정되어 있다. 주식회사는 회사가 필요로 하는 자본을 주식으로 균등하게 분할하여 유가증권의 형태로 발행되므로 대규모의 자본을 집중할 수 있고, 언제든지 처분할 수 있는 유리한 점으로 인하여 오늘날 대부분의 기업은 주식회사의 형태를 취하고 있다.

주식이란 말은 다양한 의미로 사용되지만 법률적으로는 회사의 재산적 기초를 이루는 자본의 구성단위로서 주식을 소유하고 있는 자인 주주의 입장에서는 회사에 대한 지위 내지 권리인 주주권을 의미하게 된다. 주식회사는 각 주주가 주식을 소유함으로써 그 회사에 관한 지분권을 가지고 회사경영의 중요사항에 관한 의결권과 기업의 이익, 잔여재산에 대한 분배청구권을 그 비율대로 갖도록 하는 형태를 취하고 있다.

우리나라의 주식은 그동안 일정한 액면상의 금액을 가지고 회사가 발행한 모든 주식의 액면의 합계가 회사의 전체의 자본금을 구성하도록 하였으나 상법의 개정을 통하여 무액면주식도 발행할 수 있다.

2 주식의 종류

그동안 주식은 우선주 개념이었으나 개정 「상법」에서는 종류주식으로 변경하였다. 회사는 이익의 배당, 잔여재산의 분배, 주주총회에서의 의결권의 행사, 상환 및 전환 등에 관하여 내용이 다른 종류의 주식(종류주식)을 발행할 수 있고, 종류주식은 정관으로 각 종류

주식의 내용과 수를 정하여야 한다(상법 §344). 이에 따라 일반주식의 이익 배당율보다 더 지급하는 이익배당 종류주식을 발행할 수 있고, 이익배당을 제한하고 1주만 가져도 경영권에 참여하는 특별주식도 발행할 수 있다.

2.1 보통주·우선주·후배주

주주는 그가 가지고 있는 주식수에 비례하여 배당과 잔여재산을 분배받을 수 있는 권리가 있다. 이를 주주평등의 원칙이라고 한다. 이때 기준이 되는 주식으로서 보통주가 있으며, 정관의 규정에 의하여 이익의 배당에 있어서 우선적·열위적 지위에 있는 주식 등을 발행할 수 있다.

2.1.1 보통주

어떤 종류의 주식이 이익·이자배당과 잔여재산분배 등에 있어서 다른 종류의 주식보다 우선적(優先的) 또는 열후적(劣後的)인 지위를 가지는 경우에 있어서 통상 기준이 되는 주식을 말한다.

2.1.2 우선주

이익배당과 잔여재산의 분배에서 보통주에 우선하는 주식을 말한다. 우선주에 대한 우선배당률은 사전에 규정되어 있어서 사채와 유사하나 언제나 우선적으로 보장되는 것은 아니다.

2.1.3 후배주

이익배당과 잔여재산의 분배에서 보통주보다 열후한 주식이다. 일반적으로 후배주는 발기인이 가진다.

2.2 액면주식·무액면주식

2.2.1 액면주식

액면주식은 정관 및 주권에 1주의 금액이 정해진 주식으로 주권의 표면에 금액이 기재되어 있는 주식을 말한다. 일반적으로 주식은 일정한 액면상의 금액(10,000원, 5,000원, 1,000원 등)을 표시하고 있으며, 회사가 발행한 모든 주식의 액면 합계가 회사의 전체 자본금을 구성한다.

그동안 주식의 발행은 액면주식으로 발행하여야 하고, 액면주식의 금액은 균일하여야 하며, 액면주식 1주의 금액은 100원 이상으로 하였다. 미국, 일본 등에서는 액면이 표시되지 않고 회사 자본의 몇 분의 1이라고만 표시되는 무액면주식을 발행하고 있다. 우리나라도 2011.5.23.(법률 제10696호)「상법」개정을 통하여 무액면주식제도를 도입하였다. 무액면주식을 발행하기 위해서는 정관에 그 발행에 관한 뜻을 기재하고 무액면주식을 발행할 수 있다. 무액면주식에서는 1주의 가액, 즉 액면가가 있을 수 없으므로「상법」제289조 제1항 제4호의 '1주의 가액'은 액면주식을 발행하는 경우에만 기재하도록 개정하였다.

2.2.2 무액면주식

무액면주식은 주권에 액면가액은 기재되지 않고 주식수만 기재하므로 주식발행 시에는 임의로 발행가액을 정하여 발행하며, 발행가액 중 일부는 자본에 계상하고 나머지는 준비금으로 적립할 수 있다(상법 §451 ②). 무액면주식을 발행하는 경우에는 액면주식을 발행할 수 없다. 또한 회사는 정관으로 정하는 바에 따라 발행된 액면주식을 무액면주식으로 전환하거나 무액면주식을 액면주식으로 전환할 수 있다(상법 §329). 회사가 액면주식을 발행하는 경우에 자본금은 발행주식의 액면총액은 발행주식총수에 1주의 액면을 곱한 금액을 뜻하며, 회사가 무액면주식을 발행하는 경우에 회사의 자본금은 주식 발행가액의 2분의 1 이상의 금액으로서 이사회(제416조 단서에서 정한 주식발행의 경우에는 주주총회를 말함)에서 자본금으로 계상하기로 한 금액의 총액으로 한다. 주식의 발행가액 중 자본금으로 계상하지 아니하는 금액은 자본준비금으로 계상하여야 한다.

사례

회사가 법인설립 시 무액면주식으로 발행가액 3억원으로 발행하였다. 이사회에서 발행가액 중 2억원을 자본금으로 계상하기로 하였다면?

풀이

(차)		(대)	
예금	3억원	자본금	2억원
		자본준비금	1억원

2.3 기명식주식 · 무기명식주식

주주의 성명이 주권에 기재되어 있느냐 없느냐에 따라 주식을 구별할 수 있다. 주주가 의결권을 행사할 경우에는 일일이 주권을 제시할 필요가 없지만 주식을 양도할 경우에는 주권을 교부하면 되므로 기명·무기명의 실익은 없어지게 되었다. 우리나라 「상법」에서 무기명식의 주권은 정관에 정한 경우에 한하여 이를 발행할 수 있으며, 주주는 언제든지 무기명식의 주권을 기명식으로 할 것을 회사에 청구할 수 있다(상법 §357 ①·②).

3 주 주

3.1 의 의

주식회사가 발행하는 주식에 의하여 회사의 자본을 구성하는데, 그 주식의 소유권자를 주주라고 한다. 주식발행에 의하여 조달된 자본은 회사의 재산으로서 주식회사의 구성원으로서 주식의 소유자인 주주는 회사에 대하여 법률상 권리를 갖는다. 그러므로 주식은 주식회사인 회사와 주주 사이의 법률관계를 나타낸다. 주주는 회사와의 사이에 여러 가지 권리의무가 포함되는데, 이것을 주주의 입장에서 주주권이라고 한다.

3.2 주주평등의 원칙

주주평등의 원칙이란 주주는 주주의 자격에 기한 법률관계에 있어서는 원칙적으로 그가 가진 주식의 수에 비례하여 평등한 취급을 받는 것을 말한다. 이 원칙은 주주라는 사람의 평등대우를 의미하는 것이 아니라 주주가 가지고 있는 주식의 평등대우를 의미하는 것이므로 상대적인 의미를 가진다. 이 원칙은 다수결원칙 또는 이사의 집행행위에 하나의 한계를 주는 것이며, 주주는 이 원칙에 따라 다른 주주보다 특히 유리한 대우를 받지 않는 동시에 불리한 대우도 받지 않는 것이다. 다만, 예외적으로 「상법」에서는 주식회사의 자금조달의 편의를 위하여 정관의 규정에 의한 주주평등의 원칙에 예외를 인정하고 있다. 즉, 「상법」에서는 이익배당이나 잔여재산분배 등에 관하여 그 내용이 다른 수종의 주식을 인정하고 있다(상법 §344).

3.3 주주의 권리와 책임

3.3.1 주주의 권리

우리나라 「상법」에서는 주주에게 많은 권리를 인정하고 있는데, 크게 나누어 자익권과 공익권으로 나눈다. 그중 자익권은 주주가 회사로부터 경제적 이익을 직접 받을 수 있는 권리를 말하는데, 자익권에는 이익배당청구권, 이자배당청구권, 주권교부청구권, 주식전환청구권 등이 있다. 공익권은 회사의 관리·경영에 참여할 수 있는 권리를 말하는데, 공익권에는 의결권, 주주총회결의 취소를 구하는 권리, 주주총회 소집청구권, 회사의 해산을 청구하는 권리 등이 있다. 또한 주주의 권리는 단독으로 행사할 수 있는 단독주주권과 일정한 수에 해당하는 주식을 가진 주주만이 행사할 수 있는 소수주주권으로 나눌 수 있다.

단독주주권에는 의결권, 주주총회 결의의 취소·무효를 제소하는 권리, 각종 서류열람을 청구할 수 있는 권리 등이 있다. 소수주주권에는 주주총회의 소집을 청구하는 권리, 회사의 해산을 청구하는 권리, 청산인의 해임을 청구하는 권리 등이 있다.

3.3.2 책 임

주주는 자본의 출자 의무를 지며, 그가 가진 주식의 인수가액을 한도로 회사에 대한 책임을 지는 것을 원칙으로 한다(상법 §331). 이것을 주주유한책임의 원칙이라 한다.

4 주식회사의 설립과 주식의 발행

4.1 주식회사의 설립

회사의 설립 시에 발행하는 주식의 인수방법에 따라 주식회사의 설립방법은 발기설립과 모집설립 두 가지로 나눌 수 있다. 발기설립은 회사의 설립 시에 발행하는 주식의 총수를 발기인이 전부 인수하여 설립하는 경우를 말하고, 모집설립은 회사의 설립 시에 발행하는 주식의 일부를 발기인이 인수하고 잔여주식에 관하여는 주주를 모집하여 설립하는 경우를 말한다.

4.2 수권자본제도

주식회사의 설립 시에는 정관에 발행예정인 주식의 총수와 주식의 종류를 밝혀야 한다. 실제 발행하는 자본의 일정 부분 또는 정관에 정한 최소한의 주식을 발행하면 회사는 성립하고, 그 후에 회사가 수권자본의 범위 안에서 신주를 발행하여 예정된 자본액을 충실하게 하면 되는 것이 수권자본제도이다.

회사설립 시에 발행하는 주식의 종류와 수, 액면주식의 경우에 액면 이상의 주식을 발행할 때에는 그 수와 금액, 무액면주식을 발행하는 경우에는 주식의 발행가액과 주식의 발행가액 중 자본금으로 계상하는 금액에 관하여 정관으로 달리 정하지 아니하면 발기인 전원의 동의로 이를 정한다(상법 §291).

4.3 신주의 발행

회사가 설립된 이후 자기자본이 증가하면 외부의 투자를 쉽게 끌어들일 수 있게 된다. 이때 신주를 발행하여 장기자금의 수요를 충족하는 것을 증자라 하는데, 증자를 위한 신주의 발행은 수권자본 내에서 미발행주식이 남아 있는 한 정관의 변경이나 주주총회의 결의없이 이사회의 결의로 가능하다.

5 자본의 증가와 감소

5.1 자본의 증가

자본의 증가, 즉 증자는 수권자본 범위 내에서 신주를 발행하여 회사의 불입자본을 증가시키는 것을 말한다. 증자할 때 발행하는 신주의 종류는 정관의 규정에 따라야 하며, 발행가액은 원칙적으로 액면 이상이어야 하고, 신주의 주주는 납입기일까지 주금을 납입한 주식인수인에 한한다.

증자는 일반적으로 주식발행에 의하여 자본금이 증가됨과 동시에 회사의 순자산이 증가되는 실질적 증자인 유상증자와 주식의 발행으로 자본금의 증가는 있지만 회사의 순자산이 증가하지 않고 형식적으로 자본금만 증가하는 무상증자로 구분된다. 즉, 전자의 경우는 투자자의 주금납입을 받은 후 신주를 발행함으로써 회사의 주식자본을 증가시키는 방법이고, 후자의 경우는 주금의 납입없이 준비금 또는 재평가적립금의 자본전입에 의하여 자본을 증가시키고 그만큼의 신주를 발행하여 이를 주주에게 무상으로 할당하는 방법이다.

5.1.1 유상증자

유상증자란 회사성립 후 회사의 자금조달을 직접적인 목적으로 발행예정주식총수의 범위 내에서 미발행주식을 발행하는 것을 말한다. 회사는 증자를 하기 위하여 주식의 인수인을 구하여 그로부터 신주의 대가를 납입받음으로써 회사의 순자산이 증가하게 된다. 이때 주식의 인수인을 모집하는 방법은 기존의 주주가 인수하는 방법과 제3자가 인수하는 방법 등이 있다.

(1) 구주주배정

주주는 정관에 정함이 없는 한 그가 가진 주식수에 비례하여 신주의 배정을 받을 권리가 있다(상법 §418 ①). 즉, 회사가 신주를 발행하는 경우 정관 등에 의하여 신주인수권이 배제되지 않는다면 주주는 자기가 가지고 있는 주식수에 비례하여 신주를 인수할 권리를 갖는데, 이를 신주인수권이라 한다.

신주인수권은 신기술의 도입, 재무구조의 개선 등 회사의 경영상 목적을 달성하기 위하여 정관에 정하는 경우를 제외하고는 주주가 주식수에 비례하여 우선적으로 신주의 배정을 받을 수 있는 권리이다. 그러나 구주주배정방법으로 유상증자를 진행하다가 실권주가 발생하는 경우에는 정관에 따라 이사회 결의 또는 대표이사가 이 실권주를 제3자에게 배정하거나 또는 구주주에게 배정할 수 있다.

(2) 제3자배정(연고자 배정)

발행회사의 정관 또는 특별법에 의해 특정의 제3자에게 신주인수권을 부여하는 경우를 제3자배정 또는 연고자배정이라고 한다. 제3자배정을 하는 경우에는 회사의 특정 연고자(회사의 임원, 특정주주, 거래처, 거래은행 등)에게 신주인수권을 부여하는 것으로서 기존주주에게 신주인수권이 인정되지 않는다. 기존의 주주에게 신주인수권을 배제하는 것은 회사의 경영권 및 기존주주의 이해관계에 중대한 영향을 주기 때문에 정관에 특별히 정하거나 주주총회의 특별결의 절차를 거쳐야 하는 등 엄격한 통제를 가하고 있다. 제3자배정은 일반공모증자방식에 의한 신주발행, 주식매수선택권의 행사로 인한 신주발행, 우리사주조합원에게 신주를 우선 배정하는 경우, 외국인 투자로 인하여 신주를 우선 배정하는 경우 등에 해당된다. 또한 신주인수권부사채의 신주인수권행사로 인한 신주의 발행, 전환사채의 전환으로 인한 신주의 발행, 흡수합병으로 인한 신주발행의 경우에는 신주인수권이 당연히 기존주주에게 인정되지 않는다.

(3) 공모방식의 유상증자

(가) 주주우선공모

상장법인 등이 신주를 발행하는 경우에 기존주주에게 우선 청약의 기회를 부여하고 그 주주 등이 청약하지 아니한 주식을 다시 모집하는 방법이다. 이 방법은 증권시장의 여건에 따라 다량의 실권주가 발생될 경우에 발행회사가 이를 처리하는데 어려움이 따르기 때문에 이를 원활하게 해소하기 위한 것이다. 이 방식은 상장법인 등이 신주를 발행하는 경우에 인수인이 유상증자 총액을 인수한 후 구주주와 우리사주조합에게 우선 청약권을 부여하여 청약을 받고, 그 청약 미달분은 일반투자자를 대상으로 청약을 받고 청약 후 잔여주식이 있는 경우에는 인수인이 인수하는 방식이다.

또한 이 방식은 구주주배정방식에 의하여 유상증자를 실시할 경우에 발생되는 실권주에 대하여 이사회 결의로서 이를 처리할 수 있는데, 이 경우에 실권주를 인수한 자는 「상속세 및 증여세법」상 증여세가 과세되는 세무상의 문제를 해소하기 위해서도 활용되고 있다.

(나) 일반공모방식

제3자배정방식과 같이 신주발행 시 주주의 신주인수권을 배제하고 불특정다수인(당해 법인의 주주를 포함)을 상대방으로 하여 신주를 모집하는 방식을 말한다. 이 방식은 구주주의 인수권을 완전히 배제하고 인수인이 자기의 책임과 계산하에 인수비율만큼 인수하게 된다. 일반공모방식은 구주주의 신주인수권을 인정하지 않는 형태로 미국에서는 일반화되어 있다. 우리나라에서는 정관에 구주주의 신주인수권에 대한 제한규정이 있어야 가능하다. 만약에 그러한 규정이 없으면 주주총회의 특별결의에 의해 정관을 변경하여야 한다. 이 방식은 비상장법인이 기업공개를 위하여 신주를 모집하는 경우가 이에 해당된다.

「자본시장과 금융투자업에 관한 법률」 제165조의 6에서는 주권상장법인 또는 코스닥상장법인에게 일반공모증자를 활성화하기 위하여 이사회의 결의로 신주를 발행할 수 있도록 하고 있다.

(다) 직접공모방식

이 방식은 인수회사를 통하지 않고 발행회사가 직접 자기의 책임과 계산하에 신주를 공모하는 방식이다. 비상장법인의 경우와 같이 소규모의 주식을 공모하는 경우에 사용되는 방식으로서 발행가액의 적정성에 대해 증권회사나 신용평가회사 등의 유가증권분석 전문기관의 평가를 받아야 한다.

5.1.2 무상증자

(1) 의 의

무상증자란 주식의 발행으로 자본금은 증가하지만 주금이 납입되지 아니하여 회사의 순자산이 증가하지 않는 것을 말한다. 즉, 기업이 가진 준비금이나 재평가적립금 등을 자본금으로 전입하면서 기존주주들에게 무상으로 신주를 발행(교부)하는 것을 말한다. 무상증자는 자금조달을 목적으로 하지 않고 자본구성을 시정하거나 사내유보의 적정화 또는 기타의 목적을 위해 실시되는 것으로서 회사의 총자산에는 변동없이 재무제표상 항목간의 변경을 통하여 새로운 주식을 발행하는 형식적 증자라고 할 수 있다. 회사의 법정준비금의 자본전입, 전환사채·우선주의 전환, 주식배당 등에 의하여 자본금이 증가하는 것을 말한다.

(2) 법정준비금의 자본전입

법정준비금의 자본전입이란 회사의 계산상 법정준비금계정으로 되어 있는 금액의 전부 또는 일부를 자본금계정으로 이체하는 것을 말한다. 「상법」은 법정준비금을 원칙적으로 자본의 결손에 충당하는 경우 이외에는 사용하지 못하는 것으로 하고 있다(상법 §460). 그러나 예외적으로 이사회의 결의에 의하여 준비금을 자본에 전입할 수 있도록 하고 있다(상법 §461 ①).

(가) 자본전입의 대상이 되는 준비금

자본전입의 대상이 되는 법정준비금에는 이익준비금과 자본준비금이 있다.

① 이익준비금

이익준비금은 자본의 충실화를 위하여 「상법」에서 요구하고 있는 법정적립금으로서 회사는 그 자본의 2분의 1에 달할 때까지 매 결산기의 금전에 의한 이익배당액의 10분의 1 이상의 금액을 이익준비금으로 적립하여야 한다(상법 §458). 이때 이익준비금의 적립은 자본의 1/2를 초과하는 금액은 이익준비금이 아닌 임의준비금이므로 자본에 전입할 수 없다. 또한 이익잉여금으로는 직접 무상증자를 할 수 없으므로 정기주주총회를 통해 이익잉여금을 이익준비금으로 전환하여 무상증자의 재원으로 활용할 수 있다. 이 경우에도 자본의 1/2을 초과하는 이익준비금은 임의적립금으로 보아 무상증자의 재원으로 사용할 수 없다.

② 자본준비금

자본준비금이란 주주가 자본금을 초과하여 납입한 부분이나 자본거래에 의하여 발생한 잉여금을 말한다. 그 예로서 주식발행초과금, 감자차익, 합병차익 등이 있다.

(3) 주식배당

이익잉여금을 재원으로 하여 주주에게 배당하는 경우 현금 등으로 배당하여 사외로 유출하는 대신에 주식을 발행하여 배당함으로써 자본화하는 것을 말한다. 이것은 이익잉여금을 불입자본에 전입하여 신주를 발행하고, 이 발행한 신주를 주주들에게 무상으로 배정하는 특수한 형태의 배당이다. 이때 주식배당은 이익배당총액의 2분의 1에 상당하는 금액을 초과하지 못한다(상법 §462의 2 ①). 일반적으로 회사가 주식배당을 하는 이유는 배당금 지급에 따른 자금의 사외유출을 막고, 회사재산의 유출없이 이익배당의 효과가 있어서 배당압력도 피할 수 있으며 사외유통주식수가 증가되어 주식의 시장성을 높일 수 있기 때문이다.

5.1.3 기타의 증자

유상증자에 있어서 기타의 유가증권에 의한 증자로서 전환사채의 전환에 의한 증자, 신주인수권부사채에 의한 증자 등이 있다.

5.1.4 출자액과 발행가액의 차액에 대한 회계처리

출자란 주식을 발행할 때 그 대가로 받는 자본거래를 말한다. 액면주식을 발행하는 경우에는 발행주식의 액면총액을 자본금으로 계상한다. 이때 주식의 발행가액은 액면가액과 반드시 일치하지 않는다. 주식의 발행가액이 액면가액을 초과하는 경우에는 그 차액을 주식발행초과금으로 하여 자본잉여금으로 계상하고, 주식의 발행가액이 액면가액에 미달하는 경우에는 주식할인발행차금으로 하여 자본조정항목으로 인식한다. 이 경우에 주식발행가액은 주식발행대금에서 주식발행비를 차감한 가액을 말하며, 주식발행으로 인한 순현금유입액을 말한다.

(1) 할증발행(액면초과발행)

할증발행은 주식의 발행가액을 액면가액보다 높은 가액으로 하여 발행하는 것을 말한다. 회사가 설립일 이후에 추가로 증자하는 경우에는 증자시점의 주가에 상응하는 가격으로 신주를 발행하는 것이 보통이므로 신주를 인수하고자 하는 자는 액면가액을 초과하는 금액을 주식인수대금으로 지불하게 된다. 이 경우에 주식의 순발행가액이 액면가액을 초과하는 경우에 그 초과금액은 주식발행초과금이 된다.

(2) 할인발행(액면미달발행)

상법에서는 원칙적으로 주식의 액면미달발행은 자본충실의 원칙상 허용하지 아니한다(상법 §330). 다만, 회사가 성립한 후에 주가가 액면가 이하인 경우에는 신주발행에 의한 자금조달이 어렵게 된다. 이에 기업의 유지이념에 맞추어 회사의 긴급자금조달을 위해 일정한 요건에 따라 액면미달발행을 할 수 있다.

액면미달발행의 요건으로 회사가 성립한 날로부터 2년을 경과한 후에 주식을 발행하는 경우에 회사는 주주총회의 특별결의와 법원의 인가를 얻어서 주식을 액면미달의 가액으로 발행할 수 있다(상법 §417 ①). 주주총회의 결의에서는 주식의 최저발행가액을 정하여야 하며(상법 §417 ②), 이때 주식의 순발행가액이 액면금액에 미달하는 경우 그 미달하는 금액을 주식할인발행차금이 된다.

5.2 자본의 감소

5.2.1 의 의

자본의 감소, 즉 감자란 결손보전·사업의 축소 등에 의하여 회사의 자본의 총액(발행주식의 액면총액)이 감소하는 것을 말한다. 주식회사의 자본감소는 책임재산의 감소를 의미하므로 회사채권자 등에게 불리하게 될 뿐만 아니라 주주에게도 영향을 주게 된다. 따라서 「상법」은 이에 관하여 엄격하게 규정하고 있다. 감자에는 주식금액의 일부환급, 주식의 매입소각 등과 같이 자본의 감소로 인하여 회사의 순자산을 감소시키는 실질적 감자와 주식의 병합, 주금액의 절삭 등은 회사재산의 결손 등으로 인하여 주식을 감소시키는 형식적인 감자로 구분된다. 이때 감자 그 자체는 정관변경을 요하는 사항이 아니지만 주주에게 중대한 이해관계가 있으므로 정관변경의 경우와 같이 주주총회의 특별결의를 얻어야 한다(상법 §438 ①).

5.2.2 자본감소의 방법

자본감소의 방법에는 주금액의 감소와 주식수의 감소가 있다.

(1) 주금액의 감소

주금액을 감소시키는 방법에는 절기(切棄)와 환급(還給)의 두 방법이 있다. 어느 방법이든 새로운 주금액은 100원 이상이어야 하며(상법 §329 ③), 또한 균일하여야 한다(상법 §329 ②).

(가) 절 기

절기란 명목상의 자본감소의 방법으로 이용되는 것으로서 주주가 납입주금액의 일부를 포기하여 주주의 손실에서 주금액을 감소시키는 것을 말한다.

(나) 환 급

환급이란 실질적인 자본감소의 방법에 이용되는 것으로서 회사가 주금액의 일부를 주주에게 반환하고 남은 주금액으로만 주금액을 감소하여 새로이 정하는 것을 말한다.

(2) 주식수의 감소

주식수를 감소하는 데는 소각과 병합의 두 가지가 있다. 주식수를 감소시키기 위하여 소각과 병합의 두 가지 방법을 혼용할 수도 있다.

(가) 주식의 소각

주식의 소각이란 회사가 특정주식을 소멸시키는 것을 말한다. 주식의 소각은 주주에게 현금 등을 지급함으로써 기업의 순자산을 실질적으로 감소시키는 것을 말하며, 이를 실질적 감자라 한다. 예를 들어 대주주가 일반 대중에게 분산되어 있는 소수주주 지분을 취득하여 소각함으로써 대주주는 당해 회사에 대한 완전한 지배력을 행사할 수 있다. 이런 경우에 주주나 일반 대중에게 미치는 부정적인 영향 때문에 「상법」에서는 엄격하게 규정하고 있다.

한편, 주주에게 주식소각의 대가를 지급하지 아니하여 회사의 순자산은 변동하지 않으나 명목상으로 자본금이 감소되는 경우가 있는데, 이를 형식적 감자라 한다. 예를 들어 이월결손금이 누적되어 있는 회사의 경우에 자본금을 감소시켜서 이월결손금을 정리하는 경우가 여기에 해당된다.

(나) 주식의 병합

종전의 2주를 합하여 1주로 하는 것과 같이 수개의 주식을 병합하여 이보다 소수의 주식으로 하는 것이다. 주식의 병합은 자본감소, 주식회사 합병, 액면금액의 변경 등에서 인정된다. 주식의 병합은 주주총회의 특별결의를 거쳐야 하고 채권자보호를 위한 절차가 반드시 필요하다. 한편, 병합과는 반대로 기존의 주식을 세분하는 것을 주식의 분할이라 하는데 주주총회의 결의로 주식을 분할할 수 있다(상법 §329의 2 ①).

5.2.3 자기주식

(1) 개 요

자기주식이란 회사가 발행하여 사외유통 중인 주식을 그 발행회사가 취득하여 소각하거나 재발행하지 않고 보유하고 있는 주식을 말한다. 자기주식의 본질에 대해서는 미발행주식으로 보는 관점과 자산으로 보는 관점이 있다. 자산으로 보는 관점에서는 자기주식을 처분하는 미래에 현금이 유입되므로 자산으로 이해하는 것이나, 회사가 회사를 스스로 소유하게 되는 논리적인 모순을 발생시키고, 「상법」상 자기주식에 대해서는 이익배당청구권, 의결권 등의 주주권이 제한되어 자산으로서 경제적 효익을 향유할 수 없다는 점에서 타당하지 않다. 이에 반하여 미발행주식설은 자기주식은 처음부터 주식을 발행하지 않은 것과 같다는 이론으로 한국채택국제회계기준에서는 미발행주식설에 바탕을 두고 있어서 자기주식은 취득목적에 관계없이 자본에서 차감하는 것으로 규정하고 있다.

그동안 자기주식의 취득에 대해서는 특별한 목적 외에는 원칙적으로 취득을 제한하였다. 이에 개정 「상법」에서는 자본충실의 원칙을 해하지 않는 범위 내에서는 원칙적으로 자기주식의 취득을 인정하였다.

(2) 취득목적

자기주식의 취득이란 회사가 주주로부터 주식을 양수하는 것을 말한다. 회사가 자기회사의 주식을 취득하는 것은 소각하기 위한 경우와 잠시 보유하였다가 재발행하는 경우로 구분할 수 있다. 기업이 자기주식을 취득하는 목적은 자본을 감소시켜서 현재의 영업활동을 축소하기 위함이거나 기업의 주가를 유지하기 위하여 또는 대주주 등이 경영권을 확보하기 위하여 특정주주가 보유하고 있는 주식을 매입하는 경우, 사외에 유통주식수를 줄여서 배당금을 감소시키거나 주당순이익을 증가시키기 위하여 여유자금을 이용하여 시세차익을 얻기 위한 목적 등이 있다.

(3) 자기주식 취득방법

(가) 개 요

자기주식은 회사가 자기 자신의 주식을 자기가 취득하는 모순성이 있고, 또한 기업자본이 환급되어 자본유지의 원칙에 위배되므로 채권자에게 불리한 영향을 미칠 수 있다. 자기주식의 취득에 대하여 개정 전 「상법」에서는 그동안 상당히 엄격한 입장을 취하였다. 그러나 폐지된 「증권거래법」에서는 1994년에 상장회사를 대상으로 배당가능이익에 의한 자기주식취득을 허용하였고, 현행 「자본시장과 금융투자업에 관한 법률」에서도 이를 그대로 승계한 바, 「상법」에서는 상장회사와 비상장회사 사이의 불균형을 제거하고 세계적인 입법추세를 반영하는 차원에서 자기주식취득에 대한 규제를 완화하는 방안을 채택하였다.

(나) 자기주식 취득방법

자기주식을 취득하기 위해서 회사는 자기의 명의와 계산으로 하여 각 주주가 가진 주식수에 따라 균등한 조건으로 취득하는 것으로 하여 모든 주주에게 자기주식 취득의 통지 또는 공고를 하여 주식을 취득하는 방법으로 자기의 주식을 취득할 수 있다. 이 경우에 자기주식 취득가액의 총액은 배당가능이익을 초과하지 못한다(상법 §341 ①). 배당가능이익은 직전 결산기의 대차대조표상의 순자산액에서 ① 자본금의 액, ② 그 결산기까지 적립된 자본준비금과 이익준비금의 합계액, ③ 그 결산기에 적립하여야 할 이익준비금의 액, ④ 대통령령으로 정하는 미실현이익의 금액을 뺀 금액을 말한다(상법 §341 ③).

> 배당가능이익 = 재무상태표상의 순자산액 − (① 자본금 + ② 당해 결산기까지 적립된 자본준비금과 이익준비금의 합계액 + ③ 당해 결산기에 적립해야 할 이익준비금 + ④ 대통령령으로 정하는 미실현이익의 금액을 뺀 금액)

(다) 자기주식의 취득절차

① 주주총회의 소집

주주총회를 소집할 때에는 주주총회일의 2주 전에 각 주주에게 서면으로 통지를 발송하거나 각 주주의 동의를 받아 전자문서로 통지를 발송하여야 한다. 다만, 자본금 총액이 10억원 미만인 회사가 주주총회를 소집하는 경우에는 주주총회일의 10일 전에 각 주주에게 서면으로 통지를 발송하거나 각 주주의 동의를 받아 전자문서로 통지를 발송할 수 있다. 또한 자본금 총액이 10억원 미만인 회사는 주주 전원의 동의가 있을 경우에는 소집절차 없이 주주총회를 개최할 수 있고, 서면에 의한 결의로써 주주총회의 결의를 갈음할 수 있다(상법 §363).

② 주주총회의 결의

자기주식을 취득하려는 회사는 미리 주주총회의 결의로 취득할 수 있는 주식의 종류 및 수, 취득가액의 총액의 한도, 1년을 초과하지 아니하는 범위에서 자기주식을 취득할 수 있는 기간을 결정하여야 한다. 다만, 이사회의 결의로 이익배당을 할 수 있다고 정관으로 정하고 있는 경우에는 이사회의 결의로써 주주총회의 결의를 갈음할 수 있다(상법 §341 ②).

(4) 특정목적에 의한 자기주식의 취득

자기주식은 회사가 자기 자신의 주식을 자기가 취득하는 모순성이 있고, 또한 기업자본이 환급되어 자본유지의 원칙에 위배되므로 채권자에게 불리한 영향을 미칠 수 있다. 자기주식의 취득에 대하여 개정 전 「상법」에서는 상당히 엄격한 입장을 취하였다. 그러나 폐지된 「증권거래법」에서는 1994년경 상장회사를 대상으로 배당가능이익에 의한 자기주식취득을 허용하였고, 현행 「자본시장과 금융투자업에 관한 법률」에서도 이를 그대로 승계한 바, 「상법」에서는 상장회사와 비상장회사 사이의 불균형을 제거하고 세계적인 입법추세를 반영하는 차원에서 자기주식취득에 대한 규제를 완화하는 방안을 채택하였다. 이에 따라 주식을 소각하기 위한 경우에는 개정 전에는 제한하였으나, 이번 개정을 할 때는 이를 삭제하였다. 「상법」에서는 다음의 경우 이외에는 자기의 계산으로 자기의 주식을 취득하지 못하도록 하고 있다(상법 §341·§341의 2).

① 회사의 합병 또는 다른 회사의 영업전부의 양수로 인한 경우

② 회사의 권리를 실행함에 있어 그 목적을 달성하기 위하여 필요한 경우

③ 단주의 처리를 위하여 필요한 경우

④ 주주가 주식매수청구권을 행사한 경우

(5) 자기주식의 소각

회사가 취득한 자기주식을 소각시키는 자본거래를 말한다. 주식을 소각하기 위한 경우에는 자기주식 취득을 개정 전에는 제한하였으나 개정 「상법」에서는 이를 삭제하였다. 자기주식의 소각은 자본금을 감소시키므로 감자거래에 해당된다. 회사가 주식을 소각할 때 소각되는 주식의 자본금을 감소시키고 자기주식의 장부가액인 취득원가와의 차이를 감자차익 또는 감자차손으로 인식한다.

Chapter

02 기타 유가증권

1 의 의

유가증권의 정의는 광의로 재산적 권리를 나타내는 증서로서 상품증권, 화폐증권 및 자본증권을 모두 포함되나 증권시장에서 거래되는 유가증권은 자본증권으로 한정되고 있다. 「자본시장과 금융투자업에 관한 법률」에서는 구체적으로 증권시장에서 거래되는 유가증권의 종류를 열거하고 있는데, 국채 및 지방채, 특별한 법률에 의해 설립된 법인이 발행한 채권 및 출자증권, 사채권, 주식 또는 신주인수권을 표시하는 증서 및 증권예탁원이 발행한 KDR(주식예탁증서), CP(기업어음), 주가지수옵션 등이 있다. 본서는 주식의 평가를 다루는 실무교재이므로 주식평가와 관련된 유가증권을 대상으로 범위를 한정하여 정리하면 다음과 같다.

2 신주인수권

2.1 의 의

신주인수권(stock right)이란 기업이 새로운 주식을 발행할 때 기존의 주주가 우선적으로 주식을 인수할 수 있는 권리를 말한다. 신주인수권은 주주의 신주인수권과 제3자의 신주인수권으로 구분된다.

주주의 신주인수권은 회사가 신주를 발행할 때 기존주주가 그들이 가지고 있는 주식의 지분비율에 따라 우선적으로 배정받을 권리를 가지는 것을 말한다. 그 이유는 회사가 신주를 발행하는 경우에 기존주주들이 지분비율에 영향을 받아서 불리해질 수 있기 때문에 소유주식수에 따라서 가지는 비례적 이익을 보호함에 있다. 「상법」에서는 주주를 보호하기 위하여 주주의 신주인수권을 법정하고 있다. 주주는 정관에 다른 규정이 없으면 그가 가진 주식수에 따라 신주의 배정을 받을 권리가 있다.

제3자의 신주인수권에 관하여는 신기술의 도입, 재무구조의 개선 등 회사의 경영상 목적을 달성하기 위하여 필요한 경우에 한하여 정관에 정하는 바에 따라 주주 외의 자에게 신주를 배정할 수 있다(상법 §418 ②).

2.2 신주인수권증서의 발행

회사가 그 성립 후에 주식을 발행하는 경우에는 신주의 종류와 수, 신주의 발행가액과 납입기일, 주주가 가지는 신주인수권의 양도 등에 대해서 원칙적으로 이사회가 결정한다. 그러나 「상법」에 다른 규정이 있거나 정관으로 주주총회에서 결정하기로 정한 경우에는 주주총회에서 결정한다. 이때 주주가 신주를 인수할 권리인 신주인수권은 이사회의 신주발행결의가 있을 때까지는 추상적인 권리에 불과하지만 일단 이사회 결의가 있으면 구체적 권리가 되어 양도가 가능해진다. 신주인수권을 자유롭게 양도하기 위해서는 이를 유가증권으로 만들어야 하는데, 이것이 신주인수권증서이다(상법 §420의 2).

2.3 신주인수권증서의 양도

주주가 가지는 신주인수권을 양도할 수 있는 것에 관한 사항을 정한 경우에는 주주의 청구가 있는 때에만 신주인수권증서를 발행한다는 것과 그 청구기간을 정한 때에는 회사는 그 기간 내에 청구한 주주에 대해 신주인수권증서를 발행해야 하며, 그 청구기간을 정하지 않았을 때에는 신주청약기일 2주 전에 주주의 청구가 없어도 신주인수권증서를 발행해야 한다. 이 신주인수권의 양도는 신주인수권증서의 교부에 의하여서만 이를 행한다(상법 §420의 3).

3 전환사채

3.1 의 의

전환사채(convertible bond : CB)란 사채를 발행한 뒤 일정기간이 경과한 후 사채권자는 회사의 경영성과에 따라 주식으로 전환을 선택할 수 있는 권리를 수반한 사채를 말한다. 전환사채는 주식으로 전환할 수 있는 권리, 즉 전환권이 수반되므로 발행이자율이 낮아서 발행자의 입장에서는 발행이자율을 낮게 발행하여 금융비용이 절감되는 반면, 사채권자는 발행회사의 영업성과가 양호하여 주가가 상승하면 전환권을 행사하여 자본이득을 얻을 수 있다.

회사는 주주배정에 의한 전환사채를 발행할 수 있고, 주주 이외의 자에 대하여도 전환사채를 발행할 수도 있다. 전환사채를 발행하고자 할 때 정관 또는 주주총회의 특별결의로 전환을 청구할 수 있다는 뜻과 전환조건, 전환으로 인하여 발행될 주식의 내용, 전환청구기간을 결정하도록 되어 있다. 그러나 전환사채의 인수권을 주주에게 부여하는 경우에는 원칙적으로 이사회가 전환사채의 발행을 결정하고 그 발행사항을 정하도록 되어 있다.

3.2 전환사채의 발행

전환사채의 발행은 신주인수권과 달리 주주는 당연히 전환사채의 인수권을 갖는 것이 아니고 정관의 규정 또는 이사회의 결의에 의하여 인수권이 부여된다(상법 §513의 2 ②). 또한 전환사채도 사채의 일종으로 그동안 ① 사채의 총액은 순자산의 4배를 초과할 수 없고, ② 전에 발행한 사채의 납입이 완료되지 않으면 새로 사채를 발행할 수 없으며, ③ 각 사채의 금액은 1만원 이상이어야 하고, ④ 할증상환비율은 동일하여야 한다고 규정하였던 제한 규정이 모두 삭제되었다. 「자본시장과 금융투자업에 관한 법률」 제165조의 10의 규정에서도 주권상장법인 또는 코스닥상장법인이 발행하는 전환사채 또는 신주인수권부사채 중 주식으로의 전환 또는 신주인수권의 행사가 가능한 분에 해당하는 금액은 「상법」 제470조의 규정에 의한 사채발행한도의 제한을 배제하여 전환사채와 신주인수권부사채의 발행에 제한이 없다.

4 신주인수권부사채

4.1 의 의

신주인수권부사채(bond with warrants : BW)는 사채권자에게 신주인수권이 부여된 사채를 말하며, 신주인수권은 사채권자가 사채발행회사의 신주를 특정가격에 매입할 수 있는 권리를 말한다. 신주인수권부사채를 선호하게 되는 것은 사채발행회사 입장에서는 낮은 이자율로 사채를 발행하는 방법으로 신주인수권부사채를 이용한다. 이때 권리가 행사되면 주식이 발행되는 전환사채와 유사하지만 권리의 행사로 주식을 인수하기 위해서는 추가로 일정한 인수대가를 지급하여야 한다. 한편, 신주인수권부사채를 구입하는 사채권자는 발행회사의 영업성과가 좋아져서 주가가 상승하면 특정가격에 인수권을 행사하여 주식을 유리하게 구입할 수 있고, 반대로 회사의 영업성과 등과 나빠져서 주가가 하락하는 경우에는 신주인수권을 포기하게 되는 것이다.

4.2 발행형태

신주인수권부사채의 발행은 일반사채와 다를 바가 없으나 신주인수권이 부여되어 있으므로 일반사채에 비하여 높은 가격에 발행된다. 그 형태로서 신주인수권을 사채에서 따로 분리하여 양도가 가능한 분리형 신주인수권부사채와 신주인수권을 사채권에 표시하지만 사채권과 분리가 불가능한 비분리형 신주인수권부사채로 구분된다. 분리형의 경우에 사채권자는 신주인수권만을 분리하여 신주를 인수하거나 타인에게 양도할 수 있다. 이 경우에는 사채와 신주인수권을 병행하여 발행한 것으로 간주되기 때문에 각각의 증권에 대하여 시장가격이 형성될 수 있다.

기업회계기준에서는 신주인수권부사채 발행 시에 신주인수권의 대가로 납입된 금액을 신주인수권대가로 하여 자본조정으로 분리하도록 하고 있다. 이것은 분리형 신주인수권부사채의 입장을 따르는 것이다.

4.3 신주인수권부사채의 발행

회사는 이사회의 결의 또는 정관의 규정에 의한 주주총회의 결의로 신주인수권부사채를 발행할 수 있다. 다만, 자본의 총액이 5억원 미만인 주식회사로 이사가 1인인 경우에는 주주총회에서 결의한다(상법 §383 ④). 주주 이외의 자에게 신주인수권부사채를 발행하는 경우에는 신주인수권의 내용 등에 관하여 정관에 규정이 없으면 주주총회의 특별결의로 이를 정하여야 한다(상법 §516의 2 ④).

4.4 신주인수권부사채의 양도

앞에서 설명한 바와 같이 신주인수권부사채는 발행형태에 따라 사채와 신주인수권을 분리하여 양도할 수 있는 분리형과 사채와 신주인수권을 결합해서만 양도할 수 있는 비분리형으로 구분된다. 여기에서 신주인수권부사채의 양도에 있어서는 신주인수권만을 양도할 수 있도록 한 분리형에 있어서는 사채권을 표시한 유가증권인 사채권과 신주인수권을 표시한 유가증권인 신주인수권증권을 각각 분리하여 양도가 가능하다. 「상속세 및 증여세법」에서는 신주인수권부사채와 신주인수권증권에 대하여 각각 평가규정을 두고 있다.

5 주식매수선택권

5.1 의 의

주식매수선택권(stock option)이란 회사의 임직원들이 자기 회사의 주식을 미리 정한 가액으로 일정한 수량을 구입할 수 있는 권리를 말한다. 회사는 설립·경영과 기술혁신 등에 기여하거나 기여할 수 있는 회사의 임직원에게 미리 정한 가액인 주식매수권 행사가액으로 신주를 인수하거나 회사의 주식을 인수할 수 있도록 하고 있다. 이 주식매수선택권은 당해 회사의 임직원에게만 부여되고 양도가 불가능하다는 점에서 다른 신주인수권과 다르다. 또한 주식매수선택권은 임직원에 대한 보수의 성격과 동기부여, 근무의욕을 높이기 위하여 제공하는 경우 등으로 구분하여 볼 수 있다.

5.2 주식매수선택권자

주식매수선택권을 갖는 자는 회사의 설립과 경영기술혁신 등에 기여하였거나 기여할 수 있는 회사의 이사·감사 또는 피용자에게 주식매수선택권을 부여할 수 있다. 그러나 다음에 해당하는 자에게는 주식매수선택권을 부여할 수 없다(상법 §340의 2 ②).

① 의결권 없는 주식을 제외한 발행주식총수의 100분의 10 이상의 주식을 가진 주주

② 이사·감사의 선임과 해임 등 회사의 주요 경영사항에 대하여 사실상 영향력을 행사하는 자

③ '①·②'에 규정된 자의 배우자와 직계존비속

5.3 주식매수선택권의 부여

주식매수선택권의 부여는 ① 주식매수선택권의 행사가격으로 새로이 주식을 발행하여 교부하거나, ② 자기주식을 교부하거나, ③ 주식매수선택권의 행사가격과 시가와의 차액을 현금 또는 자기주식으로 교부하는 방법으로 할 수 있다(상법 §340의 2 ①). 이때 주식매수선택권의 행사로 발행할 신주 또는 양도할 자기의 주식은 회사의 발행주식총수의 100분의 10을 초과할 수 없다. 또한 주식매수선택권의 행사가액은 다음의 가액 이상이어야 한다(상법 §340의 2 ④).

① 신주를 발행하는 경우에는 주식매수선택권의 부여일을 기준으로 한 주식의 실질가액과 주식의 권면액 중 높은 금액. 다만, 무액면주식을 발행한 경우에는 자본으로 계상되는 금액 중 1주에 해당하는 금액을 권면액으로 본다.

② 자기의 주식을 양도하는 경우에는 주식매수선택권의 부여일을 기준으로 한 주식의 실질가액

다만, 주식매수선택권의 행사가액이 주식의 실질가액보다 낮은 경우에 회사는 그 차액을 금전으로 지급하거나 그 차액에 상당하는 자기의 주식을 양도할 수 있다. 이 경우 주식의 실질가액은 주식매수선택권의 행사일을 기준으로 평가한다(상법 §340의 2 ① 단서).

이때 주식매수선택권의 발행은 회사가 정관이 정한 바에 따라 주주총회의 특별결의로 한다.

Chapter 03 주식시장

1 개 요

주식회사의 특징은 소유와 경영의 분리이다. 이때 주식은 회사의 지분권을 나타내는 단위로서 그 자체로서는 아무런 물적 가치를 지니지 않으나, 주식을 소유하는 주주는 해당 회사의 주식에 대하여 매매거래를 통해 투자액의 비율에 의한 기업이익을 배분받을 권리, 경영에 참가할 수 있는 권리, 회사가 해산되었을 때 잔여재산을 분배받을 권리 등을 갖는다. 이런 권리는 주식시장을 통하여 주식을 언제든지 환금(換金)할 수 있고 투자자 사이에서 주식을 매매하여 자본의 회수를 도모할 수 있다. 이것을 주식시장이라고 하는데, 이 주식시장은 주식에 유동성을 부여하며 적정한 주식가격 형성의 역할을 수행하고 기업의 소유와 경영의 분리를 통해 건전한 기업풍토 조성에도 기여한다.

주식시장의 종류는 한국거래소의 유가증권시장, 코스닥시장 등과 프리보드와 장외시장 등이 있다. 일반적으로 「상속세 및 증여세법」상의 주식의 평가는 유가증권시장이나 코스닥시장에서 거래되는 주식에 대한 평가와 프리보드나 장외시장에서 평가되는 주식에 대한 평가방법을 다르게 취급하고 있고, 그 밖에 이러한 시장에서 거래가 이루어지지 아니하는 비상장법인의 주식의 평가방법과도 다르게 규정하고 있다. 이들 주식에 대한 평가방법을 적용하기 위해서는 시장에 대한 이해가 전제되어야 한다.

01

2 유가증권시장

2.1 의 의

2005.1.27. 증권거래소, 코스닥시장, 선물거래소가 통합되어 한국거래소가 출범하면서 종전의 증권거래소시장이 유가증권시장으로 그 명칭이 변경되었다. 유가증권시장은 우리나라 대표 증권시장으로서 많은 기업들과 투자자들이 참여하고 있다. 유가증권시장은 투자자를 보호하고 상장된 유가증권의 원활한 매매거래가 이루어지도록 하기 위하여 유가증권을 상장하려는 기업에 대한 심사와 상장한 기업에 대한 관리에 엄격한 기준을 적용한다.

유가증권시장에서 유가증권을 매매거래의 대상으로 인정하는 행위를 상장이라 하고, 유가증권시장에 상장된 주권을 발행한 법인을 주권상장법인이라고 한다. 유가증권시장에서는 주식, 채권, 외국 주권·채권 및 외국주식예탁증서, 주식워런트증권 시장을 개설·운영하고 있다.

2.2 유가증권시장의 기능

유가증권시장은 주식, 채권, 외국 주권·채권 및 외국주식예탁증서, 주식워런트증권 시장을 개설·운영하고 있으며 국가경제적인 측면에서 산업자금을 효율적으로 배분하고 있다. 유가증권시장은 기업의 규모와 기업의 특성에 따라 상장요건을 상장희망기업이 선택할 수 있도록 하고 있으며, 투자자를 보호하기 위해 안정성·수익성 및 건전성 등을 갖춘 기업에 대해서 상장을 허용하고 있다.

3 코스닥시장

3.1 의 의

코스닥시장이란 고부가가치산업인 지식기반 중소·벤처기업의 직접자금조달을 지원하고, 투자자에게는 고위험·고수익의 투자기회를 제공하기 위하여 1996년 7월 주식장외시장을 조직화하여 탄생된 시장이다. 한국금융투자협회에서 시장을 개설하고 운영하던 것을 2005.1.27. 출범한 한국증권선물거래소가 그 권한을 이관 받았고, 코스닥시장운영본부가 위임받아 운영하고 있다. 이에 따라 종전 협회중개시장이라는 명칭은 정식으로 코스닥시장으로 변경되었고, 코스닥상장의 절차도 코스닥시장 상장이란 용어로 대체되었다.

코스닥시장은 미국의 나스닥시장을 벤치마킹하고 있으며, 성장성과 기술력 있는 지식집약기업에 장기적으로 안정적인 자금을 공급하고 미래의 비전과 성장가능성이 높은 벤처기업 중심으로 운영되고 있다. 고위험·고수익시장인 만큼 증권회사의 역할과 책임이 강조되는 시장이다. 또한 코스닥시장은 유가증권시장에 비하여 상장기준이 완화된 수준이므로 우량업체의 선별기능이 중시되고 있다. 또한 유가증권시장은 성숙한 대기업 중심의 안정적 시장인 반면 코스닥시장은 신기술·벤처 중심의 성장형 시장이다.

3.2 특 징

(1) 신기술·벤처중심의 성장형 시장

유가증권시장은 성숙한 대기업 중심의 안정적 시장인 반면 코스닥시장은 기술·벤처 중심의 성장형 시장이다.

(2) 벤처산업의 육성

신생 벤처기업에 투자를 전문으로 하는 벤처금융(Venture Capital)회사들이 코스닥시장을 통하여 투자한 자금을 회수하는 한편, 새로운 유망벤처기업을 발굴하여 지원할 자금조성의 장으로써 시장을 활용할 수 있다.

(3) 투자자의 자기책임원칙이 강조되는 시장

코스닥시장은 High-risk, High-return의 성격이 강한 시장이다. 투자자에게 증권거래소시장에 상장하기 어려운 벤처기업, 유망중소기업 등의 성장가능성이 높은 비상장 유망기업 주식을 투자할 수 있는 수단을 제공하고 있다.

4 코넥스시장

4.1 의 의

코넥스시장(KONEX, KOrea New EXchange)은 우수한 기술력을 보유하고 있음에도 짧은 업력 등을 이유로 자금 조달에 어려움을 겪는 초기 중소기업과 벤처기업이 자금을 원활하게 조달할 수 있도록 하기 위해 2013.7.1.부터 개장된 자본시장이다. 코넥스시장은 코스닥시장의 상장 요건을 충족시키지 못하는 벤처기업과 중소기업이 상장할 수 있도록 지원하기 위하여 상장요건을 대폭 완화하였다. 상장요건으로는 자기자본 5억원, 매출액 10억원, 순이익 3억원 가운데 한 가지만 충족하면 가능하며, 코스닥(KOSDAQ)에 비해 진입 문턱과 공시부담을 크게 낮춘 시장이므로 코넥스시장 상장 후 공신력과 성장성을 확보해 코스닥(KOSDAQ)시장으로 이전 상장하는 것을 목표로 하고 있다. 따라서 코넥스시장은 일정 요건을 갖춘 비상장기업에 문호를 개방하기 위해 개설하는 유가증권시장, 코스닥시장에 이은 제3의 주식시장이다.

4.2 특 징

코넥스시장은 창업 초기의 중소벤처기업들이 자본시장을 통해 필요한 자금을 원활하게 조달할 수 있도록 하는 창업 초기 중소기업과 벤처기업 전용 주식시장이다. 코스닥시장의 경우에는 설립부터 상장까지 평균 10년 가까이 소요되고, 프리보드의 경우에도 계속된 거래부진으로 인해 그 시장기능이 크게 위축되어 그 대안으로 설립되었다. 따라서 창업 초기의 중소벤처기업들이 자본시장을 통해 필요한 자금을 원활하게 조달할 수 있도록 지원하도록 하는 데에 그 특징이 있다.

5 프리보드(구 제3시장)

5.1 의 의

프리보드는 유가증권시장이나 코스닥시장에 상장되지 아니한 비상장주식의 매매거래를 위하여 개설·운영하는 제도화된 장외시장으로서, 한국거래소 시장의 상장요건을 충족하지 못하여 제도권시장에 진입하기 어려운 법인들이 발행한 주식이나 상장이 폐지된 주식들에 대해 유동성을 부여하기 위하여 설립된 시장이다. 프리보드는 비상장주식의 거래를 장외주식 호가중개시장 중심으로 집중·재편함으로써 거래의 편의성과 가격의 공정성을 도모할 수 있고, 투자자에게는 아이디어와 기술력이 있는 유망기업이 발행한 주식을 상장 이전의 단계에서 투자할 수 있는 기회를 제공한다. 또한 기존 장외주식의 거래를 통해 발생할 수 있었던 불공정거래나 사기행위로부터 투자자 보호를 도모한다.

5.2 기 능

① 비상장주식의 거래를 장외주식 호가중개시장 중심으로 집중·재편함으로써 거래의 편의성과 가격의 공정성을 도모할 수 있다.

② 투자자에게는 아이디어와 기술력이 있는 유망기업이 발행한 주식을 상장 이전의 단계에서 투자할 수 있는 기회를 제공한다.

③ 기존 장외주식거래를 통해 발생할 수 있었던 불공정거래나 사기행위로부터 투자자 보호를 도모한다.

5.3 지정요건

지정제도는 주권상장 또는 코스닥상장과 비슷한 개념으로서 증권업협회가 지정종목으로 지정·승인하여 제3시장에서 거래가 가능하도록 하는 행위로서 다음과 같이 매매거래질서 유지에 필요한 기본적인 요건이 충족되어야 한다.

① 최근 사업연도 재무제표에 대한 외부감사인의 감사의견이 적정 또는 한정의견일 것(다만, 벤처기업과 유가증권시장 또는 코스닥시장에서 상장 폐지된 법인의 경우에는 동 요건을 적용하지 않음)

② 증권예탁원에 예탁가능(통일규격 유가증권의 발행)하고 양도의 제한이 없을 것

③ 발행회사가 명의개서업무를 명의개서 대행회사에 위탁하였을 것

④ 주식양도의 제한이 없을 것

6 장외시장

6.1 의 의

장외시장은 유가증권의 거래에 있어서 일반적으로 한국거래소나 프리보드와 같이 조직화된 시장에 대한 상대적 개념으로서 유가증권시장 등의 시장 밖에서 이루어지는 시장을 말한다. 이 시장은 상장유가증권은 물론 비상장유가증권에 대하여 고객과 증권회사, 증권회사 상호간 또는 고객 상호간의 개별적인 접촉에 의해 거래가 이루어지는 비조직적·추상적 시장이다. 이 시장은 거래방법에 따라 점두거래시장과 직접거래시장으로 구분된다. 점두거래시장은 중개기관인 증권회사의 창구에서 주식거래가 이루어지는 시장을 말하는데 반해, 직접거래시장은 투자자 상호간의 개별적 접촉과 협상에 의하여 거래가 이루어지는 시장을 말한다.

6.2 특 징

장외시장은 거래소시장 등이 하기 곤란한 거래를 수행하는 보완적 기능을 하거나 증권가격이 형성될 때 견제적 기능을 하기도 한다. 경우에 따라서는 거래소시장과 경쟁관계가 되기도 한다. 이러한 기능을 통해서 비상장기업의 건전한 육성과 유통시장의 규모 확대와 질적 향상에 기여하고 있다. 이와 같은 장외시장은 거래소시장 등에 비하여 다음과 같은 특징을 갖는다.

① 거래소시장 등은 매매거래를 위한 일정한 장소와 시설 등을 필요로 하지만 장외시장은 증권회사 자체가 하나의 시장을 형성하고 있다. 즉, 증권회사의 각 지점을 장외거래 장소로 사용하기 때문에 전국 어디서든지 거래가 가능하다.

② 거래소시장은 경쟁매매방식에 의하기 때문에 특정종목의 가격은 특정시간에는 하나의 가격만이 존재한다. 반면에 장외시장은 각 증권회사의 점두에서 개별적으로 이루어지기 때문에 같은 종목이 같은 시각에 거래되더라도 둘 이상의 가격이 형성될 수 있다.

③ 장외시장은 주로 증권회사와의 전화나 전산망에 의하여 매도자나 매수자측이 적합한 상대방을 구하여 직접 협상을 통해 가격·수량·결제시기 등 거래조건을 결정하는 상대매매를 하고 있다.

④ 장외시장은 비상장주식뿐만 아니라 일정한 조건 아래에서 상장주식까지도 거래가 가능하므로 거래대상 종목이 다양하다.

6.3 K-OTC시장

K-OTC(Korea Over-The-Counter)시장은 비상장주식의 매매거래를 위하여 한국금융투자협회가 「자본시장과 금융투자업에 관한 법률」에 따라 개설·운영하는 장외시장이다. 한국금융투자협회는 비상장 중소·벤처기업의 직접금융 활성화를 위해 2005년 7월부터 프리보드를 운영하여 왔으나, 주식거래 대상기업이 소수의 중소기업 위주로 한정되어 시장의 역할이 크게 저하되었고, 2013년 7월 중소기업 전용 주식시장인 코넥스시장이 개설되면서 그 역할이 모호해졌다. 이에 중소·벤처기업의 직접금융 활성화에 중점을 두던 시장운영방식을 개선하여 중소기업을 포함한 모든 비상장법인의

주식을 투명하고 원활하게 거래할 수 있도록 하였다. 이와 같이 K-OTC시장에서 거래를 할 경우에는 코스닥이나 코스피 주식처럼 거래하지만 장외거래에 해당되어 매매될 경우에는 증권거래세(0.5%)가 원천징수되고 양도소득세 납세의무도 발생한다. 최근 K-OTC시장에 상장된 주식의 평가에 관한 질의 회신(상속증여세과-00793, 2016.7.13.)에서 K-OTC시장에서 거래된 비상장주식의 가액이 발행주식총액의 1/100과 3억원 중 적은 금액 미만인 경우라도 「상속세 및 증여세법 시행령」 제56조의 2 제1항에 따른 평가심의위원회의 자문을 거쳐 그 거래가액이 거래의 관행상 정당한 사유가 있다고 인정되는 경우에는 시가의 범위에 포함되는 것이라는 유권해석을 하였다.

Part 2

주식평가 기초이론

Chapter 01 주식평가의 개관

Chapter 02 현금흐름 평가모형

Chapter 03 초과이익모형

Chapter 04 경제적 부가가치모형

Chapter 05 주가배수모형

Chapter 06 인공신경망모형

Chapter 07 공모주식 발행가격

Chapter 01

주식평가의 개관

1 기업가치와 주식가치

기업이 영업활동을 통하여 경제적 이익이 계속 창출된다면 그 기업은 가치가 있다고 할 수 있다. 기업의 가치는 기업이 영업활동을 하면서 발생하는 각종 비용이나 세금 등을 차감하고 벌어들이는 미래 기대되는 현금흐름을 현재가치로 할인하여 구할 수 있다. 이때 미래에 기대되는 현금흐름이 클수록, 현금흐름에 사용되는 자본비용이 낮을수록 가업가치는 높게 평가될 수 있다. 또는 미래에 얼마나 오랫동안 얼마만큼의 현금흐름을 창출할 수 있을 것인가가 기업가치 평가의 관건이다.

미래의 현금창출의 원동력인 총자산가치라고 할 수 있는 기업가치(firm value)의 주요 구성원천은 채권자지분가치와 주주지분가치의 합과 같다.

기업전체가치 = 주주지분가치 + 채권자지분가치

채권자지분의 가치는 부채가치로서 기업이 채권자들에게 귀속될 현금흐름이 갖는 위험의 정도를 반영한 할인율로 할인한 현재가치를 말한다. 채권자지분의 가치는 계약에 의해 지급될 미래현금흐름을 채무기업의 신용위험(credit risk)을 반영한 할인율로 할인하여 평가할 수 있다.

주주지분가치는 기업 전체에 대한 가치에서 채권자지분가치를 차감한 것을 의미한다. 그런데 채권자지분은 평가상 큰 문제가 되지 않는다. 그러므로 기업가치의 평가는 투자가치평가로서 투자자가 중심이기 때문에 주주지분가치 또는 주식가치로서 사용하기도 한다.

그런데 채권자지분가치는 계약 등에 의하여 확정적이기 때문에 평가대상으로서 변수효과가 거의 없으므로 채권자지분가치와 부채금액은 동일하게 보아도 무방하다. 기업전체가치에서 채권자지분가치를 제외한 것을 기업순가치(firm net value)라고 하는데 기업의 가치를 평가함에 있어서 주주지분가치가 주요 논의의 대상이 되므로 일반적으로 이를 기업가치라고 한다.

기업(순)가치 = 주주지분가치

주식가치는 기업이 보유하고 있는 경제적 가치인 기업의 가치를 주식의 수로 나눈 것을 의미한다.

2 자본비용의 측정

2.1 의 의

투자자가 어느 기업에 투자를 할 때 기대하는 것은 투자행위에 대하여 예상되는 미래의 투자수익이다. 투자안을 평가하기 위해서는 서로 다른 시점에서 발생하는 현금흐름을 동일시점의 가치로 환산하여 기간에 따른 차이가 배제되도록 조정하여야 한다. 그 이유는 일반적으로 사람들은 동일한 금액일 경우 미래의 현금흐름보다 현재의 현금흐름을 선호하는 경향이 있다. 이것을 유동성 선호라고 하는데, 현재의 1원과 미래의 1원은 가치가 다르다. 이것을 화폐의 시간가치라 한다.
유동성 선호가 존재하는 이유로는 시차선호, 재화의 생산성, 물가상승, 미래의 불확실성 등이 있는데, 이러한 유동성 선호로 인하여 사람들은 선호하는 현재의 현금흐름을 포기할 경우 미래에 더 많은 대가를 요구하게 된다. 이와 같이 사람들의 유동성 선호를 반영하여 화폐의 시간가치를 나타내는 척도가 시장이자율이다. 투자의 경우에도 투자자는 현재의 투자액과 미래의 투자수익을 비교하기 위해서 현금흐름의 시차 조정과 미래투자수익에 대한 불확실한 정도를 반영하고자 한다. 투자자가 기업에 자금을 조달해 주는 대가로 최소한 받고자 하는 자본비용(capital costs)인데 이것이 자본제공자의 요구수익률이 되는 것이다.

2.2 현재가치

투자자가 투자하는 유가증권의 시장가치는 그 투자자산의 미래현금흐름의 현재가치가 될 것이다. 현재가치(present value)는 미래에 발생할 현금흐름을 현재시점에서의 가치로 평가한 금액을 말한다. 즉, 확정된 미래의 일정금액을 일정기간 후에 지급받을 경우 그 금액을 현재 시점의 금액으로 할인하는 것을 말한다. 이때 미래의 일정금액을 현재가치로 할인하는 것은 미래의 일정금액에 포함된 화폐의 시간가치를 차감하는 것을 의미한다. 자본비용이 r인 미래 n시점에서의 1원의 현재가치(PV)는 다음과 같다.

$$PV_{r,\ n} = \frac{1}{(1+r)^n}$$

이때 현재가치의 계산식에서 또는 $(1+r)^{-n}$을 현가계수 또는 현가율이라고 한다. 예를 들어 연리 10%, 5년 후의 현금흐름 1,610,510원을 현재가치로 계산해 보면, 다음과 같은 1,000,000원이 된다.

$$\begin{aligned} PV &= \frac{1,610,510}{(1+0.1)^5} \\ &= 1,000,000 \end{aligned}$$

따라서 5년 후에 발생되는 1,610,310원은 현재 시점의 1,000,000원과 가치가 같은 것이다.

미래일정기간마다 발생하는 현금을 연금이라고 한다. 미래연금이 매기 일정하게 발생한다면 미래에 발생하는 연금의 현재가치의 합은 매기에 발생하는 미래현금을 각각 현재가치로 환산하여 합한 것과 같다. 이를 하나의 등식으로 표현하면 다음과 같은 산식이 된다.

$$PV_n = A\left(\frac{1-\frac{1}{(1+r)^n}}{r}\right)$$

이 산식에서 $\frac{1-\frac{1}{(1+r)^n}}{r}$ 을 정상연금의 현가계수라 한다.

2.3 미래가치

미래가치(future value)란 현재시점에서 일정금액을 투자하였을 때 일정기간 경과한 후에 얼마의 금액이 될 것인가를 복리로 계산한 가치를 말한다. 즉, 현재의 일정한 금액은 시간이 경과함에 따라 화폐의 시간적 가치인 이자(또는 자본비용)가 가산된다. 현재의 일정한 금액을 PV, 이에 미래에 가산될 이자를 합한 금액을 미래가치 FV, 적용한 기간당 이자율 r, 미래의 일정한 기간을 n이라고 가정할 경우 미래가치는 다음과 같다.

$$FV_n = PV(1+r)^n$$

예를 들어 현재시점에서의 100만원이 연이율 10%일 때 5년 뒤 어느 정도의 가치를 갖게 될 것인지를 계산하면,

$$FV = 100(1+0.1)^5 = 100 \times 1.61051 = 1,610,510$$

즉, 1,610,510원이 된다.

매년 일정금액을 일정기간 일정한 간격을 두고 발생하는 현금흐름형태를 연금에 비추어 매 기간의 말에 지급하거나 지급받게 되는 연금을 정상연금이라 한다. 매년말의 현금흐름 A를 n기간 동안에 받는다고 가정할 경우 r의 이자율로 복리 계산한 연금의 미래가치는 다음의 산식과 같다.

$$FV_n = A\left(\frac{(1+r)^n - 1}{r}\right)$$

이 식에서 $\frac{(1+r)^n-1}{r}$ 는 정상연금의 미래가치계수라고 한다.

Chapter 02

현금흐름 평가모형

1 배당할인모형(DDM)

1.1 의 의

기업의 주주지분가치는 투자자가 기업이 발행한 주식에 대하여 투자하고 그 주식으로부터 유입될 현금흐름을 현재가치화한 것으로 볼 수 있다. 투자자가 주식에 투자한 결과, 기업으로부터 받게 될 미래현금흐름은 배당이므로 미래 유입될 배당금 예상액을 현재가치로 할인하여 평가하는 이론적 모형을 배당할인모형(dividend discount model : DDM)이라 한다. DDM에 의한 평가액은 주식투자자가 투자한 결과 미래에 지급받는 배당의 크기에 의한 미래현금흐름과 매각시점에서 처분가격이 얼마이냐에 달려 있다. 결국 미래의 배당수익과 매각시점의 처분가격, 요구수익률에 의하여 결정된다. 이와 같이 DDM은 미래배당흐름의 현재가치로 평가한 모형으로서 현금흐름할인모형과 초과이익모형이 도출되는 원천이기도 하다.

1.2 배당할인모형(DDM)에 의한 평가

배당할인모형에 의한 주식가치 평가액은 주식투자자가 미래에 지급받는 배당의 크기에 의한 미래현금흐름과 매각시점에서 처분가격이 얼마이냐에 달려있다고 가정하에, t시점의 현금배당액은 D_t, 주식투자자들의 요구수익률은 r, t시점의 처분가격은 P_t라고 하면 현재시점의 주식평가액 P_0은 다음 산식과 같이 나타낼 수 있다.

$$P_0 = \frac{D_1}{(1+r)} + \frac{D_2}{(1+r)^2} + \cdots\cdots + \frac{D_t}{(1+r)^t} + \frac{P_t}{(1+r)^t}$$

이 산식에서 t가 오래 지속될 것으로 가정하면, 즉 영구히 팔지 않고 보유한다고 가정하면 P_t의 현재가치는 무시할 수 있을 정도가 된다. 그러므로 주식가치는 다음 산식과 같이 미래의 모든 배당수익의 현재가치로 평가할 수 있다.

$$P_0 = \sum_{t=1}^{\infty} \frac{D_t}{(1+r)^t}$$

결국, 주주지분가치는 미래 배당의 현재가치가 된다.

그런데 기업의 주당 배당액은 항상 일정한 것은 아니다. 기업은 성장을 모색하기 위해서 벌어들인 이익의 일정 부분을 재투자하는 것이 일반적이다. 기업이 재투자를 하지 않고 모두 배당한다고 가정하자. 이때 기업의 미래의 수익이 일정하고, 미래의 배당금도 현재의 배당금과 동일하다고 하면 현재시점의 주식평가액은 $P_0 = \frac{D_1}{r}$와 같이 될 것이다.[1] 예를 들어 현재 1주당 1,000원씩 배당금을 지급하는 성장성이 없는 기업을 평가할 경우에 주주가 10%의 수익률을 요구한다면 주당가격은 $\frac{1,000}{0.1} = 10,000$원으로 평가될 것이다. 기업이 수익성이 있는 사업에 지속적으로 투자함으로써 수익이 증가하고, 이로 인하여 매년 배당금이 일정한 비율로 영구히 성장한다고 가정하면 한 회사의 배당액은 안정적인 성장추세를 보인다고 가정할 수 있다. 이러한 항상성장 주식(constant growth stock) 주당 배당금의 매년 성장률을 g라고 하면 각 연도말의 배당금은 다음 [그림 1]과 같이 나타낼 수 있다.

1) 배당금이 매년 일정한 주식은 성장이 없는 주식(zero growth stock)으로 다음과 같이 결정된다.

$$P_0 = \frac{D_1}{(1+r)} + \frac{D_1}{(1+r)^2} + \frac{D_1}{(1+r)^3} + \cdots\cdots = \frac{D_1}{r}$$

[그림 1] 항상성장주식의 연도말 배당금

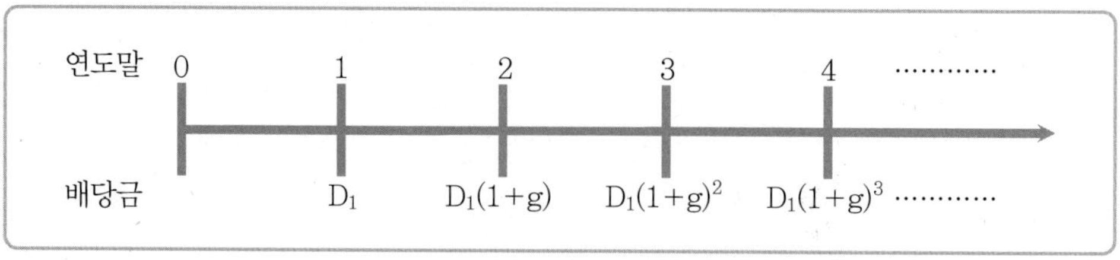

그러므로 n년 후의 예상배당금은 (n−1)년째의 배당금이 g% 성장한 것과 같다는 것을 나타낸다. 현재의 주식가치 P는 다음과 같이 정리된다.[2)]

$$P_0=\frac{D_1}{(1+r)}+\frac{D_1(1+g)}{(1+r)^2}+\frac{D_1(1+g)^3}{(1+r)^3}+\cdots\cdots$$

$$\text{즉 } P_0=\frac{D_1}{r-g}=\frac{D_0(1+g)}{r-g}\ (\text{단, } g<r)$$

이 산식에 의하면 주식의 현재가치는 현금배당금예상액(D1)을 요구수익률(r)과 성장률(g)의 차로 나눈 것과 같게 된다.

예를 들어 올해 주당 1,000원을 지급하였고 이 배당은 영구히 매년 10% 성장할 것으로 전망된다. 주주의 요구수익률이 15%라고 가정하면 이 주식의 현재가치평가액은 다음과 같이 계산되어 22,000원이 된다.

$$P_0=\frac{1{,}000(1+0.1)}{0.15-0.1}=22{,}000$$

---

2) 항상성장주식의 가치는 공비가 $\left(\frac{(1+g)}{(1+r)}\right)$인 무한등비수열의 합과 같으므로 다음과 같이 구할 수도 있다.

$$P_0=\frac{\left(\frac{D_1}{1+r}\right)}{1-\left(\frac{1+g}{1+r}\right)}=\frac{D_1}{(r-g)}$$

무한등비수열의 합은 공비가 1보다 작은 경우에만 수렴하므로 항상 r>g인 경우에만 위 등식이 성립된다.

미래 배당금의 성장률이 일정하다고 가정하는 것은 비현실적이다. 일반적으로 기업은 신제품의 개발이나 신기술의 개발에 기인하여 처음 수년간은 높은 성장률을 기록하다가도 점차 투자의 기회를 찾는 것이 어려워져서 평균 이상의 성장률이 지속되는 것은 불가능하다. 이런 경우에는 단계별로 구분하여 평가한다. 즉, 초기의 고도성장에 따른 배당금흐름의 현재가치를 구하고, 그 후에 배당금이 영구성장하는 기간 동안의 식을 적용하여 측정하여야 한다. 이때 초기 몇 년간 초과성장기의 배당성장률이 g_1%로 성장하고, 그 이후의 정상성장기의 배당성장률이 g_2%수준으로 일정하게 계속 성장한다고 가정하면, n년 동안 초과 성장하는 기업의 주식평가는 다음의 산식과 같이 적용할 수 있다.

$$P_0=\sum_{t=1}^{n}\frac{D_0(1+g_1)^t}{(1+r)^t}+\frac{D_0(1+g_1)^n(1+g_2)}{(r-g_2)}\left[\frac{1}{(1+r)^n}\right]$$

배당할인모형은 사내에 유보된 이익이 미래에 배당금으로 지급될 것이므로 주식가치는 미래에 기대되는 배당금흐름의 현재가치로 파악할 수 있다. 이 방법은 배당금의 추정이 용이하다는 이점이 있으나 모든 기간에 대한 배당 및 이익증가율, 주식의 자기자본비용 등을 추정하여야 하므로 추정에 사용된 가정이 주식가치의 평가에 영향을 미칠 수 있다. 또한 실제 배당을 하지 않는 기업은 미래 배당을 예측하기 어려우므로 DDM평가는 불가능하게 한다.

2 현금흐름할인(DCF)모형

2.1 의 의

배당할인모형의 대안으로 제시된 것으로, 계속기업을 전제로 기업의 가치는 기업이 미래에 창출하는 현금흐름을 현재가치로 할인하여 측정할 수 있다. 기업은 투자자금을 주주와 채권자로부터 조달하여 운전자본과 고정설비자산 등에 투입하여 사업을 운영하게 된다. 기업은 사업을 운영하면서 창출된 현금흐름을 채권자와 주주에게 배분하게 되므로 기업에 대한 가치는 채권자의 가치와 주주의 가치로 합한 것으로 볼 수 있다. 그중에서 주주의 가치는 투자자에 대한 미래의 투자수익을 적절한 할인율로 할인하여 평가하게 된다. 이러한 평가모형을 현금흐름할인모형(discounted cash flow model : DCF)이라고 한다. 이 모형에 의한 주식가치의 크기는 미래 창출될 현금흐름액의 크기와 그 지속성 및 자본비용의 크기에 의하여 결정된다. 현금흐름할인모형은 잉여현금흐름(free cash flow : FCF)모형과 경제적 부가가치(economic value added)모형으로 응용되고 있다.

2.2 잉여현금흐름모형에 의한 주가의 측정

2.2.1 현금흐름의 측정

기업은 영속적으로 사업을 영위하기 위하여 재화나 용역을 생산하여 고객에게 판매하는 활동을 하게 되는데, 이러한 기업 본래의 주된 활동을 영업활동이라 하고, 영업활동을 유지하기 위하여 운전자본과 고정자산에 투자하는 활동을 투자활동이라고 한다. 또한 기업이 이러한 투자활동을 하기 위하여 채권자와 투자자로부터 자금을 조달하여 영업활동에 조달하는 활동을 재무활동이라고 한다. 기업은 재무활동에 의하여 조달한 자금으로 영업활동과 투자활동에 운용하여 수익을 창출하게 된다.

이와 같은 현금흐름을 활동별로 나누어 살펴보면 영업활동 현금흐름은 재화나 용역의 매출에 의하여 발생된 현금유입액에서 매출 관련 비용과 영업활동 관련 세금 등의 현금유출액을 차감한 순유입액을 창출한다. 영업활동에 따라 영업현금·영업운전자본·영업고정자산 등에 대한 투자가 이루어진다. 재무활동 현금흐름은 재무자산의 순취득액, 세후순이자, 현금배당 등으로 구성되는데, 이러한 현금흐름의 원천은 영업활동에 의하여 창출되어 소멸된 영업자산을 보충하거나 기업성장을 위하여 재투자하게 된다. 결국 영업활동에 의하여 창출된 현금흐름에서 영업활동에 따른 투자액을 차감하면 기업이 창출한 현금흐름이다. 이를 영업활동의 잉여현금흐름(free cash flow : FCF)이라 한다.

이 FCF는 기업이 영업활동을 통해 신규투자를 수행하면서도 이자 및 부채를 지급할 수 있는지 평가할 수 있다. 즉, FCF가 높게 산출되는 기업은 추가적인 자금조달 없이도 이자 및 배당을 지급할 수 있게 되는 것을 의미하며, 기업은 FCF를 채권자와 투자자에게 이자나 채무상환, 배당 등의 형태로 배분하고, 나머지 잔액은 재무자산으로 남긴다. 이러한 FCF를 구성하는 구체적인 항목은 영업이익(earnings before income taxes), 영업이익을 기초로 계산한 법인세, 감가상각비, 순운전자본증가액, 시설자금 증가액 등으로 구성된다.

2.2.2 주식가치의 측정

(1) 기업가치

기업가치의 평가는 미래 현금흐름의 현재가치로 평가할 수 있다. 현금흐름을 영업활동현금흐름에서 영업활동에 따른 투자액을 차감한 금액인 잉여현금흐름(free cash flow)을 의미하는 것으로 볼 때 영업활동에 투입된 모든 자산에서 창출된 순현금흐름을 나타낸다. 그러므로 기업의 가치는 다음의 등식과 같이 미래에 창출될 FCF의 현재가치로 평가할 수 있게 된다.

기업가치 = 미래 FCF의 현재가치

잉여현금흐름(free cash flow)은 영업활동 현금흐름－영업활동 투자액(C－I)이므로 이를 현재가치로 평가하면 기업전체의 가치가 된다.

$$P_t = \frac{C_1 - I_1}{(1+k)^1} + \frac{C_2 - I_2}{(1+k)^2} + \cdots\cdots + \frac{C_t - I_t}{(1+k)^t}$$

$$P_t = \sum_{t=1}^{\infty} \frac{(C_t - I_t)}{(1+k)^t}$$

* C_t : 미래t기의 영업활동 현금흐름
It : 미래 t기의 영업활동투자액
k : WACC(가중평균자본비용)

(2) 주주지분가치

현금흐름등식 중 FCF는 재무활동 현금흐름을 통하여 채권자와 투자자에게 이자나 채무상환, 배당 등의 형태로 배분하게 되고, 나머지 잔액은 재무자산으로 남게 된다. 즉 FCF는 재무활동 현금흐름과 같은데 이것은 채권자에게 지급하는 순재무부채의 현금흐름과 투자자에게 지급하는 순배당으로 구성되어 현금흐름은 다음과 같이 표시할 수 있다.

$$C_t - I_t = B_t + D_t$$

* C_t : 미래 t기의 영업활동현금흐름
B_t : 미래 t기의 순재무부채의 현금흐름
I_t : 미래 t기의 영업활동투자액
D_t : 미래 t기의 순배당

이것은 현금흐름등식을 이용하여 배당할인모형을 재구성하여 주주지분가치를 평가할 수 있게 된다. 배당할인모형의 산식은 다음과 같다.

$$P_0 = \sum_{t=1}^{\infty} \frac{D_t}{(1+r)^t}$$

위의 현금흐름등식을 순배당을 기준으로 정리하면

$$D_t = C_t - I_t - B_t$$

이를 배당할인모형으로 재구성하면 주주지분가치 P_t는 다음과 같다.

$$P_t = \frac{C_1 - I_1 - B_1}{(1+k)^1} + \frac{C_2 - I_2 - B_2}{(1+k)^2} + \cdots\cdots + \frac{C_t - I_t - B_t}{(1+k)^t} = \sum_{t=1}^{\infty} \frac{C_t - I_t - B_t}{(1+k)^t}$$

위의 식에서 미래 부채조달액의 순실현가치(net present value)가 0이라는 가정을 도입하여 배당할인모형을 재구성하면 다음과 같다.

$$P_t = \sum_{t=1}^{\infty} \frac{E(C_t - I_t)}{1+k} - B_t$$

* k : WACC(가중평균자본비용)
B_t : t시점의 부채의 가치

이와 같이 주주지분가치는 현금흐름의 현재가치에서 부채액을 차감한 것이다. 그러나 실무적으로는 미래 FCF를 추정하는 것은 어려우므로 회계변수를 이용하여 곧바로 산출할 수 있다. FCF의 구성요소를 살펴보면 영업활동에서 창출한 총영업현금흐름(gross cashflow)에서 신규총투자액(gross investment)을 차감한 개념이다.

> 잉여현금흐름(FCF) = 총영업현금흐름(gross cashflow)
> − 총투자액(gross investment)

총영업현금흐름(gross cashflow)은 기업의 영업활동과 관련하여 발생된 현금흐름으로서 세후영업이익(net operating profit less adjusted taxes : NOPLAT)에 감가상각비를 가산하여 측정한다. 세후영업이익(NOPLAT)은 세전영업이익(earning before interest and taxes : EBIT)에서 법인세 절감효과 및 이연법인세 증가액을 가감하고, 그와 관련된 세금항목을 조정한 것을 의미한다.

> 총영업현금흐름(gross cashflow) = 세후영업이익(NOPLAT) + 감가상각비

총투자액(gross investment)은 영업활동에서 현금유출된 투하자본으로서 순투자액인 투하자본증가액(△IC)에 당해 연도의 감가상각비를 가산하여 측정한다. 투하자본은 기업의 본래 영업활동인 생산, 판매, 관리 등의 핵심경영활동에 투하된 자금을 의미한다. 투하자본의 증가액은 순운전자본의 증가와 시설투자자금의 증가액으로 파악할 수 있다. 이때 순운전자본은 기업 본래의 영업활동과 관련된 유동자산에서 비이자부담 유동부채를 차감한 금액을 의미한다.

> 총투자액(gross investment) = 투하자본의 증가액 + 감가상각비

이와 같은 개념에 의하여 잉여현금흐름(FCF)에 대하여 정리하면 다음과 같다.

> FCF = 총영업현금흐름 − 총투자액
> = (세후영업이익(NOPLAT) + 감가상각비) − (투하자본의 증가액(△IC) + 감가상각비)
> = 세후영업이익(NOPLAT) − 투하자본의 증가액(△IC)

결국 잉여현금흐름(FCF)의 측정은 세후영업이익(NOPLAT)과 투하자본의 증가액(△IC)을 측정하는 것이 과제이다. 그러나 실무적으로 미래의 모든 기간을 예측하는 것은 어려우므로 명시적인 예측기간을 설정하여 그 기간 동안의 연도별 FCF를 예측하고 그 기간말의 잔여가치를 가산하는 형식의 추정방법이 종종 사용된다.

기업가치를 계산할 때 잔존가치를 가산하는 이유는 잉여현금흐름을 측정할 때 매기의 현금유입액에서 당해 기간의 본업 활동에 투하된 자산을 차감하게 되는데, 이때 투자액의 증가분은 해당 사업의 잔여수명을 연장시키는 역할을 하게 된다. 그러므로 장래의 부가가치 창출력이 무한히 계속된다는 가정하에 잔여가치를 평가하여 사업예측기간 동안의 기업가치평가에 가산하게 되는데, 이를 요약하여 산식으로 정리하면 다음과 같다.

$$V_0 = \sum_{t=1}^{n} \frac{FCF_t}{(1+WACC)^t} + \frac{CV_n}{(1+WACC)^n} + \text{영업외가치}$$

$$P_0 = \frac{V_0 - \text{부채가치}(B_0)}{\text{발행주식총수}}$$

기업가치 평가에 있어서 영업외가치를 가산하게 되는데, 그것은 잉여현금흐름(FCF)이나 잔존가치의 현재가치 평가는 본업활동에 한정하여 평가하였기 때문에 기업가치를 추정하는 단계에서 제외되었던 영업외자산의 가치도 포함시키는 것이다. 이렇게 추정한 기업전체가치에서 부채가치를 차감한 후 발행주식총수로 나누어 1주당 주식가치를 산출하게 된다.

DCF는 평가대상기업이 상장 거래되지 않아도 되고, 비교대상기업이 없어도 적용이 가능하다는 장점이 있다. 또한 DDM의 경우에는 배당을 하지 않아서 배당실적이 없는 기업에 대해서는 사용할 수 없으나 DCF는 적용할 수 있다. 반면에 미래의 모든 기간에 불확실한 현금흐름이나 잔존가치를 예측해야 하는 문제가 있다. 특히 잔여가치의 예측을 위해서는 불가피하게 제약적 가정을 도입할 수밖에 없다. DCF는 DDM과 같이 상당한 추정오차를 피할 수 없으므로 실무적 적용의 관점에서 한계가 있다.

Chapter 03

초과이익모형

1 의 의

재무제표에 포함된 회계정보를 기준으로 회계이익과 기업가치간에 관계를 기업가치의 평가에 도입하고자 하는 연구가 Feltham & Ohlson(1995) 등에 의하여 이루어졌다. 이들은 기업의 과거의 업적인 회계정보가 미래의 예측치로서 유용하다고 할 수 있는데, 미래에 예상되는 기업의 예상순현금유입액의 현재가치인 기업가치를 어떻게 반영하고 있는가를 제시하고 회계이익정보를 이용한 가치평가모형을 도출하였다.

이 모형에서는 기업의 이익이 자본비용 또는 정상이익보다 큰 부분을 초과이익(abnormal earnings)으로 정의하고 있다. 기업의 가치는 기업의 장부가치와 미래기대초과이익의 현재가치에 의해 결정된다고 보고 있다. 이 경우에 기업의 예상수익률과 자본비용이 일치하는 경우에는 장부가치와 시장가치가 동일하게 될 것이고, 장부가치와 시장가치가 다른 것은 기업마다의 초과이익이 존재하기 때문이라고 해석한다. 초과이익의 개념을 도입하여 평가하는 주주지분의 가치는 현재의 자기자본 장부가치와 미래 발생할 초과이익의 현재가치를 더한 것에 의하여 평가한다. 이 모형을 초과이익모형(residual income valuation model : RIVM)이라 한다.

2 초과이익에 의한 주식가치

2.1 초과이익의 측정

정상이익은 기초의 자기자본 장부가치에 자기자본비용(cost of equity)을 곱한 것과 같다. 기업의 이익이 자본비용 또는 정상이익보다 초과하는 이익을 초과이익(abnormal earnings)으로 정의된다. 정상이익률(normal rate of return)은 투자위험에 상응한 최소필수수익률이므로 이는 자기자본과 동일하다. 이들 관계를 다음과 같이 산식을 나타낼 수 있다.

초과이익 = 회계이익 − 자기자본 비용
= 회계이익 − 정상이익률 × 기초 자기자본 장부가치

$$X_t^a = X_t - rBV_{t-1}$$

* BV_{t-1} = t시점의 자기자본 장부가치
r = 자기자본비용
X_t^a = t기간의 초과이익
X_t = t기간의 회계이익

2.2 초과이익모형에 의한 평가

회계상 기말의 자기자본 장부가치는 회계이익에 의하여 증가되고, 배당 등에 의하여 감소되기도 한다. 이와 같이 회사의 자기자본, 이익, 배당간에는 상호 연계관계(clean surplus relation : CSR)가 있으므로 이를 이용하여 주주지분가치를 평가할 수 있다. 이런 관계를 DDM에 이용하여 초과이익평가모형을 재구성할 수 있다.

기말 자기자본 장부가치 = 기초 자기자본 장부가치 + 회계이익 − 순배당

$$BV_t = BV_{t-1} + X_t - D_t$$

앞의 산식을 순배당 기준으로 정리하면,

$$D_t = X_t + BV_{t-1} - BV_t$$

위에서 Dt는 주주의 출자납입을 조정한 순현금배당을 의미한다. 이를 배당할인모형으로 재구성하면 주주지분가치는 자기자본장부가치(BVt)와 미래 초과이익(Xa) 현재가치의 합으로 결정된다.

주주지분가치 = 자기자본 장부가치 + 미래초과이익의 현재가치

$$P_t = BV_t + \sum_{i=1}^{\infty} \frac{E_t[X^a_{t+i}]}{(1+r)^i}$$

즉 $BV_t + \sum_{i=1}^{\infty} \frac{E_t[X_{t+i} - rBV_{t+i-1}]}{(1+r)^i}$로 표시된다.

이 평가모형은 회계변수에 의해 표현되어 있으며, 배당할인모형에서 유도되었으나 상호연계관계(CSR)의 가정 이외에는 어떠한 가정도 사용되지 않고 있다. 또한 연계관계가 성립하는 한 기업이 사용하는 회계방법과 관계없이 성립되고, 주주지분가치는 장부가치와 미래초과이익의 현재가치의 합으로 결정되는 것을 알 수 있다. 다만, 초과이익평가모형은 미래의 회계이익에 대한 측정과 예측기간에 대한 추정, 할인율도 추정에 의존한다.

Chapter 04

경제적 부가가치모형

1 의 의

EVA는 순가치의 증가분, 즉 경제적 부가가치(Economic Value Added : EVA)라고 말하는데, 기업 본연의 활동인 생산 및 영업활동과 관련된 투하자본에 의하여 고유영업활동을 통하여 얻은 영업이익에서 법인세·금융·자본비용 등을 공제하고 실제로 얼마나 이익을 창출했는가를 보여주는 경영지표이다. EVA모형에 의한 평가방법은 1980년대 후반 미국의 Stern Stewart사에 의해 개발되는데, 선진국에서는 기업의 재무적 가치와 경영자의 업적을 평가하는 데 있어 순이익이나 경상이익보다 많이 활용되고 있다. 그뿐만 아니라 새로운 투자에 대한 사전검증은 물론 사후평가까지 할 수 있다는 점에서 기업의 투자나 경영성과를 보다 근본적으로 파악할 수 있는 유용한 판단기준을 제공해 준다. 그러나 자본비용 중에서 자기 자본비용은 기회비용의 성격으로 실제로 소요되는 비용이 아니기 때문에 객관적인 산출이 어렵고, EVA가 단순히 재무상태를 정확하게 나타내줄 뿐 고객만족도나 내부평가, 성장성에 대해서는 알 수 없다는 단점이 있다.

2 EVA모형에 의한 평가

기업가치 평가모형으로서의 EVA모형은 현금흐름 할인모형(DCF)을 재구성한 것이다. DCF모형은 기업 전체의 가치는 미래현금흐름(FCF)의 현재가치라고 보고 있다.

기업가치 = FCF(C−I)의 현재가치

$$P_t = \sum_{t=1}^{\infty} \frac{(C_t - I_t)}{(1+k)^t}$$

* P_t : 미래 t시점의 기업가치
C_t : 미래 t기의 영업활동현금흐름
I_t : 미래 t기의 영업활동투자액
k : WACC(가중평균자본비용)

EVA모형는 당해 기간에 기업이 창출한 경제적 부가가치(Economic Value Added : EVA) 또는 경제적 이익(Economic Profit : EP)을 이용하여 기업가치를 측정하는 모형이다. 이를 DCF모형에 따라 재구성하면 기업 전체의 가치는 현재의 영업투하자본에 미래 EVA의 현재가치를 더한 것으로 평가된다.

기업가치 = 영업투하자본 + 미래 EVA의 현재가치

이러한 가치평가모형을 영업초과이익모형(residual operating income model)이라고도 하는데, 이렇게 평가된 기업전체가치에서 부채의 시장가치를 차감하면 주주지분가치가 되는 것이다.

주주지분가치 = (영업투하자본+미래 EVA의 현재가치) − 부채의 시장가치

EVA의 계산은 세후영업이익(net operating profit less adjusted taxes : NOPLAT)에서 자본비용을 차감한 금액이다. 자본비용은 주주·채권자 등 투자자가 제공한 자본에 대한 비용으로서 외부차입에 의한 타인 자본비용과 주주 등이 제공한 자기 자본비용의 가중평균값을 말한다. EVA의 계산 시의 세후영업이익(NOPLAT)은 손익계산서상의 영업이익에서 판매비와 관리비를 현금흐름중심으로 조정하고, 영업외손익과 특별손익에 포함된 영업활동과 관련된 항목을 가감하여 조정된 세전영업이익(earning before interest and taxes : EBIT)에서 세전영업이익(EBIT)에 관련 법인세를 공제하여 얻게 된다. EVA는 영업이익에서 영업외 손익을 조정한 것이 경상이익이므로 세후영업이익(NOPLAT)은 세후경상이익에다 세후이자비용[지급이자×(1−법인세율)]을 더한 것이 된다.

$$EVA = NOPLAT - (WACC \times IC)$$

* NOPLAT = 세후영업이익
WACC = 가중평균자본비용
IC = 영업투하자본

EVA모형에 의한 기업가치(V)는 세후영업이익(NOPLAT)이 추후에 동일하게 지속된다는 가정하에 다음과 같이 구해진다.

$$V = IC + \frac{NOPLAT - WACC \times IC}{WACC} = IC + \frac{EVA}{WACC}$$

* IC : 영업투하자본
WACC : 가중평균자본비용

EVA를 통한 기업가치 평가는 여러 가지 경우에 적용할 수 있지만 무엇보다도 다각화기업의 가치평가에 적용시켜서 각 사업단위별로 가치를 평가하고, 이를 종합하여 해당 기업의 핵심사업과 한계사업을 구분짓는 데 유용하게 활용되고 있다.

Chapter 05 주가배수모형

1 의 의

배당할인모형(DDM)이나 현금흐름할인모형(DCF)은 미래기대현금흐름과 적정할인율의 추정을 전제로 주식가치를 평가하는 모형이다. 이들 모형에서 미래의 현금흐름이나 적정한 할인율을 추정하는 과정은 매우 주관적이고 불확실성이 커서 오류를 유발할 수 있다. 이러한 제약점을 극복하는 방법으로 평가대상기업과 영업 및 재무적 특성이 유사한 기업의 주가배수를 이용하여 평가할 수 있다. 그 대표적인 방법으로 PER(주가수익비율), PBR(주당순자산비율) 등의 모형이 있다.

2 주가수익비율(PER)모형

2.1 주가수익비율(PER)의 개념

주가수익비율(price earning ratio : PER)은 주가를 주당순이익(EPS)으로 나눈 값을 말한다.

이 지표는 기업의 단위당 수익력과 이에 대한 상대적 주가수준을 나타내는 것으로서 기업이 벌어들이고 있는 한 단위의 이익에 대하여 증권시장의 투자자들이 얼마의 대가를 지불하고 있는가를 뜻한다. 예를 들어 A사의 경우 주당순이익(EPS)이 1,000원이고 현재의 주가는 20,000원이라면 PER은 20배수가 된다는 것을 의미한다. 한편, B사의 경우 주당순이익(EPS)이 1,000원이고 현재의 주가는 10,000원이라면 PER는 10배수가 된다. 이 경우에 주당순이익(EPS)은 같다고 하더라도 PER가 다른 것은 A사에서 발생한 주당순이익 1원의 질이 B사가 보다 높게 반영된 것으로 될 수 있다. 이것은 각 주식들의 PER가 시장에서의 경쟁력 지위의 차이, 기업의 미래성장력의 차이 등의 신뢰도에 차이가 있음을 나타내는 것으로 해석될 수도 있다.

$$주가수익비율(PER) = \frac{주가(P)}{주당순이익(EPS)}$$

2.2 주가수익비율(PER)에 의한 평가

일정시점의 주식가치는 그 시점의 주당순이익에 주가수익비율(PER)을 이용하여 구할 수 있는데 이를 주가수익비율(PER)모형이라 한다. 이 모형은 동질적인 위험을 지닌 주식군의 PER를 이용하는 방법, 동종산업의 평균 PER를 이용하는 방법, 과거수년간의 평균 PER를 이용하는 방법, 배당할인모형을 이용하는 방법, PER 결정요인에 대한 회귀분석법 등이 있다. 이런 방법에 의하여 주가수익비율(PERc)을 구하고 여기에 평가대상기업의 주당순이익 EPS_t를 곱하여 주가를 구하는 방법이다.

$$V = PER_c \times EPS_t$$

* V : 주식가치
  PER_c : 유사기업의 주가수익 비율
  EPS_t : 평가대상기업 t시점의 주당순이익

PER모형은 실무적으로 이용이 간편한 장점이 있으므로 주로 평가대상기업의 주식가치평가에 널리 이용되고 있다. 미국의 경우 투자은행에 의해 최초공모(Initial Public Offering : IPO) 주식의 발행가격 결정, 인수대상기업의 평가, 기업분할(spin-off), 기업구조 재편성에 널리 이용되고 있다. 이런 PER모형의 문제점으로는 기업간에 상이한 회계처리방법이 EPS에 영향을 미칠 수 있고, EPS가 아주 작거나 (−)인 경우에는 PER의 의미가 없다. 또한 이익의 변동성으로 인하여 PER가 기간별로 크게 변동하는 경우가 많아 경기변동에 민감한 기업은 경기의 저점에서 PER가 가장 높고 정점에서 PER가 가장 낮게 나타날 수도 있다는 점을 들 수 있다.

3 주당순자산비율(PBR)모형

3.1 주당순자산비율(PBR)의 개념

주가수익비율(price earning ratio : PER)이 주가를 주당순이익(EPS)으로 나눈 값을 말하는 것에 비하여 주당순자산비율(price book－value ratio : PBR)은 주가를 주당순자산으로 나눈 값을 말한다. 이 비율은 주식의 시장가격과 장부가치의 괴리정도를 평가하는 자기자본 평가지표를 나타낸다.

$$PBR = \frac{\text{주가(price)}}{\text{주당순자산(BPS)}} = \frac{\text{주당 시장가격}}{\text{주당 장부가치}}$$

PER은 주가와 순손익과의 상대적 비율을 나타내는 비율인 반면에 PBR은 주가와 순자산가액을 상대적 비율을 나타낸다. PBR은 주가를 주당순자산[(총자산－총부채)/발행주식총수]으로 나눈 비율이다. 그러므로 보통주의 1주당 가치를 시장가격과 장부가치와 대비한 지표이다. 이때 대차대조표상에 보통주 1주에 귀속되는 주당순자산가치(장부가치)가 실질가치를 반영하게 되면 PBR은 1이 되어야 할 것이다. 그런데 기업간에 PBR에서 차이를 보이는 것은 기업이 자산에 대한 이용의 효율성, 취급상품의 경제상황, 위험의 변화로 인한 미래현금흐름 등에서 차이가 있기 때문이다.

3.2 주당순자산비율(PBR)에 의한 평가

주식가치를 평가함에 있어서 PBR을 이용하여 주식가치를 평가하고자 하는 것은 PER 모형과 같다고 할 수 있다. 즉, PBR에 BPS를 곱하여 산출한다.

$$P_0 = \frac{P}{BPS} \times \text{주당순자산(BPS)}$$

$$PBR = \frac{\text{자기자본 시장가격}}{\text{자기자본 장부가액}}$$

$$= \frac{\text{순이익}}{\text{자기자본 장부가액}} \times \frac{\text{자기자본 시장가격}}{\text{순이익}}$$

$$= (\text{자기자본순이익률}) \times \frac{P}{EPS}$$

$$= \frac{\text{순이익}}{\text{매출액}} \times \frac{\text{매출액}}{\text{총자본}} \times \frac{\text{총자본}}{\text{자기자본}} \times \frac{P}{EPS}$$

위의 산식에 의하여 PBR의 구성요소를 살펴보면 기업의 부가가치, 활동성, 부채레버리지, 기업의 수익력의 질적 차이인 PER이 반영된 지표임을 알 수 있다. 이와 같이 주당순자산비율(PBR)의 적용은 자산가치에 대한 평가뿐만 아니라 수익가치에 의한 정보도 반영된다는 점에서 주당순자산비율(PBR)에 의한 주식가치평가의 유용성이 높다고 할 수 있다.

Chapter

06 인공신경망모형

1 의 의

인간의 두뇌는 뉴런(neurons)이라고 부르는 세포로 구성되어 있다. 인간 두뇌의 뉴런의 수는 1,000억 개에 달하며, 수백 가지 종류의 뉴런이 존재한다. 이 뉴런은 네트워크라고 불리는 집단으로 나누어져 있다. 각각의 네크워크는 상호 긴밀히 연결된 수천 개의 뉴런을 포함하고 있다. 이와 같이 인간의 두뇌는 신경망조직의 집합체라고 할 수 있다.

인공신경망모형은 인간의 두뇌활동과 유사한 형태의 처리능력을 가질 수 있도록 구축되어 있다. 이것은 대규모의 정보를 신속하게 학습을 하여 예측을 하는 능력을 가진다. 인공신경망은 처리요소(processing elements)라 불리는 인공뉴런들로 구성되어 있다. 인공뉴런은 다른 뉴런 또는 외부로부터 신호를 받아 처리한 다음 다른 뉴런 또는 외부에 신호를 전달한다. 이 인공신경망은 입력계층, 중간계층, 출력계층의 세 개의 계층으로 구성된 인공신경망조직을 보여주고 있다. 그중 외부와 접촉되지 않은 중간계층은 사용자 입장에서 그 구조를 알지 못하므로 숨은 계층이라고 하는데, 여러 개의 숨은 계층은 입력계층과 출력계층 사이에 존재할 수 있다. 뉴런들은 각기 다른 방식으로 다른 뉴런들과 작용을 하며, 정보를 처리함에 있어서 수많은 처리요소들은 동시에 계산을 수행한다. 이러한 병렬처리는 인간두뇌작용과 유사하며, 전통적인 컴퓨터방식인 연속적 처리방법과는 다르다.

2 특 성

인공신경망은 입력된 자료에 대하여 학습을 통하여 가중치를 부여한다. 이 가중치는 최초 입력된 자료들에 대하여 상대적 중요성을 인식한다. 즉, 학습을 통하여 반복적으로 가중치를 조절하여 결론에 도달한다.

인공신경망은 일반적으로 고장방지능력을 가지고 있다. 이것은 외부 뉴런에 오류가 발생하여도 인공신경망 전체적인 기능이 크게 영향을 받지 않는다. 이러한 특성은 환경이 급격히 변화하는 경우나 예기치 못한 상황이 전개될 경우에도 시스템이 안정적으로 그 기능을 유지할 수 있도록 하고 있다. 또한 인공신경망은 주어진 학습의 입출력 자료로부터 숨겨진 규칙성을 찾아내어 시스템 내부에 있는 숨은 뉴런에 저장한다. 이것이 바로 지식베이스가 된다. 이와 같은 인공신경망의 지식은 수리적 가중치로 표현되어 결론도출에 이용된다.

인공신경망은 인간의 특성과 유사한 방법을 사용함으로써 의사결정지원시스템의 논리적·분석적 기술이나 전문가시스템으로 풀기 어려운 문제까지도 해결할 수 있는 잠재력을 가지고 있다. 예를 들어 인공신경망은 규칙이 알려져 있지 않은 상황에서도 대량의 자료를 분석하여 유형이나 특성을 도출해 낼 수 있으므로 적절한 주식투자 포트폴리오를 구성하기 위한 주가변동을 측정하는 등에 이용될 수 있다.[3)]

인공신경망모형은 대규모의 정보를 신속하게 학습을 하여 예측을 하는 능력을 가진다. 인공신경망은 입력된 자료에 대하여 학습을 통하여 가중치를 부여한다. 이 가중치는 최초 입력된 자료들에 대하여 상대적 중요성을 인식한다. 즉, 학습을 통하여 반복적으로 가중치를 조절하여 결론에 도달한다. 인공신경망 모형은 통계모형에 비하여 불완전한 자료나 분산값이 큰 자료를 이용한 예측에 적응력이 뛰어나다(Dayhoffs, 1990).

인공신경망은 입력계층(input layer), 중간계층(hidden layer), 출력계층(output layer)의 세 개의 계층으로 구성되어 있다. 그중 외부와 접촉되지 않은 중간계층은 사용자 입장에서 그 구조를 알지 못하므로 숨은 계층이라고 하는데, 여러 개의 숨은 계층이 입력계층과 출력계층 사이에 다층구조로 존재할 수 있다. 지금까지 개발되어 실용화

3) 이병철, 경영정보시스템, 법경사, 2000, pp.388~392

되어 있는 인공신경망 소프트웨어의 경우 일반적으로 숨은 계층의 수는 1개가 가장 예측력이 높다.[4)]

인공신경망은 노드(node)라고 불리는 인공뉴런들로 구성되어 있다. 인공뉴런은 다른 뉴런 또는 외부로부터 신호를 받아 처리한 다음 다른 뉴런 또는 외부에 신호를 전달한다. 뉴런들은 각기 다른 방식으로 다른 뉴런들과 작용을 하며, 정보를 처리함에 있어서 수많은 노드들은 동시에 계산을 수행한다. 이러한 병렬처리는 인간두뇌작용과 유사하며 전통적인 컴퓨터 방식인 연속적 처리방법과는 다르다.

인공신경망은 주어진 학습의 입출력 자료로부터 숨겨진 규칙성을 찾아내어 시스템 내부에 있는 숨은 계층에 저장한다. 이것이 바로 지식베이스가 된다. 이와 같은 인공신경망의 지식은 수리적 가중치로 표현되어 결론도출에 이용된다.

입력계층과 숨은 계층간의 관계는 다음과 같이 표현된다.

$$m_h = f(\alpha_h + \Sigma w_{hi} x_i)$$

여기서 m_h는 숨은 계층의 h번째 노드가 출력계층에 보내는 산출물이고, w_{hi}는 입력계층의 i번째 노드와 숨은 계층의 h번째 노드를 연결하는 가중치이다. x_i는 입력계층의 i번째 노드가 갖는 입력 값이다. 그리고 α는 숨은 계층의 h번째 노드가 만들어 내는 나머지 산출물이다.

숨은 계층과 출력계층의 관계는 다음과 같이 표현될 수 있다.

$$y = f(\alpha + \Sigma w_h m_h)$$

여기서 y는 출력노드의 출력값을 나타내고, w_h는 숨은 계층의 h번째 노드가 갖는 가중치로 출력노드와의 관계를 나타낸다. 이 등식은 다음과 같이 확장될 수 있다.

$$y = f(\alpha + \Sigma w_h \times f(\alpha_h + \Sigma w_{hi} x_i))$$

이 등식에서 알 수 있듯이 각각의 등식에서 종속(출력)변수의 값은 예측(입력)변수값의 가중치 합에 의한 함수이다.

---

4) 러시아 수학자인 Kolmogorov는 이미 1950년대에 적정한 수의 숨은 계층은 1개 또는 2개임을 보여준 바 있다(http://www.calsci.com/tsHiddens.html).

인공신경망은 결국 입력노드가 출력노드에 어떻게 연관되어 있는지를 결정하는 과정이다. 이 추론과정은 회귀분석에서의 추론과정과 유사하다. 일반적으로 회귀모형에서는 예측(입력)변수에 대한 종속(출력)변수의 관계를 최적화하고자 한다. 이 과정에서 최소자승법을 사용하게 되는데 종속변수의 예측된 값과 실제값을 비교하여 그 차이를 최소화하기 위하여 예측변수의 계수 가중치를 조정한다.

인공신경망에서는 오차를 최소화하기 위하여 가중치를 조절하는 과정은 기본적으로 같다. 다만, 인공신경망의 경우 내부에 존재하는 노드들은 특정한 패턴을 가지는 수많은 선으로 서로 연결되어 있다. 숨은 계층에 있는 각각의 노드들은 입력계층의 노드들과 연결되어 있는데, 예를 들어 입력계층의 노드가 3개라고 하면 숨은 계층에 있는 각각의 노드들은 이 3개의 입력노드들과 가중치를 갖는 연결선을 갖게 된다. 출력계층의 노드 또한 숨은 계층의 노드들과 각각 가중치를 바탕으로 연결되어 있다.

3 인공신경망을 이용한 주가 추정의 사례

보다 정확한 예측을 위하여 주가 또는 주가수익률 예측에 다양한 재무특성변수를 적용하고자 하는 연구들이 나타나고 있다. 그러한 연구방법 중의 하나로 인공신경망을 적용한 연구들이 있다.

Kryzanowski, Wright and David(1993)은 인공신경망을 이용하여 1년 후의 주가를 예측한 결과 71%에 이르는 적중률을 보였다. Bergerson and WunschII(1991)는 인공신경망을 이용하여 모의 주식투자를 한 결과 25개월간 660%의 수익률을 보였다고 주장하였다. Yoon and Swales(1991)는 기업의 질적 정보를 이용하여 주가예측을 할 수 있는가를 인공신경망시스템과 통계방법으로 다변량판별분석을 이용하여 비교분석하였다. 그들은 어느 것이 주가예측이 잘된 기업과 잘못된 기업을 정확하게 구분해 내는가를 비교척도로 하였다. 그 결과 통계적 방법은 65%의 판별력을 나타내었고 인공신경망은 77.5%의 판별력을 나타냈다.[5)]

5) George Pugh & Company는 인공신경망을 이용하여 채권등급을 100% 정확하게 예측하고 있다고 주장한다. 반면에 discriminant analysis는 85% 예측력을 보이고 있다. 대부분의 미국 투자자문기업들은 주가예측에 인공신경망을 이용하고 있다. 예를 들어 LBS Capital Management는 인공신경망을 이용 5일 후의 S&P 500 지수를 95%의 정확도로 예측한다(http : //www.calsci.com/Applications.html).

정용관·윤영섭(1998)은 주가수익률을 예측하기 위하여 인공신경망과 통계적 방법으로 다중회귀모형을 비교 검증하였다. 과거의 주가수익률을 이용한 분석에서 인공신경망에 의한 예측이 통계모형보다 우수하다는 주장을 하였다. 최성섭·구형건·김영권(2000)도 다중회귀모형과 인공신경망을 이용하는 방법을 비교분석하여 어느 모형이 더 주가 예측력이 있는지를 검증하였다. 재무특성변수를 이용한 비교 분석에서 인공신경망이 회귀모형보다 실제주가와의 오차가 작은 것으로 나타났다.

김경태·이장형·최현호(2001)는 인공신경망을 이용하여 주가수익률을 예측하고자 하였다. 재무특성변수를 이용하고 주가수익률이 전기에 비하여 상승하였는지 하강하였는지를 판단하는 인공신경망시스템은 평균적으로 57%의 예측 정확도를 보이는 데 불과하였다.

지금까지 인공신경망을 이용한 주가 내지 주가수익률에 관한 대부분의 연구들은 종속변수(패턴변수 : pattern variable)로서 가변수(dummy variable)를 이용하였다(예 : 김경태 외 2인, 2001). 그럼에도 불구하고 50~60%대의 적중률을 보였다면 그것은 예측력이 거의 없다는 것과 같다. 그리고 예측에 이용되는 독립변수(입력변수, input variable)로서 충분한 수의 재무특성변수가 도입되지 못하고 있다. 대부분의 연구들에서는 독립변수의 수를 10개 이내로 제한적으로 사용하고 있다(예 : 정용관·윤영섭, 1998 등). 그러나 그 변수의 값으로 0이 다수인 표본을 이용함으로써 인공신경망의 예측력을 떨어뜨린 것으로 추정된다.6)

이병철·김완일(2005)은 인공신경망을 이용한 주가예측이 「상속세 및 증여세법」에 의한 보충법보다 우수함을 입증한 바 있다. 이들은 2001.12.31. 현재 증권거래소에서 거래되고 있는 상장법인을 표본으로 하였다. 다년도 자료를 이용하는 것이 보다 일반화된 모형의 구축에 필요하나 본 연구는 인공신경망 시스템을 이용하는 것이 타당한지를 탐색하는 연구이고 다년도 자료를 이용할 경우 각종 국내외 경제변수를 추가로 사용해야 한다는 고려에서 단년도만을 대상으로 하였다.7) 재무자료는 모두 한국신용

---

6) 인공신경망의 경우 숨은 계층에 존재하는 가중치행렬(weight matrix)에 입력변수로서 다수의 0 값이 곱해질 경우 패턴을 인식하고 나서 역전파학습과정에서 가중치를 왜곡시킬 수 있다. 따라서 예측력이 현저하게 떨어진다.

7) 일반적으로 실증연구에서 어떤 사실을 발견하고 그 사실을 일반화(generalization)를 하고자 할 때에는 아래 그림의 왼쪽과 같이 통시적인 다년도 자료 또는 횡단면(cross-sectional) 자료를 이용하여 결론을 도출한다. 그러나 통상 forecasting 또는 prediction을 위한 연구에서는 그림 오른쪽과 같이 forecasting 또는 prediction에 가장 근접한 조건의 자료만을 이용하는 것이

평가㈜에서 제공하는 것을 이용하여 추출하였다.

총대상기업은 687개 기업으로 이 중에서 증권·금융관련업종에 속하는 기업 68개를 제외하였다. 변수별로 단변량(univariate) 검증과 산포도(plot) 검증을 실시하여 비정상적(outlier)인 것으로 판단되는 값을 일괄 배제하였다. 그 결과 306개의 표본이 제외되었다. 배제기준은 같은 표의 우측에 최대 삭감(truncate)치와 최소 삭감(truncate)치로 표시되어 있다. 이렇게 하여 최종훈련 표본은 241개이다. 일반적으로 인공신경망시스템에서 훈련표본이 300개가 넘으면 오히려 예측력을 떨어뜨리는 것으로 알려져 있다.

연구에 사용한 인공신경망은 BrainMaker v.3.75이다. 이 모형에 투입된 입력변수를 결정하기 위하여 상관관계 분석을 통하여 17개의 변수를 선정하였다. BrainMaker의 숨은계층을 1개로 정의하였다. 적정한 뉴런의 수를 결정하는 별도의 공식이나 방법은 없으나 일반적으로 다음과 같은 최대·최소의 범위 내에서 뉴런 수를 결정하였다.

최소 숨은 뉴런의 수 = (관측수/10) − 입력변수의 수 − 출력변수의 수
최대 숨은 뉴런의 수 = (관측수/2) − 입력변수의 수 − 출력변수의 수

뉴런의 수가 많다고 하여 예측력이 높아지는 것은 아니다. 여기서 뉴런의 수는 일반적인 공식에 의하여 (17+1)/2=9개로 설정하였다. 인공신경망 훈련에 필요한 적정한 수의 입력변수, 숨은 누런, 출력변수는 일반적으로 다음과 같은 공식에 의하여 정해진다.

최소의 관측수 = 2×(입력변수+숨은 뉴런+출력변수)
최대의 관측수 = 10×(입력변수+숨은 뉴런+출력변수)

훈련에 투입된 관측수가 241개이고 입력변수, 숨은 뉴런, 출력변수는 각각 17개, 9개 1개로 총 27개이므로 이 범위 안에 속하였다.

유리하다. 예측을 위한 것은 certeris paribus 조건하에 수행을 하는 것이 가장 바람직하기 때문이다.

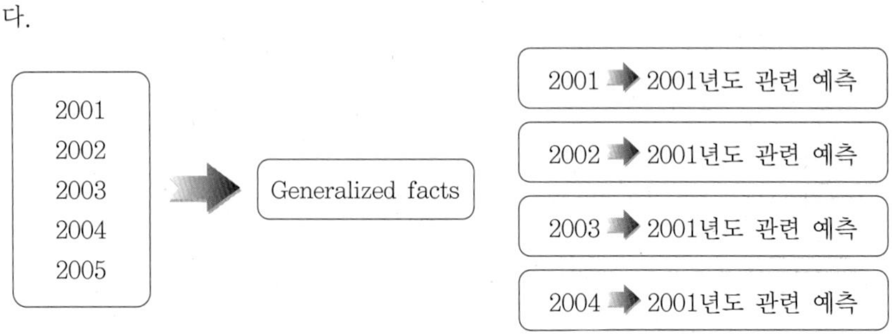

Chapter 07

공모주식 발행가격

1 개 념

종전에는 신규 상장기업의 신규공모(Initial Public Offering : IPO)주식을 인수하고자 하는 주간사회사(증권회사 등)는 발행회사가 속한 산업동향, 발행회사의 주식에 대하여 일정기준에 의한 본질가치와 상대가치를 분석하고 그 결과를 유가증권신고서에 기재하도록 하였다. 현재는 인수업무의 자율성 제고를 위하여 주간사회사가 다양한 방법으로 주식가치를 평가할 수 있도록 유가증권 분석기준을 폐지하고 분석결과를 유가증권신고서에 기재하는 것은 주간사회사 및 발행회사가 자율적으로 결정하도록 하고 있다. 그럼에도 불구하고 주간사회사는 종전에 사용해 오던 유가증권 인수업무에 관한 규정에 근거하여 관행적으로 공모가격을 정하고 있다. 이 방법은 현재의 비상장회사의 합병가액 평가기준(「유가증권의 발행 및 공시 등에 관한 규정 시행세칙」 제5조 내지 제8조, 2000.12.18. 제정, 2002.7.26. 개정)으로 종전의 유가증권 분석기준과 동일하다. 합병가액 평가기준으로 적용되는 이 방법은 자산가치와 수익가치를 각각 1과 1.5를 적용하여 가중산술평균하도록 하고 있다.

2 공모주식 발행가격에 의한 평가

2.1 본질가치

본질가치는 평가대상법인의 추정재무제표를 이용하여 자산가치와 수익가치를 산출하고 이를 근거로 산술평균하여 산정한다. 즉, 추정재무제표에 의하여 산출된 자산가치와 수익가치를 각각 1과 1.5의 가중치를 적용하여 가중산술평균하여 산정한다.

$$주식가치 = \frac{자산가치 \times 2 + 수익가치 \times 3}{5}$$

2.1.1 자산가치

자산가치는 분석기준일 현재 발행회사의 주당순자산가액을 나타내는 것으로 다음 산식에 의하여 산정한다.

$$자산가치 = \frac{순자산}{발행주식의\ 총수}$$

위의 산식에서 순자산은 직전 사업연도(직전 사업연도가 없는 경우에는 최근 감사보고서 작성대상시점)말 대차대조표상의 자본총계에서 실질가치가 없는 무형자산 및 회수가능성이 없는 채권, 투자주식 중 취득원가로 평가하는 시장성 없는 주식의 순자산가액이 취득원가보다 낮은 경우에는 순자산가액과 취득원가와의 차이, 퇴직급여충당금의 잔액이 기업회계기준 제27조의 규정에 의하여 계상하여야 할 금액과의 차액, 최근 사업연도말 이후부터 분석기준일 현재까지 발생한 특별손실, 전기오류수정손실 등을 차감하여 산정한다.

또한 자기주식, 최근 사업연도말 이후부터 분석기준일 현재까지 유상증자, 전환사채의 전환권행사 및 신주인수권부사채의 신주인수권행사에 의하여 증가한 자본금, 최근 사업연도말 이후부터 분석기준일 현재까지 발생한 자산재평가적립금, 주식발행초과금 등 자본잉여금 등을 가산한다. 그리고 분모에 적용하는 발행주식의 총수는 분석기준일 현재 회사가 발행한 총발행주식수로 한다.

2.1.2 수익가치

수익가치는 향후 2사업연도(합병신고서를 제출하는 날이 속하는 사업연도와 그 다음 사업연도)의 추정 재무제표를 기준으로 다음 산식에 의하여 산정한다.

$$수익가치 = \frac{주당추정이익}{자본환원율}$$

위 산식에서 주당추정이익은 다음 산식에 의하여 산정한 제1차 사업연도(합병신고서를 제출하는 날이 속하는 사업연도) 및 제2차 사업연도(합병신고서를 제출하는 날이 속하는 사업연도의 그 다음 사업연도)의 주당추정이익을 각각 3과 2로 하여 가중산술평균한 가액으로 한다. 다만, 제2차 사업연도의 주당추정이익이 제1차 사업연도의 주당추정이익보다 적을 때에는 단순평균가액으로 한다.

주당추정이익 = (추정경상이익 + 유상증자추정이익 − 우선주배당조정액 − 법인세 등) ÷ 사업연도말 현재의 발행주식수

한편, 분모에 적용하는 자본환원율은 분석기준일 현재 시중은행(국민은행, 우리은행, 하나은행 및 한국외환은행)의 1년 만기 정기예금 최저이율의 평균치에 1.5배를 적용하여 산정한다.

2.2 상대가치

상대가치는 발행회사와 업종이 유사한 주권상장법인(코스닥상장법인과 합병하는 주권비상장법인의 경우에는 코스닥상장법인)의 주가를 기준으로 발행회사와 유사회사의 주당경상이익과 주당순자산을 다음 산식에 의하여 비교·평가한 유사회사별 비교가치를 평균한 가액의 30% 이상을 할인한 가액으로 한다.

$$유사회사별\ 비교가치 = 유사회사의\ 주가 \times \left(\frac{발행회사의\ 주당경상이익}{유사회사의\ 주당경상이익} + \frac{발행회사의\ 주당순자산}{유사회사의\ 주당순자산}\right) \div 2$$

위의 산식에서 발행회사와 유사회사의 주당경상이익은 다음 산식에 의하여 산정한다.

$$주당경상이익 = \left(\frac{최근\ 사업연도의\ 경상이익}{발행주식의\ 총수} + \frac{직전\ 사업연도의\ 경상이익}{발행주식의\ 총수}\right) \div 2$$

이 경우에 발행주식의 총수는 분석기준일 현재 당해 회사의 총발행주식수로 한다. 또한 유사회사는 발행회사와 자본금, 매출액규모, 주요 재무비율, 주당수익력 및 제품 구성비 등이 가장 유사한 주권상장법인 또는 코스닥상장법인으로서 2사 이상의 주권상장법인 또는 코스닥상장법인으로 한다.

Part 3

비상장주식의 평가

Chapter 01 재산평가의 일반원칙

Chapter 02 비상장주식의 보충적 평가방법

Chapter 03 평가심의위원회에 의한 비상장주식평가

Chapter 04 비상장주식의 보충적 평가방법 평가사례

Chapter 05 유사상장법인 주가 비교평가방법의 평가사례

Chapter 06 현금흐름할인법

Chapter 01

재산평가의 일반원칙

1 평가원칙

1.1 개 요

재산의 평가는 일정한 절차에 의하여 평가대상재산에 화폐가치를 부여하여 계량화하는 작업을 말한다. 회계학에서는 재산의 평가방법으로 원가주의, 시가주의, 저가주의 등으로 구분한다. 원가주의는 재산을 취득할 당시에 판매자와 구매자 사이에 계약에 의하여 성립된 가격 또는 자체 제조 또는 건설원가에 의하여 평가한다. 원가주의는 과거에 거래된 교환가격으로 기록된 것이므로 검증가능성이나 객관성이 높다는 장점이 있다. 반면에 과거에 성립된 시가이기 때문에 가격의 변동에 대하여 반영하지 못하고 있어서 평가시점에서의 적절한 시가를 나타내지 못한다는 단점이 있다.

일반적으로 시가주의는 재산에 대한 평가시점의 공정시장가치를 의미한다. 현행 기업회계기준에서 규정한 공정가액은 합리적인 판단력과 거래의사가 있는 독립된 당사자 간에 거래될 수 있는 교환가격을 말하고 있다(기회기 §9 4호). 시가주의는 평가기준일 현재의 시장가치를 의미하는 것으로서 정상적인 거래에 의하여 형성된 객관적 교환가액을 말한다. 시가평가는 이러한 객관적인 교환가치에 의하여 평가를 하는 것이므로 이상적이라고 할 수 있으나 평가자의 주관이 개입되어 객관성에 문제가 발생될 수 있다.

「상속세 및 증여세법」에서 재산평가는 시가주의를 나타내고 있다. 즉, 현행 상속세 또는 증여세가 부과되는 재산의 가액은 상속개시일 또는 증여일 현재의 시가에 의한다(상증법 §60 ①). 이 경우에 시가는 불특정다수인 사이에 자유롭게 거래가 이루어지는 경우에 통상적으로 성립된다고 인정되는 가액을 말한다. 이러한 시가 개념에 따라 상속개시일 또는 증여일 전후에 수용·공매가격 및 감정가격 등의 사례가액이 있는 경우에 이를 시가로 보도록 하고 있다.

1.2 시가의 적용순서

1.2.1 평가기간 이내의 사례가액

(1) 의 의

「상속세 및 증여세법」에서 시가는 불특정다수인 사이에 자유롭게 거래가 이루어지는 경우에 통상적으로 성립된다고 인정되는 가액을 말한다(상증법 §60 ②). 시가의 개념에 따라 개별재산에 대하여 객관적으로 교환되는 시가를 측정하는 것은 쉽지 않다. 이러한 경우에 평가기준일을 전후하여 매매 등과 같은 거래가 이루어지고 그 거래를 전후하여 가격변동이 없다면 시가의 정의에 부합되는 것이다. 이에 따라 평가기준일 전 · 후 6개월(증여재산의 경우에는 평가기준일 전 6개월부터 평가기준일 후 3개월) 이내, 즉 평가기간 내에 매매가액 · 감정가액 등과 같은 사례가액이 확인되는 경우에는 이를 시가로 본다.

주권상장법인의 주식과 코스닥상장법인의 주식에 대해서는 「상속세 및 증여세법」 제63조 제1항 제1호 가목에 규정된 평가방법으로 평가한 가액(상장추진 중인 주식, 미상장주식에 대하여 평가한 경우는 제외)은 이를 시가로 본다.

또한 평가기간 이내에 시가로 보는 사례가액이 둘 이상인 경우에는 평가기준일을 전후하여 가장 가까운 날에 해당하는 가액으로 하고 가장 가까운 날에 그 가액이 둘 이상인 경우에는 그 평균액을 적용한다. 다만, 해당 재산의 매매등의 가액이 있는 경우에는 해당 재산과 유사한 재산의 사례가액은 적용하지 아니한다(상증령 §49 ②).

03

(2) 매매가액

(가) 적용대상

해당 재산과 관련한 평가기준일 전후 6개월(증여재산의 경우 평가기준일 전 6개월부터 평가기준일 후 3개월까지로 함) 이내에 매매사실이 있는 경우에는 그 거래가액을 시가로 본다. 다만, 그 거래가액이 「상속세 및 증여세법 시행령」 제2조의 2(특수관계인의 범위)에 해당하는 자와의 거래 등 그 가액이 객관적으로 부당하다고 인정되는 경우에는 이를 시가로 보지 않는다. 사례가액을 적용할 때 평가기준일 전후 6개월(증여재산의 경우 평가기준일 전 6개월부터 평가기준일 후 3개월)에 해당되는지 여부는 매매계약일을 기준으로 판단한다.

그동안 평가기간은 평가기준일 전·후 6개월, 증여재산의 경우에는 전·후 3개월로 하였으나 증여재산에 대한 평가기간도 상속재산과 동일하게 평가기준일 이전 3개월에서 6개월로 시가로 인정하는 사례가액의 범위를 확대하였다. 이 개정 규정은 2019.2.12. 이후 증여분부터 적용한다.

(나) 적용제외

해당 재산과 관련한 매매사실이 있는 경우라도 다음의 어느 하나에 해당하는 경우에는 적용 대상에서 제외한다.

① 「상속세 및 증여세법 시행령」 제2조의 2(특수관계인의 범위) 각 호의 어느 하나에 해당하는 특수관계인과의 거래 등으로 그 거래가액이 객관적으로 부당하다고 인정되는 경우

② 거래된 비상장주식의 가액(액면가액의 합계액을 말함)이 다음의 금액 중 적은 금액 미만인 경우

㉠ 액면가액의 합계액으로 계산한 해당 법인의 발행주식총액 또는 출자총액의 100분의 1에 해당하는 금액

㉡ 3억원

이러한 거래된 금액이 비록 액면가액 합계액의 1% 또는 3억원에 미달하더라도 「상속세 및 증여세법 시행령」 제49조의 2 제1항에 따른 평가심의위원회의 자

문을 거쳐 그 거래가액이 거래의 관행상 정당한 사유가 있다고 인정되는 경우는 사례가액으로 적용될 수 있다.

(다) 매매가액의 시가 적용 판단기준

시가는 정상적인 거래에 의하여 형성된 객관적 교환가격을 말하는 것으로서, 한국거래소에 상장되지 않은 비상장주식이더라도 객관적인 교환가치가 적정하게 반영된 정상적인 거래의 실례가 있으면 그 거래가격을 시가로 보아 주식가액을 평가하여야 한다. 어떠한 거래가 그 거래대상의 객관적인 교환가치를 적정하게 반영하는 일반적이고 정상적인 거래인지 여부는 ① 거래당사자들이 각기 경제적 이익의 극대화를 추구하는 대등한 관계에 있는지, ② 거래당사자들이 거래 관련 사실에 관하여 합리적인 지식이 있으며 강요에 의하지 아니하고 자유로운 상태에서 거래를 하였는지 등 거래를 둘러싼 제반 사정을 종합적으로 검토하여 결정하여야 한다(대법원 2006두, 2007.1.11.).

(라) 시가에 해당하는 가액이 둘 이상인 경우 적용순서

「상속세 및 증여세법」서는 상속재산 또는 증여재산을 평가할 때 불특정다수인 사이에 자유로이 거래된 매매가액, 감정가액, 공매·경매가액 또는 수용가액 등 시가로 보는 가액이 둘 이상인 경우에는 그동안 평가기준일을 전·후하여 가장 가까운 날에 해당하는 가액을 시가로 적용한다. 다만, 이러한 규정에 대해 시가의 판단기준을 명확히 하기 위해 2019.2.12. 개정을 통하여 그 가액(가장 가까운 날에 해당하는 가액)이 둘 이상인 경우에는 그 평균액을 시가로 적용하는 것으로 개정하였다(상증령 §49 ②).

(3) 감정가액

(가) 적용대상

불특정다수인 사이에 자유롭게 거래가 이루어지는 경우에 통상적으로 성립된다고 인정되는 가액으로 감정평가기관이 평가한 감정가액이 있는 경우에는 이를 사례가액으로 적용한다. 사례가액으로 적용되는 감정가액은 감정가액평가서를 작성한 날로부터 평가기준일 전후 6개월(증여재산의 경우 평가기준일 전 6개월부터 평가기준일 후 3개월) 이내에 당해 재산(주식 및 출자지분 제외)에 대하여 둘 이상의 감정평가법인이 평가한 감정가액이 있는 경우에는 그 감정가액의 평균액을 시가로 평가한다. 그동안 평가기간은 평가기준일 전·후 6개월, 증여재산의 경우에는 전·후 3개월로 하였으나 증여재산에 대한 평가기간도 상속재산과 동일하게 평가기준일 이전 3개월에서 6개월로 시가로 인정하는 사례가액의 범위를 확대하였다. 이 개정 규정은 2019.2.12. 이후 증여분부터 적용한다.

감정가액을 적용할 때 1998년 이전까지는 둘 이상의 감정기관이 상속세 및 증여세 납부 외의 목적으로 재산을 평가한 감정가액이 있는 경우에 적용하였으나 1999년부터는 감정목적에 관계없이 둘 이상의 감정기관이 평가한 감정가액의 평균액을 시가로 인정하고 있다. 그러나 납세자가 신고한 감정가액에 대해 시가로 보는 것이 객관적으로 부당하다고 인정되는 경우 세무서장이 재감정할 수 있는 절차를 두고 있다. 이것은 감정기관과 납세자가 통정하여 상속세를 회피하는 사례를 방지하도록 하는데 있다.

감정가액에 대해서는 2014.2.21.(대통령령 제25195호) 「상속세 및 증여세법 시행령」 개정을 하면서 소급감정을 방지하기 위하여 가격산정기준일과 감정가액 평가서 작성일이 모두 평가기간 이내인 경우에 한하여 적용하도록 하였다. 이 경우에 감정기관은 「감정평가 및 감정평가사에 관한 법률」에 의한 감정평가업자를 말한다(상증칙 §15 ①). 그동안 감정기관에는 감정평가법인으로 제한하였으나 부실감정에 대한 시가인정을 제한하고 있는 점을 고려하여 2014.3.14. 시행규칙 개정을 통하여 개인감정사도 포함하도록 하였다. 외국의 감정기관이 감정한 가액은 시가로 인정되는 감정가액에 해당되지 않는다(재산-60, 2009.8.28.).

(나) 소액재산에 대한 1개 감정가액 시가 적용

감정가액은 원칙적으로 두 개 이상의 감정기관이 평가한 감정가액이 있는 경우에 이를 사례가액으로 적용한다. 그러나 소액의 재산의 경우에는 감정평가비용 발생을 고려하여 납세협력비용 절감을 위하여 2017.12.19. 세법개정 시 「소득세법」 제99조 제1항에 따른 기준시가 10억원 이하의 부동산의 경우에는 하나 이상의 감정기관이 감정한 가액도 시가로 보도록 개정하였다(상증령 §49 ⑥). 이 개정 규정은 2018.4.1. 이후 감정하는 분의 경우부터 적용한다.

(다) 평가기간 이내의 감정가액 해당 여부 판단기준

시가로 인정되는 공신력 있는 감정기관이 평가한 감정가액이 평가기준일 전후 6월(증여재산의 경우에는 평가기준일 전 6개월부터 평가기준일 후 3월까지) 이내에 해당하는지 여부는 가격산정기준일과 감정가액평가서 작성일을 기준으로 적용한다(상증령 §49 ②). 이와 같이 소급감정 방지를 위해 시가로 보는 감정가액 요건을 가격산정기준일과 감정가액평가서작성일이 모두 평가기간 이내에 해당하여야 시가로 인정하도록 요건을 강화하였으며, 2014. 2.21. 이후 평가하는 분부터 적용한다.

(라) 부실 감정가액의 시가 적용배제

1) 의의

감정가액은 평가기준일로부터 6월(증여재산의 경우 평가기준일 전 6개월부터 평가기준일 후 3개월) 이내에 둘 이상의 「감정평가 및 감정평가사에 관한 법률」에 의한 감정평가업자가 평가한 감정가액이 있는 경우에는 그 감정가액의 평균액을 시가로 보고 있다. 이러한 감정가액에 대하여 관할세무서장 또는 관할지방국세청장은 납세자가 신고한 감정가액을 시가로 보는 것이 객관적으로 부당하다고 인정되는 경우 재감정하는 절차를 두고 있다. 이것은 감정기관과 납세자가 통정하여 상속세를 회피하는 사례를 방지하고자 하는 것으로 다음과 같은 경우에는 감정가액의 적용을 배제한다.

2) 상속·증여세의 납부목적 등에 부적합한 감정가액

다음에서 열거한 상속세 및 증여세의 납부목적 등에 부적합한 감정가액에 대해서는 시가 적용을 배제한다(상증령 §49 ① 2호 단서).

- 일정한 조건이 충족될 것을 전제로 당해 재산을 평가하는 등 상속세 및 증여세의 납부목적에 적합하지 아니한 감정가액
- 평가기준일 현재 해당 재산의 원형대로 감정하지 아니한 경우의 그 감정가액

3) 기준금액 미달평가액에 대한 세무서장 등의 재감정

납세자가 감정가액을 적용하여 신고한 경우에 보충적 평가방법에 의한 평가액과 유사사례가액의 100분의 90에 해당하는 금액(기준금액) 중 적은 금액에 미달하는 경우에는 세무서장이 재감정을 의뢰할 수 있다. 즉, 당해 감정가액이 「상속세 및 증여세법」 제61조(부동산 등의 평가)·법 제62조(선박 등 그 밖의 유형재산의 평가)·법 제64조(무체재산권 등의 평가) 및 법 제65조(그 밖의 조건부 권리 등의 평가)에서 규정한 보충적 평가방법에 의하여 평가한 가액과 「상속세 및 증여세법 시행령」 제49조 제5항에 따른 유사사례가액의 100분의 90에 해당하는 가액 중 적은 금액(기준금액)에 미달하는 경우에는 세무서장 등이 다른 감정기관에 의뢰하여 감정한 가액에 의한다. 다만, 재감정한 가액이 상속세 또는 증여세 납세의무자가 제시한 감정가액보다 낮은 경우에는 다른 감정기관의 감정가액을 적용하지 아니한다.

> 세무서장의 재감정의뢰 대상
> 감정가액의 평균액 < Min(① 보충적 평가액, ② 유사사례가액의 90%)

4) 평가심의위원회의 심의에 따른 재감정

상속세 또는 증여세 납세의무자가 제시한 감정가액이 기준금액 이상인 경우에도 재감정을 의뢰할 수 있다 즉, 보충적 평가방법에 따라 평가한 가액과 「상속세 및 증여세법 시행령」 제49조 제4항에 따른 유사사례가액의 100분의 90에 해당하는 가액 중 적은 금액(기준금액) 이상인 경우에도 국세청 평가심의위원회의 심의를 거쳐 감정평가목적 등을 감안하여 동 가액이 부적정하다고 인정되는 경우에도 세무서장 등이 다른 감정기관에 의뢰하여 감정한 가액에 의할 수 있다. 이 경우에도 그 가액이 상속세 또는 증여세 납세의무자가 제시한 감정가액보다 낮은 경우에는 다른 감정기관의 감정가액을 적용하지 아니한다.

5) 부실감정기관의 시가인정 제한

가) 부실감정기관의 지정

감정가액 중에 납세의무자가 제시한 원감정기관의 감정가액이 세무서장 등이 다른 감정기관에 의뢰하여 평가한 감정가액의 100분의 80에 미달하는 경우에는 1년의 범위에서 기간을 정하여 해당 감정기관을 시가불인정 감정기관으로 지정할 수 있다. 이 경우에 시가불인정 감정기관으로 지정된 기간 동안 해당 시가불인정 감정기관이 평가하는 감정가액은 시가로 보지 아니한다(상증법 §60 ⑤, 상증령 §49 ⑦·⑧).

나) 부실감정기관 지정시기

납세의무자가 제시한 원감정기관의 감정가액이 세무서장 등이 다른 감정기관에 의뢰하여 평가한 감정가액의 100분의 80에 미달하는 경우 세무서장 등은 원감정기관을 평가심의위원회의 심의를 거쳐 부실감정의 고의성·미달 정도 등을 감안하여 1년의 범위 안에서 국세청장이 정하는 기간 동안 시가불인정 감정기관으로 지정할 수 있다. 이 경우 부실감정기관의 시가 불인정 기간은 세무서장 등의 의뢰를 받은 다른 감정기관이 감정가액평가서를 작성한 날부터 기산한다(상증령 §49 ⑦·⑧).

다) 부실감정기관 지정절차

세무서장 등은 평가심의위원회 심의 전에 다음의 내용 등을 해당 감정기관에 통지하고 의견을 청취하여야 한다. 이 경우 사전 통지를 받은 감정기관은 사전통지를 받은 날부터 20일 이내에 의견을 제출하여야 하며, 정당한 사유 없이 의견을 제출하지 않은 경우에는 의견이 없는 것으로 본다(상증령 §49 ⑨).

- 시가불인정 감정기관 지정내용 및 법적근거
- 의견을 제출할 수 있다는 뜻과 의견을 제출하지 아니하는 경우의 처리 방법
- 의견제출기한
- 기타 필요한 사항

라) 부실감정기관 지정기간

부실감정기관 지정기간을 정할 때 다음의 구분에 따른 기간으로 하되, ①과 ② 모두 해당하는 경우에는 해당 기간 중 가장 긴 기간으로 한다.

① 고의 또는 중대한 과실로 다음 어느 하나에 해당하는 부실감정을 한 경우 : 1년

㉠ 평가대상 재산의 위치·지형·이용상황·주변환경 등 객관적 가치에 영향을 미치는 요인을 사실과 다르게 조사한 경우

㉡ 「감정평가 및 감정평가사에 관한 법률」 제2조 및 제25조 제2항을 위반한 경우

㉢ 납세자와 담합하여 상속세 및 증여세를 부당하게 감소시킬 목적으로 감정평가한 경우

② 원감정가액이 재감정가액에 미달하는 경우 : 재감정가액에 대한 원감정가액의 비율에 따른 기간

㉠ 100분의 70 이상 100분의 80 미만인 경우 : 6월

㉡ 100분의 60 이상 100분의 70 미만인 경우 : 9월

㉢ 100분의 60 미만인 경우 : 1년

(마) 소급감정의 시가 적용 여부

「상속세 및 증여세법」에서는 평가기간 이내의 기간 중 해당 재산에 대하여 둘 이상의 감정기관이 평가한 감정가액이 있는 경우에는 그 감정가액의 평균액을 시가로 인정하고, 평가기준일 이전 6개월을 경과하고 평가기준일 이전 2년 이내에 감정가액의 평균액이 있는 경우에도 그 감정가액의 평균액에 대하여는 평가심의위원회의 자문에 의하여 시가로 인정되는 경우에 한하여 이를 시가로 인정한다.

이러한 감정가액의 시가 적용과 관련한 소급감정에 대해 대법원에서는 "「상속세 및 증여세법」 제60조 제2항의 문언상 시가가 수용가격·공매가격 및 감정가격 등 대통령령이 정하는 바에 의하여 시가로 인정되는 것에 한정되는 것은 아니라고 할 것이므로 위 규정의 위임에 의한 시행령 제49조 제1항 각 호는 상속재산의 시가로 볼 수 있는 대표적인 경우를 예시한 것에 불과하며, 시가란 원칙적으로 정상적인 거래에 의하여 형성된 객관적 교환가치를 의미하지만 이는 객관적이고 합리적인 방법으로 평가된 가액도 포함되는 개념이므로 공신력 있는 감정기관의 감정가액도 시가로 볼 수 있다. 따라서 소급감정가액이라도 상속개시 당시의 시가를 적정하게 반영하고 있으면 이를 시가로 인정한다."라고 판시(2000두5098, 2001.8.21.)한 바 있다.

이와는 달리 국세청에서는 신고기한 경과 후 소급하여 감정한 가액을 시가로 인정하는 것은 법적 안정성을 해치고 조세행정 집행상 혼란을 초래할 우려가 있다는 등의 이유로 일관되게 소급감정가액은 인정하지 않는다고 해석(재삼 46014-1612, 1996.7.8.; 재삼 46330-274, 1999.6.30.)하여 왔다. 이와 함께 소급감정을 방지하기 위하여 2014.2.21.(대통령령 제25195호) 「상속세 및 증여세법 시행령」을 개정하면서 감정가액은 가격산정기준일과 감정가액평가서 작성일이 모두 평가기간 이내인 경우에 적용하도록 하였다(상증령 §49 ② 2호).

(바) 신고기한 이후에 생산한 감정가액의 시가 적용

감정가액의 시가 적용과 관련하여 「상속세 및 증여세법 시행령」 제49조 제1항 단서에서는 평가기간에 해당하지 않는 기간으로서 평가기준일 전 2년 이내의 기간 중에 매매등이 있거나 평가기간이 경과한 후부터 상속세 또는 증여세 결정기한까지의 기간 중에 발생한 경우에도 평가기준일부터 사례가액이 발생한 날까지의 기간 중에 주식발행회사의 경영상태, 시간의 경과 및 주위환경의 변화 등을 고려하여 가격변동의 특별한 사정이 없다고 보아 납세자 등이 신청하는 때에는 평가심의위원회의 심의를 거쳐 해당 매매등의 가액을 시가에 포함시킬 수 있다.

이에 따라 납세자가 사례가액이 확인되지 아니하여 기준시가에 의하여 신고한 경우에 대해 과세관청은 소급감정을 하고 있다. 이 경우에 감정가액은 가격산정기준일과 감정평가서 작성일을 모두 평가기간이 경과한 이후로 하여 소급감정을 하다가 기획재정부(기획재정부 재산-480, 2020.6.29.)는 가격변동의 특별한 사정 요건을 충족하기 위해 평가기간 다음 날을 가격산정기준일(평가기간+1일)로 하고, 감정가액평가서 작성일을 법정결정기한 전까지로 하여 감정평가한 가액이 있는 경우 그 감정가액은 평가심의위원회의 심의대상에 해당되는 것으로 해석하였다.

이에 대해 법원(서울고법 2023.12.15. 선고 2023 누41903 판결; 서울고법 2023.6.16. 선고 2023누35380 판결)에서는 평가기준일부터 평가기간 밖의 날짜를 기준으로 평가한 것에 대해 "가격변동의 특별한 사정이 없다는 점에 관한 증명이 이루어졌다고 볼 수 없다."는 이유로 국가 패소판결(대법원 2023.10.18. 선고

2023두46487 판결)을 하였다.

최근에는 상속세 및 증여세를 결정할 때 감정평가서 작성일은 신고기한 이후에 하면서 가격변동의 특별한 사정의 요건 입증을 회피하기 위해 평가기준일과 가격산정기준일을 같은 날짜로 하여 감정해야 하는 것으로 해석(기재부 재산세제과-92, 2021.1.27.)을 변경하였다. 이러한 해석의 변경은 「상속세 및 증여세법 시행령」 제49조 제1항 단서에서 평가심의위원회의 심의대상을 가격산정기준일과 감정평가서 작성일이 모두 평가기간 전 2년 이내가 평가기간 밖에 있을 것을 요건으로 하고 있어 심의대상에도 해당하지 않아 시행령에서 규정한 단서 규정은 의미를 잃게 되었다.

그럼에도 최근에는 평가기준일(증여일)을 가격산정기준일로 하고, 감정가액평가서 작성일을 평가기간이 경과한 후에 2개 감정기관에서 감정평가받은 가액을 평가심의위원회에 회부하는 경우 국가가 승소하는 판결(서울고법 2024.11.22. 선고 2024누34209 판결)을 하고 있다.

이러한 판례가 확정되면 부과과세방식을 채택하고 있는 상속세와 증여세의 경우에는 공신력 있는 감정기관의 감정가액도 시가로 볼 수 있고(대법원 2005.9.30. 선고 2004두2356 판결 등), 그 가액이 소급감정에 의한 것이라 하여도 달라지지 아니한다는 판례(대법원 1997.7.22. 선고 96누18038 판결 등)에 따라 「상속세 및 증여세법 시행령」 제49조 제1항 및 제2항 제2호에서 규정하는 소급감정가액의 시가 적용 불가는 처분청에게는 사실상 의미가 없게 된다. 반면에 협력의무로 상속세나 증여세를 신고하는 납세자에게는 여전히 적용된다고 생각된다.

(사) 주식 등에 대한 감정가액의 시가 적용 배제

사례가액을 적용할 때 부동산 등의 감정가액은 2 이상의 감정기관이 평가한 가액의 평균액으로 적용할 수 있다. 예외적으로 상장주식이나 비상장주식과 같은 유가증권에 대해서는 감정가액 적용을 배제하고 있다(상증령 §49 ① 2호). 현실적으로 상장주식의 경우에는 시장에서 자유롭게 거래하고 있어서 평가하는 것은 어려움이 없다. 그러나 비상장주식의 경우에는 사례가액이 존재하는 경우는 흔치 않으므로 순자산가치와 순손익가치를 가중 평균하는 보충적 평가방법으로 평가하게 된다.

비상장주식에 대한 보충적 평가방법은 급변하는 환경 속에 있는 법인의 주식가치를 평가하는 데에는 한계가 있는 것으로 알려지고 있다. 이러한 문제점에 대해서는 이 절의 마지막 부분에 (논점) "비상장주식에 대한 감정가액의 시가 적용 제한과 개선과제"에서 자세히 서술하고 있으므로 이를 참고하기 바란다.

㈀ 하나의 감정기관 평가액의 시가 적용 여부

① 하나의 감정기관 평가액의 시가 적용에 대한 행정해석

㉠ 기획재정부의 유권해석

하나의 감정기관이 평가한 감정가액은 「상속세 및 증여세법」상 시가의 범위에 포함되지 않는다(재재산-582, 2007.5.18.).

㉡ 국세청의 유권해석

하나의 감정기관이 평가한 감정평가액은 「상속세 및 증여세법」 제60조 제2항 및 같은법 시행령 제49조 제1항에 의한 '시가'의 범위에 포함되지 않는다(상속증여-1648, 2017.6.28. ; 재산-251, 2011.5.20. ; 재산-499, 2010.7.7. ; 기준법령재산-256, 2016.01.13.).

② 국세청 심사청구 결정사례

하나의 감정기관이 평가한 감정평가액은 「상속세 및 증여세법」의 "시가"의 범위에 포함되지 아니하는 것이다(심사양도2013-108, 2013.6.12. ; 심사양도2012-50, 2012.5.18.).

③ 조세심판원의 결정사례

㉠ 시가인정 사례

하나의 감정가액도 평가기간 내에 객관적이고 합리적인 방법으로 평가한 가액은 「상속세 및 증여세법」 제60조 제1항과 제2항의 전단 규정을 적용하여 시가로 인정될 수 있다(조심 2010서3092, 2011.2.15. ; 조심 2010중2791, 2011.2.15.).

㉡ 시가불인정 사례

원칙적으로 하나의 감정기관이 평가한 감정평가액은 「상속세 및 증여세법」 제60조 제2항 및 같은 법 시행령 제49조 제1항의 규정에 의한 "시가"의

범위에 포함되지 아니한다고 해석하고 있는 점(법규과-722, 2012.6.26. ; 재산세과-20, 2012.1.17. ; 재정경제부재산세과-582, 2007.5.18. 등 참조) 등을 고려하여 하나의 감정기관이 평가한 감정가액을 해당 부동산의 시가로 보아 부담부증여에 대한 양도소득세를 부과한 처분은 부당하다고 판단된다(심사양도 2012-131, 2012.5.8. ; 심사양도 2012-0050, 2012. 5.18. ; 조심 2013중230, 2013.11.12. ; 조심2013부254, 2013.6.28. ; 조심 2012중914, 2012.9.18. ; 조심 2009서182, 2010.2.2. ; 조심 2008중954, 2008.6.19. 같은 뜻)고 결정하였다.

㉢ 상충된 결정의 원인분석

한 개의 감정가액으로 시가로 본 사례(조심 2010서3092, 2011.2.15. ; 조심 2010중2791, 2011.2.15.)를 보면 양도자의 양도소득을 계산할 때 취득가액으로 적용할 감정가액은 당해 감정가액이 경락된 가액과 비교하여 볼 때 시가의 정의에 부합되고, 부동산의 경락대금이 피상속인의 채무변제에 전액 충당되어 양도자에게 직접 귀속된 양도대금은 없는 점 등을 감안하여 해당 감정가액을 시가로 보았다.

반면에 한 개의 감정가액으로 시가로 불인정한 사례(조심 2009서182, 2010.2.2.)는 처분청이 1개의 감정가액과 보충적 평가액 중 큰 금액으로 결정한 처분에 대한 심판청구 사례로서 해당 결정에서는 관련 법령에서 2개 이상 감정기관의 감정가액의 평균액을 시가로 본다고 규정하고 있어서 1개 감정기관의 감정가액을 시가로 인정하기는 어렵다고 판단하였다.

이러한 상반된 결정내용을 비교하면 1개 감정기관이 평가한 감정가액을 시가로 적용하는지 여부는 납세자에게 부당하게 과세되는 것을 방지하기 위한 것에 주안점을 둔 것으로 보인다.

(4) 수용·공매·경매가액

(가) 원 칙

불특정다수인 사이에 자유롭게 거래가 이루어지는 경우에 통상적으로 성립된다고 인정되는 가액으로 보상가액·공매가액 등이 있는 경우에 이를 사례가액으로 적용할 수 있다. 이 경우에 시가로 적용되는 사례가액은 그 가액이 결정된 날로부터 평가기준일 전후 6개월(증여재산의 경우 평가기준일 전 6개월부터 평가기준일 후 3개월) 이내에 당해 재산에 대하여 수용·경매 또는 공매사실이 있는 경우에는 그 보상가액·경매가액 또는 공매가액을 시가로 본다(상증령 §49 ① 3호). 그동안 평가기간은 평가기준일 전·후 6개월, 증여재산의 경우에는 전·후 3개월로 하였으나 증여재산에 대한 평가기간도 상속재산과 동일하게 평가기준일 이전 3개월에서 6개월로 하여 시가로 인정하는 사례가액의 범위를 확대하였다. 이 개정 규정은 2019.2.12. 이후 증여분부터 적용한다.

(나) 경매 또는 공매가액의 시가 적용 예외

경매 또는 공매로 취득한 재산을 증여받는 경우에는 원칙적으로 그 경매가액 등으로 시가를 평가하게 된다. 경매가액 등을 시가로 인정하게 되면 경매 등을 통하여 낮은 가액으로 비상장주식 등을 취득하게 된다. 이런 경우에 경매가액 등을 이용하여 재산을 증여하는 등 증여세를 회피하는 사례를 방지하기 위하여 다음의 경우에는 시가로 인정하지 아니한다(상증령 §49 ① 3호 단서).

① 「상속세 및 증여세법」 제73조의 규정에 따라 물납한 재산을 상속인·증여자·수증자 또는 그의 특수관계인이 공매 또는 경매로 취득한 경우

② 경매 또는 공매로 취득한 비상장주식의 가액(액면가액의 합계액을 말함)이 액면가액의 합계액으로 계산한 당해 법인의 발행주식총액 또는 출자총액의 100분의 1 미만이거나 액면가액이 3억원 미만인 경우

③ 경매 또는 공매절차의 개시 후 관련 법령이 정한 바에 따라 수의계약에 따라 취득하는 경우

④ 「상속세 및 증여세법 시행령」 제15조 제3항에 따른 최대주주등의 상속인 또는 최대주주등의 특수관계인이 최대주주등이 보유하고 있던 제54조 제1항에 따른 비상장주식등을 경매 또는 공매로 취득한 경우

1.2.2 유사사례가액의 시가 적용

(1) 의 의

그동안 「상속세 및 증여세법」에서는 평가기준일 전후 6월(증여재산의 경우에는 3월)

이내의 기간 중의 매매가액, 감정가액의 평균액 등을 시가로 적용한 것은 해당 재산에 한정하여 적용하여 왔다. 그러나 해당 재산과 면적·위치·용도 및 종목 및 기준시가가 동일하거나 유사한 다른 재산의 사례가액이 있음에도 이를 시가로 인정하지 아니하는 것은 공평과세를 저해한다고 판단된다.

이에 따라 2004년부터 해당 재산과 동일하거나 유사한 재산의 사례가액(이하 "유사사례가액"이라 함)이 있는 경우에 이를 당해 재산의 시가로 보도록 하였다(상증령 §49 ④). 이러한 규정에도 납세의무자가 납세의무를 이행할 때 유사사례가액을 확인할 수 없어서 법적안정성과 예측가능성 침해 등 많은 문제점이 발생되고 있어서 이러한 점을 보완하기 위하여 2010.12.30. 개정 시에는 해당 재산의 매매 등의 사례가액을 우선 적용하도록 하였고, 납세자의 예측가능성을 제고하기 위하여 상속세 또는 증여세 과세표준을 신고한 경우에는 평가기준일 전 6개월(증여의 경우 평가기준일 전 6개월부터 평가기준일 후 3개월)부터 신고일까지의 사례가액만을 유사사례가액으로 인정하도록 하였다.

(2) 시가의 적용

유사사례가액의 시가 적용은 평가대상재산과 면적·위치·용도·종목 및 기준시가가 동일하거나 유사한 다른 재산(동일하거나 유사한 다른 재산의 범위 등에 관하여는 기획재정부령으로 정함)에 대한 매매사실이 있는 경우에는 그 거래가액, 둘 이상의 감정기관이 평가한 감정가액이 있는 경우에는 그 감정가액의 평균액, 수용·경매 또는 공매사실이 있는 경우에는 그 보상가액·경매가액 또는 공매가액 등을 각각 시가로 적용하는 것이다.

유사사례가액을 시가로 적용할 때는 평가기간 이내의 거래분과 평가기간 이외의 거래분을 구분하여 적용하여야 한다. 즉, 해당 재산과 동일하거나 유사한 재산에 대하여 평가기준일 전·후 6개월(증여재산의 경우 평가기준일 전 6개월부터 평가기준일 후 3개월) 이내에 매매가액 등의 사례가액이 존재하면 이를 시가로 적용하고, 평가기준일 전 2년 이내의 기간(평가기준일 이전 6개월 이내의 기간은 제외) 중에 매매 등의 사례가액이 있으면 이를 시가로 적용하되, 이를 시가에 포함시키기 위해서는 평가심의위원회의 자문을 받아야 한다(훈령 §22 ① 1호).

(3) 평가대상재산에 대한 사례가액이 있는 경우의 적용배제

평가대상재산에 대한 매매·감정·보상·경매 또는 공매 등의 사례가액이 있는 경우에는 해당 재산의 사례가액을 우선 적용하고 유사사례가액의 적용을 배제한다(상증령 §49 ②).

(4) 신고일 이후의 유사사례가액 적용 배제

재산가액을 평가할 때 평가대상재산과 면적·위치·용도·종목 및 기준시가가 동일하거나 유사한 다른 재산에 대한 사례가액이 있는 경우에는 그 거래가액을 시가로 적용한다. 사례가액을 시가로 적용할 때 평가대상재산과 유사한 재산의 사례가액을 납세자가 직접 확인하는 것은 사실상 쉽지 않다. 더군다나 상속세 또는 증여세를 신고한 이후에 유사사례가액이 발생된 경우에는 이를 치유하기가 곤란하다. 이에 대한 개선 방안으로 정부에서는 2012.2.2. 이후부터는 유사사례가액을 적용하여 상속세 또는 증여세 과세표준을 신고한 경우에는 평가기준일 전 6개월(증여의 경우 평가기준일 전 6개월부터 평가기준일 후 3개월)부터 평가기간 이내의 신고일까지 발생된 유사사례가액만을 시가로 보도록 하였다. 이와 같은 개정으로 상속세 또는 증여세 과세표준의 신고일 이후에 발생되는 유사사례가액은 시가로 적용되지 아니한다.

(5) 유사성의 판단기준

재산을 평가할 때 평가대상 재산과 동일하거나 유사한 재산의 범위를 명확하게 하기 위하여 2017.2.7. 「상속세 및 증여세법 시행령」을 개정할 때 시행규칙에 위임하는 규정을 두었다(상증령 §49 ④). 이에 따라 평가대상 재산과 면적·위치·용도·종목 및 기준시가가 동일하거나 유사한 다른 재산의 기준은 다음과 같다. 이 개정 규정은 2017.3.10. 이후 상속·증여하는 분부터 적용한다(상증칙 §15 ③).

① 「부동산 가격공시에 관한 법률」에 따른 공동주택가격(새로운 공동주택가격이 고시되기 전에는 직전의 공동주택가격을 말함)이 있는 공동주택의 경우

다음의 요건을 모두 충족하는 주택. 다만, 해당 주택이 둘 이상인 경우에는 평가대상 주택과 공동주택가격 차이가 가장 적은 주택을 말한다.

㉠ 평가대상 주택과 동일한 공동주택단지(공동주택관리법에 따른 공동주택단지를

말함) 내에 있을 것

㉡ 평가대상 주택과 주거전용면적(주택법에 따른 주거전용면적을 말함)의 차이가 평가대상 주택의 주거전용면적의 100분의 5 이내일 것

㉢ 평가대상 주택과 공동주택가격의 차이가 평가대상 주택의 공동주택가격의 100분의 5 이내일 것

② ① 외의 재산의 경우

평가대상 재산과 면적·위치·용도·종목 및 기준시가가 동일하거나 유사한 다른 재산

(6) 유사사례가액 확인방법

국세청에서는 2017.7.18.부터 전국의 공동주택과 수도권 및 지방 5대 광역시 소재 오피스텔의 유사사례가액의 정보를 제공하고 있다. 국세청 홈택스(www.hometax.go.kr)에서 상속·증여재산 평가하기에 접속하여 확인할 수 있다. 그러나 국세청 홈택스에서 공개하는 시점과 국토교통부 실거래가 공개시스템(http://rt.molit.go.kr/)에서 공개하는 시점과는 차이가 있으므로 동시에 고려하는 것이 바람직하다.

1.2.3 평가기간 이외의 사례가액

(1) 의 의

시가는 불특정다수인 사이에 자유롭게 거래가 이루어지는 경우에 통상적으로 성립된다고 인정되는 가액으로 평가하는 것을 원칙으로 하고 있다. 이러한 시가의 정의에 부합하면서 평가기준일 전후 6월(증여재산의 경우에는 평가기준일 전 6개월부터 평가기준일 후 3개월까지) 이내, 즉 평가기간 이내에 발생한 매매·감정·수용·경매 또는 공매 등의 사례가 있는 경우에는 그 사례가액을 우선 적용한다. 한편, 평가기간에 해당하지 아니하는 사례가액은 평가기준일 전 2년 이내의 기간 중에 발생한 매매 등의 사례가액은 주식발행회사의 경영상태, 시간의 경과 및 주위환경의 변화 등을 감안하여 가격변동의 특별한 사정이 없다고 인정되는 때에는 국세청 평가심의위원회의 자문을 거쳐 당해 매매 등의 가액을 시가에 포함시킬 수 있었다(상증령 §49 ①).

그러던 것이 2019.2.12. 시행령 개정을 통하여 평가기간이 경과한 후부터 상속세 및 증여세 결정 기한(상속의 경우 상속세 과세표준 신고기한부터 9개월까지, 증여의 경우 증여세 과세표준 신고기한부터 6개월) 중에 매매등 있는 경우에도 납세자의 신청에 의하여 시가로 적용할 수 있도록 개정하였다. 이러한 평가기간 이외의 사례가액은 처분청만 가능한 것으로 하였으나 2016.2.5. 이후 상속·증여분부터는 납세자도 평가심의위원회에 자문을 신청할 수 있다(상증령 §49의 2 ⑤).

평가기간 이외의 사례가액의 시가 적용은 2005.1.1. 이후 상속 또는 증여분부터 적용하면서 해당 재산은 신고기한 이전, 유사사례가액은 신고일 이전에 발생된 사례가액만 적용하도록 하였다. 그러나 2019.2.12. 시행령 개정을 통하여 평가기간 경과 후 상속세 또는 증여세 법정결정기한까지 발생한 매매 등의 사례가액도 시가로 적용할 수 있도록 하여 사례가액의 적용 범위를 확대하였다. 이 개정 규정은 2019.2.12. 이후 상속·증여분부터 적용하도록 하였다.

(2) 시가인정 범위의 기준

시가의 평가는 원칙적으로 평가기간(상속개시일 전 6개월, 증여일 전 3개월) 이내의 사례가액으로 평가하는 것으로 하였으나 2019.2.12. 시행령 개정을 통하여 상속 또는 증여재산 구분 없이 평가기준일 전 6개월 이내의 사례가액을 시가로 적용하도록 하였다. 더 나아가 평가기간에 해당하지 아니하는 기간으로서 평가기준일 전 2년 이내의 기간 중에 매매 등이 있거나 평가기간이 경과한 후부터 상속세 및 증여세 결정 기한(상속의 경우 상속세 과세표준 신고기한부터 9개월까지, 증여의 경우 증여세 과세표준 신고기한부터 6개월) 중에 매매·감정·수용·경매 또는 공매 등이 있는 경우에도 평가기준일과 다음의 어느 하나에 해당하는 날까지의 기간 중에 가격변동의 특별한 사정이 없다고 인정되는 때는 이를 시가로 적용할 수 있다(상증령 §49 ① 단서).

따라서 2019.2.12. 상속·증여분부터는 영 제78조 제1항에 따른 상속세 및 증여세 결정기한(상속세과세표준 신고기한부터 9개월, 증여세과세표준 신고기한부터 6개월)까지의 기간 중에 매매 등이 있는 경우에도 이를 시가에 포함시킬 수 있다(상증령 §49 ②).

① 매매의 경우에는 매매계약일

② 감정가액이 있는 경우에는 가격산정기준일과 감정가액평가서 작성일이 모두 평가기간 이내일 것(소급감정을 방지하기 위하여 개정함)

③ 수용·경매 또는 공매의 경우에는 보상가액·경매가액 또는 공매가액이 결정된 날

사례가액을 적용할 때 해당 재산에 대한 매매 등의 사례가액이 있는 경우에는 「상속세 및 증여세법 시행령」 제49조 제4항에 따른 유사사례가액은 적용하지 아니한다(상증령 §49 ②).

1.3 자본적 지출액 가산

매매등의 사례가액은 평가기준일 전후 6개월(증여재산의 경우에는 평가기준일 전 6개월부터 평가기준일 후 3개월까지로 한다) 이내의 기간 중 매매·감정·수용·경매(「민사집행법」에 따른 경매를 말한다) 또는 공매가 있는 경우에는 이를 시가로 적용한다. 또한, 평가기간에 해당하지 않는 기간으로서 평가기준일 전 2년 이내의 기간 중에 매매등이 있거나 평가기간이 경과한 후부터 상속세 및 증여세 결정기한까지의 기간 중에 매매등이 있는 경우에도 평가기준일부터 사례가액이 발생한 날까지의 기간 중에 주식발행회사의 경영상태, 시간의 경과 및 주위환경의 변화 등을 고려하여 가격변동의 특별한 사정이 없다고 보아 상속세 또는 증여세 납부의무가 있는 자, 지방국세청장 또는 관할세무청장이 신청하는 때에는 평가심의위원회의 심의를 거쳐 해당 매매등의 가액을 시가에 포함시킬 수 있다.

이러한 사례가액이 발생일 이후에 자본적 지출이 확인되는 경우에는 가치가 증가될 수 있다. 이에 따라 매매사실이 있는 경우에는 그 매매계약일, 감정가액이 있는 경우에는 그 가격산정기준일과 감가가액평가서 작성일, 수용·경매 또는 공매사실이 있는 경우에는 보상가액·경매가액 또는 공매가액이 결정된 날부터 평가기준일까지 이 사이에 해당 재산에 대한 자본적 지출이 확인되면 그 자본적지출액을 평가기준일 이전에 발생한 사례가액에 더할 수 있다. 이 개정규정은 2014.2.21. 이후 평가분부터 적용한다(상증령 §49 ⑤).

1.4 평가심의위원회 자문 신청 및 결과통지

1.4.1 개 요

사례가액은 평가기준일 전후 6개월(증여재산의 경우에는 평가기준일 전 6개월부터 평가기준일 후 3개월까지) 이내의 기간, 즉 평가기간 중 매매·감정·수용·경매가 있는 경우에 그 가액을 사례가액으로 우선 적용한다. 나아가 평가기간에 해당하지 아니하는 기간으로서 평가기준일 전 2년 이내의 기간 중 매매등이 있거나 평가기간이 경과한 후부터 상속세 또는 증여세 결정기한까지의 기간 중에 주식발행회사의 경영상태, 시간의 경과 및 주위환경의 변화 등을 고려하여 가격변동의 특별한 사정이 없다고 보아 상속세 또는 증여세의 납세의무자, 지방국세청장 또는 관할세무서장이 신청하는 때에는 평가심의위원회의 심의를 거쳐 해당 매매등의 가액을 시가에 포함시킬 수 있다.

1.4.2 자문신청 대상

납세자와 세무서장 등의 재산의 가액에 대한 시가인정 자문신청 대상은 다음과 같다.

① 평가기준일 전 2년 이내의 기간(평가기간 제외) 중에 매매등이 있거나 평가기간이 경과한 후부터 시행령 제78조 제1항에 따른 상속세 및 증여세 결정기한까지의 기간 중 매매·감정·수용·경매 또는 공매가 있는 경우로서 평가기준일과 매매계약일 등의 사례가액이 발생한 날까지의 기간 중 가격변동의 특별한 사정이 없다고 인정되는 때에 해당 매매 등의 가액을 시가에 포함할 경우

② 평가심의위원회에 비상장주식의 평가가액 및 평가방법에 대한 심의를 신청하는 경우에는 제54조 제1항·제4항, 제55조 및 제56조에도 불구하고 평가심의위원회가 심의하여 제시하는 평가가액에 의하거나 그 위원회가 제시하는 평가방법 등을 고려하여 계산한 평가가액에 의할 수 있다.

③ 세무서장등이 다른 감정기관에 의뢰하여 평가한 감정가액(재감정가액)의 100분의 80에 미달하는 경우 세무서장등은 부실감정의 고의성 및 원감정가액이 재감정가액에 미달하는 정도 등을 감안하여 1년의 범위에서 기획재정부령으로 정하는 기간 동안 원감정기관을 시가불인정 감정기관으로 지정할 수 있다.

1.4.3 납세자의 자문신청

납세자와 세무서장 등이 평가기준일 전 2년 이내의 기간 중에 발생한 매매 등의 사례가액을 시가로 적용하기 위하여 자문을 받고자 하는 매매 등의 가액을 입증할 자료와 함께 다음의 사항을 증명하여 평가심의위원회에 신청하여야 한다. 납세자가 자문신청을 하기 위해서는 「상속세 및 증여세법」 제67조에 따른 상속세 과세표준 신고기한 만료 4개월 전(증여의 경우에는 법 제68조에 따른 증여세 과세표준 신고기한 만료 70일 전)까지 다음의 구분에 따른 자료를 첨부하여 평가심의위원회에 신청하여야 한다. 다만, 평가기간 외의 사례가액을 시가로 적용할 때에는 납세자는 평가기간이 경과한 후부터 상속세 및 증여세 결정기한(상속세는 과세표준 신고기한부터 9개월, 증여세는 과세표준 신고기한부터 6개월)까지의 기간 중에 매매등이 있는 경우에는 해당 매매등이 있는 날부터 6개월 이내에 매매등의 가액의 입증자료를 첨부하여 평가심의위원회에 신청해야 한다(상증령 §49의 2 ⑤).

(1) 2년 이내에 발생된 유사사례가액의 시가인정(훈령 §22 ①)

① 재산의 형태 및 이용상태 등에 대한 동일성이 유지되고 있다는 점
② 부동산의 경우 주위환경의 변화가 없다는 점
③ 주식의 경우 주식발행회사의 재무상태, 경영상태 및 주요업종의 변동 등이 없다는 점
④ 그 밖에 거래 당시와 평가기준일 사이에 가격변동의 특별한 사정이 없다는 점
⑤ 소액의 비상장주식 거래의 경우 그 거래의 경위, 거래당사자와의 관계, 거래가액의 결정과정, 명의신탁주식 또는 명의신탁 주식의 환원 해당 여부 등

(2) 평가심의위원회에서 심의하는 비상장주식의 가액평가 및 평가방법에 의한 시가인정

① 보충적 평가방법에 따른 주식평가액 및 그 평가 부속서류
② 보충적 평가방법에 따른 주식평가액이 불합리하다고 인정되는 근거
③ 재산평가심의위원회에서 심의하여 평가하는 방법에 따라 평가한 비상장주식등의 평가액 및 그 평가 부속서류

1.4.4 자문결과 통지

납세자의 신청을 받은 평가심의위원회는 해당 상속세 과세표준 신고기한 만료 1개월 전(증여의 경우에는 증여세 과세표준 신고기한 만료 20일 전)까지 그 결과를 납세자에게 서면으로 통지하여야 한다(상증령 §49의 2 ⑥). 평가기간이 경과한 후부터 상속세 및 증여세 과세표준 결정기한(상속의 경우 상속세과세표준 신고기한부터 9개월까지, 증여의 경우 증여세과세표준 신고기한부터 6개월)의 기간 중에 매매등 있는 경우에는 해당 매매등이 있는 날부터 6개월 이내에 납세자가 매매등의 가액의 입증자료를 첨부하여 평가심의위원회에 신청하면, 평가심의위원회는 신청을 받은 날부터 3개월 이내에 그 결과를 납세자에게 서면으로 통지해야 한다. 이 개정 규정은 2019.2.12. 이후 상속·증여분부터 적용한다(상증령 §49의 2 ⑤·⑥).

1.5 시가 적용 순서

시가를 적용할 때 사례가액은 매매가액, 감정가액, 공매 · 경매 · 수용가액 등으로 구분되며 사례가액은 평가기간 내의 사례가액을 우선 적용한다. 평가기간 내의 사례가액이 확인되지 아니하면 평가기준일부터 2년 이내 및 평가기간 이후 결정기한까지 발생한 사례가액을 적용한다. 이때 해당 재산의 사례가액과 유사한 재산의 사례가액이 동시에 있는 경우에는 해당 재산의 사례가액을 우선 적용하고 차선책으로 유사 재산의 사례가액을 적용하며, 사례가액을 확인할 수 없는 경우에는 보충적 평가방법으로 평가한다. 이러한 사례가액이 2개 이상인 경우에는 평가기준일부터 가까운 날에 발생한 사례가액을 우선 적용한다. 사례가액의 적용 순서를 요약하면 다음과 같다.

① 해당 재산의 평가기준일 전·후 6개월(증여재산의 경우에는 평가기준일 전 6개월부터 평가기준일 후 3개월)의 사례가액

② 유사 재산의 평가기준일 전·후 6개월(증여재산의 경우에는 평가기준일 전 6개월부터 평가기준일 후 3개월)의 사례가액

③ 해당 재산의 평가기준일 이전 2년 이내(평가기간 제외) 및 평가기간 후 결정기한까지의 사례가액

④ 유사 재산의 평가기준일 이전 2년 이내(평가기간 제외) 및 평가기간 후 결정기한까지

의 사례가액

⑤ 보충적 평가방법으로 평가한 가액

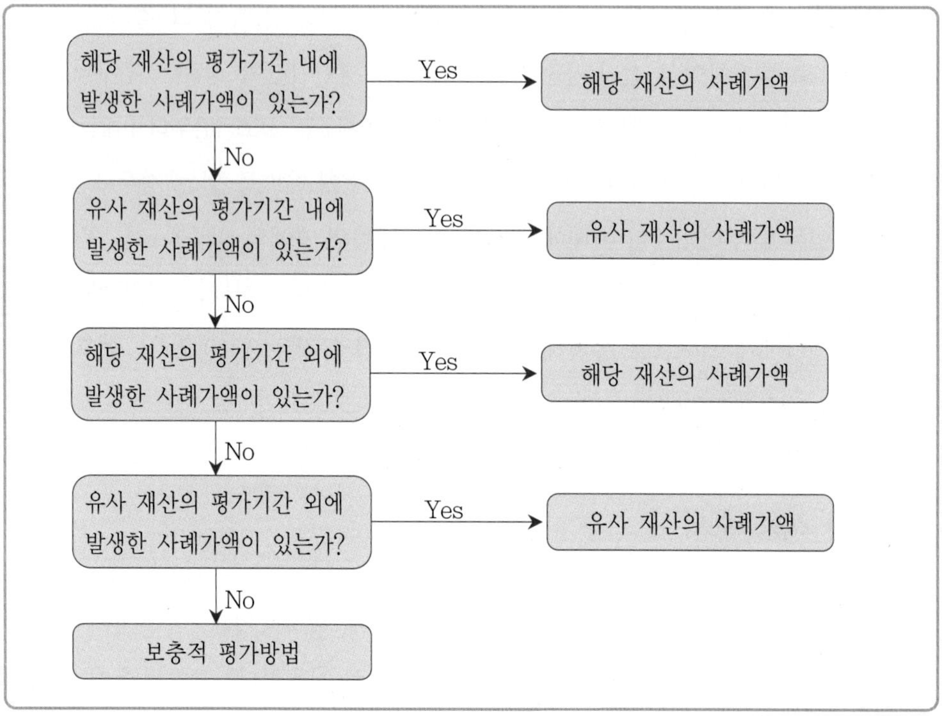

논점 – 처분청이 생산한 상속·증여세 부과대상재산의 감정가액

1. 개요

상속세나 증여세가 부과되는 재산을 평가할 때는 평가기준일 전 · 후의 평가기간 내에 발생한 사례가액을 시가로 적용하였고, 2005년부터는 평가기준일 이전 2년 이내에 발생한 사례가액도 시가로 포함할 수 있게 하였으며, 2019.02.12.부터는 과세표준 및 세액의 결정기한까지 발생한 사례가액도 평가심의위원회의 심의를 거쳐 시가에 포함할 수 있게 하였다.

이러한 규정에도 납세자는 신고기한 이내에 사례가액이 확인되지 아니하면 기준시가에 의하여 신고를 하게 되었고, 처분청에서 과세표준과 세액을 결정할 때 납세자가 신고한 가액이 시가의 차이가 크다고 판단되는 경우에는 감정평가대상으로 선정하고 감정한 가액으로 결정하고 있다.

그동안 감정가액의 시가 적용은 납세자가 소급 감정하는 것을 방지하기 위해 소급감정을 할 수 없도록 하였다가, 2019.02.12.부터는 납세자가 과세표준과 세액을 신고한 이후에도 처분청은 결정 기한까지 발생한 사례가액을 시가로 적용할 수 있도록 하는 개정 이후에는 처분청이 소급감정을 하는 단계에 이르렀다. 이러한 개정에 따른 소급감정으로 다양한 분쟁이 발생하게 되었고, 기획재정부는 평가기간의 다음날(평가기간+1일)을 가격산정기준일로 하고 감정가액평가서 작성일을 법정결정기한 전까지로 하여 감정평가한 가액이 있는 경우 그 감정가액은 평가심의위원회의 심의대상에 해당하는 것으로 해석하였고, 이러한 감정가액으로 결정한 것이 패소하자 예규를 변경하여 평가기준일을 가격산정기준일로 하는 것으로 해석을 변경하였다.
이러한 해석의 변경 이후에 법원에서는 부과과세방식을 채택하고 있는 상속세와 증여세의 경우에는 감정가액이 공신력 있는 감정기관에 의하여 객관적 · 합리적으로 평가된 이상 소급감정이라 하여도 위법하다고 볼 수 없다는 판결을 하고 있다. 이에 따라 그동안 소급감정과 관련한 분쟁과 예규의 변경, 법원의 판례를 중심으로 정리하면 다음과 같다.

2. 감정가액의 시가 적용 경과

상속 · 증여재산의 평가는 「상속세 및 증여세법」 제60조(평가원칙) 제1항에 따라 시가주의를 규정하고, 제2항에서 사례가액이 확인되는 경우에는 사례가액을 적용하며, 사례가액이 확인되지 아니하는 경우에는 제3항에서 정하는 보충적 평가방법으로 평가하게 된다. 사례가액은 2003년 이전에는 해당 재산과 관련한 평가기간 내에 발생한 경우에 한하여 적용하였으나, 2004년부터는 해당 재산뿐만 아니라 해당 재산과 유사한 재산의 사례가액을 시가로 적용할 수 있게 하였고, 2005년부터는 평가기준일부터 2년 내의 평가기간 이외의 기간에 발생한 사례가액도 평가심의위원회의 심의를 통해 시가에 포함시킬 수 있게 하였다.
이와 같은 평가기간 이외의 기간에 발생한 사례가액은 2019.02.12. 「상속세 및 증여세법 시행령」 개정을 통해 신고기한 이후 법정결정기한까지 발생한 사례가액도 평가심의위원회의 심의를 통해 시가에 포함할 수 있게 하였다. 이러한 개정 이후에 국세청에서는 2020.01.31. "상속 · 증여세 과세형평성을 높이기 위한 꼬마빌딩 등 감정평가사업 시행 안내"라는 보도자료를 발표하면서 납세자가 보충적 평가방법으로 신고한 내용에 대해 국세청의 소급감정으로 생산한 감정가액을 평가심의위원회의 심의를 통해 시가로 결정한다고 발표하였다.
감정가액의 시가 적용은 그동안 「상속세 및 증여세법 시행령」 제49조에서 1999.12.31. 대통령령 제1660호로 개정되기 전에는 상속세 및 증여세 납부 외의 목적으로 재산을 평가한 감정가액으로 한정하였으나 개정 이후에는 상속 · 증여세 신고 목적으로 감정평가를 한 경우에도 시가로 적용할 수 있게 하였다.
이러한 감정가액의 시가 적용과 관련하여 소급감정가액도 시가로 적용할 수 있는가에 대해서는 해석을 통해 시가로 적용할 수 없게 하였고, 2014.02.21. 「상속세 및 증여세법 시행령」을 개정하면서 "감정평가서 작성일이 평가기간 이내일 것"을, "가격산정 기준일과 감정평가서 작성일이 모두 평가기간 이내일 것"으로 개정하여 사실상 소급감정가액을 적용할 수 없게 하였다.

이러한 개정으로 납세자는 신고기한 이내에「상속세 및 증여세법」제60조 제2항에서 정하는 사례가액을 확인할 수 없는 경우에는 같은 조 제3항에서 규정한 보충적 평가방법으로 평가하여 신고하였다. 반면에 국세청은 납세자가 보충적 평가방법으로 신고한 가액에 대해 결정할 때는 법정결정기한까지 생산한 사례가액을 평가심의위원회의 심의를 통해 시가로 결정하고 있다.

3. 감정가액의 시가 적용에 대한 최근 판례 동향

국세청에서는 2019.02.12.「상속세 및 증여세법 시행령」제49조 제1항 단서 규정이 개정됨에 따라 소급감정사업을 시행하면서 시행령에서 정하는 요건에 따라 가격산정기준일과 감정평가서 작성일을 모두 평가기간이 경과 이후로 하여 소급감정을 하였다.
이러한 감정가액의 적용에 대해 기획재정부는 가격변동의 특별한 사정 요건을 충족하기 위해 예규(기획재정부 재산-480, 2020.06.29.)를 통해 평가기간 다음날을 가격산정기준일로 하고 감정가액평가서 작성일을 법정결정기한 전까지로 하여 감정평가한 가액이 있는 경우 그 감정가액은 평가심의위원회의 심의대상에 해당되는 것으로 해석하였다.
이러한 해석에 따라 가격산정기준일을 평가기간+1일로 하여 시행한 것에 대해 법원(서울고법 2023.12.15. 선고 2023누41903 판결 ; 서울고법 2023.06.16. 선고 2023누35380 판결)에서는 평가기준일부터 평가기간 밖의 날짜를 기준으로 평가한 것에 대해 "가격변동의 특별한 사정이 없다는 점에 관한 증명이 이루어졌다고 볼 수 없다."는 이유로 국가 패소판결을 하였고, 대법원(대법원 2023.10.18. 선고 2023두46487 판결)의 심리불속행으로 확정되었다.
이러한 분쟁 과정에 기획재정부는 상속세 및 증여세를 결정할 때 감정평가서 작성일은 신고기한 이후에 하면서 가격변동의 특별한 사정의 요건 입증을 완화하기 위해 평가기준일과 가격산정기준일을 같은 날짜로 하는 것으로 해석(기재부 재산세제과-92, 2021.01.27.)을 변경하였다.
이에 대해 법원에서는 조세법률주의와 관련해서 부과과세방식을 채택하고 있는 상속세와 증여세는, 납세의무자에게 과세표준 및 세액의 신고의무가 있더라도 이는 과세관청에 대한 협력의무에 불과하여 조세채무 확정의 효력이 없고, 과세관청이 과세표준과 세액을 결정하는 때에 조세채무가 확정되므로, 증여세 신고를 받은 과세관청으로서는 정당한 과세표준 및 세액을 조사 · 결정하여야 한다. 따라서, 과세관청이 정당한 과세표준 및 세액을 조사 · 결정하기 위하여 감정을 의뢰하는 것은 이러한 부과과세방식의 조세에서 과세관청의 정당한 권한에 속하는 사항이라고 판시하고 있다.
한편, 최근에는 기획재정부의 당초 해석에 따라 가격산정기준일을 평가기간+1일로 하여 감정평가서를 작성한 것을 다시 변경된 예규(기재부 재산세제과-92, 2021.01.27.)에 따라 다시 평가기준일(증여일)을 가격산정기준일로 하여 과세표준 결정기한 이후에 감정평가한 사례에 대해 국가 승소하는 판결(서울고법 2024.11.22. 선고 2024누34209 판결)이 있었다. 이 판결에서 '가격변동의 특별한 사정'은 상속개시일로부터 가격산정기준일, 감정가액평가서 작성일까지의 기간 중에 객관적인 교환가격의 변동이 있다고 인정될 수 있는 모든 사정을 의미하는 것으로 판시하였다.

4. 마무리

국세청에서는 2019.02.12.「상속세 및 증여세법 시행령」제49조 제1항 단서 규정이 개정됨에 따라 소급감정사업을 시행하면서 감정가액의 산정은 기획재정부의 해석에 따라 가격산정기준일을 평가기간+1일로 하여 시행하였고, 이러한 해석에 따라 결정한 사건에 대해 법원(서울고법 2023.12.15. 선고 2023누41903 판결 ; 서울고법 2023.06.16. 선고 2023누35380 판결)에서는 평가기준일부터 평가기간 밖의 날짜를 기준으로 평가한 것에 대해 "가격변동의 특별한 사정이 없다는 점에 관한 증명이 이루어졌다고 볼 수 없다."는 이유로 국가 패소판결이 있었다.
반면에 최근에는 평가기준일(증여일)을 가격산정기준일로 하고, 감정가액평가서 작성일을 평가기간이 경과한 후부터 법정결정기한 사이로 하여 2개 감정기관에서 감정평가받은 가액을 평가심의위원회에 회부하는 경우, 평가심의위원회의 심의대상에 해당한다는 해석 변경에 따라 소급감정한 가액으로 결정한 사례에 대해서는 국가가 승소하는 판결(서울고법 2024.11.22. 선고 2024누34209 판결)을 하고 있다.
이러한 판례가 대법원에서 확정되면 부과과세방식을 채택하고 있는 상속세와 증여세의 경우에는 공신력 있는 감정기관의 감정가액도 시가로 볼 수 있고(대법원 2005.9.30. 선고 2004두2356 판결 등), 그 가액이 소급감정에 의한 것이라 하여도 달라지지 아니한다는 판례(대법원 1997.7.22. 선고 96누18038 판결 등)에 따라「상속세 및 증여세법 시행령」제49조 제1항 및 제2항 제2호에서 규정하는 감정가액의 시가 적용과 소급감정가액의 시가 적용 불가는 사실상 무의미하게 된다.

1.6 시가로 보는 거래가액에 둘 이상의 재산가액이 포함된 재산평가

1.6.1 일반적인 경우의 안분계산

평가기준일 전후 6개월(증여의 경우 평가기준일 전 6개월부터 평가기준일 후 3개월) 이내의 기간 중 매매·감정·수용·경매 또는 공매가 있는 경우에 그 거래가액 등을 시가로 보도록 하고 있다. 이 경우 그 가액에 2 이상의 재산가액이 포함됨으로써 각각의 재산가액이 구분되지 아니하는 경우에는 각각의 재산을 「상속세 및 증여세법」상 보충적 평가액에 비례하여 안분계산한다. 다만, 각각의 재산에 대하여 감정가액(동일 감정기관이 동일한 시기에 감정한 각각의 감정가액을 말함)이 있는 경우에는 감정가액에 비례하여 안분계산한다(상증령 §49 ③).

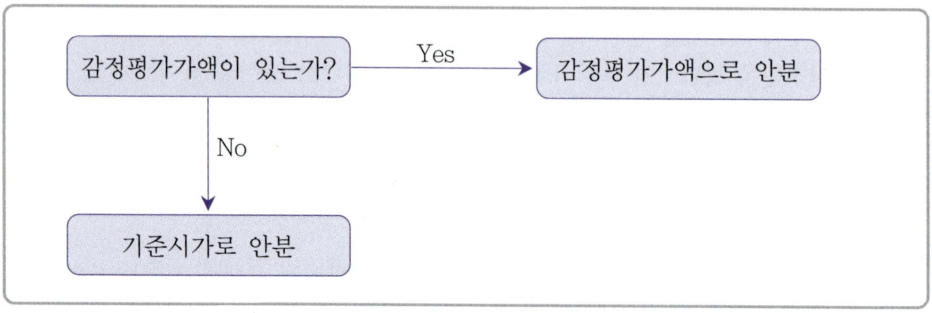

1.6.2 토지와 건물 그 밖에 구축물의 가액이 구분되지 아니하는 경우

토지와 그 토지에 정착된 건물 기타 구축물의 가액이 구분되지 아니하는 경우에는 「부가가치세법 시행령」 제64조에 따라 다음과 같이 안분계산한다(상증령 §49 ④ 단서).

(1) 토지·건물 등에 대한 「소득세법」 제99조의 규정에 의한 기준시가가 모두 있는 경우

토지와 건물 등에 대한 「소득세법」 제99조의 규정에 의한 기준시가가 모두 있는 경우에는 공급계약일 현재의 기준시가에 따라 계산한 가액에 비례하여 안분계산한다. 다만, 감정평가가액[「부가가치세법」 제28조에 따른 공급시기(중간지급조건부 또는 장기할부판매의 경우는 최초 공급시기)가 속하는 과세기간의 직전 과세기간개시일부터 공급시기가 속하는 과세기간의 종료일까지 「감정평가 및 감정평가사에 관한 법률」 제2조 제4호에 따른 감정평가업자가 평가한 감정평가가액을 말함]이 있는 경우에는 그 가액에 비례하여 안분계산한다.

(2) 토지·건물 등 중 일부 또는 전부 기준시가가 없는 경우로서 감정평가가액이 있는 경우

토지와 건물 등 중에서 어느 하나 또는 모두의 기준시가가 없는 경우로서 감정평가가액이 있는 경우에는 그 가액에 비례하여 안분 계산한 금액으로 한다. 다만, 감정평가가액이 없는 경우에는 장부가액(장부가액이 없는 경우에는 취득가액)에 비례하여 안분 계산한 후 기준시가가 있는 자산에 대해서는 그 합계액을 다시 기준시가에 의하여 안분 계산한 금액으로 한다.

(3) 기타의 안분계산

국세청장이 정하는 바에 따라 안분계산한다.

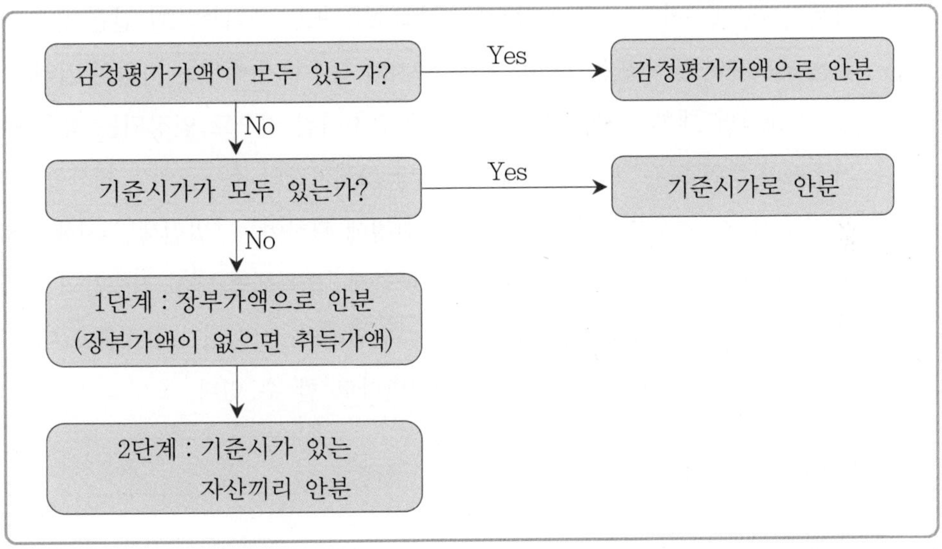

1.7 다른 세법에서의 시가 개념

1.7.1 「소득세법」

(1) 시가의 정의

「소득세법」에서는 시가에 대하여 별도의 정의를 규정하고 있지 않고 단순히 다른 세법을 준용하도록 하고 있다. 「소득세법」에서의 시가에 관한 규정은 종합소득과 관련된 부당행위계산을 할 때 적용되는 시가와 양도소득에 대한 부당행위계산을 할 때 적용되는 시가에 대해서 규정하고 있다. 「소득세법」에서 시가에 대한 규정은 다음과 같이 종합소득에 대한 시가의 적용은 「법인세법」을 그대로 준용하도록 하고 있고, 양도소득에 대한 시가의 적용은 원칙적으로 「상속세 및 증여세법」을 준용하도록 하고 있다.

(2) 종합소득에 대한 시가

납세지관할세무서장 등은 배당소득, 사업소득 또는 기타소득과 같은 종합소득이 있는 거주자의 행위 또는 계산이 그 거주자와 특수관계에 있는 자와의 거래로 인하여 그 소득에 대한 조세부담을 부당하게 감소시킨 것으로 인정되는 경우에는 그 거주자의 행위 또는 계산과 관계없이 해당 과세기간의 소득금액을 계산할 수 있다(소법 §41). 이 경우에 적용하는 시가의 산정에 관하여는 「법인세법 시행령」 제89조 제1항 및 제2항의 규정을 준용한다. 따라서 「소득세법」에서 거주자의 종합소득에 대한 부당행위계산을 할 때의 시가는 「법인세법」상의 시가 규정을 그대로 준용하도록 하고 있어서 「법인세법」과 일치한다고 할 수 있다.

(3) 양도소득에 대한 시가

납세지관할세무서장 등은 양도소득이 있는 거주자의 행위 또는 계산이 그 거주자와 특수관계에 있는 자와의 거래로 인하여 그 소득에 대한 조세부담을 부당하게 감소시킨 것으로 인정되는 경우에는 그 거주자의 행위 또는 계산과 관계없이 해당 과세기간의 소득금액을 계산할 수 있다(소법 §101 ①). 이 경우에 적용하는 시가는

「소득세법 시행령」 제167조 제5항에서 규정하고 있으며, 「상속세 및 증여세법」 제60조부터 제66조까지와 같은 법 시행령 제49조, 제50조부터 제52조까지, 제52조의 2, 제53조부터 제58조까지, 제58조의 2부터 제58조의 4까지, 제59조부터 제63조까지 준용하여 평가한 가액에 의한다. 이 경우 「상속세 및 증여세법 시행령」 제49조 제1항 본문 중 "평가기준일 전후 6월(증여재산의 경우에는 평가기준일 전 6개월부터 평가기준일 후 3개월까지로 한다) 이내의 기간"은 "양도일 또는 취득일 전후 각 3월의 기간"으로 본다. 따라서 양도소득에 대하여 적용하는 시가는 원칙적으로 「상속세 및 증여세법」과 일치한다고 할 수 있다.

1.7.2 「법인세법」

(1) 시가의 정의와 적용대상

「법인세법」에서는 내국법인의 행위 또는 소득금액의 계산이 특수관계인과의 거래로 인하여 그 법인의 소득에 대한 조세의 부담을 부당하게 감소시킨 것으로 인정되는 경우에는 그 법인의 행위 또는 소득금액의 계산에 관계없이 그 법인의 각 사업연도의 소득금액을 계산할 수 있다. 이 경우의 시가는 건전한 사회통념 및 상거래 관행과 특수관계인이 아닌 자간의 정상적인 거래에서 적용되거나 적용될 것으로 판단되는 가격을 말한다(법법 §52 ②). 「법인세법」에서의 시가의 적용대상은 특수관계인간의 거래로 인하여 내국법인의 행위 또는 소득금액의 계산과 관련하여 부당행위계산부인의 판단기준으로 적용된다.

(2) 시가의 범위 및 적용방법

㈎ 거래가격의 우선 적용

부당행위계산부인의 기준이 되는 시가는 우선적으로 해당 거래와 유사한 상황에서 해당 법인이 특수관계인 외의 불특정다수인과 계속적으로 거래한 가격 또는 특수관계인이 아닌 제3자간에 일반적으로 거래된 가격이 있는 경우에는 그 가격에 따르고, 주권상장법인이 발행한 주식을 대량매매 등으로 거래하거나 장외거래한 경우, 해당 주식의 시가는 그 거래일의 거래소 최종시세가액(거래소

휴장 중에 거래한 경우에는 그 거래일의 직전 최종시세가액)으로 하며, 최대주주 등이 변경되거나 최대주주등 간의 거래에서 주식등의 보유비율이 100분의 1 이상 변동되어 사실상 경영권의 이전이 수반되는 경우에는 「상속세 및 증여세법」 제63조 제3항을 준용하여 그 가액의 100분의 20을 가산한다(법령 §89 ①).

(나) 시가가 불분명한 경우

시가의 정의에 부합되는 유사거래가액이 확인되지 아니하여 시가가 불분명한 경우에는 「감정평가 및 감정평가사에 관한 법률」에 의한 감정평가법인이 감정한 가액이 있는 경우 그 가액(감정한 가액이 2 이상인 경우에는 그 감정한 가액의 평균액)을 우선 적용한다. 이 경우에 주식등 및 가상자산은 제외한다.
감정가액이 없는 경우에는 「상속세 및 증여세법」 제38조·제39조·제39조의 2·제39조의 3, 제61조부터 제66조까지의 규정을 준용하여 평가한 가액을 적용한다. 이 경우 「상속세 및 증여세법」 제63조 제1항 제1호 나목 및 같은 법 시행령 제54조에 따라 비상장주식을 평가할 때 해당 비상장주식을 발행한 법인이 보유한 주식(주권상장법인이 발행한 주식으로 한정한다)의 평가금액은 평가기준일의 거래소 최종시세가액으로 하며, 「상속세 및 증여세법」 제63조 제2항 제1호 및 같은 법 시행령 제57조 제1항·제2항을 준용할 때 "직전 6개월(증여세가 부과되는 주식등의 경우에는 3개월로 한다)"은 각각 "직전 6개월"로 본다.

1.7.3 「부가가치세법」

(1) 시가의 정의와 적용대상

「부가가치세법」에서는 재화 또는 용역의 공급에 대한 부가가치세의 과세표준을 계산할 때 시가가 적용된다. 사업자가 재화 또는 용역의 공급을 할 때 과세표준이 부당하게 낮은 대가를 받거나 대가를 받지 아니하는 경우에 대해서는 시가를 과세표준으로 하도록 하고 있다. 이때 적용되는 시가는 사업자가 특수관계에 있는 자 이외의 자와 당해 거래와 유사한 상황에서 계속적으로 거래한 가격 또는 제3자간에 일반적으로 거래된 가격을 말한다.

(2) 시가의 범위 및 적용방법

「부가가치세법」에서도 시가는 사업자가 특수관계인이 아닌 자와 해당 거래와 유사한 상황에서 계속적으로 거래한 가격 또는 제3자간에 일반적으로 거래된 가격을 우선 적용하고, 이와 같은 유사거래가격이 없거나 시가가 불분명한 경우에는 「소득세법 시행령」 제98조 제3항 및 제4항 또는 「법인세법 시행령」 제89조 제2항 및 제4항의 규정에 의한 가격을 시가로 적용한다(부령 §62).

이상에서 살펴본 바와 같이 주요 세법에서의 시가의 적용은 세법간 서로 준용하도록 하고 있다. 그 중에서 「부가가치세법」은 재화 또는 용역의 공급에 대하여 적용되는 것으로서, 시가는 사업자가 특수관계에 있는 자 이외의 자와 당해 거래와 유사한 상황에서 계속적으로 거래한 가격 또는 제3자간에 일반적으로 거래된 가격을 우선 적용하고, 유사한 사례가액이 없거나 시가가 불분명한 경우에는 사업자의 인격에 따라 「소득세법 시행령」 제98조 제3항 및 제4항 또는 「법인세법 시행령」 제89조 제2항 및 제4항을 적용한다. 따라서 개인사업자는 「소득세법 시행령」 제98조 제3항에서 유사거래가격이 없을 때의 시가는 「법인세법 시행령」 제89조 제1항 및 제2항의 규정을 준용한다. 이와 같이 개인사업자를 대상으로 하는 「소득세법」 상의 시가의 적용대상과 시가의 적용방법은 「법인세법」과 일치한다고 할 수 있다.

1.8 각 세법에서 부당행위계산부인에 대한 평가기준일

1.8.1 「법인세법」

내국법인이 조세의 부담을 부당하게 감소시킨 것으로 인정되는 경우에 대해 「법인세법」 제52조에 의한 부당행위계산부인을 적용할 때에는 그 행위 당시를 기준으로 하여 당해 법인과 특수관계인 간의 거래(특수관계인 외의 자를 통하여 이루어진 거래를 포함)에 대해 이를 적용한다(법령 §88 ②). 그 행위 당시를 의미하는 평가기준일은 내국법인이 특수관계자인 법인으로부터 비상장주식을 취득하는 경우로서 「법인세법」 제52조의 규정에 따른 부당행위계산 부인대상인지 여부는 당해 비상장주식 매매계약일 현재의 같은 법 시행령 제89조에 따른 시가를 적용하여 판단하는 것으로 해석(법인-434, 2010.5.7.)하고 있다.

1.8.2 「소득세법」상 부당행위계산 규정 적용 시 평가기준일

「소득세법」에서는 양도소득과 관련된 시가에 관한 규정은 대부분 「상속세 및 증여세법」을 준용하고 있어서 명확하지 않으나 「소득세법 집행기준」 101-167-2 '부당행위 판단 기준일'에서 "거주자와 특수관계 있는 자와의 거래가 부당한 행위에 해당하는지 여부는 거래 당시 즉 양도가액을 확정지을 수 있는 시점인 매매계약일을 기준으로 판단한다."라고 해석하고 있다.

1.8.3 「상속세 및 증여세법」에서 저가·고가 거래의 평가기준일

「상속세 및 증여세법」 제35조에 따라 저가 양수 또는 고가 양도에 따른 이익을 계산할 때 양수일 또는 양도일은 각각 해당 재산의 대금을 청산한 날 「소득세법 시행령」 제162조 제1항 제1호부터 제3호까지의 규정에 해당하는 경우에는 각각 해당 호에 따른 대금청산일을 기준으로 한다. 다만, 매매계약 후 환율의 급격한 변동 등 기획재정부령으로 정하는 사유가 있는 경우에는 매매계약일을 기준으로 한다(상증령 §26 ⑤).

논점 – 비상장주식에 대한 감정가액의 시가 적용 제한과 개선과제

1. 개요

「상속세 및 증여세법」 제60조 제2항에서 시가는 "불특정 다수인 사이에 자유롭게 거래가 이루어지는 경우에 통상적으로 성립된다고 인정되는 가액으로 하고 수용가격·공매가격 및 감정가격 등 대통령령으로 정하는 바에 따라 시가로 인정되는 것을 포함한다"고 규정하고, 같은 법 시행령 제49조 제1항 제2호에서 감정가액을 적용할 때는 「상속세 및 증여세법」 제63조 제1항 제1호에 규정된 재산, 즉 주식 및 출자지분은 제외하도록 하고 있다. 이에 대해 대법원의 판결에서도 비상장주식에 대한 감정가액은 시가로 적용되지 아니하는 것으로 판결하고 있다.

2. 대법원의 판례

대법원의 판례에서도 주식에 대한 감정가액은 시가로 적용하지 않는 것으로 판결하고 있다. 판례(대법원 2012두11454, 2012.9.13.)에 의하면 「상속세 및 증여세법」 제60조, 제63조, 같은 법 시행령 제49조 제1항에 의하면 증여세가 부과되는 재산의 가액은 증여일 현재의 시가에 의하는 것이 원칙이고, 이 시가를 알 수 없을 경우에는 같은 법 제63조 등의 보충적 평가방법에 의하여 가액을 산정하여야 한

다. 증여 당시의 시가를 거래가액으로 하기 위해서는 그 거래가액이 객관적으로 보아 일반적이고도 정상적인 교환가치를 적정하게 반영하고 있다고 볼 사정이 있어야 하고, 또한 증여 당시와 위 거래일 사이에 가격의 변동이 없어야 한다(대법원 99두2505, 2000.2.11. 등 참조). 한편, 「상속세 및 증여세법 시행령」 제49조 제1항 제2호가 「상속세 및 증여세법」 제60조 제2항 후단에 의하여 시가로 인정되는 가액에서 비상장주식에 대한 감정가액을 명시적으로 제외하고 있고, 그 취지는 비상장주식에 대한 감정평가방법을 달리함에 따라 다양한 감정가액이 산출됨으로써 조세공평의 원칙에 반하는 결과가 초래되는 것을 방지하기 위하여 그 평가방법을 「상속세 및 증여세법 시행령」이 정하는 보충적 평가방법으로 통일하고자 하는 데 있는 점, 비상장주식의 경우 일반적으로 불특정 다수인 사이에 거래가 이루어지지 아니하므로 감정평가에 의하여 「상속세 및 증여세법」 제60조 제2항 전단 규정의 시가를 도출하기도 어려운 점 등을 고려하면, 비상장주식에 대한 감정가액은 특별한 사정이 없는 한 「상속세 및 증여세법」 제60조 제2항의 시가에 해당한다고 할 수 없다. 이러한 판결에서 보는 바와 같이 비상장주식에 대한 감정가액은 허용되지 않고 있다.

3. 하급심의 판례

대법원 판례와는 달리 최근 서울행정법원(서울행법 2012구합19977, 2013.7.16.)에서는 객관적인 교환가치가 적정하게 반영된 매매사례를 좀처럼 찾기 어려운 비상장주식의 시가평가방법으로는 유사상장주식 비교평가방법, 순자산가치법, 순손익가치법, 잉여금 할인평가법, 경제적 부가가치평가법, 장부가치평가법, 위 각 방법의 절충법 등 실로 다양한 방법이 존재하나, 현행 비상장주식의 보충적 평가방법은 단순·획일적으로 기업의 대차대조표와 손익계산서(예외적으로 장래의 1주당 추정이익)를 근거로 하여 산출되는 순자산가치와 순손익가치의 단순 가중 평균방식에 의하도록 하고 있다. 그런데 위와 같은 일정한 몇 가지 공식만으로 업종, 규모, 지배구조, 경영행태, 시장상황, 사업전망 등이 제각기 다른 비상장주식의 시가를 모두 적정하게 산출해 내기란 불가능에 가까운 일이다.

따라서 응능부담의 원칙을 관철하기 위해서는 객관적이고 합리적인 범위 내에서 비상장주식에 대한 시가산정방법의 다양성과 유동성을 포용하는 것이 바람직하다고 본다. 다만 이러한 시가산정방법의 다양성과 탄력성의 확보가 응능부담의 원칙을 달성하는 수단으로 작동하기보다 자칫 비상장주식의 담세력을 왜곡, 호도하는 방편으로 악용되어 오히려 조세공평의 원칙에 반하게 되는 결과를 초래할 것을 우려된다 하여 부득이 비상장주식에 대한 감정가액을 일률적으로 시가로 인정되는 가액에서 배제하고자 한다면 이는 조세법률주의의 원칙상 입법적 결단하에 법률에 규정을 두어 규율할 문제이지, 대통령령이 스스로 정하여 규율할 수 있는 문제가 아니다. 결국 「상속세 및 증여세법」 제60조 제2항의 위임에 따라 대통령령에 정하여질 내용은 시가를 한정하는 것이 아니라 시가로 볼 수 있는 대표적인 경우를 예시하는 것이라고 보아야 하고(대법원 2007두23200, 2010.1.14.; 헌법재판소 2008헌바140, 2010.10.28. 등 참조), 「상속세 및 증여세법」 제60조 제1항 후문, 제2항은 비상장주식의 감정가액을 시가로 인정되는 가액에서 배제한다라는 그 어떠한 내용도 담고 있지 아니하다. 위 법률조항에서 대통령령에 위임한 사항은 '수용·공매가격 및 감정가격 등을 시가로 인정하기 위해 필요한 사항'이라 할 것인데, 대통령령은 이에 역행하여 비상장주식의 감정가액을 시가로 인정되는 가액에서 원천적으로 배제하는 내용을 규정하고 말았다.

따라서 위 시행령 제49조 제1항 제2호 중 비상장주식의 감정가액을 시가로 인정되는 가액에서 제외하는 부분은 모법인 「상속세 및 증여세법」 제60조 제2항의 규정 취지에 반하고 그 위임범위를 벗어났을 뿐만 아니라 조세법률주의에도 위배된 것으로서 무효라고 봄이 타당하다. 평가대상 재산이 이 사건 주식과 같은 비상장주식이라도, 여타의 재산과 마찬가지로 감정기관이 감정평가한 가액이 객관적이고 합리적인 방법으로 평가된 것이라면, 이를 시가로 볼 수 있다고 해석함이 옳다(대법원 90누8459, 1991.4.12.; 대법원 92누8897, 1993.4.13.; 96누18038, 1997.7.22.; 대법원 200두10377, 2004.3.12. 등 참조)고 판단하였다.

4. 개선과제

주식 및 출자지분에 대한 감정가액의 시가 적용을 제한하도록 규정한 「상속세 및 증여세법 시행령」 제49조 제1항 제2호는 모법의 위임 범위를 벗어난 것으로 본 하급심의 판결(서울행법 2012구합19977, 2013.7.16.)은 시기적으로 의미가 있다. 그동안 비상장주식에 대한 보충적 평가방법은 순자산가치와 순손익가치를 단순평균하거나 큰 것을 선택하기도 하고, 지금은 가중평균하여 적용하도록 하고 있으며, 이와 같은 평가방법은 비상장주식이 고평가된다거나 저평가된다는 논란이 있어왔고 지속적으로 개선의 필요성이 제기되어 왔다.

비상장주식을 평가할 때 사례가액이 존재하지 아니한 경우에는 순자산가치와 순손익가치를 근간으로 하여 가중평균하도록 하는 현행의 보충적 평가방법은 급변하는 환경 속에 있는 기업의 주식가치를 평가하는 데에 그 한계가 있는 것으로 보인다. 따라서 비상장주식에 대한 새로운 평가방법의 도입에 관하여 다양한 평가방법의 도입이 필요한 시기라고 판단된다. 그러나 최근 대법원 판례(대법원 2016.02.18.선고 2015두53558 판결, 대법원 2016.04.28. 선고 2015두31685 판결) 등에서는 여전히 그동안의 판례(대법원 2011.5.31. 선고 2008두1849 판결, 대법원 2013.12.12. 선고 2013두13723 판결 등)를 참조하여 비상장주식에 대한 감정가액은 특별한 사정이 없는 한 상속세 및 증여세법 제60조 제2항의 시가에 해당한다고 할 수 없는 것으로 일관되게 판시하고 있다.

이에 대해 과세당국에서는 유가증권에 대한 감정가액의 시가 불인정에 대한 납세자와의 분쟁을 예방하기 위하여 2017.2.7. 시행령 개정을 통하여 평가심의위원회를 활용한 유사상장법인 주가 비교평가방법 이외에 현금흐름할인방법, 배당할인방법, 그 밖에 이와 유사한 방법을 적용할 수 있도록 하였다. 그러나 이와 같은

방법을 확대하면서도 보충적평가액의 70% 또는 130%의 범위 내에서 평가할 것을 제한하고 있어서 적용의 확대는 예상하기가 쉽지 않을 것으로 보인다.

예규

▶▶ 단수 감정기관에 의한 감정가액의 시가 인정 범위(사전법규재산2023-4, 2023.1.19)
다세대주택을 상속받는 경우, 당해 다세대 주택 호당 공동주택가격이 10억원 이하인 경우에는 하나의 감정기간 감정가액은 시가로 인정하는 것임.

▶▶ 상장주식을 평가하면서 평가기준일 이전 2월의 기간 중에 증자 등의 사유가 발생하여 평가기준일 이전·이후 각 2개월 동안의 평균액으로 하는 것이 부적당한지 여부(심사증여 2022-44, 2022.11.23.)
평가기준일 이전 2개월 동안에 발생한 증자의 규모 및 비중으로 보아 평가기준일 이전 2개월 동안의 평균액으로 상장주식을 평가하는 것이 부적당하다고 본 처분은 정당함.

▶▶ 비교거래가액의 시가 해당 여부(서울고법2021누57942, 2022.4.19.)
이 사건 비교거래가액은 이 사건 회사에 대한 지배권 내지 경영권까지 이전된 것으로 단순히 이 사건 회사의 주식 7,000주의 가치만 반영된 것이라고 할 수 없으므로 이 사건 쟁점주식의 시가에 해당한다고 보기 어려움.

▶▶ 담보채권 평가목적으로 1개 감정기관에서 일괄 감정한 감정가액을 양도토지의 시가로 볼 수 있는지(심사양도2021-79, 2021.12.1.)
대출 시 담보채권 평가목적으로 1개 감정기관에서 일괄 감정한 감정가액도 합리적·객관적으로 평가된 것으로 인정되는 경우에는 양도토지의 시가로 볼 수 있으나, 기준시가가 10억원을 초과하는 부동산의 시가로는 볼 수 없음.

▶▶ 다세대주택 여러 채를 상속받는 경우 1개 감정기관의 감정가격을 시가로 인정받을 수 있는지 여부(사전법령해석재산2020-1051, 2021.9.28)
다세대주택을 상속받는 경우, 당해 다세대 주택 호당 공동주택가격이 10억원 이하인 경우에는 하나의 감정기관 감정가액은 시가로 인정하는 것임.

▶▶ 쟁점매매사례가액이 비통상적인 것이므로 쟁점주식의 시가로 볼 수 없다는 청구주장의 당부(조심2021서3023, 2021.8.17.)
「상속세및증여세법」상 보충적 평가방법을 적용하여 평가한 가격(1주당 OOO원)에 비하여 지나치게 고가에 해당하여 수요와 공급을 바탕으로 이루어지는 시장원리에 따라 자연스럽게 형성된 가격이라기보다는 당사자들 사이에 부여된 특수한 조건하에서 인위적으로 결정된 금액이므로 쟁점거래에 있어서도 시가로 보기에는 부적

03

합한 점 등에 비추어 쟁점비교거래를 객관적 교환가치를 적정하게 반영하는 일반적이고 정상적인 거래로 보기는 어려우므로, 쟁점주식의 시가를 산정하기 어려운 경우에 해당하는 것으로 보아 그 시가를 「상속세및증여세법」상 보충적 평가방법을 적용하여 산정함이 타당하다 할 것임.

▶▶ 매매계약서 1장으로 매도인 1명이 매수인 2명에게 비상장주식 양도시 시가로 보지 않는 소액거래 판정방법(기준법령해석재산 2021-3, 2021.4.22.)

甲과 乙이 부모로부터 비상장주식을 증여받은 후 「상속세 및 증여세법 시행령」 제49조 제1항에 따른 평가기간 이내의 기간 중에 다른 주주로부터 같은 주식을 공동으로 매수한 경우 해당 거래가 같은 항 제1호 나목에 해당하는지는 甲과 乙이 취득한 주식별로 각각 판정하는 것임.

▶▶ 증여 당시 지가 급등 상황이 있었던 이 사건 토지를 평가기간 이후 소급감정한 가액이 시가인지의 여부(대법원 2020.4.29. 선고 2020두31293 판결)

상증세법 제60조 제2항의 문언상 시가가 수용 · 공매가격 및 감정가격 등 대통령령이 정하는 바에 의하여 시가로 인정되는 것에 한정되는 것은 아니므로, 위 규정의 위임에 의한 시행령 제49조 제1항 각 호는 증여재산의 시가로 볼 수 있는 대표적인 경우를 예시한 것에 불과하며, 한편, 시가라 함은 원칙적으로 정상적인 거래에 의하여 형성된 객관적 교환가격을 의미하지만, 이는 객관적이고 합리적인 방법으로 평가한 가액도 포함하는 개념이므로, 거래를 통한 교환가격이 없는 경우에는 공신력 있는 감정 기관의 감정가격도 시가로 볼 수 있고, 그 가액이 소급감정에 의한 것이라 하여도 달라지지 않음(대법원 2004.3.12. 선고 2002두10377 판결, 대법원 2005.9.30. 선고 2004두2356 판결 등 참조).

▶▶ 평가심의위원회 심의를 통해 시가에 포함할 수 있는 감정가액의 인정 범위(기획재정부재산-92, 2021.1.27.)

납세자가 「상속세 및 증여세법」에 따라 법정신고기한 이내 시가를 확인할 수 없어 기준시가로 신고한 이후 납세자 또는 과세관청이 상속개시일을 가격 산정기준일로 하고, 감정가액평가서 작성일을 평가기간이 경과한 후부터 법정결정기한 사이로 하여 2개 감정기관에서 감정평가받은 가액을 평가심의위원회에 회부하는 경우, 평가심의위원회의 심의대상에 해당함.

▶▶ 금융기관이 캠코 온비드 사이트를 통해 비상장주식을 매각한 경우 시가로 인정하는 공매가액에 해당하는지 여부(서면법령해석재산2019-3008, 2019.10.9.)

금융기관이 담보물인 비상장주식을 캠코가 운영하는 온비드(www.onbid.co.kr) 사이트를 통해 매각한 경우 해당 가액은 상증법상 시가로 보는 공매가액에 해당하지 아니하는 것임.

▶▶ 유사매매사례가액 적용 기준(서면상속증여2018-3730, 2019.6.19.)

증여일 전 6개월부터 증여일 후 3개월까지의 기간 중에 「상속세 및 증여세법 시행규칙」 제15조 제3항 제1호 각 목을 모두 충족하는 주택(다만, 2019.3.20. 이후 상속이 개시되거나 증여받는 분을 평가 시 해당 주택이 둘 이상인 경우에는 평가대상 주택과 공동주택가격 차이가 가장 작은 주택)의 가액은 시가로 인정될 수 있는 것이며, 이에 해당하는 가액이 둘 이상인 경우에는 평가기준일을 전후하여 가장 가까운 날에 해당하는 가액을 시가로 보는 것임.

▶▶ 특수관계인과의 쟁점주식 거래가액을 부인하고 상증세법상 보충적 평가방법에 의해 평가한 가액을 시가로 하여 과세한 처분의 당부(조심2018서3647, 2019.1.8.)

청구인은 특수관계자로부터 쟁점주식을 거래당시에 이해관계가 상반되는 양 당사자가 협상을 통해 이루어진 쟁점주식의 거래가액 역시 객관적인 교환가치를 적절하게 반영된 시가로 볼 수 있는 점 등에 비추어 볼 때, 처분청의 이 건 처분에는 잘못이 있는 것으로 판단됨.

▶▶ 비교대상주택의 매매가액을 쟁점주택의 유사매매사례가액(시가)으로 볼 수 있는지 여부(조심2018소3703, 2018.12.10.)

공동주택의 경우 같은 단지 · 같은 동 · 같은 규모라도 층과 방향 등에 따라 가격이 다르게 형성될 수도 있는데, 쟁점주택(1층)과 비교대상주택(3층)은 층이 다른 점, 쟁점주택과 비교대상주택은 같은 단지 내에 있으나 동과 층이 다른 관계로 일조량, 조망권 등 주변환경이 차이가 나는 점, 청구인이 제출한 공인중개사의 확인서에서 1층인 쟁점주택의 앞면에 지상주차장이 있어 평소 소음이 발생하고 야간에는 차량의 불빛이 주택 내부로 들어오는 등 주변환경이 불리하여 같은 동의 2, 3층에 비해 매매가격이 낮게 거래된다는 사실이 나타나는 점 등에 비추어 비교대상주택의 매매가액을 쟁점주택의 시가(유사매매사례가액)로 보기는 어렵다고 판단됨. 따라서 처분청이 비교대상주택의 매매사례가액을 시가로 보아 청구인에게 증여세를 추가로 결정 · 고지한 처분은 잘못이 있는 것으로 판단됨.

▶▶ 증여 시의 유사매매사례가액 적용 기준(서면상속증여2017-3164, 2018.6.5.)

상속세 및 증여세법 제60조 및 동법 시행령 제49조 제4항에 따라 유사매매사례가액이 있으며 증여세 과세표준을 신고한 경우에는 평가기준일 전 3개월부터 평가기간 이내의 신고일까지의 가액을 증여재산의 시가로 봄.

▶▶ 상속개시일 현재 쟁점주식의 1주당 평가액으로 쟁점매매사례가액이 아닌 상증법상 보충적 평가액으로 평가한 가액이 타당하다는 청구주장의 당부(조심2018서0721, 2018.5.15.)

쟁점매매사례가액은 상속개시일 후 6개월 이내 특수관계 없는 자 간의 거래가액이고, 매매거래 주식수가 쟁점법인 총 발행주식의 1% 이상에 해당하는 점, 쟁점매매계약서와 쟁점사실관계확인서 등에 의하면 거래당사자들이 각기 경제적 이익의 극대화를 추구하는 대등한 관계에 있었고 자유로운 상태에서 거래한 것으로 보이는 점 등에 비추어 청구주장을 받아들이기 어려움.

▶▶ 구 상속세 및 증여세법 제60조 제1항 등 위헌소원(헌재 2017헌바392, 2018.4.26.)

증여재산 시가조항은 증여세가 부과되는 재산의 가액은 증여일 현재의 시가에 의한다고 규정하고, 구 상속세법 제60조 제2항은 시가에 대하여 '불특정 다수인 사이에 자유롭게 거래가 이루어지는 경우에 통상적으로 성립된다고 인정되는 가액'이라고 규정하는 한편 '수용가격·공매가격 및 감정가격 등 대통령령으로 정하는 바에 따라 시가로 인정되는 것'을 포함한다고 규정하고 있음. 이 규정들을 종합하여 보면 증여재산 가액 평가방법을 명확하게 알 수 있음.

또한 증여재산 시가조항 등에 대한 법관의 법 보충 작용인 해석을 통하여 증여재산의 가액을 평가하는 기준인 시가의 구체적 의미와 내용이 명확히 정립되어 있음. 평가방법에 따라 복수의 가액이 존재한다 하더라도, 그 중 어느 것이 '불특정 다수인 사이에 자유롭게 거래가 이루어지는 경우에 통상적으로 성립된다고 인정되는 가액'에 해당하는지에 관한 사실인정의 문제가 있을 뿐, 과세관청의 자의적 해석과 집행을 초래할 염려가 있다고 보기 어려움. 따라서 증여재산 시가조항은 과세요건 법정주의와 과세요건 명확주의를 내용으로 하는 조세법률주의에 반하지 아니함.

▶▶ 해제된 부동산 매매계약가액을 상속재산의 시가로 볼 수 있는지 여부(서면부동산 2017-2321, 2018.2.20.)

상속개시일 전후 6개월 내에 상속재산에 대한 매매사실에 의하여 그 거래가액이 확인되는 경우 「상속세 및 증여세법」 제60조 및 같은 법 시행령 제49조에 따라 그 가액을 시가로 볼 수 있는 것이나, 매매계약이 해제된 경우에는 특별한 사정이 없는 한 계약금액은 시가에 해당하지 않는 것이며, 특별한 사정이 있는지 여부는 매매계약내용, 대금수수관계 등 구체적 사실관계를 확인하여 판단할 사항인 것임.

▶▶ 법원의 회생인가결정가액으로 특수관계인에게 양도하는 경우 부당행위계산부인 제외사례 (법규법인 2014-53, 2014.4.29.)

내국법인이 보유한 특수관계법인의 상장주식을 법원으로부터 인가받은 회생계획에 따른 가액으로 특수관계인에게 양도하는 경우가 해당 내국법인의 회생목적 등 사회통념상 타당한 경제적 의사결정에 따른 것으로서 특수관계인에게 이익을 분여한 것으로 볼 수 없거나 조세회피목적이 없다고 판단되는 경우에는 「법인세법」 제52조 제1항에 따른 부당행위계산의 부인규정을 적용하지 아니하는 것이나, 귀 사례의 경우가 이에 해당되는지 여부는 사실판단할 사항임.

▶▶ 포괄적 주식교환에 따른 교환신주의 시가 적용사례(서면법규과-115, 2014.2.6.)

[질의]

가. 사실관계

당 법인은 수도권 지방산업공단 내 소재하는 자동차부품 제조가공 중소업체로 특수관계법인임.

–2012.11월경에 「상법」 제360조의 2에 따른 주식의 포괄적 교환에 따라 A법인이 B법인의 완전자회사가 되었음.

* 주식교환비율 ⇒ A법인 : B법인=1 : 0.2298

주식 교환 직전과 직후의 주식변동내역

구분	B법인(완전모회사)	← 주식양도	A법인(완전자회사)
총주식수	120,000주		258,260주

	주주	주식수		주주	주식수
주식교환 전	갑	36,000		갑	257,449
	을	36,000			
	병	36,000		을	811
	정	12,000			
주식교환 후	갑	95,166	(+59,166)	B법인 (완전 모회사)	258,260
	을	36,186	(+186)		
	병	36,000			
	정	12,000	(신주발행 합계) 59,352주		

–주식교환 이후 업무처리의 복잡 등 형편상 2013년도에 다시 합병을 하여 A법인이 존속회사이고 B법인이 소멸회사로 하여 하나의 회사로 합치는 과정을 진행중임.

나. 질의요지

(질의 1) 주식의 포괄적 교환에 의한 신주발행도 유상증자로 볼 수 있는지 여부

(질의 2) 주식의 포괄적 교환을 유상증자로 본다면 1주당 납입금액 계산 방법

(질의 3) 포괄적 주식 교환 이후 모회사와 자회사가 합병할 경우 평가대상 법인이 보유한 다른 비상장주식 평가 시 정당한 사유가 있는 것으로 보아 보충적 평가액을 적용할 수 있는지 여부

[회신]

귀 서면질의 1)·2)의 경우, 「상법」 제360조의 2에 따른 주식의 포괄적 교환으로 완전모회사가 완전자회사의 주주에게 배정하기 위해 새로운 주식을 발행하는 경우 「상속세 및 증여세법 시행령」 제56조 제5항의 유상증자에 해당하는 것이며, 이 경우 완전모회사의 납입금액은 완전 모회사에 이전한 완전자회사의 주식을 「상속세 및 증여세법」 제60조 및 제63조에 따라 평가한 가액을 말하는 것임.

귀 서면질의 3)의 경우 기존 회신사례(재산세과–110, 2012.3.15. ; 재산세과–300, 2009.1.28.)을 참고하기 바람.

※참고예규 : ① 재산세과–110(2012.3.15.)

귀 질의의 경우는 종전 질의회신사례(재산세과–300, 2009.1.28.)를 참고하기 바람.

② 재산세과－300(2009.1.28.)
「상속세 및 증여세법 시행령」 제55조 제1항의 규정에 의하여 비상장법인의 순자산가액을 계산할 때에 당해 법인의 자산가액은 같은 법 제60조 내지 제66조의 규정에 의한 평가액에 의하는 것이며, 당해 법인의 자산을 같은 법 제60조 제3항 및 제66조의 규정에 의하여 평가한 가액이 장부가액보다 적은 경우에는 장부가액으로 하되, 장부가액 보다 적은 정당한 사유가 있는 경우에는 그러하지 아니하는 것임. 이 경우 장부가액은 기업회계기준 등에 의해 작성된 대차대조표상 가액을 말하는 것이며, 평가대상법인이 보유한 다른 비상장법인의 주식을 같은 령 제54조 제1항의 규정에 따라 평가한 가액이 장부가액보다 적은 것만으로 장부가액보다 적은 정당한 사유가 있는 것으로 보지는 아니하는 것임.

▶▶ 상속개시 후 6개월 이내에 매매계약체결한 후 특약에 따라 매매가액을 변경하는 경우의 시가 적용(재산세과－393, 2012.11.2.)

상속개시일부터 6개월 이내에 매매계약을 체결한 후 6개월을 경과하여 당초 계약시 특약(계약 당시 해당 재산의 현황에 대한 특약에 한한다)에 따라 매매가액을 변경하는 경우로서 해당 조건의 내용 등을 감안하여 합리적인 것으로 볼 수 있는 경우에는 변경된 매매가액을 상속재산가액으로 할 수 있는 것임.

▶▶ 하나의 감정기관이 평가한 감정평가액의 "시가"의 적용범위(재산세과－251, 2011.5.20.)

귀 질의의 경우 종전 질의회신문(재산세과－499, 2010.7.7.)을 참고하시기 바람.
참고예규 : 재산세과－499(2010.7.7.)
귀 질의와 같이 하나의 감정기관이 평가한 감정평가액은 「상속세 및 증여세법」 제60조 제2항 및 같은 법 시행령 제49조 제1항의 규정에 의한 "시가"의 범위에 포함되지 아니함.

▶▶ 조세공평의 원칙에 반하는 결과가 초래되는 것을 방지하기 위해 비상장주식에 대한 감정가액은 제외한 사례(대법원 2008두1849, 2011.5.13.)

「상속세 및 증여세법 시행령」 제49조 제1항 제2호가 「상속세 및 증여세법」 제60조 제2항 후단에 의하여 시가로 인정되는 가액에서 비상장주식에 대한 감정가액을 명시적으로 제외하고 있고, 그 취지는 비상장주식에 대한 감정평가방법을 달리함에 따라 다양한 감정가액이 산출됨으로써 조세공평의 원칙에 반하는 결과가 초래되는 것을 방지하기 위하여 그 평가방법을 「상속세 및 증여세법 시행령」이 정하는 보충적 평가방법으로 통일하고자 하는 데 있는 점, 비상장주식의 경우 일반적으로 불특정 다수인 사이에 거래가 이루어지지 아니하므로 감정평가에 의하여 「상속세 및 증여세법」 제60조 제2항 전단 소정의 시가를 도출하기도 어려운 점 등을 고려하면, 비상장주식에 대한 감정가액은 특별한 사정이 없는 한 「상속세 및 증여세법」 제60조 제2항의 시가에 해당한다고 할 수 없음.

▶▶ 상속개시일 전후 6월 이내에 비상장법인의 주식에 대한 거래가액은 시가로 볼 수 있으나, 부당하다고 인정되는 경우 시가로 볼 수 없는 것임(재산세과-352, 2011.7.21.)

「상속세 및 증여세법 시행령」 제49조에 제1항 제1호의 규정에 의하여 상속개시일 전후 6월 이내에 비상장법인의 주식에 대한 거래가액은 시가로 볼 수 있는 것이나, 그 거래가액이 같은법 시행령 제26조 제4항에 규정된 특수관계자와의 거래 등 그 가액이 객관적으로 부당하다고 인정되는 경우에는 시가로 볼 수 없는 것으로 거래가액이 객관적 교환가치가 반영된 시가에 해당하는지 여부는 구체적인 사실을 조사하여 판단할 사항임.

▶▶ 평가기준일 후 6월을 경과하여 2 이상의 공신력 있는 감정기관이 평가한 감정가액의 평균액의 시가 적용 여부(재산세과-990, 2010.12.30.)

[질의]

- 비상장회사의 주식을 증여받아 증여세를 신고 · 납부하였음.
- 당해 주식의 경우 제3자간 거래가액이 없어 「상속세 및 증여세법」 제63조 및 「상속세 및 증여세법 시행령」 제54조에 근거하여 보충적평가방법으로 산정한 가액을 시가로 보아 증여세 과세가액을 산정함.
- 평가대상 회사가 보유한 토지 및 건물의 경우 「상속세 및 증여세법」 제61조, 「상속세 및 증여세법 시행령」 제50조 등에 근거하여 보충적평가액(기준시가), 대차대조표상 금액, 보충적평가액(저당권, 임대자산) 중 큰 금액을 시가로 보아 평가에 반영함.
- 평가대상 자산에는 쟁점부동산도 포함되어 있으며, 쟁점부동산은 평가 당시 거래되는 가액(시가) 및 당해 자산의 평가일을 전후한 3개월 사이에 감정평가법인의 감정가액도 존재하지 않아 「상속세 및 증여세법」이 규정한 바에 따라 보충적평가방법(토지는 공시지가, 건물은 국세청 고시가격)으로 산출한 금액과 장부가액 중 큰 금액을 「상속세 및 증여세법」상 평가액으로 함.

위와 같이 비상장주식 평가 시 평가대상 법인이 보유하는 부동산의 증여 당시 실지거래가액(시가)이 존재하지 않아 기준시가와 장부가액 중 큰 금액으로 증여세 과세가액을 산출한 경우 정확한 시가산출을 위한 목적으로 증여시점 기준으로 소급하여 감정평가액을 산출하여 증여세를 재계산하는 것이 「상속세 및 증여세법」상 타당한 것인지 여부를 질의함.

[회신]

「상속세 및 증여세법 시행령」 제55조 제1항의 규정에 의하여 비상장법인의 순자산가액을 계산할 때 당해 법인의 자산가액은 같은 법 제60조 내지 제66조의 규정에 의한 평가액에 의하는 것이며, 이 경우 평가기준일 후 6월(증여재산인 경우 3월)을 경과하여 2 이상의 공신력 있는 감정기관이 평가한 감정가액의 평균액이 있는 경우 그 가액은 같은 법 제60조 제2항 및 같은 법 시행령 제49조 규정에 의한 "시가"의 범위에 포함되지 않는 것임.

▶▶ K-OTC시장에서 거래되는 비상장주식의 평가(서면상속증여 2015-336 2015.4.22.; 재산-603, 2009.10.30.)

「상속세 및 증여세법」 제60조 제1항 · 제2항 및 같은 법 시행령 제49조 제1항 제1호의 규정에 의하여 시가를 산정함에 있어 당해재산에 대한 매매사실이 있는 경우에 그 거래가액은 시가에 해당하는 것이나, 그 거래가액이 특수관계에 있는 자와의 거래 등 객관적으로 부당하다고 인정되는 경우를 제외하는 것임. 이 경우 그 가액이 객관적으로 부당하다고 인정되는 경우란 상속개시일부터 매매계약일까지의 가격변동 요인과 거래 당사자 사이의 관계, 거래경위 및 가격결정 과정과 거래규모 등을 종합적으로 고려하여 당해 가액이 불특정다수인 사이에 자유로이 거래가 이루어지는 경우에 통상 성립된다고 인정되는 가액에 해당하는지 여부를 사실판단할 사항임.

▶▶ 시가에 해당하는지 여부(재산세과-3043, 2008.9.30.)

시가산정시 당해 재산의 거래가액이 객관적으로 부당하다고 인정되는 경우란 증여일부터 매매계약일까지의 가격변동 요인과 거래 당사자 사이의 관계 등을 종합적으로 고려하여 사실판단 할 사항임.

▶▶ 매매사례가액의 시가 해당 여부(조심2008중162, 2008.6.26.)

경영권이 수반된 주식에 해당하고 매매가액을 확인하기 어려울 뿐 아니라 특수관계자 간의 거래에 해당하여 매매사례가액을 주식의 시가로 보기 어려움.

▶▶ 매매사례가액의 시가 해당 여부(대법2006두18461, 2007.12.13.)

평가기준일 전후 일정한 기간 내에 비상장주식의 매매사실이 있더라도 그것이 민법상 친족과의 매매이면, 곧바로 그 매매가액은 상증법상 객관적으로 부당하다고 인정되는 것이며, 그렇지 아니하다고 주장하는 자가 있는 경우 그가 이를 입증하여야 함.

▶▶ 비상장주식의 공매에 따른 수의계약가격을 시가 부인하여 과세한 처분의 당부(대법2005두12015, 2007.9.20.)

수의계약에 의한 가격을 공매가격에 준하는 것으로 보아 이를 시가로 봄이 상당하다 할 것이고, 동종의 주식은 등가성을 가진다 할 것이므로 "당해재산"에는 동종의 재산도 포함되는 것으로 해석함이 상당함.

▶▶ 비상장주식평가 시 당해 법인의 주식이 경매 또는 공매된 사실이 있는 경우 시가산정방법(재경부 재산 46014-38, 2002.2.15.)

특수관계에 있는 자간에 비상장주식을 양수 또는 양도한 경우로서 시가와 대가 사이에 차액이 있는 경우에는 「상속세 및 증여세법」 제35조의 규정에 의하여 증여세가 과세되는 것임. 이 경우 시가라 함은 동법 시행령 제26조 제1항의 규정에 의하여 동법 제60조 내지 제66조의 규정에 의하여 평가한 가액을 말하는 것임.

비상장법인의 주식을 평가함에 있어 당해 법인의 주식이 경매(이하 「민사소송법」에 의한 경매를 말함) 또는 공매된 사실이 있는 경우에는 동법 제60조 제2항 및 동법 시행령 제49조 제1항 제3호의 규정에 의하여 그 경매가액 또는 공매가액을 시가로 보는 것이며, 경매 또는 공매된 주식과 평가대상인 다른 주식이 동일종목에 해당하는 경우로서 경매 또는 공매가 평가대상주식의 평가기준일부터 6월(증여의 경우에는 3월) 이내에 있는 경우의 당해 경매가액 또는 공매가액은 평가대상주식의 시가로 볼 수 있는 것이나 그 경매가액 또는 공매가액을 시가로 볼 수 있는지 여부에 대하여는 경매 또는 공매에 이르게 된 경위 등을 감안하여 사실판단할 사항임.

▶▶ 1. 상속재산의 감정을 다른 감정기관에 재의뢰한 경우 감정평가기준일 판단
2. 시가불인정 감정평가법인이 평가하는 감정가액을 시가로 인정하지 아니할 때 적용범위
(재경부 재산 46014-239, 2001.9.26.)

[질의]

---

1. 세무서장 등이 재감정을 의뢰할 경우 감정평가기준일 문제
「상속세 및 증여세법 시행령」 제49조 제1항 제2호 단서규정에 의하여 상속인이 제시한 2 이상의 감정기관이 평가한 감정가액의 평균액(원감정가액)이 개별공시지가로 평가한 가액의 100분의 80에 미달하여 세무서장 등이 재감정을 의뢰할 때 감정평가기준일은
－감정평가기준일
[원감정기관] 2000.7.3.(상속개시일 전후 6월 이내)
[재감정기관] 2000.2.7.(상속개시일)
－감정평가기준일이 서로 다른 원감정가액과 재감정가액을 적용, 시가불인정 감정평가법인지정에 대하여 원감정기관에서 이의신청을 제기
〈갑설〉 원감정가액의 평가기준일과 같은날로 함.
(이유) 세무서장 등이 의뢰한 재감정가액은 납세의무자가 제시한 원감정가액의 부실감정 여부를 판명하는 중요한 기준감정가액이며 토지 등의 부동산은 형상과 용도변경이 없더라도 평가시점(최고 6개월)에 따라 실지가격변동이 있을 수 있으므로 원감정가액의 평가기준일과 동일한 시점에 평가한 재감정가액으로 원감정가액을 상호 비교하는 것이 객관적이고 합리적이기 때문임.
〈을설〉 상속개시일 또는 증여일로 함.
(이유) 「상속세 및 증여세법」 제60조(평가의 원칙) 제1항에서 '상속세 또는 증여세가 부과되는 재산의 가액은 상속개시일 또는 증여일(평가기준일) 현재의 시가에 의한다'고 규정하고 있으며 납세의무자가 제시한 원감정가액이 부실하여 세무서장 등이 재감정을 의뢰하는 경우 가장 정확한 상속·증여재산의 평가시점은 상속개시일 또는 증여일이기 때문임.
〈질의자 의견〉 '갑설'이 타당함.

2. 「상속세 및 증여세법 시행규칙」 제15조 제3항에 의한 시가불인정 감정평가법인이 평가하는 감정가액을 시가로 인정하지 아니할 때 적용범위는 원감정기관이 시가불인정기간 이전에 납세의무자로부터 상속 · 증여재산평가를 의뢰받아 시가불인정기간 중에 감정가액평가서를 작성한 경우 시가인정 여부에 대한 문제가 발생

(예시)

−시가불인정기간

•재감정기관이 감정가액평가서를 작성한 날부터 1년간

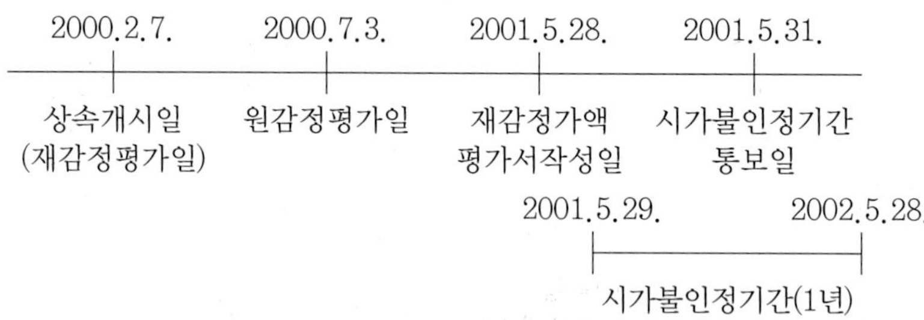

〈갑설〉 시가불인정기간 이후 감정평가를 의뢰받은 것부터 적용함.

(이유) 시가불인정 감정평가법인지정 이전에 기납세의무자로부터 평가를 의뢰받아 감정평가업무를 진행 중인 것에 대하여는 시가불인정대상에 포함시키지 않는 것이 타당함.

〈을설〉 시가불인정기간 이후 감정가액평가서를 작성하는 것부터 적용함.

(이유) 상속 · 증여재산을 부실하게 평가한 감정평가법인의 감정가액을 시가로 인정하지 아니하는 시가불인정제도의 취지로 볼 때 감정평가법인의 감정가액이 대외적으로 효력을 갖는 시점이 감정평가서작성일이기 때문임.

〈질의자 의견〉 '을설'이 타당함.

[회신]

1. 질의 1에 대하여

「상속세 및 증여세법 시행규칙」 제15조 제3항 전단에서 '세무서장 등이 다른 감정기관에 의뢰하여 평가한 감정가액'이라 함은 원감정기관이 평가한 시점을 기준으로 평가한 감정가액을 말하는 것임.

2. 질의 2에 대하여

「상속세 및 증여세법 시행규칙」 제15조 제3항 전단의 규정에 의하여 원감정기관이 평가하는 감정가액은 1년간 이를 시가로 인정되는 감정가액으로 보지 아니하는 경우 그 1년의 기간은 다른 감정기관이 감정가액평가서를 작성하는 날부터 기산하는 것이며, 당해 기간 중 원감정기관이 세무서장 등이 통지한 부실감정기관지정통지서를 수령한 날 이후 최초로 다른 의뢰인의 감정가액평가서를 작성하는 분부터 시가로 인정되는 감정가액으로 보지 아니하는 것임.

▶▶ 피상속인이 위탁한 신탁재산이 임대용에 공하고 있는 경우 평가방법(재경부 재산 46014-174, 2001.7.3.)

[질의]

1990.3.	1990.11.	1995.12.
△	△	▲
법인과 신탁계약을 체결하고 신탁등기	건물신축임대개시 (수탁자)	위탁자 사망

※물건지 : 마포구 ㅇㅇ동 대지 300㎡

• 위탁자의 사망에 따른 신탁토지를 평가함에 있어 수탁자가 신탁재산인 토지상에 건물을 신축하여 임대업을 영위하고 있으므로
  - 신탁재산을 '사실상 임대차계약이 체결된 재산'으로 보아 평가특례규정에 의하여 평가할 것인지 또는 개별공시지가에 의하여 평가할 것인지 여부

〈질의자 의견〉

• 신탁재산이 임대에 공하고 있다고는 하나 임대료 등이 신탁자에게 귀속되는 것도 아니고
  - 수탁자가 신탁재산을 어떤 용도로 사용하던지 신탁자와는 무관하므로 개별공시지가에 의하여 평가하는 것이 타당한 것이 아닌지.

[회신]

피상속인이 위탁하고 있는 신탁재산은 상속재산에 포함되는 것이며 당해 상속재산을 평가함에 있어 수탁자가 당해 신탁재산을 임대용에 공하고 있는 경우에는 구 「상속세법」(1996.12.30. 법률 제5193호로 개정되기 전의 것) 제9조 제4항의 규정에 의하여 동법 시행령(1996.12.31. 대통령령 제15193호로 개정되기 전의 것) 제5조의 2 제6호의 규정에 의하여 평가한 금액과 시가(또는 보충적 평가) 중 큰 금액으로 평가하는 것임.

▶▶ 신탁회사의 임대 중인 상속재산인 토지의 평가방법(제도 46014-11087, 2001.5.15.)

위탁자가 신탁계약에 의한 소유토지를 수탁자에게 신탁하고, 수탁자는 그 토지 위에 건물을 신축하여 임대사업을 하던 중 위탁자가 사망한 경우에 상속재산으로 보는 당해 토지는 구 「상속세법 시행령」(1996.12.31. 대통령령 제15193호로 개정되기 전의 것) 제5조의 2 제6호에 의하여 평가한 금액과 시가 중 큰 금액으로 평가하는 것임.

▶▶ 증여 전 3월 이내에 낙찰된 가액을 증여재산의 시가로 볼 수 있는지 여부(제도46014-10507, 2001.4.11.)

증여일 전후 3월 이내에 공매가액은 시가로 볼 수 있는 것이나 공매가 무효가 된 경우 시가로 보지 아니함.

▶▶ 상속재산이 평가에 있어서 비상장주식의 평가 방법(대법2000두1287, 2000.7.28.)

상속재산의 평가에 있어서 시장성이 적은 비상장주식의 경우에도 그에 관한 객관

적 교환가치가 적정하게 반영된 정상적인 거래의 사례가 있는 경우에는 그 거래가격을 시가로 보아 주식의 가액을 평가하여야 하고 구 상속세법시행령(1990.5.1. 대통령령 제12993호로 개정되기 전의 것) 제5조 제5항 제1호 (나)목의 보충적 평가방법에 의하여 평가하여서는 아니됨.

▶▶ 비상장주식 평가시 증자시의 1주당 주금납입액을 시가로 인정할 수 있는지 여부(재산상속 46014-604, 2000.5.19.)

법인의 증자시에 불입한 1주당 주금납입액은 시가로 인정하는 거래가액에 해당하지 않음.

▶▶ 상속재산의 시가에 포함되는 감정기관의 감정가액의 감정기준일(재산 46014-45, 2000.2.17.)

시가에 포함되는 감정기관의 감정가액은 평가기준일 전 6월(증여세의 경우는 3월)부터 상속세 또는 증여세과세표준신고기간 이내에 2 이상의 감정기관이 평가한 감정가액(그 평균액을 말함)에 한하여 「상속세 및 증여세법 시행령」(1999.12.31. 개정되기 전의 것) 제49조 제1항의 규정에 의하여 시가에 포함되는 것임.

▶▶ 증여계약서상 가액과 공시지가가 다른 경우 증여재산평가방법(재삼 46014-1341, 1999.7.9.)

증여재산의 가액은 증여계약서에 기재한 금액에 관계없이 「상속세 및 증여세법」 제60조 제1항의 규정에 의하여 증여일 현재 시가에 의하되, 시가가 없는 경우 토지는 개별공시지가, 건물은 같은법 제61조 제1항 내지 제3항의 규정에 의하는 것임.

▶▶ 상속개시 전 6월부터 공공용지손실보상목적의 감정가액이 2 이상 있는 상속재산의 시가산정(재삼 46014-1225, 1999.6.25.)

상속개시일 전 6월부터 상속세과세표준신고의 기간 중에 2 이상의 감정평가법인이 상속세 및 증여세 납부 외의 목적에 따라 「지가공시 및 토지 등의 평가에 관한 법률」 및 감정평가에 관한 규칙에서 정하는 적정한 방법으로 상속재산을 평가한 감정가액이 있는 경우 그 감정가액의 평균액은 「상속세 및 증여세법」 제60조 제2항 및 같은 법 시행령 제49조 제1항 제2호의 규정에 의하여 '시가'에 포함되는 것으로서 상속인들이 당해 감정가액의 존재 여부를 알았는지에 관계없이 시가로 볼 수 있는 것임.

▶▶ 지방자치단체에의 협의양도가액 및 감정가액이 있는 상속재산의 시가(재삼 46014-1227, 1999.6.25.)

「상속세 및 증여세법」 제60조 제2항 및 같은법 시행령 제49조 제1항의 규정에 의하여 상속개시일 전후 6월 이내에 상속재산에 대하여 2 이상의 감정평가법인이 상속세 및 증여세납부 외의 목적으로 재산을 평가한 감정가액이 있는 경우 그 감정가액의 평균액 및 상속개시 후 6월 이내에 상속재산이 수용된 경우 그 보상가액은 이를 각각 시가로 볼 수 있는 것이며, 이 경우 시가로 보는 가액이 2 이상인 경우에는 상속개시일부터 가장 가까운 날에 해당하는 가액을 시가로 보는 것임.

▶▶ 상속개시일 현재의 시가로 인정하는 범위에 2 이상의 감정가액이 있는 경우 상속재산평가 시 적용할 시가의 범위(재경부 재산 46014-146, 1999.5.1.)

평가기준일 전 6월(증여재산의 경우에는 3월)부터 상속세과세표준신고 또는 증여세과세표준신고의 기간 중에 2 이상의 공신력 있는 감정기관이 상속세 및 증여세납부 외의 평가목적(예 : 일반거래목적, 담보목적, 보상목적 등)에 따라 「지가공시 및 토지 등의 평가에 관한 법률」 및 감정평가에관한규칙에서 정하는 적정한 방법으로 재산을 평가한 감정가액이 있는 경우 그 감정가액의 평균액은 「상속세 및 증여세법」 제60조 제2항 및 동법 시행령 제49조 제1항 제2호의 규정에 의하여 '시가'에 포함되는 것임.

▶▶ 국외부동산인 상속재산의 평가방법(재경부 재산 46014-143, 1999.4.30.)

「상속세 및 증여세법」상 재산의 평가는 당해 재산의 소재지국에 관계없이 「상속세 및 증여세법」 제60조 내지 제66조 및 동법 시행령 제49조 내지 제63조의 규정에 의하여 평가하는 것임. 다만, 국외에 소재하고 있는 건물과 같이 위 규정에 의하여 평가가 사실상 불가능한 국외부동산의 경우에는 당해 재산이 소재하고 있는 국가의 「상속세법」, 「증여세법」 등에서 정하는 평가방법으로 평가할 수 있음.

03

▶▶ 비상장주식평가를 위한 순자산가액 계산 시 감정기관에 의한 평가 시 시가감정의 범위 및 2개 이상의 자산이 있는 경우 평가방법(재경부 재산 46014-45, 1999.2.9.)

구 「상속세 및 증여세법 시행령」(대통령령 제15604호 1997.12.31. 개정) 제55조 제1항 후단의 규정에 의하여 비상장주식평가를 위한 순자산가액을 계산함에 있어 당해 법인의 자산을 감정기관의 시가감정서에 의하여 평가하는 경우 그 시가감정은 동법 시행령 제49조 제1항의 규정에 의한 감정가액의 평균액을 말하는 것임. 이 경우 감정가액은 당해 법인의 자산별로 적용하여 평가한 가액을 원칙으로 하되, 2개 이상의 자산이 일체로 거래되거나 용도상 불가분의 관계가 있는 경우 등 일괄하여 평가하는 것이 합리적인 때에는 일괄하여 평가한 가액에 의할 수 있는 것임.

▶▶ 상속재산인 토지의 보상금을 받은 경우 상속재산가액평가방법(재삼 46014-265, 1999.2.8.)

「상속세 및 증여세법」 제60조 제2항 및 같은법 시행령 제49조 제1항의 규정에 의하여 상속개시일 전후 6월 이내에 당해 상속재산에 대한 매매사실이 있는 경우에는 그 매매가액·2 이상의 감정평가법인이 상속세 및 증여세납부 외의 목적으로 재산을 평가한 감정가액이 있는 경우에는 그 감정가액의 평균액 및 당해 재산이 수용된 경우에는 그 보상가액을 시가로 볼 수 있는 것임. 이 경우 시가로 보는 가액이 2 이상인 경우에는 상속개시일부터 가장 가까운 날에 해당하는 가액을 시가로 보는 것이며, 수용된 경우에는 현금 또는 토지개발채권으로 보상받았는지에 관계없이 수용보상가액으로 확정된 금액을 시가로 보는 것임.

▶▶ 상속개시일로부터 6개월 이후에 감정기관이 소급평가한 감정평가액을 시가로 보아 상속재산 평가할 수 있는지 여부(재경부 재산 46070－288, 1998.9.30.)
상속재산의 평가는 상속개시일 현재의 '시가'에 의하는 것임. 이 경우 상속개시일 전 6월부터 상속세과세표준신고의 기간 중 「지가공시 및 토지 등의 평가에 관한 법률」에 의한 공신력 있는 2 이상의 감정기관이 상속세납부 외의 목적으로 평가한 감정가액이 있는 경우에는 그 감정가액의 평균액은 「상속세 및 증여세법」 제60조 제2항 및 같은법 시행령 제49조 제1항의 규정에 의하여 '시가'에 포함됨.

▶▶ 상속재산의 보충적 평가방법의 적용요건과 그 입증책임(대법97누8502, 1997.9.26.)
상속재산 평가의 기준이 되는 시가라 함은 정상적인 거래에 의하여 형성된 객관적 교환가격을 말하는 것으로서, 증권거래소에 상장되지 않은 비상장주식이더라도 위와 같은 객관적인 교환가치가 적정하게 반영된 정상적인 거래의 실례가 있으면 그 거래가격을 시가로 보아 주식의 가액을 평가하여야 함.

▶▶ 상속개시일 전 6개월 이내 신축건물의 사가판정 시 '6개월'의 의미 및 건설자금이자·취득세 등 부대비용의 신축가액에 포함 여부(재삼 46014－277, 1997.2.11.)

① 상속개시일 전 6개월 내에 건축한 상속재산인 건물의 신축가액이 확인되는 경우 그 가액을 당해 재산의 시가로 볼 수 있는 것이며, 이때 '6개월'에 대한 판단은 준공일을 기준으로 하는 것임.
② '신축가액'은 건설에 소요된 비용의 합계액으로 평가하는 것으로서 건설에 소요되는 차입금에 대한 이자 또는 유사한 성질의 지출금은 가산하는 것이나, 등록세 및 취득세는 포함하지 아니하는 것임.

▶▶ 전답을 증여받은 후 토지를 조성하여 공장용지로 지목이 바뀐 상태에서 감정가액을 받은 경우 증여재산평가 시 시가 적용 여부(재삼 46014－2897, 1996.12.30.)
증여일 전후 6개월 내에 증여재산에 대한 공신력 있는 감정기관의 감정가액이 작성되어 있어 확인되는 경우에는 그 가액을 시가로 볼 수 있는 것이나, 증여받은 후에 지목, 토지의 이용상황 등 지가형성요인의 변동이 있어 객관적으로 부당하다고 인정되는 경우에는 그러하지 아니하는 것임.
※참고예규 : 재삼 46014－2441, 1994.9.13.

'시가'라 함은 과세시기(상속개시 당시)에 있어서 각각 재산의 현황에 따라 불특정 다수인간에 자유로이 거래가 되는 경우에 통상 성립된다고 인정되는 가액을 말하며, 이에 해당되는지 여부는 소관세무서장이 조사하여 판단할 사항임.
상속개시일 전후 6개월 내에 상속재산에 대한 매매사실이 있어 그 거래사실이 확인되는 경우에는 그 가액을 시가로 보는 것이 지가하락 또는 감가의 요인 등으로 가격의 변동이 있어 객관적으로 부당하다고 인정되는 경우 외에는 시가로 볼 수 있는 것이나 대법원으로부터 무효판결을 받은 거래라면 그것을 매매사실로 볼 수는 없는 것임. 다만, 그 경우에도 그 거래가액(계약금액)을 시가로 볼 수 있는지의 여부는 제2호의 이유로 소관세무관서장이 조사하여 판단할 사안임.

▶▶ 임대목적을 변경하여 내부시설을 수선한 뒤에 상속이 개시된 건물의 평가방법(재삼 46014-2808, 1996.12.18.)

상속재산을 평가하는 경우 건물의 가액은 상속개시 당시의 시가에 의하되 시가를 산정하기 어려울 때에는 「상속세법 시행령」 제5조 제2항 제1호의 2의 방법에 의하는 것임. 이때 '시가'라 함은 상속개시 당시에 있어서 각각 재산의 현황에 따라 불특정다수인간에 자유로이 거래가 되는 경우에 통상 성립된다고 인정되는 가액을 말하며, 이에 해당하는지 여부는 소관세무서장이 구체적인 사실을 조사하여 판단할 사항임.

▶▶ 장외거래가액이 있는 비상장주식의 처분 시 시가산정방법(재경원 재산 46014-325, 1996.10.2.)

「상속세법」상 주식을 평가함에 있어서 불특정다수인 사이에 자유로이 거래가 이루어지는 경우에 통상 성립되는 가액이 확인되는 경우에는 그 가액을 「상속세법」 제9조 제2항에서 규정하는 시가로 볼 수 있음. 이 경우 당해 거래가액이 증여일 현재의 시가에 해당하는지의 여부에 대하여는 당해 거래의 상황 등을 고려하여 사실판단할 사항임.

▶▶ 상속개시 6개월 전에 매매한 상속재산이 중도계약해지된 경우 시가평가방법(재경원 재산 46014-1204, 1996.5.16.)

상속개시일 전후 6개월 내에 상속재산에 대한 매매사실이 있어 그 거래가액이 확인되는 경우 그 가액은 「상속세법」 제9조 제2항에 규정하는 시가로 볼 수 있는 것이나, 중도에 매매계약이 해지된 경우에는 시가로 보지 아니하는 것임.

▶▶ 감정평가법인에 의해 담보제공목적으로 평가된 감정평가액으로 상속재산가액평가를 갈음할 수 있는지 여부(재삼 46014-695, 1996.3.14.)

증여재산인 비상장주식을 평가함에 있어서 증여일 전후 6개월 이내에 당해 법인의 토지에 대한 공신력 있는 감정기관의 감정가액이 작성되어 있어 확인되는 경우 그 가액은 감정평가목적에 관계없이 「상속세법」 제9조 제2항에 규정하는 시가로 볼 수 있는 것임.

▶▶ 상속재산에 대한 보상가액이 확정되는 것으로 보는 상속개시일 전후 6개월 내 토지수용의 의미(재삼 46014-3305, 1995.12.26.)

[질의]

'상속개시일 전후 6개월 내에 토지수용 등으로 상속재산에 대한 보상가액이 있어 확인되는 경우는 그 가액'이란 내용 중 '상속개시일 전후 6개월 내'란 뜻이 토지수용등기일 또는 토지수용감정일인지 아니면 토지수용대금수령일인지

[참고]

피상속인사망일 : 1994.7.6.

토지수용등기일 : 1995.1.27.

토지수용시 감정일 : 1994.12.14.
토지수용대금수령일 : 1995.2.28.

[회신]
상속개시일 전후 6개월 내에 토지수용 등으로 상속재산에 대한 보상가액이 확인되는 경우 그 가액은 「상속세법」 제9조 제2항에 규정하는 시가로 볼 수 있는 것이며, 이때 '6개월'에 대한 판단은 보상가액이 결정된 날을 기준으로 하는 것임.

▶▶ 증여재산인 토지의 평가방법(재삼 46014-2776, 1995.10.25.)
「상속세법」 제9조 제2항의 규정에 의하여 증여재산인 토지의 가액은 증여 당시의 시가에 의하되 산정하기 어려울 때에는 개별공시지가에 의하는 것이며, 증여일 전후 6개월 내에 당해 토지에 대한 매매사실이 있어 그 거래가격이 확인되는 경우 그 가액은 위의 시가로 볼 수 있는 것임.

▶▶ 상속재산평가 시 실지거래내용과 관계없이 거래당사자간에 정한 토지거래계약 신고금액을 시가로 볼 수 있는지 여부(재삼 46014-2598, 1995.10.2.)
상속재산을 평가함에 있어서 실지거래내용과 관계없이 거래당사자간에 정한 토지거래계약 신고금액은 당해 재산의 시가로 볼 수 없는 것임.

▶▶ 여러 필지의 토지 중 일부에만 감정가액이 있는 경우 상속재산평가방법(재삼 46014-2154, 1995.8.24.)
상속재산에 여러 필지의 토지와 그 지상 건물이 포함되어 있고 그 여러 필지의 토지 중 일부 필지의 토지에만 시가로 볼 수 있는 감정가액이 작성되어 있는 경우 그 감정가액이 있는 필지의 토지는 감정가액을 시가로 적용하는 것이며, 시가를 산정하기 어려운 다른 필지의 토지와 건물은 「상속세법 시행령」 제5조 제2항의 규정에 의하여 평가하는 것임.

▶▶ 시가로 볼 수 있는 가액이 둘 이상인 부동산의 상속재산평가방법(재삼 46014-2027, 1995.8.8.)
① 「상속세법」 제9조 제2항의 규정에 의하여 상속재산인 토지의 가액은 상속개시 당시의 시가에 의하되 시가를 산정하여 어려울 때에는 개별공시지가에 의하는 것이며,
② 상속개시일 전후 6개월 내에 상속재산에 대한 공신력 있는 감정기관의 감정가액이 작성되어 있거나 거래사실이 있는 경우 그 감정가액이나 매매가액은 위의 시가로 볼 수 있으나, 시가로 보는 가액이 둘 이상인 경우에는 상속개시일로부터 최근의 가액에 의하는 것임.

▶▶ 상속세신고 시에 상속가액의 신고를 매도가액과 공시지가 중 적용가액(재삼 46014-1797, 1995.7.14.)
상속개시일 전후 6개월 내에 상속재산에 대한 매매사실이 있어 그 거래가액이 확인

되는 경우 그 가액은 구 「상속세법 시행령」(1994.12.31. 대통령령 제14471호로 개정되기 전의 것) 제5조 제1항에 규정하는 시가로 볼 수 있는 것이며, 이때 '6개월'의 범위는 가액이 확정되는 계약일을 기준으로 하는 것임.
상속개시일로부터 5개월 후의 비상장주식 거래가격을 상속개시 당시의 시가로 인정함(대법92누17174, 1993.7.27.).

▶▶ 장부 등의 소실로 주식평가가 곤란한 경우의 취득가액(재무부 재산 22601-314, 1990.3.30.)
법인의 장부 등이 소실되어 비상장주식의 취득 당시의 기준시가를 「상속세법 시행령」 제5조 제5항 제1호 나목의 규정에 의하여 평가할 수 없는 경우에는 당해 주식의 액면가액을 기준시가로 하는 것임.

2 보충적 평가방법

2.1 의 의

상속세 또는 증여세가 부과되는 재산의 가액은 평가기준일 현재의 시가에 의하도록 하고 있다. 이 경우에 평가기준일 현재 개별 상속·증여재산에 대한 객관적인 시가를 평가하는 것은 실무적으로 많은 어려움이 따른다. 이에 대한 시가 적용의 보완책으로 평가기준일 전·후 6개월(증여재산의 경우에는 평가기준일 전 6개월부터 평가기준일 후 3개월) 이내에 매매·감정·수용·경매(「민사집행법」에 의한 경매) 또는 공매 등이 있어서 그 사례가액이 확인되는 경우에 이를 시가로 보도록 하고 있다.
사례가액의 적용은 평가기준일로부터 6개월(증여재산의 경우에는 평가기준일 전 6개월부터 평가기준일 후 3개월) 이내의 매매 등의 사례가액이 확인되지 아니한 경우에는 평가기준일로부터 2년 이내에 그 재산에 대한 매매 등의 사례가액을 확인하여야 한다. 해당 재산과 관련된 사례가액을 확인하여도 그 사례가액이 확인되지 아니한 경우에는 평가기간 내에 그 재산과 유사한 재산의 사례가액에 의하여 시가를 확인하여야 한다. 그러나 이러한 사례가액을 확인하여도 그 사례가액이 해당 재산의 평가기준일 현황과 다르거나 해당 거래일과 평가기준일 사이에 가격변동이 있었음이 확인되는 경우에는 시가 적용이 불가능하다.

이러한 절차에 의하여 시가를 확인하여도 사례가액이 확인되지 아니한 경우에는 해당 재산의 평가는 사실상 어렵게 되는 것이다. 이런 경우에 재산평가의 불확실성으로 인하여 납세자 입장에서는 조세부담에 대한 예측가능성과 법적안정성 문제가 발생되고, 과세관청의 입장에서도 시가 입증의 어려움이 발생할 수 있다. 이런 경우에 「상속세 및 증여세법」에서는 상속 및 증여재산의 시가를 산정하기 어려운 경우에 재산 평가의 객관화를 위하여 각 재산의 종류별로 평가방법을 규정하고 있는데, 이를 일반적으로 '보충적 평가방법'이라고 한다.

보충적 평가방법은 법원의 판례 등에 의하여 생성되어 상속재산평가준칙에서도 보충적 평가방법이라 사용하고 있다. 이 보충적 평가방법에 의하여 평가한 가액은 저당권 또는 질권이 설정되었거나 양도담보, 전세권이 등기 등에 의하여 해당 재산이 담보하는 채권액 등이 있는 경우에는 보충적 평가액과 담보채권액 등을 비교하여 그 중 큰 금액으로 평가하도록 하고 있다.

2.2 재산의 종류별 보충적 평가방법

상속 및 증여재산에 대한 평가는 평가기준일 현재의 시가평가를 원칙으로 하고 있지만 시가를 산정하기 어려운 경우에는 해당 재산의 종류·규모·거래상황 등을 고려하여 평가하도록 하기 위하여 보충적 평가방법을 규정하고 있다. 이와 같은 보충적 평가방법은 「상속세 및 증여세법」 제61조부터 제65조까지 각 재산별로 규정하고 있다. 각 재산의 종류별로 보충적 평가방법을 정리하면 다음의 표와 같다.

「상속세 및 증여세법」상의 보충적 평가규정

구 분	세구분	법 률	시행령
1. 부동산	① 토지	§61 ① 1호	§50 ①·②·⑥
	② 건물	§61 ① 2호·3호·4호	§50 ③·④
	③ 지상권 및 부동산을 취득할 수 있는 권리 등	§61 ③	§51 ①~③
	④ 구축물	§61 ④	§50 ④·⑤
	⑤ 임대차계약이 체결된 재산	§61 ⑤	§50 ⑦·⑧
2. 선박 등	① 선박 및 항공기	§62 ①	§52 ①

구 분	세구분	법 률	시행령
기타유형자산	② 상품·제품 등	§62 ②	§52 ② 1호
	③ 서화·골동품	§62 ②	§52 ② 2호
	④ 기타유형자산	§62 ②	§52 ② 3호
	⑤ 임대차계약이 체결된 재산	§62 ③	§52 ③
3. 유가증권 등	① 상장주식	§63 ① 1호 가목	§52의 2
	② 비상장주식	§63 ① 1호 나목	§54~56
	③ 기업공개 중인 주식	§63 ② 1호	§57
	④ 국·공채, 전환사채	§63 ① 2호	§58~58의 2
	⑤ 예금·저금·적금	§63 ④	
	⑥ 대부금·외상매출금·받을 어음	§63 ④	§58 ②
4. 무체재산권 등	① 매입한 무체재산권	§64	§59 ②
	② 영업권	§64	§59 ②·③
	③ 어업권	§64	§59 ④
	④ 특허권·실용신안권 등	§64	§59 ⑤
	⑤ 광업권·채석권 등	§64	§59 ⑥
5. 기타조건부 권리	① 조건부권리	§65 ①	§60 ①
	② 가상자산	§65 ②	§60 ②
	③ 신탁의 이익을 받을 권리	§65 ①	§61
	④ 정기금을 받을 권리	§65 ①	§62
6. 저당권 등 설정재산	① 저당권 등	§66 1호	§63 ① 1~4호
	② 전세권	§66 3호	§63 ① 5호

Chapter 02

비상장주식의 보충적 평가방법

비상장주식의 평가개관

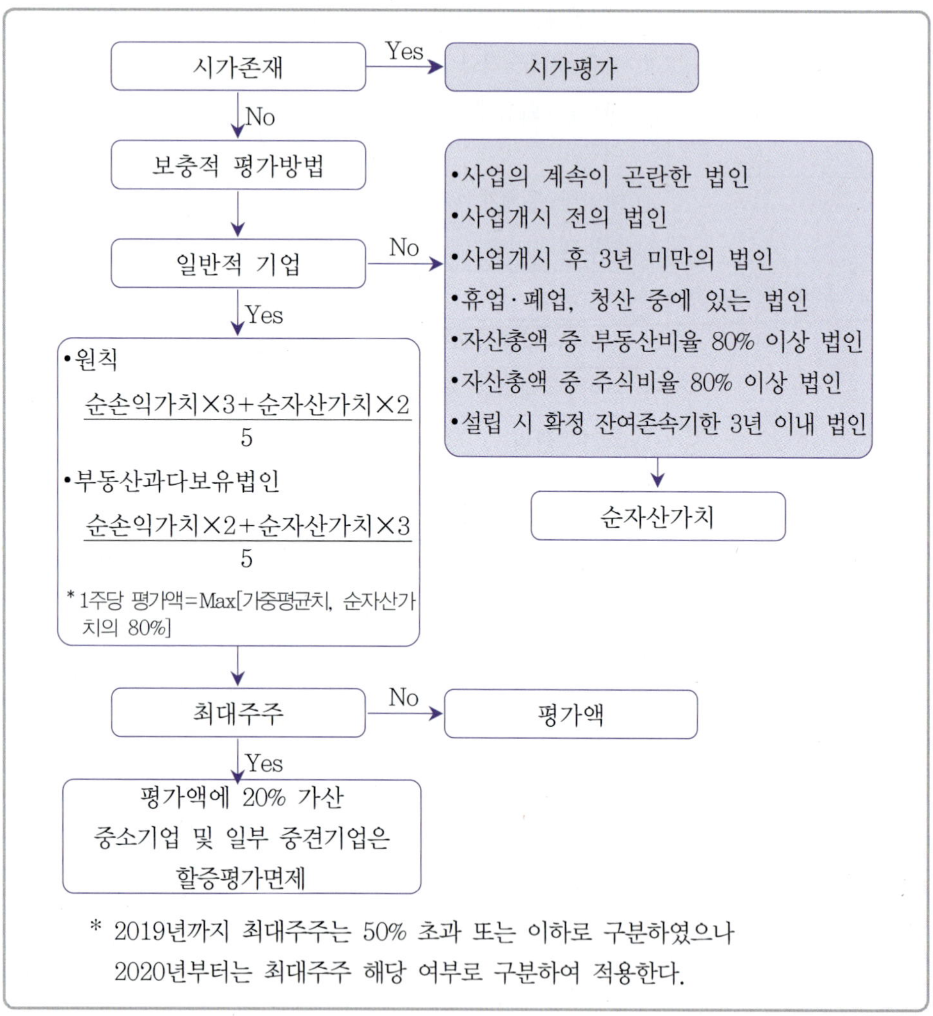

1 보충적 평가방법의 개관

1.1 의 의

상속세나 증여세가 부과되는 재산의 가액은 상속개시일 또는 증여일(평가기준일) 현재의 시가(時價)에 따른다. 이때 적용되는 시가는 불특정다수인 사이에 자유롭게 거래가 이루어지는 경우에 통상적으로 성립된다고 인정되는 가액으로 한다. 이 경우 유가증권시장이나 코스닥시장에서 거래되는 상장주식은 시장에서 거래가 이루어지므로 평가기준일 전후 2개월의 평균액을 시가로 본다(상증법 §60 ①). 그 밖의 재산은 「상속세 및 증여세법」에서는 평가기준일 전·후 6개월(증여재산의 경우에는 평가기준일 전 6개월부터 평가기준일 후 3개월) 이내에 매매·감정·수용·경매(「민사집행법」에 의한 경매) 또는 공매 등이 있어서 그 가액이 확인되는 경우에는 이를 시가에 포함한다.

그러나 비상장주식을 평가할 때 평가대상법인의 주식과 관련된 매매가액 등의 사례가액 등이 확인되지 아니한 경우에는 시가를 확인할 수 없다. 사례가액으로 시가를 확인할 수 없는 경우에는 해당 법인의 자산 및 수익 등을 고려하여 대통령령이 정하는 방법인 보충적 평가방법에 의하여 평가한다(상증법 §63 ① 1호 나목).

비상장주식에 대한 감정가액은 원칙적으로 시가로 인정되지 아니한다(상증령 §49 ① 2호). 비상장주식에 대한 감정가액은 시가로 인정하지 않는다고 하더라도 평가대상법인이 보유하고 있는 개별자산에 대해서는 원칙적으로 둘 이상의 공신력 있는 감정기관이 평가한 감정가액이 있는 경우에는 그 감정가액 평균액을 시가로 적용하여야 한다.

논점 – 비상장주식에 대한 보충적평가방법의 적용 한계

조심2010중2467(2011.05.19.) ; 조심 2012중5064 ; 조심 2012서5193 ; 조심 2012서1472 ; 조심 2013부1091 ; 조심 2012부974 ; 조심 2012서5355 ; 조심 2012부4190 ; 조심 2012서4727

「상속세 및 증여세법 시행령」 제54조에 규정하는 방법에 의한 비상장주식의 평가는 증여세 부과 당시의 각 시가를 산정하기 어려울 때에 한하여 택할 수 있는 보충적인 평가방법이고, 시가를 산정하기 어려워서 보충적인 평가방법을 택할 수밖에 없었다는 점에 관한 입증책임은 과세처분의 적법성을 주장·입증할 책임을 진 과세관청에

있다. 증여재산 평가의 기준이 되는 시가라 함은 정상적인 거래에 의하여 형성된객관적 교환가격을 말하는 것으로서, 증권거래소에 상장되지 않은 비상장주식이더라도 위와 같은 객관적인 교환가치가 적정하게 반영된 정상적인 거래의 실례가 있으면 그 거래가격을 시가로 보아 주식의 가액을 평가하여야 한다. 어떠한 거래가 그 거래대상의 객관적인 교환가치를 적정하게 반영하는 일반적이고 정상적인 거래인지 여부는 ① 거래당사자들이 각기 경제적 이익의 극대화를 추구하는 대등한 관계에 있는지, ② 거래당사자들이 거래 관련 사실에 관하여 합리적인 지식이 있으며 강요에 의하지 아니하고 자유로운 상태에서 거래를 하였는지 등 거래를 둘러싼 제반 사정을 종합적으로 검토하여 결정하여야 할 것이다.

나아가 주식의 교환가치란 회사의 자산과 손익을 기준으로 한 실질가치뿐 아니라 회사의 앞으로의 전망, 수익성, 주식의 거래가능성 등 다양한 요소들에 의하여 결정되는 것인데, 매매사례가액은 그러한 다양한 요소가 복합적으로 반영된 결과인 반면, 「상속세 및 증여세법」 제63조 제1항 다목 및 같은 법 시행령 제54조 내지 제56조에 규정된 비상장주식의 평가방법은 가격 결정에 관여하는 모든 요소들을 총체적으로 반영할 수 있는 방법이 아니고, 주식의 교환가치를 밝히는 것을 목적으로 한다기보다는 회사의 순자산(또는 순손익)을 기준으로 한 특정시점에서의 주식의 실질가치를 계산하는 데에 초점이 맞춰져 있으므로, 자산(또는 손익)을 기준으로 한 실질가치 이외의 요소들까지 반영되어 결정되는 주식의 교환가치와는 상당한 괴리가 발생할 수 있다.

실제 매매사례가액이 객관적으로 부당하다고 인정할 만한 특별한 사정이 없는 이상 그 가액을 시가로 봄이 상당하고, 어떠한 비상장주식의 가격이 「상속세 및 증여세법」 제60조 제3항 소정의 '시가를 산정하기 어려운 경우'에 해당하여 같은 법 제63조 제1항 다목 및 같은 법 시행령 제54조 내지 제56조 소정의 평가방법을 사용할 수 있는 경우에 해당되는지 여부는 엄격하게 판단하여야 한다.

예규

▶▶ 쟁점주식의 거래가액을 부인하고 「상속세 및 증여세법」상 비상장주식의 보충적 평가방법에 따른 평가액과의 차액을 익금에 산입한 처분이 정당한지 여부(조심 2018중333, 2018.6.7.)

쟁점주식의 취득 당시(2015.5.11.) 청구법인의 매출 등이 소위 '반토막'나다시피 한 상황에서 매출이 호조였던 2012년~2014년 기간의 순손익을 감안하는 상증법상 비상장주식의 보충적 평가방법으로 동 주식을 평가할 경우 실제 가치보다 과도하게 산출될 것이 자명하므로 위 회계법인이 평가한 쟁점주식의 취득가액을 합리적인 경제인 간에 객관적인 교환가치를 반영하여 결정된 것으로 보아야 함.

참고로 조세심판원(조심 2015중594, 2015.9.8.)도 이 건과 유사한 사례(매출이 2011년까지 상승하다가 2012년 이후 급감하였고 사업방법을 주도하던 대표이사가 주주들과의 갈등으로 법인에게 주식을 매각 후 퇴사)에서 법인이 전 대표이사로부터 동업관계의 청산을 위해 자기주식을 취득한 것으로서 동 대표이사가 법인 또는 주주들에게 이익을 분여할 이유가 없고 위 주식의 취득가액이 거래당사자 간에 대등한 입장에서 정상적인 거래를 통하여 객관적인 교환가치를 반영하여 형성된 합리적인 가격으로 보았음.

▶▶ 쟁점주식의 상속개시일 현재 시가를 매매사례가액으로 볼 것인지, 아니면 보충적 평가방법으로 평가한 가액으로 볼 것인지 여부(조심 2016서2375, 2016.10.13.)

증권거래소에 상장되지 않거나 증권협회에 등록되지 않은 법인이 발행한 주식의 경우에도 그에 관한 객관적 교환가치가 적정하게 반영된 정상적인 거래의 실례가 있는 경우에는 그 거래가격을 시가로 보아 주식의 가액을 평가하여야 하고, 「상속세 및 증여세법 시행령」 제54조 소정의 비상장주식의 평가방법은 보충적 평가방법에 불과하므로 그에 의하여 산정한 평가액이 곧바로 주식의 가액에 해당한다고 볼 수는 없으며(대법원 2006.1.13. 선고 2004두183 판결, 같은 뜻), 특수관계에 있는 거래라고 할지라도 경제적 합리성을 결여한 비정상적인 가격으로 거래된 경우가 아닌 경우 시가로 인정함이 타당할 것임.

▶▶ 비상장주식의 가액산정(대법원 2005두11913, 2007.12.13.)

「상속세 및 증여세법」 제63조 제1항 제1호 다목은 비상장주식의 가액산정에 참작할 중요한 요소로 당해 법인의 자산과 수익을 예시하고 있을 뿐 반드시 위 두 요소를 반드시 함께 반영하여야 한다거나 동등하게 반영하도록 규정한 것으로 볼 수는 없고, 위 시행령 제54조 제1항, 제2항은 당시의 조세정책적 고려에 따라 비상장주식의 시가를 반영할 수 있는 여러 방법들 중 하나의 방법을 선택한 것이며, 비상장주식을 업종이 동일하다는 이유만으로 상장법인 주식과의 상대가치를 단순 비교하여 평가하는 것은 객관적이고 합리적인 평가방법이라고 볼 수 없으므로, 위 시행령 조항이 법 제63조 제1항 제1호 다목의 위임범위를 일탈하였다거나 실질과세의 원칙, 시가주의 원칙 또는 조세공평의 원칙에 반하여 무효라고 볼 수 없다.

▶▶ 증자 시에 불입한 1주당 주금납입액은 시가인정 안됨(서사-2563, 2006.7.28.)

비상장법인이 발행한 주식의 가액은 「상속세 및 증여세법」 제60조 제1항·제2항 및 같은법 시행령 제49조의 규정에 의하여 평가기준일 현재의 시가에 의하는 것이며, 시가를 산정하기 어려운 경우에는 같은법 제63조 제1항 제1호 다목 및 같은법 시행령 제54조의 규정에 의하여 평가하는 것임. 이 경우 법인의 증자 시에 불입한 1주당 주금납입액은 같은령 제49조 제1항의 규정에서 시가로 인정하는 거래가액에 해당하지 아니하는 것임.

▶▶ 장부소실로 순손익액의 가중평균액을 산정하기 곤란한 비상장주식의 평가방법(서일 46014-10968, 2002.7.24.)

시가가 없는 비상장법인의 1주당 가액은 법인의 장부 등이 소실된 경우에 세무관서에 제출된 재무제표나 법인세신고·결정내용 등을 확인하여 평가하는 것임. 다만,

법인의 장부 등이 소실되고 법인세신고·결정내용 등도 확인하는 것이 불가능하여 구 「상속세법 시행령」 제5조 제6항 제1호 나목의 규정에 의하여 평가할 수 없는 경우에는 당해 주식의 액면가액에 의하는 것임.

▶▶ 경매로 취득한 비상장주식을 3월 이내에 양도한 경우에 그 경매가액은 시가로 볼 수 있음(서일 46014-10424, 2001.11.8.)

「민사소송법」에 의한 경매 또는 공매에 의하여 취득한 비상장법인의 주식 중 일부를 그 취득일로부터 3월 이내에 양도하는 때(「소득세법 시행령」 제162조의 규정에 의한 양도 또는 취득의 시기)에는 「상속세 및 증여세법 시행령」 제49조 제1항 제3호의 규정에 의하여 그 경매가액 또는 공매가액을 시가로 볼 수 있는 것이며, 이 경우 그 경매가액 또는 공매가액을 시가로 볼 수 있는 것은 경매 또는 공매사실이 있는 당해 비상장주식에 한하는 것임.

▶▶ 비상장주식이 불특정다수인 사이에 거래가 이루어져 성립된 가액이 있는 경우에 그 거래가액은 시가로 볼 수 있음(재재산 46014-27, 2001.2.8.)

「상속세 및 증여세법」에서 시가란 불특정다수인사이에 자유로이 거래가 이루어지는 경우에 통상 성립된다고 인정되는 가액을 말하는 것으로, 동법 시행령 제49조 제1항 제1호에 의하여 평가기준일 전후 일정기간(상속 : 6월, 증여 : 3월) 이내에 당해 재산에 대한 매매사실이 있는 경우 그 거래가액이 같은법 시행령 제26조 제4항에 규정된 특수관계에 있는 자와의 거래 등 객관적으로 부당하다고 인정되지 아니하면 그 거래가액을 시가로 볼 수 있음.

2 보충적 평가방법의 기본원리

2.1 평가원칙

재산의 평가는 「상속세 및 증여세법」에서 정하는 시가의 개념에 따른 사례가액 등이 확인되지 아니한 경우에는 재산가액의 평가가 불확실하게 된다. 재산평가의 불확실성은 납세자 입장에서는 조세부담에 대한 예측가능성과 법적안정성에 있어서 문제가 발생되고, 과세관청의 입장에서도 시가 입증의 어려움이 발생할 수 있다. 이런 경우에 비상장주식의 평가는 해당 법인의 자산 및 수익 등을 고려하여 대통령령으로 정하는 방법인 보충적 평가방법을 적용한다(상증법 §63 ① 1호 나목).

비상장주식에 대한 보충적 평가방법은 수익가치와 자산가치를 반영하여 원칙적으로 1주당 순손익가치와 1주당 순자산가치를 각각 3과 2의 비율로 가중평균하여 평가하고, 부동산과다보유법인의 경우에는 1주당 순손익가치와 순자산가치의 비율을 각각 2와 3으로 한다. 다만, 그 가중평균한 가액이 1주당 순자산가치에 100분의 80을 곱한 금액 보다 낮은 경우에는 1주당 순자산가치에 100분의 80을 곱한 금액으로 한다(상증령 §54 ①).

이와 같이 1주당 순자산가치에 100분의 80을 곱한 금액을 하한으로 하도록 개정하였다. 그러나 이를 단계적으로 시행하기 위하여 2017.4.1.~2018.3.31. 상속이 개시되거나 증여받은 분에 대해서는 순자산가치의 70%을 하한으로 한다.

① 일반적인 법인(원칙)

$$1주당\ 평가액 = \frac{1주당\ 순손익가치 \times 3 + 1주당\ 순자산가치 \times 2}{5}$$

② 부동산과다보유법인

$$1주당\ 평가액 = \frac{1주당\ 순손익가치 \times 2 + 1주당\ 순자산가치 \times 3}{5}$$

1주당 평가액=Max[가중평균치, 순자산가치의 80%]

이 경우에 부동산과다보유법인은 소득세법 제94조 제1항 제4호 다목에 해당하는 법인을 말하며, 해당 법인의 자산총액 중 토지, 건물, 부동산에 관한 권리의 합계액이 자산총액의 50% 이상인 법인(토지+건물+부동산에 관한 권리≥자산총계의 50%인 법인)을 말한다(상증령 §54 ①). 부동산과다보유법인을 판정할 때 자산총액의 50% 이상의 판정은 「소득세법 시행령」 제158조 제3항의 규정에 의하여 장부가액(토지 또는 건물의 기준시가가 장부가액보다 큰 경우에는 기준시가)을 기준으로 판단한다.

이때 「법인세법 시행령」 제24조 제1항 제2호 바목 및 사목의 규정에 의한 개발비 및 사용수익기부자산가액과 같은 무형고정자산의 금액과 양도일부터 소급하여 1년이 되는 날부터 양도일까지의 기간 중에 차입금 또는 증자 등에 의하여 증가한 현금·금융재산(「상속세 및 증여세법」 제22조의 규정에 의한 금융재산을 말함) 및 대여금의 합계액은 자산총액에 포함하지 않는다.

2.1.1 1주당 순손익가치

1주당 순손익가치는 기업의 수익가치를 측정하는 것으로서, 이 수익가치는 계속기업을 전제로 해당 법인이 사업을 계속 영위하는 경우에 과거의 수익력이 미래에도 계속될 것으로 보고 이를 자본환원하여 평가하는 것을 의미한다. 비상장주식을 평가할 때 1주당 순손익가치는 기업 전체의 수익가치를 해당 법인의 발행주식총수로 나누어서 산출한다.

1주당 순손익가치는 미래의 수익력을 평가하여 산정하는 것이 합리적이라고 판단되나 현행 「상속세 및 증여세법」에서는 주식평가의 객관화를 위하여 과거 최근 3년간의 순손익액을 가중평균한 금액에 대하여 순손익가치환원율로 환원하여 평가하고 있으며, 그 산식은 다음과 같다.

$$1주당\ 평가액=\frac{1주당\ 최근\ 3년간의\ 순손익액의\ 가중평균액}{순손익가치환원율(10\%)^{*}}$$

* 금융기관 등이 보증한 3년 만기 회사채의 유통수익률을 감안하여 기획재정부령으로 정하여 고시하는 이자율

평가대상법인의 수익력은 과거의 법인세 과세표준 및 세액을 계산한 내용을 기준으로 산정하고 있는데, 이때의 수익력은 과거 1주당 최근 3년간의 순손익액의 가중평균액으로 다음과 같이 산정한다.

$$1주당\ 최근\ 3년간\ 순손익액의\ 가중평균액=\frac{A\times3+B\times2+C\times1}{6}$$

A : 평가기준일 이전 1년이 되는 사업연도의 1주당 순손익액
B : 평가기준일 이전 2년이 되는 사업연도의 1주당 순손익액
C : 평가기준일 이전 3년이 되는 사업연도의 1주당 순손익액

2.1.2 1주당 순자산가치

1주당 순자산가치는 기업의 자산가치를 측정하는 지표로서, 자산가치는 해당 법인을 청산한다고 가정하였을 때 잔여재산의 분배가액을 의미한다. 자산가치는 평가기준일 현재 해당 법인의 순자산가액을 평가기준일 현재의 발행주식총수로 나누어서 평가를 하게 되는데, 1주당 순자산가치는 다음과 같은 산식에 의하여 계산한다.

$$1주당\ 순자산가치 = \frac{해당\ 법인의\ 순자산가액}{발행주식총수}$$

2.1.3 부동산과다보유법인

(1) 의 의

부동산과다보유법인은 해당 법인의 자산총액 중 「소득세법」 제94조 제1항 제1호(토지와 건물) 및 제2호(부동산에 관한 권리)의 자산가액의 합계액이 차지하는 비율이 50% 이상인 법인을 말한다(소법 §94 ① 4호 다목). 이와 같은 부동산과다보유법인에 대한 평가는 순손익가치보다는 순자산가치가 평가액에 영향을 크게 미치므로 1주당 순자산가치에는 3의 가중치, 1주당 순손익가치에는 2의 가중치를 각각 부여하여 평가한다.

부동산과다보유법인을 판정할 때 토지는 「공간정보의 구축 및 관리 등에 관한 법률」에 따라 지적공부(地籍公簿)에 등록하여야 할 지목에 해당하는 것을 말하며, 건물은 건물에 부속된 시설물과 구축물을 포함한다. 또한 부동산에 관한 권리는 부동산을 취득할 수 있는 권리(건물이 완성되는 때에 그 건물과 이에 딸린 토지를 취득할 수 있는 권리를 포함)와 지상권, 전세권과 등기된 부동산임차권을 말한다.

(2) 자산총액의 계산

부동산과다보유법인을 판정할 때 자산총액 및 토지, 건물, 부동산에 관한 권리등의 자산가액이 50% 이상에 차지하는지 여부는 「소득세법 시행령」 제158조 제4항이 규정한 장부가액(토지 또는 건물의 기준시가가 장부가액보다 큰 경우에는 기준시가)을 기준으로 판단한다. 해당 법인이 다른 법인의 주식을 보유한 경우에는 다른 법인이 보유한 토지, 건물, 부동산에 관한 권리의 합계액을 고려하여야 한다. 따라서 해당 법인의 자산총액 중에 토지, 건물, 부동산에 관한 권리 및 당해 법인이 직접 또는 간접으로 보유한 다른 법인의 주식가액에 그 다른 법인의 부동산등 보유비율을 곱하여 산출한 가액의 합계액이 차지하는 비율이 50% 이상인지 여부를 판정한다(소법 §94 ① 4 다목2, 소령 §158 ⑦)

$$\text{다른 법인의 부동산등 보유비율} = \frac{A + B + C}{D}$$

A: 다른 법인이 보유하고 있는 법 제94조 제1항 제1호(토지)의 자산가액
B: 다른 법인이 보유하고 있는 법 제94조 제1항 제2호(건물)의 자산가액
C: 다른 법인이 보유하고 있는 「국세기본법 시행령」 제1조의 2 제3항 제2호 및 같은 조 제4항에 따른 경영지배관계에 있는 법인이 발행한 주식가액에 그 경영지배관계에 있는 법인의 부동산등 보유비율을 곱하여 산출한 가액
D: 다른 법인의 자산총액

이때 「법인세법 시행령」 제24조 제1항 제2호 바목 및 사목의 규정에 의한 개발비 및 사용수익기부자산가액과 같은 무형고정자산의 합계액과 양도일부터 소급하여 1년이 되는 날부터 양도일까지의 기간 중에 차입금 또는 증자 등에 의하여 증가한 현금·금융재산(「상속세 및 증여세법」 제22조의 규정에 의한 금융재산을 말함) 및 대여금의 합계액은 자산총액에 포함하지 않는다.

또한 법인의 장부가액 중 '건설중인 자산'의 금액은 「소득세법」 제94조 제1호 및 제2호의 자산가액에 포함되지 아니하는 것이나, '건설중인 자산'의 준공일(사용검사필증교부일), 임시사용승인일, 실제 사용개시일 중 가장 빠른 날이 양도일 현재 같은 법 제94조 제1항 제1호 및 제2호의 자산으로 포함되는 경우에는 건물 등에 해당되어 자산가액에 포함한다(부동산거래-330, 2011.4.19.).

(3) 판정기준일

부동산과다보유 여부를 판정할 때 당해 법인의 자산총액 중에 토지, 건물, 부동산에 관한 권리의 합계액이 차지하는 비율이 50% 이상인 법인에 해당하는지 여부는 평가기준일 현재의 당해 법인의 자산총액을 기준으로 이를 판정한다. 다만, 평가기준일 현재의 자산총액을 알 수 없는 경우에는 평가기준일이 속하는 사업연도의 직전사업연도종료일 현재의 자산총액을 기준으로 한다(소칙 §76 ①, 부동산거래-812, 2010.6.14.).

> 부동산과다보유법인 = 토지 + 건물 + 부동산에 관한 권리 ≥ 자산총액×50%

2.2 순자산가치에 의한 평가

비상장주식에 대한 보충적 평가방법은 1주당 순손익가치와 1주당 순자산가치를 가중평균하는 것이 원칙이다. 그러나 상속세 및 증여세 과세표준 신고기한 이내에 평가대상법인이 청산절차가 진행 중이거나 사업자의 사망 등으로 인하여 사업의 계속이 곤란하다고 인정되는 법인, 사업개시 전의 법인, 휴업·폐업 중인 법인 등의 경우에는 과거의 수익력을 고려하여 평가하기에는 불합리하므로 이런 경우에는 순자산가치에 의하여 평가한다(상증령 §54 ④).

수익가치에 의한 평가는 정상적인 기업을 전제로 평가하는 것이므로 사업개시 전의 법인, 휴업·폐업 중인 법인 등은 청산가치를 의미하는 순자산가치에 의하여 평가하는 것이다. 이때 순자산가치에 의하여 평가하는 경우에는 「상속세 및 증여세법 시행령」 제59조 제2항의 규정에 의한 영업권 평가액을 가산하지 아니한다(상증령 §55 ③ 단서). 그러나 예외적으로 법인전환 후 3년 미만법인 등 일정한 요건을 갖춘 법인은 영업권을 가산하여 평가하여야 한다.

(1) 청산 진행 중에 있는 법인의 주식

상속세 및 증여세 과세표준신고기한 이내에 평가대상법인의 청산절차가 진행 중이거나 사업자의 사망 등으로 인하여 사업의 계속이 곤란하다고 인정되는 법인의 주식 또는 출자지분은 순자산가치로 평가한다. 순손익가치의 평가는 계속기업을 전제로 하는 것이므로 상속세 및 증여세 신고기한 내에 사업이 부진하여 청산이 진행 중이거나 관계법령에 의하여 기술사 등 자격사만이 사업을 영위할 수 있는 경우에는 자격사가 사망하면 사업의 계속은 곤란하다. 이러한 경우에는 청산가치인 순자산가치로 평가하도록 하여 평가에 따른 불합리한 점을 해소하고자 2004년 이후 결정분부터 적용한다.

(2) 사업개시 전의 법인, 사업개시 후 3년 미만 법인, 휴업·폐업 중에 있는 법인의 주식

사업개시 전의 법인, 사업개시 후 3년 미만의 법인과 휴업·폐업 중인 법인의 주식 또는 출자지분의 평가는 순자산가치로 평가한다. 사업개시 전의 법인이나 사업개시 후 3년 미만인 법인의 경우에는 정상적인 영업활동을 하지 아니하여 순손익가치가 '0'으로 평가되어 과소평가될 수 있고, 휴업·폐업 중인 법인은 미래의 수익가치를 반영하는 것이 불확실하므로 순자산가치에 의하여 평가하고, 2005년 상속이 개시되거나 증여하는 분부터 적용한다.

이 경우에 '사업개시 후 3년 미만의 법인'이라 함은 당해 법인의 사업개시일부터 평가기준일까지 역에 의하여 계산한 기간이 3년 미만인 법인을 말한다(서면4팀－687, 2004.5.18.). 또한 부도 등의 사유로 사실상 폐업하였으나 청산절차가 진행되지 아니한 휴면법인이 새로운 주주에게 인수되어 사업을 재개한 경우에는 사업재개 후 최초로 재화 또는 용역의 공급을 개시한 날을 기준으로 판단한다(서면4팀－879, 2007.3.14.).

한편 회사가 분할을 한 경우에 「상법」 제530조의 12 규정에 의한 물적분할의 경우 분할신설법인의 사업영위기간은 당해 법인이 분할 후 처음으로 재화 또는 용역의 공급을 개시한 날부터 기산하는 것으로 해석한 바 있다(서면4팀－2274, 2007.7.25.). 또한 「법인세법」 제46조 제1항의 규정에 의한 인적분할의 경우 분할신설법인의 사업영위기간은 분할 전 분할법인의 사업개시일부터 기산하는 것으로 해석하였다(재재산－715, 2005.7.8.). 그러나 기획재정부에서는 「법인세법」 제47조 제1항의 요건을 갖춘 물적분할에 의하여 신설된 분할신설법인의 사업영위기간도 분할 전 동일사업부문의 사업개시일부터 기산하는 것으로 하고 있다(재재산-1065, 2009.6.15.).

그동안 법인분할과 관련하여 행정해석으로 사업개시일을 판단하다가 2017.2.7. 상속 또는 증여분부터는 「법인세법」 제46조의 3(적격 분할 시 분할신설법인등에 대한 과세특례), 제46조의 5(분할 후 분할법인이 존속하는 경우의 과세특례), 제47조(물적분할 시 분할법인에 대한 과세특례)의 요건을 갖춘 적격분할 또는 적격물적분할로 신설된 법인의 사업기간은 분할 전 동일 사업부분의 사업개시일부터 기산하는 것으로 개정하였다(상증령 §54 ④ 2호 단서).

(3) 자산총액 중 부동산 등 비율이 80% 이상인 법인의 주식

평가대상법인의 자산총액 중 토지와 건물, 부동산에 관한 권리가액의 합계액이 차지하는 비율이 80% 이상인 법인의 주식 또는 출자지분을 평가할 때는 순자산가치로 평가한다(상증령 §54 ④ 3호). 그동안 원칙적으로 1주당 순자산가치와 1주당 순손익가치를 가중 평균하였으나 2012.2.2. 이후 상속·증여분부터는 자산총액 중 부동산가액의 합계액이 차지하는 비율이 80% 이상인 법인의 주식에 대해서는 순자산가치로 평가하는 것으로 개정하였다. 그러던 것이 2017.2.7. 개정할 때에는 같은 조항에서 당초 "「소득세법 시행령」 제158조 제1항 제5호 가목에 해당하는 법인의 주식등"을 "「소득세법」 제94조 제1항 제4호 라목에 해당하는 법인의 주식 등"으로 개정하였다.

이러한 개정으로 「체육시설의 설치·이용에 관한 법률」에 따른 골프장업·스키장업 등 체육시설업, 「관광진흥법」에 따른 관광사업 중 휴양시설관련업 및 부동산업·부동산개발업으로서 골프장, 스키장, 휴양콘도미니엄, 전문휴양시설 사업을 하는 법인에 해당하는 사업으로서 자산총액 중 토지, 건물, 부동산에 관한 권리가 80% 이상인 법인의 주식에 대해 순자산가치로 평가하도록 하였다.

이러한 개정 이후에 2018.2.13. 또다시 개정하면서 2012.2.2. 개정하였던 대로 환원하여 자산총액 중 토지와 건물, 부동산에 관한 권리가액의 합계액이 차지하는 비율이 80% 이상인 법인의 주식에 대해서는 순자산가치로 평가하도록 하였다. 이 경우에 평가대상법인이 다른 법인에 투자를 하고 있는 경우에 대해서는 2020.2.11.

시행령 개정을 하면서 부동산의 비율은 평가대상법인의 자산총액 중 토지와 건물, 부동산에 관한 권리가액 및 해당 법인이 직접 또는 간접으로 보유한 다른 법인의 주식가액에 그 다른 법인의 부동산등 보유비율을 곱하여 산출한 가액의 합계액이 차지하는 비율을 적용하도록 하였다(소령 §158 ⑦). 이 개정 규정은 2020.7.1.부터 적용한다.

$$\text{다른 법인의 부동산등 보유비율} = \frac{A + B + C}{D}$$

A: 다른 법인이 보유하고 있는 법 제94조 제1항 제1호(토지)의 자산가액
B: 다른 법인이 보유하고 있는 법 제94조 제1항 제2호(건물)의 자산가액
C: 다른 법인이 보유하고 있는 「국세기본법 시행령」 제1조의 2 제3항 제2호 및 같은 조 제4항에 따른 경영지배관계에 있는 법인이 발행한 주식가액에 그 경영지배관계에 있는 법인의 부동산등 보유비율을 곱하여 산출한 가액
D: 다른 법인의 자산총액

자산총액 중 부동산 등의 가액의 합계액이 차지하는 비율이 100분의 80 이상인 법인을 판정할 때 부동산 등의 가액은 다음의 토지와 건물, 부동산에 관한 권리의 합계액으로 한다.

① 토지(「공간정보의 구축 및 관리 등에 관한 법률」에 따라 지적공부에 등록하여야 할 지목에 해당하는 것을 말함)
② 건물(건물에 부속된 시설물과 구축물을 포함)
③ 부동산을 취득할 수 있는 권리(건물이 완성되는 때에 그 건물과 이에 딸린 토지를 취득할 수 있는 권리를 포함)
④ 지상권
⑤ 전세권과 등기된 부동산임차권

해당 법인의 자산총액 중에 토지와 건물, 부동산에 관한 권리가액의 합계액이 차지하는 비율이 80% 이상인 법인을 판단할 때 자산총액과 판정기준일 등은 앞의 '2.1.3 부동산과다보유법인'에서 설명한 내용과 같다.

부동산비율이 80% 이상 법인 주식평가방법 경과

기간	적용방법	적용대상 업종
2012.2.1. 이전	$\frac{\text{순자산가치} \times 3 + \text{순손익가치} \times 2}{5}$	
2012.2.2.~2017.2.6.	순자산가치	
2017.2.7.~2018.2.12.	순자산가치	부동산업 등의 업종에 한정(소칙 §74 ② 업종)
2018.2.13. 이후	순자산가치	

(4) 자산총액 중 주식가액의 합계액이 80% 이상인 법인의 주식

자산총액 중에 부동산 등의 비율이 80%인 법인의 주식은 순자산가치로 평가하는 것과 같이 해당 법인의 자산총액 중 주식 등의 가액의 합계액이 차지하는 비율이 80% 이상인 법인의 주식 등에 대해서도 순자산가치로 평가한다. 이 개정 규정은 2017.2.7. 상속·증여분부터 적용한다(상증령 §54 ④ 5호). 이 경우에 「상속세 및 증여세법 시행령」 제54조 제4항 제5호에 따라 순자산가치로만 평가하는 비상장법인의 주식 등에 해당하는지 여부를 판단하는 경우, 법인의 자산총액 및 주식등의 가액은 '법인의 장부가액'에 따르고, '법인의 장부가액'이란 해당 법인이 「법인세법」 제112조에 따라 기장한 장부가액에 대하여 각 사업연도의 소득에 대한 법인세 과세표준 계산 시 자산의 평가와 관련하여 익금 또는 손금에 산입한 금액을 가감한 세무계산상 장부가액을 의미한다(서면법령해석재산2018-2796, 2019.06.25.).

(5) 법인설립 시부터 확정된 존속기한 중 잔여존속기한이 3년 이내인 법인의 주식

법인을 설립할 때부터 존속기한이 확정된 법인으로서 평가기준일 현재 잔여 존속기한이 3년 이내인 법인의 주식에 대해서는 순자산가치로 평가한다. 이 개정 규정은 2017.2.7. 상속·증여분부터 적용한다.

⑹ 최근 3년간 계속 결손법인(2018.2.13. 삭제)

㈎ 원칙

평가기준일이 속하는 사업연도 전 3년 내의 사업연도부터 계속하여 법인세법상 각 사업연도에 속하거나 속하게 될 손금의 총액이 그 사업연도에 속하거나 속하게 될 익금의 총액을 초과하는 결손금이 있는 법인의 주식 또는 출자지분은 순자산가치로 평가한다. 이 규정은 2005.1.1. 이후 상속이 개시되거나 증여하는 분부터 적용되었으나 2018.2.13. 삭제되어 가중평균액과 순자산가치의 80% 중 큰 금액으로 평가하도록 하였다.

㈏ 2개의 법인이 흡수합병한 경우 최근 3년간 결손법인 판단기준

2개의 법인이 흡수합병한 경우 합병법인이 순자산가치로 평가할 수 있는 최근 3년간 계속하여 결손금이 있는 법인에 해당하는지 여부의 판단은 각 사업연도별로 합병법인과 피합병법인의 손금총액과 익금총액의 합계액을 기준으로 판단한다(서면4팀-1745, 2007.5.29.).

㈐ 수정신고 또는 경정에 따라 과세표준이 변경된 경우

"평가기준일이 속하는 사업연도전 3년 내의 사업연도부터 계속하여 법인세법상 결손금이 있는 법인에 해당하는지 여부"는 수정신고후의 각 사업연도소득을 기준으로 판단한다(서면4팀-1924, 2007.6.19.).

예규

▶▶ 비상장주식의 순자산가액 계산 시 장부가액의 의미(사전법령해석재산2019-276, 2019.6.21.)

○ 사실관계

상속개시 당시 갑이 주식을 보유한 모법인의 자산총액 중 자회사 주식가액 비율이 80% 이상으로 상속세 및 증여세법 시행령 제54조 제4항 제5호에서 규정한 "법인의 자산총액 중 주식등의 가액의 합계액이 차지하는 비율이 100분의 80 이상인 법인의 주식등"에 해당하여 순자산가치 평가 대상이다.

[자회사 재무상태 및 평가현황]

단위 : 백만원

자회사	장부가액	유보금액*	보충적평가액
A	49,685	-41,446	49,651
B	3,020	2,598	3,526
C	3,532	547	2,673
D	1,262	648	1,002
E	229	171	167
F	3,936	-387	4,475
G	507	-52	565
합계	62,171	-37,921	62,059

* 유보금액은 지분법 주식 관련 유보 내역

○ 질의내용

비상장주식의 순자산가치 평가와 관련하여 「상속세 및 증여세법 시행령」 제55조 제1항에 따른 장부가액의 의미(평가대상 자산과 관련된 세무상 유보금액을 가감하는 것인지 여부)

○ 회신

모법인(비상장법인) 주식의 순자산가액을 계산하는 경우로서 자회사 주식(지분법 적용투자 주식)을 「상속세 및 증여세법」 제60조 제3항 및 제63조에 따라 평가한 가액(보충적평가방법)이 장부가액보다 적은 경우에는 장부가액으로 하는 것이며, 장부가액보다 적은 정당한 사유가 없는 경우에 한한다.

○ 자산가액의 의미

상기 예규에서는 유보금액의 가감에 대해 회신하지 않고 있다. 다만, 2019년 12월에 해석사례를 정비하면서 “장부가액은 기업회계기준 등에 의해 작성된 대차대조표상 가액을 말하는 것”이라고 하는 예규(재산-300, 2009.1.28., 재산-716, 2009.4.9.)는 삭제하였고, 국세청 최근 해석(서면법령해석재산2018-2796, 2019.6.25.)에서는 「상속세 및 증여세법 시행령」 제54조 제4항 제5호에 따라 순자산가치로만 평가하는 비상장법인의 주식 등에 해당하는지 여부를 판단하는 경우, 법인의 자산총액 및 주식등의 가액은 ‘법인의 장부가액’에 따르고, ‘법인의 장부가액’이란 해당 법인이 「법인세법」 제112조에 따라 기장한 장부가액에 대하여 각 사업연도의 소득에 대한 법인세 과세표준 계산 시 자산의 평가와 관련하여 익금 또는 손금에 산입한 금액을 가감한 세무계산상 장부가액을 의미하는 것으로 해석하고 있다. 따라서 세무상 자산가액을 기준으로 하여 평가하는 것으로 해석된다.

▶▶ 사업개시 후 3년 미만인 합병법인이 비적격 합병 직후 발행한 비상장주식 평가방법(기획재정부재산-364, 2018.4.25.)

사업개시 후 3년 미만인 내국법인이 합병법인이 되어 사업개시 후 3년 이상인 내국법인을 합병한 경우, 당해 합병법인은 「상속세 및 증여세법 시행령」(2017.2.7. 대통령령 제27835호로 개정되기 전의 것) 제54조 제4항 제2호의 "사업개시 후 3년 미만의 법인"에 해당하는 것이다.

▶▶ 순자산가치로만 평가하는 부동산과다보유법인 등 해당여부 판단 시 장부가액의 의미(상속증여-557, 2013.9.23)

「상속세 및 증여세법 시행령」 제54조 제4항 제4호에 따라 순자산가치로만 평가하는 비상장법인의 주식 등에 해당하는지 여부를 판단하는 경우, 「소득세법 시행령」 제158조 제3항의 "해당 법인의 장부가액"이란 해당 법인이 「법인세법」 제112조에 따라 기장한 장부가액에 대하여 각 사업연도의 소득에 대한 법인세 과세표준 계산시 자산의 평가와 관련하여 익금 또는 손금에 산입한 금액을 가감한 세무계산상 장부가액을 말한다.

2.3 순손익가치 또는 순자산가치가 負數(-)인 경우

2.3.1 순손익가치가 負數(-)인 경우

비상장주식을 보충적 평가방법에 의하여 평가함에 있어서 1주당 순손익가치는 최근 3년간의 순손익액을 가중평균한 금액에 대하여 순손익가치환원율로 환원하여 평가한다. 이 경우에 최근 3년간의 순손익액의 가중평균액은 평가기준일 이전 1년이 되는 사업연도의 1주당 순손익액, 평가기준일 이전 2년이 되는 사업연도의 1주당 순손익액, 평가기준일 이전 3년이 되는 사업연도의 1주당 순손익액에 대하여 각각 가중치를 3, 2, 1을 부여하여 평균하게 된다. 이때 가중평균액이 0원 이하인 경우에는 0원으로 한다(상증령 §56 ①). 따라서, 1주당 순손익액이 0원 이하가 되어 10%로 환원한 1주당 순손익가치 평가액이 負數(-)인 경우에는 0원으로 평가한다.

2.3.2 순자산가치가 負數(-)인 경우

자산가치에 의한 평가는 당해 법인을 청산한다고 가정하였을 때 주주에게 잔여재산 분배가액을 나타내는 것으로서 1주당 순자산가치는 당해 법인의 순자산가치를 발행주식총수로 나누어서 평가한다. 이 경우에 잔여재산 분배가액이 0원 이하로 나타나는 경우에는 주주에게 귀속되는 잔여재산이 없다는 것을 의미한다. 이에 따라 순자산가치가 負數(-)인 경우에는 0원으로 평가한다.

2.3.3 1주당 평가액의 계산

비상장주식의 1주당 평가액은 원칙적으로 1주당 순손익가치와 1주당 순자산가치에 대하여 3과 2의 가중치를 부여하여 평균하도록 하고, 부동산과다보유법인은 각각 2와 3의 가중치로 평균하도록 하고 있다. 이 경우에 1주당 순손익가치나 1주당 순자산가치가 負數(-)인 경우에는 가중평균하면 상호간 상계된다는 문제를 제기할 수 있다. 이러한 문제점은 1주당 순손익가치가 영(0)으로 평가되는 경우에는 가중치 합계는 5로 하여 평가하고(서사-1351, 2004.8.27.), 순자산가치가 영(0)인 경우에도 같은 방식으로 가중치의 합계를 5로 하여 평가함에 따라 해당법인의 1주당 가중평균액이 청산가치보다 낮은 가액으로 평가되기도 한다.

예를 들어, 1주당 순손익가치는 0원이고, 1주당 순자산가치가 50,000원인 일반법인의 경우에는 1주당 가중평균액은 20,000원이 되고, 3년간 계속 결손법인의 경우에는 1주당 순자산가치인 50,000원으로 평가된다. 즉, 3년 계속 결손법인의 평가액은 순자산가치로 평가되고, 3년 기간 중 일부 기간에 이익이 발생하여 수익흐름이 더 양호함에도 가중평균액이 0원으로 평가되는 경우에는 최근 3년간 계속 결손법인에 대한 평가액의 100분의 40으로 평가되었다.

이러한 점을 개선하기 위하여 2017.2.7.부터는 가중평균액이 1주당 순자산가치에 100분의 80을 곱한 금액보다 낮은 경우에는 1주당 순자산가치에 100분의 80을 곱한 금액으로 평가하도록 개정하였다(상증령 §54 ①). 다만, 가중평균한 금액이 1주당 순자산가치에 100분의 80을 곱한 금액을 하한으로 하는 개정 규정을 단계적으로 시행하기 위하여 2017.4.1.~2018.3.31. 상속이 개시되거나 증여받은 분은 순자산가치의 100분의 70을 하한으로 한다.

② 부동산과다보유법인

$$1주당\ 평가액 = \frac{1주당\ 순손익가치 \times 2 + 1주당\ 순자산가치 \times 3}{5}$$

1주당 평가액=Max[가중평균치, 순자산가치의 80%]
* 2017.4.1.~2018.3.31. 순자산가치의 70% 하한

③ 순자산가치에 의한 평가

법인의 현황
•청산진행 중이거나 사업 계속이 곤란한 법인
•사업개시 전의 법인
•사업개시 후 3년 미만의 법인
•휴업·폐업 중인 법인
•평가기준일 전 3년 내의 사업연도부터 계속 결손법인
•골프장 등의 업종으로써 자산총액 중 부동산의 비율이 80% 이상인 법인
•자산총액 중 주식가액의 비율이 80% 이상인 법인
•법인설립 시부터 확정된 존속기한 중 잔여존속기한이 3년 이내인 법인

(3) 2004.1.1.~2017.3.31.

① 원칙

$$1주당\ 평가액 = \frac{1주당\ 순손익가치 \times 3 + 1주당\ 순자산가치 \times 2}{5}$$

② 부동산과다보유법인

$$1주당\ 평가액 = \frac{1주당\ 순손익가치 \times 2 + 1주당\ 순자산가치 \times 3}{5}$$

③ 순자산가치에 의한 평가

법인의 현황
•청산진행 중이거나 사업 계속이 곤란한 법인 •사업개시 전의 법인 •사업개시 후 3년 미만의 법인 •휴업·폐업 중인 법인 •평가기준일 전 3년 내의 사업연도부터 계속 결손법인 •자산총액 중 부동산의 비율이 80% 이상인 법인

(4) 2000.1.1.~2003.12.31. 평가방법

모든 비상장주식의 평가는 1주당 순손익가치와 1주당 순자산가치를 단순 비교하여 그 중 큰 금액으로 평가한다.

(5) 1999.12.31. 이전 평가방법

① 원칙

$$1주당\ 평가액 = \frac{1주당\ 순손익가치 + 1주당\ 순자산가치}{2}$$

② 순자산가치에 의한 평가(예외)

휴업·폐업, 청산 중에 있거나 사업개시 후 3년 미만인 경우 1주당 순손익가치가 1주당 순자산가치의 50% 미달법인 등 다음과 같은 경우에는 순손익가치를 적용하여 평가하는 것이 불합리하다고 보아 1주당 순자산가치에 의하여 평가하였다.

순자산가치에 의하여 평가되는 경우

법인의 현황	적용기간
•사업개시 전의 법인	1991.1.1.~1999.12.31.
•사업개시 후 3년 미만의 법인	1991.1.1.~1999.12.31.
•휴업·폐업, 청산 중인 법인	1991.1.1.~1999.12.31.
•평가기준일 전 3년 내의 사업연도부터 계속 결손법인	1997.1.1.~1999.12.31.
•자산총액 중 부동산가액의 합계액이 50% 이상인 법인	1997.1.1.~1999.12.31.
•1주당 순손익가치가 1주당 순자산가치의 50% 미달법인	1999.1.1.~1999.12.31.

논점 – 비상장주식에 대한 보충적평가액 적용범위

1. 개요

개인이나 법인은 재화 또는 용역을 거래할 때 각자의 자유의사에 따라 거래조건을 결정하여 거래할 수 있다. 이와는 별도로 세법에서는 사법상 적법하게 성립된 거래라도 세법적 관점에서 볼 때 정상적인 경제인의 합리적인 거래형식에 의하지 아니하고 비정상적인 방식을 선택함으로써 조세의 부담을 부당하게 감소시킨 것으로 인정되는 때에는 이를 부인하는 규정을 두고 있다. 세법에서는 이를 부당행위계산의 부인이라 하는데, 이 규정은 납세자들의 조세회피를 방지하기 위하여 비록 사법상의 일반 법률관계에서는 적법하게 성립되었다고 하더라도 납세자의 행위·계산이 조세를 회피할 목적으로 인정될 때는 과세대상에 포함하도록 하자는 것이다. 부당행위계산의 부인은 특수관계인간의 거래를 대상으로 시가와의 차이에 따른 조세회피를 대상으로 하고 있으나 최근에는 특수관계가 없는 자간에 재산을 양수 또는 양도할 때 거래금액이 시가와 현저한 차이가 발생하는 경우에는 그 차액도 증여이익으로 과세하기도 하고 있다.

부당행위계산부인을 할 때 기준이 되는 시가는 각 세법에서 규정하고 있는데, 상속세 및 증여세법에서는 시가의 정의에 부합한 사례가액을 우선 적용하고, 사례가액이 확인되지 아니하면 보충적 평가방법에 의하도록 하고 있고, 법인세법에서는 사례가액을 우선 적용하고, 시가가 불분명한 경우에는 상속세 및 증여세법상의 보충적 평가방법을 준용하도록 하고 있다. 소득세법에서는 시가에 대한 규정은 없지만 그 대신에 의제기부금 규정에서 정상가액이란 용어를 사용하고 있고, 시가의 산정은 종합소득과 관련해서는 법인세법을 그대로 준용하도록 하고 있고, 양도소득과 관련해서는 일부의 예외를 제외하고는 상속세 및 증여세법을 그대로 준용하도록 하고 있다.

비상장주식에 대한 시가는 불특정다수인 간에 거래되는 사례가 거의 없어서 사례가액확인은 사실상 불가능하므로 상속세 및 증여세법에서 규정한 보충적 평가방법에 의하여 평가하게 된다. 그러나 비상장주식에 대한 보충적 평가방법으로 평가한 가액으로 거래를 하고자 하여도 그 평가액이 현실적으로 시가를 반영하지 못하는 경우도 흔히 있다. 그럼에도 과세당국에서는 보충적 평가방법에 의하여 획일적으로 과세하는 경향이 있어서 납세자와 과세당국 사이에 분쟁이 자주 발생되고 있다. 이와 같은 분쟁은 보충적 평가방법을 적용하지 않는 경우에는 대부분 기각되고 있지만 지극히 예외적으로 시가로 인정하는 사례도 있다. 이에 따라 보충적 평가방법을 적용하여 평가한 가액 중에 시가로 인정하지 아니하는 사례를 중심으로 분석하여 그 결정의 의미를 재해석하여 분쟁을 사전에 방지하고자 한다.

2. 특수관계인과의 거래에 대한 보충적평가액 적용의 부인사례

가. 사실관계

① 청구인은 갑회사의 대표이사이고, 을회사의 주주들은 갑회사의 전 최대주주로부터 갑회사의 주식 20,000주를 주당 30,000원에 취득하여 보유하다가 2011년에 청구인에게 20,000주(쟁점주식)을 당초 취득가액인 주당 30,000원에 양도하였다.

② 처분청에서는 을회사에 대한 세무조사에서 쟁점주식의 시가를 「상속세 및 증여세법 시행령」 제54조에 따라 주당가액 50,000원으로 평가하고, 쟁점주식을 특수관계자인 청구인에게 저가양도한 것으로 보아 부당행위계산 부인 규정을 적용하여 시가와의 차액(주당차액 20,000원)을 익금산입하고 청구인의 기타소득으로 소득처분을 하였다(조심2016서2079, 2016.9.22.).

나. 청구인 주장 및 처분청 의견

(1) 청구인 주장

청구인과 을회사는 법률적으로 특수관계에 해당한다 하더라도 을회사는 2011년 당기순이익과 각사업연도소득이 (-)이고, 결손이 누적된 법인으로 쟁점주식을 저가로 양도하여 조세를 부당히 감소시켜야 할 직접적인 동기가 없었으며, 청구인과 을회사의 최대주주는 갈등관계에 있었기 때문에 을회사가 조세의 부담을 부당하게 감소시킬 목적으로 청구인에게 쟁점주식을 저가양도를 했다고 보기 어렵고, 쟁점주식 거래는 경제적 합리성을 갖추고 있었으므로 부당행위계산의 부인 규정을 적용하여 과세한 처분은 부당하다.

부당행위계산 부인 규정이 과세의 공정을 기하고 실질과세 원칙을 구현하기 위한 것이라고 한다면, 설령 거래 당사자가 특수관계자에 해당한다 하더라도 거래행위를 둘러싼 제반사정을 고려하여 과연 그 거래가 건전한 사회통념이나 상관행에 비추어 경제적 합리성을 결한 비정상적인 것인지 여부에 따라 판단하여야 하나(대법원 1997.5.28. 선고, 95누18697 판결), 처분청이 청구인이 제시한 관련 제반사정을 고려하지 않고 쟁점주식의 거래가액의 저가여부를 판단하는 것은 타당하지 않다.

(2) 처분청 의견

부당행위계산부인 규정의 입법취지는 법인의 행위 또는 계산이 사실에 합치되고 법률상 적법 유효한 것이라 하더라도 법인과 특수관계가 있는 자 간의 거래행위가 조세법적인 측면에서 부당한 것이라고 보일 때 과세권자가 법인의 행위 또는 계산을 부인하고 객관적으로 타당하다고 인정되는 소득이 있던 것으로 의제하여 과세함으로써 과세의 공정을 기하고 조세회피 행위를 방지하고자 하는데 있다.

또한, 판례(대법원 2000.2.11. 선고 97누13184 판결)에 따르면, "부당행위계산의 부당성에 관한 판단에 있어 납세의무자의 주관적인 조세회피 의도가 별도의 요건으로 요구되지 아니하므로 특수관계인 전체의 조세부담이 감소된 바 없이 조세회피의 의도가 없었다는 점이 부당성의 판단에 영향을 미칠 수 없다" 라고 하면서 부당행위계산의 부당성 여부는 객관적인 사실로부터 판단될 뿐, 행위자가 부당하게 조세부담을 감소시키려 했는지의 주관적인 사실로부터 판단되는 것은 아니라고 하고 있다.

따라서, 청구인은 쟁점주식 거래 당시 조세부담을 경감시키려는 의도가 있기 힘든 상황이라고 주장하고 있으나, 「법인세법」 제52조의 입법취지와 판례의 일관된 입장을 고려했을 때, 쟁점주식 거래를 둘러싼 제반 상황은 주관적인 의도와 관련되는 상황일 뿐이므로 쟁점주식의 양도거래가 부당행위계산부인의 대상인지를 판단하는데 있어 고려되어야 할 요소가 아니다.

다. 심판원의 판단

부당행위계산부인 규정은 거래행위를 둘러싼 제반사정을 고려하여 과연 그 거래가 건전한 사회통념이나 상관행에 비추어 경제적 합리성을 결한 비정상적인 것인지 여부에 따라 판단하여야 하는바, 거래 당시 을회사의 경영진과 청구인과의 악화된 관계를 고려해 볼 때 을회사가 쟁점주식을 시가보다 저가로 양도함으로써 청구인에게 이익을 분여할 이유가 없어 보이는 점, 2008년 쟁점주식을 취득한 시점 이후 해당업종의 시장상황이 악화된 것으로 나타나고, 쟁점주식의 취득시점 대비 갑회사의 순자산의 실질적인 변동이 거의 없거나 감소하였으며, 2011년 12월 제3자에게 매각하려다 무산된 사례 등을 감안하여 볼 때, 유동성 자금부족을 겪고 있던 을회사가 당초 취득가액 상당액으로 청구인에게 양도한 것을 저가양도이거나 경제적 합리성을 결여한 비정상적인 행위로 보기 어려워 보이는 점 등에 비추어 처분청이 쟁점주식을 저가양도한 것으로 보아 청구인에게 종합소득세를 과세한 이 건 처분은 잘못이 있는 것으로 판단된다(유사 심판례 조심2015중5762, 2016.5.16.).

라. 대법원의 판례

상속세 및 증여세법 시행령 제54조에 규정하는 방법에 의한 비상장주식의 상속재산 평가는 상속개시 당시 또는 상속세 부과 당시의 각 시가를 산정하기 어려울 때에 한하여 택할 수 있는 보충적인 평가방법이고, 시가를 산정하기 어려워서 보충적인 평가방법을 택할 수밖에 없었다는 점에 관한 입증책임은 과세처분의 적법성을 주장·입증할 책임을 진 과세관청에 있다. 상속재산 평가의 기준이 되는 시가라 함은 정상적인 거래에 의하여 형성된 객관적 교환가격을 말하는 것으로서, 증권거래소에 상장되지 않은 비상장주식이더라도 위와 같은 객관적인 교환가치가 적정하게 반영된 정상적인 거래의 실례가 있으면 그 거래가격을 시가로 보아 주식의 가액을 평가하여야 한다.

어떠한 거래가 그 거래대상의 객관적인 교환가치를 적정하게 반영하는 일반적이고 정상적인 거래인지 여부는 ① 거래당사자들이 각기 경제적 이익의 극대화를 추구하는 대등한 관계에 있는지, ② 거래당사자들이 거래 관련 사실에 관하여 합리적인 지식이 있으며 강요에 의하지 아니하고 자유로운 상태에서 거래를 하였는지 등 거래를 둘러싼 제반 사정을 종합적으로 검토하여 결정하여야 한다. 따라서 특수 관계에 있는 자와의 거래라 하더라도 위와 같은 제반 사정을 고려하여 객관적 교환가치가 적정하게 반영된 정상적인 거래라고 판단되면 그 거래가격을 시가로 보아 그 거래가격으로 평가하여야 하되, 특수 관계자와의 거래가 정상적인 거래에 해당된다는 입증은 이를 주장하는 자에게 있다고 판시하고 있다(대법원 2007.1.16. 선고 2006두17055 판결).

또한 그 후속 판례에서도 부당행위계산부인은 경제인의 입장에서 볼 때 부자연스럽고 불합리한 행위계산을 함으로 인하여 경제적 합리성을 무시하였다고 인정되는 경우에 한하여 적용되는 것이고, 경제적 합리성의 유무에 대한 판단은 거래행위의 여러 사정을 구체적으로 고려하여 과연 그 거래행위가 건전한 사회통념이나 상관행에 비추어 경제적 합리성이 없는 비정상적인 것인지의 여부에 따라 판단하되, 비특수관계자 사이의 거래가격, 거래 당시의 특별한 사정 등도 고려하여야 한다(대법원 2015.2.26. 선고 2014두39203 판결 ; 대법원 2013.7.11. 선고 2011두16971 판결 등 참조)."고 판시하고 있다.

3. 특수관계가 없는 자와의 거래에 대한 보충적 평가액 적용의 판례동향

가. 개요

저가·고가 양도에 따른 이익의 증여는 2003년까지는 특수관계인간의 거래에 한정하여 적용하였지만 증여세포괄과세가 시행되면서 특수관계가 없는 자와의 거래에 대해서도 적용하게 되었다. 특수관계인과의 저가·고가 양수·양도에 대한 증여세 과세요건은 30% 또는 3억 이상 차이가 나는 경우에 적용되었지만, 특수관계가 없는 자와 거래를 할 때는 시가와 대가의 차액이 시가의 30% 이상 차이가 나고, 그 차액이 3억원 이상 차이가 나는 경우에 적용된다. 이러한 규정으로 특수관계가 없는 자와의 거래에 대해 증여세를 부과할 수 있는 것은 최소한 시가와 대가의 차액이 3억원 이상의 규모가 큰 거래에 대해 적용하고, 또한 거래의 관행상 정당한 사유 없이 시가보다 현저히 낮은 가액 또는 현저히 높은 가액으로 재산을 양수 또는 양도한 경우에 한하여 적용한다.

이에 따라 비특수관계자와의 거래에 대해 저가·고가 양도에 따른 이익의 증여에 대한 증여세 과세를 과세할 때 비상장주식에 대한 보충적평가액의 시가 적용을 하지 않는 것에 대한 정당한 사유의 입증이 관건이고 할 수 있다.

나. 정당한 사유에 대한 입증 책임

특수관계인과의 거래는 시가와의 차액이 일정한 요건에 해당되면 경제적 합리성이 있는 등의 특별한 사유가 없는 한 과세되지만, 특수관계가 없는 자와의 거래에 대해서는 시가보다 현저히 높은 가액 또는 낮은 가액으로 양도 또는 양수하는 경우에는 거래의 관행상 정당한 사유가 없는 경우에 대해 증여세를 과세하게 된다.

판례(대법원 2011.12.22. 선고 2011두22075 판결)에서는 특수관계가 없는 자와의 거래에 대해 거래 관행상 정당한 사유에 대한 입증책임은 "일반적으로 과세처분 취소소송에서 과세요건사실에 관한 증명책임은 과세관청에 있는 점, 법 상증세법 제35조 제2항의 문언내용 및 규정형식 등에 비추어 보면, 증여세 부과처분이 적법하기 위해서는 양도자가 특수관계에 있는 자 외의 자에게 시가보다 현저히 높은 가액으로 재산을 양도하였다는 점뿐만 아니라 거래의 관행상 정당한 사유가 없다는 점도 과세관청이 증명하여야 한다."고 판시하였다.

또한, 비상장주식의 경우 법 제63조 제1항 제1호 (다)목, 법 시행령 제54조가 규정하는 방법에 의한 평가는 증여 당시 시가를 산정하기 어려울 때에 한하여 택할 수 있는 보충적인 평가방법이고, 시가를 산정하기 어려워서 보충적인 평가방법을 택할 수밖에 없었다는 점에 관한 증명책임은 과세관청에 있고(대법원 1996.10.29. 선고 96누9423 판결 ; 대법원 1997.9.26. 선고 97누8502 판결 등 참조), 재산을 고가로 양도·양수한 거래 당사자들이 그 거래가격을 객관적 교환가치가 적절하게 반영된 정상적인 가격으로 믿을 만한 합리적인 사유가 있었던 경우는 물론, 그와 같은 사유는 없더라도 양수인이 그 거래가격으로 재산을 양수하는 것이 합리적인 경제인의 관점에서 비정상적이었다고 볼 수 없는 객관적인 사유가 있었던 경우에도 법 제35조 제2항에서 말하는 '거래의 관행상 정당한 사유'가 있다고 봄이 타당하다(대법원 2013.8.23. 선고 2013두5081 판결 참조)고 판시하고 있다. 또한 법 제35조 제2항에 따른 과세처분이 적법하기 위해서는 양도자가 특수관계가 없는 자에게 시가보다 현저히 높은 가액으로 재산을 양도하였다는 점뿐만 아니라 거래의 관행상 정당한 사유가 없다는 점도 과세관청이 증명하여야 한다(대법원 2011.12.22. 선고 2011두22075 판결 참조)고 하였다.

다. 판례의 동향과 대응과제

상증세법 제35조 제2항의 입법 취지는 거래 상대방의 이익을 위하여 거래가격을 조작하는 비정상적인 방법으로 대가와 시가의 차액에 상당하는 이익을 사실상 무상으로 이전하는 경우에 그 거래 상대방이 얻은 이익에 대해 증여세를 과세함으로써 변칙적인 증여행위에 대처하고 과세의 공평을 도모하려는 데에 있다. 법원의 판례에서도 상증세법 제35조 제2항에 따른 과세처분이 적법하기 위해서는 양도자가 특수관계가 없는 자에게 시가보다 현저히 높은 가액으로 재산을 양도하였다는 점뿐만 아니라 거래의 관행상 정당한 사유가 없다는 점도 과세관청이 증명하여야 하는 것으로 판시하고 있다.

특수관계가 없는 자 사이의 거래는 서로 이해관계가 일치하지 않는 것이 일반적이어서 대가와 시가 사이에 차이가 있다는 사정만으로 그 차액을 거래 상대방에게 증여하였다고 보기 어렵다. 이러한 현실적인 점을 고려하여 법 제35조 제2항은 특수관계자 사이의 거래와는 달리 특수관계가 없는 자 사이의 거래에 대하여는 '거래의 관행상 정당한 사유가 없을 것'이라는 과세요건을 추가하고 있다. 재산을 고가로 양도·양수한 거래 당사자들이 그 거래가격을 객관적 교환 가치가 적절하게 반영된 정상적인 가격으로 믿을 만한 합리적인 사유가 있었던 경우는 물론, 그와 같은 사유는 없더라도 양수인이 그 거래가격으로 재산을 양수하는 것이 합리적인 경제인의 관점에서 비정상적이었다고 볼 수 없는 객관적인 사유가 있었던 경우에도 법 제35조 제2항에서 말하는 '거래의 관행상 정당한 사유'가 있다고 보는 것이 바람직하다(대법원 2013.8.23. 선고 2013두5081 판결 참조). 이러한 판례를 고려하면 대등한 당사자들이 각자 충분한 정보를 갖춘 상태에서 자유로이 거래한 것, 대등한 당사자 사이에서 세무법인 또는 회계법인 등의 자문을 받아 이루어진 계약의 경우라면 거래 관행상 정당한 사유에 해당된다고 할 수있고, 횡령 범행에 공모함으로써 회사 주식 및 경영권을 보다 높게 양도할 수 있는 등의 거래와 같이 비정상적인 거래의 경우에는 정당한 사유에 해당되지 아니할 수도 있다.

4. 새로운 대안의 제시

그동안 납세자는 비상장주식을 거래할 때 세법에서 정하고 있는 보충적 평가방법으로 평가한 가액을 적용하고자 하여도 이 평가액이 현실적인 시가를 반영하지 못하는 경우가 흔히 발생되었다. 이런 경우에 납세자는 납세자가 합리적인 가액을 정하여 거래를 하고자 하여도 과세당국에서는 사례가액이 확인되지 아니할 때 보충적 평가방법에 의한 평가액을 적용함에 따라 부당행위계산부인 규정이 적용될 수 있었다. 이러한 문제점을 해결하기 위하여 과세당국에서는 2005년부터 납세자가 유사상장법인의 주가와 비교하여 평가한 가액을 평가심의위원회 자문을 거쳐 적용하도록 하였으나 여러 가지의 제약조건으로 적용된 사례는 거의 없었다. 이러한 점을 고려하여 2017.4.1.부터는 현금흐름할인법, 배당할인법 등 일반적으로 공정하고 타당한 것으로 인정되는 방법에 따라 평가하는 할 수 있도록 개정하였다. 이러한 다양한 방법의 도입으로 비상장주식을 거래할 때 새로운 방법으로 평가한 가액을 적용할 수 있게 되어 비상장주식 평가에 큰 변화가 발생될 것으로 예상된다.

논점 – 일시우발적사건 발생 법인에 대한 순자산가치 적용 판례분석

1. 추정이익의 적용요건

그동안 비상장주식을 평가할 때 1주당 순손익가치는 원칙적으로 「상속세 및 증여세법 시행령」 제56조 제1항에서 규정한 1주당 최근 3년간의 순손익액의 가중평균액으로 하되, 해당 법인이 일시우발적사건으로 해당 법인의 최근 3년간의 순손익액이 비정상적으로 증가하는 등의 사유로 제1호(1주당 최근 3년간의 순손익액의 가중평균액)로 하는 것이 불합리한 것으로 기획재정부령으로 정하는 경우에는 제2호(1주당 추정이익의 평균액)의 가액으로 평가할 수 있도록 하였다. 이 경우에 추정이익에 의하여 순손익가치를 적용하기 위해서는 「상속세 및 증여세법」에 정하는 바에 따라 일시적이고 우발적인 사건으로 해당 법인의 최근 3년간 순손익액이 증가하는 등 「상속세 및 증여세법 시행규칙」 제17조의 3 제1항에서 규정한 기획재정부령으로 정하는 경우에 해당되어야 하고, 상속세 과세표준 또는 증여세 과세표준 신고기한 내에 추정이익의 평균가액으로 신고하여야 하며, 1주당 추정이익의 산정기준일과 평가서작성일이 과세표준 신고기한 내에 속하여야 한다. 또한 산정기준일과 상속개시일 또는 증여일이 동일연도에 속하여야 한다.
이와 같은 요건에 해당될 경우에는 신용평가회사나 회계법인 또는 세무법인 중 둘 이상의 신용평가회사·회계법인 또는 세무법인이 산출한 1주당 추정이익의 평균액으로 순손익액을 적용할 수 있다.

2. 일시우발적사건 발생 비상장주식에 대한 순자산가치 적용 판결

비상장주식을 평가할 때 일시우발적사건 등의 발생으로 「상속세 및 증여세법 시행령」 제56조 제1항 제1호의 가액(1주당 최근 3년간의 순손익액의 가중평균액) 또는 제2호의 가액(1주당 추정이익의 평균액)을 기초로 한 순손익가치와 순자산가치를 가중 평균한 금액으로 평가할 수 없는 경우에 대해 순자산가치로 평가하는 것이 객관적이고 합리적이라는 대법원 판례가 잇따라 판시되고 있다. 대법원 판례에 의하면 "「상속세 및 증여세법 시행령」 제54조 제1항은 제56조 제1항 제1호의 가액을 기초로 1주당 순손익가치를 산정하는 경우에는 최근 3년간의 순손익액을 반영하도록 규정하고 있으므로, 최근 3년 미만의 순손익액을 바탕으로 1주당 순손익가치를 산정하고 여기에 순자산가치를 혼합하는 방법으로 비상장주식의 1주당 가액을 평가하는 것은 그것이 객관적이고 합리적이라는 특별한 사정이 없는 한 위법하다고 할 것이다.
만일 비상장주식의 1주당 가액을 「상속세 및 증여세법 시행령」 제56조 제1항 제1호의 가액 또는 제2호의 가액을 기초로 한 순손익가치와 순자산가치를 가중평균한 금액으로 평가할 수 없는 경우에는 「상속세 및 증여세법」 제65조 제2항이 「상속세 및 증여세법」에서 따로 평가방법을 규정하지 아니한 재산의 평가는 같은

조 제1항 및 제60조 내지 제64조에 규정된 평가방법을 준용하도록 규정하고 있는 점, 「상속세 및 증여세법」이 규정한 보충적 평가방법에 의하더라도 그 가액을 평가할 수 없는 경우에는 객관적이고 합리적인 방법으로 평가한 가액에 의할 수밖에 없는 점 등에 비추어 볼 때, 순자산가치만에 의하여 평가하도록 한 「상속세 및 증여세법 시행령」 제54조 제4항의 방법 등 「상속세 및 증여세법」이 마련한 보충적 평가방법 중에서 객관적이고 합리적인 방법을 준용하여 평가할 수 있을 것이다(대법원 2010두26988, 2012.4.26.; 대법원 2011두32300, 2012.4.26.).

3. 과세당국의 대응과 개선과제

대법원에서는 비상장주식을 평가할 때 일시우발적사건 등의 발생으로 「상속세 및 증여세법 시행령」 제56조 제1항 제1호의 가액 또는 제2호의 가액을 기초로 한 순손익가치와 순자산가치를 가중 평균한 금액으로 평가할 수 없는 경우에는 순자산가치로 평가하는 것이 객관적이고 합리적이라는 판례가 잇따랐다. 이에 과세당국에서는 그동안 「상속세 및 증여세법 시행령」 제56조 제1항 제1호에서는 1주당 최근 3년간의 순손익액의 가중평균액의 계산방법에 대하여 규정하고, 일시우발적사건으로 해당 법인의 최근 3년간의 순손익액이 비정상적으로 증가하는 등 제1호의 가액으로 하는 것이 불합리한 경우에는 제2호(1주당 추정이익의 평균액)를 적용할 수 있도록 한 것에 대해 2014.2.21.(대통령령 제25195호) 시행령 개정을 통하여 「상속세 및 증여세법 시행령」 제56조 제1항 제1호는 같은 조 제1항으로, 같은 항 제2호는 같은 조 제2항으로 구분하였다.

이 개정에서 「상속세 및 증여세법 시행령」 제56조 제1항에서는 "1주당 최근 3년간의 순손익액의 가중평균액의 계산방법"에 대해서 규정하고, 일시우발적사건에 의하여 최근 3년간의 순손익액이 비정상적으로 증가하는 등의 사유로 최근 3년간의 순손익액의 가중평균액에 의하는 것이 불합리한 것으로 기획재정부령이 정하는 경우에는 제2호의 가액(1주당 추정이익의 평균액)으로 할 수 있었던 것에 대해 "불합리"를 삭제하면서 제2항에서 상기 '가. 추정이익의 적용요건'에 해당되는 경우에 추정이익을 적용하도록 하면서 개별요건을 대등하게 유지하도록 하였다.

그러나 비상장주식을 평가할 때 상기의 '1. 추정이익의 적용요건'과 같이 일시우발적사건이 발생한 경우에는 사전에 주식평가전문기관에 추정이익의 평가를 의뢰하여 평가하는 사례는 많지 않다. 이러한 경향에 따라 사전에 충분하게 주식평가전문가의 조력을 받지 못한 납세자에게는 예상하지 못한 비상장주식의 평가액으로 불공정한 과세가 발생하거나 과세상의 이익이 발생될 수 있고, 사전에 주식평가전문가의 조력을 받는 경우에는 조세회피의 도구로 활용될 수 있다.

이와 같은 문제점을 해결하기 위해서는 추정이익의 적용사유 중에 1년 이상 휴업사실이 있는 법인이나 업종의 변경 등이 발생된 법인의 경우에는 과거의 수익력으로 순손익가치를 평가하는 것이 불합리하므로 순자산가치에 의하여 평가하는 것이 바람직하고, 일시우발적인 자산수증이익 등이 발생된 법인의 경우에는

「상속세 및 증여세법」 제63조 제1항 제1호 다목에서 규정한 보충적 평가방법에서 순손익액의 산정은 특별이익을 공제하고 정상적 경상이익만을 기초로 한 최근 3년간의 순손익액의 가중평균액을 적용하도록 하는 것이 합리적이라고 판단된다(대법원 2013두2853, 2013.5.24.).

논점 – 다른 법인의 보유 부동산 등을 반영한 부동산과다보유법인 판정

1. 개요

부동산의 보유비율이 높은 법인의 주식을 양도하는 경우에는 부동산을 양도하는 것과 유사한 효과가 발생된다. 그 이유는 주식을 양도하면 그에 따라 해당 법인의 부동산의 소유관계가 그대로 이전되기 때문이라고 할 수 있다. 한편 부동산 등을 양도하는 경우에 양도소득세의 세율은 원칙적으로 기본세율(6~45%)을 적용하지만 비상장주식을 양도하면 대주주는 20%, 기타주주는 10% 세율로 과세되어 법인을 통하여 부동산을 이전하게 되면 상대적으로 낮은 세율로 과세될 수 있다. 이에 따라 「소득세법」 제94조 제1항 제4호 다목에서는 주식 등을 발행한 법인의 주주의 구성, 부동산의 보유현황 또는 사업의 종류 등을 고려하여 기타자산(특정주식)으로 구분하여 일반 부동산의 양도에 대하여 적용하는 기본세율(6~45%)로 과세하고 있다.

또한 비상장주식을 평가할 때에는 원칙적으로 1주당 순자산가치와 1주당 순손익가치를 각각 2와 3의 비율로 가중 평균하지만 부동산과다보유법인에 해당되는 경우에는 3과 2의 비율로 가중평균하고, 보유 부동산 등이 자산총액의 80% 이상인 법인은 순자산가치로 평가하도록 하고 있다. 이러한 구분은 그동안 해당 법인을 기준으로 판정하였으나 2015년에는 시행령을 개정하여 다른 법인의 주식을 보유한 경우에는 그 법인의 부동산 등의 가액을 감안하여 적용하도록 하였다.

2. 특정주식의 구분

가. 과점주주의 주식

(1) 대상법인

과점주주의 주식은 다음의 요건을 충족한 법인의 주식을 50% 이상 양도하는 경우에는 그 주식은 양도소득세 과세대상이 된다(소령 §158 ① 1호). 과점주주의 주식 판정은 그들 중 1인이 주식 등을 양도하는 날부터 소급하여 그 합산하는 기간 중 최초로 양도하는 날 현재의 해당 법인의 주식 등의 합계액 또는 자산총액을 기준으로 한다(소법 §94 ① 4호 다목).

① 부동산 등의 보유비율
당해 법인의 자산총액 중에 토지, 건물, 부동산에 관한 권리의 합계액과 다음 산식에 의하여 계산한 당해 법인이 보유한 다른 법인의 주식가액의 합계액이 차지하는 비율이 50% 이상인 법인

$$\text{당해 법인이 보유한 다른 법인의 주식가액} \times \frac{\text{다른 법인의 토지·건물·부동산에 관한 권리의 자산가액}}{\text{다른 법인의 총 자산가액}}$$

② 특수관계인의 보유비율
당해 법인의 주식 등의 합계액 중 주주 1인과 기타 주주가 소유하고 있는 주식 등의 합계액이 차지하는 비율이 50% 초과하는 법인

(2) 양도비율
법인의 주주 1인 및 기타주주가 그 법인의 주식 등의 합계액의 50% 이상을 주주 1인 및 기타 주주 외의 자에게 양도하는 경우의 당해 주식, 이 경우에 주주 1인과 기타 주주가 주식 등을 수회에 걸쳐 양도하는 때에는 그들 중 1인이 주식 등을 양도하는 날부터 소급하여 3년 내에 그들이 양도한 주식 등을 합산한다(소령 §158 ②).

나. 부동산과다보유법인의 주식

(1) 대상법인
다음의 '①'과 '②'를 모두 충족한 법인은 부동산과다보유법인에 해당되며, 해당법인의 주식 등을 양도하는 경우에는 당해 주식 등이 특정주식에 해당되어 양도소득세가 과세된다(소령 §158 ① 5호).

① 법인의 부동산 보유비율
당해 법인의 자산총액 중 토지, 건물, 부동산에 관한 권리의 합계액과 다음 산식에 의하여 계산한 당해 법인이 보유한 다른 법인의 주식가액의 합계액이 차지하는 비율이 80% 이상인 법인

$$\text{당해 법인이 보유한 다른 법인의 주식가액} \times \frac{\text{다른 법인의 토지·건물·부동산에 관한 권리의 자산가액}}{\text{다른 법인의 총 자산가액}}$$

② 골프장·스키장·휴양콘도미니엄·전문휴양시설을 건설 또는 취득하여 직접 경영하거나 분양 또는 임대하는 사업을 하는 법인

⑵ 양도비율과의 관계

과점주주의 주식은 해당 법인의 주주 1인 및 기타주주가 그 법인의 주식 등의 합계액의 50% 이상을 주주 1인 및 기타 주주 외의 자에게 양도하는 경우에 양도소득세 과세대상이 된다. 반면에 부동산과다보유법인의 주식은 보유비율이나 양도비율에 관계없이 1주를 양도하는 경우라도 과세대상이 된다.

다. 부동산 등의 비율 계산

특정주식을 판정할 때 자산총액과 부동산 등의 가액은 「소득세법 시행령」 제158조 제3항의 규정에 의하여 장부가액(토지 또는 건물의 기준시가가 장부가액보다 큰 경우에는 기준시가)을 기준으로 판단하는 것이며, 이 경우에 자산총액은 다음의 금액을 차감하여 계산한다.

① 「법인세법 시행령」 제24조 제1항 제2호 바목 및 사목의 규정에 의한 개발비 및 사용수익기부자산가액과 같은 무형고정자산의 금액
② 양도일부터 소급하여 1년이 되는 날부터 양도일까지의 기간 중에 차입금 또는 증자 등에 의하여 증가한 현금·금융재산(「상속세 및 증여세법」 제22조의 규정에 의한 금융재산을 말함) 및 대여금의 합계액
③ 건설중인 자산
   건설중인 자산 중에 준공일(사용검사필증교부일), 임시사용승인일, 실제 사용개시일 중 가장 빠른 날이 양도일 현재 토지, 건물, 부동산에 관한 권리에는 포함되는 경우에는 건물 등에 해당되어 자산가액에 포함한다(부동산거래-330, 2011.4.19.).

3. 다른 법인의 보유 부동산 등의 가액 합산의 의미

특정주식을 판정할 때 그동안 토지, 건물, 부동산에 관한 권리의 가액은 해당 법인의 현황을 기준으로 적용하였다. 그러나 자회사 등과 같은 다른 법인이 부동산 등을 보유한 경우에는 적용되지 아니하는 불합리한 점이 있었다. 이에 2015년 시행령 개정을 통하여 양도주식이 특정주식에 해당되는지 여부의 판정은 해당 법인이 투자한 다른 법인이 부동산 등을 보유한 경우에는 그 법인의 주식 평가액 중에서 부동산 등의 가액이 차지하는 비율을 적용하여 계산한 금액을 가산하여 판정하도록 하였다. 또한 비상장주식을 평가할 때도 예외적으로 1주당 순자산가치에 3, 1주당 순손익가치에 2의 가중치를 적용하는 부동산과다보유법인을 판정하거나 부동산 등의 보유비율이 80% 이상인 부동산과다보유법인에 대해서는 순자산가치로 평가하는 대상을 판정할 때 다른 법인이 보유한 부동산 등의 가액을 가산하여야 할 것이다. 한편, 특정주식과 부동산과다보유법인의 부동산보유비율은 소득세법 제94조 제1항 제4호 다목2)가 2019.12.31. 개정되어 해당 법인이 직접 또는 간접으로 보유한 다른 법인의 주식가액에 그 다른 법인의 부동산등 보유비율을 곱하여 산출한 가액을 합하여 계산하는 것으로 하고, 다른 법인의 부동산 등의 비율은 다음의 산식으로 적용하며, 이 규정은 2020.7.1.부터 시행된다.

$$\text{다른 법인의 부동산등 보유비율} = \frac{A + B + C}{D}$$

A : 다른 법인이 보유하고 있는 법 제94조 제1항 제1호의 자산가액
B : 다른 법인이 보유하고 있는 법 제94조 제1항 제2호의 자산가액
C : 다른 법인이 보유하고 있는 「국세기본법 시행령」 제1조의 2 제3항 제2호 및 같은 조 제4항에 따른 경영지배관계에 있는 법인이 발행한 주식가액에 그 경영지배관계에 있는 법인의 부동산등 보유비율을 곱하여 산출한 가액
D : 다른 법인의 자산총액

논점 – 합병 후 3년 이내에 추가 합병할 때 순손익액 계산방법

1. 사실관계(대법원 2023.5.18. 선고 2023두32839 판결)

가. 원고 회사는 2003.11.1. 주택건설 분양사업 등을 목적으로 설립된 비상장법인으로 2015.9.4. 비상장법인인 1차 피합병법인을 흡수합병(제1차 합병)하였고, 2016.10.1. 비상장법인인 2차 피합병법인을 흡수합병하였다(제2차 합병).

나. 원고 회사는 제2차 합병 시 직전 3년간의 순손익액의 가중평균액을 토대로 원고 회사의 주식의 1주당 가액을 산정하였다(1차 피합병법인의 순손익액은 가산하지 않았다).

다. 처분청은 제2차 합병 시 산정된 원고 회사 주식의 1주당 가액에는 1차 피합병법인의 순손익가치가 반영되지 않아 원고 회사의 주가는 과소평가되고, 피합병법인인 2차 피합병법인의 주가는 과대평가되어 불공정합병이 이루어진 것으로 판단하고 1차 피합병법인의 순손익가치를 반영하여 1주당 가액을 산정하여 경정 결정을 하였다.

2. 쟁점 사항

「상속세 및 증여세법 시행규칙」 제17조의 3 제1항 각 호에 규정된 사유(일시적이고 우발적인 사건)가 있는 경우 「상속세 및 증여세법 시행령」 제56조 제1항에서 정한 '1주당 최근 3년간 순손익액의 가중평균액'을 기초로 비상장주식의 1주당 순손익가치를 산정할 수 있는지 여부 및 비상장주식의 1주당 가액을 「상속세 및 증여세법 시행령」 제56조 제1항 또는 제2항의 가액을 기초로 한 순손익가치와 순자산가치를 가중평균한 금액으로 평가할 수 없는 경우의 1주당 주식가액 산정 방법

3. 판례 요지

원고 회사와 2차 피합병법인 사이의 불공정한 합병으로 인한 분여이익을 계산하는 경우에, 원고 회사는 제2차 합병으로 인한 주식가액의 평가기준일 전 3년이 되는 날이 속하는 사업연도 개시일부터 평가기준일까지의 기간 중에 제1차 합병을 하였으므로, 「상속세 및 증여세법 시행규칙」 제17조의 3 제1항 제3호, 제4호의 각 사유에 해당하여 구 「상속세 및 증여세법 시행령」 제54조 제1항과 제56조 제1항이 정하는 1주당 최근 3년간의 순손익액의 가중평균액을 기초로 원고 회사의 합병 직전 주식가액을 산정할 수 없다.

특수관계에 있는 비상장법인의 합병으로 인하여 증여받은 이익을 계산하기 위하여 합병당사법인의 합병 직전 주식가액을 산정하거나 평가기준일로부터 최근 3년 이내에 합병이 있는 경우 등 「상속세 및 증여세법 시행규칙」 제17조의 3 제1항 각 호의 사유(일시적이고 우발적인 사건)가 있다면 특별한 사정이 없는 한 「상속세 및 증여세법 시행령」 제56조 제1항의 가액인 1주당 최근 3년간의 순손익액의 가중평균액을 기초로 1주당 순손익가치를 산정할 수 없다고 봄이 타당하다. 이는 「상속세 및 증여세법 시행령」 제56조 제2항의 가액인 1주당 추정이익의 평균가액이 산정되지 아니하였거나 위 규정에서 정한 적용요건을 모두 갖추지 못함으로써 추정이익의 평균가액을 기초로 1주당 순손익가치를 산정할 수 없다고 하여 달리 볼 것도 아니다.

만일 비상장주식의 1주당 가액을 구 「상속세 및 증여세법 시행령」 제56조 제1항 또는 제2항의 가액을 기초로 한 순손익가치와 순자산가치를 가중평균한 금액으로 평가할 수 없는 경우에는, 구 「상속세 및 증여세법」 제65조 제2항이 같은 법에서 따로 평가방법을 규정하지 아니한 재산의 평가는 같은 조 제1항 및 제60조 내지 제64조에 규정된 평가방법을 준용하도록 규정하고 있는 점, 구 「상속세 및 증여세법」이 규정한 보충적 평가방법에 의하더라도 그 가액을 평가할 수 없는 경우에는 객관적이고 합리적인 방법으로 평가한 가액에 의할 수밖에 없는 점 등에 비추어 볼 때, 순자산가치만에 의하여 평가하도록 한 구 「상속세 및 증여세법 시행령」 제54조 제4항의 방법 등 구 「상속세 및 증여세법」이 마련한 보충적 평가방법 중에서 객관적이고 합리적인 방법을 준용하여 평가할 수 있다(대법원 2012.6.14. 선고 2011두32300 판결 ; 대법원 2013.11.14. 선고 2011두31253 판결 등 참조).

4. 시사점

비상장주식의 1주당 가액을 1주당 순손익가치와 1주당 순자산가치를 가중평균하는 방식으로 산정할 때 「상속세 및 증여세법 시행규칙」 제17조의 3 제1항 각 호의 사유가 없는 경우에는 '1주당 최근 3년간의 순손익액의 가중평균액'을 「상속세 및 증여세법 시행령」 제56조 제1항에 따라 산정할 수 있다. 그러나 「상속세 및 증여세법 시행규칙」 제17조의 3 제1항 각 호의 사유가 있는 경우에는 '1주당 최근 3년간의 순손익액의 가중평균액'을 「상속세 및 증여세법 시행령」 제56조 제1항에 따라 산정할 수 없고, 같은 조 제2항 각 호의 요건을 모두 갖춘 경우에 한하여 '1주당 최근 3년간의 순손익액의 가중평균액'을 '1주당 추정이익의 평균가액'으로 할 수 있다.

실무적으로 「상속세 및 증여세법 시행령」 제56조 제2항의 '1주당 추정이익의 평균가액'이 산정되지 아니하였거나 추정이익의 요건을 갖추지 못한 경우에는 '1주당 최근 3년간의 순손익액의 가중평균액'을 기초로 1주당 순손익가치를 산정할 수 없다. 이러한 경우에는 1주당 순손익가치와 1주당 순자산가치를 가중평균하는 방식으로 비상장주식의 1주당 가액을 산정할 수 없고, 순자산가치만에 의하여 평가하도록 한 「상속세 및 증여세법 시행령」 제54조 제4항의 방법 등 「상속세 및 증여세법」이 마련한 보충적 평가방법 중에서 객관적이고 합리적인 방법을 준용하여 비상장주식의 1주당 가액을 산정하여야 한다.

03

〈평가심의위원회 운영규정 별지 제4호 서식 부표3〉 (2021.3.4. 개정)

비상장주식 등 평가서

(단위 : 주, 원) (제1쪽)

1. 평가대상 비상장법인

법인명		사업자등록번호		대표자 성명	
①발행주식총수		1주당 액면가액		자본금	
평가기준일			②부동산과다보유법인 해당여부	[ ]	

2. 순자산가치로만 평가하는 경우 [v] 표시 (상속세 및 증여세법 시행령 제54조제4항 해당여부)

가. 신고기한 이내에 청산절차가 진행 중이거나, 사업자의 사망 등으로 사업의 계속이 곤란하다고 인정되는 경우 해산(합병)등기일 (. .)	[ ]
나. 사업 개시전의 법인, 사업개시 후 3년 미만의 법인, 휴업·폐업 중인 경우 사업개시일 (. .), 휴·폐업일 (. .)	[ ]
다. 평가기준일이 속하는 사업연도 전 3년 내의 사업연도부터 계속하여「법인세법」상 각 사업연도에 속하거나 속하게 될 손금의 총액이 그 사업연도에 속하거나 속하게 될 익금의 총액을 초과하는 결손금이 있는 경우 (2018. 2. 13. 삭제)	[ ]
라. 법인의 자산총액 중「소득세법」제94조제1항제4호다목1) 및 2)의 합계액이 차지하는 비율이 100분의 80 이상인 경우	[ ]
마. 법인의 자산총액 중 주식등의 가액의 합계액이 차지하는 비율이 100분의 80 이상인 법인의 주식등	[ ]
바. 법인의 설립 시 정관에 존속기한이 확정된 법인으로서 평가기준일 현재 잔여 존속기한이 3년 이내인 법인의 주식등	[ ]

3. 1주당 가액의 평가 (단위 : 원)

구분	금액	비고
③ 순자산가액		제2쪽 4. 순자산가액 "마"
④ 1주당 순자산가액 (③ ÷ ①)		
⑤ 최근 3년간 순손익액의 가중평균액에 의한 1주당가액 또는 2이상의 신용평가전문기관(회계법인포함)이 산출한 1주당 추정이익의 평균액		제6쪽 7. 순손익액 "차"
⑥ 1주당 평가액 (㉮ 평가액과 ㉯의 평가액 중 많은 금액)		
㉮ [{(④×2)+(⑤×3)} ÷ 5] * 부동산과다보유법인 [{(④ × 3)+(⑤ × 2)} ÷ 5]		
㉯ 1주당 순자산가액(④)의 80%		
⑦ 최대주주등에 해당하는 경우 1주당 평가액		
㉮ 최대주주등의 주식등의 1주당 평가액 (⑥ × 할증율)		
㉯ (⑥ + ㉮)		

작 성 방 법

※ 이 서식은 상속세 및 증여세법 제63조 제1항 제1호 나목에 따른 거래소에 상장되지 아니한 주식 및 출자지분의 평가관련 서식입니다.

1. 최대주주등의 주식등의 1주당 평가액(⑥ × 할증율) : 「상속세 및 증여세법」 제63조 제3항 및 같은 법 시행령 제53조 제4항에 따른 할증평가율을 적용하여 계산합니다. 이 경우 대통령령으로 정하는 중소기업 및 평가기준일이 속하는 사업연도 전 3년 이내의 사업연도부터 계속하여 「법인세법」 제14조 제2항에 따른 결손금이 있는 법인의 주식등 등 대통령령으로 정하는 주식등은 제외합니다.

- 할증율

지분율	2019.12.31.이전	2020.1.1.이후
50% 이하 보유	20%	20%
50% 초과 보유	30%	

2. 중소기업이란 「중소기업기본법」 제2조에 따른 중소기업을 말합니다.

210mm×297mm[일반용지 70g/㎡(재활용품)]

예규

▶▶ 운영하던 1개의 사업부를 양도 후 유상증자 시 순자산가치로 주식을 평가할 수 있는지 여부(사전법령해석재산 2018-296, 2018.6.27.)

「상속세 및 증여세법 시행령」 제54조 제4항 제2호의 규정에 의하여 순자산가치로만 평가하는 "사업개시 전의 법인", "사업개시 후 3년 미만의 법인"은 당해 법인의 사업개시일부터 평가기준일까지 역에 의하여 계산한 기간이 3년 미만인 법인을 말하는 것이며, 이 경우 사업개시일은 당해 법인이 처음으로 재화 또는 용역의 공급을 개시한 때를 말하는 것임.

법인이 설립 이후 재화 등 공급을 개시하고 3년 이상 경과 후 영위하는 사업부를 양도하고 업종을 변경하는 경우에는 "사업개시 전의 법인", "사업개시 후 3년 미만의 법인"에 해당하지 아니하는 것이며, 사업 양도 이후 법인의 주식을 평가하는 경우 1주당 순손익가치는 「상속세 및 증여세법 시행령」 제54조 제1항에 따라 평가한 가액으로 하는 것이며, 이 경우 1주당 최근 3년간의 순손익액은 같은 영 제56조 제1항에 따라 계산하는 것임.

▶▶ 사업개시 후 3년 미만인 합병법인이 비적격 합병 직후 발행한 비상장주식 평가방법(기획재정부재산-364, 2018.4.25.)

사업개시 후 3년 미만인 내국법인이 합병법인이 되어 사업개시 후 3년 이상인 내국법인을 합병한 경우, 당해 합병법인은 「상속세 및 증여세법 시행령」(2017.2.7. 대통령령 제27835호로 개정되기 전의 것) 제54조 제4항 제2호의 "사업개시 후 3년 미만의 법인"에 해당하는 것임.

▶▶ 2009년 상증세법 시행령 개정 이전에는 회사의 순자산가액이 부수이더라도 0원으로 평가할 수 없음(대법원 2014두44847, 2017.12.22.)

조세법률주의의 원칙상 과세요건이거나 비과세요건 또는 조세감면요건을 막론하고 조세법규의 해석은 특별한 사정이 없는 한 법문대로 해석할 것이고 합리적 이유 없이 확장해석하거나 유추해석하는 것은 허용되지 않음. 그런데 이 사건 주식의 평가기준일 당시의 상속세 및 증여세법 시행령 제55조 제1항은, 그 문언 그대로 해석할 때 자산보다 부채가 클 경우 순자산가액이 부수(-)로 될 수 있고, 이 경우 명문의 규정없이 부수(-)의 순자산가액을 '0원'으로 의제하는 것은 허용되지 않는 확장·유추해석에 해당하는 것으로 보임. 2009.2.4. 개정된 시행령 부칙 제3조의 '이 영 시행 후 최초로 비상장주식을 평가하는 분'은 '개정된 시행령 시행 후에 과세관청이 실제로 비상장주식을 평가하는 경우'를 의미하는 것이 아니라 '개정된 시행령 시행 후 증여재산가액 산정을 위하여 비상장주식을 평가하여야 하는 경우', 다시 말해서 '평가기준일이 개정된 시행령 시행 후인 경우'를 의미한다고 해석함이 타당함.

▶▶ 건설업 법인 주식의 기타자산 해당 여부 판정(서면법령해석재산2015－1767, 2016.7.29.)

1. 건설업 법인(이하 "법인")이 발행한 비상장주식이 「소득세법 시행령」 제158조 제1항 제1호 가목 및 제5호 가목에 해당하는지 여부 판정 시 같은 조 제3항에 규정된 장부가액은 「법인세법」 제112조에 따라 기장한 장부가액에 같은 법에 따라 익금 또는 손금에 산입한 금액을 가감한 세무계산상 장부가액을 말하는 것임.
2. 법인이 보유한 분양용지의 세무계산상 장부가액이 취득가액에서 공사진행률과 분양률에 따른 분양원가를 차감한 가액으로 계산된 경우 「소득세법 시행령」 제158조 제3항에 따라 장부가액과 비교하는 기준시가는 기준시가에 취득가액 중 세무계산상 장부가액이 차지하는 비율을 곱하여 계산하는 것임.
3. 법인이 발행한 비상장주식의 양도일부터 소급하여 1년이 되는 날부터 양도일까지의 기간 중 법인이 부동산을 분양하거나 임대하여 분양선수금 또는 임대보증금을 현금으로 수취한 경우 해당 현금은 같은 항 제2호에 따라 법인의 자산총액에 포함되지 않는 것임.

▶▶ 비상장법인의 순자산가치 평가 시 자산가액에서 개발비 차감 여부 및 분할신설법인의 사업개시일(서면법규－1070, 2014.10.10.)

「상속세 및 증여세법 시행령」 제55조 제2항의 규정에 의한 무형고정자산의 평가에 있어서 「법인세법 시행령」 제24조 제1항 제2호 바목에 해당하는 개발비의 가액은 당해 법인의 자산에서 차감하여 계산하는 것이며, 「법인세법」 제47조 제1항의 요건을 갖추지 않은 물적분할에 의하여 신설된 분할신설법인이 「상속세 및 증여세법 시행령」 제54조 제4항 제2호의 '사업개시 후 3년 미만의 법인'에 해당하는 지 여부는 분할신설법인이 처음으로 재화 또는 용역의 공급을 개시하는 날부터 기산하여 판단하는 것임.

▶▶ 부동산과다보유법인 판정 시 자산총액 및 자산가액 적용 범위(서면법규과－223, 2014.3.12.)

[질의]

「소득세법 시행령」 제158조 제1항 제1호 가목의 부동산과다보유법인 여부 및 「소득세법 시행령」 제1항 제5호 가목에 해당하는 법인 여부를 판단할 때
－토지를 임차한 골프장 영위 법인이 재무상태표에 계상한 코스조성비 및 구축물가액이 같은 법 제94조 제1항 제1호 및 제2호의 가액에 해당하는지 여부

[회신]

「소득세법 시행령」 제158조 제1항 제1호 가목 및 같은 항 제5호 가목의 자산총액 및 자산가액은 같은 조 제3항에 따라 해당 법인의 장부가액(토지·건물의 기준시가가 장부가액보다 큰 경우에는 기준시가)에 의하는 것으로, 토지를 임차하여 골프장업을 영위하는 법인의 자산가액에는 토지와 일체가 되어 코스를 구성하는 시설의 조성비용과 건물에 부속된 시설물·구축물가액을 포함하는 것임.

▶▶ 평가기준일이 속하는 사업연도 전 3년 내의 사업연도부터 계속하여 「법인세법」상 결손금이 있는 법인의 판정기준(상속증여세과-578, 2013.10.14.)

시가를 산정하기 어려운 비상장법인의 주식을 「상속세 및 증여세법」 제63조 제1항 제1호 다목의 규정에 의하여 평가할 때, 「법인세법」 제14조에 따른 각사업연도소득을 기준으로 평가기준일이 속하는 사업연도 전 3년 내의 사업연도부터 계속하여 「법인세법」상 각 사업연도에 속하거나 속하게 될 손금의 총액이 그 사업연도에 속하거나 속하게 될 익금의 총액을 초과하는 결손금이 있는 비상장법인의 주식은 「상속세 및 증여세법 시행령」 제54조 제4항 제3호에 따라 순자산가치로 평가하는 것임.

▶▶ 재개발조합이 현물출자로 취득한 자산의 취득가액 산정방법(법인세과-478, 2013.9.6.)

주택재개발사업조합이 현물출자에 의하여 취득한 자산의 취득가액은 「법인세법 시행령」 제72조 제1항 제3호(2010.6.8. 대통령령 제22814호로 개정되기 전의 것) 규정에 의하여 장부에 계상한 출자가액(그 가액이 시가를 초과하는 경우에는 그 초과금액을 제외함)으로 하는 것이며, 이때 시가가 불분명한 경우에는 같은법 시행령 제89조 제2항에 따라 감정평가법인이 감정한 가액에 의하고, 감정한 가액이 없는 경우에는 「상속세 및 증여세법」 제61조의 규정에 따라 평가한 가액으로 하는 것임. 이 경우 감정가액이란 그 거래 당시에 당해 자산의 가액을 감정한 것을 말하는 것임.

▶▶ 부동산 과다보유법인 해당 여부 판단 시의 장부가액(재산세과-79, 2013.3.18.)

참고예규 : 부동산거래관리과-812(2010.6.14.)

당해 법인의 장부가액 중 "건설중인 자산"의 금액은 「소득세법」 제94조 제1호 및 제2호의 자산가액에 포함되지 아니하는 것이며, 같은법 시행령 제158조 제3항의 "당해 법인의 장부가액"이란 당해 법인이 「법인세법」 제112조에 따라 기장한 장부가액에 대하여 각 사업연도의 소득에 대한 법인세 과세표준 계산 시 자산의 평가와 관련하여 익금 또는 손금에 산입한 금액을 가감한 세무계산상 장부가액을 말하는 것임.

▶▶ 부동산과다보유법인이 아닌 비상장법인이 토지를 증여받은 후에 부동산과다보유법인이 된 경우 변동 후 가액은 1주당 순손익가치와 순자산가치를 각각 2와 3의 비율로 가중평균한 가액인 것임(재산세과-142, 2012.4.6.)

「상속세 및 증여세법 시행령」 제31조의 9 제1항 제5호 나목을 적용함에 있어 「상속세 및 증여세법」 제63조 제1항 제1호 다목에 따른 비상장주식의 평가액이 변동된 경우 해당 재산의 변동 전 가액과 변동 후 가액은 1주당 순손익가치와 1주당 순자산가치를 각각 3과 2의 비율로 가중평균한 가액으로 하는 것이며, 다만 부동산과다보유법인(「소득세법 시행령」 제158조 제1항 제1호 가목에 해당하는 법인)이 아닌 비상장법인이 토지를 증여받은 후에 부동산과다보유법인이 된 경우 변동 후 가액은 1주당 순손익가치와 순자산가치를 각각 2와 3의 비율로 가중평균한 가액으로 하는 것임.

▶▶ 사업개시 후 3년 미만의 법인의 판정(재산세과-201, 2011.4.20.)

「상속세 및 증여세법 시행령」 제54조 제4항 제2호의 규정에 의하여 순자산가치로만 평가하는 "사업개시 후 3년 미만의 법인"은 당해 법인의 사업개시일부터 평가기준일까지 역에 의하여 계산한 기간이 3년 미만인 법인을 말하는 것이며, 이 경우 사업개시일은 당해 법인이 처음으로 재화 또는 용역의 공급을 개시한 때를 말하는 것임.

▶▶ 역(歷)에 의하여 계산한 평가기준일이 속하는 사업연도 전 3년 내의 사업연도부터 계속하여 결손금이 있는 비상장법인의 주식평가 시 순자산가치로 평가하는 것임(재산세과-490, 2011.10.19.)

역(歷)에 의하여 계산한 평가기준일이 속하는 사업연도 전 3년 내의 사업연도부터 계속하여 「법인세법」상 각 사업연도에 속하거나 속하게 될 손금의 총액이 그 사업연도에 속하거나 속하게 될 익금의 총액을 초과하는 결손금이 있는 비상장법인의 주식평가 시 「상속세 및 증여세법 시행령」 제54조 제1항의 규정에 불구하고 제2항의 규정에 의한 순자산가치로 평가하는 것임.

▶▶ 물적분할에 의하여 신설된 분할신설법인의 사업영위기간은 분할 전 동일사업부문의 사업개시일부터 기산함(기획재정부 재산-1065, 2009.6.15.)

「상속세 및 증여세법」 제63조 제1항 제1호 다목 및 같은법 시행령 제54조 제4항 제2호를 적용함에 있어서 「법인세법」 제47조 제1항의 요건을 갖춘 물적분할에 의하여 신설된 분할신설법인의 사업영위기간은 분할 전 동일사업부문의 사업개시일부터 기산하는 것임.

▶▶ 수정신고한 경우 평가기준일이 속하는 사업연도 전 3년 내의 사업연도부터 계속하여 법인세법상 결손금이 있는 법인에 해당 여부(서사-1924, 2007.6.19.)

시가를 산정하기 어려운 비상장법인의 주식을 「상속세 및 증여세법」 제63조 제1항 제1호 다목의 규정에 의하여 평가할 때 당해 법인이 평가기준일이 속하는 사업연도 전 3년 내의 사업연도부터 계속하여 「법인세법」상 각 사업연도에 속하거나 속하게 될 손금의 총액이 그 사업연도에 속하거나 속하게 될 익금의 총액을 초과하는 결손금이 있는 법인에 해당하는 경우에는 「상속세 및 증여세법 시행령」 제54조 제1항의 규정에 불구하고 같은조 제4항 제3호의 규정에 의하여 순자산가치로만 평가하는 것으로, '평가기준일이 속하는 사업연도 전 3년 내의 사업연도부터 계속하여 「법인세법」상 결손금이 있는 법인에 해당하는지 여부'는 수정신고 후의 각 사업연도소득을 기준으로 판단함이 타당함.

▶▶ 2개의 법인이 흡수합병한 경우 합병법인이 순자산가치로만 주식을 평가할 수 있는 최근 3년간 계속하여 결손금이 있는 법인에 해당하는지 판단기준(서사-1745, 2007.5.29.)

「상속세 및 증여세법 시행령」 제54조 제4항 제3호의 규정을 적용함에 있어 평가기준일이 속하는 사업연도 전 3년 내의 사업연도부터 계속하여 '「법인세법」상 각 사업연도에 속하거나 속하게 될 손금의 총액이 그 사업연도에 속하거나 속하게 될 익금의 총액을 초과하는 결손금(이하 "결손금"이라 함)'이 있는 법인이 다른 법인을 흡수합병한 경우 당해 합병법인이 최근 3년간 계속하여 결손금이 있는 법인에 해당하는지 여부는 각 사업연도별로 합병법인과 피합병법인의 손금총액과 익금총액의 합계액을 기준으로 판단하는 것임.

▶▶ 증여세 신고기한을 경과하여 평가대상법인의 청산절차가 진행된 경우에는 순자산가치로만 평가할 수 있는지 여부(서사－1117, 2007.4.5.)
증여일 현재 시가를 산정하기 어려운 비상장법인의 주식은 「상속세 및 증여세법」 제63조 제1항 제1호 다목 및 같은법 시행령 제54조 제1항의 규정에 의하여 1주당 순손익가치와 순자산가치를 각각 3과 2(「소득세법 시행령」 제158조 제1항 제1호 가목에 해당하는 부동산과다보유법인의 경우에는 2와 3)의 비율로 가중평균한 가액으로 평가하는 것임. 다만, 이 경우 증여세 신고기한 이내에 평가대상법인의 청산절차가 진행 중인 경우에는 「상속세 및 증여세법 시행령」 제54조 제4항 제1호의 규정에 의하여 순자산가치로만 평가할 수 있는 것이나, 증여세 신고기한을 경과하여 평가대상법인의 청산절차가 진행된 경우에는 그러하지 아니함.

▶▶ 순자산가치로만 평가할 수 있는 휴업 중의 법인인지 판단기준(서사－877, 2007.3.14.)
「상속세 및 증여세법 시행령」 제54조의 규정에 의하여 비상장법인의 주식을 평가할 때 평가기준일 현재 휴업 중에 있는 법인의 주식은 같은조 제4항 제2호의 규정에 의하여 순자산가치로만 평가하는 것이며, 이 경우 휴업 중에 있는 법인에 해당하는지의 여부는 사업실적에 불구하고 사업을 운영하고 있는지의 여부에 대하여 구체적인 사실을 확인하여 판단할 사항임.

▶▶ 사업개시 후 3년 미만인 법인은 순자산가치로만 평가함(서사－3035, 2006.9.1.)
시가를 산정하기 어려운 비상장법인의 주식을 「상속세 및 증여세법」 제63조 제1항 제1호 다목 및 같은법 시행령 제54조의 규정에 의하여 평가할 때에 당해 법인이 사업개시 후 3년 미만인 법인에 해당하는 경우에는 같은조 제4항 제2호의 규정에 의하여 순자산가치로만 평가하는 것임.

▶▶ 골프장 운영법인이 발행한 우선주 및 보통주 평가방법(서사－2966, 2006.8.28.)
① 「상속세 및 증여세법」 제63조의 규정에 의하여 유가증권 등을 평가함에 있어 법인이 우선주 등 이익배당에 관하여 내용이 다른 수종의 주식을 발행한 경우에는 주식의 종류별로 그 내용을 감안하여 적정한 가액으로 평가하는 것임.
② 골프장 운영법인이 일반 이용자보다 유리한 조건으로 골프장을 이용할 수 있는 권리와 발행가액으로 매수를 청구할 수 있는 권리가 부여된 우선주와 그 외 보통주를 발행한 경우로서 당해 보통주의 순자산가액을 같은법 제63조 제1항 제1호 다목 및 같은법 시행령 제55조 제1항의 규정에 의하여 평가하는 경우에 우선주 발행가액은 자산가액에서 차감하는 것임.

▶▶ 3년간 계속하여 법인세법상 결손금이 있는 법인의 주식을 평가할 때 순자산가치도 부수인 1주당 가액은 0으로 함(서사-11, 2006.1.5.)

증여재산의 비상장주식의 가액은 증여일 현재의 시가에 의하되 시가를 산정하기 어려운 경우에는 「상속세 및 증여세법」 제63조 제1항 제1호 다목 및 같은법 시행령 제54조 제1항의 규정에 의하여 평가하는 것이며, 최근 3년 이상 계속하여 「법인세법」상 각 사업연도 소득이 결손인 비상장법인의 주식의 평가는 같은령 제54조 제4항 제3호의 규정에 의거 순자산가치에 의해 평가하는 것임. 이 경우 순자산가치가 부수인 경우 그 평가액은 영(0)으로 하는 것임.

▶▶ 부동산과다보유법인의 자산총액 중 부동산 및 부동산에 관한 권리의 가액이 차지하는 비율이 100분의 50 이상인지 여부 판단기준(서사-1624, 2005.9.8.)

시가를 산정하기 어려운 비상장주식을 「상속세 및 증여세법」 제63조 제1항 제1호 다목 및 같은법 시행령 제54조의 규정에 의하여 평가할 때에 당해 법인이 부동산과다보유법인(「소득세법 시행령」 제158조 제1항 제1호 가목에 해당하는 법인을 말한다)인 경우에는 1주당 순손익가치와 순자산가치를 각각 2와 3의 비율로 가중평균한 가액에 의하는 것임. 이 경우 당해 법인의 자산총액 중 부동산 및 부동산에 관한 권리의 가액이 차지하는 비율이 100분의 50 이상인지 여부는 「소득세법 시행령」 제158조 제3항의 규정에 의하여 장부가액(토지의 경우에는 기준시가)을 기준으로 판단하는 것이며, 같은항 제1호 및 제2호의 금액은 자산총액에 포함하지 않는 것임.

▶▶ 비상장법인의 순손익가치가 영(0)으로 평가되는 경우 비상장주식의 가액산정방법(서사-1351, 2004.8.27.)

증여재산인 비상장주식의 가액은 증여일 현재의 시가에 의하되 시가를 산정하기 어려운 경우에는 「상속세 및 증여세법」 제63조 제1항 제1호 다목 및 같은법 시행령 제54조 제1항의 규정에 의하여 1주당 순손익가치와 순자산가치를 각각 3과 2(「소득세법 시행령」 제158조 제1항 제1호 가목에 해당하는 부동산과다보유법인의 경우에는 2와 3)의 비율로 가중평균한 가액으로 평가하는 것이며, 1주당 순손익가치가 영(0)으로 평가되는 경우에도 가중치 합계는 5로 하는 것임.

▶▶ 비상장주식을 평가 시 순손익가치와 순자산가치가 모두 영(0) 이하인 경우 평가방법(서사-864, 2004.6.16.)

증여재산의 비상장주식의 가액은 증여일 현재의 시가에 의하되 시가를 산정하기 어려운 경우에는 「상속세 및 증여세법」 제63조 제1항 제1호 다목 및 같은법 시행령 제54조 제1항의 규정에 의하여 1주당 순손익가치와 순자산가치를 각각 3과 2(「소득세법 시행령」 제158조 제1항 제1호 가목에 해당하는 부동산과다보유법인의 경우에는 2와 3)의 비율로 가중평균한 가액으로 평가하는 것임. 이 경우 1주당 순손익가치와 순자산가치의 모두 부수인 경우 그 평가액은 영(0)으로 하는 것임.

▶▶ 합병에 따른 이익의 증여규정 적용 시 1주당 추정이익에 의하여 합병비율을 산정할 수 있는지 여부(서사-116, 2004.2.23.)

「상속세 및 증여세법 시행규칙」 제17조의 3 제1항 각 호에서 규정하는 사유가 있는 경우에는 같은법 시행령 제56조 제1항 제2호의 규정에 의한 1주당 추정이익에 의하여 1주당 순손익가치를 평가할 수 있는 것이며, 이 경우 '추정이익'은 같은법 제67조 및 제68조의 규정에 의한 상속세과세표준신고 및 증여세과세표준신고의 기한 내에 신고한 경우로서 1주당 추정이익의 산정기준일과 평가서작성일이 상속세 또는 증여세과세표준신고기한 이내에 속하고, 산정기준일과 상속개시일 또는 증여일이 동일연도에 속해야 하는 것임.

다만, 특수관계에 있는 법인의 합병 시 1주당 추정이익을 적용하여 합병비율을 산정함으로써 같은법 제38조의 규정에 의한 증여이익이 발생하지 않은 경우에는 증여세과세표준신고의 기한 내에 증여세과세표준을 신고하지 아니한 경우에도 증여세조사결정 시에 상기 요건을 모두 갖춘 추정이익의 산정에 관한 서류를 제출하여 추정이익에 의하여 1주당 순손익가치를 평가할 수 있는 것임.

▶▶ 장부소실로 순손익액의 가중평균액을 산정하기 곤란한 비상장주식의 평가방법(서일 46014-10968, 2002.7.24.)

시가가 없는 비상장법인의 1주당 가액은 법인의 장부 등이 소실된 경우에 세무관서에 제출된 재무제표나 법인세신고·결정내용 등을 확인하여 평가하는 것임. 다만, 법인의 장부 등이 소실되고 법인세신고·결정내용 등도 확인하는 것이 불가능하여 구「상속세법 시행령」 제5조 제6항 제1호 나목의 규정에 의하여 평가할 수 없는 경우에는 당해 주식의 액면가액에 의하는 것임.

▶▶ 평가기준일이 속하는 사업연도에 무상증자를 한 경우 비상장주식평가방법(서일 46014-10245, 2002.2.27.)

「상속세 및 증여세법 시행령」 제56조 제2항 단서에서 규정한 '평가기준일이 속하는 사업연도 전 3년 이내에 무상증자 또는 무상감자를 한 사실이 있는 경우'란 평가기준일이 속하는 사업연도 중에 무상증자 또는 무상감자를 하여 평가기준일 현재 주식수가 증가하거나 감소한 경우도 포함하는 것임.

▶▶ 1. 무상증자를 실시하여 주식수가 증가한 비상장주식에 대한 '1주당 최근 3년간의 순손익액의 가중평균액'의 계산방법
2. 유상증자 전후의 순자산가액과 순손익액이 부수인 경우 실권주주에게 증여세를 과세하는지 여부(재경부 재산 46014-44, 2002.2.22.)

「상속세 및 증여세법 시행령」 제56조 제2항 단서에서 규정한 '평기기준일이 속하는 사업연도 전 3년 이내에 무상증자 또는 무상감자를 한 사실이 있는 경우'란 평가기준일이 속하는 사업연도 중에 무상증자 또는 무상감자를 하여 평가기준일 현재 주식수가 증가하거나 감소한 경우도 포함하는 것이고, 구 「상속세 및 증여세법 시행령」(2000.12.29. 대통령령 제17039호로 개정되기 전의 것을 말함) 제31조의 4 제1항 제2

호는 신주를 인수하기 전·후의 주식가액이 모두 '0원'으로 평가되는 경우에는 적용되지 아니하는 것임.

▶▶ 1. 비상장법인의 주식을 평가하기 위한 1주당 순자산가치의 산정방법

2. 비상장법인의 순자산가치산정 시 차가감대상인 주택건설업체가 보유하는 용지의 장부가액과 시가의 의미(재경부 재산 46014-47, 2002.2.22.)

① 비상장법인의 주식을 평가하기 위한 1주당 순자산가치의 산정은 「상속세 및 증여세법 시행령」 제55조의 규정에 의하여 평가기준일 현재 당해 법인이 보유하고 있는 자산(재고자산을 포함)을 「상속세 및 증여세법」 제60조 내지 제66조의 규정에 의하여 평가한 가액에서 부채를 차감하는 것임.

② 주택건설업법인이 목적물 건설에 따라 「법인세법 시행령」 제69조의 규정에 의하여 작업진행률을 기준으로 계산한 수익과 비용을 각각 해당 사업연도의 익금과 손금에 산입한 경우에도 평가기준일 현재 당해 법인이 보유하고 있는 토지 전체를 「상속세 및 증여세법」 제60조 내지 제66조의 규정에 의하여 평가하는 것이며 익금에 산입한 분양수입금액 중 토지에 상당하는 가액은 부채에 가산하는 것임.

▶▶ 보통주식의 양도소득세를 기준시가에 의해 계산 시 비상장법인이 유상증자로 받은 우선주의 발행주식총수에 포함 여부(재삼 46014-3209, 1995.12.13.)

[질의]

비상장법인에게 배당우선주식(보통주식배당에 2% 추가로 배당)제도를 통하여 유상증자를 하였는바, 보통주식의 양도소득세를 계산하는 데 의문사항이 있어 아래와 같이 질의함.

보통주식을 양도하고 양도소득세를 실지거래가액이 불분명하여 기준시가로 신고할 때 동 주식의 기준시가를 「상속세법 시행령」 제5조 제6항 제1호 나목에 의거 평가하는 경우에 자산가치 및 수익가치계산 시 반영하는 발행주식총수에 기발생된 배당우선주식수를 포함시켜야 하는지, 「소득세법」에 의해서 기준시가를 산정하는 경우에도 발행주식총수에 기발생된 배당우선주식수를 포함시켜야 하는지.

[회신]

「상속세법 시행령」 제5조 제6항 제1호 나목 (2)의 산식 중 발행주식총수에는 배당우선주식이 포함되는 것임.

3 순손익가치의 계산

3.1 의 의

순손익가치란 기업재산을 해체·청산함이 없이 이를 기초로 하여 기업활동을 계속할 경우의 가치를 말한다. 계속기업가치의 평가는 「자본시장과 금융투자업에 관한 법률」 등에서는 기업의 미래수익흐름을 현재가치로 할인하여 평가하고 있고, 「상속세 및 증여세법」에서는 법적안정성과 예측가능성을 높이기 위해서 해당 법인의 과거수익흐름을 기준으로 평가하고 있다. 즉, 과거의 수익흐름 중 최근 3년간 순손익액의 가중평균액에 의하여 순손익가치를 평가하도록 하고 있다.

3.2 계산방식

비상장주식이나 출자지분의 주식평가를 위한 순손익액의 계산은 「법인세법」 제14조에 규정하는 각사업연도소득에서 「법인세법」상 익금불산입액, 손금불산입액 등을 가감한 금액에 의하여 계산한다. 과거의 수익흐름에 의하여 계산하는 순손익가치는 1주당 최근 3년간 순손익액의 가중평균액으로 계산한다.

3.2.1 1주당 최근 3년간 순손익액의 가중평균액의 계산

(1) 원 칙

순손익가치를 계산할 때 1주당 최근 3년간의 순손익액의 가중평균액은 원칙적으로 다음의 산식과 같이 평가한다. 즉, 평가기준일 이전 1년이 되는 사업연도의 1주당 순손익액에 3, 평가기준일 이전 2년이 되는 사업연도의 1주당 순손익액에 2, 평가기준일 이전 3년이 되는 사업연도의 1주당 순손익액에 1을 곱하여 계산한 금액의 합계액을 6으로 나누어 계산한 금액으로 한다. 이때 그 가액이 0원 이하인 경우에는 0원으로 평가한다(상증령 §56 ①).

$$1주당\ 최근\ 3년간\ 순손익액의\ 가중평균액 = \frac{A\times3+B\times2+C\times1}{6}$$

A : 평가기준일 이전 1년이 되는 사업연도의 1주당 순손익액
B : 평가기준일 이전 2년이 되는 사업연도의 1주당 순손익액
C : 평가기준일 이전 3년이 되는 사업연도의 1주당 순손익액

(2) 평가대상 사업연도 중에 합병이 있는 경우

사업연도 또는 과세기간 중 합병이 있는 경우 합병 전 각 사업연도 또는 과세기간의 1주당 순손익액은 합병법인과 피합병법인의 순손익액의 합계액을 합병 후 발행주식총수로 나누어 계산한 가액에 의한다(상증통 63-56…12).

구분 / 연도별	합병법인			피합병법인			합 계		
	주식수	순손익	1주당 순손익	주식수	손익액	1주당 순손익	주식수	순손익	1주당 순손익
2001	2,000	2,000,000	1,000	1,000	100,000	100	3,000	2,100,000	700
2002	2,000	3,000,000	1,500	1,000	△600,000	△600	3,000	2,400,000	800
2003	3,000	2,700,000	900		합병		3,000	2,700,000	900

(3) 사업개시 후 3년 미만인 법인의 주식평가

평가기준일로부터 2년 이내에 개시한 법인의 주식을 평가하는 경우에는 1주당 최근 3년간의 순손익액의 가중평균액은 직전 사업연도의 1주당 순손익액에 2를, 직전전 사업연도의 1주당 순손익액에 1을 곱하여 계산한 금액의 합계액을 3으로 나누어 계산하고, 사업연도가 1년 미만인 경우에는 1년으로 환산한 가액에 의한다. 또한 최초로 사업을 개시한 사업연도 중에 비상장주식을 평가하는 경우의 순손익가치는 1주당 추정이익의 평균액에 의할 수 있으며, 추정이익이 없는 경우에는 '0'으로 본다(상증통 63-56…13). 평가기준일로부터 3년 이상인 경우에는 이 해석이 적용될 수 있다.

3.2.2 순손익가치환원율

1주당 순손익가치는 당해 법인의 최근 3년간의 순손익액을 가중평균하여 자본환원율로 환원하여 평가하도록 하고 있다. 순손익가치환원율은 금융기관이 보증한 3년 만기 회사채의 유통수익률을 감안하여 기획재정부령으로 정하는 이자율로 하도록 하고 있으며, 그 변동내용은 다음과 같다(상증령 §54 ①).

적용시기	순손익가치환원율	근거규정
① 2003.1.1. 이후 상속·증여분부터	10%	「상속세 및 증여세법 시행규칙」 제17조(2016.3.21.) 기획재정부고시 제2010-18호(2010.11.5.) 국세청고시 제2009-28호(2009.7.31.) 국세청고시 제2002-38호(2002.12.31.) 국세청고시 제2000-30호(2000.4.3.)
② 1991.1.1.~2000.4.2. 상속·증여분부터	15%	구 「상속세 및 증여세법 시행규칙」 제17조 제1항

3.2.3 추정이익에 의한 평가

(1) 의 의

1주당 순손익가치는 1주당 최근 3년간의 순손익액의 가중평균액을 원칙적으로 적용하였고, 예외적으로 1999.12.31.까지는 1주당 추정이익에 의하여 산정할 수 있도록 하였다. 이러한 방식에 대해서 일부 납세자의 경우에는 1주당 추정이익으로 순손익가치를 적용하여 비상장주식을 적정가액보다 낮게 평가받아 악용하는 문제점이 있어 2000.12.29. 개정 시에는 1주당 추정이익을 산정할 수 있는 대상을 한정하였다. 이에 1주당 추정이익을 산정할 수 있는 대상을 시행규칙에 열거하고, 이 규정에서 열거된 경우를 제외하고는 추정이익으로 순손익가치를 산정할 수 없도록 하였다.

(2) 적용대상

비상장주식을 평가할 때 1주당 순손익가치는 최근 3년간 순손익액의 가중평균액을 적용하는 것이 원칙이다. 그러나 예외적으로 아래와 같이 업종이 변경되었거나 일시적·우발적사건의 발생 등으로 인하여 기업회계상 자산수증이익 등이 많이 계상된 때에는 과거의 수익력을 기준으로 평가하는 것은 불합리할 수 있다. 이런 경우에는 과거의 수익력으로 평가하지 않고 미래의 추정손익계산서를 작성하여 1주당 추정이익에 의한 순손익가치를 평가하게 된다.

1주당 추정이익은 「자본시장과 금융투자업에 관한 법률 시행령」 제176조의 5 제2항에 따라 금융위원회가 정한 1주당 추정이익을 산출하기 위한 기준에 의하여 계산한다. 1주당 추정이익에 의한 순손익가치의 계산은 다음에 열거한 사유가 있는 경우에 「자본시장과 금융투자업에 관한 법률 시행령」 제176조의 5 제6항 제2호에 따른 신용평가회사나 「공인회계사법」에 따른 회계법인 또는 「세무사법」에 따른 세무법인 중 둘 이상의 신용평가회사·회계법인 또는 세무법인이 「자본시장과 금융투자업에 관한 법률 시행령」 제176조의 5 제2항에 따라 금융위원회가 정한 1주당 추정이익을 산출하기 위한 기준에 따라 산출한 1주당 추정이익의 평균가액에 의할 수 있다(상증령 §56 ① 2호, 상증칙 §17의 3 ①).

㈎ 최근 3년간 자산수증이익 등이 법인세 차감 전 손익의 50% 초과

기업회계기준의 자산수증이익, 채무면제이익, 보험차익 및 재해손실(자산수증이익 등)의 합계액에 대한 최근 3년간 가중평균액이 법인세 차감 전 손익에서 자산수증이익 등을 뺀 금액에 대한 최근 3년간 가중평균액의 50퍼센트를 초과하는 경우에 적용된다. 이 경우에 자산수증이익의 최근 3년간 가중평균액이 법인세 차감 전 손익에서 자산수증이익 등을 뺀 금액에 대한 최근 3년간 가중평균액의 50% 초과하는지는 절대값을 기준으로 판단한다.

즉, 과거의 해석에 의하면 기업회계기준상의 특별손익의 최근 3년간 가중평균액이 경상손익의 최근 3년간 가중평균액의 50퍼센트를 초과하는지 여부는 절대값을 기준으로 판단한다(서면4팀-4182, 2006.12.27.). 여기에서 특별손익이란 기업의 경상적인 활동과는 명확히 구분되는 거래나 사건으로부터 발생하는 손익항목으로서 예측 가능한 장래에 다시 발생할 것이 거의 기대되지 않는 손익항목으로서 영업환경에 비추어 비경상성과 비반복성을 동시에 만족시키는 손익항목을 말한다.

㈏ 합병·분할을 하였거나 주요업종의 변경

평가기준일 전 3년이 되는 날이 속하는 사업연도 개시일부터 평가기준일까지의 기간 중 합병 또는 분할을 하였거나 주요업종이 바뀐 경우. 여기서 "주요업종"이라 함은 매출액이 가장 큰 업종을 기준으로 한다(서면4팀-1639, 2007.5.16.). 그동안 증자와 감자의 경우에도 추정이익에 의한 평가사유로 열거하고 있었으나 증자·감자에 대한 평가방법의 개선으로 2015.3.7. 이후 상속·증여분은 추정이익으로 순손익가치를 평가할 수 없다.

㈐ 합병에 따른 증여이익산정을 위한 주식가액 산정

「상속세 및 증여세법」 제38조(합병에 따른 이익의 증여)에 해당되어 증여받은 이익을 산정하기 위하여 합병당사법인의 주식가액을 산정하는 경우

㈑ 1년 이상 휴업사실이 있는 법인

최근 3개 사업연도 중 1년 이상 휴업사실이 있는 경우

㈒ 유형자산 처분손익과 자산수증이익이 법인세 차감 전 손익의 50% 초과

기업회계기준상 유가증권·유형자산의 처분손익과 자산수증이익의 합계액에 대한 최근 3년간 가중평균액이 법인세차감 전 손익에 대한 최근 3년간 가중평균액의 50%를 초과하는 경우에 해당된다. 이 경우 '기업회계기준상 유가증권의 처분손익'은 해당 유가증권의 처분 당시 양도가액에서 취득가액을 차감하여 계산한다(재산-341, 2009.9.29.).

㈓ 주요 업종의 정상적인 매출기간이 3년 미만인 경우

주요 업종(당해 법인이 영위하는 사업 중 직접 사용하는 유형고정자산의 가액이 가장 큰 업종을 말함)에 있어서 정상적인 매출발생기간이 3년 미만인 경우

㈔ 기타 기획재정부장관이 정하는 사유

기타 이와 유사한 경우로서 기획재정부장관이 정하여 고시하는 사유에 해당하는 경우

(3) 적용요건

1주당 추정이익에 의한 순손익가치를 적용하기 위해서는 「상속세 및 증여세법」에 정하는 일정한 요건을 모두 갖추어야 한다. 즉, 1주당 추정이익의 평균가액에 의한 순손익가치를 적용하기 위해서는 다음의 4가지 요건을 모두 충족하여야 한다(상증령 §56 ②). 이 규정은 2014.2.21. 이후 평가분부터 적용한다.

① 일시적이고 우발적인 사건으로 해당 법인의 최근 3년간 순손익액이 증가하는 등 기획재정부령으로 정하는 경우에 해당할 것

② 상속세 과세표준 또는 증여세 과세표준 신고기한 내에 추정이익의 평균가액으로 신고한 경우이어야 한다. 다만, 1주당 추정이익에 의한 합병비율 산정 등으로 인하여 증여이익이 발생하지 아니한 경우에는 증여세 과세표준 신고기한 내에 증여세 과세표준을 신고하지 아니하여도 증여세 조사결정 시에 상기 요건을 모두 갖춘 추정이익의 산정에 관한 서류를 제출하는 경우에는 추정이익에 의해 1주당 순손익가치를 평가할 수 있다(서면4팀-116, 2004.2.23.).

③ 1주당 추정이익의 산정기준일과 평가서작성일이 과세표준 신고기한 내에 속하여야 한다. 즉, 추정이익의 산정기준일과 평가서 작성일은 평가기준일 전·후 6월(증여재산의 경우에는 3월) 이내이어야 한다(서면4팀-1723, 2005.9.23.).

④ 산정기준일과 상속개시일 또는 증여일이 동일연도에 속하여야 한다.

(4) 1주당 추정이익의 산정방법

㈎ 1주당 추정이익

① 2012.12.6. 개정 이후 적용방법

추정이익의 산정방법에 대해서는 그동안 획일적인 추정이익 계산공식에 의하도록 하였으나 2012.12.5. 「증권의 발행 및 공시 등에 관한 규정 시행세칙」

제6조(수익가치)의 규정이 개정되었다. 개정된 「증권의 발행 및 공시 등에 관한 규정 시행세칙」 제6조(수익가치)에서 「증권의 발행 및 공시 등에 관한 규정」 제5－13조에 따른 수익가치는 현금흐름할인모형, 배당할인모형 등 미래의 수익가치 산정에 관하여 일반적으로 공정하고 타당한 것으로 인정되는 모형을 적용하여 합리적으로 산정하도록 하였다. 따라서 일반적으로 공정·타당성이 인정되는 모형을 자율적으로 적용하여 수익가치를 산정할 수 있게 되었다.

② 2012.12.5. 개정 이전의 적용방법

추정이익의 산정방법에 대해 2012.12.5 개정되기 이전의 1주당 추정이익은 「증권의 발행 및 공시 등에 관한 규정 시행세칙」 제6조에 따라 다음 산식에 의하여 산정한다. 추정손익은 제1차 사업연도(주요사항보고서를 제출하는 날이 속하는 사업연도를 말함) 및 제2차 사업연도(주요사항보고서를 제출하는 날이 속하는 사업연도의 그 다음 사업연도를 말함)의 주당추정이익을 각각 3과 2로 하여 가중산술평균한 가액으로 한다. 다만, 제2차 사업연도의 주당추정이익이 제1차 사업연도의 주당추정이익보다 적을 때에는 단순평균한 가액으로 한다.

$$\text{주당추정이익} = \frac{\text{평가기준연도의 추정이익} \times 3 + \text{평가기준연도의 다음연도 추정이익} \times 2}{5}$$

* (제2차연도의 1주당 추정이익<제1차연도의 1주당 추정이익⇒단순평균액)

(나) 연도별 주당추정이익

연도별 주당추정이익은 다음 산식에 의하여 산출한다.

$$\text{연도별 주당추정이익} = \frac{(\text{추정법인세비용차감전계속사업이익} + \text{유상증자 추정이익} - \text{우선주배당조정액} - \text{법인세 등})}{\text{사업연도말 현재의 발행주식수}}$$

연도별 주당추정이익을 산정할 때 고려할 사항은 다음과 같다.

① 유상증자추정이익은 제1차사업연도 개시일 이후부터 주요사항보고서를 제출하는 날까지 해당 회사가 유상증자를 실시한 경우에 가산할 수 있으며,

다음 산식에 의하여 산정한다.

유상증자추정이익＝유상증자금액×시중은행의 1년만기정기예금 최고이율 ×(사업연도개시일부터 주금납입일까지 경과일수/365)

② 법인세 등은 각 사업연도의 추정법인세비용차감전계속사업이익에 각 사업연도의 유상증자추정이익을 가산하여 산정하며 한시적인 법인세 등의 감면사항은 고려하지 아니한다.

③ 우선주배당조정액은 발행회사가 배당에 관하여 우선적 내용이 있는 주식을 발행한 경우 보통주배당을 초과하는 우선배당예정액으로 한다.

(5) 추정이익에 의한 순손익가치 산정 유의사항

① 「상속세 및 증여세법 시행규칙」 제17조의 3 제1항에서 규정한 바와 같이 1주당 최근 3년간의 순손익액의 가중평균액으로 평가하는 것이 불합리한 경우에 적용되므로 열거된 사유 이외에는 적용되지 아니한다.

② 추정손익의 산정은 「증권의 발행 및 공시 등에 관한 규정 시행세칙」 제6조에 따라 평가하여야 한다.

③ 추정이익 평가에 반영된 것 이외에 부외자산 및 부외부채의 존재가능성이 없음을 확인하기 위한 절차와 세무상 위험을 포함한 우발채무를 확인하는 절차에 대한 검토가 수행되지 아니하였음을 나타낸다.

④ 보고서에는 용역을 수행하기 위하여 회사로부터 제공받은 과거자료와 미래의 경영전망 및 재무정보를 확인하기 위하여 최선을 다하였으며, 사용된 정보는 회사의 경영진이 제공한 정보에 의존하였음을 나타낸다.

⑤ 회사 경영진이 제공한 것에 의존하여 평가하였으므로 향후 회사의 추정손익 등이 향후에 실현된다는 것을 어떠한 형태로든지 보증하거나 확신하는 것이 아님을 나타낸다.

⑥ 보고서는 상속 및 증여재산 평가를 위하여 작성된 것이므로 상속세 및 증여세를 계산하기 위한 평가기관 이외에는 배포되어서는 아니되며, 제3자에게 공개되는 자료에 평가기관의 승낙 없이 인용되어서는 안 된다는 것을 나타낸다.

논점 – 자산수증이익 등의 발생으로 순손익액 산정액이 불합리한 경우 특별손익 차감

내용 : 기업회계기준상 특별손익의 최근 3년간 가중평균액이 경상손익의 최근 3년간 가중평균액의 50%를 초과하는 경우 비상장주식을 평가함에 있어 1주당 최근 3년간의 순손익액의 가중평균액을 「상속세 및 증여세법 시행령」 제56조 제1항 제1호의 가액에 의할 수는 없음(조심 2012중558, 2012.11.21.).

1. 추정이익의 적용요건

시가를 산정하기 어려운 비상장법인의 주식을 「상속세 및 증여세법」 제63조 제1항 제1호 다목 및 같은법 시행령 제54조 제1항에 따라 산정하는 경우로서, 1주당 최근 3년간의 순손익액을 계산함에 있어 해당 비상장법인이 같은법 시행규칙 제17조의 3 제1항 제3호에 해당하는 경우에는 같은법 시행령 제56조 제1항 제2호에 따른 1주당 추정이익의 평균가액으로 할 수 있는 것이나, 이는 그 1주당 추정이익을 같은법 제67조 및 제68조의 규정에 의한 상속세 과세표준 신고 및 증여세 과세표준 신고의 기한 내에 신고한 경우로서 1주당 추정이익의 산정기준일과 평가서 작성일이 과세표준 신고기한 이내에 속하고, 산정기준일과 상속개시일 또는 증여일이 동일연도에 속하는 경우에 한하여 적용한다.

2. 특별손익(추정이익 계산사유)이 발생한 경우에 특별손익을 차감 후 순손익액 계산 사례

가. 사건개요

청구법인은 ○○○주식회사의 비상장주식 중 ○○○으로부터 72,163주, ○○○로부터 6,988주, 합계 79,151주(이하 "쟁점 주식"이라 함)를 2009.7.20. 증여받아 2009.8.10. ○○○주식회사에 양도하면서 「상속세 및 증여세법 시행령」 제54조에 의하여 순손익가치와 순자산가치의 비율을 각각 2와 3의 비율로 가중평균하여 쟁점 주식 1주당 평가액을 ○○○원으로 계산하였으며, 이 중 순손익액을 계산하면서 쟁점 금액(특별이익에 해당하는 계약금 ○○○원)을 익금에 포함하지 아니하고 「상속세 및 증여세법 시행령」 제56조 제1항 제1호의 산식에 의하여 1주당 최근 3년간의 순손익액의 가중평균액을 계산하였다.

이에 처분청은 ○○○주식회사에 대한 법인세 통합조사를 실시한 결과, 2008년 쟁점 부동산의 계약해지로 받은 계약금 ○○○원은 위약금에 해당된다고 보아 쟁점금액을 익금산입하였고, 2008사업연도 익금산입한 후의 순손익액에 의하여 「상속세 및 증여세법 시행령」 제56조 제1항 제1호의 산식에 의거 쟁점 주식의 1주당 3년간의 순손익액의 가중평균액을 재계산하여 쟁점 주식 가액을 당초 1주당 ○○○원에서 ○○○원으로 평가하였고, 처분청은 그 차액에 대하여 2011.10.17. 청구법인에게 2009.7.20. 증여분 증여세 ○○○원과 2009년도분 증권거래세 ○○○을 경정·고지하였다.

나. 청구인 주장

처분청이 ○○○주식회사에 대한 세무조사 시 익금산입한 특별이익(위약금) ○○○원은 일시적·우발적사건으로 순손익액이 비정상적으로 증가한 것이며, 청구법인이 「상속세 및 증여세법 시행령」 제56조 제1항 제2호에서 규정하는 신고기한 내에 쟁점 주식의 1주당 추정이익의 산정과 그 평가서를 제출하지 않았다고 하더라도 아래와 같은 이유로 같은 영 제56조 제1항 제1호의 규정에 따라 1주당 순손익액을 계산하여 쟁점 주식의 가액을 평가하는 것은 부당하다.

① 세무조사 시 익금산입한 위약금 ○○○원은 특별손익의 최근 3년간 가중평균액이 경상손익의 최근 3년간 가중평균액의 50퍼센트를 초과하여 「상속세 및 증여세법 시행규칙」 제17조의 3 제1항 제2호(2010.3.31. 개정 전)의 특별손익에 해당하고,

② 「상속세 및 증여세법 시행령」 제56조 제1항 후단의 "일시우발적사건에 의하여 최근 3년간의 순손익액이 비정상적으로 증가하는 등의 사유로 같은 항 제1호의 가액에 의하는 것이 불합리한 것으로 기획재정부령이 정하는 경우에는 같은 항 제2호의 가액을 할 수 있다"는 규정은 「상속세 및 증여세법 시행규칙」 제17조의 3 제1항 각 호에 해당하는 경우에 「상속세 및 증여세법 시행령」 제56조 제1항 제1호의 가액을 기초로 순손익액을 산정할 수 없고, 같은 항 제2호의 괄호규정에 정한 요건을 갖추지 못함으로써 제2호의 가액을 기초로 순손익가치를 산정할 수 없다 하더라도 같은 항 제1호의 가액이 불합리하다고 인정되는 이상 동 가액을 기초로 하여 순손익가치를 평가하는 것은 위법이며(대법원 2006두16434, 2008.12.11.; 대법원 2011두9140, 2012.5.24. 같은뜻),

③ 「상속세 및 증여세법」 제65조 제2항에서 "그 밖에 이 법에서 따로 평가방법을 규정하지 아니한 재산의 평가에 대해서는 제1항 및 제60조부터 제64조까지에 규정된 평가방법을 준용하여 평가한다"라고 되어 있으므로 동 규정에 따라 쟁점 주식을 평가하여야 한다(대법원 2010두26988, 2012.4.26.).

다. 처분청 의견

「상속세 및 증여세법 시행령」 제56조 제1항 제2호에 의하면 사업개시 후 3년 미만이거나 일시우발적사건에 의하여 최근 3년간의 순손익액이 비정상적으로 증가하는 등의 사유로 최근 3년간의 순손익액의 가중평균액으로 평가하는 것이 불합리한 경우에는 추정이익의 평균가액을 증여세 과세표준신고기한 내에 신고한 경우로서 1주당 추정이익의 산정기준일과 평가서 작성일이 과세표준 신고기간 내에 속하고, 산정기준일과 증여일이 동일연도에 속하는 경우에 한하여 동 추정이익에 의하여 증여재산가액을 평가할 수 있다고 규정하고 있는 바, 1주당 순손익액을 추정이익에 의하여 산출하고자 하는 경우에는 "증여세 과세표준 신고기한 내에 증여세를 신고한 경우로서 추정이익의 산정기준일과 평가서 작성일이 과세표준 신고기한 내에 속하고 산정기준일과 증여일이 동일연도에 속하는 경우에 한한다"라고 규정하여 추정이익의 소급평가를 금지하고 있고, 또한 납세자의 신고의무를

단순협력의무가 아닌 필수요건으로 명시하고 있으며, 조세법규는 특별한 사정이 없는 한 법문 규정대로 해석하여야 하므로 반드시 추정이익으로 평가하라는 강제규정이 아닌 이상, 이 경우 추정이익은 「상속세 및 증여세법」 제67조 및 제68조의 규정에 의한 상속세 과세표준신고 및 증여세 과세표준신고의 기한 내에 신고한 경우에만 추정이익을 적용하는 것으로 봄이 타당하다.

따라서 쟁점 주식 1주당 추정이익에 대한 산출보고서를 제출한 사실이 없고, 달리 쟁점 부동산의 위약금 이익을 제외하고 최근 3년간 순손익액의 가중평균액을 산정하도록 한 근거 규정도 없으며, 청구인이 제시한 대법원판례(2006두16434, 2008.12.11.)도 특정 소송사건에 대하여 법을 해석·적용하여 내린 판단으로 그 사건에 관하여서만 효력이 있고 다른 사건에는 구속력이 없으므로 당초 결정은 정당하다.

3. 심판원의 결정

처분청은 쟁점 주식에 대하여 청구법인이 증여세 과세표준 신고 기한 내에 일정 요건을 갖추고 1주당 추정이익을 신고를 하지 아니하였으므로 쟁점 주식의 1주당 최근 3년간의 순손익액의 가중평균액을 「상속세 및 증여세법 시행령」 제56조 제1항 제2호의 1주당 추정이익의 평균가액에 의할 수 없고, 추정이익으로 평가하라는 강제규정이 아닌 이상 같은 영 제56조 제1항 제1호의 가액으로 하여야 한다고 주장하나, 회사의 순손익액을 계산하여 비상장주식을 평가하는 것은 회사가 정상적인 사업을 통하여 장래 얻을 수 있는 수익을 기초로 그 회사의 내재적 가치를 평가하고 그에 따라 그 회사 주식의 가치를 산출하는 것이므로 그 주식가치를 평가하는 기초가 되는 회사의 수익은 정상적이고 지속적인 사업활동을 통해 얻어지는 것만을 포함하여야 하고, 일시우발적인 사건에 의해 발생한 수익은 회사의 내재적 가치를 나타내는 것이라고 할 수 없어 이에 포함해서는 아니된다 할 것인바, 「상속세 및 증여세법 시행령」 제56조 제1항 전문 후단은 위와 같은 법리를 입법화하였다고 할 것이므로 비록 같은 영 제56조 제1항 전문 후단에서 "제1호의 가액으로 하는 것이 불합리한 것으로 재정경제부령으로 정하는 경우에는 제2호의 가액으로 할 수 있다"고 규정하고, 같은 항 제2호 괄호 안에 "증여세과세표준신고의 기한 내에 신고한 경우로서 1주당 추정이익의 산정기준일과 평가서 작성일이 과세표준신고기한 내에 속하고, 산정기준일과 증여일이 동일연도에 속하는 경우에 한한다"고 규정하고 있다 하더라도 비상장주식을 평가함에 있어 1주당 최근 3년간의 순손익액의 가중평균액을 같은 영 제56조 제1항 제1호의 가액으로 하는 것이 불합리하다고 인정되면 특별한 사정이 없는 한 제1호의 가액에 의해서는 안되는 것이며, 납세의무자가 같은 항 제2호의 요건을 갖춘 1주당 추정이익을 신고하지 않았다고 하여 불합리한 것으로 인정되는 같은 항 제1호의 가액에 의할 수는 없다 할 것이다(대법원 2006두16434, 2008.12.11. ; 대법원 2012두5145, 2012.6.14. 등 참조).

4. 시사점

이상과 같은 조세심판원의 결정은 납세자가 비록 세법에서 정하는 절차에 따라 추정이익에 의하여 신고하는 절차를 이행하지 아니하였다고 하더라도 비상장주식을 평가함에 있어 1주당 최근 3년간의 순손익액의 가중평균액을 같은 영 제56조 제1항 제1호의 가액(최근 3년간 손익익액의 가중평균액)으로 하는 것이 불합리하다고 인정되면 특별한 사정이 없는 한 제1호의 가액에 의해서는 안되는 것이다.
이와 같은 심판원의 결정은 비록 시행령에서 적용요건을 규정하고 있다고 하더라도 불합리하다고 인정되면 특별한 사정이 없는 한 최근 3년간 손익익액의 가중평균액으로 순손익액을 적용해서는 안된다는 것이다.
이러한 심판원 결정에 이어 대법원에서도 일시우발적인 자산수증이익 등이 발생된 법인의 경우에는 「상속세 및 증여세법」 제63조 제1항 제1호 다목에서 규정한 보충적 평가방법에서 일시우발적사건의 발생과 관련된 법인의 순손익액의 산정은 특별이익을 공제하고 정상적 경상이익만을 기초로 한 최근 3년간의 순손익액의 가중평균액을 함께 조정하는 것이 합리적이라고 판시(대법원 2013두2853, 2013.5.24.)한 바 있다.

3.3 발행주식총수의 계산

3.3.1 원 칙

1주당 순손익액의 가중평균액을 계산할 때 각 사업연도의 주식수는 각 사업연도종료일 현재의 발행주식총수에 의한다. 따라서 1주당 순손익액은 순손익액을 사업연도말 현재의 총발행주식수 또는 환산주식수로 나누어 계산한다.

$$1주당\ 순손익액 = \frac{순손익액}{발행주식총수\ 또는\ 환산주식수}$$

발행주식총수의 계산은 자기주식을 보유하고 있는 경우에 보유목적에 따라 다음과 같이 상이하게 처리한다.

① 주식을 소각하거나 자본을 감소하기 위하여 보유하는 자기주식이라면 자본에서 차감하는 것이므로 발행주식총수에서 자기주식을 차감하여 1주당 순자산가치와 순손익가치를 평가한다.

② 기타 일시적으로 보유한 후 처분할 자기주식이라면 자산으로 보아 평가하는 것이므로 자기주식은 발행주식총수에 포함시키고, 자기주식의 취득가액상당액을 당해 법인의 자산에 가산한다(서일 46014-10198, 2003.2.20.).

3.3.2 증자 또는 감자가 있는 경우(2011.7.25. 개정 이후)

(1) 현 황

비상장주식에 대한 평가는 원칙적으로 사례가액이 있는 경우에는 사례가액을 적용하고, 사례가액이 확인되지 않는 경우에는 보충적 평가방법에 의하여 평가하게 된다. 보충적 평가방법은 원칙적으로 1주당 순손익가치와 1주당 순자산가치를 각각 3과 2의 비율로 가중 평균한 가액으로 평가하는데, 1주당 순손익가치는 1주당 최근 3년간 순손익액을 가중평균하여 계산하지만 각 사업연도의 1주당 순손익액을 계산할 때에는 해당 사업연도의 순손익액을 사업연도말 발행주식총수로 나누어 계산한다.

그동안 발행주식총수는 무상증자나 무상감자를 한 경우에는 환산주식수를 적용하여 1주당 순손익액을 계산할 수 있었다. 이에 반하여 유상증자를 한 경우에는 그에 따른 발행주식총수의 증감에 따른 고려도 없이 해당 사업연도 종료일 현재의 발행주식수로 나누어 1주당 순손익액을 산출하였다. 이러한 방식의 적용으로 유상증자를 한 경우에는 신주발행에 따른 희석효과를 반영하지 못하여 실제 주가를 반영하지 못한다는 논란이 꾸준히 있어왔다. 그것은 기업의 과거수익력에 전혀 기여한 바도 없는 신주에 대해서 동일한 수익력을 그대로 적용하여 평가하였기 때문이다. 이러한 문제점을 개선하기 위하여 「상속세 및 증여세법 시행령」 제56조 제5항이 개정(대통령령 제23040호, 2011.7.25.)되어 어느 정도 희석효과를 반영하게 되었다.

(2) 환산주식수의 계산

1주당 최근 3년간의 순손익액의 가중평균액을 산정할 때, 각 사업연도의 주식수는 각 사업연도 종료일 현재의 발행주식총수에 의한다. 다만, 평가기준일이 속하는 사업연도 이전 3년 이내에 증자 또는 감자를 한 사실이 있는 경우에는 증자 또는 감자 전의 각 사업연도 종료일 현재의 발행주식총수는 다음과 같이 환산하며, 유상증자·유상감자가 있는 경우에도 무상증자·무상감자가 있는 경우와 동일하게 환산한다.

① 증자에 따른 환산주식수 계산

$$환산주식수 = \frac{증자\ 전\ 각}{사업연도말\ 주식수} \times \frac{(증자\ 직전\ 사업연도말\ 주식수 + 증자주식수)}{증자\ 직전\ 사업연도말\ 주식수}$$

② 감자에 따른 환산주식수 계산

$$환산주식수 = \frac{감자\ 전\ 각}{사업연도말\ 주식수} \times \frac{(감자\ 직전\ 사업연도말\ 주식수 - 감자주식수)}{감자\ 직전\ 사업연도말\ 주식수}$$

사례 1. 증자에 대한 환산주식수 계산

가나산업㈜은 다음과 같이 유상증자와 무상증자가 있었다. 평가기준일은 2025.7.1.인 경우 순손익액을 계산하기 위한 각 연도별 환산주식수를 구하라.

사업연도	기초주식수	유상증자	무상증자	기말주식수	환산주식수
2022년	20,000			20,000	40,000
2023년	20,000		10,000	30,000	40,000
2024년	30,000	10,000		40,000	40,000

풀이

2024사업연도 환산주식수 : 40,000주

2023사업연도 환산주식수 : $30{,}000 \times \frac{30{,}000 + 10{,}000}{30{,}000} = 40{,}000$

2022사업연도 환산주식수 : $20{,}000 \times \frac{20{,}000 + 10{,}000 + 10{,}000}{20{,}000} = 40{,}000$

사례 2. 감자에 대한 환산주식수 계산

가나산업㈜은 다음과 같이 감자가 있었다. 평가기준일 2025.7.1.인 경우 순손익액을 계산할 때 연도별 환산주식수를 구하라.

사업연도	기초주식수	유상감자	무상감자	기말주식수	환산주식수
2022년	40,000			40,000	20,000
2023년	40,000		10,000	30,000	20,000
2024년	30,000			30,000	20,000
2025년	30,000	10,000		–	

2025년 유상감자는 2025.4.1.에 하였다.

풀이

2024사업연도 환산주식수 : $30{,}000 \times \frac{30{,}000-10{,}000}{30{,}000} = 20{,}000$

2023사업연도 환산주식수 : $30{,}000 \times \frac{30{,}000-10{,}000}{30{,}000} = 20{,}000$

2022사업연도 환산주식수 : $40{,}000 \times \frac{40{,}000-10{,}000-10{,}000}{40{,}000} = 20{,}000$

3.3.3 무상증자 또는 무상감자가 있는 경우(2011.7.24. 이전)

평가기준일이 속하는 사업연도 전 3년 이내에 무상증자 또는 무상감자를 한 사실이 있는 경우에는 무상증자 또는 무상감자 전의 각 사업연도종료일 현재의 발행주식총수는 다음과 같이 환산주식수에 의한다(상증칙 §17의 3 ⑤). 이 경우에 평가기준일이 속하는 사업연도 중에 무상증자 또는 무상감자를 하여 평가기준일 현재 주식수가 증가하거나 감소한 경우도 포함하여 적용한다(재산 46014-44, 2002.2.22.).

(1) 무상증자한 경우의 환산주식수 계산

$$\text{환산주식수} = \text{무상증자 전 각 사업연도말 주식수} \times \frac{(\text{무상증자 직전 사업연도말 주식수} + \text{무상증자주식수})}{\text{무상증자 직전 사업연도말 주식수}}$$

사례 3. 무상증자한 경우의 환산주식수 계산

연 도	기초주식수	유상증자	무상증자	기말주식수	환산주식수
2007	5,000	2,000		7,000	10,000
2008	7,000		2,000	9,000	10,000
2009	9,000		1,000	10,000	10,000

풀이

2009사업연도 주식수 : 10,000

2008사업연도 주식수 : $9,000 \times \frac{9,000+1,000}{9,000} = 10,000$

2007사업연도 주식수 : $7,000 \times \frac{7,000+2,000+1,000}{7,000} = 10,000$

사례 4. 무상증자한 경우의 환산주식수 계산

연 도	기초주식수	유상증자	무상증자	기말주식수	환산주식수
2007	10,000			10,000	20,000
2008	10,000	5,000	5,000	20,000	30,000
2009	20,000		10,000	30,000	30,000

* 2008년 증자는 유상증자 이후에 무상증자를 한 것으로 가정한다.

풀이

2009사업연도 주식수 : 30,000

2008사업연도 주식수 : $20,000 \times \frac{20,000+10,000}{20,000} = 30,000$

2007사업연도 주식수 : $10,000 \times \frac{10,000+3,333^{*}+6,667^{**}}{10,000} = 20,000$

* 2008년도 무상주 : $5,000 \times \frac{10,000}{15,000} = 3,333$

** 2009년도 무상주 : $10,000 \times \frac{13,333}{20,000} = 6,667$

※ 비상장주식의 1주당 순손익액을 계산할 때 평가기준일이 속하는 사업연도 전 3년 이내에 무상증자를 한 사실이 있는 경우 무상증자 전의 각 사업연도 종료일 현재의 발행주식총수는 환산주식수에 의하는 것이며, 이 경우 무상증자주식수는 무상증자 직전 사업연도말 주식수에 배정되어 발행된 무상증자주식수를 말하는 것임(서일 46014-11648, 2003.11.18.).

사례 5. 평가기준일이 속하는 사업연도 중에 무상증자한 경우의 환산주식수 계산

1. 평가기준일 : 2010.6.30.
2. 무상증자일 : 2010.4.1.(무상증자 100,000주)
3. 환산주식수의 계산

연 도	기초주식수	유상증자	무상증자	기말주식수	환산주식수
2007	10,000			10,000	20,000
2008	10,000	90,000		100,000	200,000
2009	100,000			100,000	200,000
2010	100,000		100,000	–	–

풀이

2009사업연도 주식수 : $100{,}000 \times \dfrac{100{,}000+100{,}000}{100{,}000} = 200{,}000$

2008사업연도 주식수 : $100{,}000 \times \dfrac{100{,}000+100{,}000}{100{,}000} = 200{,}000$

2007사업연도 주식수 : $10{,}000 \times \dfrac{10{,}000+10{,}000^{*}}{10{,}000} = 20{,}000$

* 2010년 무상주 : $100{,}000 \times \dfrac{10{,}000}{100{,}000} = 10{,}000$

(2) 무상감자한 경우의 환산주식수 계산

$$\text{환산주식수} = \text{무상감자 전 각 사업연도말 주식수} \times \frac{(\text{무상감자 직전 사업연도말 주식수} - \text{무상감자주식수})}{\text{무상감자 직전 사업연도말 주식수}}$$

사례 6. 무상감자한 경우의 환산주식수 계산

연 도	기초주식수	무상감자	기말주식수	환산주식수
2007	10,000	2,000	8,000	7,000
2008	8,000		8,000	7,000
2009	8,000	1,000	7,000	7,000

풀이

2009사업연도 주식수 : 7,000

2008사업연도 주식수 : $8{,}000 \times \dfrac{8{,}000-1{,}000}{8{,}000} = 7{,}000$

2007사업연도 주식수 : $8{,}000 \times \dfrac{8{,}000-1{,}000}{8{,}000} = 7{,}000$

논점 – 자본금의 증자 또는 감자에 따른 환산주식수 계산산식의 개선

1. 현 황

(1) 무상증자 및 무상감자에 대한 환산주식수 계산

그동안 1주당 최근 3년간의 순손익액의 가중평균액을 계산할 때 평가기준일이 속하는 사업연도 이전 3년 이내에 무상증자 또는 무상감자를 한 사실이 있는 경우에는 무상증자 또는 무상감자 전의 각 사업연도종료일 현재의 발행주식총수는 환산주식수를 적용하여 다음과 같이 계산하였다.

•무상증자의 경우

$$\text{환산주식수} = \frac{\text{무상증자 전 각}}{\text{사업연도말 주식수}} \times \frac{(\text{무상증자 직전 사업연도말 주식수} + \text{무상증자주식수})}{\text{무상증자 직전 사업연도말 주식수}}$$

•무상감자의 경우

$$\text{환산주식수} = \frac{\text{무상감자 전 각}}{\text{사업연도말 주식수}} \times \frac{(\text{무상감자 직전 사업연도말 주식수} - \text{무상감자주식수})}{\text{무상감자 직전 사업연도말 주식수}}$$

(2) 유상증자 및 유상감자에 대한 자본이익 반영 노력

정부에서는 유상증자 또는 유상감자를 하였을 때 1주당 순손익가치가 불합리하게 적용되는 문제점이 있어 이를 개선하기 위하여 2011.7.25.(대통령령 제23040호) 「상속세 및 증여세법 시행령」 제56조 제5항을 개정하였다. 이 개정에서 순손익액을 계산할 때 평가기준일이 속하는 사업연도 이전 3년 이내에 해당 법인의 자본을 증가시키기 위하여 유상증자하거나 해당 법인의 자본을 감소시키기 위하여 유상감자한 사실이 있는 경우에는 유상증자 또는 유상감자를 한 사업연도와 그 이전 사업연도의 순손익액은 납입자본금에 대한 이익률에 해당되는 금액을

순손익액 계산에 반영하여 평가하도록 하였다. 이와 함께 무상증자 또는 무상감자한 경우에 환산주식수를 적용하던 종전의 규정을 유상 또는 무상에 구분없이 모두 기획재정부령이 정하는 방법에 의하여 계산하도록「상속세 및 증여세법 시행령」제56조 제3항을 개정하였다. 이에 따라 2011.7.25.(기획재정부령 제223호) 개정된「상속세 및 증여세법 시행규칙」제17조의 3 제5항에서는 다음과 같이 개정하였다.

•증자의 경우(2011.7.25. 개정)

$$\text{환산주식수} = \text{증자 전 각 사업연도말 주식수} \times \frac{(\text{증자 직전 사업연도말 주식수} + \text{증자주식수})}{\text{증자 직전 사업연도말 주식수}}$$

•감자의 경우

$$\text{환산주식수} = \text{감자 전 각 사업연도말 주식수} \times \frac{(\text{감자 직전 사업연도말 주식수} - \text{감자주식수})}{\text{감자 직전 사업연도말 주식수}}$$

2. 환산주식수 계산 산식의 문제점

그동안 환산주식수의 계산산식은 무상증자와 무상감자의 경우로 구분하여 계산하였으나 개정된 환산주식수의 계산산식은 유상 또는 무상의 구분없이 환산하는 방식으로 개정하였다. 개정된 환산주식수 계산산식은 최근 3년간 순손익액을 계산 때 유상증자와 유상감자에 대해서는 납입자본금의 변동에 따른 자본이익을 순손익액에 가감하여 평가할 뿐 환산주식수 계산산식은 결국 평가기준일 현재의 발행주식총수를 적용하게 된다.

3. 개선방안

자본금의 증자 및 감자와 관련하여 개정된「상속세 및 증여세법 시행규칙」제17조의 3 제5항에서의 환산주식수의 계산산식은 결국 평가기준일 현재의 발행주식총수로 계산되므로 이를 단순하게 개정할 필요가 있다.

3.3.4 액면가액이 변동(분할 또는 병합)된 경우

비상장주식의 1주당 최근 3년간 순손익액의 가중평균액을 계산함에 있어서 최근 3년간에 당해 법인의 1주당 액면가액을 변경함으로써 총발행주식수가 달라진 경우에는 최종 사업연도의 총발행주식수를 기준으로 하여 1주당 순손익액을 계산한다(재산 01254-717, 1988.3.10.).

사례 7. 액면병합한 경우의 발행주식총수의 계산

연 도	액면가액	유상증자	기말주식수	손 익
2022	5,000		20,000	△10,000,000
2023	5,000	20,000	40,000	30,000,000
2024	10,000		20,000	40,000,000

풀이

$$=\left[\frac{\triangle 10,000,000}{20,000\times\frac{5,000}{10,000}}+\frac{30,000,000}{40,000\times\frac{5,000}{10,000}}\times 2+\frac{40,000,000}{20,000}\times 3\right]\div 6$$

$$=(\triangle 1,000+1,500\times 2+2,000\times 3)\div 6=1,333$$

3.3.5 우선주가 있는 경우

우선주는 주주총회에서 의결권이 없는 대신 배당이나 잔여재산에 대하여 우선적으로 분배받을 수 있는 주식을 말한다. 이때 평가대상법인이 우선주를 발행한 경우에 비상장법인의 1주당 순손익가치 및 순자산가치를 계산할 때 발행주식총수에는 이를 포함한다(서사-1894, 2004.11.23.).

3.3.6 자기주식이 있는 경우

「상법」에서는 회사의 자본을 충실하게 하기 위하여 자기주식의 취득을 엄격히 제한하고 있다(상법 §341). 그러나 예외적으로 주식을 소각하거나 회사의 합병 또는 다른 회사의 영업 전부의 양수로 인한 때 및 회사의 권리를 실행함에 있어 그 목적을 달성하기 위하여 필요한 경우 등과 같은 부득이한 사유가 있는 경우에는 자기주식을 취득할

수 있다. 이때 회사가 자기주식을 취득하는 경우에는 발행주식총수는 그 보유목적이 일시보유 목적인지 또는 주식소각 목적인지에 따라 구분하여 적용하여야 한다.

이에 대해「상속세 및 증여세법 시행령」제56조 제1항의 규정에 의하여 비상장주식의 1주당 최근 3년간의 순손익액을 계산할 때, 각 사업연도의 주식수는 각 사업연도 종료일 현재의 발행주식총수에 의하는 것이며, 주식의 소각 또는 자본의 감소를 위하여 취득한 자기주식을 발행주식총수에서 제외하는 것이나, 일시적으로 보유한 후 처분할 자기주식은 발행주식총수에 포함하는 것(제도 46014－10291, 2001.3.28.)으로 해석하고 있다.

이 해석에 따르면 회사가 주식을 소각하거나 자본을 감소하기 위하여 보유하는 자기주식은 제외한다고 하지만 최근 3년간 각 사업연도의 1주당 순손익액을 산정할 때에도 소급하여 각 사업연도 종료일 현재의 발행주식총수에서 각각 차감하는 것인지 아니면 유상감자를 한 경우와 같이 소각목적으로 자기주식을 취득한 날이 속하는 해당 사업연도 종료일 이후 사업연도의 발행주식총수에서부터 차감한다는 것인지가 분명하지 않다.

이에 대해서는 1주당 최근 3년간의 순손익액을 산정할 때 환산주식수는 유상 또는 무상감자 구분없이 적용한다. 따라서 주식을 소각하거나 감자목적으로 자기주식을 취득한 경우에는 그 취득시점부터 각 사업연도 종료일 현재의 발행주식총수에서 자기주식수를 차감하여 1주당 순손익액을 산정하는 것이 타당하다고 판단된다.

예규

▶▶ 비상장주식 보충적평가의 순손익액 계산시 반영하는 감가상각비의 내용연수(서면법규재산 2022－792, 2023.3.16.)

「법인세법 시행령」제28조에 따른 기준내용연수 또는 신고내용연수가 아닌 임의의 내용연수에 따라 계상한 감가상각비는「법인세법 시행령」제28조에 따른 기준내용연수에 따라 산정한 감가상각비로 조정하여 계산하는 것임.

▶▶ 1주당 순손익액 계산 시 추정이익 적용요건을 갖추지 못한 경우 평가방법(서면자본거래 2022－3157, 2022.7.20.)

1주당 순손익액 계산시 추정이익 적용요건을 갖추지 못한 경우에는 상증령 §56 ① 에 따라 평가하는 것임.

▶▶ 중단사업으로 분류된 유형자산처분손익의 추정이익 적용 여부(서면자본거래2021－5221 (2021.12.15.)

기업회계기준에 따라 중단된 사업과 관련된 유형자산처분손익을 중단사업손익으로 분류한 경우에도 해당 중단사업손익은「상속세 및 증여세법 시행규칙」제17조의 3 제1항 제6호에서 규정하는 기업회계기준상 유형자산의 처분손익에 해당하는 것임.

▶▶ 평가기준일 이후 손익이 크게 변동할 경우 추정이익 적용 가능 여부(기준법령해석재산2017-202, 2017.10.20.)

비상장법인의 대표이사 등이 교체되어 향후 매출액이 급감될 것으로 예상되는 사유는「상속세 및 증여세법 시행령」(2014.2.21. 대통령령 제251951호로 개정된 것) 제56조 제2항 제1호에 해당하지 아니하며, 비상장법인의 주식을 같은 영 제54조에 따라 평가함에 있어 같은 영 제56조 제2항 각 호의 요건을 모두 갖추지 못한 경우에는 1주당 최근 3년간의 순손익액의 가중평균액을 같은 영 제56조 제2항에서 규정하는 추정이익의 평균가액으로 적용할 수 없는 것임.

▶▶「상속세 및 증여세법 시행규칙」제17조의 3에 일시·우발적사건의 예시규정에 없더라도 1주당 최근 3년간의 순손익액의 가중평균액을 적용하여 주식의 가치를 평가하는 것은 불합리함(대법원 2016두62009, 2017.3.30.)

구「상속세 및 증여세법 시행규칙」제17조의 3 제1항 각 호(일시·우발적사건)의 예외사유에는 해당하지 않지만 구「상속세 및 증여세법 시행령」제56조 제1항 제2호에 따른 '추정이익'으로 1주당 순손익액을 산정하여야 할 것인바, '1주당 최근 3년간의 순손익액 의 가중평균액'으로 이 사건 주식의 1주당 평가액을 산정하여 한 이 사건 처분은 위법함.

▶▶ 1개의 회계법인(세무법인)이 산정한 추정이익의 순손익가치 인정여부(사전법령해석재산2017-17, 2017.2.16.)

1주당 추정이익의 평균가액은「상속세 및 증여세법 시행령」제56조 제2항에 따라 둘 이상의 신용평가전문기관,「공인회계사법」에 따른 회계법인 또는「세무사법」에 따른 세무법인이 같은 법 시행규칙 제17조의 3 제4항에 따라 계산한 금액을 말하는 것임. 1개의 회계법인 또는 세무법인이 같은 법 시행규칙 제17조의 3 제4항에 따라 계산한 금액은 1주당 추정이익의 평균가액으로 볼 수 없는 것임.

▶▶「상속세 및 증여세법 시행규칙」제17조의 3 제1항 제2, 3, 6, 7호에 해당하므로 순자산가치만을 기준으로 평가함이 타당함(대법원 2016두50198, 2016.12.15.)

평가 기준일 전 3년이 되는 날이 속하는 사업연도 개시일부터 평가기준일까지의 기간중 합병·분할·증자 또는 감자를 하였거나 주요업종이 바뀐 경우 등에 해당하므로 주식을 순자산가액으로 평가함이 타당함.

▶▶ 평가기준일 전 3년이 되는 날이 속하는 사업연도 개시일부터 평가기준일까지의 기간 중 주요업종이 바뀐 경우이므로 쟁점주식의 순손익가치 산정시 추정이익에 의한 방법을 적용하여야 한다는 청구주장의 당부(조심2016서3366, 2016.12.12.)

쟁점법인의 주요 업종이 계속하여 제조업이므로 업종이 바뀐 경우로 보기 어려운 점, 청구인들이 이 건 증여세의 과세표준 신고기한까지 1주당 추정이익의 평균가액을 신고하지 아니한 점, 회계법인 등의 평가서 작성일이 이 건 증여세의 과세표준 신고기한 이내가 아닌 점 등에 비추어 처분청이 최근 3년간의 순손익액의 가중평균액으로 쟁점주식의 순손익가치를 산정하여 증여세를 과세한 처분은 잘못이 없음.

▶▶ **추정이익에 의한 주식평가가 가능한지 여부**(기획재정부재산－240, 2016.4.1.)
국고보조금 순익금산입액의 최근 3년간 가중평균액이 법인세 차감전 손익에 대한 최근 3년간 가중평균액의 50퍼센트를 초과하는 경우는 구 「상속세 및 증여세법 시행령(2007.2.28, 대통령령 제19899호로 개정되기 전의 것)」 제56조 제1항 본문에 따른 1주당 최근 3년간의 순손익액의 가중평균액을 같은 항 제2호에 따른 1주당 추정이익의 평균가액으로 할 수 있는 경우에 해당하지 아니하는 것임.

▶▶ **사업연도 1년 미만 비상장법인의 1주당 최근 3년간 순손익액의 가중평균액 계산방법**(서면법령해석재산 2014－21246, 2015.3.27.)
「상속세 및 증여세법 시행령」 제56조 제1항 제1호에 따른 비상장법인의 "1주당 최근 3년간 순손익액의 가중평균액"은 평가기준일 이전 1년, 2년 및 3년이 되는 날이 속하는 사업연도의 1주당 순손익액을 기준으로 하여 계산하는 것이며, 1개 사업연도를 1년에서 3개월로 변경한 경우에는 4개의 사업연도를 1개 사업연도로 보아 1주당 순손익액을 산정하는 것임.
다만 평가기준일 이전 3년이 되는 날이 속하는 사업연도인 최초 변경된 사업연도(4개월 사업연도)와 연속된 2개의 사업연도(3개월 사업연도, 3개월 사업연도)를 합산하여 1개로 보는 사업연도가 1년 미만인 경우, 1주당 순손익액은 해당 3개 사업연도를 년으로 환산한 가액에 의하며, 이 경우 1년으로 보는 사업연도가 1년을 초과할 수 없는 것임.

▶▶ **금융위원회가 정한 1주당 추정이익의 평균가액 적용방법**(법규재산2014－214, 2014.7.18.)
「상속세 및 증여세법 시행령」 제56조 제2항을 적용함에 있어 1주당 추정이익의 평균가액은 같은 법 시행규칙(2014.3.14. 기획재정부령 제412호로 개정된 것) 제17조의 3 제4항에 따라 「자본시장과 금융투자업에 관한 법률 시행령」 제176조의 5 제2항에 따른 금융위원회가 정한 수익가치에 「상속세 및 증여세법 시행령」 제54조 제1항에 따른 순손익가치환원율을 곱하여 산정하는 것으로, 이때 수익가치를 「증권의 발행 및 공시 등에 관한 규정 시행세칙」(금융감독원장이 2012.12.5. 개정한 것) 제6조에 따라 산정하는 경우 「상속세 및 증여세법 시행규칙」 제17조의 3 제4항이 적용되는 것임.

▶▶ **추정이익의 평균액으로 평가사유 발생시 순손익가치 산정방법**(법규－1165, 2013.10.24.)
「상속세 및 증여세법」 제63조 제1항 제1호 나목 및 같은 법 시행령 제54조 제1항을 적용함에 있어 평가대상 비상장법인이 평가기준일 전 3년이 되는 날이 속하는 사업연도 개시일부터 평가기준일까지의 기간 중 인적분할을 하여 같은 법 시행규칙 제17조의 3 제1항 제3호의 사유에 해당하는 경우에도 순손익가치를 같은 법 시행령

제56조 제2항에 따른 추정이익을 산정하여 신고하지 아니하고 같은 영 제56조 제1항 제1호에 의한 가액으로 산정하여 신고한 경우 동 신고한 가액으로 순손익가치를 계산하여 주식을 평가하는 것임.

▶▶ 추정이익의 적용사유가 발생한 납세자가 추정이익을 선택하지 않는 경우의 평가방법(법규과-1165, 2013.10.24.)

[질의]

(사실관계)

- 2003.5.30. □□□□㈜는 △△△△㈜의 지분 38.18를 취득
- 2007.12.24. □□□□㈜는 △△△△ 관련 투자부분을 인적분할하여 분할신설법인 ☆☆☆☆㈜를 설립 ⇒ 기존주주인 ◇◇◇ 주식취득
- 2007.12.28. 인적분할 직후 ◇◇◇은 ☆☆☆☆의 주식 전부를 특수관계 있는 ▽▽▽▽▽▽㈜에 양도

(질의내용)

- 납세자가 비상장주식을 순손익가치와 순자산가치를 가중평균하여 평가한 경우로서
  - 순손익가치를 산정할 때 최근 3년간 순손익액(제1호의 가액)으로 평가하는 것이 불합리하다고 인정되는 사유가 발생하였으나
  - 추정이익의 평균액(제2호의 가액)을 선택하지 않고 원칙적인 최근 3년간 순손익액(제1호의 가액)으로 평가한 경우
- 최근 대법원은 1호의 가액을 적용하는 것이 불합리하다고 인정되는 사유가 있다면 특별한 사정이 없는 한 제2호의 가액 산정요건을 갖추지 못하였더라도 제1호의 가액을 적용하는 것은 위법하다고 반복 판시한 바(대법원 2011두32300, 2012.4.26. 외 다수)
  - 위와 같은 경우에 대해 과세관청이 순자산가치로만 평가하는 것이 「상속세 및 증여세법」상 객관적이고 합리적인 평가방법을 준용하는 경우에 해당하는지 여부

[회신]

「상속세 및 증여세법」 제63조 제1항 제1호 다목 및 같은 법 시행령 제54조 제1항을 적용함에 있어 평가대상 비상장법인이 평가기준일 전 3년이 되는 날이 속하는 사업연도 개시일부터 평가기준일까지의 기간 중 인적분할을 하여 같은 법 시행규칙 제17조의 3 제1항 제3호의 사유에 해당하는 경우에도 순손익가치를 같은 법 시행령 제56조 제2항에 따른 추정이익을 산정하여 신고하지 아니하고 같은 영 제56조 제1항 제1호에 의한 가액으로 산정하여 신고한 경우 동 신고한 가액으로 순손익가치를 계산하여 주식을 평가하는 것임.

▶▶ 금융위원회가 정한 1주당 추정이익의 산출기준 적용방법(서면법규-1022, 2013.9.16.)

「상속세 및 증여세법 시행령」 제56조 제1항 제2호를 적용함에 있어 1주당 추정이익은 같은 법 시행규칙 제17조의 3 제4항에 따라 「자본시장과 금융투자업에 관한 법률 시행령」 제176조의 5 제2항에 따른 금융위원회가 정한 1주당 추정이익을 산출하기 위한 기준에 따라 산출하는 것으로, 1주당 추정이익을 「증권의 발행 및 공시 등에 관한 규정 시행세칙」(금융감독원장이 2012.12.5. 개정하기 전의 것) 제6조 제3항에 따른 주당추정이익의 산정방법에 따라 산정하는 경우 「상속세 및 증여세법 시행규칙」 제17조의 3 제4항이 적용되는 것임.

▶▶ 유상증자한 주식수를 반영하여 순손익가치로 산정한 사례(조심 2011서4923, 2013.9.9.)

유상증자로 인하여 증가된 주식수가 반영되지 아니하여 실제 증여되는 이익보다 더 많은 이익이 증여되는 것으로 평가되는 등으로 시가주의 평가원칙에 어긋나며, 신주를 저가발행하면 증자 후의 주식가치는 희석되어 낮아지는 것임에도 관계규정이 마련되어 있지 아니하다고 하여 불합리한 평가방법으로 시가를 평가하는 것은 「상속세 및 증여세법」상 시가주의 평가원칙에 어긋나는 것으로 보이고, 주식을 물납으로 받을 경우 그 물납가액은 신주 발행 후의 주가인 신 · 구주의 가치가 희석된 평균가치로 하고 있는 점, 유상증자 시 불균등증자를 증여의제하여 증여세를 과세할 경우 신주 발행 후의 신 · 구주의 가치가 희석된 평균가치로 평가하여 과세하고 있는 점 등에 비추어 보면, 희석된 평균가치로 과세하는 것이 합리성 등의 측면에서 적합하다 할 것이므로 쟁점 주식은 증자효과를 반영하여 1주당 순손익액을 평가함이 합리적이라 할 것이다(국심 2006서111, 2007.5.1.; 조심 2008서4078, 2009.12.28. 합동회의 등 참조).

▶▶ 비상장주식 평가 시 1주당 최근 3년간의 순손익액의 가중평균액 계산 시 평가기준일이 속하는 사업연도 중 증자·감자로 평가기준일 현재 주식수가 증가 또는 감소한 경우 직전 3년의 각 사업연도말 발행주식총수를 환산주식수에 의하는 것임(재산세과-172, 2012.5.8.)

「상속세 및 증여세법 시행령」 제54조 제1항에 따른 비상장주식 1주당 최근 3년간의 순손익액의 가중평균액을 계산할 때 평가기준일이 속하는 사업연도 전 3년 이내에 증자 또는 감자를 한 사실이 있는 경우 증자 또는 감자 전의 각 사업연도 종료일 현재의 발행주식총수는 같은법 시행규칙 제17조의 3 제5항 각 호의 계산식에 따라 환산한 주식수에 의하는 것으로서, 여기서 '평가기준일이 속하는 사업연도 전 3년 이내에 증자 또는 감자를 한 사실이 있는 경우'에는 평가기준일이 속하는 사업연도 중에 증자 또는 감자를 하여 평가기준일 현재 주식수가 증가하거나 감소한 경우를 포함하는 것임.

▶▶ 전체 주식을 무상감자하고 동시에 유상증자한 경우 감자주식수에서 증자주식수를 뺀 주식을 무상감자한 것으로 보아 각 사업연도말 주식수를 환산하는 것임(재산세과-348, 2011.7.20.)

[질의]

가. 사실관계

-평가기준일 : 2010.12.31.

2008년말 주식수 : 100주

2008년말 순손익액 : -100,000

-2009년 중 기존의 100주를 모두 무상감자함과 동시에 200주를 제3자배정 유상증자함.

-「상속세 및 증여세법」에 의한 2008년의 환산주식수는 0주이며, 따라서 2008년의 주당 순손익액은 산정되지 않음.

나. 질의내용

-위와 같은 경우 순손익액의 가중평균액 산정에 있어 2008년분 주당 순손익액 반영 시 발행주식수 등은 어떻게 반영하는지 여부를 질의함.

[회신]

귀 질의와 같이 비상장주식을 100% 무상감자하고 동시에 유상증자한 사실이 있는 경우 무상감자 주식수에서 유상증자 주식수를 뺀 주식을 무상감자한 것으로 보아 「상속세 및 증여세법 시행규칙」 제17조의 3 제5항을 적용하는 것임.

▶▶ 순손익가치에 의하여 평가함에 있어 추정이익에 의한 방법을 적용할 수 있는지 여부(조심2010중2417, 2010.12.23.)

증여세 과세표준 신고기한 내에 증여세를 신고하거나 1주당 추정이익에 대한 산출보고서를 제출한 사실이 없는 점 등을 감안할 때, 쟁점주식의 증여가액을 「상증법 시행령」 제54조의 규정에 의한 순손익가치에 의하여 평가함에 있어 「상증법 시행령」 제56조 제1항 제2호의 추정이익에 의한 방법을 적용하여야 한다는 청구주장은 받아들이기 어려움.

▶▶ 분할신설법인의 순손익가치 평가(상속증여-322, 2014.8.22.; 서면4팀-498, 2008.2.28., 재산세과-498, 2009.10.20.)

「법인세법」 제46조 제1항의 규정에 의한 인적분할로 인한 분할신설법인의 1주당 순손익가치를 「상속세 및 증여세법 시행령」 제56조 제1항 제1호의 규정에 의하여 산정함에 있어서 분할한 사업연도의 분할법인 사업개시일부터 분할신설법인의 최초 사업연도 종료일까지의 기간이 1년 이내인 경우에는 당해 기간을 1개 사업연도로 보는 것이며, 이 경우 1년 미만인 사업연도의 1주당 순손익액은 연으로 환산한 가액에 의하는 것임. 또한, 분할법인의 분할전 순손익액이 사업부문별로 구분되지 아니하는 경우에는 같은 법 시행규칙 제10조의 2 제1항의 규정을 준용하여 분할 당시의 순자산가액 비율로 안분 계산하는 것임.

▶▶ 비상장주식의 1주당 순손익가치 산정시 추정이익 적용 여부(재산세과-2293, 2008.8.18.)

3년 이상 사업영위 법인이 인적분할을 한 경우로서 분할신설법인의 주식을 평가하는 경우에는 1주당 추정이익의 평균가액으로 당해 법인의 1주당 순손익가치를 평가할 수 있는 것임.

▶▶ 인적분할로 인한 분할신설법인의 순손익가치를 산정함에 있어 분할 전 순손익액이 사업부문별로 구분되지 아니한 경우 평가방법(재재산-744, 2007.6.27.)

「상속세 및 증여세법」 제63조 제1항 및 같은법 시행령 제54조 제1항의 규정에 따라 「법인세법」 제46조 제1항의 규정에 의한 인적분할로 인한 분할신설법인의 1주당 순손익가치를 산정함에 있어서 분할법인의 분할 전 순손익액이 사업부문별로 구분되지 아니하는 경우에는 같은법 시행규칙 제10조의 2 제1항의 규정을 준용하여 순자산가액비율로 안분계산하는 것이며, 우리부 질의회신(재재과-715, 2005.7.8.)은 인적분할의 경우에만 적용됨.

▶▶ 사업개시 후 3년 미만 법인을 흡수합병한 경우 '1주당 최근 3년간의 순손익액의 가중평균액'을 계산방법(서사-945, 2007.3.21.)

「상속세 및 증여세법 시행령」 제56조 제1항 제1호의 규정에 의한 '1주당 최근 3년간의 순손익액의 가중평균액' 계산 시 평가기준일 전 3년 이내에 합병이 있은 경우 합병 전 각 사업연도의 1주당 순손익액은 합병법인과 피합병법인의 순손익액의 합계액을 합병 후 발행주식총수로 나누어 계산한 가액에 의하는 것이며, 사업개시 후 3년 이상인 법인이 사업개시 후 3년 미만인 법인을 주식의 평가기준일이 속하는 사업연도 이전 사업연도에 흡수합병한 경우 합병법인의 3개 사업연도 중 피합병법인의 사업연도가 없는 사업연도의 1주당 순손익액은 합병법인의 순손익액을 그 합병법인의 당해 사업연도말 발행주식총수로 나누어 계산한 가액에 의하는 것임.

▶▶ 법인이 인적분할을 한 경우 분할존속법인과 분할신설법인의 1주당 순손익가치 평가방법(서사-273, 2007.1.19.)

사업영위기간이 3년 이상인 비상장법인이 평가기준일이 속하는 사업연도에 「법인세법」 제46조 제1항의 규정에 의한 인적분할을 한 경우로서 분할존속법인과 분할신설법인의 1주당 순손익가치를 「상속세 및 증여세법 시행령」 제56조 제1항 제1호의 규정에 의한 1주당 최근 3년간의 순손익액의 가중평균액으로 계산할 때 분할존속법인과 분할신설법인의 최근 3년간의 순손익액이 각각 구분이 되는 경우에는 그 구분된 순손익액을 기준으로 계산하는 것이며, 각 사업연도종료일 현재의 발행주식총수는 분할 후의 분할존속법인과 분할신설법인의 주식수에 의하는 것이 타당함.

▶▶ 비상장주식 평가에서 경상손익 및 특별손익의 최근 3년간 가중평균액 비교 방법(서면4팀-4182, 2006.12.27.)

1주당 추정이익의 평균가액으로 평가할 수 있는 대상에 해당하는지 여부를 판단할 때, 기업회계기준상의 특별손익의 최근 3년간 가중평균액이 경상손익의 최근 3년간 가중평균액의 50퍼센트를 초과하는지 여부는 절댓값을 기준으로 판단하는 것임.

03

▶▶ 최근 3개 사업연도 중 1년 이상 휴업한 사실이 있는 경우 순손익가치 산정방법(서사-3015, 2006.8.30.)

최근 3개 사업연도 중 1년 이상 휴업한 사실이 있는 경우「상속세 및 증여세법 시행령」제56조 제1항 및「같은 법 시행규칙」제17조의 3 제1항 제5호의 규정에 의하여「같은 법 시행령」제56조 제1항 제1호의 규정에 의한 1주당 최근 3년간의 순손익액의 가중평균액과 같은항 제2호의 규정에 의한 2 이상의 신용평가전문기관이나 또는 회계법인이 산출한 1주당 추정이익의 평균가액 중에서 선택하여 당해 법인의 1주당 순손익가치를 평가할 수 있는 것임.

▶▶ 평가기준일 전 3년이 되는 날이 속하는 사업연도개시일부터 평가기준일까지의 기간 중 합병한 비상장주식 평가방법(서사-2049, 2005.11.3.)

평가대상 주식을 발행한 법인이 평가기준일 전 3년이 되는 날이 속하는 사업연도개시일부터 평가기준일까지의 기간 중 합병한 경우 등 같은법 시행규칙 제17조의 3 제1항 각 호의 1에서 규정하는 사유가 있는 경우에는 같은법 시행령 제56조 제1항 제1호의 규정에 의한 1주당 최근 3년간 순손익액의 가중평균액과 같은항 제2호의 규정에 의한 1주당 추정이익의 평균가액 중에서 선택하여 순손익가치를 평가할 수 있는 것이며, 1주당 최근 3년간 순손익액의 가중평균액에 의하여 순손익가치를 평가하는 경우에는 평가기준일 이전 1년·2년·3년이 되는 날이 속하는 사업연도별로 합병법인과 피합병법인의 순손익액을 합계하여 합병 후 발행주식총수로 나누어서 계산하는 것임.

▶▶ 비상장주식평가에 있어 합병 후 3년이 경과되지 아니한 합병법인의 1주당 최근 3년간 순손익액의 계산방법(서면4팀-1071, 2004.7.13.)

평가기준일 전 3년 이내에 합병한 비상장법인의 합병 전 1주당 순손익액은 합병법인과 피합병법인의 순손익액의 합계액을 합병 후 발행주식총수로 나누어 계산함.

▶▶ 평가기준일이 속하는 사업연도 전 3년 이내에 무상증자를 한 사실이 있는 경우 각 사업연도종료일 현재의 발행주식총수(서일 46014-11648, 2003.11.18.)

「상속세 및 증여세법 시행령」제56조 제1항 제1호의 규정에 의하여 비상장주식의 1주당 순손익액을 계산할 때 평가기준일이 속하는 사업연도 전 3년 이내에 무상증자를 한 사실이 있는 경우 무상증자 전의 각 사업연도종료일 현재의 발행주식총수는 같은법 시행규칙 제17조의 3 제5항 제1호의 산식에 의한 환산주식수에 의하는 것이며, 이 경우 무상증자주식수는 무상증자 직전 사업연도말 주식수에 배정되어 발행된 무상증자주식수를 말하는 것임.

▶▶ 추정이익 산정 근거서류를 제출하지 못한 경우 비상장주식의 평가방법 여부(서일46014-10332, 2003.3.19.)

상속세 조사결정시에 추정이익의 산정에 관한 서류를 제출하여 요건을 모두 갖춘 경우에는, 추정이익에 의하여 순손익가치를 평가할 수 있음.

▶▶ 평가기준일이 속하는 사업연도에 무상증자·감자한 주식수가 있는 경우에도 각 사업연도의 총발행주식수(재재산 46014-44, 2002.2.22.)
「상속세 및 증여세법 시행령」 제56조 제2항 단서에서 규정한 '평가기준일이 속하는 사업연도 전 3년 이내에 무상증자 또는 무상감자를 한 사실이 있는 경우'란 평가기준일이 속하는 사업연도 중에 무상증자 또는 무상감자를 하여 평가기준일 현 주식수가 증가하거나 감소한 경우를 포함하는 것임.

▶▶ 주식배당이 있는 경우 발행주식총수(서일 46014-10141, 2002.1.31.)
주식배당이 있는 경우에도 무상증자와 같이 직전 사업연도 주식수를 「상속세 및 증여세법 시행령」 제56조 제2항의 규정에 의하여 환산하는 것임.

▶▶ 합병 후 3년이 경과되기 전의 합병법인의 순손익가치 평가방법(서일 46014-10352, 2001.10.24.)
「상속세 및 증여세법 시행령」 제56조 제1항 제1호의 규정에 의하여 1주당 최근 3년간 순손익액의 가중평균액을 계산하는 경우에 합병 후 3년이 경과되지 아니한 합병법인의 1주당 최근 3년간 순손익액은 평가기준일 전 1년·2년·3년이 되는 날이 속하는 사업연도별로 합병법인과 피합병법인의 순손익액을 합계하여 합병 후 발행주식총수로 나누어서 계산하는 것임. 이 경우 1년 미만인 사업연도의 순손익액은 연으로 환산한 가액에 의하는 것이나, 합병일이 속하는 피합병법인의 사업연도가 1년 미만으로서 합병 후부터 피합병법인과 합병법인의 순손익액이 합산되어 계산되는 경우에는 연으로 환산하지 아니하는 것임.

▶▶ 비상장주식평가 시 발행주식총수에 전환주식도 포함됨(재삼 46014-3306, 1995.12.26.)
「상속세법」상 보충적 방법으로 보통주식의 평가 시 회사가 발행한 전환주식수를 자산가치와 수익가치 산정 시에 반영하는 발행주식총수에 포함함.

3.4 순손익액의 계산

3.4.1 의 의

순손익가치는 최근 1주당 3년간 순손익액의 가중평균액을 이자율로 나누어서 계산하게 된다. 이때 순손익액은 「법인세법」 제14조에 따른 각사업연도소득을 기준으로 하여 세무조정 항목 중의 일부를 가감하여 계산한다. 순손익액은 기업회계상의 당기순이익으로 계산할 수도 있으나 「상속세 및 증여세법」에서는 「법인세법」상의 각사업연도소득을 기준으로 하여 계산하도록 하고 있다.

「법인세법」에서는 납세자간 소득계산의 통일성과 객관성을 유지하고 납세자 또는 과세기간 간의 공평한 과세를 위해 엄격하게 규정하고 있다. 순손익액의 계산은 원칙적으로 수익가치 평가의 객관성과 기업회계와 세무회계의 연계성을 유지하기 위해 「법인세법」상의 각사업연도 소득을 기준으로 하여 기업회계에서 수익으로 계상한 항목 중에서 「법인세법」에 따른 익금불산입액은 가산하고, 기업회계에서 비용으로 계상한 항목 중에 법인의 수익획득과 관련되어 지출되는 비용 중 손금불산입액을 차감하여 계산한다.

각사업연도 소득에서 익금불산입 또는 손금불산입을 가감할 때에는 모두 가감하는 것이 아니라 해당 법인의 수익력 평가와 관련이 되는 항목만을 가감하게 된다. 이러한 원리를 이해하기 위해 기업회계와 세무회계의 차이를 조정하는 세무조정 항목에서 가산하거나 차감하는 항목에 대해 정리하면 다음과 같이 요약할 수 있다.

3.4.2 세무조정

(1) 세무조정의 기본구조

기업회계상의 당기순이익과 법인세법상의 각 사업연도의 소득은 그 목적과 준거기준의 차이에도 불구하고 전혀 별개의 계산구조를 취하는 것이 아니라 상호 밀접한 관련성이 있다. 「법인세법」상의 세무조정은 기업회계상 당기순이익을 기초로 하여 「법인세법」상의 과세소득인 각 사업연도의 소득을 산정하기 위한 것으로서 그 구조는 다음과 같이 요약할 수 있다.

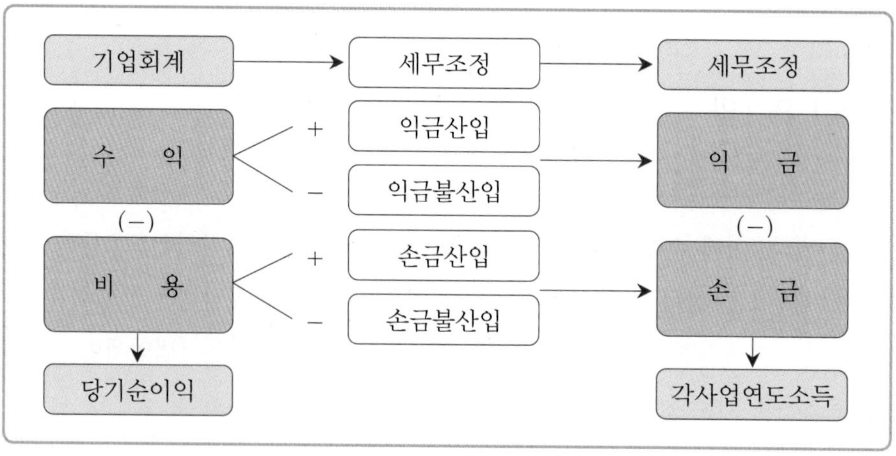

(가) 손익계산서상의 당기순이익

손익계산서상의 당기순이익은 기업회계기준에 의하여 작성된 손익계산서 항목 중 법인세차감전순손익에서 법인세 등을 차감한 금액을 의미한다.

(나) 익금산입 및 손금불산입

익금산입 및 손금불산입은 손익계산서상의 당기순이익에 가산되는 세무조정항목이다. 이에 대하여 익금산입이나 손금불산입에 대하여 구분하여 설명하면 다음과 같다.

① 익금산입

손익계산서상에 당기순이익을 계산하고 있지 않지만 「법인세법」상에 익금을 구성하는 항목이다. 예를 들어 임대보증금에 대한 간주임대료, 자기주식처분이익과 같이 기업회계에서는 수익으로 인식하지 않으나 「법인세법」에서는 익금에 산입하도록 하고 있다. 그뿐만 아니라 기업회계상 수익에 해당하고 「법인세법」에서도 익금에 해당하지만 기업회계상 수익에 누락된 항목도 이에 가산한다.

② 손금불산입

손익계산서상에 비용으로 계상되어 있지만 「법인세법」에서 손금으로 인정하지 아니하는 항목으로서 손익계산서상 당기순이익에 가산하는 항목이다. 예를 들어, 접대비(업무추진비) 한도초과액, 법인세 납부세액, 벌금, 가산세 등이 이에 해당되어 손익계산서상의 당기순이익에 가산되는 항목이다.

(다) 손금산입 및 익금불산입

손금산입 및 익금불산입은 세무조정을 할 때 손익계산서상의 당기순이익에서 차감하는 항목을 말한다. 이에 대하여 익금불산입이나 손금산입에 대하여 구분 설명하면 다음과 같다.

① 손금산입

손익계산서상에는 비용으로 계상하고 있지는 않지만 「법인세법」에서 손금으로 인정하는 것으로서 손익계산서상의 당기순이익에서 차감하는 항목이다. 이것은 「조세특례제한법」상의 준비금의 설정이나 기업회계상의 비용에 해당되고 「법인세법」에서는 손금으로 인정되지만 손익계산서상에 비용으로 계상하지 아니한 것으로서 신고조정을 통하여 손금에 산입하는 항목이 이에 해당한다.

② 익금불산입

손익계산서상에 수익으로 계상하고 있지만 「법인세법」에서는 익금에 해당하지 아니하여 손익계산서상 당기순이익에서 차감하는 항목이다. 이것은 국세 또는 지방세 과오납에 대한 환급금이자, 배당소득의 이중과세 조정 등을 하는 수입배당금 익금불산입액 등이 이에 해당한다.

3.4.3 기업회계와 세무회계의 차이와 효과

기업회계상 당기순이익과 「법인세법」상의 각사업연도소득 사이에는 같은 기간을 대상으로 하더라도 차이를 보이게 되는데, 그 차이는 각각의 고유목적과 손익의 인식기준 등이 서로 상이하기 때문이다. 이때 발생하는 차이는 미래의 법인세 납부세액에 영향을 미치느냐 미치지 않느냐에 따라 일시적 차이 또는 영구적 차이로 구분한다.

(1) 영구적 차이

영구적 차이는 기업회계상의 당기순이익과 「법인세법」상의 과세소득과의 차이가 발생한 연도에만 영향을 미치는 차이를 말한다. 기업회계에 의해서는 수익 또는 비용으로 계상한 항목이 「법인세법」에서는 익금 또는 손금으로 영구히 인정하지 않거나 그와 반대인 경우가 이에 해당한다. 이 영구적 차이는 당해 연도의 과세소득에 가산되거나 공제되어 법인세를 부담하거나 공제되는 효과가 당해 연도에만 영향을 미치고 미래에는 영향을 미치지 아니한다. 이런 차이는 일반적으로 조세정책 목적에 따라 세법이 기업회계를 규제하는 데서 발생하는 것이다.
그 원인별로 보면, 접대비(업무추진비), 기부금, 광고선전비 등과 같은 한도초과액, 벌금, 가산세, 업무무관경비 등과 같은 규제목적 경비 등이 이에 해당한다. 이러한 항목은 세무조정과정에서 소득처분은 사외유출로 처분된다. 또한, 자기주식처분이익과 같은 잉여금 구분에 의한 차이 등도 이에 해당한다.

(2) 일시적 차이

일시적 차이란 기업회계상의 당기순이익과 「법인세법」상의 과세소득간의 인식기준을 달리할 때 발생하는 차이를 말한다. 즉, 기업회계상의 수익과 비용의 인식기준과 「법인세법」상의 익금 또는 손금의 인식기준의 차이에 의하여 발생한다. 이때 발생한 일시적 차이는 그 차이가 발생한 연도에만 영향을 미치지 않고 미래기간의 과세소득을 증감시키는 반대의 적용을 통하여 궁극적으로 그 차이가 미래에 소멸한다. 이와 같은 일시적 차이는 세무조정을 할 때 유보로 소득처분된다.

3.4.4 각사업연도소득에 가산 또는 차감항목 구분

(1) 개 요

순손익가치는 최근 3년간 1주당 순손익액의 가중평균액을 기획재정부령으로 정하는 이자율로 나누어 계산한다. 이때 계산하는 각 연도별 순손익액은 「법인세법」 제14조에 따른 각사업연도소득에 대하여 세무조정 항목 중의 일부를 가감하여 산출한다. 세무조정 항목 중에 가감하는 항목으로 「상속세 및 증여세법 시행령」 제56조 제4항에서는 「법인세법」 제14조에 따른 각 사업연도소득에 제1호의 금액을 더한 금액에서 제2호의 금액을 뺀 금액으로 한다고 규정하고 있다.

이러한 방식으로 평가함에 따라 순손익액에 대한 개념을 충분히 이해하지 못한 경우에는 실무적으로 많은 혼란이 발생할 수 있다. 각사업연도소득에 세무조정 항목 중의 일부를 가감하는 방식으로 평가하는 것은 해당 법인의 수익력 측정이 합리적이지 못하다는 비판이 있었고, 이러한 비판에 따라 최근 몇 년 사이에 가감항목에 대하여 보완하는 개정이 있었다.

그 대표적인 예로서 이월된 기부금 손금산입액과 이월된 업무용 승용차 관련 손금산입액 등을 가산하고, 징벌적 목적의 손해배상금 등에 대한 손금불산입액, 업무용승용차 관련 비용의 손금불산입액, 감가상각비 시인부족액 등을 차감하도록 하는 개정이 있었다. 이러한 개정의 의미는 「상속세 및 증여세법 시행령」 제56조 제4항에서 각 사업연도의 소득에 가산하거나 차감하는 항목들이 예시적인 것으로 이해할 수 있다.

이에 따라 해당 법인의 순손익가치를 보다 합리적으로 평가하기 위해서는 각 사업연도의 소득에 가산하거나 차감하는 항목의 구분에 대한 이해가 필요하다. 해당 법인의 수익력 측정과 관련하여 각 사업연도의 소득에 가산하거나 차감하는 항목을 정리하면 다음과 같다.

(2) 가감항목의 구분기준

(가) 가산항목의 구분

「법인세법」 제14조에 따른 각사업연도소득을 기초으로 하여 가산하여야 할 항목은 기업회계에서는 법인의 수익에는 해당되나 세법 고유의 목적상 익금불산입한 항목이 이에 해당된다. 이것은 기업회계상의 당기순이익과 「법인세법」상의 과세소득간에 인식기준의 차이에 따라 발생한 것으로서, 국세 및 지방세 과오납에 대한 환급금이자나 수입배당금 중 익금불산입액 등이 이에 해당한다. 한편, 과거에 손금불산입한 항목 중에서 손금으로 추인되어 각사업연도 소득을 감소시킨 이월된 기부금 손금산입액, 이월된 업무용승용차 관련 손금산입액도 가산항목에 해당한다.

(나) 차감항목의 구분

각사업연도소득을 기초로 하여 차감하여야 할 항목은 기업회계에서는 손금에 해당되나 「법인세법」에서 손금불산입한 것으로서 법인세 과세소득에 영구적 차이가 발생하는 것이 이에 해당한다. 즉, 기업회계상의 당기순이익과 「법인세법」상의 각사업연도 소득과의 차이가 발생한 연도에만 영향을 미치고, 추후에 손금으로 추인되지 아니하는 항목을 말한다. 그 예로서 업무추진비, 기부금, 광고선전비 등과 같은 한도초과액, 벌금, 가산세, 업무무관경비 등과 같은 규제목적경비 등은 추후에 손금으로 추인될 수 없는 것이다.

이러한 항목은 법인의 수익획득과정에서는 비용으로 발생하였던 것이지만 세무조정과정에서 손금불산입 사외유출(상여, 배당, 기타, 기타사외유출)로 처분된 것이다. 따라서, 각사업연도소득을 계산할 때 기업회계상 당기순이익에 손금불산입액이 가산되었기 때문에 순손익액을 계산할 때에는 각사업연도 소득에서 손금불산입액을 차감하여 계산하는 것이다.

한편, 기업회계상의 당기순이익과 「법인세법」상의 과세소득간의 인식기준을 달리할 때 발생하는 차이인 일시적 차이는 차감 항목에 해당되지 아니한다. 예를 들어 선급보험료, 감가상각비 한도초과액, 퇴직급여충당금 한도초과액 등은 손금불산입하고 소득처분은 유보로 하게 된다. 이때 발생된 유보금액은 추후에 손금으로 추인될 것이며, 따라서 손금불산입 유보처분된 금액은 차감 항목에 해당하지 아니한다.

이와 같은 기준에 따라 판단할 때 「상속세 및 증여세법 시행령」 제56조 제4항 제2호 다목에서 열거한 「법인세법」 제28조에 따른 지급이자는 각사업연도소득에서 차감하는 것으로 규정하고 있으나, 「법인세법」 제28조 제1항 제3호 '대통령령이 정하는 건설자금에 충당한 차입금의 이자'는 기업회계와 세무회계상의 인식기준의 차이에서 발생한 것으로서 일시적인 차이에 해당한다. 그러므로 「법인세법」 제28조 제1항 제3호 '대통령령이 정하는 건설자금에 충당한 차입금의 이자'는 세무조정상 손금불산입하고 소득처분은 유보에 해당하여 차감 항목에 해당되지 않는 것이다.

(다) 익금산입 또는 손금산입의 차감 여부

세무조정과정에서 기업회계에서는 수익에 해당하지 아니하지만 세무회계에서 익금으로 계상하는 익금산입이나 기업회계에서 비용은 아니지만 세무회계에서 손금으로 계상하는 손금산입은 순손익액의 계산에 별도로 가감할 필요가 없게 된다. 이것은 기업회계상의 당기순이익과 「법인세법」상의 과세소득간에 인식기준의 차이에 따라 발생하는 것이며, 소득의 처분에 있어서도 사외유출로 처분될 사항이 없고, 모두 유보나 잉여금(기타)으로 처분되기 때문이다.

다만, 2008년부터는 「법인세법」 제24조에 의한 지정기부금의 손금산입한도액 초과금액 및 법정기부금의 손금산입한도액 초과금액, 「조세특례제한법」 제73조에 의한 특례기부금의 손금산입한도액 초과금액으로서 이를 이월하여 손금산입한 금액은 가산하는 항목으로 분류하였다. 이와 같이 가산하는 이유는 기부금의 경우 세무조정 이후에 소득금액을 고려하여 계산하는 항목으로서, 기부금 손금산입한도 초과금액의 손금불산입액은 각사업연도소득에서 차감하는 것과 같은 취지로 각사업연도 소득에서 이월손금산입액을 가산하는 것이다. 구체적으로 법인세 과세표준 및 세액조정계산서(「법인세법 시행규칙」 별지 제3호 서식) 101번 결산서상 당기순손익에서 소득조정금액을 가감한 다음 105번에서 기부금한도초과액을 가산하고, 106번 기부금한도초과이월액 손금산입액은 차감하여 각사업연도소득금액을 산정하게 되는 것이다. 이와 같은 계산구조에 따라 순손익액을 계산할 때 각 사업연도소득에서 가산한 서식상 105번의 기부금한도초과액은 차감하고, 서식상 106번 기부금한도초과이월액 손금산입액은 가산하는 것이다.

논점 – 순손익액을 계산할 때 퇴직급여충당금 과소계상액을 차감할 수 있는지?

1. 개요

비상장주식의 순손익가치를 평가함에 있어 최근 3년간의 '순손익액'은 법인세법 제14조의 규정에 의한 각 사업연도소득에서 「상속세 및 증여세법 시행령」 제56조 제4항 제1호의 규정에 의한 금액을 가산하고, 같은 항 제2호의 규정에 의한 금액을 차감한 금액에 의하여 산정하도록 하고 있다. 이에 대해 실무적으로 순손익액 계산서 서식에서 알 수 있듯이 세법에서 열거된 것에 대해 가산하거나 차감하는 것으로 볼 수 있다. 퇴직급여충당금의 과소계상액에 대한 대법원의 판례(대법원 2011.7.14. 선고 2008두4275 판결)에서는 각 사업연도 소득에서 차감하는 판결하였다. 이와 같은 판결과 유사한 다른 사례에서 보듯이 「상속세 및 증여세법 시행령」 제56조 제4항의 규정은 예시규정으로 해석하고 있다.
이 판례에 의하면 해당 규정의 입법 취지가 평가기준일 이전 최근 3년간 기업이 산출한 순손익액의 가중평균액을 기준으로 평가기준일 현재의 주식가치를 정확히 파악하려는 데 있는 점에 비추어 보면, 구 「상속세 및 증여세법 시행령」 제56조 제3항이 정한 최근 3년간의 '순손익액'을 산정함에 있어서는 당해 사업연도 말의 퇴직급여추계액을 기준으로 한 퇴직급여충당금 과소계상액을 차감하는 것이 상당하다(대법원 2007.11.29. 선고 2005두15311 판결 등 참조)고 판결하였다.

2. 대법원 판결의 의미

전심(부산고법 2008.2.1. 선고 2006누5618 판결)에서는 구 「상속세 및 증여세법 시행령」 제56조 제3항이 퇴직급여충당금 과소계상액을 각 사업연도소득에서 차감하는 금액으로 규정하고 있지 아니한 이상, 피고가 최근 3년간의 '순손익액'을 산정함에 있어 위 회사의 회장으로 재직하였던 망인에 관한 퇴직급여충당금 과소계상액을 전혀 차감하지 아니하였다고 하더라도 위법하다고 볼 수 없다고 판단하였다. 이러한 판결은 구「상속세 및 증여세법 시행령」 제56조 제3항에서 규정한 것은 강행규정으로 보았으나 파기환송한 대법원의 판결에서는 예시규정으로 보았다.

3. 예시규정으로 본 다른 심판례

「상속세 및 증여세법 시행령」 제56조 제4항은 예시규정이라는 것은 대손금의 사례에서도 나타난다. 대손금의 손금산입은 대손이 확정된 경우에 대해 「상속세 및 증여세법 시행령」 제56조 제4항 제2호 어디에도 각사업연도소득에서 차감하는 것으로 열거되지 않고, 「법인세법」상 손금불산입된 대손금에 대한 소득처분은 사외유출로 처분된다. 그렇지만 조세심판원 심판례(조심2011서2981, 2012.11.5.)에서는 순손익액을 계산할 때 대손금을 각사업연도소득에서 빼는 항목으로 결정하였다.

또한 감가상각비의 경우에도 대손금의 경우와 같이 예시규정으로 보았다. 법인세법상 각 사업연도소득을 기준으로 하고 있어 감가상각비를 결산 시 반영하지 않았다면 순손익액에서 차감 할 수 없다는 의견이나, 순손익액의 계산 시 각 사업연도 소득에서 차감하는 금액은 기업회계상 비용 산입대상으로 법인세법상으로는 손금불산입되는 항목들인 바, 상속세 및 증여세법에서의 주식의 1주당 가액을 평가할 때 동 항목들을 차감하는 이유는 법인세법상의 법인세 과세표준계산의 손익과는 다르더라도 그 주식의 가치를 정확하게 평가하고자 함에 있다할 것이다. 따라서 법인세법상 한도금액 및 고정자산 등의 감가상각비는 결산 시 미계상되어 법인세법상 손금불산입 대상이라 하더라도 주식의 가치를 정확하게 평가하기 위해서는 순손익액계산 시 각 사업연도 소득에서 차감하는 것이 정당하다고 할 것이다(국심 2005서2606, 2005.11.24., 국심 2003전2789, 조심 2013구3100, 조심 2013서3450). 이와 같은 계속된 심판결정으로 2014.2.21. 「상속세 및 증여세법 시행령」 제56조 제4항 제2호에서 라목을 신설하여 「법인세법 시행령」 제32조 제1항에 따른 시인부족액에서 같은 조에 따른 상각부인액을 손금으로 추인한 금액을 뺀 금액을 차감하도록 하였다.

논점 – 해당 연도 수익가치와 무관한 이월익금

1. 문제의 제기

순손익액을 계산할 때 「조세특례제한법」 제85조의 7(공익사업을 위한 수용 등에 따른 공장 이전에 대한 과세특례)과 같이 양도차익에 대한 과세를 이연하기 위해 이월익금으로 계산한 경우 각사업연도소득에서 이월익금의 가감 여부

2. 사건 개요

(1) 회사는 2009년에 본사와 제조공장이 수용되어 다른 지역으로 이전할 때 받은 보상금이 발생하여 장부가액과의 차액을 유형자산처분이익으로 계상하고, 양도차익을 「조세특례제한법」 제85조의 7에 따라 양도일이 속하는 2009사업연도의 익금으로 반영하지 아니하고, 2012사업연도부터 2014사업연도까지 균분한 금액을 각각 익금산입하여 각사업연도소득을 계상하였다.

(2) 해당 법인의 주식을 평가하기 위해 2015.3.1.을 평가기준일로 하여 비상장주식의 순손익가치를 산정할 때의 이월익금은 쟁점부동산을 처분할 때 발생한 유형자산처분이익으로서, 2009사업연도에 양도하였으나 「조세특례제한법」 제85조의 7에 따라 당해 사업연도(2009사업연도)에 익금산입하지 아니하고 2012사업연도부터 2014사업연도까지 양도차익(쟁점이월익금)을 3년간 균분하여 익금에 산입한 것이다. 따라서 2012사업연도부터 2014사업연도까지의 순손익액을 계산할 때 「상속세 및 증여세법 시행령」 제56조 제4항에 따라 순손익액 산정 시 쟁점이월익금은 각 사업연도소득금액에서 차감하여 쟁점주식의 1주당 가액을 평가하여야 한다.

(3) 처분청에서는 최근 3년간 순손익액을 계산할 때 2015.3.1.부터 직전 3년간(2012년~2014년)에 이월익금으로 계상하였던 금액을 가산한 각사업연도소득금액을 기준으로 각사업연도별 순손익액을 산정하였다.

3. 관련법령

「조세특례제한법」 제85조의 7[공익사업을 위한 수용등에 따른 공장이전에 대한 과세특례]

「공익사업을 위한 토지 등의 취득 및 보상에 관한 법률」에 따른 공익사업의 시행으로 해당 공익사업지역에서 그 사업인정고시일부터 소급하여 2년 이상 가동한 공장을 공익사업 시행지역 밖의 지역으로서 대통령령으로 정하는 지역으로 이전하기 위하여 그 공장의 대지와 건물을 그 공익사업의 사업시행자에게 양도함으로써 발생하는 양도차익에 상당하는 금액에 대해 법인은 양도일이 속하는 사업연도 종료일 이후 5년이 되는 날이 속하는 사업연도부터 5개 사업연도의 기간동안 균분한 금액 이상(해당 사건의 경우에는 양도일이 속하는 사업연도 종료일 이후 3년이 되는 날이 속하는 사업연도부터 3개 사업연도의 기간 동안 균분한 금액 이상)을 익금에을 산입할 수 있고, 거주자는 양도일이 속하는 해당 연도의 양도소득세 과세표준 확정신고기한 종료일 이후 5년이 되는 날부터 5년의 기간 동안 균분한 금액 이상을 납부할 수 있다.

4. 조세심판원의 결정(조심2019서761, 2019.9.26.)

「상속세 및 증여세법 시행령」 제56조 제4항에 따라 비상장법인의 순손익가치를 평가할 때 적용할 "최근 3년간의 순손익액"은 「법인세법」 제14조에 따른 각 사업연도소득에 제1호의 금액을 더한 금액에서 제2호의 금액을 뺀 금액으로 산정하도록 하고 있고, 조세법률주의 원칙상 예시 규정이 아닌 열거규정으로 해석함이 타당한 것으로 합리적 이유 없이 소득금액에 가산하거나 차감할 수 없는 점, 「상속세 및 증여세법 시행령」 제56조 제4항 제1호에서 당해 법인의 순자산을 증가시키는 수익의 성질을 가졌지만 조세정책상의 이유 등으로 각 사업연도 소득금액 계산 시 익금불산입된 금액을 가산하고, 그와 반대로 같은 항 제2호에서 당해 법인의 순자산을 감소시키는 손비의 성질을 가졌지만 각 사업연도 소득금액 계산 시 손금에 불산입된 금액 등을 차감하여 순손익액을 산정하도록 규정하고 있으므로 「조세특례제한법」상 과세가 이연된 익금산입액은 순자산을 감소시키는 손비로서 조세정책상 부인된 손금 항목이 아니므로 차감 항목에 해당되지 않는 것으로 볼 수 있는 점, 「조세특례제한법」 제85조의 7 규정을 적용받아 익금불산입(유형자산처분이익)한 금액은 익금산입된 사업연도의 순손익액 계산 시 각 사업연도의 소득금액에서 차감할 항목으로 「상속세 및 증여세법 시행령」 제56조 제4항 규정상 별도로 이월익금을 배제해야 한다는 규정이 없는 점 등에 비추어 청구주장을 받아들이기 어렵다.

5. 심판 결정과 과제

순손익액을 계산할 때 「상속세 및 증여세법 시행령」 제56조 제4항 각 호의 금액을 가감하도록 한 입법 취지는 평가기준일 현재의 수익력을 보다 정확히 파악하기 위한 것이다. 공정한 평가를 위해 조세심판원에서는 과거에도 신주를 저가 발행하면 증자후의 주식가치는 희석되어 낮아지는 것임에도 관계 규정이 마련되지 있지 아니하다고 하여 불합리한 평가방법으로 시가를 평가하는 것은 상증법상 시가주의 평가원칙에 어긋난다는 결정(조심2010서2497, 2011.06.28., 조심2013중1324, 2013.05.30.외 다수)을 한바있고, 순손익액을 계산할 때 당해 법인이 결산상 감가상각비를 계상하지 아니하였더라도 감가상각한도액의 범위내에서 손금산입하는 것이 타당하다고 판단하여 각 사업연도소득에서 차감하는 결정(국심2006서1176, 2007.2.9.)을 하여 관련 규정이 개정되는 계기를 마련하기도 하였다. 이 사건도 해당 법인의 의사결정과 무관하게 공익사업에 수용됨에 따라 발생한 양도차익에 대해 법인세 등의 과세로 사업장을 이전을 원활하게 할 수 있도록 지원하기 위해 이월익금으로 세무상 반영했을 뿐 이월익금이 계상되는 해당 사업연도의 수익력과 관계가 없다. 회사의 수익력 측정을 위해 최근 3년간의 순손익액을 가중 평균할 때 이월익금을 포함하도록 하는 것은 순손익가치 산정의 기본원리와 배치되는 결정이다. 한편, 이 사건과 유사한 것으로 「상속세 및 증여세법 시행령」 제56조 제4항 후단에서는 "각 사업연도소득을 계산할 때 손금에 산입된 충당금 또는 준비금이 세법의 규정에 따라 일시 환입되는 경우에는 해당 금액이 환입될 연도를 기준으로 안분한 금액을 환입될 각 사업연도소득에 가산한다."고 규정한 것도 수익력과 무관한 규정이다. 이에 대해 대법원(대법원 2013.11.14.선고 2011두22280판결)에서는 준비금의 환입액은 세무조정에 의해 일정기간 경과 후 익금에 산입하는 것으로 기업회계상 당기순이익에 포함되는 수익에 속하지 아니하므로 비상장주식의 시가에 대한 보충적 평가방법에 의한 순손익액 산정 시 각 사업연도 소득금액에서 공제되어야 하는 것으로 판시한 바도 있다.

6. 과세당국의 개선 노력

비상장주식의 순손익가치를 산정함에 있어 순손익액을 「상속세 및 증여세법 시행령」 제56조 제4항 각 호의 금액을 가감하도록 한 입법 취지는 평가기준일 현재의 주식가치를 보다 정확히 파악하기 위한 것이다(대법원 2013.11.14. 선고 2011두22280 판결). 순손익액은 「상속세 및 증여세법 시행령」 제56조 제4항에서 「법인세법」 제14조에 따른 각 사업연도소득에 제1호의 금액을 더하고 제2호의 금액을 뺀 금액으로 한다고 하고, 제1호에는 익금불산입액, 제2호에서는 손금불산입액 중에서 사외유출을 대상으로 열거하였다.
이러한 방식을 획일적으로 적용할 때 타당성이 없는 것으로 각사업연도소득에 가산하는 제1호에는 「법인세법」 제24조 제5항(기부금의 손금불산입액의 이월손금산입액), 제27조의 2 제3항 및 제4항(업무용 승용차 관련비용의 손금불산입액의 이월손금산입액)등을 추가하였고, 차감하는 제2호에는 법인세법 제21조의 2(징벌적 목적의 손해배상금 등에 대한 손금불산입등 특례), 제27조의 2 제3항 및 제4항(업무용 승용차 관련비용의 손금불산입액) 등을 추가하는 개정이 있었다. 특히, 2014.02.21. 시행령을 개정할 때 제2호에 열거한 내용은 그동안 금전이 사외로 유출되지 아니한 경우는 열거하지 않았으나 감가상각비 시인부족액(「법인세법 시행령」 제32조 제1항)을 열거하는 파격적인 개정도 있었다. 이러한 점을 고려하면 「상속세 및 증여세법 시행령」 제56조 제4항 후단에서 규정한 손금산입된 충당금 또는 준비금과 관련된 규정 등도 함께 정비할 필요가 있다.

3.4.5 순손익액의 계산구조

구분	항목	근거
	각사업연도소득	법법 §14
+		
가산(익금불산입)	국세 및 지방세 과오납환급금이자	법법 §18 4호
	일반법인 익금불산입 수입배당금	법법 §18의 2
	지주회사 익금불산입 수입배당금	법법 §18의 3
	기관투자자가 상장법인 · 코스닥법인으로부터 받는 배당소득의 90%(2009.2.4. 삭제)	법법 §18 6호
	비업무용토지에 대한 취득세환급액(2002.12.30. 삭제)	법법 §18 7호
	지정 · 법정기부금의 손금산입한도 초과금액 이월손금산입액	법법 §24 ④
	특례지정 기부금 손금산입한도 초과액 이월손금산입액(2010.12.27. 삭제)	조특법 §73 ④
−		
차감(손금불산입)	벌금, 과료, 과태료, 가산금, 체납처분비	법법 §21 3호
	손금용인되지 않는 공과금	법법 §21 4호
	업무에 관련없는 지출	법법 §27
	비업무용토지에 대한 취득세(중과세분)−(2001.12.31. 삭제)	법법 §21 3호
	각 세법에 규정하는 징수불이행납부세액	법법 §21 1호
	기부금한도초과액	법법 §24
	접대비(업무추진비)손금불산입액	법법 §25
	과다경비 등의 손금불산입액	법법 §26
	지급이자의 손금불산입액	법법 §28
	「조특법」상의 접대비 손금불산입액	조특법 §136
	특례지정 기부금 손금산입 한도 초과액(2010.12.27. 삭제)	조특법 §73 ①
	감가상각비 시인부족액	법령 §32 ①
	법인세 등의 총결정세액	산출세액−공제감면세액+가산세
=		
	순손익액	

[평가심의위원회 운영규정 별지 제4호 서식 부표3] (2021.3.4. 개정)

(단위 : 원) (제6쪽)

7. 순손익액				
평가기준일 1년, 2년, 3년이 되는 사업연도				
① 각 사업연도 소득금액				
소득에 가산할 금액	② 국세, 지방세 과오납에 대한 환급금이자			
	③ 수입배당금 중 익금불산입액			
	④ 이월된 기부금 손금산입액			
	⑤ 이월된 업무용승용차 관련 손금산입액			
	⑥ 외화환산이익(법인세 계산시 해당 이익을 반영하지 않은 경우)			
	⑦ 그 밖에 기획재정부령으로 정하는 금액			
가. 소계(① + ② + … ⑦)				
소득에서 차감할 금액	⑧ 당해 사업연도의 법인세액			
	⑨ 법인세액의 감면액 또는 과세표준에 부과되는 농어촌특별세액, 지방소득세액			
	⑩ 벌금, 과료, 과태료, 가산금 및 체납처분비 손금불산입액			
	⑪ 법령에 따라 의무적으로 납부하는 것이 아닌 공과금 손금불산입액			
	⑫ 징벌적 목적의 손해배상금 등에 대한 손금불산입액			
	⑬ 각 세법에서 규정하는 징수불이행으로 인해 납부하였거나 납부할 세액			
	⑭ 과다경비 등의 손금불산입액			
	⑮ 기부금 손금불산입액			
	⑯ 접대비 손금불산입액			
	⑰ 업무와 관련 없는 비용 손금불산입액			
	⑱ 업무용승용차 관련 비용의 손금불산입액			
	⑲ 지급이자의 손금불산입액			
	⑳ 감가상각비 시인부족액에서 상각부인액을 손금으로 추인한 금액을 뺀 금액			
	㉑ 외화환산손실(법인세 계산시 해당 손실을 반영하지 않은 경우)			
	㉒ 그 밖에 기획재정부령으로 정하는 금액			
나. 소계(⑧ + … ㉒)				
다. 순손익액(가 - 나)				
라. 유상증(감)자시 반영액				
마. 순손익액(다 ± 라)				
바. 사업연도말 주식수 또는 환산주식수				
사. 주당순손익액 (마 ÷ 바)		㉓	㉔	㉕
아. 가중평균액 {(㉓ × 3 + ㉔ × 2 + ㉕) / 6}				
자. 기획재정부령이 정하는 율				
차. 최근 3년간 순손익액의 가중평균액에 의한 1주당 가액 (아÷자)				

210mm×297mm[일반용지 70g/㎡(재활용품)]

(제8쪽)

작 성 방 법

1. 각 사업연도 소득(①) : 법인세법 제14조에 따른 각 사업연도 소득금액 [법인세 과세표준 및 세액조정계산서(별지 제3호 서식) ⑩의 금액]을 말합니다.
2. 국세, 지방세 과오납에 대한 환급금이자(②) : 법인세법 제18조 제4호에 따른 국세·지방세의 과오납금에 대한 환급금 이자로서 각 사업연도 소득금액계산상 익금에 산입하지 아니한 금액을 말합니다.
3. 기관투자자, 지주회사 등의 수입배당금 중 익금불산입액(③) : 법인세법 제18조의2와 제18조의3에 따른 수입배당금 중 익금불산입액을 말합니다.
4. 이월된 기부금 손금산입액(④) : 법인세법 제24조 제5항에 따라 해당 사업연도의 손금에 산입한 금액으로서 손금에 산입하지 아니한 지정·법정기부금의 손금산입한도액 초과금액을 해당 사업연도의 다음 사업연도 개시일부터 10년 이내에 끝나는 각 사업연도에 이월하여 손금에 산입하는 그 초과금액(별지 제3호 서식 ⑩기부금 한도초과이월액 손금산입란의 금액)을 말합니다.
5. 이월된 업무용승용차 관련 손금산입액(⑤) : 법인세법 제27조의2 제3항 및 제4항에 따른 이월된 업무용승용차 관련 손금산입액을 말합니다.
6. 외화환산이익(법인세 계산시 해당 이익을 반영하지 않은 경우)(⑥) : 각 사업연도소득을 계산할 때 「법인세법 시행령」 제76조에 따른 화폐성외화자산 · 부채 또는 통화선도 등에 대하여 해당 사업연도 종료일 현재의 같은 조 제1항에 따른 매매기준율 등으로 평가하지 않은 경우 해당 화폐성외화자산 등에 대하여 해당 사업연도 종료일 현재의 매매기준율 등으로 평가하여 발생한 이익을 말합니다.
7. 그 밖에 기획재정부령으로 정하는 금액(⑦) : 2. ~ 6. 외 기획재정부령으로 정하는 금액을 말합니다.
8. 당해 사업연도의 법인세액(⑧) : 평가대상 각 사업연도의 소득에 대하여 납부하였거나 납부하여야 할 법인세 총결정세액을 말합니다.
9. 법인세액의 감면액 또는 과세표준에 부과되는 농어촌특별세액, 지방소득세액(⑨) : 법인세액의 감면액 또는 과세표준에 부과되는 농어촌특별세 및 지방소득세의 총결정세액을 말합니다.
10. 벌금, 과료, 과태료, 가산금 및 체납처분비 손금불산입액(⑩) : 법인세법 제21조 제3호에 따른 벌금·과료·과태료·가산금 및 체납처분비로 각 사업연도 소득금액 계산시 손금에 산입하지 아니한 금액을 말합니다.
11. 법령에 따라 의무적으로 납부하는 것이 아닌 공과금 손금불산입액(⑪) : 법인세법 제21조 제4호에 규정된 법령에 따라 의무적으로 납부하는 것이 아닌 공과금으로서 각 사업연도 소득금액 계산시 손금에 산입하지 아니한 금액을 말합니다.
12. 징벌적 목적의 손해배상금 등에 대한 손금불산입액(⑫) : 법인세법 제21조의2에 따른 징벌적 목적의 손해배상금 등에 대한 손금불산입액을 말합니다.
13. 각 세법에서 규정하는 징수불이행으로 인해 납부하였거나 납부할 세액(⑬) : 법인세법 제21조 제1호 및 동법 시행령 제21조에 따라 각 세법에 규정하는 의무 불이행으로 인하여 납부하였거나 납부하여야 할 세액(가산세 포함)으로 각 사업연도 소득금액 계산상 손금에 산입하지 아니한 금액을 말합니다.
14. 과다경비 등의 손금불산입액(⑭) : 법인세법 제26조에 따라 각 사업연도 소득금액 계산시 손금에 산입하지 아니한 금액을 말합니다.
15. 기부금 손금불산입액(⑮) : 법인세 제24조에 따른 기부금 한도초과액(별지 제3호 서식 ⑮란의 금액) 및 비지정기부금(별지 제15호 서식 소득금액조정 합계표에 계상되어 비지정기부금으로 손금불산입된 금액)을 말합니다.
16. 접대비 손금불산입액(⑯) : 법인세법 제25조에 따른 접대비 한도초과액을 말합니다.
17. 업무와 관련 없는 비용 손금불산입액(⑰) : 법인세법 제27조에 따라 법인이 각 사업연도에 지출한 비용 중 법인의 업무와 직접관련이 없다고 정부가 인정하는 금액으로 각 사업연도 소득금액 계산시 손금으로 산입하지 아니한 금액을 말합니다.
18. 업무용승용차 관련 비용의 손금불산입액(⑱) : 법인세법 제27조의2에 따른 업무용승용차 관련 손금불산입액을 말합니다.
19. 지급이자의 손금불산입액(⑲) : 법인세법 제28조에 따른 지급이자 손금불산입액을 말합니다.
20. 감가상각비 시인부족액에서 상각부인액을 손금으로 추인한 금액을 뺀 금액(⑳) : 법인세법 시행령 제32조 제1항에 따른 시인부족액에서 같은 조에 따른 상각부인액을 손금으로 추인한 금액을 뺀 금액을 말합니다.
21. 외화환산손실(법인세 계산시 해당 손실을 반영하지 않은 경우)(㉑) : 각 사업연도소득을 계산할 때 화폐성외화자산등에 대하여 해당 사업연도 종료일 현재의 매매기준율등으로 평가하지 않은 경우 해당 화폐성외화자산등에 대해 해당 사업연도 종료일 현재의 매매기준율 등으로 평가하여 발생한 손실을 말합니다.
22. 그 밖에 기획재정부령으로 정하는 금액(㉒) : 8. ~ 21. 외 기획재정부령으로 정하는 금액을 말합니다.
23. 순 손익액(가-나)(다) : 평가대상 기준이되는 사업연도별로 (가)합계에서 (나)공제할 금액 합계를 차감하여 기재합니다.
24. 유상 증(감)자시 반영액(라) : 평가기준일이 속하는 사업연도 전 3년 이내에 해당 법인의 자본을 증가시키기 위하여 유상증자를 하거나 해당 법인의 자본을 감소시키기 위하여 유상감자를 한 사실이 있는 경우에는 유상증자 또는 유상감자를 한 사업연도와 그 이전 사업연도의 순손익액은 (나)의 금액에 제1호에 따른 금액을 더하고 제2호에 따른 금액을 뺀 금액으로 합니다. 이 경우 유상증자 또는 유상감자를 한 사업연도의 순손익액은 사업연도 개시일부터 유상증자 또는 유상감자를 한 날까지의 기간에 대하여 월할로 계산하며, 1개월 미만은 1개월로 하여 계산합니다.
   1. 유상증자한 주식등 1주당 납입금액 × 유상증자에 의하여 증가한 주식등 수 × 기획재정부령으로 정하는 율
   2. 유상감자시 지급한 1주당 금액 × 유상감자에 의하여 감소된 주식등 수 × 기획재정부령으로 정하는 율
25. 사업연도말 주식수 또는 환산주식수(바) : 평가대상 각 사업연도 종료일 현재의 발행주식총수를 말합니다. 다만, 평가기준일전 3년 이내에 증자나 감자를 한 사실이 있는 경우 증자 또는 감자 전의 각 사업연도 종료일 현재의 발행주식총수는 다음 산식에 의하여 환산한 주식수로 합니다.

$$\text{증자·감자전 각사업연도말 주식수} \times \left(\frac{\text{증자·감자 직전 사업연도말 주식 수} \pm \text{증자·감자 주식 수}}{\text{증자·감자 직전 사업연도말 주식 수}} \right) = \text{환산주식수}$$

26. 주당 순손익액(사) : 해당 사업연도별로 각각 순손익액(마)을 사업연도말 주식수 또는 환산주식수(바)로 나누어 계산합니다.
27. 가중 평균액(아) :
   - 평가기준일전 1년이 되는 사업연도의 주당순손익액을 해당사업연도란 ㉓에, 2년이 되는 사업연도분은 ㉔에, 3년이 되는 사업연도 분을 ㉕에 기재하여 가중평균액을 계산합니다.
   - 「상속세 및 증여세법 시행규칙」 제17조의3 제1항 각 호의 사유가 있는 경우에는 「자본시장과 금융투자업에 관한 법률」 제335조의3에 따라 신용평가업인가를 받은 신용평가 전문기관, 회계법인 또는 세무법인 중 둘 이상의 신용평가기관이 「자본시장과 금융투자업에 관한 법률 시행령」 제176조의5 제2항에 따라 금융위원회가 정한 1주당 추정이익을 산출하기 위한 기준에 따라 산출한 1주당 추정이익(상속세 과세표준신고 및 증여세 과세표준신고의 기한까지 신고한 경우로서 1주당 추정이익의 산정기준일과 평가서 작성일이 해당 과세표준신고의 기한 이내에 속하고, 산정기준일과 상속개시일 또는 증여일이 같은 연도에 속하는 경우로 한정한다)의 평균가액에 의할 수 있습니다.
28. 기획재정부장관이 고시하는 이자율(자) : 순손익가치환원율
29. 최근 3년간 순손익액의 가중평균액에 의한 1주당 가액(차) : (아)가중평균액을 (자)란의 이자율로 나눈 금액을 기재합니다. 이 경우 계산된 1주당 가중평균액이 "0" 이하인 경우에는 "0"으로 기재합니다.

03

(1) 각사업연도소득

각사업연도소득이란 「법인세법」 제14조 제1항에서 규정한 바와 같이 그 사업연도에 속하는 익금(益金)의 총액에서 그 사업연도에 속하는 손금(損金)의 총액을 뺀 금액으로 한다. 익금은 자본 또는 출자의 납입 및 이 법에서 규정하는 것은 제외하고 해당 법인의 순자산(純資産)을 증가시키는 거래로 인하여 발생하는 수익(收益)의 금액으로 하고, 손금은 자본 또는 출자의 환급, 잉여금의 처분 및 이 법에서 규정하는 것은 제외하고 해당 법인의 순자산을 감소시키는 거래로 인하여 발생하는 손비(損費)의 금액으로 한다.

실무적으로 그 사업연도에 속하는 익금(益金)의 총액에서 그 사업연도에 속하는 손금(損金)의 총액으로 계산하는 것이 아니라 기업회계상 수익에서 비용을 차감한 당기순손익을 기준으로 하여 세무조정을 통하여 산출하게 된다. 이 경우의 각사업연도소득은 이월결손금을 승계하기 전의 소득을 말한다(서일 46014-262, 2001. 3.14.).

(2) 가산항목

㈎ 국세, 지방세 과오납에 대한 환급금이자

「법인세법」 제18조 제4호에 따른 국세 또는 지방세의 과오납금(過誤納金)의 환급금에 대한 이자로서, 해당 법인의 각 사업연도의 소득금액을 계산할 때 이를 익금에 산입하지 아니한 금액을 가산한다(상증령 §56 ④ 1호).

㈏ 수입배당금 중 익금불산입액

「법인세법」 제18조의 2 · 제18조의 3의 규정에 의한 수입배당금액 중 익금불산입액은 각 사업연도 소득에 가산한다(상증령 §56 ④ 1호 나목).

① 일반 내국법인의 수입배당금 중 익금불산입액

「법인세법」 제18조의 2에 따른 수입배당금액 중 익금불산입액은 각 사업연도 소득에 가산한다.

일반 내국법인이 출자한 다른 내국법인으로부터 받는 수입배당금에 대한 법인세 과세는 지주회사의 경우와 같이 이중과세의 문제가 발생된다. 이에 내국법인이 받는 수입배당금 중 일정률에 상당하는 금액에 대하여 익금불산입하도록 하여 이중과세를 방지하고 있다. 이때 익금불산입액은 배당금 지급법인으로부터 받은 배당금액에 대하여 다음과 같이 출자비율에 따른 익금불산입비율을 적용하여 익금불산입 대상금액을 산출하고, 내국법인의 차입금 관련 익금불산입 배제액과 배당금지급법인의 계열회사 출자로 인한 익금불산입액 배제액을 공제하여 계산한다.

지분율	100%	30(50)% 이상	30(50)% 미만
익금불산입률	100%	50%	30%

* ( )는 비상장법인임.

㈐ 수입배당금 중 익금불산입액

「법인세법」 제18조의 2 · 제18조의 4의 규정에 의한 수입배당금액 중 익금불산입액은 각 사업연도 소득에 가산한다(상증령 §56 ④ 1호 나목).

① 일반 내국법인의 수입배당금 중 익금불산입액

「법인세법」 제18조의 2에 따른 수입배당금액 중 익금불산입액은 각 사업연도 소득에 가산한다.

일반 내국법인이 출자한 다른 내국법인으로부터 받는 수입배당금에 대한 법인세 과세는 지주회사의 경우와 같이 이중과세의 문제가 발생된다. 이에 내국법인이 받는 수입배당금 중 일정률에 상당하는 금액에 대하여 익금불산입하도록 하여 이중과세를 방지하고 있다. 이때 익금불산입액은 배당금 지급법인으로부터 받은 배당금액에 대하여 다음과 같이 출자비율에 따른 익금불산입비율을 적용하여 익금불산입 대상금액을 산출하고, 내국법인의 차입금 관련 익금불산입 배제액과 배당금지급법인의 계열회사 출자로 인한 익금불산입액 배제액을 공제하여 계산한다.

지분율	50% 이상	20% 이상	20% 미만
익금불산입률	100%	80%	30%

② 지주회사가 자회사로부터 받은 지급배당금의 익금불산입액(2023.12.31.까지 적용)

「법인세법」 제18조의 3에 따른 수입배당금액 중 익금불산입액은 각 사업연도 소득에 가산한다.

「법인세법」은 지주회사의 수입배당금액에 대하여 이중과세를 방지하기 위하여 일정한 방법으로 익금불산입하는 제도를 두고 있다. 지주회사가 일정한 요건을 갖춘 자회사로부터 받은 수입배당금액에 대해서는 다음과 같이 지주회사의 자회사에 대한 출자비율에 따른 일정률에 상당하는 금액에 대하여 익금불산입하고 있다. 이 경우에 익금불산입액은 자회사로부터 받은 배당금액에 자회사에 대한 출자비율에 따른 익금불산입비율을 적용하여 익금불산입 대상금액을 산출하고, 이에 지주회사의 지급이자 중 익금불산입 배제액과 자회사의 계열회사 출자액 중 익금불산입 배제액을 차감하여 계산한다(법법 §18의 3).

지분율		100%	40(80)% 초과	20(40)~40(80)%
익금 불산입률	2007년	100%	90%	70%
	2008년	100%	90%	80%
	2009년~2018년	100%	100%	80%

* ( )는 비상장법인임.

지주회사의 수입배당금에 대한 익금불산입 규정은 지주회사의 자회사에 대한 지분율 확대를 유도하기 위하여 2019년 이후에 지급받는 수입배당금분부터는 다음과 같이 차등하는 개정을 하였다.

자회사 지분율		40%(80%) 이상	30(50)~40(80%)	30(50)미만
익금불산입률	2019년~2023년	100%	90%	80%

* ( )는 비상장법인임.

그러나 2022.12.31. 법인세법 개정에서 지주회사에 대한 수입배당금 익금불산입 규정을 삭제하고 내국법인 수입배당금 익금불산입 규정과 통합하였다. 다만, 2023년 12월31일까지 받는 수입배당금액에 대해서는 개정 규정에 불구하고, 지주회사의 수입배당금 익금불산입률을 적용할 수 있다.

③ 외국자회사의 수입배당금액의 익금불산입

「법인세법」 제18조의 4에 따른 수입배당금액 중 익금불산입액은 각 사업연도 소득에 가산한다.

「법인세법」은 외국자회사가 외국에서 납부한 법인세액과 이중과세를 방지하기 위하여 일정한 방법으로 익금불산입하는 제도를 두고 있다.

내국법인(제57조의 2 제1항에 따른 간접투자회사등은 제외)이 해당 법인이 일정 요건을 갖춘 외국자회사부터 받은 이익의 배당금 또는 잉여금의 분배금과 배당금 또는 분배금으로 보는 금액의 95%에 해당하는 금액은 각 사업연도의 소득금액을 계산할 때 익금에 산입하지 아니한다. 또한, 내국법인이 해당 법인이 출자한 외국법인(외국자회사는 제외)으로부터 자본준비금을 감액하여 받는 배당으로서 일정한 요건에 따라 익금에 산입되지 아니하는 배당에 준하는 성격의 수입배당금액을 받는 경우 그 금액의 95%에 해당하는 금액은 각 사업연도의 소득금액을 계산할 때 익금에 산입하지 아니한다(법법 §18의 4).

㈑ 이월된 기부금 손금산입액

「법인세법」 제24조 제5항에 따라 손금에 산입하지 아니한 지정·법정기부금의 손금산입한도액 초과금액은 당해 사업연도의 다음 사업연도 개시일부터 10년 이내에 끝나는 각 사업연도로 이월하여 그 이월된 사업연도의 소득금액을 계산할 때 법정기부금 및 지정기부금이 각각의 손금산입한도액에 미달하는 금액의 범위에서 손금에 산입한 금액은 각사업연도 소득에 가산한다.

또한, 「조세특례제한법」(2010.12.27. 법률 제10406호로 개정되기 전의 것을 말함) 제73(기부금의 과세특례) 제4항에 따라 해당 사업연도의 손금을 산입하지 아니한 금액을 당해 과세연도의 다음 과세연도의 개시일부터 법인은 1년 이내에 종료하는 과세연도에 이월하여 이를 손금에 산입한 금액은 각사업연도 소득에 가산한다.

이와 같이 이월하여 손금산입된 지정·법정·특례기부금은 순손익액을 계산할 때 그 손금산입한 금액을 각 사업연도소득금액에 가산한다(상증령 §56 ④ 1호 다목).

㈒ 이월된 승용차 관련 손금산입액

「법인세법」 제27조의 2 제3항 및 제4항에 따라 업무용 승용차 관련비용 중 손금불산입되었다가 이월하여 손금에 산입한 금액은 각사업연도 소득에 가산한다(상증령 §56 ④ 1호 다목). 업무용 승용차 관련비용 한도 초과액의 이월손금 산입액은 순손익액을 계산할 때 그 손금산입한 금액을 각 사업연도소득금액에 가산한다. 이 개정 규정은 2019.2.12. 이후에 평가하는 분부터 적용한다.

(바) 외화환산이익 미반영액

「법인세법」에서는 화폐성외화자산·부채의 평가손익 반영 여부를 해당 법인이 선택하도록 하고 있다. 이러한 규정으로 법인세 과세표준을 계산할 때 외화환산손익 반영 여부에 따라 비상장주식을 평가할 때 순손익액에 차이가 발생한다. 이에 따라 각 사업연도소득을 계산할 때 「법인세법 시행령」 제76조에 따른 화폐성외화자산·부채 또는 통화선도등(화폐성외화자산등)에 대하여 해당 사업연도 종료일 현재의 매매기준율등으로 평가하지 않은 경우 해당 화폐성외화자산등에 대하여 해당 사업연도 종료일 현재의 매매기준율등으로 평가하여 발생한 이익을 가산한다(상증령 §56 ④ 1호 라목). 이 개정 규정은 2019.2.12. 이후에 평가하는 분부터 적용한다.

(사) 그 밖에 기획재정부령으로 정하는 금액

현재 「상속세 및 증여세법 시행규칙」에 규정된 내용이 없다.

(3) 차감항목

(가) 당해 사업연도의 법인세액

① 원칙

평가대상 각 사업연도의 소득에 대하여 납부하였거나 납부하여야 할 법인세총결정세액을 말하며(상증령 §56 ④ 2호 가목), 토지등 양도소득에 대한 법인세, 미환류소득에 대한 법인세, 법인세 부가세액, 법인세 감면세액에 대한 농어촌특별세를 포함하고, 「국제조세 조정에 관한 법률」 제14조의 규정에 의하여 배당으로 간주된 이자의 손금불산입 금액은 각 사업연도 소득금액에서 차감한다(상증통 63-56…9). 또한, 「법인세법」 제57조에 따른 외국법인세액으로서 손금에 산입되지 아니하는 세액을 포함한다.

② 이월결손금이 있는 경우 법인세총결정세액

순손익액은 각사업연도 소득과 그에 따른 법인세총결정세액을 차감하여 계산하는 것이 합리적이다. 과거 사업연도에서 발생한 거액의 이월결손금에 의해 해당 사업연도에 법인세액이 발생하지 아니한다고 하여 법인세액을 차감하지 아니하면 이월결손금에 의하여 순손익액이 과대계상되는 결과가 발생한다. 이에 따라 이월결손금을 공제하기 전의 각사업연도소득을 기준으로 계산한 법인세총결정세액을 차감하는 것이다.

대법원(대법원 2023.6.29. 선고 2019두56838 판결)에서도 상당 기간 '당해 사업연도의 법인세액'은 이월결손금을 공제하지 아니하는 것으로 처리하여 왔고(국세청 서면4팀-46, 2007.1.4., 재산세과-486, 2011.10.19. 등 다수), 기본통칙규정도 마찬가지이며, 상당수의 실무해설서도 같은 취지로 해석하고 있다. 이러한 해석은 순손익가치의 취지를 훼손하지 아니하고 순손익액을 좀 더 정확히 산정한다는 점에서 충분히 합리적인 것으로 판시하고 있다.

③ 과년도 법인세가 해당연도에 추징된 경우 법인세 총결정세액

최근 3년간의 순손익액의 가중평균액을 계산할 때 비록 청구법인이 과년도분의 법인세를 납부하였다 하더라도 납부한 사업연도의 각사업연도 소득에서는 공제할 수 없다(조심 2011부3739, 2011.12.8.).

④ 이월된 세액공제액이 있는 경우 법인세 총결정세액

「조세특례제한법」 제144조에 따라 이월된 임시투자세액이 있는 경우에는 그 세액을 공제한 후의 법인세 총결정세액을 적용한다(재산-212, 2011.4.28.).

⑤ 결산상 미계상된 감가상각비를 반영하여 순손익액 시 법인세총결정세액

각 사업연도소득에서 차감하는 당해 사업연도의 법인세액이란 해당 법인이 「법인세법」에 따라 납부한 각 사업연도 세액으로 봄이 타당하고, 관련 법령이 이를 결산상 미계상된 위의 각 사업연도 감가상각비 등을 반영하여 재계산된 법인세액으로 규정하지 않고 있는 이상, 쟁점주식 평가 시 최근 3년간의 순손익액을 산정함에 있어 각 사업연도에서 결산상 미계상된 감가상각비를 차감하여 재계산된 법인세액을 「상속세 및 증여세법 시행령」 제56조 제4항 제2호 가목에 따른 법인세액으로 보아 청구인에게 증여세를 부과한 처분은 잘못된 것이다(조심2014서3419, 2014.10.23.).[8)]

---

8) 필자의 견해로는 순손익액을 계산할 때 「상속세 및 증여세법 시행령」 제56조에서 각사업연도소득에서 가감하는 항목을 예시적인 규정으로 보아 2014.02.21. 감가상각비 미계상액을 각사업연도소득에서 차감하는 규정이 신설되기 전에 차감한 것을 고려하면, 법인세총결정세액도 감가상각비를 반영한 법인세총결정세액으로 적용하는 것이 합리적이라고 판단된다.

험사업(「농업협동조합법」 및 「수산업협동조합법」에 의한 공제사업을 포함)을 영위하는 법인의 사업비, 법인이 당해 법인 외의 자와 동일한 조직 또는 사업 등을 공동으로 운영하거나 영위함에 따라 발생되거나 지출된 손비, 기타 법인의 업무와 직접 관련이 적다고 인정되는 경비로서 대통령령이 정하는 것 등 과다하거나 부당하다고 인정되는 금액으로서 각 사업연도의 소득금액 계산에 있어서 이를 손금에 산입하지 아니한 금액을 말한다.

이 경우에 가공의 급여 및 퇴직금을 계상하고 이를 차명계좌로 입금한 후 현금으로 인출 · 수령하고 가공계상한 금액은 「법인세법」 제26조 제1호 또는 「법인세법 시행령」 제19조 제3호에 따라 법인의 손금에 산입할 수 없고, 순손익가치를 평가하는 경우 각 사업연도소득에서 차감할 수 없다(조심2011서0344, 2011.06.28.).

(아) 기부금한도초과액

「법인세법」 제24조에 따른 기부금 한도초과액(별지 제3호 서식 란의 금액) 및 비지정기부금(별지 제15호 서식 소득금액조정 합계표에 계상되어 비지정기부금으로 손금불산입된 금액)을 말한다. 「법인세법」 제24조에 의하여 내국법인이 각 사업연도에 지출한 기부금 중 사회복지 · 문화 · 예술 · 교육 · 종교 · 자선 · 학술 등 공익성을 감안하여 대통령령이 정하는 기부금(지정기부금) 중 손금산입한도를 초과하는 금액과 비지정기부금으로서 당해 사업연도의 소득금액 계산에 있어서 이를 손금에 산입하지 아니한 금액을 말한다(상증령 §56 ④ 2호 다목).

(자) 기업업무추진비 손금부인액(접대비 손금불산입액)

「법인세법」 제25조에 따른 기업업무추진비 한도초과액을 말한다(상증령 §56 ④ 2호 다목). 접대비는 2022.12.31. 「법인세법」에서 기업업무추진비로 용어를 변경하였으나 서식에는 개정되지 않은 상태이다. 접대, 교제, 사례 또는 그 밖에 어떠한 명목이든 상관없이 이와 유사한 목적으로 지출한 비용으로서 내국법인이 직접 또는 간접적으로 업무와 관련이 있는 자와 업무를 원활하게 진행하기 위하여 지출한 금액으로 다음과 같이 사업연도의 소득금액 계산에 있어서 이를 손금에 산입하지 아니한다(법법 §25).

① 업무추진비한도초과액

법인이 지출한 업무추진비('②'에 해당하는 금액은 제외)로서 다음의 금액을 합한 금액을 초과하는 금액을 말한다. 다만, 부동산임대업을 주된 사업으로 하는 등 대통령령으로 정하는 요건에 해당하는 내국법인의 경우에는 같은 항 각 호의 금액의 합계액의 100분의 50을 초과하는 금액

㉠ 1천200만원(중소기업의 경우에는 3천600만원)에 당해 사업연도의 월수를 곱하고 이를 12로 나누어 산출한 금액

㉡ 당해 사업연도의 수입금액에 대하여 적용률을 곱하여 산출한 금액

② 내국법인이 1회의 접대에 지출한 업무추진비 중 일정 금액(경조금: 20만원, 이외 3만원)을 초과하는 업무추진비로서 신용카드, 직불카드, 외국에서 발행된 신용카드 · 선불카드 · 현금영수증 · 계산서 및 세금계산서 등을 교부받지 않고 지출하는 업무추진비

③ 문화비로 지출한 기업업무추진비로서 손금불산입액

내국인이 2025년 12월 31일 이전에 대통령령으로 정하는 문화비로 지출한 기업업무추진비에 대해서는 내국인의 기업업무추진비 한도액에도 불구하고 해당 과세연도의 소득금액을 계산할 때 내국인의 기업업무추진비 한도액의 100분의 20에 상당하는 금액의 범위에서만 손금에 산입한다. 「조세특례제한법」 제136조에 따라 손금불산입 특례대상 기업업무추진비는 각사업연도소득에서 차감한다.

④ 전통시장 기업업무추진비로서 손금불산입액

「조세특례제한법」 제136조 제6항에 따라 전통시장에서 지출한 기업업무추진비로서 내국인의 기업업무추진비 한도액의 10%에 상당하는 금액을 초과하는 금액은 각사업연도소득에서 차감하며, 2024.1.1. 이후부터 적용된다.

㈕ 업무와 관련 없는 비용 손금불산입액

「법인세법」 제27조에 따라 법인이 각 사업연도에 지출한 비용 중 법인의 업무와 직접 관련이 없다고 정부가 인정하는 금액으로 각 사업연도 소득금액 계산 시 손금으로 산입하지 아니한 금액을 말한다. 내국법인이 지출한 비용 중 각 해당 법인의 업무와 직접 관련이 없다고 인정되는 다음의 자산을 취득 · 관리함

그 초과하는 감가상각비 한도초과액은 해당 사업연도의 손금에 산입하지 아니하고 이월하여 손금에 산입한다.

③ 업무용승용차 처분손실 손금불산입액

업무용승용차를 처분하여 발생하는 손실로서 업무용승용차별로 800만원(부동산임대업을 주업으로 하는 법인 등은 400만원)을 초과하는 금액은 손금불산입 기타사외유출로 처분한 후 다음과 같이 이월하여 손금산입한다. 이 경우에 해당 사업연도의 다음 사업연도부터 800만원(400만원)을 균등하게 손금에 산입하되, 남은 금액이 800만원 미만인 사업연도에는 남은 금액을 모두 손금에 산입하는 방법을 말한다(법령 §50의 2 ⑬).

㈕ 지급이자의 손금불산입액

「법인세법」 제28조에 따른 지급이자 손금불산입액을 말한다. 내국법인이 해당 사업연도에 발생한 차입금 이자 중에 각 사업연도의 소득금액 계산에 있어서 손금에 산입하지 아니한 금액을 말한다.

① 채권자가 불분명한 사채의 이자

② 「소득세법」 제16조 제1항 제1호 · 제2호 · 제5호 및 제8호의 규정에 의한 채권 · 증권의 이자 · 할인액 또는 차익 중 그 지급받은 자가 불분명한 채권 · 증권의 이자 · 할인액 또는 차익으로서 대통령령이 정하는 것

③ 대통령령이 정하는 건설자금에 충당한 차입금의 이자[9]

④ 다음에 해당하는 자산을 취득하거나 보유하고 있는 내국법인이 각 사업연도에 지급한 차입금의 이자 중 대통령령이 정하는 바에 따라 계산한 금액(차입금 중 당해 자산가액에 상당하는 금액의 이자를 한도)

㉠ 당해 법인의 업무와 직접 관련이 없다고 인정되는 자산

㉡ 특수관계인에게 당해 법인의 업무와 관련없이 지급한 가지급금 등으로서 대통령령이 정하는 것

9) 「법인세법」 제28조 제1항 제3호 '대통령령이 정하는 건설자금에 충당한 차입금의 이자'는 기업회계상 비용과 「법인세법」상의 손금의 인식기준 차이에 의하여 세무조정과정에서 손금불산입하게 된다. 소득처분에 있어서도 기업회계와 세무회계의 일시적 차이에 해당되어 유보로 처분된다. 그러므로 건설자금에 충당한 차입금 이자는 「상속세 및 증여세법」의 규정에 의하여 순손익액계산 시 각사업연도소득에서 차감되는 항목에 열거되어 있으나 이는 제외되어야 할 것이다.

지급이자 손금불산입과 관련하여「국제조세 조정에 관한 법률」제14조의 규정에 의하여 배당으로 간주된 이자의 손금불산입 금액도 각사업연도소득금액에서 차감하여 순손익액을 산정한다(상증통 63-56…9 ②).

(파) 감가상각비 시인부족액에서 상각부인액을 손금으로 추인한 금액을 뺀 금액

「법인세법 시행령」제32조 제1항에 따른 시인부족액에서 같은 조에 따른 상각부인액을 손금으로 추인한 금액을 뺀 금액을 말한다. 이것은 기업의 실질가치를 평가하기 위하여 실제 손익계산서에 계상 여부와 관계없이 세법상의 감가상각비를 각 사업연도 소득에서 차감하도록 한 것으로 2014.2.21. 이후 비상장주식을 평가하는 분부터 적용한다.

(하) 외화환산손실

각 사업연도소득을 계산할 때 화폐성외화자산등에 대하여 해당 사업연도 종료일 현재의 매매기준율등으로 평가하지 않은 경우 해당 화폐성외화자산등에 대해 해당 사업연도 종료일 현재의 매매기준율 등으로 평가하여 발생한 손실을 말한다. 「법인세법」에서는 화폐성외화자산 · 부채의 평가손익 반영 여부를 해당 법인이 선택하도록 하고 있다. 이러한 규정으로 법인세 과세표준을 계산할 때 외화환산손익 반영 여부에 따라 비상장주식을 평가할 때 순손익액에 차이가 발생한다. 이에 따라 각 사업연도소득을 계산할 때「법인세법 시행령」제76조에 따른 화폐성외화자산 · 부채 또는 통화선도등(화폐성외화자산등)에 대하여 해당 사업연도 종료일 현재의 매매기준율등으로 평가하지 않은 경우 해당 화폐성외화자산등에 대하여 해당 사업연도 종료일 현재의 매매기준율등으로 평가하여 발생한 손실을 차감한다. 이 개정 규정은 2019.2.12. 이후에 평가하는 분부터 적용한다.

(거) 그 밖에 기획재정부령으로 정하는 금액

현재「상속세 및 증여세법 시행규칙」에 규정된 내용이 없다.

03

논점 – 각 사업연도소득에 가감하는 항목 판단기준

1. 개 요

비상장주식에 대한 보충적평가방법에서 순손익가치의 계산은 최근 3년간의 순손익액의 가중평균액에 순손익가치환원율로 나누어서 계산한다. 각 사업연도별 순손익액은 「상속세 및 증여세법 시행령」 제56조 제4항에 따라 「법인세법」 제14조에 따른 각 사업연도소득에 제1호의 금액을 더한 금액에서 제2호의 금액을 뺀 금액으로 계산한다. 각 사업연도소득에 가산하는 항목으로 같은 항 제1호에서 원칙적으로 익금불산입 항목을 중심으로 열거하고 있고, 그 열거 항목은 「법인세법」 제18조 제4호에 따른 금액, 같은 법 제18조의 2 · 제18조의 3에 따른 수입배당금액 중 익금불산입액, 같은 법 제24조 제4항, 「조세특례제한법」 제73조 제4항에 따라 해당 사업연도의 손금에 산입한 금액 및 그 밖에 기획재정부령이 정하는 금액 등이 있다.

한편, 각 사업연도소득에 빼는 항목으로 제2호에서는 원칙적으로 손금불산입 항목을 중심으로 열거하고, 그 열거한 항목은 가목에서 "당해 사업연도의 법인세액, 법인세액의 감면액 또는 과세표준에 부과되는 농어촌특별세액 및 지방소득세액", 나목에서는 "「법인세법」 제21조 제3호 및 제4호 및 동법 제27조에 규정하는 금액과 각 세법에서 규정하는 징수불이행으로 인하여 납부하였거나 납부할 세액", 다목에서는 "「법인세법」 제24조부터 제26조까지, 같은 법 제28조의 금액 및 「조세특례제한법」 제73조 제3항에 따라 기부금 손금산입 한도를 넘어 손금에 산입하지 아니한 금액, 같은 법 제136조의 금액, 그 밖에 기획재정부령으로 정하는 금액", 라목에서는 "「법인세법 시행령」 제32조 제1항에 따른 시인부족액에서 같은 조에 따른 상각부인액을 손금으로 추인한 금액을 뺀 금액" 등이 있다.

순손익액을 계산할 때 각 사업연도에 더하거나 빼는 항목은 조세전문가들 사이에서도 제1호에서 규정한 항목만 더하고, 제2호에서 규정한 항목만 빼서 계산하여야 하는지? 제1호와 제2호에 열거되지 아니한 항목은 더하거나 뺄 수 없는지에 대해 의문을 가지고 있다. 이에 대해 더하거나 빼는 항목과 관련하여 손금불산입 항목과 관련한 사례 분석을 통하여 판단하여 보자.

2. 사례분석

가. 예시규정에 없더라도 차감하는 사례(대손금)

대손이 확정된 경우에 「법인세법」상 손금불산입된 대손금에 대한 소득처분은 사외유출로 처분된다. 그렇지만 「상속세 및 증여세법 시행령」 제56조 제4항 제2호 어디에도 열거되지 않다. 이와 관련하여 조세심판원에서는 빼는 항목으로 보도록 한 사례(조심 2011서2981, 2012.11.5.)가 있다. 이 사례를 살펴보면, 청구인은 비상장주식에 대한 「상속세 및 증여세법」상 보충적 평가방법에 의한 순손익액을 계산할 때 각 사업연도소득에서 차감하는 금액은 기업회계상 비용산입 대상이나

「법인세법」상으로는 손금불산입되는 항목들인바, 「상속세 및 증여세법」에 의하여 주식의 1주당 가액을 평가할 때 동 항목들을 차감하는 이유는 「법인세법」상 법인세 과세표준이 계산의 손익과는 다르더라도 그 주식의 가치를 정확하게 평가하기 위한 것이므로 평가기준일 현재 채권확보 등의 조치가 없어 사실상 대손으로 확정되어 객관적으로 회수불가능한 대손금은 순손익액 계산 시 각 사업연도소득에서 차감하는 것이 타당하므로 파산법원의 화의개시 결정에 따라 객관적으로 대손이 확정되었으나 「법인세법」상 손금불산입된 대손금은 순손익가치를 산정할 때 차감하여야 한다고 주장한다.

이에 조세심판원에서는 「상속세 및 증여세법 시행령」 제56조 제4항의 규정을 보면 순손익액은 「법인세법」 제14조의 규정에 의한 각 사업연도소득에 같은 법 제18조 제4호 및 제6호의 규정에 의한 금액을 가산하고, 당해 사업연도의 법인세액과 법인세액의 감면액 또는 과세표준에 부과되는 농어촌특별세액 및 소득할 주민세액과 「법인세법」 제21조 제4호 · 제5호 및 같은 법 제27조에 규정하는 금액과 각 세법에서 규정하는 징수불이행으로 인하여 납부하였거나 납부할 세액과 「법인세법」 제24조 내지 제26조 · 같은 법 제28조에 규정하는 금액을 공제한 금액으로 하도록 규정하고 있는바, 이는 「법인세법」상 익금과 손금의 산입 및 불산입으로 조정된 항목 중 당해 법인의 주식가치의 평가와 관련된 항목을 다시 세무조정과 반대되는 가감을 통하여 조정하고 있음을 알 수 있고, 순손익액의 계산 시 각 사업연도소득에서 차감하는 금액은 기업회계상 비용산입 대상으로 「법인세법」상으로는 손금불산입되는 항목들인바, 「상속세 및 증여세법」에서의 주식의 1주당 가액을 평가할 때 동 항목들을 차감하는 이유는 「법인세법」상의 법인세과세표준 계산의 손익과는 다르더라도 그 주식의 가치를 정확하게 평가하고자 함에 있다.

따라서 해당 사업연도 순손익액의 가중평균액을 계산하기 위해서는 각 사업연도의 소득금액 계산 시 당해 법인의 실질적이고 정확한 순손익액을 계산하여야 함에도 불구하고, 해당 사업연도에 확정된 대손금을 손금에 산입하지 아니하고 결산한 소득금액을 그대로 인정하고 순손익액을 계산하여 쟁점합병 당시 1주당 주식을 평가하여 쟁점거래에 따른 증여세를 부과한 처분은 잘못이 있다.

나. 예시규정에 있더라도 빼는 항목에서 제외해야 하는 사례(건설자금이자)

각 사업연도 소득에서 빼는 항목은 「상속세 및 증여세법 시행령」 제56조 제4항 제2호에서 규정한 손금불산입항목이다. 손금불산입항목은 해당 법인에서 비용으로 지출하였지만 「법인세법」에서는 손금으로 인정하지 아니하는 항목이다. 비록 해당 법인의 사업을 위하여 지출한 비용은 기업회계에서 비용으로 계상하였지만 「법인세법」에서는 손금불산입하고 그에 따른 소득처분은 원칙적으로 사외유출로 처분한다. 그렇지만 같은 호 다목에서 규정한 「법인세법」 제28조[지급이자의 손금불산입]의 내용은 다른 항목과 그 성격이 다르다.

03

지급이자의 손금불산입은 해당 법인의 업무와 무관하거나 채권자불분명한 사채이자 등과 같이 정책적인 목적에 따라 손금불산입하고 사외유출로 처분한다. 한편, 「법인세법」 제28조 제1항 제3호 '대통령령이 정하는 건설자금에 충당한 차입금의 이자'는 취득하는 자산의 원가에 산입하여 추후 감가상각 또는 처분 시에 손금산입된다. 그럼에도 해당 법인이 건설자금이자를 해당 자산의 취득가액으로 계상하지 않고 기간비용으로 계상하였다면 이를 손금불산입하고 유보로 소득처분하여 추후 감가상각을 하거나 매매 시에 손금에 산입한다.

따라서 「법인세법」 제28조 제1항 제3호에서 규정한 건설자금에 충당한 차입금 이자는 순손익액 계산할 때 각사업연도소득에서 빼는 항목에 예시하고 있지만 유보로 소득처분되므로 빼는 항목에서 제외하여 평가하여야 할 것이다.

3. 시사점

최근 3년간 순손익액의 가중평균액을 계산할 때 각 사업연도별 순손익액은 「상속세 및 증여세법 시행령」 제56조 제4항에 따라 제1호에서 열거한 익금불산입 항목, 제2호에서 열거한 손금불산입액 항목을 더하거나 빼서 계산한다. 이와 같은 규정에 따라 순손익액을 계산할 때 열거된 사례만 더하거나 빼서 계산하는지에 대한 판단은 앞에서 설명한 바와 같이 예시규정으로 보아야 할 것이다. 앞의 심판례(조심 2011서2981, 2012.11.5.)의 경우와 같이 대손이 확정되면 그 대손금은 비록 손금불산입 되었더라도 그에 따른 소득처분은 사외유출로 처분되므로 각 사업연도소득에서 빼는 것이 바람직하며, 「법인세법」 제28조에 따른 지급이자 손금불산입 항목은 빼는 항목으로 규정하고 있으나 같은 조 제1항 제3호 '대통령령이 정하는 건설자금에 충당한 차입금의 이자'는 유보로 소득처분되어 빼는 항목에서 제외되어야 하는 것이다.

한편, 2014.2.21. 「상속세 및 증여세법 시행령」 제56조 제4항 제2호 라목의 신설을 통하여 「법인세법 시행령」 제32조 제1항에 따른 시인부족액을 각 사업연도소득에서 빼는 항목에 추가하였다. 이와 같은 빼는 항목의 신설은 비록 손금불산입 항목은 아니지만 결산조정에 반영하지 아니함에 따라 기간손익이 과대 계상되는 것을 방지하기 위하여 반영한 것이라고 할 수 있으며, 조세심판원의 심판례(조심 2013서3450, 2013.11.8.; 국심 2005서2606, 2005.11.24.; 국심 2004중4, 2004.6.9.)를 반영한 것으로 보인다.

이와 같은 심판례나 세법 개정 경향 등을 보아도 「상속세 및 증여세법 시행령」 제56조 제4항 제1호의 더하는 항목, 제2호의 빼는 항목은 예시규정으로 보아야 하며, 더하거나 빼는 항목의 적용 원리는 이 교재의 앞에서 설명한 "3.4. 순손익액의 계산"을 보면 이해할 수 있을 것이다.

논점 – 각 사업연도 소득에서 차감하는 법인세 총결정세액

1. 개요

비상장주식에 대한 1주당 순손익가치는 1주당 최근 3년간의 순손익액의 가중평균액에 대하여 순손익가치환원율로 나누어 계산한다. 이 경우에 각 사업연도별 순손익액은 각 사업연도 소득에서 「상속세 및 증여세법 시행령」 제56조 제4항 제2호 가목에 따른 당해 사업연도의 법인세액(「법인세법」 제57조에 따른 외국법인세액으로서 손금에 산입되지 아니하는 세액을 포함), 법인세액의 감면액 또는 과세표준에 부과되는 농어촌특별세액 및 지방소득세를 차감하여 계산한다.
이 경우에 당해 사업연도의 법인세액은 「상속세 및 증여세법 기본통칙」 63-56…9【순손익액에서 차감하는 법인세액 등】 제1항에서 「법인세법」에 따라 각 사업연도의 소득에 대하여 납부하였거나 납부하여야 할 법인세총결정세액을 말한다고 하고 있다. 이 경우 각 사업연도 소득은 이월결손금을 공제하기 전의 소득을 말하는 것이며, 법인세액에는 토지 등 양도소득에 대한 법인세, 법인세 부가세액, 법인세 감면세액에 대한 농어촌특별세를 포함한다.

2. 법인세총결정세액 차감의 문제점

각 사업연도별 순손익액을 계산할 때 각사업연도 소득에 익금불산입액을 가산하는 것은 기업회계에서는 수익에 해당되지만 「법인세법」에서는 익금에 불산입하였던 것을 원상회복하는 것이고, 손금불산입액을 차감하는 것은 기업회계에서는 비용에 해당되지만 손금으로 불산입하였던 것을 원상회복하여 평가대상법인의 수익력을 측정하는 것이다. 한편 「법인세법」에 따라 각 사업연도의 소득에 대하여 납부하였거나 납부하여야 할 법인세액을 차감하도록 하는 것은 평가대상법인의 수익력을 측정하기 위하여 해당 법인의 법인세차감전이익에서 법인세 등을 차감하는 원리이다. 이에 대하여 「상속세 및 증여세법 기본통칙」 63-56…9 제1항에서 각 사업연도의 소득에서 차감하는 법인세 등은 각 사업연도 소득에 대하여 납부하였거나 납부하여야 할 법인세총결정세액을 말한다고 해석하는 것은 다음과 같은 문제점이 있다.

가. 평가대상법인의 수익력 측정에 미흡

「상속세 및 증여세법」에서 각 사업연도소득에서 차감하도록 하는 법인세액은 법인세 차감 후의 당기순익액을 산정하는 과정이다. 이 경우에 각 사업연도 소득에서 차감하는 것으로 해석하고 있는 법인세총결정세액은 공제 · 감면세액은 차감하고, 가산세는 더하여 계산하게 된다. 이런 의미에서 볼 때 평가대상법인의 수익력과 무관하게 공제 · 감면받은 세액은 각 사업연도 소득에서 공제되지 않아서 순손익액은 크게 나타나고, 해당 법인의 수익력과 무관하게 납부하는 가산세는 각 사업연도 소득에서 차감되어 해당 법인의 순손익액을 낮게 평가하게 된다.

나. 평가액의 비교가능성 부족

각 사업연도 소득에서 차감하는 법인세액을 법인세총결정세액으로 적용하는 것은 해당 법인의 상태에 따라 수익력과 무관하게 적용되어 1주당 순손익가치 평가액의 객관성에 의심을 받게 된다. 예를 들어, 가산세를 많이 납부한 법인은 1주당 순손익가치가 감소되어 저평가될 수 있고, 공제 · 감면세액이 많은 기업은 각 사업연도 소득에서 차감되는 법인세총결정세액이 적게 차감되어 고평가될 수 있다. 이러한 방식의 적용에 따라 해당 법인에서 가업승계를 예정하고 있거나 상속이 예상되는 경우에 공제 · 감면세액이 있는 법인에서 법인세 과세표준신고 시에 공제 · 감면세액을 적용하지 않고 법인세액을 납부하면 상속세 또는 증여세를 절세할 수도 있고, 공제 · 감면세액을 적극적으로 공제하면 추후에 상속세 및 증여세를 많이 납부하는 결과를 초래할 수도 있다.

3. 고려사항

「상속세 및 증여세법 기본통칙」 63-56…9 제1항에서 규정한 각 사업연도의 소득에서 차감하는 법인세 등은 각 사업연도 소득에 대하여 납부하였거나 납부하여야 할 법인세총결정세액을 적용한다고 하는 것은 수익력 측정이 합리적이지 못하다는 의견도 있다. 따라서 평가대상법인의 진정한 수익력에 따른 1주당 순손익가치를 측정하기 위해서는 해당 법인의 각 사업연도 소득에 대하여 기본세율을 적용한 법인세 산출세액을 적용하는 것도 고려해 볼 수 있다.

논점 – 준비금의 손금산입과 환입의 가감조정

1. 개요

「조세특례제한법」상의 준비금은 법인세법상의 준비금 및 충당금과는 달리 기간손익을 적정하게 계상하기 위한 것이 아니라 단순히 일정기간동안 조세의 부담을 유예하는 조세지원의 방안으로 활용되고 있다. 이러한 조세지원제도는 법인의 선택에 따라 임의로 계상할 수 있도록 하고 있다. 반면에 기업회계에서는 비용 계상을 인정하지 아니하고 있어 이러한 마찰을 해소하기 위하여 세무조정계산서에서 손금에 산입할 수 있도록 하고 있다. 「조세특례제한법」상의 준비금은 대부분 적용시한의 만료로 대부분 폐지되었다. 이러한 준비금은 조세부담을 이연하기 위하여 손금에 산입한 연구 · 인력개발준비금은 손금에 산입한 해당 내국법인은 사업연도가 끝나는 날 이후 3년이 되는 날이 속하는 사업연도가 끝나는 날까지 「조세특례제한법 시행령」 [별표 6]의 연구개발활동 및 인력개발활동을 위한 연구 · 인력개발비로 사용하여야 하고(「조세특례제한법」 제9조 제1항 제1호), 해당 준비금을 손금에 산입한 과세연도가 끝나는 날 이후 3년이 되는 날이 속하는 과세연도가 끝나는 날까지 연구 · 인력개발에 필요한 비용 중 연구 · 인력개발비에 사용한 금액에 상당하는 준비금은 그 3년이 되는 날이 속하는 과세연도부터 각 과세연도의 소득금액을 계산할 때 그 준비금을 36으로 나눈 금액에 해당 과세연도의 개월 수를 곱하여 산출한 금액을 익금에 산입한다(조특법 §9 ②).

또한, 손금 산입한 사업연도가 끝나는 날 이후 3년이 되는 날이 속하는 사업연도가 끝나는 날까지 연구 · 인력개발비에 사용하지 아니한 금액 상당준비금은 그 3년이 되는 날이 속하는 사업연도에 소득금액을 계산할 때 익금 산입하여야 하고, 준비금을 손금에 산입한 후 사업계획 등이 변경되어 연구 · 인력개발에 사용하지 아니하게 된 금액은 그 3년이 되는 날이 속하는 과세연도 전에 익금에 산입할 수 있다. 이러한 연구 · 인력개발준비금을 손금에 산입한 내국인이 폐업하거나 해산하였을 때는 그 사유가 발생한 날이 속하는 과세연도의 소득금액을 계산할 때 익금에 산입하지 아니한 연구 · 인력개발준비금 전액을 익금에 산입하여야 한다(구조특법 §9 ③).

2. 최근 3년간 순손익액을 계산할 때 일시 환입액의 균등산입 규정

비상장주식에 대한 순손익가치를 계산할 때 1주당 최근 3년간의 순손익액은 「상속세 및 증여세법 시행령」 제56조 제2항에서 "「법인세법」 제14조에 따른 각 사업연도소득에 제1호의 금액을 더한 금액에서 제2호의 금액을 뺀 금액으로 한다. 이 경우 각 사업연도소득을 계산할 때 손금에 산입된 충당금 또는 준비금이 세법의 규정에 따라 일시 환입되는 경우에는 해당 금액이 환입될 연도를 기준으로 안분한 금액을 환입될 각 사업연도소득에 가산한다.

3. 준비금의 손금산입과 환입에 따른 순손익가치 평가의 문제점

비상장주식을 평가할 때는 순손익액은 「법인세법」 제14조에 규정하는 각사업연도소득에서 법인세법상 익금불산입액과 손금불산입액 등을 가감하여 계산한다. 이 경우에 각사업연도소득계산 시 손금에 산입된 충당금 또는 준비금이 세법의 규정에 따라 일시 환입되는 경우에는 당해 금액이 환입될 연도를 기준으로 안분한 금액을 환입될 각사업연도소득에 가산한다.

이와 같이 준비금의 일시 환입에 대해서는 해당 금액이 환입될 연도를 기준으로 안분한 금액을 환입될 각 사업연도소득에 가산하는 것은 외견상으로는 일면 타당한 측면도 있다. 그러나 「조세특례제한법」에서 규정하는 준비금은 기간 손익과 무관하게 조세의 부담을 일시 유예하는 조세지원의 방안으로서 법인의 선택에 따라 임의로 계상할 수 있다. 이러한 준비금은 해당 법인의 수익력과는 무관하게 손금으로 산입되어 순손익액는 과소계상될 수 있고, 환입하는 경우에는 해당 과세연도와는 수익력과는 무관하게 과대 계상될 수 있다. 준비금의 일시 환입에 대하여 당해 금액이 환입될 연도를 기준으로 안분한 금액을 각 사업연도소득에 가산하도록 하는 것은 익금산입에 관해서만 고려한 측면이 있다. 대법원(대법원 2013.11.

14. 선고 2011두22280 판결)에서도 준비금은 이익잉여금 처분 시 준비금(임의적립금)으로 처분하고 법인세신고 시 비용(손금)으로 신고하였다가 일정 기간 경과 후 준비금(임의적립금)에서 미처분이익잉여금으로 환입하고, 법인세 신고 시 수익(익금)으로 신고하는 방식으로 회계처리가 이루어진다. 즉, 이들 준비금 설정이나 환입 자체는 기업회계상 손익거래에 해당하지 아니하고, 투자 또는 연구 및 인력개발을 촉진하기 위하여 그에 소요될 재원을 확보하였을 때 세무조정(신고조정)에 의한 손금산입을 인정하였다가 일정 기간 경과 후 익금에 산입하는 방식으로 그 기간동안 조세부과를 유예하는 조세 지원책에 불과하다고 설시하고, 법인세 신고 시 익금에 산입된 환입액은 명문 규정 여부에 관계없이 「상속세 및 증여세법」 제56조 규정에 의한 순손익액 산정 시 「법인세법」 제14조 규정에 의한 각 사업연도 소득금액에서 공제되어야 한다고 판시하였다.

4. 개선방안

「조세특례제한법」상 준비금을 설정하는 경우에는 일반적으로 일시에 거액의 준비금 전입액과 같은 손금이 산입되어 해당 준비금을 설정하는 기간에는 각사업연도 소득이 그 만큼 과소 계상되고, 해당 준비금이 환입되는 과세연도에서는 그 만큼 과대 계상될 수 있다. 「조세특례제한법」상의 손금산입한 준비금은 해당 사업연도의 수익력과 무관하므로 「법인세법」 제14조에 규정하는 각사업연도의 소득에 가산하도록 하고, 환입된 금액에 대해서는 환입될 연도를 기준으로 안분한 금액을 환입할 것이 아니라 해당연도의 수익력과는 무관하므로 전액 차감하도록 하는 개선이 필요하다.

사례 8. 이월결손금공제로 실제 납부한 법인세가 없는 경우의 비상장법인 주식평가

1. 평가기준일 : 2025.3.1.
2. 평가대상법인의 현황
   - 법인명 : ㈜가나산업
   - 대표자 : 홍길동
   - 사업개시일 1985.1.1.
   - 1주당 액면가액 : 10,000
   - 발행주식총수 : 100,000주(최근 3년간 자본금 변동 없음)
3. 법인세 과세표준 및 세액조정계산서 자료
   ① 2024사업연도 「법인세법」상 각사업연도소득 : △52,000,000
   - 이월결손금 공제액 : 0
   - 과세표준 : 0
   - 법인세 산출세액 : 0

② 2023사업연도 「법인세법」상 각사업연도소득 : 725,000,000
- 이월결손금 공제액 : 525,000,000
- 과세표준 : 200,000,000
- 법인세 산출세액 : 38,000,000

③ 2022사업연도 「법인세법」상 각사업연도소득 : 98,000,000
- 이월결손금 공제액 : 98,000,000
- 과세표준 : 0
- 법인세 산출세액 : 0

4. 각사업연도 세무조정사항

① 2024사업연도
- 기부금 한도초과액 : 3,000,000원
- 접대비한도초과액 : 17,000,000
- 지급이자 손금불산입액 : 12,000,000
- 법인세 납부세액 : 0
- 지방소득세 납부세액 : 0

② 2023사업연도
- 벌과금 등 : 1,500,000
- 접대비한도초과액 : 21,000,000
- 지급이자 손금불산입액 : 32,500,000
- 법인세 납부세액 : 38,000,000
- 지방소득세 납부세액 : 3,800,000

③ 2022사업연도
- 지정기부금한도초과액 : 2,000,000
- 접대비한도초과액 : 18,000,000
- 지급이자 손금불산입액 : 10,000,000
- 법인세 납부세액 : 0
- 지방소득세 납부세액 : 0

풀이

최근 3년간의 순손익액을 계산할 때에 각사업연도소득에서 차감하는 법인세액은 각사업연도소득에 대하여 납부하였거나 납부하여야 할 법인세 총결정세액을 말하는 것으로 이 경우 각사업연도소득은 이월결손금을 공제하기 전의 각사업연도소득을 말한다(서사-897, 2006.4.10.). 따라서 사례와 같은 경우에 이월결손금에 의하여 실제 납부한 법인세 및 주민세가 없거나 적게 납부한 경우에는 이월결손금을 공제하기 전의 각사업연도소득금액에 대한 법인세 및 주민세를 계산하여 각사업연도소득에서 차감하여 순손익액을 계산하여야 한다.

※ 법인세 총결정세액 계산

1. 2024년 법인세 총결정세액
   - 각사업연도소득 : △52,000,000
   - 법인세 총결정세액 : 0
2. 2023년 법인세 총결정세액
   - 각사업연도소득 : 725,000,000
   - 과세표준 : 725,000,000
   - 법인세 총결정세액 : 200,000,000×10%+(725,000,000−200,000,000)×20%
     =125,000,000
   - 지방소득세 : 125,000,000×10%=12,500,000
3. 2022년 법인세 총결정세액
   - 각사업연도소득 : 98,000,000
   - 과세표준 : 98,000,000
   - 법인세 총결정세액 : 98,000,000×10%=9,800,000
   - 지방소득세 : 9,800,000×10%=980,000

[평가심의위원회 운영규정 별지 제4호 서식 부표3] (2021.3.4. 개정)

(단위 : 원) (제6쪽)

7. 순손익액				
평가기준일 1년, 2년, 3년이 되는 사업연도		2024년	2023년	2022년
① 각 사업연도 소득금액		-52,000,000	725,000,000	98,000,000
소득에 가산할 금액	② 국세, 지방세 과오납에 대한 환급금이자			
	③ 수입배당금 중 익금불산입액			
	④ 이월된 기부금 손금산입액			
	⑤ 이월된 업무용승용차 관련 손금산입액			
	⑥ 외화환산이익(법인세 계산시 해당 이익을 반영하지 않은 경우)			
	⑦ 그 밖에 기획재정부령으로 정하는 금액			
가. 소계(① + ② + … ⑦)		-52,000,000	725,000,000	98,000,000
소득에서 차감할 금액	⑧ 당해 사업연도의 법인세액		125,000,000	9,800,000
	⑨ 법인세액의 감면액 또는 과세표준에 부과되는 농어촌특별세액, 지방소득세액		12,500,000	980,000
	⑩ 벌금, 과료, 과태료, 가산금 및 체납처분비 손금불산입액		1,500,000	
	⑪ 법령에 따라 의무적으로 납부하는 것이 아닌 공과금 손금불산입액			
	⑫ 징벌적 목적의 손해배상금 등에 대한 손금불산입액			
	⑬ 각 세법에서 규정하는 징수불이행으로 인해 납부하였거나 납부할 세액			
	⑭ 과다경비 등의 손금불산입액			
	⑮ 기부금 손금불산입액	3,000,000		2,000,000
	⑯ 접대비 손금불산입액	17,000,000	21,000,000	18,000,000
	⑰ 업무와 관련 없는 비용 손금불산입액			
	⑱ 업무용승용차 관련 비용의 손금불산입액			
	⑲ 지급이자의 손금불산입액	12,000,000	32,500,000	10,000,000
	⑳ 감가상각비 시인부족액에서 상각부인액을 손금으로 추인한 금액을 뺀 금액			
	㉑ 외화환산손실(법인세 계산시 해당 손실을 반영하지 않은 경우)			
	㉒ 그 밖에 기획재정부령으로 정하는 금액			
나. 소계(⑧ + … ㉒)		32,000,000	192,500,000	40,780,000
다. 순손익액(가 - 나)		-84,000,000	532,500,000	57,220,000
라. 유상증(감)자시 반영액				
마. 순손익액(다 ± 라)		-84,000,000	532,500,000	57,220,000
바. 사업연도말 주식수 또는 환산주식수		100,000	100,000	100,000
사. 주당순손익액 (마 ÷ 바)		㉓ -840	㉔ 5,325	㉕ 572
아. 가중평균액 {(㉓ × 3 + ㉔ × 2 + ㉕) / 6}		1,450		
자. 기획재정부령이 정하는 율		10%		
차. 최근 3년간 순손익액의 가중평균액에 의한 1주당 가액(아÷자)		14,500		

210mm × 297mm[일반용지 70g/㎡(재활용품)]

3.4.6 유상 증 · 감자에 따른 자본이익 가감산

1주당 최근 3년간의 순손익액의 가중평균액을 계산할 때 순손익액은 「법인세법」 제14조에 따른 각사업연도소득에서 세법에서 정하고 있는 익금불산입액을 더하고, 손금불산입액을 빼서 계산한다. 순손익액을 계산할 때 평가기준일이 속하는 사업연도 이전 3년 이내에 유상증자를 하거나 유상감자를 하는 경우에는 그 사업연도와 그 이전 사업연도의 순손익액에 유상증자 또는 유상감자와 관련하여 계산한 자본이익을 더하거나 빼서 순손익액을 계산한다.
이 경우 유상증자 또는 유상감자를 한 사업연도의 순손익액은 사업연도 개시일부터 유상증자 또는 유상감자를 한 날까지의 기간에 대하여 월할로 계산하며, 이 경우에 1개월 미만은 1개월로 하여 계산한다. 법원의 회생계획인가결정에 따른 매출채권의 출자전환으로 피출자법인에 유상증자가 이루어진 경우 해당 피출자법인의 비상장주식을 평가할 때에도 자본이익을 가산한다(법령재산-581, 2018.8.18).

① 유상증자한 경우의 자본이익

> 유상증자한 주식 등의 1주당 납입금액×유상증자에 의하여 증가한 주식 등의 수×
> 기획재정부령으로 정하는 율(10%)

② 유상감자한 경우의 자본이익

> 유상감자 시 지급한 1주당 금액×유상감자에 의하여 감소된 주식 등의 수×
> 기획재정부령으로 정하는 율(10%)

사례 9. 유상증자에 대한 자본이익 가산

가나산업㈜은 액면가액 10,000원의 주식을 발행한 자본금 30억원의 비상장법인이다. 이 회사는 다음과 같이 유상증자와 무상증자가 있었던 법인이다. 이 회사의 1주당 주식가치 평가를 위한 순손익가치는? 평가기준일은 2025.7.1.이다.

사업연도	기초주식수	유상증자	무상증자	기말주식수	환산주식수
2022년	200,000			200,000	300,000
2023년	200,000		50,000	250,000	300,000
2024년	250,000	50,000		300,000	300,000

2023년 무상증자는 2023.10.31.에 하였고, 2024년 유상증자는 2024.6.26. 액면가액 10,000원에 하였다.

풀이

1. 환산주식수의 계산

 2024사업연도 환산주식수 : 300,000주

 2023사업연도 환산주식수 : $250,000 \times \frac{250,000+50,000}{250,000} = 300,000$

 2022사업연도 환산주식수 : $200,000 \times \frac{200,000+50,000+50,000}{200,000} = 300,000$

2. 1주당 순손익가치의 계산

사업연도	계	2024년	2023년	2022년
순손익액		800,000,000	700,000,000	600,000,000
유상증자		25,000,000*1	50,000,000*2	50,000,000*3
수정 후 순손익액		825,000,000	750,000,000	650,000,000
환산주식수		300,000	300,000	300,000
주당순손익액		2,750	2,500	2,166
가중평균액	2,569			
자본환원율	10%			
1주당 순손익가치	25,690			

*1 $10,000원 \times 50,000주 \times 10\% \times \frac{6}{12} = 25,000,000원$

*2 10,000원×50,000주×10%=50,000,000원

*3 10,000원×50,000주×10%=50,000,000원

사례 10. 유상감자에 대한 자본이익 차감

가나산업㈜은 액면가액 10,000원의 주식을 발행한 자본금 20억원의 비상장법인이다. 이 회사는 다음과 같이 감자가 있었던 법인이다. 이 회사의 1주당 가치평가를 위한 순손익가치의 계산은? 평가기준일은 2025.7.1.이다.

사업연도	기초주식수	유상감자	무상감자	기말주식수	환산주식수
2022년	300,000			300,000	200,000
2023년	300,000		50,000	250,000	200,000
2024년	250,000			250,000	200,000
2025년	250,000	50,000		–	

2023년 무상감자는 2023.10.31.에 하였고, 2025년 유상감자는 2025.4.1.에 1주당 20,000원으로 하였다.

풀이

1. 환산주식수의 계산

$$2024사업연도\ 환산주식수 : 250,000 \times \frac{250,000-50,000}{250,000} = 200,000$$

$$2023사업연도\ 환산주식수 : 250,000 \times \frac{250,000-50,000}{250,000} = 200,000$$

$$2022사업연도\ 환산주식수 : 300,000 \times \frac{300,000-50,000-50,000}{300,000} = 200,000$$

2. 1주당 순손익가치의 계산

사업연도	계	2024년	2023년	2022년
순손익액		800,000,000	700,000,000	600,000,000
유상감자		100,000,000*1	100,000,000*2	100,000,000*3
수정 후 순손익액		700,000,000	600,000,000	500,000,000
환산주식수		200,000	200,000	200,000
주당순손익액		3,500	3,000	2,500
가중평균액	3,166			
자본환원율	10%			
1주당 순손익가치	31,660			

*1 20,000원×50,000주×10%＝100,000,000원
*2 20,000원×50,000주×10%＝100,000,000원
*3 20,000원×50,000주×10%＝100,000,000원

사례 11. 유상감자에 대한 자본이익 차감

청산산업㈜은 액면가액 10,000원의 주식을 발행한 비상장법인이다. 이 회사는 회사의 주주로 참여한 임직원이 퇴사할 때마다 감자의 형식으로 주식을 정리하였다. 이 회사의 1주당 가치평가를 위한 순손익가치의 계산은? 평가기준일은 2025.5.1.이다.

사업연도	기초주식수	유상감자	무상감자	기말주식수	환산주식수
2022년	115,000		10,000	105,000	73,500
2023년	105,000	5,000		100,000	73,500
2024년	100,000	20,000		80,000	73,500
2025년	80,000	6,500		73,500	

2022년의 무상감자 10,000주는 2022.5.6.에 하였고, 2023년 유상감자는 2023.10.15.에 1주당 30,000원에 5,000주를 하였으며, 2024년 유상감자는 2024.3.5.에 1주당 50,000원에 12,500주를, 2024.5.12. 1주당 50,000원에 7,500주를, 2025.4.15.에 1주당 50,000원에 6,500주를 유상감자하였다.

풀이

1. 환산주식수의 계산

2024사업연도 환산주식수 : $80,000 \times \frac{80,000-6,500}{80,000} = 73,500$

2023사업연도 환산주식수 : $100,000 \times \frac{100,000-20,000-6,500}{100,000} = 73,500$

2022사업연도 환산주식수 : $105,000 \times \frac{105,000-5,000-20,000-6,500}{105,000} = 73,500$

2. 1주당 순손익가치의 계산

사업연도	계	2024년	2023년	2022년
순손익액		400,000,000	450,000,000	500,000,000
유상감자		63,750,000[*1]	145,000,000[*2]	147,500,000[*3]
수정 후 순손익액		336,250,000	305,000,000	352,500,000
환산주식수		73,500	73,500	73,500
주당순손익액		4,574	4,149	4,795
가중평균액	4,469			
자본환원율	10%			
1주당 순손익가치	44,690			

*1 [(12,500주×50,000원×3/12)+(7,500주×50,000원×5/12)+(6,500주×50,000원×12/12)]×10%=63,750,000원

*2 [(5,000주×30,000원×10/12)+(20,000주×50,000원×12/12)+(6,500주×50,000원×12/12)]×10%=145,000,000원

*3 [(5,000주×30,000원×12/12)+(20,000주×50,000원×12/12)+(6,500주×50,000원×12/12)]×10%=147,500,000원

3.4.7 각사업연도소득금액이 변동된 경우

「상속세 및 증여세법 시행령」 제56조 제4항에 따라 순손익액을 계산할 때 해당 법인에 대한 법인세경정으로 주식평가액에 변동이 생긴 때에는 「상속세 및 증여세법」 제76조 제4항의 규정에 의하여 상속(증여)세과세표준과 세액을 경정하여야 한다(상증통 63－56…10). 따라서, 법인세 과세표준 및 세액을 경정 결정하거나 납세자가 수정 신고하여 각사업연도의 소득금액이 변동되는 경우에는 주식평가액을 재차 평가하여 상속세 및 증여세 과세표준과 세액을 경정하게 되는 것이다.

사례 12. 법인세 경정 결정된 경우의 순자산가치 및 순손익가치의 계산

평가기준일 이후에 경정 등에 의하여 평가기준일 전 사업연도 귀속 법인세에 대하여 다음과 같이 경정 결정되었다.

－평가기준일 : 2025.5.1.

－2025년 8월에 2021~2024사업연도에 대한 세무조사를 받아서 2025.10.1. 다음과 같이 법인세등이 추징되었다. 이 경우에 순자산가치를 계산할 때 채무액에 가산할 법인세 및 지방소득세, 순손익가치를 계산할 때 법인세 총결정세액과 지방소득세 총결정세액으로 차감할 금액은?

〈법인세 결정결의서 요약〉

단위 : 원

결정세액 \ 연도별	2021년	2022년	2023년	2024년
(119) 산출세액	250,000,000	260,000,000	270,000,000	280,000,000
(123) 가산세	2,000,000	3,000,000	4,000,000	5,000,000
(124) 총결정세액	252,000,000	263,000,000	274,000,000	285,000,000
(132) 기납부세액	50,000,000	60,000,000	70,000,000	80,000,000
(137) 차감고지세액	202,000,000	203,000,000	204,000,000	205,000,000

풀이

법인세과세표준 및 세액이 경정 결정되면 그에 따른 주식평가액도 변동하게 된다. 이 경우에 순손익가치는 경정결정된 각사업연도소득을 기준으로, 순자산가치는 경정 결정된 순자산가치를 기준으로 다음과 같이 계산한다.

1. 순자산가치
순자산가치를 계산할 때 자산누락 등으로 인하여 법인세가 경정 결정되면 자산누락금액 및 법인세 추징세액은 각각 자산과 부채에 포함하여 계산하게 된다. 과거 사업연도에 대한 법인세 및 지방소득세 추징세액은 평가기준일인 2025.5.1. 현재의 채무에 해당하므로 법인세 및 지방소득세 상당액은 당해 법인의 부채에 가산되고, 자산 누락이 있는 경우에는 자산에 가산한다. 위의 표에서 2021년~2024년(137) 차감고지세액을 부채에 가산한다. 지방소득세는 법인세 산출세액을 과세표준으로 하므로 법인세 산출세액의 10%를 적용하여 지방소득세 산출세액을 구하고, 여기에 과소신고가산세 및 납부불성실가산세를 적용하여 수정신고하면서 납부한 세액을 부채에 가산한다.

2. 순손익가치
순손익가치를 계산할 때 법인세총결정세액과 지방소득세총결정세액은 각사업연도소득에서 차감하여야 한다. 최근 3년간 순손익액의 가중평균액을 계산할 때에는 2022~2024년까지 각 사업연도마다 경정 결정된 법인세 및 지방소득세 총결정세액을 각사업연도소득에서 차감한다.
이에 따라 2022~2024년의 순손익액을 계산할 때 각사업연도소득은 경정결정된 각사업연도소득을 적용하며, 이때 차감하는 법인세 및 지방소득세 총결정세액은 위의 표에서 2022~2024년 (124) 총결정세액을 각 사업연도별로 차감하고, 지방소득세 총결정세액은 법인세 산출세액의 10%를 적용하며, 이에 대한 과소신고가산세 및 납부불성실가산세를 가산한 금액을 차감한다.

3.4.8 충당금 또는 준비금의 일시 환입 시의 순손익액 계산

「조세특례제한법」 등에 의하여 손금에 산입된 충당금 또는 준비금은 사후관리를 하게 된다. 이 경우 각 사업연도소득을 계산할 때 손금에 산입된 충당금 또는 준비금이 세법의 규정에 따라 일시 환입되는 경우에는 해당 금액이 환입될 연도를 기준으로 안분한 금액을 환입될 각 사업연도소득에 가산한다(상증령 §56 ④).

예를 들어, 준비금의 경우에 3년 거치 3년 분할하여 익금산입하도록 하는 중소기업투자준비금을 평가대상법인이 30,000원을 설정하여 손금산입하고, 4차연도에 해당 법인이 준비금을 세법에 정하는 용도로 사용하지 아니하여 일시에 익금산입되었다고 가정하여 보자. 이런 경우에는 순손익액의 계산은 4차, 5차, 6차연도에 각각 10,000원씩 익금산입한 것으로 하여 각사업연도소득금액에 가산하도록 한다는 의미이다.

사례 13. 분할법인의 1주당 순손익액의 계산

1. 현황

가나산업㈜는 제조업 부문과 건설업 부문의 업종을 겸업하고 있다. 이 회사는 2025.2.1. 건설업 부문을 분할하여 가나건설㈜을 분할 신설하였다. 다음의 자료에 의하여 2024.6.30. 기준으로 분할신설법인인 가나건설㈜의 1주당 순손익액을 계산하라.

(1) 순손익액 관련자료

구분		분할 전 법인(가나산업㈜)		
		2022년	2023년	2024년
최근 3년간 순손익액	제조 부문	15억원	12억원	9억원
	건설 부분	5억원	14억원	20억원
	계	20억원	26억원	29억원
발행주식총수		500,000주	500,000주	500,000주
1주당 순손익액		4,000원	5,200원	5,800원

(2) 분할일 현재의 순자산가액

가나산업㈜(제조 부문) : 60억원

가나건설㈜(건설 부문) : 40억원

2. 사례별 평가 해설

(1) 구분기장이 안된 경우의 분할신설법인의 1주당 순손익액

① 분할전법인의 최근 3년간의 1주당액

$$\frac{(5,800\times3)+(5,200\times2)+(4,000\times1)}{6}=5,300$$

② 분할신설법인의 1주당 순손익액

$$5,300\text{원}\times\frac{40\text{억원(분할법인의 순자산가액)}}{100\text{억원(분할전 법인의 순자산가액)}}=2,120\text{원}$$

(2) 구분기장이 된 경우의 분할신설법인의 1주당 순손익액

① 분할된 법인의 1주당 순손익액 자료

구분	분할존속법인(가나산업㈜)			분할신설법인(가나건설㈜)		
	2022년	2023년	2024년	2022년	2023년	2024년
최근 3년간 순손익액	15억원	12억원	9억원	5억원	14억원	20억원
발행주식총수	30만주	30만주	30만주	20만주	20만주	20만주
1주당 순손익액	5,000원	4,000원	3,000원	2,500원	7,000원	10,000원

② 분할신설법인의 1주당 순손익액의 계산

$$\frac{(10,000\times 3)+(7,000\times 2)+(2,500\times 1)}{6}=7,750\text{원}$$

3. 비상장 분할법인의 순손익가치 평가 관련 최근 예규

(1) 최근 3년간의 순손익액이 구분되는 경우(재산-592, 2009.10.30.)

「상속세 및 증여세법 시행령」 제54조 제1항 및 「상속세 및 증여세법 시행령」 제56조 제1항 제1호의 규정에 따라 「법인세법」 제46조 제1항의 규정에 의한 인적분할 및 「법인세법」 제47조 제1항의 규정에 의한 물적분할을 한 분할존속법인과 분할신설법인의 1주당 순손익가치를 산정함에 있어 분할존속법인과 분할신설법인의 최근 3년간의 순손익액이 각각 구분이 되는 경우에는 그 구분된 순손익액을 기준으로 순손익가치를 산정하는 것임.

(2) 최근 3년간의 순손익액이 구분되지 않는 경우(재재산-744, 2007.6.27.)

「상속세 및 증여세법」 제63조 제1항 및 같은법 시행령 제54조 제1항의 규정에 따라 「법인세법」 제46조 제1항의 규정에 의한 인적분할로 인한 분할신설법인의 1주당 순손익가치를 산정함에 있어서 분할법인의 분할 전 순손익액이 사업부문별로 구분되지 아니하는 경우에는 같은 법 시행규칙 제10조의 2 제1항의 규정을 준용하여 순자산가액비율로 안분계산하는 것임.

03

예규

▶▶ 쟁점주식에 대한 보충적 평가방법에 따른 평가시 그 발행법인의 성공불융자금의 이자상당액을 순손익가액에서 차감하여야 한다는 청구주장의 당부(조심 2021서5140, 2022.9.22.)

성공불융자금은 사업리스크를 감안해 자금을 지원하면서 성공할 경우 원리금 등을 징수하나 실패하면 전부 · 일부를 탕감하는 제도로 쟁점법인은 순이익이 발생하지 않아 상환의무도 발생하지 않았으므로 쟁점이자비용 역시 해당사업연도에 확정되었다고 보기 어려움.

▶▶ (심리불속행) 상속세및증여세법에 따라 비상장주식을 평가함에 있어 과세이연된 금액을 순손익가치 산정시 차감할 수 있는지 여부(대법원 2021.11.25. 선고 2021두47394 판결)

(원심요지) 「상속세 및 증여세법」에 따라 비상장주식의 각 사업연도의 순손익액을 계산함에 있어 구 「조세특례제한법」 제85조의 8 제1항에 따라 위 각 사업연도 익금으로 산입된 이 사건 환입금액 상당은 가공의 익금에 해당하여 해당 사업연도 소득금액에서 차감되어야 함.

▶▶ 2011.7.25. 법령개정 전 상속·증여재산에 대한 유상증자 희석효과 반영 여부 등(기획재정부 재산-395, 2018.4.30.)

(사실관계)

○ 종전에는 비상장주식 평가 시 무상증자의 경우에만 희석효과를 반영하도록 규정하였으나

–2011.7.25. 유상증자의 경우에도 희석효과를 반영하도록 법령이 개정되었고, 부칙 §5에서 법령개정 이후 상속·증여분부터 적용하도록 규정됨.

○ 희석효과 반영 여부에 대한 상증법상 규정

개정 구분	유상 증자·감자 반영 여부
상증령 §56 ② 단서 (2011.7.25. 개정 전)	무상증자(감자)의 경우 주식수 환산 * 유상증자의 경우에는 환산규정 없음
상증령 §56 ③ 단서, ⑤ (2011.7.25. 개정 후)	유상증자(감자)의 경우에도 주식수를 환산하고 유상증자에 따른 순손익액 증가분을 가산 * 2011.7.25. 상속·증여하는 분부터 적용

○ 법령개정 전 유상증자 시 희석효과 반영 여부에 대해

–우리 청은 희석효과를 반영하기 위한 명문규정이 없어 반영할 수 없는 것으로 해석하였으나, 심판원은 이와 달리 결정하고 있으며, 대법원도 각각 다른 입장의 판례가 존재

○ 이러한 문제점이 있어 우리청은 2011.7.25. 법령 개정 전 유상증자에 대한 희석효과 반영 여부 등을 2014.3.13. 기획재정부에 질의하였고

–2015.4.3. 기획재정부는 2011.7.25. 법령 개정 전 유상증자는 희석효과를 반영할 수 없다는 취지의 회신을 하였음(재산세제과–277).

(질의내용)

○〈질의1〉 법령개정 전 상속·증여재산에 대한 유상증자 희석효과 반영 여부

(제1안) 희석효과를 반영함

(제2안) 희석효과를 반영하지 않음

○〈질의2〉 (희석효과 반영할 경우) 기재부 해석 변경에 따른 적용시기

(제1안) 해석변경 이후 결정·경정분부터 적용 (결정·경정으로 이미 확정된 경우는 제외)

(제2안) 법령개정 전 상속·증여분에 소급하여 적용

○〈질의3〉 (희석효과 반영할 경우) 희석효과 반영방법

(제1안) 유상증자 시 증자 후 1주당 주식가치 산정방법을 준용하여 적용

* (증자 전 순손익가치+유상증자액) / (증자전 주식수+유상증자 주식수)

(제2안) 개정법령의 반영방법을 준용하여 적용

* 유상증자분 손익액 증가분(=유상증자액×순손익가치환원율(10%)) 반영

* 주식수 : 사업연도 발행주식총수를 증자비율 대로 환산한 주식수

(회신)

질의1, 질의 2, 질의 3은 각각 1안이 타당하다.

▶▶ 순손익액 계산 시 각사업연도소득에 포함된 영업권손상차손 및 합병양도차익의 차감 여부(서면법령해석재산 2015-1758, 2016.1.14.)

합병 후 3년이 경과되지 않은 비상장법인인 합병법인의 주식을 평가하는 경우로서 1주당 순손익가치를 「상속세 및 증여세법 시행령」 제56조 제1항에 따라 계산한 가액으로 하는 경우 합병일이 속하는 사업연도의 「법인세법」 제14조에 따른 각사업연도소득에 포함되어 있는 합병법인의 영업권손상차손 금액과 피합병법인의 합병양도차익 금액은 「상속세 및 증여세법 시행령」 제56조 제4항에 따라 각사업연도소득에서 차감하지 아니하는 것임.

▶▶ 비상장주식 평가 시 순손익액 계산 시 3년균분 익금산입액과 유형자산 처분손익(기획재정부 재산-653, 2015.9.25.)

「조세특례제한법」 제85조의 7(공익사업을 위한 수용등에 따른 공장이전에 대한 과세특례)을 적용받아 해당 양도차익 상당액을 양도일이 속하는 사업연도의 소득금액을 계산할 때 익금에 산입하지 아니하고 양도일이 속하는 사업연도 종료일 이후 3년이 되는 날이 속하는 사업연도부터 3개 사업연도의 기간동안 균분한 금액을 익금에 산입하는 경우

해당 익금에 산입한 금액은 「상속세 및 증여세법 시행령」 제56조 제4항에 따른 순손익액 계산 시 같은 법 시행령 제56조 제4항 제2호에서 정하고 있는 각 사업연도소득에서 차감할 금액에 해당하지 않는 것이며, 「상속세 및 증여세법 시행규칙」 제17조의 3 제1항 제6호에 따른 '기업회계기준상 유형자산의 처분손익'에도 포함되지 않는 것임.

▶▶ 비상장주식의 순손익액 계산 시 퇴직급여추계액 전액 포함 여부(기준법령해석재산 2015-102, 2015.6.30.)

비상장법인의 순손익가치를 평가할 때 적용할 "최근 3년간의 순손익액"은 「법인세법」 제14조에 따른 각 사업연도소득에 「상속세 및 증여세법 시행령」 제56조 제4항 제1호의 금액을 더한 금액에서 같은 항 제2호의 금액을 뺀 금액으로 하는 것임. 이 경우 해당연도 퇴직급여충당금추계액과 결산서에 반영된 퇴직급여충당금과의 차액을 각 사업연도소득에서 차감할 수 없는 것임.

▶▶ 각 사업연도소득에서 차감하는 법인세액 계산방법(법규과-309, 2014.4.4.)

[질의]

---

1. 사실관계

2011.10.31. 父로부터 증여받은 비상장주식 96,000주(이하 "쟁점주식")의 주식 평가에 따른 순손익액 계산 시

- 법인세 신고 시 장부상 미반영된 감가상각비 10,248백만원을 각 사업연도소득에서 차감하여 쟁점주식 1주당 가액을 22,178원으로 평가, 증여재산가액을 2,129백만원으로 산정하여 증여세 1,039백만원 납부함.

2. 신청내용

「상속세 및 증여세법」에 따라 비상장주식을 평가함에 있어 당초 법인세 신고 시 장부상 미계상한 감가상각비를 각 사업연도소득에서 차감하여 순손익액 계산한 경우 순손익액에서 차감하는 법인세액이

－당초 법인세 신고 시 각 사업연도소득에 대한 법인세액인지

－장부상 미계상한 감가상각비를 각 사업연도소득에서 차감하여 재계산된 법인세액인지 여부

3. 관련법령

- 「법인세법」 제23조【감가상각비의 손금불산입】

  ① 고정자산에 대한 감가상각비는 내국법인이 각 사업연도에 손금으로 계상한 경우에만 대통령령으로 정하는 바에 따라 계산한 금액(상각범위액)의 범위에서 해당 사업연도의 소득금액을 계산할 때 이를 손금에 산입하고, 그 계상한 금액 중 상각범위액을 초과하는 부분의 금액은 손금에 산입하지 아니한다. 다만, 해당 내국법인이 법인세를 면제·감면받은 경우에는 해당 사업연도의 소득금액을 계산할 때 대통령령으로 정하는 바에 따라 감가상각비를 손금에 산입하여야 한다.

- 「법인세법 기본통칙」 23－0…1【감가상각비 손금계상누락에 대한 경정청구】

  감가상각비는 법 제23조 제1항의 규정에 의하여 결산 시 손금으로 계상한 경우에 한하여 이를 손비로 보는 것이므로 결산 시 손금에 계상하지 아니한 금액은 이를 세무조정에 의하여 손금산입하거나 「국세기본법」 제45조의 2의 규정에 의하여 경정청구할 수 없다.

- 「상속세 및 증여세법 기본통칙」 63－56…9【순손익액에서 차감하는 법인세액 등】

  ① 영 제56조 제3항 제2호 가목에 따른 세액은 「법인세법」에 따라 각 사업연도의 소득에 대하여 납부하였거나 납부하여야 할 법인세 총결정세액을 말한다. 이 경우 각 사업연도 소득은 이월결손금을 공제하기 전의 소득을 말하는 것이며, 법인세액에는 토지등 양도소득에 대한 법인세, 법인세 부가세액, 법인세 감면세액에 대한 농어촌특별세를 포함한다.

[회신]

「상속세 및 증여세법 시행령」 제54조에 따라 비상장주식을 평가하는 경우 "최근 3년간의 순손익액" 계산 시 「법인세법」 제14조의 규정에 의한 각 사업연도소득에서 「상속세 및 증여세법 시행령」 제56조 제4항 각 호에 규정된 금액을 가감하는 것이므로 각 사업연도소득에서 차감하는 법인세액은 이월결손금을 공제하기 전 「법인세법」 제14조의 규정에 의한 각 사업연도 소득금액에 대하여 납부하였거나 납부하여야 할 법인세 총결정세액을 말하는 것임.

▶▶ 순손익액 산정시 차감되는 법인세액에 임시투자세액공제 이월액 포함 여부(재산-212, 2011.4.28.)

「상속세 및 증여세법 시행령」 제56조 제3항 제2호 가목의 규정에 의하여 각 사업연도 소득에서 차감하는 법인세액은 당해 사업연도의 법인세액을 말하는 것이며, 「조세특례제한법」 제144조에 따라 이월된 임시투자세액이 있는 경우에는 그 세액을 공제한 후의 법인세 총결정세액을 적용하는 것임.

▶▶ 인적분할과 물적분할로 분할존속법인과 분할신설법인의 순손익가치를 산정함에 있어 분할 전 순손익액이 각각 구분되는 경우 평가방법(재산-592, 2009.10.30.)

「상속세 및 증여세법 시행령」 제54조 제1항 및 「상속세 및 증여세법 시행령」 제56조 제1항 제1호의 규정에 따라 「법인세법」 제46조 제1항의 규정에 의한 인적분할 및 「법인세법」 제47조 제1항의 규정에 의한 물적분할을 한 분할존속법인과 분할신설법인의 1주당 순손익가치를 산정함에 있어 분할존속법인과 분할신설법인의 최근 3년간의 순손익액이 각각 구분이 되는 경우에는 그 구분된 순손익액을 기준으로 순손익가치를 산정하는 것임.

▶▶ 분할신설법인의 분할 전 순손익액에는 당해 분할한 투자주식과 관련한 분할 전 투자주식(상환우선주)처분손익도 포함되는 것임(재재산-116, 2009.1.21.)

「상속세 및 증여세법」 제63조 제1항 및 같은 법 시행령 제54조 제4항에 따라 투자주식 및 그와 관련된 자산과 부채를 인적분할하는 경우 분할신설법인의 사업영위기간은 분할 전 분할법인의 사업개시일부터 기산하며, 이 경우 같은 법 시행령 제56조 제3항에 따라 분할신설법인의 분할 전 순손익액에는 당해 분할한 투자주식과 관련한 분할 전 투자주식(상환우선주)처분손익도 포함되는 것임.

▶▶ 각 사업연도소득에서 이월결손금을 공제한 경우 1주당 최근 3년간 순손익액 산정 시 각사업연도 소득 및 법인세총결정세액(서면4팀-2028, 2007.7.2.)

「상속세 및 증여세법 시행령」 제56조 제3항 제2호 가목의 규정에 의하여 각 사업연도 소득에서 차감하는 법인세액은 각 사업연도 소득에 대하여 납부하였거나 납부하여야 할 법인세 총결정세액을 말하는 것임. 이 경우에 각 사업연도 소득은 「법인세법」 제14조의 규정에 의하는 것이므로 이월결손금을 공제하기 전의 소득을 말하는 것이며, 그에 따라 감면되는 법인세액이 있는 경우에는 그 금액을 차감한 후의 법인세액(농어촌특별세 등 가감)에 의하는 것임.

▶▶ 2 이상의 업종을 영위하는 법인이 최근 3년 이내에 매출액을 기준으로 한 주요 업종이 변경된 경우 추정이익으로 순손익가치를 산정할 수 있음(서사-1639, 2007.5.16.)

[질의]

- 시가가 없는 비상장법인의 1주당 순손익가치는 1주당 최근 3년간의 순손익액의 가중평균액에 의하되, 최근 3년간의 순손익액이 비정상적으로 증가하는 등의 사유가 있는 경우에는 신용평가전문기관 등의 1주당 추정이익의 평균가액에 의할 수 있도록 「상속세 및 증여세법 시행령」 제56조 제1항에서 규정하고,

- 「상속세 및 증여세법 시행규칙」 제17조의 3 제1항 제3호에서는 '평가기준일 전 3년이 되는 날이 속하는 사업연도개시일부터 평가기준일까지의 기간 중 주요 업종이 바뀐 경우'를 추정이익으로 평가할 수 있는 사유의 하나로 규정하고 있음.
- 상기 규정을 적용할 때 2 이상의 사업을 영위하는 법인의 경우 주요 업종의 의미가 매출액이 가장 큰 업종인지 아니면 직접 사용하는 유형고정자산의 가액이 가장 큰 업종 또는 다른 의미인지 여부(평가기준일은 2005년도에 속함)

〈갑설〉 매출액이 가장 큰 업종을 주요 업종으로 한다.
〈을설〉 직접 사용하는 유형고정자산의 가액이 가장 큰 업종을 주요 업종으로 한다.

[회신]
「상속세 및 증여세법 시행령」 제56조 제1항 및 같은법 시행규칙 제17조의 3 제1항 제3호의 규정을 적용함에 있어 귀 질의의 경우는 평가기준일 전 3년이 되는 날이 속하는 사업연도 개시일부터 평가기준일까지의 기간 중 주요 업종이 바뀐 경우에 해당하는 것임.

▶▶ 휴면법인이 새로운 주주에게 인수되어 사업을 재개한 경우 사업개시 후 3년 미만의 법인 해당 여부 판단기준(서사-879, 2007.3.14.)

부도 등의 사유로 사실상 폐업하였으나 청산절차가 진행되지 아니한 휴면법인이 새로운 주주에게 인수되어 사업을 재개한 경우 당해 법인이 「상속세 및 증여세법 시행령」 제54조 제4항 제2호의 규정에 의하여 순자산가치로만 평가하는 '사업개시 후 3년 미만의 법인'에 해당하는지 여부는 사업재개 후 최초로 재화 또는 용역의 공급을 개시한 날을 기준으로 판단하는 것임.

▶▶ 1주당 최근 3년간 순손익액 계산 시 각 세법에서 규정하는 징수불이행으로 납부하였거나 납부할 세액의 의미(서사-684, 2007.2.22.)

① 「상속세 및 증여세법 시행령」 제56조 제3항 제2호 가목의 규정에 의하여 각사업연도소득에서 차감하는 법인세액은 각사업연도소득에 대하여 납부하였거나 납부하여야 할 법인세 총결정세액을 말하는 것으로 법인세 산출세액 합계액에서 공제감면세액을 차감하고 가산세액을 가산한 금액에 의하는 것임.

② 「상속세 및 증여세법 시행령」 제56조 제3항 제2호 나목 규정의 '각 세법에서 규정하는 징수불이행으로 납부하였거나 납부할 세액'이라 함은 「법인세법」 제21조 제1호의 규정에 의한 '각 세법에 규정하는 의무 불이행으로 인하여 납부하였거나 납부하여야 할 세액(가산세 포함)'으로 각사업연도소득금액 계산상 손금에 산입하지 아니한 금액을 말하며, 이 경우 의무불이행에는 같은법 시행령 제21조의 규정에 의하여 간접국세의 징수불이행·납부불이행과 기타의 의무불이행의 경우를 포함하는 것임(평가심의위원회운영규정 별지 서식 부표 6 '순손익액계산서' 작성요령 참조).

▶▶ 「조세특례제한법」 제73조 제4항의 규정에 따라 이월손금된 특례기부금의 각사업연도소득금액 가산 여부(서사-2471, 2006.7.26.)

「상속세 및 증여세법 시행령」 제56조 제1항 제1호의 규정에 의한 1주당 최근 3년간 순손익액의 가중평균액을 계산함에 있어 「조세특례제한법」 제73조 제1항·제2항의 규정에 의한 기부금 한도초과액은 각 사업연도의 소득금액에서 차감하는 것이며, 「조세특례제한법」 제73조 제4항의 규정에 의하여 손금에 산입된 금액은 당해 손금 산입된 사업연도의 소득금액에 가산하는 것임.

▶▶ 사업연도를 변경한 비상장법인의 '1주당 최근 3년간 순손익액의 가중평균액' 산정방법(서사-1991, 2006.6.27.)

「상속세 및 증여세법 시행령」 제56조 제1항 제1호의 규정에 의하여 비상장법인의 '1주당 최근 3년간 순손익액의 가중평균액'은 평가기준일 이전 1년, 2년 및 3년이 되는 날이 속하는 사업연도의 1주당 순손익액을 기준으로 하여 계산하는 것임.

▶▶ 사업연도가 12월말인 법인이 8월말 법인으로 사업연도를 변경하였다가 다시 12월말법인으로 사업연도를 변경한 경우 최근 3년간 순손익액 평가방법(서사-1823, 2006.6.16.)

「상속세 및 증여세법 시행령」 제56조 제1항 제1호의 규정을 적용함에 있어 변경 전·후의 사업연도는 1개의 사업연도로 보는 것이 타당함.

▶▶ 외국법인이 발행한 비상장주식의 최근 3년간 순손익액의 계산방법(서사-1862, 2005.10.12.)

「상속세 및 증여세법」상 재산의 평가는 당해 재산의 소재지국에 관계없이 「상속세 및 증여세법」 제60조 내지 제66조의 규정에 의하여 평가하는 것이며, 외국법인이발행한 비상장주식을 같은법 시행령 제54조의 규정에 의하여 평가하는 경우 '최근 3년간의 순손익액'은 내국법인과 동일하게 「법인세법」 제14조의 규정에 의한 각사업연도소득에 「상속세 및 증여세법 시행령」 제56조 제3항 제1호의 규정에 의한 금액을 가산한 금액에서 같은항 제2호의 규정에 의한 금액을 차감하여 계산하는 것임.

▶▶ 비상장주식 평가기준일과 추정이익 산정기준일과 평가서작성일의 관계(서사-1723, 2005.9.23.)

비상장법인의 1주당 순손익가치를 「상속세 및 증여세법 시행령」 제56조 제1항 제2호의 규정에 의한 '1주당 추정이익의 평균가액'에 의하는 경우 그 추정이익의 산정기준일 및 평가서 작성일은 평가기준일 전후 6월(증여재산의 경우에는 3월) 이내이어야 함.

▶▶ 평가대상 주식을 발행한 법인이 평가기준일 전 3년이 되는 날이 속하는 사업연도개시일부터 평가기준일까지의 기간 중 분할한 경우 1주당 최근 3년간의 순손익액의 가중평균액 계산(서사-1671, 2005.9.16.)

평가대상 주식을 발행한 법인이 평가기준일 전 3년이 되는 날이 속하는 사업연도개시일부터 평가기준일까지의 기간 중 분할을 한 경우 「상속세 및 증여세법 시행령」 제56조 제1항 및 같은법 시행규칙 제17조의 3 제1항 제3호의 규정에 의하여 같은법

03

시행령 제56조 제1항 제1호의 규정에 의한 1주당 최근 3년간의 순손익액의 가중평균액과 같은항 제2호의 규정에 의한 2 이상의 신용평가전문기관이나 또는 회계법인이 산출한 1주당 추정이익의 평균가액 중에서 선택하여 당해 법인의 1주당 순손익가치를 평가할 수 있는 것임.

▶▶ 순손익가치 평가 시 손금산입된 준비금을 사용기한 내에 미사용하여 일시환입된 경우의 평가(서사-1243, 2005.7.19.)

비상장법인의 순손익가치를 평가할 때 적용할 '최근 3년간의 순손익액'은 「법인세법」 제14조의 규정에 의한 각사업연도소득에 「상속세 및 증여세법 시행령」 제56조 제3항 제1호의 금액을 가산한 금액에서 같은항 제2호의 금액을 차감하여 계산하는 것임. 이 경우 각사업연도소득금액 계산 시 손금산입된 준비금이 「조세특례제한법」상 사용기한 내에 미사용함에 따라 일시환입된 경우 당해 금액은 당초 사용하였을 경우 환입될 사업연도의 기간으로 안분한 금액을 환입될 각 사업연도의 소득에 가산하는 것이 타당함.

▶▶ 사업연도를 변경으로 인한 1년 미만인 사업연도의 순손익액의 계산(서사-152, 2005.1.20.)

[질의]

비상장법인의 순손익가치를 계산함에 있어 다음과 같이 최근 3년간의 기간 중 사업연도를 변경한 경우 평가기준일 이전 1년, 2년, 3년이 되는 날이 속하는 사업연도가 언제인지(평가기준일은 2004.2.임)

제1기 : 2000.8.23.~2001. 6.30.

제2기 : 2001.7. 1.~2002. 6.30.

제3기 : 2002.7. 1.~2002.12.30.(사업연도 변경)

제4기 : 2003.1. 1.~2003.12.31.

[회신]

「상속세 및 증여세법 시행령」 제56조 제1항 제1호의 규정에 의하여 비상장법인의 '1주당 최근 3년간 순손익액의 가중평균액'은 평가기준일 이전 1년, 2년 및 3년이 되는 날이 속하는 사업연도의 1주당 순손익액을 기준으로 하여 계산하는 것이며, 이 경우 3년간의 사업연도 중 1년 미만인 사업연도의 1주당 순손익액은 연으로 환산한 가액에 의하는 것임.

▶▶ 비상장주식평가에 있어 합병 후 3년이 경과되지 않은 합병법인의 최근 3년간 1주당 순손익액의 계산방법(서사-1071, 2004.7.13.)

평가기준일 전 3년 이내에 합병한 비상장법인의 합병 전 1주당 순손익액은 합병법인과 피합병법인의 순손익액의 합계액을 합병 후 발행주식총수로 나누어 계산하는 것이며, 합병법인과 피합병법인의 순손익액은 각각 1년간의 순손익액을 기준으로 하는 것이므로 1년에 미달하는 사업연도 순손익액은 연으로 환산한 가액에 의하는 것임.

▶▶ 순손익가치 계산 시 익금불산입된 금액 처리방법(서사-803, 2004.6.7.)

「상속세 및 증여세법 시행령」 제54조의 규정에 의하여 비상장주식을 평가하는 경우 '최근 3년간의 순손익액'은 법인세법 제14조의 규정에 의한 각사업연도소득에서 「상속세 및 증여세법 시행령」 제56조 제3항 각 호에 규정된 금액을 차가감하는 것이므로 수익인식기준을 변경하거나 감가상각비 시인부족액을 추가적으로 차감하여 소득금액을 계산하지 않음.

▶▶ 직전 사업연도에 유상증자와 무상증자를 실시한 경우 비상장주식의 1주당 순손익가치 계산 시 환산주식수의 계산방법(서일 46014-11648, 2003.11.18.)

「상속세 및 증여세법 시행령」 제56조 제1항 제1호의 규정에 의하여 비상장주식의 1주당 순손익액을 계산할 때 평가기준일이 속하는 사업연도 전 3년 이내에 무상증자를 한 사실이 있는 경우 무상증자 전의 각 사업연도종료일 현재의 발행주식총수는 같은법 시행규칙 제17조의 3 제5항 제1호의 산식에 의한 환산주식수에 의하는 것이며, 이 경우 무상증자주식수는 무상증자 직전 사업연도말 주식수에 배정되어 발행된 무상증자주식수를 말하는 것임.

▶▶ 장부소실로 순손익액의 가중평균액을 산정하기 곤란한 비상장주식의 평가방법(서일 46014-10968, 2002.7.24.)

시가가 없는 비상장법인의 1주당 가액은 법인의 장부 등이 소실된 경우에 세무관서에 제출된 재무제표나 법인세신고·결정내용 등을 확인하여 평가하는 것임. 다만, 법인의 장부 등이 소실되고 법인세신고·결정내용 등도 확인하는 것이 불가능하여 구 「상속세법 시행령」 제5조 제6항 제1호 나목의 규정에 의하여 평가할 수 없는 경우에는 당해 주식의 액면가액에 의하는 것임.

▶▶ 순손익액 계산 시 재고자산평가손실을 각사업연도소득금액에서 차감하지 아니함(서일 446014-10830, 2002.6.21.)

「법인세법」상 각 사업연도 소득금액 계산 시 증빙불비 등으로 손금불산입된 재고자산평가손실을 순손익가치를 평가 시 각 사업연도 소득금액에서 차감하지 아니하는 것임.

▶▶ 평가기준일이 속하는 사업연도 중에 유상증자 시 1주당 순손익액 계산방법(서일 46014-10782, 2002.6.7.)

「상속세 및 증여세법 시행령」 제54조 제1항의 규정에 의하여 비상장주식의 1주당 가액을 평가함에 있어서 평가기준일이 속하는 사업연도개시일부터 평가기준일까지의 기간 중에 유상증자한 사실이 있는 경우 당해 법인의 1주당 순손익액의 계산은 같은법 시행령 제56조 제1항 제1호 및 제2항의 규정에 의하는 것임.

▶▶ 「상속세 및 증여세법 시행령」 제56조(1주당 최근 3년간의 순손익액의 계산방법) 제3항 제2호의 '당해 사업연도의 법인세액'의 의미(서일 46014-10682, 2002.5.20.)

「상속세 및 증여세법 시행령」 제56조 제3항 제2호 가목의 규정에 의하여 각사업연도

소득에서 차감하는 법인세액은 각사업연도소득에 대하여 납부하였거나 납부하여야 할 법인세 총결정세액을 말하는 것임. 이 경우에 각사업연도소득은 「법인세법」 제14조의 규정에 의하는 것이므로 이월결손금을 공제하기 전의 소득을 말하는 것이며, 감면되는 법인세액이 있는 경우에는 그 금액을 차감한 후의 법인세액에 의하는 것임.

▶▶ 비상장주식 평가시 순손익에서 공제되는 법인세액의 정의(재산상속46014-140, 2002.5.16.)

각 사업연도 소득에서 차감하는 법인세액은 각 사업연도 소득에 대하여 납부할 법인세 상당액을 말하며, 이 경우 각 사업연도 소득은 법인세법 제14조의 규정에 의하는 것이므로 이월결손금을 공제하기 전의 소득을 말하는 것이고, 감면되는 법인세액이 있는 경우에는 그 금액을 차감한 후의 법인세액에 의하는 것임.

▶▶ 평가기준일이 속하는 사업연도 전 3년 이내의 사업연도부터 계속하여 결손금이 있는 법인의 의미(서일 46014-10647, 2002.5.15.)

「상속세 및 증여세법」 제63조 제3항의 규정을 적용함에 있어서 '평가기준일이 속하는 사업연도 전 3년 이내의 사업연도부터 계속하여 「법인세법」 제14조 제2항의 규정에 의한 결손금이 있는 법인'이라 함은 「상속세 및 증여세법 시행령」 제56조 제1항 제1호의 규정에 의하여 '1주당 최근 3년간의 순손익액의 가중평균액'을 계산할 때에 각 사업연도의 순손익액이 모두 결손인 법인을 말하는 것임.

▶▶ 1. 무상증자를 실시하여 주식수가 증가한 비상장주식에 대한 '1주당 최근 3년간의 순손익액의 가중평균액'의 계산방법
2. 유상증자 전후의 순자산가액과 순손익액이 부수인 경우 실권주주에게 증여세를 과세하는지 여부(재경부 재산 46014-44, 2002.2.22.)

「상속세 및 증여세법 시행령」 제56조 제2항 단서에서 규정한 '평가기준일이 속하는 사업연도 전 3년 이내에 무상증자 또는 무상감자를 한 사실이 있는 경우'란 평가기준일이 속하는 사업연도 중에 무상증자 또는 무상감자를 하여 평가기준일 현재 주식수가 증가하거나 감소한 경우도 포함하는 것이고, 구 「상속세 및 증여세법 시행령」(2000.12.29. 대통령령 제17039호로 개정되기 전의 것을 말한다) 제31조의 4 제1항 제2호는 신주를 인수하기 전·후의 주식가액이 모두 '0원'으로 평가되는 경우에는 적용되지 아니하는 것임.

▶▶ 평가기준일이 속하는 사업연도 전 3년 이내 주식배당이 있고 주식배당 전 무상증자하는 비상장주식의 1주당 순손익액평가방법(서일 46014-10141, 2002.1.31.)

「상속세 및 증여세법 시행령」 제56조 제1항 제1호의 규정에 의하여 비상장주식의 1주당 순손익액을 계산할 때 평가기준일이 속하는 사업연도 전 3년 이내에 주식배당이 있는 경우 주식배당이 있기 전의 각 사업연도종료일 현재의 발행주식총수는 같은 법 시행규칙 제17조의 3 제4항 제1호의 산식에 의한 환산주식수에 의하는 것임.

▶▶ 최근 3년 이내에 합병한 법인이 피합병법인과 사업연도가 다른 경우 비상장주식평가방법(서일 46014-10352, 2001.10.24.)

「상속세 및 증여세법 시행령」 제56조 제1항 제1호의 규정에 의하여 1주당 최근 3년간 순손익액의 가중평균액을 계산하는 경우에 합병 후 3년이 경과하지 아니한 합병법인의 1주당 최근 3년간 순손익액은 평가기준일 전 1년·2년·3년이 되는 날이 속하는 사업연도별로 합병법인과 피합병법인의 순손익액을 합계하여 합병 후 발행주식총수로 나누어서 계산하는 것이며, 이 경우 1년 미만인 사업연도의 순손익액은 연으로 환산한 가액에 의하는 것이나, 합병일이 속하는 피합병법인의 사업연도가 1년 미만으로서 합병 후부터 피합병법인과 합병법인의 순손익액이 합산되어 계산되는 경우에는 연으로 환산하지 아니하는 것임.

▶▶ 증여일로부터 3개월을 경과하여 소급하여 산정한 1주당 추정이익의 비상장법인의 순손익가치로 인정 여부(재삼 46014-1035, 1999.6.1.)

「상속세 및 증여세법 시행령」(1998.12.31. 대통령령 제15971호로 개정되기 전의 것) 제56조 제1항 제2호의 규정에 의하여 비상장법인의 순손익가치는 신용평가전문기관의 '1주당 추정이익'에 의할 수 있는 것이나, 증여일로부터 3개월을 경과한 후에 소급하여 산정한 1주당 추정이익은 이에 해당하지 아니하는 것임.

03

▶▶ 법인전환 후 3년 미만인 법인과 특수관계법인의 합병 시 비상장주식의 평가방법(재삼 46014-458, 1999.3.6.)

「상속세 및 증여세법 시행령」 제54조의 규정에 의하여 비상장주식을 평가할 때 사업개시 후 3년 미만의 법인은 순자산가치로만 평가하는 것이며, 이 경우 당해 법인의순자산가액에는 같은영 제59조 제2항의 규정에 의한 영업권의 가액이 포함되는 것임.

▶▶ 비상장주식평가 시 손금산입한 준비금의 순손익액 계산대상 여부(재삼 46014-1006, 1998.6.2.)

비상장주식을 평가할 때 '1주당 최근 3년간의 순손익액'은 「법인세법」 제9조에 의한 각사업연도소득에 「상속세 및 증여세법 시행령」 제56조 제3항 제1호에 규정한 금액을 가산한 금액에서 제2호에 규정한 금액을 차감하여 계산하는 것이며, 동법 시행령 동조 제3항 제1호 및 제2호의 규정에 의한 금액 외의 금액을 각사업연도소득에서 차가감하지 아니하는 것임.

▶▶ 비상장주식평가 시 상속개시일 전후 6개월 이내 산출한 1주당 추정이익의 평가기준일(재삼 46014-2652, 1997.11.11.)

구 「상속세법 시행령」(1993.12.31. 대통령령 제14082호로 개정된 것) 제5조 제6항 제1호 나목 ⑵의 단서규정은 1994.1.1. 이후 증여분부터 적용되는 것이며, 이 경우 평가기준일로부터 6개월이 경과한 후에 소급하여 산정한 1주당 추정이익은 적용하지 아니하는 것임.

▶▶ 증자에 따른 신주발행으로 주당순이익이 감소한 경우 비상장주식의 평가(재경원 재산 46014－156, 1997.5.13.)

구 「상속세법」(1996.12.30. 법률 제5193호로 개정되기 전의 것) 제34조의 5 제1항 제1호의 규정을 적용함에 있어서 동법 시행령(1996.12.31. 대통령령 제15193호로 개정되기 전의 것) 제5조 제6항 제1호 나목의 규정에 의하여 신주발행 후 주식을 평가 시 동법 시행규칙(1994.2.17. 재무부령 제1962호로 개정되기 전의 것) 제5조 제4항 제1호의 규정에 의한 '1주당 순손익액의 연환산액'이라 함은 상속개시일이 속하는 사업연도개시일부터 상속개시일까지의 기간 중 발생한 순손익액을 상속개시일 전일 현재 당해 법인의 총발행주식수로 나누어 계산한 1주당 순손익액을 연으로 환산한 것을 말하는 것임.

▶▶ 법인합병 시 최근 3년간 1주당 순손익액의 계산대상기간(재삼 46014－2900, 1996.12.31.)

「상속세법 시행령」 제5조 제6항 제1호 다목 및 동법 시행규칙 제5조 제4항의 규정에 의하여 비상장주식평가 시 '1주당 최근 3년간 순손익액의 가중평균액'은 증여일 전 1년, 2년 및 3년이 되는 날이 속하는 사업연도의 1주당 순손익액을 기준으로 계산하는 것임.

※참고예규 : 재삼 46014－2657, 1996.11.29.

「상속세법 시행령」 제5조 제6항 제1호 다목 및 동법 시행규칙 제5조 제4항의 규정에 의하여 비상장주식평가 시 '1주당 최근 3년간 순손익액의 가중평균액'은 평가기준일 전 1년, 2년 및 3년이 되는 날이 속하는 사업연도의 1주당 순손익액을 기준으로 계산하는 것임.

▶▶ 업종변경한 법인의 주식평가 시 3년 미만의 범위 판단 시 '사업개시일' 의미(재경원 재산 46014－126, 1996.3.13.)

「상속세법 시행령」 제5조 제6항 제1호 다목 (1)에 규정된 '사업개시 후 3년 미만의 범위'이라 함은 당해 법인의 사업개시일부터 상속개시일까지 역에 의하여 계산한 기간이 3년 미만인 법인을 말하는 것임. 이 경우 사업개시일은 당해 법인이 처음으로 재화 또는 용역의 공급을 개시한 때를 적용하는 것임.

▶▶ 종전의 업종을 폐업하고 새로운 업종으로 변경하는 비상장법인의 주식평가방법(재삼 46014－271, 1996.1.31.)

비상장주식을 평가함에 있어서 당해 법인이 종전의 업종을 폐업하고 새로운 업종으로 변경한 경우에는 그 새로운 업종의 영업개시일을 「상속세법 시행령」 제5조 제6항 제1호 다목 규정의 사업개시일로 보는 것임.

▶▶ 비상장주식평가 시 순손익액에서 공제하는 법인세액(재무부 재산 46014－112, 1995.3.23.)

「상속세법 시행령」 제5조 제6항 제1호 마목 (4)의 규정에서 '당해 사업연도의 법인세액'이라 함은 '「법인세법」 제9조의 규정에 의한 각 사업연도의 소득'에 대하여 납부하였거나 납부하여야 할 '법인세총결정세액'을 말하며, 이 경우 「법인세법」·「조세감면규제법」 등에 의한 공제감면세액을 차감하여 계산한 세액을 의미함.

4 순자산가치

4.1 의 의

순자산가치는 순자산가액을 발행주식총수로 나누어서 계산한다. 이 경우에 순자산가액은 자산총계에서 부채총계를 뺀 금액을 의미한다. 비상장주식을 평가할 때 「상속세 및 증여세법」에서 순자산가액의 계산은 자산총계에서 부채총계를 뺀 금액에 「상속세 및 증여세법 시행령」 제59조 제2항에 따른 영업권 평가액을 가산하여 계산한다. 이때 가산하는 영업권은 원칙적으로 같은 법 시행령 제54조 제4항에 따라 순자산가치로 평가해야 하는 경우에는 가산하지 않고, 순자산가액이 0원 이하인 경우에는 0원으로 한다.[10)]

순자산가액의 계산은 우선, 자산총계를 계산하여야 하는데, 이는 평가기준일 현재로 가결산한 재무상태표상의 장부가액을 기초로 한다. 재무상태표상의 각 자산에 대한 평가는 평가기준일 현재 「상속세 및 증여세법」 제60조부터 제66조까지의 규정에 따른 평가액과 장부가액과의 차액인 평가차액을 가산하고, 「상속세 및 증여세법」에서 자산으로 인정하거나 인정하지 아니하는 금액을 가감하여 계산한다. 부채총계도 가결

10) 순자산가액은 자산에서 부채를 빼서 계산하는 것으로서, 부채가 많은 경우에는 음수로 나타난다. 이러한 순자산가액을 발행주식총수로 나누면 순자산가치가 되며, 순자산가치를 음수로 평가하는 것은 순손익가치의 평가방법과 같이 그 가액을 '0'으로 하여 평가하도록 개정하였다. 이 개정은 2009.2.4. 이후 최초로 비상장주식을 평가하는 분부터 적용된다. 다만, 2009.2.3. 이전에도 순자산가치의 평가가 음수인 경우에는 '0'으로 하여 평가하도록 해석(서면4팀－864, 2004.6.16.)한 바 있다.

산한 재무상태표상의 장부가액에서 「상속세 및 증여세법」에 따른 각 항목별로 평가한 금액을 적용하고, 추가로 「상속세 및 증여세법」에서 부채로 인정하는 것과 인정하지 아니하는 것은 가감하여 계산한다.

실무적인 면에서 살펴보면, 평가기준일 현재 가결산할 때 자산이나 부채를 정확히 계산하였다면 「상속세 및 증여세법」에서 자산이나 부채에서 가감하는 항목을 수정하면 될 것이다. 그러나, 자산·부채 중 평가기준일 현재 확정된 자산·부채에 대하여 정확히 가결산하지 아니하였다면 개별 자산과 부채를 평가하여야 한다.

비상장주식의 1주당 순자산가치를 계산하는 과정에 대하여 쉽게 이해할 수 있도록 다음의 계산구조에 따라 상세하게 설명하고자 한다.

- 순자산가액 = 자산총계 − 부채총계 + 영업권평가액
- 1주당 순자산가치 = $\dfrac{\text{평가기준일 현재 당해 법인의 순자산가액}}{\text{평가기준일 현재의 발행주식총수}}$

[평가심의위원회 운영규정 별지 제4호 서식 부표3] (2021.3.4. 개정)

(단위 : 원) (제2쪽)

4. 순자산가액		
가. 자산총액		
① 재무상태표상의 자산가액		
② 평가차액		제4쪽 5. 평가차액 "가"
③ 법인세법상 유보금액		
④ 유상증자 등		
⑤ 기타(평가기준일 현재 지급받을 권리가 확정된 가액 등)		
⑥ 선급비용 등		
⑦ 증자일 전의 잉여금의 유보액		
⑧ 소계(① + ② + ③ + ④ + ⑤ − ⑥ − ⑦)		
나. 부채총액		
⑨ 재무상태표상의 부채액		
⑩ 법인세		
⑪ 농어촌특별세		
⑫ 지방소득세		
⑬ 배당금 · 상여금		
⑭ 퇴직급여추계액		
⑮ 기타(충당금 중 평가기준일 현재 비용으로 확정된 것 등)		
⑯ 제준비금		
⑰ 제충당금		
⑱ 기타(이연법인세대 등)		
⑲ 소계(⑨+⑩+⑪+⑫+⑬+⑭+⑮−⑯−⑰−⑱)		
다. 영업권포함전 순자산가액(⑧−⑲)		
라. 영업권		제5쪽 6. 영업권 "자"
마. 순자산가액(다 + 라)		

210mm×297mm[일반용지 70g/㎡(재활용품)]

작 성 방 법

1. 재무상태표의 자산가액(①) : 평가기준일 현재 재무상태표의 자산총액을 기재합니다.
2. 평가차액(②) : 재무상태표의 자산종류별로「상속세 및 증여세법」제60조부터 제66조까지의 규정에 따라 평가가액과 재무상태표상 금액과의 차액(평가차액계산명세서에서 옮겨 적음)을 기재합니다.
3. 「법인세법」상의 유보금액(③) : 법인세결의서 「자본금과 적립금조서(을)」의 ⑤란 기말잔액의 합계액에서 ㉠~㉢을 차감한 금액을 기재합니다.
   ㉠ 「보험업법」에 의한 책임준비금과 비상위험준비금을 부인한 유보액
   ㉡ 제충당금 및 제준비금을 부인한 유보액
   ㉢ 「상속세 및 증여세법 시행령」에 의하여 평가한 자산의 가액에 포함된 부인 유보액
4. 유상증자 등(④)에는 직전 사업연도말 현재의 재무상태표를 기준으로 하여 순자산가액을 계산하는 경우 직전 사업연도 종료일로부터 평가기준일까지 유상증자한 금액(유상감자한 경우에는 △로 차감으로 표시)을 기재하되, 유상증자 등의 내용이 반영된 평가기준일 현재 재무상태표를 기준으로 하는 경우에는 그러하지 아니합니다.
5. 기타(⑤)에는 평가기준일 현재 지급받을 권리가 확정된 금액 등을 기재합니다.
6. 선급비용(⑥) : 평가기준일 현재 비용으로 확정된 선급비용을 말합니다.
7. 증자일전의 잉여금의 유보액(⑦) : 증자일전의 잉여금의 유보액을 신입주주 또는 신입사원에게 분배하지 아니한다는 것을 조건으로 증자한 경우 신입주주 또는 신입사원의 출자지분을 평가함에 있어 분배하지 아니하기로한 잉여금에 상당하는 금액을 말합니다.
8. 소계(⑧) : [① + ② + ③ + ④ + ⑤] − ⑥ − ⑦
9. 재무상태표상의 부채액(⑨) : 평가기준일 현재 재무상태표상의 부채총액을 기재합니다.
10. 법인세(⑩), 농어촌특별세(⑪), 지방소득세(⑫) : 부채로 계상되지 아니한 평가기준일까지 발생된 소득에 대한 법인세, 농어촌특별세 및 지방소득세로서 납부할 세액을 말합니다.
11. 배당금, 상여금(⑬) : 평가기준일 현재 주주총회에서 처분결의된 주주에 대한 배당금 및 임원에 대한 상여금을 말합니다.
12. 퇴직급여추계액(⑭) : 평가기준일 현재 재직하는 사용인(임원포함)의 전원이 퇴직할 경우 지급하여야 할 퇴직금추계액을 기재합니다.
13. 기타(⑮) : 피상속인의 사망에 따라 상속인과 그 외의 사람에게 지급하는 것이 확정된 퇴직수당금, 공로금, 기타 이에 준하는 금액을 기재합니다.
14. 제준비금(⑯) : 비상장법인인 보험회사주식평가시 보험업법에 따른 책임준비금과 비상위험준비금으로서「법인세법 시행령」제57조제1항부터 제3항까지에 준하는 금액을 제외한 재무상태표상의 제준비금의 합계액을 기재합니다.
15. 제충당금(⑰) : 퇴직급여충당금, 단체퇴직급여충당금, 대손충당금 등 재무상태표상의 제충당금의 합계액(평기준일 현재 비용 확정분 제외)을 기재합니다.
16. 기타(⑱) : 이연법인세대 등 기타 이에 준하는 금액을 기재합니다.
17. 소계(⑲) : [⑨ + ⑩ + ⑪ + ⑫ + ⑬ + ⑭ + ⑮] − ⑯ − ⑰ − ⑱
18. 영업권(라) : 영업권평가조서의 영업권평가액을 옮겨 기재합니다.
19. 순자산가액(마) : 이 경우 평가액이 "0"이하인 경우에는 "0"으로 기입합니다.

4.2 자산총계의 계산

4.2.1 자산총계의 계산구조

재무상태표상 자산가액

\+

- **가산항목**
  - 평가차액: 「상속세 및 증여세법」 제60조부터 제66조까지의 규정에 의하여 평가한 가액과 B/S상의 금액과의 차액 (다만, 평가액<장부가액이면 장부가액)
  - 「법인세법」상 유보금액: 《제외》
    - 「상속세 및 증여세법」 제60조~제66조에 의하여 평가한 자산 관련 유보금액
    - 무형고정자산(개발비) 관련 유보금액
    - 제 충당금·제 준비금 관련 유보금액
    - 이연자산 및 환율조정차(대) 관련 유보
  - 유상증자 금액 등
    - 직전 사업연도종료일 현재의 B/S를 기준으로 평가할 경우
      - 직전 사업연도종료일~평가기준일의 유상증자액
    - 신주인수권 포기에 따른 주식평가
      - 증자에 의해 불입된 자본금
  - 기타: 지급받을 권리가 확정된 가액(B/S상 계상되지 아니한 것)

−

- **차감항목**
  - 선급비용: 평가기준일 현재 비용으로 확정된 선급비용
  - 무형고정자산
    - 1997.1.1. 이후 이연자산의 일부가 무형고정자산으로 변경
      - 2003년까지는 창업비와 연구개발비
      - 2004년부터 개발비로 한정됨.
  - 증자일 전 잉여금 유보금액: 잉여금 유보금액을 신입주주 등에게 분배하지 아니하는 조건으로 증자한 경우의 신입주주 등의 주식평가 시 분배하지 아니하기로 한 잉여금상당액(상증통 63-55…6)
  - 이연법인세자산: 회계상의 이익과 「법인세법」상의 과세소득간의 일시적 차이로 계상된 자산

=

자산총액

4.2.2 재무상태표상 자산가액

순자산가액은 평가기준일 현재 당해 법인의 자산을 「상속세 및 증여세법」 제60조 내지 제66조의 규정에 의하여 평가한 가액에서 부채를 차감한 가액으로 한다(상증령 §55 ①). 이 경우 당해 법인의 자산을 법 제60조 제3항 및 법 제66조의 규정에 의하여 평가한 가액이 장부가액(취득가액에서 감가상각비를 차감한 가액을 말한다)보다 적은 경우에는 장부가액으로 하되, 장부가액보다 적은 정당한 사유가 있는 경우에는 그러하지 아니하다.

일반적으로 장부가액이라고 하면, 기업회계기준에 따라 작성된 것을 의미하는 것으로 판단할 수 있으나 실무에서는 기업회계기준과 다르게 작성되는 경우도 있다. 이러한 경우에 대해 법인의 자산총액 및 주식등의 가액은 '법인의 장부가액'에 따르고, '법인의 장부가액'이란 해당 법인이 「법인세법」 제112조에 따라 기장한 장부가액에 대하여 각 사업연도의 소득에 대한 법인세 과세표준 계산 시 자산의 평가와 관련하여 익금 또는 손금에 산입한 금액을 가감한 세무계산상 장부가액을 의미한다고 해석(사전법령해석재산2019-52, 2019.06.25.)하고 있다.

순자산가액을 계산할 때 사업연도 중에 상속이 개시되거나 증여가 이루어지는 경우에는 평가기준일 현재로 가결산하여야 한다. 이때 자산가액은 가결산한 재무상태표를 기준으로 하여 각 자산 항목별로 「상속세 및 증여세법」 제60조부터 제66조까지의 규정에 따라 평가하게 된다. 자산에 대한 평가는 각 자산 항목별로 평가를 하되 「상속세 및 증여세법 시행령」 제49조 제1항에서 규정한 사례가액이 있으면 이를 우선 적용하고, 시가가 확인되지 아니하면 법 제60조 제3항(보충적 평가방법) 및 같은 법 제66조(저당권 등이 설정된 재산 평가의 특례)에 따라 평가한 가액이 장부가액(취득가액에서 감가상각비를 차감한 가액을 말함)보다 적은 경우에는 장부가액으로 하되, 장부가액보다 적은 정당한 사유가 있는 경우에는 그 평가액으로 할 수 있다(상증령 §55 ①).

장부가액은 실무에서는 정상적인 감가상각비를 계상하지 아니하여 과대 계상된 경우를 흔히 볼 수 있다. 이런 경우에는 장부가액이 실제보다 과대 계상되어 있다는 등의 정당한 사유를 입증하여야 할 것이다. 이에 대해 조세심판원(조심2011서4861, 2012.07.18.)에서는 정확한 재산가치를 산정하기 위해서는 법인세법령에서 인정되는 감가상각방법과 감가상각대상 자산별 기준내용연수에 근거하여 계산한 감가상각비 상당액을 취득가액에서 차감하여 평가하는 것이 타당하다(국세청 재산-260, 2009.9.21., 서면4팀-857, 2005.5.31. 참조)고 결정한 바 있다.

평가액=Max(①, ②)
① 「상속세 및 증여세법」에 의한 평가액
② 장부가액(취득가액-감가상각누계액)

4.2.3 가산항목

자산총계의 계산은 기업회계기준 등에 의하여 작성된 당해 법인의 재무상태표상의 장부가액을 기준으로 하여 평가기준일 현재 「상속세 및 증여세법」 제60조부터 제66조까지의 규정에 따른 평가액을 반영하여야 한다. 그뿐만 아니라 평가기준일 현재 지급받을 권리가 확정된 자산 등 가결산 시에 반영되지 아니한 자산 등에 대하여 가산하여야 한다. 그 내용에 대하여 구체적으로 설명하면 다음과 같다.

(1) 평가차액

자산가액은 평가기준일 현재 가결산한 법인의 장부가액을 기준으로 평가한다. 순자산가액을 계산하기 위하여 당해 법인의 재무상태표상의 각 자산 항목별로 「상속세 및 증여세법」 제60조부터 제66조까지의 규정에 따라 평가한 가액과 장부가액을 비교하여 큰 금액으로 평가한다. 다만, 평가대상자산에 대하여 「상속세 및 증여세법」 제60조부터 제66조까지의 규정에 의하여 평가한 가액이 장부가액보다 적은 경우에는 장부가액으로 하되, 장부가액보다 적은 정당한 사유가 있는 경우에는 장부가액보다 낮은 가액으로 평가할 수 있다(상증령 §55 ①).

각 자산항목별로 평가하여 평가차액을 산정하기 위해서는 「상속세 및 증여세법」 제60조부터 제66조까지의 평가규정을 이해하여야 한다. 이 장에서는 주식의 평가에 대하여 설명하기 위한 것이므로 유가증권평가 이외의 「상속세 및 증여세법」 제60조부터 제66조까지의 보충적 평가방법은 제4장에서 별도로 설명한다.

〈평가심의위원회 운영규정 별지 제4호 서식 부표3〉(2021.3.4. 개정)

(단위 : 원) (제4쪽)

5. 평가차액

가. 평가차액 계산 (① - ②)					제2쪽 4. 순자산가액 “가”의 ② 기재		
자산금액				부채금액			
계정과목	상증법에 따른 평가액	재무상태표상 금액	차액	계정과목	상증법에 따른 평가액	재무상태표상 금액	차액
① 합계				② 합계			

작 성 방 법

평가기준일 또는 직전사업연도말 현재의 재무상태표상의 자산 또는 부채금액을 기준으로 하여 순자산가액을 계산시 재무상태표상 미계상된 경우를 포함한 평가차액을 계산하는 경우에 사용합니다.

1. 계정과목란에는 평가대상 자산 또는 부채를 재무상태표에 기재된 계정명으로 기입하며 재무상태표상 미계상된 경우에는 추가로 기재합니다.
2. 평가차액은 “①”에서 “②”를 차감한 잔액을 기재합니다.

210mm×297mm[일반용지 70g/㎡(재활용품)]

논점 – 장부가액보다 낮은 보충적 평가액을 적용하기 위한 정당한 사유

1. 개요

비상장주식을 보충적 평가방법으로 평가할 때 1주당 순자산가치는 순자산가액을 발행주식총수로 나누어 계산한다. 이 경우에 순자산가액은「상속세 및 증여세법 시행령」제55조 제1항에서 평가기준일 현재 해당 법인의 자산을 상속세및증여세법에 따라 평가한 가액에서 부채를 차감한 가액으로 한다고 규정하고 있다. 해당 법인이 보유한 자산을 평가할 때 최소한 장부가액 이상으로 평가하도록 하기 위해 2003.12.30. 시행령을 개정하면서 "해당 법인의 자산을「상속세 및 증여세법」제60조 제3항(보충적평가방법) 및 법 제66조(저당권 등이 설정된 재산 평가의 특례)의 규정에 의하여 평가한 가액이 장부가액(취득가액에서 감가상각비를 차감한 가액을 말한다)보다 적은 경우에는 장부가액으로 하되, 장부가액보다 적은 정당한 사유가 있는 경우에는 그러하지 아니하다."는 단서를 신설하였다.
이러한 단서 신설 이후에 비상장주식에 대한 보충적 평가방법이 정착되자 최근에는 해당 법인이 보유한 자산에 대해 보충적 평가액이 장부가액보다 적은 경우에는 원칙적으로 장부가액으로 적용하되, 보충적 평가액으로 평가할 때는 정당한 사유를 엄격하게 입증하도록 하고 있어 입증과 관련한 분쟁이 자주 발생하고 있다. 이에 따라 해당 규정의 신설 취지와 적용현황, 향후 과제에 대해 정리한다.

2. 보충적 평가액과 장부가액의 비교 평가의 입법 취지

정부에서는 2003.12.30.「상속세 및 증여세법 시행령」제55조 제1항 단서 규정을 신설하면서 원칙적으로 보충적 평가액과 장부가액을 비교하여 큰 금액으로 평가하도록 하였다. 1주당 순자산가치는 평가기준일 현재 시가 평가를 원칙으로 하되, 시가가 불분명한 경우 보충적 방법으로 평가하더라도 최소한 취득원가 이상으로 평가되도록 한다는 것이다.
예를 들어, 골프장용 토지의 경우 개별공시지가가 토지의 자본적지출에 해당하는 개발비용(코스 · 그린조성비 등)과 토지의 원시 취득가액의 합계액에 미달하는 가액으로 평가될 수 있어 이를 방지하기 위해 단서 규정을 신설하였다.
이에 따른 골프장용 토지의 취득가액과 보충적 평가액을 비교하여 평가한 사례는 다음과 같다.

[장부가액이「상속세 및 증여세법」상의 평가액보다 큰 경우]

(단위 : 억원)

과 목	금 액	과 목	금 액
토 지 (공시지가)	120 (560)	부 채	570

과 목	금 액	과 목	금 액
코스조성비 기타자산	480 200	자본금	230
자산총계	800	부채와 자본총계	800

발행주식총수 : 10만주

[적용 사례]

종 전	개 정
토지는 공시지가로 평가하고 개발비 등을 차감하면, • 1주당 평가액 : 19만원 [{800억원(자산총계)+560억원(토지공시지가)−120억원(토지취득가액)−480억원(코스조성비 등)}−570억원(부채)]÷10만주=19만원	토지가액은 토지 원시취득가액(120억원)과 토지의 자본적지출액에 해당하는 코스조성비 등(480억원)의 합계액(600억원)을 장부가액으로 보고 공시지가(560억원)와 비교해서 큰 금액으로 평가한다. 토지평가액은 600억원이 된다. • 1주당 평가액 : 23만원 [600억원(토지평가액)+200억원(기타자산)−570억원(부채)]÷10만주=23만원

* 심판례(국심2001중1268, 2002.1.12.)

– 골프장용 토지의 개별공시지가에는 당해 토지의 소지가격과 개발비용, 개발이익이 포함되어 평가(지가공시및토지등의평가에관한법률에 관한 훈령 제163호, 제21조 · 제41조)되므로 토지를 개별공시지가로 평가하는 경우 코스 · 그린조성비등 토지 개발비용을 자산가액에서 차감

→ 개정안에 의할 경우 토지 원시 취득가액과 코스등 개발비의 합계액을 토지의 장부가액으로 보아 그 장부가액과 개별공시지가 중 큰 것으로 평가

3. 장부가액보다 낮은 보충적 평가액을 적용하기 위한 정당한 사유

상속세나 증여세가 부과되는 재산의 가액은 「상속세 및 증여세법」 제60조 제1항에서 평가기준일 현재의 시가(時價)에 따르고, 제2항에서는 시가의 정의에 적합한 사례가액이 있는 경우에는 그 사례가액으로 평가하며, 사례가액이 확인되지 아니하면 제3항에서 해당 재산의 종류, 규모, 거래 상황 등을 고려하여 자산의 종류별로 규정한 방법(보충적 평가방법)으로 평가한 가액을 시가로 보도록 하고 있다.

비상장주식을 보충적 평가방법으로 평가할 때 해당 법인의 순자산가액은 평가기준일 현재 해당 법인의 자산을 「상속세 및 증여세법」에 따라 평가한 가액에서 부채를 차감한 가액으로 한다. 해당 법인의 자산은 「상속세 및 증여세법 시행령」

제55조 제1항 후단에서 "보충적 평가방법과 저당권 등이 설정된 재산 평가의 특례에 의하여 평가한 가액이 장부가액(취득가액에서 감가상각비를 차감한 가액을 말한다)보다 적은 경우에는 장부가액으로 하되, 장부가액보다 적은 정당한 사유가 있는 경우에는 그러하지 아니하다."라고 규정하고 있다.

이러한 「상속세 및 증여세법 시행령」 제55조 제1항 후단 규정을 신설할 때 '정당한 사유'와 같은 불확실한 규정으로 어느 정도 분쟁이 예상되었지만, 골프장과 같이 토지의 취득가액에서 코스조성비를 가산해서 취득가액을 산정하고, 일정 기한 이후에 지불해야 하는 골프장 입회금은 현재가치로 환산해서 평가하도록 하는 것은 일면 타당한 측면이 있다고 판단됐다.

이러한 규정으로 실무에서는 해당 법인이 투자한 자회사의 주식(유가증권)을 평가할 때 보충적 평가액이 장부가액보다 적은 정당한 사유를 지나치게 편협한 해석을 하고 있어 투자한 자회사가 청산 절차의 진행과 같은 명백한 사유를 제시하지 않으면 장부가액으로 평가하는 것으로 해석하고 있다.

이러한 해석 배경에는 법원(대법원 2016.12.15. 선고 2016두50730 판결)에서 "자본잠식, 쟁점주식의 보충적 평가액이 0원에 근접한다는 사정을 들어 취득가액보다 낮은 보충적 평가액으로 산정하여야 한다고 주장하여도, 향후 재무상황이 개선될 가능성이 없다고 단정할 수 없다."는 사유로 기각 결정을 하였고, 또 다른 판례(대법원 2016.12.15. 선고 2016두50730 판결)에서는 "① 비상장주식 취득가액 및 양도시점의 보충적 평가방법에 따른 평가시점의 사이의 시간적 간격 및 그 기간 내에 비상장주식의 가치가 급격히 감소할 만한 특별한 사정이 있는지 여부, ② 향후 기업이 사업을 계속하여 진행할지 아니면 휴업 · 폐업 또는 청산중에 있는지 여부, ③ 비상장주식의 증여에 있어 증여자가 비상장주식을 취득할 당시 고려한 주식의 실질가치, ④ 비상장주식 양도 이후의 해당 비상장회사의 순자산가액 및 당기순이익의 회복 · 개선 정도 등 정당한 사유가 존재하는지에 대해 종합적인 입증이 필요하고, 이에 대한 입증책임은 이를 주장하는 사람에게 있다."고 판시하였다.

장부가액은 「상속세 및 증여세법 시행령」 제55조 제1항에서 취득가액에서 감가상각비를 차감한 가액이라고 말하며, 해당 법인이 보유한 자산 중에 감가상각자산의 경우에는 시간의 경과에 따라 장부가액은 감소하게 된다. 반면에 감가상각자산에 해당하지 아니하는 유가증권과 같은 자산은 취득가액이 장부가액이 된다.

이러한 규정으로 "국외자회사 출자지분 장부가액은 보충적 평가액의 466.5%에 달하고 그 차액은 약 50억원에 상당하는 현저한 차이가 발생하므로, 출자 이후 경영이 지속적으로 어려웠던 국외자회사의 가치를 출자액인 장부가액으로 단순평가하는 것은 불합리하다(심사상속2023-3, 2023.05.17.)고 결정한 경우와 같이 장부가액과 현저한 차이가 있다는 점을 제시하지 못하면 자회사에 대한 투자주식은 투자금액 이하로 평가하는 것은 불가능에 가깝다.

이러한 해석과 관행은 「상속세 및 증여세법」에서 정하고 있는 평가원칙에 반하는 것으로 다음과 같은 개선이 필요하다.

4. 향후 과제

비상장법인이 보유한 자산 중에 투자 목적으로 보유한 유가증권을 평가할 때 법원에서는 「상속세 및 증여세법 시행령」 제55조 제1항 단서 규정을 적용한 처분 내용에 대해 "자본잠식, 보충적 평가액이 0원에 근접한다는 사정을 들어 장부가액보다 낮은 보충적 평가액으로 산정하고자 하여도 향후 재무상황이 개선될 가능성이 없다고 단정할 수 없다."고 하면서 장부가액으로 평가해야 한다고 판시한 바 있다.

이러한 법원의 판단은 「상속세 및 증여세법」 제60조(평가원칙)에 대한 검토도 없이 이루어진 것으로 보여진다. 상속세나 증여세가 부과되는 재산의 가액은 「상속세 및 증여세법」 제60조 제1항에서 평가기준일 현재의 시가(時價)에 따르고, 시가에 해당하는 사례가액이 없으면 제3항에 따른 보충적 평가방법으로 평가한 가액을 시가로 본다고 규정하고 있다.

이러한 평가원칙에 따라 비상장주식은 원칙적으로 과거의 수익력을 기준으로 가중평균한 수익가치와 평가기준일 현재의 가치를 기준으로 평가한 자산가치를 3과 2의 비율로 가중평균하여 평가한 가액을 시가로 보게 된다. 이에 따라 개별 비상장회사의 주식은 사례가액이 없으면, 원칙적으로 과거의 수익력과 현재의 자산가치를 반영한 보충적 평가액으로 평가해야 한다.

이러한 원칙에도 불구하고 법원에서는 해당 법인의 자회사 주식은 "향후 재무상황이 개선될 가능성이 없다고 단정할 수 없다."는 이유를 제시하면서 보충적 평가액이 장부가액보다 낮더라도 향후에 개선될 상황까지 예측해서 입증하도록 하는 것은 타당하지 않다. 이러한 판례 때문에 과세당국도 자회사를 청산하였거나 청산을 진행하고 있다는 등의 명백한 사유를 제시해야 보충적 평가액을 시가로 적용할 수 있고, 그렇지 않으면 보충적 평가액이 장부가액보다 현저히 낮더라도 장부가액으로 평가하고 있다.

이러한 점은 자회사 주식가액의 평가를 왜곡하게 하는 것이다. 그렇지만 현실적으로 자회사에 대한 투자주식(출자지분)의 보충적 평가액이 장부가액보다 현저히 낮아서 보충적 평가액을 시가로 적용하기 위해서는 「상속세 및 증여세법」 제60조(평가원칙), 제63조(유가증권의 평가)의 적용원리, 그리고 자회사의 현황을 제시하면서 정당한 사유를 입증해야 할 것이다.

한편, 이러한 예규와 판례로 인하여 자회사 주식에 대한 보충적 평가액이 장부가액보다 낮은 경우에 장부가액으로 평가하는 관행이 정착되면 컨설팅 소재로 악용될 수도 있다. 따라서, 해당 법인이 투자한 자회사 주식의 평가액이 장부가액보다 낮아 보충적 평가액으로 평가할 수 있는 정당한 사유에 비상장주식에 대한 보충적 평가방법인 「상속세 및 증여세법」 제60조 제3항(보충적평가방법)으로 평가한 가액을 시가로 적용할 수 있도록 하는 해석과 관행이 정착되기를 기대한다.

논점 – 비상장주식을 평가할 때 장부가액의 의미

Ⅰ. 개요

비상장주식에 대한 보충적평가방법은 「상속세 및 증여세법」 제60조 제1항 제1항 나목에서 규정하고 있다. 이 규정에 따르면 원칙적으로 법인의 제무제표를 기준으로 1주당 순손익가치와 1주당 순자산가치를 각각 3과 2의 비율로 가중평균한 가액으로 하며, 이때 1주당 자산가치는 해당 법인의 순자산가액을 발행주식총수로 나누어 계산한다. 순자산가액은 평가기준일 현재 당해 법인의 자산을 「상속세 및 증여세법」 제60조 내지 제66조의 규정에 의하여 평가한 가액에서 부채를 차감한 가액으로 한다. 해당 법인이 보유한 자산에 대한 평가는 2003.12.30.(대통령령 제18177호로 개정된 것) 「상속세 및 증여세법 시행령」 제55조 제1항에서 후단을 신설하면서 당해 법인의 자산을 법 제60조 제3항 및 법 제66조의 규정에 의하여 평가한 가액이 장부가액(취득가액에서 감가상각비를 차감한 가액을 말한다)보다 적은 경우에는 장부가액으로 하되, 장부가액보다 적은 정당한 사유가 있는 경우에는 그러하지 아니하다고 규정하였다.

이 경우에 장부가액은 괄호에서 취득가액에서 감가상각비를 차감한 가액을 말한다고 규정하고 있었지만 그동안 해석은 기업회계기준 등에 따른 장부가액으로 하였다가, 최근에는 이러한 예규 중 일부를 삭제하여 조세전문가들 사이에도 장부가액의 의미에 대해 혼란을 겪고 있었다. 이러한 점을 고려하여 필자는 2019년 개정판에서 "유보금액의 가감조정 기준"이라는 제목으로 예규 등 해석에 대해 문제점과 해석의 개선방안에 대해 정리하였고, 2020년에는 한국세무사회에서 발간하는 "계간 세무사" 가을호에서 문제점과 해석방안을 정리하여 소개하였다. 다행히도 과세당국에서는 2020년 10월에 과거 일관성이 없던 유보와 관련된 해석을 대폭 정비하였다. 이에 따라 필자는 독자들이 「상속세 및 증여세법 시행령」 제55조 제1항에서 규정한 장부가액의 의미를 해석하는데 도움이 될 수 있도록 기업회계기준과 「법인세법」에서의 장부가액, 그리고 예규 등을 비교 분석하여 제공하고자 한다.

Ⅱ. 장부가액의 범위

1. 기업회계기준에서의 장부가액

가. 의의

장부가액은 자산·부채·자본의 각 항목에 대하여 일정한 평가기준에 따라 회계장부상에 기록된 금액을 말한다. 해당 자산에 속하는 평가성충당금 등이 있는 경우에는 그 금액을 공제한 순액(純額)을 말한다. 예컨대, 감가상각비를 직접법에 의하여 계상하고 있는 경우에는 감가상각비를 이미 차감한 해당 유형자산금액이

장부가액이 되고, 만일 감가상각비를 간접법에 의해서 계상하고 있는 경우에는 그 유형자산의 금액에서 감가상각충당금계정의 금액을 공제한 것이 장부가액이 된다. 이러한 장부가액의 의미에 대해 비상장주식의 평가와 관련하여 일반기업회계기준에서 정하고 있는 유형자산과 지분법적용투자주식의 장부가액을 기준으로 간략하게 정리한다.

나. 유형자산

(1) 취득가액

유형자산은 최초에는 취득원가로 측정하며, 현물출자, 증여, 기타 무상으로 취득한 자산은 공정가치를 취득원가로 한다. 자산의 취득, 건설, 개발에 따른 복구원가에 대한 충당부채는 유형자산을 취득하는 시점에서 해당 유형자산의 취득원가에 반영한다. 그리고 유형자산의 취득 이후에 내용연수의 연장, 상당한 원가절감 또는 품질향상을 가져오는 경우와 같이 미래 경제적 효익이 기업에 유입될 가능성이 매우 높고, 자산의 원가를 신뢰성 있게 측정할 수 있는 경우에는 자본적 지출로 처리하고, 그렇지 않은 경우에는 발생한 기간의 비용으로 인식한다.

(2) 인식시점 이후의 측정

자산의 인식시점 이후에는 원가모형이나 재평가모형 중 하나를 회계정책으로 선택하여 유형자산 분류별로 동일하게 적용한다. 원가모형은 최초 인식 후에 유형자산은 원가에서 감가상각누계액과 손상차손누계액을 차감한 금액을 장부금액으로 한다. 재평가모형은 최초 인식 후에 공정가치를 신뢰성 있게 측정할 수 있는 유형자산은 재평가일의 공정가치에서 이후의 감가상각누계액과 손상차손누계액을 차감한 재평가금액을 장부금액으로 한다.

(3) 감가상각

유형자산의 감가상각 대상금액은 내용연수에 걸쳐 합리적이고 체계적인 방법으로 배분한다. 각 기간의 감가상각액은 다른 자산의 장부금액에 포함되는 경우가 아니라면 당기손익으로 인식한다. 예를 들면, 제조공정에서 사용된 유형자산의 감가상각액은 재고자산의 원가를 구성한다.

(4) 차입원가의 자본화

차입원가는 기간비용으로 처리함을 원칙으로 한다. 다만, 유형자산, 무형자산 및 투자부동산과 제조, 매입, 건설, 또는 개발(취득)이 개시된 날로부터 의도된 용도로 사용하거나 판매할 수 있는 상태가 될 때까지 1년 이상의 기간이 소요되는 재고자산(적격자산)의 취득을 위한 자금에 차입금이 포함된다면 이러한 차입금에 대한 차입원가는 적격자산의 취득에 소요되는 원가로 회계처리할 수 있다.

다. 지분법적용 투자주식

투자기업은 유의적인 영향력을 갖는 지분법적용대상 피투자기업에 대해 투자금액은 지분법적용투자주식을 원가로 인식하고, 지분법적용투자주식의 취득시점 이후 발생한 지분변동액을 당해 지분법적용투자주식에 가감하여 보고한다. 취득 시점에 관계기업의 식별가능한 자산 · 부채의 공정가치와 장부금액의 차이금액 중 투자기업의 지분율에 해당하는 금액은 당해 자산 · 부채에 대한 관계기업의 처리방법에 따라 상각 또는 환입한다.

2. 법인세법에서의 장부가액

가. 의의

납세의무가 있는 법인은 「법인세법」 제112조에 따라 장부를 갖추어 두고 복식부기 방식으로 장부를 기장하여야 하며, 장부와 관계있는 중요한 증명서류를 비치 · 보존하여야 한다. 이 경우 복식부기에 의한 기장은 그 명칭이나 형식에 불구하고 대차평균의 원리에 따라 이중기록 함으로써 자산과 부채의 증감. 변동 및 손익을 계산할 수 있는 정도를 의미한다(법인22601-2127, 1991.11.11.). 이때 장부가액은 기장에 따른 자산과 부채의 증감. 변동을 반영하여 계산한 결과를 의미한다고 할 수 있다. 이에 따라 비상장법인의 주식평가와 관련하여 자산과 관련한 취득가액, 감가상각, 건설자금이자, 평가손익 등에 대해 정리한다.

03

나. 취득가액

취득가액은 「법인세법」 제41조에서 타인으로부터 매입한 자산, 자기가 제조·생산 또는 건설하거나 그 밖에 이에 준하는 방법으로 취득한 자산, 그 밖의 재산으로 구분하여 규정하고 있다.

⑴ 타인으로부터 매입한 자산

매입가액에 취득세(농어촌특별세와 지방교육세를 포함), 등록면허세, 그 밖의 부대비용을 가산한 금액으로 한다. 법인이 토지와 그 토지에 정착된 건물 및 그 밖의 구축물 등을 함께 취득하여 토지의 가액과 건물등의 가액의 구분이 불분명한 경우 「법인세법」 제52조 제2항에 따른 시가에 비례하여 안분계산한다.

⑵ 자기가 제조·생산 또는 건설하거나 그 밖의 취득한 자산

원재료비·노무비·운임·하역비·보험료·수수료·공과금(취득세와 등록세를 포함한다)·설치비 기타 부대비용의 합계한 금액으로 한다.

⑶ 그 밖의 자산

취득 당시의 대통령령으로 정하는 금액으로 한다.

다. 감가상각비

「법인세법」 제23조에 따라 내국법인이 각 사업연도의 결산을 확정할 때 토지를 제외한 건물, 기계 및 장치, 특허권 등 대통령령으로 정하는 유형자산 및 무형자산(감가상각자산)에 대한 감가상각비를 손비로 계상한 경우에는 대통령령으로 정하는 바에 따라 계산한 금액(상각범위)의 범위에서 그 계상한 감가상각비를 해당

사업연도의 소득금액을 계산할 때 손금에 산입하고, 그 계상한 금액 중 상각범위액을 초과하는 금액은 손금에 산입하지 아니한다.

라. 건설자금이자

건설자금이자는 사업용 유형자산 및 무형자산의 매입 · 제작 또는 건설에 소요되는 차입금(특정차입금)에 대한 지급이자 또는 이와 유사한 성질의 지급이자 등을 말한다. 건설자금이자는 「법인세법」 제28조 제1항 제3호에 따라 특정차입금에 대한 지급이자등은 건설 등이 준공된 날까지 이를 자본적 지출로 하여 그 원본에 가산한다. 따라서 발생한 기간에 지급이자로 회계처리한 경우에는 손금불산입하여 유보처분을 하게 된다.

마. 자산평가손익의 익금불산입 및 손금불산입

「법인세법」 제18조 제1항 제1호에서 규정한 자산의 평가이익은 원칙적으로 각 사업연도의 소득금액을 계산할 때 익금에 산입하지 아니하고, 같은 법 제22조에 따른 자산의 평가손실은 각 사업연도의 소득금액을 계산할 때 원칙적으로 손금에 산입하지 아니한다. 이 경우에 익금불산입 또는 손금불산입에 대해서는 소득처분을 유보로 하여 추후 처분할 때나 감가상각을 통해 가감한다.

3. 「상속세 및 증여세법」에서의 장부가액

가. 개요

순자산가액은 「상속세 및 증여세법 시행령」 제55조 제1항에서는 당해 법인의 자산을 「상속세 및 증여세법」 제60조 제3항 및 같은 법 제66조의 규정에 의하여 평가한 가액이 장부가액(취득가액에서 감가상각비를 차감한 가액을 말한다)보다 적은 경우에는 장부가액으로 하되, 장부가액보다 적은 정당한 사유가 있는 경우에는 그러하지 아니한 것으로 규정하고 있다.

이 경우에 장부가액은 기업회계기준에 따른 장부가액도 있고, 「법인세법」에서 규정한 장부가액이 있는데, 「상속세 및 증여세법 시행령」 제55조 제1항에서는 장부가액은 "취득가액에서 감가상각비를 차감한 가액을 말한다."고 규정하고 있다. 이에 대해 그동안 과세당국에서는 기업회계기준 등에 따른다는 해석으로 일관하였다가 최근에는 상충관계에 있는 일부 예규를 삭제하였다. 이에 따라 장부가액의 적용과 관련하여 해석의 변경과 새로운 예규를 비교하여 장부가액의 의미를 분석한다.

나. 장부가액 적용에 대한 해석의 변천 과정

(1) 기업회계기준에 따른 장부가액 적용과 심판 결정

비상장주식을 평가할 때 장부가액은 기업회계기준에 따라 공정가치로 장부에 반영하였으므로 시가의 개념에 부합할 수 있다. 이러한 인식에 따라 기업회계기준 등에 의해 작성된 대차대조표상 장부가액에 의하는 것이며, 자본금과 적립금조정명세서(을)상의 유보금액 중 「상속세 및 증여세법」의 규정에 의하여 평가하는 자산과 관련된 유보금액은 순자산가액에 별도로 가감하지 아니하는 것으로 해석(서면4팀-1068, 2005.6.28. 외 다수)하여 왔다.

조세심판원에서도「상속세 및 증여세법 시행령」제55조 제1항의 규정에 의하여 비상장법인의 순자산가액을 계산함에 있어서 당해 법인의 자산을「상속세 및 증여세법」제60조 제3항 및 법 제66조의 규정에 의하여 평가한 가액이 장부가액(취득가액에서 감가상각비를 차감한 가액을 말한다)보다 적은 경우에는 장부가액으로 하되, 장부가액보다 적은 정당한 사유가 있는 경우에는 그러하지 아니하는 것인바, 이때의 장부가액은 취득원가(역사적 원가)가 아닌 기업회계기준 등에 의해 작성된 대차대조표상 가액(감가상각자산인 경우「법인세법」상 감가상각비를 차감한 후의 가액)으로 해석하는 것이 위 규정의 취지에 부합하는 것으로 보이는 점(조심 2008서799, 2008.11.24., 같은 뜻임) 등을 종합하여 볼 때, 처분청이 쟁점법인의 대차대조표상의 장부가액으로 순자산가액을 산정하여 과세한 처분은 정당한 것으로 판단된다고 결정(조심 2014전816, 2014.4.30. ; 조심2014전551, 2014.6.18.)한 바 있다.

(2) 장부가액 적용에 대한 대법원의 판례

대법원(대법원 2016.3.24. 선고 2015두58775 판결)에서는 장부가액에 대해「상속세 및 증여세법 시행령」제55조는 순자산가액 산정의 기준이 되는 "장부가액"을 "취득가액에서 감가상각비를 차감한 가액을 말한다."고 규정하고 있다. 회사의 순자산가액을 산정함에 있어 토지와 건물의 장부가액으로 인정한 가액은 취득가액이 아닌 평가기준일로부터 1년 이전 기준 감정가액을 반영하여 산정된 것이어서 이를 이 사건 토지와 건물의 시가로 보기도 어렵다고 판시하였다.

(3) 장부가액에서 차감하는 감가상각비의 범위

유형재산 평가 시 장부가액을 적용함에 있어 취득가액에서 빼는 감가상각비는 법인이 납세지 관할세무서장에게 신고한 상각방법(「법인세법 시행령」제27조에 따라 납세지 관할세무서장의 승인을 얻어 상각방법을 변경한 경우에는 변경전과 변경 후 각각의 상각방법을 말한다)에 따라「법인세법」상 기준내용연수를 적용하여 계산한 취득일부터 평가기준일까지의 감가상각비를 말한다(재산-386, 2012.10.31. ; 서면4팀-857, 2005.5.31.)

(4) 장부가액 적용 예규의 변경

그동안 장부가액의 적용에 대해 기업회계기준에 따른 장부가액을 적용함에 따라 세무조정하면서 발생한 유보금액을 가산하지 아니하는 것으로 해석하였다. 이러한 해석에 대해 과세당국에서 2019년 7월과 2020년 1월에 다음과 같이 삭제하였다. 삭제 이유는 자회사에 현물출자하면서 취득한 주식의 평가, 자회사 주식에 대한 평가와 관련한 예규를 제시하고 있다. 따라서 삭제 이유는 유지 예규에서 찾을 수밖에 없어 유지 예규를 통해 장부가액의 의미를 살펴보면 다음과 같다.

㈎ 비상장주식의 순자산가액 계산 시 장부가액의 의미(사전법령해석재산2019-276, 2019.06.21)

(사실관계)

* 평가대상 법인(A법인)이 보유한 자회사 주식(지분법 적용투자 주식) 현황

단위 : 백만원

자회사	장부가액	유보금액	보충적평가액
A자회사	49,685	-41,446	49,651
B자회사	3,020	2,598	3,526
C자회사	3,532	547	2,673
D자회사	1,262	648	1,002
E자회사	229	171	167
F자회사	3,936	-387	4,475
G자회사	507	-52	565
합계	62,171	-37,921	62,059

* 유보금액은 지분법주식 관련 유보내역

(질의내용)

평가대상 자산과 관련된 세무상 유보금액을 가감하는 것인지 여부

(회신)

A법인(비상장법인) 주식의 순자산가액을 계산하는 경우로서 A법인의 자회사주식(지분법 적용투자 주식)을 「상속세 및 증여세법」 제60조 제3항 및 제63조에 따라 평가한 가액이 장부가액보다 적은 경우에는 장부가액으로 하는 것이다(장부가액보다 적은 정당한 사유가 없는 경우에 한함). 이 경우 장부가액은 취득가액에서 감가상각비를 차감한 가액을 말한다.

㈏ 현물출자로 취득한 주식평가(사전법령해석재산2017-641, 2017.12.18.)

(사실관계)

"쟁점법인"은 자회사를 설립하면서 취득가액 152백만원의 보유토지를 다음과 같이 감정가액 3,269백만원에 현물출자하였다.

① 토지를 현물출자하고 3,269백만원에 상당하는 신설법인의 주식 20,000주를 취득하였다.

② 현물출자할 때 발생한 양도차익 3,117백만원을 「법인세법」 제47조의 2에 따라 손금산입하고 압축기장충당금으로 설정하였다.

〈회계처리〉

(차) 투자유가증권	3,269백만원	(대) 토지	152백만원
		토지처분이익	3,117백만원

〈세무조정〉

토지처분이익에 대해서는 세무조정을 통해 압축기장충당금 3,117백만원을 손금산입하고 △유보처분하였다.

(질의)

「상속세 및 증여세법 시행령」 제55조에 따른 장부가액의 의미와 같은 조에 따른 순자산가액 평가 시 평가대상 자산과 관련된 세무상 유보금액을 가감하는 것인지 여부?

(회신)

내국법인이 자산을 현물출자하고 현물출자 받은 법인의 주식을 취득한 후 「법인세법」 제47조의 2에 따라 현물출자로 발생한 자산의 양도차익에 대해 압축기장충당금을 설정한 경우, 현물출자를 통해 취득한 주식을 「상속세 및 증여세법」 제60조 제3항 및 제66조의 규정에 의하여 평가한 가액이 장부가액(취득가액에서 감가상각비를 차감한 가액을 말한다)보다 적은 경우에는 장부가액으로 한다.

상기와 같은 회신에서 「상속세 및 증여세법 시행령」 제55조 제1항에서 규정한 장부가액은 취득가액에서 감가상각비를 차감한 가액을 의미하는 것이며, 「법인세법」 제47조의 2에 따라 설정된 압축기장충당금은 순자산가치 평가 시 고려대상에 해당하지 않는 것으로 해석하고 있다. 따라서 투자주식에 대한 취득가액에 해당하는 장부가액 3,269백만원과 「상속세 및 증여세법」 제60조 제3항 및 제66조의 규정에 의하여 평가액 1,810백만원(20,000주, 1주당 90,504원)을 비교하여 큰 금액인 장부가액 3,269백만원으로 평가하는 것으로 해석된다.

(5) 소결론

「상속세 및 증여세법」 제55조 제1항 괄호에서 장부가액은 취득가액에서 감가상각비를 차감한 가액으로 하는 것으로 규정하고 있어, 장부가액의 의미는 법문대로 충실하게 해석한 것으로 보인다. 그동안 장부가액의 의미는 기업회계기준 등에 의해 작성된 대차대조표상 장부가액에 의하는 것이라고 해석하였으나 2019년 7월과 2020년 1월, 그리고 2020년 10월에 이러한 유형의 예규는 대부분 삭제한 것으로 보아 세무상의 자산가액과 「상속세 및 증여세법」에서 평가한 시가와 비교평가하는 것으로 해석된다.

그러나 부동산이나 유가증권과 같은 자산의 취득가액은 시세의 변동이 있어 이를 반영한 경우에는 취득가액에서 감가상각비를 차감한 장부가액과 상이할 수 있다. 그렇지만 대부분 자산은 기업회계기준에 따라 작성될 것이므로 감가상각을 하지 않는 한 장부가액과 일치할 것이다. 이러한 점을 고려하여 합리적으로 판단하여야 할 것이다.

다. 순자산가치 평가대상법인 판정시의 장부가액

(1) 의의

「상속세 및 증여세법」 제54조 제4항에서 열거한 내용은 순자산가치로 평가하는 대상이다. 「상속세 및 증여세법 시행령」 제54조 제4항 제3호에서 규정한 "법인의 자산총액 중 「소득세법」 제94조 제1항 제4호 다목1) 및 2)의 합계액

(부동산)이 차지하는 비율이 100분의 80 이상인 법인의 주식등"의 경우와 같은 항 제5호에서 규정한 "법인의 자산총액 중 주식등의 가액의 합계액이 차지하는 비율이 100분의 80 이상인 법인의 주식등"의 경우에는 순자산가치로 평가한다. 이 경우에 적용하는 장부가액의 의미에 대해 질의하고 있다.

(2) 부동산과다보유법인 등 해당 여부 판단시 장부가액의 의미(상속증여-557, 2013.9.23)

(사실관계)

- A법인은 토지에 대하여 과거 회계상 재평가모형을 적용하여 토지를 평가증하였으며, 관계기업주식에 대하여 지분법을 적용하여 평가하였다.
- A법인이 보유하고 있는 토지의 취득원가는 500억원이고, 회계상 평가액은 1,000억원이며, 자본금과적립금조정명세서(을)표상 토지의 평가와 관련된 (-)유보금액 500억원이 있다. 해당 토지의 기준시가는 400억원이다.
- A법인의 토지 장부금액을 회계상 장부금액 1,000억원으로 해석하여 A법인의 자산총액과 「소득세법」 제94조 제1항 제1호 및 제2호의 자산가액을 산정(토지 가액을 1,000억원으로 하여 자산총액 및 토지의 가액을 산정)하면, A법인은 당해 법인의 자산총액 중 「소득세법」 제94조 제1항 제1호 및 제2호 자산가액의 합계액이 차지하는 비율이 100분의 80 이상인 법인에 해당되고, 토지의 취득원가 500억원으로 해석하는 경우에는 해당되지 아니한다.

(질의내용)

위와 같은 사실관계에서 「상속세 및 증여세법 시행령」 제54조 제4항 제4호의 규정에 따라 순자산가치로만 평가하는 법인(당해 법인의 자산총액 중 「소득세법」 제94조 제1항 제1호 및 제2호의 자산가액의 합계액이 차지하는 비율이 100분의 80 이상인 법인)의 주식에 해당하는지 여부를 판단하는 경우 「소득세법 시행령」 제158조 제3항에서 규정하고 있는 자산총액 및 자산가액의 "장부가액"은 회사가 재무상태표에 회계상으로 계상한 금액(토지 1,000억원)을 적용하는지 아니면, 세무상 장부가액(토지 500억원)을 적용하는지 여부를 질의함

[회신]

「상속세 및 증여세법 시행령」 제54조 제4항 제4호에 따라 순자산가치로만 평가하는 비상장법인의 주식 등에 해당하는지 여부를 판단하는 경우, 「소득세법 시행령」 제158조 제3항의 "해당 법인의 장부가액"이란 해당 법인이 「법인세법」 제112조에 따라 기장한 장부가액에 대하여 각 사업연도의 소득에 대한 법인세 과세표준 계산시 자산의 평가와 관련하여 익금 또는 손금에 산입한 금액을 가감한 세무계산상 장부가액을 말하는 것이다.

[예규에 따른 해석]

"해당 법인의 장부가액"이란 해당 법인이 「법인세법」 제112조에 따라 기장한 장부가액에 대하여 각 사업연도의 소득에 대한 법인세 과세표준 계산시 자산

의 평가와 관련하여 익금 또는 손금에 산입한 금액을 가감한 세무계산상 장부가액으로 해석하고 있다. 토지의 취득원가는 500억원이고, 공정시가는 1,000억원으로 평가됨에 따라 기업회계기준에 따른 장부가액은 1,000억원으로 회계처리하였을 것이다. 이에 대해 법인세 과세표준을 세무조정할 때에는 「법인세법」 제18조 제1호에 따라 자산의 평가이익 500억원은 익금불산입 유보(△)로 소득처분하였다. 이 경우에 자산가액은 유보(△500억원)를 가감한 세무상 장부가액은 취득가액 500억원으로 해석한 것으로 판단된다. 이 해석 이후 예규(서면법령해석재산2018-2796, 2019.6.25. ; 사전법령해석재산2019-52, 2019.6.25. ; 사전법령해석재산2019-276, 2019.6.21.)도 같은 취지로 해석하고 있다.

Ⅲ. 마무리

비상장주식에 대한 보충적평가방법에서 자산의 평가는 「상속세 및 증여세법 시행령」 제55조에서 규정하고 있으나 해당 조문에서 모든 내용을 규정할 수 없는 한계 때문에 그 의미가 명확하지 아니한 부분은 과세당국의 해석에 의존할 수밖에 없다. 순자산가액을 계산할 때 자산은 시가 평가를 전제로 하므로 역사적 원가로 표기된 취득가액은 취득 이후에 미래 경제적 효익 등이 증감되는 등의 거래가 있는 경우에는 기업회계기준에 따라 표시하게 된다. 기업회계기준에 따른 장부가액은 새로운 거래가액이 존재하지 않는 한 시가에 가장 근접한 가액으로 표시될 수 있어 순자산가액을 계산할 때의 장부가액은 기업회계기준에 따른 장부가액으로 해석하였던 것으로 보인다.

최근에는 조세법률주의의 원칙상 조세법규의 해석은 특별한 사정이 없는 한 법문대로 해석하여 취득가액에서 감가상각비를 차감한 가액으로 해석하고 있고, 「상속세 및 증여세법 시행령」 제55조는 순자산가액 산정의 기준이 되는 "장부가액"을 "취득가액에서 감가상각비를 차감한 가액을 말한다."고 규정하고 있으므로 토지와 건물의 감정가액은 장부가액이 될 수 없다고 판시한 대법원 판례(대법원 2016.3.24. 선고, 2015두58775 판결)의 영향을 받은 것으로 보인다.

그러나 납세자가 장부가액의 적용에 관하여 구체적 사례를 제시하면서 질의하여도 그에 따른 해석은 유사한 예규만 제시하거나 추상적인 답변이 반복되는 경향이 있다. 납세자가 질의한 다양한 사례마다 구체적으로 답변할 수 없다고 판단되면 상속세 및 증여세법 집행기준을 통하여 법적 안정성 및 예측가능성을 해치지 않는 범위 내에서 해석이 가능하도록 하는 노력이 필요하다. 납세자가 구체적으로 사례를 제시하여 질의하는 경우에 획일적인 답변을 제시하는 것을 지양하고, 최소한 조세전문가들이라도 이해할 수 있을 정도로 해석할 수 있는 답변을 기대한다. 납세자도 같은 유형에 대한 해석을 비교 분석하여 분쟁을 방지하는 노력을 함께 기울여야 할 것이다.

논점 – 분양예정가액의 사례가액 적용에 따른 고려사항

1. 개요

비상장주식을 평가할 때 사례가액이 없어서 보충적 평가방법으로 평가하는 경우에는 원칙적으로 순자산가치와 순손익가치를 가중평균하여 평가한다. 이때 순자산가치는 순자산가액을 발행주식총수를 나누어서 평가하는데, 순자산가액은 평가기준일 현재 해당 법인의 자산과 부채를 「상속세 및 증여세법」 제60조 내지 제66조의 규정에 의하여 평가하여 계산한다. 해당 법인이 보유한 개별 자산을 평가할 때는 「상속세 및 증여세법」 제60조 제3항(보충적 평가방법) 및 같은 법 제66조(저당권 등이 설정된 재산 평가의 특례)의 규정에 의하여 평가한 가액이 장부가액(취득가액에서 감가상각비를 차감한 가액을 말한다)보다 적은 경우에는 장부가액으로 하되, 장부가액보다 적은 정당한 사유가 있는 경우에는 장부가액이 아닌 그 평가액으로 평가하게 된다.

이 경우에 평가대상법인이 아파트나 상가 등의 부동산을 분양하고 있을 때 분양되지 아니한 부동산의 부속 토지를 평가할 때 분양예정가액을 시가로 볼 수 있는지 의문이 있을 수 있으며, 이에 따라 관련사례를 기준으로 분석한다.

2. 사례(대법원 2015두44400, 2015.9.24.)

가. 해당법인의 토지 장부가액

갑법인은 주식양도 당시에 이 사건 토지의 지상에 이 사건 아파트를 신축하고 있었다. 이 사건 아파트의 분양은 평가기준일 이후에 전부 완료되었는데, 분양 당시에 이 사건 토지의 분양가액을 정하였고, 회계장부에는 이 사건 토지매입대금에 추가 보상비용을 더한 금액에 지가상승률을 반영한 금액으로 기재하고 있었다.

나. 처분청의 처분내용

비상장주식에 대한 보충적 평가방법에 따라 이 사건 주식의 양도일 기준 가액을 산정하면서 이 사건 토지의 시가를 토지의 분양가액으로 보고, 이 사건 토지 분양가액에 회계장부상 가액의 차액을 가산하여 1주당 순자산가치를 평가하였다.

다. 납세자의 주장

「상속세 및 증여세법」상의 보충적 평가방법에 따라 이 사건 주식의 양도일 기준 가액을 산정할 때, 이 사건 주식양도 당시 신축 중이었던 이 사건 아파트의 부속토지인 이 사건 토지에 대하여 분양가액을 시가로 평가하는 것은 아파트 신축공사의 진척 정도와 관계없이 아파트 준공 시의 미래가치를 반영하는 결과를 초래하고, 신축공사가 거의 진행되지 않은 상태에서 극히 일부만 분양된 경우의 분양가액을 시가로 평가하는 것은 불합리하다.

라. 법원의 판단

(1) 시가란 불특정 다수인 사이에 자유로이 거래가 이루어지는 경우에 통상 성립된다고 인정되는 가액을 말하므로, 거래 실례가 있다고 하더라도 그 거래가액이 객관적 교환가치를 적정하게 반영하지 못하는 경우에는 시가라고 할 수 없다(대법원 2009.3.12. 선고 2007두8652 판결 참조).

(2) 물건의 거래가격은 미래가치를 고려하여 정해지는 것이므로 평가기준일 당시의 가격에 미래가치가 포함되어 있다고 하여 객관적 교환가치를 적정하게 반영하지 못하였다고 단정할 것은 아니다. 또한 토지는 건축 중인 집합건물의 부지라고 하더라도 법령상의 근거 없이 건물의 작업진행률에 따라 미래가치를 안분·반영하여 그 가액을 산정하여야 한다고 볼 것도 아니다.

그런데 이 사건 토지는 아파트의 부지로서 집합건물의 전유부분에 종속된 대지사용권의 목적인 토지이다. 이러한 대지사용권은 전유부분과 분리하여 처분할 수 없다. 아파트 분양이 불특정 다수인 사이에 자유로이 거래가 이루어지는 경우라고 하더라도 아파트 수분양자들은 그 전유부분과 대지사용권을 아우르는 전체의 분양가액이 거래를 결정하는 요소이고, 양자의 가액 비율이나 그 가액 산정의 적정성은 중요한 관심의 대상이라고 보기 어렵다. 따라서 이 사건 아파트의 분양가액 중 대지사용권 가액의 합산액을 이 사건 토지 전체의 가액으로 보아 이를 관계 법령에서 말하는 '시가'에 해당하는 것으로 인정하기 위해서는, 이 사건 아파트 대지사용권의 가액에 현실과 부합하는 토지의 객관적 교환가치가 적절하게 구현되어 있고, 또 분양가액 속에 평가되어 있는 장래 투입되는 재화나 용역의 가치가 적정하게 반영되어 있는 등 그 가액 산정의 합리성을 갖추어야 할 것이다.

이 사건 토지의 분양가액은 토지매입대금에 등기비용, 금융비용, 이주보상비, 철거공사비, 기타용역비 및 시행사 이윤 등을 더하여 산출한 금액에 기초하고 있는데, ① 해당 법인이 지출한 금융비용은 토지의 교환가치 상승과 전혀 관계가 없는 비용인 점, ② 이 사건 주식양도 당시 이 사건 아파트는 신축 중이었고, 그 건설이 완료된 정도는 약 14% 정도에 불과하였는데, 시행사 이윤은 추가로 아파트 신축을 위한 비용과 노력을 들여야만 현실화될 수 있는 성격의 것인 점, ③ 이주보상비, 철거공사비, 기타용역비 또한 이 사건 토지에 직접 투입된 비용이 아니며, 아파트가 준공될 경우 비로소 의미를 가질 수 있는 비용에 불과한 점 등에 비추어보면, 이 사건 토지의 분양가액은 분양계약을 체결할 때 해당 법인이 임의로 정한 금액에 불과하다고 할 것이므로, 이를 그대로 시가로 인정하는 것은 합리성을 결여하여 받아들이기 어렵다.

03

3. 시사점

상기 사례와 같이 신축이 완료되지 아니한 상태에서 분양목적물의 부속 토지가액을 분양예정가액을 기준으로 계산하다는 것은 위법하다고 판단하고 있다. 그러나 완성된 부동산에 대한 평가에서도 문제점을 내포하고 있다. 예를 들어 1개 층의 1/2은 10억원에 양도하고 나머지 1/2은 같은 10억원에 분양을 시도하다가 미분양 상태에서 임대용으로 전환하여 보유하고 있다면 어떻게 평가해야 할까? 현행 규정에 따르면 「상속세 및 증여세법 시행령」 제49조 제1항에 따라 바로 옆의 분양가액을 사례가액으로 적용하여 평가하게 될 것이다. 그러나 분양된 부분은 법인세를 납부 후에 다른 자산의 형태로 재무상태표에 나타나겠지만 분양되지 않은 부분은 법인세를 납부하지 아니한 가액으로 평가되므로 법인세액 만큼은 과대평가된다고 할 수 있다. 이러한 문제점에 대해 일본에서는 재산평가기본통달(§186-2)에서 평가차액에 대한 법인세액 등에 상당하는 금액을 차감하도록 하고 있다. 이런 면에서 보면 평가차액이 있는 자산의 평가는 법인세 상당액만큼 과대평가되고 있음을 알 수 있다.

(2) 「법인세법」상 유보금액

법인세세무조정계산서 중 자본금과 적립금조정명세서 또는 법인세결의서 중 자본금과 적립금조서상의 유보금액은 순자산가액에 포함시킨다. 그것은 기업회계상의 자산가액과 세무회계상의 자산가액 사이에 차이가 발생되기 때문이다. 자본금과 적립금조정명세서는 회사가 기업회계기준에 의하여 작성한 자본금과 적립금을 기초로 하여 세무회계상 자본금과 적립금을 나타내는 세무상 자산을 나타낸다. 자본금과 적립금조정명세서는 (갑)과 (을)로 나누어지는데 (갑)은 세무회계상 순자산과 이월결손금을 나타내고, (을)은 세무회계상 유보금액을 나타낸다. 따라서 자산총계를 계산함에 있어서는 유보금액을 가산하는 것이다.

서식에서는 자산가액에 유보금액을 가산하는 것으로 구성하고 있으나 대부분의 유보금액은 자산가액에 가산하는 항목에서 해당되지 않는다. 그 이유는 자산총계와 부채총계를 계산하는 과정에서 유보와 관련된 자산 또는 부채를 가산하거나 차감하기도 하여 유보금액은 가산될 여지가 없어진다. 그뿐만 아니라 각 자산별로 「상속세 및 증여세법」 제60조 내지 제66조에 의하여 평가하여 새로운 평가액으로 적용되기 때문에 당해 유보금액은 가산될 여지가 없어진다.

유보는 「법인세법」에 의한 세무조정의 결과 순자산의 증가를 나타내는 유보와 순자산의 감소를 나타내는 △유보으로 구분된다. 비상장주식을 평가할 때 순자산가액계산서에는 유보를 가산하는 것으로 되어 있어서 유보에 대해 이해를 하지 아니하고 평가하는 경우에는 그 평가액에 큰 오류가 발생한다. 이에 대한 이해를 돕기 위하여 각 항목별로 구분하여 유보금액에 대하여 설명하면 다음과 같다.

제외대상 유보금액

- 「상속세 및 증여세법」 제60조~제66조에 의하여 평가한 자산 관련 유보금액
- 무형고정자산(개발비) 관련 유보금액
- 제 충당금 관련 유보금액
- 제 준비금 관련 유보금액

㈎ (+)유보금액(순자산의 증가액)

① 「상속세 및 증여세법」 제60조부터 제66조까지의 규정에 의하여 평가한 자산 관련 유보금액

당해 법인의 자산은 항목별로 「상속세 및 증여세법」 제60조부터 제66조까지의 규정을 적용하여 평가하는 것이 원칙이다. 다만, 예외적으로 그 평가액이 장부가액보다 적은 정당한 사유가 있는 경우에는 장부가액보다 낮은 가액으로 평가할 수 있도록 하고 있다(상증령 §55 ①). 자산가액의 평가는 「상속세 및 증여세법」 제60조부터 제66조까지의 규정을 적용하여 평가한 가액과 장부가액을 비교하여 평가하여야 한다. 그러나 그 평가액이 장부가액보다 낮아서 장부가액으로 평가되는 경우라고 하더라도 그 장부가액은 그동안 기업회계기준 등에 의해 작성된 재무상태표상 장부가액[11]을 적용하여야 하는 것으로 해석하였으나 장부가액은 취득가액에서 감가상각비를 차감한 가액을 말하므로 세무상 장부가액을 적용하여 판단한다. 이에 대해서는 「유보금액의 가감 조정」이라는 보론에서 상세하게 정리하였다.

② 무형고정자산(개발비) 등과 관련된 유보금액

무형고정자산인 개발비나 이연자산, 환율조정차 등은 자산으로 보지 아니하여

11) 기업회계기준 등에 부적정하게 감가상각비를 계산하거나 임의평가증을 한 경우에는 장부가액이 적정하지 아니하므로 이런 경우에는 관련 유보금액을 가산하여야 정당한 자산가액으로 평가될 것이다.

자산에서 차감하는 항목이다. 무형고정자산 등이 자산에서 차감되므로 그와 관련된 유보금액은 가산하지 않는 것이다. 예를 들어서 장부상에 계상되어 있는 개발비는 순자산가액 계산할 때 차감하여 계산하므로 그와 관련된 세무조정상 손금불산입하여 유보처분한 금액은 당연히 제외되어야 하는 것이다.

③ 대손충당금 등 제 충당금 관련 유보금액

대손충당금이나 퇴직급여충당금과 같이 장래에 예상되는 지출 또는 손실에 대해서 현실적으로 지출하지 않았거나 손실이 발생하지 않은 시점에서 미리 추정하여 이를 장부상에 기간비용으로 계상하는 것을 충당금이라 한다. 대손충당금 등과 같은 충당금 계정은 자산의 가액에 변동이 있다는 것을 명시하기 위하여 그 자산계정에서 차감하는 형식으로 표기하는 평가성충당금이 있고, 퇴직급여충당금과 같이 장래 확실히 발생할 손비로서 그 발생원인은 당해 연도에 있으나 아직 지출이 안된 경우에 설정되는 부채성충당금이 있다.

「상속세 및 증여세법」상의 재산평가는 평가기준일 현재 확정된 것만을 차감하도록 하는 것이 원칙이기 때문에 대손충당금과 같은 평가성충당금은 부채에서 차감한다. 따라서 순자산가액을 계산할 때 차감하는 부채로 인정하지 아니한다는 의미이다. 또한, 퇴직급여충당금과 같이 부채성충당금의 경우에는 퇴직금추계액상당액은 법인이 부담하여야 할 의무가 확정적이므로 부채에 가산하고, 그 대신 그와 관련된 퇴직급여충당금은 부채에서 제외하는 것이다.

결과적으로 충당금은 전액 부채로 인정하지 않고, 다만 부채로 확정된 금액만 부채로 인정되므로 그와 관련되어 설정한 충당금과 관련된 유보금액은 순자산가액에 가산하여야 할 아무런 관련성이 없게 되므로 차감하지 아니한다.

㈏ (−)유보 금액(순자산의 감소액)

「조세특례제한법」상의 제 준비금은 법인이 결산조정에 의하여 장부상 손금을 산입하였다고 하더라도 그것은 부채가 아니다. 이런 준비금은 조세정책상 특정산업에 대한 조세지원을 하기 위하여 일정기간 과세를 유예하는 제도이기 때문에 평가기준일 현재 확정된 부채에 해당되지 아니한다. 이러한 제 준비금은 순자산가액 계산시 부채에서 차감하도록 하고 있다. 그렇다면 신고조정에 의하여 손금가산 △유보처분한 금액도 순자산가액 계산시에 제외하여야 하는 것이다. 이에 대한 제 준비금을 채무로 인정하지 아니하는 것과 그와 관련된 유보금액의 가산에서 제외되는 관계에 대하여 사례를 통하여 검토하면 다음과 같다.

사례 1. 「조세특례제한법」상 준비금을 결산시 계상한 경우와 세무조정계산서 작성시에 계상한 경우의 비교

〈결산시 계상한 사례〉

B/S

자 산	100,000	부 채	40,000
		중소기업투자준비금	30,000
		자본금	20,000
		당기순이익	10,000
	100,000		100,000

세무조정계산서

기업회계상 당기순이익	10,000
각사업연도소득	10,000

자본금과 적립금조정명세서(을)

과 목	금 액
계	0

순자산가액의 계산

과 목	금 액
B/S상 제 자산	100,000
+「법인세법」상 유보금액	0
자산총액	100,000
B/S상 제 부채	70,000
−제 준비금	30,000
부채총액	40,000
순자산가액	60,000

※부채 70,000 중 중소기업투자준비금 30,000을 차감하여 부채총액을 계산함.

〈세무조정시 계상한 사례〉

B/S

자 산	100,000	부 채	40,000
		자본금	20,000
		당기순이익	40,000
	100,000		100,000

세무조정계산서

기업회계상 당기순이익	40,000
중소기업투자준비금	△30,000
각사업연도소득	10,000

자본금과 적립금조정명세서(을)

과 목	금 액
중소기업투자준비금	△30,000
계	△30,000

순자산가액의 계산

과 목	금 액
제 자산	100,000
+B/S상 유보금액	0
자산총액	100,000
B/S상 제 부채	40,000
−제 준비금	0
부채총액	40,000
순자산가액	60,000

※부채에서 제 준비금은 차감하므로 「법인세법」상 유보금액(△30,000)은 가산하지 아니함.

순자산가액 계산시에 제 준비금은 결산조정하거나 신고조정하여 △유보처분한 경우에 왜 제 준비금이 부채에서 차감하여야 하는지 또는 △유보금액을 자산가액에 왜 가산하지 않아야 하는지에 대하여 구분하는 것은 쉽지 않다. 준비금 중 책임준비금, 계약자배당준비금 등은 당해 법령에 의하여 설정을 강제하고 있기 때문에 결산조정을 하여야 한다. 이에 반하여 「조세특례제한법」상의 중소기업투자준비금, 연구 및 인력개발준비금 등은 조세정책상 특정산업에 대한 조세지원을 위하여 일정기간 과세를 유예하는 제도로서 법인이 결산조정에 의하여 장부상 손금을 산입하였다고 하더라도 그 내용은 부채의 성질이 아닌 잉여금의 일종으로서 기업회계에서 이를 부채로 인정하지 아니한다.

이러한 점을 고려하여 특례규정에 의하여 법인의 선택에 따라 장부에 손금으로 계상하여 결산조정하거나 세무조정계산서에 의하여 신고조정하여 준비금을 설정할 수 있도록 하고 있다. 이때 준비금은 사례와 같이 순자산가액 계산시에 결산조정한 경우에는 부채에서 차감하여야 하고, 신고조정한 경우에는 △유보금액을 가산하지 않아야 하므로 이에 대하여 주의를 하여야 한다.
그리고 세무조정에 의해 익금불산입 △유보처분된 이자는 당초 예규에서는 순자산가액에 가감하지 않는 것으로 해석(재산상속46014-1639, 1999.09.06.)하였으나 2020년 10월에 이를 삭제하였다. 삭제 이유는 세무상 자산가액을 의미하는 것으로 해석된다. 그것은 예금·적금 등과 같은 자산을 「상속세 및 증여세법」 제60조 내지 제66조의 규정에 의하여 평가하여 세무상 자산가액으로 평가해야 하는 것으로 해석된다.

보론

업무용 승용차에 대한 손금불산입 특례와 유보금액

1. 개요

법인이 소유하거나 임차한 자동차로서 개별소비세 부과대상 승용자동차(업무용승용차)와 관련 비용 중에서 업무에 사용하지 않는 금액을 손금불산입하도록 「법인세법」 제27조의 2(업무용 승용차 관련비용의 손금불산입 등 특례)를 2015.12.15. 신설하고 2016년부터 시행하고 있다. 이러한 특례규정에 따라 업무용승용차 관련 비용 중에서 업무에 사용하지 않는 것으로 계산된 금액은 손금불산입하면서 상여나 배당 등의 소득처분을 하고, 감가상각비와 임차료 중 감가상각비 상당액으로서 업무용으로 사용금액은 연간 800만원 한도로 손금산입하면서 한도 초과분은 유보로 소득처분하였다가 추후에 과소계상되는 경우에는 800만원을 한도로 추인하고, 업무용승용차를 처분할 때에도 처분손실액을 추인하되 800만원 초과금액(기타사외유출처분, 조정명세서에서 이월관리)은 이월하도록 하였다.

이러한 특례규정은 2016년부터 시행되면서 비상장주식에 대한 보충적평가방법과 관련한 「상속세 및 증여세법 시행령」 제56조를 함께 개정하지 않아 해석상 혼란이 발생하기도 하였다. 필자는 각사업연도 소득에서 가산 또는 차감하는 대상은 예시 규정에 해당하므로 관련 법령이 개정되지 않더라도 「법인세법」 제27조의 2에서 규정한 업무용승용차 관련비용 중에 손금불산입 금액은 각 사업연도소득에서 차감하는 대상에 포함하는 것으로 해석하였다. 이에 대해 2020.02.11. 「상속세 및 증여세법 시행령」 제56조 제4항 제2호 다목에 이를 추가하는 개정이 있었고, 이에 따라 손금불산입액은 각사업연도 소득에서 차감하는 항목으로 열거하고, 이를 추인하는 경우에는 가산하는 것으로 정리가 되었다.

이러한 개정에도 불구하고 업무용승용차의 감가상각비와 임차료 중 감가상각비 상당액으로서 업무용으로 사용금액은 연간 800만원 한도로 손금산입하고, 한도초과분은 유보로 소득처분하여 이월함에 따라 유보금액과 관련한 혼란은 계속되고 있다. 유보금액은 「상속세 및 증여세법 시행령」 제55조 제1항에서 규정한 순자산가액을 계산할 때 가산해야 하는지 여부와 「상속세 및 증여세법 시행령」 제56조 제1항에서 규정한 순손익액을 계산할 때 각사업연도 소득에서 차감하는 항목에 해당하는지에 대한 의문이 있다. 이에 따라 업무용승용차의 감가상각비와 임차료 중 감가상각비 상당액으로서 손금불산입한 유보금액과 관련하여 정리하면 다음과 같다.

03

2. 순자산가액을 계산할 때 감가상각비 관련 유보금액

유보는 세무조정을 할 때 익금산입 · 손금불산입(또는 손금산입 · 익금불산입)한 효과가 사외로 유출되지 않고 사내에 남아있는 것을 말한다. 유보는 자금의 유출 여부에 관계없이 세무조정액만큼 세무상 자산을 증가시키거나 세무상 부채를 감소시키게 되어 세무상 잉여금을 증가시키게 된다. 세무조정 과정에서 발생하는 유보금액은 「상속세 및 증여세법 시행령」 제55조 [순자산가액의 계산방법] 제1항에 따라 순자산가액을 계산할 때 이를 가산하거나 차감하라는 규정은 세법 어디에도 없으나 실질이 세무상 자산에 해당하여 평가기준일 현재 순자산가액을 계산할 때는 유보금액을 가산해야 한다.

순자산가액은 해당 법인의 자산을 법 제60조 내지 제66조의 규정에 의하여 평가한 가액에서 부채를 차감한 가액으로 하며, 이 경우 당해 법인의 자산을 법 제60조 제3항 및 법 제66조의 규정에 의하여 평가한 가액이 장부가액(취득가액에서 감가상각비를 차감한 가액을 말한다)보다 적은 경우에는 장부가액으로 하되, 장부가액보다 적은 정당한 사유가 있는 경우에는 그러하지 아니하다. 이 경우에 장부가액은 감가상각자산의 경우에는 취득가액에서 감가상각비를 차감한 가액을 말하며, 감가상각 대상자산이 아닌 경우(지분법적용 투자주식 등)의 장부가액은 해당 자산의 취득가액을 말하는 것으로의 해석(기준법령해석재산2020-31, 2020.09.25. ; 사전-2017-법령해석재산-0641, 2017.12.18. ; 사전-2019-법령해석재산-0276, 2019.6.21.)하고 있다.

장부가액은 취득가액에서 감가상각비를 차감한 것을 말하므로 유보와 관련하여 감가상각비를 중심으로 살펴보면, 감가상각비는 원칙적으로 「법인세법」 제23조 [감가상각비의 손금불산입]에서 규정한 바와 같이 감가상각자산에 대한 감가상각비를 손비로 계상한 경우에는 상각범위액의 범위에서 그 계상한 감가상각비를 해당 사업연도의 소득금액을 계산할 때 손금에 산입하고, 그 계상한 금액 중 상각범위액을 초과하는 금액은 손금에 산입하지 아니한다. 이때 손금에 산입한 감가상각비가 상각범위액을 초과하는 금액은 유보로 소득처분하고, 추후 감가상각비를 과소계상하거나 처분할 때 이를 추인하게 된다.

이때 감가상각비는 결산조정 항목으로 장부에 반영한 경우에만 그 상각범위액은 손금산입하고 장부에 반영하지 아니하면 손금산입하지 아니한다. 예를 들어, 감가상각범위액이 5백만원인 경우에 6백만원을 감가상각비로 손금을 산입하였다면 상각범위액을 초과하는 1백만원은 손금불산입하고 유보처분 한다. 이 경우에 평가기준일 현재의 자산가액을 계산할 때에는 유보로 소득처분한 1백만원을 가산해야 한다. 그 이유는 해당 자산에 대한 장부가액은 취득가액에서 감가상각비 6백만원을 차감한 가액으로 표시되어 유보금액 1백만원을 가산하면 감가상각비는 5백만원을 차감하는 효과가 발생하게 된다. 따라서, 사외로 유출되지 않고 사내에 남아있는 유보금액은 가산해야 하는 것이다.

한편, 감가상각비를 결산조정을 통해 장부에 반영하지 아니하여 미상각잔액을 장부가액으로 하여 평가할 것인지에 대해 의문이 생긴다. 이에 대해 국세청에서는「상증세법」에서 보충적 평가방법에 의해 자산을 평가하는 취지는 평가기준일 현재의 적절한 가치를 산출하기 위한 것이므로, 회사가 내용연수의 적용 및 감가상각비 계상 등에 있어서 과소계상하였다고 하더라도 회사가 손금산입한 감가상각비에 따라 자산가치가 달라질 수는 없는 것이고, 정확한 재산가치를 산정하기 위해서는「법인세법 시행령」에서 인정되는 감가상각방법과 감가상각대상 자산별 기준내용연수에 근거하여 계산한 감가상각비 상당액을 취득가액에서 차감하여 평가하는 것이 타당하다고 해석(국세청 재산-260, 2009.9.21. ; 서면4팀-857, 2005.5.31. 참조)하고 있고, 조세심판원(조심 2011서4861, 2012.07.18.)에서는 감가상각자산은 취득일부터 평가기준일 현재까지의 법인세법령에서 인정되는 감가상각방법과 감가상각대상 자산별 기준내용연수에 근거하여 계산한 감가상각비 상당액을 차감하여 장부가액을 계산한 후 이에 기초하여 쟁점주식의 가액을 평가함이 타당하다고 결정하기도 하였다.

이러한 결정은 감가상각비를 과대 계상하거나 과소 계상한 경우라고 하더라도 평가기준일 현재 자산가액은 법인세법에서 인정되는 감가상각방법과 감가상각대상 자산별 기준내용연수에 근거하여 계산한 감가상각비 상당액을 차감한 금액으로 해석함이 타당하다. 이러한 해석에도 불구하고「법인세법」제27조의 2(업무용 승용차 관련비용의 손금불산입 등 특례)에서는 적법하게 계상한 감가상각비라고 하더라도 연간 800만원 한도로 손금산입하고 한도초과분은 유보로 소득처분한 것도 포함하는가 하는 의문이 있다. 이때의 유보금액은 특례규정에 따라 소득처분한 것일 뿐 자산성은 없는 것으로서, 추후에 손금산입하기 위한 비망기록으로 관리하는 것이라 판단된다. 따라서, 법인세법에서 인정하는 감가상각방법과 감가상각대상 자산별 기준내용연수에 근거하여 계산한 감가상각비 상당액을 특례규정에 따라 이월하여 손금산입하도록 하는 유보금액은 가산 대상에 해당하지 아니하는 것으로 해석하는 것이 타당하다고 판단된다.

3. 순손익액을 계산할 때 감가상각비 관련한 유보금액의 차감여부

비상장주식에 대한 보충적평가방법을 적용할 때 순손익가치는 기업의 수익력을 평가하는 것으로서,「상속세 및 증여세법 시행령」제56조 [1주당 최근 3년간의 순손익액의 계산방법] 에서는 과거에 발생한 수익력을 기준으로 계산한 최근 3년간의 순손익액을 적정이자율로 나누어 계산한다. 이 경우에 순손익액은 상증세법 시행령 제56조 [1주당 최근 3년간의 순손익액의 계산방법] 제4항에서 "「법인세법」제14조에 따른 각 사업연도

소득에 제1호에서 규정한 익금불산입 금액을 더한 금액에서 제2호에서 규정한 손금불산입 금액을 뺀 금액으로 한다."고 하고 있다.

각사업연도 소득에서 차감하는 항목은 「상속세 및 증여세법 시행령」 제56조 제4항 제2호 다목에서 규정한 바와 같이 원칙적으로 사외유출로 소득처분된 금액을 대상으로 한다. 이에 따라 경우에 「법인세법」 제28조에서 규정한 지급이자 손금불산입액도 이에 포함되는 것으로 규정되어 있으나 건설자금이자와 같이 유보로 소득처분되는 것은 차감 대상에 해당하지 아니하는 것으로 해석하고 있다.

한편, 「법인세법」 제27조의 2(업무용 승용차 관련비용의 손금불산입 등 특례)에 따라 감가상각비와 임치료 중 감가상각비 상당액과 관련하여 손금불산입하고 유보로 소득처분한 금액의 차감 여부이다. 업무용 승용차 관련비용 중에 감가상각비는 「법인세법」에서 인정되는 감가상각방법과 감가상각대상 자산별 기준내용연수에 근거하여 계산한 감가상각비 상당액을 손금으로 산입하였다고 하더라도 800만원을 초과하는 금액은 손금불산입하고 유보처분하고, 추후 감가상각비를 과소계상하거나 처분손실이 발생할 때 추인하는 것이다.

이에 따라 해당 법인의 적정한 수익력은 업무용 승용차 관련비용 중에 「법인세법」에서 인정되는 감가상각방법과 감가상각대상 자산별 기준내용연수에 근거하여 계산한 감가상각비 상당액을 손금산입한 것을 기준으로 평가하는 타당하며, 800만원을 초과한 금액을 손금불산입하고 유보처분한 금액은 특례규정에 따라 과세소득을 계산하기 위한 것으로 수익력 측정과는 무관하므로 차감하는 대상에 해당한다고 판단된다.

4. 마무리

비상장주식을 평가할 때 순자산가액은 세무상 장부가액을 적용하고, 순손익액은 각 사업연도소득을 기준으로 익금불산입 금액을 가산하고, 손금불산입 금액을 차감하는 것을 원칙으로 하고 있다. 업무용 승용차 관련비용에 대해서는 손금불산입 특례에 따라 일정한 범위 내의 금액만 손금으로 산입하도록 하고, 이때 발생한 유보금액은 비망기록으로 관리하고 있으므로 순자산가액을 계산할 때 유보금액은 가산대상에 해당하지 않는 것으로 해석하는 것이 타당하고, 순손익액을 계산할 때에는 손금불산입액 중에 사외유출된 금액을 차감하는 원리와는 관계없이 해당 기간에 발생한 비용은 유보로 소득처분되더라고 차감대상에 해당하는 것으로 판단해야 할 것이다.

사례 2. 순자산가액 계산시 유보금액의 계산

㈜가나물산의 자본금과 적립금조정명세서(을)상의 유보금액이다.
중소기업투자준비금은 결산조정을 하지 않고 세무조정을 하였다. 건물에 대한 평가는 「상속세 및 증여세법」에 의하여 실시하였다. 이 자료에 의하여 자산가액에 가산할 유보금액은?

[별지 제50호 서식(을)] (21.3.16. 개정) (앞 쪽)

사 업 연 도	2024. 1. 1. ~ 2024.12.31.	자본금과 적립금조정명세서(을)	법인명	㈜가나물산

※ 관리번호 [ ][ ] - [ ][ ] 사업자등록번호 215-81-67275

※표시란은 기입하지 마십시오.

세무조정유보소득 계산

①과목 또는 사항	②기초잔액	당기 중 증감		⑤기말잔액 (익기초 현재)	비 고
		③감 소	④증 가		
보험료	4,500,000	2,000,000	1,500,000	4,000,000	
퇴직급여충당금	40,000,000			40,000,000	
중소기업투자준비금	△50,000,000	△25,000,000		△25,000,000	
대손충당금	7,500,000	2,500,000		5,000,000	
건물감가상각비	50,000,000	5,000,000		45,000,000	
개발비	30,000,000	10,000,000		20,000,000	
~	~	~	~	~	~
합 계	82,000,000	△5,500,000	1,500,000	89,000,000	

➡ 풀이

과목 또는 사항	기말잔액	가산할 금액	비 고
보험료	4,000,000	4,000,000	
퇴직급여충당금	40,000,000	0	퇴직금추계액 전액을 채무에 가산하므로 고려대상이 아니다.
중소기업투자 준비금	△25,000,000	0	부채에서 제 준비금은 차감되므로 유보금액은 가산하지 아니한다.
대손충당금	5,000,000	0	충당금은 부채에서 차감되므로 관련 유보금액은 가산하지 아니한다.
건물감가상각비	45,000,000*	45,000,000	건물평가액이 장부가액보다 낮은 경우에는 가산한다.
개발비	20,000,000	0	무형고정자산 중 개발비는 자산에서 제외되므로 가산하지 않는다.
합 계	89,000,000	49,000,000	

* 자본금과 적립금조정명세서(을)에서의 유보금액과 관련해서 그동안 「상속세 및 증여세법」의 규정에 의하여 평가하는 자산과 관련된 유보금액은 순자산가액에 별도로 가감하지 아니하는 것으로 해석하였다(재산-1664, 2009.08.12.). 그러나 최근 예규(서면자본거래2019-3493, 2020.03.12)에서는 세무상 장부가액을 의미하는 것으로 해석을 변경하였다. 위의 사례의 경우에 「상속세 및 증여세법」 제60조 및 제61조에 따라 부동산에 대해 평가한 가액이 장부가액보다 낮은 경우에는 유보금액을 가산하는 것이 타당하다. 자세한 내용은 뒤에서 정리한 보론 "유보금액의 가감 조정기준"을 참고하기 바란다.

(3) 유상증자금액 등

순자산가액을 계산하는 경우에는 원칙적으로 평가기준일 현재 가결산을 하여 그 시점에 확정된 자산을 기준으로 평가하는 것이다. 여기에서 자산가액에 가산되는 유상증자금액 등이란 직전 사업연도말 현재의 재무상태표를 기준으로 평가할 경우에 직전 사업연도종료일로부터 평가기준일까지 유상증자한 금액을 말한다. 그러므로 유상증자금액은 평가기준일 현재로 가결산하였다면 추가로 가산하는 문제는 발생하지 아니한다.

이와는 반대로 직전 사업연도말 현재의 재무상태표를 기준으로 평가할 경우에 직전 사업연도종료일로부터 평가기준일까지 기간 중에 유상감자한 금액이 있다면 이를 차감하여야 할 것이다. 또한 신주인수권 포기에 따른 증여세과세가액 계산 시 신주발행 후의 주식을 평가하는 경우에는 증자에 의하여 불입된 금액을 포함한다.

사례

◉ 현황

회사는 비상장법인으로 설립 당시부터 자본금 1억원(발행주식총수 10,000주, 액면가액 10,000원)이었다. 이 회사는 2025.2.1. 자본금 9억원(90,000주 액면발행)의 유상증자하였다. 이에 따라 평가기준일(2025.4.1.) 현재의 자본금은 10억원(발행주식총수는 100,000주)이다.

◉ 질문사항

회사는 2025.4.1.을 평가기준일로 하여 비상장주식의 순자산가액을 계산할 때 유상증자금액 9억원을 가산하여야 하는지 여부

◉ 해설

순자산가액계산서 서식에는 유상증자금액은 가산하는 것으로 되어 있다. 이 회사는 직전 사업연도말 현재 자본금은 1억원(발행주식총수는 10,000주)이고, 평가기준일 현재 자본금은 10억원(발행주식총수는 100,000주)이다. 순자산가액을 계산할 때 재무상태표는 원칙적으로 평가기준일 현재를 기준으로 가결산한 재무상태표에 의하여 평가하여야 한다. 유상증자금액의 가산 여부의 판단은 평가기준일 현재 가결산 여부에 따라 다음과 같이 적용하여야 한다.

첫째, 평가기준일 현재 재무제표를 가결산하지 않고 직전연도말 현재의 재무제표를 기준으로 평가한다면 직전연도말 자본금은 1억원(발행주식총수는 10,000주)이고, 평가기준일 현재 자본금은 10억원(발행주식총수는 100,000주)이므로 유상증자금액 9억원을 가산하여야 한다.

둘째, 평가기준일 가결산하였다면 이미 평가기준일 현재 재무상태표에 자본금은 10억원(발행주식총수는 100,000주)으로 반영되어 있으므로 유상증자금액 9억원을 가산해서 안 된다.

(4) 자기주식의 평가

(가) 의 의

자기주식은 회사가 이미 발행한 주식을 일정한 사유나 특정 목적으로 재취득하여 보유하고 있는 주식을 말한다. 그동안 자기주식의 취득에 대해서는 특별한 목적 외에는 원칙적으로 제한하였으나 개정 「상법」에서는 자본충실의 원칙을 해하지 않는 범위 내에서는 원칙적으로 자기주식의 취득을 인정하였다.

자기주식에 대해서는 미발행주식으로 보는 관점과 자산으로 보는 관점이 있다. 자산으로 보는 관점에서는 자기주식을 처분하는 미래에 현금이 유입되므로 자산으로 이해하는 것이나, 회사가 회사를 스스로 소유하게 되는 논리적인 모순을 발생시키고, 「상법」상 자기주식에 대해서는 이익배당청구권, 의결권 등의 주주권이 제한되어 자산으로서 경제적 효익을 향유할 수 없다는 점에서 타당하지 않다. 이에 반하여 미발행주식설은 자기주식은 처음부터 주식을 발행하지 않은 것과 같다는 이론으로 한국채택국제회계기준에서는 미발행주식설에 바탕을 두고 있다.

우리나라의 「상법」에서는 자기주식을 미발행주식으로 보는 견해에 따르고 있고 기업회계기준에서는 자기주식을 취득목적에 관계없이 자본조정으로 분류하여 자본에서 차감하는 형식으로 나타내도록 규정하고 있다.

㈏ 자기주식의 취득

회사는 자기의 명의와 계산으로 하여 각 주주가 가진 주식수에 따라 균등한 조건으로 취득하는 것으로 하여 모든 주주에게 자기주식 취득의 통지 또는 공고를 하여 주식을 취득하는 방법으로 자기의 주식을 취득할 수 있다. 이 경우에 자기주식의 취득가액의 총액은 배당가능이익을 초과하지 못한다(상법 §341 ①). 배당가능이익은 직전 결산기의 대차대조표상의 순자산액에서 ① 자본금의 액, ② 그 결산기까지 적립된 자본준비금과 이익준비금의 합계액, ③ 그 결산기에 적립하여야 할 이익준비금의 액, ④ 대통령령으로 정하는 미실현이익의 금액을 뺀 금액을 말한다(상법 §341 ③).

㈐ 특정목적에 의한 자기주식의 취득

회사는 「상법」 제341조에도 불구하고 다음의 어느 하나에 해당하는 경우에는 자기의 주식을 취득할 수 있다(상법 §341의 2).

① 회사의 합병 또는 다른 회사의 영업전부의 양수로 인한 경우
② 회사의 권리를 실행함에 있어 그 목적을 달성하기 위하여 필요한 경우
③ 단주(端株)의 처리를 위하여 필요한 경우
④ 주주가 주식매수청구권을 행사한 경우

㈑ 보유목적에 따른 자기주식의 평가

회사가 자기주식을 취득하는 경우에 그 주식의 평가는 보유목적이 일시보유목적인지 또는 주식소각 목적인지에 따라 구분하여 평가하여야 한다. 자기주식은 재무상태표에서 자본항목의 자본조정에 표시되어 있어서 자산가액에는 포함되어 있지 않다. 이에 따라 그 취득 목적이 일시보유목적인지 또는 주식소각의 목적인지 따라 그 가액을 자산가액에 가산하거나 가산하지 아니하게 된다. 과세당국에서도 「상속세 및 증여세법」상 비상장법인의 주식을 평가할 때 평가기준일 현재 해당 법인이 자기주식을 보유하고 있는 경우 다음과 같이 보유목적에 따라 평가방법을 달리하는 것으로 해석(서일 46014－10198, 2003.2.20. ; 재재산－1494, 2004.11.10. ; 재산 22601－38, 1992.1.27.)하고 있다.

① 주식소각 · 자본감소를 위해 보유하는 경우

비상장주식을 평가할 때 해당 비상장법인이 주식을 소각하거나 자본을 감소하기 위하여 보유하는 자기주식은 자본에서 차감한다(재산 22601－38, 1992.1.27.). 이러한 해석은 주식을 소각하거나 자본을 감소하기 위하여 비상장법인이 자기주식을 취득한 것은 주주의 출자금액을 환급한 것으로 보기 때문이다. 이때 차감되는 자기주식의 가액은 실제로 취득한 가액의 자본 환급이 이루어진 것이므로 자기주식을 취득하기 위하여 지출된 금액, 즉 재무상태표에서 자본항목의 자본조정에 표시되어 있는 금액이다.

주식소각 · 자본감소를 목적으로 보유한 경우에 발행주식총수는 「상속세 및 증여세법 시행령」 제56조 제1항에 따른 비상장주식의 1주당 최근 3년간의 순손익액을 계산할 때, 각 사업연도의 주식수는 각 사업연도 종료일 현재의 발행주식총수에 의하는 것이며, 주식의 소각 또는 자본의 감소를 위하여 취득한 자기주식은 발행주식총수에서 제외하는 것이나, 일시적으로 보유한 후 처분할 자기주식은 발행주식총수에 포함한다(사전법령해석재산2019-633, 2020.11.25. ; 제도46014-10291, 2001.03.28.).

② 일시보유목적

회사가 「상법」 제341조에 따라 배당가능이익의 범위 내에서 자기주식을 취득하거나 특정목적에 따라 자기주식의 취득권리를 실행할 때 그 목적을 달성하기 위하여 필요한 때, 주주가 주식매수청구권을 행사하는 등의 사유에 의하여 회사가 발행한 주식을 취득할 수 있으며, 회사 장부상 계정 과목에는 자본조정항목에 음수로 기입된다. 자기주식은 추후에 재판매 등에 의하여 사외에 유통될 주식이면서도 자산에는 기입되어 있지 않게 된다. 이와 같이 일시보유목적으로 취득한 자기주식의 평가액은 자산가액에 가산하고 발행주식총수에는 자기주식수를 포함하여 계산한다.

자기주식의 평가는 기획재정부(재재산-1494, 2004.11.10.)에서 해당 법인이 일시적으로 보유한 후 처분할 자기주식은 자산으로 보아 동법 시행령 제55조 제1항의 규정에 의하여 평가하는 것으로 해석하고 있다. 이와 같은 해석에 따라 일시보유목적의 자기주식의 평가는 평가기준일 현재의 가액으로 재평가하도록 하는 것으로 해석된다. 그 이유는 평가대상법인이 자기주식을 취득하고 상당한 시간이 경과한 이후에 해당 주식의 취득가액으로 자산가액에 가산하면 그 취득일부터 평가기준일까지의 해당 법인의 가치변동분은 반영하지 못하게 되기 때문이다. 이러한 점을 고려하면 평가기준일 현재를 기준으로 재평가해야 한다는 기획재정부의 해석은 합리적이라고 판단된다.

일시보유목적으로 취득한 자기주식에 대하여 평가기준일 현재를 기준으로 재평가를 하는 경우에 대해서는 구체적인 평가방법을 제시하지 않고 있다. 다만, 비상장법인의 일시보유 자기주식의 1주당 순자산가액 계산방법에 대해서 국세청에서는 다음과 같이 계산하는 것으로 해석(서일 46014-10200, 2001.9.19.)하고 있으므로 이 예규를 준용하여 재평가를 해야 하는 것으로 판단된다.

$$1\text{주당 순자산가액}(x)^{*} = \frac{[\text{자기주식을 제외한 순자산가액} + (\text{자기주식수} \times 1\text{주당 순자산가액})(x)]}{\text{총발행주식수}}$$

* 국세청 해석(서일 46014-10200, 2001.9.19.)에서 1주당 순자산가액(x)는 1주당 순자산가치(x)로 해석해야 하나 용어를 오해한 것으로 판단된다.

이러한 해석에 따라 일시보유목적으로 자기주식을 보유한 경우에는 다음의 산식에 의하여 비상장법인 주식의 1주당 평가액을 산정하여야 할 것이다.

㉠ 일반법인

$$1주당\ 평가액(X) = \left\{ \frac{\begin{array}{l}자기주식\ 이외의\ 순자산가액+\\(자기주식수\times 1주당\ 평가액X)\end{array}}{총발행주식수} \times 2 + \frac{\begin{array}{c}1주당\\순손익액\end{array}}{0.10} \times 3 \right\} \times \frac{1}{5}$$

㉡ 부동산 과다보유 법인

$$1주당\ 평가액(X) = \left\{ \frac{\begin{array}{l}자기주식\ 이외의\ 순자산가액+\\(자기주식수\times 1주당\ 평가액X)\end{array}}{총발행주식수} \times 3 + \frac{\begin{array}{c}1주당\\순손익액\end{array}}{0.10} \times 2 \right\} \times \frac{1}{5}$$

이 경우에 「상속세 및 증여세법 시행령」 제54조 제1항 단서 규정에서 1주당 가중평균한 가액이 1주당 순자산가치에 100분의 80을 곱한 금액 보다 낮은 경우에는 1주당 순자산가치에 100분의 80을 곱한 금액을 비상장주식등의 가액으로 한다. 이러한 한도 규정을 적용할 때 자기주식이 있는 경우에 1주당 가중평균액이 1주당 순자산가치에 100분의 80을 곱한 금액에 미달할 때 자기주식의 가액을 1주당 가중평균액으로 하는지 아니면 1주당 순손익가치는 고려하지 않고 1주당 순자산가치의 80%를 반영하여 평가한 가액을 적용하는지에 대한 논란이 있다.

이에 대해 기획재정부(기획재정부재산-616, 2023.4.26.)에서는 자기주식의 가액은 1주당 순자산가치의 80%를 반영하여 순자산가액을 계산하고 발행주식총수로 나누어 1주당 순자산가치를 계산하는 것으로 해석하고 있다.

$$1주당\ 순자산가치 = \frac{[자기주식을\ 제외한\ 순자산가액+(자기주식수\times 1주당\ 순자산가치\times 80\%)]}{총발행주식수}$$

이러한 해석으로 실무에서는 순손익가치가 0원으로 평가되거나 순자산가치에 비해 현저히 낮은 가액으로 평가되는 경우에는 1주당 순자산가치를 계산하고 그 가액에 대해 80%를 적용하여 평가할 수 있다. 반면에 1주당 순손익가치가 순자산가치에 근접할 때는 이러한 예규를 고려하지 못하고 1주당 가중평균한 가액으로 자기주식의 가액으로 계산하고, 그 결과를 반영하여 1주당 순자산가치에 100분의 80을 곱한 금액으로 계산하게 될 것이다. 이와 관련한 실상은 다음의 사례 5(일시보유목적 자기주식 보유 법인의 주식가액 평가액이 순자산가치의 80%로 평가되는 경우)를 참고하기 바란다.

사례 3. 일시보유목적 자기주식 평가

가나산업㈜은 일시보유목적으로 자기회사의 주식을 1,500주를 취득하였다. 이 법인은 비상장법인으로서 부동산 과다법인에 해당되지 아니하는 법인이다. 다음의 사례에 대하여 1주당 평가액을 계산하라.

재무상태표

단위 : 천원

자산금액	금액	부채와 자본	금액
제자산	453,750	제부채	75,000
		자본금	150,000
		잉여금	249,750
		자기주식	△21,000
합계	453,750	합계	453,750

① 발행주식총수 : 30,000주
② 자기주식수 : 1,500주
③ 1주당 순손익액 : 3,027원

풀이

$$1주당\ 평가액(X)=\left\{\frac{378,750,000+(1,500주\times X)}{30,000}\times 2+\frac{3,027}{0.10}\times 3\right\}\times\frac{1}{5}$$

5X=0.1X+25,250+90,810
X=23,685

따라서 일시보유목적으로 자기주식을 1,500주를 보유한 상태에서는 1주당 평가액은 23,685원이다.

사례 4. 소각목적 자기주식 평가

상기의 사례에서 소각목적으로 자기주식을 보유한 상태에 있다고 보고 1주당 평가액을 산출하라. 다만, 최근 3년간의 1주당 순손익액은 동일하다고 가정한다.

풀이

$$1주당\ 평가액(X)=\left\{\frac{378,750,000}{30,000-1,500}\times 2+\frac{3,027}{0.10}\times 3\right\}\times\frac{1}{5}$$

X={13,289×2+30,270×3}×1/5

X=23,477원

사례 5. 일시보유목적 자기주식 보유 법인의 주식평가액이 순자산가치의 80%로 평가되는 경우

○ 사례

회사는 자본금 2억원(발행주식총수 20,000주 @10,000원)의 법인으로서, 과거에 일시보유목적으로 회사가 발행한 주식 5,000주를 1주당 70,000원에 취득하여 보유하고 있다. 이 회사는 부동산 과다법인에 해당하지 아니하는 일반 비상장법인으로서 최근 3년간 순손익액의 가중평균액은 5,000원이다.

재무상태표

단위 : 원

자산	금액	부채와 자본	금액
제자산	4,979,529,650	제부채 자본금 잉여금 자기주식	2,746,740,500 200,000,000 2,382,789,150 △350,000,00
합계	4,979,529,650	합계	4,979,529,650

※ 고려사항

① 발행주식총수 : 20,000주

② 자기주식수 : 5,000주

③ 최근 3년간 1주당 순손익액 가중평균액 : 5,000원

④ 자기주식 이외의 순자산가액 : 2,232,789,150원
(4,979,529,650원 – 2,746,740,500원)

풀이

일시보유목적 자기주식을 보유한 법인의 주식을 평가할 때 국세청 예규(서일46014-10200, 2001.09.19.)를 일반법인에 대한 「상속세 및 증여세법 시행령」 제54조 제1항에 따라 정리하면 다음과 같다.

$$1주당\ 평가액(X) = \left\{ \frac{\begin{array}{l}자기주식\ 이외의\ 순자산가액+ \\ (자기주식수 \times 1주당\ 평가액X)\end{array}}{발행주식총수} \times 2 + \frac{\begin{array}{c}1주당 \\ 순손익액\end{array}}{0.10} \times 3 \right\} \times \frac{1}{5}$$

단, 순자산가치의 80% 하한

① 가중평균액 : 82,950원

$$1주당\ 평가액(X) = \left\{ \frac{2,232,789,150원^{*} + (5,000주^{**} \times (X))}{20,000주} \times 2 + \frac{5,000}{0.10} \times 3 \right\} \times \frac{1}{5}$$

* 자기주식 이외의 순자산가액

** 자기주식수

② 1주당 순자산가치의 80% : 105,901원

㉠ 1주당 순자산가치 $= \dfrac{2,232,789,150원^{*} + (5,000주^{**} \times 82,950)}{20,000주}$

$= 132,376원$

㉡ 1주당 순자산가치의 80% : 105,901원

1주당 순자산가치(132,376원)×80%

= 105,901원

③ 자기주식이 있는 경우의 평가액 : 111,639원

㉠ 1주당 순자산가치(Y) $= \left\{ \dfrac{\begin{array}{c}2,232,789,150원^{*} + \\ (5,000주 \times 1주당\ 순자산가치(Y) \times 80\%)\end{array}}{20,000주} \right\}$

1주당 순자산가치 = 139,549원

㉡ 1주당 순자산가치의 80%

1주당 순자산가치 (139,549원)×80%

= 111,639원

④ 1주당 평가액 : Max(①, ②, ③) : 111,639원

비상장주식에 대한 보충적평가방법은 자산가치와 수익가치를 가중평균한 가액으로 평가하고, 그 결과가 1주당 순자산가치에 80%보다 낮은 경우에는 80%로 평가한다. 이러한 원칙에도 불구하고 사업 개시 전 법인이나 사업 개시 후 3년 미만 법인 등의 경우에는 과거의 수익력을 반영할 수 없으므로 순자산가치로 평가한다.

이러한 원칙적인 방법이 있음에도 정상적으로 사업활동을 하고 있는 법인이 자기주식을 보유한 상태에서 주식을 평가할 때 수익가치가 낮다고 하여 자기주식의 가액을 가중평균액으로 적용하지 않고 순자산가치의 80%로 하여 1주당 순자

산가치를 계산하는 것으로 해석하고 있다.
이러한 해석은 평가대상법인이 자기주식을 보유하고 있을 때 1주당 순손익가치가 0원이거나 0원에 가까운 경우라면 기획재정부 해석(기획재정부재산-616, 2023.04.26.)에 따라 순자산가치를 고려하여 평가할 수 있다. 반면에 상기 사례와 같이 수익가치가 자산가치보다 현저하게 낮은 경우가 아니라면 실무에서는 1주당 평가액은 105,901원으로 평가하게 될 것이다. 따라서, 자기주식이 있는 경우에는 상기와 같이 3단계에 걸쳐서 평가해야 해석의 취지에 맞게 평가될 것이다.

(5) 지급받을 권리가 확정된 가액

순자산가액의 계산은 평가기준일 현재 자산이나 부채로 확정된 것을 기준으로 가결산하여야 한다. 그런데 자산가액에 가산하는 것은 평가기준일 현재 평가대상법인의 재무상태표상에 계상되지 아니한 것을 말한다. 예를 들어 손해배상채권 등 평가기준일 현재 지급받을 권리가 확정된 가액은 이를 자산에 가산하여 계산한다(상증칙 §17의 2 1호). 이것은 지급받을 권리가 확정되었지만 이것이 재무상태표상에 계상되지 아니한 것을 전제로 한다.

(6) 국고보조금

회사가 수취한 국고보조금과 관련하여「상속세 및 증여세법 시행령」제54조 제2항의 규정에 의한 순자산가액은 평가기준일 현재 당해 법인의 자산을「상속세 및 증여세법」제60조 내지 제66조의 규정에 의하여 평가한 가액에서 부채를 차감한 가액으로 하는 것으로, 법인이 일정사유 발생시 회수하는 조건으로 수령한 정부출연금이 있는 경우로서 그 회사사유가 발생하지 아니한 때에는 당해 정부출연금상당액은 자산가액에서 차감하지 아니한다(서면4팀-3315, 2007.11.16.). 따라서, 국고보조금은 자산에서 차감하는 형식으로 회계처리되어 있으므로 이를 가산하여야 한다.

4.2.4 차감항목

(1) 선급비용

선급비용은 분명히 자산항목에 해당된다. 다만, 선급비용으로 재무상태표상에 계상된 내용 중 평가기준일 현재 비용으로 확정된 선급비용은 자산에서 차감한다는 의미이다. 그러므로 장부상에 자산으로 계상된 모든 선급비용을 차감하는 것은 아니고 평가기준일 현재 비용으로 확정된 것에 한하여 자산에서 차감하므로 주의를 요한다.

(2) 무형고정자산 중 개발비

(가) 자산에서 차감되는 무형고정자산의 변경 현황

당초에는 이연자산(사용수익기부자산가액은 제외)은 자산가액에서 차감하도록 하였다. 그러나 기업회계기준에서 이연자산이 없어지고 무형고정자산으로 변경되면서 「법인세법」상의 이연자산도 무형고정자산으로 변경되었다. 「상속세 및 증여세법」의 개정으로 자산가액에서 차감되는 무형고정자산으로 2003년까지는 창업비와 연구개발비를 차감하였으나 2004년부터는 창업비를 삭제하고, 연구개발비는 개발비로 변경되었다.

2004년 이후부터 자산가액에서 차감되는 개발비는 「법인세법 시행령」 제24조 제1항 제2호 바목에 규정된 것으로서 '상업적인 생산 또는 사용 전에 재료·장치·제품·공정·시스템 또는 용역을 창출하거나 현저히 개선하기 위한 계획 또는 설계를 위하여 연구결과 또는 관련 지식을 적용하는 데 발생하는 비용으로서 당해 법인이 개발비로 계상한 것(「산업기술연구조합육성법」에 의한 산업기술연구조합의 조합원이 동 조합에 연구개발 및 연구시설취득 등을 위하여 지출하는 금액을 포함)'을 말한다.

① 「상속세 및 증여세법」상 변경내용

관련 규정	2003.12.31. 개정 전	2003.12.31. 개정 후
「상속세 및 증여세법 시행규칙」 제17조의 2 제2호	「법인세법 시행령」 제24조 제1항 제2호 마목 및 바목의 규정에 의한 무형고정자산의 가액은 이를 자산에서 차감하여 계산할 것	「법인세법 시행령」 제24조 제1항 제2호 바목의 규정에 의한 무형고정자산의 가액은 자산에서 차감 계산할 것

② 「법인세법」상 변경내용

관련 규정	개정 전(2001.12.31. 신설)	2002.12.30. 개정
「법인세법 시행령」 제24조 제1항 제2호 마목	창업비 : 「상법」 제290조 제4호의 규정에 의한 지출, 설립등기를 위하여 지출한 세액, 등기수수료 및 개업준비기간 중에 사업의 인가 또는 허가 등을 얻기 위하여 지출한 비용	삭제(2003.1.1.부터)
「법인세법 시행령」 제24조 제1항 제2호 바목	연구개발비 : 신제품·신기술의 연구 또는 개발활동과 관련하여 비경상적으로 발생한 비용으로서 미래의 경제적 효과와 이익을 기대할 수 있는 것(「산업기술연구조합육성법」에 의한 산업기술연구조합의 조합원이 동 조합에 연구개발 및 연구시설 취득 등을 위하여 지출하는 금액을 포함)	개발비 : 상업적인 생산 또는 사용 전에 재료·장치·제품 ·공정·시스템 또는 용역을 창출하거나 현저히 개선하기 위한 계획 또는 설계를 위하여 연구결과 또는 관련 지식을 적용하는 데 발생하는 비용으로서 기업회계기준에 따른 개발비 요건을 갖춘 것(「산업기술연구조합 육성법」에 따른 산업기술연구조합의 조합원이 해당 조합에 연구개발 및 연구시설 취득 등을 위하여 지출하는 금액을 포함)

(나) 구「법인세법」상의 이연자산과의 관계

구 「법인세법」 제77조 제1항 제1호 내지 제4호에 열거된 이연자산은 자산성이 없어서 자산가액에서 차감하도록 하였으나 2001.12.31. 「법인세법」이 개정되면서 이연자산을 기업회계기준의 변경에 따라 무형고정자산으로 변경하였다. 현재 이연자산에서 무형고정자산으로 변경된 것 중 자산가액에서 차감되는 무형고정자산은 개발비뿐이다. 그러나 실무상 장부에서 차감대상이었던 이연자산이 정리되지 아니한 경우에는 비상장주식평가 시에 차감되어야 할 것이다.

이연자산	무형고정자산	현행 차감대상
•창업비 •개업비 •연구개발비 •사채발행비 •사용수익기부자산가액	•창업비 •창업비(개업비 중 인·허가비) •연구개발비 •사채할인발행차금에 포함 •사용수익기부자산가액	•개발비

(3) 이연법인세자산

(가) 개 념

이연법인세는 회계상의 이익과 「법인세법」상의 과세소득간의 일시적 차이가 있을 경우 기업회계상 손익계산서에는 회계상의 이익을 기초로 하여 법인세비용을 인식하고, 「법인세법」상의 과세소득을 기초로 납부할 실제 법인세비용과의 차이는 자산이나 부채로 계상하여 차후의 회계연도의 법인세비용에서 가감한다. 이때 일시적 차이로 인한 회계상의 법인세비용과 「법인세법」상 납부할 법인세비용과의 차이를 처리하는 자산·부채를 이연법인세라고 한다.

여기에서 일시적인 차이로 인하여 회계상 법인세비용에 비하여 세무상 납부하여야 할 법인세비용이 큰 경우에는 그 금액만큼은 미래에 납부할 세금을 미리 납부하는 것이므로 자산으로 계상할 필요가 있는데, 이를 이연법인세자산이라 한다.

(나) 차감사유

이연법인세자산은 회계상 아직 당기순이익에 가산되지 않았으나 「법인세법」에 의하여 당해 사업연도 중 익금가산되어 당해 연도의 법인세를 상대적으로 많이 납부한 부분을 말한다. 이때 법인세를 상대적으로 많이 납부하는 부분은 차후 회계상 당기순이익에 가산되는 사업연도의 법인세를 상대적으로 적게 납부하는 효과가 있다. 기업회계기준에서는 이를 자산으로 계상하도록 하고 있다. 기업회계기준에 따라 계상된 이연법인세자산은 당해 법인의 자산가액에서 차감되는 것이다.

(4) 증자일 전 잉여금 유보금액

증자일 전 잉여금의 유보금액을 신입주주 또는 신입사원에게 분배하지 아니한다는 것을 조건으로 증자한 경우 신입주주 또는 신입사원의 출자지분을 평가함에 있어서의 순자산가액에는 신입사원 또는 신입주주에게 분배하지 아니하기로 한 잉여금에 상당하는 금액이 포함되지 아니한다(상증통 63－55…6). 여기에서 "신입주주"는 「상법」 제344조 제1항에 따라 이익의 배당에 관하여 내용이 다른 종류주식을 배정받은 주주를 말하는 것으로서, 이에 해당하는지는 주식발행법인의 정관, 주주총회, 법인등기 등의 내용을 참고하여 판단할 사항이다(기준법령해석재산2019－545, 2019.12.06).

보론

유보금액의 가감 조정기준

1. 의의

비상장주식을 평가할 때 순자산가액계산서 서식 '③'에는 「법인세법」상 유보금액은 가산하는 것으로 구성되어 있으나 「상속세 및 증여세법」 어디에도 가산해야 한다는 규정은 없다. 그럼에도 순자산가액을 계산함에 있어 자산이 과소계상되거나 부채가 과대계상되는 경우에는 이를 가감해야 하므로 해석에 의존할 수밖에 없다. 최근에 장부가액의 의미에 대한 해석을 변경하면서 유보금액의 가산과 관련하여 과거에 생산했던 많은 예규를 삭제하였다.

유보와 관련한 예규의 변경을 이해하려면 우선 기업회계와 세무회계의 차이점부터 이해해야 한다. 법인세 과세표준을 계산할 때 각 사업연도소득 계산은 기업회계에 따라 작성한 손익계산서상의 당기순이익에서 익금산입 및 손금불산입항목을 가산하고, 손금산입 및 익금불산입항목을 차감하는 세무조정을 통하여 이루어진다. 이러한 세무조정을 할 때 발생한 세무조정항목에 대해 소득의 귀속자와 종류를 확정하는 세법상의 절차를 소득처분이라 한다.

소득처분은 세무조정항목 중에서는 사외로 유출된 것과 사외로 유출되지 아니하고 사내에 남아있는 것으로 구분하여 처분한다. 사외로 유출된 것은 그 귀속자에 따라 상여, 배당, 기타소득, 기타사외유출로 소득처분을 하여 그 귀속자에게 소득세 또는 법인세 등을 과세하게 되고, 사외로 유출되지 않고 사내에 남아있는 것은 유보로 소득처분하여 자본금과 적립금 조정명세서(을)에서 관리하며, 추후 감가상각 또는 처분할 때 상계하기도 하고, 청산소득의 계산, 주식평가액에 반영되어 주식이동에 따른 양도소득세, 상속세, 증여세 등의 과세에 활용된다.

2. 유보의 발생원인

유보는 기업회계기준에 따라 작성한 재무제표를 기준으로 해당 과세기간에 대한 각 사업연도소득을 계산할 때 익금과 손금을 조정하는 과정에서 발생한다. 유보는 익금산입 및 손금불산입하는 경우에는 (+)유보에 해당하여 장부상의 순자산가액(자본)보다 유보만큼 세법상의 순자산가액이 증가하게 된다. 이와는 반대로 손금산입 및 익금불산입하는 경우에는 (−)유보에 해당하여 장부상 순자산가액(자본)보다 유보만큼 세무상 순자산가액이 감소하게 된다.

[질의내용]

○ 평가대상 자산과 관련된 세무상 유보금액을 가감하는 것인지 여부

[회신]

비상장주식을 「상속세 및 증여세법」 제54조 제2항의 규정에 의한 순자산가액으로 계산하는 경우 「상속세 및 증여세법」 제60조 제3항 및 제63조에 따라 평가한 가액이 장부가액보다 적은 경우에는 장부가액으로 하는 것이며(장부가액보다 적은 정당한 사유가 없는 경우에 한함), 이 경우 장부가액은 취득가액에서 감가상각비를 차감한 가액을 말하는 것입니다.

[예규에 따른 평가액]

상기 사례에서 취득가액은 3,684백만원으로서 「상속세 및 증여세법」 제60조 제3항 및 제63조에 따라 평가한 가액 2,672백만원과 비교하여 취득가액 3,684백만원으로 평가하는 것으로 해석해야 할 것이다. 해당 평가에서는 취득가액과 보충적 평가액과 비교 평가해야 하므로 유보금액을 가감하지 않는 것으로 해석해야 할 것이다.

(2) 비상장주식의 순자산가치 평가시 장부가액의 의미(기준법령해석재산2020-31, 2020.09.25)

[사실관계]

A법인이 자산으로 보유하고 있는 자회사 투자주식을 27,300,000,000원에 취득하였고, '18년 재무상태표상 장부가액 5,363,003,847원은 기업회계기준에 따른 지분법 평가손실 21,936,996,153원이 반영된 가액이지만, 「법인세법」상 유가증권은 임의평가를 인정하지 않고 원가법에 의해 평가하므로 쟁점투자주식 평가손실 21,936,996,153원은 A법인의 '18년 법인세 신고서상 자본금과 적립금조정명세서(을)표 상에 손금불산입 유보로 세무조정 처리됨.

단위 : 백만원

구분	취득가액	지분법평가손실	장부가액	보충적평가액
자회사	27,300	21,937	5,363	4,249

[질의내용]

○ 비상장주식의 순자산가치 평가와 관련하여 상증령 §55 ①에 따른 장부가액이 기업회계기준 등에 따른 재무상태표상 장부가액인지, 세무계산상 장부가액인지

[회신]

「상속세 및 증여세법 시행령」 제55조 제1항에 따라 비상장법인의 순자산가액을 계산하는 경우로서 해당 법인의 자산을 「상속세 및 증여세법」 제60조 제3항 및 제66조에 따라 평가한 가액이 장부가액보다 적은 경우에는 장부가액으로 하는 것으로(장부가액보

다 적은 정당한 사유가 없는 경우에 한함), 이 경우 장부가액이란 취득가액에서 감가상각비를 차감한 가액을 말하며, 자문신청 사실관계와 같이 감가상각 대상자산이 아닌 경우(지분법적용 투자주식 등)의 장부가액은 해당자산의 취득가액을 말하는 것이다.

(3) 장부가액에 가감한다는 해석 사례(서면상속증여 2017-1175, 2017.6.15. ; 상속증여-1039, 2016.9.27.)

[사실관계]

○ 제조업을 영위하는 비상장법인의 보유 부동산 중 토지에 대하여 아래와 같이 자산재평가를 하고, 해당 유형자산평가이익을 재무상태표상 기타포괄손익누계액으로 계상하고 있음.

○ 토지에 대한 장부가액 등

-토지의 취득가액 : 54억원

-토지의 장부가액 : 107억원(2010, 2011년 자산재평가)

-토지를 상속세및증여세법에 따라 평가한 가액 : 89억원

-토지 재평가차액 53억원을 익금불산입하고 유보처분함.

구분	취득가액	장부가액	재평가차액	비고
토지	54억원	107억원	53억원	재평가차액 53억원 익금불산입 △유보 처분함.

[질의내용]

○ 비상장법인의 순자산가액을 「상속세 및 증여세법」에 따라 보충적평가방법으로 계산할 때, 자산의 보충적평가액이 장부가액보다 적어 장부가액으로 할 경우에 자본금과 적립금조정명세서(을)상의 유보금액을 자산가액에 가감하는지 여부

[회신]

귀 질의의 경우 붙임의 해석사례(상속증여세과-1039, 2016.9.27.)를 참고하시기 바랍니다.

※ 참고예규[(상속증여세과-1039, 2016.9.27.)는 2020.10. 삭제 예규)

비상장법인의 순자산가액 평가방법(상속증여세과-1039, 2016.9.27.)

「상속세 및 증여세법 시행령」 제55조 제1항에 따라 순자산가액은 평가기준일 현재 해당 법인의 자산을 「상속세 및 증여세법」 제60조부터 제66조까지의 규정에 따라 평가한 가액에서 부채를 차감한 가액으로 하며, 해당 법인의 자산을 같은 법 제60조 제3항 및 같은 법 제66조의 규정에 의하여 평가한 가액이 장부가액(취득가액에서 감가상각비를 차감한 가액을 말함)보다 적은 경우에는 장부가액으로 하되, 장부

가액보다 적은 정당한 사유가 있는 경우에는 그러하지 아니하다. 이 경우 장부가액은 기업회계기준 등에 따라 작성된 재무상태표상 장부가액에 의하는 것이나, 순자산가액 계산시 장부가액을 적용하는 경우에는 자본금과 적립금조정명세서(을)상의 유보금액을 자산가액에 가감하는 것이다.

[예규에 따른 평가액]

상기 예규 비상장법인의 순자산가액 평가방법(서면상속증여 2017-1175, 2017.6.15. ; 상속증여-1039, 2016.9.27.)에 대한 질의에 대해 참고 예규(상속증여세과-1039, 2016. 9.27.)를 회신하였으나 참고예규는 2020년 10월에 삭제하였다. 최근 예규변경에서는 장부가액을 취득가액에서 감가상각비를 차감한 가액이라고 법문대로 해석하고 있다. 따라서 토지에 대한 회사의 장부가액 107억원에서 △유보(53억원)를 가감하여 계산하면 취득가액은 54억원이며, 「상속세 및 증여세법」에 따라 평가한 가액 89억원을 비교하여 큰 금액을 적용하여 89억원으로 평가하는 것으로 해석된다(서면자본거래2019-3493, 2020.03.12.).

4. 유보금액 가감 조정 해석에 대한 고려사항

가. 장부가액의 변경

그동안 순자산가액 산정시 장부가액은 기업회계기준 등에 의해 작성된 재무상태표상 장부가액에 의하는 것이며, 유보금액 중 평가하는 자산과 관련된 유보금액은 순자산가액에 별도로 가감하지 아니하는 것으로 해석하였다. 그러던 것이 최근에는 「상속세 및 증여세법 시행령」 제55조 제1항에서 규정한 장부가액은 법문대로 취득가액에서 감가상각비를 차감한 가액을 의미하는 것으로 해석하고 있다. 따라서 세무상의 장부가액으로 해석이 변경된 것으로 보이므로 기업회계기준 등에 따라 임의평가증한 금액과 관련한 유보금액은 가산대상에 해당하지 아니하는 것으로 판단된다.

나. 장부가액에 유보를 가감하지 않는다고 해석한 사례

장부가액에 가감하지 않는다고 해석한 사례(사전법령해석재산 2017-641, 2017.12.18.)에서는 토지를 신설법인에 현물출자하고, 그 대가로 주식을 취득하는 경우에 발생하는 양도차익에 대해서는 세법에서 이월과세하기 위하여 압축기장충당금으로 설정하면서 익금불산입하고, 유보처분을 하게 된다. 이 경우에 발생하는 유보는 가감하지 않는 것으로 해석한 예규는 합리적이고 타당하다고 판단된다.

한편, 「법인세법」에서는 자산의 평가차익 또는 평가차손에 대해서는 재고자산 등의 경우를 제외하고는 자산 및 부채에 대한 평가는 원칙적으로 인정하지 않고 있다. 집행기준(22-0-1)에서도 "고정자산의 장부가액을 「감정평가 및 감정평가사에 관한 법률」

에 따라 감정한 가액으로 감액한 경우에도 그 차손은 손금에 산입하지 아니한다."라고 해석하고 있다. 반대해석하면 평가차액은 익금에 산입하지 아니한다고 해석된다. 이것은 조세 정책적 배려라기보다는 법인세법에서는 해당 재산에 대한 임의평가증을 인정하지 않기 때문이다.

이 경우에 필자는 자산의 평가차익에 대해 익금불산입하고 유보처분한 것과 자산의 양도차익에 대해 익금불산입하고 (-)유보로 처분한 것에 대해서는 가감하지 않는 것으로 판단하고 있다. 그 이유는 순자산가액은 평가기준일 현재의 시가 평가를 원칙으로 하고 있음에도 감정평가한 가액을 공정가치로 반영한 장부가액에서 유보금액을 가감하도록 해석하는 것은 시가평가원칙에 배치되기 때문이다.

다. 장부가액에서 유보를 가감한다고 해석한 사례

일반적으로 순자산가액을 계산할 때 장부가액에 가감한다는 해석한 사례에서 장부가액은 기업회계기준 등에 따라 작성된 재무상태표상 장부가액에 의하는 것이나, 순자산가액 계산시 "장부가액을 적용하는 경우에는 자본금과 적립금조정명세서(을)상의 유보금액을 자산가액에 가감하는 것"으로 해석하는 사례(재산-396, 2012.11.08., 서면상속증여 2017-1174, 2017.06.15.)도 있었으나 2020년 10월에 대부분 삭제되었다. 그렇지만 현실적으로 회사가 기업회계기준을 따르지 않고 회계 처리한 경우, 예를 들어 자본적 지출을 수익적 지출로 회계 처리하였을 때에는 손금불산입하고 (+)유보처분하는 것과 수익적 지출을 자본적 지출로 회계처리하였을 때에는 손금산입 (-)유보로 소득처분하는 경우 등이 대표적인 예일 것이다. 이런 경우에는 가감하는 것이 합리적이다.

이에 따라 필자의 견해로는 평가하는 자산과 관련된 유보금액은 가감하지 않는다고 해석하는 것은 장부가액과 다른 새로운 가액으로 평가하는 경우에는 가감하지 않는다고 해석하는 것으로 보인다. 이러한 예규상의 해석과 관련하여 구체적인 사례를 들어 비교하면 다음과 같다.

사례

> 회사가 취득한 건물의 취득가액은 10억원이고, 감가상각누계액이 6억원인 상태이다. 이 건물에 엘리베이터 설치공사를 하면서 발생한 비용 2억원에 대해 경리 책임자는 수선비로 회계 처리하였다. 이에 대해 세무사가 「법인세법」에 따라 세무조정을 하면서 수선비 2억원을 손금불산입하고 유보처분하였다.

〈장부가액〉
건물　　　　　　　10억원
(감가상각누계액　　6억원)
장부가액　　　　　　4억원
〈자본금과 적립금 조정명세서(을)〉
건물 유보금액　　　　2억원

◉ 사례별 평가
건물에 대해 「상속세 및 증여세법」 제60조 내지 제66조의 규정에 의하여 평가한 가액
① 평가한 가액이 4억원인 경우 : 평가액 6억원(유보금액 2억원 가산함)
② 평가한 가액이 5억원인 경우 : 평가액 6억원(유보금액 1억원 가산함)
③ 평가한 가액이 6억원인 경우 : 평가액 6억원(유보금액 가산하지 아니함)
④ 평가한 가액이 7억원인 경우 : 평가액 7억원(유보금액 가산하지 아니함)

⊙ 해설
기업회계기준에 따라 회계처리를 하였다면 장부가액은 6억원으로 계상하여야 한다. 이에 따라 세무상의 건물가액은 기업회계상 장부가액 4억원과 유보금액 2억원을 가산한 6억원이다. 건물에 대하여 「상속세 및 증여세법」 제60조 내지 제66조에 따라 평가한 가액을 사례별로 예시하면 다음과 같이 평가하는 것이 타당하다고 판단된다.

① 평가한 가액이 4억원인 경우
장부가액 4억원과 평가한 가액 4억원을 비교하여 장부가액 4억원으로 평가되므로 장부가액 4억원에 유보금액 2억원을 가산하여 세무상 자산가액 6억원으로 평가한다.
② 평가한 가액이 5억원인 경우
장부가액 4억원과 평가한 가액 5억원을 비교하여 평가한 가액 5억원으로 평가해야 하나 세무상 자산가액은 6억원이므로 유보금액 2억원 중 1억원을 가산하여 6억원으로 평가한다.
③ 평가한 가액이 6억원인 경우
장부가액 4억원과 평가한 가액 6억원을 비교하여 6억원으로 평가되므로 세무상 자산가액 6억원과 같아 유보금액은 가산하지 않는다.
④ 평가한 가액이 7억원인 경우
장부가액은 4억원과 평가한 가액 7억원을 비교하여 평가한 가액 7억원으로 평가하게 되므로 가산할 유보금액은 발생하지 아니한다.

5. 마무리

「상속세 및 증여세법」 제55조 제1항 괄호에서 장부가액은 취득가액에서 감가상각비를 차감한 가액으로 하는 것으로 규정하고 있고, 대법원(대법원 2016.03.24. 선고 2015두58775 판결)에서도 법문대로 판시하고 있으며, 과세당국의 해석도 이에 따른 것으로 보인다. 그동안 장부가액의 의미는 기업회계기준 등에 의해 작성된 대차대조표상 장부가액에 의하는 것이라고 해석하였다가 2019년 7월과 2020년 1월에 각각 삭제하였고, 2020년 10월에도 많은 예규를 삭제하였다.

이러한 해석의 변경에 기초해서 살펴보면, 부동산이나 유가증권과 같은 자산의 취득가액은 시세의 변동이 발생하면 기업회계기준에 따라 회계처리를 해야 하므로 기업회계상 장부가액과 세무회계상의 장부가액은 상이할 수밖에 없다. 이런 경우에는 세무상 장부가액과 「상속세 및 증여세법」 제60조 제3항 및 같은 법 제66조의 규정에 의하여 평가한 가액과 비교하여 평가해야 할 것이다.

부동산이나 유가증권 이외의 자산도 기업회계기준에 따라 회계처리를 해야 하므로 정상적으로 회계처리를 하면 감가상각 대상 자산에 해당하지 않는 한 장부가액과 일치하며, 유보금액이 발생하지 않게 된다. 그러나 자산의 장부가액을 과소계상하거나 부채의 장부가액이 과다하게 계상하는 경우에는 세무조정을 할 때 (+)유보로 소득처분되고, 그 반대의 경우에는 (-)유보로 소득처분된다. 따라서, 유보금액을 가산하여야 세무상 자산가액이 될 것이다.

4.3 부채총계의 계산

4.3.1 부채총계의 계산구조

재무상태표상 부채가액

\+

구분	항목	내용
가산항목	부채로 미계상된 법인세 등	부채로 계상되지 아니한 평가기준일 현재까지 발생한 법인세 등
	이익처분으로 확정된 배당금·상여금	평가기준일 현재 이익처분으로 확정된 배당금·상여금 및 기타 지급의무가 확정된 금액
	퇴직금추계액	평가기준일 현재 재직임원·사용인이 전원 퇴직 시 지급하여야 할 퇴직금추계액 －1996.12.31. 이전에는 재직 중인 임원·사용인의 퇴직금추계액의 50%상당액을 차감하였음.
	확정된 비용	충당금은 부채에서 공제하지 않지만 확정된 비용은 부채에 포함.
	책임준비금·비상위험준비금	「법인세법」상 범위 내의 책임준비금·비상위험준비금

－

구분	항목	내용
차감항목	제 준비금·충당금	재무상태표상 제 충당금, 「조세특례제한법」 및 기타 법률에 의한 제 준비금의 합계액
	외화환산대	외화자산·부채에 대하여 장부가액과 사업연도종료일 현재의 평가액과의 차액(1999.5.7. 삭제됨)
	이연법인세부채	회계상의 이익과 「법인세법」상의 과세소득간의 일시적 차이로 계상된 부채
	보증채무	주채무자가 변제불능상태이고 구상권행사가 불가능한 보증채무는 부채에 포함

＝

부채총액

4.3.2 재무상태표상 부채액

재무상태표상의 부채액은 자산가액의 평가와 마찬가지로 평가기준일 현재 재무상태표상의 부채총계를 적용한다. 상속의 개시나 증여의 발생이 사업연도 중에 이루어진 경우에는 사업연도 개시일로부터 평가기준일까지 가결산한 재무제표상의 부채총계를 적용하여야 한다. 일반적으로 부채에 대해서는 평가하지 않고 장부가액대로 적용하는 것으로 이해하고 있으나 비상장법인의 순자산가액 계산 시에는 이를 평가해야 하는 경우도 있다. 예를 들어 회수기간이 5년을 초과하는 장기채권이나 장기채무의 경우에는 2001.1.1. 이후 상속이 개시되거나 증여하는 것부터 「상속세 및 증여세법 시행령」 제58조 제2항 및 「상속세 및 증여세법 시행규칙」 제18조의 2 제2항의 규정을 적용하여 현재가치로 할인하여 평가하도록 하고 있다(서일 46014-10285, 2002.3.7.). 즉, 원본의 회수기간이 5년을 초과하거나 회사정리절차 또는 화의절차의 개시 등의 사유로 당초 채권의 내용이 변경된 경우에는 각 연도에 회수할 금액(원본에 이자상당액을 가산한 금액을 말함)을 금융기관이 보증한 3년만기회사채의 유통수익률을 감안하여 기획재정부장관이 정하여 고시하는 이자율에 의하여 현재가치로 할인한 금액의 합계액으로 평가한다.

또한 부채총계의 계산은 평가기준일 현재 확정된 부채를 의미한다. 예를 들어 사채할인(할증)발행차금은 당해 법인의 부채에서 가감하지 않게 되고, 전환사채 및 신주인수권부사채의 권리가 중도에 전환권 또는 신주인수권을 행사하지 않아 만기상환할 것을 가정하여 발행회사가 채권자에게 만기에 지급하는 이자비용을 장기미지급이자로 계상한 경우에도 당해 장기미지급이자는 부채에 가산하지 않게 된다(서일 46014-10359, 2001.10.26.). 부채의 경우에도 자산가액의 평가와 같이 평가기준일 현재 확정된 부채에 대해서 가결산 시에 재무제표에 반영하지 아니한 것이 있으면 이를 추가로 반영하여야 하고, 부채로 보거나 보지 아니하는 항목에 대해서는 가감하여 부채총계를 계산한다.

4.3.3 가산항목

(1) 평가차액

자산의 평가는 대부금이나 매출채권 등과 같은 채권으로서 원본의 회수기간이 5년을 초과하거나 회사정리절차 또는 화의절차의 개시 등의 사유로 당초 채권의 내용이 변경된 경우에는 각 연도에 회수할 금액(원본에 이자상당액을 가산한 금액을 말함)을 금융기관이 보증한 3년만기회사채의 유통수익률을 감안하여 기획재정부장관이 정하여 고시하는 적정이자율에 의하여 현재가치로 할인한 금액의 합계액에 의하여 평가한다. 부채의 경우에도 이와 마찬가지로 시설물이용권에 대한 입회금·보증금에 대해서도 동일한 방법으로 평가한다.

그동안 골프장이나 스키장·콘도미니엄 등의 시설 운영법인이 보유하고 있는 입회금·보증금 등은 회원의 요구가 있으면 반환의무가 있으나 이들 입회금 등에 대한 장기성부채에 대한 평가규정이 없었다. 이에 대해서 2004년부터는 장기성자산과 마찬가지로 장기성부채에 대해서 현재가치로 할인하여 평가하되, 이들 골프장 입회금과 같은 장기성부채에 대해서는 반환되는 사례가 거의 없으므로 원본의 회수기간이 정하여지지 아니한 것은 그 회수기간을 5년으로 보아 평가한다(상증칙 §18의 2 ② 1호).

이에 대하여 행정해석에서 당해 법인의 부채 중 골프장 입회금을 부채가액에서 차감하는지 여부에 대하여는 2003.12.31. 기획재정부령 제342호로 개정된 「상속세 및 증여세법 시행규칙」 제18조의 2 제2항 제1호 및 동시행규칙 부칙 제2조의 규정을 적용하는 것으로 하고 있다(재산세제과-35, 2004.1.2.).

$$\text{장기성 부채평가액} = \frac{\text{장기성 부채}}{(1+\text{적정할인율})^n}$$

* 적정이자율 : 8%(2010.11.5. 기획재정부고시 제2010-20호)

사례 2004.1.1. 이후 순자산가액 산정방법 보완 후 평가사례[12)]

〈골프장 등 자산 및 부채 평가방법 개정내용 요약〉

•2004.1.1. 이후 세법에서는 자산가액은 장부가액과 개별공시지가 등 중 큰 금액으로 평가하여 증가시키고 부채는 현재가치로 할인평가하여 감소시킴으로써 골프장 영위법인 등의 주식평가액은 대체로 높아짐.

구 분	개정 전	개정 후
골프장 용지 등 자산가액 평가	① 공시지가로 평가	①과 ② 장부가액(장부상 토지가액+코스조성비 등) 중 큰 금액으로 평가
입회금 등 부채평가	③ 장부상 계상된 액면가액으로 평가	④ 장부상 액면가액을 현재가치로 할인평가

〈골프장 주식 평가사례〉

* 발행주식총수 : 10만주 (단위 : 억원)

과 목	금액	과목	금액
토지 코스조성비 등 → ② (공시지가) → ① 기타 자산	120 480 (560) 200	부채 (입회금) (기타부채) 자본금	570 ③ (400) → ④ 현재가치 292 (170) 230
자산총계	800	부채와 자본총계	800

〈2003년 이전〉토지는 공시지가(560)로, 입회금은 액면가액(400)으로 평가

•1주당 평가액 : [{560억원(토지공시지가)+200억원(기타)}−570억원(부채)] ÷10만주=190,000원

〈2004년 이후〉토지는 공시지가와 장부가액(600) 중 큰 금액(600), 입회금 400억원 현재가치 할인 시 292억원[400억원×0.73(5년 후 상환, 6.5% 할인율)]

•1주당 평가액 : [{600억원+200억원(기타자산)−부채총액 462억원(292+170) ÷10만주=338,000원

12) 국세청 완전포괄주의 증여세 과세제도 해설(pp.239~240), 2004.

논점 – 평가차액에 대한 법인세 등의 상당액이 순자산가치에 미치는 영향

1. 현 황

「상속세 및 증여세법 시행령」 제55조에 의한 순자산가액의 평가규정에 의하면 평가차액은 순자산가액을 산정하는데 가산하고 있지만 평가차액에 따른 법인세상당액과 지방소득세상당액은 고려하지 않고 있다. 그러면서 재고자산으로 보유하고 있던 자산 중에서 평가차액이 발생하는 경우에 법인세과세표준과 세액을 계산하는 경우에 재고자산의 장부가액이 손금에 산입되면 그 재고자산의 가액을 부채에 산입하도록 해석하고 있어서 이런 경우에는 순자산가치가 과소계상되기도 한다. 이와 같은 평가차액에 대하여 법인세 등의 상당액을 부채에 가산하지 아니하면 순자산가치가 과대계상될 수 있다. 이러한 것에 대하여 사례를 통하여 설명하면 다음과 같다.

2. 과대계상 사례

甲회사는 1980년에 토지와 공장용지를 취득하여 장기간 섬유제조업을 운영하였다. 이 공장은 도시화하는 과정에 지가가 급등하여 공장으로 계속 운영하기에는 적절하지 않아서 공장을 이전하려고 하던 중 대표이사가 2018.12.31. 사망하였다. 이 경우에 상속개시일 현재의 주식평가액을 계산하여 보자.

가. 주식평가자료

(1) 甲회사의 현황

- 발행주식수 : 100,000주(액면가액 : 10,000)
- 주주는 대표이사 홍길동이 주식 100%를 보유하고 있다.
- 2018.12.31. 현재의 甲회사 대차대조표는 다음과 같다.

대차대조표

(단위 : 백만원)

자 산	금액	부채와 자본	금액
제자산	3,000	부 채	3,100
토 지	1,000		
건 물	300	자 본	1,000
감가상각누계액	(200)		
	100		
합계	4,100	합계	4,100

(2) 상속인의 회사승계

상속인은 2019.1.31. 피상속인의 사업을 승계하여 다른 사업을 하기 위하여 공장을 처분하였다. 매매가액은 토지 95억원, 건물 5억원 합계 100억원에 이루어졌다.

나. 주식평가의 결과 비교

(1) 법인세 등의 상당액 반영 전의 순자산가치(상속개시시점)

① 순자산가액 : 99억원

대차대조표상의 순자산가액(10억원) + 토지평가차액(85억원) + 건물평가차액(4억원) = 99억원

* 토지평가차액 = 양도가액(95억원) – 장부가액(10억원) = 85억원
* 건물평가차액 = 양도가액(5억원) – 장부가액(1억원) = 4억원

② 1주당 순자산가치 $= \frac{9,900,000,000\text{원}}{100,000\text{주}} = 99,000\text{원}$

(2) 법인세 등의 상당액 반영 후의 순자산가치

부동산 처분시점의 이 회사의 대차대조표는 다음과 같다. 이 경우에 부동산 처분시점에 다른 거래가 없어서 다른 재무상태는 변동이 없는 것으로 가정한다.

대차대조표

(단위 : 백만원)

자산금액	금액	부채와 자본	금액
제자산	13,000	제 부채	3,100
		미지급법인세	1,780*
		지방소득세	178*
		자본	7,942
합계	13,000	합계	13,000

* 부동산처분이익(토지 85억원, 건물 4억원)에 대한 법인세상당액 : 평가차액(89억원)×20%(단일세율로 가정함) = 1,780백만원
** 지방소득세상당액 : 법인세(1,780백만원)×10% = 178백만원

① 순자산가액 = 대차대조표상의 순자산가액(7,942백만원)

② 1주당 순자산가치 $= \frac{7,942,000,000\text{원}}{100,000\text{주}} = 79,420\text{원}$

(3) 1주당 순자산가치 과대평가액의 계산

① 법인세 등의 상당액 반영 전의 1주당 순자산가치 평가액 : 99,000원

② 법인세 등의 상당액 반영 후의 1주당 순자산가치 평가액 : 79,420원

③ 과대평가액(②–①) : 19,580원

이상과 같이 현행「상속세 및 증여세법」제55조에 의한 순자산가치 평가규정은 평가차액에 대한 법인세상당액을 부채에 가산하지 아니하여 과대계상될 수 있다. 이러한 경우에 일본(재산평가기본통달 §186–2)에서는 평가차액에 대한 법인세액 등에 상당하는 금액을 순자산가액에서 차감하여 평가하도록 규정하고 있다.

3. 과소계상사례

가. 예규의 현황

재고자산으로 보유하고 있던 재산에 대해서도 시가에 의하여 평가를 하여야 한다. 이 경우에 보유하고 있던 재고자산에 대하여 평가차익이 발생한 경우에 그 재고자산 중 손금산입된 부분에 대해서는 그 평가차액상당액도 부채로 산입하는 것으로 해석하고 있다.

---

1. 비상장법인의 주식을 평가하기 위한 1주당 순자산가치의 산정방법
2. 비상장법인의 순자산가치산정 시 차가감대상인 주택건설업체가 보유하는 용지의 장부가액과 시가의 의미(재경부 재산 46014-47, 2002.2.22.)

【질의】

본인은 건설회사 회계실무자로서 업무와 관련하여 아래의 사항에 대하여 질의함. 「상속세 및 증여세법」상 비상장주식의 순자산가치를 구함에 있어서 주택건설업체가 보유하는 용지를 평가함에 있어 장부가액과 시가와의 차액을 순자산가액에 차가감하게 되어 있는데, 주택건설업체가 보유하는 용지의 경우 분양분에 대해서는 건축부분의 공사진행률만큼은 분양원가에 대체되어 장부상가액에서 차감되는데(용지의 가액은 변동이 있으나 용지 자체에 대한 소유권이전이나 면적에는 변동이 없음), 이때 비교대상이 되는 장부가액과 시가는 어떤 가액을 말하는지

〈갑설〉 분양원가에 대체된 후의 대차대조표상의 장부가액과 원가투입률을 반영한 시가[용지 전체 면적에 대한 시가×(1－원가대체율)]과의 차액을 순자산가액에 차가감한다.

〈을설〉 용지의 당초 취득가액＋자본지출액, 즉 분양원가에 대체되기 전의 장부 가액과 용지 전체에 대한 시가(공시지가)와의 차액을 순자산가액에 차가감한다.

〈병설〉 분양원가에 대체된 후의 대차대조표상 장부가액과 용지 전체에 대한 시가(공시지가)와의 차액을 순자산가액에 차가감하고, 아파트 분양으로 인해 주택건설업체가 평가기준일까지 받기로 한 계약금 및 중도금의 합계액 중 토지가 차지하는 부분에 대하여는 부채에 가산한다.

【회신】

1. 비상장법인의 주식을 평가하기 위한 1주당 순자산가치의 산정은 「상속세 및 증여세법 시행령」 제55조의 규정에 의하여 평가기준일 현재 당해 법인이 보유하고 있는 자산(재고자산을 포함)을 「상속세 및 증여세법」 제60조 내지 제66조의 규정에 의하여 평가한 가액에서 부채를 차감하는 것임.
2. 주택건설업법인이 목적물 건설에 따라 「법인세법 시행령」 제69조의 규정에 의하여 작업진행률을 기준으로 계산한 수익과 비용을 각각 해당 사업연도의 익금과 손금에 산입한 경우에도 평가기준일 현재 당해 법인이 보유하고

있는 토지 전체를 「상속세 및 증여세법」 제60조 내지 제66조의 규정에 의하여 평가하는 것이며 익금에 산입한 분양수입금액 중 토지에 상당하는 가액은 부채에 가산하는 것임.

나. 예규에 따른 사례

주택건설업체 乙회사의 대차대조표는 다음과 같다. 이 회사의 대표이사가 2017. 12.31. 상속이 개시되어 상속재산가액을 평가하려고 한다. 이 회사가 보유하고 있는 건설용지의 평가액은 140억원이다.

대차대조표

(단위 : 백만원)

자산금액	금액	부채와 자본	금액
제자산 건설용지	40,000 10,000	부채 자본	30,000 20,000
합계	50,000	합계	50,000

(1) 예정공사비
- 건설용지 : 100억원
- 예정건설공사비 : 140억원
- 예정분양가액 : 300억원
- 당기분양수입 : 0원

(2) 당기발생원가

당기발생 건설비 : 70억원(진행률 50%)

(3) 결산 시 회계처리

차 변		대 변	
공사미수금	150억원	공사원가	70억원
		건설용지	50억원
		손 익	30억원

(4) 평가차액의 계산

건설용지 평가차액 : 40억원

시가(140억원) − 장부가액(100억원) = 40억원

(5) 순자산가액의 계산

예규에 의하면 "익금에 산입한 분양수입금액 중 토지에 상당하는 가액은 부채로 가산한다(재경부 재산 46014-47, 2002.2.22.)"고 하는 해석에 따르면 다음과 같이 해석하는 것으로 보여진다.

익금산입한 분양수입금액 관련 용지원가는 50억원(공사진행률이 50%이므로 건설용지 장부가액 100억원 중 50억원은 손금으로 계상되었을 것임)이며, 그와

관련된 부채에 가산하는 금액은 평가차액 40억원 중 공사진행률(50%)에 해당되는 20억원은 부채로 계상되는 것으로 해석된다.

이렇게 해석하면 일반적인 경우에 재산을 평가하는 경우보다 건설용지의 평가차액에 대한 법인세상당액만큼 부채가 과대계상되는 결과가 발생된다. 즉 평가차액 중 20억원을 부채로 산입하되 평가차액에 대한 법인세 등의 상당액[법인세상당액 4억원(20억원×20%)+지방소득세상당액 0.4억원(4억원×10%)] 만큼은 부채가 과대계상되는 것으로 보인다.

다. 필자의 해석

순자산가액을 적정하게 계상하기 위해서는 평가차액에 대한 법인세 등의 상당액은 부채에 가산하여야 한다. 사례와 같이 건설용지와 같은 재고자산에 대하여 시가평가하여 평가차액이 발생하면 평가차액에 대한 법인세 등의 상당액을 부채에 가산하고, 그 재고자산이 손금에 산입되는 경우에 그에 따른 평가차액에 대한 법인세 등의 상당액을 부채가액에 가산하는 것이 합리적이라고 생각된다.

4. 평가차액이 과다하게 발생하는 법인의 주식취득 시 주의사항

가. 정당한 주식가액의 평가

최근에는 공장을 보유하면서 제조업을 하던 법인이 보유하던 공장 부지가 도시계획의 변경으로 오피스텔 등으로 신축 판매하는 경우가 많이 발생되고 있다. 이 경우에 투자자가 그 법인에 지분참여를 통하여 부동산을 개발 및 분양하는 경우가 흔히 있는데, 이때 투자자가 그 법인에 지분 참여를 위한 적정한 투자를 판단하기 위해서는 그 회사 보유부동산의 장부가액과 시가를 반드시 비교하여 분석하여야 한다.

그 이유는 상기 '2. 과대계상사례'에서 보는 바와 같이 법인의 보유자산 중에서 평가차액이 다량으로 발생하는 경우에는 추후 처분 시에 그 평가차액 상당액이 처분이익으로 계상되어 그에 따른 법인세 등을 부담하여야 한다. 이러한 법인의 주식을 인수하는 경우에는 그 부동산의 평가차익에 대한 법인세 및 지방소득세상당액을 감안하여 인수하는 것이 합리적이다.

나. 저가·고가양도에 따른 부당행위 계산과의 관계

「상속세 및 증여세법」 제35조[저가·고가양도에 따른 이익의 증여 등]에 의하면 특수관계가 없는 자와의 거래를 할 때에도 시가와 대가와의 차액이 현저한 경우에는 정당한 사유가 없는 한 증여세가 과세될 수 있다. 이러한 규정에 따라 사려 깊은 검토가 없는 경우에는 세법에 정하는 시가대로 평가하여 인수하게 될 수도 있다. 그러나 정당한 사유가 있는 경우에는 저가·고가양도에 따른 이익의 증여는 적용되지 아니할 수 있으므로 평가차액에 대한 법인세 등의 상당액을 주식평가액에 반영하여 거래하면 정당한 사유에 해당한다고 볼 수도 있을 것이다.

(2) 부채로 미계상된 법인세 등

부채총계의 계산은 자산총계의 계산과 같이 평가기준일 현재 확정된 부채는 가결산 시에 재무제표에 반영하여야 한다. 이때 사업연도 중에 상속이 개시되거나 증여가 발생한 경우에는 평가기준일 현재로 가결산하면서 평가기준일 현재까지 발생한 평가대상법인의 법인세, 농어촌특별세, 지방소득세는 부채에 가산하여야 한다(상증칙 §17의 2 3호 가목). 즉, 순자산가액을 계산할 때에 부채에 가산하는 법인세액 등은 평가기준일 현재 납세의무가 확정된 것과 평가기준일이 속하는 사업연도개시일부터 평가기준일까지 발생한 소득에 대한 법인세액 등을 말한다(서사-2686, 2006.8.4.).

이 경우에 평가기준일 이후에 경정 등에 의하여 법인세 등이 추징되는 경우에는 평가기준일까지 발생된 소득에 대한 법인세액 등은 해당 법인의 부채에 가산하는 것으로서 평가기준일 이전 사업연도에 대한 자산누락 등으로 인하여 법인세가 경정되는 경우 자산누락금액 및 법인세 추징세액은 각각 자산과 부채에 포함된다(재삼 46014-1165, 1999.6.15.).

또한 결산을 하면서 미지급법인세를 계상하지 아니하여 장부상에 표기하지 않거나 실무상으로 가결산을 하지 아니하고 부득이 결산일 현재 부채를 적용하는 경우에는 별도로 부채를 반영하여야 한다. 이 경우에 법인세를 반영되지 아니하여 세무조정을 할 때 미지급법인세 등이 법인세 세무조정계산서 중 자본금과 적립금조정명세서(갑) 손익 미계상 법인세 등(8.법인세, 9.지방소득세)에 표시된 금액이 있는 경우에는 이 금액을 부채에 가산하여 계산한다.

사례

비상장법인인 ㈜세계물산의 대표이사가 2024.2.27. 사망하여 해당 법인의 주식을 평가한 가액을 상속재산에 가산하여 상속세 과세표준과 세액을 신고하였다. 상속인이 상속세 과세표준과 세액을 신고한 이후에 관할세무서에서 법인세조사를 실시하여 2025.10.15. 다음과 같이 2020년~2024년의 법인세를 결정 고지하였다. 이 경우에 고지된 법인세 중에서 상속개시일 현재 부채로 미계상된 법인세로 부채에 가산할 금액은?

단위 : 천원

사업연도	2020년	2021년	2022년	2023년	2024년
법인세 고지세액	187,391	819,047	1,123,962	1,286,616	1,826,715

⊙ 해설

상속세 과세표준을 신고할 때에는 법인세 고지세액이 발생하지 않았으나 그 이후에 세무조사를 통해 추징세액이 발생하면 추가로 고지된 법인세, 농어촌특별세액, 부가가치세, 지방소득세 등의 추징세액은 부채에 가산한다. 이에 따라 해당 법인의 경우 평가기준일 이전(2020년~2024년) 사업연도의 법인세[2020년 187,391천원, 2021년 819,047천원, 2022년 1,123,962천원, 2023년 1,286,616천원, 합계 3,417,016천원]과 2024년 1,826,715천원 중 2024.1.1.~2024.2.27.(58일/365일) 기간의 법인세 상당액 295,277천원을 부채에 가산한다(심사상속99-262, 1999.11.20.).

한편, 순손익액도 각사업연도소득이 변경되었으므로 2024.2.27.(평가기준일)의 직전 3년인 2021년~2023년 사업연도의 경정 결정된 각사업연도소득을 기준으로 재산정하고, 이에 따른 법인세총결정세액, 농어촌특별세총결정세액, 지방소득세 총결정세액도 경정결정된 세액을 적용한다.

(3) 이익처분으로 확정된 배당금과 상여금 등

부채총계의 계산은 평가기준일 현재 확정된 채무는 가산하여야 한다. 평가대상법인이 가결산을 하면서 평가기준일 현재 이익처분으로 확정된 배당금이나 상여금, 기타 지급의무가 확정된 금액을 부채로 계상하지 아니한 경우에는 이를 가산하여야 한다(상증칙 §17의 2 3호 나목). 배당금과 상여금 등은 「법인세법」상 소득처분에 의한 것으로서 손금산입은 되지 않지만 순자산가액 계산 시에는 부채에 가산하여야 한다. 그러나 배당기준일 현재 생존하고 있던 주주가 주주총회에서 잉여금 처분결의가 있기 전(주주명부 폐쇄기간 중을 말함)에 사망한 경우로서 상속개시 후에 주주총회에서 잉여금의 처분이 확정된 경우에는 상속받은 당해 비상장주식 평가 시 동 배당금과 상여금은 부채에 포함되지 않는다.

이 경우에 피상속인이 사망 전에 처분한 주식은 물론 피상속인이 보유하고 있던 주식과 관련된 배당금 등이 상속개시 후에 지급되는 경우 당해 배당금 등은 상속재산에 포함한다(상증통 63-55…8). 이 해석은 평가기준일 현재 배당금 지급이 확정되었는지 여부를 기준으로 판단하기 때문이다.

잉여금 처분결의일 / 적용대상	상속개시일 이전	상속개시일 이후
비상장주식평가	부채에 가산 (평가대상법인 : 미지급금)	해당 없음
배당금·상여금의 귀속	피상속인의 배당금·상여금 (상속세 과세가액 산입)	상속인의 배당금 등 (상속세 과세가액 불산입)

(4) 퇴직금추계액

평가기준일 현재 재직하는 임원 또는 사용인 전원이 퇴직할 경우에 퇴직급여로 지급되어야 할 금액의 추계액 전부를 부채에 가산한다(상증칙 §17의 2 3호 다목). 이것은 평가대상법인의 장부에 반영한 것과 관계없이 퇴직금 지급의무가 있으므로 부채에 가산하여야 하는 것이다. 순자산가액 계산 시에 퇴직금추계액에 대한 취급은 부채에 가산되는 퇴직금추계액의 변천과정에서 보는 바와 같이 퇴직금추계액의 50%를 공제하도록 한 적도 있었다. 그러나 평가대상법인이 평가기준일 현재 퇴직금으로 지급해야 할 의무가 있는 퇴직금추계액상당액은 부채에 해당되므로 이를 가산하여야 한다. 이와 관련하여 재무상태표상에 계상되어 있는 퇴직급여충당금, 단체퇴직보험충당금 등과 같은 평가성 충당금은 부채에서 차감하도록 하고 있다. 이와 같이 퇴직금추계액은 평가대상법인이 지급할 의무가 있는 경우에 채무에 해당되어 부채에 가산하지만 확정기여형(DC형) 퇴직연금등이 설정된 자의 경우에는 운용주체가 근로자이고 근로자에게 명의로 이미 지급하여 적립되고 있어서 퇴직금추계액 상당액은 회사의 채무에 해당되지 않는다. 이와 관련하여 조세심판원에서도 "순자산가액 계산 시 부채는 지급의무를 기준으로 판단하는 것으로 확정기여형 퇴직연금에 가입한 경우 적립금에서 지급되어 법인에서는 퇴직급여를 지급할 의무가 없게 되므로 쟁점 퇴직급여추계액을 부채로 인정하기 어렵다."라고 결정(조심 2015중2804, 2016.3.30.)한바 있다.

부채에 가산되는 퇴직금추계액의 변천과정

- 1997.1.1. 이후
  재직 중인 사용인(임원 포함)의 전원이 퇴직할 경우 지급할 퇴직금추계액 전부 가산(상증칙 §17의 2 3호 다목)
- 1996.12.31. 이전
  재직 중인 사용인(임원 포함)의 전원이 퇴직할 경우 지급할 퇴직금추계액의 50%상당액을 부채에 가산함. 그러나 대법원(94누16243, 1996.2.15.)의 판결에 따라 미결정자료의 경정 시에는 퇴직금추계액 전액을 공제하도록 하였음.

(5) 확정된 비용

종업원의 사망에 따라 지급 확정된 퇴직수당, 공로금 기타 이에 준하는 금액 및 충당금 중 평가기준일 현재 비용으로 확정된 것은 부채에 가산한다(상증칙 §17의 2 4호 가목).

이런 규정은 제 충당금의 경우에는 부채로 확정된 것이 아니므로 다음에서 설명하는 부채의 차감항목에서 열거한 바와 같이 부채에서 차감하고, 그 대신 평가기준일 현재 비용으로 확정된 것은 부채에 가산하는 것이다. 따라서 충당금 중 평가기준일 현재 비용으로 확정된 것, 「법인세법」 제30조 제1항에 규정된 보험업을 영위하는 법인의 책임준비금과 비상위험준비금으로서 같은 법 시행령 제57조 제1항 내지 제3항에 규정된 범위 안의 것은 부채에 가산하는 것이다.

(6) 보험업을 영위하는 법인의 책임준비금과 비상위험준비금

(가) 부채에 가산하는 사유

보험업을 영위하는 비상장법인의 책임준비금과 비상위험준비금으로서 「법인세법 시행령」 제57조 제1항·제2항 및 제58조 제3항에 규정된 범위 안의 것은 부채로 인정한다(상증칙 §17의 2 4호 나목). 일반적으로 평가기준일 현재의 퇴직급여충당금, 대손충당금 등의 제 충당금과 「조세특례제한법」 및 기타 법률에 의한 제 준비금은 부채에서 차감하도록 하고 있다. 그런데 보험업을 영위하는 법인의 책임준비금 및 비상위험준비금은 평가기준일 현재 모든 보험계약이 해약될 경우에 계약자 또는 수익자에게 지급해야 할 환급액에 대하여 부담해야 할 의무가 있는 것이다. 그러므로 보험업을 영위하는 법인의 책임준비금과 비상위험준비금은 채무에 가산하는 것이다.

(나) 세무조정에 의한 유보금액의 처리

「상속세 및 증여세법」에서는 유보금액에 대해서 가산하여야 한다는 명시적인 규정은 없다. 그런데 실무적으로 평가대상법인이 평가기준일 현재를 기준으로 가결산을 하면서 평가기준일 현재로 확정된 것에 대하여 자산 및 부채를 정확히 재무상태표에 반영을 하지 아니하였거나 「상속세 및 증여세법」상의 규정과 상이하기 때문에 유보금액을 가산하는 문제가 발생한다. 보험업을 영위하는 비상장법인의 경우에 책임준비금과 비상위험준비금에 대해서는 「법인세법 시행령」 제57조 제1항 내지 제3항에 규정된 범위 안의 것은 부채로 인정하고 있다. 이 경우에 세무조정에 의하여 범위초과액은 손금불산입 유보처분을 하게 되어 장부상에는 유보 처분된 금액만큼 부채가 과대계상되어 있을 것이다. 따라서 이와 관련된 유보금액만큼 가산을 하여야 「법인세법」상의 범위 내의 책임준비금 등을 인정하는 결과가 되어 정당한 순자산가액이 계산될 것이다.

(7) 기타 가산채무

비상장법인의 부채 중에 주주·임원·종업원 등으로부터 차입하여 가수금이나 주주·임원·종업원단기채무 등이 설정되어 있을 수 있다. 이런 계정과목이 법인의 장부에 계상되어 있으면 그것은 채무에 포함되는 것이므로 별도로 가산되는 항목은 아니다. 여기에서 가산한다는 의미는 비상장법인의 장부상에 표기가 되지 아니한 채무로서 당해 법인이 변제할 의무가 있는 부채인 법인의 주주, 임원의 단기채무(가수금)도 포함된다는(재삼 46014-815, 1996.3.28.) 의미이다.

4.3.4 차감항목

(1) 제 준비금 및 충당금

대손충당금이나 퇴직급여충당금 등과 같은 평가성 충당금은 장래에 예상되는 지출 또는 손실에 대해서 미리 이를 추정하여 계산하는 것이다. 이러한 평가성 충당금은 「상속세 및 증여세법」에서 비상장주식을 평가할 때 평가기준일 현재 확정된 것만을 부채로 계상하는 것이 원칙이다.

이에 따라 평가기준일 현재의 퇴직급여충당금, 대손충당금 등의 평가성 충당금은 부채에서 차감한다(상증칙 §17의 2 4호). 이 경우에 임직원에 대한 퇴직금 상당액은 부채로 인정하지 않는다는 의미가 아니고 퇴직급여충당금은 부채에서 차감하면서 평가기준일 현재 재직하는 임원 또는 사용인 전원이 퇴직할 경우에 퇴직급여로 지급하여야 할 퇴직금추계액 상당액은 부채에 가산하는 것이다.

또한 「조세특례제한법」상의 제 준비금은 법인이 결산조정에 의하여 장부상 손금산입하였다고 하더라도 그것은 부채로 인정하지 않는 것이다. 준비금은 조세정책상 특정산업에 대한 조세지원을 위하여 일정기간 과세를 유예하는 제도이기 때문에 평가기준일 현재 확정된 부채가 아닌 것이다. 이에 따라 제 준비금은 순자산가액 계산 시 부채에서 차감하도록 하고 있다. 부채에서 차감하는 준비금으로 「조세특례제한법」 제4조에 의한 중소기업투자준비금, 같은 법 제9조에 의한 연구및인력개발준비금 등과 기타 법률에서 규정한 제 준비금 등이 있다. 다만, 예외적으로 「법인세법」 제30조 제1항 및 제31조 제1항에 따른 보험사업을 하는 법인의 책임준비금과 비상위험준비금으로서 같은 법 시행령 제57조 제1항 · 제2항 및 제58조제1항 · 제3항에 따른 범위안의 준비금은 부채로 인정한다(상증칙 §17의 2 4호 나목).

논점 – 퇴직금 추계액과 퇴직급여충당금의 가감요령

1. 개 요

회사는 임직원이 퇴직하는 경우에는 퇴직급여지급규정 또는 「근로자퇴직급여보장법」에 따라 퇴직급여를 지급하여야 한다. 이러한 퇴직급여는 회사가 직접 지급할 수도 있으나 세법에서는 퇴직연금의 가입을 통하여 퇴직급여의 재원을 안정적으로 확보하기 위해 퇴직급여충당부채의 손금한도액을 일정한 금액으로 제한하고, 부족액은 퇴직연금에 가입하면 그 금액을 손금으로 인정하고 있다.
퇴직연금은 사용자가 정해진 주기에 따라 퇴직연금사업을 하는 금융기관에 일정금액 이상을 적립하고 근로자는 퇴직 후에 적립금을 연금 또는 일시금의 형태로 선택하여 받을 수 있도록 하고 있다. 이러한 퇴직연금은 자산의 운용 주체에 따라 해당 법인이 부담하는 확정급여형 퇴직연금(DB), 퇴직연금사업자가 부담하는 확정기여형 퇴직연금(DC)으로 구분된다. 이러한 구분에 따라 퇴직급여의 책임을 부담하는 주체에 따라 순자산가액을 계산할 때 부채에 대 퇴직금 추계액 및 퇴직급여충당금의 가감 여부가 다르게 적용한다.

2. 퇴직연금에 대한 회계처리(소득세법 집행기준 22-0-4 [퇴직연금제도])

가. 퇴직연금제도는 근로자 퇴직금의 수급권 보장을 위해 「근로자퇴직급여보장법」에 따라 2005.12.1.부터 시행되는 제도로 회사에서 퇴직금을 지급하는 대신 금융기관에 퇴직금상당액을 예치하도록 하고 근로자 퇴직 시 이를 연금으로 지급받거나 퇴직일시금으로 지급받을 수 있도록 하여 실질적인 노후생활을 보장하기 위한 퇴직급여보장제도이다.

나. 퇴직연금제도의 유형 및 운용구조

① 기본 운영구조
확정급여형(DB), 확정기여형(DC) 모두 외부 금융기관에 사용주가 부담한 퇴직연금 적립금을 보관하면서(자산관리기관 역할), 적절한 금융자문을 받아 수익률을 달성하여(운영관리기관 역할) 퇴직 시점에 연금 또는 일시금의 형태로 지급한다.

② 유형별 퇴직연금제도의 퇴직급여의 결정방법 등

구분	퇴직연금 적립금의 운용방식
확정기여형 (DC형)	퇴직연금 적립금의 운용방식을 근로자 개개인의 선호를 반영하여 결정하고, 퇴직급여는 사용자가 매년 납부한 퇴직부담금에 운영수익률을 더하여 결정
확정급여형 (DB형)	퇴직연금 적립금의 운용방식을 사용자가 결정하며 퇴직급여액은 퇴직전 평균임금에 근로년수를 곱하여 결정

구분	퇴직연금 적립금의 운용방식
개인퇴직계좌 (IRA)	근로자가 퇴직 시에 받은 퇴직일시금을 퇴직연금사업자에게 개인퇴직계좌를 설정하여 불입하고 세제혜택을 받으며 DC형과 같이 근로자 책임과 권한 아래 운용하다가 55세 이후에 연금 또는 일시금을 수령함(IRP로 확대 개편).
개인형퇴직연금 (IRP)	퇴직일시금 및 근로자와 자영업자 등의 자기부담분에 운용수익률을 더하여 결정하며, 운용방식은 확정기여형 퇴직연금을 준용함.

다. 제도 폐지·중단 시 처리

① 퇴직연금이 폐지 또는 운영이 중단된 경우 폐지된 이후 또는 중단된 기간에 대해서는 법정퇴직금제도를 적용한다.

② 퇴직연금이 폐지·중단된 경우 적립금은 근로자에게 지급되며, 이는 퇴직금의 중간정산으로 본다.

㉠ 확정급여형(DB) : 사용자는 근로자에게 귀속된 퇴직연금 급여액과 퇴직금과의 차액을 지급

㉡ 확정기여형(DC) : 납부가 중단된 기간 이후에 대해서는 퇴직금제도 적용

3. 퇴직금 추계액의 부채 가산

평가기준일 현재 재직하는 임원 또는 사용인 전원이 퇴직할 경우에 퇴직급여로 지급되어야 할 퇴직금 추계액 전부를 부채에 가산한다(상증칙 §17의 2 3호 다목).
이 경우에 퇴직금 추계액은 해당 과세기간 종료일 현재 종업원(확정기여형 퇴직연금 및 개인퇴직계좌에 가입한 자 제외)의 전원이 퇴직할 경우에 퇴직급여로 지급되어야 할 금액을 말하며, 사규나 퇴직급여지급규정 등에 따라 계산한 금액을 말한다. 이 경우 퇴직급여지급규정 등이 없는 경우에는 「근로자퇴직급여 보장법」이 정하는 바에 따라 계산한 금액으로 한다.
이 경우에 확정기여형(DC형) 퇴직연금등이 설정된 자의 퇴직금 추계액 상당액은 제외한다. 이것은 퇴직연금에 가입하는 경우에는 회사는 퇴직금에 대한 지급의무는 퇴직연금사업자가 된다. 이에 대해 조세심판원에서도 "순자산가액 계산 시 부채는 지급의무를 기준으로 판단하는 것으로 확정기여형 퇴직연금에 가입한 경우 적립금에서 지급되어 법인에서는 퇴직급여를 지급할 의무가 없게 되므로 쟁점 퇴직급여추계액을 부채로 인정하기 어렵다."라고 결정(조심 2015중2804, 2016. 3.30.)한 바 있다.

4. 퇴직급여충당금 설정

확정급여형(DB형)은 회사에서는 「법인세법 시행령」 제60조에 따라 퇴직급여충당금 설정은 "퇴직급여의 지급대상이 되는 임원 또는 사용인(확정기여형 퇴직연금등이 설정된 자는 제외)에게 해당 사업연도에 지급한 총급여액의 100분의 5에 상당하는 금액으로 한다. 다만, 손금에 산입하는 퇴직급여충당금의 누적액은 해

당 사업연도 종료일 현재 재직하는 임원 또는 사용인의 전원이 퇴직할 경우에 퇴직급여로 지급되어야 할 금액의 추계액과 제44조의 2 제4항 제1호의 2 각 목의 금액을 더한 금액 중 큰 금액에 일정한 비율을 곱한 금액을 한도로 한다.

확정기여형 퇴직연금(DC형)의 경우에는 회사의 퇴직금 적립과 동시에 퇴직금 지급의무가 퇴직연금사업자에게 위임되고, 퇴직연금사업자는 근로자의 지시에 따라 적립금을 운용하다가 근로자 퇴직 시 퇴직금을 지급하면서 종료되므로 회사에는 부담할 책임이 발생하지 아니한다. 따라서 퇴직급여충당금 설정 대상이 되지 아니한다.

이러한 퇴직연금제도의 운용으로 순자산가액을 계산할 때 확정급여형 퇴직연금(DB형)은 퇴직금 추계액 상당액은 부채에 가산하되, 재무상태표상에 계상되어 있는 퇴직급여충당금, 단체퇴직보험충당금 등의 충당금은 부채에서 차감한다.

5. 퇴직급여충당금의 부채 차감 범위

기업회계기준에는 재무상태표상 퇴직급여 총추계액에서 퇴직보험예치금 및 국민연금전환금을 차감하는 형식으로 표시하는 경우의 충당금 처리방법(서사-785, 2004.6.3.)

예)	금액
퇴직급여충당금(총누계액)	10,000
퇴직보험예치금	−5,000
국민연금전환금	−1,000
	4,000

(해설)

재무상태표에 계상되어 있는 퇴직급여충당금(퇴직보험예치금과 국민연금전환금을 차감하기 전의 금액)은 부채에서 차감하는 것이며, 평가기준일 현재 재직하는 임원 또는 사용인 전원이 퇴직할 경우에 퇴직급여로 지급되어야 할 금액의 추계액은 부채에 가산한다. 상기 사례의 경우 부채에서 차감하는 퇴직급여충당금은 10,000원으로 하여야 하며, 순액인 4,000원으로 차감하는 것은 타당하지 않다.

(2) 외화환산대

「법인세법 시행령」 제76조에 의하여 외화자산·부채에 대하여 장부가액과 사업연도종료일 현재의 「외국환거래법」에 의한 기준환율 또는 재정환율에 의하여 평가한 금액과의 차액으로 계상한 외화환산대는 부채에서 제외한다. 그러나 현행 「법인세법」상 외화자산·부채의 장부가액과 사업연도종료일 현재 기준환율 또는 재정환율에 의하여 평가한 금액과의 차액은 당해 사업연도의 익금 또는 손금으로 산입하도록 하고 있어서 1999.5.7. 「상속세 및 증여세법 시행규칙」에서 삭제되었다.

(3) 이연법인세부채

(가) 개 념

법인의 과세소득에 대하여 세금을 계산할 때 손익계산서에는 회계상 이익을 기초로 하여 법인세비용을 인식하지만 납부할 법인세의 산정은 「법인세법」에 의하여 기업회계와의 차이에 대하여 세무조정하여 계산하게 된다. 이때 기업회계상의 이익과 「법인세법」에 의하여 과세소득간에 차이가 발생할 수 있다. 그 차이는 발생의 원인에 따라 일시적인 차이와 영구적인 차이로 구분될 수 있다. 그 중 일시적 차이로 인한 기업회계상의 법인세비용과 「법인세법」상 납부할 법인세와의 차이를 처리하는 자산·부채를 이연법인세라고 한다. 이 경우에 기업회계상 법인세비용에 비하여 「법인세법」에 의하여 납부할 세액이 적은 경우, 즉 기업회계상으로는 아직 비용으로 처리되지 않았지만 「법인세법」에서는 당해 사업연도 중 손금으로 산입되어 당해 연도의 법인세를 적게 납부한 부분이 발생한다. 이 차액은 당해 사업연도에는 법인세로 납부하지는 않지만 추후에 익금으로 산입되어 법인세를 납부하여야 한다. 이때 발생되는 차액을 이연법인세부채라 한다.

(나) 차감사유

이때 발생한 이연법인세부채는 일시적인 차이로 인하여 미래에 추가로 납부하여야 할 의무가 있으므로 기업회계기준에서 이를 부채로 계상하도록 규정하고 있다. 비상장주식 평가 시에는 기업회계기준에 따라 계상된 이연법인세부채는 평가기준일 현재 부채로 확정된 것이 아니므로 당해 법인의 부채액에서 차감하는 것이다.

(4) 보증채무

비상장주식과 관련하여 순자산가액을 계산함에 있어서 부채에는 보증채무를 포함하지 아니한다. 다만, 주채무자가 변제불능의 상태이고 주채무자에게 구상권을 행사할 수 없는 보증채무는 부채에 포함한다(재산 01254-2342, 1989.6.28.).

(5) 법인전환 시 이월과세 받은 양도소득세의 부채 가산 여부

법인전환 시 이월과세 받은 양도소득세의 부채가산 여부에 대해 국세청은 "「조세특례제한법」 제32조에 따른 이월과세액은 양수한 법인이 그 사업용고정자산을 양도하는 경우 법인세로 납부할 의무가 확정되므로, 평가기준일 현재 해당 이월과세액은 순자산가액 계산 시 부채에 가산하여 계산할 수 없다"라고 해석(기준법령재산－136, 2015.09.02.)하였고, 기획재정부 예규(기획재정부재산-498, 2018.06.14.)에서도 이월과세액은 「상속세 및 증여세법 시행령」 제55조 제1항, 제2항 및 「상속세 및 증여세법 시행규칙」 제17조의 2 제3호에 따라 순자산가액을 계산할 때 자산가액에서 차감하는 "부채"에 해당하지 아니하는 것으로 해석하고 있다.

한편, 조세심판원은 "이월과세액은 개인에게 발생한 양도소득 산출세액 상당액을 법인세로 납부하는 것인 점, 쟁점법인은 쟁점 이월과세액을 납부할 의무가 존재하는 점 등에 비추어 처분청이 쟁점주식의 순자산가치 평가 시 쟁점 이월과세액을 자산에서 차감되는 부채로 보지 아니하고 증여세를 과세한 처분은 잘못이 있다."라고 결정(조심 2014서2740, 2014.11.11. ; 조심 2015서4937, 2016.08.11.)한 바 있다.

이러한 인용 결정 이후에 조세심판원(조심 2017구3904, 2017.11.03.)에서는 발생여부가 불확실한 채무로 보아 자산에서 차감되는 채무로 보지 아니하는 것으로 결정하였고, 법원(서울행정법원 2019.10.17. 선고 2018구합88234 판결)에서도 법인의 순자산가액을 계산할 때, 구 「상속세 및 증여세법 시행규칙」(2019.3.20. 기획재정부령 제719호로 개정되기 전의 것) 제17조의 2 제3호에 따라 그 법인의 재산평가가액에서 공제하여야 할 부채 중 하나인 '평가기준일까지 발생된 소득에 대한 법인세액'은 상속개시일까지 그 법인의 재산평가액에 포함되는 소득에 대하여 이미 부과되었거나 부과될 것이 확정적인 법인세액을 의미한다(대법원 1998.11.27. 선고 96누16308 판결 등 참조)고 설시하고, 거주자로부터 사업용 고정자산을 양수한 법인은 그 자산을 재차 양도하는 경우에 비로소 거주자가 당초 납부하여야 했던 양도소득 산출세액 상당액을 법인세로 납부할 의무가 발생하는 것이므로, 그 자산을 양도하기 전까지 이월과세액은 위 '평가기준일까지 발생된 소득에 대한 법인세액'에 해당한다고 할 수 없고, 구 「조세특례제한법」 제32조 제5항은, 거주자로부터 사업용 고정자산을 양수하여 설립된 법인이 그 설립일부터 5년 이내에 승계받은 사업을 폐지하거나(제1호), 위 거주자가 법인전환으로 취득한 주식의 50% 이상을 처분하는 경우(제2호)에는 이월과세가 취소되어 법인이 아닌 위 거주자가 이월과세액을 법인세가 아니라 양도소득세로 납부하도록 규정하고 있기 때문인 것으로 양도소득세 상당액의 채무를 부인하는 이유를 제시하고 있다.

논점 – 평가기준일 이전의 처분이익 관련 법인세 등의 부채 가산

1. 개요

순자산가액을 계산할 때 「상속세 및 증여세법 시행규칙」 제17조의 2 [순자산가액의 계산방법] 제3호 가목에서 "평가기준일까지 발생된 소득에 대한 법인세액, 법인세액의 감면액 또는 과세표준에 부과되는 농어촌특별세액 및 지방소득세액"에 대해서는 부채에 가산하도록 하고 있다. 이러한 규정을 적용할 때 평가기준일 이전에 해당 법인이 보유한 자산을 처분함에 따라 발생하는 이익과 관련하여 납부할 법인세액등을 채무에 가산할 수 있는 규정이 없다고 하여 채무에 가산하지 않고 있어 납세자들을 당혹스럽게 하고 있다.

2. 사례

비상장법인인 강남산업(주)는 1985년에 취득한 토지와 건물(쟁점부동산)에서 부동산 임대업을 하다가 2023.09.30. 부동산개발회사에게 90억원에 매매하면서 잔금일은 2023.12.31.로 하고 매매계약을 체결하였다. 이 회사는 12월말 법인으로 2023년 사업연도 결산을 할 때는 쟁점부동산의 처분가액 90억원을 반영하고 2024.3.31. 관할 세무서에 법인세 과세표준 및 세액을 신고할 때는 유형자산처분이익 8,827백만원에 대해 이월결손금을 공제하고 과세표준 8,435백만원에 따른 법인세 등 1,831백만원을 납부하였다.
대표이사인 피상속인은 2023.10.31. 사망함에 따라 강남산업(주)의 주식을 평가할 때는 2023.12.31.의 재무제표를 기준으로 평가하되 쟁점부동산의 가액은 90억으로 평가하고, 쟁점부동산의 처분에 따른 법인세 등 1,831백만원을 채무에 가산하여 1주당 가액을 평가하였다.

3. 처분청 및 심판원의 결정

처분청에서는 상속세 조사를 할 때 상속개시일 당시 쟁점부동산에 대한 잔금이 지급되거나 소유권이 이전되지 아니하였으므로, 법인세 등은 강남산업(주)의 부채에 가산할 수 없는 결정을 하였고, 조세심판원은 근거법령이 존재하지 아니하는 점, 자산의 평가이익은 「법인세법」 제18조 제1호에 따라 익금불산입하는 것이 원칙인바, 익금에 산입되지 아니한 평가이익에 대하여 관련 법인세 등을 인정하여 부채로 보기는 어려운 점 등에 비추어 볼 때, 쟁점부동산의 처분이익에 대한 법인세 등을 부채에 가산하여 쟁점주식을 평가하여야 한다는 청구주장은 받아들이기 어려운 것으로 판단하였다.

4. 시사점

처분청이나 조세심판원은 비상장주식의 평가방법이 처분이익에서 발생하는 법인세 등을 부채에 가산할 수 없다는 것은 예시규정이 없기 때문이다. 그렇지만, 예시 규정이 없다고 해도 자산의 평가차액이나 처분이익에 대한 법인세 · 지방소득세 등을 채무로 공제해야 한다는 것은 의심할 여지가 없다. 예를 들어 보자, 50년 전에 10억원에 취득한 부동산을 110억원에 처분하면 처분이익은 100억원이 발생하고, 법인세율이 20%라면 법인세 등으로 22억원을 납부하게 되어 88억원이 남게 된다. 그럼에도 순자산가액을 계산할 때는 세금 22억원은 110억원으로 평가하는 것은 명백한 오류이다.

이러한 평가는 순손익액을 법인세비용차감전순이익에서 법인세비용을 뺀 당기순이익을 기준으로 평가하는 것이 아니라, 법인세비용이 포함된 법인세비용차감전순이익을 기준으로 산정하는 것과 다를 바 없다.

비상장주식을 평가할 때 우리나라의 평가방식과 유사한 일본에서는 「재산평가기본통달」 제185 및 제186-2에서 순자산가액은 자산에서 부채와 평가차액에 대한 법인세 상당액을 빼도록 규정하고 있다. 이러한 점을 고려하면 「상속세 및 증여세법 시행규칙」 제17조의 2 [순자산가액의 계산방법]에서 자산의 평가차액이나 처분이익에 따른 법인세비용을 부채에 가산하도록 개정하는 것이 타당하다.

논점 – 순자산가액 계산시 현물출자에 따른 이월과세 양도소득세 부채 가산 논란

1. 개요

거주자가 사업용고정자산을 현물출자하거나 사업 양도 · 양수의 방법에 따라 법인으로 전환하는 경우 그 사업용 고정자산에 대한 양도소득세는 이월과세를 받을 수 있고, 이월과세되는 양도소득세는 해당 법인이 사업용고정자산을 처분할 때 법인세로 납부하게 된다. 사업용고정자산과 관련하여 이월과세 받은 양도소득세에 대해 해당 법인의 주식가치 평가를 할 때 자산에서 차감하는 부채에 해당하는지에 대해 논란이 있었다. 이에 대한 기획재정부의 해석, 조세심판원의 결정, 법원의 판례등에 대해 분석하여 채무공제의 기준을 정리하고자 한다.

2. 관련 법령

「조세특례제한법」 제32조 [법인전환에 대한 양도소득세의 이월과세] 제1항에서는 거주자가 사업용고정자산을 현물출자하거나 사업 양도·양수의 방법에 따라 법인으로 전환하는 경우 그 사업용고정자산에 대해서는 이월과세를 적용받을 수 있다. 「조세특례제한법」 제2조 제1항 제6호에서 "이월과세(移越課稅)"란 개인이 해당 사업에 사용되는 사업용고정자산 등을 현물출자(現物出資) 등을 통하여 법인에 양도하는 경우, 이를 양도하는 개인에 대해서는 「소득세법」 제94조에 따른 양도소득에 대한 소득세를 과세하지 아니하고, 그 대신 이를 양수한 법인이 그 사업용고정자산 등을 양도하는 경우 개인이 종전사업용고정자산등을 그 법인에 양도한 날이 속하는 과세기간에 다른 양도자산이 없다고 보아 계산한 같은 법 제104조에 따른 양도소득 산출세액 상당액을 법인세로 납부하는 것을 말한다.

3. 현물출자에 따른 이월과세액의 적용요건

사업용 고정자산을 현물출자를 하면 그 거래는 자산의 양도에 해당되어 양도소득세 납세의무가 발생한다. 개인사업을 영위하던 거주자가 사업용 고정자산을 현물출자하여 법인으로 전환하는 경우에는 사업의 운영 형태만 바꾸는 것에 불과하고, 재산이전에 대하여 양도소득세를 부과할 만한 필요성이 적다고 할 수 있을 뿐만 아니라, 개인사업의 법인전환을 적극적으로 장려하고자 「조세특례제한법」 제32조에서는 거주자가 양도소득세 과세대상 자산 중 사업용자산을 현물출자하는 경우에는 이월과세방식으로 지원하고 있다.
이 경우에 "이월과세"란 개인이 해당 사업에 사용되는 사업용고정자산 등을 현물출자 등을 통하여 법인에 양도하는 경우 이를 양도하는 개인에 대해서는 「소득세법」 제94조에 따른 양도소득에 대한 소득세를 과세하지 아니하고, 양수한 법인이 그 사업용고정자산 등을 양도하는 경우 개인이 종전사업용고정자산 등을 그 법인에 양도한 날이 속하는 과세기간에 다른 양도자산이 없다고 보아 계산한 양도소득산출세액 상당액을 법인세로 납부한다.
양도소득세 이월과세를 적용받고자 하는 자는 현물출자 또는 사업양수도를 한 날이 속하는 과세연도의 과세표준신고를 할 때 새로이 설립되는 법인과 함께 이월과세적용신청서를 납세지 관할세무서에 제출하여야 하고, 법인에 현물출자를 할 때 새로 설립되는 법인의 자본금은 사업용고정자산을 현물출자할 때 법인으로 전환하는 사업장의 순자산가액 이상일 것을 요건으로 하고 있다. 이월과세를 적용받기 위해서는 현물출자를 통해 새로 설립된 법인의 설립등기일부터 5년 이내에 승계받은 사업을 폐지하거나 법인전환으로 취득한 주식 또는 출자지분의 50% 이상을 처분하지 않을 의무가 있고, 이러한 의무를 이행하지 않는 경우 해당 거주자는 그 사유발생일이 속하는 달의 말일부터 2개월 이내에 이월과세 받은 양도소득세를 납부하여야 하며, 양도소득분 개인지방소득세도 같은 방식으로 이월과세가 적용된다.

이러한 입법 취지에 따라 개인사업자가 사업용고정자산을 현물출자하고 추후 비상장법인의 주식 평가를 위한 순가산가액을 계산할 때 자산가액에서 차감하는 부채에 양도소득세가 포함되느냐 여부에 대해 많은 논란이 있었다. 과세당국에서는 「상속세 및 증여세법 시행령」 제55조에 따른 비상장주식의 순자산가액을 계산할 때에 부채에 가산하는 법인세액등은 평가기준일 현재 「법인세법」 등에 따라 실제 납부하여야 할 것으로 확정된 법인세액등을 말하는 것으로서, 「조세특례제한법」 제32조에 따른 이월과세액은 양수한 법인이 그 사업용고정자산을 양도하는 경우 법인세로 납부할 의무가 확정되므로, 평가기준일 현재 해당 이월과세액은 순자산가액 계산시 부채에 가산하여 계산할 수 없다(기준법령해석재산2015-136, 2015.09.02. ; 재산세과-397, 2011.08.26. 등)고 해석하였다.

이러한 해석에도 조세심판원에서는 쟁점주식의 발행법인에게는 「조세특례제한법」의 규정에 따라 확정된 금액으로 측정 가능한 양도소득세 이월과세액을 납부하여야 하는 의무가 존재하므로 그 금액을 부채로 인식하여 「상속세 및 증여세법」상 보충적 평가방법에 따라 평가시 자산가액에서 차감하는 것이 타당하다고 결정(조심2016서3637, 2017.04.28. ; 조심 2015서4937, 2016.08.11. ; 조심2014서2740, 2014.11.11.)하였다. 그러던 것이 양도소득세 이월과세 제도는 사업용 고정자산을 법인으로 전환 후의 법인사업체에서 사업 등으로 사용할 것을 전제로 하는 제도인바, 해당 사업용 고정자산의 양도에 따른 납세의무는 미확정채무이므로 회계상 부채로 인식하기 어려운 것으로 보이는 점, 감사보고서에 쟁점이월과세액의 발생여부가 불확실하여 부채로 계상하지 아니한 것으로 되어 있는 점 등에 비추어 볼 때, 청구주장을 받아들이기 어려운 것으로 판단하였다(조심2017서4460, 2017.11.21.).

이러한 결정 이후에 조세심판원에서는 비상장주식을 평가할 때 양도소득세를 순자산가액 계산시 자산에서 차감하는 채무에 가산하지 않는 것으로 결정하다가 평가기준일 현재 사후관리기간(5년)이 경과하여 세금의 납부의무자가 법인으로 확정된 경우 부채 가산항목에 해당하는 것으로 결정(조심2019서4569, 2020.05.20.)하였고, 기획재정부(재산-125, 2021.02.04.)에서도 조세심판원의 결정과 같은 취지로 해석을 변경하게 되었다.

이러한 해석 변경 이후에 사후관리기간(5년) 이내 증여한 재산과 관련한 경정청구 사건에서 대법원(대법2021두37090, 2021.07.15.)은 "거주자가 사업용 고정자산을 법인에 현물출자하는 행위가 완료되었다고 하더라도, 해당 법인이 해당 자산을 양도하지 않고 그대로 보유하고 있는 상태에서는 '이월과세액 상당의 법인세액'은 「상속세 및 증여세법 시행규칙」 제17조의 2 제3호가 규정하고 있는 '평가기준일까지 발생된 소득에 대한 법인세액'에 해당한다고 볼 수 없다."라고 판시하였다.

4. 마무리

비상장주식에 대한 보충적평가방법에서는 주식가치의 평가에 참작하고 있는 요소로 당해 법인의 자산과 수익을 예시하고 있고, 그 중에서 수익가치를 계산할 때 예시되지 않는 퇴직급여충당금의 과소계상액에 대해 대법원(대법원 2011.7.14. 선고 2008두4275 판결)에서는 각 사업연도 소득에서 차감하는 것으로 판결하였다. 유사한 다른 사례에서도 비상장주식에 대한 보충적평가방법은 예시규정으로 운영되고 있고, 예시적인 내용이 불합리하다는 것이 나타나면 보완하는 개정을 하여 왔다.

퇴직급여추계액의 부채 가산도 해당 법인의 사용인이 퇴직하지 아니한 상태로서는 현실적으로 채무가 발생하지 아니하였으므로 한 때는 퇴직급여추계액의 50%만 채무에 가산한 적이 있었다. 이에 대해 대법원(대법원 1996.2.15. 선고 94누1624 판결)에서는 현실적으로 퇴직을 하지 않았지만 평가기준일 현재 당해 법인의 사용인 전원이 퇴직할 경우에 지급하여야 할 퇴직급여추계액 전액이 공제대상이 된다고 판결하였고, 이러한 판결에 따라 퇴직급여추계액의 전액을 채무로 공제하는 것으로 개정되기도 하였다.

이월과세(移越課稅)되는 양도소득세도 현물출자(現物出資) 등을 통하여 법인에 양도하는 경우 개인에 대해서는 양도소득에 대한 소득세(양도소득세)를 과세하지 아니하고, 이를 양수한 법인이 그 사업용고정자산 등을 양도한 날이 속하는 과세기간에 법인세로 납부하므로 납부시기가 결정되지 아니한 채무에 해당한다. 이러한 채무에 대해 "해당 법인이 해당 자산을 양도하지 않고 그대로 보유하고 있는 상태에서는 '이월과세액 상당의 법인세액'은 '평가기준일까지 발생된 소득에 대한 법인세액'에 해당한다고 볼 수 없다."라고 판시(대법2021두37090, 2021.07.15.)하고 있어 새로운 분쟁이 예상된다.

한편, 일본에서는 재산평가기본통달에서 순자산가액을 계산할 때 평가차액에 대한 법인세 상당액은 추후에 처분 등을 할 때 법인세를 납부해야 하므로 자산가액에서 차감하는 것으로 규정하고 있다. 반면에, 우리 세법에서는 예시하는 규정이 없다고 하여 실무에서는 채무에 포함하지 않는 것으로 해석하고 있다. 이러한 평가방식은 비상장주식의 가치를 왜곡하게 되므로 이러한 예시 규정은 보완되어야 한다.

4.4 투자유가증권에 대한 평가

4.4.1 상장 및 코스닥상장법인의 주식

비상장법인이 한국거래소에서 거래되는 주권상장법인이나 코스닥상장법인의 주식 및 출자지분을 보유하고 있는 경우에는 투자지분에 관계없이 「상속세 및 증여세법」 제63조 제1항 제1호 가목에서 정하는 방법에 의하여 평가한다. 이 방법은 원칙적으로 평가기준일 이전·이후 각 2개월간에 공표된 매일의 최종시세가액(거래실적 유무 불문)의 평균액으로 평가하고, 예외적으로 평가기준일 이전·이후 각 2개월의 기간 중에 증자·합병 등의 사유가 발생되어 당해 평균액으로 평가하는 것이 부적당한 경우에는 평가기준일 이전·이후 2개월의 기간 중에 증자 등의 사유가 발생한 경우에는 동 사유가 발생한 날의 다음날부터 평가기준일 이후 2개월이 되는 날까지의 평균액 또는 평가기준일 이전 2개월이 되는 날부터 증자 등의 사유가 발생한 날의 전일까지의 가액을 평균하여 계산한다(상증령 §52의 2).

이와 같이 「상속세 및 증여세법」에서는 평가기준일 이전·이후 각 2개월간에 공표된 매일의 최종시세가액의 평균액으로 평가하지만 「법인세법」에서 부당행위계산부인을 적용할 때에는 주권상장법인이 발행한 주식을 한국거래소에서 거래한 경우 해당 주식의 시가는 그 거래일의 한국거래소 최종시세가액을 적용하도록 하고 있다(법령 §89 ①). 또한 「상속세 및 증여세법」 제38조에 따라 합병으로 인한 이익을 계산할 때도 합병(분할합병을 포함한다)으로 소멸하거나 흡수되는 법인 또는 신설되거나 존속하는 법인이 보유한 상장주식의 시가는 평가기준일 현재의 거래소 최종 시세가액으로 한다(상증법 §63 ① 1 가목 단서).

4.4.2 비상장법인의 주식

① 투자지분이 10% 이하인 경우

평가대상 비상장법인이 다른 비상장법인에 투자를 했을 때 발행주식총수 등(자기주식과 자기출자지분은 제외한다)의 100분의 10 이하의 주식 또는 출자지분을 소유하고 있는 경우에는 그 다른 비상장법인의 주식평가는 「법인세법 시행령」 제74조 제1항 제1호 마목(이동평균법)의 규정에 의한 취득가액에 의할 수 있다(상증령 §54 ③). 즉, 평가대상법인이 다른 비상장법인이 발행한 주식의 10% 이하를 소유하고 있는 경우에는 보충적 평가액을 적용하거나 「법인세법 시행령」상 이동평균법에 의한 취득가액 중에서 선택할 수 있다(서면4팀-3190, 2007.11.06.). 다만, 「상속세 및 증여세법」 제60조 제1항(사례가액)에 따른 시가가 있으면 시가를 우선하여 적용한다. 이 경우에도 투자주식이 그 투자회사의 최대주주에 해당되면 할증평가를 하여야 한다.

② 투자지분이 10% 초과인 경우

평가대상법인이 다른 비상장법인의 주식 중 발행주식총수 중 10%를 초과하여 보유하고 있는 경우에는 그 비상장법인의 1주당 주식가액을 평가하여 투자유가증권의 장부가액에 평가차액을 가감하여 적용한다.

4.4.3 상호출자법인에 해당되는 경우(상속재산평가준칙 §60)

비상장주식을 발행한 법인이 다른 비상장주식을 발행한 법인의 발행주식총수 등의 100분의 10 이하를 소유하고 있는 경우에는 그 다른 비상장주식의 평가는 취득가액에 의할 수 있다. 한편, 다른 비상장주식을 발행한 법인의 주식을 10%를 초과하여 소유한 경우에는 그 법인의 주식가액을 평가하여 계산하여야 한다. 그런데 2개의 법인 또는 그 이상의 법인간에 상호출자를 하여 1주당 평가액이 서로 관련성이 있는 경우에는 단순하게 계산할 수 없다. 이에 대하여 「상속재산평가준칙」 제60조에서는 다원1차 연립방정식으로 평가하는 것으로 규정하고 있다. 이 계산방식에 대하여 2003.12.30. 개정된 비상장주식에 대한 보충적 평가방법에 따라 「상속재산평가준칙」 제60조를 준용하여 계산산식을 재구성하면 다음과 같다.

이 산식은 상호출자법인에 해당되는 법인 모두 부동산과다보유법인에 해당되지 아니하는 것으로 보고 현행 「상속세 및 증여세법」에 의한 비상장주식에 대한 보충적 평가방법을 적용하여 공식을 수정한 것이다.

$$1주당\ 평가액 = \frac{2\alpha + 3pl}{5} = \left[2\frac{(p + b\cdot\frac{2\beta + 3pl'}{5} + c\cdot\frac{2\gamma + 3pl''}{5} - d}{n} + 3pl \right] \div 5$$

여기에서

① p·p′·p″ : A·B·C 각 법인이 소유하고 있는 주식가액을 제외한 A·B·C 법인의 자산총계(p는 A법인이 소유하고 있는 B·C법인의 발행주식가액을 제외한 자산의 총액)
② a·b·c : A·B·C 각 법인이 발행한 주식 중 각 법인이 소유하고 있는 주식수
③ dt·dt′·dt″ : A·B·C 각 법인의 부채
④ n·n′·n″ : 평가기준일 현재 ABC 각 법인의 발행주식총수
⑤ α, β, γ : A·B·C 각 법인의 1주당 순자산가액
⑥ pl·pl′·pl″ : A·B·C 각 법인의 1주당 순손익가치

4.4.4 외국법인에 출자하고 있는 경우

외국법인이 발행한 비상장주식에 대하여 출자하고 있는 경우의 그 투자유가증권에 대한 평가는 당해 재산의 소재지국에 관계없이 「상속세 및 증여세법」 제60조부터 제66조까지의 규정에 의하여 평가한다. 이때 외국법인이 발행한 비상장주식에 대한 순자산가액은 내국법인과 같이 평가한다. 다만, 외국법인의 순자산가액을 「상속세 및 증여세법」 제60조부터 제66조까지의 규정에 의하여 평가하는 것이 부적당한 경우에는 「상속세 및 증여세법 시행령」 제58조의 3의 규정에 의하여 당해 재산이 소재하는 국가에서 양도소득세·상속세 또는 증여세 등의 부과목적으로 평가한 가액을 평가액으로 한다(서일 46014-11604, 2003.11.12.).

사례 상호출자주식이 있는 경우

1. 개요

평가대상 비상장법인이 다른 비상장법인의 주식을 보유하고, 다른 비상장법인이 평가대상법인의 주식을 보유하고 있는 상호출자법인에 해당하는 경우에는 상호출자법인의 주가가 서로 연계되어 있으므로 방정식으로 계산하게 된다. 이러한 상호출자주식을 평가할 때 방정식을 통해 수익가치와 자산가치를 가중평균하여 계산하고, 그 결과 「상속세 및 증여세법 시행령」 제54조 제1항 단서 규정에 따라 1주당 자산가치의 100분의 80과 비교하여 낮으면 1주당 자산가치의 100분의 80으로 평가한다. 이러한 상호출자주식 계산사례는 다음과 같다.

2. 사례

가. 법인 현황

(1) 갑법인 현황

발행주식총수 : 80,000주(@1,000원)

최근 3년간 순손익액의 가중평균액 : 1,544원

을법인 투자주식수 : 30,000주

[갑법인 재무상태표]

단위 : 원

자산	금액	부채와 자본	금액
제자산	2,494,890,000	제부채	307,526,000
을법인 투자주식	219,000,000	자본금	80,000,000
		잉여금	2,326,364,000
합계	2,713,890,000	합계	2,713,890,000

(2) 을법인 현황

발행주식총수 : 70,000주(@1,000원)

1주당 순손액의 가중평균액 : 1,222원

일시보유목적 자기주식 : 10,000주

갑법인 투자주식수 : 25,000주

[을법인 재무상태표]

단위 : 원

자산	금액	부채와 자본	금액
제자산	1,621,780,000	제부채	158,203,000
갑법인 투자주식	302,000,000	자본금	70,000,000
		잉여금	1,545,577,000
		자기주식	(150,000,000)
합계	1,923,780,000	합계	1,923,780,000

나. 상호출자주식에 대한 방정식 계산

(1) 가중평균액의 계산

① 갑법인 주식평가 : 23,226원

$$1주당\ 평가액(갑)=\left\{\frac{2,187,364,000원^{*}+[30,000주^{**}\times(을)]}{80,000}\times2+\frac{1,544}{0.10}\times3\right\}\times\frac{1}{5}$$

$= 23,226원$

* 을법인 주식 이외의 순자산가액(2,494,890,000-307,526,000)

** 을법인 투자주식수

② 을법인 주식평가 : 20,166원

$$1주당\ 평가액(을)=\left\{\frac{1,463,577,000원^{*}+[25,000주^{**}\times(갑)]+10,000주^{***}\times(을)]}{70,000}\times2+\frac{1,222}{0.10}\times3\right\}\times\frac{1}{5}$$

= 20,166원

* 갑법인 주식 및 자기주식 이외의 순자산가액(1,621,780,000-158,203,000)
** 갑법인 투자주식수
*** 자기주식수

(2) 가중평균액과 1주당 자산가치의 100분의 80과 비교

[갑법인 주식의 평가]

단위 : 원

구분		금액	비고
자산	① 자산가액(ⓒ+ⓓ)	3,099,870,000	
	ⓐ 장부가액	2,713,890,000	
	ⓑ 을법인 투자주식	219,000,000	
	ⓒ 을법인 투자주식 제외금액(ⓐ-ⓑ)	2,494,890,000	
	ⓓ 을법인 투자주식금액(㉠×㉡)	604,980,000	
	㉠ 을법인 투자주식수	30,000	
	㉡ 1주당 가액	20,166*	가중평균액
부채	② 부채금액	307,526,000	
평가	③ 순자산가액(①-②)	2,792,344,000	
	④ 발행주식총수	80,000	
	⑤ 1주당 순자산가치(③÷④)	34,904	
	⑥ 1주당 순손익가치	15,440	
	⑦ 1주당 평가액 Max(ⓐ,ⓑ)	27,923	
	ⓐ [{(⑤×2 + ⑥×3)}÷5]	23,226	
	ⓑ 1주당 순자산가치(⑤)의 80%	27,923	

* 상호출자법인 주식에 대한 방정식 계산 결과에 따른 을법인 주식에 대한 가중평균액

[을법인 주식평가]

단위 : 원

구분		금액	비고
자산	① 자산가액(ⓒ+ⓓ+ⓔ)	2,404,090,000	
	ⓐ 장부가액	1,923,780,000	
	ⓑ 갑법인 주식	219,000,000	
	ⓒ 갑법인 주식 제외금액(ⓐ-ⓑ)	1,621,780,000	
	ⓓ 갑법인 주식 평가액(㉠×㉡)	580,650,000	
	㉠ 갑법인 투자주식수	25,000	
	㉡ 1주당 가액	23,226*	가중평균액
	ⓔ 자기주식가액(㉠×㉡)	201,660,000	
	㉠ 자기주식수	10,000	
	㉡ 1주당 가액	20,166**	가중평균액
부채	② 부채금액	158,203,000	
평가	③ 순자산가액(①-②)	2,245,887,000	
	④ 발행주식총수	70,000	
	⑤ 1주당 순자산가치(③÷④)	32,084	
	⑥ 1주당 순손익가치	12,220	
	⑦ 1주당 평가액 Max(ⓐ,ⓑ)	25,667	
	ⓐ [{(⑤×2 + ⑥×3)}÷5]	20,166	
	ⓑ 1주당 순자산가치(⑤)의 80%	25,667	

* 상호출자법인 주식에 대한 방정식 계산 결과에 따른 갑법인 주식에 대한 가중평균액
** 상호출자법인 주식에 대한 방정식 계산 결과에 따른 을법인 주식에 대한 가중평균액

(3) 비교평가액의 적용

◎ 갑법인 주식 평가액[Max(①, ②)] : 27,923원

① 가중평균액 : 23,226원

② 1주당 순자산가치(34,904원)의 80% : 27,923원

◎ 을법인 주식 평가액[Max(①, ②)] : 25,667원

① 가중평균액 : 20,166원

② 1주당 순자산가치(32,084원)의 80% : 25,667원

(4) 자산가치 100분의 80 적용에 대한 이견

상호출자법인의 주식은 서로 주가가 연계되어 있으므로 방정식을 통해 계산할 수밖에 없다. 방정식에 따라 계산한 결과도 자산가치와 수익가치의 가중평균액과 1주당 자산가치의 100분의 80과 비교하여 큰 금액으로 평가하는 규정으로 자기주식이나 상호출자법인 주식을 보유하고 있는 경우에는 그 평

가액을 반영하여 추가로 재계산해야 한다는 이견이 있다. 방정식으로 1차 계산한 가중평균액과 자산가치의 100분의 80과 비교하여 자산가치의 100분의 80으로 평가되면, 이 결과를 다시 보유하고 있는 자기주식 또는 다른 비상장법인 주식에 반영하여 새로운 가중평균액을 계산한 다음, 「상속세 및 증여세법 시행령」 제54조 제1항 단서 규정에 따라 1주당 순자산가치의 100분의 80과 비교하여 평가해야 한다고 해석하는 것이다. 이에 대해 사례를 통해 정리하면 다음과 같다.

다. 방정식 결과를 반영하여 재계산한 사례

(1) 개요

상호출자주식을 평가할 때 방정식을 통해 평가액을 산정하므로 상기 "나. 상호출자주식에 대한 방정식 계산"에 따라 계산된 가중평균액과 자산가치의 100분의 80을 비교하여 1차 평가액을 산정하고, 그 결과를 다시 반영하여 가중평균액을 산정하고 이를 자산가치의 100분의 80과 비교하여 평가하면 다음과 같은 결과로 나타난다.

(2) 재계산 결과

[갑법인 주식의 평가]

단위 : 원

구분		금액	비고
자산	① 자산가액(ⓒ+ⓓ)	3,264,900,000	
	ⓐ 장부가액	2,713,890,000	
	ⓑ 을법인 투자주식	219,000,000	
	ⓒ 을법인 투자주식 제외금액(ⓐ-ⓑ)	2,494,890,000	
	ⓓ 을법인 투자주식금액(㉠×㉡)	770,010,000	
	㉠ 을법인 투자주식수	30,000	
	㉡ 1주당 가액	25,667*	순자산가치의 80%
부채	② 부채금액	307,526,000	
평가	③ 순자산가액(①-②)	2,957,374,000	
	④ 발행주식총수	80,000	
	⑤ 1주당 순자산가치(③÷④)	36,967	
	⑥ 1주당 순손익가치	15,440	
	⑦ 1주당 평가액 Max(ⓐ,ⓑ)	29,573	
	ⓐ [{(⑤×2 + ⑥×3)}÷5]	24,050	
	ⓑ 1주당 순자산가치(⑤)의 80%	29,573	

* 상기 "나. 상호출자주식에 대한 방정식 계산"에서 계산한 을법인 주식에 대한 가중평균액과 을법인 주식의 1주당 순자산가치에 대한 100분의 80을 비교하여 큰 금액에 해당하는 금액

[을법인 주식평가]

단위 : 원

구분		금액	비고
자산	① 자산가액(ⓒ+ⓓ+ⓔ)	2,576,525,000	
	ⓐ 장부가액	1,923,780,000	
	ⓑ 갑법인 주식	219,000,000	
	ⓒ 갑법인 주식 제외금액(ⓐ-ⓑ)	1,621,780,000	
	ⓓ 갑법인 주식 평가액(㉠×㉡)	698,075,000	
	㉠ 갑법인 투자주식수	25,000	
	㉡ 1주당 가액	27,923*	순자산가치의 80%
	ⓔ 자기주식가액(㉠×㉡)	256,670,000	
	㉠ 자기주식수	10,000	
	㉡ 1주당 가액	25,667**	순자산가치의 80%
부채	② 부채금액	158,203,000	
평가	③ 순자산가액(①-②)	2,418,322,000	
	④ 발행주식총수	70,000	
	⑤ 1주당 순자산가치(③÷④)	34,547	
	⑥ 1주당 순손익가치	12,220	
	⑦ 1주당 평가액 Max(ⓐ,ⓑ)	27,637	
	ⓐ [{(⑤×2 + ⑥×3)}÷5]	21,150	
	ⓑ 1주당 순자산가치(⑤)의 80%	27,637	

* 상기 "나. 상호출자법인 주식에 대한 방정식 계산"에서 계산한 갑법인 주식에 대한 가중평균액과 갑법인 주식의 1주당 순자산가치에 대한 100분의 80을 비교하여 큰 금액에 해당하는 금액

** 상기 "나. 상호출자법인 주식에 대한 방정식 계산"에서 계산한 을법인 주식에 대한 가중평균액과 을법인 주식의 1주당 순자산가치에 대한 100분의 80을 비교하여 큰 금액에 해당하는 금액

(3) 방정식에 따른 평가액과 재계산한 평가액의 비교

구 분	방정식으로 계산한 결과	방정식 결과 반영 재계산 결과
갑법인 주식	평가액[Max(①, ②)] : 27,923원 ① 가중평균액 : 23,226원 ② 자산가치의 80% : 27,923원	평가액[Max(①, ②)] : 29,573원 ① 가중평균액 : 24,050원 ② 자산가치의 80% : 29,573원
을법인 주식	평가액[Max(①, ②)] : 25,780원 ① 가중평균액 : 20,166원 ② 자산가치의 80% : 25,780원	평가액[Max(①, ②)] : 27,637원 ① 가중평균액 : 21,150원 ② 자산가치의 80% : 27,637원

(4) 결과 분석

위의 사례에서 방정식에 의하여 1차로 계산한 결과, 갑법인 주식과 을법인 주식은 모두 가중평균액이 자산가치의 100분의 80보다 낮아 100분의 80으로 평가되어 갑법인 주식가액은 27,923원으로 평가되고, 을법인 주식은 25,780원으로 계산되었다. 이것을 다시 갑법인 주식을 평가할 때 을법인 주식가액을 자산가치의 100분의 80에 상당하는 25,780원으로 반영하여 새로 계산한 결과 27,923원에서 29,573원으로 평가되었다. 을법인 주식을 평가할 때에도 자산가치의 100분의 80에 상당하는 27,923원으로 평가한 결과를 다시 반영하고, 자기주식도 자산가치의 100분의 80에 상당하는 25,780원으로 반영하여 계산한 결과 25,780원에서 27,637원으로 평가되었다. 이와 같이 방정식에 의하여 계산된 결과를 다시 반영하여 평가하면 그것은 순환 방식이 되어 공정한 가치 평가를 왜곡하게 된다.

라. 소결론

비상장주식에 대한 보충적평가방법은 「상속세 및 증여세법 시행령」 제54조 제1항에 따라 수익가치와 자산가치를 가중평균한 가액으로 평가하는 것을 원칙으로 하고 있고, 자산가치의 100분의 80과 비교하여 가중평균액이 낮은 경우에는 자산가치의 100분의 80으로 평가하도록 2017.02.07.(대통령령 제27835호) 개정한 것이 해당 조항 단서 규정의 취지이다. 방정식에 의하여 가중평균하여 계산한 가액이 자산가치의 100분의 80보다 낮다고 하여 그 결과를 새로 대입하여 재계산하는 것은 순환방식이 되어 무한하게 재평가해야 한다고도 할 수가 있다. 이러한 계산방식은 「상속세 및 증여세법 시행령」 제54조 제1항 단서 규정의 입법 취지를 왜곡하는 것이다.

3. 마무리

세법에 따라 시가를 평가할 때 사례가액이 확인되지 아니하면 세법에서 정하는 방식에 따라 평가하게 된다. 세법에서 정하는 평가방법은 「상속세 및 증여세법 시행령」 제54조 제1항에 따라 자산가치와 수익가치를 가중평균하여 평가하도록 하고 있고, 같은 항 단서 규정에 따라 수익가치가 자산가치보다 낮은 경우에는 자산가치의 100분의 80을 한도로 하고 있다. 이러한 한도 규정에 따라 자기주식이나 상호출자주식을 보유하는 경우에 대해 방정식으로 계산한 결과가 자산가치의 100분의 80보다 낮아 자산가치의 100분의 80으로 평가되었다고 하여 그 결과를 새로 대입하여 가중평균액을 산정하여 그 결과를 자산가치의 80%와 비교하는 것은 바람직하지 않다. 자기주식을 보유한 경우에는 평가시점이 상이한 경우에는 취득가액과 달라지게 되므로 방정식에 의하여 계산하게 되며, 또한 상호출자주식을 보유하고 있는 경우에도 해당 법인의 주가와 해당 법인이 보유하고 있는 다른 법인의 주식가액은 서로 연계되어 있어 이를 방정식으로 계산하여야 한다.

이때 계산된 결과는 「상속세 및 증여세법 시행령」 제54조 제1항에서 따른 가중평균액이 되며, 그 결과가 자산가치의 100분의 80보다 낮아 자산가치의 100분의 80으로 적용하는 것은 같은 조항 단서 규정의 입법목적이다. 이러한 방식에 따라 가중평균액이 자산가치의 100분의 80보다 낮아 자산가치의 100분의 80으로 평가해야 한다고 하여 이를 반영하여 새로운 가액으로 평가하는 것은 순환방식으로 끝없이 재계산하여야 할 것이므로 평가원리에도 타당하지 않다.
이러한 취지는 그동안 순환출자에 의하여 1차출자법인이 2차출자법인의 최대주주에 해당되는 경우에는 1차출자법인에 대해서는 할증평가를 하고, 2차출자법인에 대해서는 할증평가를 하지 않았다. 그랬던 것이 거듭된 할증평가는 과대평가될 우려가 있으므로 이를 방지하기 위하여 2021.2.17. 「상속세 및 증여세법 시행령」 제53조 제7항 제4호의 개정을 통하여 평가대상법인이 다른 법인의 최대주주등에 해당하는 경우에는 그 법인의 주식은 할증평가를 하지 않도록 한 취지에 미루어도 알 수가 있다.

논점 – 비상장법인이 보유한 상장주식에 대한 평가방법

1. 현 황

비상장법인이 발행한 주식을 보충적 평가방법에 의하여 평가할 때 1주당 순손익가치와 1주당 순자산가치를 각각 3과 2의 비율로 가중 평균한 가액으로 평가한다. 이 경우에 1주당 순자산가치는 각 자산별로 「상속세 및 증여세법」 제60조부터 제66조까지의 규정에 의하여 평가한 가액을 적용한다. 「상속세 및 증여세법 시행령」 제54조 제3항에서는 평가대상 비상장법인이 다른 비상장주식을 발행한 법인의 발행주식총수 등의 100분의 10 이하의 주식 등을 소유하고 있는 경우에는 다른 비상장주식의 평가는 시가가 있으면 시가를 우선하여 적용하고, 시가가 없으면 「법인세법 시행령」 제74조 제1항 제1호 마목의 규정에 의한 취득가액에 의할 수 있다. 이에 따라 평가대상법인이 다른 비상장주식을 발행한 법인의 발행주식총수 등의 100분의 10 이상을 소유하고 있으면 반드시 비상장주식에 대한 보충적 평가방법에 의하여 평가하여야 한다.
한편 평가대상 비상장법인이 다른 상장법인이 발행한 주식을 소유하고 있을 때에는 발행주식총수 등의 일정비율에 관계없이 한국거래소에서 거래되는 시가에 의하여 평가하여야 한다. 이 경우에 상장주식에 대한 시가를 적용할 때에는 「법인세법」에서는 「법인세법 시행령」 제89조 제1항에 따라 그 거래일의 한국거래소 최종시세가액을 시가로 적용하고, 「상속세 및 증여세법」에서는 법 제60조 제1항에 따라 평가기준일 이전·이후 각 2개월 동안 공표된 매일의 한국거래소 최종시세가액의 평균액을 시가로 본다.
이에 따라 「법인세법」과 관련되는 부서에서는 한결같이 비상장주식의 1주당 가액을 「상속세 및 증여세법」 제63조에 의해 평가하는 경우로 순자산가액 계산 시 다른 상장법인 주식을 보유하고 있는 경우 상장주식의 평가는 평가기준일 현재 거래소 최종시세가액을 적용(재경부 법인 46012-110, 2001.06.05. ; 서이 46012-11954, 2002.10.28. ; 서면2팀-1248, 2004.06.17. ; 서면2팀-2732, 2004.12.24.)하고 있다. 반면에 상속세와 증여세를 담당하는 부서에서는 평가대상 법인이 보유하는 한국거래소에 상장된 주식의 가액은 평가기준일 이전·이후 각 2월간에 공표된 매일의 한국거래소의 최종시세가액 평균액에 의하는 것으로 해석하고 있다(서면4팀-894, 2004.06.18. ; 재산세과-1577, 2009.07.30. ; 재산세과-1144, 2009.12.29.).

2. 해석의 상충에 대한 원인과 문제점

자산에 대한 평가는 유상거래를 대상으로 하는 「법인세법」과 무상거래를 대상으로 하는 「상속세 및 증여세법」에서 다르게 규정할 수 있다. 이와 같은 세법의 적용으로 유상거래를 대상으로 부당행위계산을 할 때 담당부서에 따라서 다르게 해석하는 것은 납세자와 과세당국 사이에 마찰이 발생될 것으로 예상된다. 예를 들어 「상속세 및 증여세법」 제39조의 2에서 감자에 따른 이익의 증여에 대해서 규정하고 있고, 증여이익의 계산은 감자를 위한 주주총회결의일을 기준으로 하고 있다(상증령 §29의 2 ③).

이 경우에 「상속세 및 증여세법」 제39조의 2 제1항 및 같은법 시행령 제29조의 2 제2항의 규정을 적용할 때 '감자한 주식 1주당 평가액'은 증여일(감자를 위한 주주총회 결의일)을 기준으로 하여 같은법 제60조 및 제63조 제1항의 규정에 의하여 평가하는 것으로 하고, 비상장법인의 순자산가액을 계산할 때 당해 법인이 보유하는 한국거래소에 상장된 주식의 가액은 평가기준일 이전·이후 각 2월간에 공표된 매일의 한국거래소 최종시세가액의 평균액에 의하는 것으로 해석(재산세과-1577, 2009.07.30.)하고 있다. 이와 같은 해석은 유상거래와 무상거래의 구분이 없이 세법을 기준으로 해석하는 것으로서 주주의 입장에서는 평가기준일 현재 감자에 따른 증여이익에 발행되는지 여부에 대해서 알 수 없고, 다만 추후에 상장주식의 시가의 변동에 따라 증여이익이 발생될 수도 있고 발생되지 아니할 수도 있다.

3. 개선방안

평가대상 비상장법인이 다른 상장법인이 발행한 주식을 소유하고 있을 때에는 그 평가액의 적용은 유상거래와 무상거래의 구분없이 다르게 평가하고 있다. 이와 같이 담당부서별로 상이하게 해석하는 것은 거래의 형태의 구분없이 담당부서의 입장에서 해석하기 때문으로 판단된다. 예를 들어 증여이익을 계산하기 위해서 재산제세 담당부서에 질의하면 「상속세 및 증여세법」을 기준으로 해석하고, 유상거래에 대한 부당행위계산에 대해 법인세 담당부서에 질의하면 거래 당시의 최종시세가액으로 적용하도록 해석하고 있다. 이와 같은 해석은 원칙없는 해석으로서 유상거래와 무상거래를 구분하여 각각 「법인세법」 제52조와 「상속세 및 증여세법」 제60조 내지 제66조를 적용하도록 하여야 할 것이다.

4.5 영업권평가액의 가산

순자산가액을 계산할 시에는 자산총계에서 부채총계를 차감한 가액에 영업권 평가액을 가산한다. 영업권의 평가는 다음 '6.'에서 상세히 설명한다.

4.6 발행주식총수

4.6.1 원 칙

1주당 순자산가치의 계산은 「상속세 및 증여세법」에 의하여 평가하여 계산한 자산총액에서 부채총액을 차감하고 영업권 평가액을 가산한 가액에 대하여 평가기준일 현재의 발행주식총수로 나누어 평가한다.

4.6.2 자기주식을 취득한 경우

평가대상법인이 자기주식을 보유하고 있는 경우 1주당 순자산가치는 자기주식의 보유목적에 따라 발행주식총수를 달리 적용한다. 즉, 주식을 소각하거나 자본을 감소하기 위하여 보유하는 자기주식은 자본에서 차감하는 것이므로 발행주식총수에서 자기주식을 차감하여 적용한다. 이와 반대로 일시적으로 보유한 후 처분할 자기주식은 자산으로 보아 평가하는 것이므로 자기주식수는 발행주식총수에 포함하여 평가한다(서일46014-10198, 2003.02.20.).

4.6.3 우선주가 있는 경우

우선주는 주주총회에서 의결권이 없는 대신 배당이나 잔여재산에 대하여 우선적으로 분배받을 수 있는 주식을 말하는데, 평가대상법인이 발행한 주식 가운데 우선주가 있는 경우에 발행주식총수는 우선주를 포함하여 적용한다(서사-3414, 2007.11.26. ; 상속증여세과-231, 2014.07.03.). 이러한 해석은 비상장법인의 경우 보통주와 우선주를 구분하여 평가하기가 현실적으로 불가능하기 때문인 것으로 판단된다. 그럼에도 「상속세 및 증여세법」 제63조 관련 통칙(63-0…3)에서는 "법인이 우선주등 이익배당에 관하여 내용이 다른 수종의 주식을 발행한 경우에는 그 내용을 감안하여 적정한 가액으로 평가하여야 한다."라고 해석하고 있다. 따라서 상환우선주 등 각종 우선주가 있는 경우에는 그 우선주에 대하여 적정하게 평가할 수 있는 방법이 있는 경우에는 구분하여 평가해야 할 것이다.

예규

▶▶ **사업포괄양수도에 따른 순자산가액 계산 시 회계상 계상한 이연수익(부채)의 평가방법**(사전법규재산2023-867, 2024.1.24.)

[질의내용]

○ 본건 사업 양수도 거래에 있어 양도인인 신청인의 대차대조표에 계상되어 있는 이연수익(부채계정)을 상증세법에 따라 평가하여 거래하는 경우, 그 평가금액을 회계상 장부금액으로 하는지 아니면 회계상 장부금액에 세무상 유보를 가감한 금액으로 하는지 여부

[회신]

귀 사전답변 신청의 사실관계와 같이, ◎◎◎◎의 한국지점인 A가 특수관계법인인 B에 A의 사업을 포괄양도하면서 A의 순자산가액(자산 및 부채)을 「상속세 및 증여세법」 제61조부터 제65조까지에 규정된 방법에 따라 평가하는 경우, 회계상 부채로 계상한 이연수익에 대하여는 회계상 장부금액에 해당 이연수익과 관련된 세무조정사항(유보금액)을 가감한 세무상 장부금액으로 평가하는 것임.

▶▶ **비상장법인 주식 평가 시 건설 중인 분양건물 및 부수토지 평가방법**(기획재정부조세정책-1153, 2023.5.17.)

「상속세 및 증여세법 시행령」 제54조 제4항 제5호에 따라 순자산가치로 평가하는 비상장주식등에 해당하는지 여부를 판단할 때 법인의 자산총액은 「상속세 및 증여세법」 제60조부터 제66조까지의 규정에 따라 평가하는 것으로, 평가대상 법인이 소유한 신축분양 중인 건물과 부수토지의 분양가액이 시가에 해당하는 경우에는 건물에 대한 분양가액 중 평가기준일까지의 작업진행률에 따라 계산한 금액을 그 건물가액으로, 부수토지에 대한 분양가액을 토지가액으로 하여 산출하는 것임.

▶▶ **골프장 코스조성비 및 구축물가액이 부동산과다보유법인 판정시 토지등 자산가액에 포함되는지**(서면자본거래2021-970, 2021.7.26.)

「소득세법」 제94조 제1항 제4호 다목의 자산총액은 「소득세법 시행령」 제158조 제4항에 따라 해당 법인의 장부가액에 따르는 것으로, 토지를 임차하여 골프장업을 영위하는 법인의 자산가액에는 토지와 일체가 되어 코스를 구성하는 시설의 조성비용과 건물에 부속된 시설물 · 구축물가액을 포함하는 것임.

03

▶▶ 비상장주식을 보충적 평가 시 '발전사업권'의 감정가액을 순자산가액에 합산하는지 여부(사전법령해석재산2019-664, 2021.4.9.)

비상장주식의 순자산가액 계산 시 장부에 계상되어 있지 않은 발전사업권에 대한 「상속세 및 증여세법 시행령」 제49조 제1항에 따른 감정가액이 있는 경우 해당 감정가액을 자산가액에 합산함.

▶▶ 비상장주식 평가 시 「조세특례제한법」 제85조의 7에 따른 익금불산입액의 순자산가액 및 순손익액 가감 여부(서면법령해석재산2016-4000, 2021.2.9)

[사실관계]

○○산업단지조성으로 비상장법인이 보유한 공장이 2015년에 사업시행자에게 수용되어 다음과 같이 회계처리함.

차) 현금 33억원	대) 토지 및 건물 2억원
	정부보상금수익 31억원

- ○ 2015년 법인세 신고 시 「조세특례제한법」 제85조의 7에 따라 공장의 양도차익 28억원을 익금불산입(△유보) 세무조정하였으며, 해당 금액을 3년 거치 3년 분할하여 익금산입(유보)할 예정임.
- ○ 2016년 중 주식이동이 발생하여 질의법인 발행주식을 보충적 평가방법에 따라 평가하여야 함.

[질의내용]

- ○ 비상장주식 평가 시 「조세특례제한법」 제85조의 7에 따라 공장의 양도차익 중 익금불산입한 금액을 순자산가액에서 차감하고, 양도일이 속한 사업연도의 순손익액에 가산하는지 여부

[회신]

「조세특례제한법」 제85조의 7의 특례를 적용받아 익금에 산입하지 않은 금액은 「상속세 및 증여세법 시행령」 제55조에 따른 순자산가액 계산 시 가감하지 않는 것이며, 같은 영 제56조에 따른 순손익액 계산 시 양도일이 속한 사업연도의 「법인세법」 제14조에 따른 각 사업연도소득에도 가감하지 않는 것임.

▶▶ 상장주식의 순자산가치 평가시 「상속세 및 증여세법 시행령」 제55조 제1항에 따른 장부가액의 의미(기준법령해석재산2020-31, 2020.9.25.)

「상속세 및 증여세법 시행령」 제55조 제1항에 따라 비상장법인의 순자산가액을 계산하는 경우, 해당 법인의 자산을 「상속세 및 증여세법」 제60조 제3항 및 제66조에 따라 평가한 가액이 장부가액보다 적은 경우에는 장부가액으로 하는 것으로, 이 경우 장부가액이란 취득가액에서 감가상각비를 차감한 가액을 말함.

▶▶ 청구인들이 쟁점유상증자(제3자 배정) 시 시가보다 저가로 쟁점주식을 취득하여 기존 주주들로부터 이익을 분여받은 것으로 보아 과세한 처분의 당부(조심 2018중3483, 2018.11.19.)

평가기준일 현재 재무제표에 매출채권이 계상되어 있다고 하더라도 실제 회수할

수 없는 가액은 이를 차감하여 순자산가액을 계산하여야 할 것인바, 처분청이 이건 쟁점유상증자전 1주당 가액 평가의 기초자료로 활용한 쟁점법인 재무제표는 비록 외부감사인으로부터 적정의견을 받은 재무제표이긴 하나, 동 재무제표의 재무상태표 주석, 청구인들이 제시한 이행(보증)보험증권상 계약금액, 기성고 계상내역 등에 의하면 일부 공사의 경우 계약상 발주업체로부터 지급받을 총계약금액보다 더 많은 금액을 기성고로 계상한 사실이 나타나는 점 등에 비추어 청구인들이 쟁점유상증자 시 시가보다 낮은 가액으로 쟁점주식을 취득한 것으로 보아 처분청이 청구인들에게 증여세를 과세한 처분은 잘못이 있는 것으로 판단됨.

▶▶ 법인전환 이월과세 감면 시 사업과 관련이 없는 부채는 순자산가액에서 제외(서울고법2018누36433, 2018.10.19.)

이월과세 상당액을 개인사업체와 직접 관련된 것으로 볼 수 있다고 하더라도, 법인이 위 사업용 고정자산 등을 재차 양도하지 않는 경우에는 그 납부의무가 발생하지 않는 점, 같은 법 제32조 제5항은 제1항에 따라 설립되는 법인이 법인전환 후 5년 이내에 사업을 폐지하거나(제1호), 법인전환 후 5년 이내에 법인전환 당시 자본금의 100분의 50 이상을 유상감자하는 경우(제2호)에는 제1항에도 불구하고 대통령령으로 정하는 바에 따라 계산한 양도소득세 산출세액을 해당 거주자로부터 징수하도록 하고 있는바, 그와 같이 개인에게 징수가 이루어진 경우에도 법인에게는 미납부 이월과세액에 관한 납부의무가 발생하지 않는다고 봄이 상당한 점 등의 사정을 종합하여 보면, 개인이 종전 사업용 고정자산 등을 법인에게 현물출자하는 행위가 완료된다고 하더라도 그것만으로 법인에게 이월과세된 양도소득세 상당액의 법인세 납세의무가 성립한다고 볼 수는 없으므로, 결국 이를 현물출자 당시의 부채로 포함시킬 수는 없다고 봄이 상당함.

▶▶ 비상장주식 평가 시 조특법 제32조에 따른 이월과세액을 부채에 가산하여 순자산가액을 계산해야 한다는 청구주장의 당부(조심 2018서2127, 2018.9.13.)

「상속세 및 증여세법 시행규칙」 제17조의 2에 의하면 순자산가액을 계산함에 있어 차감하거나 가산하는 자산 또는 부채는 모두 확정된 자산 또는 부채임을 전제로 하고 있는 점, 청구인들이 쟁점주식을 증여받은 당시 해당세액의 납부주체와 시기가 확정되었다고 볼 수 없고 쟁점이월과세액을 해당 법인이 종국적으로 부담하여야 하는 채무로 단정할 수 없는 점 등에 비추어 쟁점이월과세액은 이를 확정채무로 보기 어려워 처분청이 해당 법인의 순자산가액 계산 시 쟁점이월과세액을 부채에 가산할 수 없다고 보아 청구인들의 경정청구를 거부한 처분은 달리 잘못이 없음.

▶▶ 순자산가액 계산 시 상조회사 모집수당의 자산 차감여부(서면법령해석재산 2017-1526, 2017.12.26.)

「상속세 및 증여세법 시행령」 제55조에 따라 비상장 법인인 상조회사의 순자산가액을 계산할 때 자산으로 계상된 선급비용 중 평가 기준일 현재 지급의무가 확정된 모집수당 상당액은 「상속세 및 증여세법 시행규칙」 제17조의 2 제2호에 따라 자산에서 차감하는 것임.

▶▶ **비상장주식의 순자산가액 계산 시 장부가액의 의미**(사전법령해석재산 2017-641, 2017.12.18.)

내국법인이 자산을 현물출자하고 현물출자 받은 법인의 주식을 취득한 후 「법인세법」 제47조의 2에 따라 현물출자로 발생한 자산의 양도차익에 대해 압축기장충당금을 설정한 경우, 현물출자를 통해 취득한 주식을 「상속세 및 증여세법」 제60조 제3항 및 제66조의 규정에 의하여 평가한 가액이 장부가액(취득가액에서 감가상각비를 차감한 가액을 말함)보다 적은 경우에는 장부가액으로 하는 것임.

▶▶ **출자전환 방식으로 채무조정 중인 법인의 비상장주식 평가방법**(서면법령해석재산 2015-2404, 2016.11.16.)

「상속세 및 증여세법 시행령」 제54조에 따라 비상장법인을 평가할 때 1주당 순자산가치는 해당 법인의 순자산가액을 평가기준일 현재 발행주식총수로 나누어 계산하는 것이며, 순자산가액은 평가기준일 현재 해당 법인의 자산을 같은 법 제60조부터 제66조까지의 규정에 따라 평가한 가액에서 부채를 차감한 가액을 말함.

▶▶ **건설업 법인 주식의 기타자산 해당여부 판정**(서면법령해석재산 2015-1767, 2016.7.29.)

기타자산 해당여부 판정 시 장부가액은 세무상 장부가액이며, 세무상 장부가액이 분양진행률이 반영된 경우 해당 장부가액과 비교하는 기준시가도 분양진행률이 반영된 가액으로 하는 것이고, 분양선수금, 임대보증금은 자산총액에 포함되지 않음.

1. 건설업 법인이 발행한 비상장주식이 「소득세법 시행령」 제158조 제1항 제1호 가목 및 제5호 가목에 해당하는지 여부 판정 시 같은 조 제3항에 규정된 장부가액은 「법인세법」 제112조에 따라 기장한 장부가액에 같은 법에 따라 익금 또는 손금에 산입한 금액을 가감한 세무계산상 장부가액을 말하는 것임.
2. 법인이 보유한 분양용지의 세무계산상 장부가액이 취득가액에서 공사진행률과 분양률에 따른 분양원가를 차감한 가액으로 계산된 경우 「소득세법 시행령」 제158조 제3항에 따라 장부가액과 비교하는 기준시가는 기준시가에 취득가액 중 세무계산상 장부가액이 차지하는 비율을 곱하여 계산하는 것임.
3. 법인이 발행한 비상장주식의 양도일부터 소급하여 1년이 되는 날부터 양도일까지의 기간 중 법인이 부동산을 분양하거나 임대하여 분양선수금 또는 임대보증금을 현금으로 수취한 경우 해당 현금은 같은 항 제2호에 따라 법인의 자산총액에 포함되지 않는 것임.

▶▶ **해당 건물과 그 부수토지의 임대료 등 환산가액 적용방법**(상속증여세과-34, 2014.2.26.)

[질의]

---

1. 사실관계 및 질의내용

가. 사실관계

- 당 법인은 2012년 신설된 법인으로 임대업을 영위하는 비상장법인임
- 당 법인은 2013.10.31. 용인시 수지구 죽전동에 8층 건물을 신축하였는데,

이 건물은 병원, 약국 등의 임대목적에만 사용하고 있고 평가기준일 현재 (2013.11.30.) 현재 100% 임대가 완료된 상황이며, 당 법인이 사용하는 면적은 없음.

나. 질의내용

•당 법인(비상장법인)의 순자산가액을 계산(평가기준일 2013.11.30.)할 때

(질의 1) 용인시 수지구 죽전동 소재 건물을 「상속세 및 증여세법」 제61조 제5항, 시행령 제50조 제7항, 제8항에 따라 평가할 때 전체 임대료 등 환산가액은 100억원이며 기준시가로 안분한 가액은 아래와 같은데, 이때 토지, 건물의 순자산가액은 자산별로 비교하여 장부가액과 임대료 환산가액 중 큰 가액으로 하는지 여부

구 분	장부가액	임대료 환산가액	기준시가
토 지	70억원	40억원	32억원(40%)
건 물	40억원	60억원	48억원(60%)
합 계	110억원	100억원	80억원(100%)

(갑설) 토지와 건물의 임대가격을 각각 계산하지 않고, 토지와 건물을 동시에 임대하였으므로 장부가액과 임대차특례에 의해 계산한 금액도 토지와 건물의 합계액을 기준으로 비교하여 그 중 큰 금액으로 평가함(장부가액 110억원).

(을설) 토지와 건물의 소유자가 동일하므로 임대료 등의 환산가액을 「상속세 및 증여세법」 제61조 제1항부터 제4항까지의 규정으로 평가한 토지와 건물의 가액(기준시가)으로 나누어 계산한 금액을 각각 토지와 건물의 평가가액으로 하고, 그 자산별 평가가액을 각각 장부가액과 비교하여 평가함(토지 70억원, 건물 60억원 총 130억원).

(질의 2) 감정평가를 받은 적이 없는 등 건물의 시가가 형성되지 않은 상황에서 건물 신축가액을 시가로 볼 수 있는지 여부

(갑설) 증여재산의 평가는 증여일 현재의 시가에 의하며, 증여일 전후 3개월 내의 거래가액

(을설) 임대를 목적으로 하는 건물의 경우 건물의 신축가액은 시가로 볼 수 없으므로 보충적방법(「상속세 및 증여세법」 제61조~제65조)에 따라 시가를 산정하여야 함.

[회신]

해당 건물과 그 부수토지의 임대료 등 환산가액(같은 법 시행령 제50조 제7항에 따라 계산된 전체 임대료 등의 환산가액을 토지와 건물의 기준시가로 나누어 계산)이 같은 법 제61조 제1항부터 제4항까지의 규정에 따라 평가한 가액(보충적 평가가액)보다 큰 경우에는 자산별로 임대료 등 환산가액을 장부가액과 각각 비교 평가하는 것임.

▶▶ 평가대상 비상장법인이 일시보유한 자기주식의 평가방법(법규-906, 2013.8.21. ; 기획재정부재산-1494, 2004.11.10.)

「상속세 및 증여세법 시행령」 제54조 제2항의 규정에 의하여 비상장주식의 1주당 순자산가액을 계산하는 경우, 당해 법인이 일시적으로 보유한 후 처분할 자기주식은 자산으로 보아 동법 시행령 제55조 제1항의 규정에 의하여 평가함.

▶▶ 비상장주식을 발행한 법인의 발행주식총수의 10% 이하를 보유한 주식의 시가 적용(상속증여세과-94, 2013.5.6.)

비상장주식을 발행한 법인이 다른 비상장주식을 발행한 법인의 발행주식총수 등의 10% 이하의 주식 또는 출자지분을 소유하고 있는 경우에는 그 다른 비상장주식의 평가는 「상속세 및 증여세법 시행령」 제54조 제1항 및 제2항에 따른 보충적 평가가액에 불구하고 「법인세법 시행령」 제74조 제1항 제1호 마목의 규정에 의한 취득가액에 의할 수 있음. 다만, 같은 법 제60조 제1항에 따른 시가가 있으면 2009.2.4. 이후 최초로 비상장주식을 평가하는 분부터는 시가를 우선하여 적용하는 것임.

▶▶ 전환사채의 부채성 및 발행주식총수(재산세과-192, 2012.5.21.)

① 비상장법인의 주식을 보충적 평가방법으로 평가하는 경우로 전환청구기간 내에 전환청구를 하지 않을 경우 전환사채는 발행가액으로 평가하는 것임(재산세과-77, 2011.2.15.).

비상장법인의 주식을 「상속세 및 증여세법 시행령」 제54조에 따라 평가하는 경우 전환청구기간내에 사채권자가 전환청구를 하지 않을 경우 만기에 원금을 상환하지 않는 조건으로 발행한 전환사채는 발행가액으로 평가하는 것이며, 전환될 주식수는 「상속세 및 증여세법 시행령」 제54조 제2항의 발행주식총수에 포함되지 아니함.

② 순자산가액 계산 시 전환청구기간 내에 반드시 주식으로 전환하여야 하는 조건으로 발행된 전환사채는 부채인 것임(재산세과-109, 2012.3.15.).

비상장법인의 주식을 「상속세 및 증여세법」 제63조 제1항 다목의 규정에 따라 평가하는 경우로서 같은 법 시행령 제55조에 의한 순자산가액 계산 시 전환청구기간 내에 반드시 주식으로 전환하여야 하는 조건으로 발행된 전환사채는 부채에 해당하는 것임.

▶▶ 법인전환에 대한 양도소득세 이월과세 적용 시 순자산가액의 시가 산정방법(부동산거래관리과-838, 2011.10.5.)

「조세특례제한법」 제32조에 따른 법인전환에 대한 양도소득세의 이월과세 적용 시 순자산가액의 시가는 「법인세법 시행령」 제89조 제1항에 해당하는 가격, 같은 조 제2항 제1호의 감정가액, 「상속세 및 증여세법」 제61조 내지 제64조의 규정을 준용하여 평가한 가액의 순서대로 적용하는 것임.

▶▶ 국외재산 평가 시 보충적평가방법 적용이 부적당한 경우의 평가방법(재산세과-284, 2011. 6.15.)

외국에 있는 상속 또는 증여재산의 평가는 당해 재산의 소재지국에 관계없이 「상속세 및 증여세법」 제60조 내지 제65조의 규정에 의하여 평가하는 것이나 이에 따라 평가하는 것이 부적당한 경우에는 당해 재산이 소재하는 국가에서 양도소득세·상속세 또는 증여세 등의 부과목적으로 평가한 가액을 평가액으로 하는 것이며, 같은 법 시행령 제58조의 3 제1항의 규정에 의한 평가액이 없는 경우에는 세무서장 등이 2 이상의 국내 또는 외국의 감정기관에 의뢰하여 감정한 가액을 참작하여 평가한 가액에 의하는 것임.

▶▶ 비상장주식에 대한 보충적 평가방법을 적용할 때 순자산가액 계산방법(재산세과-917, 2010.12.10.)

- 비상장주식을 보충적 평가방법에 따라 평가함에 있어 「상속세 및 증여세법 시행령」 제55조에 따른 순자산가액의 계산은 평가기준일 현재 당해 법인의 각각의 자산을 같은 법 제60조 내지 제66조의 규정에 의하여 평가한 가액에서 부채를 차감한 가액으로 하는 것임.
- 「상속세 및 증여세법」 제61조 제1항 제2호에 따라 건물을 평가하는 경우로서 해당 건물에 부속되어 독립된 자산으로 볼 수 없는 시설물과 구축물 등의 자산은 별도로 평가하지 않는 것이나, 건물과 구분되는 시설물과 구축물 등의 경우에는 같은 법 시행령 제51조 제4항에 따라 평가하는 것임.

▶▶ 비상장법인의 순자산가액은 평가기준일 현재 법인의 자산을 각 자산별로 보충적 평가방법에 의해 평가한 가액의 합계액에서 부채를 차감한 가액에 의하는 것임(재산세과-475, 2010.7.2.).

[질의]

- 당 법인은 「상속세 및 증여세법」상 보충적 평가방법에 의하여 비상장주식을 평가하기 위하여 순자산가액을 계산하려 함.
- 「상속세 및 증여세법 시행령」 제55조 제1항에 따르면 법인의 자산을 법 제60조 제3항 및 제66조의 규정에 의하여 평가한 가액이 장부가액보다 적은 경우에는 장부가액에 의하되 장부가액보다 적은 정당한 사유가 있는 경우에는 그러하지 아니한다고 규정하고 있음.
- 이와 관련하여 당 법인에는 다음과 같이 사업장이 두 개 있으며 각 사업장 내 서로 다른 연접한 두 필지가 각각 존재함.
- 각 사업장별 토지현황과 각 지번별 토지의 장부가액과 공시지가는 다음 표와 같음.

03

구분		장부가액	공시지가	갑설	을설	병설
제1사업장	A번지	100	160	1,020	340	160
	B번지	200	180			200
	소개	300	340			360
제2사업장	C번지	300	350		700	350
	D번지	400	330			400
	소계	700	680			750
합계		1,000			1,040	1,110

<갑설> 전체 토지계정의 합계를 비교하여 평가한다.

<을설> 사업장별로 장부가액의 합계액과 공시지가의 합계액을 비교하여 평가한다.

<병설> 각 지번별로 장부가액과 공시지가를 비교하여 높은 가액을 선택한 후 이를 합산하여 법인 전체의 토지평가액을 구한다.

이 경우 「상속세 및 증여세법 시행령」 제55조의 규정에 의하여 평가하고자 할 경우 당해 법인의 토지평가액을 계산함에 있어서 어느 수준에서 장부가액과 공시지가를 비교하여 토지평가액을 확정해야 하는지?

[회신]

「상속세 및 증여세법 시행령」 제55조의 규정에 의하여 비상장법인의 순자산가액은 평가기준일(상속개시일 및 증여일) 현재 당해 법인의 자산을 각 자산별로 같은법 제60조 내지 제66조의 규정에 의하여 평가한 가액의 합계액에서 부채를 차감한 가액에 의하는 것이므로 귀 질의의 경우는 직전 사업연도까지 익금에 산입한 금액과 그 이후 평가기준일까지 익금에 산입한 금액을 합하여 적용하는 것임.

▶▶ 부동산과다법인 주식 판정시 토지 및 건설중인 자산의 평가방법(부동산거래관리-134, 2010.1.27.)

법인의 장부가액 중 "건설중인 자산"의 금액은 제94조 제1항 제1호 및 제2호의 자산가액의 합계액에 포함되지 아니하는 것이나, "건설중인 자산"의 준공일(사용검사필증교부일), 임시사용승인일, 실제 사용개시일 중 가장 빠른 날이 양도일 현재 같은 법 제94조 제1항 제1호 및 제2호의 자산으로 포함되는 경우에는 그러하지 아니함.

▶▶ 비상장주식을 평가 시 다른 비상장주식을 발행한 법인의 발행주식총수의 10% 이하의 주식을 소유하고 있는 경우 그 다른 비상장주식의 평가는 납세자에게 유리한 방법으로 평가하는 것임(기획재정부-34, 2008.3.3.).

「상속세 및 증여세법 시행령」 제54조의 규정에 의하여 비상장주식을 평가함에 있어서 당해 법인이 다른 비상장주식을 발행한 법인의 발행주식총수의 100분의 10 이하의 주식을 소유하고 있는 경우 그 다른 비상장주식의 평가는 동조 제3항의 규정에 의하여 납세자에게 유리한 방법으로 평가하는 것임.

* 2009.2.4. 이후 최초로 비상장주식을 평가하는 분부터 시가가 있는 경우에는 우선적으로 시가를 기준으로 평가하고 시가평가가 곤란한 경우에는 취득가액으로 평가할 수 있도록 개정됨.

▶▶ 구 「회사정리법」에 의한 정리채무(조세채무를 포함)는 현재가치로 할인함(서사-1961, 2007.6.21.).

구 「회사정리법」에 의한 정리채권 및 정리채무(조세채무를 포함)는 「상속세 및 증여세법 시행령」 제58조 제2항 및 같은법 시행규칙 제18조의 2 제2항 제1호의 규정에 의하여 평가하는 것임.

▶▶ 골프장을 영위하는 법인의 입회금 평가방법(서사-1083, 2007.4.3.)

「상속세 및 증여세법 시행령」 제58조 제2항 및 같은법 시행규칙 제18조의 2 제2항 제1호의 규정에 의하여 원본의 회수기간이 5년을 초과하는 채권·채무는 각 연도에 회수할 금액을 금융기관이 보증한 3년 만기 회사채의 유통수익률을 감안하여 국세청장이 정하여 고시하는 이자율에 의하여 현재가치로 할인한 금액의 합계액으로 평가하는 것임. 이 경우 「소득세법」 제94조 제1항 제4호 나목의 규정에 의한 시설물이용권에 대한 입회금·보증금 등의 회수기간은 평가기준일부터 입회금을 반환하기로 약정한 날까지의 기간을 말하는 것으로 당해 입회금·보증금 등에는 잔금납부 전의 계약금과 중도금을 포함하는 것임.

03

▶▶ 비상장법인의 순손익액 계산 시 「법인세법」상 한도 내의 감가상각비는 결산상 미계상되었다 하더라도 각사업연도소득에서 차감하는 것이 타당하다는 사례(국심 2006서1176, 2007.2.9.)

처분청은 비상장주식평가 시 순손익액에 의한 평가는 「법인세법」상 각사업연도소득을 기준으로 하고 있어 감가상각비를 결산 시 반영하지 않았다면 순손익액에서 차감할 수 없다는 의견이나, 관련 법령에 의한 순손익액의 계산 시 각사업연도소득에서 차감하는 금액은 기업회계상 비용 산입대상으로 「법인세법」상으로는 손금불산입되는 항목들인바, 「상속세 및 증여세법」에서의 주식의 1주당 가액을 평가할 때 동 항목들을 차감하는 이유는 「법인세법」상의 법인세 과세표준계산의 손익과는 다르더라도 그 주식의 가치를 정확하게 평가하고자 함에 있다 할 것이므로 「법인세법」상 한도금액 및 고정자산 등의 감가상각비는 결산 시 미계상되어 「법인세법」상 손금불산입 대상이라 하더라도 주식의 가치를 정확하게 평가하기 위하여는 순손익액 계산 시 각사업연도소득에서 차감하는 것이 정당하다고 할 것임(국심 2005서2606, 2005.11.24. 같은 뜻임).

▶▶ 비상장법인의 순자산가치 계산 시 신축 중인 건물가액의 평가(서사-2184, 2005.11.15.)

비상장법인의 순자산가치를 계산함에 있어 신축·분양 중인 건물과 부수토지의 분양가액이 시가에 해당하는 경우에는 건물에 대한 분양가액 중 평가기준일까지의 작업진행률에 따라 계산한 금액을 그 건물가액으로 하는 것임.

▶▶ 철거목적으로 취득한 부동산매매가액에 토지와 건물의 가액이 포함한 경우의 평가(서사－1836, 2005.10.7.)

「상속세 및 증여세법 시행령」 제55조 제1항의 규정에 의하여 비상장법인의 순자산가액을 계산할 때 당해 법인의 자산에 대하여 평가기준일 전후 6월 이내(증여재산인 경우 3월)에 매매사실이 있는 경우 그 매매가액이 불특정다수인 사이에 자유로이 거래가 이루어지는 경우 통상 성립된다고 인정되는 가액으로서 특수관계자와의 거래 등 객관적으로 부당하다고 인정되는 경우를 제외하고는 「상속세 및 증여세법」 제60조 제1항·제2항 및 같은법 시행령 제49조 제1항 제1호의 규정에 의하여 시가로 인정될 수 있는 것이며, 이 경우 그 매매가액에 토지와 그 토지에 정착된 건물의 가액이 포함됨으로써 각각의 재산가액이 구분되지 아니하는 경우에는 같은조 제4항 단서의 규정에 의하여 「부가가치세법 시행령」 제48조의 2 제4항 단서의 규정에 따라 안분계산하는 것임. 다만, 토지에 정착된 건물을 철거하여 토지만을 소유권이전하는 조건으로 매매계약을 체결하고 그 매매가액으로 당해 토지를 평가하는 경우로서 평가기준일 현재 철거대상이 되는 건물에 대한 재산적 가치가 없다고 인정되는 때에는 건물의 가액은 '0'으로 평가하는 것임.

▶▶ 사업개시 후 3년 미만의 법인 판정 시 사업개시일의 기준(서사－1210, 2005.7.14.)

「상속세 및 증여세법 시행령」 제54조 제4항 제2호의 규정에 의하여 순자산가치로만 평가하는 '사업개시 후 3년 미만의 법인'은 당해 법인의 사업개시일부터 평가기준일까지 역에 의하여 계산한 기간이 3년 미만인 법인을 말하는 것이며, 이 경우 사업개시일은 업종변경 여부에 관계없이 당해 법인이 처음으로 재화 또는 용역의 공급을 개시한 때를 말하는 것임.

▶▶ 잉여금처분에 의한 미지급배당금의 부채 인정기준일(서사－1148, 2005.7.7.)

배당기준일 현재 생존하고 있던 주주가 주주총회에서 잉여금처분결의가 있기 전(주주명부 폐쇄기간 중을 말함)에 사망한 경우로서 상속개시 후에 주주총회에서 잉여금의 처분이 확정된 경우 당해 배당금은 상속세 과세가액에 포함하지 아니하는 것이며, 상속받은 당해 비상장주식 평가 시 동 배당금은 「상속세 및 증여세법 시행규칙」 제17조의 2 제3호의 규정에 의한 부채에 포함하지 아니하는 것으로서 잉여금처분결의일과 상속개시일이 동일자인 경우 잉여금의 처분의 확정이 상속개시 전에 있었는지 또는 상속개시 후에 있었는지 여부는 그 시차에 의하여 구분하는 것이 타당함.

▶▶ 비상장법인의 순자산가액 계산 시 「상속세 및 증여세법」상의 평가액과 장부가액의 적용기준(서사－1068, 2005.6.28.)

「상속세 및 증여세법 시행령」 제55조 제1항의 규정에 의하여 비상장법인의 순자산가액을 계산할 때에 당해 법인의 자산가액은 「상속세 및 증여세법」 제60조 내지 제66조의 규정에 의한 평가액에 의하는 것이며, 당해 법인의 자산을 같은법 제60조 제3항 및 제66조의 규정에 의하여 평가한 가액이 장부가액보다 적은 경우에는 장부가액으로 하되 장부가액보다 적은 정당한 사유가 있는 경우에는 그러하지 아니하는 것임. 이 경우 장부가액은 기업회계기준 등에 의하여 당해 자산에 대한 평가손익 등을 반영하여 작성이 된 대차대조표상 장부가액에 의하는 것임.

▶▶ 비상장법인 주식평가 시 평가기준일 현재 휴업 중에 있는 법인의 주식의 영업권평가 여부(서사-941, 2005.6.15.)

「상속세 및 증여세법 시행령」 제54조의 규정에 의하여 비상장법인의 주식을 평가할 때 평가기준일 현재 휴업 중에 있는 법인의 주식은 같은조 제4항 제2호의 규정에 의하여 순자산가치로만 평가하는 것이며, 이 경우 같은영 제55조 제3항 단서의 규정에 의하여 같은영 제59조 제2항의 규정에 의한 영업권평가액은 당해 법인의 자산가액에 이를 합산하지 아니함.

▶▶ 원본 회수기간이 5년을 초과하는 채권·채무의 평가방법(서사-812, 2005.5.24.)

「상속세 및 증여세법 시행령」 제58조 제2항 및 같은법 시행규칙 제18조의 2 제2항 제1호의 규정에 의하여 원본의 회수기간이 5년을 초과하는 채권·채무는 각 연도에 회수하거나 상환할 금액(원본에 이자상당액을 가산한 금액)을 금융기관이 보증한 3년만기 회사채의 유통수익률을 감안하여 국세청장이 정하여 고시하는 이자율에 의하여 현재가치로 할인한 금액의 합계액으로 평가하는 것임. 이 경우 원본의 가액을 5년을 초과하는 기간 동안 분할하여 매 연도마다 이자상당액과 함께 회수하거나 또는 상환하는 경우 현재가치로 할인할 금액은 각 연도에 회수하거나 상환할 금액이 되는 것임.

▶▶ 비상장법인이 평가기준일 현재 보유하는 자기주식 평가방법(서사-1524, 2004.9.24.)

「상속세 및 증여세법」 제63조 제1항 제1호 다목 및 같은법 시행령 제54조의 규정에 의하여 비상장법인의 주식을 평가함에 있어 당해 비상장법인이 평가기준일 현재 보유하는 자기주식은 다음의 구분에 의하는 것이며, 이 경우 자기주식을 소각목적으로 보유한 것인지 또는 일시적으로 보유한 후 처분할 목적인지 여부는 관할세무서장이 당초 취득목적 및 평가기준일 현재 소각계획이 있는지 여부 등 구체적인 사실을 조사하여 판단할 사항임.

가. 주식을 소각하거나 자본을 감소하기 위하여 보유하는 자기주식이라면 자본에서 차감하는 것이므로 발행주식총수에서 동 자기주식을 차감하여 1주당 순자산가치와 순손익가치를 평가하는 것임.

나. 기타 일시적으로 보유한 후 처분할 자기주식이라면 자산으로 보아 평가하는 것이므로 동 자기주식은 발행주식총수에 포함시키고, 자기주식의 취득가액상당액을 당해 법인의 자산에 가산하는 것임.

▶▶ 비상장주식의 순자산가치 산정 시 보유 중인 상장법인의 주식가액의 산정방법(서사-894, 2004.6.18.)

「상속세 및 증여세법」 제39조의 3의 규정에 의한 현물출자에 따른 이익을 계산할 때 비상장법인의 주식은 같은 법 제60조 및 제63조의 규정에 의하여 평가하는 것임. 이 경우 같은 영 제55조 제1항의 규정에 의하여 비상장법인의 순자산가액을 계산할 때 당해 법인이 보유하는 한국증권거래소에 상장된 주식의 가액은 평가기준일 이 전·이후 각 2월간에 공표된 매일의 한국증권거래소 최종시세가액(거래실적의 유무를 불문함)의 평균액에 의하는 것이며, 당해 법인이 상장법인의 최대주주로서 소유하고 있는 주식에 해당하는 경우 같은법 제63조 제3항의 규정을 적용하여 할증한 가액으로 평가하는 것임.

※참고예규 : 서이 46012-11954, 2002.10.28.

비상장주식의 시가를 「법인세법 시행령」 제89조 제2항 제2호의 규정에 의하여 「상속세 및 증여세법」 제63조의 규정에 따라 평가함에 있어서 동 비상장주식의 1주당 순자산가치산정 시 보유 중인 상장법인의 주식가액은 그 평가기준일 현재 한국증권거래소의 최종시세가액에 의하는 것임.

▶▶ 비상장주식을 순자산가치로 평가함에 있어서 퇴직급여충당금과 퇴직급여추계액의 처리방법(서사-785, 2004.6.3.)

기업회계기준에는 대차대조표상 퇴직급여총추계액에서 퇴직보험예치금 및 국민연금전환금을 차감하는 형식으로 표시하도록 하고 있는 경우의 충당금 처리

예) 퇴직급여충당금(총누계액)	10,000
퇴직보험예치금	−5,000
국민연금전환금	−1,000
	4,000

대차대조표에 계상되어 있는 퇴직급여충당금(퇴직보험예치금과 국민연금전환금을 차감하기 전의 금액)은 부채에서 차감하는 것이며, 평가기준일 현재 재직하는 임원 또는 사용인 전원이 퇴직할 경우에 퇴직급여로 지급되어야 할 금액의 추계액은 부채에 가산하는 것임.

▶▶ 비상장주식의 순자산가액평가 시 보험업영위법인의 책임준비금 등이 부채 포함 여부(재산세제과-336, 2004.3.13.)

보험업을 영위하는 법인의 책임준비금과 비상위험준비금으로서 「법인세법 시행령」 제57조 제1항 내지 제3항에 규정된 것(결산에 반영된 것을 말함)은 「상속세 및 증여세법 시행규칙」 제17조의 2 제4호 나목의 규정에 의하여 부채에 가산하는 것이며, 생명보험사의 자산재평가와 관련한 '생명보험회사잉여금및재평가적립금처리지침(구재무부 생보 22330-353, 1990.8.31.)'에 의하여 계약자지분으로 처리된 것으로서 동 지침 제13조(계약자지분의 처리)에서 규정하고 있는 공익사업출연기금, 계약자배당안정화준비금 및 동 지침 제14조(처리유보액의 처리 등)의 규정에 의한 재평가적립금처리 후 잔액은 부채에서 차감하는 것임.

▶▶ 비상장주식의 순자산가치평가 시 순자산가액의 계산방법에 대한 「상속세 및 증여세법 시행령」 제55조 제1항 후단의 평가방법의 적용대상(서사-133, 2004.2.25.)

「상속세 및 증여세법 시행령」 제55조 제1항 후단의 규정은 같은법 제63조에서 규정하는 유가증권 등을 평가하는 경우에도 적용되는 것임. 이 경우 당해 법인의 자산 중 예금·적금을 같은법 제63조 제4항의 규정에 의하여 평가한 가액 및 원본의 회수기간이 5년을 초과하는 장기채권·채무를 같은법 시행규칙 제18조의 2 제2항 제1호의 규정에 의하여 평가한 가액이 장부가액보다 적은 경우에는 장부가액보다 적은 정당한 사유가 있는 것으로 보아 그 가액으로 평가하는 것임.

▶▶ 내국법인이 100% 출자하고 있는 외국법인이 발행한 비상장주식의 순자산가치평가방법(서일 46014-11604, 2003.11.12.)

「상속세 및 증여세법」상 재산의 평가는 당해 재산의 소재지국에 관계없이 「상속세 및 증여세법」 제60조 내지 제66조의 규정에 의하여 평가하는 것이며, 외국법인이 발행한 비상장주식을 같은법 시행령 제54조의 규정에 의하여 평가하는 경우 순자산가액은 당해 법인의 자산을 같은법 제60조 내지 제66조의 규정에 의하여 평가한 가액에서 부채를 차감한 가액이 되는 것임. 다만, 외국법인의 순자산가액을 같은법 제60조 내지 제66조의 규정에 의하여 평가하는 것이 부적당한 경우에는 같은법 시행령 제58조의 3의 규정에 의하여 당해 재산이 소재하는 국가에서 양도소득세·상속세 또는 증여세 등의 부과목적으로 평가한 가액을 평가액으로 하는 것임.

▶▶ 잔금청산 전인 부동산양도소득에 대한 법인세액은 부채 아님(서일 46014-11690, 2002.12.12.)

부채에 가산하는 법인세액은 평가기준일까지 발생한 소득에 대한 법인세상당액을 말하는 것이므로 평가기준일 현재 당해 법인의 자산에 대한 양도계약이 체결되어 거래가액은 확정되었으나 잔금청산 등이 이루어지지 않은 경우 당해 자산의 양도소득에 대한 법인세상당액은 부채에 가산할 수 없는 것임.

▶▶ 1. 비상장법인의 주식을 평가하기 위한 1주당 순자산가치의 산정방법
2. 비상장법인의 순자산가치산정 시 차가감대상인 주택건설업체가 보유하는 용지의 장부가액과 시가의 의미(재경부 재산 46014-47, 2002.2.22.)

① 비상장법인의 주식을 평가하기 위한 1주당 순자산가치의 산정은 「상속세 및 증여세법 시행령」 제55조의 규정에 의하여 평가기준일 현재 당해 법인이 보유하고 있는 자산(재고자산을 포함)을 「상속세 및 증여세법」 제60조 내지 제66조의 규정에 의하여 평가한 가액에서 부채를 차감하는 것임.

② 주택건설업법인이 목적물 건설에 따라 「법인세법 시행령」 제69조의 규정에 의하여 작업진행률을 기준으로 계산한 수익과 비용을 각각 해당 사업연도의 익금과 손금에 산입한 경우에도 평가기준일 현재 당해 법인이 보유하고 있는 토지 전체를 「상속세 및 증여세법」 제60조 내지 제66조의 규정에 의하여 평가하는 것이며 익금에 산입한 분양수입금액 중 토지에 상당하는 가액은 부채에 가산하는 것임.

▶▶ 비상장법인의 순자산가액 계산 시 사채할인(할증)발행차금 등의 가감 여부(서일 46014-10359, 2001.10.26.)

「상속세 및 증여세법 시행령」 제55조의 규정에 의한 비상장법인의 순자산가액 계산 시 부채의 가액은 평가기준일 현재 확정된 부채 등을 기준으로 하여 계산하는 것이며, 사채할인(할증)발행차금은 당해 법인의 부채에서 가감하지 아니하는 것임.

▶▶ 비상장법인이 일시적으로 보유한 후 처분할 자기주식이 있는 경우 순자산가액 산정방법(서일 46014-10200, 2001.9.19.)

「상속세 및 증여세법」 제63조 제1항 제1호 다목 및 같은법 시행령 제54조 제2항의 규정에 의하여 비상장주식의 1주당 순자산가액을 계산할 때 당해 법인이 일시적으로 보유한 후 처분할 자기주식은 자산으로 보아 아래와 같이 평가하는 것임.

$$1주당\ 순자산가액(x) = \frac{[자기주식을\ 제외한\ 순자산가액 + (자기주식수 \times 1주당\ 순자산가액(x))]}{총발행주식수}$$

▶▶ 비상장법인의 1주당 순자산가액 계산 시 임대아파트용 토지 등 평가방법(재경부 재산 46014-144, 2001.5.29.)

비상장법인의 1주당 순자산가액은 평가기준일 현재 당해 법인의 자산을 「상속세 및 증여세법」 제60조 내지 제66조의 규정에 의하여 평가한 가액에서 부채를 차감하여 계산하는 것임. 이 경우 당해 법인의 자산 중 부동산을 평가함에 있어 평가기준일 전후 6월(증여의 경우에는 3월) 이내의 기간 중 당해 부동산과 관련하여 매매사실이 있는 경우의 당해 가액은 동법 시행령 제49조 제1항 제1호의 규정에 의하여 시가로 볼 수 있으나 동 가액이 없는 경우에는 동법 시행령 제61조 내지 제66조의 규정에 의하여 평가한 가액에 의하는 것임.

▶▶ 당해 법인이 다른 비상장법인의 최대주주에 해당되는 경우 할증률 가산 여부(재경부 재산 46014-201, 2000.7.4.)

비상장법인의 순자산가액을 계산함에 있어 당해 비상장법인이 다른 비상장법인의 최대주주로서 소유하고 있는 주식은 「상속세 및 증여세법」 제63조 제3항의 규정을 적용하여 할증한 가액으로 평가하는 것임. 또한 당해 비상장법인의 최대주주가 보유하고 있는 주식에 대하여는 당해 비상장법인의 순자산가액 계산 시와는 별도로 그 지분에 따라 「상속세 및 증여세법」 제63조 제3항의 규정을 적용하여 할증한 가액으로 평가하는 것임.

▶▶ 비상장주식평가 시 상속인에 의해 결의한 배당금의 순자산가액에 포함 여부(재경부 재산 46014-77, 1999.12.21.)

배당기준일 현재 생존하고 있던 주주가 주주총회에서 잉여금처분결의가 있기 전에 사망한 경우로서 상속개시 후에 잉여금의 처분이 확정된 경우에는 당해 배당금 및 상여금은 상속세과세가액에 포함하지 아니하는 것이며, 상속받은 비상장주식을 평가함에 있어서는 이를 「상속세 및 증여세법 시행규칙」 제17조 제3항 제3호의 규정에 의한 부채에 포함하지 아니하는 것임.

▶▶ 비상장법인의 순자산가액 계산 시 투자유가증권인 비상장주식의 평가 시에 영업권 가산(재삼 46014-1487, 1999.8.5.)

「상속세 및 증여세법 시행령」 제55조의 규정에 의하여 비상장법인의 순자산가액을 계산하는 경우 당해 법인의 각 자산 중 투자유가증권인 비상장주식을 평가할 때도 같은영 제59조 제2항의 규정에 의한 영업권의 가액이 포함되는 것임.

▶▶ 비상장주식평가를 위한 순자산가액 계산 시 근저당권설정재산의 평가방법(재삼 46014-1164, 1999.6.14.)

「상속세 및 증여세법 시행령」(1998.12.31. 대통령령 제15971호로 개정) 제55조 제1항의 규정에 의하여 비상장주식평가를 위한 순자산가액을 계산할 때 당해 법인의 자산 중 근저당권이 설정된 재산에 대하여는 같은법 제66조 및 같은법 시행령 제63조에 의한 평가특례규정을 적용하여 평가하는 것임.

▶▶ 1. 장부상 계상되지 않은 감가상각비 및 충당금에 대해 비상장주식평가 시 손금인정 여부

2. 상속재산가액에서 공제되는 상속개시일 현재 피상속인이 부담할 보증채무의 범위(심사상속 99-3, 1999.5.21.)

① 비상장주식평가를 위한 순손익액 계산 시 충당금, 준비금, 감가상각비 등이 결산서에 계상되지 않았다 하더라도 손금용인액한도액까지 손비로 계상할 수 있는 것이나 「조세감면규제법」상 준비금은 손비에서 제외하는 것으로 보며 직전 3년간의 순손익가치평가 시 당기순이익이 발생하였으나 실제로 감가상각비나 충당금 등의 손금을 계상할 경우 순손실이 발생하는 경우 1주당 최근 3년간의 순손익액의 가중평균액이 영 이하로서 비상장주식 1주당 평가액은 '0'으로 봄이 타당함.

② 상속재산가액에서 공제될 피상속인의 채무는 상속개시 당시 피상속인이 종국적으로 부담하여 이행하여야 할 것이 확실하다고 인정되는 채무를 뜻하는 것으로 주채무자가 변제불능의 무자력상태에 있기 때문에 피상속인이 그 채무를 이행하지 않으면 안될 뿐 아니라 주채무자에게 구상권을 행사하더라도 변제를 받을 가능성이 없다고 인정되는 보증채무금액은 상속재산가액에서 공제할 수 있음.

③ 피상속인이 전무로 근무하던 법인의 자금사정이 어려워 자신의 주택을 담보로 하여 자금을 마련하여 법인에게 자금을 대여하였고 상속개시일 현재 법인에 대해 구상권을 행사하더라도 변제받을 수 없는 경우 차입자금은 피상속인이 부담하여야 할 채무로서 상속재산가액에서 공제함이 타당함.

④ 피상속인의 연대보증채무에 대해 피상속인 소유부동산이 경매결정되어 채권가 압류한 보증채무를 변제한 후 주채무자에 대해 대여금청구소송준비중인 경우 상속개시일 현재 피상속인의 채무로 인정할 수 없음.

⑤ 상속재산가액에서 공제가능한 피상속인의 채무는 차용사실, 구체적 사용처, 이자 및 담보에 대한 약정, 변제사실 등에 대한 입증자료 제시가 있어야 함.

▶▶ 문화재를 보유하고 있는 비상장법인의 주식평가(재경부 재산 46014－105, 1999.3.26.)

「상속세 및 증여세법」 제12조의 규정에 의하여 상속세가 비과세되는 지정문화재를 보유하고 있는 비상장법인의 주식을 상속받은 경우 상속세과세대상인 비상장법인의 주식가액은 다음의 산식에 의하여 계산함.

> 동법 제63조 제1항 제1호 다목의 규정에 의한 비상장법인의 1주당 평가액 ×(지정문화재부분을 제외한 비상장법인의 순자산가액÷비상장법인의 순자산가액)×상속인이 상속받은 주식수

▶▶ 비상장주식의 순자산가액 계산 시 자산에서 차감할 선급비용의 범위(재삼 46014－2524, 1998.12.26.)

「상속세 및 증여세법 시행규칙」 제17조 제3항 제2호의 규정에 의하여 당해 법인의 자산가액에서 차감하는 '선급비용'은 장부상 계상되어 있는 선급비용 중 기간경과 등으로 인하여 평가기준일 현재 비용으로 확정된 금액을 말하는 것임.

▶▶ 상속으로 취득한 받을어음의 회수불가능부분에 대한 상속재산평가방법(재삼 46014－2190, 1998.11.11.)

[질의]

(1) 1998.2.25. 사망한 피상속인이 생전(1997.12.23.)에 개인사업자에게 현금 150,000,000원을 대여하고 수취한 약속어음의 결재일이 1998.5.23.이었음.
(2) 상속인이 위 어음을 1998.10.2. 지급은행에 제시한바 무거래로 지급에 응할 수 없다는 확인을 받았음.
(3) 확인한바 채무자는 1998.3.25.에 최초로 부도가 나서 행방불명이고 잔여재산은 발견하지 못하고 있는 상태임.
(4) 이 경우 상속인이 상속세를 신고·납부함에 있어 위 대여금이 상속재산에 해당되는지

[회신]

「상속세 및 증여세법 시행령」 제58조 제2항의 규정에 의하여 받을어음의 가액은 원본의 가액에 평가기준일까지의 미수이자상당액을 가산한 금액에 의하는 것이나, 당해 받을어음의 전부 또는 일부가 평가기준일 현재 회수불가능한 것으로 인정되는 경우 그 가액은 산입하지 아니하는 것임. 이 경우 회수불가능 여부에 대하여는 소관세무서장이 채무자의 재산상황 등 구체적인 사실을 조사하여 판단하는 것임.

▶▶ 비상장법인의 주식평가 시 특수관계법인간 보유한 부도어음에 대한 평가(재삼 46014－2051, 1998.10.23.)

「상속세 및 증여세법 시행령」 제55조의 규정에 의하여 비상장법인의 순자산가액은 평가기준일 현재 당해 법인의 각 자산별로 「상속세 및 증여세법」 제60조 내지 제66

조의 규정에 의하여 평가한 가액의 합계액에서 부채를 차감한 가액에 의하는 것이며, 같은법 시행령 제58조 제2항의 규정에 의하여 받을어음의 가액은 원본의 가액에 평가기준일까지의 미수이자상당액을 가산한 금액에 의하는 것이나, 당해 받을어음의 전부 또는 일부가 평가기준일 현재 회수불가능한 것으로 인정되는 경우 그 가액은 산입하지 아니하는 것임. 이 경우 회수불가능 여부에 대하여는 소관세무서장이 채무자의 재산상황 등 구체적인 사실을 조사하여 판단하는 것임.

▶▶ **「상속세 및 증여세법」상 순자산가액 계산 시 외화채권, 채무를 원화로 환산할 때 적용되는 환율**(재경부 재산 46014-174, 1998.7.6.)

「상속세 및 증여세법 시행령」 제55조의 규정에 의하여 순자산가액을 계산하기 위하여 당해 법인의 외화채권·채무를 원화로 환산하는 때에는 평가기준일 현재 「외국환관리법」에 의한 기준환율 또는 재정환율에 의하는 것임.

▶▶ **보충적 평가방법에 의해 상속재산을 평가하는 경우 순자산가액의 계산방법**(심사상속 98-70, 1998.4.24.)

「상속세법」상 비상장주식의 평가에 있어서 비상장법인의 순자산가액 계산 시 사용인퇴직금추계액과 임원퇴직금추계액 전액을 부채로 인정하여 자산가액에서 차감함이 타당하므로 사용인퇴직금추계액과 임원퇴직금추계액을 부채로서 공제하지 아니한 처분은 잘못이며, 상속재산을 보충적 평가방법에 의해 평가하는 것은 시가에 가까운 가액으로 평가하기 위한 것이므로 임대차계약이 체결된 토지 및 건물가액을 임대료로 환산한 가액으로 순자산가액을 평가한 처분은 정당함.

▶▶ **순자산가치에 의해서만 주식을 평가하는 사업개시 후 3년 미만 법인의 해당 여부**(심사법인 98-82, 1998.4.24.)

「상속세법」상 유가증권의 평가 시 사업개시 후 3년 미만인 법인의 주식은 당해 법인의 순자산가액을 발행주식총수로 나눈 금액을 1주당 금액으로 하는바, 재무제표 등에서 사업개시 후 3년 미만의 법인임이 입증되므로 수익환원가치를 제외한 순자산가치를 기준으로 주당가액을 평가함이 타당함.

▶▶ **비상장주식평가 시 순자산가액산정을 위한 평가시점 판단**(재삼 46014-663, 1998.4.20.)

[질의]

비상장법인의 주식을 평가 시 '1주당 순자산가치'의 계산방법에 의문점이 있어 질의함.

가. 현행 「상속세 및 증여세법 시행령」 제55조 순자산가액의 계산방법

- 「상속세 및 증여세법」 제54조 제1항의 규정에 의한 순자산가액은 '평가기준일 현재 당해 법인의 자산을 이 법의 규정에 의하여 평가한 가액에서 부채를 차감한 가액으로 한다'라고 되어 있는바

• 평가기준일 현재 법인자산을 이 법의 규정에 의하여 평가할 때 원칙적인 방법만 제시되어 있을 뿐 구체적으로 명확히 기술되어 있지 않기 때문에 많은 혼란이 있음.

(예)

① 평가기준일이 1994.3.25. 경우 B/S상 자산 및 부채의 장부가액을 적용 시 가결산을 해야 하는지 또는 직전 사업연도말을 기준으로 하는지 여부(당해 법인의 사업연도가 12월말 법인임)

② 평가기준일이 1994.8.25. 경우 B/S상 자산 및 부채의 장부가액을 적용 시 가결산을 해야 하는지 여부(당해 법인의 사업연도가 12월말 법인임)

③ 가결산을 할 경우 언제부터 언제까지 해야 하는지 여부

나. 주식평가 시 자산에 가산하는 항목 중 유상증자 등

• 직전 사업연도말 현재의 B/S를 기준으로 하여 순자산가액을 계산하는 경우에 적용되는바

① 어떤 경우에 직전 사업연도 현재의 B/S를 기준으로 순자산가액을 적용하는지 여부

② 자본금증자를 1994.7.20. 실시하고 상속개시일(평기기준일)이 1994.8.25. 경우

• 가결산을 하면 자본금증자부분이 B/S에 반영이 되기 때문에 유상증자금액을 굳이 자산과목에 가산한다는 세법상의 규정이 필요없음.

• 가결산을 하지 않고 직전 사업연도말의 장부가액을 적용한다면 유상증자 등을 자산가액에 가산한다는 세법상의 규정이 맞음.

이상과 같이 비상장법인의 1주당 가액을 평가 시 '순자산가치'를 평가할 때 평가기준일에 따라서 가결산에 의한 자산가액과 직전 사업연도말의 자산가액을 어떻게 적용하는지 알고 싶으며 또한 가결산을 한다면 가결산기간을 어떻게 해야 하는지 여부 및 자산과목에 가산하는 유상증자 등은 직전 사업연도말을 기준할 때만 적용한다고 세법에 되어 있음.

[회신]

「상속세 및 증여세법 시행령」 제55조의 규정에 의하여 비상장법인의 순자산가액은 평가기준일 현재 당해 법인의 각 자산별로 동법 제60조 내지 제66조의 규정에 의하여 평가한 가액의 합계액에서 부채를 차감한 가액에 의하는 것이며, 평가기준일이 속하는 사업연도의 직전 사업연도 현재 대차대조표에 의하여 순자산가액을 계산하는 것은 아님.

▶▶ 「상속세 및 증여세법」상 비상장주식평가 시 자산재평가차익 및 예·적금이자 등에 대한 법인세 및 주민세상당액의 부채인정 여부(재경부 재산 46014-25, 1998.4.3.)

① 「상속세 및 증여세법 시행규칙」 제17조 제3항 제3호 가목에서 '평가기준일까지

발생된 소득에 대한 법인세액, 법인세액의 감면액 또는 과세표준에 부과되는 농어촌특별세 및 소득할주민세액'이라 함은 평가기준일 현재 「법인세법」 등에 의하여 실제 납부하여야 할 법인세액 등을 말하는 것임.

② 따라서 「법인세법」 제15조 제1항 제5호의 규정에 의하여 익금에 산입하지 않은 고정자산의 평가익에 대한 법인세상당액은 「상속세 및 증여세법 시행령」 제55조 제1항에 규정하는 부채에 포함되지 않는 것이며

③ 당해 법인의 이자소득에 대하여 원천징수되는 법인세액 등은 「상속세 및 증여세법」 제63조 제4항의 규정에 의하여 자산가액의 평가 시 감안되는 것이기 때문에 같은법 시행령 제55조 제1항에 규정하는 부채에는 해당되지 않는 것임.

▶▶ 합병 시에 합병차손을 영업권으로 계상한 경우 합병법인의 상속세법상 주식가치평가를 위한 순자산가치 계산 시 영업권을 포함하는지 여부(재삼 46014-2334, 1997.10.2.)

「상속세 및 증여세법 시행령」(1996.12.31., 대통령령 제15193호로 개정된 것) 제55조의 규정을 적용함에 있어서 영업권상당금액은 당해 법인의 순자산가액에 포함되는 것임.

▶▶ 순자산가액의 계산 시 부채로 공제되는 비상장주식 평가기준일 현재의 퇴직금추계액의 장부상 반영 여부(재삼 46014-1654, 1997.7.4.)

「상속세 및 증여세법 시행령」 제55조(1996.12.31. 대통령령 제15193호로 개정된 것) 및 동법 시행규칙 제17조 제3항 제3호 다목의 규정은 당해 법인의 장부에 계상하였는지 여부에 관계없이 적용되는 것임.

▶▶ 토지조성공사 중에 있는 토지의 취득시기와 개별공시지가가 없는 토지의 평가방법에 대한 질의(재삼 46014-681, 1997.3.21.)

① 비상장주식을 평가함에 있어서 당해 법인의 자산가액은 각각의 재산별로 평가기준일 현재 시가에 의하여 평가한 가액의 합계액으로 하고, 연불조건으로 취득한 재산으로서 상환완료 전에 있는 재산은 그 평가가액에서 미상환금을 채무로 공제하는 것이며, 부동산을 취득할 수 있는 권리의 가액은 평가기준일까지의 불입금액과 프리미엄을 합한 가액으로 평가하는 것임.

② 조성공사 중에 있는 토지의 취득시기 및 개별공시지가가 없는 토지의 평가방법은 다음의 질의회신문을 참조바람.

※참고예규 : 재일 46014-2676, 1996.12.3.

① 대지의 조성공사 중에 토지의 매매계약을 체결하고 매매대금을 3회 이상 분할하여 지급하는 것 중 그 매매대금의 첫회 부불금지급일이 1993.12.31. 이전이고 대금청산일 이전에 당해 토지를 사용수익하는 경우로서 그 사용수익한 날의 다음날부터 최종부불금지

급기일까지의 기간이 2년 이상인 경우에는 구 「소득세법 시행령」(1993.12.31. 개정되기 전의 것) 제53조 제1항 제3호 및 「소득세법 시행령」 부칙(1993.12.31. 대통령령 제14083호) 제11조 규정에 따라 연불조건에 따른 취득시기가 적용되어 첫회 부불금지급일을 그 취득시기로 하는 것이나 사용수익한 기간이 2년 미만이면 연불조건에 해당하지 아니하여 대금을 청산한 날을 그 취득시기로 하는 것임.

② 다만, 위에 따라 취득시기로 적용하는 첫회 부불금지급일 또는 잔금청산일에 그 목적물이 완성 또는 확정되지 아니한 경우에는 그 목적물이 완성 또는 확정된 날을 취득시기로 하되, 그 목적물이 완성 또는 확정되기 전에 당해 목적물을 사실상 사용하는 경우에는 그 사실상 사용일을 양도 또는 취득시기로 함.

▶▶ 주택건설업체가 건설업회계기준에 따라 재고자산으로 분류한 토지의 평가방법(재삼 46014-2910, 1996.12.31.)

[질의]

당 회사는 주택건설업을 주업으로 하고 있는 비상장법인임. 「상속세법 시행령」 제5조 제6항 제1호 '다'목의 규정에 따라 당사와 같은 비상장법인의 1주당 가액을 산정할 때 적용하는 순자산가액의 평가는 동 조항 '라'목에 의하면 '상속개시일 현재의 재산을 법 제9조의 규정에 의하여 평가한 가액에서 부채를 공제한 것으로 하되, 그 평가는 총리령에 정하는 공신력 있는 감정기관의 시가감정서에 의할 수 있다'고 규정하고 있음.

이와 관련하여 당사 재산을 법 제9조의 규정에 의하여 평가할 때 당사와 같은 건설회사가 건설업회계기준(증권관리위원회 개정)에 따라 재고자산으로 분류하고 있는 용지(혹은 건설용지)의 평가방법에 대하여 아래와 같은 두 가지 설이 있음.

〈갑설〉 건설회사가 보유하고 있는 건설용지는 비록 토지라 하더라도 건설업회계기준에 따라 상품·제품 등과 같이 유동자산의 재고자산으로 분류되어야 하므로 「상속세법 시행령」 제5조 제2항 제4호의 규정에 따라 평가하여야 함.

〈을설〉 건설회사가 보유하고 있는 건설용지는 비록 건설업회계기준에 따라 상품·제품 등과 같이 유동자산의 재고자산에 분류되었다고 하더라도 실질적으로는 토지이고, 또한 「상속세법 시행령」 제5조 제2항 제4호에서 규정하고 있는 유형재산은 상품·제품 및 기타 이에 준하는 동산 등을 의미하는 것으로 판단되는바, 건설용지는 부동산으로서 「상속세법 시행령」 제5조 제2항 제1호의 규정에 따라 평가하여야 함.

[회신]

귀 질의의 경우 '을설'이 타당한 것임.

※참고조문 : 상속재산평가준칙 제30조【상품, 제품, 반제품, 원재료 기타 이에 준하는 동산】

① 상품 등의 가액은 평가기준일 현재의 재취득가액에 의하여 평가한다. 이 경우 부가가치세과세사업자의 사업용 재고자산의 재취득가액에는 부가가치세는 포함하지 아니한다.

② 상품 등의 평가단위는 재고자산의 종류별, 품목별로 구분하여 사업장별로 평가한다.

상속재산평가준칙 제33조【매매목적의 부동산】부동산매매업자가 매매를 목적으로 소유하는 부동산은 당해 부동산의 평가방법에 의한다.

▶▶ 비상장주식과 출자지분의 평가에 있어서 순자산가액 계산 시 부채의 범위(재삼 46014-815, 1996.3.28.)

[질의]

「상속세법」 제9조 제2항, 동법 시행령 제5조 제6항 제1호 나목과 다목에 있어서 증권거래소에 상장되지 아니한 주식과 출자지분의 평가에 있어서 순자산가액은 상속개시일 현재의 재산을 이 영이 정하는 바에 의하여 평가한 가액에서 부채를 공제한 것으로 한다고 규정되어 있는데, 여기에서 부채는 당해 법인의 주주, 임원의 단기채무(가수금)도 포함되는지

[회신]

「상속세법 시행령」 제5조 제6항 제1호 라목 규정의 '부채'에는 당해 법인의 주주·임원에 대한 가수금이 포함되는 것임.

▶▶ 감정평가법인에 의해 담보제공목적으로 평가된 감정평가액으로 상속재산가액평가를 갈음할 수 있는지 여부(재삼 46014-695, 1996.3.14.)

증여재산인 비상장주식을 평가함에 있어서 증여일 전후 6개월 이내에 당해 법인의 토지에 대한 공신력 있는 감정기관의 감정가액이 작성되어 있어 확인되는 경우 그 가액은 감정평가목적에 관계없이 「상속세법」 제9조 제2항에 규정하는 시가로 볼 수 있는 것임.

▶▶ 비상장주식의 평가 시 순자산가액에 세무조정계산서 중 자본금과 적립금조정명세서상의 공사부담금 관련 유보액이 포함되는지 여부(재삼 46014-2500, 1995.9.22.)

[질의]

당사는 제조업(도시가스)을 영위하고 있는 중소기업임.

비상장주식을 평가함에 있어 순자산가액평가 시 세무조정계산서 중 자본금과 적립금조정명세서상의 유보액 중 공사부담금(일시상각충당금)과 공사부담금(일시상각충당금)의 감가상각비의 유보액이 순자산가액에 포함되는지 여부에 있어 아래와 같은 양설이 있어 질의함.

〈갑설〉 공사부담금 관련 유보액은 순자산가액에 포함됨.

(이유) 「상속세법」상 자산에 추가되는 「법인세법」상 유보금액 중 제외되는 것은 부채가액 계산 시 부채에서 제외되는 가액인 제 준비금 및 제 충당금에 대한 유보액과 「상속세법 시행령」 제5조의 규정에 의하여 평가한 가액에 포함된 유보액만을 뜻하므로 공사부담금 관련 유보액은 순자산가액에 포함됨.

〈을설〉 공사부담금 관련 유보액은 순자산가액에 포함되지 아니함.

〈질의자 의견〉 「조세감면규제법」상의 제 준비금은 순자산가액계산 시 부채로 보지 아니하므로 동 준비금 관련 유보액은 순자산가액 계산 시 당연히 제외되나, 동 규정을 「법인세법」상 공사부담금 관련 유보액까지 확장해석하여 순자산가액 계산 시 제외하는 것은 조세기본원리에 맞지 않는다고 사료되며, 「상속세법」 통칙 54…9(순자산가액계산 시 보험준비금의 부채범위)에서도 「법인세법」상 준비금인 「보험업법」 규정에 의한 책임준비금과 비상위험준비금은 순자산가액 계산 시 손금으로 인정하고 있으므로 순자산가액 계산 시 제외되는 유보금액은 조세감면규제법상의 제 준비금 관련 유보금액으로 한정된다고 생각되어 「법인세법」상의 공사부담금 관련 유보액은 순자산가액에 포함된다고 사료됨.

[회신]

비상장주식을 평가함에 있어서 당해 법인의 순자산가액에는 세무조정계산서 중 자본금과 적립금, 조정명세서상의 공사부담금 관련 유보액이 포함되는 것임.

5 비상장 외국법인 주식평가

5.1 개 요

비상장 외국법인의 주식을 평가할 때 순자산가액 및 순손익액의 계산은 국내법인과 같이 「상속세 및 증여세법」 제63조 및 같은법 시행령 제54조 내지 제56조의 규정에 의하여 평가한 후 평가기준일 현재의 「외국환거래법」에 의한 기준환율 또는 재정환율에 의하여 환산한 가액으로 평가한다(재산상속 46014-1829, 1999.10.13.). 외국에 있는 상속 또는 증여재산으로서 법 제60조 내지 법 제65조의 규정을 적용하는 것이 부적당한 경우에는 당해 재산이 소재하는 국가에서 양도소득세 · 상속세 또는 증여세 등의 부과목적으로 평가한 가액을 평가액으로 한다.

5.2 감정가액의 적용

외국에 있는 상속 또는 증여재산으로서 그 평가액이 없는 경우에는 세무서장등이 2이상의 국내 또는 외국의 감정기관에 의뢰하여 감정한 가액을 참작하여 평가한 가액에 따른다. 상속 또는 증여재산이 주식등인 경우에 감정기관은 「자본시장과 금융투자업에 관한 법률」 제335조의 3에 따라 신용평가업인가를 받은 신용평가전문기관, 「공인회계사법」에 따른 회계법인 또는 「세무사법」에 따른 세무법인을 포함한다. 국외주식에 대한 평가제도 합리화를 위하여 개정한 것으로 2022.2.15. 이후 상속이 개시되거나 증여받는 분부터 적용한다.

논점 – 외국 소재 비상장법인 주식평가

1. 현황

외국에 소재하는 비상장법인 주식거래는 해당 국가의 세법을 적용하거나 거래당사자 사이의 다양한 사정 등을 고려하여 거래하게 되어 해당 국가의 평가전문기관에서 평가한 가액으로 거래할 수도 있다. 반면에 국내 세법에서는 「상속세 및 증여세법」 제60조 내지 제65조의 규정을 적용하는 것을 원칙으로 하고, 이 방법이 부적당한 경우에는 당해 재산이 소재하는 국가에서 양도소득세·상속세 또는 증여세 등의 부과목적으로 평가한 가액을 적용하도록 하고 있다(상증령 §58의 3 ①). 이러한 규정으로 과세관청에서는 외국 비상장법인 주식은 특별한 사정이 없는 한 「상속세 및 증여세법」 제63조 및 같은 법 시행령 제54조에 따라 평가하여 과세하게 된다. 이 경우에 외국 비상장법인 주식의 거래와 관련하여 시가적용 차이로 과세당국과 납세자 사이에는 분쟁이 발생할 수 있다. 이러한 점을 고려하여 외국 비상장주식 거래와 관련한 법령과 판례 등의 추이를 분석하여 과세당국과 분쟁을 예방하는 방안을 정리하고자 한다.

2. 관련 법령

「상속세 및 증여세법 시행령」 제58조의 3(국외재산에 대한 평가)

① 외국에 있는 상속 또는 증여재산으로서 법 제60조 내지 법 제65조의 규정을 적용하는 것이 부적당한 경우에는 당해 재산이 소재하는 국가에서 양도소득세 · 상속세 또는 증여세 등의 부과목적으로 평가한 가액을 평가액으로 한다.

② 제1항의 규정에 의한 평가액이 없는 경우에는 세무서장 등이 2 이상의 국내 또는 외국의 감정기관에 의뢰하여 감정한 가액을 참작하여 평가한 가액에 의한다.

3. 분쟁사례

사례1(조심 2013전1528, 2014.12.29.)

국내법인이 미국법인(특수관계)으로부터 태국법인 주식을 DCF법으로 평가하여 매입한 것이 고가매입(보충적 평가)이라고 보아 이전가격 과세(익금산입, 임시유보)한 사안에서 심판원은 "청구법인이 DCF법을 적용하면서 쟁점법인의 매출액 추정시 보수적으로 접근하여 쟁점주식의 가치를 저평가한 측면은 있으나, 자본구조 평가시 쟁점법인이 무차입 법인임에도 '타인자본/(자기자본+타인자본)'비율을 12.5%로 계상하여 할인율이 17%에서 15%로 과소 계상됨에 따라 쟁점주식이 과다평가된 것으로 볼 수 있는 점, 2007년도에 청구법인의 의뢰로 UBS Investment Bank 및 ㅇㅇ회계법인이 작성한 주식평가보고서에서 청구법인의 해외법인 주식을 DCF법 중에서 자본자산가격결정모형(CAPM)으로 평가하거나 상증법상 보충적 평가방법으로 평가한 사실 및 청구법인의 2013.3.29. 공시 주요사항 보고서에서 해외

비상장법인 등 18개 관계회사 주식 양수도와 관련하여 상증법상 보충적 평가방법에 의하여 평가한 것으로 확인되는 반면, 청구법인은 쟁점주식 및 쟁점외주식에 대하여만 DCF법 중 직접법을 적용한 것으로 나타나는 점 등에 비추어 처분청이 적용한 상증법상 보충적 평가방법이 합리적인 방법이라 할 것"이라고 판단함.

사례2(대전고법 2011.9.8. 선고 2010누359 판결)
원고(거주자)가 국내법인(53.2%)과 미국법인(100%)의 대주주이고, 미국법인 유상증자시 원고가 포기한 실권주를 국내법인이 인수한 사안에서 피고는 이를 상증법상 보충적 평가액으로 시가를 산정하여 국내법인이 고가매입하였다고 보아 원고에게 증여세를 과세한데 대하여 법원은 "미국에 있는 비상장법인의 '증자전 1주당 평가가액'을 구 「상속세 및 증여세법 시행령」 제54조 소정의 보충적 평가방법에 의하여 평가하는 것이 부적당하지 아니하다는 점을 인정할 아무런 증거가 없음에도 위 보충적 평가방법을 그대로 적용하여 산정한 1주당 순손익가치(외국환거래법에 의한 기준환율로 환산한 금액)를 미국법인의 '증자 전 1주당 평가가액'으로 보고 증여의제가액을 산정하였으니, 피고의 이러한 증여의제가액 산정방법은 위법하다고 할 것"이라고 판단

사례3(서울행정법원 2017.7.20. 선고 2015구합71822 판결)
국내법인(원고)이 중국자회사 임원에게 원고 소유 중국자회사 주식 10%를 무상으로 이전한 데 대해 피고가 이를 상증법상 보충적 평가방법으로 평가한 시가상당액을 비지정기부금으로 보아 손금불산입한 사안에서 법원은 "중국 임원에게 무상양도한 이 사건 주식은 손금에 산입되지 아니하는 비지정기부금에 해당한다고 봄이 상당하나, 외국에 있는 비상장법인의 주식은 구 「상속세 및 증여세법 시행령」 제54조 등에서 정한 보충적 평가방법을 그대로 적용하는 것이 '부적당하지 않은 때'에 한하여 그 보충적 평가방법을 적용할 수 있고, 위 보충적 평가방법을 적용하는 것이 '부적당하지 않다'는 점에 관한 증명책임은 과세관청에게 있고, 이 사건 변론종결시까지 제출된 자료들만으로 원고에게 부과될 정당한 세액을 산출할 수 없으므로, 이 법원으로서는 원고가 취소를 구하는 금액 전부를 취소할 수밖에 없다"고 판단함.

사례4(수원지방법원 2015.8.13. 2014구합54470 판결)
국내법인(원고)이 미국법인 주식을 홍콩법인(특수관계)에 양도한 데 대하여, 피고가 이는 국제거래에 해당하며, 상증법상 보충적 평가방법*에 의하여 정상가격을 산정한 후 저가양도하였다고 보고 이전가격 과세한 사안에서 법원은 "위 보충적 평가방법에 따라 이 사건 쟁점주식의 가액을 평가하는 것이 부적당하지 않다는 점을 입증할 아무런 증거가 없으므로 피고가 위 보충적 평가방법을 적용하여 이 사건 쟁점주식의 가액을 산정한 것은 그 자체로 위법하다"고 판단함(*피고는 동 평가방법을 구 「국조법」 제5조 제1항 제4호, 같은 법 시행령 제4조 제4호에서 정한 '기타 거래의 실질 및 관행에 비추어 합리적이라 인정되는 방법'이라고 판단).

03

사례5(조심 2018서3442, 2019.3.5.)
결손법인인 베트남 법인A[주주 베트남 법인B, 내국법인(청구법인)]의 유상증자 시 내국법인이 자신의 대여금채권 등을 출자전환한 데 대하여, 처분청이 베트남 법인A의 주식평가액을 0원(상증법 보충적평가)이라고 보고, 「법인세법」 제52조 부당행위계산부인 규정을 적용하여 쟁점금액을 손금산입(유보)하는 한편, 동 금액을 현지법인에 귀속된 것으로 보아 익금산입(기타소득)으로 경정한 사안에서 심판원은 "청구법인이 현지법인의 쟁점유상증자에 출자전환 및 현물출자를 한 것은 국제거래이므로 다른 법률보다 우선하여 국조법을 적용하여야 하고, 정상가격을 기준으로 과세표준과 세액을 결정하여야...(중략)... 현지법인의 쟁점유상증자 시 청구법인과 특수관계가 없는 베트남측 주주(베트남법인A)도 균등증자에 참여하였고, 청구법인도 같은 조건으로 현지법인에 대한 채권 등을 증자대금으로 납입하여 출자지분을 취득하는 등...(중략)... 비교가능 제3자 가격이 있으므로 청구법인이 출자전환과 현물출자로 취득한 주식가액을 정상가격으로 볼 수 있는 점 등에 비추어...(중략)... 처분청이 법인세법상 부당행위계산부인 규정을 적용하여 과세한 처분은 잘못이 있다"고 판단함.

사례6(대법원 2020.12.10.선고 2018두56602 판결)
내국법인이 케이만 소재 법인의 주식을 유상증자로 취득한 데 대하여 피고가 이 사건 주식의 취득가액을 구 「법인세법 시행령」 제72조 제1항 제6호에 따라 취득 당시의 시가인 '0원'으로 보아 유상증자 금액만큼 손금산입(유보)하는 동시에 「법인세법 시행령」 제88조 제1항 제8의2 부당행위계산부인 규정을 적용하여 유상증자금액만큼 익금산입(기타사외유출)한 사안에서 법원은 "원고는 이 사건 유상증자금액을 지급하고 이 사건 주식을 취득하였으므로, 이 사건 주식취득가액은 구 「법인세법」 제41조 제1항 제3호, 구 「법인세법 시행령」 제72조 제1항 제6호에 따른 시가인 '0원'으로 볼 수 없고, 구 「법인세법」 제41조 제1항 1호, 구 「법인세법 시행령」 제72조 제1항 제1호에 따라 이 사건 유상증자금액이 된다"고 판단함.

4. 시사점

외국 비상장법인 주식에 대한 시가는 실무적으로 또는 과세관청에서는 원칙적으로 「상속세 및 증여세법」 제63조 및 같은 법 시행령 제54조에 따라 평가하게 된다. 이러한 규정에 따라 보충적평가방법으로 평가한 가액을 시가로 결정한 사례에 대해 조세심판원 단계에서는 시가로 인정한 사례(조심, 2013전1528, 2014.12.29.)가 있기는 하나 특수한 사정이 있는 경우이고, 이를 일반화하기는 어려운 것으로 판단된다. 법원에서는 "「상속세 및 증여세법」 제54조 등에서 정한 보충적 평가방법을 그대로 적용하는 것이 '부적당하지 않은 때'에 한하여 그 보충적 평가방법을 적용할 수 있고, 위 보충적 평가방법을 적용하는 것이 '부적당하지 않다'는 점에 관한 증명책임은 과세관청에 있다"(대법원 2017두62716 ; 대법원 2007두5646 ; 서울행정법원 2015구합71822 ; 수원지방법원 2014구합54470 등)라고 보고 있다.

이러한 판례 등을 고려하면 외국 비상장주식에 대한 시가를 적용할 때 「상속세 및 증여세법」 제60조 내지 제65조의 규정을 적용하는 것이 부적당한 경우에는 다른 합리적인 방법을 적용하여 평가할 수 있는 것으로 보인다. 그렇지만 「상속세 및 증여세법」 제60조 내지 법 제65조의 규정을 적용하는 것이 '부적당하지 않다'는 점에 관한 증명책임은 과세관청에 있다고는 하나 과세당국과 분쟁 방지를 위해서는 해당 법인의 특수한 사정 등의 입증과 해당 분야의 평가전문가가 평가한 가액으로 거래하는 것이 바람직하다고 판단된다.

예규

▶▶ 국외 비상장법인의 주식가액을 산정함에 있어 보충적 평가방법을 적용하는 것이 부적당하지 아니하다는 점에 대한 입증책임 당부(대법2021두41945, 2021.9.30.)

외국에 있는 비상장주식을 보충적 평가방법으로 평가하여 적용하는 것이 부적당하지 아니하다는 점에 대한 입증책임은 과세관청에 있으며 이에 대한 입증 없이 이루어진 과세처분은 위법함.

▶▶ 외국법인이 발행한 비상장주식 평가시 각사업연도 소득에서 차감할 법인세액(재산-296, 2011.6.17.)

외국법인이 발행한 비상장주식을 보충적으로 평가하는 경우는 한국 기업회계기준과 법인세법을 적용하며, 순손익계산시 차감하는 법인세액은 그 법인이 실제 납부하였거나 납부할 세액을 적용하는 것임.

▶▶ 외국법인이 발행한 비상장주식을 평가하는 경우 순손익액의 계산 시 각 사업연도소득에서 차감하는 사업연도의 법인세액은 법인이 실제 납부하였거나 납부해야 할 세액을 적용하는 것임(재산세과-311, 2011.6.29. ; 서면4팀-2557, 2007.8.31.)

1. 비상장외국법인의 주식을 평가할 때 순자산가액 및 순손익액의 계산은 국내법인과 같이 「상속세 및 증여세법」 제63조 및 같은법 시행령 제54조 내지 제56조의 규정에 의하여 평가한 후 평가기준일 현재의 「외국환거래법」에 의한 기준환율 또는 재정환율에 의하여 환산한 가액으로 하는 것임.
2. 귀 질의와 관련있는 내용의 예규(재산상속 46014-1829, 1999.10.13. 외 4건)와 조세법령을 참고하기 바람.

   참고예규 : ① 재산상속 46014-1829(1999.10.13.)

   비상장외국법인의 주식을 평가할 때 순자산가액 및 순손익액의 계산은 국내법인과 같이 「상속세 및 증여세법」 제63조 및 같은법 시행령 제54조 내지 제56조의 규정에 의하여 평가한 후 평가기준일 현재의 「외국환거래법」에 의한 기준환율 또는 재정환율에 의하여 환산한 가액으로 하는 것임.

03

② 재경부재산 46014-174(1998.7.6.)
「상속세 및 증여세법 시행령」 제55조의 규정에 의하여 순자산가액을 계산하기 위하여 당해 법인의 외화채권·채무를 원화로 환산하는 때에는 평가기준일 현재 「외국환관리법」에 의한 기준환율 또는 재정환율에 의하는 것임.
③ 서면4팀-1862(2005.10.12.)
「상속세 및 증여세법」상 재산의 평가는 당해 재산의 소재지국에 관계없이 「상속세 및 증여세법」 제60조 내지 제66조의 규정에 의하여 평가하는 것이며, 외국법인이 발행한 비상장주식을 같은법 시행령 제54조의 규정에 의하여 평가하는 경우 '최근 3년간의 순손익액'은 내국법인과 동일하게 「법인세법」 제14조의 규정에 의한 각사업연도 소득에 「상속세 및 증여세법 시행령」 제56조 제3항 제1호의 규정에 의한 금액을 가산한 금액에서 같은항 제2호의 규정에 의한 금액을 차감하여 계산하는 것임.
④ 서일 46014-11604(2003.11.10.)
「상속세 및 증여세법」상 재산의 평가는 당해 재산의 소재지국에 관계없이 「상속세 및 증여세법」 제60조 내지 제66조의 규정에 의하여 평가하는 것이며, 외국법인이 발행한 비상장주식을 같은법 시행령 제54조의 규정에 의하여 평가하는 경우 순자산가액은 당해 법인의 자산을 같은법 제60조 내지 제66조의 규정에 의하여 평가한 가액에서 부채를 차감한 가액이 되는 것임. 다만, 외국법인의 순자산가액을 같은법 제60조 내지 제66조의 규정에 의하여 평가하는 것이 부적당한 경우에는 같은법 시행령 제58조의 3의 규정에 의하여 당해 재산이 소재하는 국가에서 양도소득세·상속세 또는 증여세 등의 부과목적으로 평가한 가액을 평가액으로 하는 것임.
⑤ 서면4팀-1559(2004.10.5.)
「상속세 및 증여세법 시행령」 제55조의 규정에 의하여 비상장법인의 순자산가액은 자산의 소재지국에 관계없이 평가기준일 현재 당해 법인의 자산을 같은법 제60조 내지 제66조의 규정에 의하여 평가한 가액에서 부채를 차감한 가액으로 하는 것이며, 당해 법인의 자산을 같은법 제60조 제3항 및 제66조의 규정에 의하여 평가한 가액이 장부가액보다 적은 경우에는 장부가액보다 적은 정당한 사유가 있는 경우를 제외하고는 장부가액으로 평가하는 것임. 이 경우 평가대상 법인이 비상장외국법인이 발행한 주식을 보유하고 있는 경우로서 당해 주식을 같은법 제60조 내지 제65조의 규정을 적용하여 평가하는 것이 부적당한 경우에는 같은법 시행령 제58조의 3 제1항 및 제2항의 규정을 순차적으로 적용하여 평가할 수 있는 것이며, 평가대상 법인이 외국법인의 최대주주에 해당하는 경우에는 같은법 제63조 제3항의 규정에 의하여 할증평가하는 것임.

▶▶ 내국법인이 100% 출자하고 있는 외국법인이 발행한 비상장주식의 순자산가치평가방법(서일 46014-11604, 2003.11.12.)

「상속세 및 증여세법」상 재산의 평가는 당해 재산의 소재지국에 관계없이 「상속세 및 증여세법」 제60조 내지 제66조의 규정에 의하여 평가하는 것이며, 외국법인이 발행한 비상장주식을 같은법 시행령 제54조의 규정에 의하여 평가하는 경우 순자산가액은 당해 법인의 자산을 같은법 제60조 내지 제66조의 규정에 의하여 평가한 가액에서 부채를 차감한 가액이 되는 것임. 다만, 외국법인의 순자산가액을 같은법 제60조 내지 제66조의 규정에 의하여 평가하는 것이 부적당한 경우에는 같은법 시행령 제58조의 3의 규정에 의하여 당해 재산이 소재하는 국가에서 양도소득세·상속세 또는 증여세 등의 부과목적으로 평가한 가액을 평가액으로 하는 것임.

▶▶ 과소자본세제 적용 시 자산유동화전문회사의 국외지배주주가 담보한 주식가치의 산정(국업 46017-582, 2000.12.8.)

국외지배주주인 외국법인이 담보한 비상장내국법인의 주식가치산정은 「상속세 및 증여세법」 제60조(평가의 원칙 등)의 규정을 준용하여 계산하는 것임.

※참고예규 : 국업 46522-530, 2000.11.9.

「자산유동화에 관한 법률」에 의하여 설립된 자산유동화전문회사가 이자률연동부채권(FRN)을 발행하여 국내의 금융기관으로부터 자금을 차입 시 당해 유동화전문회사의 국외지배주주가 보유한 주식을 담보로 제공하는 경우 동 자금의 차입이 「국제조세조정에 관한 법률」 제15조의 규정에 의한 제3자개입거래에 해당되지 않는다면 유동화전문회사가 국내금융기관으로부터 차입한 금액 중 국외지배주주가 담보한 주식의 가치에 상당하는 금액은 「국제조세조정에 관한 법률」 제14조 제1항에서 규정하는 '국외지배주주의 지급보증에 의하여 제3자로부터 차입한 금액'에 해당하는 것임.

▶▶ 외국법인의 비상장주식평가방법(재경부 재산 46014-139, 2000.5.4.)

외국법인이 발행한 주식을 1997년 중 특수관계에 있는 법인간 매매함에 있어 시가를 초과하거나 미달하게 매매한 경우에는 그 법인의 소득에 대한 조세의 부담을 부당히 감소시킨 것으로 보아 「법인세법」(1998.12.28. 법률 제5581호로 개정되기 전의 것) 제20조 및 동법 시행령(1998.12.31. 대통령령 제15970호로 개정되기 전의 것) 제46조의 규정에 의하여 그 법인의 각 사업연도의 소득을 계산할 수 있는 것임. 이 경우 당해 주식에 대한 시가가 불분명한 경우에는 「상속세 및 증여세법」(1998. 12.28. 법률 제5582호로 개정되기 전의 것) 제63조의 규정에 의하여 평가한 가액에 의하는 것이며 당해 규정에 의한 평가가 사실상 불가능한 경우에는 외국법인이 소재하고 있는 국가의 「상속세법」 또는 「증여세법」 등에서 정하는 평가방법으로 평가할 수 있는 것임.

6 영업권의 가산

6.1 의 의

회계상으로 영업권은 무형고정자산에 속한다. 무형고정자산은 식별가능하고 기업이 통제가능하며 미래경제적효익이 있는 비화폐성자산을 말하는데, 법률적 또는 계약상 권리로 존재하는 것도 있고 경제적 사실상의 권리로 존재하는 것도 있다. 영업권은 사실상의 권리에 속한다. 일반적으로 영업권은 영업의 양수나 합병 시에 지급하는 대가의 일부를 사실상의 권리로서 인정하는 것이다.

오늘날 영업권의 개념은 초과이익개념, 잔여개념, 조직가치개념 등으로 설명하고 있다. 그중 초과이익개념은 회계상 동일 또는 유사한 산업에 있어서 장래 기대되는 이익이 정상이익을 초과하는 이익의 개념으로서 현행 「상속세 및 증여세법」에서 적용하는 개념이다. 최근 3년간의 순손익액의 가중평균액을 기준으로 초과이익을 산정하여 이를 자본환원율로 할인하여 평가한 것을 영업권으로 인식하고 있다.

6.2 평가방법

영업권의 평가는 다음 산식에 의하여 계산한 초과이익금액을 평가기준일 이후의 영업권지속연수(원칙적으로 5년)를 감안하여 기획재정부령이 정하는 방법에 의하여 환산한 가액에 의한다. 다만, 매입한 무체재산권으로서 그 성질상 영업권에 포함시켜 평가되는 무체재산권의 경우에는 이를 별도로 평가하지 아니하되, 당해 무체재산권의 평가액이 환산한 가액보다 큰 경우에는 당해 가액을 영업권의 평가액으로 한다(상증령 §59 ②).

영업권의 평가는 초과이익개념을 적용하되, 영업권 지속연수는 원칙적으로 5년으로 보아 5년간의 초과이익을 자본환원율(10%)로 환원하여 영업권을 평가하도록 하고 있다.

> [최근 3년간(3년에 미달하는 경우에는 당해 연수)의 순손익액의 가중평균액×50%
> −(평가기준일 현재의 자기자본×기획재정부령이 정하는 이자율(10%)]
> ×3.7908(기간 5년, 이자율 10%의 정상연금 현가계수)

[평가심의위원회 운영규정 별지 제4호 서식 부표3] (2021.3.4. 개정)

(단위 : 원) (제5쪽)

6. 영업권

가. 평가기준일 이전 3년간 순손익액의 가중평균액		(①×3 + ②×2+③) /6
① 평가기준일 이전 1년이 되는 사업연도 순손익액		
② 평가기준일 이전 2년이 되는 사업연도 순손익액		
③ 평가기준일 이전 3년이 되는 사업연도 순손익액		
나. 가 × 50%		
다. 평가기준일 현재 자기자본		
라. 기획재정부령이 정하는 이자율		10%
마. 다 × 라		
바. 영업권 지속연수		5년
사. 영업권 계산액 $\sum_{n=1}^{n} = [\frac{(나-마)}{(1+0.1)^n}]$ n은 평가기준일부터의 경과연수		
아. 영업권 상당액에 포함된 매입한 무체재산권가액 중 평가기준일까지의 감가상각비를 공제한 금액		
자. 영업권 평가액 (사 − 아)		제2쪽 4. 순자산가액 "라" 기재

작 성 방 법

1. 순자산가액에 가산하는 영업권은 「상속세 및 증여세법 시행령」 제59조 제2항에 따른 평가액을 말합니다.
2. 아래의 경우에는 영업권 평가액을 순자산가액에 가산하지 않습니다.
 가. 「상속세 및 증여세법 시행령」 제54조 제4항 제1호·제3호에 해당하는 경우
 나. 「상속세 및 증여세법 시행령」 제54조 제4항 제2호에 해당하는 경우. 다만, 다음에 모두 해당하는 경우는 제외합니다.
  ① 개인사업자가 「상속세 및 증여세법 시행령」 제59조에 따른 무체재산권을 현물출자하거나 「조세특례제한법 시행령」 제29조 제2항에 따른 사업 양도·양수의 방법에 따라 법인으로 전환하는 경우로서 그 법인이 해당 사업용 무형자산을 소유하면서 사업용으로 계속 사용하는 경우
  ② ①에 따른 개인사업자와 법인의 사업 영위기간의 합계가 3년 이상인 경우

210mm×297mm[일반용지 70g/㎡(재활용품)]

6.2.1 최근 3년간의 순손익액의 가중평균액

최근 3년간의 순손익액의 가중평균액(다음의 제5장 참조)은 비상장주식의 평가 시에 1주당 순손익가치를 계산하는 과정에 계산되는 최근 3년간의 순손익액의 계산방법을 준용하여 평가한다. 즉, 비상장주식 평가 시의 순손익계산서상의 ⑲란의 순손익액과 일치한다. 다만, 당해 법인이 사업개시 후 3년 미만이거나 일시우발적사건에 의하여 최근 3년간의 순손익액이 비정상적으로 증가하는 등의 사유로 최근 3년간 순손익의 가중평균액이 불합리한 것으로 기획재정부령이 정하는 경우에는 기획재정부령이 정하는 신용평가전문기관 또는 「공인회계사법」에 의한 회계법인, 「세무사법」에 의한 세무법인 중 2 이상의 신용평가전문기관 또는 회계법인이 기획재정부령이 정하는 기준에 따라 산출한 추정이익의 평균가액을 적용하는 경우에는 그 추정이익의 평균가액에 의하여 평가할 수 있다. 이 경우 그 가액이 '0' 이하인 경우에는 '0'으로 한다.

6.2.2 평가기준일 현재 자기자본

평가기준일 현재의 자기자본이란 세무상의 자기자본을 의미하므로 순자산가액계산서상의 자산총계에서 부채총계를 공제하여 계산한 금액을 말한다. 순자산가액은 영업권 포함 전의 순자산가액을 의미한다. 순자산가액계산서상의 자산총계에서 부채총계를 공제한 영업권 포함 전 순자산가액인 자기자본이 '0' 이하인 경우에는 '0'으로 한다. 자기자본을 확인할 수 없는 경우에는 다음의 산식에 의하여 계산한 금액 중 많은 금액을 적용한다. 자기자본이익률 및 자기자본회전율은 한국은행이 업종별, 규모별로 발표한 자기자본이익률 및 자기자본회전율을 말한다(상증령 §59 ⑦).

자기자본=Max(①, ②)
① 사업소득금액 / 자기자본이익률
② 수입금액 / 자기자본회전율

6.2.3 기획재정부령이 정하는 이자율

1년 만기 정기예금이자율을 감안하여 기획재정부령이 정하는 율은 10%를 적용한다.

6.2.4 영업권 지속연수

영업권 지속연수는 원칙적으로 5년을 말한다.

6.2.5 영업권평가액

(1) 초과이익금액의 계산

현행 「상속세 및 증여세법」상의 영업권의 평가는 초과이익개념을 적용하고 있다. 초과이익금액은 동일하거나 유사한 산업에 있어서 장래 기대되는 이익이 정상이익을 초과하는 이익을 의미한다. 「상속세 및 증여세법 시행령」 제59조 제2항에 의하면 영업권은 평가기준일 이후의 영업권 지속연수 동안 미래에 발생할 초과이익금액을 현재가치로 환산한 금액으로 평가하도록 하고 있다. 이때의 초과이익은 최근 3년간(3년에 미달하는 경우에는 당해 연수로 하고, 영 제55조 제3항 제2호의 요건에 모두 해당하는 경우에는 개인사업자로서 사업을 영위한 기간을 포함한다)의 순손익액의 가중평균액에 대하여 50%에 상당하는 가액이 평가기준일 현재의 자기자본에 대하여 정기예금이자율을 초과하는 금액을 적용하고 있다.

> [최근 3년간(3년에 미달하는 경우에는 당해 연수)의 순손익액의 가중평균액의 100분의 50에 상당하는 가액－(평가기준일 현재의 자기자본×1년 만기 정기예금이자율을 감안하여 기획재정부령이 정하는 율)]
> * 개인사업자로서 「상속세 및 증여세법 시행령」 제55조 제3항 제2호의 요건에 모두 해당하는 경우에는 개인사업자로서 사업을 영위한 기간 포함.

(2) 영업권의 계산

영업권의 계산은 초과이익금액을 평가기준일 이후의 영업권 지속연수(원칙적으로 5년으로 한다)를 감안하여 기획재정부령이 정하는 방법에 의하여 환산한 가액의 합계액을 평가액으로 규정하고 있다.

$$영업권평가액 = \sum_{n=1}^{n} \frac{각\ 연도의\ 수입금액}{(1+\frac{10}{100})^{n}}$$

n : 평가기준일로부터의 경과연수

※ 간편법 :

영업권 = [최근 3년간(3년에 미달하는 경우에는 당해 연수)의 순손익액의 가중평균액의 50% − (평가기준일 현재의 자기자본×10%)] × 3.79079

이 방법은 원칙적으로 5년간 발생되는 초과이익금액의 이자율 10%의 현재가치의 합계액을 의미한다. 따라서 영업권의 계산은 초과이익금액에 대하여 기간 5년, 이자율 10%의 정상연금 1원의 현가계수(3.79079)를 적용하면 된다. 이 경우에 평가기준일 이후의 영업권 지속연수가 5년이 아닌 경우에는 해당기간에 대한 이자율 10%의 정상연금 현가계수를 적용하고, 개인사업자로서 「상속세 및 증여세법 시행령」 제55조 제3항 제2호의 요건에 모두 해당하는 경우에는 개인사업자로서 사업을 영위한 기간은 포함하여 적용한다. 이때 영업권 평가액이 '0' 이하인 경우에는 '0'으로 평가한다.

6.3 영업권상당액에 포함되어 매입한 무체재산권

매입한 무체재산권으로서 그 성질상 영업권에 포함시켜 평가되는 무체재산권의 경우에는 이를 별도로 평가하지 아니하되, 당해 무체재산권의 평가액이 환산한 가액보다 큰 경우에는 당해 가액을 영업권의 평가액으로 한다(상증령 §59 ②). 이때 매입한 무체재산권의 가액은 재산의 취득 가액에서 취득한 날부터 평가기준일까지의 「법인세법」상의 감가상각비를 뺀 금액으로 한다(상증법 §64 1호).

$$감가상각비상당액 = 매입가액 \times \frac{매입시기에서\ 평가기준일까지\ 총월수}{「법인세법」상\ 무형고정자산의\ 내용연수(총월수)}$$

6.4 순자산가치 평가대상 중 영업권 가산 구분

6.4.1 영업권 가산대상

(1) 주식비율이 80% 이상 또는 잔여존속기한이 3년 이내인 법인

「상속세 및 증여세법 시행령」 제54조 제4항 중 제5호(자산총액 중 주식가액의 합계액이 80% 이상인 법인의 주식)·제6호(법인설립 시부터 확정된 존속기한 중 잔여존속기한이 3년 이내인 법인의 주식)에 해당하는 사유로 순자산가치에 의하여 1주당 가액을 평가하는 경우에는 영업권 평가액을 가산해야 한다.

(2) 개인사업자의 법인전환 후 3년 이내인 법인

개인사업자가 법인으로 전환한 후 평가기준일 현재 사업개시 후 3년 미만의 법인, 사업개시 전 법인 등 「상속세 및 증여세법 시행령」 제54조 제4항 제2호에 해당하는 경우의 주식 또는 출자지분에 해당하여 순자산가치로 1주당 가액을 평가하는 경우에도 다음 요건을 모두 충족하는 경우에는 「상속세 및 증여세법 시행령」 제59조 제2항에 따른 영업권평가액을 가산한다.

① 그 개인사업자가 「상속세 및 증여세법 시행령」 제59조에 따른 특허권 등 무체재산권을 현물출자하거나 「조세특례제한법 시행령」 제29조 제2항의 사업 양도·양수의 방법에 따라 법인으로 전환하는 경우로서 그 법인이 해당 사업용 무형자산을 소유하면서 사업용으로 계속 사용하는 경우

② 개인사업자와 법인의 사업 영위기간의 합계가 3년 이상인 경우
법인전환에 따라 개인사업자가 사업에 사용하던 영업권 등이 사실상 법인에 이전된 것으로 보아, 사업개시 후 3년 미만 여부와 무관하게 개인사업자와 법인의 사업 영위기간의 합계가 3년 이상에는 이를 순자산가액에 포함하여 비상장주식을 평가하여 과세한 처분에 대한 심판례(조심2013서4203, 2014.2.18.)를 반영한 것으로 판단된다.

6.4.2 영업권 가산 제외 대상

영업권은 일반적으로 해당 기업이 다른 동종의 기업들에 비하여 초과수익력을 가질 경우 그 배타적 영리기회를 가질 수 있는 권리를 말한다. 「상속세 및 증여세법」에서 영업권의 평가는 과거의 수익력을 바탕으로 평가를 하는데, 이때 수익가치에 의한 평가는 정상적인 기업을 전제로 평가하는 것이다. 따라서 다음과 같이 순자산가치에 의하여 평가하는 법인에 대해서는 「상속세 및 증여세법 시행령」 제59조 제2항의 규정에 의한 영업권 평가액을 가산하지 아니한다(상증령 §55 ③ 단서).

① 상속세 및 증여세 과세표준신고기한 이내에 평가대상 법인의 청산절차가 진행중이거나 사업자의 사망 등으로 인하여 사업의 계속이 곤란하다고 인정되는 법인의 주식 또는 출자지분

② 사업개시 전의 법인, 사업개시 후 3년 미만의 법인 또는 휴업·폐업 중인 법인의 주식등. 이 경우 「법인세법」 제46조의 3(적격 분할 시 분할신설법인등에 대한 과세특례), 제46조의 5(분할 후 분할법인이 존속하는 경우의 과세특례) 및 제47조(물적분할 시 분할법인에 대한 과세특례)의 요건을 갖춘 적격분할 또는 적격물적분할로 신설된 법인의 사업기간은 분할 전 동일 사업부분의 사업개시일부터 기산한다. 다만, 위의 "6.4.1. 영업권 가산대상"에서 설명한 바와 같이 사업개시 후 3년 미만 법인으로서 법인전환에 따라 개인사업자가 사업에 사용하던 영업권 등이 사실상 법인에 이전된 경우에는 영업권을 가산한다.

③ 당해 법인의 자산총액 중 토지, 건물, 부동산에 관한 권리의 합계액이 차지하는 비율이 80% 이상인 부동산과다보유법인의 주식 및 출자지분

논점 – 법인전환 3년 이내 법인의 주식가치를 평가할 때 영업권 가산 여부

1. 영업권 가산 제외대상

순자산가액을 계산할 때 「상속세 및 증여세법 시행령」 제55조 제3항 단서에서 시행령 제54조 제4항의 규정에 의하여 다음과 같은 순자산가치 평가 사유에 해당되는 경우에는 영업권을 가산하지 아니한다.

① 법 제67조 및 법 제68조의 규정에 의한 상속세 및 증여세 과세표준신고기한 이내에 평가대상법인의 청산절차가 진행중이거나 사업자의 사망 등으로 인하여 사업의 계속이 곤란하다고 인정되는 법인의 주식 또는 출자지분

② 사업개시 전의 법인, 사업개시 후 3년 미만의 법인과 휴업·폐업 중인 법인의 주식 또는 출자지분

③ 평가기준일이 속하는 사업연도 전 3년 내의 사업연도부터 계속하여 「법인세법」 상 각 사업연도에 속하거나 속하게 될 손금의 총액이 그 사업연도에 속하거나 속하게 될 익금의 총액을 초과하는 결손금이 있는 법인의 주식 또는 출자지분

④ 「소득세법 시행령」 제158조 제1항 제5호 가목에 해당하는 법인의 주식 등

2. 개인사업자의 현물출자에 따른 법인전환 주식의 순자산가액에 영업권 가산 사례 (조심 2013서4203, 2014.2.18.)

가. 사건개요

청구인 김○○은 1984.8.28.부터 "○○○"이라는 상호로 건강식품 제조 및 판매업을 영위하다가 2009.11.1. 자본금 ○○○원(액면가액 500원, 주식 400만주, 1인 주주)으로 포괄적 현물출자방식에 따라 ○○○ 주식회사(이하 "○○○㈜"라 함)로 법인전환하였으며, 법인으로 전환하면서 개인 소유의 특허권, 상표권 등 무형자산(이하 "쟁점 영업권"이라 함)을 ○○○㈜의 현물출자 목록이나 개인기업의 재산확인보고서에 별도의 무체재산권으로 평가 또는 계상하지 아니하고, 법인전환 1개월 후인 2009.12.1. ○○○㈜의 주식 2,400천주(60%)를 아래와 같이 청구인 김○○의 자녀들인 청구인 김○○, 김○○(이하 김○○을 포함하여 3인을 "청구인들"이라 함)에게 각 증여하고, 양도하였다. 이에 처분청은 법인전환 전 3년 순손익에 따른 영업권의 가액을 계상하여 순자산가액을 결정하였다.

나. 청구인들 주장

「상속세 및 증여세법」 제63조 및 같은 법 시행령 제54조·제55조에 따르면 비상장주식을 평가함에 있어 순자산가치 계산 시 영업권평가액은 당해 법인의 자산가액에 합산하나, 사업개시 후 3년 미만 법인 등의 사유로 당해 법인의 주식을 순자산가치만으로 평가하는 경우에는 영업권을 자산가액에 합산하지 아니하도록 규정되어 있으므로 쟁점 영업권을 순자산가액에 포함하여 ○○○㈜의 주식을 평가함은 부당하다.

다. 처분청 의견
청구인 김○○이 25년간 축적한 건강식품 제조기술(원료배합, 비율 및 온도, 시간) 등 모든 무형자산 전체가 형식상 문서로 이전되지 아니하였으나, 당해 법인의 특성상 이러한 영업노하우를 이용하여 계속하여 초과수익(영업권)을 창출하고 있으므로 법인전환 시 사실상 쟁점 영업권이 무상이전된 것으로, 사업개시 후 3년 미만 여부에 상관없이 순자산가액에 포함하여 ○○○㈜의 주식을 평가함은 정당하다.

라. 심판원의 결정
개인사업자로서 오랫동안 동일한 사업을 영위하면서 이미 영업권이 형성되어 있었고, 법인 전환 시 영업권이 실질적으로 그대로 이전된 경우에는 그 영업권평가액을 순자산가액에 포함하여 평가함이 타당하다 할 것이다. 따라서 2009.12.1. 시점의 ○○○㈜ 주식을 평가함에 있어 쟁점 영업권을 ○○○원으로 산정하여 순자산가액에 포함함으로써 1주당 ○○○원으로 평가하여 청구인 김○○에게 저가양도에 따른 양도소득세를 과세하고, 청구인 김○○과 김○○에게 저가수증 및 저가양수에 따른 증여세를 과세한 처분은 잘못이 없는 것으로 판단된다.

3. 시사점

순자산가액을 계산할 때는 원칙적으로 영업권을 가산하여 산정한다. 그러나 「상속세 및 증여세법 시행령」 제55조 제3항 단서 규정에서 「상속세 및 증여세법 시행령」 제54조 제4항의 규정에 따라 순자산가치로 평가하는 경우에는 영업권을 가산하지 아니한다. 이러한 원칙에도 불구하고 상기와 같이 장기간 사업을 하던 개인사업자가 법인전환을 하고 3년 이내에 주식을 양도하는 경우에는 순자산가치로 평가하여 거래를 하더라도 영업권을 가산하여야 한다는 것이다. 이와 같은 결정 이유는 개인사업자로서 오랫동안 동일한 사업을 영위하면서 이미 영업권이 형성되어 있었고, 법인 전환 시 영업권이 실질적으로 그대로 이전된 경우에는 그 영업권평가액을 순자산가액에 포함하여 평가함이 타당하다고 보는 것이다.
이러한 심판례를 기준으로 보면 개인사업자가 법인전환을 할 때 개인사업자가 법인전환에 따라 법인으로부터 대가를 수수할 때 영업권상당액을 포함하여 대가를 정산하여야 할 것으로 보인다.

예규

▶▶ 순손익액을 구분할 수 없는 하나의 사업부를 양도하는 경우 영업권의 평가 방법(사전법령해석재산 2017-254, 2017.10.11.)

사업부별로 구분 기장한 사실이 없고 사업부별로 순손익액을 구분할 수 없는 내국법인이 하나의 사업부를 특수관계법인에게 양도하면서 영업권의 「법인세법」상 시가가 불분명하여 같은 법 시행령 제89조 제2항 제2호에 따라 「상속세 및 증여세법」을 준용하여 평가하는 경우,

법인 전체 사업의 영업권을 「상속세 및 증여세법」 제64조 및 같은 법 시행령 제59조 제2항에 따라 평가한 후 최근 3년간 가중평균한 각 사업별 매출액 비율로 안분하여 계산한 가액으로 평가할 수 있는 것임.

다만, 매출액 비율로 가중평균하여 산정한 각 사업부별 가액이 각 사업부별 추정순손익액에 의하여 산정한 가액 또는 감정가액 등과 상당한 차이가 발생하는 등 실제 사업부별 영업권 가액을 적절히 반영하고 있지 못하는 경우에는 법인 전체 사업의 영업권을 기준으로 산정하는 방법을 적용할 수 없는 것임.

▶▶ 장부상 합병차손을 영업권으로 계상한 경우 당해 법인의 자산가액에 합산 여부(상속증여세과-460, 2013.8.12.)

[질의]

- 사실관계
  - 2013.1.1. 기준으로 합병법인인 A사(비상장법인)는 B법인(비상장법인)을 흡수합병하였는데 이때 B법인의 결손금으로 인하여 A법인은 회계처리 시 영업권 100이 발생하였음.
  - 이러한 상황에서 2013.1.31.을 기준으로 「상속세 및 증여세법」에 따른 비상장주식인 A법인의 주식가치를 평가하고자 함.
  - A법인은 2011.6.에 설립되어 평가기준일 현재 3년 미만이어서 순자산가치로만 평가할 예정임.
  - 평가기준일 현재 A법인의 재무제표상 자산총계 400(이 중 영업권이 100), 부채총계 200, 순자산가액 200이라면 「상속세 및 증여세법」상 순자산가액을 계산할 경우 다른 조정사항이 없다면 자산총계를 400으로 보아야 하는지 아니면 장부상 영업권 100을 차감하여 300으로 보아야 하는지
- 질의내용
  1) 「상속세 및 증여세법」에 따른 비상장주식의 가치를 평가할 때 사업개시 후 3년 미만이어서 순자산가치로만 평가할 경우 A법인의 장부상 계상된 영업권 100(별도의 평가 없이 합병회계처리상 대차차액으로 인해 피합병법인의 결손금이 영업권으로 계상된 것임)을 그대로 인정하는 것인지 아니면 피합병법인의 무체재산권이 아니며 단순 대차차액이므로 0으로 평가해야 하는지

2) 예규나 심판례에 따르면 장부상 계상된 영업권은 법인의 자산가액에 포함해야 한다(재산세과-20, 2011.1.11. 및 재산상속 46014-1222, 2000.10.12.)는 것과 자산성이 없으므로 자산가액에서 제외한다(국심 2002서840, 2002.7.10.)는 것이 있음.

[회신]

「상속세 및 증여세법 시행령」 제55조 제1항에 따라 비상장법인의 순자산가액을 계산할 때 장부상 합병차손을 영업권으로 계상한 경우 그 영업권 상당금액은 당해 법인의 자산가액에 합산하는 것임.

▶▶ 최근 3년간의 순손익액의 가중평균액은 비상장주식 평가 시 순손익가치 산정방법을 준용하여 평가하되, 평가기준일 전 2개 사업연도만 있는 경우는 가중치 합계를 3으로 하여 계산하는 것임(재산세과-156, 2011.3.14.)

[질의]

• 사실관계

- 회사가 영위하던 여러 사업부 중 하나의 사업부를 특수관계에 있는 법인에게 양도하고자 함.
- 이 경우 동 사업부의 영업권을 평가하고자 하는데 동 사업부에서 매출과 순이익이 발생하기 시작한 지 1년 6개월 정도임.
- 비상장주식 평가규정에는 3년 미만 법인은 순자산가치로만 평가하도록 규정하고 있으나 현재 질의하는 내용은 비상장주식 평가가 아니라 무체재산권의 평가인 영업권의 평가임.
- 영업권 평가규정에 [최근 3년간(3년에 미달하는 경우에는 당해 연수로 함)의 순손익액의 가중평균액의 100분의 50에 상당하는 가액-(평가기준일 현재의 자기자본×1년만기 정기예금이자율을 감안하여 기획재정부령이 정하는 율)]로 하고 있고, 가중평균 손익의 규정은 비상장주식 평가규정을 준용하도록 하고 있음.

• 질의내용

1. 위와 같은 경우 1년 6개월 된 사업부를 매각함에 있어 영업권을 평가하는 경우 '최근 3년간(3년에 미달하는 경우에는 당해 연수로 함)'는 규정에 따라 1년 6개월간의 가중평균 순손익액은 직전 사업연도에 2, 직전전 사업연도에 1을 가중치로 하여 평가하는지?
2. 또한 이 경우 1년 미만의 기간에 대해서는 1년으로 환산한 가액으로 해야 하는지 여부를 질의함.

[회신]

귀 질의와 같이, 법인이 특정사업부문에 대한 양도대가를 산정하기 위하여 당해 사업부문에 대한 영업권을 「상속세 및 증여세법 시행령」 제59조 제2항의 규정에 따라 평가함에 있어 최근 3년간의 순손익액의 가중평균액은 같은 영 제56조 제1항의 규정을 준용하여 평가하되, 평가기준일 전 2개 사업연도만 있는 경우는 순손익액의 가중평균액은 가중치 합계를 3으로 하여 계산함이 타당하며, 이 경우 해당 사업연도 중 1년 미만인 사업연도의 순손익액은 연으로 환산한 가액에 의하는 것임.

▶▶ 법인이 다른 법인을 흡수합병하여 독립적으로 운영하던 사업부문에 대한 영업권평가방법(서사-2898, 2007.10.9.)

법인이 다른 법인을 흡수합병하여 독립적으로 운영하던 사업부문을 포괄양수도방식으로 양도하면서 당해 사업부문에 대한 영업권 양도대가를 「상속세 및 증여세법 시행령」 제59조 제2항의 규정에 의하여 산정하는 경우 동항 산식의 '최근 3년간 순손익액의 가중평균액'은 합병 전에 피합병법인이 영위하던 사업연도의 순손익액을 포함하여 계산하는 것임.

▶▶ 분할양도하는 부분의 영업권평가방법(서사-2896, 2007.10.9.)

법인이 특정사업부문에 대한 양도대가를 산정하기 위하여 당해 사업부문에 대한 영업권을 「상속세 및 증여세법 시행령」 제59조 제2항의 규정에 의하여 평가함에 있어 최근 3년간의 순손익액의 가중평균액은 같은 영 제56조 제1항 제1호의 규정을 준용하여 평가하되, 당해 법인이 최근 3년간의 기간 중 유상증자를 실시하는 등의 사유로 그 가액에 의하는 것이 불합리한 경우에는 동항 제2호의 가액으로 평가할 수 있는 것임.

▶▶ 매입한 무체재산권 평가방법(서사-1420, 2004.9.13.)

① 「상속세 및 증여세법」 제64조 제1항의 규정에 의하여 매입한 무체재산권의 가액은 매입가액에서 매입한 날부터 평가기준일까지의 「법인세법」상의 감가상각비를 차감한 금액으로 평가하는 것임. 이 경우 「법인세법」상의 감가상각비는 법인이 납세지 관할세무서장에게 신고한 상각방법에 의하여 계산한 감가상각비상당액이 되는 것이며, 신고한 상각방법이 없는 경우에는 「법인세법 시행령」 제26조 제4항의 규정에 의한 상각방법을 적용하여 계산한 감가상각비상당액이 되는 것임.

② 「상속세 및 증여세법 시행령」 제55조 제1항 후단규정에 의하여 법인이 매입한 무체재산권을 같은법 제64조 제1항의 규정에 의하여 평가한 가액이 당해 법인이 장부가액보다 적은 경우에는 장부가액보다 적은 정당한 사유가 있는 것으로 보아 그 가액으로 평가하는 것이 타당함.

▶▶ 타사로부터 매입한 기술이전료 등에 대한 영업권평가방법(서일 46014-10473, 2001.11.17.)

「상속세 및 증여세법 시행령」 제55조의 규정에 의하여 비상장법인의 순자산가액을 계산할 때에 당해 법인이 다른 회사로부터 매입하여 장부상 계상하고 있는 무체재산권의 가액은 자산가액에 포함하는 것임.

다만, 당해 매입한 무체재산권이 그 성질상 같은 영 제59조 제2항의 계산산식에 의한 영업권에 포함시켜 평가되는 경우에는 이를 별도로 평가하지 아니하되, 당해 무체재산권의 평가액이 같은 항 계산산식에 의하여 평가한 영업권의 가액보다 큰 경우에는 당해 무체재산권의 가액을 영업권의 평가액으로 하는 것임.
이때 매입한 무체재산권에 대하여 같은 법 시행령 제49조 제1항 각 호의 1에 해당하는 시가가 있는 경우에는 그 시가로 평가하는 것이며, 시가를 산정하기 어려운 때에는 같은법 제64조 제1항 및 같은 법 시행령 제59조 제1항의 규정에 의하여 평가하는 것임.

▶▶ 이전받은 부채 중 자산초과액을 영업권으로 계상한 경우 영업권의 평가방법(서일 46014-10280, 2001.10.6.)

① 「상속세 및 증여세법 시행령」 제55조의 규정에 의하여 비상장법인의 순자산가액을 계산할 때에 합병법인이 합병 후에 장부상 계상하고 있는 영업권상당액은 같은영 제59조 제1항 및 제2항의 규정에 의하여 평가한 가액을 당해 법인의 자산가액에 포함하는 것임.

② 이때 동 영업권이 부채가 자산을 초과하는 부실금융기관을 인수한 때에 자산을 초과하는 부채상당액에 해당하는 경우로서 동 부채상당액을 예금보험공사로부터 보전받기로 한 경우에는 장부상 영업권의 가액에서 보전받기로 한 금전을 차감하여 영업권을 평가하고, 그 보존받기로 한 금전 및 그와 관련한 부채인수액은 같은영 제58조 제2항 및 같은법 시행규칙 제18조의 2 제2항의 규정에 의하여 평가함이 타당함.

▶▶ 상속재산가액에 영업권이 포함되어 상속세가 과세된 경우 일시재산소득 해당 여부(제도 46011-12289, 2001.7.23.)

「상속세 및 증여세법」 제60조 제1항 및 같은 법 시행령 제49조 제1항 제1호의 규정에 의하여 상속재산의 가액은 상속개시일 현재의 시가에 의하는 것으로 상속개시일 전후 6월 이내의 기간 중에 당해 재산에 대한 매매사실이 있는 경우 그 거래가액은 시가로 볼 수 있는 것이며, 상속재산가액에 영업권이 포함되어 상속세가 과세된 경우 그 영업권가액은 상속인의 일시재산소득에 해당하지 아니하는 것임.

▶▶ 1. 사업부양도와 관련한 영업권을 정당하게 평가하였는지 여부
2. 미수금 등을 업무와 관련없는 가지급금으로 보아 관련 지급이자를 손금불산입한 처분의 당부(국심 2000서1669, 2000.12.15.)

① 영업권평가근거규정에서 '평균순이익'이라 함은 해당 각 사업연도의 소득에서 해당 연도의 법인세액, 농어촌특별세액, 소득할주민세액을 차감한 금액을 의미하는 것임.

② 미수금 등을 지연수령한 데 대하여 부당행위계산부인하고 인정이자를 계산하여 익금가산한 처분은 정당하나, 미수금 등이 불가피하게 지연회수될 수밖에 없었고 소비대차로 전환된 사실도 확인되지 아니하는 경우 업무와 관련없이 지급한 가지급금으로 볼 수는 없어 관련 지급이자를 손금불산입한 처분은 부당함.

▶▶ 비상장법인의 순자산가액 계산 시 영업권상당액의 포함 여부(재산상속 46014－1222, 2000.10.12.)

[질의]

재산적 가치가 없는 합병차손(피합병법인의 이월결손금)을 영업권으로 계상한 비상장법인이 유상증자를 위해 증자 전의 1주당 가액을 평가할 때 순자산가액 계산을 위한 자산평가 시 영업권을 차감하는지 당사는 비상장법인으로 사업확장을 위해 2000년 10월에 유상증자를 계획하고 있는데 주주는 A·B·C(이하 "구주주"라 함)이고, 이들은 법인으로 「상속세 및 증여세법 시행령」 제19조 제2항의 특수관계에 있으며, 유상증자 시 이들 구주주가 실권을 할 예정이어서 그 실권주를 구주주와 같은법 시행령 제19조 제2항의 특수관계에 있는 D법인에게 전부 재배정하려고 함.

그리고 당사는 1999년 12월에 비상장법인인 H법인을 흡수합병하였는데 이때 H법인의 자산·부채를 시가로 평가할 경우 평가차손익이 발생하지 않아 장부가액으로 승계하면서 H법인의 이월결손금이 과다하고, 유상으로 매입할 같은법 제64조의 무체재산권도 없어서 H법인의 주주들에게 신주 교부 등 합병대가를 전혀(0) 지불하지 않았음.

합병 시 회계처리는 H법인의 이월결손금상당액인 합병차손을 단순히 대차평균을 위해 계정과목을 영업권으로 하여 대차대조표상에 자산으로 계상한 후 동 영업권을 20년간 균등하게 상각하고, 「법인세법」상 소득금액을 계산할 때는 세무조정으로 동 영업권상각액을 손금불산입하고 있음.

•합병 시 회계처리

피합병법인

자 산	1,000	부 채	1,200
		자본금	100
		결손금	－300
	1,000		1,000

합병 전(당사)

자 산	7,000	부 채	2,400
		자본금	1,600
		잉여금	3,000
	7,000		7,000

합병 후(당사)

자 산	8,000	부 채	3,600
		자본금	1,600
영업권	200	잉여금	3,000
	8,200		8,200

※영업권(합병차손) 200＝300－100

비상장법인인 당사가 유상증자 시 신주발행가액을 「상속세 및 증여세법」에 의해 평가한 증자 전의 1주당 평가가액으로 정할 예정인데, 이런 경우 같은법 시행령 제29조 제2항의 증자 전의 1주당 평가가액산정 시 같은법 시행령 제54조 및

제55조의 순자산가액을 계산하는 데 있어 당사의 자산을 같은법 제60조 내지 제66조의 규정에 의해 평가할 때 상기의 영업권을 차감하여 자산을 평가해야 하는지

[회신]

「상속세 및 증여세법 시행령」 제55조의 규정에 의하여 비상장법인의 순자산가액을 계산할 때 장부상 계상되어 있는 영업권상당금액은 당해 법인의 자산가액에 포함되는 것임.

▶▶ 일본법인 국내지점의 영업권가액 계산방법(국업 46500-292, 2000.6.24.)

「상속세 및 증여세법 시행령」(1996.12.31. 대통령령 제15193호로 개정되고 1997. 11.10. 대통령령 제15509호로 개정되기 전의 것) 제59조 제2항의 규정에 의하여 일본법인 국내지점의 영업권의 가액을 계산하는 경우 '최근 3년간의 순손익액의 가중평균액'은 구 「법인세법」 제9조의 규정에 의한 각사업연도소득에 「상속세 및 증여세법 시행령」 제56조 제3항 제1호의 금액을 가산한 금액에서 같은항 제2호의 금액을 차감하여 계산하는 것으로서 각사업연도소득금액에 포함된 실제수수료와 기준수수료의 차액은 소득금액에서 차감하지 아니하는 것임.

또한 소득금액에 포함된 위의 차액을 미수금(채권)성격으로 법인장부에 계상하는 방법으로 회계처리한 후 평가기준일 현재 잔액이 있는 경우 동 잔액은 그 계정항목에 관계없이 당해 법인의 자산에 포함시켜 '자기자본'을 계산함이 타당함.

▶▶ 합병차손을 영업권으로 계상한 합병법인의 순자산가액 계산 시 그 영업권은 포함됨(재삼 46014-2334, 1997.10.2.)

금융기관(B)을 흡수합병한 비상장법인(A)의 「상속세법」상의 주식가치 평가를 위한 순자산가치를 계산함에 있어서 비상장법인(A)이 금융기관(B)을 흡수합병하면서 영업상의 은행인가권 등 금융기관의 영업권을 그대로 포괄승계하는 조건으로 금융기관의 이월결손금상당액을 승계하여 영업권으로 계상한 경우 동 영업권상당액을 순자산가치에 포함하여 계산함.

▶▶ 법인전환기업의 영업권평가 시 '상속개시일 전 3년간'에는 개인기업으로의 영업기간을 포함함(재삼 46014-2831, 1995.10.31.)

상속재산인 비상장주식을 평가함에 있어서 당해 법인이 상속개시일 전 3년 이내에 개인기업으로부터 법인전환한 경우에는 순손익액 계산산식의 '최근 3년간' 및 영업권평가산식의 '상속개시일 전 3년간'에는 개인기업으로서의 영업기간을 포함하는 것임.

7 최대주주 등의 보유주식에 대한 할증평가

7.1 의 의

주식회사의 경우에 재산권의 행사는 주식에 의하여 이루어지게 되는데, 주주평등의 원칙에 따라 주식을 가진 주주는 회사에 대하여 갖는 법률관계에 관하여는 그가 보유하는 주식의 수에 따라 평등하게 취급받게 된다. 이 경우에 일반적으로 회사의 주식을 거래할 때 경영권의 양도를 수반하는 경우에는 단순히 주식가치에 의하여 양도되지 않고, 그에 따른 프리미엄이 추가되는데, 이를 경영권프리미엄이라 한다. 「상속세 및 증여세법」에서는 경영권프리미엄을 고려하여 회사의 최대주주 등이 보유하는 주식을 평가하는 경우에 할증평가를 한다.

7.2 할증평가의 대상 및 범위

7.2.1 원칙

유가증권을 평가할 때 주주 중에 최대주주 등이 보유한 주식 등에 대해서는 원칙적으로 그 가액의 100분의 20을 가산한다(상증법 §63 ③). 그동안 최대주주등이 보유한 주식에 대한 할증평가는 기업의 규모에 따라 중소기업과 일반기업으로 구분하고, 최대주주등의 보유지분율이 50% 초과 또는 이하로 구분 적용하였으나 2020.1.1. 이후 상속이 개시되거나 증여받은 분부터는 「중소기업기본법」 제2조에 따른 중소기업과 평가기준일이 속하는 사업연도 전 3년 이내의 사업연도부터 계속하여 「법인세법」 제14조 제2항에 따른 결손금이 있는 법인의 주식등은 제외하도록 하였으며, 2023.1.1. 이후에는 대통령령으로 정하는 중견기업까지 그 범위를 확대하였다.

7.2.2 할증평가 대상 주식 등의 범위

최대주주 등이 보유한 주식이나 출자지분에 대한 할증평가는 주권상장법인·코스닥상장법인·비상장법인의 주식 및 출자지분에 대하여 「상속세 및 증여세법」 제63조 제1

항 제1호에 따른 보충적 평가방법으로 평가하거나 기업공개중인 법인 주식, 미상장주식을 평가할 때에도 적용된다. 또한 「상속세 및 증여세법」 제60조 제2항에 따른 시가의 정의에 부합되는 매매가액·감정가액·공매가액·경매가액 등의 사례가액을 시가로 적용할 때도 동일하게 적용된다. 주식 등에 대한 할증평가는 2008.12.26.(법률 제9269호) 개정 이전에는 시가에 의하여 평가하거나 보충적평가방법에 의하여 평가하는 것에 대한 구분도 없이 적용하는 것으로 실무상 집행되었다. 이에 대해 대법원(2005두7228, 2006.12.7.) 판결에서는 최대주주 보유 비상장주식을 시가로 평가하는 경우에는 조문이 불분명하여 할증평가 규정을 적용할 수 없다고 하는 국가 패소판결이 있었다. 이에 따라 2008.12.31. 이전에 최대주주가 보유한 비상장주식을 상속·증여받아 「상속세 및 증여세법」 제60조 제2항 및 같은 법 시행령 제49조에 따라 시가로 평가하는 경우에는 할증평가를 적용할 수 없다.

최대주주 등이 보유한 주식에 대하여 할증평가를 할 때, 해당 법인의 발행주식총수와 최대주주의 보유주식수에는 「상법」 제369조 제2항의 규정에 의하여 평가기준일 현재 의결권이 제한되는 자기주식은 포함되지 않는다(서면4팀-3801, 2006.11.17.). 또한 「상속세 및 증여세법 시행령」 제58조의 2(전환사채 등의 평가) 제2항 제2호 다목의 규정에 의한 신주인수권증권을 평가하기 위하여 해당 신주인수권증권으로 인수할 수 있는 주식가액을 계산할 때에는 할증규정이 적용되지 아니한다(서일 46014-10133, 2001.9.10.).

최대주주 등의 주식에 대하여 할증평가를 할 때 최대주주 등이 보유하는 주식수 및 발행주식총수 등은 평가기준일 현재 당해 법인이 발행한 「상법」상 의결권이 있는 주식에 의하므로 평가기준일 현재 의결권이 없는 우선주나 의결권이 제한되는 자기주식은 포함되지 않는다(서면4팀-3801, 2006.11.17. ; 서일 46014-10519, 2003.4.24.).

최대주주 등의 할증비율

최대주주 등의 비율	할증비율		할증평가 제외
	일반법인	중소기업 등	
지분율 미적용	20%	0%	대통령령으로 정하는 중소기업 및 중견기업의 최대주주

7.2.3 2019.12.31. 이전의 할증평가

최대주주 등이 보유한 주식 등에 대해서는 그 가액의 100분의 20(중소기업의 경우에는 100분의 10)을 가산하되, 최대주주 등이 당해 법인의 의결권 있는 발행주식총수 또는 출자총액의 100분의 50을 초과하여 보유하는 경우에는 100분의 30(중소기업의 경우에는 100분의 15)을 가산한다(상증법 §63 ③).

최대주주 등의 지분비율별 할증비율

최대주주 등의 비율	할증비율		할증평가 제외
	일반법인	중소기업	
50% 이하 50% 초과	20% 30%	10% 15%	중소기업의 최대주주 등으로서 2005.1.1.~2019.12.31. 상속·증여분은 제외*

* 「조세특례제한법」 제101조에 따라 2020.12.31.까지 중소기업 최대주주 등의 주식평가 적용 특례를 적용하였으나 중소기업 주식에 대해서는 할증평가를 하지 않는 것으로 2019.12.31. 「상속세 및 증여세법」 제63조 제3항을 개정하였고, 「조세특례제한법」 제101조는 삭제하였다.

7.3 최대주주 등의 범위

7.3.1 최대주주 등의 정의

최대주주 또는 최대출자자라 함은 주주 등 1인과 「상속세 및 증여세법 시행령」 제2조의 2 제1항 각 호의 어느 하나에 해당하는 특수관계인의 보유주식 등을 합하여 그 보유주식 등의 합계가 가장 많은 경우의 해당 주주등 1인과 그의 특수관계인 모두를 말한다(상증법 §22 ②, 상증령 §19 ②). 이 경우 "해당 주주등 1인의 특수관계인"은 해당 주주등 1인이 보유하고 있는 주식등을 발행한 법인의 주식등(자기주식 및 자기출자지분은 제외한다)을 보유한 자에 한정한다(기획재정부 재산세제과-299, 2020.3.24.). 최대주주등의 판정은 다음에 따른다(상증통 §22-19-1).

① 주주 1인과 「상속세 및 증여세법 시행령」 제2조의 2 제1항 각 호의 어느 하나에 해당하는 특수관계인의 보유주식등을 합하여 최대주주등에 해당하는 경우에는 주주 1인 및 그와 특수관계에 있는 자 모두를 최대주주등으로 본다.

② ①에 의한 보유주식의 합계가 동일한 최대주주 등이 2 이상인 경우에는 모두를 최대주주등으로 본다.

7.3.2 특수관계인의 범위

「상속세 및 증여세법」에서 “특수관계인”이란 본인과 친족관계, 경제적 연관관계 또는 경영지배관계 등 대통령령으로 정하는 관계에 있는 자를 말한다. 이 경우 본인도 특수관계인의 특수관계인으로 본다(상증법 §2 10호).

(1) 특수관계인의 범위

특수관계인이라 함은 본인과 다음 어느 하나의 관계에 있는 자를 말한다. 이 경우 본인도 그 특수관계인의 특수관계인으로 본다(상증령 §2의 2 ①).

① 친족 및 직계비속의 배우자의 2촌 이내의 혈족과 그 배우자

② 사용인(출자에 의하여 지배하고 있는 법인의 사용인을 포함)이나 사용인 외의 자로서 본인의 재산으로 생계를 유지하는 자

③ 다음 각 목의 어느 하나에 해당하는 자

ⓐ **본인이 개인인 경우**: 본인이 직접 또는 본인과 ①에 해당하는 관계에 있는 자가 임원에 대한 임면권의 행사 및 사업방침의 결정 등을 통하여 그 경영에 관하여 사실상의 영향력을 행사하고 있는 「독점규제 및 공정거래에 관한 법률 시행령」 제3조 각 호의 1에 해당하는 기업집단에 속하는 계열회사[해당 기업의 임원(「법인세법 시행령」 제40조 제1항에 따른 임원을 말한다. 이하 같다)과 퇴직 후 3년(해당 기업이 「독점규제 및 공정거래에 관한 법률」 제14조에 따른 공시대상기업집단에 소속된 경우는 5년)이 지나지 않은 사람(이하 “퇴직임원”이라 한다)을 포함한다]

ⓑ **본인이 법인인 경우** : 본인이 속한 「독점규제 및 공정거래에 관한 법률 시행령」 제3조 각 호의 1에 해당하는 기업집단에 속하는 계열회사(해당 기업의 임원과 퇴직임원을 포함한다)와 해당 기업의 임원에 대한 임면권의 행사 및 사업방침의 결정 등을 통하여 그 경영에 관하여 사실상의 영향력을 행사하고 있는 자 및 그와 ①에 해당하는 관계에 있는 자

④ 본인, ①부터 ③까지의 자 또는 본인과 ①부터 ③까지의 자가 공동으로 재산을 출연하여 설립하거나 이사의 과반수를 차지하는 비영리법인

⑤ ③에 해당하는 기업의 임원 또는 퇴직임원이 이사장인 비영리법인

⑥ 본인, ①부터 ⑤까지의 자 또는 본인과 ①부터 ⑤까지의 자가 공동으로 발행주식총수등의 100분의 30 이상을 출자하고 있는 법인

⑦ 본인, ①부터 ⑥까지의 자 또는 본인과 ①부터 ⑥까지의 자가 공동으로 발행주식총수등의 100분의 50 이상을 출자하고 있는 법인

⑧ 본인, ①부터 ⑦까지의 자 또는 본인과 ①부터 ⑦까지의 자가 공동으로 재산을 출연하여 설립하거나 이사의 과반수를 차지하는 비영리법인

(2) 친족의 범위

"친족"이란 다음과 같이「국세기본법 시행령」제1조의 2 제1항 제1호부터 제5호까지의 어느 하나에 해당하는 자를 말한다(상증령 §2의 2 ① 1호). 그동안 친족은 6촌 이내의 혈족, 4촌 이내의 인척, 배우자, 친생자로서 다른 사람에게 친양자 입양된 자 및 그 배우자 · 직계비속으로 하였으나 변화된 가족관계를 반영하여 2023.3.1.부터는 다음과 같이 적용된다.

① 4촌 이내의 혈족

② 3촌 이내의 인척

③ 배우자(사실상의 혼인관계에 있는 자를 포함한다)

④ 친생자로서 다른 사람에게 친양자 입양된 자 및 그 배우자 · 직계비속

⑤ 본인이「민법」에 따라 인지한 혼인 외 출생자의 생부나 생모(본인의 금전이나 그 밖의 재산으로 생계를 유지하는 사람 또는 생계를 함께하는 사람으로 한정한다)

(3) 사용인의 범위

(가) 사용인의 정의

"사용인"이란 임원, 상업사용인, 그 밖에 고용계약관계에 있는 자를 말하는 것으로 출자에 의하여 지배하고 있는 법인의 사용인을 포함한다. 또한 여기서 "출자에 의하여 지배하고 있는 법인"이란 다음의 어느 하나에 해당하는 법인을 말한다(상증령 §2의 2 ②,③).

① 본인,「상속세 및 증여세법 시행령」제2조의 2 제1항 제1호부터 제5호까지의 자 또는 본인과 동항 제1호부터 제5호까지의 자가 공동으로 발행주식총

수등의 100분의 30 이상을 출자하고 있는 법인

② 본인, 「상속세 및 증여세법 시행령」 제2조의 2 제1항 제1호부터 제6호까지의 자 또는 본인과 동항 제1호부터 제6호까지의 자가 공동으로 발행주식총수등의 100분의 50 이상을 출자하고 있는 법인

③ 「상속세 및 증여세법 시행령」 제2조의 2 제1항 제1호부터 제7호까지에 해당하는 자가 발행주식총수등의 100분의 50 이상을 출자하고 있는 법인

특수관계인에 해당하는 사용인은 증여세 납세의무자인 고가양도에서의 양도자 또는 저가양수에서의 양수자를 기준으로 하여 그의 사용인을 의미한다(대법 2012두21604, 2013.10.11.).

(나) 임원의 범위

임원에는 「법인세법 시행령」 제40조 제1항에 따른 임원을 말한다. 다음에 해당하는 자는 임원으로 분류된다(상증령 §2의 2 ① 3호).

① 법인의 회장, 사장, 부사장, 이사장, 대표이사, 전무이사 및 상무이사 등 이사회의 구성원 전원과 청산인

② 합명회사, 합자회사 및 유한회사의 업무집행사원 또는 이사

③ 유한책임회사의 업무집행자

④ 감사

⑤ 그 밖에 ①부터 ③에 준하는 직무에 종사하는 자

임원은 법인등기부상 등재된 법률상 임원만을 의미하고, 사실상 임원으로 활동한 자는 포함되지 않는다고 해석하고 있다(서울고법 2009누6263, 2011.5.9.). 다만, 2019.2.12. 이전에는 임원이란 「법인세법 시행령」 제20조 제1항 제4호에 따른 임원과 퇴직 후 5년이 지나지 아니한 그 임원이었던 사람으로서 사외이사가 아니었던 사람을 말한다.

7.3.3 최대주주 등이 보유하는 주식 등의 지분율 계산

최대주주 등이 보유하는 주식 등의 지분을 계산할 때 평가기준일로부터 소급하여 1년 이내에 양도하거나 증여한 주식 등을 최대주주 등이 보유하는 주식 등에 합산하여 계산한다(상증령 §53 ⑤). 이때 당해 주식을 반복적으로 양도·양수한 경우에는 평가기준일로부터 소급하여 1년 이내의 기간 중에 최대주주 등의 주식보유비율이 가장 높은 날 이후에 양도한 주식에 대하여 양수한 주식을 차감한 주식(부수인 경우에는 '0'으로 함), 즉 순양도주식수를 평가기준일 현재 보유주식에 합산한다(서일 46014-10377, 2001.10.31.).

평가기준일로부터 소급 1년 이내에 지분변경에 따른 비율계산

- 양도 · 증여한 주식
  평가기준일 현재 보유한 주식에 합산
- 양도 · 양수가 있는 경우
  순증감분(양도주식수-양수주식수) 합산, 순증감분이 부수인 경우 '0'

7.4 할증평가 제외사유

최대주주 등이 보유한 주식 등에 대해서는 원칙적으로 경영권프리미엄을 가산하도록 하고 있다. 그러나 주식 등의 거래가액에 경영권프리미엄이 반영되었거나 경영권프리미엄이 형성된다고 보기 어려운 다음과 같은 사유에 해당되는 경우에는 당초의 취지와 무관하므로 할증평가를 제외한다(상증법 §63 ③, 상증령 §53 ⑥).

(1) 중소기업 및 대통령령으로 정하는 중견기업 법인의 주식등

최대주주 등이 보유한 주식등에 대해서도 할증평가를 하였으나 2020.1.1. 이후에 상속받거나 증여받은 경우에는 적용하지 아니한다. 이 경우에 중소기업은 「중소기업기본법」 제2조에 따른 중소기업을 말하며, "대통령령으로 정하는 중견기업"이란 「중견기업 성장촉진 및 경쟁력 강화에 관한 특별법」 제2조에 따른 중견기업으로서 평가기준일이 속하는 과세기간 또는 사업연도의 직전 3개 과세기간 또는 사업연도의 매출액의 평균이 5천억원 미만인 기업을 말한다. 이 경우 매출액은 기업회계기준에 따라 작성한 손익계산서상의 매출액을 기준으로 하며, 과세기간 또는 사업연도가 1년 미만인 과세기간 또는 사업연도의 매출액은 1년으로 환산한다.

(2) 평가기준일이 속하는 사업연도 전 3년 이내의 사업연도부터 계속하여「법인세법」제14조 제2항의 규정에 의한 결손금이 있는 법인의 주식 등

최대주주의 주식에 대하여 할증평가를 제외하는 경우로 규정한 '평가기준일이 속하는 사업연도 전 3년 이내의 사업연도부터 계속하여「법인세법」제14조 제2항의 규정에 의한 결손금이 있는 법인'이라 함은「상속세 및 증여세법 시행령」제56조 제1항 제1호의 규정에 의하여 '1주당 최근 3년간의 순손익액의 가중평균액'을 계산할 때의 각 사업연도 순손익액이 모두 결손인 법인을 말하는 것이며, 외국법인의 경우에는 해당 법인소재지국의 관련 조세법령에 따라 산출한 각 사업연도의 순손익액이 모두 결손인 법인의 주식에 대하여 적용한다(서일 46014－10195, 2003.2.20.).

(3) 평가기준일 전후 6개월(증여재산의 경우에는 평가기준일 전 6개월부터 평가기준일 후 3개월) 이내의 기간 중 최대주주 등이 보유하는 주식 등이 전부 매각된 경우

평가원칙에서 평가기준일 전·후 6개월(증여재산의 경우에는 평가기준일 전 6개월부터 평가기준일 후 3개월) 이내에 해당 재산에 대한 매매사실이 있는 경우에 그 거래가액이「상속세 및 증여세법 시행령」제49조 제1항 제1호의 거래가액을 시가로 적용하는 경우에 해당한다. 이 규정은 불특정다수인간에 거래된 가액은 시가의 범위에 포함되며, 그 거래가액에는 이미 경영권 프리미엄이 포함되어 있는 것으로 보기 때문인 것으로 판단된다. 그러나 그 거래가액이「상속세 및 증여세법 시행령」제26조 제4항에 규정된 특수관계에 있는 자와의 거래 등 그 가액이 객관적으로 부당하다고 인정되는 경우는 시가의 범위에서 제외되므로 이 경우의 거래가액은 시가로 보지 아니한다.

(4) 합병·증자·감자·현물출자 및 전환사채의 주식전환에 따른 증여이익을 계산하는 경우

「상속세 및 증여세법 시행령」 제28조(합병에 따른 이익의 계산방법 등), 제29조(증자에 따른 이익의 계산방법 등), 제29조의 2(감자에 따른 이익의 계산방법 등), 제29조의 3(현물출자에 따른 이익의 계산방법 등), 제30조(전환사채 등의 주식전환 등에 따른 이익의 계산방법 등)의 규정에 의한 증여이익을 계산하는 경우에는 할증평가를 하지 아니한다.

(5) 다른 법인의 최대주주에 해당하는 법인의 주식

평가대상인 주식등을 발행한 법인이 다른 법인이 발행한 주식등을 보유함으로써 그 다른 법인의 최대주주등에 해당하는 경우로서 그 다른 법인의 주식등을 평가하는 경우에는 할증평가를 하지 아니한다. 그동안 평가대상인 주식 등을 발행한 법인이 다른 법인(1차출자법인)이 발행한 주식 등을 보유하고 있고, 1차출자법인이 또다른 법인(2차출자법인)이 발행한 주식 등을 보유함으로써 1차출자법인 및 2차출자법인이 최대주주 등에 해당하는 경우에 1차출자법인 및 2차출자법인의 주식 등을 평가하는 경우에는 2차출자법인의 주식 등에 대해서는 할증평가를 하지 아니하였다. 그러다가 2021.02.17. 시행령을 개정하면서 이 영 시행 이후 상속세과세표준신고 또는 증여세과세표준신고를 하는 경우부터는 평가대상인 주식등을 발행한 법인이 다른 법인의 최대주주가 되는 경우에는 그 다른 법인이 발행한 주식등에 대해서는 할증평가를 하지 아니한다.

(6) 사업개시 3년 미만 법인으로서 영업이익이 모두 '0' 이하인 법인의 주식

평가기준일부터 소급하여 3년 이내에 사업을 개시한 법인으로서 사업개시일이 속하는 사업연도부터 평가기준일이 속하는 사업연도의 직전 사업연도까지 각 사업연도의 기업회계기준에 따른 영업이익이 모두 '0' 이하인 경우에는 할증평가를 하지 아니한다. 즉, 기업회계기준에 의하여 평가기준일의 직전 사업연도까지 영업이익이 모두 영 이하이면 자산수증이익 등에 의하여 당기순이익이 발생하더라도 경영권프리미엄이 형성되기 어렵다고 보는 것이다.

(7) 상속세 또는 증여세 과세표준 신고기한 이내에 법인의 청산이 확정된 주식

상속세과세표준신고기한 또는 증여세과세표준신고기한 이내에 평가대상주식 등을 발행한 법인의 청산이 확정된 경우에는 할증평가를 하지 아니한다.

(8) 최대주주로부터 최대주주 이외의 자가 상속 또는 증여받은 경우

최대주주 등이 보유하고 있는 주식 등을 최대주주 외의 자가 「상속세 및 증여세법」 제47조 제2항에서 규정하고 있는 기간(증여합산과세 : 10년) 이내에 상속 또는 증여받은 경우로서 상속 또는 증여로 인하여 최대주주 등에 해당되지 아니하는 경우에는 할증평가를 하지 아니한다. 이것은 최대주주 이외의 자가 상속 또는 증여받는 경우에는 경영권을 양수받는 것으로 보기 어려우므로 할증평가를 하지 아니한다.
따라서 최대주주 등이 보유하고 있는 주식을 최대주주 등 이외의 자가 10년 기간 이내에 양수하는 경우로서 그 양수로 인하여 양수자가 최대주주 등에 해당되지 아니하는 경우에는 할증평가하지 아니한다(서사-1061, 2004.7.12.). 반면에 특수관계자에게 비상장주식을 양도하는 경우로서 「상속세 및 증여세법」 제35조의 규정에 의한 저가·고가양도에 따른 이익을 계산할 때 해당 비상장주식이 같은법 제63조 제3항에 규정된 최대주주 등의 주식에 해당하는 경우에는 할증평가하는 것(서사-984, 2004.6.30.)이다.

(9) 명의신탁에 따른 증여의제 적용 주식

주식등의 실제소유자와 명의자가 다른 경우로서 「상속세 및 증여세법」 제45조의 2에 따라 해당 주식등을 명의자가 실제소유자로부터 증여받은 것으로 보는 경우에 대한 주식평가는 할증평가를 하지 아니한다.

(10) 의결권이 없는 주식

최대주주등의 주식에 대해 할증평가를 할 때 최대주주등이 보유하는 주식수 및 발행주식총수등은 평가기준일 현재 당해 법인이 발행한 상법상 의결권이 있는 주식에 의하므로 평가기준일 현재 의결권이 없는 우선주나 의결권이 제한되는 자기주식은 포함되지 않는다(서일46014-10519, 2003.4.24. ; 서면4팀-3801, 2006.11.17.).
한편, 「상속세 및 증여세법 시행령」 제58조의 2(전환사채 등의 평가) 제2항 제2호 다목의 규정에 의한 신주인수권증권을 평가하기 위하여 당해 신주인수권증권으로 인수할 수 있는 주식가액을 계산할 때에도 할증규정은 적용되지 아니한다(서일 46014-10133, 2001.9.10.).

7.5 할증평가규정의 변천과정

적용시기	2000년~2002년	2003년~2004년	2005년~2019년	2020년~ 현재
할증비율	50% 이하 : 20% 50% 초과 : 30%	50% 이하 : 20% (중소기업 10%) 50% 초과 : 30% (중소기업 15%)	50% 이하 : 20% (중소기업 0%) 50% 초과 : 30% (중소기업 0%)	일반법인 : 20% 중소기업 : 0%

7.6 할증평가 적용대상거래

최대주주 등이 보유한 주식에 대한 상속·증여와 같은 무상거래와 양도와 취득의 유상거래에 대한 할증평가는 최대주주 사이의 거래에 대해서 적용된다. 다만, 최대주주가 최대주주가 아닌 자에게 양도·상속·증여하는 경우에는 최대주주가 아닌 자가 거래 후에도 최대주주에 해당되지 않아야 한다.

거래 형태	거래형태	할증 여부	비고
최대주주 → 최대주주	상속·증여·양도	○	
최대주주 → 최대주주가 아닌 자	〃	×	서면4팀-2646 (2005.12.28.)
최대주주가 아닌 자 → 최대주주	〃	×	서면4팀-1881 (2004.11.22.)

7.7 외국법인 주식의 최대주주 등에 대한 할증평가

평가대상법인이 외국법인의 최대주주에 해당하는 경우에는 「중소기업기본법」을 적용받지 못하므로 비록 외국법인의 최대주주가 보유한 주식 등이 「중소기업기본법」상 중소기업 요건을 갖추었다고 하더라도 할증평가 면제규정을 적용받지 못한다(서면4팀-1559, 2004.10.5.).

비상장 외국법인 주식을「상속세 및 증여세법」제63조 규정에 따라 평가하는 경우로서 같은 법 시행령 제53조 제3항에 규정된 최대주주 등이 보유하는 비상장주식에 해당하는 경우 같은 법 제63조 제3항의 규정에 따라 할증한 가액으로 평가하는 것이다(상속증여-2, 2014.1.6.).

7.8 중소기업 최대주주 등의 주식 할증평가 적용특례(2019.12.31.까지)

7.8.1 원 칙

그동안 최대주주가 보유하고 있는 주식에 대해서는 중소기업과 일반기업으로 구분하여 할증평가를 하되, 중소기업의 최대주주가 보유한 주식에 대해서는「조세특례제한법」제101조[중소기업 최대주주 등의 주식 할증평가 적용특례]에 따라 면제하는 형식을 취했다. 그러던 것이 2019.12.31.「상속세 및 증여세법」제63조 제3항을 개정하면서 중소기업의 최대주주가 보유한 주식에 대한 할증평가는 삭제하였고, 쓸모가 없어진「조세특례제한법」제101조의 할증평가 적용특례도 삭제하게 되었다. 그렇지만 2019.12.31. 이전의 중소기업 최대주주에 대한 할증평가는 여전히 유효하다. 이에 따라 2019.12.31. 이전에 최대주주 등이 보유하는 중소기업의 주식 등을 상속받거나 증여받는 경우에는 할증평가를 하지 아니한다(조특법 §101). 이때 중소기업은 평가기준일 현재「중소기업기본법」제2조에 따른 중소기업에 해당하는 기업을 말한다[13](상증령 §53 ⑥).

7.8.2 중소기업의 범위

(1) 중소기업 요건

그동안 중소기업을 육성하기 위한 시책의 대상이 되는 중소기업자로서「중소기업기본법」제2조 제1항에서 중소기업을 영리목적기업, 사회적기업을 대상으로 규정

13) 2009.2.3. 이전「상속세 및 증여세법」상 중소기업은「소득세법 시행령」제167조의 8을 준용하며, 직전 사업연도를 기준으로 판정하도록 하였다. 그러나 당해 사업연도에 창업한 중소기업의 경우에 중소기업 판정이 곤란한 문제가 있어「중소기업기본법」제2조의 규정을 준용하여 당해 사업연도에 창업한 중소기업 등에 대해서도 평가기준일 현재를 기준으로 중소기업 여부를 판정하여 적용되도록 하였다. 2009.2.4. 이후 최초로 상속이 개시되거나 증여하는 분부터 적용한다.

하였다. 이에 2014.1.14.(법률 제12240호) 「중소기업기본법」 개정을 통하여 다른 법인과의 경쟁을 통하여 협동조합이 활성화될 수 있도록 하기 위하여 협동조합 및 협동조합연합회를 포함시키도록 하였고, 시행령 개정을 통하여 중소기업을 판단하는 기준을 평균매출액 또는 연간매출액 등을 중심으로 하도록 하였다.

㈎ 영리목적으로 사업을 하는 기업

영리를 목적으로 하는 기업 중에 중소기업은 다음과 같이 해당 기업이 영위하는 주된 업종별로 매출액 또는 자산총액 등의 규모기준과 독립성 기준을 모두 갖춘 기업으로 한다(중기령 §3).

① 규모의 기준

해당 기업이 영위하는 주된 업종과 해당 기업의 평균매출액이 [별표 1]의 기준에 맞는 기업으로서 자산총액이 5천억원 미만이어야 한다(중기령 §3 ① 1호).

[별표1] 주된 업종별 평균매출액 등의 규모 기준(2017.10.17. 개정)

해당 기업의 주된 업종	분류기호	규모 기준
1. 의복, 의복액세서리 및 모피제품 제조업	C14	평균매출액등 1,500억원 이하
2. 가죽, 가방 및 신발 제조업	C15	
3. 펄프, 종이 및 종이제품 제조업	C17	
4. 1차 금속 제조업	C24	
5. 전기장비 제조업	C28	
6. 가구 제조업	C32	
7. 농업, 임업 및 어업	A	평균매출액등 1,000억원 이하
8. 광업	B	
9. 식료품 제조업	C10	
10. 담배 제조업	C12	
11. 섬유제품 제조업(의복 제조업은 제외)	C13	
12. 목재 및 나무제품 제조업(가구 제조업은 제외)	C16	
13. 코크스, 연탄 및 석유정제품 제조업	C19	
14. 화학물질 및 화학제품 제조업(의약품 제조업은 제외)	C20	
15. 고무제품 및 플라스틱제품 제조업	C22	

해당 기업의 주된 업종	분류기호	규모 기준
16. 금속가공제품 제조업(기계 및 가구 제조업은 제외)	C25	
17. 전자부품, 컴퓨터, 영상, 음향 및 통신장비 제조업	C26	
18. 그 밖의 기계 및 장비 제조업	C29	
19. 자동차 및 트레일러 제조업	C30	
20. 그 밖의 운송장비 제조업	C31	
21. 전기, 가스, 증기 및 공기조절 공급업	D	
22. 수도업	E36	
23. 건설업	F	
24. 도매 및 소매업	G	
25. 음료 제조업	C11	평균매출액등 800억원 이하
26. 인쇄 및 기록매체 복제업	C18	
27. 의료용 물질 및 의약품 제조업	C21	
28. 비금속 광물제품 제조업	C23	
29. 의료, 정밀, 광학기기 및 시계 제조업	C27	
30. 그 밖의 제품 제조업	C33	
31. 수도, 하수 및 폐기물 처리, 원료재생업(수도업은 제외)	E (E36 제외)	
32. 운수 및 창고업	H	
33. 정보통신업	J	
34. 산업용 기계 및 장비 수리업	C34	평균매출액등 600억원 이하
35. 전문, 과학 및 기술 서비스업	M	
36. 사업시설관리, 사업지원 및 임대 서비스업(임대업은 제외)	N (N76 제외)	
37. 보건업 및 사회복지 서비스업	Q	
38. 예술, 스포츠 및 여가 관련 서비스업	R	
39. 수리(修理) 및 기타 개인 서비스업	S	
40. 숙박 및 음식점업	I	평균매출액등 400억원 이하
41. 금융 및 보험업	K	
42. 부동산업	L	
43. 임대업	N76	

해당 기업의 주된 업종	분류기호	규모 기준
44. 교육 서비스업	P	

* 비고 : 해당 기업의 주된 업종의 분류 및 분류기호는 「통계법」 제22조에 따라 통계청장이 고시한 한국표준산업분류에 따른다.
* 위 표 제19호 및 제20호에도 불구하고 자동차용 신품 의자 제조업(C30393), 철도 차량 부품 및 관련 장치물 제조업(C31202) 중 철도 차량용 의자 제조업, 항공기용 부품 제조업(C31322) 중 항공기용 의자 제조업의 규모 기준은 평균매출액등 1,500억원 이하로 한다.

② 소유와 경영의 독립성 기준

소유와 경영의 실질적인 독립성이 다음의 어느 하나에 해당하지 아니하는 기업이어야 한다.

㉠ 「독점규제 및 공정거래에 관한 법률」 제14조 제1항에 따른 상호출자제한기업집단등(이하 "상호출자제한기업집단등"이라 함)에 속하는 회사 또는 같은 법 제14조의 3에 따라 상호출자제한기업집단등의 소속회사로 편입·통지된 것으로 보는 회사

㉡ 자산총액이 5천억원 이상인 법인(외국법인[14]을 포함하되, 「중소기업기본법 시행령」 제3조의 2 제3항 각 호의 어느 하나에 해당하는 자[15]는 제외)이 주식등의 100분의 30 이상을 직접적 또는 간접적으로 소유한 경우로서 최다출자자인 기업. 이 경우 최다출자자는 해당 기업의 주식등을 소유한 법인 또는 개인으로서 단독으로 또는 다음의 어느 하나에 해당하는 자와 합산하여 해당 기업의 주식등을 가장 많이 소유한 자를 말하며, 주식등의 간접소유 비율에 관하여는 「국제조세조정에 관한 법률 시행령」 제2조 제2항을 준용한다.

ⓐ 주식등을 소유한 자가 법인인 경우 : 그 법인의 임원[16]

ⓑ 주식등을 소유한 자가 ⓐ에 해당하지 아니하는 개인인 경우 : 그 개인의

14) 외국법인의 경우 자산총액을 원화로 환산할 때에는 직전 5개 사업연도의 평균환율을 적용한다.
15) ① 「중소기업창업 지원법」에 따른 중소기업창업투자회사
② 「여신전문금융업법」에 따른 신기술금융사업자
③ 「벤처기업육성에 관한 특별조치법」에 따른 신기술창업전문회사
④ 「산업교육진흥 및 산학연협력촉진에 관한 법률」에 따른 산학협력기술지주회사
⑤ 그 밖에 제1호부터 제4호까지의 규정에 준하는 경우로서 중소기업 육성을 위하여 중소기업청장이 정하여 고시하는 자
16) ① 주식회사 또는 유한회사 : 등기된 이사(사외이사는 제외한다)
② ① 외의 기업 : 무한책임사원 또는 업무집행자

친족[17)]

ⓒ 관계기업에 속하는 기업의 경우에는 「중소기업기본법 시행령」 제7조의 4에 따라 산정한 평균매출액등이 별표 1의 기준에 맞지 아니하는 기업

③ 상환기준

업종별 규모기준을 충족하더라도 재무상태표상 자산총계(자본총계+부채총계)가 5,000억원 미만이어야 중소기업에 해당한다. 자산총액은 회계관행에 따라 작성한 직전 사업연도 말일 현재 재무상태표상의 자산총계로 판정하나 해당 사업연도에 창업하거나 합병 또는 분할한 기업의 자산총액은 창업일이나 합병일 또는 분할일 현재의 자산총액으로 하고, 외국법인의 경우 자산총액을 원화로 환산할 때에는 직전 5개 사업연도의 평균환율을 적용한다(중기령 §7의 2).

㈏ 사회적기업

「사회적기업 육성법」 제2조 제1호에 따른 사회적기업 중에서 영리를 주된 목적으로 하지 아니하는 사회적기업으로서 상기 '㈎ 영리목적으로 사업을 하는 기업'의 규모기준과 독립성 기준을 모두 갖춘 기업으로 한다. 다만, 독립성 기준 중에 "관계기업에 속하는 기업의 경우에는 「중소기업기본법 시행령」 제7조의 4(관계기업의 평균매출액등의 산정)에 따라 산정한 평균매출액등이 [별표 1]의 기준에 맞지 아니하는 기업"은 적용대상이 될 수 있다.

㈐ 협동조합 및 협동조합연합회

「협동조합 기본법」 제2조 제1호에 따른 협동조합, 협동조합연합회, 사회적협동조합, 사회적협동조합연합회 중에 상기 '㈎ 영리목적으로 사업을 하는 기업'의 규모기준과 독립성 기준을 모두 갖춘 기업으로 한다. 다만, 독립성 기준 중에 "관계기업에 속하는 기업의 경우에는 「중소기업기본법 시행령」 제7조의 4(관계기업의 평균매출액등의 산정)에 따라 산정한 평균매출액등이 [별표 1]의 기준에 맞지 아니하는 기업"은 적용대상이 될 수 있다.

---

17) 배우자(사실상 혼인관계에 있는 자를 포함한다), 6촌 이내의 혈족 및 4촌 이내의 인척을 말한다.

(2) 관계기업

(가) 관계기업의 범위

'관계기업'이란 「주식회사의 외부감사에 관한 법률」 제2조에 따른 외부감사대상기업이 제3조의 2에 따라 다른 국내기업을 지배함으로써 지배 또는 종속의 관계에 있는 기업의 집단을 말한다(중기령 §2).

(나) 지배기업과 종속기업의 관계

관계기업에서 지배 또는 종속의 관계란 기업이 직전 사업연도 말일 현재 다른 국내기업을 다음의 어느 하나와 같이 지배하는 경우 그 지배기업과 그 다른 종속기업의 관계를 말한다. 다만, 「자본시장과 금융투자업에 관한 법률」 제9조 제15항에 따른 주권상장법인으로서 「주식회사의 외부감사에 관한 법률」 제1조의 2 제2호 및 같은 법 시행령 제1조의 3에 따라 연결재무제표를 작성하여야 하는 기업과 그 연결재무제표에 포함되는 국내기업은 지배기업과 종속기업의 관계로 본다.

① 지배기업이 단독으로 또는 그 지배기업과의 관계가 다음의 어느 하나에 해당하는 자와 합산하여 종속기업의 주식 등을 100분의 30 이상 소유하면서 최다출자자인 경우
   ㉠ 단독으로 또는 친족과 합산하여 지배기업의 주식 등을 100분의 30 이상 소유하면서 최다출자자인 개인
   ㉡ '㉠'에 해당하는 개인의 친족

② 지배기업이 그 지배기업과의 관계가 '①'에 해당하는 자회사와 합산하거나 그 지배기업과의 관계가 '①'의 '㉠', '㉡' 중 어느 하나에 해당하는 자와 공동으로 합산하여 종속기업의 주식 등을 100분의 30 이상 소유하면서 최다출자자인 경우

③ 자회사가 단독으로 또는 다른 자회사와 합산하여 종속기업의 주식 등을 100분의 30 이상 소유하면서 최다출자자인 경우

④ 지배기업과의 관계가 '①'의 '㉠', '㉡' 중의 어느 하나에 해당하는 자가 자회사와 합산하여 종속기업의 주식 등을 100분의 30 이상 소유하면서 최다출

03

자자인 경우

이 경우에도 불구하고 기업이 직전 사업연도 말일이 지난 후 창업, 합병, 분할 또는 폐업한 경우에는 창업일, 합병일, 분할일 또는 「부가가치세법 시행령」 제7조에 따른 폐업일을 기준으로 지배 또는 종속의 관계를 판단할 수 있다(2014.4.14. 신설).

(다) 지배기업과 종속기업으로 보지 아니하는 경우

다음의 어느 하나에 해당하는 자가 다른 국내기업의 주식 등을 소유하고 있는 경우에는 그 기업과 그 다른 국내기업은 지배기업과 종속기업의 관계로 보지 아니한다.

① 「벤처투자 촉진에 관한 법률」 제2조 제10호에 따른 벤처투자회사
② 「여신전문금융업법」에 따른 신기술금융사업자
③ 「벤처기업육성에 관한 특별조치법」에 따른 신기술창업전문회사
④ 「산업교육진흥 및 산학협력촉진에 관한 법률」에 따른 산학협력기술지주회사
⑤ 그 밖에 '①'부터 '④'까지의 규정에 준하는 경우로서 중소기업 육성을 위하여 중소기업청장이 정하여 고시하는 자

(3) 용어의 정의

(가) 주된 사업 판단

하나의 기업이 둘 이상의 서로 다른 업종을 영위하는 경우에는 「중소기업기본법 시행령」 제7조에 따라 산정한 평균매출액 등 중 평균매출액 등의 비중이 가장 큰 업종을 주된 업종으로 본다. 관계기업에 속하는 기업의 경우에는 지배기업과 종속기업 중 평균매출액 등이 큰 기업의 주된 업종을 지배기업과 종속기업의 주된 업종으로 본다(중기령 §4).

(나) 평균매출액 등의 산정

「중소기업기본법 시행령」 제3조 제1항 제1호에 따른 평균매출액 등을 산정하

는 경우 매출액은 일반적으로 공정·타당하다고 인정되는 회계관행에 따라 작성한 손익계산서상의 매출액을 말한다. 다만, 업종의 특성에 따라 매출액에 준하는 영업수익 등을 사용하는 경우에는 영업수익 등을 말한다.

(4) 중소기업 여부의 판단 및 적용기간

중소기업 해당 여부에 대한 판단은 그 기업의 직전 사업연도의 상시근로자 수 등을 기준으로 하되, 중소기업 여부의 적용기간은 직전 사업연도 말일에서 3개월이 경과한 날부터 1년간으로 한다. 중소기업 여부의 판단 등에 관한 세부적인 사항은 중소기업청장이 따로 정한다(중기령 §3의 3).

(5) 중소기업 적용기간의 유예

중소기업이 그 규모의 확대 등으로 중소기업에 해당하지 아니하게 된 경우 그 사유가 발생한 연도의 다음 연도부터 3년간은 중소기업으로 본다. 다만, 중소기업 외의 기업과 합병하거나 다음 사유로 중소기업에 해당하지 아니하게 된 경우에는 유예기간 없이 중소기업으로 보지 아니한다(중기법 §2 ③, 중기령 §9).

① 중소기업이 「중소기업기본법」 제2조 제3항 본문에 따라 중소기업으로 보는 기간 중에 있는 기업을 흡수합병한 경우로서 중소기업으로 보는 기간 중에 있는 기업이 당초 중소기업에 해당하지 아니하게 된 사유가 발생한 연도의 다음 연도부터 3년이 지난 경우

② 중소기업이 「독점규제 및 공정거래에 관한 법률」 제14조 제1항에 따른 상호출자제한기업집단에 속하는 회사 또는 같은 법 제14조의 3에 따라 공시대상기업집단의 소속회사로 편입·통지된 것으로 보는 회사 중 상호출자제한기업집단에 속하는 회사에 해당하는 경우

③ 「중소기업기본법」 제2조 제3항 본문에 따라 중소기업으로 보았던 기업이 같은 조 제1항에 따른 중소기업이 되었다가 그 평균매출액등의 증가 등으로 다시 중소기업에 해당하지 아니하게 된 경우

예규

▶▶ 〈쟁점〉 최대주주등이 주식을 상속 · 증여하면서 최대주주 할증 규정 적용 여부를 판단할 때 최대주주등의 주식등에 우리사주조합원이 우리사주조합을 통하여 보유하고 있는 지분 포함여부(기획재정부조세법령 - 1072, 2021.12.15)

(제1안) 우리사주조합원의 보유 지분을 포함함.

(제2안) 우리사주조합원의 보유 지분을 포함하지 아니함.

〈회신〉 귀 질의의 경우 2안이 타당함.

▶▶ 투자신탁을 운용하는 자산운용사의 보유주식 수가 가장 많은 경우 할증평가 대상인 최대주주 판단(기획재정부재산-168, 2020.2.13.)

투자신탁을 운용하는 자산운용사의 보유주식 수가 가장 많은 경우 할증평가 대상인 최대주주는 동 자산운용사가 되는 것임.

▶▶ 주식의 현물출자 등에 의한 지주회사의 설립·전환에 따른 과세이연 양도차익 계산 시 주식가액 산정 방법(서면법인 2017-2101, 2018.5.24.)

주권상장법인의 최대주주가 전환지주회사에 주권상장법인의 주식을 현물출자하여 발생한 양도차익에 대하여 「조세특례제한법 시행령」 제35조의 3 제1항에 따른 과세이연 양도차익 계산 시, 해당 상장주식의 현물출자 거래가 주권상장법인의 경영권 이전이 수반되는 거래로서 한국거래소 시장에서의 거래에 해당하지 않는 경우 그 주식의 시가는 평가기준일 이전 2개월 동안 공표된 매일의 거래소 최종시세가액의 평균액에 「상속세 및 증여세법」 제63조 제3항에 따른 할증평가액을 가산한 가액으로 평가하는 것임.

▶▶ 현물출자에 따른 이익의 증여규정 적용 시 최대주주 할증평가 여부(서면상속증여 2017-2420, 2018.4.11.)

「상속세 및 증여세법」 제39조의 3(현물출자에 따른 이익의 증여) 규정에 따른 이익을 계산할 때, 같은 법 시행령 제53조 제6항 제3호의 규정에 의하여 최대주주 등의 할증평가규정이 적용되지 아니하는 것임.

▶▶ 합병에 따른 상장이익 계산 시 할증평가 적용 여부 등(서면법령해석재산 2017-53, 2017.6.30.)

「상속세 및 증여세법」(2014.1.1. 법률 제12168호로 개정된 것) 제41조의 5(합병에 따른 상장이익) 제1항, 같은 법 시행령(2014.2.21. 대통령령 제25195호로 개정된 것) 제31조의 8 제1항 및 제31조의 6 제3항을 적용함에 있어서 정산기준일 현재 1주당 평가가액은 같은 법 제63조 제3항에 따른 최대주주 할증평가 규정을 적용하여 산정하는 것임.

▶▶ 쟁점주식이 중소기업 주식에 해당하는지 여부(조심 2016중2352, 2017.6.21.)

「중소기업기본법」에는 이미 중소기업 유예기간 중에 있는 기업이 유예 제외요건에 해당하는 경우 유예기간이 실효되는지 여부에 대한 규정이 없고, 같은 법 시행령 제9조 제1호는 '중소기업'과 '유예기간 중에 있는 기업'을 구분하여 사용하고 있으며, 같은 조 제3호는 '중소기업'이 제3조 제2호에 해당하지 아니하는 경우를 '유예기간을 적용하지 아니하는 사유'로 명시하고 있으므로 '유예기간 중에 있는 기업'이 제3조 제2호에 해당하지 아니하는 경우 이미 진행중이던 유예기간이 실효된다고 해석하기는 어려운 점 등에 비추어 처분청이 쟁점법인을 중소기업이 아닌 것으로 보아 증여세를 부과한 처분은 잘못이 있음.

▶▶ 최대주주가 계열사 직원에게 주식증여 시 할증평가 요건 충족 여부(사전법령해석재산 2016-44, 2016.3.15.)

증여자가 본인이 최대주주로서 보유하고 있는 상장주식을 본인이 직접 또는 본인의 직계비속이 그 경영에 관하여 사실상 영향력을 행사하고 있는 기업집단의 소속 기업(「상속세 및 증여세법 시행령」(2016.2.5. 대통령령 제26960호로 개정되기 전의 것) 제12조의 2 제1항 제3호 가목에 규정된 기업집단의 소속기업임)의 사용인에게 증여하는 경우로서 해당 기업이 같은 조 제3항 각 호의 어느 하나에 해당하는 법인인 경우 해당 주식을 증여받은 수증자는 증여자가 출자에 의하여 지배하고 있는 법인의 사용인으로서 같은 조 제1항 제2호에 따라 증여자의 특수관계인에 해당하는 것이며, 해당 주식은 같은 법 제63조 제3항에 따라 할증한 가액으로 평가하는 것임.

▶▶ 포괄적 주식교환으로 교환되는 주식의 할증평가 여부(서면법령해석재산 2014-20735, 2015.5.4)

「상속세 및 증여세법」 제63조 제3항에 따라 최대주주의 주식에 대한 할증평가를 적용할 때 「상법」 제360조의 2에서 정한 주식의 포괄적 교환절차에 따라 완전자회사가 되는 법인의 최대주주가 완전모회사가 되는 법인에 이전하는 주식 또는 완전모회사가 되는 법인의 순자산가치를 평가함에 있어 해당 법인이 보유하고 있는 완전자회사가 되는 법인의 주식에 대해서는 해당 할증평가 규정이 적용되는 것이나, 완전모회사가 되는 법인이 교환대가로 발행하는 신주에 대해서는 해당 규정이 적용되지 아니하는 것임.

▶▶ 비상장 외국법인 주식의 할증평가 적용방법(상속증여세과-2, 2014.1.6.)

1. 비상장외국법인 주식을 「상속세 및 증여세법」 제63조 규정에 따라 평가하는 경우 같은법 시행령 제53조 제3항에 규정된 최대주주 등이 보유하는 비상장주식은 같은법 제63조 제3항의 규정에 따라 할증한 가액으로 평가하는 것임.
2. 귀 질의의 경우 해당 법인이 「독점규제 및 공정거래에 관한 법률 시행령」 제3조 각 호의 어느 하나에 해당하는 기업집단에 속하는 계열회사에 해당하는지 여부는 법령 소관부서인 공정거래위원회에 문의하시기 바람.

▶▶ 최대주주 등의 보유 주식을 최대주주 등 외의 자가 10년 기간 이내에 증여받는 주식의 할증평가 여부(상속증여세과-628, 2013.12.20.)

[질의]

---

1. 사실관계

-증여자 : 갑(A법인의 주식을 50% 초과 소유한 최대주주)

-A법인 : 코스닥상장법인

-B법인 : 갑, A법인과의 관계에 있어서 「상속세 및 증여세법 시행령」 제12조의 2 제1항 제3호 가목에 따른 임원에 대한 임면권의 행사 및 사업방침의 결정 등을 통하여 그 경영에 관하여 사실상의 영향력을 행사하고 있는 기획재정부령으로 정하는 기업집단의 소속 기업에 해당함.

-수증자 : (A법인의 임원의 배우자와 직계비속, A·B법인의 주주 아니며, 갑의 친족이 아님)

-수증자 : 병(B법인의 임원의 배우자와 직계비속, A·B법인의 주주 아니며, 갑의 친족이 아님)

-증여재산 : 증여자 갑이 보유한 A법인의 상장주식으로 총상장주식수의 1% 정도이며, A법인의 임원이나 B법인의 임원이 주식소유비율은 각각 0.5% 미만임.

[회신]

「상속세 및 증여세법」 제63조 제3항에 따른 최대주주 등(주주 등 1인과 그의 특수관계인의 보유주식 등을 합하여 그 보유주식 등의 합계가 가장 많은 경우의 해당 주주 등 1인 및 그 주주 등 1인과 같은 법 시행령 제12조의 2 제1항 각 호의 어느 하나에 해당하는 관계에 있는 특수관계인을 말함)이 보유하고 있는 주식을 최대주주 등 외의 자가 10년 기간 이내에 증여받은 경우로서 그 증여로 인하여 수증자가 최대주주 등에 해당되지 아니하는 경우에는 해당 증여 주식에 대하여 같은 법 시행령 제53조 제6항 제6호에 따라 할증평가 규정을 적용하지 아니함.

▶▶ 물적분할로 취득하는 주식에 대한 할증평가 여부(법규-1190, 2012.10.12. ; 기획재정부 법인-994, 2012.9.20.)

내국법인이 현물출자로 취득한 주식의 취득가액을 「상속세 및 증여세법」 제63조를 적용하여 평가하는 경우 해당 주식은 피출자법인이 최대주주 등으로서 보유하던 주식에 해당되지 아니하므로 같은 법 제63조 제3항에 따른 할증평가를 적용하지 아니하는 것임.

▶▶ 1차 출자법인의 순자산가액 계산 시 최대주주로서 보유한 2차 출자법인에 대하여 할증평가여부(서사-4057, 2006.12.13.)

비상장법인의 순자산가액을 계산할 때 「상속세 및 증여세법 시행령」 제53조 제5항 제3호의 규정에 의하여 평가대상법인이 최대주주로서 보유하고 있는 다른 법인(1차출자법인)의 주식에 대하여는 「상속세 및 증여세법」 제63조 제3항의 규정을 적용하여 할증한 가액으로 평가하는 것이며, 1차출자법인의 순자산가액을 계산할 때 1차출자법인이 최대주주로서 보유하고 있는 또다른 법인의 주식(2차출자법인)에 대하여는 할증한 가액으로 평가하지 아니함.

▶▶ 최대주주가 소유한 비상장주식의 가액을 시가로 평가하는 경우에 다시 할증평가하는 것은 부당하다는 사례(대법원 2005두7228, 2006.12.7.)

구 「상속세 및 증여세법」(2000.12.29. 법률 제6301호로 개정되기 전의 것, 이하 '법'이라 한다) 제63조 제3항은 제1항 제1호 및 제2항의 규정을 적용함에 있어서 대통령령이 정하는 최대주주 등의 주식에 대하여는 제1항 제1호 및 제2항의 규정에 의하여 평가한 가액에 그 가액의 100분의 20을 가산하되, 최대주주 등이 당해 법인의 발행주식총수 등의 100분의 50을 초과하여 보유하는 경우에는 100분의 30을 가산한다고 규정하고 있는바, 위 규정에 의하면 최대주주 등이 보유하는 주식에 대하여 법 소정의 할증률이 적용되는 주식은 법 제63조 제1항 제1호에 따라 보충적 평가방법에 의하여 주식의 가액을 평가하는 경우와 법 제63조 제2항에 따라 기업공개준비 중인 주식의 가액을 평가하는 경우에 한정되고, 그 할증률 또한 법 제63조 제1항 제1호 및 제2항의 규정에 의하여 평가한 가액에 최대주주 등의 주식보유비율에 따라 20% 또는 30%의 할증률을 획일적으로 적용하도록 규정하고 있으므로 비상장주식의 가액을 시가에 의하여 평가하는 경우에는 당해 주식이 최대주주 등이 보유하는 주식이라 하더라도 법 제63조 제3항을 적용하여 그 시가액에 다가 다시 소정의 할증률을 획일적으로 적용할 수는 없는 것이고, 이는 법 제60조 제1항이 상장주식과 협회등록법인의 주식의 경우에 법 제63조 제1항 제1호 가목 및 나목에 규정된 평가방법에 의하여 평가한 가액을 시가로 본다고 규정하고 있다고 하더라도 달리 볼 것이 아님.

▶▶ 최대주주 등의 주식에 대하여 할증평가할 때 당해 법인의 발행주식총수와 최대주주의 보유주식수에는 자기주식 포함 여부(서사-3801, 2006.11.17.)

「상속세 및 증여세법」 제63조 제3항의 규정에 의하여 최대주주가 보유한 주식에 대한 할증평가율을 적용하는 경우 당해 법인의 발행주식총수와 최대주주의 보유주식수에는 「상법」 제369조 제2항의 규정에 의하여 평가기준일 현재 의결권이 제한되는 자기주식은 포함되지 아니하는 것임.

▶▶ 「중소기업기본법」상 유예기간 중에 있는 중소기업의 최대주주 등의 주식도 할증평가가 면제됨(서사-2629, 2005.12.27.)

「상속세 및 증여세법」 제63조 제3항 및 「조세특례제한법」 제100조의 2의 규정에 의한 중소기업 최대주주 등의 주식할증평가 적용특례는 「상속세 및 증여세법 시행령」 제53조 제6항의 규정에 의하여 「중소기업기본법」 제2조 및 같은법 시행령 제3조의 규정에 의한 중소기업에 해당하는 기업에 대하여 적용하는 것으로 같은법 제2조 제3항 본문의 규정에 의하여 유예기간 중에 있는 중소기업을 포함하는 것임.

▶▶ 비상장주식의 시가를 보충적 평가방법에 의하여 평가하는 경우 중소기업 최대주주 등의 주식 할증평가 적용특례 적용 여부(서사-1703, 2005.9.21.)

거주자가 「소득세법 시행령」 제98조 제1항의 규정에 의한 특수관계 있는 자와의 거래에 있어서 비상장주식을 시가를 초과하여 취득하거나 시가에 미달하게 양도함

03

으로써 조세의 부담을 부당히 감소시킨 것으로 인정되는 때에는 그 취득가액 또는 양도가액을 시가에 의하여 계산하는 것임. 이때 동 주식의 시가가 불분명하여 「상속세 및 증여세법」 제63조의 규정에 의한 보충적 평가방법에 따라 주식의 시가를 산정하는 경우에 당해 비상장주식이 같은법 제63조 제3항에 규정된 최대주주 등의 주식에 해당하는 경우에는 할증평가하는 것이며, 「조세특례제한법」 제100조의 2 규정에 의한 "중소기업 최대주주 등의 주식할증평가 적용특례" 규정은 적용되지 아니하는 것임.

▶▶ 최대주주가 보유하는 주식이 상속개시일 전후 6월 이내의 기간 중에 전부 매각 시의 할증평가 여부(서사-1206, 2005.7.14.)

① 상속받은 상장주식의 가액은 「상속세 및 증여세법」 제63조 제1항 제1호 가목의 규정에 의하여 상속개시일 이전·이후 각 2개월 간에 공표된 매일의 한국증권거래소 최종시세가액(거래실적의 유무를 불문함)의 평균액으로 하는 것임.

② 같은법 제63조 제3항에서 "대통령령이 정하는 최대주주 또는 최대출자자 및 그와 특수관계에 있는 주주 또는 출자자(이하 "최대주주 등"이라 함)"라 함은 같은법 시행령 제53조 제3항의 규정에 의하여 같은령 제19조 제2항 각 호 외의 부분의 규정에 의한 주주 등 1인과 같은항 각 호의 1의 관계에 있는 자를 말하는 것이며, 당해 최대주주 등이 보유하는 주식 등이 상속개시일 전후 6월 이내의 기간 중에 전부 매각된 경우(같은령 제49조 제1항 제1호의 규정에 적합한 경우에 한함)에는 같은령 제53조 제5항 제1호의 규정에 의하여 할증평가를 하지 아니함.

③ 같은법 제63조 제3항의 규정을 적용할 때 최대주주 등이 보유하는 주식수 및 발행주식총수 등은 평가기준일 현재 당해 법인이 발행한 「상법」상 의결권이 있는 주식에 의하는 것임.

▶▶ 비상장주식의 1주당 순자산가액 평가 시 보유중인 다른 상장법인 주식의 시가를 평가기준일 현재 한국증권거래소 최종시세가액으로 하는 경우에는 할증평가를 적용하지 아니하는 것임(서이-2732, 2004.12.24.).

[질의]

법인과 개인간 비상장주식을 매매하는 경우 부당행위계산부인에 의한 시가에 대하여 당해 비상장주식의 순자산가액을 계산함에 있어서 다른 상장법인의 주식을 보유하고 있는 경우 할증평가 여부

상기와 같은 경우

〈갑설〉 상장주식은 평가기준일 현재 한국증권거래소의 최종시세가액에 의하므로 할증평가를 하지 아니한다.

〈을설〉 상장주식은 평가기준일 현재 한국증권거래소의 최종시세가액에 의한다하더라도 할증평가대상이다.

〈병설〉 상장주식은 평가기준일 전후 2월간 종가평균액이며 할증평가대상이다.

[회신]

귀 질의의 경우 법인이 비상장주식을 매매하는 경우 당해 비상장주식의 1주당 순자산가액을 「상속세 및 증여세법」 제63조의 규정에 의하여 평가함에 있어서 보유중인 다른 상장법인의 주식의 시가를 「법인세법 시행령」 제89조 제1항의 일반적으로 매매되는 가격, 즉 평가기준일 현재 한국증권거래소 최종시세가액으로 하는 경우에는 할증평가를 적용하지 아니하는 것임.

▶▶ 최대주주 등의 범위(서사－2100, 2004.12.23.)

「상속세 및 증여세법」 제63조 제3항의 규정에 의하여 최대주주 등의 주식에 대하여 할증평가를 할 때에 '최대주주 등'은 주주 1인과 같은법 시행령 제19조 제2항 각 호의 1에서 규정한 특수관계에 있는 자가 보유하는 주식을 합하여 그 보유주식수가 당해 법인의 주주 중 가장 많은 경우에 그 주주 1인 및 그와 특수관계에 있는 주주 모두를 말하는 것임. 최대주주 등에 해당하는 자가 친족 등 같은법 시행령 제19조 제1항 각 호의 1에서 규정하고 있는 자에게 증여하는 주식에 대하여는 할증평가규정을 적용하는 것이며, 같은항 제2호에서 규정하고 있는 사용인에는 주주 1인 및 그와 특수관계에 있는 자가 30% 이상 출자하여 지배하고 있는 법인의 사용인을 포함하는 것임.

▶▶ 최대주주 등에 해당하지 아니하는 자가 최대주주 등에게 증여하는 주식에 대하여는 할증하지 아니함(서사－1881, 2004.11.22. ; 서사－1905, 2004.11.25.).

「상속세 및 증여세법 시행령」 제53조 제3항에 규정된 최대주주 등이 보유하는 주식에 대하여는 같은법 제63조 제3항의 규정에 의하여 할증한 가액으로 평가하는 것이나, 최대주주 등에 해당하지 아니하는 자가 최대주주 등에게 증여하는 주식에 대하여는 할증하여 평가하지 아니하는 것임.

▶▶ 양수자가 비상장주식을 양도하고도 최대주주가 되지 아니하는 경우는 할증평가되지 아니함(서사－1061, 2004.7.12.).

비상장주식의 양도에 대하여 「상속세 및 증여세법」 제35조의 규정에 의한 저가·고가양도에 따른 이익을 계산할 때 당해 비상장주식이 같은법 제63조 제3항에 규정된 최대주주 등의 주식에 해당하는 경우 같은법 시행령 제53조 제5항 각 호에 해당하는 경우를 제외하고는 할증평가규정을 적용하는 것임.

▶▶ 비상장법인의 순자산가액 계산 시 할증평가규정 적용과 순손익가치 계산 시 익금불산입된 금액 처리방법(서사－803, 2004.6.7.)

① 비상장법인의 순자산가액을 계산할 때 비상장법인이 다른 비상장법인의 최대주주로서 소유하고 있는 주식은 다른 비상장법인 주식평가액에 「상속세 및 증여세법」 제63조 제3항의 규정을 적용하여 할증한 가액으로 평가하는 것임.

② 「상속세 및 증여세법 시행령」 제54조의 규정에 의하여 비상장주식을 평가하는 경우 '최근 3년간의 순손익액'은 「법인세법」 제14조의 규정에 의한 각사업연도소

득에서 「상속세 및 증여세법 시행령」 제56조 제3항 각 호에 규정된 금액을 차가감하는 것이므로 수익인식기준을 변경하거나 감가상각비 시인부족액을 추가적으로 차감하여 소득금액을 계산하지 않음.

▶▶ 「상속세 및 증여세법」에 의한 할증평가대상이 되는 최대주주의 범위(서일 46014-10817, 2003.6.23.)

비상장법인의 순자산가액을 계산할 때 비상장법인이 다른 비상장법인의 최대주주로서 소유하고 있는 주식은 다른 비상장법인 주식평가액에 「상속세 및 증여세법」 제63조 제3항의 규정을 적용하여 할증한 가액으로 평가하는 것임.

▶▶ 최대주주 등의 보유하는 의결권 없는 주식에 대한 할증평가 여부(서일 46014-10519, 2003.4.24.)

「상속세 및 증여세법」 제63조 제3항의 규정에 의하여 최대주주 등의 주식에 대하여 할증평가를 할 때에 최대주주 등이 보유하는 주식수 및 발행주식총수 등은 평가기준일 현재 당해 법인이 발행한 「상법」상 의결권이 있는 주식에 의하는 것임.

▶▶ 과거 3개년의 손익현황에 따른 국외현지법인의 최대주주보유주식에 대한 할증평가 여부(서일 46014-10195, 2003.2.20.)

「상속세 및 증여세법」 제63조 제3항에서 최대주주의 주식에 대하여 할증평가를 제외하는 경우로 규정한 '평가기준일이 속하는 사업연도 전 3년 이내의 사업연도부터 계속하여 「법인세법」 제14조 제2항의 규정에 의한 결손금이 있는 법인'이라 함은 같은법 시행령 제56조 제1항 제1호의 규정에 의하여 '1주당 최근 3년간의 순손익액의 가중평균액'을 계산할 때의 각 사업연도 순손익액이 모두 결손인 법인을 말하는 것이며, 외국법인의 경우에는 당해 법인소재지국의 관련 조세법령에 따라 산출한 각 사업연도의 순손익액이 모두 결손인 법인의 주식에 대하여 적용하는 것이 타당함.

▶▶ 최대주주의 비상장주식을 매매사례가액으로 평가할 때 할증평가규정의 적용 여부(서일 46014-10440, 2002.4.2.)

주식 및 출자지분의 가액은 「상속세 및 증여세법」 제60조 및 제63조의 규정에 의하여 평가하는 것이며, 이 경우 당해 주식 또는 출자지분이 최대주주 등의 주식 또는 출자지분에 해당하는 경우에는 같은법 제63조 제3항의 규정이 적용되는 것임.

▶▶ 명의신탁주식평가 시 최대주주 등에 대한 할증평가규정의 적용 여부(서일 46014-10256, 2002.2.28. ; 재경부 재산 46014-39, 2002.2.15.)

주식의 실제소유자와 명의자가 다른 경우에는 「상속세 및 증여세법」 제41조의 2 제1항의 규정에 의하여 그 명의자로 명의개서를 한 날에 그 주식의 가액을 명의자가 실질소유자로부터 증여받은 것으로 보는 것임. 이 경우 주식의 가액은 같은법 제60조 및 제63조의 규정에 의하여 평가하는 것이므로 당해 주식이 최대주주 등의 주식에 해당하는 경우에는 같은법 제63조 제3항의 규정이 적용되는 것임.

▶▶ 평가기준일 전 1년 이내에 양도한 주식이 있는 최대주주의 소유주식수 계산방법(서일 46014-10377, 2001.10.31.)

[질의]

- 평가기준일로부터 1년 이전의 최대주주 등의 소유주식비율 : 48%
- 평가기준일로부터 1년 이내에 최대주주 등의 주식거래내용(매수 : 4%, 매도 : 3%)
- 평가기준일 현재 최대주주 등의 소유주식비율 : 49%

「상속세 및 증여세법 시행령」 제53조 제4항의 규정에 의하여 최대주주 등이 소유하는 주식 및 출자지분을 계산함에 있어서 상속개시일 또는 증여일부터 소급하여 1년 이내에 양도하거나 증여한 주식이 있는 경우에는 그 주식을 합산하도록 규정하고 있음. 이 경우에 '양도'의 범위는

[회신]

「상속세 및 증여세법」 제63조 제3항에 의한 최대주주 등의 보유주식에 대한 할증평가규정을 적용할 때에 최대주주 등이 평가기준일부터 소급하여 1년 이내에 양도하거나 증여한 주식은 같은법 시행령 제53조 제3항의 규정에 의하여 이를 평가기준일 현재 보유한 주식에 합산하여 할증평가율을 적용하는 것임.

이때 당해 주식을 한국증권거래소에서 반복적으로 양도·양수한 경우에는 평가기준일부터 소급하여 1년 이내의 기간 중에 최대주주 등의 주식보유비율이 가장 높은 날 이후에 양도한 주식에 대하여 양수한 주식을 차감한 주식(부수인 경우에는 '0'으로 함)을 평가기준일 현재 보유주식에 합산하는 것이 타당함.

▶▶ 상증법상 최대주주 보유주식에 대한 할증평가시 자기주식 포함 여부(재산상속46014-404, 2001.8.21.)

상증법상 최대주주가 보유한 주식에 대한 할증평가율을 적용할 때에 당해 내국법인의 의결권 있는 발행주식총수와 최대주주의 보유주식 수에는 평가기준일 현재의 결권이 제한되는 자기주식과 신탁계약에 따라 신탁회사로 하여금 취득하게 한 자기주식은 포함되지 아니하는 것임.

▶▶ 최대주주 및 특수관계자의 주식에 대한 할증평가규정의 적용방법(재경부 재산 46014-3, 2001.1.5.)

「상속세 및 증여세법 시행령」 제29조 제2항에 규정된 '증자 전 1주당 평가가액'을 산정함에 있어 「상속세 및 증여세법」 제63조 제3항의 규정은 적용되지 아니하는 것임.

▶▶ 비상장주식평가 시 10% 가산되는 최대주주 및 특수관계자의 범위(재삼 46014-622, 1998.4.10.)

「상속세 및 증여세법」 제63조 제3항 및 동법 시행령 제19조 제2항의 규정을 적용함에 있어서 보유주식의 합계가 동일한 최대주주 등이 2 이상인 경우에는 모두가 최대주주 등에 해당되는 것임.

Chapter 03

평가심의위원회에 의한 비상장주식평가

1 평가심의위원회의 설치 및 운영

1.1 의 의

상속 증여재산을 평가할 때 시가는 원칙적으로 해당 재산에 대한 사례가액을 우선 적용하고, 사례가액이 없는 경우에는 「상속세 및 증여세법」에서 정하는 보충적 평가방법에 의하여 평가한다. 비상장주식에 대한 보충적 평가방법은 그동안 자산가치와 수익가치를 단순평균하거나 그 중 큰 금액 중에서 큰 가액을 선택하기도 하고, 가중평균하는 방법으로 개정하여 적용하기는 하였으나 평가가액의 적정성에 대한 논란은 여전히 계속되고 있다. 이와 같은 비상장주식에 대한 보충적 평가방법의 한계점을 개선하고 적정한 평가가액의 시가 적용을 위하여 구 「상속세 및 증여세법 시행령」 제56조의 2에 따라 비상장주식의 가액평가 및 평가방법에 대한 심의를 위하여 평가심의위원회를 설치하도록 하였으며, 이에 따라 2004.12.23. 비상장주식평가심의위원회의 설치 및 운영에 관한 규정(국세청 훈령 제1578호)을 제정하였다.

이와 같이 공정하고 객관적인 평가를 위하여 평가심의위원회는 국세청 및 지방국세청별로 설치하고, 납세자의 신청에 따라 이 위원회가 제시하는 평가가액에 의하거나 동 위원회가 제시하는 평가방법 등을 감안하여 평가한 가액에 의할 수 있게 되었다. 그러나 그동안 국세청 훈령에 따라 적용하였던 유사상장법인 주가 비교평가방법을 적용하여 평가심의위원회에서 심의한 실적이 거의 없는 것으로 알려지고 있다. 이에 따라 과세당국에서는 평가방법의 개선을 위하여 현금흐름할인방법, 배당할인방법 등 다양한 평가방법의 적용과 함께 중소기업으로 한정하였던 과거의 제한을 삭제하고 일반법인도 적용할 수 있도록 하기 위하여 2017.2.7. 시행령을 개정을 하였으며, 2017.7.1. 상속이 개시되거나 증여받은 분부터 적용하도록 개정을 하였다.

1.2 평가심의위원회의 설치

1.2.1 개 요

납세자 또는 세무서장 등이 평가기준일 전 2년 이내의 기간 중에 매매 등이 있는 경우에 그 사례가액을 시가로 적용하거나 시가 불인정 감정기관의 지정, 비상장주식의 평가가액 및 평가방법 등에 대한 심의를 위하여 평가심의위원회를 설치한다. 이 평가심의위원회는 국세청 평가심의위원회와 지방청평가심의위원회로 구성된다.

1.2.2 평가심의위원회의 구성

(1) 국세청평가심의위원회

국세청평가심의위원회는 국세청장이 소속 공무원 중에서 임명하는 사람 3명과 국세청장이 변호사, 공인회계사, 세무사, 감정평가사, 그 밖에 기업의 인수·합병과 관련하여 학식과 경험이 풍부한 사람 중에서 성별을 고려하여 위촉하는 9명 이내의 사람으로 구성한다. 민간인위원의 임기는 2년으로 하되, 1회에 한하여 연임할 수 있다(상증령 §49의 2 ②,③). 다만, 「상속세 및 증여세법 시행령」 제15조 제11항 제2호 나목에 따른 업종의 변경과 관련한 심의를 위하여 관련 업종에 학식과 경험이 풍부한 전문가 중에서 국세청장이 위촉하는 사람 2명을 위촉하되, 이 위원의 임기는 위촉 시부터 해당 심의 종료 시까지로 한다(상증령 §49의 2 ③, 훈령 §4 ①·③).

(2) 지방청평가심의위원회

지방청평가심의위원회는 3명의 내부위원(3급·4급 공무원 또는 고위공무원단에 속하는 일반직 공무원 중에서 지방국세청장이 임명하는 자를 말하며, 국세청평가심의위원회의 내부위원 1명을 포함하여야 함)과 4명(국세청평가심의위원회의 민간인위원 1명을 포함하여야 함)의 민간인위원으로 구성한다. 지방청평가심의위원회의 위원장은 3급 또는

4급 공무원 공무원 중에서 세원분석국장 또는 개인신고분석과장으로 하고 민간인 위원의 위촉은 국세청평가심의위원회 위원 위촉 규정을 준용하여 해당 지방국세청장이 한다(상증령 §49의 2 ②, 훈령 §4 ②·④).

(3) 위원의 해촉

국세청장 및 지방국세청장은 위촉한 위원 중에 다음의 어느 하나에 해당하는 사유가 발생하는 경우에는 임기 중이라도 위촉 해제 할 수 있다(상증령 §49의 2 ④, 훈령 §4 ⑤).

① 심신장애로 인하여 직무를 수행할 수 없게 된 경우
② 직무와 관련된 비위사실이 있는 경우
③ 직무태만, 품위손상이나 그 밖의 사유로 인하여 위원으로 적합하지 아니하다고 인정되는 경우
④ 위원 스스로 직무를 수행하는 것이 곤란하다고 의사를 밝히는 경우
⑤ 직무태만, 품위손상이나 그 밖의 사유로 인하여 위원으로 적합하지 아니하다고 인정되는 경우

1.3 평가심의위원회의 기능

1.3.1 평가기간 이외의 사례가액

시가를 평가할 때 사례가액은 평가기간에 해당하지 아니하는 기간으로서 평가기준일 전 2년 이내의 기간 중에 매매등이 있는 경우에도 적용할 수 있다. 이때 적용하는 사례가액은 평가기준일부터 다음과 같은 사례의 발생일까지의 기간 중에 주식발행회사의 경영상태, 시간의 경과 및 주위환경의 변화 등을 고려하여 가격변동의 특별한 사정이 없다고 보아 상속세 또는 증여세 납부의무가 있는 자(납세자), 지방국세청장 또는 관할세무서장이 신청하는 때에는 평가심의위원회의 심의를 거쳐 해당 매매등의 가액을 시가에 가액에 포함시킬 수 있다.
이에 따라 지방청평가심의위원회는 납세자, 지방국세청장 또는 관할세무서장이 「상속세 및 증여세법 시행령」 제49조 제1항 후단에 따른 평가기준일 전 2년 이내의 기간[상

속개시일 전 6개월 이내의 기간 및 증여일 전 3개월 이내의 기간(평가기간)을 제외] 중에 매매 등의 가액에 대한 시가심의를 신청한 경우 가액의 적정성 여부를 심의하여 의견을 제시할 수 있다. 이 경우에 지방청평가심의위원회에서 평가가액 또는 평가방법을 제시하는 것이 불합리하다고 인정되는 경우에는 신청을 반려할 수 있다.

① 매매사례가액
　매매계약일
② 감정가액
　가격산정기준일과 감정가액평가서 작성일
③ 보상가액·경매가액 또는 공매가액
　보상가액·경매가액 또는 공매가액이 결정된 날

1.3.2 부실감정기관의 지정

관할 세무서장 또는 지방국세청장은 감정기관이 평가한 감정가액이 다른 감정기관이 평가한 감정가액의 100분의 80에 미달하는 등의 부실감정에 대해 통제를 할 필요가 있다. 이에 대해 납세자가 제시한 원감정기관의 원감정가액이 세무서장등이 다른 감정기관에 의뢰하여 재감정가액의 100분의 80에 미달하는 경우에는 세무서장등은 평가심의위원회의 심의를 거쳐 부실감정의 고의성 및 원감정가액이 재감정가액에 미달하는 정도 등을 감안하여 1년의 범위에서 원감정기관을 시가불인정 감정기관으로 지정할 수 있다(상증령 §49 ⑦·§49의 2 ① 1호의 2).

1.3.3 비상장주식 평가가액 심의

납세자의 신청에 따라 평가심의위원회의 심의를 거쳐 비상장주식 평가가액을 시가로 적용하기 위해서는 다음과 같은 평가방법을 적용하여 신청할 수 있다. 이때 납세자가 평가한 가액은 보충적 평가방법에 따른 주식평가액의 100분의 70에서 100분의 130의 범위안의 가액인 경우로 한정한다(상증령 §54 ⑥).

① 유사상장법인 주가 비교평가방법
　해당 법인의 자산·매출액 규모 및 사업의 영위기간 등을 감안하여 같은 업종을 영위하고 있는 다른 법인(유가증권시장과 코스닥시장에 상장된 법인)의 주식가액을 이

용하여 평가하는 방법을 말한다.

② 현금흐름할인방법

향후에 기업에 유입될 것으로 예상되는 현금흐름에 일정한 할인율을 적용하여 평가하는 방법을 말한다.

③ 배당할인방법

향후 주주가 받을 것으로 예상되는 배당수익에 일정한 할인율을 적용하여 평가하는 방법을 말한다.

④ 그 밖에 이와 유사한 방법

그 밖에 위에서 예시한 방법에 준하는 방법으로서 일반적으로 공정하고 타당한 것으로 인정되는 방법을 적용할 수 있다.

1.3.4 가업 사후관리기준 중 업종 변경 심의

가업상속공제와 가업의 승계에 대한 증여세 과세특례제도를 적용한 경우에 사후관리기간 중에는 그동안 업종의 변경을 한국표준산업분류에 따른 소분류 내에서 업종을 변경하는 경우로서 상속개시일 현재 영위하고 있는 업종(한국표준산업분류에 따른 세분류 업종을 말한다)의 매출액이 사업연도 종료일을 기준으로 30% 이상인 경우는 제외하였었다. 그러던 것이 2020.02.12. 개정을 통하여 평가심의위원회에서 기존 기술 등의 활용 가능성 및 기존 고용인력의 승계 가능성 등을 고려하여 업종의 변경을 승인하는 경우에는 중분류 내에서 업종 변경을 할 수 있게 완화하였으며, 이에 대한 심의를 한다.

1.3.5 건물, 오피스텔 및 상업용 건물 가치 산정·고시 자문

부동산에 대한 평가는 시가가 확인되지 아니할 때 보충적 평가방법으로 평가하게 된다. 이때 적용하는 건물의 가치는 건물의 신축가격, 구조, 용도, 위치, 신축연도 등을 고려하여 매년 1회 이상 국세청장이 산정·고시하고, 오피스텔 및 상업용 건물에 대해서는 건물의 종류, 규모, 거래상황, 위치 등을 고려하여 매년 1회 이상 국세청장이 토지와 건물에 대하여 일괄하여 산정·고시한다. 이때 건물, 오피스텔 및 상업용 건물 가치의 산정·고시할 때에는 평가심의위원회에서 심의를 거쳐야 한다.

1.3.6 기타 상속 및 증여재산의 공정 평가

기타 상속세 및 증여세와 관련한 재산의 공정하고 타당한 평가를 위하여 필요하다고 인정되는 경우에 지방청평가심의위원회는 다음의 사항에 관하여 납세지 관할세무서장 및 지방국세청장의 자문에 응할 수 있다(훈령 §26 ①).

① 감정가액이 부적정하다고 인정되는 경우의 심의
당해 감정가액이 각 상속 및 증여재산의 보충적 평가방법에 의하여 평가한 가액 감정가액이 법 제61조·법 제62조·법 제64조 및 법 제65조에 따라 평가한 가액과 유사매매사례가액에 따른 시가의 100분의 90에 해당하는 가액 중 적은 금액 이상이지만 담보제공목적 등 시가평가 외의 목적으로 감정을 받은 경우로서 그 감정가액이 해당 재산의 시가로 인정되기에는 부적정하다고 판단하여 다른 감정기관에 감정을 의뢰할 경우

② 상속·증여세 외의 타세목 과세목적으로 재산평가를 하는 경우로서 해당 법령에서 영 제49조 및 제54조의 2 규정을 준용하는 경우

③ 비상장주식에 대한 거래가액이 소액(액면가액의 합계액으로 계산한 해당 법인의 발행주식총액 또는 출자총액의 100분의 1에 해당하는 금액과 3억원 중 적은금액 미만의 금액을 말함)인 경우로서 그 거래가액이 거래의 관행상 정당한 사유가 있는지에 대한 판단이 필요할 때

④ 그 밖에 상속세 및 증여세와 관련한 재산의 공정하고 타당한 평가를 위하여 필요할 때

1.4 납세자의 신청 및 평가심의위원회의 결과통지

1.4.1 납세자의 신청

납세자는 「상속세 및 증여세법 시행령」 제49조 제1항 후단에 따른 매매 등 가액의 시가인정과 같은 령 제54조 제6항에 따른 비상장주식의 가액평가 및 평가방법에 심의가 필요한 경우에는 같은 법 제67조에 따른 상속세 과세표준 신고기한 만료 4개월 전(증여의 경우에는 같은 법 제68조에 따른 증여세 과세표준 신고기한 만료 70일 전)까지 다음과 같은 자료를 첨부하여 평가심의위원회에 신청하여야 한다. 다만, 평가기간이

경과한 후부터 같은 법 제76조 제3항의 규정에 의한 법정결정기한까지의 기간 중에 매매등이 있는 경우에는 매매등이 있는 날부터 6개월 이내에 다음 자료를 첨부하여 신청해야 한다(상증령 §49의 2 ⑤).

① 평가기간에 해당하지 아니하는 기간으로서 평가기준일 전 2년 이내의 기간 중에 매매 등을 시가로 인정받고자 하는 경우에는 그 매매등의 가액의 입증자료

② 「상속세 및 증여세법 시행령」 제54조 제6항에 따른 비상장주식의 가액평가 및 평가방법에 심의가 필요한 경우

㉠ 「상속세 및 증여세법 시행령」 제54조 제1항·제4항, 제55조 및 제56조에 따라 평가한 비상장주식등의 평가액(보충적 평가방법에 따른 주식평가액) 및 그 평가 부속서류

㉡ 보충적 평가방법에 따른 주식평가액이 불합리하다고 인정할 수 있는 근거자료

㉢ 「상속세 및 증여세법 시행령」 제54조 제6항 각 호의 어느 하나의 방법에 따라 평가한 비상장주식등의 평가액 및 그 평가 부속서류

③ 가업상속공제 및 가업의 승계에 따른 증여세과세특례제도의 적용 관련 업종의 변경 업종 변경의 승인 필요성을 인정할 수 있는 근거자료

1.4.2 평가심의위원회의 결과통지

납세자로부터 「상속세 및 증여세법 시행령」 제49조 제1항 후단에 따른 매매 등 가액의 시가인정과 같은 령 제54조 제6항에 따른 비상장주식의 가액평가 및 평가방법에 대한 심의신청을 받은 평가심의위원회는 해당 상속세 과세표준 신고기한 만료 1개월 전(증여의 경우에는 증여세 과세표준 신고기한 만료 20일 전)까지 그 결과를 납세자에게 서면으로 통지하여야 한다. 다만, 평가기간이 경과한 후부터 「상속세 및 증여세법」 제76조 제3항의 규정에 의한 법정결정기한까지의 기간 중에 매매등이 있어 신청한 경우에는 신청을 받은 날부터 3개월 이내에 그 결과를 납세자에게 서면으로 통지해야 한다(상증령 §49의 2 ⑥).

1.5 평가심의위원회가 심의할 때 고려사항

평가심의위원회가 비상장주식등의 가액평가 및 평가방법의 심의를 할 경우에는 다음 각 호의 사항을 고려하여야 한다(상증령 §49의 2 ⑦).

① 「상속세 및 증여세법」 제63조에 따른 유가증권등의 평가방법을 준용하여 평가할 경우 예상되는 적정 평가가액

② 「상속세 및 증여세법 시행령」 제54조부터 제56조까지의 규정에 따라 해당 비상장주식등을 평가할 경우의 적정성 여부

③ 그 밖에 해당 법인의 업종·사업규모·자산상태 및 사회적인 인식 등을 고려할 때 적정하다고 인정되는 평가가액

1.6 신용평가전문기관에 대한 평가 의뢰

평가심의위원회는 공정하고 객관적인 심의를 위하여 필요하다고 인정되는 경우에는 신용평가전문기관에 평가를 의뢰하거나 심의에 앞서 관계인의 증언을 청취할 수 있다. 국세청평가심의위원회는 공정하고 객관적인 심의를 위하여 납세자별 주식평가액의 차이가 10억원 이상(보충적 평가방법에 따른 주식평가액을 기준으로 계산함)에 해당하는 경우 「상속세 및 증여세법 시행령」 제56조 제2항에 따른 신용평가전문기관에 평가를 의뢰할 수 있다.

이 경우 비상장주식의 평가를 신청한 납세자는 신용평가전문기관의 평가에 따른 평가수수료를 부담하여야 한다(상증령 §49의 2 ⑨, 훈령 §8).

1.7 평가심의위원회의 설치·운영·심의절차 등은 국세청장이 고시

평가심의위원회의 설치·운영, 심의신청절차, 비상장주식의 가액평가 및 평가방법 등에 관하여 필요한 사항은 국세청장이 정하여 고시한다(상증령 §49의 2 ⑩).

2 평가심의위원회에 의한 비상장주식평가

2.1 개 요

2.1.1 의 의

비상장기업 주식을 평가할 때 「상속세 및 증여세법 시행령」 제54조(비상장주식등의 평가) 제1항에 따라 평가한 가액이 불합리할 때 평가심의위원회에 심의를 신청할 수 있다. 심의 신청은 납세자가 세법에서 정하는 방법으로 평가한 평가가액을 첨부하여 「상속세 및 증여세법 시행령」 제49조의 2 제1항에 따른 평가심의위원회에 비상장주식등의 평가가액 및 평가방법에 대한 심의를 신청할 수 있으며, 이 경우에는 「상속세 및 증여세법 시행령」 제54조(비상장주식등의 평가) 제1항·제4항, 제55조(순자산가액의 계산방법) 및 제56조(1주당 최근 3년간의 순손익액의 계산방법)에도 불구하고 평가심의위원회가 심의하여 제시하는 평가가액에 의하거나 그 위원회가 제시하는 평가방법 등을 고려하여 계산한 평가가액에 의할 수 있다(상증령 §54 ⑥).

그동안 해당 비상장기업의 업종, 순자산가액 및 매출액 규모 등이 유사한 유사상장법인의 1주당 가액을 감안하여 평가한 유사상장법인 주가 비교평가방법에 의한 평가액에 대해 평가심의위원회의 심의를 거쳐서 평가할 수 있었다. 이와 같은 비교평가방법은 2005년부터 시행되기는 하였으나 그 적용요건이 지나치게 제한적이어서 적용된 사례를 찾아보기 어렵다. 이에 대해 과세당국에서는 2010년 6월에 훈령을 개정(국세청 훈령 제1860호, 2010.6.10.)하면서 적용 요건을 일부 완화하였으나 여전히 평가심의위원회에서 심의한 실적이 거의 없는 것으로 알려지고 있다.

이러한 실정에 따라 적용의 확대를 위하여 유사상장법인 주가 비교평가방법 이외에 현금흐름할인방법과 배당할인방법, 그 밖에 이와 유사한 방법으로 평가한 가액으로 신청할 수 있도록 하고, 적용대상법인도 중소기업으로 한정하지 않고 일반법인도 적용할 수 있도록 개정하여 2017.7.1. 상속이 개시되거나 증여받은 분부터 적용하도록 하였다. 이와 같은 다양한 평가방법을 선택하더라도 평가심의위원회에 납세자가 신청하는 평가가액은 보충적 평가방법에 따른 주식평가액의 100분의 70에서 100분의 130의 범위안의 가액으로 한다(상증령 §54 ⑥).

2.1.2 평가대상

비상장 기업 주식에 대한 평가대상은 「상속세 및 증여세법 시행령」 제54조(비상장주식등의 평가) 제1항·제4항, 제55조(순자산가액의 계산방법) 및 제56조(1주당 최근 3년간의 순손익액의 계산방법)에 따라 평가하는 것이 불합리하다고 인정되는 법인이 발행한 비상장주식등을 말한다(훈령 §11).

2.1.3 평가서 작성자

평가서의 작성자는 「자본시장과 금융투자업에 관한 법률」 제335조의 3에 따라 신용평가업인가를 받은 신용평가전문기관, 「공인회계사법」에 따른 회계법인, 「세무사법」에 따른 세무법인을 말한다. 이 경우에 평가서 작성자는 평가대상법인(평가대상법인의 최대주주와 대표이사를 포함)과 다음과 같이 이해관계 등이 없거나 평가서 작성이 부적절한 자에 해당하지 않아야 한다(훈령 §12).

① 평가대상법인의 소송대리, 회계감사, 세무대리, 고문 등의 거래가 있는 자
② 평가대상법인과 채권·채무 관계가 있는 자
③ 평가대상법인과 「상속세 및 증여세법 시행령」 제2조의 2(특수관계인의 범위) 각 호에 해당하는 자
④ 국세청평가심의위원회의 심의에서 2번 이상 평가서를 작성하여 신청한 가액이 인정되지 않은 자
⑤ 그 밖에 평가서 작성이 부적절한 자

2.1.4 비상장주식에 대한 평가신청

납세자가 비상장주식에 대한 평가를 신청하는 경우에는 상속세 과세표준 신고기한 만료 4월 전(증여의 경우에는 증여세 과세표준 신고기한 만료 70일 전)까지 다음 각 호의 서류를 첨부하여 납세지 관할지방국세청장(성실납세지원국장)에게 신청(별지 제3호 서식)하여야 한다(훈령 §13).

① 「상속세 및 증여세법 시행령」 제54조(비상장주식등의 평가) 제1항·제4항, 제55조(순자산가액의 계산방법) 및 제56조(1주당 최근 3년간의 순손익액의 계산방법)에 따라

평가한 비상장주식등의 평가액 및 그 평가 부속서류

② 보충적 평가방법에 따른 주식평가액이 불합리하다고 인정할 수 있는 근거자료와 해당 평가업무에 적용한 평가방법

③ 「상속세 및 증여세법 시행령」 제54조(비상장주식등의 평가) 제6항 각 호의 어느 하나의 방법에 따라 평가한 비상장주식등의 평가액 및 그 평가 부속서류

이 경우에 납세자가 평가한 가액은 보충적 평가방법에 따른 주식평가액의 100분의 70에서 100분의 130까지의 범위 안의 가액인 경우로 한정한다.

2.1.5 요건심사와 보정요구

납세지 관할지방국세청장(성실납세지원국장)은 납세자가 비상장주식에 대한 평가신청을 한 경우에는 신청내용을 검토하기 전에 청구요건을 검토하여야 하며(훈령 §14 ①), 납세자의 평가신청 내용이 다음의 어느 하나에 해당하는 경우에는 반려한다.

① 납세자가 비상장주식의 1주당 가액을 계산한 서류를 상속세과세표준신고기한 만료 4월 전(증여의 경우에는 증여세과세표준신고기한 만료 70일 전)에 제출하지 아니한 경우

② 납세자가 평가한 가액은 보충적 평가방법에 따른 주식평가액의 100분의 70에서 100분의 130까지의 범위 안의 가액의 요건을 갖추지 못한 경우

③ 상속세 및 증여세 납부의무가 없는 자가 평가를 신청하는 경우

④ 납세자가 보정기한까지 필요한 보정을 하지 아니하거나 보정기한이 지난 후 보정서류를 제출하는 경우

납세자가 비상장주식에 대한 평가신청서류 중 일부를 제출하지 아니하거나 부실하게 제출하는 경우 또는 해당 서류에 오류가 있는 경우에는 납세지 관할지방국세청장(성실납세지원국장)은 1회 10일 이내의 기한을 정하여 보정요구를 할 수 있다(훈령 §14 ③).

2.2 현금흐름할인법

2.2.1 평가서 작성기준

평가서의 작성은 평가심의위원회 운영규정에서 별도로 규정한 부분을 제외한 다른 부분에 대해서는 한국공인회계사회가 제정한 "가치평가서비스 수행기준" 및 금융감독원 기업공시본부에서 제시한 "외부평가업무 가이드라인"을 준수하여 평가업무를 수행하여야 한다(훈령 §15 ①).

2.2.2 추정의 전제조건

현금흐름할인법을 적용할 때 추정기간 및 할인율 등은 아래에 따른다(훈령 §15 ②).

① 추정기간은 5년을 적용한다.

② 할인율은 10%로 적용한다.

③ 영구성장율은 0%로 한다.

④ 주요 거시경제지표, 임금상승률 등의 가정은 한국은행 경제전망보고서 및 한국은행 경제통계시스템을 이용하여 산출한다.

2.3 배당할인법

2.3.1 평가서 작성기준

평가서의 작성은 운영규정에서 별도로 규정한 부분을 제외한 다른 부분에 대해서는 한국공인회계사회가 제정한 "가치평가서비스 수행기준" 및 금융감독원 기업공시본부에서 제시한 "외부평가업무 가이드라인"을 준수하여 평가업무를 수행하여야 한다(훈령 §16 ①).

2.3.2 추정의 전제조건

배당할인법을 적용할 때 추정기간 및 할인율 등은 아래에 따른다(훈령 §16 ②).

① 추정기간은 5년을 적용한다.

② 할인율은 10%로 적용한다.

③ 영구성장율은 0%로 한다.

④ 주요 거시경제지표, 임금상승률 등의 가정은 한국은행 경제전망보고서 및 한국은행 경제통계시스템을 이용하여 산출한다.

2.4 유사상장법인 주가 비교평가방법

2.4.1 평가신청

비상장기업의 주식을 평가할 때 해당 법인의 자산·매출규모 및 사업의 영위기간 등을 감안하여 동종의 업종을 영위하고 있는 유사상장법인의 주식가액과 비교하여 불리하다고 판단되는 경우에는 납세자가 신청하여 평가할 수 있다. 납세자가 유사상장법인 주가 비교평가방법으로 평가하기 위해서는 상속세과세표준신고기한 만료 4개월 전(증여의 경우에는 증여세과세표준신고기한 만료 70일 전)까지 다음 각 호의 서류를 첨부하여 납세지 관할지방국세청장에게 신청하여야 한다(훈령 §18 ②).

① 비상장 기업의 주식평가 신청서 : 별지 제3호 서식

② 비상장 기업의 주식평가 관련 검토서 : 별지 제3호 서식 부표

③ 유사상장법인 주가 비교평가액 계산서 : 별지 제4호 서식

④ 유사상장법인 종가명세서 : 별지 제4호 서식 부표 1

⑤ 유사상장법인 선정기준 검토서 : 별지 제4호 서식 부표 2

⑥ 비상장주식 평가조서 : 별지 제4호 서식 부표 3

⑦ ①부터 ⑥까지의 규정에 따른 서식의 기재내용을 증명할 수 있는 증거서류

납세자는 비상장주식에 대한 평가를 신청하는 경우에는 「비상장주식 평가심의위원회의 설치 및 운영에 관한 규정」 제13조 제1항(평가신청의 요건) 및 제14조 제3항의 요건에 해당하는지 여부를 "평가대상 또는 반려대상 여부 검토서" 서식에 기재하여 제출하

여야 한다. 납세자가 신청한 기재내용이 허위인 것으로 확인되는 경우에는 지방청평가심의위원회의 평가가액 결정 및 결과통지는 효력이 상실된 것으로 본다(훈령 §24 ③).

2.4.2 평가신청 요건

납세자가 비상장기업의 1주당 가액의 평가를 유사상장법인 주가 비교평가방법을 적용하여 납세지 관할지방국세청장에게 신청하기 위해서는 당해 비상장기업이 다음의 요건을 모두 갖추어야 한다(훈령 §18 ①).

① 「상속세 및 증여세법」 제54조(비상장주식등의 평가) 제1항·제4항, 제55조(순자산가액의 계산방법) 및 제56조(1주당 최근 3년간의 순손익액의 계산방법)에 따라 평가하는 것이 불합리하다고 인정되는 법인이 발행한 비상장주식등에 해당할 것

② 사업개시 후 3년 이상 경과할 것

③ 「재산평가심의위원회 운영 규정」 제22조에 따른 1주당 경상이익, 1주당 순자산가액이 양수일 것

④ 「재산평가심의위원회 운영 규정」 제20조 제1항에 따른 유사상장법인이 1개 이상 있을 것

⑤ 자산총액 중 부동산등이 80% 이상인 법인의 주식등에 해당하지 않을 것. 이 경우에 부동산등의 범위는 「소득세법」 제94조 제1항 제4호 다목에 따른다.

보충적 평가방법과 비교평가방법 적용절차

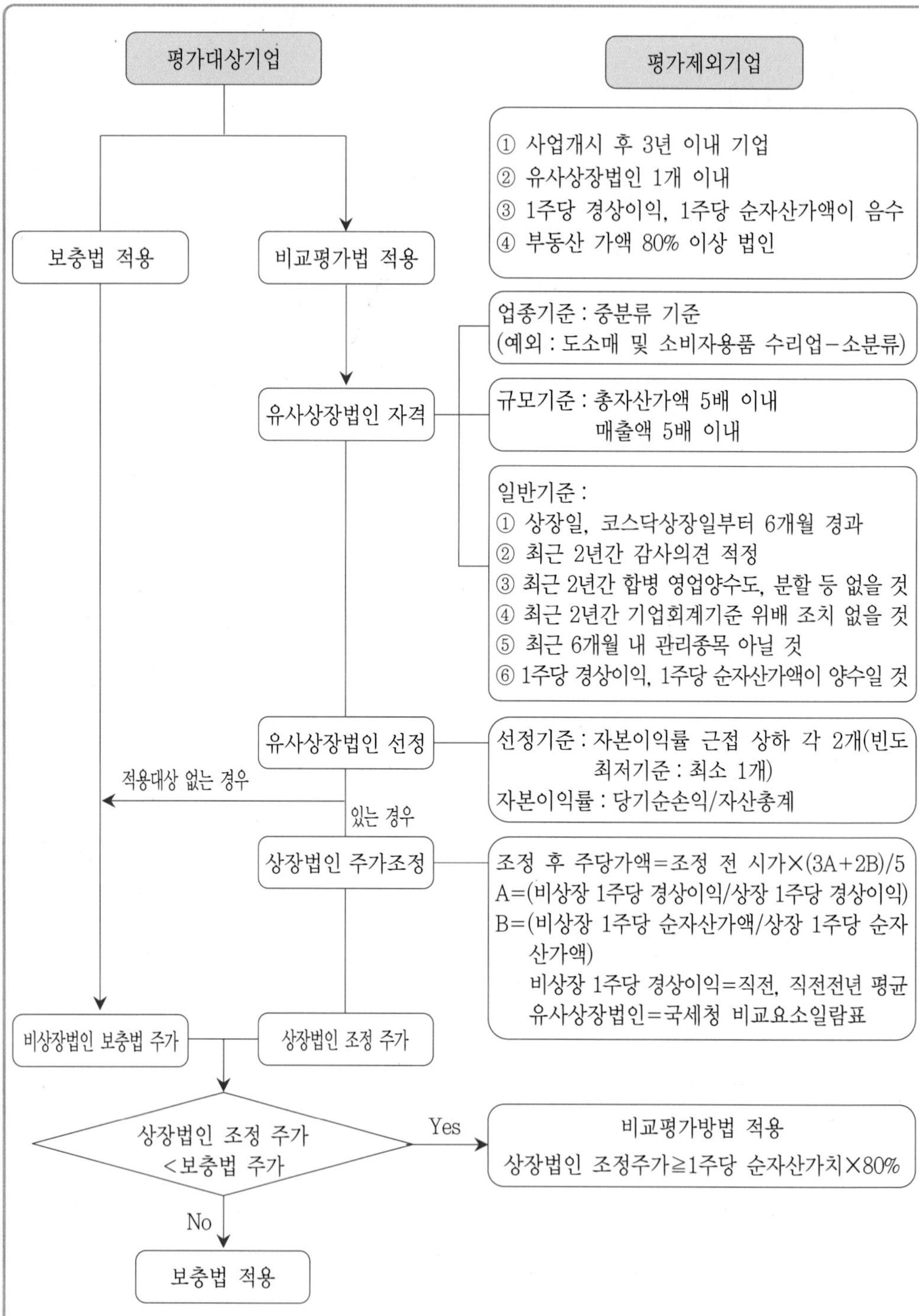

2.4.3 유사상장법인의 선정기준

유사상장법인은 평가기준일 현재 다음 각 호의 요건에 모두 해당하는 유가증권시장 상장법인 및 코스닥시장 상장법인이어야 한다(훈령 §19).

(1) 일반기준

① 상장일부터 6개월이 경과할 것
② 최근 2년간의 감사의견이 적정의견에 해당할 것
③ 최근 2년간 경영에 중대한 영향을 미칠 수 있는 합병, 영업의 양수도, 분할 등이 없을 것
④ 최근 2년간 기업회계기준 위배로 인한 조치를 받은 사실이 없을 것
⑤ 최근 6개월 이내에 관리종목으로 지정된 사실이 없을 것
⑥ 「재산평가심의위원회 운영 규정」 제22조에 따른 1주당 경상이익, 1주당 순자산가액이 양수일 것

(2) 업종기준

업종의 기준은 「소득세법 시행령」 제145조 제1항에 따라 국세청장이 결정하는 기준경비율·단순경비율의 업종분류를 기준으로 하여 평가대상 비상장기업과 같은 중분류 이내에 해당하는 업종을 영위하되, 도·소매 및 소비자용품 수리업의 경우에는 소분류 이내에 해당하는 업종을 영위하여야 한다.

(가) 업종의 분류

기준경비율 및 단순경비율의 업종분류체계는 다음의 예시와 같이 업태를 나타내는 대분류(영문 1자리), 중분류(2자리 숫자), 소분류(3자리 숫자), 세분류(4자리 숫자), 세세분류(6자리 숫자)로 되어 있다.

코드번호의 구조(예시)

코 드		기준경비율 및 단순경비율의 업종분류	
자릿수	코드번호	분류단계	업종별
①	D	대분류	제조업
②	15	중분류	음료 제조업
③	155	소분류	알코올 음료 제조업
④	1551	세분류	증류주 및 합성주 제조업
⑤~⑥	155101	세세분류	주정 제조업

㈏ 업종의 적용

국세청장이 결정하는 기준경비율·단순경비율의 업종분류를 기준으로 적용할 때 당해 비상장기업 및 유사상장법인이 2 이상의 업종을 영위할 수 있다. 이 경우에 업종의 적용은 매출의 비중이 가장 높은 업종을 주업종으로 적용한다(훈령 §19 ① 2호).

(3) 규모기준

① 유사상장법인의 총자산가액이 평가대상 비상장기업의 총자산가액의 5배를 초과하지 아니하여야 한다. 이 경우에 총자산가액은 해당 법인이 「법인세법」 제60조에 따라 제출한 평가기준일이 속하는 사업연도의 직전 사업연도의 재무상태표상의 자산총계에 따른다(훈령 §19 ① 3호).

② 유사상장법인의 매출액이 평가대상 비상장기업 매출액의 5배를 초과하지 아니하여야 한다. 이 경우 매출액은 해당 법인이 「법인세법」 제60조에 따라 제출한 평가기준일이 속하는 사업연도의 직전 사업연도의 손익계산서에 기재된 매출액에 의한다.

(4) 유사상장법인 제외법인

유가증권시장 상장법인 및 코스닥시장 상장법인이 다음에 해당하는 경우에는 유사상장법인으로 선정할 수 없다(훈령 §19 ④).

① 「자본시장과 금융투자업에 관한 법률」 제9조 제18항에 따른 집합투자기구
② 「자본시장과 금융투자업에 관한 법률」 제9조 제19항에 따른 사모집합투자기구
③ 「자본시장과 금융투자업에 관한 법률」 제249조의 13에 따른 투자목적회사
④ 「자본시장과 금융투자업에 관한 법률 시행령」 제6조 제4항 제14호에 따른 기업인수목적회사
⑤ 「독점규제 및 공정거래에 관한 법률」 제2조 제1의 2호에 따른 지주회사
⑥ 「금융지주회사법」 제2조 제1항 제1호에 따른 금융지주회사
⑦ 그 밖에 ①부터 ⑥까지와 유사한 법인

2.4.4 유사상장법인의 선정방법

(1) 1단계

비상장기업과 비교할 유사상장법인의 선정은 「재산평가심의위원회 운영 규정」 제19조 제1항 각 호의 기준에 해당하는 법인으로서 유사한 업종에 해당되는 법인에 해당되어야 한다. 유사상장법인을 선정하기 위한 유사업종은 국세청장이 결정하는 기준경비율·단순경비율의 업종분류를 기준으로 한다. 유사상장법인의 선정은 원칙적으로 세세분류가 동일한 2 이상의 법인으로 한다. 다만, 세세분류가 같은 법인이 2개에 미달하는 경우에는 세분류, 소분류, 중분류까지 순차로 적용하여 2개 이상의 유사상장법인을 선정하고, 중분류까지 순차로 적용한 법인이 2개에 미달하는 경우 1개를 선정한다(훈령 §20 ①).

(2) 2단계

상기 1단계에서 선정된 유사상장법인 중에서 자본이익률이 평가대상 비상장 기업의 자본이익률과 가장 근접한 상위 2개 법인과 하위 2개 법인을 유사상장법인으로 선정한다. 다만, 유사상장법인의 수가 각각 2개에 미달하는 경우에는 그 미달하는 법인을 유사상장법인으로 선정하며, 상기 1단계에서 1개의 법인을 선정한 경우에는 그 법인을 유사상장법인으로 선정한다. 이 경우 자본이익률은 평가기준일이 속하는 사업연도의 직전 사업연도의 재무상태표 및 손익계산서를 기준으로 다음

산식에 의하여 계산한다(훈령 §20 ②,③).

> 자본이익률=당기순이익÷자산총계

이 경우에 사업연도가 1년 미만인 경우에는 당해 사업연도의 자본이익률을 연으로 환산한 가액에 의한다. 월수의 계산은 달력에 따라 계산하되, 평가기준일이 속하는 달의 일수가 1개월 미만인 경우에는 1개월로 본다.

> 환산자본이익률=1년 미만의 사업연도의 자본이익률×(12월÷월수)

2.4.5 비상장기업의 유사상장법인 주가 비교평가액 계산방법

(1) 비상장기업의 1주당 가액 계산

평가대상 비상장기업의 1주당 가액은 유사상장법인별 주가 비교평가액의 단순평균값으로 평가한 가액을 원칙적으로 적용한다. 이때 유사상장법인별 주가 비교평가액의 단순평균값이 당해 비상장주식의 1주당 순자산가치의 100분의 80에 미달하는 경우에는 순자산가치의 100분의 80을 적용한 가액으로 평가한다(훈령 §21 ①). 따라서 다음과 같이 유사상장법인별 주가 비교평가액의 단순평균값과 당해 비상장주식의 1주당 순자산가치의 80% 중 큰 금액으로 평가한다.

> 비상장기업의 1주당 가액=Max[①, ②]
> ① 유사상장법인별 주가 비교평가액의 단순평균값
> ② 당해 비상장주식의 1주당 순자산가치×80%

(2) 유사상장법인별 주가 비교평가액

유사상장법인의 주가 비교평가액은 다음의 산식에 의하여 계산한다. 다만, 부동산과다보유법인(「소득세법」 제94조 제1항 제1호 다목에 해당하는 법인을 말함)의 경우에는 1주당 경상이익과 순자산가액의 비율을 각각 2와 3으로 가중평균 한다(훈령 §21 ②).

$$\text{유사상장법인 주가 비교평가액} = \text{유사상장법인의 1주당 가액} \times \frac{\left(\dfrac{\text{비상장기업의 1주당 경상이익}}{\text{유사상장법인의 1주당 경상이익}} \times 3 + \dfrac{\text{비상장기업의 1주당 순자산가액}}{\text{유사상장법인의 1주당 순자산가액}}\right) \times 2}{5}$$

(3) 유사상장법인의 1주당 가액 계산

유사상장법인의 1주당 가액, 즉 주가는 유사상장법인으로 선정된 법인의 평가기준일 이전 2개월간의 보통주의 종가평균액을 적용한다. 이 경우 2개월간의 기간 중에 증자·감자·주식의 액면분할 또는 액면병합 등의 사유가 발생하여 당해 평균액에 의하는 것이 부적당한 경우에는 그 사유가 발생한 날의 다음날부터 평가기준일까지의 최종시세가액 평균액에 따른다(훈령 §21 ③). 한편, 평가기준일 현재 유사상장법인의 주식 액면가액이 평가기준일이 속하는 사업연도의 직전 사업연도말의 액면가액과 다른 경우에는 다음 산식에 의하여 환산한 1주당 가액에 의하여 산정한다(훈령 §21 ④).

$$\text{유사상장법인의 환산 1주당 가액} = \text{유사상장법인의 1주당 가액} \times \frac{\text{직전 사업연도말의 액면가액}}{\text{평가기준일 현재의 액면가액}}$$

(4) 1주당 경상이익의 산정

(가) 원 칙

유사상장법인의 주가 비교평가액을 계산하기 위한 1주당 경상이익은 다음 산식에 의하여 계산한 가액에 의한다(훈령 §22 ①). 이 경우에 경상이익은 법인세차감전 손익에서 자산수증이익 등을 차감하여 계산한다. 여기에서 자산수증이익 등이라 함은 기업회계기준의 자산수증이익, 채무면제이익, 보험차익 및 재해손실을 말한다(훈령 §22 ②).

$$1\text{주당 경상이익} = \left[\frac{\text{평가기준일이 속하는 사업연도의 직전 사업연도의 경상이익}}{\text{평가기준일이 속하는 사업연도의 직전 사업연도말 현재 발행주식총수}} + \frac{\text{평가기준일이 속하는 사업연도의 직전전 사업연도의 경상이익}}{\text{평가기준일이 속하는 사업연도의 직전전 사업연도말 현재 발행주식총수}} \right] \div 2$$

또한 1주당 경상이익은 평가기준일이 속하는 사업연도의 직전 사업연도개시일로부터 평가기준일까지의 기간 중에 무상증자 또는 무상감자를 한 사실이 있는 경우에는 발행주식총수를 환산하여야 한다. 각 사업연도종료일 현재의 발행주식총수의 환산은 다음의 산식에 의하여 계산한다(훈령 §22 ③).

• 증자의 경우

$$\text{환산주식수} = \text{증자 전 각 사업연도말 주식수} \times \frac{\text{증자 직전 사업연도말 주식수} + \text{증자 주식수}}{\text{증자 직전 사업연도말 주식수}}$$

• 무상감자한 경우

$$\text{환산주식수} = \text{감자 전 각 사업연도말 주식수} \times \frac{\text{감자 직전 사업연도말 주식수} - \text{감자 주식수}}{\text{감자 직전 사업연도말 주식수}}$$

(나) 1년 미만의 사업연도가 있는 경우

1주당 경상이익을 계산함에 있어서 1년 미만의 사업연도가 있는 경우에는 당해 사업연도의 경상이익은 연으로 환산한 가액에 의한다. 이 경우에 월수의 계산은 달력에 따라 계산하지만 평가기준일이 속하는 달의 일수가 1월 미만인 경우에는 1월로 본다(훈령 §22 ②).

$$\text{환산경상이익} = 1\text{년 미만의 사업연도의 경상이익} \times \frac{12\text{월}}{\text{월수}}$$

(5) 당해 비상장주식의 1주당 순자산가액 산정

유사상장법인의 주가와 비교평가액을 계산하기 위한 1주당 순자산가액은 평가기준일이 속하는 사업연도의 직전 사업연도말의 재무상태표를 기준으로 계산한다. 1주당 순자산가액을 계산하는 산식은 자산총계에서 부채총계를 차감하고 발행주식총수로 나누어 계산한다(훈령 §22 ⑤).

$$1주당\ 순자산가액 = \frac{자산총계 - 부채총계}{발행주식총수}$$

(6) 액면가액이 상이한 경우의 발행주식총수

평가기준일이 속하는 사업연도의 직전 사업연도말의 주식액면가액과 직전전 사업연도말의 주식액면가액이 다른 경우에는 평가기준일이 속하는 사업연도의 직전전 사업연도말의 발행주식총수는 다음 산식에 의하여 환산한 주식수에 의한다(훈령 §22 ④).

$$환산주식수 = \begin{array}{c}평가기준일이\ 속하는\\ 사업연도의\ 직전전\\ 사업연도말의\ 발행주식총수\end{array} \times \frac{\begin{array}{c}평가기준일이\ 속하는\ 사업연도의\\ 직전전\ 사업연도말의\ 액면가액\end{array}}{\begin{array}{c}평가기준일이\ 속하는\ 사업연도의\\ 직전\ 사업연도말의\ 액면가액\end{array}}$$

2.4.6 유사상장법인 비교요소일람표의 이용

(1) 유사상장법인 비교요소일람표 발표

국세청장은 납세지관할세무서장이 상장법인 및 코스닥상장법인으로부터 「법인세법」 제60조 제1항 및 제2항의 규정에 의하여 제출받은 재무상태표 및 손익계산서 등의 재무제표를 기준으로 유사상장법인 비교요소일람표를 매년 1회 이상 작성하여 발표하여야 한다(훈령 §23 ①).

(2) 유사상장법인 비교요소일람표 이용

납세자는 유사상장법인을 이용한 비상장주식의 평가대상 해당 여부 판정, 유사상장법인의 선정 및 비상장기업의 1주당 가액의 계산 등을 위하여 국세청장이 발표한 유사상장법인 비교요소일람표를 이용할 수 있다(훈령 §22 ②).

(가) 유사상장법인 비교요소일람표 적용기준

납세자가 이용하는 유사상장법인 비교요소일람표는 국세청장이 평가기준일이 속하는 사업연도의 직전 사업연도의 재무제표를 기준으로 작성하여 발표한 자료를 이용하여야 한다. 다만, 당해 유사상장법인 비교요소일람표가 발표되지 아니한 경우에는 평가기준일이 속하는 사업연도의 직전전 사업연도의 재무제표를 기준으로 작성하여 발표된 유사상장법인 비교요소일람표에 의한다(훈령 §23 ③).

(나) 유사상장법인 비교요소일람표에 사실과 다른 부분이 있는 경우

납세자가 이용하는 유사상장법인 비교요소일람표에 사실과 다른 부분이 있는 것으로 확인되는 경우에는 정당한 내용에 의하여 당해 비상장기업의 주식을 평가하여야 한다(훈령 §23 ④).

(다) 직전 사업연도말 재무제표로 파악할 수 없는 비교요소가 있는 경우

유사상장법인 비교요소일람표의 비교요소 중에서 평가기준일이 속하는 사업연도 중에 실시한 무상증자 또는 무상감자 등의 사실과 같이 직전 사업연도말의 재무제표에 의하여 파악할 수 없는 비교요소가 있을 수 있다. 이런 경우에는 납세자가 유사상장법인, 거래소에서 자료를 수집하여 당해 비상장기업의 주식을 평가하여야 한다(훈령 §23 ⑤).

2.5 평가가액 결정 및 결과통지

국세청평가심의위원회는 납세자가 신청한 가액 및 훈령 제8조 제1항에 따른 신용평가전문기관의 평가가액 등을 참고하여 평가대상 비상장주식의 적정한 평가가액이나 평가방법을 결정하고, 그 결정한 평가가액 또는 평가방법을 해당 상속세과세표준신고기한 만료 1개월 전(증여의 경우에는 증여세과세표준신고기한 만료 20일 전)까지 납세자에게 서면으로 통지하여야 한다. 이 경우에 평가서의 기재내용이 허위인 것으로 확인되는 경우에는 결과통지는 효력이 상실된 것으로 본다(훈령 §24 ③).

2.6 1주당 평가가액의 활용

납세자는 국세청평가심의위원회가 통지한 평가가액 또는 평가방법으로 계산한 평가가액을 해당 비상장기업의 1주당가액으로 할 수 있다(훈령 §25).

논점 – 유사상장법인 주가 비교평가방법 적용의 한계와 개선방안

1. 현 황

유사상장법인 주가 비교평가방법은 중소기업으로서 당해 법인의 자산·매출규모 및 사업의 영위기간 등을 감안하여 동종의 업종을 영위하고 있는 다른 법인의 주식가액과 비교할 때 「상속세 및 증여세법 시행령」 제54조 내지 제56조의 규정에 의하여 평가하는 것이 불합리하다고 인정되는 경우에 적용 가능하다. 이 방법을 적용하기 위해서는 「중소기업기본법 시행령」 제3조의 규정에 의한 비상장 중소기업으로서 「상속세 및 증여세법」 제60조 제3항 및 같은법 시행령 제49조의 규정에 의한 시가를 산정하기 어려운 경우에 해당할 것, 사업개시 후 3년 이상 경과할 것, 유사상장법인이 2개 이상 있을 것 등의 요건이 필요하다.

비상장 중소기업법인과 비교대상이 되는 유사상장법인은 상장일부터 6개월이 경과할 것, 최근 2년간의 감사의견이 적정의견에 해당할 것, 최근 2년간 경영에 중대한 영향을 미칠 수 있는 합병, 영업의 양수도, 분할 등이 없을 것, 최근 2년간 기업회계기준 위배로 인한 조치를 받은 사실이 없을 것, 최근 6월 이내에 투자유의종목 또는 관리종목으로 지정된 사실이 없을 것 등의 요건이 충족되어야 한다.

이와 같은 요건을 충족한 경우로서 업종기준과 규모기준에 적합한 유사상장법인을 선정하여 비교 평가한 유사상장법인 주가 비교평가액의 단순평균값과 「상속세 및 증여세법」에서 정한 보충적 평가방법에 의하여 계산한 당해 비상장주식의 1주당 순자산가치의 100분의 80 중 큰 금액으로 평가하여 적용을 신청할 수 있다.

2. 유사상장법인 주가 비교평가방법 적용의 한계

유사상장법인 주가 비교평가방법은 납세자가 신청하고 이를 지방청평가심의위원회에서 심의를 통하여 적용할 수 있지만 적용된 사례는 거의 없는 것으로 알려지고 있다. 이병철, 김완일(2007)의 연구에 의하면 유사상장법인 주가 비교평가방법의 적용을 받을 수 있는 기업은 5,753개 표본 중 98개 기업만 해당되는 것으로 밝혀졌다. 국세청에서도 유사상장법인 주가 비교평가방법의 적용범위를 확대하기 위하여 2010.6.10.(국세청 훈령 제1860호), 2011.1.10.(국세청 훈령 제1882호), 2012.1.2.(국세청 훈령 제1916호) 각각 개정하였음에도 적용되는 사례는 거의 없는 것으로 알려지고 있다.
그것은 유사상장법인 주가 비교평가액의 적용을 유사상장법인의 주가를 기준으로 평가대상 비상장 중소기업과 유사상장법인의 순자산가액과 경상이익을 단순히 비교 평가하여 그대로 적용하도록 하는데 한계가 발생되고 있는 것으로 판단된다.

3. 개선방안

2005년부터 유사상장법인 주가 비교평가방법은 도입하여 적용하였으나 적용된 사례는 확인되지 아니하고, 국세청에서는 적용 범위를 확대하기 위하여 순자산, 경상이익, 자본이익률이 모두 양수일 것을 요구하던 조건을 제거하였으며, 비상장 중소기업에 대한 보충적 평가액과 유사상장법인 주가 평가액의 차이율이 100분의 30 이상일 것을 요구하던 조건도 모두 제거하였다. 이와 같은 적용요건의 완화에도 불구하고 적용된 사례가 확인되지 아니하는 것은 상장법인의 주가에 대하여 상장법인과 비상장법인의 재무비율대로만 비례적으로 평가하는데 그 원인이 있는 것으로 판단된다.
이에 대해 연구(Laro & Pratt, 2005, pp.288~289)에서는 판매에 제약이 있는 주식(restricked stock)은 공개시장에서 자유롭게 판매되는 같은 회사의 동일한 주식에 비하여 할인된 금액으로 판매되며, 주식판매에 제약이 있는 주식(restricked stock)의 평균할인율은 대부분 20%에서 35% 사이로 나타나고 있는 것으로 연구된바 있다. 이 경우에 일본에서는 유사업종비준방식에 의하여 비상장주식을 평가할 때 회사의 규모에 따라 대회사는 30%, 중회사는 40%, 소회사는 50%의 비시장성 할인을 반영하고 있다(일본 재산평가기본통달 §180).
유사상장법인 주가 비교평가방법은 비상장법인의 주식가액을 다른 법인의 주식가액과 비교할 때 「상속세 및 증여세법 시행령」 제54조 내지 제56조의 규정에 의하여 평가하는 것이 불합리하다고 인정되는 경우에 적용 가능하도록 도입된 방식이다. 이 제도는 비상장주식의 가액을 합리적으로 평가하기 위하여 새롭게 도입된 것이므로 적용의 확대를 위해서는 일본의 경우와 같이 비시장성 할인의 크기를 고려하여 비교평가액에 할인율을 적용하는 획기적인 개선이 필요하다.

3 비상장주식에 대한 그 밖의 평가방법

3.1 개 요

그동안 비상장주식의 평가는 사례가액이 확인되지 아니하면 보충적 평가방법을 적용한다. 비상장주식에 대한 보충적 평가방법은 자산가치와 수익가치를 단순평균하거나 그 중 큰 금액 중에서 큰 가액을 선택하기도 하고, 가중 평균하는 방법으로 개정하는 등 다양한 시도를 하였다. 그러나 오늘날 기업의 환경은 다양하게 변화하고 있어서 비상장주식의 평가도 획일적인 공식으로 평가하기에는 한계가 있었다.

이러한 한계를 극복하기 위하여 구 「상속세 및 증여세법 시행령」 제56의 2에 따라 비상장주식의 가액평가 및 평가방법에 대한 심의를 위하여 평가심의위원회를 설치하고 유사상장법인 주가 비교평가방법을 도입하였다. 그러나 이와 같은 시도에도 실제로 적용된 사례는 거의 없는 것으로 알려지고 있으며, 이러한 점을 개선하기 위하여 납세자의 신청에 의하여 유사상장법인 주가 비교평가방법 이외에 현금흐름할인모형 등의 다양한 평가방법을 적용하여 평가할 수 있도록 하였다. 이렇게 평가한 가액도 보충적 평가방법에 따른 주식평가액의 100분의 70에서 100분의 130의 범위안의 가액인 경우로 한정하고 있다.

(1) 현금흐름할인방법

향후에 기업에 유입될 것으로 예상되는 현금흐름에 일정한 할인율을 적용하여 평가하는 방법을 말한다. 이 방법은 제2장 주식평가 기초이론 → 제2절 현금흐름평가모형 → 2. 현금흐름할인모형(DCF)에서 설명하고 있다.

(2) 배당할인방법

향후 주주가 받을 것으로 예상되는 배당수익에 일정한 할인율을 적용하여 평가하는 방법을 말한다. 이 방법은 제2장 주식평가 기초이론 → 제2절 현금흐름평가모형 → 2. 배당할인모형(DDM)에서 설명하고 있다.

(3) 그 밖에 이와 유사한 방법

그 밖에 위에서 예시한 방법에 준하는 방법으로서 일반적으로 공정하고 타당한 것으로 인정되는 방법을 적용할 수 있다. 이 방법은 제2장 주식평가 기초이론에서 설명하고 있다.

Chapter 04

비상장주식의 보충적 평가방법 평가사례

1 일반적인 비상장주식 평가사례

㈜가나산업개발의 대표이사 홍길동은 자녀에게 가업승계를 지원하기 위하여 2025. 2.1. 해당 법인의 주식을 증여하려고 한다.

1.1 법인의 현황

- 법인명 : 주식회사 가나산업개발
- 법인소재지 : 서울특별시 송파구 법원로 128(문정동)
- 사업개시일 : 2007.3.15.(12월말 법인)
- 중소기업에 해당하지 아니하는 일반법인으로서 「소득세법」 제94조 제1항 제4호 다목에 따른 부동산과다보유법인에 해당되지 아니한다.
- 자본금 변동내역

구분	기초주식수	유상증자	무상증자	기말주식수	자본금
2022년	200,000			200,000	2,000,000,000
2023년	200,000		50,000	250,000	2,500,000,000
2024년	250,000	50,000		300,000	3,000,000,000
2025년	300,000	100,000		–	

※ 액면가액은 10,000원이다. 2023년 무상증자는 2023.2.15.에 하였고, 2024년 유상증자는 2024.6.20.에 하였으며, 2025년 유상증자는 2025.1.25.에 하였다.

1.2 홍길동 소유주식 현황

대표이사 홍길동의 소유주식은 200,000주이고, 그와 특수관계인의 지분을 포함하면 75%로서 최대주주에 해당한다.

1.3 증여재산가액 산출

다음과 같은 세무조정계산서 및 재무자료에 의하여 「상속세 및 증여세법」 제63조 제1항 제1호 나목에 따른 보충적 평가방법으로 증여재산가액을 산정하라.

(1) 순손익가치 관련 자료

2022년~2024년 법인세 과세표준 및 세액조정계산서

① 2022사업연도 「법인세법」상 각 사업연도 소득금액 : 2,046,997,829원

② 2023사업연도 「법인세법」상 각 사업연도 소득금액 : 2,622,507,325원

③ 2024사업연도 「법인세법」상 각 사업연도 소득금액 : 2,331,206,082원

* 세무조정사항은 2022년~2024년 법인세과세표준 및 세액조정계산서를 참조한다.

* 특이사항
2022년에 환입된 3억원은 「조세특례제한법」 제9조에 따라 설정되었던 연구 · 인력개발준비금으로 2022년부터 매년 1억원씩 환입될 예정으로 손금산입하였으나 세법상 사후관리요건을 충족하지 아니하여 2022년에 일시 환입하였다.

(2) 순자산가치 관련자료

(가) 자산

① 유동자산

- 매출채권 : 매출채권 중에서 대손으로 확정된 금액은 75,000,000원이 있다.
- 단기대여금 : 단기대여금에서 발생한 수입이자는 6,210,500원이고, 이에 대한 원천징수세액 상당액은 956,417원이다.
- 선급비용 2,739,000원은 평가기준일에 전액 비용으로 확정되었다.
- 제품에 대하여 제품평가손실충당금을 설정하였으나 재취득가액은 확인되지 아니하였다.

② 비유동자산

- 장기금융상품 : 수입이자 미계상분 6,250,000원이 있으며, 이에 대한 원천징수세액상당액은 962,500원이다.
- 매도가능증권

종류별	장부가액	「상속세 및 증여세법」상 평가액	비고
A비상장주식(5%)	58,840,000	-	
B국외투자주식	1,750,811,098	1,689,069,098	
C상장주식	2,533,614,000	3,025,442,950	
합 계	4,343,265,098	-	

- 지분법적용투자증권

종류별	장부가액	「상속세 및 증여세법」상 평가액	비고
D비상장주식(70%)	1,500,629,170	2,006,574,000	
E비상장주식(55%)	1,881,433,570	1,544,591,877	
합 계	3,382,062,740	3,551,165,877	

- 토지와 건물

㉠ 장부가액 및 기준시가

소계	소재지	면적	장부가액	기준시가	비고
토지1	경기 시흥 정왕 1500	3,250.0	1,852,500,000	2,340,000,000	
토지2	경기 시흥 정왕 1501	415.0	227,314,000	269,750,000	
소계			2,079,814,000	2,609,750,000	
건물	위 지상	1,787.84	1,023,316,000	750,892,280	
합계			3,103,130,000	3,360,642,280	

㉡ 평가기준일 현재 상기 부동산에 설정된 채무액은 다음과 같다.

근저당설정액 : 4,800,000,000원

평가기준일 현재 채무액 : 4,000,000,000원

- 산업재산권 : 각 연도의 수입금액이 확정되지 아니하여 평가기준일 전 3년간의 각 연도 수입금액의 합계액을 기획재정부령이 정하는 바에 의하여 계산한 금액의 합계액은 250,000,000원이다.

㈏ 부채

영업보증금 : 반환의무가 있는 보증금으로서 평가기준일 현재 지급기간은 5년이다.

㈐ 기타 자료

기타 재무자료는 장부가액과 같다.

[별지 제1호 서식] (21.3.16. 개정)　　　　　　홈택스(www.hometax.go.kr)에서도 신고할 수 있습니다.

법인세 과세표준 및 세액신고서

※ 뒤쪽의 신고안내 및 작성방법을 읽고 작성하여 주시기 바랍니다.　　　　　(앞 쪽)

①사업자등록번호	215-81-30987	②법인등록번호	110111-0917207
③법인명	㈜가나산업개발	④전화번호	02-420-0720
⑤대표자성명	홍길동	⑥전자우편주소	
⑦소재지	서울 송파구 방이동 100		
⑧업태	제조, 건설, 도매	⑨종목 플랜트제작및설치공사	⑩주업종코드 451300
⑪사업연도	2024년 1월 1일~2024년 12월 31일	⑫수시부과기간	. . ~ . .

⑬법인구분	① 내국 2.외국 3.외투(비율 %)					⑭조정구분	① 외부 2. 자기
⑮종류별구분		중소기업	일반 중견기업	일반 상호출자제한기업	일반 그외기업	당기순이익과세	⑯외부감사대상 ① 여 2. 부
영리법인	상장법인	11	71	81	91		⑰신고구분 ① 정기신고
영리법인	코스닥상장법인	21	72	82	92		2. 수정신고(가.서면분석, 나.기타)
영리법인	기타법인	30	73	83	⑨③		3. 기한후 신고
비영리법인		60	74	84	94	50	4. 중도폐업신고 5. 경정청구

⑱법인유형별구분	기타 (코드 100)	⑲결산확정일	2025년 3월 3일
⑳신고일	2025년 3월 31일	㉑납부일	
㉒신고기한 연장승인	1. 신청일		2. 연장기한

구분	여	부	구분	여	부
㉓주식변동	①	2	㉔장부전산화	①	2
㉕사업연도의제	1	②	㉖결손금소급공제 법인세환급신청	1	②
㉗감가상각방법(내용연수)신고서 제출	1	②	㉘재고자산등평가방법신고서 제출	1	②
㉙기능통화 채택 재무제표 작성	1	②	㉚과세표준 환산시 적용환율		
㉛동업기업의 출자자(동업자)	1	②	㉜한국채택국제회계기준(K-IFRS)적용	1	2
㊼기능통화 도입기업의 과세표준 계산방법			㊽미환류소득에 대한 법인세 신고	1	2
㊾성실신고확인서 제출	1	②			

구분	법인세	토지 등 양도소득에 대한 법인세	미환류소득에 대한 법인세	계
㉝수입금액	(25,526,022,720)			
㉞과세표준	2,331,206,082			
㉟산출세액	446,241,216			446,241,216
㊱총부담세액	410,541,919			410,541,919
㊲기납부세액	237,440,000			237,440,000
㊳차감납부할세액	173,101,919			173,101,919
㊴분납할세액				
㊵차감납부세액				173,101,919

㊶조정반번호	1-1234	㊸조정자	성명	세무법인가나
㊷조정자관리번호	P-0100-1		사업자등록번호	215-81-12345
			전화번호	02-470-6001

국세환급금 계좌 신고 (환급세액 5천만원 미만인 경우)	㊹예입처	은행 (본)지점
	㊺예금종류	
	㊻계좌번호	예금

신고인은 「법인세법」 제60조 및 「국세기본법」 제45조, 제45조의2, 제45조의3에 따라 위의 내용을 신고하며, 위 내용을 충분히 검토하였고 신고인이 알고 있는 사실 그대로를 정확하게 적었음을 확인합니다.

2025 년 3 월 31 일

신고인(법 인)　㈜ 가나산업개발 (인)

신고인(대표자)　홍길동 (서명 또는 인)

세무대리인은 조세전문자격자로서 위 신고서를 성실하고 공정하게 작성하였음을 확인합니다.

세무대리인 (서명 또는 인)

송파 세무서장 귀하

첨부서류	1. 재무상태표 2. (포괄)손익계산서 3. 이익잉여금처분(결손금처리)계산서 4. 현금흐름표(「주식회사 등의 외부감사에 관한 법률」 제2조에 따른 외부감사의 대상이 되는 법인의 경우만 해당합니다), 5. 세무조정계산서	수수료 없 음

210mm×297mm[백상지 80g/㎡ 또는 중질지 80g/㎡]

[별지 제3호 서식] (21.3.16. 개정) (앞 쪽)

사업연도	2024. 1. 1. ~ 2024.12.31.	법인세과세표준 및 세액조정계산서	법 인 명	㈜가나산업개발
			사업자등록번호	215－81－30987

구분		항목	코드	금액
① 각사업연도소득계산		(101)결 산 서 상 당 기 순 손 익	01	1 517 027 475
	소득조정금액	(102)익 금 산 입	02	1 720 962 539
		(103)손 금 산 입	03	873 106 395
		(104)차 가 감 소 득 금 액 ((101)＋(102)－(103))	04	2 364 883 619
		(105)기 부 금 한 도 초 과 액	05	
		(106)기 부 금 한 도 초 과 이 월 액 손 금 산 입	54	33 677 537
		(107)각 사 업 연 도 소 득 금 액 ((104)＋(105)－(106))	06	2 331 206 082
② 과세표준계산		(108)각 사 업 연 도 소 득 금 액 ((108)＝(107))		2 331 206 082
		(109)이 월 결 손 금	07	
		(110)비 과 세 소 득	08	
		(111)소 득 공 제	09	
		(112)과 세 표 준 ((108)－(109)－(110)－(111))	10	2 331 206 082
		(159)선 박 표 준 이 익	55	
③ 산출세액계산		(113)과 세 표 준((112)＋(159))	56	2 331 206 082
		(114)세 율	11	19 %
		(115)산 출 세 액	12	446 241 216
		(116)지 점 유 보 소 득 (「법인세법」 제96조)	13	
		(117)세 율	14	
		(118)산 출 세 액	15	
		(119)합 계((115)＋(118))	16	446 241 216
④ 납부할 세액계산		(120)산 출 세 액 ((120)＝ (119))		446 241 216
		(121)최 저 한 세 적 용 대 상 공 제 감 면 세 액	17	35 699 297
		(122)차 감 세 액	18	410 541 919
		(123)최 저 한 세 적 용 제 외 공 제 감 면 세 액	19	
		(124)가 산 세 액	20	
		(125)가 감 계((122)－(123)＋(124))	21	410 541 919
	기납부세액 / 기한내납부세액	(126)중 간 예 납 세 액	22	237 440 000
		(127)수 시 부 과 세 액	23	
		(128)원 천 납 부 세 액	24	
		(129)간 접 투 자 회 사 등 의 외 국 납 부 세 액	25	
		(130)소 계 ((126)＋(127)＋(128)＋(129))	26	237 440 000
	기납부세액	(131)신 고 납 부 전 가 산 세 액	27	
		(132)합 계((130)＋(131))	28	237 440 000
		(133)감 면 분 추 가 납 부 세 액	29	
		(134)차 감 납 부 할 세 액 ((125)－(132)＋(133))	30	173 101 919

구분		항목	코드	금액
⑤ 토지등양도소득에 대한 법인세 계산	양도차익	(135)등 기 자 산	31	
		(136)미 등 기 자 산	32	
		(137)비 과 세 소 득	33	
		(138)과 세 표 준((135)＋(136)－(137))	34	
		(139)세 율	35	
		(140)산 출 세 액	36	
		(141)감 면 세 액	37	
		(142)차 감 세 액 ((140)－(141))	38	
		(143)공 제 세 액	39	
		(144)동업기업 법인세 배분액 (가산세 제외)	58	
		(145)가 산 세 액 (동업기업 배분액 포함)	40	
		(146)가 감 계((142)－(143)＋(144)＋(145))	41	
	기납부세액	(147)수 시 부 과 세 액	42	
		(148)(　　　　) 세 액	43	
		(149) 계 ((147)＋(148))	44	
		(150)차감납부할세액((146)－(149))	45	
⑥ 미환류소득법인세		(161) 과세대상 미환류소득	59	
		(162) 세 율	60	
		(163) 산 출 세 액	61	
		(164) 가 산 세 액	62	
		(165) 이 자 상 당 액	63	
		(166) 납부할세액((163)＋(164)＋(165))	64	
⑦ 세액계		(151)차 감 납 부 할 세 액 계 ((134)＋(150))	46	173 101 919
		(152)사실과 다른 회계처리 경 정 세 액 공 제	57	
		(153)분 납 세 액 계 산 범 위 액 ((151)－(124)－(133)－(145)－(152)＋(131))	47	173 101 919
	분납할세액	(154)현 금 납 부	48	
		(155)물 납	49	
		(156) 계 ((154)＋(155))	50	
	차감납부세액	(157)현 금 납 부	51	173 101 919
		(158)물 납	52	
		(160) 계 ((157)＋(158)) ((160)＝(151)－(152)－(156))	53	173 101 919

210㎜×297㎜[백상지 80g/㎡ 또는 중질지 80g/㎡]

[별지 제15호 서식] (13.2.23. 개정) (앞쪽)

사업 연도	2024. 1. 1. ~ 2024. 12. 31.	소득금액조정합계표	법인명	㈜가나산업개발
			사업자등록번호	215-81-30987

익금산입 및 손금불산입				손금산입 및 익금불산입			
①과목	②금액	③소득처분		④과목	⑤금액	⑥소득처분	
		처분	코드			처분	코드
대손충당금한도초과	67 060 090	유보	400	대손상각과다환입액	50 255 450	유보	100
제품평가손실충당금	41 440 680	유보	400	퇴직연금 등 손금산입	100 397 000	유보	100
사채상환할증금	242 064 000	유보	400	퇴직급여부인액추인	134 959 310	유보	100
전환권대가	135 094 755	기타	600	전환권조정	377 158 755	유보	100
매도가능증권 평가손익	61 742 000	기타	600	매도가능증권	61 742 000	유보	100
업무무관자산지급이자	46 753 200	기타사외유출	500	국고보조금기계장치	19 578 150	유보	100
비지정기부금	8 000 000	기타사외유출	500	국고보조금시설장치	75 120 000	유보	100
퇴직급여충당금한도초과	162 283 000	유보	400	수입배당금	8 975 410	기타	200
퇴직연금등손금산입	84 350 000	유보	400	미수수익	44 920 320	유보	100
영세율과세표준 불성실가산세	10 000 000	기타사외유출	500				
건설자금이자상당액	10 920 000	유보	400				
법인세 등	476 707 627	기타사외유출	500				
기계일시상각충당금	19 578 150	유보	400				
시설일시상각충당금	75 120 000	유보	400				
지분법평가손실	169 103 137	유보	400				
가지급인정이자상당	44 654 080	상여	100				
미수수익	50 615 320	유보	400				
접대비한도초과	15 476 500	기타사외유출	500				
합계	1 720 962 539			합계	873 106 395		

210㎜×297㎜[백상지 80g/㎡ 또는 중질지 80g/㎡]

[별지 제15호 서식 부표1] (14.3.14. 개정)

사 업 연 도	2024. 1. 1. ~ 2024. 12. 31.	과목별 소득금액조정명세서(1)	법인명	㈜가나산업개발
			사업자등록번호	215-81-30987

1. 익금산입 및 손금불산입

①과 목	②금 액	③영업손익 조정금액	④처 분	⑤조정내용
대손충당금한도초과	67,060,090		유보	당기 대손충당금 설정액 중 한도초과액을 손금불산입하고 유보처분함
제품평가손실충당금	41,440,680		유보	제품평가손실충당금 설정액을 손금불산입하고 유보처분함
사채상환할증금	242,064,000		유보	사채상환할증금액을 익금산입하고 유보처분함
전환권대가	135,094,755		기타	전환권대가 익금산입하고 기타처분함
매도가능증권 평가손익	61,742,000		기타	매도가능증권 평가이익상당액을 익금산입하고 기타처분함
업무무관자산 지급이자	46,753,200		기타사외유출	업무무관한 대여금과 관련한 지급이자 손금불산입하고 기타사외유출처분함
비지정기부금	8,000,000		기타사외유출	기부금 중 비지정기부액을 손금불산입하고 기타사외유출 처분함
퇴직급여충당금 한도초과	162,283,000		유보	퇴직급여충당금 한도초과액을 손금불산입하고 유보처분함
퇴직연금등손금 산입	84,350,000		유보	퇴직연금에 대한 회사손금 계상액 당기지출로 손금불산입하고 유보처분함
영세율과세표준 불성실가산세	10,000,000		기타사외유출	세금과공과금 중 영세율과세표준불성실가산세를 손금불산입하고 기타사외유출 처분함
건설자금이자 상당액	10,920,000		유보	건설중인 자산에 대한 건설자금이자 과소계상분 손금불산입하고 유보처분함
법인세 등	476,707,627		기타사외유출	당기법인세등 계상액 손금불산입하고 기타사외유출로 처분함
기계일시상각 충당금	19,578,150		유보	기계장치 국고보조금 취득자산 감가상각비를 익금산입하고 유보처분함
시설일시상각 충당금	75,120,000		유보	시설장치 국고보조금 취득자산 감가상각비를 익금산입하고 유보처분함
지분법평가손실	169,103,137		유보	지분법적용주식 평가액을 손금불산입하고 유보처분함
가지급금인정이자 상당	44,654,080		상여	대표이사 가지급금에 대한 인정이자 상당액 익금산입하고 상여처분함
미수수익	50,615,320		유보	전기말 기간 미도래 이자수익 기간도래로 익금산입하고 유보처분함
접대비한도초과	15,476,500		기타사외유출	접대비한도초과액을 손금불산입하고 기타사외유출 처분함
합계	1,720,962,539			

210㎜×297㎜[백상지 80g/㎡ 또는 중질지 80g/㎡]

[별지 제15호 서식 부표2] (14.3.14. 개정)

사 업 연 도	2024. 1. 1. ~ 2024.12.31.	과목별 소득금액조정명세서(2)	법인명	㈜가나산업개발
			사업자등록번호	215-81-30987

2. 손금산입 및 익금불산입

①과 목	②금 액	③영업손익 조정금액	③처 분	④ 조 정 내 용
대손상각과다환입액	50,255,450		유보	대손충당금 과다환입액 익금불산입하고 유보처분함
퇴직연금 등 손금산입	100,397,000		유보	퇴직연금에 대한 회사손금계상액 손금산입하고 유보처분함
퇴직급여부인액추인	134,959,310		유보	퇴직급여충당금 부인누계액 중 당기 퇴직금지급으로 상계된 금액에 대하여 손금산입하고 유보처분함
전환권조정	377,158,755		유보	전환권조정액을 익금불산입하고 유보처분함
매도가능증권	61,742,000		유보	매도가능증권평가이익을 익금불산입하고 유보처분함
국고보조금기계장치	19,578,150		유보	기계장치 국고보조금 취득자산 감가상각비를 익금불산입하고 유보처분함
국고보조금시설장치	75,120,000		유보	시설장치 국고보조금 취득자산 감가상각비를 익금불산입하고 유보처분함
수입배당금	8,975,410		기타	수입배당금에 일정금액 익금불산입하고 기타처분함
미수수익	44,920,320		유보	당기말 수입시기 미도래에 대한 이자수익계상분 익금불산입하고 유보처분함
합계	873,106,395			

210㎜×297㎜[백상지 80g/㎡ 또는 중질지 80g/㎡]

■ 법인세법 시행규칙 [별지 제50호서식(갑)] <개정 2021.3.16.> (앞쪽)

사업연도	2024. 1. 1. ~ 2024. 12. 31.	자본금과 적립금조정명세서(갑)	법 인 명	㈜가나산업개발
			사업자등록번호	215-81-30987

Ⅰ. 자본금과 적립금 계산서

①과목 또는 사항		코드	②기초잔액	당기중증감 ③감 소	당기중증감 ④증 가	⑤기말잔액	비 고
자본금 및 잉여금 등의 계산	1. 자본금	01	2,500,000,000		500,000,000	3,000,000,000	
	2. 자본잉여금	02			135,094,755	135,094,755	
	3. 자본조정	15			−15,600,000	−15,600,000	
	4. 기타포괄손익누계액	18			61,742,000	61,742,000	
	5. 이익잉여금	14	4,745,986,981	4,745,986,981	4,263,014,456	4,263,014,456	
		17					
	6. 계	20	7,245,986,981	4,745,986,981	4,944,251,211	7,444,251,211	
7. 자본금과 적립금명세서(을) 계		21	175,313,440	50,249,440	108,652,832	233,716,832	
손익미계상 법인세 등	8. 법인세	22	84,665,453	84,665,453	68,577,191	68,577,191	
	9. 지방소득세	23	8,466,545	8,466,545	6,757,719	6,757,719	
	10. 계 (8+9)	30	93,131,998	93,131,998	75,334,910	75,334,910	
11. 차가감계(6+7−10)		31	7,328,168,423	4,703,104,423	4,977,569,133	7,602,633,133	

Ⅱ. 이월결손금 계산서

1. 이월결손금 발생 및 증감내역

⑥사업연도	이월결손금 발생액 ⑦계	이월결손금 발생액 ⑧일반결손금	이월결손금 발생액 ⑨배분한도초과결손금(⑨=㉕)	이월결손금 ⑩소급공제	이월결손금 ⑪차감계	감소내역 ⑫기공제액	감소내역 ⑬당기공제액	감소내역 ⑭보전	감소내역 ⑮계	잔액 ⑯기한 내	잔액 ⑰기한경과	잔액 ⑱계
계												

2. 법인세 신고 사업연도의 결손금에 동업기업으로부터 배분한도를 초과하여 배분받은 결손금(배분한도 초과결손금)이 포함되어 있는 경우 사업연도별 이월결손금 구분내역

⑲법인세 신고 사업연도	⑳동업기업 과세연도 종료일	㉑손금산입한 배분한도 초과 결손금	㉒법인세 신고 사업연도 결손금	배분한도 초과결손금이 포함된 이월결손금 사업연도별 구분 ㉓합 계 (㉓=㉕+㉖)	배분한도 초과결손금 해당액 ㉔이월결손금 발생 사업연도	배분한도 초과결손금 해당액 ㉕이월결손금 (㉕=⑨) ㉑과㉒ 중 작은 것에 상당하는 금액	㉖법인세 신고 사업연도 발생 이월결손금 해당액 (⑧일반결손금으로 계상) (㉑≥㉒의 경우는 "0", ㉑<㉒의 경우는 ㉒−㉑)

Ⅲ. 회계기준 변경에 따른 자본금과 적립금 기초잔액 수정

㉗과목 또는 사항	㉘코드	㉙전기말 잔액	기초잔액 수정 ㉚증가	기초잔액 수정 ㉛감소	㉜수정후 기초잔액 (㉙+㉚−㉛)	㉝비 고

210mm×297mm[일반용지 70g/㎡(재활용품)]

[별지 제50호 서식(을)] (21.3.16. 개정) (앞 쪽)

사업연도	2024. 1. 1. ~ 2024.12.31.	자본금과 적립금조정명세서(을)	법인명	㈜가나산업개발

※ 관리번호 [ ][ ] - [ ][ ]　　사업자등록번호 2 1 5 - 8 1 - 3 0 9 8 7

※ 표시란은 기입하지 마십시오.

세무조정유보소득 계산

①과목 또는 사항	②기초잔액	당기 중 증감		⑤기말잔액 (익기초 현재)	비고
		③감소	④증가		
기계일시상각충당금	-23,393,700	-19,578,150		-3,815,550	
제품평가손실충당금	125,064,000		41,440,680	166,504,680	
미수수익	-50,615,320	-50,615,320	-44,920,320	-44,920,320	
퇴직연금 등 손금산입	-84,350,000	-84,350,000	-100,397,000	-100,397,000	
국고보조금기계장치	23,393,700	19,578,150		3,815,550	
국고보조금시설장치	164,880,000	75,120,000		89,760,000	
시설일시상각충당금	-164,880,000	-75,120,000		-89,760,000	
퇴직급여충당금한도초과	134,959,310	134,959,310	162,283,000	162,283,000	
대손충당금한도초과	50,255,450	50,255,450	67,060,090	67,060,090	
전환권조정			-377,158,755	-377,158,755	
사채상환할증금			242,064,000	242,064,000	
매도가능증권			-61,742,000	-61,742,000	
건설자금이자상당액			10,920,000	10,920,000	
지분법평가손실			169,103,137	169,103,137	
계	175,313,440	50,249,440	108,652,832	233,716,832	

22226-84011일　　210mm×297mm
99.4.1 개정승인　　(신문용지 54g/㎡(재활용품))

[별지 제32호 서식] (19.3.20. 개정) (앞 쪽)

사 업 연 도	2024. 1. 1. ~ 2024.12.31.	퇴직급여충당금 조정명세서	법인명	㈜가나산업개발
			사업자등록번호	215-81-30987

1. 퇴직급여충당금 조정

「법인세법 시행령」 제60조 제1항에 따른 한도액	①퇴직급여 지급대상이 되는 임원 또는 사용인에게 지급한 총급여액(⑲의 계)	②설정률	③한도액 (①×②)	비 고
	2,013,524,000	5/100	100,676,200	

「법인세법 시행령」 제60조 제2항 및 제3항에 따른 한도액	④장 부 상 충 당 금 기초잔액	⑤ 확정기여형 퇴직연금자의 퇴직연금 설정 전 기계상된 퇴직급여 충당금	⑥기 중 충당금 환입액	⑦기 초 충당금 부 인 누계액	⑧기 중 퇴직금 지급액	⑨차감액 (④-⑤-⑥-⑦-⑧)
	207,467,000			134,959,310	207,467,000	(△) 134,959,310

	⑩추계액 대비 설정액 (㉒×설정률)	⑪퇴직금전환금	⑫설정률 감소에 따른 환입을 제외하는 금액 MAX(⑨-⑩-⑪, 0)	⑬누적한도액 (⑩-⑨+⑪+⑫)
	55,338,100			55,338,100

한도초과액 계 산	⑭한도액 MIN(③, ⑬)	⑮회사계상액	⑯한도초과액 (⑮-⑭)
	55,338,100	217,622,000	162,283,900

2. 총급여액 및 퇴직급여추계액 명세

구 분 / 계정명	⑰총급여액		⑱퇴직급여 지급대상이 아닌 임원 또는 직원에 대한 급여액		⑲퇴직급여 지급대상이 되는 임원 또는 직원에 대한 급여액		⑳기말현재 임원 또는 직원 전원의 퇴직 시 퇴직급여 추계액	
	인원	금 액	인원	금 액	인원	금 액	인원	금 액
직원급여(판)		2,013,524,000				2,013,524,000		553,381,000
							㉑「근로자퇴직급여 보장법」에 따른 추계액[퇴직연금미가입자의 경우 일시퇴직기준 ⑳을 적용하여 계산한 금액]	
							인원	금 액
							㉒세법상 추계액 MAX(⑳, ㉑)	
계		2,013,524,000				2,013,524,000		553,381,000

210mm×297mm[백상지 80g/㎡ 또는 중질지 80g/㎡]

재무상태표

제15기 2024년 12월 31일 현재

회사명 : ㈜가나산업개발 (단위 : 원)

과 목	제15기	
	금	액
자 산		
Ⅰ. 유 동 자 산		7,257,198,388
(1) 당 좌 자 산		5,761,210,068
현 금 및 현 금 성 자 산		342,993,809
단 기 금 융 상 품		856,200,000
매 출 채 권	3,853,510,000	
대 손 충 당 금	94,346,000	3,759,164,000
단 기 대 여 금		558,176,000
미 수 수 익		44,920,320
미 수 금	117,681,000	
대 손 충 당 금	12,426,000	105,255,000
선 급 금	16,608,000	
대 손 충 당 금	166,080	16,441,920
선 급 비 용		2,739,000
부 가 세 대 급 금		33,876,500
이 연 법 인 세 자 산		41,443,519
(2) 재 고 자 산		1,495,988,320
제 품	1,392,039,000	
제 품 평 가 손 실 충 당 금	166,504,680	1,225,534,320
원 재 료		270,454,000
Ⅱ. 비 유 동 자 산		15,511,353,378
(1) 투 자 자 산		8,691,498,838
장 기 금 융 상 품		966,171,000
매 도 가 능 증 권		4,343,265,098
지 분 법 적 용 투 자 주 식		3,382,062,740
(2) 유 형 자 산		4,009,741,190
토 지		2,079,814,000
건 물	1,732,516,000	
감 가 상 각 누 계 액	709,200,000	1,023,316,000
구 축 물	107,486,000	

과 목	제15기	
	금	액
감가상각누계액	37,418,000	70,068,000
기계장치	694,367,740	
감가상각누계액	555,891,000	
국고보조금	3,815,550	134,661,190
차량운반구	159,745,000	
감가상각누계액	132,080,000	27,665,000
공구와기구	81,234,000	
감가상각누계액	76,974,000	4,260,000
비품	480,400,000	
감가상각누계액	453,555,000	26,845,000
건설중인자산		156,000,000
시설장치	1,973,510,000	
국고보조금	89,760,000	
감가상각누계액	1,396,638,000	487,112,000
(3) 무형자산		648,212,350
산업재산권		142,532,000
개발비		505,680,350
(4) 기타비유동자산		2,161,901,000
보증금		314,394,000
장기외상매출금	1,990,440,000	
현재가치할인차금	142,933,000	1,847,507,000
자산총계		22,768,551,766
부채		
Ⅰ. 유동부채		9,225,267,310
매입채무		1,405,847,200
미지급금		5,100,800
예수금		5,980,200
선수금		18,222,000
단기차입금		5,982,000,000
당기법인세부채		214,156,110
미지급비용		482,431,000
유동성장기부채		942,613,000

과 목	제15기	
	금	액
하 자 보 수 충 당 부 채		168,917,000
Ⅱ. 비 유 동 부 채		6,099,033,245
장 기 차 입 금	1,157,770,000	
현 재 가 치 할 인 차 금	24,887,000	1,132,883,000
퇴 직 급 여 충 당 부 채	217,622,000	
퇴 직 신 탁 예 치 금	100,397,000	117,225,000
외 화 장 기 차 입 금	955,593,000	
현 재 가 치 할 인 차 금	37,973,000	917,620,000
전 환 사 채	2,810,000,000	
사 채 상 환 할 증 금	242,064,000	
전 환 권 조 정	377,158,755	2,674,905,245
영 업 보 증 금		1,256,400,000
부 채 총 계		15,324,300,555
자 본		
Ⅰ. 자 본 금		3,000,000,000
자 본 금		3,000,000,000
Ⅱ. 자 본 잉 여 금		135,094,755
전 환 권 대 가		135,094,755
Ⅲ. 자 본 조 정		−15,600,000
주 식 할 인 발 행 차 금		15,600,000
Ⅳ. 기 타 포 괄 손 익 누 계 액		61,742,000
매 도 가 능 증 권 평 가 손 익		61,742,000
Ⅴ. 이 익 잉 여 금		4,263,014,456
기 업 합 리 화 적 립 금		66,886,000
임 의 적 립 금		30,000,000
미 처 분 이 익 잉 여 금		4,166,128,456
(당 기 순 이 익)		
당기 : 1,517,027,475 원		
전기 : 2,088,439,558 원		
자 본 총 계		7,444,251,211
부 채 및 자 본 총 계		22,768,551,766

[별지 제1호 서식] (21.3.16. 개정)　　　　　홈택스(www.hometax.go.kr)에서도 신고할 수 있습니다.

법인세 과세표준 및 세액신고서

※ 뒤쪽의 신고안내 및 작성방법을 읽고 작성하여 주시기 바랍니다.　　　　(앞 쪽)

①사업자등록번호	215-81-30987	②법인등록번호	110111-0917207
③법 인 명	㈜가나산업개발	④전 화 번 호	02-420-0720
⑤대 표 자 성 명	홍길동	⑥전자우편주소	
⑦소 재 지	서울 송파구 방이동 100		
⑧업 태	제조, 건설, 도매	⑨종 목 플랜트제작및설치공사	⑩주업종코드 451300
⑪사 업 연 도	2023년 1월 1일~2023년 12월 31일	⑫수시부과기간	. . . ~ . . .

⑬법 인 구 분	① 내국 2.외국 3.외투(비율 %) (①번 표시)					⑭조 정 구 분	① 외부 2. 자기 (①번 표시)	
⑮종 류 별 구 분	중소기업	일반: 중견기업	상호출자제한기업	그외기업	당기순이익과세	⑯외부감사대상	① 여 2. 부 (①번 표시)	
영리법인	상 장 법 인	11	71	81	91		⑰신 고 구 분	① 정기신고 (①번 표시)
	코스닥상장법인	21	72	82	92			2. 수정신고(가.서면분석, 나.기타)
	기 타 법 인	30	73	83	93 (표시)			3. 기한후 신고
비 영 리 법 인		60	74	84	94	50		4. 중도폐업신고
								5. 경정청구
⑱법인유형별구분	기타		코드		100		⑲결 산 확 정 일	2024년 3월 3일
⑳신 고 일	2024년 3월 31일						㉑납 부 일	
㉒신고기한 연장승인	1. 신청일						2. 연장기한	

구 분	여	부	구 분	여	부
㉓주식변동	①	2	㉔장부전산화	①	2
㉕사업연도의제	1	②	㉖결손금소급공제 법인세환급신청	1	②
㉗감가상각방법(내용연수)신고서 제출	1	②	㉘재고자산등평가방법신고서 제출	1	②
㉙기능통화 채택 재무제표 작성	1	②	㉚과세표준 환산시 적용환율		
㉛동업기업의 출자자(동업자)	1	②	㉜한국채택국제회계기준(K-IFRS)적용	1	②
㊼기능통화 도입기업의 과세표준 계산방법			㊽미환류소득에 대한 법인세 신고	1	②
㊾성실신고확인서 제출	1	②			

구 분	법인세: 법 인 세	토지 등 양도소득에 대한 법인세	미환류소득에 대한 법인세	계
㉝수 입 금 액	(23,205,475,200)			
㉞과 세 표 준	2,622,507,325			
㉟산 출 세 액	504,501,465			504,501,465
㊱총 부 담 세 액	468,141,348			468,141,348
㊲기 납 부 세 액	217,818,000			217,818,000
㊳차 감 납 부 할 세 액	250,323,348			250,323,348
㊴분 납 할 세 액				
㊵차 감 납 부 세 액				250,323,348

㊶조 정 반 번 호	1-1234	㊸조정자	성 명	세무법인가나
㊷조 정 자 관 리 번 호	P-0100-1		사업자등록번호	215-81-12345
			전 화 번 호	02-470-6001

국세환급금 계좌 신고 (환급세액 5천만원 미만인 경우)	㊹예 입 처	은행 (본)지점
	㊺예금종류	
	㊻계 좌 번 호	예금

신고인은 「법인세법」 제60조 및 「국세기본법」 제45조, 제45조의2, 제45조의3에 따라 위의 내용을 신고하며, 위 내용을 충분히 검토하였고 신고인이 알고 있는 사실 그대로를 정확하게 적었음을 확인합니다.

2024 년 3 월 31 일

신고인(법 인)　　㈜ 가나산업개발　　(인)

신고인(대표자)　　홍길동　(서명 또는 인)

세무대리인은 조세전문자격자로서 위 신고서를 성실하고 공정하게 작성하였음을 확인합니다.

세무대리인　　(서명 또는 인)

송파 세무서장 귀하

첨부서류	1. 재무상태표 2. (포괄)손익계산서 3. 이익잉여금처분(결손금처리)계산서 4. 현금흐름표(「주식회사 등의 외부감사에 관한 법률」 제2조에 따른 외부감사의 대상이 되는 법인의 경우만 해당합니다). 5. 세무조정계산서	수수료 없 음

210mm×297mm[백상지 80g/㎡ 또는 중질지 80g/㎡]

[별지 제3호 서식] (21.3.16. 개정) (앞 쪽)

사 업 연 도	2023. 1. 1. ~ 2023.12.31.	법인세과세표준 및 세액조정계산서	법 인 명	㈜가나산업개발
			사업자등록번호	215-81-30987

구분	항목		코드	금액
① 각사업연도소득계산	⑩결 산 서 상 당 기 순 손 익		01	2 088 439 558
	소득조정금액	⑩익 금 산 입	02	1 064 491 423
		⑩손 금 산 입	03	564 101 190
	⑩차 가 감 소 득 금 액 (⑩+⑩-⑩)		04	2 588 829 791
	⑩기 부 금 한 도 초 과 액		05	33 677 537
	⑩기 부 금 한 도 초 과 이 월 액 손 금 산 입		54	
	⑩각 사 업 연 도 소 득 금 액 (⑩+⑩-⑩)		06	2 622 507 328
② 과세표준계산	⑩각 사 업 연 도 소 득 금 액 (⑩=⑩)			2 622 507 328
	⑩이 월 결 손 금		07	
	⑩비 과 세 소 득		08	
	⑪소 득 공 제		09	
	⑫과 세 표 준 (⑩-⑩-⑩-⑪)		10	2 622 507 328
	⑮선 박 표 준 이 익		55	
③ 산출세액계산	⑬과 세 표 준(⑫+⑮)		56	2 622 507 328
	⑭세 율		11	20 %
	⑮산 출 세 액		12	504 501 465
	⑯지 점 유 보 소 득 (「법인세법」 제96조)		13	
	⑰세 율		14	
	⑱산 출 세 액		15	
	⑲합 계(⑮+⑱)		16	504 501 465
④ 납부할 세액계산	⑳산 출 세 액 (⑳= ⑲)			504 501 465
	㉑최 저 한 세 적 용 대 상 공 제 감 면 세 액		17	39 360 117
	㉒차 감 세 액		18	465 141 348
	㉓최 저 한 세 적 용 제 외 공 제 감 면 세 액		19	
	㉔가 산 세 액		20	3 000 000
	㉕가 감 계(㉒-㉓+㉔)		21	468 141 348
	기납부세액 / 기한내납부세액	㉖중 간 예 납 세 액	22	187 075 000
		㉗수 시 부 과 세 액	23	
		㉘원 천 납 부 세 액	24	35 743 000
		㉙간접투자회사등의 외 국 납 부 세 액	25	
		㉚소 계 (㉖+㉗+㉘+㉙)	26	217 818 000
	기납부세액	㉛신 고 납 부 전 가 산 세 액	27	
		㉜합 계(㉚+㉛)	28	217 818 000
	㉝감 면 분 추 가 납 부 세 액		29	
	㉞차 감 납 부 할 세 액 (㉕-㉜+㉝)		30	250 323 348
⑤ 토지등양도소득에 대한 법인세 계산	양도차익	㉟등 기 자 산	31	
		㊱미 등 기 자 산	32	
	㊲비 과 세 소 득		33	
	㊳과 세 표 준(㉟+㊱-㊲)		34	
	㊴세 율		35	
	㊵산 출 세 액		36	
	㊶감 면 세 액		37	
	㊷차 감 세 액 (㊵-㊶)		38	
	㊸공 제 세 액		39	
	㊹동업기업 법인세 배분액 (가산세 제외)		58	
	㊺가 산 세 액 (동업기업 배분액 포함)		40	
	㊻가 감 계(㊷-㊸+㊹+㊺)		41	
	기납부세액	㊼수 시 부 과 세 액	42	
		㊽( ) 세 액	43	
		㊾ 계 (㊼+㊽)	44	
	㊿차감납부할세액(㊻-㊾)		45	
⑥ 미환류소득법인세	⑯ 과세대상 미환류소득		59	
	⑯ 세 율		60	
	⑯ 산 출 세 액		61	
	⑯ 가 산 세 액		62	
	⑯ 이 자 상 당 액		63	
	⑯ 납부할세액(⑯+⑯+⑯)		64	
⑦ 세 액 계	⑮차 감 납 부 할 세 액 계 (㉞+㊿)		46	250 323 348
	⑮사실과 다른 회계처리 경 정 세 액 공 제		57	
	⑮분 납 세 액 계 산 범 위 액 (⑮-㉔-㉝-㊺-⑮+㉛)		47	247 323 348
	분납할 세 액	⑮현 금 납 부	48	
		⑮물 납	49	
		⑮ 계 (⑮+⑮)	50	
	차 감 납 부 세 액	⑮현 금 납 부	51	250 323 348
		⑮물 납	52	
		⑯ 계 (⑮+⑮) (⑯=(⑮-⑮-⑮)	53	250 323 348

210㎜×297㎜[백상지 80g/㎡ 또는 중질지 80g/㎡]

[별지 제15호 서식] (13.2.23. 개정) (앞쪽)

사업연도	2023. 1. 1. ~ 2023.12.31.	소득금액조정합계표	법인명	㈜가나산업개발
			사업자등록번호	215-81-30987

익금산입 및 손금불산입				손금산입 및 익금불산입			
①과목	②금액	③소득처분		④과목	⑤금액	⑥소득처분	
		처분	코드			처분	코드
대손충당금한도초과	50 255 450	유보	400	대손상각과다환입액	26 648 720	유보	100
신용카드등미사용액	2 200 000	기타사외유출	500	퇴직연금 등 손금산입	84 350 000	유보	100
접대비한도초과	6 621 925	기타사외유출	500	제품평가손실충당금	30 380 000	유보	100
퇴직급여충당금한도초과	49 934 000	유보	400	매도가능증권평가손익	37 409 000	기타	200
매도가능증권	37 409 000	유보	400	국고보조금기계장치	19 578 150	유보	100
비지정기부금	15 000 000	기타사외유출	500	국고보조금시설장치	75 120 000	유보	100
업무무관자산지급이자	39 845 000	기타사외유출	500	시설일시상각충당금	240 000 000	유보	100
지급조서미제출가산세	4 000 000	기타사외유출	500	미수수익	50 615 320	유보	100
퇴직연금등손금산입	55 605 000	유보	400				
법인세 등	451 609 898	기타사외유출	500				
기계일시상각충당금	19 578 150	유보	400				
시설일시상각충당금	75 120 000	유보	400				
국고보조금시설장치	240 000 000	유보	400				
미수수익	17 313 000	유보	400				
합계	1 064 491 423			합계	564 101 190		

210㎜×297㎜[백상지 80g/㎡ 또는 중질지 80g/㎡]

[별지 제15호 서식 부표1] (14.3.14. 개정)

사 업 연 도	2023. 1. 1. ~ 2023. 12. 31.	과목별 소득금액조정명세서(1)	법인명	㈜가나산업개발
			사업자등록번호	215-81-30987

1. 익금산입 및 손금불산입

①과 목	②금 액	③영업손익 조정금액	④처 분	⑤조정내용
대손충당금한도초과	50,255,450		유보	당기 대손충당금 설정액 중 한도초과액을 손금불산입하고 유보처분함
신용카드등미사용액	2,200,000		기타사외유출	1만원 초과 접대비 중 신용카드등미사용액을 손금불산입하고 기타사외유출로 처분함
접대비한도초과	6,621,925		기타사외유출	접대비 한도초과액을 손금불산입하고 기타사외유출로 처분함
퇴직급여충당금한도초과	49,934,000		유보	퇴직급여충당금설정한도초과액을 손금불산입하고 유보처분함
매도가능증권	37,409,000		유보	매도가능증권평가액처분으로 익금산입하고 유보처분함
비지정기부금	15,000,000		기타사외유출	기부금 중 비지정기부금을 손금불산입하고 기타사외유출처분함
업무무관자산지급이자	39,845,000		기타사외유출	업무무관한 대여금과 관련한 지급이자 손금불산입하고 기타사외유출로 처분함
지급조서미제출가산세	4,000,000		기타사외유출	세금과공과금 중 지급조서 미제출가산세를 손금불산입하고 기타사외유출로 처분함
퇴직연금등손금산입	55,605,000		유보	퇴직연금 대한 회사손금계상액 당기지출로 손금불산입하고 유보처분함
법인세 등	451,609,898		기타사외유출	당기 법인세등 계상액 손금불산입하고 기타사외유출로 처분함
기계일시상각충당금	19,578,150		유보	기계장치 국고보조금 취득자산 감가상각비를 익금산입하고 유보처분함
시설일시상각충당금	75,120,000		유보	시설장치 국고보조금 취득자산감가상각비를 익금산입하고 유보처분함
국고보조금시설장치	240,000,000		유보	시설장치 국고보조금 취득자산을 익금산입하고 유보처분함
미수수익	17,313,000		유보	전기말 기간미도래 이자수익 기간도래로 익금산입하고 유보처분함
합계	1,064,491,423			

210㎜×297㎜[백상지 80g/㎡ 또는 중질지 80g/㎡]

[별지 제15호 서식 부표2] (14.3.14. 개정)

사 업 연 도	2023. 1. 1. ~ 2023. 12. 31.	과목별 소득금액조정명세서(2)	법인명	㈜가나산업개발
			사업자등록번호	215-81-30987

2. 손금산입 및 익금불산입

①과 목	②금 액	③영업손익 조정금액	③처 분	④ 조 정 내 용
대손상각과다환입액	26,648,720		유보	대손충당금과다환입액 익금불산입하고 유보처분함
퇴직연금 등 손금산입	84,350,000		유보	퇴직연금 등에 대한 회사비용 미계상액에 대해 손금산입하고 유보처분함
제품평가손실충당금	30,380,000		유보	제품평가손실충당금 중 당기판매로 인한 감소액을 손금산입하고 유보처분함
매도가능증권평가손익	37,409,000		기타	매도가능증권평가이익을 익금불산입하고 기타처분함
국고보조금기계장치	19,578,150		유보	기계장치 국고보조금 취득자산 감가상각비를 익금불산입하고 유보처분함
국고보조금시설장치	75,120,000		유보	시설장치 국고보조금 취득자산 감가상각비를 익금불산입하고 유보처분함
시설일시상각충당금	240,000,000		유보	시설장치 국고보조금 취득자산을 익금불산입하고 유보처분함
미수수익	50,615,320		유보	당기말 수입시기 미도래에 대한 이자수익계상분 익금불산입하고 유보처분함
합계	564,101,190			

210㎜×297㎜[백상지 80g/㎡ 또는 중질지 80g/㎡]

[별지 제1호 서식] (21.3.16. 개정) 홈택스(www.hometax.go.kr)에서도 신고할 수 있습니다.

법인세 과세표준 및 세액신고서

※ 뒤쪽의 신고안내 및 작성방법을 읽고 작성하여 주시기 바랍니다. (앞 쪽)

①사업자등록번호	215-81-30987	②법인등록번호	110111-0917207
③법인명	㈜가나산업개발	④전화번호	02-420-0720
⑤대표자성명	홍길동	⑥전자우편주소	
⑦소재지	서울 송파구 방이동 100		
⑧업태	제조, 건설, 도매 / ⑨종목 플랜트제작및설치공사	⑩주업종코드	451300
⑪사업연도	2022년 1월 1일~2022년 12월 31일	⑫수시부과기간	. . . ~ . . .

⑬법인구분	① 내국 2.외국 3.외투(비율 %)	⑭조정구분	① 외부 2. 자기

⑮종류별구분		중소기업	일반: 중견기업	일반: 상호출자제한기업	일반: 그외기업	당기순이익과세		
영리법인	상장법인	11	71	81	91		⑯외부감사대상	① 여 2. 부
영리법인	코스닥상장법인	21	72	82	92		⑰신고구분	① 정기신고
영리법인	기타법인	30	73	83	(93)			2. 수정신고(가.서면분석, 나.기타) / 3. 기한후 신고
비영리법인		60	74	84	94	50		4. 중도폐업신고 / 5. 경정청구

⑱법인유형별구분	기타	코드 100	⑲결산확정일	2023년 3월 3일
⑳신고일	2023년 3월 31일		㉑납부일	
㉒신고기한 연장승인	1. 신청일		2. 연장기한	

구분	여	부	구분	여	부
㉓주식변동	①	2	㉔장부전산화	①	2
㉕사업연도의제	1	②	㉖결손금소급공제 법인세환급신청	1	②
㉗감가상각방법(내용연수)신고서 제출	1	②	㉘재고자산등평가방법신고서 제출	1	②
㉙기능통화 채택 재무제표 작성	1	②	㉚과세표준 환산시 적용환율		
㉛동업기업의 출자자(동업자)	1	②	㉜한국채택국제회계기준(K-IFRS)적용	1	②
㊼기능통화 도입기업의 과세표준 계산방법			㊽미환류소득에 대한 법인세 신고	1	②
㊾성실신고확인서 제출	1	②			

구분	법인세: 법인세	법인세: 토지 등 양도소득에 대한 법인세	법인세: 미환류소득에 대한 법인세	법인세: 계
㉝수입금액	(17,589,642,300)			
㉞과세표준	2,046,997,829			
㉟산출세액	389,399,565			389,399,565
㊱총부담세액	360,342,888			360,342,888
㊲기납부세액	100,099,200			100,099,200
㊳차감납부할세액	260,243,688			260,243,688
㊴분납할세액				
㊵차감납부세액				260,243,688

㊶조정반번호	1-1234	㊸조정자	성명	세무법인가나
㊷조정자관리번호	P-0100-1		사업자등록번호	215-81-12345
			전화번호	02-470-6001

국세환급금 계좌 신고 (환급세액 5천만원 미만인 경우)		
	㊹예입처	은행 (본)지점
	㊺예금종류	
	㊻계좌번호	예금

신고인은 「법인세법」 제60조 및 「국세기본법」 제45조, 제45조의2, 제45조의3에 따라 위의 내용을 신고하며, 위 내용을 충분히 검토하였고 신고인이 알고 있는 사실 그대로를 정확하게 적었음을 확인합니다.

2023 년 3 월 31 일

신고인(법 인) ㈜ 가나산업개발 (인)

신고인(대표자) 홍길동 (서명 또는 인)

세무대리인은 조세전문자격자로서 위 신고서를 성실하고 공정하게 작성하였음을 확인합니다.

세무대리인 (서명 또는 인)

송파 세무서장 귀하

첨부서류	1. 재무상태표 2. (포괄)손익계산서 3. 이익잉여금처분(결손금처리)계산서 4. 현금흐름표(「주식회사 등의 외부감사에 관한 법률」 제2조에 따른 외부감사의 대상이 되는 법인의 경우만 해당합니다), 5. 세무조정계산서	수수료 없 음

210mm×297mm[백상지 80g/㎡ 또는 중질지 80g/㎡]

[별지 제3호 서식] (21.3.16. 개정) (앞 쪽)

사업연도	2022. 1. 1. ~ 2022.12.31.	법인세과세표준 및 세액조정계산서	법인명	㈜가나산업개발
			사업자등록번호	215-81-30987

구분	항목	코드	금액
① 각사업연도소득계산	⑩결산서상당기순손익	01	1 260 140 935
	소득조정금액 ⑩익금산입	02	921 323 044
	소득조정금액 ⑩손금산입	03	134 466 150
	⑩차가감소득금액 (⑩+⑩-⑩)	04	2 046 997 829
	⑩기부금한도초과액	05	
	⑩기부금한도초과 이월액손금산입	54	
	⑩각사업연도소득금액 (⑩+⑩-⑩)	06	2 046 997 829
② 과세표준계산	⑩각사업연도소득금액 (⑩=⑩)		2 046 997 829
	⑩이월결손금	07	
	⑪비과세소득	08	
	⑪소득공제	09	
	⑪과세표준 (⑩-⑩-⑪-⑪)	10	2 046 997 829
	⑮선박표준이익	55	
③ 산출세액계산	⑪과세표준(⑪+⑮)	56	2 046 997 829
	⑪세율	11	20 %
	⑪산출세액	12	389 399 565
	⑪지점유보소득 (「법인세법」 제96조)	13	
	⑪세율	14	
	⑪산출세액	15	
	⑪합계(⑪+⑪)	16	389 399 565
④ 납부할 세액계산	⑫산출세액(⑫=⑪)		389 399 565
	⑫최저한세적용대상 공제감면세액	17	31 456 677
	⑫차감세액	18	357 942 888
	⑫최저한세적용제외 공제감면세액	19	
	⑫가산세액	20	2 400 000
	⑫가감계(⑫-⑫+⑫)	21	360 342 888
	기납부세액 / 기한내납부세액 ⑫중간예납세액	22	82 654 200
	기납부세액 / 기한내납부세액 ⑫수시부과세액	23	
	기납부세액 / 기한내납부세액 ⑫원천납부세액	24	17 445 000
	기납부세액 / 기한내납부세액 ⑫간접투자회사등의 외국납부세액	25	
	기납부세액 / 기한내납부세액 ⑬소계 (⑫+⑫+⑫+⑫)	26	100 099 200
	기납부세액 ⑬신고납부전가산세액	27	
	기납부세액 ⑬합계(⑬+⑬)	28	100 099 200
	⑬감면분추가납부세액	29	
	⑬차감납부할세액 (⑫-⑬+⑬)	30	260 213 688

구분	항목	코드	금액
⑤ 토지등양도소득에 대한 법인세 계산	양도차익 ⑬등기자산	31	
	양도차익 ⑬미등기자산	32	
	⑬비과세소득	33	
	⑬과세표준(⑬+⑬-⑬)	34	
	⑬세율	35	
	⑭산출세액	36	
	⑭감면세액	37	
	⑭차감세액 (⑭-⑭)	38	
	⑭공제세액	39	
	⑭동업기업 법인세 배분액 (가산세 제외)	58	
	⑭가산세액 (동업기업 배분액 포함)	40	
	⑭가감계(⑭-⑭+⑭+⑭)	41	
	기납부세액 ⑭수시부과세액	42	
	기납부세액 ⑭( )세액	43	
	기납부세액 ⑭계 (⑭+⑭)	44	
	⑮차감납부할세액(⑭-⑭)	45	
⑥ 미환류소득법인세	⑯ 과세대상 미환류소득	59	
	⑯ 세율	60	
	⑯ 산출세액	61	
	⑯ 가산세액	62	
	⑯ 이자상당액	63	
	⑯ 납부할세액(⑯+⑯+⑯)	64	
⑦ 세액계	⑮차감납부할세액계 (⑬+⑮)	46	260 243 688
	⑮사실과 다른 회계처리 경정세액공제	57	
	⑮분납세액계산범위액 (⑮-⑫-⑬-⑭-⑮+⑬)	47	257 843 688
	분납할세액 ⑮현금납부	48	
	분납할세액 ⑮물납	49	
	분납할세액 ⑮계 (⑮+⑮)	50	
	차감납부세액 ⑮현금납부	51	260 243 688
	차감납부세액 ⑮물납	52	
	차감납부세액 ⑯계 (⑮+⑮) (⑯=(⑮-⑮-⑮))	53	260 243 688

210㎜×297㎜[백상지 80g/㎡ 또는 중질지 80g/㎡]

[별지 제15호 서식] (13.2.23. 개정) (앞쪽)

사업연도	2022. 1. 1. ~ 2022.12.31.	소득금액조정합계표	법인명	㈜가나산업개발
			사업자등록번호	215-81-30987

익금산입 및 손금불산입				손금산입 및 익금불산입			
①과목	②금액	③소득처분		④과목	⑤금액	⑥소득처분	
		처분	코드			처분	코드
대손충당금한도초과	26 648 720	유보	400	전기선급비용	4 561 000	유보	100
제품평가손실충당금	51 814 000	유보	400	퇴직연금등손금산입	55 605 000	유보	100
신용카드등미사용액	8 135 000	기타사외유출	500	매도가능증권	37 409 000	유보	100
접대비한도초과	11 739 358	기타사외유출	500	국고보조금 기계장치	19 578 150	유보	100
공해배출위반벌과금	8 000 000	기타사외유출	500	미수수익	17 313 000	유보	100
퇴직급여충당금한도초과	58 453 310	유보	400				
매도가능증권평가손익	37 409 000	기타	600				
퇴직연금등손금산입	15 000 000	유보	400				
업무무관자산지급이자	13 765 000	기타사외유출	500				
법인세등	370 780 506	기타사외유출	500				
연구인력개발준비금	300 000 000	유보	400				
기계일시상각충당금	19 578 150	유보	400				
합계	921 323 044			합계	134 466 150		

210㎜×297㎜[백상지 80g/㎡ 또는 중질지 80g/㎡]

[별지 제15호 서식 부표1] (14.3.14. 개정)

사 업 연 도	2022. 1. 1. ~ 2022.12.31.	과목별 소득금액조정명세서(1)	법인명	㈜가나산업개발
			사업자등록번호	215-81-30987

1. 익금산입 및 손금불산입

①과 목	②금 액	③영업손익조정금액	④처 분	⑤조정내용
대손충당금한도초과	26,648,720		유보	당기 대손충당금 설정액 중 한도초과액을 손금불산입하고 유보처분함
제품평가손실충당금	51,814,000		유보	제품평가충당금 추가설정액 손금불산입하고 유보처분함
신용카드등미사용액	8,135,000		기타사외유출	1만원초과접대비 중 신용카드등미사용액을 손금불산입하고 기타사외유출 처분함
접대비한도초과	11,739,358		기타사외유출	접대비 한도초과액을 손금불산입하고 기타사외유출 처분함
공해배출위반벌과금	8,000,000		기타사외유출	세금과공과금 중 공해배출위반벌과금을 손금불산입하고 기타사외유출 처분함
퇴직급여충당금한도초과	58,453,310		유보	퇴직급여충당금 설정 한도초과액을 손금불산입하고 유보처분함
매도가능증권평가손익	37,409,000		기타	당기매도가능증권평가이익을 익금산입하고 기타처분함
퇴직연금등손금산입	15,000,000		유보	퇴직연금에 대한 회사손금계상액 당기지출로 손금불산입하고 유보처분함
업무무관자산지급이자	13,765,000		기타사외유출	업무무관한 대여금과 관련한 지급이자 손금불산입하고 기타 사외유출처분함
법인세등	370,780,506		기타사외유출	당기법인세등 계상액 손금불산입하고 기타사외유출로 처분함
연구인력개발준비금	300,000,000		유보	연구인력개발준비금 미사용금액을 익금산입하고 유보처분함
기계일시상각충당금	19,578,150		유보	기계장치 국고보조금 취득자산 감가상각비를 익금산입하고 유보처분함
합계	1,064,491,423			

210㎜×297㎜[백상지 80g/㎡ 또는 중질지 80g/㎡]

[별지 제15호 서식 부표2] (14.3.14. 개정)

사 업 연 도	2022. 1. 1. ~ 2022.12.31.	과목별 소득금액조정명세서(2)	법인명	㈜가나산업개발
			사업자등록번호	215-81-30987

2. 손금산입 및 익금불산입

①과 목	②금 액	③영업손익 조정금액	③처 분	④ 조 정 내 용
저기선급비용	4,561,000		유보	전기미도래분 지급이자상당액 기간도래로 손금산입하고 유보처분함
퇴직연금 등 손금산입	55,605,000		유보	퇴직연금 등에 대한 회사비용 미계상액에 대해 손금산입하고 유보처분함
매도가능증권	37,409,000		유보	당기매도가능증권 평가액을 익금불산입하고 유보처분함
국고보조금 기계장치	19,578,150		유보	기계장치 국고보조금 취득자산 감가상각비를 익금불산입하고 유보처분함
미수수익	17,313,000		유보	당기말 수입시기 미도래에 대한 이자수익계상분 익금불산입하고 유보처분함
합계	134,466,150			

210㎜×297㎜[백상지 80g/㎡ 또는 중질지 80g/㎡]

3. 보충적 평가방법에 의한 평가

가. 개 요

본 평가에서는 해당 법인의 주식에 대한 사례가액이 확인되지 아니하여 「상속세 및 증여세법」 제63조 제1항 제1호 나목 및 같은 법 시행령 제54조의 규정에 따라 평가한다. 평가대상법인은 「소득세법」 제94조 제1항 제4호 다목에 따른 부동산과다보유법인에 해당되지 아니하여 1주당 순손익가치와 1주당 순자산가치를 각각 3과 2의 비율로 가중 평균한 가액으로 평가한다.

나. 최대주주 보유주식의 할증평가

비상장주식에 대한 보충적 평가액은 「상속세 및 증여세법 시행령」 제19조 제2항에 규정한 최대주주 등에 해당하는 경우에는 「상속세 및 증여세법」 제63조 제1항 제1호에 의하여 평가한 가액에 100분의 20을 가산한다. 본 평가에서는 증여자가 최대주주에 해당하여 20%를 가산한다.

다. 순손익가치의 계산

(1) 개 요

비상장주식의 1주당 순손익가치는 1주당 최근 3년간의 순손익액의 가중평균액에 대하여 순손익가치환원율로 나누어서 평가한다. 이 경우에 1주당 최근 3년간의 순손익액의 가중평균액은 평가기준일 이전 1년이 되는 사업연도의 1주당 순손익액에는 3의 가중치를, 평가기준일 이전 2년이 되는 사업연도의 1주당 순손익액에는 2의 가중치를, 평가기준일 이전 3년이 되는 사업연도의 1주당 순손익액에는 1의 가중치를 각각 부여하여 평가한다. 이에 따라 평가기준일인 2025.2.1.을 기준으로 순손익가치를 계산하므로, 2024년, 2023년, 2022년 사업연도의 1주당 순손익액을 산출하여 평가한다.

순손익액은 「법인세법」 제14조에 의한 각사업연도소득에 대하여 세무조정 시에 적용하였던 익금불산입액은 가산하고, 손금불산입액은 차감한다. 이에 따라 「상속세 및 증여세법 시행령」 제56조 제4항에 열거된 익금불산입 및 순금불산입에 대하여 가감하였고, 1주당 최근 3년간(2022년~2024년)의 순손익액을 가중평균하여 계산하였다.

㈎ 순손익액 계산 시 각사업연도소득에 가산 항목

① 국세 및 지방세의 과오납금의 환급금이자

② 지주회사 등의 수입배당금 중 익금불산입액

③ 기부금 한도초과액 중 당해 사업연도에 손금산입한 금액

㈏ 순손익액 계산 시 각사업연도소득에 차감 항목

① 당해 사업연도의 법인세액

② 법인세액의 감면액 또는 과세표준에 부과되는 농어촌특별세액, 지방소득세액

③ 벌금, 과료, 과태료, 가산금 및 체납처분비

④ 손금용인되지 않는 공과금

⑤ 업무에 관련없는 지출

⑥ 각 세법에 규정하는 징수불이행납부세액

⑦ 기부금한도초과액

⑧ 접대비손금불산입액

⑨ 과다경비 등의 손금불산입액

⑩ 지급이자의 손금불산입액

⑪ 「조세특례제한법」에 의한 특례기부금 한도초과액

⑫ 「조세특례제한법」에 의한 접대비 손금불산입액

⑬ 감가상각비 시인부족액

⑵ 각 연도별 1주당 순손익액의 계산

㈎ 2024사업연도의 순손익액

1) 각사업연도소득 : 2,331,206,082원 + 100,000,000원*

=2,431,206,082원

* 2022년에 환입된 3억원은 「조세특례제한법」 제9조에 따라 설정되었던 연구 · 인력개발준비금으로 2022년부터 매년 1억원씩 환입될 예정이었으나 사후관리요건이 충족되지 아니하여 2022년에 일시 환입되었다. 이에 따라 2억원은 2022사업연도 각사업연도 소득에서 차감하고, 2023년과 2024년 사업연도에는 각각 1억원씩 가산한다(상증령 §56 ④).

2) 가산할 금액 : 42,652,937원

① 수입배당금 중 익금불산입 환급액 : 8,975,410원

② 기부금한도초과액 이월액 : 33,677,537원

기부금한도초과액 이월액으로 손금산입한 33,677,537원을 각사업연도소득금액에 가산한다.

3) 공제할 금액 : 535,395,740원

공제할 금액은 소득처분에 따른 유보금액은 해당되지 않고 원칙적으로 사외 유출된 금액을 기준으로 공제한다.

① 법인세 총결정세액 : 410,541,919원

② 지방소득세 총결정세액 : 44,624,121원

* 지방세 총결정세액은 2014년부터 법인세 산출세액의 10%를 적용한다.

③ 영세율과세표준불성실가산세 : 10,000,000원

④ 기부금한도초과액 : 비지정기부금 : 8,000,000원

⑤ 접대비손금불산입액 : 15,476,500원

⑥ 지급이자 손금불산입액 : 46,753,200원

4) 유상증자에 대한 이익반영 : 125,000,000원

① 2025.1.25. 유상증자 1,000,000,000원에 대한 자본이익률(10%) ×12/12＝100,000,000원

② 2024.6.20. 유상증자 500,000,000원에 대한 10% 자본이익률 ×6*/12＝25,000,000원

* 유상증자에 대한 이익반영은 유상증자한 주식 등 1주당 납입금액×유상증자에 의하여 증가한 주식등 수×기획재정부령으로 정하는 율(10%)을 적용하여 계산하고, 유상증자 또는 유상감자를 한 사업연도의 순손익액은 사업연도 개시일부터 유상증자 또는 유상감자를 한 날까지의 기간에 대하여 월할로 계산하며, 1개월 미만은 1개월로 하여 계산한다(상증령 §56 ⑤).

5) 순손익액의 계산 : 2,063,463,289원

6) 사업연도말 주식수 : 400,000주

$$\text{환산주식수} = \text{증자 전 각 사업연도말 주식수}(300{,}000) \times \frac{[(\text{증자 직전 사업연도말 주식수}(300{,}000) + \text{증자 주식수}(100{,}000)]}{\text{증자 직전 사업연도말 주식수}(300{,}000)}$$

$$= 400{,}000\text{주}$$

7) 1주당 순손익액 : 5,158원

(나) 2023사업연도의 순손익액의 계산

1) 각사업연도소득 : 2,622,507,325원 + 100,000,000원*

= 2,722,507,325원

* 2022년에 환입된 3억원은 「조세특례제한법」 제9조에 따라 설정되었던 연구 · 인력개발준비금으로 2022년부터 매년 1억원씩 환입될 예정이었으나 사후관리요건이 충족되지 아니하여 2022년에 일시 환입되었다. 이에 따라 2억원은 2022사업연도 각 사업연도소득에서 차감하고, 2023년과 2024년 사업연도에는 각각 1억원씩 가산한다(상증령 §56 ④).

2) 가산할 금액 : 해당 없음

3) 공제할 금액 : 619,935,742원

① 법인세 총결정세액 : 468,141,348원

② 지방소득세 총결정세액 : 50,450,146원

* 지방세 총결정세액은 2014년부터 법인세 산출세액의 10%를 적용한다.

③ 지급조서미제출가산세 : 4,000,000원

④ 기부금한도초과액 : 비지정기부금(15,000,000원) + 기부금한도초과액(33,677,537원) = 48,677,537원

⑤ 접대비한도초과액 : 신용카드미사용액(2,200,000원) + 접대비손금불산입액(6,621,925원) = 8,821,925원

⑥ 업무무관자산 지급이자 손금불산입액 : 39,845,000원

4) 유상증자에 대한 이익반영 : 150,000,000원

① 2025.1.25. 유상증자 1,000,000,000원에 대한 자본이익률(10%) × 12/12 = 100,000,000원

② 2024.6.20. 유상증자 500,000,000원에 대한 10% 자본이익률 × 12/12 = 50,000,000원

5) 순손익액의 계산 : 2,252,571,583원

6) 사업연도말 주식수 : 400,000주

환산주식수 = 증자 전 각 사업연도말 주식수(250,000)

$$\times \frac{[(\text{증자 직전 사업연도말 주식수}(250{,}000) + \text{증자 주식수}(50{,}000 + 100{,}000)]}{\text{증자 직전 사업연도말 주식수}(250{,}000)}$$

= 400,000주

7) 1주당 순손익액 : 5,631원

㈐ 2022사업연도의 순손익액의 계산

1) 각사업연도소득 : 2,046,997,829원－200,000,000원

=1,846,997,829원

* 2022년에 환입된 3억원은 「조세특례제한법」 제9조에 따라 설정되었던 연구 · 인력개발준비금으로 2022년도부터 매년 1억원씩 환입될 예정이었으나 사후관리요건이 충족되지 아니하여 2022년에 일시 환입되었다. 이에 따라 2억원은 2022사업연도 각사업연도소득에서 차감하고, 2023년과 2024년 사업연도에는 각각 1억원씩 가산한다(상증령 §56 ④).

2) 가산할 항목 : 해당 없음

3) 공제할 항목 : 440,922,202원

① 법인세 총결정세액 : 360,342,888원

② 지방소득세 총결정세액 : 38,939,956원

* 지방세 총결정세액은 2014년부터 법인세 산출세액의 10%를 적용한다.

③ 공해배출위반 벌과금 : 8,000,000원

④ 접대비한도초과액 : 신용카드미사용액(8,135,000원)＋접대비손금불산입액(11,739,358원)=19,874,358원

⑤ 업무무관자산 지급이자 손금불산입액 : 13,765,000원

4) 유상증자에 대한 이익반영 : 150,000,000원

① 2025.1.25. 유상증자 1,000,000,000원에 대한 자본이익률(10%)×12/12=100,000,000원

② 2024.6.20. 유상증자 500,000,000원에 대한 10% 자본이익률×12/12=50,000,000원

㈑ 순손익액의 계산 : 1,556,075,627원

㈒ 발행주식수 : 400,000주

환산주식수=증자 전 각 사업연도말 주식수(200,000)

$$\times \frac{[(\text{증자 직전 사업연도말 주식수}(200,000)+\text{증자 주식수}(50,000+50,000+100,000)]}{\text{증자 직전 사업연도말 주식수}(200,000)}$$

=400,000주

㈓ 1주당 순손익액 : 3,890원

(3) 최근 3년간 1주당 순손익액의 가중평균액

$$\frac{(5,158\times3)+(5,631\times2)+(3,890\times1)}{6}=5,104\text{원}$$

(4) 1주당 순손익가치

$$\frac{\{\text{최근 3년간 1주당 순손익액의 가중평균액}(5,104)\}}{\text{순손익가치환원율}(10\%)}=51,040\text{원}$$

[평가심의위원회 운영규정 별지 제4호 서식 부표3] (2021.3.4. 개정)

(단위 : 원) (제6쪽)

7. 순손익액

평가기준일 1년, 2년, 3년이 되는 사업연도		2024년	2023년	2022년
① 각 사업연도 소득금액		2,431,206,082	2,722,507,325	1,846,997,829
소득에 가산할 금액	② 국세, 지방세 과오납에 대한 환급금이자	8,975,410		
	③ 수입배당금 중 익금불산입액			
	④ 이월된 기부금 손금산입액	33,677,537		
	⑤ 이월된 업무용승용차 관련 손금산입액			
	⑥ 외화환산이익(법인세 계산시 해당 이익을 반영하지 않은 경우)			
	⑦ 그 밖에 기획재정부령으로 정하는 금액			
가. 소계(① + ② + … ⑦)		2,473,859,029	2,722,507,325	1,846,997,829
소득에서 차감할 금액	⑧ 당해 사업연도의 법인세액	410,541,919	468,141,134	360,342,888
	⑨ 법인세액의 감면액 또는 과세표준에 부과되는 농어촌특별세액, 지방소득세액	44,624,121	50,450,146	38,939,956
	⑩ 벌금, 과료, 과태료, 가산금 및 체납처분비 손금불산입액			8,000,000
	⑪ 법령에 따라 의무적으로 납부하는 것이 아닌 공과금 손금불산입액			
	⑫ 징벌적 목적의 손해배상금 등에 대한 손금불산입액			
	⑬ 각 세법에서 규정하는 징수불이행으로 인해 납부하였거나 납부할 세액	10,000,000	4,000,000	
	⑭ 과다경비 등의 손금불산입액			
	⑮ 기부금 손금불산입액	8,000,000	48,677,537	
	⑯ 접대비 손금불산입액	15,476,500	8,821,925	19,874,358
	⑰ 업무와 관련 없는 비용 손금불산입액			
	⑱ 업무용승용차 관련 비용의 손금불산입액			
	⑲ 지급이자의 손금불산입액	46,753,200	39,845,000	13,765,000
	⑳ 감가상각비 시인부족액에서 상각부인액을 손금으로 추인한 금액을 뺀 금액			
	㉑ 외화환산손실(법인세 계산시 해당 손실을 반영하지 않은 경우)			
	㉒ 그 밖에 기획재정부령으로 정하는 금액			
나. 소계(⑧ + … ㉒)		535,395,740	619,935,742	440,922,202
다. 순손익액(가 - 나)		1,938,463,289	2,102,571,583	1,556,075,627
라. 유상증(감)자시 반영액		125,000,000	150,000,000	150,000,000
마. 순손익액(다 ± 라)		2,063,463,289	2,252,571,583	1,706,075,627
바. 사업연도말 주식수 또는 환산주식수		400,000	400,000	400,000
사. 주당순손익액 (마 ÷ 바)		㉓ 5,158	㉔ 5,631	㉕ 3,890
아. 가중평균액 {(㉓ × 3 + ㉔ × 2 + ㉕) / 6}		5,104		
자. 기획재정부령이 정하는 율		10%		
차. 최근 3년간 순손익액의 가중평균액에 의한 1주당 가액 (아÷자)		51,040		

210mm × 297mm[일반용지 70g/㎡(재활용품)]

라. 순자산가치의 계산

(1) 평가원칙

순자산가치는 평가기준일 현재 재무상태표상의 자산총계 및 부채총계를 기준으로 평가차액을 가감하여 평가한다. 평가차액의 계산은 평가기준일 현재 해당 법인의 자산을 「상속세 및 증여세법」 제60조부터 제66조까지의 규정에 의하여 평가한 가액에서 부채를 차감한 가액으로 한다. 이 경우 당해 법인의 자산을 「상속세 및 증여세법」 제60조 제3항 및 제66조의 규정에 의하여 평가한 가액이 장부가액(취득가액에서 감가상각비를 차감한 가액을 말한다)보다 적은 경우에는 장부가액으로 하되, 장부가액보다 적은 정당한 사유가 있는 경우에는 그러하지 아니하다(상증령 §55 ①). 그러나 근저당이 설정된 재산의 평가는 당해 재산의 시가와 평가기준일 현재 당해 재산이 담보하는 채권액을 비교하여 큰 금액으로 평가한다(상증법 §66; 저당권 등이 설정된 재산의 평가특례).

(2) 평가기준일 : 2025.2.1.

순자산가치의 평가는 평가기준일 현재 재무제표를 기준으로 평가하여야 한다. 본 평가에서는 평가기준일 현재 가결산된 재무제표가 확인되지 아니하여 평가기준일로부터 가장 가까운 2024.12.31. 현재의 결산재무제표를 기준으로 평가하였다.

(3) 자산의 평가

(가) 당좌자산 : 5,691,464,151원

예금이나 채권과 같은 유동자산에 대해서는 평가기준일 현재 예금 등에 대해서 수입이자 등이 발생된 경우에는 이를 가산하고, 채권 등에 대하여 대손확정된 것에 대해서는 차감하여 평가한다. 본 평가에서는 결산재무제표에 의하여 확정된 장부가액에 의하여 현금 및 현금성자산 342,993,809원, 단기금융상품 856,200,000원, 매출채권 3,759,164,000원(대손충당금은 순자산가액계산서 ⑯번에 기입하여 부채에서 제외)에서 대손 확정된 75,000,000원을 차감한 3,684,164,000원, 단기대여금은 558,176,000원에 원천징수세액상당액을 공제한 수입이자 5,254,083원을 가산하여 563,430,083원으로, 미수수익은 44,920,320원, 미수금은 105,255,000원, 선급금은 16,441,920원 [대손충당금은 순자산가액계산서(부표 5)의 ⑯번에 기입하여 부채에서 제외], 선급비용은 2,739,000원[선급비용으로 전액 비용으로 확정되어 순자산가액계산서(부표 5)의 ⑤번에 기입하여 자산에서 제외], 부가가치세세 대급금은 33,876,500원, 이연법인세자산은 41,443,519원[이연법인세자산은 순자산가액계산서(부표 5)의 ⑤번에 기입하여 자산에서 제외]으로 각각 평가하였다.

(나) 재고자산 : 1,495,988,320원

제품 등 재고자산의 평가는 그것을 처분할 때에 취득할 수 있다고 예상되는 가액(다만, 그 가액이 확인되지 아니하는 경우에는 장부가액)으로 하는 것이다(상증령 §52 ② 1호). 제품에 대해 제품평가손실충당금은 설정되었으나 재취득가액이 확인되지 아니하여 장부가액 1,225,534,320원으로 평가[제품평가손실충당금은 순자산가액계산서(부표 5)의 ⑯번에 기입하여 부채에서 제외], 원재료는 장부가액 270,454,000원으로 평가하였다.

(다) 투자자산 : 9,295,976,425원

- 장기금융상품 : 971,458,500원

  장부가액으로 계산하고 이자 미계상분 6,250,000원(원천징수세액 상당액 962,500원 포함)에서 원천징수세액을 차감한 5,287,500원을 가산하여 평가하였다.

- 매도가능증권 : 4,773,352,048원

  「상속세 및 증여세법」 제63조 제1항에 의하여 평가한 가액을 적용한다.

종류별	장부가액	보충적 평가액	평가액	차액
A비상장주식(5%)*	58,840,000	-	58,840,000*	
B국외투자주식	1,750,811,000	1,689,069,000	1,689,069,000	-61,742,000**
C상장주식	2,533,614,098	3,025,443,048	3,025,443,048	491,828,950
	4,343,265,098	-	4,773,352,048	430,086,950

* 비상장주식을 발행한 법인의 발행주식총수의 10% 이하의 주식을 소유하고 있는 경우에는 「법인세법 시행령」 제74조 제1항 제1호 마목의 규정에 의한 취득가액에 의할 수 있다(상증령 §54 ③).

** 당해 법인의 자산을 「상속세 및 증여세법」 제60조 제3항 및 제66조의 규정에 의하여 평가한 가액이 장부가액보다 적은 경우에는 장부가액으로 하되, 장부가액보다 적은 정당한 사유가 있는 경우에는 그러하지 아니하는 것이다. 이 경우에 보충적평가방법으로 평가한 가액이 장부가액보다 적은 경우에 장부가액을 적용해야 한다는 의견도 있다. 그러나 「상속세 및 증여세법」 제60조 제2항에 따른 사례가액이 확인되지 아니한 경우에는 같은 조 제3항에 따른 보충적평가액을 시가로 보도록 하고 있다. 따라서 필자의 견해로는 보충적평가액으로 평가하는 것은 정당한 사유에 해당하는 것으로 판단된다.

- 지분법적용투자증권 : 3,551,165,877원

유가증권의 종류	장부가액	「상속세 및 증여세법」상의 평가액	차액
D비상장주식(70%)	1,500,629,170	2,006,574,000	505,944,830
E비상장법인(55%)	1,881,433,570	1,544,591,877	−336,841,693*
합 계	3,382,062,740	3,551,165,877	169,103,137

* 당해 법인의 자산을 「상속세 및 증여세법」 제60조 제3항 및 제66조의 규정에 의하여 평가한 가액이 장부가액보다 적은 경우에는 장부가액으로 하되, 장부가액보다 적은 정당한 사유가 있는 경우에는 그러하지 아니하는 것이다. 최근 예규에서는 장부가액을 세무상 장부가액으로 적용하도록 해석하고 있고, 이러한 장부가액과 보충적평가방법으로 평가한 가액을 비교하여 큰 금액을 적용해야 한다는 의견도 있다. 그러나 「상속세 및 증여세법」 제60조 제2항에 따른 사례가액이 확인되지 아니한 경우에는 같은 조 제3항에 따른 보충적평가액을 시가로 보도록 하고 있다. 따라서 필자의 견해로는 보충적평가액이 장부가액보다 적은 경우에는 보충적평가액으로 적용할 정당한 사유에 해당하는 것으로 판단된다.

㈑ 유형자산 : 5,000,186,740원

1) 부동산의 평가

회사가 보유하고 있는 토지는 원칙적으로 「부동산 가격공시에 관한 법률」에 따른 개별공시지가에 의하여 평가하고, 건물은 건물의 신축가격, 구조, 용도, 위치, 신축연도 등을 고려하여 매년 1회 이상 국세청장이 산정 · 고시하는 가액에 의하여 평가한다. 다만, 장부가액이 큰 경우에는 장부가액에 의하여 평가한다. 또한, 근저당이 설정된 재산의 평가는 당해 재산의 시가와 평가기준일 현재 당해 재산이 담보하는 채권액을 비교하여 큰 금액으로 평가한다(상증법 §66; 저당권 등이 설정된 재산의 평가특례). 이에 따라 평가대상법인에서 보유하고 있는 부동산에 대해서는 다음과 같이 평가한다.

① 장부가액 및 기준시가

소계	소재지	면적	장부가액	기준시가	비고
토지1	경기 시흥 정왕 1500	3,250.0	1,852,500,000	2,340,000,000	
토지2	경기 시흥 정왕 1501	415.0	227,314,000	269,750,000	
소계			2,079,814,000	2,609,750,000	
건물	위 지상	1,787.84	1,023,316,000	750,892,280	
합계			3,103,130,000	3,360,642,280	

② 토지와 지상의 건물에 평가기준일 현재 설정된 근저당설정액 채무액 평가기준일 현재 상기 부동산에 설정된 채무액은 다음과 같다.

•근저당설정액 : 4,800,000,000원

•채무 : 4,000,000,000원

③ 근저당권 등이 설정된 재산의 평가특례

(단위 : 원)

구분	소재지	면적(㎡)	단가	평가액	저당권 특례
토지1	시흥 정왕 1500	3,250.0	720,000	2,340,000,000	2,576,336,350
토지2	시흥 정왕 1501	415.0	650,000	269,750,000	296,994,330
소계				2,609,750,000	2,873,330,680
건물	위 지상 건물	1,787.84		1,023,316,000	1,126,669,320
합계				3,633,066,000	4,000,000,000

• 근저당 설정액 안분

㉠ 토지1

$$4,000,000,000원 \times \frac{2,340,000,000}{2,340,000,000+269,750,000+1,023,316,000}$$
$$= 2,576,336,350$$

㉡ 토지2

$$4,000,000,000원 \times \frac{269,750,000}{2,340,000,000+269,750,000+1,023,316,000}$$
$$= 296,994,330$$

㉢ 건물분

$$4,000,000,000원 \times \frac{1,023,316,000}{2,340,000,000+269,750,000+1,023,316,000}$$
$$= 1,126,669,320$$

* 공동저당권이 설정된 재산의 가액은 당해 재산이 담보하는 채권액을 공동 저당된 재산의 평가기준일 현재의 가액으로 안분하여 계산한 가액 적용한다(상증령 § 63 ① 2호).

• 토지 평가액 : 2,873,330,680원
• 건물 평가액 : 1,126,669,320원

2) 기타 유형자산 : 1,000,186,740원

구축물 · 기계장비 · 차량운반구 등의 비유동자산에 대해서는 재취득가액 및 장부가액 및 「지방세법 시행령」 제4조 제1항의 규정에 의한 시가표준액에 의한 가액을 순차로 적용한 가액으로 평가한다. 차량운반구의 경우에 「지방세법」상의 시가표준액이 확인되어 장부가액보다 큰 경우에는 「지방세법」상의 시가표준액에 의하여 평가하였다.

그 밖에 공구와 기구 등의 경우에도 그것을 처분할 때에 취득할 수 있다고 예상되는 가액을 원칙으로 하고 있다. 이에 본 평가에서는 재취득가액이 확인되지 아니하여 장부가액을 적용하여 구축물은 70,068,000원, 기계장치는 138,476,740원(국고보조금 가산), 차량운반구 27,665,000원, 공구와 기구는 4,260,000원, 비품은

26,845,000원, 건설중인 자산은 156,000,000원[지급이자 손금불산입하고 유보 처분한 금액은 순자산가액계산서(부표 5)에서 ③번에 기입하여 자산에 가산], 시설장치는 576,872,000원(국고보조금 가산)으로 각각 평가하였다.

(마) 무형자산 : 755,680,350원

무형자산 중 특허권 · 실용신안권 · 상표권 · 디자인권 및 저작권 등은 그 권리에 의하여 장래에 받을 각 연도의 수입금액을 기준으로 기획재정부령이 정하는 바에 의하여 계산한 금액의 합계액에 의한다. 이 경우 각 연도의 수입금액이 확정되지 아니한 것은 평가기준일 전 3년간의 각 연도 수입금액의 합계액을 기획재정부령이 정하는 바에 따라 평균한 금액을 각 연도의 수입금액으로 할 수 있다(상증령 §59 ⑤). 본 평가에서는 무형자산으로 산업재산권은 250,000,000원, 개발비는 505,680,350원으로 평가하되, 개발비는 자산에서 제외하는 항목이므로 순가산가액계산서(부표 5)의 ⑥번에 기입하여 자산에서 제외한다.

(바) 기타 비유동자산 : 2,161,901,000원

임차보증금, 장기외상매출금에 대해서는 채권가액과 입회금 · 보증금 등의 채무가액은 원본의 회수기간이 5년을 초과하거나 회사정리절차 또는 화의절차의 개시 등의 사유로 당초 채권의 내용이 변경된 경우에는 각 연도에 회수할 금액(원본에 이자상당액을 가산한 금액을 말함)을 「상속세 및 증여세법 시행령」 제58조의 2 제2항 제1호 가목에 따른 적정할인율에 의하여 현재가치로 할인한 금액의 합계액을 적용한다.

이 경우 「소득세법」 제94조 제1항 제4호 나목의 규정에 의한 시설물이용권에 대한 입회금 · 보증금 등으로서 원본의 회수기간이 정하여지지 아니한 것은 그 회수기간을 5년으로 본다(상증령 §58의 2 ②, 상증칙 §18의 2 ② 1호). 이에 보증금 314,394,000원, 장기외상매출금은 1,847,507,000원으로 평가하였다.

⑷ 부채의 평가

㈎ 유동부채 : 9,225,267,310원

부채는 평가기준일 현재 부채로 확정된 금액을 적용한다. 이에 따라 평가기준일 현재 부채로 확정된 매입채무는 1,405,847,200원, 미지급금은 5,100,800원, 예수금은 5,980,200원, 선수금은 18,222,000원, 단기차입금은 5,982,000,000원, 당기법인세부채는 214,156,110원, 미지급비용은 482,431,000원, 유동성장기부채는 942,613,000원, 하자보수충당부채 168,917,000원도 장부가액으로 계산하되, 하자보수충당부채는 순가산가액계산서(부표 5)의 ⑯에 기입하여 부채에서 제외한다.

㈏ 비유동부채 : 5,590,748,728원

비유동부채 중에 지급기간이 5년을 초과하는 장기채무의 경우에는 「상속세 및 증여세법 시행령」 제58조 제2항 및 「상속세 및 증여세법 시행규칙」 제18조의 2 제2항의 규정을 적용하여 현재가치로 할인하여 평가한다.

- 장기차입금 : 1,132,883,000원

  평가기준일 현재 원본의 가액에 평가기준일까지 발생한 미지급이자상당액을 가산하여 평가하는 것이나, 평가기준일부터 상환일까지의 기간 중에 해당하는 약정지급이자(지급기한 미도래분 이자액)는 원본의 가액에 가산하는 것이 아니므로 평가기준일 현재 장기미지급채무의 장부가액에 지급기한 미도래분 이자액이 포함된 경우에는 장부가액상 장기미지급채무액에서 그 지급기한 미도래분이자액(장부상 현재가치할인차금상당액)을 차감한 가액을 채무액으로 계산한다(서일 46014-11349, 2003.9. 25.).

- 퇴직급여충당부채 : 117,225,000원

  재무상태표에 계상되어 있는 퇴직급여충당부채(퇴직보험예치금과 국민연금전환금을 차감하기 전의 금액)은 부채에서 차감하는 것이며, 평가기준일 현재 재직하는 임원 또는 사용인 전원이 퇴직할 경우에 퇴직급여로 지급되어야 할 금액의 추계액은 부채에 가산하는 것이다(서면4팀－785, 2004.6.3.).

퇴직급여충당부채는 예치금 등을 차감하기 전의 금액을 순자산가액계산서(부표 5)의 ⑯번에 기입하여 부채에서 제외하고 퇴직급여충당금조정명세서 ㉒번의 금액을 순자산가액계산서(부표 5)의 ⑬빈에 기입하여 부채에 가산한다.

- 외화장기차입금 : 917,620,000원

  평가기준일 현재 원본의 가액에 평가기준일까지 발생한 미지급이자상당액을 가산하여 평가하는 것이나, 평가기준일부터 상환일까지의 기간 중에 해당하는 약정지급이자(지급기한 미도래분 이자액)는 원본의 가액에 가산하는 것이 아니므로 평가기준일 현재 장기미지급채무의 장부가액에 지급기한 미도래분 이자액이 포함된 경우에는 장부가액상 장기미지급채무액에서 그 지급기한 미도래분이자액(장부상 현재가치할인차금상당액)을 차감한 가액을 채무액으로 계산한다(서일 46014－11349, 2003.9.25.).

- 전환사채 : 2,567,936,000원

  사채할인(할증)발행차금은 당해 법인의 부채에서 가감하지 아니하고, 전환사채 및 신주인수권부사채의 권리자가 중도에 전환권 또는 신주신수권을 행사하지 않아 만기 상환할 것을 가정하여 발행회사가 채권자에게 만기에 지급하는 이자비용을 장기미지급이자(사채상환할증금)로 계상한 경우 당해 장기미지급이자는 부채에 가산하지 아니한다(서일 46014－10359, 2001.10.26.).

  평가가액 : 2,567,936,000원[전환사채(2,810,000,000원)－사채상환할증금(242,064,000원)]

- 영업보증금 : 855,084,728원

  영업보증금의 지급기한이 5년을 초과하는 경우에는 적정할인율에 의하여 현재가치로 할인한 금액의 합계액으로 평가하며, 보증금 등으로서 원본의 회수기간이 정하여지지 아니한 것은 그 회수기간을 5년 적용(상증칙 §18의 2 ② 1호)

$$1,256,400,000 \times \frac{1}{(1+0.08)^5} = 855,084,728원$$

(5) 영업권 포함 전 순자산가액 계산

(가) 자산총계

1) 재무상태표상의 자산가액 : 22,768,551,766원

2) 자산에 가산 : 3,151,849,737원

가) 평가차액 : 2,140,929,737원

평가차액계산명세서(부표 6)

자산금액 차액(1,632,645,220원) - 부채금액 차액

(-508,284,517원)

나) 「법인세법」상 유보금액 : 10,920,000원

다) 유상증자 등 : 1,000,000,000원

자본금과 적립금 조정명세서[을]

과목 또는 사항	기말잔액	가산항목	비 고
퇴직급여충당금한도초과	162,283,000		순자산가액명세서(부표 5) ⑯반영
퇴직연금 등 손금산입	-100,397,000		순자산가액명세서(부표 5) ⑯반영
대손충당금한도초과	67,060,090		순자산가액명세서(부표 5) ⑯반영
제품평가손실충당금	166,504,680		순자산가액명세서(부표 5) ⑯반영
사채상환할증금	242,064,000		부채액에 이미 반영
전환권조정	-377,158,755		부채액에 이미 반영
매도가능증권	-61,742,000		자산 평가액에 이미 반영
국고보조금기계장치	3,815,550		자산가액에 이미 가산
국고보조금시설장치	89,760,000		자산가액에 이미 가산
미수수익	-44,920,320		자산가액에 이미 반영
건설자금이자상당액	10,920,000	10,920,000	장부가액에 반영되지 아니함
기계장치일시상각충당금	-3,815,550		자산가액에 이미 반영
시실장치일시상각충당금	-89,760,000		자산가액에 이미 반영
지분법평가손실	169,103,137		자산 평가액에 이미 반영
계	233,716,832	10,920,000	

3) 자산에서 제외 : 549,862,869원

가) 선급비용 : 2,739,000원

나) 이연법인세자산 : 41,443,519원

다) 개발비 : 505,680,350원

4) 자산총계 : 25,370,538,634원

㈏ 부채총계

1) 재무상태표상의 부채액 : 15,324,300,555원

2) 부채에 가산

가) 법인세 : 68,577,191원

자본금과 적립금조정명세서(갑)의 손익미계상법인세 등

나) 지방소득세 : 6,757,719원

자본금과 적립금조정명세서(갑) 손익미계상법인세 등

다) 퇴직급여추계액 : 553,381,000원

퇴직급여충당금조정명세서[별지 제32호 서식] ㉒번 금액

3) 부채에서 제외

가) 제충당금 : 659,981,760원

① 매출채권 : 94,346,000원

② 미수금 : 12,426,000원

③ 선급금 : 166,080원

④ 제품평가손실충당금 : 166,504,680원

⑤ 퇴직급여충당부채 : 217,622,000원

⑥ 하자보수충당부채 : 168,917,000원

나) 기타 : 0

4) 부채총계 : 15,293,034,705원

5) 영업권 포함 전 순자산(자산총계－부채총계) : 10,077,503,929원

(6) 영업권의 평가

영업권의 평가는 다음 산식과 같이 초과이익금액을 평가기준일 이후의

영업권지속연수(원칙적으로 5년)를 감안하여 기획재정부령이 정하는 방법에 의하여 환산한 가액에 의한다(상증령 §59 ②).

> [최근 3년간의 순손익액의 가중평균액×50%-(평가기준일 현재의 자기자본×기획재정부령이 정하는 이자율(10%)]×3.7908*

* (기간 5년, 이자율 10%의 정상연금 현가계수)

최근 3년간 순손익액의 가중평균액=2,041,934,776원

$$\frac{2{,}063{,}463{,}289(2022\text{년})\times 3+2{,}252{,}571{,}583(2021\text{년})\times 2+1{,}556{,}075{,}627(2020\text{년})\times 1}{6}$$

영업권=[2,041,934,776원×50%-자기자본(10,077,503,929)×10%]×3.7908=50,102,810

(7) 순자산가액 : [영업권 포함 전 순자산가액(10,077,503,929)+영업권(50,102,810)]=10,127,606,739원

(8) 순자산가치 계산 보충자료

(가) 자산별 보충평가자료

재무상태표
제15기 2024년 12월 31일 현재
회사명 : *(주)가나산업개발* (단위 : 원)

과 목	금 액
자 산	
Ⅰ. 유 동 자 산	***7,257,198,388***
(1) 당 좌 자 산	***5,761,210,068***
현금및현금성자산	*342,993,809*
단기금융상품	*856,200,000*
매출채권 (대손충당금)	*3,853,510,000* *(94,346,000)* *3,759,164,000*
단기대여금	*558,176,000*
미수수익	*44,920,320*
미수금 (대손충당금)	*117,681,000* *(12,426,000)* *105,255,000*
선급금 (대손충당금)	*16,608,000* *(166,080)* *16,441,920*
선급비용	*2,739,000*
⋮	⋮
⋮	⋮
⋮	⋮

• 현금및현금성자산
예금·적금 등의 평가는 평가기준일 현재 예입 총액+미수이자상당액－「소득세법」 제127조 제1항에 따른 원천징수세액 상당금액을 뺀 가액(상증법 §63 ④)
장부가액 : 342,993,809원
평가가액 : 342,993,809원

• 단기금융상품
예금·적금 등의 평가는 평가기준일 현재 예입 총액+미수이자상당액－「소득세법」 제127조 제1항에 따른 원천징수세액 상당 금액을 뺀 가액(상증법 §63 ④)
장부가액 : 856,200,000원
평가가액 : 856,200,000원

• 매출채권
채권의 평가는 원본의 가액+평가기준일까지의 미수이자상당액－평가기준일 현재 회수불가능한 것으로 인정되는 가액(서면4팀－2707, 2006.8.7.)
매출채권은 대손충당금을 차감한 장부가액을 평가차액계산서(부표 6)에 기입하고, 대손충당금은 순자산가액계산서(부표 5)의 ⑯번에 기입하여 부채에서 차감
장부가액 : [(3,853,510,000원)－대손충당금(94,346,000원)]
=3,759,164,000원
평가가액 : [(매출채권(3,853,510,000원)－대손충당금(94,346,000원)]
－대손확정액(75,000,000원)=3,684,164,000원

• 단기대여금
단기대여금+평가기준일까지의 미수이자상당액－평가기준일 현재 회수 불가능한 것으로 인정되는 가액(상증법 §63 ④)
장부가액 : 558,176,000원
평가가액 : 563,430,083원

• 미수수익
당좌자산인 미수수익은 장부가액으로 평가하되, 채권의 전부 또는 일부가 평가기준일 현재 회수 불가능한 것으로 인정되는 경우에는 그 가액 불산입(상증령 §58 ②)
장부가액 : 44,920,320원
평가가액 : 44,920,320원

자 산 금 액			
계정과목	「상속세 및 증여세법」에 의한 평가액	재무상태표상 금 액	차 액
합 계	***23,864,651,348***	***22,768,551,766***	***1,632,645,220***
현금및현금성자산	*342,993,809*	*342,993,809*	*0*
단기금융상품	*856,200,000*	*856,200,000*	*0*
매출채권	*3,684,164,000*	*3,759,164,000*	*−75,000,000*
단기대여금	*563,430,083*	*558,176,000*	*5,254,083*
미수수익	*44,920,320*	*44,920,320*	*0*
미수금	*105,255,000*	*105,255,000*	*0*
선급금	*16,441,920*	*16,441,920*	*0*
선급비용	*2,739,000*	*2,739,000*	*0*
부가세대급금	*33,876,500*	*33,876,500*	*0*
이연법인세자산	*41,443,519*	*41,443,519*	*0*
당좌자산	***5,691,464,151***	***5,761,210,068***	***−69,745,917***
제품	*1,225,534,320*	*1,225,534,320*	*0*
원재료	*270,454,000*	*270,454,000*	*0*
재고자산	***1,495,988,320***	***1,495,988,320***	***0***
장기금융상품	*971,458,500*	*966,171,000*	*5,287,500*
매도가능증권	*4,773,352,048*	*4,343,265,098*	*430,086,950*
지분법적용투자주식	*3,551,165,877*	*3,382,062,740*	*169,103,137*
투자자산	***9,295,976,425***	***8,691,498,838***	***604,477,587***
토지	*2,873,330,680*	*2,079,814,000*	*793,516,680*
건물	*1,126,669,320*	*1,023,316,000*	*103,353,320*
구축물	*70,068,000*	*70,068,000*	*0*
기계장치	*138,476,740*	*134,661,190*	*3,815,550*
⋮	⋮	⋮	⋮
⋮	⋮	⋮	⋮
⋮	⋮	⋮	⋮

과 목	금 액
⋮	⋮
미 수 금	*117,681,000*
(대 손 충 당 금)	*(12,426,000)*
	105,255,000
선 급 금	*16,608,000*
(대 손 충 당 금)	*(166,080)*
	16,441,920
선 급 비 용	*2,739,000*
부 가 세 대 급 금	*33,876,500*
이 연 법 인 세 자 산	*41,443,519*
(2) **재 고 자 산**	***1,495,988,320***
제 품	*1,392,039,000*
(제품평가손실충당금)	*(166,504,680)*
	1,225,534,320
원 재 료	*270,454,000*
Ⅱ. 비 유 동 자 산	***15,511,353,378***
(1) **투 자 자 산**	***8,691,498,838***
장 기 금 융 상 품	*966,171,000*
매 도 가 능 증 권	*4,343,265,098*
지분법적용투자주식	*3,382,062,740*
(2) **유 형 자 산**	***4,009,741,190***
토 지	*2,079,814,000*
건 물	*1,732,516,000*
(감 가 상 각 누 계 액)	*(709,200,000)*
	1,023,316,000
⋮	⋮
⋮	⋮
⋮	⋮
⋮	⋮

• 미수금
미수금＋평가기준일까지의 미수이자상당액－평가기준일 현재 회수 불가능한 것으로 인정되는 가액(상증법 §63 ④)
미수금에서 대손충당금을 차감한 장부가액을 평가차액계산서(부표 6)에 기입하고, 대손충당금은 산가액계산서(부표 5)의 ⑯번에 기입하여 부채에서 차감
장부가액＝105,255,000원
평가가액＝105,255,000원

• 선급금
선급금＋평가기준일까지의 미수이자상당액－평가기준일 현재 회수 불가능한 것으로 인정되는 가액(상증법 §63 ④)
선급금에서 대손충당금을 차감한 장부가액을 평가차액계산서(부표 6)에 기입하고, 대손충당금은 순자산가액계산서(부표 5)의 ⑯번에 기입하여 부채에서 차감함
장부가액＝16,441,920원
평가가액＝16,441,920원

• 선급비용
선급비용은 평가기준일 현재 비용으로 확정된 경우에는 순자산가액계산서 ⑥번에 기입하여 자산에서 제외
장부가액＝2,739,000원
평가가액＝2,739,000원

• 부가세대급금
평가기준일 현재 발생된 부가가치세 대급금 기입
장부가액＝33,876,500원
평가가액＝33,876,500원

• 이연법인세자산
기업회계기준에 따라 계상된 이연법인세자산(부채)는 법인의 자산 및 부채에서 차감하는 것임(재산상속 46014－606, 2000.5.19.)
실무적으로 평가차액계산명세서[부표 6]에는 기입하되, 순자산가액계산서[부표 5]의 ⑥번에 기입하여 자산에서 제외
장부가액＝41,443,519원
평가가액＝41,443,519원

자 산 금 액			
계정과목	「상속세 및 증여세법」에 의한 평가액	재무상태표상 금 액	차 액
⋮	⋮	⋮	⋮
미 수 금	*105,255,000*	*105,255,000*	*0*
선 급 금	*16,441,920*	*16,441,920*	*0*
선 급 비 용	*2,739,000*	*2,739,000*	*0*
부 가 세 대 급 금	*33,876,500*	*33,876,500*	*0*
이 연 법 인 세 자 산	*41,443,519*	*41,443,519*	*0*
당 좌 자 산	***5,691,464,151***	***5,761,210,068***	***−69,745,917***
제 품	*1,225,534,320*	*1,225,534,320*	*0*
원 재 료	*270,454,000*	*270,454,000*	*0*
재 고 자 산	***1,495,988,320***	***1,495,988,320***	***0***
장 기 금 융 상 품	*971,458,500*	*966,171,000*	*5,287,500*
매 도 가 능 증 권	*4,773,352,048*	*4,343,265,098*	*430,086,950*
지분법적용투자주식	*3,551,165,877*	*3,382,062,740*	*169,103,137*
투 자 자 산	***9,295,976,425***	***8,691,498,838***	***604,477,587***
토 지	*2,873,330,680*	*2,079,814,000*	*793,516,680*
건 물	*1,126,669,320*	*1,023,316,000*	*103,353,320*
구 축 물	*70,068,000*	*70,068,000*	*0*
기 계 장 치	*138,476,740*	*134,661,190*	*3,815,550*
차 량 운 반 구	*27,665,000*	*27,665,000*	*0*
공 구 와 기 구	*4,260,000*	*4,260,000*	*0*
비 품	*26,845,000*	*26,845,000*	*0*
건 설 용 장 비	*156,000,000*	*156,000,000*	*0*
시 설 장 치	*576,872,000*	*487,112,000*	*89,760,000*
유 형 자 산	***5,000,186,740***	***4,009,741,190***	***990,445,550***
⋮	⋮	⋮	⋮
⋮	⋮	⋮	⋮
⋮	⋮	⋮	⋮

과 목	금 액
⋮	⋮
(2) **재 고 자 산**	***1,495,988,320***
제 품 (제품평가손실충당금)	*1,392,039,000* *(166,504,680)* *1,225,534,320*
원 재 료	*270,454,000*
Ⅱ. 비 유 동 자 산	***15,511,353,378***
(1) **투 자 자 산**	***8,691,498,838***
장 기 금 융 상 품	*966,171,000*
매 도 가 능 증 권	*4,343,265,098*
지분법적용투자주식	*3,382,062,740*
(2) **유 형 자 산**	***4,009,741,190***
토 지	*2,079,814,000*
건 물 (감 가 상 각 누 계 액)	*1,732,516,000* *(709,200,000)* *1,023,316,000*
구 축 물 (감 가 상 각 누 계 액)	*107,486,000* *(37,418,000)* *70,068,000*
기 계 장 치 (감 가 상 각 누 계 액) (국 고 보 조 금)	*694,367,740* *(555,891,000)* *(3,815,550)* *134,661,190*
차 량 운 반 구 (감 가 상 각 누 계 액)	*159,745,000* *(132,080,000)* *27,665,000*
⋮	⋮
⋮	⋮
⋮	⋮

• 제품

상품·제품·반제품·재공품·원재료 기타 이에 준하는 동산 및 소유권의 대상이 되는 동산의 평가는 그것을 처분할 때에 취득할 수 있다고 예상되는 가액(재취득가액). 다만, 그 가액이 확인되지 아니하는 경우에는 장부가액 적용(상증령 §52 ② 1호)

재취득가액이 확인되지 아니한 상태에서 제품평가손실충당금을 설정하였다면 실무적으로 평가차액계산명세서[부표 6]에는 장부가액으로 기입하되, 순자산가액계산서[부표 5]의 ⑥번에 기입하여 자산에서 제외

순자산가액 계산시 기업회계기준 등에 의해 작성된 재무상태표상 장부가액을 적용하는 경우에는 자본금과적립금조정명세서(을)상의 유보금액을 순자산가액에 가감하는 것임(재산세과-344, 2010.5.28.). 그러나 충당금으로 부채에서 차감했다면 유보금액은 가산하지 아니함.

장부가액 : 1,225,534,320원
평가가액 : 1,225,534,320원

• 원재료

상품·제품·반제품·재공품·원재료 기타 이에 준하는 동산 및 소유권의 대상이 되는 동산의 평가는 그것을 처분할 때에 취득할 수 있다고 예상되는 가액(재취득가액). 다만, 그 가액이 확인되지 아니하는 경우에는 장부가액 적용(상증령 §52 ② 1호)

장부가액 : 270,454,000원
평가가액 : 270,454,000원

• 장기금융상품

예금·저금·적금 등의 평가는 평가기준일 현재 예입 총액+미수이자상당액-「소득세법」 제127조 제1항에 따른 원천징수세액 상당금액을 뺀 가액(상증법 §63 ④)

원본의 회수기간이 5년을 초과하거나 회사정리절차 또는 화의절차의 개시 등의 사유로 당초 채권의 내용이 변경된 경우에는 각 연도에 회수할 금액(원본에 이자상당액을 가산한 금액)을 적정할인율에 의하여 현재가치로 할인한 금액의 합계액

$$\text{평가액} = \sum \frac{\text{각연도별로 회수할 금액} + \text{이자상당액}}{(1+\text{이자율})^n}$$

n=평가기준일로부터 회수일이 속하는 연수

장부가액 : 966,171,000원
평가가액 : 971,458,500원

자 산 금 액			
계정과목	「상속세 및 증여세법」에 의한 평가액	재무상태표상 금 액	차 액
⋮	⋮	⋮	⋮
제 품	*1,225,534,320*	*1,225,534,320*	*0*
원 재 료	*270,454,000*	*270,454,000*	*0*
재 고 자 산	***1,495,988,320***	***1,495,988,320***	***0***
장 기 금 융 상 품	*971,458,500*	*966,171,000*	*5,287,500*
매 도 가 능 증 권	*4,773,352,048*	*4,343,265,098*	*430,086,950*
지분법적용투자주식	*3,551,165,877*	*3,382,062,740*	*169,103,137*
투 자 자 산	***9,295,976,425***	***8,691,498,838***	***604,477,587***
토 지	*2,873,330,680*	*2,079,814,000*	*793,516,680*
건 물	*1,126,669,320*	*1,023,316,000*	*103,353,320*
구 축 물	*70,068,000*	*70,068,000*	*0*
기 계 장 치	*138,476,740*	*134,661,190*	*3,815,550*
차 량 운 반 구	*27,665,000*	*27,665,000*	*0*
공 구 와 기 구	*4,260,000*	*4,260,000*	*0*
비 품	*26,845,000*	*26,845,000*	*0*
건 설 용 장 비	*156,000,000*	*156,000,000*	*0*
시 설 장 치	*576,872,000*	*487,112,000*	*89,760,000*
유 형 자 산	***5,000,186,740***	***4,009,741,190***	***990,445,550***
산 업 재 산 권	*250,000,000*	*142,532,000*	*107,468,000*
개 발 비	*505,680,350*	*505,680,350*	*0*
무 형 자 산	***755,680,350***	***648,212,350***	***107,468,000***
보 증 금	*314,394,000*	*314,394,000*	*0*
장 기 외 상 매 출 금	*1,847,507,000*	*1,847,507,000*	*0*
기 타 비 유 동 자 산	***2,161,901,000***	***2,161,901,000***	***0***
⋮	⋮	⋮	⋮
⋮	⋮	⋮	⋮
⋮	⋮	⋮	⋮

과 목	금 액
⋮	⋮
매도가능증권	*4,343,265,098*
지분법적용투자주식	*3,382,062,740*
(2) 유 형 자 산	***4,009,741,190***
토 지	*2,079,814,000*
건 물	*1,732,516,000*
(감가상각누계액)	*(709,200,000)*
	1,023,316,000
구 축 물	*107,486,000*
(감가상각누계액)	*(37,418,000)*
	70,068,000
기 계 장 치	*694,367,740*
(감가상각누계액)	*(555,891,000)*
(국 고 보 조 금)	*(3,815,550)*
	134,661,190
차 량 운 반 구	*159,745,000*
(감가상각누계액)	*(132,080,000)*
	27,665,000
공 구 와 기 구	*81,234,000*
(감가상각누계액)	*(76,974,000)*
	4,260,000
비 품	*480,400,000*
(감가상각누계액)	*(453,555,000)*
	26,845,000
건설중인자산	*156,000,000*
시 설 장 치	*1,973,510,000*
(국 고 보 조 금)	*(89,760,000)*
(감가상각누계액)	*(1,396,638,000)*
	487,112,000
⋮	⋮

• 매도가능증권
「상속세 및 증여세법」 제63조 제1항에 의하여 평가한 가액 적용
*비상장주식을 발행한 법인의 발행주식총수의 10% 이하의 주식을 소유하고 있는 경우에는 「법인세법 시행령」 제74조 제1항 제1호 마목의 규정에 의한 취득가액에 의할 수 있음(상증령 §54 ③).
장부가액 : 4,343,265,098원, 평가가액 : 4,773,352,048원

• 지분법적용투자주식
당해 법인의 자산가액은 「상속세 및 증여세법」 제60조 내지 제66조의 규정에 의한 평가액에 의하는 것이며, 당해 법인의 자산을 같은법 제60조 제3항 및 제66조의 규정에 의하여 평가한 가액이 장부가액보다 적은 경우에는 장부가액으로 하되, 장부가액보다 적은 정당한 사유가 있는 경우에는 그러하지 아니하는 것임(재산세과-967, 2009.12.8.; 서면4팀-2481, 2007.8.21.; 서면4팀-4168, 2006.12.27.)
장부가액 : 3,382,062,740원, 평가가액 : 3,551,165,877원

• 토지
「상속세 및 증여세법」 제60조 제1항에 따른 시가 또는 「부동산 가격공시 및 감정평가에 관한 법률」에 따른 개별공시지가 적용(상증법 §61 ① 1호)
－평가액과 임대보증금 환산가액(상증법 §61 ⑤), 저당권 등이 설정된 재산 평가특례(상증법 §66)를 비교하여 큰 금액 적용
장부가액 : 2,079,814,000원, 평가가액 : 2,873,330,680원

• 건물
「상속세 및 증여세법」 제60조 제1항에 따른 시가 또는 건물의 신축가격, 구조, 용도, 위치, 신축연도 등을 고려하여 매년 1회 이상 국세청장이 산정·고시하는 가액(상증법 §61 ① 2호)
－평가액과 임대보증금 환산가액(상증법 §61 ⑤), 저당권 등이 설정된 재산 평가특례(상증법 §66)를 비교하여 큰 금액 적용
장부가액 : 1,023,316,000원, 평가가액 : 1,126,669,320원

• 구축물
평가기준일 당시 기타 시설물과 구축물의 재취득가액에서 설치일부터 평가기준일까지의 감가상각비상당액을 차감하여 계산한 가액(상증법 §61 ④, 집행기준 61-51-7)
시설물 및 구축물의 평가가액＝재취득가액－감가상각비상당액
장부가액 : 70,068,000원, 평가가액 : 70,068,000원

• 기계장치
기계장치의 평가는 그것을 처분할 때에 취득할 수 있다고 예상되는 가액(재취득가액)으로 평가하고, 그 가액이 확인되지 아니하는 경우에는 장부가액으로 평가(상증령 §52 ② 3호)하며, 회수사유가 발생하지 아니하는 정부출연금(국고보조금)은 자산가액에서 차감하지 아니함(서면4팀-3315, 2007.11.16.).
장부가액 : 134,661,190원, 평가가액 : 138,476,740원

자 산 금 액			
계정과목	「상속세 및 증여세법」에 의한 평가액	재무상태표상 금 액	차 액
⋮	⋮	⋮	⋮
매도가능증권	4,773,352,048	4,343,265,098	430,086,950
지분법적용투자주식	3,551,165,877	3,382,062,740	169,103,137
투 자 자 산	**9,295,976,425**	**8,691,498,838**	**604,477,587**
토 지	2,873,330,680	2,079,814,000	793,516,680
건 물	1,126,669,320	1,023,316,000	103,353,320
구 축 물	70,068,000	70,068,000	0
기 계 장 치	138,476,740	134,661,190	3,815,550
차 량 운 반 구	27,665,000	27,665,000	0
공 구 와 기 구	4,260,000	4,260,000	0
비 품	26,845,000	26,845,000	0
건 설 중 인 자 산	156,000,000	156,000,000	0
시 설 장 치	576,872,000	487,112,000	89,760,000
유 형 자 산	**5,000,186,740**	**4,009,741,190**	**990,445,550**
산 업 재 산 권	250,000,000	142,532,000	107,468,000
개 발 비	505,680,350	505,680,350	0
무 형 자 산	**755,680,350**	**648,212,350**	**107,468,000**
보 증 금	314,394,000	314,394,000	0
장기외상매출금	1,847,507,000	1,847,507,000	0
기타비유동자산	**2,161,901,000**	**2,161,901,000**	**0**
⋮	⋮	⋮	⋮
⋮	⋮	⋮	⋮

과 목	금 액
⋮	⋮
차 량 운 반 구	*159,745,000*
(감 가 상 각 누 계 액)	*(132,080,000)*
	27,665,000
공 구 와 기 구	*81,234,000*
(감 가 상 각 누 계 액)	*(76,974,000)*
	4,260,000
비 품	*480,400,000*
(감 가 상 각 누 계 액)	*(453,555,000)*
	26,845,000
건 설 중 인 자 산	*156,000,000*
시 설 장 치	*1,973,510,000*
(국 고 보 조 금)	*(89,760,000)*
(감 가 상 각 누 계 액)	*(1,396,638,000)*
	487,112,000
(3) **무 형 자 산**	***648,212,350***
산 업 재 산 권	*142,532,000*
개 발 비	*505,680,350*
(4) **기 타 비 유 동 자 산**	***2,161,901,000***
보 증 금	*314,394,000*
장 기 외 상 매 출 금	*1,847,507,000*
자 산 총 계	***22,768,551,766***
⋮	⋮

• 보증금
보증금은 각 연도에 회수할 금액(원본에 이자상당액을 가산한 금액)을 적정할인율에 의하여 현재가치로 할인한 금액의 합계액으로 평가하고, 시설물이용권에 대한 입회금·보증금 등으로서 원본의 회수기간 미확정시 회수기간을 5년 적용(상증령 §58 ②, 상증칙 §18의 2)
장부가액 : 314,394,000원, 평가가액 : 314,394,000원

• 차량운반구
차량운반구는 다시 취득할 수 있다고 예상되는 가액(재취득가액)을 적용하되, 그 가액이 확인되지 아니하는 경우에는 장부가액(취득가액에서 감가상각비를 뺀 가액), 「지방세법 시행령」 제4조 제1항의 시가표준액에 따른 가액을 순차로 적용(상증령 §52 ①).
장부가액 : 27,665,000원, 평가가액 : 27,665,000원

• 공구와 기구
기계장치의 평가는 그것을 처분할 때에 취득할 수 있다고 예상되는 가액(재취득가액)으로 평가하고, 그 가액이 확인되지 아니하는 경우에는 장부가액으로 평가(상증령 §52 ② 3호)
장부가액 : 4,260,000원, 평가가액 : 4,260,000원

• 비품
기계장치의 평가는 그것을 처분할 때에 취득할 수 있다고 예상되는 가액(재취득가액)으로 평가하고, 그 가액이 확인되지 아니하는 경우에는 장부가액으로 평가(상증령 §52 ② 3호)
장부가액 : 26,845,000원, 평가가액 : 26,845,000원

• 건설중인 자산
건설중인 자산과 관련하여 발생된 지급이자를 손금불산입하고 유보 처분한 금액은 순자산가액계산서(부표 5)에서 ③번에 기입하여 자산에 가산함.
장부가액 : 156,000,000원, 평가가액 : 156,000,000원

• 시설장치
시설장치의 평가는 그것을 처분할 때에 취득할 수 있다고 예상되는 가액(재취득가액)으로 평가하고, 그 가액이 확인되지 아니하는 경우에는 장부가액으로 평가(상증령 §52 ② 3호)하며, 회수사유가 발생하지 아니하는 정부출연금(국고보조금)은 자산가액에서 차감하지 아니함(서면4팀－3315, 2007.11.16.).
장부가액 : 487,112,000원, 평가가액 : 576,872,000원

• 산업재산권
산업재산권은 그 권리에 의하여 장래에 받을 각 연도의 수입금액을 기준으로 다음의 산식으로 평가하며, 수입금액이 없는 무체재산권의 평가는 세무서장 등이 2 이상의 공신력있는 감정기관 또는 전문가의 감정가액 및 해당 권리의 성질 기타 제반사정을 감안하여 적정한 가액으로 평가(상증령 §59 ⑤, 상증칙 §19 ④).
n : 평가기준일부터의 경과연수

$$\sum = \frac{\text{각 연도의 수입금액}}{\left(1+\frac{10}{100}\right)^n}$$

장부가액 : 142,532,000원, 평가가액 : 250,000,000원

• 개발비
개발비(「법인세법 시행령」 제24조 제1항 제2호 바목)는 자산가액에서 차감(상증령 §55 ②)
실무적으로 평가차액계산서(부표 6)에는 개발비를 기입하고 순자산가액계산서(부표 5)의 ⑥번에 기입하여 자산가액에서 차감함.
장부가액 : 505,680,350원, 평가가액 : 505,680,350원

자 산 금 액			
계정과목	「상속세 및 증여세법」에 의한 평가액	재무상태표상 금 액	차 액
⋮	⋮	⋮	⋮
⋮	⋮	⋮	⋮
차량운반구	27,665,000	27,665,000	0
공구와 기구	4,260,000	4,260,000	0
비품	26,845,000	26,845,000	0
건설중인자산	156,000,000	156,000,000	0
시설장치	576,872,000	487,112,000	89,760,000
유형자산	**5,000,186,740**	**4,009,741,190**	**990,445,550**
산업재산권	250,000,000	142,532,000	107,468,000
개발비	505,680,350	505,680,350	0
무형자산	**755,680,350**	**648,212,350**	**107,468,000**
보증금	314,394,000	314,394,000	0
장기외상매출금	1,847,507,000	1,847,507,000	0
기타비유동자산	**2,161,901,000**	**2,161,901,000**	**0**

• 장기외상매출금

– 외상매출금 및 받을어음 등의 채권가액과 입회금·보증금 등의 채무가액은 원본의 가액+평가기준일까지의 미수이자상당액–평가기준일 현재 회수 불가능한 금액(상증령 §58 ②, 상증칙 §18의 2)

– 원본의 회수기간이 5년을 초과하거나 회사정리절차 또는 화의절차의 개시 등의 사유로 당초 채권의 내용이 변경된 경우에는 각 연도에 회수할 금액(원본에 이자상당액을 가산한 금액)을 적정할인율에 의하여 현재가치로 할인한 금액의 합계액(상증령 §18의 2 ② 1호). 그 평가액이 장부가액보다 낮은 정당한 사유가 있는 경우에는 그 가액으로 평가(서사–133, 2004.2.25.)

$$평가액 = \sum \frac{각\ 연도별로\ 회수할\ 금액(원본+이자상당액)}{(1+이자율)^n}$$

n=평가기준일로부터 회수일이 속하는 연수

장부가액 : 1,847,507,000원, 평가가액 : 1,847,507,000원

㈏ 부채총액의 계산

과 목	금 액
⋮	⋮
부 채	
Ⅰ. 유 동 부 채	***9,225,267,310***
매 입 채 무	*1,405,847,200*
미 지 급 금	*5,100,800*
예 수 금	*5,980,200*
선 수 금	*18,222,000*
단 기 차 입 금	*5,982,000,000*
당 기 법 인 세 부 채	*214,156,110*
미 지 급 비 용	*482,431,000*
유 동 성 장 기 부 채	*942,613,000*
하 자 보 수 충 당 부 채	*168,917,000*
Ⅱ. 비 유 동 부 채	***6,099,033,245***
장 기 차 입 금 (현재가치할인차금)	*1,157,770,000* *(24,887,000)* *1,132,883,000*
퇴 직 급 여 충 당 부 채 (퇴 직 신 탁 예 치 금)	*217,622,000* *(100,397,000)* *117,225,000*
외 화 장 기 차 입 금 (현재가치할인차금)	*955,593,000* *(37,973,000)* *917,620,000*
전 환 사 채 (사 채 상 환 할 증 금) (전 환 권 조 정)	*2,810,000,000* *(242,064,000)* *(377,158,755)* *2,674,905,245*
영 업 보 증 금	*1,256,400,000*
부 채 총 계	***15,324,300,555***
자 본	
Ⅰ. 자 본 금	***3,000,000,000***
자 본 금	*3,000,000,000*
Ⅱ. 자 본 잉 여 금	***135,094,755***
전 환 권 대 가	*135,094,755*
Ⅲ. 자 본 조 정	***△15,600,000***
주 식 할 인 발 행 차 금	*15,600,000*
⋮	
⋮	

• 매입채무
평가기준일 현재 확정된 매입채무 기입
장부가액 : 1,405,847,200원, 평가가액 : 1,405,847,200원

• 미지급금
평가기준일 현재 확정된 미지급금 기입
장부가액 : 5,100,800원, 평가가액 : 5,100,800원

• 예수금
평가기준일 현재 확정된 예수금 기입
장부가액 : 5,980,200원, 평가가액 : 5,980,200원

• 선수금
평가기준일 현재 확정된 선수금 기입
장부가액 : 18,222,000원, 평가가액 : 18,222,000원

• 단기차입금
평가기준일 현재 확정된 단기차입금 기입
장부가액 : 5,982,000,000원, 평가가액 : 5,982,000,000원

• 당기법인세부채
평가기준일 현재 확정된 당기법인세부채 기입
장부가액 : 214,156,110원, 평가가액 : 214,156,110원

• 미지급비용
평가기준일 현재 확정된 매입채무 기입
장부가액 : 482,431,000원, 평가가액 : 482,431,000원

• 유동성장기부채
평가기준일 현재 확정된 유동성 장기부채 기입
장부가액 : 942,613,000원, 평가가액 : 942,613,000원

부 채 금 액			
계정과목	「상속세 및 증여세법」에 의한 평가액	재무상태표상 금 액	차 액
합 계	***14,816,016,038***	***15,324,300,555***	***−508,284,517***
매 입 채 무	*1,405,847,200*	*1,405,847,200*	*0*
미 지 급 금	*5,100,800*	*5,100,800*	*0*
예 수 금	*5,980,200*	*5,980,200*	*0*
선 수 금	*18,222,000*	*18,222,000*	*0*
단 기 차 입 금	*5,982,000,000*	*5,982,000,000*	*0*
당 기 법 인 세 부 채	*214,156,110*	*214,156,110*	*0*
미 지 급 비 용	*482,431,000*	*482,431,000*	*0*
유 동 성 장 기 부 채	*942,613,000*	*942,613,000*	*0*
하 자 보 수 충 당 부 채	*168,917,000*	*168,917,000*	*0*
유 동 부 채	***9,225,267,310***	***9,225,267,310***	***0***
장 기 차 입 금	*1,132,883,000*	*1,132,883,000*	*0*
퇴 직 급 여 충 당 부 채	*117,225,000*	*117,225,000*	*0*
외 화 장 기 차 입 금	*917,620,000*	*917,620,000*	*0*
전 환 사 채	*2,567,936,000*	*2,674,905,245*	*−106,969,245*
영 업 보 증 금	*855,084,728*	*1,256,400,000*	*−401,315,272*
비 유 동 부 채	***5,590,748,728***	***6,099,033,245***	***−508,284,517***

과 목	금 액
⋮	⋮
하자보수충당부채	*168,917,000*
Ⅱ. 비 유 동 부 채	***6,099,033,245***
장 기 차 입 금 (현재가치할인차금)	*1,157,770,000* *(24,887,000)* *1,132,883,000*
퇴직급여충당부채 (퇴 직 신 탁 예 치 금)	*217,622,000* *(100,397,000)* *117,225,000*
외 화 장 기 차 입 금 (현재가치할인차금)	*955,593,000* *(37,973,000)* *917,620,000*
전 환 사 채 (사 채 상 환 할 증 금) (전 환 권 조 정)	*2,810,000,000* *(242,064,000)* *(377,158,755)* *2,674,905,245*
영 업 보 증 금	*1,256,400,000*
부 채 총 계	***15,324,300,555***
자 본	
Ⅰ. 자 본 금	***3,000,000,000***
자 본 금	*3,000,000,000*
Ⅱ. 자 본 잉 여 금	***135,094,755***
전 환 권 대 가	*135,094,755*
Ⅲ. 자 본 조 정	***△15,600,000***
주식할인발행차금	*15,600,000*
Ⅳ. 기타포괄손익누계액	***61,742,000***
매도가능증권평가손익	*61,742,000*
Ⅴ. 이 익 잉 여 금	***4,263,014,456***
기업합리화적립금	*66,886,000*
임 의 적 립 금	*30,000,000*
미처분이익잉여금	*4,166,128,456*
(당 기 순 이 익)	
당기 : *1,517,027,475*원	
전기 : *2,088,439,558*원	
자 본 총 계	***7,444,251,211***
부 채 와 자 본 총 계	***22,768,551,766***

• 하자보수충당부채

하자보수충당금(손해금)은 평가기준일 현재 비용으로서 '확정'된 경우라야만 이를 부채에 포함할 수 있고 잠재부실요인으로서 확정부채가 아닌 충당성 부채는 순자산가액 산정시 부채에 포함할 수 없음(서울행법 2008구합7526, 2008.8.12.).

실무적으로는 평가차액계산서(부표 6)에는 그대로 기입하고 순자산가액계산서(부표 5)의 ⑯번에 기입하여 부채가액에서 차감함.

장부가액 : 168,917,000원, 평가가액 : 168,917,000원

• 장기차입금

장기미지급채무는 평가기준일 현재 원본의 가액에 평가기준일까지 발생한 미지급이자상당액을 가산하여 평가하는 것이나, 평가기준일부터 상환일까지의 기간 중에 해당하는 약정지급이자(지급기한 미도래분 이자액)는 원본의 가액에 가산하는 것이 아니므로 평가기준일 현재 장기미지급채무의 장부가액에 지급기한 미도래분 이자액이 포함된 경우에는 장부가액상 장기미지급채무액에서 그 지급기한 미도래분이자액(장부상 현재가치할인차금상당액)을 차감한 가액을 채무액으로 계산함(서일 46014－11349, 2003.9.25.).

장부가액 : 1,132,883,000원, 평가가액 : 1,132,883,000원

• 퇴직급여충당부채

재무상태표에 계상되어 있는 퇴직급여충당금(퇴직보험예치금과 국민연금전환금을 차감하기 전의 금액)은 부채에서 차감하는 것이며, 평가기준일 현재 재직하는 임원 또는 사용인 전원이 퇴직할 경우에 퇴직급여로 지급되어야 할 금액의 추계액은 부채에 가산하는 것임(서면4팀－785, 2004.6.3.).

서식상 퇴직급여충당부채는 순자산가액계산서(부표 5)의 ⑯번에 기입하여 부채에서 제외하고, 퇴직급여충당금조정명세서 ㉒번의 금액을 순자산가액계산서(부표 5)의 ⑬번에 기입하여 부채에 가산함.

장부가액 : 117,225,000원, 평가가액 : 117,225,000원

• 외화장기차입금

장기차입금은 평가기준일 현재 원본의 가액에 평가기준일까지 발생한 미지급이자상당액을 가산하여 평가하는 것이나, 평가기준일부터 상환일까지의 기간 중에 해당하는 약정지급이자(지급기한 미도래분 이자액)는 원본의 가액에 가산하는 것이 아니므로 평가기준일 현재 장기미지급채무의 장부가액에 지급기한 미도래분 이자액이 포함된 경우에는 장부가액상 장기미지급채무액에서 그 지급기한 미도래분이자액(장부상 현재가치할인차금상당액)을 차감한 가액을 채무액으로 계산(서일 46014－11349, 2003.9.25.)

장부가액 : 917,620,000원, 평가가액 : 955,593,000원

부 채 금 액			
계정과목	「상속세 및 증여세법」에 의한 평가액	재무상태표상 금 액	차 액
합 계	**14,816,016,038**	**15,324,300,555**	**−508,284,517**
매 입 채 무	1,405,847,200	1,405,847,200	0
미 지 급 금	5,100,800	5,100,800	0
예 수 금	5,980,200	5,980,200	0
선 수 금	18,222,000	18,222,000	0
단 기 차 입 금	5,982,000,000	5,982,000,000	0
당 기 법 인 세 부 채	214,156,110	214,156,110	0
미 지 급 비 용	482,431,000	482,431,000	0
유 동 성 장 기 부 채	942,613,000	942,613,000	0
하 자 보 수 충 당 부 채	168,917,000	168,917,000	0
유 동 부 채	**9,225,267,310**	**9,225,267,310**	**0**
장 기 차 입 금	1,132,883,000	1,132,883,000	0
퇴 직 급 여 충 당 부 채	117,225,000	117,225,000	0
외 화 장 기 차 입 금	917,620,000	917,620,000	0
전 환 사 채	2,567,936,000	2,674,905,245	−106,969,245
영 업 보 증 금	855,084,728	1,256,400,000	−401,315,272
비 유 동 부 채	**5,590,748,728**	**6,099,033,245**	**−508,284,517**

• 전환사채

전환사채 및 신주인수권부사채의 권리자가 중도에 전환권 또는 신주신수권을 행사하지 않아 만기 상환할 것을 가정하여 발행회사가 채권자에게 만기에 지급하는 이자비용을 장기미지급이자(사채상환할증금)로 계상한 경우 당해 장기미지급이자는 부채에 가산하지 아니함(서일 46014−10359, 2001.10.26.).

장부가액 : 2,674,905,245원, 평가액 : 2,567,936,000원

• 영업보증금

지급기한이 5년을 초과하는 경우에는 적정할인율에 의하여 현재가치로 할인한 금액의 합계액으로 평가하며, 보증금 등으로서 원본의 회수기간이 정하여지지 아니한 것은 그 회수기간을 5년 적용(상증칙 §18의 2 ② 1호)

$$\text{평가액 } 1{,}256{,}400{,}000 \times \frac{1}{(1+0.08)^6} = 855{,}084{,}728$$

장부가액 : 1,256,400,000원, 평가액 : 855,084,728원

[평가심의위원회 운영규정 별지 제4호 서식 부표3] (2021.3.4. 개정)

(단위 : 원) (제2쪽)

4. 순자산가액		
가. 자산총액		
① 재무상태표상의 자산가액	22,768,551,766	
② 평가차액	2,140,929,737	제4쪽 5. 평가차액 "가"
③ 법인세법상 유보금액	10,920,000	
④ 유상증자 등	1,000,000,000	
⑤ 기타(평가기준일 현재 지급받을 권리가 확정된 가액 등)		
⑥ 선급비용 등	549,862,869	
⑦ 증자일 전의 잉여금의 유보액		
⑧ 소계(① + ② + ③ + ④ + ⑤ - ⑥ - ⑦)	25,370,538,634	
나. 부채총액		
⑨ 재무상태표상의 부채액	15,324,300,555	
⑩ 법인세	68,577,191	
⑪ 농어촌특별세		
⑫ 지방소득세	6,757,719	
⑬ 배당금 · 상여금		
⑭ 퇴직급여추계액	553,381,000	
⑮ 기타(충당금 중 평가기준일 현재 비용으로 확정된 것 등)		
⑯ 제준비금		
⑰ 제충당금	659,981,760	
⑱ 기타(이연법인세대 등)		
⑲ 소계(⑨+⑩+⑪+⑫+⑬+⑭+⑮-⑯-⑰-⑱)	15,293,034,705	
다. 영업권포함전 순자산가액(⑧-⑲)	10,077,503,929	
라. 영업권	50,102,810	제5쪽 6. 영업권 "자"
마. 순자산가액(다 + 라)	10,127,606,739	

210mm×297mm[일반용지 70g/㎡(재활용품)]

[평가심의위원회 운영규정 별지 제4호 서식 부표3] (2021.3.4. 개정)

(단위 : 원) (제4쪽)

5. 평가차액

가. 평가차액 계산 (① - ②)	2,140,929,737	제2쪽 4. 순자산가액 "가"의 ② 기재

자산금액				부채금액			
계정과목	상증법에 따른 평가액	재무상태표상 금액	차액	계정과목	상증법에 따른 평가액	재무상태표상 금액	차액
		① 합계	1,632,645,220			② 합계	-508,284,517
현금및현금성자산	342,993,809	342,993,809	0	매입채무	1,405,847,200	1,405,847,200	0
단기금융상품	856,200,000	856,200,000	0	미지급금	5,100,800	5,100,800	0
매출채권	3,684,164,000	3,759,164,000	-75,000,000	예수금	5,980,200	5,980,200	0
단기대여금	563,430,083	558,176,000	5,254,083	선수금	18,222,000	18,222,000	0
미수수익	44,920,320	44,920,320	0	단기차입금	5,982,000,000	5,982,000,000	0
미수금	105,255,000	105,255,000	0	당기법인세부채	214,156,110	214,156,110	0
선급금	16,441,920	16,441,920	0	미지급비용	482,431,000	482,431,000	0
선급비용	2,739,000	2,739,000	0	유동성장기부채	942,613,000	942,613,000	0
부가세대급금	33,876,500	33,876,500	0	하자보수충당금	168,917,000	168,917,000	0
이연법인세자산	41,443,519	41,443,519	0	장기차입금	1,132,883,000	1,132,883,000	0
제품	1,225,534,320	1,225,534,320	0	퇴직급여충당부채	117,225,000	117,225,000	0
원재료	270,454,000	270,454,000	0	외화장기차입금	917,620,000	917,620,000	0
장기금융상품	971,458,500	966,171,000	5,287,500	전환사채	2,567,936,000	2,674,905,245	-106,969,245
매도가능증권	4,773,352,048	4,343,265,098	430,086,950	영업보증금	855,084,728	1,256,400,000	-401,315,272
지분법적용투자주식	3,551,165,877	3,382,062,740	169,103,137				
토지	2,873,330,680	2,079,814,000	793,516,680				
건물	1,126,669,320	1,023,316,000	103,353,320				
구축물	70,068,000	70,068,000	0				
기계장치	138,476,740	134,661,190	3,815,550				
차량운반구	27,665,000	27,665,000	0				
공구와기구	4,260,000	4,260,000	0				
비품	26,845,000	26,845,000	0				
건설용장비	156,000,000	156,000,000	0				
시설장치	576,872,000	487,112,000	89,760,000				
산업재산권	250,000,000	142,532,000	107,468,000				
개발비	505,680,350	505,680,350	0				
보증금	314,394,000	314,394,000	0				
장기외상매출금	1,847,507,000	1,847,507,000	0				

작 성 방 법

평가기준일 또는 직전사업연도말 현재의 재무상태표상의 자산 또는 부채금액을 기준으로 하여 순자산가액을 계산 시 재무상태표상 미계상된 경우를 포함한 평가차액을 계산하는 경우에 사용합니다.

1. 계정과목란에는 평가대상 자산 또는 부채를 재무상태표에 기재된 계정명으로 기입하며 재무상태표상 미계상된 경우에는 추가로 기재합니다.
2. 평가차액은 "①"에서 "②"를 차감한 잔액을 기재합니다.

210mm×297mm[일반용지 70g/㎡(재활용품)]

[평가심의위원회 운영규정 별지 제4호 서식 부표3] (2021.3.4. 개정)

(단위 : 원) (제5쪽)

6. 영업권		
가. 평가기준일 이전 3년간 순손익액의 가중평균액	*2,041,934,776*	((① × 3 + ② × 2 + ③) / 6
① 평가기준일 이전 1년이 되는 사업연도 순손익액	*2,063,463,289*	
② 평가기준일 이전 2년이 되는 사업연도 순손익액	*2,252,571,583*	
③ 평가기준일 이전 3년이 되는 사업연도 순손익액	*1,556,075,627*	
나. 가 × 50%	*1,020,967,388*	
다. 평가기준일 현재 자기자본	*10,077,503,929*	
라. 기획재정부령이 정하는 이자율	*10%*	10%
마. 다 × 라	*1,077,750,392*	
바. 영업권 지속연수	*5년*	5년
사. 영업권 계산액 $\sum_{n=1}^{n} = [\frac{(나 - 마)}{(1 + 0.1)^n}]$ n은 평가기준일부터의 경과연수	*50,102,810*	
아. 영업권 상당액에 포함된 매입한 무체재산권가액 중 평가기준일까지의 감가상각비를 공제한 금액	*0*	
자. 영업권 평가액 (사 - 아)	*50,102,810*	제2쪽 4. 순자산가액 "라" 기재

작 성 방 법

1. 순자산가액에 가산하는 영업권은 「상속세 및 증여세법 시행령」 제59조 제2항에 따른 평가액을 말합니다.
2. 아래의 경우에는 영업권 평가액을 순자산가액에 가산하지 않습니다.
  가. 「상속세 및 증여세법 시행령」 제54조 제4항 제1호·제3호 또는 제4호에 해당하는 경우
  나. 「상속세 및 증여세법 시행령」 제54조 제4항 제2호에 해당하는 경우. 다만, 다음에 모두 해당하는 경우는 제외합니다.
    ① 개인사업자가 「상속세 및 증여세법 시행령」 제59조에 따른 무체재산권을 현물출자하거나 「조세특례제한법 시행령」 제29조 제2항에 따른 사업 양도·양수의 방법에 따라 법인으로 전환하는 경우로서 그 법인이 해당 사업용 무형자산을 소유하면서 사업용으로 계속 사용하는 경우
    ② ①에 따른 개인사업자와 법인의 사업 영위기간의 합계가 3년 이상인 경우

210mm×297mm[일반용지 70g/㎡(재활용품)]

마. 1주당 순자산가치

$$\frac{\text{순자산가액}(10{,}127{,}606{,}739\text{원})}{\text{발행주식총수}(400{,}000\text{주})}=25{,}319\text{원}$$

바. 1주당 평가액

(1) 기본모형

① 1주당 가중평균액

$$=\frac{\text{1주당 순손익가치}(51{,}040\text{원})\times3+\text{1주당 순자산가치}(25{,}319\text{원})\times2}{5}$$

= 40,751원

② 순자산가치의 80% : 20,255원

1주당 순자산가치에 100분의 80을 곱한 금액을 하한으로 한다.

1주당 순자산가치 25,319원×80%=20,255원

③ 1주당 평가액(Max①,②) : 40,751원

(2) 최대주주 등의 할증평가

비상장주식을 평가할 때 최대주주와 그의 특수관계인에 해당하는 주주(최대주주 등)의 주식 등에 대해서는 평가한 가액에 100분의 20을 가산한다.

본 평가에서는 최대주주(75%)에 해당하여 1주당 평가액에 대하여 20%를 할증한다.

(3) 1주당 평가액

40,751원×120%=48,901원

[평가심의위원회 운영규정 별지 제4호 서식 부표3] (2021.3.4. 개정)

비상장주식 등 평가서

(단위 : 주, 원) (제1쪽)

1. 평가대상 비상장법인

법인명	㈜가나산업개발	사업자등록번호	215-81-30987	대표자 성명	홍길동
①발행주식총수	400,000	1주당 액면가액	10,000	자본금	4,000,000,000
평가기준일	2025-02-01		②부동산과다보유법인 해당여부		[ ]

2. 순자산가치로만 평가하는 경우 [v] 표시 (「상속세 및 증여세법 시행령」 제54조 제4항 해당여부)

구분	해당여부
가. 신고기한 이내에 청산절차가 진행 중이거나, 사업자의 사망 등으로 사업의 계속이 곤란하다고 인정되는 경우 해산(합병)등기일 (. .)	[ ]
나. 사업 개시 전의 법인, 사업개시 후 3년 미만의 법인, 휴업·폐업 중인 경우 사업개시일 (. .), 휴·폐업일 (. .)	[ ]
다. 평가기준일이 속하는 사업연도 전 3년 내의 사업연도부터 계속하여 「법인세법」상 각 사업연도에 속하거나 속하게 될 손금의 총액이 그 사업연도에 속하거나 속하게 될 익금의 총액을 초과하는 결손금이 있는 경우	[ ]
라. 「소득세법 시행령」 제94조 제1항 제4호 라목에 해당하는 법인의 주식등에 해당하는 경우	[ ]
마. 법인의 자산총액 중 주식등의 가액의 합계액이 차지하는 비율이 100분의 80 이상인 법인의 주식등	[ ]
바. 법인의 설립 시 정관에 존속기한이 확정된 법인으로서 평가기준일 현재 잔여 존속기한이 3년 이내인 법인의 주식등	[ ]

3. 1주당 가액의 평가

구분	금액	비고
③순자산가액	10,127,606,739	제2쪽 4. 순자산가액 “마”
④1주당 순자산가액 (③ ÷ ①)	25,319	
⑤최근3년간 순손익액의 가중평균액에 의한 1주당가액 또는 2이상의 회계법인등이 산출한 1주당 추정이익의 평균액	51,040	제6쪽 7. 순손익액 “차”
⑥1주당 평가액 (㉮ 평가액과 ㉯의 평가액 중 많은 금액)	40,751	
㉮ [{(④×2)+(⑤×3)} ÷ 5] (부동산과다보유법인 [{(④ × 3)+(⑤ × 2)} ÷ 5]	40,751	
㉯ 1주당 순자산가액(④)의 80%	20,255	
⑦ 최대주주등에 해당하는 경우 1주당 평가액		
㉮ 최대주주등의 주식등의 1주당 평가액 (⑥ × 할증율)	8,150	
㉯ (⑥ + ㉮)	48,901	

작 성 방 법

※ 이 서식은 상속세 및 증여세법 제63조 제1항 제1호 나목에 따른 거래소에 상장되지 아니한 주식 및 출자지분의 평가관련 서식입니다.

1. 최대주주등의 주식등의 1주당 평가액(⑥ × 할증율) : 「상속세 및 증여세법」 제63조 제3항 및 같은 법 시행령 제53조 제4항에 따른 할증평가율을 적용하여 계산합니다. 이 경우 대통령령으로 정하는 중소기업 및 평가기준일이 속하는 사업연도 전 3년 이내의 사업연도부터 계속하여 「법인세법」 제14조 제2항에 따른 결손금이 있는 법인의 주식등 등 대통령령으로 정하는 주식등은 제외합니다.

- 할증율

지분율	2019.12.31.이전	2020.1.1.이후
50% 이하 보유	20%	20%
50% 초과 보유	30%	

2. 중소기업이란 「중소기업기본법」 제2조에 따른 중소기업을 말합니다.

210mm×297mm[일반용지 70g/㎡(재활용품)]

2 부동산과다보유법인

20×6.5.1. 사망한 甲은 다음과 같은 재무상태의 비상장법인 대표이사로서 주식을 보유하고 있다.

이 주식의 상속재산가액을 평가하라.

- 부동산과다보유법인에 해당된다.
- 중소기업에 해당되지 아니한다.
- 피상속인은 최대주주(90%)로서 180,000주(액면 10,000)를 보유하였다.
- 사업연도 : 1.1.~12.31.

대차대조표

20×6.5.1. 현재

유동자산	3,442,000,000	유동부채	3,525,000,000
비유동자산	5,133,000,000	비유동부채	1,250,000,000
		자본금	2,000,000,000
		잉여금	1,800,000,000
	8,575,000,000		8,575,000,000

(1) 순자산가액 계산에 관련된 자료는 다음과 같다.

① 대손충당금 15,000,000

② 부동산의 현황은 다음과 같다.

㉠ 토지는 10,000㎡로서 장부가액은 20억원이고, 이 토지 관련 개별공시지가는 다음과 같다.

기준일	개별공시지가	고시일
20×5. 1. 1.	250,000	2005.5.31.
20×6. 1. 1.	270,000	2006.5.31.

㉡ 건물의 장부가액은 25억원이고, 국세청장이 산정·고시한 기준시가는 28억원이다.

③ 퇴직급여충당금 300,000,000

(평가기준일 현재 퇴직금추계액 400,000,000)

(3) 영업권의 평가

① 3년간 순손익액의 가중평균액

[630,000,000(20×5년)×3+705,000,000(20×4년)×2+58,000,000(20×3년)×1]÷6=559,666,666

② 평가기준일 현재의 자기자본

자산총액(9,395,000,000)－(2)부채총액(4,905,000,000)=4,490,000,000

③ 초과수익력

3년간 순손익액의 가중평균액(559,666,666)×50%

－자기자본(4,490,000,000) ×10%=－169,166,667

④ 영업권 지속연수 5년

⑤ 영업권평가액

초과수익력×5년 정상연금 1원의 현가계수(3.7908)

초과수익력이 부수(負數)이므로 영업권평가액은 0이다.

(4) 순자산가치

자산총액(9,395,000,000)－부채총액(4,905,000,000)＋영업권평가액(0)

=4,490,000,000

(5) 1주당 순자산가치

순자산가치(4,490,000,000)÷발행주식총수(200,000)

=22,450

2. 순손익가치의 계산

(1) 최근 3년간 1주당 순손익액의 가중평균액 계산

(가) 20×5사업연도 순손익액

① 각사업연도소득	895,000,000
② 가산할 항목	0
③ 차감할 항목	265,000,000
㉠ 가산세로서 손금불산입	5,000,000
㉡ 지급이자 손금불산입액	30,000,000
㉢ 법인세 등 총결정세액	230,000,000

④ 순손익액(①+②−③)	630,000,000
⑤ 주식수	200,000주
⑥ 주당순손익(④÷⑤)	3,150

(나) 20×4사업연도

① 각사업연도소득	970,000,000
② 가산할 항목	10,000,000
㉠ 국세환급금이자	10,000,000
③ 차감할 항목	275,000,000
㉠ 벌과금 손금불산입액	5,000,000
㉡ 접대비한도초과액	20,000,000
㉢ 법인세 등 총결정세액	250,000,000
④ 순손익액(①+②−③)	705,000,000
⑤ 주식수	200,000주
⑥ 주당순손익(④÷⑤)	3,525

(다) 20×3사업연도

① 각사업연도소득	105,000,000
② 가산할 항목	0
③ 차감할 항목	47,000,000
㉠ 업무무관비용을 손금불산입한 금액	20,000,000
㉡ 손금용인되지 않는 공과금	10,000,000
㉢ 법인세 등 총결정세액	17,000,000
④ 순손익액(①+②−③)	58,000,000
⑤ 주식수	200,000주
⑥ 주당순손익(④÷⑤)	290

(라) 최근 3년간 1주당 순손익액의 가중평균액

$$평가액 = \frac{3,150(20\times5년)\times3+3,525(20\times4년)\times2+290(20\times3년)\times1}{6}$$

$$=2,798$$

(2) 1주당 순손익가치

$$\frac{\text{최근 3년간 순손익액의 가중평균액}}{\text{순손익가치환원율(10\%)}}$$

$$\text{1주당 순손익가치} = \frac{2,798}{10\%} = 27,980$$

3. 1주당 평가액

(1) 기본모형

부동산과대보유법인의 1주당 평가방법

$$\text{1주당 평가액} = \frac{\text{1주당 순자산가치} \times 3 + \text{1주당 순손익가치} \times 2}{5}$$

$$= \frac{22,450 \times 3 + 27,980 \times 2}{5}$$

$$= 24,662$$

(2) 최대주주 등의 할증률 가산

최대주주(90%)에 해당되고 중소기업에 해당되지 아니하므로 20%를 가산한다.

(3) 1주당 평가액

24,662×120%=29,594

4. 상속재산의 평가액

29,594×180,000=5,326,920,000

3 1주당 순손익가치 또는 1주당 순자산가치가 0인 경우

하나전자㈜는 비상장법인으로서 20×6.10.1. 현재의 재무상태는 다음과 같으며, 대표이사는 최대주주(51%)로서 보유주식 중 5,000주(액면 10,000원)를 자녀에게 증여하려고 한다.

•사업연도 : 1.1.~12.31.
•중소기업에 해당됨.
•발행주식총수 20,000주

(1) 순자산가액 계산에 관련된 자료

① 자산총액	4,500,000,000
② 부채총액	3,500,000,000

(2) 순손익가치 계산에 필요한 자료

① 20×5년 순손익액	−60,000,000
② 20×4년 순손익액	30,000,000
③ 20×3년 순손익액	70,000,000

풀이

1. 순자산가치의 계산

(1) 순자산가치

자산총액(4,500,000,000) − 부채총액(3,500,000,000) + 영업권평가액(0)*
= 1,000,000,000

* 영업권평가액

최근 3년간 순손익액의 가중평균액 $= \dfrac{-60,000,000\times3+30,000,000\times2+70,000,000\times1}{6}$

$= -8,333,333$

최근 3년간 순손익액의 가중평균액이 부수[負數(−)]이므로 영업권평가액은 0원이다.

(2) 1주당 순자산가치

$$평가액 = \frac{순자산가치(1,000,000,000)}{발행주식총수(20,000)}$$

$$= 50,000$$

2. 순손익가치의 계산

(1) 연도별 순손익가치

① $20×5년\ 1주당\ 순손익액 = \frac{-60,000,000}{20,000} = -3,000$

② $20×4년\ 1주당\ 순손익액 = \frac{30,000,000}{20,000} = 1,500$

③ $20×3년\ 1주당\ 순손익액 = \frac{70,000,000}{20,000} = 3,500$

(2) 최근 3년간의 순손익액의 가중평균액

$$= \frac{-3,000×3+1,500×2+3,500×1}{6} = -416$$

(3) 1주당 순손익가치

$$\frac{최근\ 3년간\ 순손익액의\ 가중평균액}{순손익가치환원율} = \frac{-416}{10\%} = -4,160$$

1주당 순손익가치의 평가는 부수[負數(−4160)]이므로 0원으로 평가한다.

3. 1주당 주식가치

(1) 기본 모형

① 1주당 가중평균액

$$평가액 = \frac{50,000×2+0×3}{5} = 20,000$$

② 순자산가치의 80%: 40,000원

1주당 순자산가치에 100분의 80을 곱한 금액을 하한으로 한다.

1주당 순자산가치 50,000원×80%=40,000원

③ 1주당 평가액 Max(①, ②): 40,000원

(2) 최대주주 할증평가

비상장주식을 평가할 때 최대주주와 그의 특수관계인에 해당하는 주주(최대주주 등)의 주식 등에 대해서는 평가한 가액에 100분의 20을 가산한다. 본 평가에서는 중소기업으로서 최대주주에 해당하기에 할증평가를 하지 아니한다. 또한, 2005년~2019년에 상속 또는 증여하는 경우에도 할증평가를 하지 아니한다.

4 상호출자주식에 대한 평가

다음의 사례는 예규(서일 46014－10309, 2001.10.15.)에 의하여 예시된 평가방법을 현행 평가방법에 의하여 재작성한 사례이다.

사례 상호출자주식 평가사례(갑·을주주 소유주식 평가방법)

A법인과 B법인은 부동산과다보유법인에 해당되지 아니한다.

A법인

자산	80,000,000	부채	22,000,000
B주식	1,400,000		
	81,400,000		

B법인

자산	17,000,000	부채	2,100,000
A주식	2,500,000		
	19,500,000		

A법인:
- 총발행주식수 : 1,000주
- B주식 : 280주(70%)
- 갑주주(A법인 최대주주) : 60%
- 1주당 수익환원가치 : 22,250원
- 중소기업에 해당되지 아니함.

B법인:
- 총발행주식수 : 400주
- A주식 : 500주(50.5%)
- 을주주(B법인 최대주주) : 70%
- 1주당 수익환원가치 : 17,350원
- 중소기업에 해당됨.

풀이

1. 상호출자주식의 평가산식

$$1주당\ 평가액=\frac{2\alpha+3pl}{5}=\left[2\frac{\left(p+b\cdot\frac{2\beta+3pl'}{5}+c\cdot\frac{2\gamma+3pl''}{5}-dt\right)}{n}+3pl\right]\div 5$$

여기에서

① p·p′·p″ : A·B·C 각 법인이 소유하고 있는 주식가액을 제외한 A·B·C 법인의 자산총액(p는 A법인이 소유하고 있는 B·C법인의 발행주식가액을 제외한 자산의 총액)

② a·b·c : A·B·C 각 법인이 발행한 주식 중 각 법인이 소유하고 있는 주식수

③ dt·dt′·dt″ : A·B·C 각 법인의 부채

④ n·n′·n″ : 평가기준일 현재 ABC 각 법인의 발행주식총수

⑤ α, β, γ : A·B·C 각 법인의 1주당 순자산가액

⑥ pl·pl′·pl″ : A·B·C 각 법인의 1주당 수익환원가치

2. 할증률은 각 법인별로 적용하여 주식가치 평가함

	할증비율	
	일반법인	중소기업 등
최대주주 등	20%	0%

■ 현행 평가방법(현행 기준*)

각 법인별로 위의 산식에 의하여 할증률을 적용하여 평가하면

$$\alpha=\left[2\times\frac{80,000,000+280주\times(\frac{2\beta+3\times17,350}{5})-22,000,000}{1,000}+3\times22,250\right]\div5$$

$=36,939+0.0448\beta$

$$\beta=\left[2\times\frac{17,000,000+500주\times(\frac{2\alpha+3\times22,250}{5})\times1.2-2,100,000}{400}+3\times17,350\right]\div5$$

$=33,320+0.24\alpha$

∴ α(A법인) : 38,850원, β(B법인) : 42,646원

사례 추정이익에 따른 순손익가치 평가사례

Ⅰ. 평가용역의 목적 및 1주당 순손익가치 산정방법

1. 평가용역의 목적

회사의 평가기준일인 20×0.6.30. 현재의 「상속세 및 증여세법」에서 정하는 비상장주식의 순손익가치를 산정하기 위하여 「상속세 및 증여세법 시행령」 제56조 및 같은법 시행규칙 제17조의 3[1주당 최근 3년간의 순손익액의 계산방법]에 따라 산정된 1주당 추정손익을 검토하는데 있다.

2. 1주당 순손익가치의 산정방법

- 자산의 가치를 평가할 때는 「상속세 및 증여세법」 제60조 제2항에 따른 사례가액이 존재하지 아니하면 같은조 제3항에 따라 보충적평가방법에 의하여 평가를 하여야 하며, 비상장주식에 대한 보충적 평가방법은 같은법 제63조 제1항 제1호 다목에서 규정하고 있다.
- 보충적 평가방법에 따라 1주당 순손익가치는 같은법 시행령은 제56조[1주당 최근 3년간의 순손익액의 계산방법]에서 평가하고 있으나 평가기준일 전 3년이

되는 날이 속하는 사업연도 개시일부터 평가기준일 사이에 일시우발적사건으로 해당 법인의 최근 3년간의 순손익액이 비정상적으로 증가하는 등의 사유가 있는 경우에는 예외를 인정하고 있다.

- 「상속세 및 증여세법 시행규칙」 제17조의 3 제1항과 같은 사유에 해당되는 경우에는 신용평가전문기관, 「공인회계사법」에 따른 회계법인 또는 「세무사법」에 따른 세무법인 중 둘 이상의 신용평가전문기관, 회계법인 또는 세무법인이 기획재정부령으로 정하는 기준에 따라 1주당 추정이익에 따라 추정이익을 계산하도록 규정하고 있으며, 1주당 추정이익의 계산은 「상속세 및 증여세법 시행규칙」 제17조의 3 제4항에서 「자본시장과 금융투자업에 관한 법률 시행령」 제176조의 5 제2항에 따라 금융위원회가 정한 기준에 따라 산정하도록 하고 있다.
- 이에 따라 회사에 대한 「상속세 및 증여세법」과 「자본시장과 금융투자업에 관한 법률」에 근거하여 금융위원회가 정한 「증권의 발행 및 공시 등에 관한 규정 시행세칙」 제6조에 따라 1주당 추정이익을 각각 2개년을 산정한다.
- 이를 위하여 회사가 제시한 과거의 재무자료와 향후 2개 사업연도에 대한 추정자료를 검토하여 1주당 추정이익을 산정에 반영하였다.

Ⅱ. 「상속세 및 증여세법」에 따른 순손익가치의 산정

1. 향후 2년간 추정경상이익

구 분	금 액	
	20×0년	20×1년
1. 매출액	78,936,662	81,281,081
2. 매출원가	61,356,805	63,205,103
3. 매출총이익(1−2)	17,579,857	18,075,978
4. 판매비와 관리비	13,124,217	13,600,889
5. 영업이익(3−4)	4,455,640	4,475,089
6. 영업외수익	43,271	41,417
7. 영업외비용	391,596	375,305
8. 추정경상이익(5+6−7)	4,107,315	4,141,201

2. 1주당 추정이익 산정내역

구 분	금 액	
	20×0년	20×1년
1. 추정경상이익	4,107,315	4,141,201
2. 유상증자추정이익	0	0
3. 우선주배당조정액	0	0

4. 법인세 등	774,056	780,616
5. 추정이익(1+2−3−4)	3,333,259	3,360,585
6. 발행주식수	200,000	200,000
7. 주당추정이익	16,666	16,802

3. 1주당 순손익가치

구 분	금 액	비 고
1. 주당 순손익액의 평균	16,720	주1)
2. 순손익가치환원율	10%	주2)
3. 주당 순손익가치	167,200	

주1) 가중평균주당추정이익(손실)은 추정 1차연도 및 2차연도의 주당추정이익(손실)을 각각 1.5와 1의 가중치를 부여하지만 추정 2차연도의 주당추정이익(손실)보다 적을 때는 추정연도의 주당추정이익(손실)을 단순평균하여 주당추정이익(손실)을 산정하도록 하고 있다.

주2) 순손익가치 환원율은 기획재정부령이 정하는 이자율을 적용하여 10%를 적용한다.

Ⅲ. 순손익가치 산정 세부내역

1. 추정 매출액의 산정

추정매출액은 회사의 최근 3개년 동안의 매출액 증감율을 평균하여 적용하였다.

(단위 : 천원)

구 분	20×0년	20×1년	계
매출액	78,936,662	81,281,081	160,217,743

가. 20×0년의 매출액 추정

20×0년 매출액은 다음과 같이 추정하였다.

20×9년 매출액(76,659,864)×(1+평균매출액증가율(0.0297))=78,936,662

나. 20×1년의 매출액 추정

20×1년 매출액은 다음과 같이 추정하였다.

20×9년 매출액(76,659,864)×(1+평균매출액증가율(0.0297))^2=81,281,081

다. 최근 3년간의 매출액 변동 추이

회사의 최근 3년간의 매출액 추이와 증감율은 다음과 같음.

(단위 : 천원)

구 분	20×6년	20×7년	20×8년	20×9년	평균	20×0.1.~6.30. 매출액
매출액	71,568,795	73,862,795	74,265,986	76,659,864	−	39,479,830
증가율	−	3.21%	0.55%	5.15	2.97%	−

2. 추정 매출원가의 산정

(단위 : 천원)

구 분	20×0년		20×1년	
	금액	구성 비율	금액	구성 비율
재료비	52,298,103	85.24	53,851,357	85.20
노무비	1,877,037	3.06	1,939,542	3.07
복리후생비	614,961	1.00	635,439	1.01
여비교통비	109,374	0.18	112,983	0.17
접대비	58,765	0.10	60,705	0.10
통신비	113,122	0.18	116,855	0.18
가스수도료	157,906	0.26	163,117	0.26
전력비	463,343	0.76	478,633	0.76
세금과공과	274,525	0.45	283,584	0.45
감가상각비	340,157	0.55	351,382	0.56
수선비	405,361	0.66	418,737	0.66
보험료	217,507	0.35	224,685	0.36
차량유지비	431,439	0.70	445,676	0.71
운반비	252,205	0.41	260,528	0.41
교육훈련비	36,787	0.06	38,001	0.06
도서인쇄비	199,050	0.32	205,618	0.32
회의비	21,915	0.04	22,638	0.04
포장비	428,247	0.70	442,379	0.70
소모품비	755,609	1.23	780,544	1.23
지급수수료	896,290	1.46	925,867	1.46
외주가공비	1,405,102	2.29	1,446,833	2.29
합 계	61,356,805	100	63,205,103	100

제품 매출원가의 구성항목은 각각의 원가동인별로 추정하였다.

가. 최근 3년간 매출원가

회사의 최근 3년간 매출원가는 다음과 같다.

(단위 : 천원)

구 분	20×7년		20×8년		20×9년	
	금액	구성비	금액	구성비	금액	구성비
재료비	51,256,765	85.12	50,469,550	85.84	50,789,650	84.81
노무비	1,791,953	2.98	1,671,487	2.84	1,986,198	3.32
복리후생비	691,280	1.15	495,478	0.84	598,672	1.00
여비교통비	82,492	0.14	102,496	0.17	132,651	0.22
접대비	69,275	0.12	75,690	0.13	25,698	0.04
통신비	115,358	0.19	123,400	0.21	89,765	0.15
가스수도료	174,184	0.29	144,750	0.25	139,651	0.23
전력비	467,948	0.78	455,689	0.78	421,985	0.70
세금과공과	236,931	0.39	258,690	0.44	301,645	0.50
감가상각비	262,789	0.44	337,036	0.57	388,044	0.65
수선비	377,857	0.63	420,420	0.72	378,956	0.63
보험료	183,390	0.30	198,630	0.34	249,658	0.42
차량유지비	354,863	0.59	456,780	0.78	441,326	0.74
운반비	277,045	0.46	236,740	0.40	218,659	0.37
교육훈련비	45,231	0.08	28,960	0.05	32,645	0.05
도서인쇄비	204,722	0.34	174,695	0.30	198,657	0.33
회의비	25,674	0.04	12,986	0.02	24,985	0.04
포장비	389,760	0.65	487,965	0.83	365,974	0.61
소모품비	784,968	1.30	654789	1.11	754,652	1.26
지급수수료	867,490	1.44	749,860	1.28	985,622	1.65
외주가공비	1,554,600	2.58	1,236,500	2.10	1,364,574	2.28
합 계	60,214,575	100.00	58,792,591	100.00	59,889,667	100.00

나. 계정과목별 매출원가 추정

(1) 재료비와 외주가공비의 추정

재료비와 외주가공비는 최근 3년간의 매출액과 연관성이 있으므로 증가추세를 반영하여 적용하였다.

(단위 : 천원)

구 분	20×7년	20×8년	20×9년	매출평균	20×0년	20×1년
재료비	51,256,765	50,469,550	50,789,650	–	52,298,103	53,851,357
외주가공비	1,554,600	1,236,500	1,364,574	–	1,405,102	1,446,833
매출액	73,862,795	74,265,986	76,659,864	–	78,936,662	81,281,081
증가율	3.21%	0.55%	5.15	2.97%	2.97%	2.97%

(2) 노무비와 복리후생비의 추정

노무비와 복리후생비는 매출과 관계없이 고정비적 성격이 강하므로 최근 3개년 평균치의 소비자물가상승률을 적용하였다.

(단위 : 천원)

구 분	20×7년	20×8년	20×9년	평균	20×0년	20×1년
노무비	1,791,953	1,671,487	1,986,198	1,816,546	1,877,037	1,939,542
복리후생비	691,280	495,478	598,672	595,143	614,961	635,439
물가상승률	2.5%	4.7%	2.8%	3.33%	3.33%	3.33%

(3) 기타 매출원가의 추정

기타 매출원가는 매출과 직접적인 인과관계가 크지 않고 고정비적 성격이 강하므로 최근 3개년 평균치의 소비자물가상승률을 적용하였다.

(단위 : 천원)

구 분	20×7년	20×8년	20×9년	평균	20×0년	20×1년
여비교통비	82,492	102,496	132,651	105,880	109,374	112,983
접대비	69,275	75,690	25,698	56,888	58,765	60,705
통신비	115,358	123,400	89,765	109,508	113,122	116,855
가스수도료	174,184	144,750	139,651	152,862	157,906	163,117
전력비	467,948	455,689	421,985	448,541	463,343	478,633
세금과공과	236,931	258,690	301,645	265,755	274,525	283,584
감가상각비	262,789	337,036	388,044	329,290	340,157	351,382
수선비	377,857	420,420	378,956	392,411	405,361	418,737

보험료	183,390	198,630	249,658	210,559	217,507	224,685
차량유지비	354,863	456,780	441,326	417,656	431,439	445,676
운반비	277,045	236,740	218,659	244,148	252,205	260,528
교육훈련비	45,231	28,960	32,645	35,612	36,787	38,001
도서인쇄비	204,722	174,695	198,657	192,691	199,050	205,618
회의비	25,674	12,986	24,985	21,215	21,915	22,638
포장비	389,760	487,965	365,974	414,566	428,247	442,379
소모품비	784,968	654789	754,652	731,470	755,609	780,544
지급수수료	867,490	749,860	985,622	867,657	896,290	925,867
합계	4,919,977	4,919,576	5,150,576	4,996,706	5,161,600	5,331,933
물가상승률	2.5%	4.7%	2.8%	3.33%	3.33%	3.33%

3. 추정판매비와 관리비의 산정

회사의 판매비와 관리비는 다음과 같이 추정하였다.

(단위 : 천원)

구 분	20×0년		20×1년	
	금액	구성 비율	금액	구성 비율
직원급여	2,056,840	15.67	2,152,483	15.83
잡급	428,923	3.27	448,868	3.30
퇴직급여	223,719	1.70	234,121	1.71
복리후생비	1,375,305	10.48	1,439,256	10.58
여비교통비	241,805	1.84	249,784	1.84
접대비	87,393	0.67	90,277	0.66
통신비	282,875	2.16	292,210	2.15
수도광열비	461,353	3.52	476,578	3.50
세금과공과금	323,410	2.46	333,015	2.45
감가상각비	981,426	7.48	1,013,814	7.45
수선비	437,316	3.33	451,748	3.32
보험료	257,562	1.96	266,062	1.96
차량유지비	892,823	6.80	922,286	6.78
운반비	713,086	5.43	734,265	5.40
교육훈련비	66,512	0.51	68,707	0.51

도서인쇄비	502,129	3.83	518,699	3.81
회의비	50,991	0.39	52,674	0.39
소모품비	917,875	6.99	948,165	6.97
지급수수료	1,227,590	9.35	1,264,049	9.29
광고선전비	420,834	3.21	433,333	3.19
대손상각비	20,415	0.16	21,089	0.16
건물유지비	326,075	2.48	336,835	2.48
수출제비용	198,916	1.52	204,824	1.51
판매수수료	623,028	4.75	641,532	4.72
잡비	6,016	0.04	6,215	0.04
합 계	13,124,217	100	13,600,889	100

가. 최근 3년간의 판매관리비 추이

회사의 과거 3년간의 판매비와 관리비의 추이 및 각 항목별 구성비는 다음과 같다.

(단위 : 천원)

구 분	20×7년		20×8년		20×9년	
	금액	구성비	금액	구성비	금액	구성비
직원급여	1,794,675	15.21	1,865,970	15.14	1,965,447	15.38
잡급	389,550	3.30	432,650	3.51	409,865	3.21
퇴직급여	169,509	1.44	172,396	1.40	213,778	1.67
복리후생비	756,239	6.41	1,129,564	9.17	1,314,195	10.28
여비교통비	194,126	1.65	233,460	1.89	274,654	2.15
접대비	89,298	0.76	74,650	0.61	89,855	0.70
통신비	252,134	2.14	234,689	1.90	334,692	2.62
수도광열비	466,002	3.95	423,986	3.44	449,856	3.52
세금과공과	242,933	2.06	287,659	2.33	411,653	3.22
감가상각비	1,040,027	8.82	1,034,982	8.40	775,212	6.07
수선비	443,769	3.76	389,670	3.16	436,598	3.42
보험료	205,545	1.74	265,859	2.16	276,598	2.16
차량유지비	897,654	7.61	896,598	7.28	798,651	6.25
운반비	743,562	6.30	659,862	5.35	674,131	5.27

교육훈련비	57,309	0.49	79,865	0.65	55,986	0.44
도서인쇄비	465,867	3.95	471,032	3.82	521,365	4.08
회의비	65,798	0.56	45,740	0.37	36,547	0.29
소모품비	789,568	6.69	986,435	8.01	889,657	6.96
지급수수료	1,257,944	10.66	1,185,647	9.62	1,132,957	8.87
광고선전비	289,660	2.46	413,265	3.35	523,162	4.09
대손상각비	18,232	0.15	0	0.00	41,056	0.32
건물유지비	298,760	2.53	301,641	2.45	346,574	2.71
수출제비용	204,674	1.74	174,698	1.42	200,165	1.57
판매수수료	659,800	5.59	556,701	4.52	598,674	4.68
잡비	3,562	0.03	5,365	0.04	8,546	0.07
합 계	11,796,197	100.00	12,322,384	100.00	12,779,874	100.00

나. 직원급여 등의 추정

직원급여, 잡급, 퇴직급여, 복리후생비 등의 추정인건비성 비용은 급여의 최근 3년간 증가율을 적용하였다.

(단위 : 천원)

구 분	20×7년	20×8년	20×9년	평균	20×0년	20×1년
직원급여	1,794,675	1,865,970	1,965,447	–	2,056,840	2,152,483
증가액		71,295	99,477	–	91,393	95,643
증가율		3.97%	5.33%	4.65%	4.65%	4.65%
잡급	389,550	432,650	409,865	–	428,923	448,868
퇴직급여	169,509	172,396	213,778	–	223,719	234,121
복리후생비	756,239	1,129,564	1,314,195	–	1,375,305	1,439,256

다. 매출과 관련된 판매비와 관리비의 추정

과거 3년간의 판매비와 관리비 변동추세를 검토한바 매출액과 연관이 있는 비용은 최근 3년간 매출액 증가율을 적용하였다.

(단위 : 천원)

구 분	20×7년	20×8년	20×9년	평균	20×0년	20×1년
세금과공과	242,933	287,659	411,653	314,082	323,410	333,015
운반비	743,562	659,862	674,131	692,518	713,086	734,265
지급수수료	1,257,944	1,185,647	1,132,957	1,192,183	1,227,590	1,264,049

광고선전비	289,660	413,265	523,162	408,696	420,834	433,333
수출제비용	204,674	174,698	200,165	193,179	198,916	204,824
판매수수료	659,800	556,701	598,674	605,058	623,028	641,532
합 계	3,398,573	3,277,832	3,540,742	3,406,716	3,506,864	3,611,018
매출액	73,862,795	74,265,986	76,659,864	-	78,936,662	81,281,081
증가율	3.21%	0.55%	5.15	2.97%	2.97%	2.97%

라. 기타의 판매비와 관리비 추정

기타 판매비와 관리비는 매출과 직접적인 인과관계가 크지 않고 고정비 성격이 강하므로 최근 3년간의 평균치에 소비자물가상승률을 고려하여 적용하였다.

(단위 : 천원)

구 분	20×7년	20×8년	20×9년	평균	20×0년	20×1년
여비교통비	194,126	233,460	274,654	234,080	241,805	249,784
접대비	89,298	74,650	89,855	84,601	87,393	90,277
통신비	252,134	234,689	334,692	273,838	282,875	292,210
수도광열비	466,002	423,986	449,856	446,615	461,353	476,578
감가상각비	1,040,027	1,034,982	775,212	950,074	981,426	1,013,814
수선비	443,769	389,670	436,598	423,346	437,316	451,748
보험료	205,545	265,859	276,598	249,334	257,562	266,062
차량유지비	897,654	896,598	798,651	864,301	892,823	922,286
교육훈련비	57,309	79,865	55,986	64,387	66,512	68,707
도서인쇄비	465,867	471,032	521,365	486,088	502,129	518,699
회의비	65,798	45,740	36,547	49,362	50,991	52,674
소모품비	789,568	986,435	889,657	888,553	917,875	948,165
대손상각비	18,232	0	41,056	19,763	20,415	21,089
건물유지비	298,760	301,641	346,574	315,658	326,075	336,835
잡비	3,562	5,365	8,546	5,824	6,016	6,215
합 계	5,287,651	5,443,972	5,335,847	5,355,824	5,532,566	5,715,141
물가상승률	2.5%	4.7%	2.8%	3.33%	3.33%	3.33%

4. 추정 영업외손익의 산정

영업외손익은 회사의 영업활동과 무관하게 발생된 손익으로 미래에 대한 추정이 불확실하므로 회사의 사정을 고려하여 최근 3년간의 영업외손익의 추세를 적용하여 추정하였다.

(단위 : 천원)

구 분	20×0년	20×1년
영업외수익	43,271	41,417
영업외비용	391,596	375,305
영업외손익	(348,325)	(333,835)

가. 최근 3년간의 영업외손익의 추이

회사의 최근 3년간의 영업외손익 중에서 일시적인 거액의 거래인 매도가능증권 처분이익 2,562,110천원을 제외한 영업외손익의 단순추세는 다음과 같다.

(단위 : 천원)

구 분	20×7년	20×8년	20×9년	매출평균	20×0년	20×1년
영업외손익	(450,023)	(487,731)	(363,444)	–	(348,325)	(333,835)
증가액		37,708	(124,287)	–	(15,119)	(14,490)
증가율		17.15%	−25.48	−4.16	−4.16	−4.16

나. 영업외 손익의 추정

(*) 회사의 최근 3년간 영업외손익의 단순추세는 다음과 같다.

다만, 유가증권처분손익은 유가증권이 존재하지 아니하므로 제외한다.

영업외 손익에서 영업외수익 및 영업외비용을 구분하는 기준은 최근 3개년간 영업외수익/영업외비용의 비율을 단순평균하여 20×0년과 20×1년 영업외손익에 구분 적용하였다.

(단위 : 천원)

구 분	20×7년	20×8년	20×9년	매출평균	20×0년	20×1년
영업외수익	40,170	47,062	70,109	–	43,271	41,417
영업외비용	490,193	534,793	433,553	–	391,596	375,305
수익/비용	8.19%	8.80%	16.17%	11.05%	11.05%	11.05%
영업외손익	(450,023)	(487,731)	(363,444)	–	(348,325)	(333,835)

03

Chapter 05

유사상장법인 주가 비교평가방법의 평가사례

1 유사상장법인 선정요령

다음의 甲법인은 주업종이 경호업(749200)을 하고 있는 비상장 중소기업이다. 이 회사의 대주주인 김한국은 당해 법인의 주식가치를 평가하고자 한다. 당해 법인의 주식가치를 「상속세 및 증여세법」에 의한 보충적 평가방법에 의한 평가액이 비교적 고평가되는 것으로 판단하고 있다. 이에 당해 법인의 주식가치를 유사상장법인의 주가와 비교하여 평가하는 것이 가능한지를 검토해 보고자 한다.

평가대상 비상장 중소기업 '甲법인'의 내용

비 교 요 소								자 본 이익률	비고
개업일	직전 사업연도		1주당 가액		업종 코드	총자산 가 액	매출액		
	결산월	사업 연도	총자산 가 액	경상 이익					
1996. 10.1.	20×9.12.	1.1.~ 12.31.	41,347	1,269	749200	8,269,593,770	20,832,669,480	0.0985	

1.1 유사상장법인의 선정

1.1.1 개 요

유사상장법인의 주가와 비교하여 평가대상 비상장 중소기업의 주식가치를 평가하기 위해서는 당해 비상장 중소기업의 업종, 자산과 매출의 규모 및 사업의 영위기간 등이 유사하다고 인정되는 상장법인 또는 코스닥상장법인을 기준으로 평가하여야 한다. 이때 비교 평가할 유사상장법인을 선정하기 위해서는 업종기준 ⇒ 규모기준 ⇒ 일반기준의 순서로 선정한다.

1.1.2 업종기준에 의한 선정

비상장주식을 유사상장법인의 주가와 비교하여 평가하기 위해서는 국세청장이 매년 1회 이상 고시한 유사상장법인 비교요소일람표를 이용하여 평가할 수 있다. 이때 적용하는 비교평가대상 유사상장법인은 1개 이상 되어야 한다. 유사상장법인의 선정은 「소득세법」에 의하여 국세청장이 결정하는 기준경비율·단순경비율의 업종분류에 의한 평가대상 비상장 중소기업과 같은 중분류 이내에 해당하는 업종을 영위하여야 한다. 이때 세세분류(6자리 숫자)가 동일한 법인이 1개에 미달하는 경우에는 세분류(4자리 숫자), 소분류(3자리 숫자), 중분류(2자리 숫자)까지 순차로 적용하여 2개 이상의 유사상장법인을 선정한다.

유사상장법인 비교요소일람표(2003년)

법인명	1주당 가액		업종코드	규모기준		자본이익률	유사상장법인 선정순서
	총자산가액	경상이익		총자산가액	매출액		
A	8,227	1,484	743001	96,860,011,549	199,921,774,368	0.1415	③
B	750	−219	743002	8,205,071,023	6,748,813,672	−0.4577	③
C	1,259	−149	743002	10,453,241,166	4,089,479,280	−0.1507	③
D	14,494	3,543	743002	36,235,719,390	50,624,566,489	0.1059	③
E	60,779	13,169	743002	279,684,847,083	429,200,082,966	0.1580	③
F	13,963	−1,649	743002	29,044,306,860	45,209,264,920	0.1757	③
G	12,224	−10,120	749200	4,818,928,149	28,129,372,726	−1.6148	①
H	16,654	1,340	749500	49,962,668,447	137,867,317,275	0.0641	②
I	333	−200	749901	9,163,237,937	18,673,833,125	−0.4437	②
J	5,363	−334	749901	7,669,106,006	26,794,072,026	−0.1425	②
K	11,582	1,101	749901	54,892,946,584	63,648,065,548	0.0228	②
L	10,644	1,124	749901	51,766,320,959	25,136,635,252	0.0891	②
M	3,830	−358	749932	48,249,534,990	75,913,470,785	−0.0746	②

법인명	1주당 가액		업종코드	규모기준		자 본 이익률	유사상장법인 선정순서
	총자산가 액	경상이익		총자산가액	매출액		
N	2,769	−306	749934	20,218,189,944	16,625,917,100	−0.2646	②
O	715	35	749939	7,154,068,911	34,165,055,610	0.0491	②
P	2,103	357	749939	84,954,668,832	12,936,763,931	0.0683	②
Q	848	158	749939	13,578,309,580	60,372,224,400	0.1154	②
R	534	−106	809007	22,181,392,309	28,269,553,196	0.0183	

(1) 세세분류(749200)

당해 비상장 중소기업의 주업종 749200에 해당하는 유사상장법인은 G법인 1개가 존재한다. 유사상장법인 비교요소일람표상의 G법인은 총자산가액, 자본이익률 중에서 음수에 해당되는 것이 있어서 음영처리되어 있다. 이와 같이 음수에 해당되는 것이 있어서 음영처리된 법인은 유사상장법인의 선정대상에서 제외되므로 ①의 단계에서는 유사상장법인이 존재하지 않는다.

(2) 소분류(749000)

세세분류에 해당되는 유사상장법인이 2개 미만인 경우에는 해당 세분류에서 유사상장법인을 선정하여야 한다. 이 사례에서는 세분류에 해당되는 업종이 없으므로 소분류(749000)에서 유사상장법인을 선정하여야 한다. 소분류에서 유사상장법인에는 H법인~Q법인까지 10개의 법인이 존재한다. 소분류법인 중에서 순자산가액, 자본이익률 중에서 음수가 존재하여 음영 처리되어 있는 I법인, J법인, M법인, N법인을 제외한 H법인, K, L, O, P, Q법인 중 2개의 유사상장법인을 선정하여야 한다. 이 사례에서 ②단계에서는 유사상장법인이 6개 존재한다.

1.1.3 규모기준에 의한 선정

유사상장법인을 선정함에 있어서 업종뿐만 아니라 규모도 유사하여야 한다. 즉 비교대상 유사상장법인의 규모기준은 평가대상 비상장 중소기업의 총자산가액에 비하여

5배, 매출액의 5배를 각각 초과하지 않아야 한다. 그러므로 유사상장법인의 규모는 다음의 기준범위 내에 있어야 한다.

• 총자산가액 기준 : 8,269,593,770×5배=41,347,968,850
• 매출액 기준 : 20,832,669,480×5배=104,163,347,400

한편, ②단계에서 범위 내에 해당되는 법인은 O법인 1개밖에 존재하지 않는다. 이런 경우에는 다시 업종기준으로 중분류(740000)로 업종을 확장하여 유사상장법인을 선정하여야 한다. ③단계에서는 규모기준에 적합한 D법인을 유사상장법인으로 선정할 수 있다.

1.1.4 일반기준

이상에서 선정된 상장일로부터 6개월이 경과해당할 것, 최근 2년간 감사의견이 적정의견에 해당할 것, 최근 2년간 경영에 중대한 영향을 미칠 수 있는 합병, 영업의 양수도, 분할 등이 없을 것, 최근 2년간 기업회계기준 위배로 인한 조치를 받은 사실이 없을 것, 최근 6개월 이내에 관리종목으로 지정된 사실이 없을 것 등의 일반기준에 적합하여야 한다(훈령 §19 ① 1호). 이렇게 적용하여 선정하여도 유사상장법인이 2개 미만인 경우에는 보충적 평가방법에 의하여 평가를 하여야 한다.

1.2 자본이익률(ROI)에 따른 유사상장법인 적용방법

1.2.1 자본이익률 적용요령

유사상장법인으로 선정된 법인 중에서 자본이익률이 평가대상 비상장 중소기업의 자본이익률과 가장 근접한 상위 2개 법인과 하위 2개 법인을 유사상장법인으로 선정한다. 이 경우에 유사상장법인의 수가 상위법인과 하위법인이 각각 2개에 미달하는 경우에는 그 미달하는 법인을 유사상장법인으로 선정한다(훈령 §16 ②).

사례별 유사상장법인 선정요령

〈사례1〉		〈사례2〉		〈사례3〉		〈사례4〉	
유사 상장법인	ROE	유사 상장법인	ROE	유사 상장법인	ROE	유사 상장법인	ROE
A	0.123	–	–	A	0.080	–	–
B	0.111	A	0.150	丙	0.070	–	–
C	0.055	乙	0.105	B	0.060	A	0.100
甲	0.044	B	0.096			丁	0.090
D	0.035	C	0.085			–	–
E	0.023	D	0.074			–	–
F	0.019	E	0.063	–	–	–	–

1.2.2 사례별 적용 유사상장법인

상기 사례에서 유사상장법인으로 선정된 법인은 선정기준을 모두 충족한 것으로 가정한다. 유사상장법인으로 선정된 법인 중에서 자본이익률(ROI)을 기준으로 유사상장법인을 선정하는 요령과 같이 평가대상 비상장 중소기업의 자본이익률과 가장 근접한 상위 2개 법인과 하위 2개 법인을 유사상장법인으로 선정하는 것을 원칙으로 하며, 그 사례별로 설명하면 다음과 같다.

〈사례1〉 평가대상 비상장 중소기업 甲의 자본이익률 : 0.044

비상장 중소기업 甲의 자본이익률(0.044)과 가장 근접한 상위 2개 법인인 B법인·C법인과 하위 2개 법인인 D법인·E법인이 유사상장법인으로 선정된다.

〈사례2〉 평가대상 비상장 중소기업 乙의 자본이익률 : 0.105

비상장 중소기업 乙의 자본이익률(0.105)과 가장 근접한 상위 법인은 A법인 1개만 존재하므로 상위 법인은 A법인만 선정한다. 하위 2개 법인은 B법인과 C법인이 해당된다. 그러므로 유사상장법인은 A법인, B법인, C법인을 유사상장법인으로 선정한다.

▶▶〈사례3〉 평가대상 비상장 중소기업 丙의 자본이익률 : 0.070

평가대상 비상장 중소기업 丙의 자본이익률은 0.070으로서 유사상장법인으로 선정된 법인은 2개 법인밖에 없다. 이 경우에는 상위 A법인과 하위 B법인을 유사상장법인으로 선정한다.

▶▶〈사례4〉 평가대상 비상장 중소기업 丁의 자본이익률 : 0.090

평가대상 비상장 중소기업 乙의 자본이익률은 0.090으로서 유사상장법인으로 선정된 법인은 A법인 1개만 존재한다. 이 경우에는 A법인을 유사상장법인으로 선정한다. 이상과 같이 각 사례별로 선정된 유사상장법인은 다음과 같다.

각 사례별 유사상장법인 선정 현황

평가대상법인	사례1(甲법인)	사례2(乙법인)	사례3(丙법인)	사례4(丁법인)
유사상장법인	B, C, D, E	A, B, C	A, B	A

2 유사상장법인에 의한 비상장 중소기업 주식의 비교 평가사례

비상장 중소기업(부동산과다보유법인에 해당되지 아니한다)에 해당하는 한국전기주식회사는 최근 경쟁업체의 출현으로 경영이 약화되어 가고 있다. 당해 법인의 대주주의 사망으로 상속세를 신고하기 위하여 주식을 평가하였으나 보충적 평가방법에 의하여 평가하는 것이 불합리하다고 판단하고 있다. 이에 상속인은 유사상장법인의 주가와 비교평가하여 평가심의위원회에 평가를 의뢰하고자 한다.

① 상속개시일 : 20×0.2.1.

② 해당 법인의 재무자료와 법인현황

- 법인명 : 한국전기㈜(배전용 전력차단기 제조업)
- 대표이사 : 김 철 수
- 소재지 : 서울시 강남구 테헤란로 100
- 자본금 : 20억원(1주당 액면가 : 5,000원, 발행주식총수 : 400,000주)

•평가대상 비상장 중소기업 재무자료

비 교 요 소								자 본 이익률	비고
개업일	직전 사업연도		1주당 가액		업종 코드	총자산 가 액	매출액		
	결산월	사업 연도	총자산 가 액	경상 이익					
1996. 10.1.	20×9.12.	1.1.~ 12.31.	43,516	3,307	312,000	17,406,503,250	25,417,553,050	0.0670	

③ 직전 사업연도 매출액 현황

구 분		금 액
업 종	업종코드	
제조 배전용전력차단기	312000	23,731,774,630
도매 전기송배선장치	515070	1,685,778,420
합 계		25,417,553,050

④ 비상장주식의 보충적 평가방법에 의한 평가액 : 37,090원(1주당 순손익가치와 1주당 순자산가치를 각각 3 : 2로 가중평균한 가액임)

－1주당 순자산가치 : 45,207원(평가기준일 현재「상속세 및 증여세법 시행령」제54조 제2항에 의한 평가액)

－1주당 순손익가치 : 31,680원(최근 3년간 순손익액의 가중평균액에 의한 1주당 가액)

⑤ 피상속인은 최대주주에 해당되며, 특수관계자 보유분 포함 75% 보유하고 있음.

참고 유사상장법인 1주당 가액 계산 흐름도

납세자는 비상장 중소기업의 주식평가를 보충적 평가방법에 의하여 평가하는 것이 불합리하다고 인정되어 당해 법인의 자산·매출규모 및 사업의 영위기간 등을 감안하여 동종의 업종을 영위하고 있는 유사상장법의 주식가치와 비교평가를 평가심의위원회에 신청할 수 있다. 이때 적용하는 유사상장법인 1주당 가액을 계산하는 흐름도는 다음과 같다.

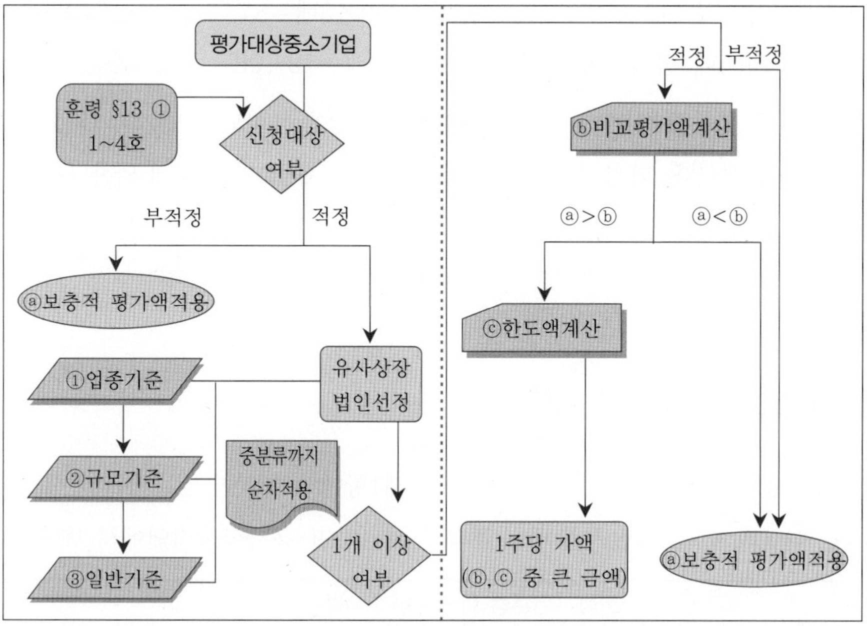

2.1 유사상장법인 선정

유사상장법인의 판정은 「훈령」 제15조 제1항 제1호에 의한 일반적인 기준과 「훈령」 제15조 제1항 제2호에 의한 업종기준 및 제3호에 의한 규모기준(총자산가액, 매출액) 범위 내에 있는 상장법인을 유사상장법인으로 선정한다.

2.1.1 업종기준에 의한 검토

유사상장법인 비교요소일람표에 의하면 당해 비상장 중소기업의 업종코드인 312000(세세분류)에 해당하는 유사상장법인이 16개 존재한다. 그러므로 다음 단계인 규모기준과 일반기준에 의하여 유사상장법인을 선정한다.

2.1.2 규모기준에 의한 검토

업종기준으로 선정된 유사상장법인 16개에 대하여 「훈령」 제15조 제1항 1. 일반적인 기준과 3. 규모기준(총자산가액, 매출액) 범위 내에 있는 상장법인을 유사상장법인으로 선정한다.

- 총자산가액의 5배 범위 : 17,406,503,250×5배=87,032,516,250원
- 매출액의 5배 범위 : 25,417,553,050×5배=127,087,766,250원

이 경우에 유사상장법인의 선정기준(훈령 §19 ①)에 부합되는 법인이 다음의 표와 같이 12개가 존재한다. 따라서 「훈령」 제18조 제1항 제5호의 규정에 의한 유사상장법인이 2개 이상되므로 평가신청대상에 해당된다.

※ 유사상장법인의 선정기준 시에 세세분류에서 유사상장법인이 2개 미만인 경우에는 세분류 ⇒ 소분류 ⇒ 중분류까지 순차적으로 유사상장법인 선정기준을 적용하여 2개 이상이 될 때까지 검토하여야 한다.

2.1.3 일반기준에 의한 검토

규모기준의 적용과 함께 「훈령」 제13조 제1항에서 규정한 일반기준에 해당되어야 한다. 다음과 같은 일반기준에 해당되지 아니하면 유사상장법인에서 배제한다.

평가신청기준(훈령 §13 ①항 1~4호)	여	부
1. 중소기업(중기령 §3)	○	
2. 시가를 산정하기 어려운 경우(상증법 §60 ③, 상증령 §49)	○	
3. 사업개시 후 2년 이상 경과할 것	○	
4. 1주당 순자산가액이 양수일 것	○	

유사상장법인의 선정

상 장 법인명	자 본 이익률	일반기준 ★훈령 제15조 제1항 제1호		규모기준(훈령 §15 ① 3호) 총자산가액		매 출 액		유사상장 법인 여부
		적	부	금 액	범위 내	금 액	범위 내	
엘지산전㈜	−0.4120		×(아)	133,527,576,695	×	868,341,299,318	×	×
엔하이테크㈜	−0.1177		×(아)	4,826,493,664	○	15,580,582,879	○	×
일진전기㈜	−0.0460		×(아)	120,691,070,511	×	195,221,827,872	×	×
파츠닉㈜	0.0119	○		63,608,183,938	○	210,024,099,537	×	×

보성파워텍㈜	0.0277		X(사)	15,144,210,235	○	39,328,259,178	○	X
㈜태광이엔시	0.0296	○		20,203,873,040	○	23,159,626,344	○	○
서호전기㈜	0.0516	○		11,096,593,387	○	12,552,542,152	○	○
㈜광명전기	0.0582	○		38,166,624,164	○	42,804,218,760	○	○
㈜비츠로테크	0.0610	○		20,411,506,868	○	32,983,086,649	○	○
선도전기㈜	0.0638	○		47,057,863,504	○	42,496,771,429	○	○
㈜프리엠스	0.0673	○		12,432,264,131	○	12,804,087,723	○	○
극동전선㈜	0.0778	○		85,287,513,226	○	96,413,942,217	○	○
㈜에프에스티	0.0872		X(아)	13,296,408,173	○	21,042,786,104	○	X
㈜비츠로시스	0.0939	○		19,146,039,770	○	40,391,784,636	○	○
한국단자공업㈜	0.1414	○		152,442,040,637	X	167,507,835,578	X	X
㈜디엠에스	0.4216		X(바)	24,781,953,139	○	56,500,119,561	○	X

2.1.4 자본이익률에 의한 유사상장법인의 적용

유사상장법인의 주가와 비교평가를 하기 위해서는 유사상장법인으로 선정된 8개 중에서 평가대상 비상장 중소기업의 자본이익률과 가장 근접한 유사상장법인을 선정한다. 선정 요령은 평가대상 비상장 중소기업의 자본이익률을 기준으로 상위 2개 법인과 하위 2개 법인을 선정한다(훈령 §16 ②). 이때 상위 2개 법인으로는 ㈜프리엠스와 극동전선㈜을 적용하고, 하위 2개 법인으로 ㈜비츠로테크와 선도전기㈜를 적용하게 된다.

2.2 1주당 가액 산정

2.2.1 유사상장법인의 주가 비교평가액의 단순평균값의 계산

(1) 비교평가비율의 계산

㈎ 비교평가비율 산식

$$\left[\frac{\text{비상장 중소기업의 1주당 경상이익}}{\text{유사상장법인의 1주당 경상이익}}\times 3+\frac{\text{비상장 중소기업의 1주당 총자산가액}}{\text{유사상장법인의 1주당 총자산가액}}\times 2\right]\div 5$$

㈏ 유사상장법인별 ㈜한국의 비교평가비율

• ㈜비츠로테크 : $\left[\frac{3,307}{254}\times3+\frac{43,516}{2,332}\times2\right]\div5=15.28$ (소수점 셋째자리에서 반올림)

• 선도전기㈜ : $\left[\frac{3,307}{192}\times3+\frac{43,516}{2,667}\times2\right]\div5=16.86$

• ㈜프리엠스 : $\left[\frac{3,307}{100}\times3+\frac{43,516}{2,072}\times2\right]\div5=28.24$

• 극동전선㈜ : $\left[\frac{3,307}{4,631}\times3+\frac{43,516}{34,169}\times2\right]\div5=0.94$

(2) 비교평가액의 계산

유사상장법인으로 선정된 법인을 기준으로 한국전기㈜의 비교평가액을 계산하기 위해서는 유사상장법인의 주가에 대하여 비교평가비율을 적용하여 산출한다.

> 비교평가액=평가기준일 이전 2개월간의 보통주의 종가평균액×비교평가비율

유사상장법인으로 선정된 유사상장법인의 평가기준일 이전 2개월간의 보통주의 종가평균액을 기준으로 하여 계산한 한국전기㈜의 비교평가액은 다음과 같다.

• ㈜비츠로테크 : 1,061×15.28=16,212원(소수점 이하 절사)
• 선도전기㈜ : 1,558×16.86=26,267원
• ㈜프리엠스 : 1,289×28.24=36,401원
• 극동전선㈜ : 24,475×0.94=23,006원

이상과 같은 과정을 거쳐 유사상장법인의 비교평가액을 단순평균한 가액은 다음과 같이 25,471원(원단위 이하 절사)으로 계산된다.

(단위 : 원)

법 인 명	2개월간 종가평균액	1주당 경상이익	1주당 총자산	비교평가 비 율	비교평가액 (주가×비교 평가비율)
㈜비츠로테크	1,061	254	2,332	15.28	16,212
선도전기㈜	1,558	192	2,667	16.86	26,267
㈜프리엠스	1,289	100	2,072	28.24	36,401
극동전선㈜	24,475	4,631	34,169	0.94	23,006
				합 계 액	101,886
평가대상 법 인	한국전기㈜	3,307	43,516	평 균 값 (합계액÷유사법인수)	25,471

2.2.2 평가액 최소 한도액

유사상장법인 비교평가액은 유사상장법인으로 선정된 법인을 기준으로 한 비교평가액을 계산하여 단순평균하도록 하고 있다. 이때 평가대상 비상장주식의 1주당 가액은 비상장주식의 보충적 평가방법에 의하여 평가한 당해 비상장주식의 1주당 순자산가치의 80%를 한도로 하고 있다(훈령 §21 ① 2호). 따라서 한국전기㈜에 대한 비상장주식의 보충적 평가방법에 의한 1주당 순자산가치(45,207원)의 80%를 한도로 하여 평가한다.

1주당 순자산가치(보충적 평가방법) : 45,207원×80%=36,165원(원단위 이하 절사)

2.2.3 1주당 평가액

Max[①, ②] : 36,165원
① 유사상장법인 주가 비교평가액의 단순평균값 : 25,471원
② 1주당 순자산가치(보충적 평가방법) : 45,207원×80%=36,165원

[평가심의위원회 운영규정 별지 제3호 서식] (2017.7.1. 개정) [앞면]

	비상장 기업의 주식평가 신청서	20×0년

1. 납세자 인적사항

성 명	김 철 수	생 년 월 일	1960.12.31.
주 소	서울특별시 송파구 올림픽대로 15 (☎ : (02)560-1234) (e-mail :)		
평 가 기 준 일	20×0.2.1.		

2. 평가대상법인

법 인 명	한국전기㈜	사 업 자 등 록 번 호	211-81-12345
사 업 장 소 재 지	서울특별시 강남구 테헤란로 100		

3. 평가대상법인의 평가액

평가방법	① 1주당평가가액	② 보충적평가액	①의 가액이 ② 보충적 평가액의 70%에서 130% 범위내인지 여부
유사상장법인 비교평가방법	36,165	37,090	여

「상속세 및 증여세법 시행령」 제49조의 2 제5항에 따라 비상장 기업주식 평가 신청서를 제출합니다.

20×0년 5월 31일

신고인 김 철 수 (서명 또는 인)

평가서 작성 법인 세무법인 가나 (인)

(사업자등록번호 215-81-15006)

업무수행자 김 가 나 (서명 또는 인)

(관리번호 : T60003)

서울지방국세청장 귀하

※ 구비서류

1. 상속개시(증여) 사실 증명서류("사망진단서 또는 "증여계약서" 등)
2. 비상장주식등 평가서 및 관련 부속서류
3. 보충적 평가방법에 따른 주식평가액이 불합리하다고 인정할 수 있는 근거자료
4. 평가방법에 따라 평가한 비상장주식등의 평가액 및 그 평가부속서류
   * 유사상장 비교평가방법시 제출서류
5. 평가대상 또는 반려대상여부 검토서
6. 유사상장법인 주가 비교평가액 계산서
7. 유사상장법인 종가명세서
8. 유사상장법인 선정기준 검토서

[평가심의위원회 운영규정 별지 제2호 서식] (2014.1.1. 개정)

<table>
<tr><td></td><td colspan="2">평가대상 또는 반려대상여부 검토서</td><td colspan="2">20×0년</td></tr>
<tr><td colspan="5">1. 평가대상 비상장 중소기업</td></tr>
<tr><td>① 법 인 명</td><td>한국전기(주)</td><td>② 대 표 자</td><td colspan="2">김 철 수</td></tr>
<tr><td>③ 사 업 개 시 일</td><td>1996.10.1.</td><td>④ 소 재 지</td><td colspan="2">서울 강남 테헤란로 100</td></tr>
<tr><td>⑤ 1주당액면가액</td><td>5,000</td><td>⑥ 발행주식총수</td><td colspan="2">400,000</td></tr>
<tr><td>⑦ 자 본 금</td><td>2,000,000,000</td><td>⑧ 휴·폐 업 일</td><td colspan="2"></td></tr>
<tr><td colspan="5">2. 평가신청의 기준 검토</td></tr>
<tr><td colspan="3">평가신청의 요건(규정 제13조 제1항 제1호부터 제6호까지)</td><td>여</td><td>부</td></tr>
<tr><td colspan="3">⑨ 비상장중소기업에 해당할 것</td><td>○</td><td></td></tr>
<tr><td colspan="3">⑩ 영 제49조에 의한 시가를 산정하기 어려운 경우</td><td>○</td><td></td></tr>
<tr><td colspan="3">⑪ 사업개시 후 3년 이상 경과할 것</td><td>○</td><td></td></tr>
<tr><td colspan="3">⑫ 유사상장법인이 1개 이상 있을 것</td><td>○</td><td></td></tr>
<tr><td colspan="3">⑬ 1주당 경상이익, 1주당 순자산가액이 양수일 것</td><td>○</td><td></td></tr>
<tr><td colspan="3">⑭ 부동산평가액이 총자산의 80% 이상인 법인이 아닐 것</td><td>○</td><td></td></tr>
<tr><td colspan="5">3. 반려의 기준 검토</td></tr>
<tr><td colspan="3">평가신청 반려의 기준(규정 제14조 제3항 제1호 및 제3호, 제20조 제3항)</td><td>여</td><td>부</td></tr>
<tr><td colspan="3">⑮ 평가신청서 및 평가관련서류 기한내 제출 여부</td><td>○</td><td></td></tr>
<tr><td colspan="3">⑯ 상속세 또는 증여세 납부의무가 있는지 여부</td><td>○</td><td></td></tr>
<tr><td colspan="3">⑰ 상속·증여세를 부당하게 감소시킬 목적의 평가신청이 아닌 경우</td><td>○</td><td></td></tr>
<tr><td colspan="5">※ 작성요령
1. 본 검토서에 의해 평가대상인지 반려대상인지를 판단하므로 사실내용에 따라 정확하게 작성하여야 하며 평가가액 등에 대한 지방청위원회의 통지가 있은 후에라도 사실과 다르게 작성한 사실이 확인되는 경우에는 그 결과통지는 효력이 없음에 유의하여야 합니다.
2. ⑨~⑰란은 각 항목에 해당하면 "여"란에 "○"을 표시하고, 부합되지 아니하는 경우에는 "부"란에 "○"을 표시합니다.</td></tr>
</table>

[평가심의위원회 운영규정 별지 서식 부표 2] (앞 면)

	비상장주식의 1주당 가액 계산서			20×0년
1. 평가대상 비상장 중소기업의 기본사항				
①업 태	②종 목	③기준경비율 코드번호	④매 출 액 (수입금액)	⑤총자산가액
제조업	배전용전력차단기	312000	23,731,774,630	
도매업	전기송배선장치	515070	1,685,778,420	
기 타				
⑥주업종 코드번호 및 매출액 합계		312000	25,417,553,050	17,406,503,250

2. 평가대상 비상장 중소기업의 보충적 평가가액			
⑦1주당 순자산가치	⑧1주당 순손익가치	⑨1주당 보충적 평가가액	⑩최대주주 할증평가액
45,207	31,680	37,090	

3. 유사상장법인별 비교평가액						
⑪법인명	⑫ 2개월간 종가평균액	⑬자본 이익률	⑭1주당 경상이익	⑮1주당 총자산	⑯비교 평가비율	⑰비교 평가액 (⑫×⑯)
비츠로테크	1,061	0.0610	254	2,332	15.28	16,212
선도전기	1,558	0.0638	192	2,667	16.86	26,267
평가대상 법 인		0.0670	3,307	43,516		
프리엘스	1,289	0.0673	100	2,072	28.24	36,401
극동전선	24,475	0.0778	4,631	34,160	0.94	23,006
⑲ 평 균 값 (⑱÷유사상장법인수)	25,471				⑱ 합계액	101,886

4. 1주당 가액					
⑳ 최소평가액 (⑦란의 가액×80%)	36,165	㉑ 1주당 가액 (⑲, ⑳ 중 큰 금액)	36,165	㉒ 최대주주 할증평가액 (㉑×110%~130%)	36,165*

* 중소기업의 경우에 2005년 이후 상속·증여분은 할증평가를 하지 아니한다.

[평가심의위원회 운영규정 별지 제4호 서식 부표 1]

	유사상장법인 종가명세서									20×0年
평 가 기 준 일			20×0년 2월 1일						(금액단위 : 원)	
일련번호	②법인명 / ①일 자		③ 종 가 명 세							
			㈜비츠로테크		선도전기㈜		프리엠스㈜		극동전선㈜	
1	12.01.	01.06.	1,180	1,040	1,400	1,460	1,260	1,115	24,850	24,700
2	12.02.	01.07.	1,230	1,040	1,385	1,500	1,235	1,100	24,800	24,700
3	12.03.	01.10.	1,180	1,035	1,340	1,690	1,245	1,110	24,550	24,700
4	12.06.	01.11.	1,135	1,030	1,330	1,720	1,235	1,160	24,550	24,700
5	12.07.	01.12.	1,100	1,030	1,350	1,715	1,220	1,200	24,900	23,800
6	12.08.	01.13.	1,070	1,040	1,405	1,715	1,230	1,230	24,700	24,550
7	12.09.	01.14.	1,035	1,045	1,420	1,685	1,235	1,295	24,200	24,550
8	12.10.	01.17.	970	1,090	1,350	1,640	1,240	1,450	24,900	23,600
9	12.13.	01.18.	965	1,070	1,360	1,680	1,205	1,400	24,500	24,500
10	12.14.	01.19.	985	1,075	1,325	1,650	1,300	1,390	24,700	24,450
11	12.15.	01.20.	975	1,070	1,335	1,600	1,340	1,360	24,200	24,450
12	12.16.	01.21.	990	1,045	1,385	1,630	1,385	1,395	24,150	24,000
13	12.17.	01.24.	980	1,170	1,385	1,870	1,320	1,455	24,400	24,500
14	12.20.	01.25.	970	1,255	1,365	2,150	1,325	1,460	24,100	24,450
15	12.21.	01.26.	970	1,210	1,340	2,100	1,285	1,500	24,550	24,400
16	12.22.	01.27.	970	1,125	1,335	2,350	1,285	1,500	24,850	24,350
17	12.23.	01.28.	970	1,260	1,315	2,480	1,235	1,510	24,200	24,400
18	12.24.	01.31.	1,005	1,270	1,325	2,400	1,260	1,560	24,250	24,500
19	12.27.		1,015		1,330		1,255		24,700	
20	12.28.		1,000		1,320		1,285		24,300	
21	12.29.		990		1,315		1,280		24,550	
22	12.30.		1,005		1,285		1,230		24,750	
23	01.03.		1,025		1,470		1,115		24,750	
24	01.04.		1,025		1,405		1,120		24,050	
25	01.05.		1,025		1,415		1,145		24,700	
④합 계			45,665		67,025		55,460		1,052,450	
⑤종 가 평 균 액 (④÷일자수 합계)			1,061		1,558		1,289		24,475	

※ 작성요령

1. 별지 제4호 서식 부표 2(유사상장법인 선정기준 검토서)에서 유사상장법인으로 선정된 법인에 대하여 평가기준일 이전 2개월간의 종가를 기재하여 합계액과 종가평균액을 작성합니다.
2. "종가"라 함은 유가증권시장 또는 코스닥시장에서 거래되는 주식 또는 출자지분의 1주당 가액에 대해 매일 공표되는 최종시세가액 또는 코스닥시장본부 기준가격을 말합니다.

[평가심의위원회 운영규정 별지 제4호 서식 부표 2] (앞 면)

	유사상장법인 선정기준 검토서									20×0년
① 유사상장법인명	② 종목명	③ 업종코드	④ 매 출 액	⑦ 일반기준 적정여부				규모기준		⑩ 유사상장 해당여부
	세 세 분 류		⑤ 자 산 총 계	항목별 일반기준에 부합한 경우 "○", 부적정시 "×"을 표시				⑧ 자산총계		
	세 분 류									
	소 분 류		⑥ 자 본 이 익 률					⑨ 매 출 액		
	중 분 류									
엘지산전㈜		312000	133,527,576,695	㉮	○	㉱	○	⑧	×	×
			133,527,576,695	㉯	○	㉲	○			
			-0.4120	㉰	○	㉳	○	⑨	×	
보엔하이테크㈜		312000	15,580,582,879	㉮	○	㉱	○	⑧	○	×
			4,826,493,664	㉯	○	㉲	○			
			-0.1177	㉰	○	㉳	○	⑨	○	
일진전기㈜		312000	195,221,827,872	㉮	○	㉱	○	⑧	×	×
			120,591,070,511	㉯	○	㉲	○			
			-0.0460	㉰	○	㉳	○	⑨	×	
파츠닉㈜		312000	210,024,099,537	㉮	○	㉱	○	⑧	○	×
			63,608,183,938	㉯	○	㉲	○			
			0.0119	㉰	○	㉳	○	⑨	×	
보성파워텍㈜		312000	39,328,259,178	㉮	○	㉱	○	⑧	○	×
			15,144,210,235	㉯	○	㉲	○			
			0.0277	㉰	○	㉳	×	⑨	○	
㈜태광이엔시		312000	23,159,626,344	㉮	○	㉱	○	⑧	○	○
			20,203,873,040	㉯	○	㉲	○			
			0.0296	㉰	○	㉳	○	⑨	○	

[평가심의위원회 운영규정 별지 제4호 서식 부표 2] (앞 면)

<table>
<tr><td></td><td colspan="9">유사상장법인 선정기준 검토서</td><td colspan="2">20×0년</td></tr>
<tr><td rowspan="5">①
유 사
상 장
법인명</td><td>②
종목명</td><td>③
업종코드</td><td>④매 출 액</td><td colspan="4">⑦ 일반기준 적정여부</td><td colspan="2">규모기준</td><td rowspan="5">⑩
유사상장해당여부</td></tr>
<tr><td colspan="2">세 세 분 류</td><td rowspan="2">⑤자 산 총 계</td><td colspan="4" rowspan="4">항목별 일반기준에 부합한 경우 “○”, 부적정시 “×”을 표시</td><td colspan="2" rowspan="2">⑧
자산총계</td></tr>
<tr><td colspan="2">세 분 류</td></tr>
<tr><td colspan="2">소 분 류</td><td rowspan="2">⑥자 본 이 익 률</td><td colspan="2" rowspan="2">⑨매 출 액</td></tr>
<tr><td colspan="2">중 분 류</td></tr>
<tr><td rowspan="3">서 호
전 기
㈜</td><td></td><td>312000</td><td>12,552,542,152</td><td>㉮</td><td>○</td><td>㉱</td><td>○</td><td>⑧</td><td>○</td><td rowspan="3">○</td></tr>
<tr><td></td><td></td><td>11,096,593,387</td><td>㉯</td><td>○</td><td>㉲</td><td>○</td><td rowspan="2">⑨</td><td rowspan="2">○</td></tr>
<tr><td></td><td></td><td>0.0516</td><td>㉰</td><td>○</td><td>㉳</td><td>○</td></tr>
<tr><td rowspan="3">㈜광명
전 기</td><td></td><td>312000</td><td>42,804,218,760</td><td>㉮</td><td>○</td><td>㉱</td><td>○</td><td>⑧</td><td>○</td><td rowspan="3">○</td></tr>
<tr><td></td><td></td><td>38,166,624,164</td><td>㉯</td><td>○</td><td>㉲</td><td>○</td><td rowspan="2">⑨</td><td rowspan="2">○</td></tr>
<tr><td></td><td></td><td>0.0582</td><td>㉰</td><td>○</td><td>㉳</td><td>○</td></tr>
<tr><td rowspan="3">㈜비츠로
테크</td><td></td><td>312000</td><td>32,983,086,649</td><td>㉮</td><td>○</td><td>㉱</td><td>○</td><td>⑧</td><td>○</td><td rowspan="3">○</td></tr>
<tr><td></td><td></td><td>20,411,506,868</td><td>㉯</td><td>○</td><td>㉲</td><td>○</td><td rowspan="2">⑨</td><td rowspan="2">○</td></tr>
<tr><td></td><td></td><td>0.0610</td><td>㉰</td><td>○</td><td>㉳</td><td>○</td></tr>
<tr><td rowspan="3">선 도
전 기
㈜</td><td></td><td>312000</td><td>42,496,771,429</td><td>㉮</td><td>○</td><td>㉱</td><td>○</td><td>⑧</td><td>○</td><td rowspan="3">○</td></tr>
<tr><td></td><td></td><td>47,057,863,504</td><td>㉯</td><td>○</td><td>㉲</td><td>○</td><td rowspan="2">⑨</td><td rowspan="2">○</td></tr>
<tr><td></td><td></td><td>0.0638</td><td>㉰</td><td>○</td><td>㉳</td><td>○</td></tr>
<tr><td rowspan="3">프 리
엠 스
㈜</td><td></td><td>312000</td><td>12,804,087,723</td><td>㉮</td><td>○</td><td>㉱</td><td>○</td><td>⑧</td><td>○</td><td rowspan="3">○</td></tr>
<tr><td></td><td></td><td>12,432,264,131</td><td>㉯</td><td>○</td><td>㉲</td><td>○</td><td rowspan="2">⑨</td><td rowspan="2">○</td></tr>
<tr><td></td><td></td><td>0.0673</td><td>㉰</td><td>○</td><td>㉳</td><td>○</td></tr>
<tr><td rowspan="3">극 동
전 선
㈜</td><td></td><td>312000</td><td>96,413,942,217</td><td>㉮</td><td>○</td><td>㉱</td><td>○</td><td>⑧</td><td>○</td><td rowspan="3">○</td></tr>
<tr><td></td><td></td><td>85,287,513,226</td><td>㉯</td><td>○</td><td>㉲</td><td>○</td><td rowspan="2">⑨</td><td rowspan="2">○</td></tr>
<tr><td></td><td></td><td>0.0778</td><td>㉰</td><td>○</td><td>㉳</td><td>○</td></tr>
</table>

[평가심의위원회 운영규정 별지 제4호 서식 부표 2] (앞 면)

	유사상장법인 선정기준 검토서									2019년
① 유사상장법인명	② 종목명	③ 업종코드	④ 매 출 액	⑦ 일반기준 적정여부				규모기준		⑩ 유사상장해당여부
	세세분류		⑤ 자 산 총 계	항목별 일반기준에 부합한 경우 “○”, 부적정시 “×”을 표시				⑧ 자산총계		
	세분류									
	소분류		⑥ 자본이익률					⑨ 매출액		
	중분류									
㈜ 에프에스티		312000	21,042,786,104	㉮	○	㉱	○	⑧	○	
			13,296,408,173	㉯	○	㉲	○			×
			0.0872	㉰	○	㉳	○	⑨	×	
㈜ 비츠로시스		312000	40,391,784,636	㉮	○	㉱	○	⑧	○	
			19,146,039,770	㉯	○	㉲	○			○
			0.0939	㉰	○	㉳	○	⑨	○	
한국단자공업㈜		312000	167,507,835,578	㉮	○	㉱	○	⑧	×	
			152,442,040,637	㉯	○	㉲	○			×
			0.1414	㉰	○	㉳	○	⑨	×	
㈜ 디엠에스		312000	56,500,119,561	㉮	○	㉱	○	⑧	○	
			24,781,953,139	㉯	○	㉲	×			×
			0.4216	㉰	○	㉳	○	⑨	○	
				㉮		㉱		⑧		
				㉯		㉲				
				㉰		㉳		⑨		
				㉮		㉱		⑧		
				㉯		㉲				
				㉰		㉳		⑨		

Chapter 06

현금흐름할인법

1 개 요

현금흐름할인법(DCF; discounted cash flow method)은 기업가치 평가를 위한 재무관리이론 중에서 가장 널리 활용되고 있는 방법으로 알려지고 있다. 이 방법에서는 모든 자산 가치는 이를 보유함에 따라 기대되는 미래 현금흐름의 현재가치로 측정할 수 있다는 것이다. 이에 따라 자산가치 측정을 할 때 기대되는 미래현금흐름의 현재가치는 예측된 현금흐름의 불확실성을 반영하는 할인율에 의하여 측정하게 된다.

이러한 원리에 따라 기업가치의 평가는 기업의 영업활동에서 창출되는 잉여현금흐름을 이용하여 기업의 전체 가치와 주주지분의 가치를 평가하는 것이며, 미래현금흐름을 창출하기 위하여 기업은 필요한 자금을 주주와 채권자로부터 조달하여 운전자본과 고정설비자산 등에 투자하고, 그 투자의 결과로 창출되는 현금흐름을 다시 주주와 채권자에게 배분하게 되는 것이다.

이 방법에 대해서는 제1장 제2절에서 기본적인 모형을 소개한 바와 같이 기본원리는 자산으로부터 창출되는 미래현금흐름을 현재가치로 평가하여 기업전체의 가치를 측정하고, 여기에서 타인자본의 가치를 차감하면 최종적으로 주주지분의 가치가 된다.

2 현금흐름할인법의 기업가치 평가구조

2.1 개 요

현금흐름할인법으로 주주지분을 평가하기 위해서는 기업전체의 가치를 먼저 평가하여야 한다. 기업전체의 가치는 영업활동으로부터 창출되는 영업가치와 영업활동과 무관한 비영업자산의 가치로 구성되며, 영업가치는 영업활동 현금흐름에서 기업의 영업활동을 유지 발전하기 위하여 재투자하는 투자액을 차감하여 평가를 하게 된다. 이에 따라 현금흐름할인법은 미래잉여현금흐름(FCF; free cash flow)의 현재가치와 비영업용 자산의 가치를 합하여 전체기업의 가치를 산정한 후 부채가치를 차감하여 자기자본의 가치를 도출하게 된다.[18]

전체 기업가치＝영업가치＋비영업용 자산
전체 기업가치＝부채가치(채권자지분)＋자기자본가치(주주지분)

2.2 영업가치

영업가치는 미래 잉여현금흐름(FCF; free cash flow)의 현재가치로 할인한 가치를 말한다. 잉여현금흐름은 영업활동을 통해 창출되는 현금흐름에서 영업용 운전자산의 순증가액과 투자소요금액을 차감한 금액을 말한다.

$$\text{영업가치} = \frac{FCF_1}{(1+WACC)} + \frac{FCF_2}{(1+WACC)^2} + \frac{FCF_3}{(1+WACC)^3} + \ldots \frac{FCF_n}{(1+WACC)^n}$$

FCF＝세후영업이익(NOPLAT)＋비현금흐름－순운전자본 증가액－투자소요금액(CAPEX)
세후영업이익(NOPLAT; net operating profit less adjusted tax)

18) 현금흐름할인법은 ㈜영화조세통람에서 발행한 강진홍·조한웅 공저 「기업가치평가실무」, 2018년 참조

잉여현금흐름(FCF)은 세후영업이익에서 현금의 유출이 없는 비용을 가산하고 순운전자본의 증가액은 차감하며, 투자소요금액(CAPEX; capital expenditure)은 차감하여 산정한다. 이에 따라 감가상각비, 무형고정자산상각비 등과 같이 현금의 유출이 없는 비용을 가산하고, 매출채권 및 매입채무 등과 같은 순운전자본의 증가액은 차감하고 감소액은 가산하며, 유형자산 및 무형자산 또는 영업 관련 투자자산에 투자하거나 재투자와 같은 투자소요금액은 차감하여 산정하게 된다.

2.3 잉여현금흐름(FCF; free cash flow)

잉여현금흐름은 기업의 영업활동을 통해서 창출한 현금유입액에서 당해 연도 중에 새로운 사업에 투자하고 남은 것을 의미한다. 실무적으로는 영업활동으로 창출되는 현금흐름은 세후영업이익에서 비현금비용을 더하고 순운전자본 증가액을 차감하여 계산하게 된다. 비현금성비용은 감가상각비와 무형고정자산상각비와 같이 현금의 유출이 없는 비용을 말하며, 이러한 영업활동 현금흐름에 투자소요금액을 차감하면 잉여현금흐름(FCF)이 도출된다.

잉여현금흐름은 영업활동을 통해 창출되는 현금에서 기업의 유지 발전을 위해 반드시 재투자되어야 할 현금(CAPEX)을 제외한 나머지 현금을 말한다. 이와 같이 산출된 잉여현금흐름은 결국 주주와 채권자에게 귀속되는 현금이 된다.

$$\text{영업가치} = \sum_{n=1}^{n} \Sigma \frac{FCF^n}{(1+WACC)^n}$$

잉여현금흐름(FCF) = 영업활동 현금흐름 + 투자활동 현금흐름

영업활동 현금흐름 = 세후영업이익(NOPLAT) − 순운전자본 증가액

투자활동 현금흐름 = 유형·무형자산 및 영업 관련 투자소요금액

이에 따라 잉여현금흐름을 산출하기 위해서는 영업이익(EBIT; Earnings before interest and tax)과 영업이익을 기초로 하여 계산한 법인세, 감가상각비, 순운전자본 증가액, 투자소요금액을 예측하여야 한다.

2.4 가치평가 대상기간에 대한 가정

일반적으로 인정된 회계원칙에서는 회사가 영구히 존속한다는 "계속기업(going concern)의 가정"하에 이루어진다. 기업은 현실적으로 도산하는 경우도 있지만 많은 기업들이 높은 생존율을 보이고 있으며, 회계처리를 할 때도 계속기업의 가정을 전제하고 있다. 계속기업의 가정에 따라 역사적원가주의가 신뢰성을 갖게 되고, 이러한 가정에 따라 감가상각비 등과 같은 회계처리방법이 정당화될 수 있는 것이다.

기업의 잉여현금흐름의 예측도 영업이익의 규모나 투자예상액은 매년 일정하게 유지되지 않기 때문에 매년 다르게 나타나게 된다. 그러나 매년 영업이익과 투자액이 다르게 나타나게 되고, 무한 존속하게 될 회사의 현금흐름을 무한정 추정하는 것은 사실상 불가능할 뿐만 아니라 추정의 실익도 없다.

이와 같은 잉여현금흐름의 추정에 대해 국세청 재산평가심의위원회 운영규정에서는 추정기간을 5년으로 규정하고 있고, 예측 가능한 기간을 경과한 기간의 현금흐름은 영구현금흐름모형에 따라 향후 동일한 금액으로 적용하게 된다.

영업가치=예측기간가치(5년)+영구기업가치

$$\text{예측기간가치}=\sum_{n=1}^{n}\frac{FCF_n}{(1+WACC)^n}$$

$$\text{영구기업가치}=\sum_{n=1}^{n}\frac{FCF_{n+1}}{(WACC-growth\ \ rate)}/(1+WACC)^n$$

단, $FCF_{n+1}=FCF_n\times(1+\text{growth rate})$

성장률(growth rate)은 0%로 적용한다.

영구기업가치는 위의 산식과 같이 예측기간말(n)의 잉여현금흐름을 FCF_n이라 하고, 예측기간 이후에는 매년 g%씩 상장할 것으로 예상하여 평가할 수 있다. 그러나 예측기간 이후의 성장률이 가치평가 결과에 절대적인 영향을 줄 수 있다. 이러한 점을 고려하여 국세청 재산평가심의위원회 운영규정에서는 성장률을 0%로 가정하고 평가하도록 하고 있다.

2.5 비현금흐름

잉여현금흐름을 계산할 때 가산하는 비현금흐름은 유형자산에 대한 감가상각비와 유형자산에 대한 무형고정자산상각비 등이 있다. 비현금흐름을 가산하는 이유는 회계기준에서 유형자산은 취득할 때 취득원가로 인식한 후 내용연수에 따라 비용으로 인식하게 된다. 그렇지만 현금흐름할인법에서 유형자산은 투자시점에는 현금유출이 반영되었으므로 감가상각비에 대해서는 별도로 고려할 필요가 없다. 그러나 매년 잉여현금흐름의 추정은 세후영업이익을 기초로 하여 계산하는 구조를 취하고 있기 때문에 투자시점에 지출되어 이미 차감된 유형자산과 관련된 감가상각비가 매년 중복되어 차감되는 것이다. 이에 따라 세후영업이익에 감가상각비를 가산해 주면 매년 실제현금흐름이 계산될 수 있다.

2.6 순운전자본의 순증감액

순운전자본(Net working capital)은 일상적인 영업활동에 필요한 자금으로서 단기부채를 지급하는 데 사용할 단기자산이며, 단기 채권자를 보호하기 위한 자금이라고 할 수 있다. 따라서 유동자산에서 유동부채를 차감한 잔액으로 정의한다. 여기에서 운전자본은 매출채권, 매입채무, 선수금, 선급금, 재고자산, 미수수익, 선수수익, 선급비용, 미지급금 등 영업활동과정에서 발생하는 채권, 채무를 말하며, 잉여현금흐름(FCF)을 계산함에 있어 매출채권, 재고자산 등과 같은 자산(차변 잔액)항목의 증가는 차감하고, 매입채무, 미지급금 등 부채(대변 잔액)항목의 증가는 가산하여 순운전자본의 순증감액을 계산한다.

2.7 투자소요금액

잉여현금흐름을 계산할 때 차감되는 투자소요금액(CAPEX; capital expenditure)은 유형자산, 무형자산 및 영업 관련 투자자산에 대한 투자금액을 말한다. 기업이 영업 활동을 하는 데 있어서 유형자산 투자금액은 향후 영업이익 창출을 위해 장기간에 걸쳐 사용하기 위하여 소유하고 있는 자산 가운데 구체적인 형태가 있는 자산으로서 토지,

건물, 기계장치, 선박, 차량 등이 이에 해당한다. 무형자산 투자금액은 오랜 기간 사용가치를 지니면서도 구체적인 형태가 없는 자산으로서 특허권, 저작권, 영업권 등이 이에 해당한다. 또한 투자자산은 투자부동산, 투자유가증권 등에 대한 투자한 금액을 말한다.

유형자산은 기업이 영업 활동을 하는 데 있어서 장기간에 걸쳐 사용하기 위하여 소유하고 있는 자산 가운데 구체적인 형태가 있는 자산을 말하고, 이러한 유형자산은 영업활동 현금흐름을 창출하기 위한 것이므로 유형자산 투자금액은 잉여현금흐름을 계산할 때 차감되는 투자소요금액으로 분류된다. 이와 달리 투자자산에는 투자유가증권, 투자부동산, 보증금, 장기금융상품 등이 있으며, 이러한 투자자산에 대한 지출을 잉여현금흐름에서 차감되는 투자소요금액으로 볼 것인가의 여부는 해당 자산이 영업활동 현금흐름을 창출하는데 기여하고 있는지 여부에 따라 판단해야 한다. 예를 들어 투자유가증권이 평가대상기업의 영업활동 현금흐름과 직접적으로 관련되는 법인이거나 영업활동을 위해 불가피하게 납입하는 조합출자금 등은 투자소요금액으로 분류하여야 할 것이다.

그러나 영업활동 현금흐름 창출과정에 직접적인 연관이 없다고 판단되면 투자소요금액에서 제외하여 비영업용 자산으로 분류하여야 할 것이다. 예를 들어 골프회원권 등의 보증금은 영업활동 현금흐름에 직접적으로 기여하는 것이라고 볼 수 없으므로 투자소요금액이 아닌 비영업용 자산으로 분류하여야 할 것이다.

2.8 할인율

기업은 영업활동을 할 때 자본을 사용한 대가로 자본비용을 부담하여야 한다. 이 경우에 자본비용은 기업에 자본을 제공한 투자자들이 투자위험에 대응하여 기대하는 최저요구수익률(Minimum required rate of return)을 말한다. 기업은 자본을 자기자본과 타인자본을 통하여 조달을 하게 되며, 기업전체의 자본비용은 자기자본과 타인자본에 대한 자본비용으로 투입된 각 자본의 시장가치를 기준으로 평균한 가중평균자본비용(WACC)을 적용하여 산정한다. 이 경우에 가중평균자본비용은 타인자본비용과 자기자본비용, 그리고 자본구성비율을 모두 추정하게 된다.

이와 같은 할인율 추정에 대해 국세청 재산평가심의위원회 운영규정에서는 미래현금흐름(FCF)의 현재가치를 산출할 때 적용하는 가중평균자본비용(WACC)을 10% 할인율을 적용하여 평가하도록 규정하고 있다.

2.9 비영업자산의 가치

비영업자산은 기업의 영업가치 창출에 직접적으로 기여하지 못하는 자산을 의미한다. 예를 들어 초과보유현금, 유가증권, 기타 투자자산 등이 이에 해당한다. 영업활동 현금흐름은 기업이 존속하는 한 지속적으로 발생하는데 반하여 비영업자산으로부터 발생하는 현금흐름은 영업활동이 아니므로 일시적으로 발생하게 된다. 이러한 비영업자산으로부터 발생하는 현금흐름은 추정이 어려울 뿐만 아니라 기업가치 측정의 기본전제에도 부합하지 않는다. 이에 따라 현금흐름할인법에 따라 기업가치를 평가할 때 영업가치인 잉여현금흐름의 현재가치에 비영업자산의 가치를 가산하게 된다.

2.10 자기자본가치와 부채가치

전체기업의 가치는 자기자본가치와 부채가치의 합계로 구성된다. 부채가치는 채권자들에게 귀속될 현금흐름의 현재가치이다. 이에 자기자본가치는 주주지분의 가치로서 전체기업의 가치에서 부채가치를 차감하여 계산하게 된다. 이에 따라 산정된 자기자본가치를 발행주식총수로 나누면 1주당 평가액이 산정된다.

3 현금흐름할인법 적용 사례

3.1 평가 자료의 개요

이 자료는 K회사가 P회사 주식의 양수가액을 결정하기 위하여 20×1년 11월 30일을 기준으로 5년간 추정재무제표를 작성하여 현금흐름할인법에 따라 해당 법인의 기업가치를 산정한 내용이다. P회사의 발행주식총수는 97,100주로서 기업가치 및 1주당 가치는 국세청 재산평가심의위원회 운영규정에 따라 할인율, 영구성장률 등을 고려하여 1주당 가치를 평가한 사례이다.

3.2 평가대상법인의 과거재무현황

3.2.1 재무상태표

(단위 : 천원)

구분	20×9년	20×0년	20×1년 11월
자산			
Ⅰ.유동자산	1,805,278	6,785,817	8,782,265
현금및현금성자산	1,252,901	1,037,775	451,487
매출채권	507,672	96,172	1,852,222
단기대여금	–	–	1,322,220
선급금	–	230,250	937,384
기타유동자산	44,705	15,422	15,422
재고자산	–	5,406,197	4,203,530
Ⅱ.비유동자산	646,606	2,437,248	1,569,713
투자자산	464,441	464,441	451,575
유형자산	88,352	1,918,214	1,009,768
기타유동자산	93,913	54,593	108,370
자산총계	2,451,884	9,223,064	10,351,977
부채			
Ⅰ.유동부채	390,133	5,683,308	3,966,253
매입채무	173,144	100,842	579,974
미지급금	10,560	168,942	132,483
단기차입금	–	5,333,800	3,136,600
기타유동부채	205,429	79,724	117,195
Ⅱ.비유동부채	–	138,359	2,387,633
장기차입금	–	–	2,249,274
퇴직급여충당부채	–	138,359	138,359
부채총계	390,132	5,821,667	6,353,886
자본			
Ⅰ.자본금	551,000	971,000	971,000

구분	20×9년	20×0년	20×1년 11월
Ⅱ.자본잉여금			
Ⅲ.기타포괄손익누계액			
Ⅳ.이익잉여금	1,510,751	2,430,397	3,027,091
자본총계	2,061,751	3,401,397	3,998,091
부채와 자본총계	2,451,884	9,223,064	10,351,977

3.2.2 손익계산서

(단위 : 천원)

구분	20×9년	20×0년	20×1년 11월
매출액	16,822,011	18,222,098	13,297,044
매출원가	13,849,562	14,064,604	9,746,019
매출총이익	2,972,449	4,157,494	3,551,025
판매비와관리비	2,007,095	3,000,611	2,409,931
영업이익	965,394	1,156,883	1,141,094
영업외손익	341,863	(131,366)	(466,480)
법인세비용차감전순이익	1,307,217	1,025,517	674,614
법인세비용	191,078	105,872	77,000
당기순이익	1,116,139	919,646	597,614

3.3 미래추정

3.3.1 매출액 추정

(단위 : 백만원)

구분	실적		추정				
	20×0년	20×1년 11월	20×1년	20×2년	20×3년	20×4년	20×5년
제품매출	11,342	7,637	10,430	11,553	15,405	23,108	23,339
공사매출	4,636	3,597	4,814	5,333	7,110	10,665	10,772
용역매출	2,239	2,063	2,360	2,614	3,485	5,227	5,279
합계	18,222	13,297	17,604	19,500	26,000	39,000	39,390

3.3.2 매출원가 추정

(단위 : 백만원)

구분	실적		추정				
	20×9년	20×1년 11월	20×1년	20×2년	20×3년	20×4년	20×5년
제품매출원가	7,969	6,680	8,226	9,112	12,149	18,223	18,405
공사매출원가	4,635	2,112	3,820	4,231	5,642	8,462	8,547
용역매출원가	1,461	954	1,315	1,457	1,942	2,914	2,943
합계	14,065	9,746	13,361	14,800	19,733	29,599	29,895

3.3.3 판매비와 관리비 추정

(단위 : 백만원)

구분	실적		추정				
	20×0년	20×1년 11월	20×1년	20×2년	20×3년	20×4년	20×5년
인건비성경비	1,697	1,291	1,694	1,877	2,503	3,754	3,791
변동비성경비	1,208	1,034	1,268	1,404	1,872	2,808	2,836
고정비성경비	95	85	91	83	91	143	54
합계	3,000	2,409	3,053	3,364	4,466	6,705	6,681

3.3.4 CAPEX(투자소요금액) 및 감가상각비 추정

(1) 유형자산 및 무형자산 투자에 대한 자본적 지출(Capital Expenditure)

CAPEX는 현재의 보유수준을 유지하겠다는 회사의 향후 투자계획을 반영하여 유형자산 및 무형자산의 감가상각비만큼 재투자함을 가정하였다. 평가대상회사의 향후 5개년 추정결과는 다음과 같다.

(단위 : 백만원)

구분	추정				
	20×1년	20×2년	20×3년	20×4년	20×5년
건물	6	6	6	6	6
차량운반구	43	24	28	–	–
비품	6	6	6	6	6
합계	55	36	40	12	12

(2) 감가상각비

구분	내용연수	상각방법
건물	40	정액법
차량운반구	5	정률법
비품	5	정률법

내용연수에 따른 연도별 상각비를 추정하여 평가대상회사의 향후 5개년 추정결과는 다음과 같다.

(단위 : 백만원)

구분	추정				
	20×1년	20×2년	20×3년	20×4년	20×5년
건물	6	6	7	7	7
차량운반구	52	45	51	18	13
비품	8	7	8	6	8
합계	66	58	66	31	28

3.3.5 순운전자본에 대한 추정

순운전자본은 20×0년 부터 20×1년 11월까지 매출채권, 선급금, 재고자산, 매입채무, 미지급금에 대한 회전기일을 분석하여, 향후에도 분석된 회전기일이 일정하게 유지되는 것으로 가정하여 추정하였다.

(단위 : 백만원)

구분	추정				
	20×1년	20×2년	20×3년	20×4년	20×5년
매출채권	476	527	703	1,054	1,065
재고자산	3,695	4,093	5,457	8,186	8,268
선급금	773	856	1,142	1,712	1,729
운전자산 계(A)	4,944	5,476	7,302	10,952	11,062
매입채무	(467)	(517)	(689)	(1,034)	(1,044)
미지급금	(207)	(229)	(305)	(458)	(462)
운전부채 계(B)	674	746	994	1,492	1,506
순운전자본(B-A)	(4,271)	(4,730)	(6,307)	(9,461)	(9,556)
순운전자본 증감	(2,010)	460	1,577	3,154	95

3.4 추정 잉여현금흐름 및 현금흐름의 현재가치

(단위 : 백만원)

구분	실적		추정				
	20×0년	20×1년 11월	20×1년	20×2년	20×3년	20×4년	20×5년
매출액	18,222	13,297	17,604	19,500	26,000	39,000	39,390
매출원가	14,065	9,746	13,361	14,800	19,733	29,599	29,895
판매비와 관리비	3,001	2,410	3,053	3,364	4,466	6,619	6,681
세전이익	1,157	1,141	1,191	1,337	1,802	2,782	2,813
법인세비용			240	272	374	590	597
세후영업이익①(NOPLAT)			951	1,065	1,427	2,192	2,216
감가상각비②			66	58	66	31	28
순운전자본 증감③			(2,010)	460	1,577	3,154	95
투자소요금액④(CAPEX)			55	36	40	12	12

구분	실적		추정				
	20×0년	20×1년 11월	20×1년	20×2년	20×3년	20×4년	20×5년
잉여현금흐름(FCF) (①+②-③-④)			2,972	626	(124)	(943)	2,137
현가계수[*1]			0.9091	0.8264	0.7513	0.6830	0.6209
현재가치			2,701	517	(93)	(644)	1,327
가. 추정기간동안의 현재가치							3,808
나. 영구현금흐름의 현재가치[*2]							13,268
다. 영업관련 현금흐름의 현재가치(다=가+나)							17,076
라. 비영업자산의 가치[*3]							1,322
마. 대상회사의 기업가치(마=다+라)							18,398
바. 이자부부채의 가치[*4]							5,386
사. 평가대상회사 자기자본가치(마-바)							13,012

가. 추정기간동안(5년)의 현재가치＝3,808백만원

*1 국세청 재산평가심의위원회 운영규정에 따라 할인율(WACC)는 10%를 적용하였다.

$$\text{예측기간가치} = \sum_{n=1}^{n} \frac{\text{잉여현금흐름}(FCF_n)}{(1+\text{할인율}(WACC))^n} = 3,808\text{백만원}$$

나. 영구현금흐름의 현재가치＝13,268백만원

$$\text{영구기업가치} = \frac{FCF_{n+1}}{(WACC - growth\ \ rate)} / (1+WACC)^n$$

$$\frac{2,137}{WACC(10\% - 0\%)} / (1 + WACC(10\%)^n = 13,268\text{백만원}$$

*2 영구현금흐름은 20×5년 이후 사업이 정상화 상태에 도달하여 감가상각비만큼 CAPEX가 발생하며, 영구성장률은 국세청 재산평가심의위원회 운영규정에 따라 0%를 적용하였다.

다. 영업관련 현금흐름의 현재가치＝17,076백만원

예측기간 가치(3,808백만원)＋영구기업 가치(13,268백만원)

라. 비영업자산의 가치＝1,322백만원

*3 비영업자산의 가치는 단기대여금(1,322백만원)으로 구성되어 있다.

마. 대상회사의 기업가치＝18,398백만원

영업관련 현금흐름의 현재가치(17,076백만원)＋비영업자산의 가치(1,322백만원)

바. 이자부부채의 가치 = 5,386백만원

*4 이자부부채(5,386백만원)는 단기차입금(3,137백만원)과 장기차입금(2,249백만원)으로 구성되어 있다.

사. 평가대상회사 자기자본가치(마 − 바) = 13,012백만원

대상회사의 기업가치(18,398백만원) − 이자부부채의 가치(5,386백만원)

= 13,012백만원

3.5 1주당 평가액

1주당 평가액 = 134,006원/주

13,012백만원/97,100주 = 134,006원

3.6 보충적 평가액과 비교 적용

재산평가심의위원회의 심의에 따른 평가액은 보충적 평가방법에 따라 평가한 가액의 100분의 70에서 100분의 130까지의 범위 안의 가액인 경우로 한정한다. 따라서 상기 3.5에서 평가한 가액이라고 하더라도 보충적평가액의 ±30% 범위 안에 있어야 한다.

Part 4

기타재산의 보충적 평가방법

Chapter 01 부동산 등의 평가

Chapter 02 선박·항공기 기타 유형재산의 평가

Chapter 03 유가증권의 평가

Chapter 04 무체재산권 등의 평가

Chapter 05 조건부권리 등의 평가

Chapter 06 저당권 등이 설정된 재산의 평가특례

Chapter

01 부동산 등의 평가

1 토지의 평가

1.1 평가원칙

1.1.1 사례가액의 적용

토지의 평가는 원칙적으로 시가에 따라 평가한다. 「상속세 및 증여세법」상의 시가는 불특정다수인 사이에 자유롭게 거래가 이루어지는 경우에 통상적으로 성립된다고 인정되는 가액을 말하고 있다. 시가는 평가기준일 현재의 가치를 평가하는 것이지만 시가의 정의에 따른 가액으로 평가하는 것은 곤란하다. 이에 「상속세 및 증여세법」에서는 평가기준일을 전·후의 매매·감정 등의 사례가액을 우선 적용한다.

1.1.2 사례가액이 없는 경우 개별공시지가 적용

시가 평가는 사례가액을 우선 적용하지만 그 사례가액이 없는 토지의 경우에는 평가기준일 현재 「부동산 가격공시에 관한 법률」에 따른 공시된 개별공시지가로 평가한다(상증법 §61 ① 1호). 개별공시지가는 국토교통부장관이 매년 1월 1일을 기준으로 토지이용상황이나 주변환경 그 밖의 자연적·사회적 조건을 조사·평가하여 공시한 공시지가를 바탕으로 하여 시장·군수·구청장 등이 산정한 개별토지에 대한 단위면적당(원/㎡) 가격을 말한다.

개별공시지가의 적용요령은 평가기준일 현재 공시되어 있는 것을 적용한다(상증령 §50 ⑥). 각 연도별 개별공시지가는 현실적으로 매년 5월말 경에 공시되므로 해당 토지에 대한 개별공시지가를 적용하기 위해서는 각 연도별 개별공시지가 공시일을 확인하여 적용하여야 한다. 예를 들어 2017.5.1. 상속이 발생한 경우에 2017.1.1. 현재의 토지 현황을 기준으로 한 개별공시지가가 아직 공시되기 전이므로 2016.1.1. 현재의 토지현황을 기준으로 공시된 개별공시지가를 적용하여야 한다.

연도별 개별공시지가 공시일 현황

기준일	공시일	기준일	공시일
1990.1.1.	1990.8.30.	2007.1.1.	2007.5.31.
1991.1.1.	1991.6.29.	2008.1.1.	2008.5.31.
1992.1.1.	1992.6. 5.	2009.1.1.	2009.5.29.
1993.1.1.	1993.5.22.	2010.1.1.	2010.5.31.
1994.1.1.	1994.6.30.	2011.1.1.	2011.5.31.
1995.1.1.	1995.6.30	2012.1.1.	2012.5.31.
1996.1.1.	1996.6.28.	2013.1.1.	2013.5.31.
1997.1.1.	1997.6.30.	2014.1.1.	2014.5.30.
1998.1.1.	1998.6.30.	2015.1.1.	2015.5.29.
1999.1.1.	1999.6.30.	2016.1.1.	2016.5.31.
2000.1.1.	2000.6.30.	2017.1.1.	2017.5.31.
2001.1.1.	2001.6.30.	2018.1.1.	2018.5.31.
2002.1.1.	2002.6.29.	2019.1.1.	2019.5.31.
2003.1.1.	2003.6.30.	2020.1.1.	2020.5.29.
2004.1.1.	2004.6.30.	2021.1.1.	2021.5.31.
2005.1.1.	2005.5.31.	2022.1.1.	2022.4.29.
2006.1.1.	2006.5.31.	2023.1.1.	2023.4.28.
		2024.1.1.	2024.4.30.

☞ 상기와 같이 정기적으로 공시되는 경우 외에 지가상승지역 등에 대하여는 수시로 개별공시지가를 공시하고 있는 지역도 있으므로 상속세 또는 증여세 신고 시 반드시 평가기준일 현재 새로운 개별공시지가가 공시되었는지 여부를 국토해양부 홈페이지 등을 통하여 확인하여야 한다.

1.2 개별공시지가가 없는 토지

1.2.1 평가방법

개별공시지가가 없는 토지에 대한 평가는 인근유사토지의 개별공시지가를 참작하여 개별공시지가가 없는 해당 토지와 지목·이용상황 등 지가형성요인이 유사한 인근토지를 표준지로 보고 「부동산 가격공시에 관한 법률」 제3조 제7항에 따른 비교표에 의하여 납세지관할세무서장이 평가한다. 이 경우에 납세지관할세무서장과 해당 토지의 소재지를 관할하는 세무서장이 서로 다른 경우로서 납세지관할세무서장의 요청이 있는 경우에는 해당 토지의 소재지를 관할하는 세무서장이 평가할 수 있다. 또한 납세지관할세무서장은 「지방세법」 제4조 제1항 단서에 따라 시장·군수가 산정한 가액을 평가한 가액으로 하거나 둘 이상의 감정기관에 의뢰하여 해당 당해 감정기관의 감정가액을 고려하여 평가할 수도 있다(상증령 §50 ①).

1.2.2 적용대상

① 「공간정보의 구축 및 관리 등에 관한 법률」에 따른 신규등록토지

② 「공간정보의 구축 및 관리 등에 관한 법률」에 따른 분할 또는 합병된 토지

분할 또는 합병된 토지의 개별공시지가는 개별공시지가가 없는 토지의 평가방법에 의하여 평가한다. 다만, 분할 또는 합병 전후 해당 토지의 지목변경 및 이용상태 등으로 보아 종전의 개별공시지가를 적용하는 것이 합리적이라고 인정되는 경우에는 다음 각 호의 방법에 의한다(상증통 61-50…1 ②).

㉠ 분할된 토지 : 분할 전 토지에 대한 개별공시지가에 의한다.

㉡ 합병된 토지 : 합병 전 토지에 대한 각 개별공시지가의 합계액을 총면적으로 나눈 금액에 의한다.

③ 토지의 형질변경 또는 용도변경으로 「공간정보의 구축 및 관리 등에 관한 법률」상의 지목이 변경된 토지

토지의 환지 및 택지개발 등에 의하여 토지의 형질이 변경된 경우로서 평가기준일 현재 고시되어 있는 개별공시지가를 적용하는 것이 불합리하다고 인정되는 경우에는 개별공시지가가 없는 토지의 평가방법을 준용하여 평가한다(상증통 61-50…1 ①).

④ 개별공시지가의 결정·고시가 누락된 토지(국·공유지를 포함)

1.2.3 개별공시지가가 없는 토지에 대한 평가신청

개별공시지가가 없는 토지를 상속 또는 증여받아 상속세 또는 증여세를 신고하고자

하는 납세자는 납세지관할세무서장에게 「상속세 및 증여세법」 제61조 제1항 제1호 단서 및 「상속세 및 증여세 사무처리 규정」 제54조에 의하여 개별공시지가 없는 토지의 가격평가를 "개별공시지가 없는 토지의 가격평가신청서"(「상속세 및 증여세 사무처리 규정」 제3호 서식)에 의하여 신청할 수 있다.

납세지를 관할하는 세무서장(재산세과장)은 그 평가결과(토지의 소재지를 관할하는 세무서장이 평가한 것을 포함)를 개별공시지가가 없는 토지의 가격평가 결과 통지서(별지 제4호 서식)에 따라 신청일부터 30일(토요일·공휴일을 포함) 이내에 납세자에게 통지하여야 한다. 다만, 30일 이내에 통보할 수 없는 경우에는 그 사유를 서면으로 통지하여야 한다(상증규정 §55).

1.3 지가급등지역 토지의 평가(지정지역)

각종 개발사업 등으로 지가가 급등하거나 급등할 우려가 있는 지역으로서 국세청장이 지정한 지역의 토지에 대하여는 배율방법에 의한 평가가액으로 한다(상증령 §50 ①·②). 이 경우에 '배율방법'이란 국세청장이 평가기준일 현재의 개별공시지가에 지역마다 그 지역에 있는 가격사정이 유사한 토지의 매매실례가액을 감안하여 고시하는 배수를 곱하여 평가하는 것을 말한다. 그러나 1990.9.1. 개별공시지가가 공시된 이후 현재까지 국세청장이 지정한 토지의 지정지역은 없었으므로 배율방법에 의한 평가방법은 적용되지 않고 있다.

평가액＝개별공시지가×배율

1.4 특수한 사례의 평가

1.4.1 환지예정지의 평가

환지예정지의 가액은 환지권리면적에 의하여 산정한 가액에 의하여 평가한다(상증통 61－50…3).

1.4.2 도로·하천 등의 평가

불특정다수인이 공용하는 사실상 도로 및 하천·제방·구거 등은 상속재산 또는 증여재산에 포함된다. 그러나 평가기준일 현재 도로·하천 등 이외의 용도로 사용할 수 없는 경우로서 보상가격이 없는 등 재산적 가치가 없다고 인정되는 때에는 그 평가액을 영(0)으로 한다(상증통 61-50…4). 다만, 특정인의 관리하에 있는 토지는 사실상의 도로로 사용되고 있더라도 재산적가치가 있는 것으로 보아야 할 것이므로 처분청이 도로를 개별공시지가로 평가하여 상속재산에 산입한 처분은 잘못이 없다는 심판례(국심 2000전2315, 2000.11.3.)와 같이 도로의 평가는 도로의 위치, 이용현황, 주변여건, 도시계획 수립, 수용 및 보상 가능성, 배타적 권리행사 여부 등을 고려하여 평가하여야 한다.

1.4.3 조성 중인 토지의 평가

조성 중인 토지의 가액은 그 토지의 지목에 대한 보충적 평가방법에 의하여 평가한 가액에 그 조성에 관련된 비용의 금액을 가산한 가액에 의하여 평가한다. 이 경우 토지의 매입·조성에 소요되는 차입금에 대한 지급이자 또는 유사한 성질의 지출금은 조성 중인 토지의 가액에 가산하여 평가한다(준칙 §20).

1.4.4 개별공시지가가 경정·결정된 경우의 평가방법

해당 토지의 개별공시지가가 인근 토지의 개별공시지가에 비하여 현저하게 균형을 잃는 경우에는 해당 시·군·구에서 해당 개별공시지가를 경정결정할 수 있다. 이 경우 상속재산인 토지를 평가함에 있어 '개별토지가격합동조사지침'(국무총리령 제281호) 제12조의 3의 규정에 따라 개별공시지가가 경정결정된 경우에는 경정결정된 개별공시지가를 적용하여 평가한다(재삼 46014-3115, 1994.12.8.).

1.4.5 개별주택가격이 공시된 주택 부수 토지 평가방법

주택과 그 부수토지에 대하여 「부동산가격공시에 관한 법률」에 의하여 일괄공시한 개별주택가격이 있는 경우로서 그 주택의 부수토지만을 상속 또는 증여 등에 의하여 평가하는 경우 토지의 가액은 개별주택가격을 「상속세 및 증여세법」 제61조 제1항 제1호에 의한 개별공시지가와 같은 항 제2호에 의한 건물 기준시가(일반건물기준시가)로 안분하여 그 부수토지에 상당하는 개별주택가격을 산정한다(서면4팀－1830, 2005.10.6).

2 건물의 평가

2.1 의 의

건물가액의 평가는 다른 부동산과 마찬가지로 원칙적으로 시가에 따라 평가한다. 이때 적용되는 시가는 평가기준일 전·후의 매매·감정 등의 사례가액을 적용하고, 그 가액이 없는 경우에는 보충적 평가방법에 따라 평가한다. 토지의 경우에는 그동안 개별공시지가에 의하여 시가에 근접한 평가가 이루어지고 있었으나 건물에 대한 보충적 평가방법은 국세청장이 정하는 기준시가를 제외하고는 시가와 많은 괴리가 있어 공평과세를 저해한다는 비판이 있어 왔다. 1998년부터는 수도권 및 광역시에 소재하는 상업용 건물 및 특수용도 건물에 대하여 별도의 평가규정을 두어 매년 국세청장이 고시하였다.

그러나 1999년부터는 평가대상을 확대하여 특정지역의 구분없이 상업용 건물 및 특수용도 건물에 대하여 기준시가를 고시하였다. 최근에 건물에 대한 기준시가는 2001년부터 상업용 건물 및 특수용도 건물에 대한 보충적 평가방법을 통합고시하고 있다. 2005.7.13.부터 주택의 평가에 대해서는 국세청장이 산정·고시한 가격이 없는 경우에는 국토교통부장관이 토지와 건물에 대하여 일괄 고시한 가격을 적용하도록 하고 있다.

따라서 건물에 대한 평가는 일반건물에 대한 평가, 오피스텔 및 상업용 건물, 공동주택에 대한 평가, 개별주택에 대한 평가로 구분하여 평가를 하여야 할 것이다.

04

2.2 일반 건물의 평가

2.2.1 의 의

건물(토지와 건물의 가액을 일괄하여 산정·고시한 공동주택·상업용 건물·개별주택가격이 공시된 주택은 제외)에 대한 기준시가는 「상속세 및 증여세법」 제61조 및 동법 시행령 제50조 및 제51조에 의하여 건물의 신축가격·구조·용도·위치·신축연도 등을 참작하여 매년 1회 이상 국세청장이 산정·고시하는 가액을 적용한다. 국세청장이 매년 1회 이상 산정·고시한 건물에 대한 보충적 평가방법의 조회는 국세청 홈페이지 (www.nts.go.kr)에서 할 수 있다.

2.2.2 기준시가의 적용방법

- 기준시가=㎡당 금액×평가대상 건물의 면적(㎡)
- ㎡당 금액=건물신축가격기준액×구조지수×용도지수×위치지수×경과연수별 잔가율×개별건물의 특성에 따른 조정률

※ ㎡당 금액은 1,000원 단위 미만은 절사하며, 평가대상 건물의 면적은 전용면적과 공용면적을 포함한 연면적으로 함.

「상속세 및 증여세법」 제61조 제1항 제2호에 의한 건물기준시가는 이 고시내용 중 특별히 규정하고 있는 것을 제외하고는 ㎡당 건물신축가격기준액에 구조별·용도별·위치별 지수와 경과연수별잔가율을 곱하고, 개별건물의 특성에 따른 조정률을 반영하여 ㎡당 금액(1,000원 단위로 하며, 1,000원 단위 미만은 절사함)을 계산한 후, 이 금액에 평가대상 건물의 면적(연면적을 말하며, 집합건물의 경우는 전용면적과 공용면적을 포함한 면적으로 함)을 곱하여 산출한다.

일반건물 기준시가 평가는 국세청 홈택스(www.hometax.go.kr) > 세금신고 > 증여세 신고 > 신고도움자료조회 > 상속 · 증여재산스스로평가하기 > 상업용건물/오피스텔 · 건물기준시가 > 건물기준시가(상속/증여) > 프로그램을 이용하면 쉽게 평가할 수 있다. 구체적인 내용은 국세청 홈페이지 "당해 연도 시행 건물기준시가 산정방법 해설서"를 참조하기 바란다.

연도별 고시된 건물 신축가격 기준액(㎡당)

2003년~2005년	2006년	2007년	2008년	2009년	2010년	2011년
460,000원	470,000원	490,000원	510,000원	510,000원	540,000원	580,000원
2012년	2013년	2014년	2015년	2016년	2017년	2018년
610,000원	620,000원	640,000원	650,000원	660,000원	670,000원	690,000원
2019년	2020년	2021년	2022년	2023년	2024년	2025년
710,000원	730,000원	740,000원	780,000원	820,000원	830,000원	850,000원

2.2.3 건물기준시가 적용방법의 변천과정

(1) 1998.1.1.~1998.12.31. 상속·증여분

특별시, 직할시, 광역시, 부산, 울산, 고양, 의정부, 남양주, 구리, 하남, 성남, 과천, 안양, 광명, 부천 등 수도권에 소재하는 상업용 건물 또는 특수용도의 건물에 대하여 적용하였다. 적용의 대상은 단독주택, 공동주택, 근린공공시설, 공공업무시설, 발전소, 교정시설, 군사시설을 제외한 모든 용도의 건물에 대하여 적용하였다.

(2) 1999.1.1.~2000.6.30. 상속·증여분

건물기준시가 적용대상 지역을 전국으로 확대하여 적용하였다.

(3) 2000.7.1.~2000.12.31. 상속·증여분

일반주택 및 공동주택에 대한 기준시가를 추가·고시하였다.

(4) 2001.1.1.~현재 상속·증여분

상업용 건물 등과 일반주택 등에 대한 기준시가를 통합하여 고시하였다. 현재는 근린공공시설, 공공업무시설, 교정시설, 군사시설을 제외한 전국의 모든 용도의 건물(무허가 건물을 포함)에 대하여 적용한다. 건물기준시가는 「부동산 가격공시에 관한 법률」 제18조 및 제19조와 「상속세 및 증여세법」 제61조 제1항 제3호의 규정에 의하여 토지와 건물의 가액을 일괄하여 산정·공시(또는 고시)한 개별주택·공동주택·상업용 건물·오피스텔 등의 건물에 대해서는 건물기준시가를 적용하지 아니한다. 즉, 일괄 공시한 기준시가를 적용한다. 건물에 대한 기준시가에는 건물가격만이 포함되며, 건물부속 토지가격과 영업권 등 각종 권리의 가액은 이에 포함되지 아니하는 것으로 한다. 즉, 일괄고시한 기준시가를 적용한다.

예규

▶▶ 건물기준시가 산정방법(서면4팀-876, 2007.03.14.)

(현황)

- 건물현황

층별	건물구조	용도	신축연도	면적
지하1층	철근콘크리트조	기계실	2002	300㎡
지상1층	철근콘크리트조	소매점	2002	300㎡
지상2층	철근콘크리트조	학원	2002	300㎡
지상3층	철근콘크리트조	의원	2002	300㎡

- 2007년 1월 1일 시행 적용대상 및 지수

구분	적용대상	번호	지수	적용범위	비고
4	•상가의 1층	17	120	•집합건물의경우에는 공용면적을 포함한 전체 면적에 대해 적용한다. •주차전용빌딩은 적용하지 아니한다.	해당하는 항목 중 가장 낮은 지수 하나만 적용한다.
	•최고층수 5층 이하 건물의 지하1층	18	80		
	•최고층수 5층 이하 건물의 지하2층 이상	19	70		
	•건물부속(지하포함)주차장 및 기계실, 보일러실, 대피소, 옥탑	20	60		
	•주택간이부속건물(창고, 화장실세면장 등	21	60		

(질의내용)

○ 〈질문 1〉 지상1층에 대한 조정률 적용방법

(갑설) 단위당 금액 계산 시 조정률 번호 17번에 의한 120%를 적용해야 함.

(을설) 조정률 제17번은 단층건물에 한하여 적용하므로 본 사례의 경우에는 조정률 적용하지 아니함.

○ 〈질문 2〉 지하1층의 공용면적을 각 층의 면적비율로 안분 후 지상 1층에 안분된 부분에 대한 조정률 적용방법

(갑설) 지상1층에 안분된 100㎡에 대해서는 1층에 존재하는 건물이 아니므로 기계실에 해당하는 조정률 번호 20(60%)만 을 적용해야 함.

(을설) 지상1층에 안분된 100㎡에 대해서는 1층에 안분된 공용부분이므로 기계실에 해당하는 조정률 번호20(60%)과 지상 1층에 해당하는 조정률 번호17(120%)을 동시에 두 번 적용해야 함.

(병설) 지상1층에 안분된 100㎡에 대해서는 1층에 안분된 공용부분이므로 기계실에 해당하는 조정률 번호20(60%)과는 무관하게 지상1층에 안분된 금액은 조정률 번호 17(120%)미만을 적용하고 이외의 부분에 대하여도 지상 각층에 해당하는 조정률만을 적용하여야 함.

(회신)

「상속세 및 증여세법」 제61조 제1항 제2호의 규정에 의하여 건물을 평가하는 경우로서 개별건물의 특성에 따른 조정률을 적용할 때, 용도지수상 근린생활시설(용도번호 28-31 중 제조업소, 종교집회장 제외)의 지상 1층 건물에 해당하는 경우에는 번호 17의 조정률이 적용되는 것이며, 당해 건물의 부속 지하 기계실의 경우에는 주용도에 따른 용도지수를 적용한 후에 다시 번호 20의 조정률이 적용되는 것임.

* 용도지수 및 개별건물의 특성에 따른 조정률을 적용할 때 건물의 용도분류는 건축법 시행령 “별표Ⅰ”의『용도별 건축물의 종류』에 따르고, 건축물대장 또는 등기부등본 등 공부상에 기재된 용도에 의하되, 사실상의 용도와 공부상의 용도가 다른 경우에는 사실상의 용도에 따름. 이 경우 용도분류표에 없는 계단, 보일러실, 옥탑 등 부속건물은 당해 건물의 주용도의 용도지수를 적용하는 것이며, 주용도는 사실상의 귀속에 따르되, 사실상의 귀속이 불분명한 경우에는 각 주용도별 면적을 기준으로 안분계산하는 것임.

04

2.3 오피스텔 및 상업용 건물

2.3.1 지정지역 내의 오피스텔 및 상업용 건물

(1) 의 의

국세청장은 건물에 딸린 토지를 공유로 하고 건물을 구분 소유하는 것으로서, 건물의 용도·면적 및 구분 소유하는 건물의 수 등을 고려하여 「상속세 및 증여세법」 제61조 제1항 제3호 및 같은법 시행령 제50조 제3항의 규정에 의하여 「상업용 건물 및 오피스텔 기준시가」가 적용되는 지정지역을 고시하게 된다. 국세청장은 오피스텔 및 상업용 건물(이들에 딸린 토지를 포함)에 대해서는 건물의 종류·규모·거래상황·위치 등을 참작하여 매년 1회 이상 토지와 건물에 대하여 일괄하여 산정·고시하게 된다.

(2) 기준시가의 적용방법

기준시가=국세청장이 산정·고시한 단위면적(㎡)당 가액×평가대상 건물의 면적(㎡)

※ ㎡당 금액은 토지와 건물을 일괄하여 고시한 가격이며, 평가대상 건물의 면적은 전용면적과 공용면적을 포함한 면적임.

국세청장은 오피스텔 및 상업용 건물에 대하여는 건물의 종류·규모·거래상황·위치 등을 참작하여 매년 1회 이상 토지와 건물에 대하여 일괄하여 산정·고시하게 된다. 국세청장이 산정·고시한 기준시가는 다음과 같이 적용한다.

① 지정지역에 소재한 상업용 건물 및 오피스텔에 대한 기준시가는 국세청장이 산정·고시한 상업용 건물 및 오피스텔의 각 호별 단위면적(㎡)당 가액에 해당 호의 건물면적(전유면적과 공용면적을 합한 면적)을 곱하여 계산한 가액으로 한다.

② 국세청장이 고시하는 상업용 건물 및 오피스텔의 각 호별 단위면적(㎡)당 가액은 건물의 종류·규모·거래상황·위치 등을 참작하여 토지와 건물에 대하여 일괄하여 산정·고시하는 가액이다.

③ 지정지역의 상업용 건물 및 오피스텔에 대해 국세청장이 산정·고시한 호별 단위면적(㎡)당 가액은 당해 건물의 소재지를 관할하는 세무서에 비치되어 있는 「상업용 건물 및 오피스텔 기준시가」 대장과 인터넷 국세청 홈페이지(www.nts.go.kr '기준시가 조회')에 수록된 가액으로 한다.

2.3.2 지정지역 외의 오피스텔 및 상업용 건물

국세청장이 토지와 건물에 대하여 일괄하여 고시하지 아니한 오피스텔 및 상업용 건물에 대해서는 다음과 같이 일반 건물의 평가방법에 의하여 평가하여야 한다.

① 토지 : 개별공시지가를 적용한다.

② 건물 : 「상속세 및 증여세법」 제61조 제1항 제2호 및 동법 시행령 제50조 및 제51조에 의하여 건물의 신축가격·구조·용도·위치·신축연도 등을 참작하여 매년 1회 이상 국세청장이 산정·고시하는 기준시가를 적용한다. 즉, 건물기준시가를 적용하여야 할 것이다.

2.4 주택(아파트·연립주택 포함)

2.4.1 의 의

주택가격 공시제도는 토지와 마찬가지로 주택에 대해서도 정부가 건물과 그에 딸린 토지를 일체로 평가해 그 가격을 매년 4월 30일 관보와 국토해양부 등 관계기관 홈페이지에 공시하는 제도로 2005년 처음으로 시행된 것이다. 주택가격 공시제도는 그간 부동산 보유세 및 거래세의 과세표준이 부동산의 가격을 직접 조사한 것이 아니므로 시가를 제대로 반영하지 못한 까닭에 이를 기초로 세금을 부과할 경우 과세의 형평에 문제가 있다는 지적이 많았다. 이에 주택가격을 시가로 평가하여 이를 과세표준으로 하면 집값이 높고 낮음에 따라 공평하게 세금을 부담하게 되어 공평과세의 원칙에 충실하게 된다.

주택가격은 원칙적으로 전국 모든 주택에 대하여 가격이 공시되는데, 기존 개별공시지가와 동일한 평가방식을 도입하여 국토교통부장관은 용도지역, 건물구조 등이 일반적으로 유사하다고 인정되는 일단의 단독주택(다가구주택 포함) 중에서 선정한 표준주택에 대한 가격을 산정한다. 이 표준주택의 가격을 토대로 표준주택가격의 공시일 현재 관할구역 안의 단독주택에 대하여 개별주택가격을 결정·공시한다. 또한 아파트 및 50평 이상 대형 연립주택 등 공동주택에 대해서는 공시기준일 현재 적정가격을 조사·산정하여 공동주택가격을 공시하고 있다.

2.4.2 주택

주택과 그 부수토지에 대하여 「부동산 가격공시에 관한 법률」 제16조에 따른 개별주택가격이 있는 경우에는 그 개별주택가격으로 평가한다. 개별주택가격은 주택과 그 부수토지를 일괄하여 공시한 가격으로 부동산공시가격 알리미(https://www.realtyprice.kr)를 통하여 조회가 가능하다. 이 경우에 주택공시가격은 경우에 따라 부수토지만의 개별공시지가가 당해 토지와 주택을 일괄하여 공시한 개별주택가격보다 더 큰 경우가 있다. 이 경우에도 개별주택가격을 우선적으로 적용하여 평가한다(재산-1439, 2009. 7.15.).

연도별 개별주택가격 정기 공시일 현황

기준일	공시일	기준일	공시일	기준일	공시일
2005.1.1	2005.4.30	2006.1.1	2006.4.28	2007.1.1	2007.4.30
2008.1.1	2008.4.30	2009.1.1	2009.4.30	2010.1.1	2010.4.30
2011.1.1	2011.4.29	2012.1.1	2012.4.30	2013.1.1	2013.4.30
2014.1.1.	2014.4.30.	2014.1.1.	2015.4.30.	2016.1.1.	2016.4.29.
2017.1.1.	2017.4.28.	2018.1.1.	2018.4.30.	2019.1.1.	2019.4.30.
2020.1.1.	2020.4.29.	2021.1.1.	2021.4.29.	2022.1.1.	2022.4.29.
2023.1.1.	2023.4.28.	2024.1.1.	2024.4.30.		

2.4.3 공동주택(아파트·연립주택)

(1) 공동주택가격 적용

시가가 없는 공동주택의 경우 「부동산 가격공시에 관한 법률」 제17조 제1항에 따른 국토교통부장관이 공시한 공동주택가격으로 평가한다. 다만, 국세청장이 국토교통부장관과 협의하여 공동주택가격을 별도로 결정·고시하는 경우에는 그 공동주택가격으로 평가한다(상증법 §61 ① 4호).

국세청장은 다음의 어느 하나에 해당하는 특정지역의 공동주택에 대하여 소득세법 제99조 제1항 제1호 라목 단서와 상속세 및 증여세법 제61조 제1항 제4호 단서의 규정이 정하는 바에 따라 기준시가를 별도로 결정·고시한다.

① 아파트

② 165제곱미터 이상의 연립주택

(2) 공동주택가격 조회

2005년 이전 공동주택의 기준시가는 국세청 홈택스(www.hometax.go.kr>조회·발급>기타조회>아파트/연립주택)에 수록된 아파트 및 연립주택의 기준시가를 적용하며, 2006년 이후 공동주택가격은 국토교통부의 "부동산가격공시알리미"(www.kreic.org/realtyprice)에서 확인하여 적용할 수 있다.

2.4.4 개별주택가격 또는 공동주택가격이 없는 주택 평가

(1) 2010.1.1. 이후 상속 증여분

(가) 납세지관할세무서장이 평가할 수 있는 주택의 범위

주택이 다음의 어느 하나에 해당하는 경우에는 납세지 관할세무서장이 인근 유사주택의 고시주택가격을 고려하여 평가한 금액으로 한다(상증법 §61 ① 4호).

① 해당 주택의 고시주택가격이 없는 경우

② 고시주택가격 고시 후에 해당 주택을 건축법 제2조 제1항 제9호 및 제10호에 따른 대수선 또는 리모델링을 하여 고시주택가격으로 평가하는 것이 적절하지 아니한 경우

(나) 고시주택가격이 없는 주택의 구체적인 평가방법

개별주택가격 및 공동주택가격, 즉 고시주택가격이 없는 주택의 가격은 납세지 관할세무서장이 인근 유사주택의 개별주택가격 및 공동주택가격을 고려하여 다음 각 호에 따른 방법에 따라 평가한 금액으로 한다(상증령 §50 ④).

① 「부동산 가격공시에 관한 법률」에 따른 개별주택가격이 없는 단독주택의 경우에는 해당 주택과 구조·용도·이용 상황 등 이용가치가 유사한 인근주택을 표준주택으로 보고 같은 법 제16조 제6항에 따른 주택가격 비준표에 따라 납세지 관할세무서장(납세지 관할세무서장과 해당 주택의 소재지를 관할하는 세무서장이 서로 다른 경우로서 납세지 관할세무서장의 요청이 있는 경우에는 해당 주택의 소재지를 관할하는 세무서장)이 평가한 가액

② 「부동산 가격공시에 관한 법률」에 따른 공동주택가격이 없는 공동주택의 경우에는 인근 유사 공동주택의 거래가격·임대료 및 해당 공동주택과 유사한 이용가치를 지닌다고 인정되는 공동주택의 건설에 필요한 비용추정액 등을 종합적으로 고려하여 납세지 관할세무서장(납세지 관할세무서장과 해당 주택의 소재지를 관할하는 세무서장이 서로 다른 경우로서 납세지 관할세무서장의 요청이 있는 경우에는 해당 주택의 소재지를 관할하는 세무서장)이 평가한 가액

③ 「지방세법」 제4조 제1항 단서[개별공시지가 또는 개별주택가격이 공시되지 아니한 경우에는 특별자치시장·특별자치도지사·시장·군수 또는 구청장(자치구의 구청장을 말함)이 같은 법에 따라 국토교통부장관이 제공한 토지가격비준표 또는 주택가격비준표를 사용하여 산정한 가액으로 하고, 공동주택가격이 공시되지 아니한 경우에는 대통령령으로 정하는 기준에 따라 특별자치시장·특별자치도지사·시장·군수 또는 구청장이 산정한 가액으로 한다]에 따라 시장·군수가 산정한 가액이나 둘 이상의 감정평가기관에 해당 주택에 대한 감정을 의뢰하여 산정된 감정가액을 고려하여 납세지 관할세무서장이 평가한 가액

(2) 2009.12.31. 이전 상속 증여분

개별주택가격 또는 공동주택가격이 없는 주택에 대하여는 토지는 개별공시지가로 평가하고 건물에 대하여는 일반건물기준시가로 평가한다. 즉 건물은 「상속세 및 증여세법」 제61조 제1항 제2호에 의한 건물의 신축가격·구조·용도·위치·신축연도 등을 참작하여 매년 1회 이상 국세청장이 산정·고시하는 기준시가를 적용한다.

2.4.5 주택가격이 공시되지 않은 주택에 대한 평가신청

개별주택가격 또는 공동주택가격, 즉, 공시가격이 없는 주택을 상속 또는 증여받아 상속세 또는 증여세를 신고하고자 하는 납세자는 납세지관할세무서장에게 「상속세 및 증여세법」 제61조 제1항 제4호 단서 및 「상속세 및 증여세 사무처리 규정」 제68조에 의하여 고시주택가격이 없는 주택의 가격평가를 "개별주택공시가격이 없는 주택의 가격평가 결과 통지"(「상속세 및 증여세 사무처리 규정」 별지 제2호)에 의하여 신청할 수 있다.

납세지를 관할하는 세무서장(재산세과장)은 그 평가결과(주택의 소재지를 관할하는 세무서장이 평가한 것을 포함)를 고시주택가격이 없는 주택의 가격평가 결과 통지서(별지 제2호 서식)에 따라 신청일부터 30일(토요일·공휴일을 포함) 이내에 납세자에게 통지하여야 한다. 다만, 30일 이내에 발송할 수 없는 경우에는 그 사유를 서면으로 통지하여야 한다(상증세사무처리규정 §68).

2.5 건물평가의 특례

2.5.1 철거대상 건물

평가기준일 현재 다른 법령에 의하여 철거대상에 해당하는 건물의 평가액은 그 재산의 이용도, 철거의 시기 및 철거에 따른 보상의 유무 등 제반 사정을 감안한 적정가액에 의하여 평가한다(상증통 61－50…2).

2.5.2 건물의 일부가 훼손·멸실된 경우

건물의 일부가 훼손·멸실되어 정상가액으로 평가하는 것이 부적당하다고 인정되는 경우에는 이에 상당하는 금액을 공제하여야 한다(평가준칙 §24).

2.5.3 건설 중인 건물

건설 중인 건물의 가액은 건설에 소요된 비용의 합계액으로 평가한다. 건설에 소요된 차입금에 대한 이자 또는 이와 유사한 성질의 지출금은 건설에 소요된 비용에 가산한다(평가준칙 §25).

3 지상권·부동산을 취득할 수 있는 권리·특정시설물을 이용할 수 있는 권리 평가

3.1 지상권

3.1.1 의 의

지상권은 타인의 토지에 건물 기타 공작물이나 수목을 소유하기 위하여 그 토지를 사용하는 권리를 말한다(민법 §279). 즉, 타인의 토지를 사용하는 물권, 건물 기타 공작물이나 수목의 소유를 목적으로 하는 권리로서 지대의 지급과는 상관없이 지상권이 성립될 수 있다.

3.1.2 지상권 평가방법

지상권 설정 토지가액×2%에 해당 지상권 잔존연수를 감안하여 현재가치로 환산한 가액으로 평가한다. 이 경우 잔존연수에 관하여는 「민법」 제280조 및 제281조에 따른 지상권의 존속기간을 준용한다(상증령 §51 ①).

$$\text{지상권 평가액} = \sum_{n=1}^{n} \frac{\text{각 연도의 수입금액}}{(1+\frac{10}{100})^n}$$

n : 평가기준일로부터의 경과연수

3.1.3 지상권 잔존연수

지상권은 계약으로 지상권의 존속기간을 정하는 경우에 그 기간은 다음 표의 연한보다 단축하지 못한다. 또한 계약으로 지상권의 존속기간을 정하지 아니한 때에는 다음 표의 최단존속기간을 적용한다(민법 §280·§281).

지상권의 존속연수

종류별	존속기간
① 석조, 석회조, 연와조 또는 이와 유사한 견고한 건물, 수목의 소유 목적	30년
② '①' 이외의 건물소유목적	15년
③ 건물 이외의 공작물의 소유를 목적	5년

3.2 부동산을 취득할 수 있는 권리 및 특정시설물을 이용할 수 있는 권리의 가액

3.2.1 의 의

일반적인 상거래에서 부동산을 취득하는 경우에는 매매계약의 요건에 따라 잔금을 청산하고 소유권이전등기를 함으로써 법률상의 매매행위가 종료된다. 이와 같이 당사자간 의견합치에 의한 법률행위에 의하여 물건의 변경이 생긴 경우에는 공시를 하여야 한다. 우리나라 「민법」에서 부동산에 관한 법률행위로 인한 물권의 득실의 변경은 등기하여야 그 효력이 생긴다(민법 §186)고 규정하고 있어서 성립요건주의(형식주의)를 원칙으로 하고 있다. 그러나 여기에서 부동산을 취득할 수 있는 권리는 부동산의 등기를 하지 아니한 상태에 있는 것을 말한다. 예를 들어 아파트를 분양받은 경우에 그 아파트에 대하여 잔금이 청산되기 전에 있는 부동산을 취득할 수 있는 권리인 아파트 당첨권 등이 여기에 해당된다.

3.2.2 평가방법

부동산을 취득할 수 있는 권리(건물이 완성되는 때에 그 건물과 이에 부수되는 토지를 취득할 수 있는 권리를 포함) 및 특정시설물을 이용할 수 있는 권리의 가액은 평가기준일까지 납입한 금액(「소득세법」 제89조 제2항에 따른 조합원입주권의 경우 「도시 및 주거환경정비법」 제74조 제1항에 따른 관리처분계획을 기준으로 하여 기획재정부령으로 정하는 조합원권리가액과 평가기준일까지 납입한 계약금, 중도금 등을 합한 금액으로 한다)과 평가기준일 현재의 프리미엄에 상당하는 금액을 합한 금액에 의한다. 다만, 당해 권리에 대하여 「소득세법 시행령」 제165조 제8항 제3호에 따른 가액(지방세법에 따라 고시한 시가표준액)이 있는 경우에는 당해 가액에 의한다(상증령 §51②).

평가액 = (평가기준일까지 납입한 금액 + 조합원권리가액)
+ 평가기준일 현재의 프리미엄에 상당하는 금액

* 「소득세법」에 따른 기준시가가 있는 경우에는 기준시가

(1) 사례별 평가방법

(가) 재개발조합 아파트분양권

재개발조합원으로서 아파트를 분양받을 수 있는 권리를 증여하는 경우 증여재산가액은 평가기준일까지 납입한 금액(「소득세법」 제89조 제2항에 따른 조합원입주권의 경우 「도시 및 주거환경정비법」 제74조 제1항에 따른 관리처분계획을 기준으로 하여 기획재정부령으로 정하는 조합원권리가액과 평가기준일까지 납입한 계약금, 중도금 등을 합한 금액으로 한다)과 평가기준일 현재의 프리미엄에 상당하는 금액을 합한 금액으로 평가한다. '평가기준일 현재의 프리미엄에 상당하는 금액'은 그 당시 불특정 다수인 간의 거래에 있어서 통상 지급되는 프리미엄을 말하며, 이는 당해 권리에 대한 거래상황 및 가격변동 등 구체적인 사실을 확인하여 판단한다(서면4팀-695, 2005.5.6.). 만일 평가기준일 현재 상환되지 않은 시유지 불하대금 및 평가기준일까지 발생한 이자 중 미지급금액을 합한 금액을 수증자가 인수하는 경우 당해 금액은 채무로서 공제한다(재산상속 46014-22, 2000.1.7.).

(나) 재건축조합 아파트분양권

재건축아파트 조합원으로서 아파트를 분양받을 권리의 가액은 평가기준일까지 불입한 금액(「소득세법」 제89조 제2항에 따른 조합원입주권의 경우 「도시 및 주거환경정비법」 제74조 제1항에 따른 관리처분계획을 기준으로 하여 기획재정부령으로 정하는 조합원권리가액과 평가기준일까지 납입한 계약금, 중도금 등을 합한 금액으로 한다)과 평가기준일 현재의 프리미엄에 상당하는 금액을 합한 금액으로 평가한다. 이에 따라 '평가기준일까지 납입한 금액'은 조합원으로서 출자한 토지 및 건물의 평가금액과 평가기준일까지 부담금 중 불입한 계약금과 중도금 등을 합한 금액이 되며, 평가기준일까지 이주비로 대여받은 금액과 평가기준일까지 발생한 이자 중

미지급금액을 합한 금액을 수증자가 인수하는 경우에는 당해 금액은 채무로서 공제한다(재산상속 46014-1459, 2000.12.6.).

그러나 만일 조합원이 청산금을 지급받은 경우에는 그 청산금은 출자한 토지 및 건물의 평가금액에서 공제하여야 한다.

(다) 일반분양 아파트 분양권

일반분양으로 취득한 아파트 분양권의 가액은 평가기준일까지 납입한 금액과 평가기준일 현재의 프리미엄에 상당하는 금액을 합한 금액으로 평가한다. 이 경우 '평가기준일 현재의 프리미엄에 상당하는 금액'은 그 당시 불특정 다수인 간의 거래에 있어서 통상 지급되는 프리미엄이며, 이는 당해 권리에 대한 거래 상황 및 가격변동, 당해 권리와 면적·위치·용도 등이 동일하거나 유사한 다른 권리에 대한 프리미엄 등을 확인하여 평가한다(서면4팀-3042, 2007.10.23.).

채권입찰제로 당첨된 일반분양 아파트 분양권을 평가할 때 '평가기준일까지 불입한 금액'에는 「소득세법 시행령」 제163조 제5항 제2호의 규정에 따른 채권 매각차손을 포함한다(재산과-119, 2009.9.3.).

04

(라) 토지 등의 환매권

「공공용지의 취득 및 손실보상에 관한 특례법」 제9조의 규정에 의한 토지 등의 환매권을 자녀에게 증여하는 경우 그 증여가액은 매각원부상 명의변경일 현재의 시가에 의하되 시가가 불분명한 경우에는 개별공시지가에 의하는 것이며, 이 경우 자녀가 당해 토지 등의 환매대금을 부담한 때에는 증여가액에서 공제한다(서일 46014-10447, 2001.11.14.).

3.3 그 밖에 시설물 및 구축물

3.3.1 원 칙

그 밖에 시설물 및 구축물(토지 또는 건물과 일괄하여 평가하는 것을 제외)에 대하여 그것을 다시 건축하거나 다시 취득할 때 드는 가액(재취득가액 등)에서 그것의 설치일로부터 평가기준일까지의 기획재정부령이 정하는 감가상각비상당액을 차감하는 것을 말한다. 여기에서 공동주택에 딸리거나 부착된 시설물 및 구축물은 토지 또는 건물과 일괄하여 평가한 것으로 보고 평가한다(상증법 §61 ④). 이 경우에 '기획재정부령이 정하는 감가상각비상당액'이라 함은 「법인세법」 제23조 및 동법 시행령 제24조·제26조 및 제28조의 규정에 의하여 계산한 금액을 말하는 것으로 법인이 납세지 관할세무서장에게 신고한 상각방법으로 계산한 취득일부터 평가기준일까지의 감가상각비상당액을 말한다. 감가상각자산의 내용연수는 「법인세법 시행령」 제28조 제1항 제2호의 규정에 의한 기준내용연수를 적용한다.

3.3.2 재취득가액 등을 산정하기 어려운 경우

「지방세법 시행령」 제4조 제1항(건축물 등의 시가표준액 결정 등)에 따른 가액을 해당 시설물 및 구축물의 가액(「지방세법 시행령」 제6조 각 호에 규정된 특수부대설비에 대하여 「지방세법 시행령」 제4조 제1항에 따라 해당 시설물 및 구축물과 별도로 평가한 가액이 있는 경우에는 이를 가산한 가액)으로 할 수 있다.

4 임대차계약이 체결되거나 임차권이 등기된 부동산의 평가

4.1 의 의

임차권은 임대보증금이나 임대료를 지급하고 다른 사람 소유의 재산을 사용 수익하는 용익권의 하나로서 전세권과 그 기능이 유사하다. 「상속세 및 증여세법」에서는 평가기준일 현재 임대차계약이 체결되거나 임차권이 등기된 재산의 평가는 이러한 임대보증금이나 임대료를 기준으로 평가한다. 이 규정의 입법 취지는 임대차계약이 체결된 부동산의 경우에는 통상 해당 재산의 객관적인 교환가치의 범위 안에서 임대보증금이나 월 임대료가 정하여지므로 그 임대보증금 등에 의하여 시가에 가장 근접한 상속재산이나 증여재산의 가액을 산정하고자 하는 데에 있는 것이다.

4.2 임대부동산 등에 대한 비교평가방법

4.2.1 원칙

사실상 임대차계약이 체결되거나 임차권이 등기된 재산의 경우에는 1년간 임대료를 기획재정부령이 정하는 율(12%, 2009.4.22. 이전 상속·증여분은 18%임)로 나눈 금액과 임대보증금의 합계액과 해당 부동산 등에 대하여 「상속세 및 증여세법」 제61조에 의한 보충적 평가방법에 의하여 평가한 가액 중 큰 금액을 그 재산의 가액으로 한다(상증법 §61 ⑤).

임 · 대차된 부동산의 평가특례

평가액=Max[①, ②]

① 각 재산에 대한 보충적 평가액

② 환산임대보증금=임대보증금+ $\frac{\text{1년간 임대료}}{\text{기획재정부령이 정하는 율(12\%)}}$

4.2.2 임대료 등의 범위

임대용부동산에 대한 임대보증금 환산가액을 적용할 때 임대료는 당해 부동산을 임대하는 조건으로 임차인이 지급하는 금액을 말하는 것이다. 이 경우에 임차인이 부담하는 실비변상적인 관리비는 임대료에 포함되지 아니하는 것이나, 당해 관리비가 일정액으로 고정되어 있는 경우에는 그 실질내용을 구분하여 사실상 임차인이 부담할 관리비 외의 금액은 임대료에 포함하는 것으로 하고 있다(서면4팀-1619, 2004.10.13.; 재산상속 46014-1344, 2000.11.10.). 이에 따라 임대료의 범위를 판단할 때 관리비는 차감하는 것이 타당하나, 동 관리비 내역에 임대인이 부담할 비용이 포함되어 있는 경우에는 그 비용은 임대료에 포함하는 것이 타당하다(국심 2003서3168, 2004.3.8.). 이 경우에 임대료에는 임대사업자가 일반과세자인 경우 그 부가가치세는 포함되지 않으나 간이과세자인 경우 부가가치세는 포함된다(서면4팀-3722, 2006.11.9.).

4.2.3 일부분이 공가인 부분 임대에 대한 평가

현행「상속세 및 증여세법」상 임대용부동산에 대한 임대보증금 환산가액 평가규정은 「상속세 및 증여세법」 제61조 제5항에서는 사실상 임대차계약이 체결되거나 임차권이 등기된 재산에 대하여 적용하고 있다. 임대재산에 대한 임대보증금 환산가액 평가규정은「상속세 및 증여세법 시행령」 제50조 제7항에서 임대보증금 환산가액 평가방법을, 제8항에서는 임대보증금 환산가액을 적용할 때 토지와 건물의 소유현황 등에 따른 가액의 계산방법을 규정하고 있다.

사실상 임대차계약이 체결되거나 임차권이 등기된 재산에 대한 보충적 평가방법과 비교평가방법을 적용할 때 평가기준일 현재 건물에 대한 임대보증금 환산가액 계산은 '1년간의 임대료'를 기획재정부령이 정하는 율로 나눈 금액과 임대보증금의 합계액이라고 규정하고 있다. 그러나 일부 임대하지 아니하는 부분이 있는 경우에 대해서는 명확한 규정은 없다. 이에 대해 지금까지 예규를 종합하여 보면「상속세 및 증여세법」 제61조 제7항의 규정에 따라 사실상 임대차계약이 체결된 부동산을 평가할 때 층별·호수별로 구분 등기되어 있지 않은 경우에는 토지 및 건물 전체(자기가 사용하거나 임대하지 아니한 면적을 포함)에 대하여 임대료 등을 기준으로 같은 법 시행령 제50조 제7항이 정하는 바에 따라 평가한 가액과 같은 법 제61조 제1항 내지 제6항의 규정에 의하여 평가한 가액 중 큰 금액을 당해 부동산의 가액으로 하는 것(재산세과-859, 2010.11.18.; 서면4팀-3694, 2007.12.27.)으로 해석하고 있다.

조세심판원 심판례에서는 '증여한 부동산이 일부 임대되어 있는 경우 임대부분은 임대보증금 환산가액과 기준시가 중 큰 가액에 의하고, 미임대부분은 기준시가에 의한다(국심 2004서4131, 2005.3.24.)고 결정한 바 있다. 즉,「상속세 및 증여세법」 제61조 제7항의 임대보증금 환산가액 평가규정은 임대용부동산의 전체 중 임대된 부분에 대해서만 평가하여 기준시가와 비교하여 큰 금액으로 평가를 하고, 미임대 부분에 대해서는 기준시가 등으로 별도 평가하여 합산하여야 한다고 결정하였다.

4.3 토지와 건물의 소유현황에 따른 평가

사실상 임대차계약이 체결되거나 임차권이 등기된 토지와 건물을 토지와 건물에 대한 임대료와 임대보증금에 의하여 환산하여 평가함에 있어 토지와 건물의 소유현황 등에 따라 안분하여 계산한다(상증령 §50 ⑧). 이 규정은 "「상속세 및 증여세법」 제61조 제7항에서 토지와 건물의 소유자가 다름에도 일괄하여 임대차계약이 체결된 경우에 관하여 아무런 규정을 두고 있지 않음에도 통칙에 따라 토지와 건물의 기준시가로 임대보증금 등 환산가액을 안분하여 증여재산을 평가하는 것은 합리성이 없다"는 대법원 판결(대법원 2007두10884, 2009.4.23.)에 따라 개정된 것으로 2010.2.18. 이후 상속·증여분부터 적용한다.

4.3.1 토지와 건물의 소유자가 동일한 경우

토지 및 건물의 소유자가 임차인으로부터 받은 임대료 등의 환산가액을 「상속세 및 증여세법」 제61조 제1항부터 제4항까지의 규정에 따라 평가한 토지와 건물의 가액(기준시가)으로 나누어 계산한 금액을 각각 토지와 건물의 평가가액으로 한다.

04

4.3.2 토지와 건물의 소유자가 다른 경우

(1) 토지 소유자와 건물 소유자가 제3자와의 임대차계약 당사자인 경우

토지 소유자와 건물 소유자가 제3자와의 임대차계약 당사자인 경우에는 토지 소유자와 건물 소유자에게 구분되어 귀속되는 임대료 등의 환산가액을 각각 토지와 건물의 평가가액으로 한다.

(2) 토지 소유자와 건물 소유자 중 한 사람만이 제3자와 임대차계약을 체결한 경우

토지 소유자와 건물 소유자 중 어느 한 사람만이 제3자와의 임대차계약의 당사자인 경우에는 토지 소유자와 건물 소유자 사이의 임대차계약의 존재 여부 및 그 내용에 상관없이 제3자가 지급하는 임대료와 임대보증금을 토지와 건물 전체에 대한 것으로 보아 제3자가 지급하는 임대료 등의 환산가액을 토지와 건물의 기준시가로 나누어 계산한 금액을 각각 토지와 건물의 평가가액으로 한다.

예규

▶▶ 개인사업에 사용하던 부동산의 장부가액이 기준시가보다 큰 경우 「상속세 및 증여세법」에 따른 평가방법(서면법령해석재산2016-5848, 2017.10.26.)

[질의]

비상장법인의 주식가치를 산정하는 과정에서 순자산가치는 상증법에 따른 평가가액과 장부가액 중 큰 금액을 적용하여 평가하는 바, 개인사업에 사용하던 부동산을 평가하는 경우에도 「상속세 및 증여세법」에 따른 평가가액과 장부가액 중 큰 금액을 적용하는 것인지 여부

[회신]

개인사업에 사용하던 부동산을 상속받는 경우에는 해당 부동산의 가액은 「상속세 및 증여세법」 제60조 제1항에 따라 상속개시일 현재 시가에 의하는 것이나, 시가 산정이 어려운 경우에는 같은 법 제61조에 따라 평가한 가액을 시가로 보는 것임.

▶▶ 콘도미니엄 이용에 대한 입회금 평가방법(서면상속증여2015-2590, 2016.1.22.)

콘도미니엄을 운영하는 비상장법인이 회원으로부터 입회금을 납입받고 회원은 입회계약에 따라 시설물을 저가 또는 무료로 이용할 수 있는 서비스를 제공받을 수 있는 콘도미니엄 이용에 대한 입회계약을 체결하고 회원으로부터 수령한 입회금을 한국채택국제회계기준(K-IFRS)에 따라 예수보증금과 선수수익(시설물 이용 제공의무)으로 구분하여 재무상태표에 계상한 경우로서 해당 비상장주식을 「상속세 및 증여세법」 제63조 및 같은 법 시행령 제54조 제1항에 따라 평가하는 경우 해당 입회금은 같은 법 시행령 제58조 제2항 및 같은 법 시행규칙 제18조의 2 제2항 제1호에 따라 평가한 가액으로 하는 것이며, 선수수익 계상액은 순자산가액 계산 시 자산가액에서 차감하는 부채에 포함되지 않는 것임.

▶▶ 관리처분계획인가일 이후에 상속되는 경우 "부동산을 취득할 수 있는 권리"로 평가(상속증여세과-260, 2014.7.15.)

귀 질의의 상속재산은 「상속세 및 증여세법」 제61조 제3항 및 같은 법 시행령 제51조 제2항의 부동산을 취득할 수 있는 권리(재개발조합원 입주권)에 해당하며, 평가방법에 대해서는 기존 해석 사례(재산세과-202, 2012.5.24. ; 재산세과-171, 2011.4.1.)를 참고하기 바람.

▶▶ 신축가액이 없는 주택의 취득가액 산정방법(부동산납세관리과-21, 2014.1.15.)

귀 서면질의의 경우 개별주택가격이 고시되기 전에 주택 및 부수토지를 증여받은 후 주택을 철거하고 주택을 신축하였으나 신축가격을 확인할 수 없을 경우 토지는

증여일 현재 「상속세 및 증여세법」 제60조 내지 제66조에 따라 평가한 가액을 취득 당시의 실지거래가액으로 보는 것이며, 신축주택의 취득가액은 주택분의 실지양도가액에 양도 당시 건물기준시가 대비 신축 당시 건물기준시가 비율로 환산하여 결정하는 것임(참고 해석사례 부동산거래관리과-54, 2012.1.26. ; 부동산거래관리과-301, 2012.6.1.).

▶▶ 상속·증여일 이후 임대차계약이 체결된 경우 임대보증금 환산가액 평가방법(조심2013서3434, 2013.10.23.)

양도일 현재 사실상 임대차계약이 체결된 경우에는 상속·증여일 이후에 임대차계약이 개시되더라도 「상속세 및 증여세법」 제61조 제7항 및 같은 법 시행령 제50조 제7항의 규정에 의한 가액으로 평가하는 것(재정경제부 재산세과-624, 2005.12.9. 참조)이고, 토지소유자 및 건물소유자 중 어느 한사람만이 제3자와 임대차계약의 당사자인 경우 토지 소유자와 건물소유자 사이의 임대차계약의 존재 여부 및 그 내용에 상관없이 제3자가 지급하는 임대료와 임대보증금을 토지와 건물 전체에 대한 것으로 보아 제3자가 지급하는 임대료 등의 환산가액을 토지와 건물의 기준시가로 나누어 계산한 금액을 토지와 건물의 평가액으로 하는 것임.

▶▶ 신축건물의 일부를 증여하는 경우 증여재산가액 산정방법(상속증여세과-550, 2013.9.13.)

신축건물 중 일부 상가(그 부수토지를 포함)만을 자녀에게 증여한 경우로서 그 신축건물의 건물 부분의 신축가액이 확인되고, 사용승인일이 증여일 전 3개월 이내인 경우 증여재산가액은 ① 건물 부분은 그 신축가액을 「상속세 및 증여세법」 제61조 제1항 제2호에 따른 기준시가로 안분하여 계산하고, ② 그 부수토지는 같은조 제1항 제1호의 개별공시지가로 계산한 금액을 합하여 산정하는 것임.

▶▶ '조상 땅 찾기' 제도를 통해 찾아 소유권보존등기를 하는 경우의 상속시점(상속증여세과-407, 2013.7.23.)

「민법」 시행 전인 1959.12.31. 이전에 조부가 사망하고 그 이후 부(장남, 호주상속인)와 그의 동생들이 순차적으로 사망한 상태에서 부의 자녀들이 조부 소유의 토지를 「조상 땅 찾기」 제도를 통해 찾아 소유권보존등기한 경우 그 토지는 부의 사망일에 부의 자녀들이 상속받은 것으로 보는 것임.

▶▶ 증축된 건물의 건물기준시가 산정방법(상속증여세과-34, 2013.4.9.)

「상속세 및 증여세법」 제61조 제1항 제2호의 규정에 따른 건물기준시가 산정 시 구체적인 산정방법은 국세청 고시 제2013-2호(2012.12.31.) 「국세청 건물 기준시가 산정 방법 고시」에 의하는 것이며, 이 경우 "경과연수별잔가율"을 적용할 때 평가대상건물이 증축된 건물인 경우 신축연도는 증축일이 속하는 연도를 적용하는 것임.

▶▶ 겸용주택의 부수토지만을 일부 증여하는 경우 증여한 토지의 평가방법(재산세과-383, 2012.10.26.)

하나의 건물이 주택과 주택외의 부분으로 복합되어 있는 겸용주택의 부수토지만을 일부 증여하는 경우 「상속세 및 증여세법」 제61조 제1항에 따라 평가할 때 그 겸용주택의 부수토지를 주택의 부수토지와 주택외 건물의 부수토지로 구분한 후 ① 주택의 부수토지에 대해서는 개별주택가격을 평가기준일 현재 「상속세 및 증여세법」 제61조 제1항 제1호(개별공시지가) 및 제2호(건물 기준시가)의 규정에 의한 가액으로 안분하여 주택과 그 부수토지의 가액을 구분한 후 주택부수토지의 가액에 증여받은 지분율을 곱하여 계산한 금액으로 하고, ② 주택외 건물의 부수토지에 대해서는 개별공시지가로 평가한 가액에 증여받은 지분율을 곱하여 계산한 금액으로 하는 것으로서 '①'과 '②'를 합하여 증여한 토지를 평가하는 것임.

▶▶ 재개발조합원 입주권의 평가방법(재산세과-202, 2012.5.24.)

증여재산의 가액은 증여일 현재의 시가에 의하는 것이나, 시가를 산정하기 어려운 경우에는 「상속세 및 증여세법」 제61조부터 제65조까지에 규정된 방법으로 평가하는 것으로서, 부동산을 취득할 수 있는 권리는 같은 법 제61조 제3항 및 같은 법 시행령 제51조 제2항에 따라 평가기준일까지 불입한 금액과 평가기준일 현재의 프리미엄에 상당하는 금액을 합한 금액으로 평가함.

귀 질의와 같이 재개발조합원 입주권을 증여하는 경우 "평가기준일까지 불입한 금액"은 조합원으로서 출자한 토지와 건물의 감정가액 등을 감안하여 재개발조합이 산정한 조합원의 권리가액과 평가기준일까지 불입한 계약금, 중도금 등을 합한 금액이며, "평가기준일 현재의 프리미엄에 상당하는 금액"은 그 당시 불특정 다수인 간의 거래에 있어서 통상 지급되는 프리미엄을 말하는 것으로서 이는 해당 조합원 입주권의 거래상황 및 가격변동 등 구체적인 사실을 확인하여 산정할 사항임.

▶▶ 상업용 건물 및 오피스텔 기준시가는 국세청장이 고시한 상업용 건물 및 오피스텔의 각 호별 단위면적당 가액에 해당 호의 건물면적(전유 면적과 공용면적을 합한 면적)을 곱하여 계산함(서면4팀-2796, 2007.10.1.)

「상속세 및 증여세법」 제61조 제1항 제3호의 규정에 의한 오피스텔 및 상업용건물 기준시가는 국세청장이 산정·고시한 상업용 건물 및 오피스텔의 각 호별 단위면적(㎡)당 가액에 해당 호의 건물면적(전유면적과 공용면적을 합한 면적)을 곱하여 계산한 가액으로 하는 것임.

▶▶ 2006년도 공시된 개별주택가격을 건물과 부수토지의 가액으로 구분하고자 하는 경우로서 그 부수토지에 대하여는 2006년도 개별공시지가를 결정·고시하지 아니한 경우 2005년 개별공시지가로 안분함(서면4팀-1462, 2007.5.2.).

「부동산 가격공시 및 감정평가에 관한 법률」에 의한 개별주택가격이 공시된 단독주택을 상속세및증여세법 제61조 제1항 제4호의 규정에 의하여 평가함에 있어 건물과 부수토지의 가액을 구분하여야 하는 경우에는 당해 개별주택가격을 평가기준일 현재 같은조 제1항 제2호의 규정에 의하여 평가한 건물가액과 같은항 제1호의 규정에 의한 개별공시지가로 안분하여 주택의 가격 또는 토지의 가격을 산정하는 것임. 다만, 귀 질의의 경우와 같이 평가기준일이 2006년 개별공시지가 고시일 이후인 경우로서 개별주택가격이 공시된 주택의 부수토지에 대하여는 개별공시지가를 결정·고시하지 아니한 경우에는 2005년 개별공시지가를 적용하는 것임.

▶▶ 「상속세 및 증여세법」에 의한 건물 평가 시 개별건물의 특성에 따른 조정률을 적용할 때 용도지수상 근린생활시설의 지상 1층에 해당하는 경우에는 번호 17의 조정률이 적용됨(서면4팀-876, 2007.3.14.).

「상속세 및 증여세법」 제61조 제1항 제2호의 규정에 의하여 건물을 평가하는 경우로서 개별건물의 특성에 따른 조정률을 적용할 때, 용도지수상 근린생활시설(용도번호 28~31 중 제조업소, 종교집회장 제외)의 지상 1층 건물에 해당하는 경우에는 번호 17의 조정률이 적용되는 것이며, 당해 건물의 부속 지하 기계실의 경우에는 주용도에 따른 용도지수를 적용한 후에 다시 번호 20의 조정률이 적용되는 것임.

▶▶ 주택의 부수토지로 개별주택가격이 공시되지 않는 토지 평가방법(서면4팀-1830, 2005.10.6.)

「상속세 및 증여세법」 제61조 제1항 제4호의 규정에 의하여 주택과 그 부수토지를 「부동산 가격공시 및 감정평가에 관한 법률」에 의한 개별주택가격으로 평가하는 경우로서 주택과 그 부수토지의 가액을 구분하고자 하는 경우 「상속세 및 증여세법」 제61조 제1항 제2호의 규정에 의한 건물 기준시가와 같은항 제1호의 규정에 의한 개별공시지가로 안분하여 주택의 가액 또는 토지의 가액을 산정하는 것이며, 당해 주택의 부수토지로서 개별주택가격이 고시되지 않은 경우에는 같은항 제1호의 규정에 의한 개별공시지가로 평가하는 것임. 토지를 지분형태로 증여받은 경우 증여재산가액은 당해 토지를 같은법 제60조 내지 제66조의 규정에 의하여 평가한 가액에서 증여받은 지분율을 곱한 금액으로 하는 것임.

▶▶ 청구인이 상속받은 쟁점주식의 보충적 평가시 그 발행법인이 소유한 토지를 평가심의위원회 심의를 거쳐 유사매매사례가액으로 평가한 처분의 당부(조심 2021서3148, 2022.9.22)

유사매매사례가액을 시가로 보는 경우 상속세를 신고한 경우라도 평기기간이 경과한 매매가액에 대하여 평가심의위원회 심의를 거쳐 이를 시가로 평가할 수 있는바 쟁점토지1 · 2와 비교대상토지1 · 2의 접도, 지목 · 용도지역 등에 비추어 비교대상토지1 · 2의 매매가액을 쟁점토지1 · 2의 시가로 본 처분에 잘못이 없음.

Chapter 02 선박 · 항공기 기타 유형재산의 평가

1 선박·항공기·차량·기계장비 및 입목의 평가

1.1 원 칙

「선박·항공기·차량·기계장비 및 입목에 관한 법률」의 적용을 받는 입목에 대한 평가는 다음의 가액을 순차로 적용한다(상증령 §52 ①). 선박, 항공기, 차량, 기계장비 등은 2002.12.31. 이전까지는 원칙적으로 「지방세법」상 시가표준액을 적용하여 평가하였으나 이렇게 평가하는 것이 시가에 비하여 지나치게 저평가되고 있다고 판단하여 2003년부터는 해당 「선박·항공기·차량·기계장비 및 입목에 관한 법률」의 적용을 받는 선박·항공기·차량·기계장비 및 입목 등을 처분할 경우 다시 취득할 수 있다고 예상되는 가액을 우선 적용하고, 그 가액이 확인되지 아니하는 경우에는 장부가액(취득가액에서 감가상각비를 뺀 가액을 말함) 및 「지방세법 시행령」 제4조 제1항에 따른 시가표준액에 의한 가액을 순차로 적용한다.

1.2 구체적 평가방법

1.2.1 재취득예상가액

「선박·항공기·차량·기계장비 및 입목에 관한 법률」의 적용을 받는 입목을 처분할 경우 다시 취득할 수 있다고 예상되는 가액으로 평가한다.

1.2.2 장부가액

장부가액(취득가액에서 감가상각비를 차감한 가액)에 의하여 평가한다. 이때 '장부가액'이라 함은 기업회계기준 등에 의해 작성된 대차대조표상 가액을 말한다. 다만, 취득가액에서 빼는 감가상각비는 법인이 납세지 관할세무서장에게 신고한 상각방법으로 계산한 취득일부터 평가기준일까지의 감가상각비상당액을 말하며, 감가상각자산의 내용연수는 「법인세법 시행령」 제28조 제1항 제2호의 규정에 의한 기준내용연수를 적용한다(서면4팀-1445, 2006.5.23.).

1.2.3 「지방세법」상 시가표준액

재취득예상가액 또는 장부가액도 없는 경우에는 「지방세법 시행령」 제4조 제1항에 따른 시가표준액에 의한 가액을 순차로 적용한 가액을 말한다.

2 상품·제품 등의 평가

2.1 원 칙

상품·제품·반제품·재공품·원재료 기타 이에 준하는 동산 및 소유권의 대상이 되는 동산의 평가는 그것을 처분할 때에 취득할 수 있다고 예상되는 가액, 즉 재취득가액에 의하여 평가한다. 이때 상품·제품 등이 사업용 재고자산인 경우 재취득가액에는 부가가치세가 포함되지 아니한다(상증통 62-52…1).

2.2 가액이 확인되지 않는 경우

재취득가액이 확인되지 아니하는 경우에는 장부가액으로 평가한다.

2.3 제조 중인 제품 등의 평가

평가기준일 현재 계속 제조 중인 제품 등의 가액은 평가기준일 현재 완성된 부분에 대한 완성비율에 따라 평가한다(준칙 §31).

2.4 미착상품의 평가

상속개시 당시 미착된 상품의 가액은 상속개시일까지 당해 상품의 취득에 소요된 비용의 합계액으로 평가한다(준칙 §32).

2.5 매매목적의 부동산의 평가

부동산매매업자가 매매를 목적으로 소유하는 부동산은 당해 부동산의 평가방법에 의한다(준칙 §33).

3 서화·골동품의 평가

3.1 판매용이 아닌 서화·골동품의 평가

판매용이 아닌 서화 · 골동품 등 예술적 가치가 있는 유형재산의 평가는 다음의 구분에 의한 전문분야별로 2개 이상의 전문감정기관(2024.2.29.전에 상속이 개시되었거나 또는 증여받은 경우에는 2인 이상의 전문가를 말한다)이 감정한 가액의 평균액으로 한다. 이 평균액이 국세청장이 위촉한 3인 이상의 전문가로 구성된 감정평가심의회에서 감정한 감정가액에 미달하는 경우와 특수관계인 간에 양도 · 양수하는 경우로서 감정평가심의회에서 감정한 감정가액의 100분의 150을 초과하는 경우에는 감정평가심의회에서 감정한 감정가액으로 한다(상증령 §52 ② 2호). 서화 · 골동품 등 예술적 가치가 있는 유형재산의 평가에 소요된 감정수수료는 상속 · 증여세 과세표준에서 공제된다(상증법 §25 ① 2호).

① 서화 · 전적
② 도자기 · 토기 · 철물
③ 목공예 · 민속장신구
④ 선사유물
⑤ 석공예
⑥ 기타 골동품
⑦ ①부터 ⑥까지에 해당하지 아니하는 미술품

서화 · 골동품에 대하여 평가할 수 있는 "전문가"의 범위에 대하여 종전에는 별도로 규정하고 있거나 또는 해석된 사례가 없어 어떤 기준에 따라 전문가에 해당하는지 여부를 판단하는데 어려움이 있었는데 세법개정으로 '전문감정기관'으로 명확하게 규정하였으며, 2024.2.29. 이후 상속이 개시되거나 증여받은 분부터 적용한다.

3.2 판매용인 서화 · 골동품의 평가

판매용인 서화 · 골동품에 대한 평가는 규정하고 있지 않다. 이 경우 판매용인 경우에는 사업자가 보유하고 있는 서화 · 골동품은 상품으로 재고자산에 해당되므로 위에서 설명한 상품 · 제품 등의 평가방법을 적용하여야 할 것이다. 그러므로 판매용인 서화 · 골동품의 평가는 재취득가액에 의하여 평가한다. 이 경우 재취득가액이 확인되지 아니하는 경우에는 장부가액으로 평가한다(상증령 §52 ② 3호).

4 소유권의 대상이 되는 동물 등의 평가

소유권의 대상이 되는 동물 및 평가방법을 따로 규정하지 아니한 그 밖의 유형재산의 평가는 상기 '2. 상품 · 제품 등의 평가'의 평가방법을 준용하여 평가한 가액으로 한다. 즉, 시가를 산정하기 어려운 소유권의 대상이 되는 동물의 가액은 해당 재산을 처분할 때 취득할 수 있다고 예상되는 가액에 의하되, 그 가액이 확인되지 아니하는 경우에는 장부가액으로 평가한다(상증령 §52 ② 3호).

5 임대차계약이 체결되거나 임차권이 등기된 유형재산에 대한 평가특례

5.1 개요

선박 등 기타 유형재산에 대하여 사실상 임대차계약이 체결되거나 임차권이 등기된 경우에는 그동안 1년간 임대료를 기획재정부령이 정하는 율(12%, 2009.4.22.이전 상속·증여분은 18%임)로 나눈 금액 및 임대보증금의 합계액과 선박 등 기타 유형재산에 대한 보충적 평가액과 비교하여 평가하도록 하고 있다. 선박 등 기타 유형재산에 대해서는 2022.2.15. 개정을 통하여 유형재산의 종류별로 다음과 같이 보충적 평가액과 비교하여 큰 금액으로 평가하도록 하였다(상증법 §62 ③).

5.2 유형재산의 종류별 평가방법

5.2.1 선박, 항공기, 차량 및 기계장비

선박, 항공기, 차량 및 기계장비는 다음과 같이 임대보증금 및 평가기준일 이후 해당 재산의 사용가능기한까지의 연도별 임대료를 기획재정부령으로 정하는 방법에 따라 환산한 금액으로 평가한다(상증령 §52 ③ 1호).

임대차계약이 체결된 선박등의 평가특례

평가액=Max[①, ②]

① 각 재산에 대한 보충적 평가액

② ⓐ+ⓑ

ⓐ 임대보증금×(1 - 기준경비율*)

ⓑ $\dfrac{\text{각 연도의 임대료}^{*} \times (1 - \text{기준경비율})}{(1+30/1{,}000)n^{*}}$

* 기준경비율 : 「소득세법 시행령」 제145조 제1항에 따른 기준경비율을 말한다.

* n : 평가기준일부터 사용가능기한(「법인세법 시행령」 제26조의 3 제2항 제1호에 따른 기준내용연수를 말한다)까지의 경과연수. 다만, 사용가능기한 도래 전에 임대차계약이 종료되는 경우에는 평가기준일부터 임대차계약 종료일까지의 경과연수로 한다.

* 각 연도의 임대료 : 임대차계약에 따라 각 연도에 받을 임대료

5.2.2 입목 및 그 외 유형자산

선박, 항공기, 차량 및 기계장비 이외의 입목 등 기타 유형재산에 대하여 사실상 임대차계약이 체결되거나 임차권이 등기된 경우에는 1년간 임대료를 기획재정부령이 정하는 율(12%, 2009.4.22.이전 상속 · 증여분은 18%임)로 나눈 금액 및 임대보증금의 합계액과 기타 유형재산에 대하여 보충적 평가방법에 의하여 평가한 가액 중 큰 금액을 그 재산의 가액으로 한다(상증법 §62 ③, 상증령 §52 ③ 2호).

임대차계약이 체결된 입목 등의 평가특례

평가액=Max[①, ②]

① 각 재산에 대한 보충적 평가액

② 임대료 등의 환산가액=임대보증금+ $\frac{\text{1년간 임대료}}{\text{기획재정부령이 정하는 율(12\%)}}$

* 2009.4.22.이전 상속증여분은 18% 적용해야 함.

예규

▶▶ 골동품의 평가방법(서면상속증여 2017-3216, 2018.8.14.)

골동품의 경우 시가를 산정하기 어려운 경우 「상속세 및 증여세법」 제62조 제2항 및 같은 법 시행령 제52조 제2항 제2호에 전문분야별로 2인 이상의 전문가가 감정한 가액의 평균액 의하며, 그 가액이 국세청장이 위촉한 3인 이상의 전문가로 구성된 감정평가심의회에서 감정한 감정가액에 미달하는 경우에는 그 감정가액에 의하는 것임. 다만, 귀 질의의 기증한 유물이 골동품에 해당하는지 여부는 관련 전문가의 감정, 관련 증빙, 희소성 등 관련 사실을 확인하여 사실판단 할 사항임.

▶▶ 재고자산의 평가방법(서면상속증여 2016-5455, 2016.11.7.)

「상속세 및 증여세법 시행령」 제52조 제2항에 따라 상품 등 평가액은 그것을 처분할 때에 취득할 수 있다고 예상되는 가액으로 하며, 그 가액이 확인되지 아니하는 경우에는 장부가액(취득가액에서 감가상각비를 뺀 가액)으로 평가함. 이 경우 장부가액은 기업회계기준 등에 따라 작성된 재무상태표상 장부가액에 의하는 것이며 자본금과 적립금조정명세서(을)상의 유보금액을 자산가액에 가감하는 것임.

▶▶ 유형재산 평가 시 장부가액을 적용함에 있어 취득가액에서 빼는 감가상각비 계산방법(재산-386, 2012.10.31.)

「상속세 및 증여세법 시행령」 제52조 제1항에서 정한 선박, 기계장치 등의 유형재산을 평가함에 있어 재취득가액을 확인할 수 없어 장부가액으로 평가할 경우 장부가액은 취득가액에서 감가상각비를 뺀 가액을 말하며, 감가상각비는 법인이 납세지 관할세무서장에게 신고한 상각방법(「법인세법 시행령」 제27조에 따라 납세지 관할세무서장의 승인을 얻어 상각방법을 변경한 경우에는 변경 전과 변경 후 각각의 상각방법을 말한다)에 따라 「법인세법」상 기준내용연수를 적용하여 계산한 취득일부터 평가기준일까지의 감가상각비를 말하는 것임.

▶▶ 구축물에 대하여 사실상 임대차계약이 체결된 경우 보충적 평가가액은 임대료 등을 기준으로 하여 계산한 임대료 환산가액과 재취득가액 등 중 큰 금액으로 하는 것임(재산세과－194, 2012.5.21.).

1. 「상속세 및 증여세법」 제61조 제4항 및 같은법 시행령 제51조 제4항에 따른 당해 법인의 구축물(토지 또는 건물과 일괄하여 평가하는 것을 제외)의 평가가액은 그것을 다시 건축하거나 다시 취득할 경우에 소요되는 가액(이하 "재취득가액등"이라 함)에서 그것의 설치일부터 평가기준일까지의 감가상각비상당액을 뺀 가액으로 하는 것이며, 이 경우 재취득가액등을 산정하기 어려운 경우에는 「지방세법 시행령」 제4조 제1항에 따른 가액을 해당 시설물 및 구축물의 가액으로 할 수 있는 것임.
2. 여기서 해당 구축물에 대하여 사실상 임대차계약이 체결된 경우에는 임대료 등을 기준으로 하여 「상속세 및 증여세법 시행령」 제50조 제7항에 따라 계산한 임대료 등 환산가액과 위 '1.'에 의한 평가가액 중 큰 금액을 그 구축물의 가액으로 하는 것임.

Chapter 03

유가증권의 평가

1 상장주식의 평가

1.1 평가원칙

「자본시장과 금융투자업에 관한 법률」에 따른 유가증권시장과 코스닥시장에서 거래되는 상장주식은 평가기준일 이전·이후 각 2개월 동안 공표된 매일의 「자본시장과 금융투자업에 관한 법률」에 따른 거래소 최종 시세가액의 평균액을 적용한다. 최종 시세가액의 적용은 매일 거래실적의 유무를 따지지 아니하고 적용하며, 평가기준일 전후 2개월 이내에 거래소가 정하는 기준에 따라 매매거래가 정지되거나 관리종목으로 지정된 기간의 일부 또는 전부가 포함되는 경우를 제외하여 적용하되, 공시의무 위반 및 사업보고서 제출의무 위반 등으로 인하여 관리종목으로 지정·고시되거나 등록신청서 허위기재 등으로 인하여 일정 기간 동안 매매거래가 정지된 경우로서 적정하게 시가를 반영하여 정상적으로 매매거래가 이루어지는 경우에는 이를 상장주식의 평가방법을 적용한다(상증칙 §16의 3 ②).

이 경우에 평가기준일 이전·이후 각 2개월간의 합산기간이 4개월에 미달하는 경우에는 해당 합산기간을 기준으로 하고, 평가기준일이 「관공서의 공휴일에 관한 규정」에 따른 공휴일 및 대체공휴일, 토요일, 매매거래정지일, 납회기간 등과 같이 매매가 없는 날인 경우에는 그 전일을 기준으로 한다(상증령 §52의 2 ④, 상증칙 §16의 3 ②, 상증통 63-0…1).

평가기준일 전·후 각 2개월간의 최종시세가액의 평균액을 계산할 때 계산기간은 월력에 따라 계산한다. 예를 들어 평가기준일이 3월 3일이라면 전·후 각 2개월간의 최종시세가액의 평균액은 1월 4일부터 3월 3일까지, 3월 3일부터 5월 2일까지의 기간을 평균하여야 한다. 다만, 합병으로 인한 이익을 계산할 때 합병(분할합병을 포함한다)으로 소멸하거나 흡수되는 법인 또는 신설되거나 존속하는 법인이 보유한 상장주식의 시가는 평가기준일 현재의 거래소 최종 시세가액으로 한다.

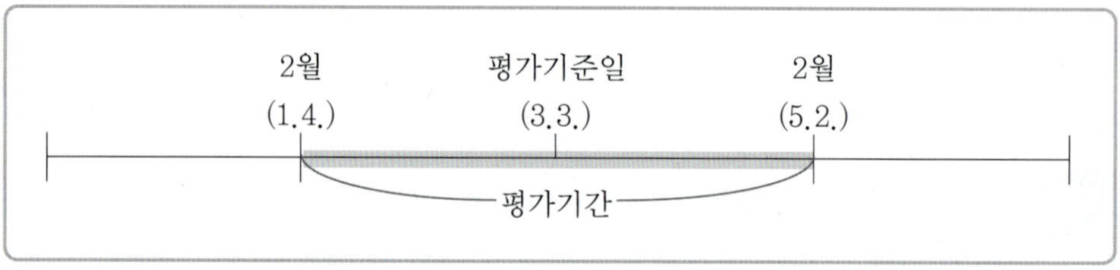

1.2 증자·합병 등의 사유가 발생한 경우의 평가

상장주식 등의 평가는 원칙적으로 평가기준일 이전·이후 각 2월간에 공표된 매일의 유가증권시장 최종시세가액(거래실적 유무 불문)의 평균액을 계산하여 평가하여야 하지만 평가기준일 이전·이후 각 2개월의 기간 중에 증자·합병 등의 사유가 발생하여 당해 평균액에 의하는 것이 부적당한 경우에는 평가기준일 이전·이후 각 2월의 기간 중 다음과 같이 평균액을 계산한다(상증령 §52의 2).

1.2.1 평가기준일 이전에 증자·합병 등의 사유가 발생한 경우

평가기준일 이전 2개월의 기간 중에 증자·합병 등의 사유가 발생한 경우에는 동 사유가 발생한 날(증자·합병의 사유가 2회 이상 발생한 경우에는 평가기준일에 가장 가까운 날)의 다음날부터 평가기준일 이후 2개월이 되는 날까지의 기간(상증령 §52의 2 1호)

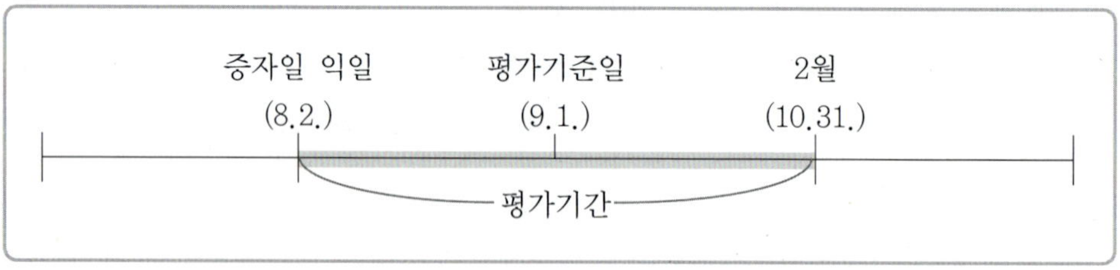

1.2.2 평가기준일 이후에 증자·합병 등의 사유가 발생한 경우

평가기준일 이후 2개월의 기간 중에 증자·합병 등의 사유가 발생한 경우에는 평가기준일 이전 2개월이 되는 날부터 동 사유가 발생한 날의 전일까지의 기간(상증령 §52의 2 2호)

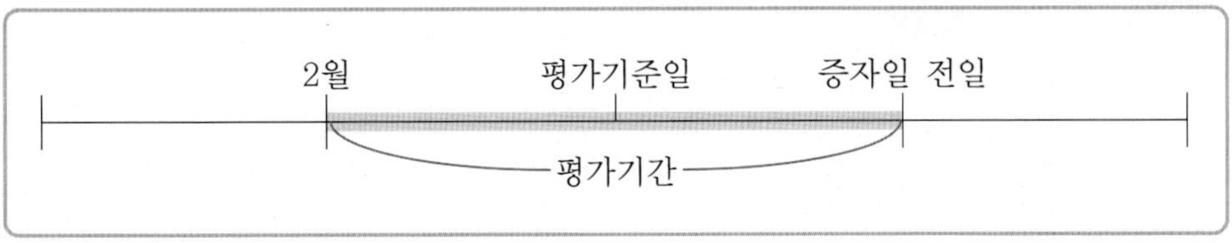

1.2.3 평가기준일 전·후에 증자·합병 등의 사유가 발생한 경우

평가기준일 이전·이후 각 2개월의 기간 중에 증자·합병 등의 사유가 발생한 경우에는 평가기준일 이전 동 사유가 발생한 날의 다음날부터 평가기준일 이후 동 사유가 발생한 날의 전일까지의 기간(상증령 §52의 2 3호)

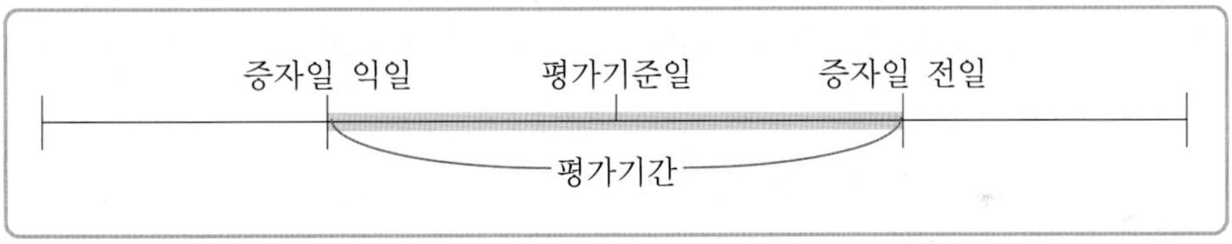

상장주식에 대한 평가는 과거에는 상장주식 평가조서(갑)와 상장주식 평가조서(을) 서식에 의하여 평가하였으나 현재는 삭제된 상태이다. 본서에서는 평가원리에 대한 이해를 돕기 위하여 구 서식을 편집하여 예시하였다. 상장주식을 평가할 때에는 평가기준일 전·후 2개월간의 최종시세가액을 검색하여 평균액을 계산하지만 최근에는 국세청 홈택스에서 재산의 종류별로 다음과 같이 상속·증여재산 평가서비스를 제공하고 있다.

- 국세청홈택스 → 조회/발급 → 상속·증여재산 스스로 평가하기 → 상장주식 → 종목 지정

〈사례1〉 일반적인 경우

아리랑산업㈜의 상장주식에 대한 평가사례이다. 다음의 자료에 의하여 1주당 평가액을 산출하라.

- 서울특별시 강남구 논현동 123
- 상속개시일(평가기준일) 200✕.3.5.
- 이 기업은 중소기업에 해당되지 아니하며, 피상속인은 최대주주(30%)에 해당된다.

• 상속개시일 전후 2개월간의 유가증권시장 최종시세가액

월 일	종 가	월 일	종 가	월 일	종 가	월 일	종 가
1. 5.	14,400	2. 5.	14,250	3. 7.	일요일	4. 7.	14,950
1. 6.	14,850	2. 6.	14,150	3. 8.	13,850	4. 8.	14,600
1. 7.	15,000	2. 7.	토요일	3. 9.	14,000	4. 9.	14,600
1. 8.	14,750	2. 8.	일요일	3.10.	13,800	4.10.	토요일
1. 9.	14,750	2. 9.	14,500	3.11.	14,000	4.11.	일요일
1.10.	토요일	2. 1.	14,700	3.12.	13,650	4.12.	14,400
1.11.	일요일	2.11.	14,900	3.13.	토요일	4.13.	14,350
1.12.	14,700	2.12.	14,450	3.14.	일요일	4.14.	14,400
1.13.	14,700	2.13.	14,450	3.15.	13,800	4.15.	공휴일
1.14.	14,200	1.14.	토요일	3.16.	13,500	4.16.	14,250
1.15.	14,450	2.15.	일요일	3.17.	13,750	4.17.	토요일
1.16.	14,250	2.16.	14,300	3.18.	14,150	4.18.	일요일
1.17.	토요일	2.17.	14,650	3.19.	14,600	4.19.	14,200
1.18.	일요일	2.18.	14,300	3.20.	토요일	4.20.	14,300
1.19.	14,050	2.19.	14,100	3.21.	일요일	4.21.	14,350
1.20.	14,000	2.20.	13,900	3.22.	14,200	4.22.	13,950
1.21.	공휴일	2.21.	토요일	3.23.	14,350	4.23.	14,000
1.22.	공휴일	2.22.	일요일	3.24.	14,350	4.24.	토요일
1.23.	공휴일	2.23.	13,500	3.25.	14,350	4.25.	일요일
1.24.	토요일	2.24.	13,150	3.26.	14,150	4.26.	13,750
1.25.	일요일	2.25.	13,750	3.27.	토요일	4.27.	13,850
1.26.	14,450	2.26.	13,800	3.28.	일요일	4.28.	13,800
1.27.	14,200	2.27.	14,050	3.29.	14,150	4.29.	13,400
1.28.	14,500	2.28.	토요일	3.30.	14,600	4.30.	13,350
1.29.	14,700	2.29.	일요일	3.31.	15,050	5. 1.	토요일
1.30.	15,000	3. 1.	공휴일	4. 1.	15,100	5. 2.	일요일
1.31.	토요일	3. 2.	13,800	4. 2.	15,100	5. 3.	13,250
2. 1.	일요일	3. 3.	13,900	4. 3.	토요일	5. 4.	13,200
2. 2.	14,700	3. 4.	14,100	4. 4.	일요일	5. 5.	공휴일
2. 3.	14,350	3. 5.	14,000	4. 5.	공휴일	5. 6.	12,300
2. 4.	14,250	3. 6.	토요일	4. 6.	15,300	5. 7.	12,700

평가요령

1. 평가원칙

상장주식은 상속개시일 또는 증여일(평가기준일) 이전·이후 각 2월간에 공표된 매일의 유가증권시장 최종시세가액(거래실적 유무 불문)의 평균액으로 평가한다(상증법 §63 ①). 또한 코스닥상장법인의 주식에 대하여도 코스닥시장 본부가 정하는 기준에 의하여 매매거래가 정지되거나 투자유의종목 또는 관리종목으로 지정·고시된 경우를 제외한 주식 등은 상장주식의 평가규정을 준용한다. 이 경우에 평가기준일 이전·이후 각 2월간의 합산기간이 4월에 미달하는 경우에는 당해 합산기간을 기준으로 한다. 또한 평가기준일이 공휴일(매매거래가 없는 토요일을 포함)인 경우에는 그 전일을 기준으로 한다(상증칙 §16의 2 ①). 예를 들어 평가기준일이 3월 5일인 경우에 평가기준일 이전 2월은 1월 6일이 되고, 평가기준일 이후 2월은 5월 4일이 된다. 이 기간 동안의 최종시세가액을 평균하여 평가한다.

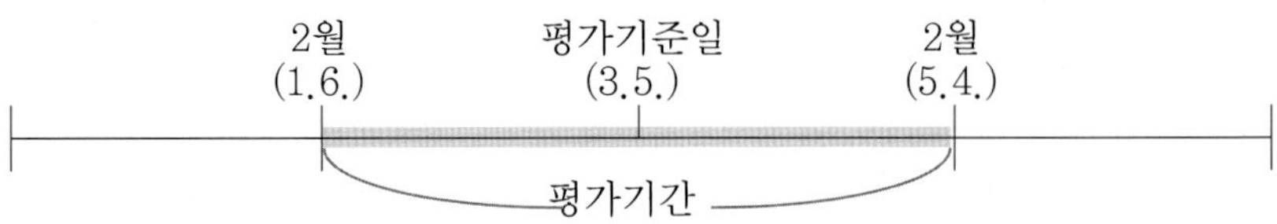

2. 최대주주 등의 할증평가

상장법인·코스닥상장법인·비상장법인의 주식 및 출자지분 등을 평가할 때 최대주주 등의 주식 등을 평가하는 경우에는 평가한 가액에 대하여 그 가액의 100분의 20을 가산한다(상증법 §63 ③). 다만, 대통령령으로 정하는 중소기업, 대통령령으로 정하는 중견기업 및 평가기준일이 속하는 사업연도 전 3년 이내의 사업연도부터 계속하여「법인세법」제14조 제2항에 따른 결손금이 있는 법인의 주식등 등 대통령령으로 정하는 주식등은 제외한다. 이때 중소기업의 적용은 주식 등의 양도일이 속하는 사업연도의 직전 사업연도종료일 현재「중소기업기본법」제2조의 규정에 의한 중소기업에 해당하는 기업을 말한다(상증령 §53 ⑥).

또한, "대통령령으로 정하는 중견기업"이란「중견기업 성장촉진 및 경쟁력 강화에 관한 특별법」제2조에 따른 중견기업으로서 평가기준일이 속하는 과세기간 또는 사업연도의 직전 3개 과세기간 또는 사업연도의 매출액의 평균이 5천억원 미만인 기업을 말한다. 이 경우 매출액은 기업회계기준에 따라 작성한 손익계산서상의 매출액을 기준으로 하며, 과세기간 또는 사업연도가 1년 미만인 과세기간 또는 사업연도의 매출액은 1년으로 환산한다(상증령 §53 ⑦).

최대주주 등의 할증비율

	할증비율	
	일반법인	중소기업 등
최대주주 등	20%	0%

【제13-2호 서식】 (앞 면)

<table>
<tr><td colspan="6">상장주식 평가조서(갑)</td></tr>
<tr><td colspan="6">1. 평가대상 상장법인</td></tr>
<tr><td>①법 인 명</td><td colspan="2">아리랑산업㈜</td><td colspan="2">②대 표 자</td><td>김 철 수</td></tr>
<tr><td>③법 인 소 재 지</td><td colspan="2">서울 강남 논현 123</td><td colspan="2">④평 가 기 준 일
(평가기준일이 공휴일 등인 때 그 전일)</td><td>200X. 3. 5.
(. . .)</td></tr>
<tr><td>⑤평가대상주식종류</td><td colspan="2">보통주</td><td colspan="2">⑥상 장 일 자</td><td>2000. 1. 10.</td></tr>
<tr><td>⑦증 자 일 자</td><td colspan="2">. . .</td><td colspan="2">⑧합 병 일 자</td><td>. . .</td></tr>
<tr><td colspan="6">2. 1주당 가액 평가</td></tr>
<tr><td colspan="4">⑨평가기준일 이전·이후 각 2월간(또는 증자·합병 등의 경우에는 상증령 52의 2의 기간) 종가평균(⑱)</td><td colspan="2">14,241</td></tr>
<tr><td colspan="4">⑩최대주주 소유주식의 1주당 평가액 : [⑨×120(110)/100] 또는 [⑨×130(115)/100]</td><td colspan="2">14,241×120%=17,089</td></tr>
<tr><td colspan="6">3. 미상장주식의 1주당 가액 평가</td></tr>
<tr><td>⑪직전기배당률</td><td>%</td><td>⑫직 전 기 배 당 액
(1주당 액면가액×⑪)</td><td></td><td>⑬배 당 기 산 일
(주금납입 다음날)</td><td></td></tr>
<tr><td>⑭배 당 기 산 일 전일까지의 일수</td><td>(/365)</td><td>⑮배 당 차 액
(⑫×⑭)</td><td></td><td>⑯1 주 당 가 액
(⑨-⑮)</td><td></td></tr>
<tr><td colspan="4">⑰최대주주 소유주식의 1주당 평가액 : [⑯×120(110)/100] 또는 [⑯×130(115)/100]</td><td colspan="2"></td></tr>
<tr><td colspan="6">년 월 일

조 사 자 직 급 성 명 인</td></tr>
</table>

210㎜×297㎜(인쇄용지(특) 70g/㎡)

※이 서식은 2018.12.31. 현재의 기준에 맞게 편집한 것입니다.

【제13-3호 서식】

상장주식 평가조서(을)									
평가기준일 이전 2월					평가기준일 이후 2월				
NO	월 일	종 가	월 일	종 가	NO	월 일	종 가	월 일	종 가
1	1. 6.	14,850	2. 6.	14,150	1	3. 5.		4. 5.	공휴일
2	1. 7.	15,000	2. 7.	토요일	2	3. 6.	토요일	4. 6.	15,300
3	1. 8.	14,750	2. 8.	일요일	3	3. 7.	일요일	4. 7.	14,950
4	1. 9.	14,750	2. 9.	14,500	4	3. 8.	13,850	4. 8.	14,600
5	1.10.	토요일	2.10.	14,700	5	3. 9.	14,000	4. 9.	14,600
6	1.11.	일요일	2.11.	14,900	6	3.10.	13,800	4.10.	토요일
7	1.12.	14,700	2.12.	14,450	7	3.11.	14,000	4.11.	일요일
8	1.13.	14,700	2.13.	14,450	8	3.12.	13,650	4.12.	14,400
9	1.14.	14,200	2.14.	토요일	9	3.13.	토요일	4.13.	14,350
10	1.15.	14,450	2.15.	일요일	10	3.14.	일요일	4.14.	14,400
11	1.16.	14,250	2.16.	14,300	11	3.15.	13,800	4.15.	공휴일
12	1.17.	토요일	2.17.	14,650	12	3.16.	13,500	4.16.	14,250
13	1.18.	일요일	2.18.	14,300	13	3.17.	13,750	4.17.	토요일
14	1.19.	14,050	2.19.	14,100	14	3.18.	14,150	4.18.	일요일
15	1.20.	14,000	2.20.	13,900	15	3.19.	14,600	4.19.	14,200
16	1.21.	공휴일	2.21.	토요일	16	3.20.	토요일	4.20.	14,300
17	1.22.	공휴일	2.22.	일요일	17	3.21.	일요일	4.21.	14,350
18	1.23.	공휴일	2.23.	13,500	18	3.22.	14,200	4.22.	13,950
19	1.24.	토요일	2.24.	13,150	19	3.23.	14,350	4.23.	14,000
20	1.25.	일요일	2.25.	13,750	20	3.24.	14,350	4.24.	토요일
21	1.26.	14,450	2.26.	13,800	21	3.25.	14,350	4.25.	일요일
22	1.27.	14,200	2.27.	14,050	22	3.26.	14,150	4.26.	13,750
23	1.28.	14,500	2.28.	토요일	23	3.27.	토요일	4.27.	13,850
24	1.29.	14,700	2.29.	일요일	24	3.28.	일요일	4.28.	13,800
25	1.30.	15,000	3. 1.	공휴일	25	3.29.	14,150	4.29.	13,400
26	1.31.	토요일	3. 2.	13,800	26	3.30.	14,600	4.30.	13,350
27	2. 1.	일요일	3. 3.	13,900	27	3.31.	15,050	5. 1.	토요일
28	2. 2.	14,700	3. 4.	14,100	28	4. 1.	15,100	5. 2.	일요일
29	2. 3.	14,350	3. 5.	14,000	29	4. 2.	15,100	5. 3.	13,250
30	2. 4.	14,250			30	4. 3.	토요일	5. 4.	13,200
31	2. 5.	14,250			31	4. 4.	일요일		
소계	20일	290,100	20일	282,450		20일	284,500	20일	282,250
일 수	80일								
종 가 합 계	1,139,300원								
⑱ 종 가 평 균	14,241원								

210㎜×297㎜(인쇄용지(특) 70g/㎡

※이 서식은 2018.12.31. 현재의 기준에 맞게 편집한 것입니다.

〈사례2〉 증자·합병 등의 사유가 발생한 경우

아리랑산업㈜은 상장법인(중소기업에 해당되지 아니함)으로서 다음과 같이 증자를 실시하였다. 이 회사의 최대주주(30%)인 증여자 김철수는 다음과 같이 증여를 실시할 경우의 증여가액은?

- 증여일(평가기준일) : 200×.5.22.
- 신주배정 및 주주명부 폐쇄기준일(유상증자 10%) : 200×.4.8.
- 주식수 : 100,000주(액면가액 : 500원)
- 전기배당률 : 20%
- 주금납입일 : 200×.5.10.
- 신주상장예정일 : 200×.7.20.
- 상속개시일 전후 2개월간의 증권거래소 종가현황

월 일	종 가	월 일	종 가	월 일	종 가	월 일	종 가
4. 1.	15,100	5. 1.	휴일	6. 1.	13,050	7. 1.	13,000
4. 2.	15,100	5. 2.	휴일	6. 2.	13,050	7. 2.	12,350
4. 3.	토요일	5. 3.	13,250	6. 3.	12,950	7. 3.	토요일
4. 4.	일요일	5. 4.	13,200	6. 4.	13,000	7. 4.	일요일
4. 5.	공휴일	5. 5.	휴일	6. 5.	토요일	7. 5.	12,450
4. 6.	15,300	5. 6.	12,300	6. 6.	일요일	7. 6.	12,550
4. 7.	14,950	5. 7.	12,700	6. 7.	12,900	7. 7.	12,550
4. 8.	14,600	5. 8.	공휴일	6. 8.	13,050	7. 8.	12,200
4. 9.	14,600	5. 9.	공휴일	6. 9.	13,000	7. 9.	12,350
4.10.	휴일	5.10.	12,350	6.10.	13,150	7.10.	토요일
4.11.	휴일	5.11.	12,750	6.11.	12,500	7.11.	일요일
4.12.	14,400	5.12.	13,100	6.12.	토요일	7.12.	12,350
4.13.	14,350	5.13.	12,750	6.13.	일요일	7.13.	12,250
4.14.	14,400	5.14.	12,400	6.14.	12,150	7.14.	12,050
4.15.	휴일	5.15.	토요일	6.15.	12,100	7.15.	12,200
4.16.	14,250	5.16.	일요일	6.16.	12,000	7.16.	12,050
4.17.	휴일	5.17.	11,000	6.17.	12,050	7.17.	토요일
4.18.	휴일	5.18.	11,750	6.18.	12,650	7.18.	일요일
4.19.	14,200	5.19.	12,500	6.19.	토요일	7.19.	12,300
4.20.	14,300	5.20.	12,500	6.20.	일요일	7.20.	12,000

월 일	종 가	월 일	종 가	월 일	종 가	월 일	종 가
4.21.	14,350	5.21.	13,000	6.21.	12,100	7.21.	12,150
4.22.	13,950	5.22.	토요일	6.22.	12,250	7.22.	12,100
4.23.	14,000	5.23.	일요일	6.23.	11,850	7.23.	12,000
4.24.	휴일	5.24.	12,800	6.24.	12,350	7.24.	토요일
4.25.	휴일	5.25.	12,500	6.25.	12,150	7.25.	일요일
4.26.	13,750	5.26.	공휴일	6.26.	토요일	7.26.	12,100
4.27.	13,850	5.27.	12,950	6.27.	일요일	7.27.	12,350
4.28.	13,800	5.28.	12,750	6.28.	11,900	7.28.	12,450
4.29.	13,400	5.29.	토요일	6.29.	12,150	7.29.	12,300
4.30.	13,350	5.30.	일요일	6.30.	12,800	7.30.	12,200
		5.31.	12,600			7.31.	토요일

평가요령

1. 평가기준일 이전에 증자·합병 등의 사유가 발생한 경우

   당해 상장주식 등의 평가기준일 이전 2월의 기간 중에 증자·합병 등의 사유가 발생한 경우에는 동 사유가 발생한 날(증자·합병의 사유가 2회 이상 발생한 경우에는 평가기준일에 가장 가까운 날)의 다음날부터 평가기준일 이후 2월이 되는 날까지의 기간(상증령 §52의 2 1호).

   예를 들어 증자를 8월 1일에 증자한 상장주식의 평가기준일이 9월 1일인 경우의 평가는 다음과 같다.

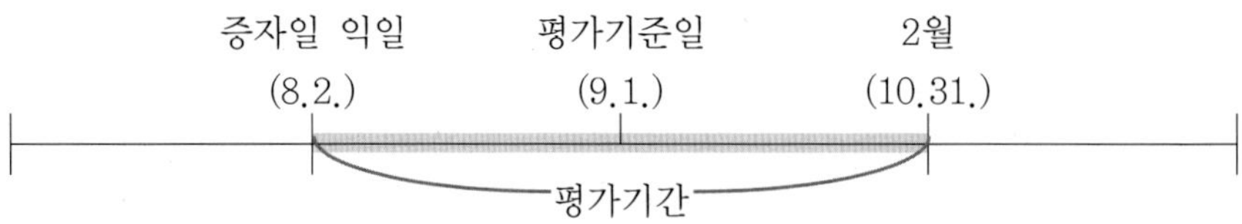

2. 평가기준일 이후에 증자·합병 등의 사유가 발생한 경우

   평가기준일 이후 2월의 기간 중에 증자·합병 등의 사유가 발생한 경우에는 평가기준일 이전 2월이 되는 날부터 동 사유가 발생한 날의 전일까지의 기간(상증령 §52의 2 2호)

   예를 들어 평가기준일이 10월 1일이고 11월 11일에 증자를 하였다면 평가기준일 이전 2월인 8월 2일부터 11월 10일까지 기간의 거래가액으로 평가한다.

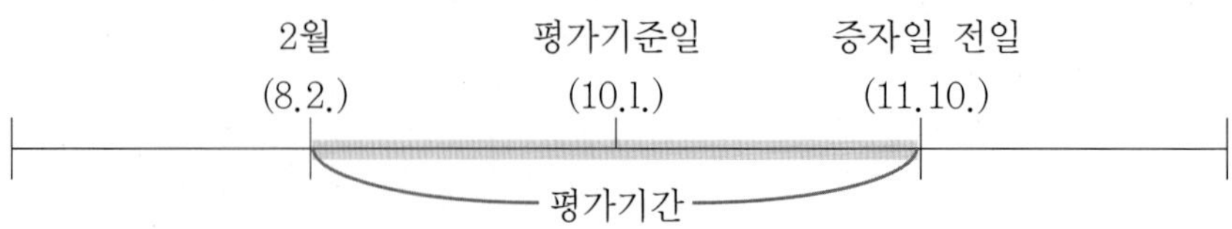

3. 평가기준일 전·후에 증자·합병 등의 사유가 발생한 경우

상장주식 등의 평가기준일 이전·이후 각 2월의 기간 중에 증자·합병 등의 사유가 발생한 경우에는 평가기준일 이전 동 사유가 발생한 날의 다음날부터 평가기준일 이후 동 사유가 발생한 날의 전일까지의 기간(상증령 §52의 2 3호)

예를 들어 평가기준일이 5월 15일인 상장법인의 합병일이 4월 30일이고 6월 1일에 증자를 실시하였을 경우의 평가는 5월 1일부터 5월 31일까지의 기간 동안의 거래가액을 평균한다.

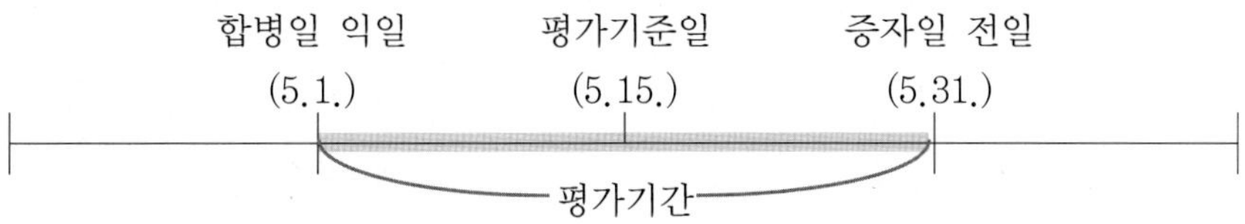

4. 상장주식(코스닥상장주식) 중 증자 후 미상장된 주식의 평가

유가증권시장에 상장되어 있거나 코스닥시장에 상장되어 있는 법인의 주식 중 당해 법인의 증자로 인하여 취득한 새로운 주식으로서 평가기준일 현재 상장되지 아니한 주식 또는 출자지분의 평가는 유가증권시장에 상장되어 있거나 코스닥시장에 상장되어 있는 당해 법인의 주식 또는 출자지분에 대한 상장법인 또는 코스닥상장법인의 주식 등의 평가액에서 다음의 산식에 의하여 계산한 배당차액을 차감한 가액에 의한다(상증령 §57 ③). 그러나 배당차액이 발생되지 아니하는 경우에는 미상장주식을 구분하여 평가할 필요가 없다.

평가액＝상장주식(코스닥상장법인주식)의 평가액－배당차액

$$\text{배당차액} = \frac{\text{주식 또는 출자지분}}{\text{1주당 액면가액}} \times \frac{\text{직전기}}{\text{배당률}} \times \frac{\text{신주발행일이 속하는 사업연도 개시일부터 배당기산일 전일까지의 일수}}{365(366)}$$

5. 증자·합병 등이 있는 날의 실무적 적용

증자·합병 등이 있는 날의 다음날이라 함은 권리락일을 말한다(상증통 63－0…2). 실무적으로 사례의 내용을 기준으로 판단하면 신주배정·주주명부 폐쇄기준일이 200×.4.8.인 경우 유가증권시장을 통한 상장주식의 거래는 보통 3일 수도결제이므로 200×.4.6.이 증자 있는 날이 된다. 따라서 증자 있는 날의 다음날은 권리락일인 4.7.을 적용하게 된다.

평가액

① 구주식 평가액

주식평가액 : 15,457×100,000주＝1,545,700,000

② 신주식 평가액

15,415×10,000주＝154,150,000

③ 평가액

1,545,700,000＋154,150,000＝1,699,850,000

【제13-2호 서식】 (앞 면)

<table>
<tr><td colspan="6">상장주식 평가조서(갑)</td></tr>
<tr><td colspan="6">1. 평가대상 상장법인</td></tr>
<tr><td>①법 인 명</td><td colspan="2">아리랑산업㈜</td><td colspan="2">②대 표 자</td><td>김 철 수</td></tr>
<tr><td>③법 인 소 재 지</td><td colspan="2">서울 강남 논현 123</td><td colspan="2">④평 가 기 준 일
(평가기준일이 공휴일 등인 때 그 전일)</td><td>200×. 5. 22.
(200×. 5. 21.)</td></tr>
<tr><td>⑤평가대상주식종류</td><td colspan="2">보통주</td><td colspan="2">⑥상 장 일 자</td><td>2000. 1. 10.</td></tr>
<tr><td>⑦증 자 일 자</td><td colspan="2">200×. 4. 6.</td><td colspan="2">⑧합 병 일 자</td><td>. . .</td></tr>
<tr><td colspan="6">2. 1주당 가액 평가</td></tr>
<tr><td colspan="4">⑨평가기준일 이전·이후 각 2월간(또는 증자·합병 등의 경우에는 상증령 52의 2의 기간)종가평균(⑱)</td><td colspan="2">12,881</td></tr>
<tr><td colspan="4">⑩최대주주 소유주식의 1주당 평가액 : [⑨×120(110)/100] 또는 [⑨×130(115)/100] (120에 동그라미 표시)</td><td colspan="2">12,881×120%=15,457</td></tr>
<tr><td colspan="6">3. 미상장주식의 1주당 가액 평가</td></tr>
<tr><td>⑪직 전 기 배 당 률</td><td>20%</td><td>⑫직 전 기 배 당 액
(1주당 액면가액×⑪)</td><td>100</td><td>⑬배 당 기 산 일
(주금납입 다음날)</td><td>200×. 5.11.</td></tr>
<tr><td>⑭배 당 기 산 일 전일까지의 일수</td><td>(131/365)</td><td>⑮배 당 차 액
(⑫×⑭)</td><td>35</td><td>⑯1 주 당 가 액
(⑨-⑮)</td><td>12,846</td></tr>
<tr><td colspan="4">⑰최대주주 소유주식의 1주당 평가액 : [⑯×120(110)/100] 또는 [⑯×130(115)/100] (120에 동그라미 표시)</td><td colspan="2">12,846×120%=15,415</td></tr>
<tr><td colspan="6">년 월 일

조 사 자 직급 성명 인</td></tr>
</table>

210㎜×297㎜(인쇄용지(특) 70g/㎡)

※이 서식은 2018.12.31. 현재의 기준에 맞게 편집한 것입니다.

【제13-3호 서식】

상장주식 평가조서(을)									
평가기준일 이전 2월					평가기준일 이후 2월				
NO	월 일	종 가	월 일	종 가	NO	월 일	종 가	월 일	종 가
1	4. 7.	14,950	5. 8.	토요일	1	5.22.	토요일	6.22.	12,250
2	4. 8.	14,600	5. 9.	일요일	2	5.23.	일요일	6.23.	11,850
3	4. 9.	14,600	5.10.	12,350	3	5.24.	12,800	6.24.	12,350
4	4.10.	토요일	5.11.	12,750	4	5.25.	12,500	6.25.	12,150
5	4.11.	일요일	5.12.	13,100	5	5.26.	공휴일	6.26.	토요일
6	4.12.	14,400	5.13.	12,750	6	5.27.	12,950	6.27.	일요일
7	4.13.	14,350	5.14.	12,400	7	5.28.	12,750	6.28.	11,900
8	4.14.	14,400	5.15.	토요일	8	5.29.	토요일	6.29.	12,150
9	4.15.	공휴일	5.16.	일요일	9	5.30.	일요일	6.30.	12,800
10	4.16.	14,250	5.17.	11,000	10	5.31.	12,600	7. 1.	13,000
11	4.17.	토요일	5.18.	11,750	11	6. 1.	13,050	7. 2.	12,350
12	4.18.	일요일	5.19.	12,500	12	6. 2.	13,050	7. 3.	토요일
13	4.19.	14,200	5.20.	12,500	13	6. 3.	12,950	7. 4.	일요일
14	4.20.	14,300	5.21.	13,000	14	6. 4.	13,000	7. 5.	12,450
15	4.21.	14,350			15	6. 5.	토요일	7. 6.	12,550
16	4.22.	13,950			16	6. 6.	일요일	7. 7.	12,550
17	4.23.	14,000			17	6. 7.	12,900	7. 8.	12,200
18	4.24.	토요일			18	6. 8.	13,050	7. 9.	12,350
19	4.25.	일요일			19	6. 9.	13,000	7.10.	토요일
20	4.26.	13,750			20	6.10.	13,150	7.11.	일요일
21	4.27.	13,850			21	6.11.	12,500	7.12.	12,350
22	4.28.	13,800			22	6.12.	토요일	7.13.	12,250
23	4.29.	13,400			23	6.13.	일요일	7.14.	12,050
24	4.30.	13,350			24	6.14.	12,150	7.15.	12,200
25	5. 1.	토요일			25	6.15.	12,100	7.16.	12,050
26	5. 2.	일요일			26	6.16.	12,000	7.17.	토요일
27	5. 3.	13,250			27	6.17.	12,050	7.18.	일요일
28	5. 4.	13,200			28	6.18.	12,650	7.19.	12,300
29	5. 5.	공휴일			29	6.19.	토요일	7.20.	12,000
30	5. 6.	12,300			30	6.20.	일요일		
31	5. 7.	12,700			31	6.21.	12,100		
소계	21일	291,950	10일	124,100		20일	253,300	21일	258,100
일 수	72일								
종 가 합 계	927,450원								
⑱ 종 가 평 균	12,881원								

210㎜×297㎜(인쇄용지(특) 70g/㎡

※이 서식은 2018.12.31. 현재의 기준에 맞게 편집한 것입니다.

예규

▶▶ **"주가급등"의 사유로 매매거래 정지된 경우 상장주식의 평가방법**(서면법규재산2020-5658, 2022.4.26.)

평가기준일 이전 · 이후 각 2개월의 기간 중 주가급등으로 인해 매매거래가 정지된 기간을 제외하고는 당해 주식을 발행한 코스닥상장법인의 지분분산도 및 거래량 등을 감안할 때 적정하게 시가를 반영하여 정상적으로 매매거래가 이루어지는 것으로 볼 수 있는 경우에는 상속세 및 증여세법 제63조 제1항 제1호 가목의 규정에 따라 평가하는 것임.

▶▶ **평가기간 내 시세조종행위가 있는 경우 상장주식 평가방법**(기획재정부재산-330, 2022.3.10.)

평가기간 내 시세조종행위가 있는 경우 법원의 확정판결에 의하여 시세조종 사실 등이 확인된 경우로 한정하여 평가기준일 이전 · 이후 2개월 중 시세조종행위 기간을 제외한 기간의 거래소 최종시세가액 평균액으로 평가함.

▶▶ **미국 뉴욕증권거래소에 상장된 국외주식 평가방법**(상속증여-497, 2013.8.23.)

외국법인이 발행한 주식의 가액은 내국법인이 발행한 주식의 평가방법을 준용하여 평가하는 것이며, 이 경우 한국거래소에 해당되는 외국의 증권거래소등에서 거래되는 주식의 가액은 「상속세 및 증여세법」 제63조 제1항 제1호 가목의 규정(평가기준일 이전 · 이후 각 2개월 동안 공표된 매일의 한국거래소 최종 시세가액의 평균액으로 평가)을 준용하여 평가하는 것임.

▶▶ **평가기준일 전·후 각 2개월간 매매거래가 정지된 상장주식의 평가**(서사-2005, 2005.10.31.)

평가기준일 이전·이후 각 2월간에 계속하여 매매거래가 정지된 상장주식인 경우 당해 주식가액은 「상속세 및 증여세법」 제63조 제1항 제1호 다목의 규정에 의한 비상장법인의 주식과 같은 방법으로 평가하는 것이 타당함. 이 경우 비상장법인의 주식도 평가기준일 현재 시가에 의하는 것이며, 같은법 시행령 제49조 제1항 제1호의 규정에 의하여 불특정다수인 사이에 매매가 성립하여 형성된 거래가액은 시가로 볼 수 있는 것임.

▶▶ **증권시장 외에 거래하거나 시간외시장에서 제3자 참여를 제한하는 거래의 시가 적용 여부**(서사-821, 2005.5.26.)

한국증권선물거래소가 개설한 코스닥시장에 상장된 주식을 코스닥시장 외에 거래하거나 코스닥시장업무규정에 의한 시간외시장에서 제3자의 참여를 제한하는 거래를 통하여 시가보다 높거나 낮은 가액으로 매매하는 경우에는 「상속세 및 증여세법」 제35조(저가·고가 양도에 따른 이익의 증여)의 규정이 적용되는 것이며, 이 경우 시가는 같은법 제63조 제1항 제1호 나목 및 같은조 제3항의 규정에 의하여 평가한 가액을 말하는 것임.

다만, 「증권거래법」 제94조 제1항의 규정에 의한 한국증권선물거래소의 코스닥시장업무규정에 의하여 시간외종가매매 방법으로 매매되거나 시간외대량매매 방법으로 매매된 것 중 당일종가로 매매된 것에 대하여는 그러하지 않음.

▶▶ 특수관계자와 협회등록법인의 주식을 거래함에 있어 주식의 시가에 미달하게 양도한 경우의 시가 적용(서사-96, 2005.1.12.)

① 「소득세법 시행령」 제98조 제1항 각 호의 규정에 의한 특수관계 있는 자와 협회등록법인의 주식을 거래함에 있어 그 주식의 시가에 미달하게 양도함으로써 조세의 부담을 부당히 감소시킨 것으로 인정되는 때에는 그 양도가액을 시가에 의하여 계산하는 것이며,

② 이 경우 시가는 「상속세 및 증여세법」 제60조 및 제63조의 규정에 의하여 평가한 금액으로 하는 것이며 당해 주식이 최대주주 등의 주식에 해당하는 경우에는 같은법 제63조 제3항의 규정에 의하여 할증평가한 금액으로 하는 것임.

▶▶ 상장주식을 최종시세가액의 평균액으로 평가함에 있어 평가기준일 이전·이후 각 2월이 되는 날이 공휴일 등인 경우 평가방법(서사-1646, 2004.10.18.)

「상속세 및 증여세법」 제63조 제1항 제1호 가목의 규정에 의하여 상장주식을 평가기준일 이전·이후 각 2월간에 공표된 매일의 한국증권거래소 최종시세가액의 평균액으로 평가함에 있어 원단위 미만의 금액은 이를 절사하는 것이며, 이 경우 평가기준일이 공휴일 등 매매거래가 없는 날인 경우에는 그 전일을 기준으로 하여 위의 규정을 적용하는 것이나, 평가기준일 이전·이후 각 2월이 되는 날이 공휴일 등인 경우 그 전일이나 후일을 평가대상기간에 산입하지는 아니하는 것임.

▶▶ 상장주식의 장내거래와 장외거래의 시가 적용방법(서일 46014-10880, 2002.7.5.)

상장주식을 한국증권거래소에서 불특정다수인이 제한없이 참여하는 매매거래시간 내에 경쟁매매방식의 장내거래를 통하여 매도하고 그 매도자와 특수관계에 있는 자 및 불특정다수인이 당해 상장주식을 거래 당일의 시세대로 매수한 거래에 대하여는 「상속세 및 증여세법」 제35조(저가·고가양도 시의 증여의제)의 규정을 적용하지 아니하는 것임.

다만, 상장주식을 한국증권거래소 시장 외에서 거래하거나 시간외 대량매매방식 등 제3자의 참여를 제한하는 거래를 통하여 특수관계자간에 시가보다 높거나 낮은 가액으로 매매하는 경우에는 같은법 제35조 및 같은법 시행령 제26조의 규정에 의하여 증여세를 과세하는 것이며, 이 경우 시가는 같은법 제63조 제1항 제1호 가목 및 같은조 제3항의 규정에 의하여 평가한 가액을 말하는 것임.

▶▶ 상장법인이 유상증자 시 신주를 발행하는 경우 평가기준일과 시가계산방법(서사-882, 2004.6.16.)

「상속세 및 증여세법」 제39조(증자에 따른 이익의 증여) 제1항 제1호의 규정에서 '시가'라 함은 상장주식의 경우 증자에 따른 권리락이 있는 날 전 2월이 되는 날부터 권리락이 있는 날의 전일까지 공표된 한국증권거래소 최종시세가액의 평균액으로 하는 것임.

▶▶ 상장법인이 인적분할한 경우 유가증권평가 시 한국증권거래소에서 거래되는 주식의 평가방법 (서일 46014-11315, 2002.10.9.)

[질의]

상장법인(A)의 대주주가 특수관계인에게 상장주식을 증여하였는데, 평가기준일 이전, 이후 각 2개월간 내에 해당 상장회사가 인적분할을 하였음. A상장법인이 인적분할을 하여 A* 상장법인(존속법인)과 B(신설법인)로 분할되었으며 분할비율은 6 : 4였음. 즉 상장주식 A의 1주가 A* 주식 0.6주와 B주식 0.4주로 분할되어 재상장되었음. 이럴 경우 유가증권평가방법에 관하여 다음과 같이 의문사항이 있어 질의함.

- 2002.4.10. 분할이사회결의(분할신고서 : 금감원 제출)
- 2002.4.27. 평가기준일 이전 2개월 : 2002.6.26.~2002.4.27.
- 2002.5.24. 분할 관련 임시주주총회 결의
- 2002.6.27. 주식거래정지개시일 증여일(명의개서일=증여계약공증일)
- 2002.7. 1. 분할기준일
- 2002.7. 3. 분할등기일
- 2002.8. 4. 주식거래정지종료
- 2002.8. 5. 주식거래개시(주식 2종류)
- 2002.8.25. 평가기준일 이후 2개월 : 2002.6.26.~2002.8.25.

(주1) 증여일이 주식거래정지일이므로 그 전일을 기준으로 계산하였음(통칙 63-9…1). 참고로 주식거래가 정지되어도 증여로 인한 명의개서는 가능함.

(주2) 2002.4.27.부터 6.26.까지는 상장법인주식 A로 거래되었으며, 2002.6.27.부터 2002.8.4.까지 주식거래가 정지되었고 2002.8.5. 이후부터는 A*주식과 B주식으로 분할되어 동일자로 재상장되어 거래되고 있음.

상기와 같을 경우 2002.6.27.자 증여한 주식의 평가와 관련하여 다음과 같은 설이 있어 질의함(참고로 갑, 을, 병설은 본인의 생각을 기술한 것임).

〈갑설〉 법 제63조 제1항 제1호 단서조항에 의거 평가기준일 전후 증자, 합병 등의 사유가 발생한 것과 동일시하여 평가기준일 전에 동 사유가 발생한 것으로 보아 2002.4.27.부터 2002.6.26.까지의 A주식의 종가평균액으로 계산함.

〈을설〉 갑설과 동일한 논리이지만 평가기준일 이후에 동 사유가 발생한 것으로 보아 2002.8.5.(주식재상장일)부터 2002.8.25.까지의 A* 주식과 B주식의 종가평균액을 구한 후 종가평균액에다 0.6과 0.4(분할비율)를 곱하여 가중평균액을 구한 것을 평가액으로 봄.

〈병설〉 본 질의상황에서는 주식이 분할되었지 권리락은 없으므로 법 제63조 제1항 제1호의 단서조항을 적용하지 않고 평가기준일 2개월 종가평균(A주식의 2002.4.27.부터 2002.6.26.까지 종가평균)과 평가기준일 이후 2개월 종가평균(A* 주식과 B주식의 2002.8.5.부터 2002.8.25.까지의 2종류 주식의 종가평균을 구한 후 그 숫자에다 0.6과 0.4를 곱하여 구한 가중평균액)의 평균액을 유가증권평가액으로 봄.

주) 통칙 63-0…1에 의하면 평가일 전후 4개월 내에 매매정지일은 제외하라고 규정되어 있음.

[회신]
「상속세 및 증여세법」 제63조 제1항 제1호 가목의 규정에 의하여 한국증권거래소에서 거래되는 주식은 평가기준일 이전·이후 각 2월간에 공표된 매일의 한국증권거래소 최종시세가액의 평균액에 의하는 것임. 다만, 평균액계산에 있어서 평가기준일 이전·이후 각 2월간의 기간 중에 증자·합병 등의 사유가 발생하여 당해 평균액에 의하는 것이 부적당한 경우에는 같은법 시행령 제52조의 2 각 호의 1에서 규정하는 기간의 평균액에 의하는 것이며, 이 경우 '증자·합병 등의 사유'에는 「상법」 제530조의 2의 규정에 의하여 회사가 분할·분할합병하는 경우를 포함하는 것임.

▶▶ **소액주주가 상속받은 상장주식을 한국증권거래소에서 처분한 경우 평가방법**(서일 46014-11491, 2002.11.11.)
소액주주가 상속받은 상장주식을 신고기한 내에 한국증권거래소에서 처분한 경우에도 당해 상장주식의 시가는 「상속세 및 증여세법」 제60조 제1항 및 같은법 제63조 제1항 제1호 가목의 규정에 의하여 상속개시일 이전·이후 각 2개월간의 종가평균액이 되는 것임.

▶▶ **상장주식의 평가기준일이 납회기간인 경우 평가방법**(서일 46014-10598, 2002.5.7.)
상장주식에 대한 평가기준일(2001.12.31.)이 납회기간(2001.12.29.~2001.12.31.) 등인 경우에는 그 전일을 기준으로 하여 이전 이후 2월간의 종가평균액을 계산하는 것이므로, 2001.10.29.~2002.2.27.기간의 종가평균액으로 평가하는 것임.

▶▶ **상장법인 주식을 평가함에 있어 평가기준일 이전 2월간에 당해 법인의 1주당 액면가액을 분할·병합하여 새로운 주식을 변경상장하는 경우 평가방법**(서일 46014-10382, 2002.3.21.)
「상속세 및 증여세법」 제63조 제1항 제1호 가목의 규정에 의하여 한국증권거래소에 상장된 주식을 평가기준일 이전·이후 각 2월간에 공표된 매일의 한국증권거래소 최종시세가액(거래실적의 유무를 불문)의 평균액에 의하는 것이나, 평가기준일 이전 2월간에 당해 법인의 1주당 액면가액을 분할·병합하여 새로운 주식을 변경상장하는 경우에는 그 변경상장일부터 평가기준일 이후 2월이 되는 날까지의 기간에 대한 평균액에 의하는 것임.

▶▶ **한국증권거래소에 상장된 우선주 전량을 예금보험공사가 소유하고 있어 거래된 사실이 없는 경우 평가방법**(재재산 46014-235, 2000.8.10.)
한국증권거래소에 상장된 우선주 전량을 예금보험공사가 소유하고 있어 거래된 사실이 없고 보통주로의 전환이 불가능한 주식의 가액은 시가에 의하여 평가하는 것이나 시가산정이 어려운 경우에는 「상속세 및 증여세법」 제63조 제1항 제1호 다목의 규정에 의하여 평가할 수 있는 것임.

▶▶ **상장·협회등록법인의 합병 후 존속하는 법인의 1주당 평가액의 계산방법**(재산상속 46014-728, 2000.6.19.)
합병 후 존속하는 법인이 상장·협회등록법인인 경우 「상속세 및 증여세법 시행령」 제28조 제4항의 규정에 의한 합병 시의 증여의제금액은 같은조 제6항의 규정에 의하여 당해 법인의 합병 전과 합병 후의 1주당 평가가액을 시가(종가평균액) 또는 비상장주식의 평가방법에 의한 가액에 의하여 계산할 수 있는 것이며, 이때 합병 후 존속하는 상장·협회등록법인의 합병 전 1주당 평가액을 같은법 제63조 제1항 제1호 다목에서 규정한 비상장주식의 평가방법에 의할 경우 합병 후 존속하는 법인의 1주당 평가액은 같은법 시행령 제28조 제5항 후단에서 규정한 합병당사법인의 합병 전 주식가액의 합계액을 합병 후 주식수로 나눈 가액에 의하는 것임.

▶▶ 상장주식의 최종시세가액평균액 계산 시 평가기준일의 시세가액 포함 여부(재삼 46014-684, 1999.4.7.)

「상속세 및 증여세법」 제63조 제1항 제1호 가목의 규정에 의하여 한국증권거래소에서 거래되는 주식에 대한 최종시세가액의 평균액을 계산할 때 평가기준일의 최종시세가액이 포함됨.

1.3 매매거래 정지 또는 관리종목으로 지정·고시된 경우

1.3.1 의 의

상장주식과 같이 시장성이 있는 경우에는 유가증권시장과 코스닥시장에서 거래되는 최종 시세가액의 평균액으로 평가하는 것은 타당하다. 그러나 매매거래 정지 또는 관리종목으로 지정·고시된 경우에는 상장주식의 평가방법을 준용하여 평가하는 것이 부적당하다. 이러한 경우에는 예외적으로 비상장법인의 주식평가방법에 의하여 평가하도록 규정하고 있다.

1.3.2 평가방법

평가기준일 전후 6개월(증여세가 부과되는 주식 또는 출자지분의 경우에는 3개월) 이내에 코스닥시장본부가 정하는 기준에 의하여 매매거래가 정지되거나 투자유의종목으로 지정·고시된 경우의 평가방법은 「상속세 및 증여세법」 제63조 제1항 제1호 나목(비상장주식의 평가방법)의 규정에 의하여 평가한다(상증령 §52의 2 ③). 그러나 매매거래가 정지되거나 투자유의종목으로 지정·고시된 경우에도 당해 주식을 발행한 코스닥상장법인의 지분분산도 및 거래량 등을 고려할 때 적정하게 시가를 반영하여 정상적으로 매매거래가 이루어지는 것으로 볼 수 있는 경우에는 「상속세 및 증여세법」 제63조

제1항 제1호 가목(상장주식의 평가방법)의 규정에 의하여 평가한다(재경부 재산 46014-95, 2003.4.4.).

예규

▶▶ "주가급등"의 사유로 매매거래 정지된 경우 상장주식의 평가방법(서면법규재산2020-5658, 2022.4.26.)

평가기준일 이전 · 이후 각 2개월의 기간 중 주가급등으로 인해 매매거래가 정지된 기간을 제외하고는 당해 주식을 발행한 코스닥상장법인의 지분분산도 및 거래량 등을 감안할 때 적정하게 시가를 반영하여 정상적으로 매매거래가 이루어지는 것으로 볼 수 있는 경우에는 상속세및증여세법 제63조 제1항 제1호 가목의 규정에 따라 평가하는 것임.

▶▶ 평가기간 내 시세조종행위가 있는 경우 상장주식 평가방법(기획재정부재산-330, 2022.3.10.)

평가기간 내 시세조종행위가 있는 경우 법원의 확정판결에 의하여 시세조종 사실 등이 확인된 경우로 한정하여 평가기준일 이전 · 이후 2개월 중 시세조종행위 기간을 제외한 기간의 거래소 최종시세가액 평균액으로 평가함.

▶▶ 코스닥상장법인으로부터 인적분할하여 재상장되는 분할신설법인의 주식으로서 재상장되기전 주식의 평가는 공모가격과 보충적 평가가액 중 큰 가액으로 하며, 공모가격이 없으면 보충적 평가가액으로 하는 것임(재산세과-556, 2011.11.22.)

코스닥시장 상장법인으로부터 인적분할하여 「코스닥시장 상장규정」 제17조에 따라 재상장되는 분할신설법인의 주식을 「상속세 및 증여세법」 제63조에 따라 평가하는 경우 재상장되기 전 당해 주식의 평가는 같은 법 시행령 제57조 제2항에 따라 평가하는 것이며, 이 경우 같은법 시행령 제57조 제1항 제1호의 공모가격이 없는 경우에는 같은 법 제63조 제1항 제1호 다목에 따라 평가한 가액으로만 평가하는 것임.

▶▶ 협회등록주식이 투자유의종목으로 지정 · 고시되거나 매매거래가 정지된 사실이 확인되는 경우에도 정상적으로 매매거래가 이루어진 경우에는 전후 2월 종가평균액으로 평가할 수 있다는 사례(국심 2007중447, 2007.8.30.)

협회등록법인의 주식 평가기준일을 전후하여 3월 이내에 투자유의종목으로 지정 · 고시되거나 매매거래가 정지된 사실이 확인되는 경우에도 평가기준일 전후 2월간의 지분분산도 및 거래량 등을 감안할 때 적정하게 시가를 반영하여 정상적으로 매매거래가 이루어진 경우에는 「상속세 및 증여세법」 제63조 제1항 제1호 나목을 적용하여 평가하여야 할 것인바, 청구인이 쟁점주식을 취득할 당시 이○○ 등이 청구외법인의 유상증자가 원활하게 진행될 수 있도록 주가를 조작하였다고는 하나 초기단계에 있었으므로 이○○과 관련인들의 주식거래가 청구외법인의 주식가격 및 거래량에 영향을 크게 주었다고 보기 어렵고, 그 전후 2월간에 거래된 청구외법인의 주식가격 및 거래량 추세 등에 비추어도 비정상적으로 매매거래가 이루어진 것으로 볼 수 없으므로 처분청이 쟁점주식을 「상속세 및 증여세법」 제63조 제1항 제1호 나목을 적용하여 증여재산가액을 평가하였음은 잘못이 없다고 판단됨.

▶▶ 협회등록주식 평가방법(서사-1720, 2004.10.26.)

① 「상속세 및 증여세법」 제63조 제1항 제1호 가목 및 나목의 규정에 의하여 상장주식 또는 협회등록법인의 주식은 평가기준일 이전·이후 각 2월간에 공표된 매일의 한국증권거래소 최종시세가액(협회등록법인의 주식인 경우에는 증권업협회 기준가격)의 평균액으로 평가하는 것이며, 평가기준일이 공휴일(매매거래가 없는 토요일을 포함)인 경우에는 그 전일을 기준으로 하여 위의 규정을 적용하는 것임.

② 같은 법 시행령 제53조 제2항의 규정에 의하여 평가기준일 전후 6월(증여세가 부과되는 주식 또는 출자지분의 경우에는 3월로 함) 이내에 한국증권업협회가 정하는 기준에 의하여 매매거래가 정지되거나 투자유의종목 또는 관리종목으로 지정·고시된 협회등록법인의 주식은 같은법 제60조 제1항 및 제63조 제1항 제1호 다목의 규정에 의하여 평가하는 것임. 다만, 주식분산기준 미달로 투자유의종목으로 지정·고시된 경우에도 시가를 반영하여 정상적으로 매매거래가 이루어지는 것으로 볼 수 있는 경우에는 같은법 제63조 제1항 제1호 나목의 규정에 의하여 평가하는 것임.

▶▶ 매매거래가 정지되거나 투자유의종목으로 지정·고시된 경우 협회등록법인의 주식평가방법(재경부 재산 46014-95, 2003.4.4.)

「상속세 및 증여세법 시행령」(1999.12.31. 대통령령 제16660호로 개정되기 전의 것) 제53조 제2항 단서의 규정에 의하여 평가기준일 전후 6월(증여세가 부과되는 주식 또는 출자지분의 경우에는 3월로 함) 이내에 한국증권업협회가 정하는 기준에 의하여 매매거래가 정지되거나 투자유의종목으로 지정·고시된 경우의 평가방법은 「상속세 및 증여세법」(1999.12.28. 법률 제6048호로 개정되기 전의 것) 제63조 제1항 제1호 다목의 규정에 의하는 것임. 다만, 매매거래가 정지되거나 투자유의종목으로 지정·고시된 경우에도 당해 주식을 발행한 협회등록법인의 지분분산도 및 거래량 등을 감안할 때 적정하게 시가를 반영하여 정상적으로 매매거래가 이루어지는 것으로 볼 수 있는 경우에는 같은법 제63조 제1항 제1호 나목의 규정에 의하여 평가하는 것임.

▶▶ 평가기준일 전후 6월 이내의 거래정지 및 투자유의종목으로 지정·고시된 경우 협회등록법인 주식의 평가방법(재경부 재산 46014-15, 2003.1.13.)

「상속세 및 증여세법 시행령」(1999.12.31. 대통령령 제16660호로 개정되기 전의 것) 제53조 제2항 단서의 규정에 의하여 평가기준일 전후 6월(증여세가 부과되는 주식 또는 출자지분의 경우에는 3월로 함) 이내에 주식의 장외거래에 관하여 한국증권업협회가 정하는 기준에 의하여 매매거래가 정지되거나 투자유의종목으로 지정·고시된 경우의 평가방법은 「상속세 및 증여세법」(1999.12.28. 법률 제6048호로 개정되기 전의 것) 제63조 제1항 제1호 다목의 규정에 의하는 것임.

1.4 기업공개 준비 중인 법인의 주식평가

1.4.1 의 의

기업공개는 기업이 발행한 주식을 일반투자자를 상대로 모집하거나 대주주가 보유하고 있는 주식일부를 불특정다수 투자자에게 주식을 분산시키는 것을 말한다. 법인이 기업공개를 하기 위하여 금융위원회에 유가증권신고를 한 경우에는 아직 상장주식도 아닌 비상장주식인 상태에 있다. 이런 주식의 경우에는 비록 비상장주식에 해당되더라도 공모가액에 의하여 시가 확인이 가능하므로 일반 비상장주식과는 별도로 평가를 하도록 하고 있다.

1.4.2 평가방법

비상장법인이 기업공개를 목적으로 금융위원회에 유가증권신고를 한 경우에 2002. 12.31.까지는 비상장주식에 대한 보충적 평가액과 금융위원회가 정하는 유가증권분석가액 결정방법을 준용하여 평가한 금액 중 큰 금액으로 평가하도록 하였다. 이와 같은 기업공개를 추진 중에 있는 법인의 주식가액은 본질가치보다 공모가격이 시가에 보다 가까우므로 2003.1.1. 이후 결정분부터는 공모가격과 비교 평가하도록 개정되었다. 그러나 최근에는 공모가격에 대해서 본질가치로 결정하도록 강제하는 것이 아니라 주간사회사 및 발행회사가 자율적으로 하도록 하고 있다. 이 경우에 기업공개를 준비 중에 있는 법인의 주식은 금융위원회에 유가증권신고를 한 법인의 주식 등으로서 평가기준일 현재 유가증권신고(유가증권신고를 하지 아니하고 상장신청을 한 경우에는 상장신청을 말함) 직전 6월(증여세가 부과되는 주식 등의 경우에는 3월)부터 유가증권시장에 최초로 주식 등을 상장하기 전까지의 기간 중에 있는 경우를 말한다.

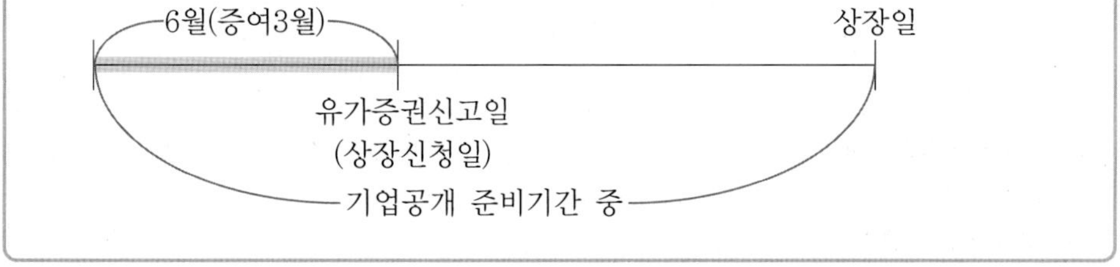

기업공개준비중인 법인의 주식 등을 평가할 때 '유가증권신고 직전'의 의미는 유가증권신고서 접수일을 말하는 것이다(재산상속 46014-1876, 1999.10.25.). 이때의 평가액은 「자본시장과 금융투자업에 관한 법률」에 의하여 금융위원회가 정하는 기준에 따라 결정된 공모가격과 코스닥시장상장법인 주식 등의 평가방법에 의하여 평가한 해당 주식 등의 가액(그 가액이 없는 경우에는 비상장법인의 주식 등의 평가방법에 의하여 평가한 가액) 중에서 큰 가액으로 평가한다(상증령 §57 ①).

평가액=Max[①·②]
① 「자본시장과 금융투자업에 관한 법률」에 따라 금융위원회가 정하는 기준에 따라 결정된 공모가격
② 코스닥상장법인 주식 등의 평가방법에 의하여 평가한 해당 주식 등의 가액(그 가액이 없는 경우에는 비상장법인의 주식 등의 평가방법에 의하여 평가한 가액)

〈사례3〉 기업공개 준비 중인 주식의 평가사례

㈜씨네코리아는 비상장법인으로서 기업공개를 준비하고 하고 있다.
유가증권신고서는 200×.4.15.에 증권관리위원회에 제출하였다.
이 회사의 대표자는 최대주주(75%)로서 200×.4.1.에 주식을 장남에게 증여하였으며 그 자료는 다음과 같다.

- 증여주식수 : 20,000주
- 액면가액 : 10,000
- 공모가액 : 75,000
- 비상장주식 평가방법에 의한 평가액 : 60,000
- 중소기업에 해당되지 아니함.

평가요령

기업공개를 목적으로 금융위원회에 유가증권신고를 한 법인의 주식 등으로서 평가기준일 현재 유가증권신고(유가증권신고를 하지 아니하고 상장신청을 한 경우에는 상장신청) 직전 6월(증여세가 부과되는 주식 등의 경우에는 3월)부터 유가증권시장에 최초로 주식 등을 상장하기 전까지의 기간 중에 유가증권신고를 한 경우에는 다음의 평가액 중 큰 가액으로 평가한다(상증령 §57 ①).

> 평가액 : Max[①, ②]
> ①「자본시장과 금융투자업에 관한 법률」에 의하여 금융위원회가 정하는 기준에 따라 결정된 공모가격
> ② 코스닥상장법인 주식 등의 평가방법에 의하여 평가한 당해 주식 등의 가액(그 가액이 없는 경우에는 비상장법인의 주식 등의 평가방법에 의하여 평가한 가액)

평가액 : 1,950,000,000

(1) 1주당 평가액 : Max[①, ②]
  ① 공모가액 : 75,000
  ② 비상장주식 평가방법에 의한 평가액 : 60,000

(2) 평가액
  20,000주×75,000×130%=1,950,000,000

예규

▶▶ 권리락 조치일인 매매거래정지 해제일로부터 평가기준일 이후 2개월이 되는 날까지가 상장주식의 평가기간임(대법원 2014두14327, 2016.6.23.)

평가기준일 이전 2개월이 되는 날부터 평가기준일까지 사이에 매매거래정지가 해제되는 경우에는 권리락 조치일인 매매거래정지 해제일을 평가의 시점으로 보아 그때부터 평가기준일 이후 2개월이 되는 날까지의 기간을 상장주식의 평가기간으로 삼아야 함. 또한 평가기준일 이전에 시작된 매매거래정지가 평가기준일 후에 해제되고 그 동안에 유상증자와 증여가 순차로 이루어진 경우에도 특별한 사정이 없는 한 권리락 조치일인 매매거래정지 해제일을 평가의 시점으로 보아 그때부터 평가기준일 이후 2개월이 되는 날까지의 기간을 상장주식의 평가기간으로 삼아야 하며, 매매거래정지로 인하여 평가기준일이 변동될 수는 없고 「상속세 및 증여세법」 제63조 제1항 제1호 (가)목은 '평가기준일 이전·이후 각 2개월의 기간' 중 일정한 기간만을 평가기간으로 하고 있으며 상증세법 시행령 제52조의 2를 적용함에 있어 평가기준일 이전·이후 중 2개월의 평가기간을 반드시 확보하여야 하는 것도 아니므로 이러한 경우 매매거래정지 해제일을 평가기준일로 보아 그때부터 이후 2개월이 되는 날의 기간을 상장주식의 평가기간으로 삼을 것은 아님.

▶▶ **매매거래가 정지된 일정기간 중의 코스닥 상장주식 평가방법**(상속증여세과-583, 2013.10.22.)

[질의]

가. 사실관계

• 민원인은 2013.3.30. 코스닥상장법인의 주식을 증여받았는데 동 주식은 투자자보호목적으로 기업공시를 통하여 2013.3.15.부터 2013.4.15.까지 매매거래가 정지되었음.

나. 질의내용

• 상증법 기본통칙 63-01…1[상장주식의 평가] 제2항에 의하면 상장주식의 평가기준일이 매매거래 정지일인 경우 그 전일을 기준으로 평가기준일 이전·이후 각 2개월 동안 공표된 매일의 거래소 최종 시세가액(거래실적 유무를 따지지 아니한다)의 평균액으로 평가하게 되어 있는바, 상기의 코스닥 상장주식 「상속세 및 증여세법」 제63조 제1항 제1호 가목에 따라 평가할 때 2013.3.30.을 기준으로 하는지 아니면 2013.3.14. 기준으로 적용하는지

[회신]

코스닥시장상장법인의 주식이 평가기준일 전후 3월 이내에 「상속세 및 증여세법 시행규칙」 제16조의 2 제2항에 따라 등록신청서 허위기재 등으로 인하여 일정기간 동안 매매거래가 정지된 경우로서 적정하게 시가를 반영하여 정상적으로 매매거래가 이루어지는 경우, 그 주식은 같은 법 제63조 제1항 제1호 가목을 준용하여 평가기준일 이전·이후 각 2개월 동안 공표된 매일의 거래소 최종 시세가액(거래실적 유무를 따지지 아니한다)의 평균액으로 평가하는 것으로서, 이때 귀 질의와 같이 매매거래가 정지된 일정기간 중에 코스닥 상장주식을 증여하는 경우에도 평가기준일은 증여일로 하는 것임.

▶▶ **평가기준일 전후 3월 이내에 관리종목으로 지정되었을 경우 보충적 평가방법 적용사례**(대법원 2012두28919, 2013.4.11.)

평가기준일 전후 3월 이내에 관리종목으로 지정되었을 경우 보충적 평가방법에 의하도록 한 취지는 관리종목 지정 전·후 해제되더라도 일정한 기간이 지나야 적정한 시가를 반영하여 정상적인 매매가 이루어진다는 점을 고려한 것으로 보충적 평가방법에 따라 평가하여야 하는 것임.

▶▶ **기업공개 중인 주식의 평가방법**(서사-1653, 2005.9.15.)

「상속세 및 증여세법」 제63조 제2항 제1호의 규정에 의하여 기업공개를 목적으로 금융감독위원회에 평가기준일 현재 유가증권신고(유가증권신고를 하지 아니하고 상장신청을 한 경우에는 상장신청을 말함) 직전 6월(증여세가 부과되는 주식 등의 경우에는 3월로 함)부터 한국증권거래소에 최초로 주식 등을 상장하기 전까지의 기간 내에 유가증권신고를 한 법인의 주식 등의 평가는 「증권거래법」에 의하여 금

융감독위원회가 정하는 기준에 따라 결정된 공모가격과 같은법 제63조 제1항 제1호 나목(동목의 가액이 없는 경우에는 동호 다목의 가액을 말함)의 규정에 의하여 평가한 당해 주식의 가액 중 큰 가액으로 평가하는 것임.

▶▶ 비상장법인의 주식을 유가증권신고 직전 6월부터 한국증권업협회에 등록하기 전까지의 기간 중에 특수관계자에게 양도하는 경우 주식평가방법(서이 46012-12027, 2003. 11.26.)
법인이 「증권거래법」에 의한 협회중개시장에서 주식을 거래하기 위하여 기업공개를 준비 중인 비상장법인의 주식을 「증권거래법」상 유가증권신고 직전 6월부터 한국증권업협회에 등록하기 전까지의 기간 중에 특수관계자에게 양도하는 경우 「법인세법 시행령」 제89조 제2항 제2호의 규정에 의한 동 주식의 평가액은 「상속세 및 증여세법」 제63조 제2항 제2호의 규정을 준용하여 「증권거래법」에 의하여 금융감독위원회가 정하는 기준에 따라 결정된 공모가격과 같은법 제63조 제1항 제1호 다목의 규정에 의하여 평가한 가액 중 큰 가액으로 계산하는 것이나, 당해 사업연도에 대한 법인세신고기한까지 동 주식의 공모가격이 결정되지 않은 경우에는 「상속세 및 증여세법」 제63조 제1항 제1호 다목의 규정에 따라 평가한 가액으로 하고, 신고기한 이후 결정된 공모가격이 법인세신고 시 평가한 가액보다 큰 경우 당초의 신고내용을 수정신고하여야 함.

▶▶ 기업공개 중인 비상장주식의 평가방법(법인세제과-136, 2003.11.5.)
기업공개 중인 비상장주식의 평가방법은 당해 사업연도 신고일까지의 공모가격과 거래일 현재의 평가 중 큰 금액으로 하되, 신고일 이후 공모가격이 결정되어 주식평가액이 달라지는 경우 당초의 신고내용을 수정신고하여야 함.

▶▶ 비상장주식평가기준일 전 6개월기간 계산 시 유가증권신고 및 시가개념(재산상속 46014-514, 2000.4.27.)

① 「상속세 및 증여세법 시행령」 제57조 제2항의 규정을 적용할 때 '유가증권신고'의 의미는 유가증권신고서접수일을 말하는 것이며, 금융감독위원회가 정하는 '유가증권분석가액의 결정방법을 준용하여 평가한 가액'은 공모가격을 말하는 것임.
② 법인의 증자 시에 불입한 1주당 주금납입액은 같은법 시행령 제49조 제1항의 규정에서 시가로 인정하는 거래가액에 해당하지 아니하는 것임.

▶▶ 증여세과세 시 기업공개 준비 중인 주식 등의 평가방법(재산상속 46014-2013, 1999.11.25.)
[질의]

• 회사의 현황
갑회사는 을회사가 100% 출자한 법인으로서 한국증권업협회(코스닥)에 등록을 하려고 함. 갑회사는 1999.11.10.자로 유상증자를 하였으며, 을회사는 신주를 배정받을 수 있는 권리를 포기하고 을회사의 임직원이 실권주를 인수하였음. 「상속세 및 증여세법」 제39조(증자·감자 시의 증여의제) 제1항 제1호 가목에 따르면 신주를 배정함에 있어 당해 법인의 주주가 신주를 배정받을 수 있는

권리의 전부 또는 일부를 포기하여 그 실권주를 다시 배정하는 경우에는 그 실권주를 배정받은 자가 실권주를 배정받음으로써 얻은 이익 중 대통령령이 정하는 이익에 상당하는 금액은 증여받은 것으로 본다고 규정하고 있음. 따라서 갑회사의 유상증자 시 을회사가 신주인수권을 임직원에게 증여한 것으로 보아 임직원이 실권주를 배정받음으로써 얻은 이익을 계산하여야 하는데 현재 갑회사는 코스닥에 등록을 하려고 준비 중에 있음.

• 관련 규정

「상속세 및 증여세법 시행령」 제57조 제2항에 '증권업협회에 등록을 위한 유가증권신고를 한 법인의 주식의 평가는 동법 시행령 동조 동항 제1호 규정에 의하여 평가한 가액과 동법 시행령 제54조 제1항 규정에 의하여 평가한 가액 중 큰 가액으로 한다'고 규정하고 있음.

「상속세 및 증여세법 시행령」 제57조 제2항 제1호에 '한국증권업협회에 등록을 위한 유가증권신고를 한 법인의 주식 또는 출자지분으로서 평가기준일 현재 유가증권신고 직전 6월(증여세가 부과되는 주식 또는 출자지분와 경우에는 3월로 함)부터 한국증권업협회에 등록하기 전까지의 기간 중의 주식 또는 출자지분은 제1항 제1호의 규정(「증권거래법」에 의하여 금융감독위원회가 정하는 유가증권분석가액의 결정방법을 준용하여 평가한 가액)에 의하여 평가한 가액'이라고 규정하고 있음. 「상속세 및 증여세법 시행령」 제54조 제1항 규정은 다음의 산식에 의하여 평가한 가액을 의미함.

$$\text{1주당 가액} = \left\{ \frac{\text{당해 법인의 순자산가액}}{\text{발행주식총수}} + \frac{\text{1주당 최근 3년간의 순손익액의 가중평균액}}{\text{100분의 15}} \right\} \div 2$$

개인의 경우 신주를 배정받음으로써 얻은 이익에 대하여 3월 이내에 증여세 신고납부의무가 있으며, 예규(재산상속 46014-1876, 1999.10.25.)에 따르면 기업공개 준비 중인 주식 등을 평가할 때 '유가증권신고 직전'의 의미는 유가증권신고서접수일을 말하는 것으로 해석하고 있는바, 이 경우 증여세신고를 하기 위한 증여의제대상이 되는 주식의 평가 시 평가기준일이 유가증권신고 직전 3월을 초과하여 직전 3월부터 직전 6월 이내의 기간 중에 있는 경우 다음과 같은 양설이 있어 질의함.

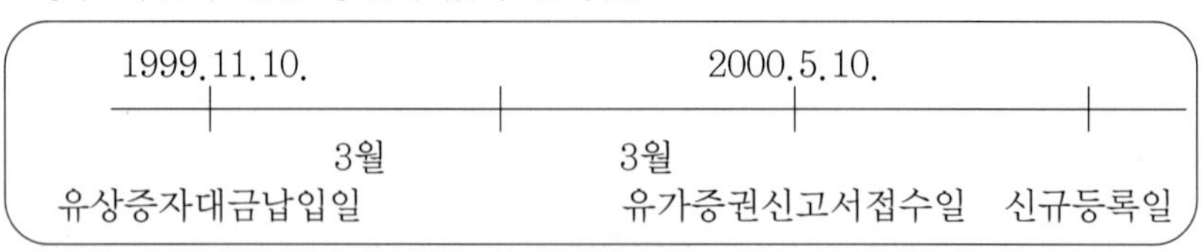

〈갑설〉 동 규정을 적용하여 큰 가액으로 평가함.

(이유) 증여의제대상이 되는 주식의 경우 증여세 이외의 상속세·법인세 등이 부과될 수 있으므로

〈을설〉 동 규정을 적용할 수 없고 비상장주식평가방법에 의하여 평가해야 함.

(이유) •증여세가 부과되는 주식 또는 출자지분의 경우에는 유가증권신고 직전 3월부터 협회에 등록하기 전까지의 기간 중에 있는 경우에만 동 규정을 적용하도록 명시하고 있으므로

•증여세의 신고납부기간이 3월이므로 3월 이내에 세법에 따라 적법하게 신고납부하였음에도 불구하고 직전 6월을 적용할 경우 신고 이후의 사건에 따라 소급하여 불이익을 받는 결과가 발생할 수 있으므로

[회신]

증여세가 부과되는 주식 등을 평가할 때 평가기준일로부터 유가증권신고서접수일까지의 기간이 3월을 초과하는 경우 「상속세 및 증여세법」 제63조 제2항의 규정은 적용되지 아니하는 것임.

▶▶ 기업공개 준비 중인 주식 등의 평가 시 '유가증권신고 직전'의 의미(재산상속 46014-1876, 1999.10.25.)

「상속세 및 증여세법」 제63조 제2항 및 같은법 시행령 제57조의 규정에 의하여 기업공개 준비 중인 주식 등을 평가할 때 '유가증권신고 직전'의 의미는 유가증권신고서접수일을 말하는 것임.

04

1.5 미상장주식의 평가

1.5.1 의 의

미상장주식이란 유가증권시장이나 코스닥시장에 상장되어 있는 법인의 주식 중 해당 법인의 증자로 인하여 취득한 새로운 주식으로서 평가기준일 현재 상장되지 아니한 주식 또는 출자지분을 말한다. 이와 같은 미상장된 주식은 배당기산일의 차이로 인하여 배당차액만큼 주가의 차이가 발생할 수 있다. 따라서 미상장된 주식에 대해서는 이미 상장되어 거래되고 있는 구주와는 별도의 평가규정을 두고 있다.

1.5.2 평가방법

미상장주식은 유가증권시장이나 코스닥시장에 상장되어 있는 법인의 주식 중 해당 법인의 증자로 인하여 취득한 새로운 주식으로서, 평가기준일 현재 상장되지 아니한 주식이나 출자지분을 말한다. 미상장 주식에 대한 평가는 해당 법인의 주식에 대해 평가기준일 이전·이후 2개월간의 유가증권시장 또는 코스닥시장의 최종시세가액(거

래유무 불문)의 평균액에서 배당차액을 뺀 가액에 의한다(상증령 §57 ③).
이 경우에 평가기준일 이전 2개월 이내에 증자가 발생된 경우에는 사유가 발생한 날의 다음날부터 평가기준일 이후 2개월의 최종시세가액을 평균하여야 할 것이다.

> 미상장주식 등의 평가액=①-②
> ① 상장주식의 평가액(구주평가액) : 평가기준일 이전·이후 2개월간의 최종시세가액 평균액
> ② 배당차액

* 배당차액=주식 또는 출자지분 1주당 액면가액×직전기 배당률

$$\times\left(\frac{\text{신주발행일이 속하는 사업연도개시일부터 배당기산일 전일까지의 일수}}{365}\right)$$

상기 공식과 같이 배당차액을 계산할 때 배당기산일은 신주인수인의 권리의무가 발생하는 주금납입일이 된다. 배당차액은 미상장주식과 관련해서 직전기의 배당률 중에서 사업연도개시일로부터 주금납입일 전일까지의 일수에 해당되는 날까지는 배당금이 발생되지 아니하므로 이를 구주식의 평가액에서 그 차액만큼을 빼는 것이다. 이때 배당차액은 해당 법인의 정관에 의하여 해당 법인의 증자로 인하여 취득한 새로운 주식이나 출자지분에 대한 이익을 배당할 때 평가기준일 현재 상장되어 있는 해당 법인의 주식이나 출자지분과 배당기산일을 동일하게 정하는 경우에는 빼지 아니한다(상증칙 §18 ②).

〈사례4〉 미상장주식 평가액의 계산

사례 1. 배당차액이 있는 경우

㈜한국물산(상장법인)의 대주주(지분율 30%)인 홍길동씨는 200×.7.1. 아들에게 10,000주를 유상증자와 관련된 주금납입상태에서 증여하려고 한다.

■ 법인현황
① 상장법인(중소기업이 아님)
② 사업연도 : 1.1.~12.31.
③ 전기배당률 : 20%(신주와 구주의 배당률은 동일하지 않음)
④ 액면가액 : 10,000
⑤ 평가기준일 : 200×.6.24.
⑥ 평가기준일 전·후 각 2개월간의 유가증권시장 최종시세가액 : 20,000

■ 증자내용

① 유상증자 20%

② 신주배정 및 주주명부폐쇄 기준일 : 2004.5.20.

③ 주금납입일 : 200×.6.15.

④ 상장예정일 : 200×.7.13.

풀이

1. 구주식 평가액 : 240,000,000

(1) 구주 1주당 평가액 : 20,000

(2) 구주 평가액(할증 : 20%)

10,000주×20,000(1주당 평가액)×120%(할증)=240,000,000

2. 미상장주식 평가액 : 19,088

(1) 배당차액의 계산

$$10,000 \times 0.2 \times \frac{167}{366} = 912$$

신주발행일이 속하는 사업연도 개시일부터 배당기산일 전일(주금납입일 6.15.)까지의 일수는 167일이다.

* 배당기산일은 주금납입일의 다음날이므로 배당기산일의 전일은 주금납입일이 된다. 따라서 사업연도 개시일로부터 배당기간일 전일까지의 일수는 사업연도 개시일로부터 주금납입일까지의 일수를 적용하면 된다.

(2) 1주당 평가액 : 19,088

20,000(구주평가액)−912(배당차액)=19,088

(3) 미상장주식 평가액

2,000주×19,088(1주당 평가액)×120%=45,811,200

3. 증여가액 : 285,811,200

구주 10,000주(240,000,000)+미상장주식(45,811,200)=285,811,200

사례 2. 배당차액이 없는 경우

다음 자료에 의하여 미상장주식의 평가액을 계산하시오.

■ 법인현황

① 상장법인(중소기업임)

② 사업연도 : 1.1.~12.31.

③ 전기배당률 : 10%(신주와 구주의 배당금기산일은 동일함)

④ 평가기준일 전·후 2월간 최종시세가액 평균액은 15,500이다.

■ 증자내용

① 유상증자 20%(액면가액 5,000, 발행가액 9,500)

② 신주배정기준일 : 200×.4.25.

③ 주금납입일 : 200×.5.20.

■ 주주현황

평가대상주식은 최대주주 보유주식으로서 51%를 보유하고 있다.

풀이

1. 미상장주식의 1주당 평가액 : 15,500

(1) 구주 1주당 평가액 : 15,500

(2) 미상장주식 1주당 평가액 : 15,500

구주 1주당 평가액(15,500) − 0(배당차액)*

* 배당차액 : $5,000 \times 10\% \times \frac{0}{366} = 0$

여기에서 배당차액이 0이 되는 것은 신주와 구주의 배당금기산일이 동일하기 때문이다. 그래서 「상속세 및 증여세법 시행규칙」 제18조 제2항 단서에서 당해 법인의 정관에 의하여 당해 법인의 증자로 인하여 취득한 새로운 주식 또는 출자지분에 대한 이익을 배당함에 있어서 평가기준일 현재 상장되어 있는 당해 법인의 주식 또는 출자지분과 배당기산일을 동일하게 정하는 경우에는 제외한다고 규정하고 있다.

2. 최대주주의 미상장주식 평가액

15,500(미상장주식 1주 평가액)×100%(할증률 : 0%)=15,500

최대주주 등의 지분비율별 할증비율

최대주주 등의 배율	할증비율		할증평가 제외
	일반법인	중소기업	
50% 이하	20%	10%	중소기업의 최대주주 등으로서
50% 초과	30%	15%	2005.1.1.~2020.12.31. 상속·증여분

〈사례5〉 액면분할 또는 병합한 경우의 평가사례

아리랑산업㈜는 상장법인(중소기업에 해당되지 아니함)으로서 200×.11.4. 액면분할을 실시하였다. 피상속인은 이 법인의 최대주주(30%)에 해당된다. 다음의 자료에 의하여 1주당 평가액을 산출하라.

•상속개시일(평가기준일) : 200×.12.1.

•액면분할 : 2000×.11.4. 액면가액 5,000원의 주식을 500원으로 액면분할

•주식수 : 100,000주

•상속개시일 전후 2개월간의 유가증권시장 최종시세가액

월 일	종 가	월 일	종 가	월 일	종 가	월 일	종 가
10. 1.	133,500	11. 1.	토요일	12. 2.	14,600	1. 2.	14,200
10. 2.	138,000	11. 2.	일요일	12. 3.	14,900	1. 3.	토요일
10. 3.	공휴일	11. 3.	149,500	12. 4.	14,500	1. 4.	일요일
10. 4.	토요일	11. 4.	15,750	12. 5.	14,800	1. 5.	14,400
10. 5.	일요일	11. 5.	15,850	12. 6.	토요일	1. 6.	14,850
10. 6.	138,000	11. 6.	14,900	12. 7.	일요일	1. 7.	15,000
10. 7.	141,500	11. 7.	15,050	12. 8.	14,700	1. 8.	14,750
10. 8.	140,500	11. 8.	토요일	12. 9.	14,500	1. 9.	14,750
10. 9.	141,000	11. 9.	일요일	12.10.	15,100	1.10.	토요일
10.10.	143,500	11.10.	15,300	12.11.	13,750	1.11.	일요일
10.11.	토요일	11.11.	15,200	12.12.	15,300	1.12.	14,700
10.12.	일요일	11.12.	14,900	12.13.	토요일	1.13.	14,700
10.13.	142,500	11.13.	14,650	12.14.	일요일	1.14.	14,200
10.14.	139,500	11.14.	14,600	12.15.	15,350	1.15.	14,450
10.15.	139,000	11.15.	토요일	12.16.	15,200	1.16.	14,250
10.16.	139,500	11.16.	일요일	12.17.	14,600	1.17.	토요일
10.17.	138,500	11.17.	14,950	12.18.	14,650	1.18.	일요일
10.18.	토요일	11.18.	14,700	12.19.	14,700	1.19.	14,050
10.19.	일요일	11.19.	14,650	12.20.	토요일	1.20.	14,000
10.20.	139,000	11.20.	14,450	12.21.	일요일	1.21.	공휴일
10.21.	144,000	11.21.	14,400	12.22.	14,900	1.22.	공휴일
10.22.	144,500	11.22.	토요일	12.23.	14,950	1.23.	공휴일
10.23.	143,000	11.23.	일요일	12.24.	14,700	1.24.	토요일
10.24.	144,000	11.24.	13,600	12.25.	공휴일	1.25.	일요일
10.25.	토요일	11.25.	13,500	12.26.	14,800	1.26.	14,450
10.26.	일요일	11.26.	13,800	12.27.	토요일	1.27.	14,200
10.27.	143,500	11.27.	13,500	12.28.	일요일	1.28.	14,500
10.28.	148,500	11.28.	13,800	12.29.	13,850	1.29.	14,700
10.29.	149,500	11.29.	토요일	12.30.	14,200	1.30.	15,000
10.30.	149,500	11.30.	일요일	12.31.	납회	1.31.	토요일
10.31.	149,500	12. 1.	14,150	1. 1.	공휴일	2. 1.	일요일

04

평가요령

유가증권시장에 상장된 주식은 평가기준일 이전·이후 각 2월간에 공표된 매일의 유가증권시장 최종시세가액(거래실적의 유무를 불문)의 평균액에 의한다. 이 경우에 평가기준일 이전 2월간에 당해 법인의 1주당 액면가액을 분할·합병하여 새로운 주식을 변경상장하는 경우에는 그 변경상장일부터 평가기준일 이후 2월이 되는 날까지의 기간에 대한 평균하여 평가한다(서일 46014－10382, 2002.3.21.).

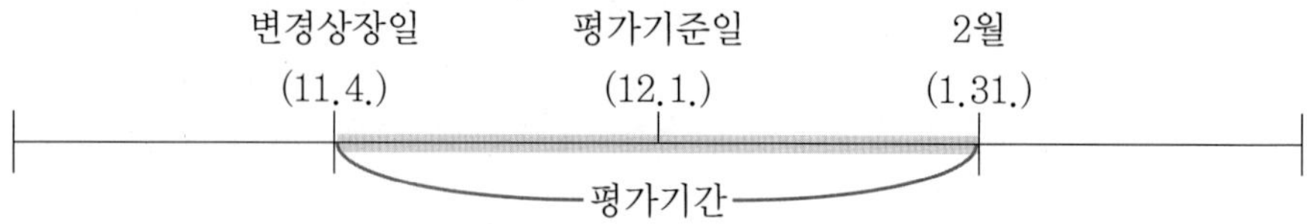

【제13-2호 서식】 (앞 면)

상장주식 평가조서(갑)			
1. 평가대상 상장법인			
①법 인 명	*아리랑산업㈜*	②대 표 자	*김 철 수*
③법 인 소 재 지	*서울 강남 논현 123*	④평 가 기 준 일 (평가기준일이 공휴일 등인 때 그 전일)	*200X. 12. 1.* (. . .)
⑤평가대상주식종류	*보통주*	⑥상 장 일 자	*2000. 1. 10.*
⑦증 자 일 자	. . .	⑧합 병 일 자	. . .
2. 1주당 가액 평가			
⑨평가기준일 이전·이후 각 2월간(또는 증자·합병 등의 경우에는 상증령 52의 2의 기간) 종가평균(⑱)			*14,601*
⑩최대주주 소유주식의 1주당 평가액 : [⑨×120(110)/100] 또는 [⑨×130(115)/100]			*14,601×120%=17,521*

3. 미상장주식의 1주당 가액 평가					
⑪직 전 기 배 당 률	%	⑫직 전 기 배 당 액 (1주당 액면가액×⑪)		⑬배 당 기 산 일 (주금납입 다음날)	
⑭배 당 기 산 일 전일까지의 일수	(/365)	⑮배 당 차 액 (⑫×⑭)		⑯1 주 당 가 액 (⑨－⑮)	
⑰최대주주 소유주식의 1주당 평가액 : [⑯×120(110)/100] 또는 [⑯×130(115)/100]					

년 월 일

조 사 자 직 급 성 명 인

210㎜×297㎜(인쇄용지(특) 70g/㎡)

※이 서식은 2018.12.31. 현재의 기준에 맞게 편집한 것입니다.

【제13-3호 서식】

상장주식 평가조서(을)									
평가기준일 이전 2월					평가기준일 이후 2월				
NO	월 일	종 가	월 일	종 가	NO	월 일	종 가	월 일	종 가
1	11. 4.	15,750			1	12. 1.		1. 1.	공휴일
2	11. 5.	15,850			2	12. 2.	14,600	1. 2.	14,200
3	11. 6.	14,900			3	12. 3.	14,900	1. 3.	토요일
4	11. 7.	15,050			4	12. 4.	14,500	1. 4.	일요일
5	11. 8.	토요일			5	12. 5.	14,800	1. 5.	14,400
6	11. 9.	일요일			6	12. 6.	토요일	1. 6.	14,850
7	11.10.	15,300			7	12. 7.	일요일	1. 7.	15,000
8	11.11.	15,200			8	12. 8.	14,700	1. 8.	14,750
9	11.12.	14,900			9	12. 9.	14,500	1. 9.	14,750
10	11.13.	14,650			10	12.10.	15,100	1.10.	토요일
11	11.14.	14,600			11	12.11.	13,750	1.11.	일요일
12	11.15.	토요일			12	12.12.	15,300	1.12.	14,700
13	11.16.	일요일			13	12.13.	토요일	1.13.	14,700
14	11.17.	14,950			14	12.14.	일요일	1.14.	14,200
15	11.18.	14,700			15	12.15.	15,350	1.15.	14,450
16	11.19.	14,650			16	12.16.	15,200	1.16.	14,250
17	11.20.	14,450			17	12.17.	14,600	1.17.	토요일
18	11.21.	14,400			18	12.18.	14,650	1.18.	일요일
19	11.22.	토요일			19	12.19.	14,700	1.19.	14,050
20	11.23.	일요일			20	12.20.	토요일	1.20.	14,000
21	11.24.	13,600			21	12.21.	일요일	1.21.	공휴일
22	11.25.	13,500			22	12.22.	14,900	1.22.	공휴일
23	11.26.	13,800			23	12.23.	14,950	1.23.	공휴일
24	11.27.	13,500			24	12.24.	14,700	1.24.	공휴일
25	11.28.	13,800			25	12.25.	공휴일	1.25.	공휴일
26	11.29.	토요일			26	12.26.	14,800	1.26.	14,450
27	11.30.	일요일			27	12.27.	토요일	1.27.	14,200
28	12. 1.	14,150			28	12.28.	일요일	1.28.	14,500
29					29	12.29.	13,850	1.29.	14,700
30					30	12.30.	14,200	1.30.	15,000
31					31	12.31.	납회	1.31.	토요일
소계	20일	291,700				20일	294,050	18일	261,150
일 수		58일							
종 가 합 계		846,900원							
⑱ 종 가 평 균		14,601원							

210㎜×297㎜(인쇄용지(특) 70g/㎡)

※이 서식은 2018.12.31. 현재의 기준에 맞게 편집한 것입니다.

2 국채·공채·사채의 평가

2.1 의 의

유가증권은 그 자체가 현금은 아니지만 권리의 이전과 행사를 원활하고 안전하게 이루어질 수 있어서 재산적 권리를 나타내는 증서이다. 「상속세 및 증여세법」에서 평가의 대상이 되는 유가증권은 국채 및 지방채, 특별한 법률에 의해 설립된 법인이 발행한 채권 및 출자증권, 사채권, 주식 또는 신주인수권을 표시하는 증서 등이 있다. 유가증권에 대한 평가는 「상속세 및 증여세법」 제63조 제1항 제1호에서는 주식 및 출자지분에 대하여 규정하고 제2호에서는 국·공채·사채(전환사채 등은 제외) 등 기타 유가증권의 평가에 대하여 규정하고 있다. 이에 주식 및 출자지분에 대한 평가는 제4절에서 설명하였고, 이 절에서는 제2호에서 규정한 전환사채 등을 제외한 국·공채·사채 등 기타 유가증권의 평가에 대해서 설명한다. 「상속세 및 증여세법 시행령」 제58조의 2에 규정하고 있는 전환사채 등에 대해서는 제6절에서 설명한다.

2.2 거래소에 상장되어 있는 경우

거래소에 상장된 국채·공채·사채(전환사채 등은 제외)에 대한 시가평가는 평가기준일 이전 2개월간에 공표된 매일의 유가증권시장 최종시세가액(거래실적의 유무를 불문)의 평균액(「상속세 및 증여세법」 제63조 제1항 제1호 가목 본문의 규정을 준용하여 평가한 가액)과 평가기준일 이전 최근일의 최종시세가액 중 큰 가액에 의한다.

Max[①, ②]
① 평가기준일 이전 2개월간에 공표된 최종시세가액의 평균액
② 평가기준일 이전 최근일의 최종시세가액

2.3 거래소에 상장되어 있지 아니한 경우

거래소에 상장되어 있지 아니하거나 평가기준일 이전 2개월의 기간 중 거래실적이 없는 국채 등은 다음과 같이 평가한다.

2.3.1 타인으로부터 매입한 국채 등의 평가

타인으로부터 매입한 국채 등(국채 등의 발행기관 및 발행회사로부터 액면가액으로 직접 매입한 것을 제외)은 매입가액에 평가기준일까지의 미수이자상당액을 가산한 금액으로 평가한다.

평가액=매입가액+미수이자상당액

2.3.2 액면가액으로 직접 매입한 국채 등의 평가

국채 등의 발행기관 및 발행회사로부터 액면가액으로 직접 매입한 국채 등은 평가기준일 현재 처분예상금액으로 평가한다. 다만, 처분예상금액을 산정하기 어려운 경우에는 국채 등을 「자본시장과 금융투자업에 관한 법률」에 따라 인가를 받은 투자매매업자, 투자중개업자, 「공인회계사법」에 따른 회계법인 또는 「세무사법」에 따른 세무법인 중 둘 이상의 자가 상환기간·이자율·이자지급방법 등을 감안하여 평가한 금액의 평균액으로 할 수 있다(상증칙 §18의 2 ①).

액면가액으로 직접 매입한 국채 등의 평가액=처분예상금액

예규

▶▶ 거래소에서 거래되는 국채 등 평가방법(재산상속 46014-19, 2000.1.5.)

1. 생략
2. 같은법 시행령 제58조 제1항 제1호의 규정에 의하여 한국증권거래소에서 거래되는 국채 등은 같은법 제63조 제1항 제1호 가목 본문의 규정을 준용하여 평가한 가액과 평가기준일 이전 최근일의 최종시세가액 중 큰 금액으로 평가하는 것임.

▶▶ 국공채나 대부금의 평가 시 미수이자상당액의 범위(재삼 46014-2351, 1998.12.3.)

「상속세 및 증여세법」 제63조 제4항 및 같은법 시행령 제58조의 규정에 의하여 적금 등, 국채·공채 및 대부금을 평가할 때 '미수이자상당액'은 평가기준일까지 발생한 이자상당액 중 피상속인이 수령하지 아니한 금액을 말하는 것임.

3 전환사채 등의 평가

3.1 전환사채

3.1.1 의 의

전환사채란 처음에는 사채로 발행되지만 일정 기간이 지나면 사채권자의 청구가 있을 때 미리 결정된 조건대로 발행회사의 주식으로 전환할 수 있는 특약이 있는 사채를 말한다. 이때 전환사채를 발행하려면 정관을 통해 주식으로의 전환조건과 전환으로 인해 발행할 수 있는 사항이나 전환을 청구할 수 있는 기간 등을 정해야 한다.

전환사채는 주식으로 전환할 수 있는 권리, 즉 전환권이 수반되므로 발행이자율이 낮아서 발행자의 입장에서는 발행이자율을 낮게 발행하여 금융비용이 절감되는 반면, 사채권자는 발행회사의 영업성과가 양호하여 주가가 상승하면 전환권을 행사하여 자본이득을 얻을 수 있다. 이러한 장점과 경제규모의 증가로 인하여 전환사채의 발행규모도 증대되고 있으며, 이를 통하여 변칙적인 상속·증여가 이루어지고 있어서 이에 대한 대비책으로 전환사채 등의 주식전환 등에 따른 이익의 증여에 대하여 과세를 하고 있다(상증법 §40).

이때 주식전환 등에 따른 이익의 증여가액 등을 계산할 때 전환사채에 대한 평가는 대단히 중요하다.

3.1.2 평가방법

전환사채·신주인수권 등의 평가는 종전에는 일률적으로 규정하였던 것을 현행의 규정에서는 거래소에서 거래되는 경우와 거래되지 아니하는 경우로 구분하여 평가를 달리하고 있다.

(1) 거래소에서 거래되는 전환사채

주식을 인수할 수 있는 권리가 부여된 사채로서 한국거래소에서 거래되는 전환사채는 평가기준일 이전 2개월간에 공표된 매일의 유가증권시장 최종시세가액(거래실적의 유무를 불문)의 평균액(「상속세 및 증여세법」 제63조 제1항 제1호 가목 본문의 규정을 준용하여 평가한 가액)과 평가기준일 이전 최근일의 최종시세가액 중 큰 가액에 의한다(상증령 §58의 2 ①).

> 전환사채 평가액=Max[①, ②]
> ① 평가기준일 이전 2개월간에 공표된 최종시세가액의 평균액
> ② 평가기준일 이전 최근일의 최종시세가액

(2) 거래소에서 거래되지 않은 전환사채

거래소에서 거래되지 아니하는 전환사채는 다음의 평가한 가액으로 평가한다. 다만, 「자본시장과 금융투자업에 관한 법률」에 따라 인가를 받은 투자매매업자, 투자중개업자, 「공인회계사법」에 따른 회계법인 또는 「세무사법」에 따른 세무법인 중 둘 이상의 자가 상환기간·이자율·이자지급방법 등을 고려하여 평가한 금액이 있는 경우에는 당해 평가금액의 평균액에 의할 수 있다.

(가) 주식으로의 전환금지기간 중인 경우

「증권의 발행 및 공시 등에 관한 규정」 제5-21조에 의하면 주권상장법인 등이 전환사채를 발행하는 경우에는 그 발행 후 1년이 경과한 후에 전환할 수 있는 조건으로 이를 발행하여야 한다. 다만, 국내에서 공모발행방식으로 발행하는 경우 또는 외국에서 공모발행방식으로 발행하는 경우에는 그 발행 후 1월

이 경과한 후에 전환할 수 있는 조건으로 이를 발행할 수 있다.

이 전환금지기간 중인 경우의 전환사채의 평가는 만기상환금액을 사채발행이율과 금융기관이 보증한 3년 만기회사채의 유통수익률을 고려하여 기획재정부장관이 정하여 고시하는 이자율(적정할인율) 중 낮은 이율에 의하여 발행 당시의 현재가치로 할인한 가액에서 발행 후 평가기준일까지 발생한 이자상당액을 가산한 가액으로 평가한다(상증령 §58의 2 ② 1호 나목).

$$\text{전환사채 평가액} = \left(\frac{\text{만기상환금액}}{(1+R\ \text{또는}\ r)^{n}} + \text{평가기준일까지 이자상당액}\right)$$

Min[R, r]
R : 사채발행이율
r : 기획재정부령으로 정하는 이자율(적정할인율)

장기채권 및 전환사채 등의 상속·증여재산 평가 시 적용 이자율

적용시기	적정할인율	고시번호
2016. 3.21.~	8%	상증칙 §18의 3
2010.11. 5.~2016. 3.20.	8%	기획재정부고시 제2010-20호
2004. 1. 1.~2010.11. 4.	6.5%	국세청고시 제2004- 2호
2003. 1. 1.~2003.12.31.	6.5%	국세청고시 제2002-39호
2002.11. 8.~2002.12.31.	6.5%	국세청고시 제2002-28호
2002. 7.10.~2002.11. 7.	7.0%	국세청고시 제2002-23호
2001. 1. 1.~2002. 7. 9.	7.5%	국세청고시 제2001-14호

(나) 주식으로의 전환가능기간 중인 경우

「상속세 및 증여세법 시행령」 제58조의 2 제2항 제1호 나목의 규정에 의하여 평가한 가액인 상기 '(가) 주식으로의 전환금지기간 중인 경우'의 평가액과 당해 전환사채로 전환할 수 있는 주식가액에서 배당차액을 뺀 가액 중 큰 가액으로 평가한다(상증령 §58의 2 ② 2호 가목).

평가액 = Max[①, ②]

① $\left\{\frac{\text{만기상환금액}}{(1+\text{R 또는 r})^{n}} + \text{평가기준일까지 이자상당액}\right\}$

Min[R, r]

R : 사채발행이율

r : 적정할인율

② 전환할 수 있는 주식가액 − 배당차액*

* 배당차액 = 주식 또는 출자지분 1주당 액면가액 × 직전기 배당률

$\times \frac{\text{신주발행일이 속하는 사업연도개시일부터 배당기산일 전일까지의 일수}}{365}$

3.2 신주인수권증권

3.2.1 의 의

신주인수권부사채(bond with warrants)는 사채권자에게 신주인수권이 부여된 사채를 말한다. 이때 신주인수권을 취득할 수 있는 유가증권인 신주인수권증권(warrant)은 신주인수권부사채에서 신주인수권만을 떼어낸 것으로 일정기간에 미리 정해진 가격으로 새로 주식을 발행해 달라고 요구할 수 있는 권리를 나타내는 증서다. 신주인수권증권은 주식과 마찬가지로 위탁계좌를 개설하여 주식시장에서 매매된다. 이때의 신주인수권증권은 신주인수권자의 개별적인 청구에 의하여 신주가 발행되는 반면에 신주인수권증서는 증자기간 동안만 권리가 인정된다.

3.2.2 평가방법

(1) 거래소에서 거래되는 신주인수권증권의 평가

주식을 인수할 수 있는 권리가 부여된 사채로서 거래소에서 거래되는 경우에는 전환사채는 평가기준일 이전 2개월간에 공표된 매일의 유가증권시장 최종시세가액(거래실적의 유무를 불문)의 평균액(「상속세 및 증여세법」 제63조 제1항 제1호 가목

본문의 규정을 준용하여 평가한 가액)과 평가기준일 이전 최근일의 최종시세가액 중 큰 가액에 의한다(상증령 §58의 2 ①).

> 신주인수권증권의 평가액=Max[①, ②]
> ① 평가기준일 이전 2개월간에 공표된 최종시세가액의 평균액
> ② 평가기준일 이전 최근일의 최종시세가액

(2) 거래소에서 거래되지 않은 신주인수권증권의 평가

거래소에서 거래되지 아니하는 신주인수권증권은 다음의 평가한 가액으로 평가한다. 그러나 2 이상의 증권회사에서 상환기간·이자율·이자지급방법 등을 감안하여 평가한 금액이 있는 경우에는 당해 평가금액의 평균액에 의할 수 있다.

(가) 주식으로의 전환금지기간 중인 경우

「증권의 발행 및 공시 등에 관한 규정」 제5-21조(전환사채의 발행제한 및 전환금지기간)에 의하면 주권상장법인 등이 신주인수권부사채를 발행하는 경우에는 그 발행 후 1년이 경과한 후에 전환할 수 있는 조건으로 이를 발행하여야 한다. 이때 주식으로 전환이 불가능한 기간 중인 경우의 신주인수권증권의 평가는 신주인수권부사채의 만기상환금액(만기 전에 발생하는 이자상당액)을 사채발행이율에 의하여 발행 당시의 현재가치로 할인한 가액에서 동 만기상환금액을 금융기관 등이 보증한 3년 만기회사채의 유통수익률을 고려하여 기획재정부장관이 정하여 고시하는 이자율(적정할인율)에 의하여 발행 당시의 현재가치로 할인한 가액을 차감한 가액으로 평가한다. 이 경우 그 평가액이 음수인 경우에는 영으로 한다(상증령 §58의 2 ② 1호 가목).

> $$\text{신주인수권증권의 평가액(A)} = \left(\frac{\text{만기상환금액}}{(1+R)^n} - \frac{\text{만기상환금액}}{(1+r)^n}\right)$$
>
> R : 사채발행이율
> r : 적정할인율

㈏ 주식으로의 전환가능기간 중인 경우

「상속세 및 증여세법 시행령」 제58조의 2 제2항 제1호 가목의 규정에 의하여 평가한 가액인 상기 '㈎ 주식으로의 전환금지기간 중인 경우'의 신주인수권증권의 평가방법에 의한 평가액과 당해 신주인수권증권으로 인수할 수 있는 주식가액에서 배당차액과 신주인수가액을 뺀 가액 중 큰 금액으로 평가한다(상증령 §58의 2 ② 2호 다목). 이 경우에 신주인수권증권으로 인수할 수 있는 주식가액을 적용할 때 상장주식의 가액은 평가기준일 현재 같은 법 제63조 제1항 제1호 「나목」에 의하여 평가한 가액, 즉 평가기준일 전·후 2개월간의 종가평균액을 적용한다(재산-456, 2010.6.28.).

신주인수권증권의 평가(B)=Max[①, ②]

① $\left(\frac{\text{만기상환금액}}{(1+R)^n} - \frac{\text{만기상환금액}}{(1+r)^n}\right)$

R : 사채발행이율

r : 금융기관이 보증한 3년만기회사채의 유통수익률을 고려하여 기획재정부령으로 정하는 적정할인율

② 신주인수권증권으로 인수할 수 있는 주식가액－(배당차액* ＋신주인수가액)

* 배당차액＝주식 또는 출자지분 1주당 액면가액×직전기 배당률 $\times \frac{\text{신주발행일이 속하는 사업연도개시일부터 배당기산일 전일까지의 일수}}{365}$

3.3 신주인수권부사채

3.3.1 의 의

신주인수권부사채(bond with warrants)는 사채권자에게 신주인수권이 부여된 사채를 말한다. 이때 신주인수권은 사채권자가 사채발행회사의 신주를 특정가격에 매입할 수 있는 권리로서 신주인수권부사채를 선호하게 되는 것은 사채발행회사 입장에서는 낮은 이자율로 사채를 발행하는 장점이 있고, 신주인수권부사채를 구입하는 사채권자는 발행회사의 영업성과가 좋아져서 주가가 상승하면 특정가격에 인수권을 행사하여 주식을 유리하게 구입할 수 있다.

신주인수권부사채는 신주인수권과 함께 발행하는데, 분리하여 발행할 수 없는 비분리형 채권과는 별도로 신주인수권증권이 발행되어 이 증권을 별로로 양도할 수 있는 분리형으로 구분된다. 이 경우에 신주인수권부사채의 평가는 주식으로 전환금지기간 중인 경우와 전환가능기간으로 구분하여 평가하여야 한다.

3.3.2 평가방법

(1) 거래소에서 거래되는 신주인수권부사채

거래소에서 거래되는 신주인수권부사채의 평가는 평가기준일 이전 2개월간에 공표된 매일의 유가증권시장 최종시세가액(거래실적의 유무를 불문)의 평균액(「상속세 및 증여세법」 제63조 제1항 제1호 가목 본문의 규정을 준용하여 평가한 가액)과 평가기준일 이전 최근일의 최종시세가액 중 큰 가액에 의한다(상증령 §58의 2 ①).

> 신주인수권부사채의 평가액=Max[①, ②]
> ① 평가기준일 이전 2개월간에 공표된 최종시세가액의 평균액
> ② 평가기준일 이전 최근일의 최종시세가액

(2) 거래소에서 거래되지 않은 신주인수권부사채

(가) 주식으로의 전환금지기간 중인 경우

이 전환금지기간 중인 경우의 전환사채의 평가는 만기상환금액을 사채발행이율과 적정할인율 중 낮은 이율에 의하여 발행 당시의 현재가치로 할인한 가액에서 발행 후 평가기준일까지 발생한 이자상당액을 가산한 가액으로 평가한다(상증령 §58의 2 ② 1호 나목).

$$\text{신주인수권부사채의 평가액(C)} = \left(\frac{\text{만기상환금액}}{(1+R \text{ 또는 } r)^n} + \begin{matrix}\text{평가기준일까지}\\ \text{이자상당액}\end{matrix} \right)$$

Min[R, r]
R : 사채발행이율
r : 적정할인율

(나) 주식으로의 전환가능기간 중인 경우

「상속세 및 증여세법 시행령」 제58조의 2 제2항 제1호 나목의 규정에 의하여 평가한 가액과 동 가액에서 동호 가목의 규정을 준용하여 평가한 신주인수권가액을 빼고 다목의 규정을 준용하여 평가한 신주인수권가액을 가산한 가액 중 큰 가액으로 평가한다(상증령 §58의 2 ② 2호 나목).

> 신주인수권부사채의 평가액=Max[①, ②]
> ① (C)
> ② (C)−(A)+(B)
> A : 전환금지기간 중 신주인수권증권평가액
> B : 전환가능기간 중 신주인수권증권평가액
> C : 전환금지기간 중 신주인수권부사채평가액

3.4 신주인수권증서

3.4.1 의 의

신주의 발행은 수권자본주의 하에서 기업이 새로운 주식을 발행할 때 발행예정주식의 범위 내에서 이사회의 결의만으로 할 수 있다. 이때 주주가 신주를 인수할 권리, 즉 신주인수권을 양도하기 위해서는 증서의 교부가 있어야 이를 자유롭게 양도할 수 있는데, 이때 신주인수권을 양도할 수 있도록 만든 것이 신주인수권증서이다(상법 §420의 3).

신주인수권의 양도에 대해서 정관 또는 이사회의 결의에 의하여 인정한 경우에 신주인수권증서의 청구기간을 정한 경우에 회사는 그 기간 내에 청구한 주주에 대해 신주인수권증서를 발행해야 하며, 그 청구기간을 정하지 않았을 때에는 신주청약기일 2주 전에 주주의 청구가 없어도 신주인수권증서를 발행해야 한다(상법 §420의 2).

신주인수권증서와 유사한 신주인수권증권(warrant)은 신주인수권부사채(bond with warrant : BW)에서 신주인수권만을 떼어낸 것을 말한다.

3.4.2 평가방법

(1) 거래소에서 거래되는 신주인수권증서

거래소에서 상장되어 거래되는 전체 거래일의 종가평균에 의한다(상증령 §58의 2 ② 2호 라목). 이 규정은 신주인수권증서 평가방법의 명확화를 위하여 2018.2. 13. 이후 평가하는 분부터 적용한다.

(2) 거래소에서 거래되지 않은 신주인수권증서

거래소에서 거래되지 않는 신주인수권증서에 대한 평가는 당해 신주인수권증서로 인수할 수 있는 주식의 권리락 전 가액에서 배당차액과 신주인수가액을 뺀 가액으로 평가한다. 그러나 당해 주식이 상장법인·코스닥상장법인 등에 해당하는 법인의 주식인 경우로서 권리락 후 주식가액이 권리락 전 주식가액에서 배당차액을 차감한 가액보다 적은 경우에는 권리락 후 주식가액에서 신주인수가액을 뺀 가액으로 한다(상증령 §58의 2 ② 2호 라목).

신주인수권증서 평가액=
① 원칙
신주인수권증서로 인수할 수 있는 주식의 권리락 전 가액-(배당차액+신주인수가액)
② 상장법인·코스닥상장법인
권리락 후 주식가액 < 권리락 전 주식가액-배당차액이면
권리락 후 주식가액-신주인수가액으로 평가함

〈사례6〉 전환사채 등의 종합평가사례

다음 사채의 발행내용을 기준으로 「상속세 및 증여세법」에 의한 전환사채 등의 평가액을 산출하라.

〈전환사채 등의 발행내용〉

(1) 발행에 대한 내용

① 발 행 일 : 2003.1.1.

② 발행금액 : 30억원

③ 표면이자율 : 4%(6년 만기)

(2) 상환에 대한 내용

① 상 환 일 : 2008.12.31.

② 만기상환금액 : 37.95억원

(3) 주식전환 등에 대한 내용

① 주식 전환가액 : 1주당 10,000원

② 전환가능 주식수 : 600,000주

③ 주식 전환가능기간 : 2004.1.1.~2008.12.31.

※시장이자율 : 연 8%(2003년~2008년 동일하다고 가정)
발행법인의 직전기에 배당은 없음.
2 이상의 증권회사가 동 전환사채 등을 평가한 가액은 없음.

※사채발행이율(4%)에 의한 현재가치할인율 : 0.7903
시장이자율(8%)에 의한 현재가치할인율 : 0.6302

풀이

1. 유가증권시장에 거래되는 전환사채 등의 평가

유가증권시장에 거래되는 전환사채, 신주인수부사채, 신주인수권증권 등에 대하여는 다음과 같이 평가기준일 이전 2개월간에 공표된 최종시세가액의 평균액과 평가기준일 이전 최근일의 최종시세가액 중 큰 금액으로 평가한다.

> 전환사채 평가액=Max[①, ②]
> ① 평가기준일 이전 2개월간에 공표된 최종시세가액의 평균액
> ② 평가기준일 이전 최근일의 최종시세가액

2. 유가증권시장에 거래되지 않은 전환사채 등의 평가

(1) 전환금지기간 중 평가(평가기준일 : 2003.7.1.으로 가정)

(가) 분리형 신주인수권부사채인 경우의 신주인수권증권 가액 ……………A

$$\text{신주인수권증권의 평가액(A)} = \left\{\frac{\text{만기상환금액}}{(1+R)^n} - \frac{\text{만기상환금액}}{(1+r)^n}\right\}$$

R : 사채발행이율
r : 적정할인율

평가액 : 만기상환금액(37.95억원)×발행이자율에 대한 현가계수(0.7903) −만기상환금액(37.95억원)×적정할인율의 현가계수(0.6302) = (37.95억원×0.7903) − (37.95억원×0.6302) = 30억원 − 23.9억원 = 6.1억원 ⇒ 6.1억원으로 평가

(나) 전환사채의 가액 ………………………………………………………………B

$$\text{전환사채 평가액} = \left\{\frac{\text{만기상환금액}}{(1+R\ \text{또는}\ r)^n} + \text{평가기준일까지 이자상당액}\right\}$$

Min[R, r]
R : 사채발행이율
r : 기획재정부령으로 정하는 이자율(적정할인율)

평가액 : 이자율 적용 = 발행이자율(4%)과 적정할인율(8%) 중 낮은 이자율 4%를 적용 평가
만기상환금액(37.95억원)×발행이자율(Min)에 대한 현가계수 (0.7903) + 평가기준일까지 이자상당액(30억원×4%×6/12) = (37.95억원×0.7903) + 30억원×4%×6/12 = 30억원 + 0.6억원 = 30.6억원 ⇒ 30.6억원으로 평가

(2) 전환가능기간 중 평가(평가기준일 : 2004.12.31., 주식평가액 15,000원으로 가정)

(가) 전환사채인 경우의 평가액 ··C

> 평가액＝Max[①, ②]
>
> ① $\left\{\dfrac{\text{만기상환금액}}{(1+R\ \text{또는}\ r)^n}+\text{평가기준일까지 이자상당액}\right\}$
>
> Min[R, r]
>
> R : 사채발행이율
>
> r : 적정할인율
>
> ② 전환할 수 있는 주식가액－배당차액*

* 배당차액＝주식 또는 출자지분 1주당 액면가액×직전기 배당률

$$\times\ \frac{\text{신주발행일이 속하는 사업연도개시일부터 배당기산일 전일까지의 일수}}{365}$$

① 전환금지기간 중의 전환사채 평가방식

$$\left\{\frac{\text{만기상환금액}}{(1+R\ \text{또는}\ r)^n}+\text{평가기준일까지 이자상당액}\right\}$$

적용이자율은 낮은 이자율 4%를 적용함.

만기상환금액(37.95억원)×발행이자율(Low)에 대한 현가계수(0.7903)＋평가기준일까지 이자상당액(30억원×4%×24/12)＝30억원＋2.4억원＝32.4억원

② 전환할 수 있는 주식가액－배당차액

전환할 수 있는 주식가액(600,000주×15,000)－배당차액(0)＝90억원

③ 평가액 Max[㉮, ㉯]

㉮ 32.4억원 ＜ ㉯ 90억원 ⇒ 90억원으로 평가

(나) 신주인수권부사채인 경우의 평가액 ··D

> 평가액=Max[①, ②]
>
> ① B방식 : $\left\{\frac{\text{만기상환금액}}{(1+R\ \text{또는}\ r)^n}+\text{평가기준일까지 이자상당액}\right\}$
>
> Min[R, r]
>
> R : 사채발행이율
>
> r : 적정할인율
>
> ② B−A+E

① 전환금지기간 중의 전환사채 평가방식

$$\text{B 방식}=\left\{\frac{\text{만기상환금액}}{(1+R\ \text{또는}\ r)^n}+\text{평가기준일까지 이자상당액}\right\}$$

만기상환금액(37.95억원)×발행이자율(Low)에 대한 현가계수(0.7903) +평가기준일까지 이자상당액(30억원×4%×24/12)=30억원+2.4억원=32.4억원

② B−A+E

B=32.4억원

$$\text{A=신주인수권증권의 평가액(A)}=\left\{\frac{\text{만기상환금액}}{(1+R)^n}-\frac{\text{만기상환금액}}{(1+r)^n}\right\}$$

만기상환금액(37.95억원)×발행이자율에 대한 현가계수(0.7903) −만기상환금액 (37.95억원)×적정할인율의 현가계수(0.6302) =(37.95억원×0.7903)−(37.95억원×0.6302)=30억원−23.9억원=6.1억원

E=600,000×(15,000−10,000)=30억원

계산액=32.4억원(B)−6.1억원(A)+30억원(E)=56.3억원

③ 평가액=Max[㉮, ㉯]

㉮ 32.4억원 < ㉯ 56.3억원 ⇒ 56.3억원으로 평가

(다) 신주인수권증권인 경우의 평가액 ··E

> 신주인수권증권의 평가(B)=Max[①, ②]
>
> ① $\left\{\dfrac{\text{만기상환금액}}{(1+R)^n} - \dfrac{\text{만기상환금액}}{(1+r)^n}\right\}$
>
> R : 사채발행이율
>
> r : 금융기관이 보증한 3년만기회사채의 유통수익률을 감안하여 기획재정부령으로 정하는 적정할인율
>
> ② 신주인수권증권으로 인수할 수 있는 주식가액-(배당차액* + 신주인수가액)

* 배당차액=주식 또는 출자지분 1주당 액면가액×직전기 배당률

$$\times \frac{\text{신주발행일이 속하는 사업연도개시일부터 배당기산일 전일까지의 일수}}{365}$$

① 만기상환금액(37.95억원)×발행이자율에 대한 현가계수(0.7903) −만기상환금액 (37.95억원)×적정할인율의 현가계수(0.6302) =(37.95억원×0.7903)−(37.95억원×0.6302)=30억원−23.9억원=6.1억원

② 신주인수권증권으로 인수할 수 있는 주식가액−(배당차액+신주인수가액)

[주식가액(15,000)−배당차액(0)−신주인수가액(10,000)]×600,000주=30억원

③ 평가액 : Max[①, ②]

6.1억원 < 30억원 ⇒ 30억원으로 평가

(라) 신주인수권증서인 경우의 평가액 ··F

> 신주인수권증서 평가액=
>
> ① 원칙
>
> 신주인수권증서로 인수할 수 있는 주식의 권리락 전 가액−(배당차액+신주인수가액)
>
> ② 상장법인·코스닥상장법인
>
> 권리락 후 주식가액 < 권리락 전 주식가액−배당차액이면 권리락 후 주식가액−신주인수가액으로 평가함.

[주식가액(15,000) - 신주인수가액(10,000)]×600,000주
= 30억원 ⇒ 30억원으로 평가

예규

▶▶ 전환 등 전의 1주당 평가가액(재산세과-12, 2011.1.7.)
기질의회신문(재산세과-456, 2010.6.28.)을 참고하기 바람.

▶▶ 신주인수권증권 평가 시 인수할 수 있는 주식가액(재산세과-456, 2010.6.28.)
1. 귀 질의 "1."의 경우 「상속세 및 증여세법 시행령」 제58조의 2 제2항 제2호 다목에 따라 신주인수권증권을 평가하는 경우 "인수할 수 있는 주식가액"이란 평가기준일 현재 같은 법 제63조 제1항 제1호 나목에 의하여 평가한 가액을 말함.
2. 귀 질의 "2."의 경우 「상속세 및 증여세법 시행령」 제30조 제4항 제1호에 따른 교부받은 주식가액 산정 시 주권상장법인 등의 주식으로 전환 등을 한 경우 동 산식에서 "전환 등 전의 1주당 평가가액"이란 전환일 전 2월이 되는 날부터 전환일 전일까지의 최종시세가액의 평균액에 의함.

▶▶ 주식으로의 전환 등이 불가능한 기간 중에 있는 전환사채 등의 평가방법(서면4팀-623, 2005.4.26.)
「상속세 및 증여세법 시행령」 제58조의 2 제2항 제1호 나목의 규정에 의하여 주식으로의 전환 등이 불가능한 기간 중에 있는 전환사채 등은 만기상환금액(만기 전에 발생하는 이자상당액을 포함)을 사채발행이율과 적정할인율 중 낮은 이율에 의하여 발행 당시의 현재가치로 할인한 가액에서 발행 후 평가기준일까지 발생한 이자상당액을 가산한 가액으로 평가하는 것이며, 이 경우 사채발행이율은 표면이자율을 말하는 것임.

▶▶ 신주인수권증권평가 시 최대주주 할증평가하지 아니함(서일 46014-10133, 2001.9.10.)
「상속세 및 증여세법 시행령」 제58조의 2(전환사채 등의 평가) 제2항 제2호 다목의 규정에 의한 신주인수권증권을 평가하기 위하여 당해 신주인수권증권으로 인수할 수 있는 주식가액을 계산할 때 같은법 제63조 제3항의 규정은 적용되지 아니하는 것임.

▶▶ 전환사채 및 신주인수권부사채의 평가(재삼 46014-1415, 1999.7.26.)
「상속세 및 증여세법 시행령」(1997.11.10., 대통령령 제15509호로 개정된 것) 제58조의 2 제2항의 규정에 의하여 신주인수권증서의 평가액은 당해 증서를 발행한 법인의 증자전 1주당 가액에서 같은영 제57조 제3항의 규정에 의한 배당차액과 그 신주의 인수에 따른 주금납입액을 차감한 가액에 의하는 것임.

▶▶ 전환사채 및 신주인수권부사채의 평가방법(재삼 46014-2646, 1997.11.11.)
「상속세 및 증여세법 시행령」(1997.11.10., 대통령령 제15509호로 개정된 것) 제58조의 2의 규정에 의하여 전환사채 및 신주인수권부사채의 평가액은 같은령 제58

조 제1항의 규정에 의한 가액과 당해 전환사채 및 신주인수권부사채로써 전환 및 인수할 수 있는 주식에 대하여 같은법 제60조 및 제63조의 규정에 의하여 평가한 가액 중 큰 가액에 의함.

4 대부금·외상매출금 및 받을어음 등의 채권가액의 평가

4.1 의 의

대부금·외상매출금 및 받을어음 등의 채권가액과 입회금·보증금 등의 채무가액은 원본의 회수기간·약정이자율 및 금융시장에서 형성되는 평균이자율 등을 감안하여 평가한다. 다만, 채권의 전부 또는 일부가 평가기준일 현재 회수불가능한 것으로 인정되는 경우에는 그 가액을 산입하지 아니한다. 대부금 등의 평가는 그 회수기간의 5년 초과 여부에 따라 구분하여 평가방법을 달리 규정하고 있다(상증령 §58 ②).

4.2 회수기간이 5년을 초과하거나 회사정리절차 등으로 내용이 변경된 경우

대부금 등의 원본 회수기간이 5년을 초과하거나 회사정리절차 또는 화의절차의 개시 등의 사유로 당초 채권의 내용이 변경된 경우에는 각 연도에 회수할 금액(원본에 이자 상당액을 가산한 금액을 말함)을 기획재정부장관이 정하여 고시하는 이자율에 의하여 현재가치로 할인한 금액의 합계액으로 평가한다. 이 경우에 시설물이용권에 대한 입회금·보증금 등으로서 원본의 회수기간이 정하여지지 아니한 것은 그 회수기간을 5년으로 보아 현재가치로 할인한 금액에 의한다(상증칙 §18의 2 ② 1호).

$$평가액 = \sum_{n=1}^{n} \frac{각\ 연도별로\ 회수할\ 금액(원본+이자상당액)}{(1+8\%)^n}$$

n=평가기준일로부터 회수일이 속하는 연수

장기채권 및 전환사채 등의 상속 · 증여재산평가 시 적용할 이자율

적용시기	적정할인율	고시번호
2016. 3.21.~	8%	상증칙 §18의 3
2010.11. 5.~2016. 3.20.	8%	기획재정부고시 제2010-20호
2004. 1. 1.~2010.11. 4.	6.5%	국세청고시 제2004- 2호
2003. 1. 1.~2003.12.31.	6.5%	국세청고시 제2002-39호
2002.11. 8.~2002.12.31.	6.5%	국세청고시 제2002-28호
2002. 7.10.~2002.11. 7.	7.0%	국세청고시 제2002-23호
2001. 1. 1.~2002. 7. 9.	7.5%	국세청고시 제2001-14호

4.3 회수기간이 5년 미만인 기타의 대부금 등의 경우

상기 '4.2'에 해당되지 아니하는 대부금 등의 채권의 경우에는 원본의 가액에 평가기준일까지의 미수이자상당액을 가산한 금액으로 평가한다(상증칙 §18의 2 ② 2호).

평가액 = 원본가액 + 미수이자상당액

5 예금 · 저금 · 적금 등의 평가

예금 · 저금 · 적금 등의 평가는 평가기준일 현재 예입총액과 같은 날 현재 이미 지난 미수이자상당액을 합친 금액에서 「소득세법」 제127조 제1항의 규정에 따른 원천징수세액상당금액을 차감한 가액으로 한다(상증법 §63 ④).

평가액 = 예입금액 + 미수이자상당액 − 원천징수세액상당액

예규

▶▶ 은행예금 평가방법(재삼 46014-937, 1999.5.18.)

「상속세 및 증여세법」 제22조의 규정에 의한 금융상속공제는 상속세 과세표준과 세액을 결정할 때의 상속재산가액에 포함되어 있는 금융재산가액에서 금융기관의 채무를 차감한 금액에 대하여 적용하는 것이며, 같은법 제63조 제4항의 규정에 의하여 은행 예금의 가액은 평가기준일 현재 예입총액과 같은 날 현재 이미 경과한 미수이자상당액의 합계액에서 「소득세법」 제127조 제1항의 규정에 의한 원천징수 세액상당액을 차감하여 평가한다.

▶▶ 예·적금의 상속재산가액 평가방법(재삼 01254-2571, 1990.12.20.)

일반적으로 예금·저금 또는 적금의 상속재산가액 평가는 상속개시일에 있어서의 예입총액과 동 시기 현재 이미 경과한 미수이자액의 합계액에 의하며, 증권투자신탁의 수익증권 가액은 상속개시일 현재 일간신문 등에 게재되어 있는 매매기준가(무신고 및 신고누락의 경우에는 상속개시일 현재의 가액과 상속세 부과당시의 가액 중 큰 금액)에 의하여 평가하는 것임.

▶▶ 받을어음 평가방법(재삼 46014-2190, 1998.11.11.)

「상속세 및 증여세법 시행령」 제58조 제2항의 규정에 의하여 받을어음의 가액은 원본의 가액에 평가기준일까지의 미수이자상당액을 가산한 금액에 의하는 것이나, 당해 받을어음의 전부 또는 일부가 평가기준일 현재 회수불가능한 것으로 인정되는 경우 그 가액은 산입하지 않음. 이 경우 회수불가능 여부에 대하여는 관할세무서장이 채무자의 재산상황 등 구체적인 사실을 조사하여 판단함.

6 집합투자증권의 평가

6.1 의 의

집합투자란 투자자로부터 자금 등을 모아서 투자증권, 파생상품, 부동산, 실물자산 등에 그 자금을 운용하고 그 결과를 투자자에게 귀속시키는 것을 말한다. 이러한 집합투자는 투자자의 입장에서는 주식이나 채권 등을 매입하는 형태이지만 집합적인 방법에 의하여 투자를 함으로써 투자자는 집합투자를 통한 가치상승의 이익이나 수익률에 의하여 채산성을 얻게 된다. 이러한 집합투자에 따른 증권은 수익증권, 뮤추얼펀드 등이 있다.

6.2 집합투자증권의 평가

집합투자증권은 집합투자기구에 대한 출자지분(투자신탁의 경우에는 수익권을 말함)이 표시된 것을 말한다. 일반적으로 「자본시장과 금융투자업에 관한 법률」에 따른 유가증권으로 인정되고 있는 투자신탁의 수익증권이나 대부신탁의 수익증권을 가리킨다. 이러한 투자에 따른 집합투자증권의 평가는 평가기준일 현재의 거래소의 기준가격으로 하거나 집합투자업자 또는 투자회사가 같은법에 따라 산정 또는 공고한 기준가격으로 한다. 다만, 평가기준일 현재의 기준가격이 없는 경우에는 평가기준일 현재의 환매가격 또는 평가기준일 전 가장 가까운 날의 기준가격으로 한다(상증령 §58 ③). 일반적으로 예금이나 적금과 같이 그 이자에 대해서는 평가기준일 현재의 이자상당액에서 원천징수세액상당액을 차감하여 평가하게 된다. 그러나 증권투자신탁수익증권의 가액을 평가기준일 현재의 한국거래소의 기준가격으로 평가하는 경우에 당해 기준가격에서 원천징수세액상당액을 차감하지 아니하는 것(서일 46014-10330, 2003.3.18.)으로 해석하고 있다. 그것은 주식 매매차익 등의 수익에 대해서 비과세되는 등 원천징수세액상당액을 획일적으로 산정할 수 없기 때문인 것으로 보인다.

수익증권의 기준가격은 신탁재산을 주식이나 채권, 유동성 자산 등에 투자한 자산의 평가액에 그 투자에 따른 배당이나 이자 등을 가산하고, 신탁재산의 부채나 운용에 소요된 비용을 차감한 순자산가액에 대하여 간접 투자한 총좌수로 나누어 계산한다. 이와 같이 계산한 기준가격에는 운용재산의 배당이나 이자 등에 대하여 비과세되는 등 원천징수세액상당액을 산정할 수 없어서 과세관청에서는 원천징수세액상당액을 차감하지 않는 것으로 해석하는 것으로 보여진다.

평가액=거래소 기준가격 또는 집합투자업자 등이 산정·공고한 기준가격

예규

▶▶ 환매요청권(put option)의 가액은 본래 권리의 가액을 기초로 평가기준일 현재의 조건내용을 감안하여 적정하게 평가한 가액으로 산정하는 것임(재산세과-31, 2011.1.14.)

환매요청권(put option)의 가액은 「상속세 및 증여세법」 제65조 제1항 및 같은법 시행령 제60조 제1호의 규정에 따라 본래 권리의 가액을 기초로 평가기준일 현재의 조건내용을 구성하는 사실, 조건성취의 확실성, 기타 제반사정을 감안하여 적정하게 평가한 가액으로 산정하는 것임.

▶▶ 개방형 뮤추얼펀드의 가액 평가방법(서일 46014-10676, 2003.5.28.)

개방형 뮤추얼펀드의 가액은 수익증권의 평가방법을 준용하여 평가하는 것이 타당하며, 기존의 질의회신문(서일 46014-10330, 2003.3.18.)을 참고하기 바람.

Chapter 04

무체재산권 등의 평가

1 개 요

무체재산권이라 함은 비유체적 이익에 대한 독점적·배타적인 지배권, 즉 무체물건을 말한다. 무체재산권에는 '지상권, 전세권, 광업권, 어업권, 토사채취권과 채석권, 공업소유권(특허권, 실용실안권, 디자인권, 상표권 등), 저작재산권과 저작인접권 등'이 이에 해당된다. 이 무체재산권의 평가는 매입한 무체재산권과 자기가 창설한 무체재산권으로 구분하여 각각 평가규정을 달리 적용하고 있다.

2 무체재산권의 평가원칙

무체재산권(無體財産權)의 가액은 다음의 금액 중 큰 금액으로 한다(상증법 §64).

① 재산의 취득 가액에서 취득한 날부터 평가기준일까지의 「법인세법」상의 감가상각비를 뺀 금액

② 장래의 경제적 이익 등을 고려하여 대통령령으로 정하는 방법으로 평가한 금액

그동안 매입한 무체재산권은 상기 '①'의 방법으로 평가하고, 그 밖에는 경제적 이익을 고려하여 '②'의 방법으로 평가하도록 하였으나 2014.1.1. 개정 세법에서는 무체재산권이 시간의 경과에 따라 가치가 증가할 수도 있으므로 실질가치를 반영하도록 하여 '①', '②' 중에 큰 금액으로 평가하도록 개선하였다.

3 매입한 무체재산권

매입한 무체재산권은 매입가액에서 매입한 날부터 평가기준일까지의 「법인세법」상의 감가상각비상당액을 차감한 금액으로 평가한다(상증법 §64 1호, 상증령 §59 ①).

여기에서 매입한 무체재산권의 가액은 매입가액(부대비용을 포함)에서 매입시기로부터 상속개시일까지의 「법인세법」상의 감가상각비를 공제한 금액으로 평가한다.

$$\text{감가상각비상당액} = \text{매입가액} \times \frac{\text{매입시기에서 평가기준일까지 총월수}}{\text{「법인세법」상 무형고정자산의 내용연수(총월수)}}$$

4 기타의 무체재산권

매입한 무체재산권 외의 기타 무체재산권의 평가는 당해 재산의 취득을 위하여 소요된 가액 또는 장래의 경제적 이익 등을 감안하여 다음에 정하는 방법에 의하여 평가한다(상증법 §64 2호, 상증령 §59 ②~⑥).

무형고정자산의 내용연수표

구분	내용연수	무형고정자산
1	5년	영업권, 디자인권, 실용신안권, 상표권
2	7년	특허권
3	10년	어업권, 「해저광물자원 개발법」에 의한 채취권(생산량비례법 선택 적용), 유료도로관리권, 수리권, 전기가스공급시설이용권, 공업용수도시설이용권, 수도시설이용권, 열공급시설이용권
4	20년	광업권(생산량비례법 선택 적용), 전신전화전용시설이용권, 전용측선이용권, 하수종말처리장시설관리권, 수도시설관리권
5	50년	댐사용권

*「법인세법 시행규칙」 별표3

4.1 영업권(어업권)의 평가

영업권(어업권 포함)의 평가는 초과이익금액을 평가기준일 이후의 영업권의 지속연수(원칙적으로 5년으로 함)를 감안하여 다음의 방법에 의하여 환산한 가액으로 한다. 다만, 매입한 무체재산권으로서 그 성질상 영업권에 포함시켜 평가되는 무체재산권의 경우에는 이를 별도로 평가하지 아니한다. 반면 당해 무체재산권의 평가액이 환산한 가액보다 큰 경우에는 당해 가액을 영업권의 평가액으로 한다(상증령 §59 ②). 영업권에 대한 평가는 제3장 제2절 '6. 영업권의 가산'에서 상세히 설명하고 있으므로 이 단원에서는 설명을 생략한다.

> [최근 3년간(3년에 미달하는 경우에는 당해 연수로 함)의 순손익액의 가중평균액×50% −(평가기준일 현재의 자기자본×기획재정부령이 정하는 이자율(10%)]×기간 5년, 이자율 10%의 정상연금현가계수(3.7908)

4.2 특허권·실용신안권·상표권·디자인권 및 저작권 등의 평가

4.2.1 의 의

무체재산권 중 특허권, 실용신안권, 상표권, 디자인권 및 서비스표권은 산업재산권으로서 산업영역에 기여한 것에 대한 보호를 그 본질로 하는 것이고, 문화영역에 대한 보호를 본질로 하는 저작권으로 구분된다. 이러한 무체재산권은 산업상 보호받아야 할 가치가 있는 권리로서 특허청에 등록을 함으로써 권리를 취득한다. 등록은 「특허법」 제38조, 「실용신안법」 제8조, 「디자인법」 제16조, 「상표법」 제9조 등에 따라 선출원주의에 의하여 권리가 보호된다.

4.2.2 일반적인 경우

특허권·실용신안권·상표권·디자인권 및 저작권 등의 가액도 재산의 취득가액에서 취득한 날부터 평가기준일까지의 「법인세법」상의 감가상각비를 뺀 금액과 장래의 경제적 이익 등을 고려하여 대통령령으로 정하는 방법으로 평가한 금액 중 큰 금액으로 평가한다(상증법 §64).

특허권·실용신안권·상표권·디자인권 및 저작권 등의 가액=Max(①, ②)
① 취득가액에서 취득한 날부터 평가기준일까지의 「법인세법상」의 감가상각비를 뺀 금액
② 장래의 경제적 이익을 고려하여 평가한 가액

4.2.3 장래의 경제적 이익을 고려한 평가가액

(1) 평가방법

특허권·실용신안권·상표권·디자인권 등은 그 권리에 따라 장래에 받을 각 연도의 수입금액을 기준으로 현재가치로 환산하여 평가한다. 그 가액은 각 연도의 수입금액을 다음의 산식과 같이 현재가치로 환산하여 합계한 금액으로 평가한다(상증령 §59 ⑤).

$$\text{평가액} = \sum_{n=1}^{n} \frac{\text{각 연도의 수입금액}}{(1+\frac{10}{100})^{n}}$$

n : 평가기준일로부터의 경과연수
1999.1.1. 이후 경과연수가 20년을 초과하는 경우는 20년 적용

(2) 경과연수

특허권 등의 평가액을 산정함에 있어서 평가기준일부터의 최종 경과연수는 당해 권리의 존속기간에서 평가기준일 전일까지 경과된 연수를 차감하여 계산한다. 이 경우 평가기준일부터의 최종 경과연수가 20년을 초과하는 때에는 20년으로 한다.

구 분	권리의 존속기간	근거법령
특허권	20년	「특허법」 §88 ①
실용신안권	10년	「실용신안법」 §22 ①
상표권	10년	「상표법」 §83 ①
디자인권	20년	「디자인보호법」 §91 ①

4.2.4 각 연도의 수입금액이 확정되지 아니한 경우

각 연도의 수입금액이 확정되지 아니한 경우에는 평가기준일 전 최근 3년간(3년에 미달하는 경우에는 그 미달하는 연수)의 각 연도의 수입금액의 합계액을 평균한 금액을 각 연도의 수입금액으로 한다. 이때 최근 3년간 수입금액이 없거나 저작권(저작인접권을 포함)으로서 평가기준일 현재 장래에 받을 각 연도의 수입금액이 하락할 것이 명백한 경우에는 세무서장 등이 2 이상의 공신력 있는 감정기관(「감정평가 및 감정평가사에 관한 법률」에 따른 감정평가업자) 또는 전문가의 감정가액 및 해당 권리의 성질 기타 제반 사정을 감안하여 적정한 가액으로 평가할 수 있다(상증칙 §19 ④).

4.3 광업권 및 채석권의 평가

4.3.1 조업을 할 수 있는 광산의 광업권 등의 평가방법

평가기준일 이후의 채굴가능연수에 대하여 평가기준일 전 3년간 평균소득(실적이 없는 경우에는 예상순소득)을 각 연도마다 다음 산식에 의하여 환산한 금액의 합계액을 그 가액으로 한다. 다만, 조업할 가치가 없는 경우에는 설비 등에 의하여만 평가한 가액으로 한다.

$$\text{광업권(채석권)의 평가액} = \sum_{n=1}^{n} \frac{\text{평가기준일 전 3년간 평균소득}}{(1+\frac{10}{100})^n}$$

n : 평가기준일부터의 채굴가능연수

여기에서 광업권·채석권의 평가 시에 평가기준일 이후의 채굴가능연수에 대하여 평가기준일 전 3년간 평균소득은 영업권의 평가산식 중 상속개시일 이전 3년간(3년에 미달한 때에는 그 연수)의 평균순이익의 계산은 다음 산식에 의한다. 이 경우에 월수의 계산은 달력에 따라 계산하되 당해 과세기간개시일이 속하는 달이 1월 미만인 경우에는 1월로 하고 당해 과세기간종료일이 속하는 달이 1월 미만의 경우에는 이를 산입하지 아니한다(준칙 §81 ④).

$$3\text{년간의 평균순이익} = \left(\begin{matrix} \text{평가기준일 이전} \\ \text{1년이 되는} \\ \text{사업연도의 순이익} \end{matrix} + \begin{matrix} \text{평가기준일 이전} \\ \text{2년이 되는} \\ \text{사업연도의 순이익} \end{matrix} + \begin{matrix} \text{평가기준일 이전} \\ \text{3년이 되는} \\ \text{사업연도의 순이익} \end{matrix} \right) \times \frac{12}{\text{사업연도 월수의 합계}}$$

4.3.2 조업할 가치가 없는 광산의 광업권 등의 평가

조업할 가치가 없는 광산의 광업권의 가액은 없는 것으로 본다. 다만, 광산에 대한 가액은 그 광산이 폐광되는 경우에 타용도로 전용될 수 있다고 인정되어지는 고정자산과 유동자산가액의 합계액으로 평가한다(준칙 §82 ①).

4.3.3 소득이 발생하지 아니한 광산의 광업권 등의 평가

광산에서 조업은 하고 있으나 소득은 얻지 못하는 광산, 탐광 중인 광산, 탐광은 종료하고 채광에 착수하지 않은 광산으로서 가까운 장래에 소득을 얻을 전망이 있는 광업권과 조광권이 설정되어 있는 광산의 광업권의 평가는 조업을 할 수 있는 광산의 광업권 등의 평가방법에 의하여 평가한다. 다만, 각 연도의 조광료 수입금액에서 광업권자가 부담할 경비 등을 공제한 금액에 의하여 평가기준일 이전 3년간 평균순소득을 계산한다(준칙 §82 ③).

4.3.4 광업권에 저당권이 설정되어 있는 경우의 평가

평가기준일 현재 광업권에 저당권이 설정되어 있는 경우에는 평가기준일 현재의 시가 또는 조업을 할 수 있는 광산의 광업권 등의 평가방법에 의한 평가액과 저당권이 설정된 광업권이 담보하는 채권액 중 큰 금액으로 한다(준칙 §82 ②).

예규

▶▶ 평가대상 비상장법인이 특수관계 있는 개인으로부터 현물출자를 받아 취득한 상표권법상 상표·서비스표는 장래에 받을 각 연도의 수입금액을 기준으로 환산한 가액 등으로 평가하는 것임(재산-454, 2012.12.26.)

▶▶ 피합병법인의 순자산가치를 초과하여 지급한 합병대가는 영업권(대법원 2012두1044, 2012.5.9)

원고는 고주파 변성기의 원천기술을 토대로 TV, 모니터 등의 제조업을 영위하다가 무정전 클린룸 사업에 진출하기 위해 주식회사 BB인터내셔날(이하 "BB인터내셔날"이라 함)을 흡수합병하면서 그가 가지고 있던 무정전 클린룸 사업에 관한 기술력과 거래관계 등을 장차 초과수익을 얻을 수 있는 무형의 재산적 가치로 인정하여 합병대가를 ○○원으로 산정하고 그 가액 상당의 주식을 교부하였으므로 그 중 BB인터내셔날의 순자산가액 ○○원을 초과하는 ○○원 부분은 감가상각의 대상이 되는 영업권의 대가로 봄이 상당하다고 판단하였음. 관련 규정과 법리 및 기록에 비추어 살펴보면 원심의 이러한 판단은 정당하고, 거기에 상고이유에서 주장하는 바와 같은 영업권에 대한 법리오해 등의 위법이 없음.

▶▶ 무체재산권 평가 시, 수입금액이 없는 경우에는 세무서장 등이 2 이상의 감정평가법인 또는 한국발명진흥회 및 기술평가기관의 감정가액으로 평가할 수 있는 것임(재산-731, 2010.10.6.)

▶▶ 상속받은 주식매수선택권의 가액 평가방법(서면4팀-86, 2007.1.5.)

피상속인에게 부여된 주식매수선택권을 상속받은 상속인은 당해 주식매수선택권을 「상속세 및 증여세법」 제65조 제1항 및 같은법 시행령 제60조 제1호의 규정에 따라 본래의 권리의 가액을 기초로 평가기준일 현재의 조건내용을 구성하는 사실, 조건성취의 확실성, 기타 제반사정을 감안하여 적정하게 평가한 가액을 상속재산에 가산하여 같은법 제67조 제1항의 규정에 의한 기한내에 납세지 관할세무서장에게 신고하여야 하는 것임.

▶▶ 특허권의 평가 시 평가기준일 전 수입금액이 없는 경우 한국발명진흥회 및 한국기술거래소에서 평가한 감정가액으로 평가할 수 있음(서면4팀-722, 2005.5.9.)

「상속세 및 증여세법 시행령」 제59조 제5항의 규정에 의한 특허권의 가액은 당해 특허권에 의하여 장래에 받을 각 연도의 수입금액(동 수입금액이 확정되지 아니한 경우에는 평가기준일 전 3년간의 각 연도 수입금액의 평균액에 의함)을 기준으로 평가하는 것이 원칙이나, 상기 수입금액이 없는 경우에는 같은법 시행규칙 제19조 제4항의 규정에 의하여 세무서장 등이 2 이상의 감정평가법인 또는 「발명진흥법」 제32조의 규정에 의하여 설립된 한국발명진흥회 및 「벤처기업육성에 관한 특별조치법」 제6조 및 동법 시행령 제4조 제1항에서 기술평가기관으로 규정한 한국기술거래소에서 평가한 감정가액 및 당해 특허권의 성질 기타 제반사정을 감안하여 적정한 가액으로 평가할 수 있는 것임.

▶▶ 매입한 무체재산권 평가방법(서면4팀-1420, 2004.9.13.)

1. 「상속세 및 증여세법」 제64조 제1항의 규정에 의하여 매입한 무체재산권의 가액은 매입가액에서 매입한 날부터 평가기준일까지의 「법인세법」상의 감가상각비를 차감한 금액으로 평가하는 것임. 이 경우 「법인세법」상의 감가상각비는 법인이 납세지 관할세무서장에게 신고한 상각방법에 의하여 계산한 감가상각비상당액이 되는 것이며, 신고한 상각방법이 없는 경우에는 「법인세법 시행령」 제26조 제4항의 규정에 의한 상각방법을 적용하여 계산한 감가상각비상당액이 되는 것임.
2. 「상속세 및 증여세법 시행령」 제55조 제1항 후단규정에 의하여 법인이 매입한 무체재산권을 같은법 제64조 제1항의 규정에 의하여 평가한 가액이 당해 법인이 장부가액보다 적은 경우에는 장부가액보다 적은 정당한 사유가 있는 것으로 보아 그 가액으로 평가하는 것이 타당함.

▶▶ 타사로부터 매입한 기술이전료 등에 대한 영업권평가방법(서일 46014-10473, 2001.11.17.)

「상속세 및 증여세법 시행령」 제55조의 규정에 의하여 비상장법인의 순자산가액을 계산할 때에 당해 법인이 다른 회사로부터 매입하여 장부상 계상하고 있는 무체재산권의 가액은 자산가액에 포함하는 것임. 다만, 당해 매입한 무체재산권이 그 성질상 같은령 제59조 제2항의 계산산식에 의한 영업권에 포함시켜 평가되는 경우에는 이를 별도로 평가하지 아니하되, 당해 무체재산권의 평가액이 같은항 계산산식에 의하여 평가한 영업권의 가액보다 큰 경우에는 당해 무체재산권의 가액을 영업권의 평가액으로 하는 것임. 이때 매입한 무체재산권에 대하여 같은법 시행령 제49조 제1항 각 호의 1에 해당하는 시가가 있는 경우에는 그 시가로 평가하는 것이며, 시가를 산정하기 어려운 때에는 같은법 제64조 제1항 및 같은법 시행령 제59조 제1항의 규정에 의하여 평가하는 것임.

▶▶ 비상장법인의 순자산가액 계산 시 합병법인이 합병 후에 장부상 계상하고 있는 영업권상당액은 자산가액에 포함하는 것임(서일 46014-10280 2001.10.6.)

「상속세 및 증여세법 시행령」 제55조의 규정에 의하여 비상장법인의 순자산가액을 계산할 때에 합병법인이 합병 후에 장부상 계상하고 있는 영업권상당액은 같은령 제59조 제1항 및 제2항의 규정에 의하여 평가한 가액을 당해 법인의 자산가액에 포함하는 것임. 이때 동 영업권이 부채가 자산을 초과하는 부실금융기관을 인수할 때에 자산을 초과하는 부채상당액에 해당하는 경우로서 동 부채상당액을 예금보험공사로부터 보전받기로 한 경우에는 장부상 영업권의 가액에서 보전받기로 한 금전을 차감하여 영업권을 평가하고, 그 보존받기로 한 금전 및 그와 관련한 부채인수액은 같은령 제58조 제2항 및 같은법 시행규칙 제18조의 2 제2항의 규정에 의하여 평가함.

▶▶ 외국상표 등에 대한 독점적 사용권은 상표권 등의 평가방법을 준용하여 평가(재산 46014-971, 1998.5.29.)

특정상표를 독점적으로 사용한 권리를 가지고 있는 자가 이를 타인에게 증여하는 경우 그 권리의 가액은 「상속세 및 증여세법 시행령」 제59조 제5항 및 같은법 시행규칙 제16조 제2항의 규정을 준용하여 평가함.

▶▶ 장래수입금액이 미확정된 저작권 평가방법(재삼 46014-2899, 1996.12.31.)

저작권을 평가함에 있어서 장래 받을 각 연도의 인세, 기타 보상금 등이 확정되어 있지는 않는 경우에는 증여일 전에 취득한 보상금액 범위 내에서 그 저작권의 내용에 비추어 그 저작권에 기대되는 경상적 수입으로 인정되는 금액을 기초로 하여 그 저작권의 수요 및 지속성을 감안한 금액을 각 연도의 보상금액으로 함.

Chapter 05

조건부권리 등의 평가

1 조건부권리

1.1 의 의

조건부 권리란 법률 행위 당사자의 한편이 조건의 성취가 확정되지 않은 동안 갖는 기대 또는 희망을 권리로서, 장래에 일정한 사실이 발생하면 그에 따라 일정한 법률적 이익을 받을 수 있다는 기대나 희망을 내용으로 하는 권리를 말한다. 이러한 조건부 권리에 대해서 민법에서는 법률행위의 당사자는 조건의 성부가 미정한 동안에 조건의 성취로 인하여 생길 상대방의 이익을 해하지 못하도록 하고 있고, 조건의 성취가 미정한 권리의무는 일반규정에 의하여 처분, 상속, 보존 또는 담보로 할 수 있도록 하고 있다(민법 §148, 149).

이러한 조건부 권리는 「상속세 및 증여세법」 제60조 제2항에서 규정한 시가의 개념이나 제61조부터 제65조까지 규정된 보충적 평가방법에 의하여도 평가할 수 없다. 이에 대하여 장래가 불확실한 조건부권리, 존속기간이 확정되지 않은 권리, 신탁의 이익을 받을 권리 또는 소송 중에 있는 권리 및 정기금을 받을 권리에 대하여는 각각 그 가액을 평가하기 곤란하므로 당해 권리의 성질·내용·남은 기간 등을 고려하여 평가하도록 하고 있다.

1.2 평가방법

1.2.1 원 칙

본래 권리의 가액을 기초로 하여 평가기준일 현재의 조건내용을 구성하는 사실, 조건 성취의 확실성, 그 밖의 모든 사정을 고려한 적정가액으로 평가한다.

1.2.2 존속기간이 확정되지 않은 권리의 가액

평가기준일 현재의 권리의 성질, 목적물의 내용연수 그 밖의 모든 사정을 고려한 적정 가액으로 평가한다.

1.2.3 소송 중인 권리의 가액

평가기준일 현재의 분쟁관계의 진상을 조사하고, 소송진행의 상황을 고려한 적정가액으로 평가한다.

1.2.4 연부 또는 월부로 취득하여 상환완료 전인 재산의 평가

연부 또는 월부에 따라 취득한 재산으로서 평가기준일 현재 상환이 완료되지 아니한 재산에 대해서는 그 재산의 가액에서 미상환금을 뺀 가액으로 평가하는 것이며, 이 경우 그 뺀 가액이 음수인 경우에는"0"으로 한다(상증통 65-0…1).

2 가상자산

2.1 의의

그동안 가상자산에 대해서는 상속세 및 증여세, 양도소득세를 과세하지 않았다. 그러던 것이 2022.1.1. 이후 상속이 개시되거나 증여받는 분부터 상속세 및 증여세를 과세하기 위하여「가상자산 이용자 보호 등에 관한 법률」제2조 제1호에 따른 가상자산

「상속세 및 증여세법」상의 평가액은 상속개시일 또는 증여일 현재 「상속세 및 증여세법」 제60조에 따른 시가를 적용하며, 시가 산정이 어려운 경우에는 「상속세 및 증여세법」 제61조~제65조에 따른 보충적평가방법으로 평가한 가액을 적용한다.

3.2.3 원본과 수익의 이익의 수익자가 다른 경우

(1) 원본을 받을 권리를 수익하는 경우

원본을 받을 권리를 수익하는 경우에는 평가기준일 현재 법에 따라 평가한 신탁재산의 가액에서 아래의 "(2) 수익을 받을 권리를 수익하는 경우"에 따라 계산한 금액의 합계액을 뺀 금액으로 한다(상증령 §61 ① 2호 가목).

$$\text{원본을 받을 권리의 수익} = \text{신탁재산의 가액} - \frac{\text{각 연도에 받을 수익의 이익} - \text{원천징수세액상당액}}{(1 + \text{신탁재산의 평균 수익률 등을 고려하여 기획재정부령으로 정하는 이자율})^{n}}$$

n : 평가기준일부터 수익시기까지의 연수

(2) 수익을 받을 권리를 수익하는 경우

수익을 받을 권리를 수익하는 경우에는 평가기준일 현재 기획재정부령으로 정하는 방법에 따라 추산한 장래에 받을 각 연도의 수익금에 대하여 수익의 이익에 대한 원천징수세액상당액등을 고려하여 다음의 계산식에 따라 계산한 금액의 합계액으로 한다(상증령 §61 ① 2호 나목). 이 경우에 "기획재정부령이 정하는 방법에 따라 추산한 장래에 받을 각 연도의 수익금"이라 함은 평가기준일 현재 신탁재산의 수익에 대한 수익률이 확정되지 아니한 경우 원본의 가액에 3%(2017.3.9 이전은 10%임)을 곱하여 계산한 금액을 말한다. 장래 수익시기가 정해지지 않은 경우에는 평가기준일부터 수익시기까지의 연수는 제62조 제2호 또는 제3호를 준용하여 20년 또는 기대여명의 연수로 계산한다(상증령 §61 ②).

수익을 받을 권리의 수익 =

$$\frac{\text{각 연도에 받을 수익의 이익 - 원천징수세액상당액}}{(1 + \text{신탁재산의 평균 수익률 등을 고려하여 기획재정부령으로 정하는 이자율})^{n}}$$

n : 평가기준일부터 수익시기까지의 연수

신탁이익 평가시 적용 이자율

고시일자	이자율(연)	적용시기	고시번호
2017.3.10	3%	2017.3.10 이후 상속 또는 증여받는 분부터 적용	상증규칙 §19의 2
2001.10.1 ~2017.3.9	10%	2001.1.1 이후 상속개시 또는 증여받는 분부터 적용	상증규칙 §16

4 정기금을 받을 권리의 평가

4.1 의 의

정기금이란 정기적으로 반복하여 금전 기타 물건을 지급하는 것으로 목적으로 하는 채권으로서, 연금, 정기급의 부양료, 지료 등이 이에 해당된다. 민법에서는 종신정기금에 대하여 규정하고 있으며, 종신정기금은 당사자 일방이 자기, 상대방 또는 제3자의 종신까지 정기로 금전 기타의 물건을 상대방 또는 제3자에게 지급할 것을 약정함으로써 그 효력이 있는 것으로 규정하고 있다. 이와 같은 종신정기금 이외에도 급부기간이 있는 정기금도 있다.

4.2 평가방법

정기금 평가는 유기정기금, 무기정기금, 종신정기금으로 구분하여 다음의 계산식에 의하여 계산한 금액의 합계액에 의하여 평가한다. 다만, 평가기준일 현재 신탁계약의 철회, 해지, 취소 등을 통해 받을 수 있는 일시금이 다음에 따라 평가한 가액보다 큰 경우에는 그 일시금의 가액에 의한다(상증령 §62 단서).

4.2.1 유기정기금

유기정기금은 일정기간 정기적으로 금전 기타 물건을 받을 권리로서, 평가기준일 현재 정기금의 급부 잔존기간에 각 연도에 받을 정기금액을 기준으로 다음의 계산식에 의하여 계산한 금액의 합계액에 의한다(상증령 §62). 다만, 1년분 정기금액의 20배를 초과할 수 없다.

$$\text{유기정기금 평가액} = \sum_{n=1}^{n} \frac{\text{각 연도에 받을 정기금액}}{[1+\text{보험회사의 평균공시이율 등을 감안하여 기획재정부령으로 정하는 이자율})]^{n}}$$

n : 평가기준일부터의 경과연수

4.2.2 무기정기금

무기정기금이란 정기금의 급부사유가 발생한 이후에 장래 무기한 정기적으로 금전 기타 물건을 받게 되는 권리를 말한다. 이러한 무기정기금은 1년분 정기금액의 20배에 상당하는 금액으로 평가한다(상증령 §62 2호).

무기정기금 평가액 = 정기금액×20

4.2.3 종신정기금

종신정기금은 당사자 일방이 자기, 상대방 또는 제3자의 종신까지 정기로 금전 기타의 물건을 상대방 또는 제3자에게 지급할 것을 약정함으로써 그 효력이 있는 것으로서, 상대방 또는 제3자가 정기적으로 사망 시까지 금전 기타의 물건을 받을 권리를 말한다. 이에 따른 종신정기금의 평가는 2010.12.31.까지는 평가기준일로부터 그 목적으로 된 자의 75세까지의 기간 중 각 연도에 받을 정기금액을 기준으로 평가하였다. 그러던 것이 2011.1.1. 이후 상속분이나 증여분에 대해서는 정기금을 받을 권리가 있는 자의 「통계법」 제18조에 따라 통계청장이 승인하여 고시하는 통계표에 따른 성별·연령별 기대여명의 연수(소수점 이하는 버림)까지의 기간 중 각 연도에 받을 정기금액을 기준으로 유기정기금의 평가 계산식과 같이 계산한 금액으로 한다(상증령 §62 3호, 상증칙 §19의 2 ②).

$$\text{종신정기금 평가액} = \sum_{n=1}^{n} \frac{\text{기대여명까지 각 연도에 받을 정기금액}}{[1+\text{보험회사의 평균공시이율 등을 감안하여 기획재정부령으로 정하는 이자율}]^{n}}$$

n : 평가기준일부터의 경과연수

정기금을 받을 권리 평가 시 적용할 이자율

고시일자	이자율(연)	적용시기	관련규정
2017.3.10.	3%	2017.3.10. 이후 상속개시 또는 증여받는 분부터 적용	상증칙 §19의 2 ①
2016.3.21.	3.5%	2016.3.21. 이후 상속개시 또는 증여받는 분부터 적용	상증칙 §19의 2 ②
2010.11.5.	6.5%	2010.11.5. 이후 상속개시 또는 증여받는 분부터 적용	기획재정부 고시 제2010-21호
2009.8.1.	6.5%	2009.8.1. 이후 상속개시 또는 증여받는 분부터 적용	국세청고시 제2009-30호
2004.1.1.	6.5%	2004.1.1. 이후 상속개시 또는 증여받는 분부터 적용	국세청고시 제2004-2호

통계청장이 승인한 기대여명표

연령	전체	남자	여자	연령	전체	남자	여자	연령	전체	남자	여자
0세	83.5	80.6	86.4	34세	50.2	47.4	53.1	68세	18.9	16.8	20.8
1세	82.7	79.8	85.6	35세	49.3	46.4	52.1	69세	18.0	16.0	19.9
2세	81.7	78.8	84.6	36세	48.3	45.5	51.1	70세	17.2	15.2	19.0
3세	80.7	77.8	83.6	37세	47.3	44.5	50.1	71세	16.4	14.5	18.1
4세	79.7	76.8	82.6	38세	46.4	43.6	49.2	72세	15.6	13.7	17.3
5세	78.7	75.8	81.6	39세	45.4	42.6	48.2	73세	14.8	13.0	16.4
6세	77.7	74.8	80.7	40세	44.4	41.6	47.2	74세	14.0	12.3	15.5
7세	76.8	73.8	79.7	41세	43.5	40.7	46.3	75세	13.2	11.6	14.7
8세	75.8	72.9	78.7	42세	42.5	39.7	45.3	76세	12.5	10.9	13.9

연령	전체	남자	여자	연령	전체	남자	여자	연령	전체	남자	여자
9세	74.8	71.9	77.7	43세	41.6	38.8	44.3	77세	11.7	10.2	13.0
10세	73.8	70.9	76.7	44세	40.6	37.9	43.4	78세	11.0	9.5	12.3
11세	72.8	69.9	75.7	45세	39.7	36.9	42.4	79세	10.3	8.9	11.5
12세	71.8	68.9	74.7	46세	38.7	36.0	41.5	80세	9.7	8.3	10.7
13세	70.8	67.9	73.7	47세	37.8	35.0	40.5	81세	9.0	7.7	10.0
14세	69.8	66.9	72.7	48세	36.8	34.1	39.5	82세	8.4	7.1	9.3
15세	68.8	65.9	71.7	49세	35.9	33.2	38.6	83세	7.8	6.6	8.7
16세	67.8	64.9	70.7	50세	35.0	32.3	37.6	84세	7.3	6.2	8.1
17세	66.8	63.9	69.7	51세	34.0	31.4	36.7	85세	6.8	5.7	7.5
18세	65.9	62.9	68.8	52세	33.1	30.4	35.7	86세	6.3	5.3	6.9
19세	64.9	62.0	67.8	53세	32.2	29.5	34.8	87세	5.8	4.9	6.4
20세	63.9	61.0	66.8	54세	31.3	28.7	33.8	88세	5.4	4.5	5.9
21세	62.9	60.0	65.8	55세	30.4	27.8	32.9	89세	5.0	4.2	5.5
22세	61.9	59.0	64.8	56세	29.4	26.9	32.0	90세	4.7	3.9	5.0
23세	60.9	58.1	63.8	57세	28.5	26.0	31.0	91세	4.3	3.6	4.7
24세	60.0	57.1	62.9	58세	27.6	25.1	30.1	92세	4.0	3.3	4.3
25세	59.0	56.1	61.9	59세	26.7	24.3	29.1	93세	3.7	3.1	4.0
26세	58.0	55.1	60.9	60세	25.9	23.4	28.2	94세	3.4	2.8	3.7
27세	57.0	54.2	59.9	61세	25.0	22.6	27.3	95세	3.2	2.6	3.4
28세	56.1	53.2	58.9	62세	24.1	21.7	26.3	96세	3.0	2.4	3.1
29세	55.1	52.2	58.0	63세	23.2	20.9	25.4	97세	2.8	2.3	2.9
30세	54.1	51.3	57.0	64세	22.3	20.0	24.5	98세	2.6	2.1	2.7
31세	53.2	50.3	56.0	65세	21.5	19.2	23.6	99세	2.4	2.0	2.5
32세	52.2	49.3	55.0	66세	20.6	18.4	22.6	100세 이상	2.2	1.8	2.3
33세	51.2	48.4	54.0	67세	19.7	17.6	21.7				

* 자료출처 : 통계청(www.kostat.go.kr)>국가통계포털>인구 · 가구>생명표>2023 완전생명표(각세별)

예규

▶▶ 상속개시일 현재 예상 해지일시금이 정기금 평가방법으로 평가한 금액보다 큰 경우(조심 2023중0259, 2023.09.07.)

보험금채권은 보증기간 중 매월 일정액의 연금을 수령할 수 있는 권리인 유기정기금으로, 상속개시일 현재 예상 해지일시금이 정기금 평가방법으로 평가한 금액보다 큰 경우에는 예상 해지일시금으로 평가하여야 함.

▶▶ 매월 현금을 이체하기로 약정한 증여재산 평가방법(서면상속증여2020-3294, 2020.10.23.)

부모가 증여목적으로 자녀 명의의 계좌에 현금을 입금한 경우에는 그 입금한 때마다 증여한 것으로 보는 것이나, 부모가 정기적으로 자녀 계좌에 현금을 입금하기로 자녀와 약정한 경우로서 그 사실을 최초 입금일부터 「상속세 및 증여세법」 제68조 제1항의 규정에 의한 증여세과세표준 신고기한 이내에 납세지관할 세무서장에게 신고한 경우에는 같은 법 시행령 제62조 제1호의 규정에 의하여 평가한 가액을 최초 입금일에 증여한 것으로 보아 증여세 과세표준을 계산할 수 있는 것임.

▶▶ 연금지급 개시 전, 계약자 등 변경 시 증여가액 평가방법(기획재정부 재산-929, 2018. 10.26.)

상속형 즉시연금보험의 연금지급 개시 전에 연금보험의 계약자 및 수익자를 타인으로 변경한 경우 그 타인이 증여 받은 재산가액은 즉시연금보험의 약관에 의하여 산출되는 해지환급금 상당액임.

▶▶ 보험금 등을 지급받을 수 있는 권리의 가액의 평가 방법(상속증여세과-291, 2013.6.28.)

종신형 연금보험 계약을 체결한 후 연금전환 가능한 금액 중 일부를 일정기간 매월 지급받던 중 해약이 가능한 기간에 사망한 경우 상속개시일 현재 피상속인에게 귀속되는 보험금 등을 지급받을 수 있는 권리의 가액은 「상속세 및 증여세법 시행령」 제62조 제3호의 규정에 따라 평가한 금액과 해약환급금 상당액 중 큰 금액으로 평가하는 것이 타당함.

▶▶ 보험사고 발생 전에 상속이 개시되는 경우 보험금 권리가액 산정방법(재산세과-480, 2011. 10.13.)

① 피상속인에게 귀속되는 보험금을 지급받을 수 있는 권리의 가액은 상속개시일까지 피상속인이 불입한 보험료의 합계액과 불입한 보험료에 가산되는 이자수입상당액을 합계하여 평가하는 것이 타당하며, 상속인이 상속개시 후에 당해 보험계약을 해지하고 수령하는 해약환급금을 상속재산의 가액으로 하여 상속세를 신고하는 경우에는 그 해약환급금 상당액으로 평가함.

② 연금 및 적립금을 받을 권리를 「상속세 및 증여세법 시행령」 제62조 제3호의 규정에 따라 평가하는 것이며, 당해 적립금은 피보험자가 같은 호에 따른 기대여명의 최종연도에 받을 정기금액에 포함됨.

③ 연금 및 적립금을 받을 권리를 「상속세 및 증여세법 시행령」 제62조 제3호의 규정에 따라 평가함.

▶▶ **매월 단위로 지급받는 종신정기금 평가방법**(재산세과-313, 2011.6.29.)

「상속세 및 증여세법 시행령」 제62조 제3호의 종신정기금을 매월 단위로 지급받는 경우 정기금을 받을 권리의 평가는 첫 회 수령일로부터 1년 미만의 기간 중 지급받을 금액의 단순 합계액과 첫 회 수령일로부터 1년 이후부터 수령할 금액을 같은 법 시행규칙 제19조의 2 제2항에 따라 평가한 가액을 합계하는 방식으로 평가하는 것임. 이 경우 각 연도에 받을 정기금액은 1년 동안 지급받을 금액의 합계액을 적용하며, 경과연수(n)는 같은 법 시행령 제62조 제3호의 기대여명의 연수에서 1년을 차감한 연수를 적용하는 것임.

▶▶ **유기정기금의 평가방법**(재산세과-199, 2011.4.20.)

「상속세 및 증여세법 시행령」 제62조 제1호에 따른 유기정기금의 평가는 그 잔존기간에 각 연도에 받을 정기금액을 기준으로 같은 법 시행규칙 제19조의 2 제2항에 의하여 계산한 금액의 합계액(1년분 정기금액의 20배를 초과할 수 없음)에 의하는 것임.

▶▶ **환매요청권(put option) 가액의 평가방법**(재산세과-31, 2011.1.14.)

[질의]

가. 사실관계

- 내국법인 A법인의 주식(상장주식), B법인의 주식(비상장주식)을 개인 甲이 소유하고 있으며 甲은 A법인과 B법인 주식에 대한 환매요청권(이하 풋옵션)의 최초취득자(권리자)에 해당
- B법인은 A법인의 주식을 보유하고 있음.
- 乙은 甲이 보유한 풋옵션의 의무자에 해당하며 甲은 丙(특수관계 있는 법인)에게 2010년 중 풋옵션을 매각하고자 하며 동 매각거래는 계속·반복성이 존재하지 아니함.
  * 풋옵션 내역(A법인) : 액면가 5,000원, 행사가격 27,500원
  * 풋옵션 내역(B법인) : 액면가 5,000원, 행사가격 27,500원

나. 질의내용

- 甲은 丙에게 A법인의 풋옵션과 B법인의 풋옵션을 매각할 예정이며 이 경우 상증법상 풋옵션의 평가방법은

[회신]

환매요청권(put option)의 가액은 「상속세 및 증여세법」 제65조 제1항 및 같은 법 시행령 제60조 제1호의 규정에 따라 본래 권리의 가액을 기초로 평가기준일 현재의 조건내용을 구성하는 사실, 조건성취의 확실성, 기타 제반사정을 감안하여 적정하게 평가한 가액으로 산정하는 것임.

▶▶ 종신정기금을 평가함에 있어 '그 목적으로 된 자'의 의미(서면4팀-1092, 2006.4.24.)

「상속세 및 증여세법」 제65조 제1항 및 같은법 시행령 제62조 제3호의 규정에 의하여 종신정기금을 평가함에 있어 '그 목적으로 된 자'는 보험계약서상 그 자의 사망 시까지 연금을 지급받기로 계약된 자를 말하는 것임.

▶▶ 종신연금의 최저 지급보증기간이 그 목적으로 된 자가 75세가 된 후에 만료되는 경우 평가방법(서면4팀-3280, 2006.9.26.)

보험계약에 의하여 지급받는 종신연금을 「상속세 및 증여세법」 제65조 제1항 및 같은법 시행령 제62조의 규정에 의하여 평가함에 있어 귀 질의의 경우와 같이 종신연금의 최저보증기간이 그 목적으로 된 자가 75세가 된 후에 만료되는 경우에는 같은법 시행령 제62조 제1호의 규정에 의하여 평가하는 것임.

▶▶ 개인이 운영하던 사업체를 상속받은 경우도 영업권 포함 여부(서사-1282, 2005.7.21.)

상속재산에는 피상속인에게 귀속되는 재산으로서 금전으로 환가할 수 있는 경제적 가치가 있는 모든 물건과 재산적 가치가 있는 법률상 또는 사실상의 모든 권리를 포함하는 것이므로 피상속인이 개인으로서 경영하던 사업체(부동산임대업 포함)를 평가함에 있어 영업권의 가액도 상속재산가액에 포함하는 것임.

▶▶ 당해 사업을 폐업한 경우 영업권평가방법(국심 2002부2737, 2002.12.24.)

영업권을 평가함에 있어 영업권지속연수는 원칙적으로 5년간이나 폐업한 사실이 확인되는 경우 폐업일 이후의 영업권평가액은 없는 것임.

▶▶ 이전받은 부채 중 자산초과액을 영업권으로 계상한 경우 영업권의 평가방법(서일 46014-10280, 2001.10.6.)

① 「상속세 및 증여세법 시행령」 제55조의 규정에 의하여 비상장법인의 순자산가액을 계산할 때에 합병법인이 합병 후에 장부상 계상하고 있는 영업권상당액은 같은영 제59조 제1항 및 제2항의 규정에 의하여 평가한 가액을 당해 법인의 자산가액에 포함하는 것임.

② 이때 동 영업권이 부채가 자산을 초과하는 부실금융기관을 인수한 때에 자산을 초과하는 부채상당액에 해당하는 경우로서 동 부채상당액을 예금보험공사로부터 보전받기로 한 경우에는 장부상 영업권의 가액에서 보전받기로 한 금전을 차감하여 영업권을 평가하고, 그 보존받기로 한 금전 및 그와 관련한 부채인수액은 같은영 제58조 제2항 및 같은법 시행규칙 제18조의 2 제2항의 규정에 의하여 평가함이 타당함.

▶▶ 조업실적이 없는 광업권의 상속재산평가방법(재산상속 46014-357, 2000.3.23.)

「상속세 및 증여세법」 제64조 및 같은법 시행령 제59조 제6항의 규정에 의하여 광업권의 가액은 평가기준일 이후의 채굴가능연수에 대하여 평가기준일 전 3년간 평균소득(실적이 없는 경우에는 예상순소득)을 각 연도마다 같은법 시행규칙 제19조 제5항의 규정에 의하여 현재가치로 환산한 금액의 합계액으로 평가하는 것이며,

04

이 경우 예상소득은 예상되는 광물의 매출액에서 그 광물의 채굴까지 소요되는 생산비용을 차감하여 계산하는 것임.
다만, 조업할 가치가 없는 광업권의 경우에는 설비 등의 가액으로만 평가하는 것임.

▶▶ 비상장법인의 순자산가액 계산 시 투자유가증권인 비상장주식 평가 시의 영업권 평가 여부(재삼 46014-1487, 1999.8.5.)
「상속세 및 증여세법 시행령」 제55조의 규정에 의하여 비상장법인의 순자산가액을 계산하는 경우 당해 법인의 각 자산 중 투자유가증권인 비상장주식을 평가할 때도 같은영 제59조 제2항의 규정에 의한 영업권의 가액이 포함되는 것임.

Chapter 06

저당권 등이 설정된 재산의 평가특례

1 평가특례규정

저당권 등이 설정된 재산에 대해서는 그 재산이 담보하는 채권액 등을 기준으로 저당권 등이 설정된 재산 평가의 특례규정에 따라 평가한 가액과 「상속세 및 증여세법」 제60조에 따라 평가한 가액 중 큰 금액을 그 재산의 가액으로 한다(상증법 §66). 여기에서 「상속세 및 증여세법」 제60조에 따라 평가한 가액이라 함은 평가기준일 현재 시가의 정의에 적합한 사례가액이 있으면 그 사례가액을 시가로 적용하고, 시가에 적합한 사례가액이 없는 경우에는 해당 재산의 종류, 규모, 거래 상황 등을 고려하여 제61조부터 제65조까지에 규정된 방법인 보충적 평가방법으로 평가한 가액을 말한다. 이와 같은 평가원칙에 의하여 평가한 가액과 근저당권 등이 설정된 재산에 대한 채권액 등을 비교하여 채권액 등이 큰 경우에는 그 채권액 등으로 평가하는 것이다. 이 경우에 저당권 등이 설정된 재산은 다음과 같다.

① 저당권, 「동산·채권 등의 담보에 관한 법률」에 따른 담보권 또는 질권이 설정된 재산

② 양도담보재산

③ 전세권이 등기된 재산(임대보증금을 받고 임대한 재산을 포함)

④ 위탁자의 채무이행을 담보할 목적으로 대통령령으로 정하는 신탁계약을 체결한 재산

증여시점에서 재산이 담보하는 채권액이 재산의 실제가액보다 크다는 사실을 납세자가 입증하는 경우에는 「상속세 및 증여세법」 제66조에 따른 저당권 등이 설정된 재산에 대한 평가특례는 적용하지 않는다(재재산-799, 2012.9.28.; 서면법규과-635, 2014.6.24.).

1.1 담보채권 등을 기준으로 평가한 가액

1.1.1 저당권(공동저당권 및 근저당권을 제외)이 설정된 재산의 가액

(1) 의 의

저당권은 채무자 또는 제3자가 채무의 담보로서 제공한 부동산, 지상권, 전세권 등에 대하여 점유를 이전하지 아니하고 채무의 담보로 하며, 채무의 변제가 없는 경우에는 제공한 부동산 등에 대하여 다른 채권자보다 자기채권의 우선변제를 받을 권리를 말한다(민법 §356).

(2) 평가액

저당권(공동저당권 및 근저당권을 제외)이 설정된 재산의 평가는 당해 재산의 시가(시가가 불분명한 경우에는 보충적 평가방법에 의한 평가액)와 당해 재산이 담보하는 채권액과 비교하여 큰 금액으로 평가한다.
이때 공동저당권이 설정된 재산의 채권액 계산은 평가기준일 현재의 당해 공동저당된 재산가액을 기준으로 안분하여 계산한 가액에 의하여 채권액을 평가한다.

1.1.2 근저당이 설정된 재산의 가액

(1) 의 의

근저당권이란 예를 들어 은행과 사업자 또는 도소매자와 소매업자 사이에 계속적인 거래관계로부터 발생하는 채권에 관하여 그 담보할 채무의 최고액만을 정하고, 채무의 확정을 장래에 보류하여 결산기에 이 최고액까지 담보하기 위하여 설정하는 것을 말한다(민법 §357). 여기에는 제3자의 채무액을 담보하기 위한 저당권을 포함한다. 이때 채권최고액에는 채무의 이자까지 포함하므로 원본과 이자를 합한 금액이 최고액을 초과하면 그 초과부분은 담보하지 못한다.

(2) 평가액

근저당이 설정된 재산의 평가는 당해 재산의 시가(시가가 불분명한 경우에는 보충적 평가방법에 의한 평가액)와 평가기준일 현재 당해 재산이 담보하는 채권액을 비교하여 큰 금액으로 평가한다. 그러나 채권최고액을 초과하면 그 초과부분은 담보하지 못하므로 당해 재산에 설정된 근저당의 채권최고액이 담보하는 채권액보다 적은 경우에는 채권최고액으로 한다.

1.1.3 질권이 설정된 재산 및 양도담보재산의 가액

(1) 의 의

(가) 질 권

질권이란 채권자가 채권의 담보로 채무자 또는 제3자가 제공한 물건(재산권)을 점유하고 채무의 변제가 있을 때까지 유치함으로써 채무의 변제를 간접적으로 강제한다. 질권의 설정으로 질권자는 채무자가 채무를 변제하지 않는 경우에는 다른 채권자보다 자기채권의 우선변제를 받을 권리가 있다(민법 §329). 우리나라의 「민법」에서 질권을 동산질권과 권리질권으로 구별하고 있으며, 부동산질권은 인정하지 않고 있다.

(나) 양도담보

양도담보란 채권담보의 목적으로 채권자 또는 제3자의 부동산, 기타 특정의 재산권을 채권자에 이전하는 형식을 취하고 채무자가 채무불이행시에는 그 부동산이나 재산권으로부터 채권을 변제받기로 하는 것을 말한다.

(2) 평가액

질권이 설정된 재산 및 양도담보재산가액 평가는 당해 재산의 시가(시가가 불분명한 경우에는 보충적 평가방법에 의한 평가액)와 당해 재산이 담보하는 채권액을 비교하여 그중 큰 금액으로 평가한다.

1.1.4 전세권이 등기된 재산의 가액

(1) 의 의

전세권은 전세금을 지급하고 타인의 부동산을 점유하여 그 부동산의 용도에 좇아 사용·수익하며, 그 부동산 전부에 대하여 후순위권리자 기타 채권자보다 전세금의 우선변제를 받을 권리가 있다(민법 §303). 이 전세권에 대하여 「민법」에서는 타인의 부동산을 이용하는 자를 보호하기 위한 제도로서 전세권이 소멸하면 전세금을 우선하여 변제받을 수 있는 권리가 있다.

(2) 평가액

전세권이 등기된 재산의 가액은 당해 재산의 시가(시가가 불분명한 경우에는 보충적 평가방법에 의한 평가액)와 당해 재산에 대하여 등기된 전세금(임대보증금을 받고 임대한 경우에는 임대보증금)을 비교하여 큰 금액으로 평가한다.

1.1.5 위탁자의 채무이행 담보 목적의 신탁계약 체결재산

(1) 의 의

「신탁법」에 따라 위탁자와 수탁자 간의 신임관계에 기하여 위탁자가 수탁자에게 특정의 재산을 이전하거나 담보권의 설정 또는 그 밖의 처분을 하고 수탁자로 하여금 일정한 자(수익자)의 이익 또는 특정의 목적을 위하여 그 재산의 관리, 처분, 운용, 개발, 그 밖에 신탁 목적의 달성을 위하여 신탁을 하게 된다. 이 경우에 위탁자의 채무이행을 담보할 목적으로 신탁계약을 체결한 재산을 평가할 때 피담보채권을 기준으로 평가할 수 있는 근거를 마련하기 위하여 저당권 등이 설정된 재산의 평가특례에 추가하여 2019년부터 시행하게 되었다.

(2) 평가액

위탁자의 채무이행을 담보할 목적으로 수탁자가 위탁자로부터 「자본시장과 금융투자업에 관한 법률」 제103조 제1항 제5호(부동산) 또는 제6호(지상권, 전세권, 부동산임차권, 부동산소유권 이전등기청구권, 그 밖의 부동산 관련 권리)의 재산을 위탁자의 채무이행을 담보하기 위해 수탁으로 운용하는 내용으로 신탁계약을 체결할 수 있다. 이때 신탁계약을 체결한 재산의 가액은 신탁계약 또는 수익증권에 따른 우선수익자인 채권자의 수익한도금액으로 평가한다. 이 규정은 2019년 이후 상속·증여분부터 적용한다.

2 평가특례규정의 보완

2.1 근저당 채권최고액이 담보채권보다 적은 경우

저당권 등이 설정된 재산의 평가의 특례규정에 의하여 평가함에 있어서 당해 재산에 설정된 근저당의 채권최고액이 담보하는 채권액보다 적은 경우에는 채권최고액으로 한다. 이 경우 제3자의 채무액을 담보하기 위하여 저당권을 설정한 경우에도 「상속세 및 증여세법」 제66조(저당권 등이 설정된 재산의 평가특례)의 규정에 의하여 평가한다(재경부 재산 46014-207, 2001.8.21.).

2.2 신용보증기관의 보증이 있는 경우

당해 재산에 설정된 물적담보 외에 신용보증기관의 보증이 있는 경우에는 담보하는 채권액에서 당해 신용보증기관이 보증한 금액을 차감한 가액으로 한다. 또한 동일한 채권을 담보하기 위하여 평가대상재산에 물적담보가 설정된 것 외에 평가대상재산의 담보력이 부족하여 타사로부터 담보원용을 받은 경우 평가할 재산이 담보하는 채권액은 전체 채무액에서 담보원용 받은 금액으로 인하여 발생한 실채무액을 차감하여 평가한다(재경부 재산 46014-233, 2001.9.21.).

2.3 다수의 채권의 담보

동일한 재산이 다수의 채권(전세금채권과 임차보증금채권을 포함)의 담보로 되어 있는 경우에는 그 재산이 담보하는 채권액의 합계액으로 한다.

2.4 공유재산의 타인지분에 근저당권이 설정된 경우

공유물인 재산 중 평가대상 지분이 아닌 타인 지분에 대하여 근저당권이 설정되어 있어도 평가대상 지분에 근저당권이 설정되어 있지 않는 경우에는 근저당권이 설정된 재산에 해당되지 않는다(서면4팀-1618, 2004.10.13.).

예규

▶▶ 저당권 또는 질권이 설정된 재산의 판단기준(대법원 2013두1850, 2013.6.13.)

[요지]

담보로 제공된 재산에 관한 평가의 특례를 규정한 「상속세 및 증여세법」 제66조는 증여재산의 평가에 관하여 시가주의 원칙을 정한 「상속세 및 증여세법」 제60조 제1항의 규정을 보충하여 시가에 보다 근접한 가액을 산정하려는 취지에서 마련된 것인 점, 증여일 당일에 설정된 근저당권에 의하여 담보되는 채권액은 통상 당해 재산에 관한 증여시점의 시가를 정확히 반영할 가능성이 크므로 증여와 근저당 사이의 선후관계를 분명히 가려 증여 이전에 설정된 근저당권에 의해 담보되는 채권액만이 증여재산의 시가를 제대로 반영하는 것으로 한정하여 볼 필요가 없는 점 등을 종합하여 보면, 당해 재산에 관하여 증여일 당일에 근저당권이 설정되었다면 다른 특별한 사정이 없는 한 이는 「상속세 및 증여세법」 제66조 제1호에서 정하는 "저당권 또는 질권이 설정된 재산"에 해당한다고 할 것이고, 결국 그 근저당권이 담보하는 채권액은 구 「상속세 및 증여세법 시행령」(2010.2.18. 대통령령 제22042호로 개정되기 전의 것) 제63조 제1항 제3호 소정의 "평가기준일 현재 당해 재산이 담보하는 채권액"에 해당된다고 할 것임.

▶▶ 담보채권액이 재산의 실제가액 큰 경우 저당권 등이 설정된 재산평가특례(재산세제과-799, 2012.9.28.)

증여시점에서 재산이 담보하는 채권액이 재산의 실제가액보다 크다는 사실을 납세자가 입증하는 경우에는 「상속세 및 증여세법」 제66조에 따른 저당권 등이 설정된 재산에 대한 평가특례는 적용하지 않는 것임.

▶▶ 담보 채권액 평가기준일 판단기준(재산세과-178, 2011.4.7.)

근저당권 등이 설정된 재산은 「상속세 및 증여세법」 제66조의 규정에 의하여 평가기준일 현재 당해 재산이 담보하는 채권액과 같은 법 제60조의 규정에 의한 평가가액 중 큰 금액으로 평가하는 것이며, 이 경우 채권액은 평가기준일 현재의 채권액을 말하는 것임.

▶▶ 근저당을 해지한 날의 평가특례 적용 여부(재산세과-714, 2010.9.30.)

부동산을 증여함에 있어서 동일자로 당해 부동산에 설정된 근저당권을 해지한 경우 당해 증여재산을 평가함에 있어서 채권액을 적용하는 것임.

▶▶ 근저당권이 설정된 재산을 평가할 때 증여재산이 담보하는 채권액은 평가기준일 현재의 채권액에서 예금 담보잔액을 차감한 금액으로 함(재산-1583, 2008.7.10.).

「상속세 및 증여세법」 제66조 및 같은법 시행령 제63조 제3호의 규정에 의하여 근저당권이 설정된 재산을 평가할 때 증여재산이 담보하는 채권액은 평가기준일 현재의 채권액에서 예금 잔액을 차감한 금액으로 하는 것임.

▶▶ 2 이상의 재산에 공동근저당이 설정된 경우 평가방법(서면4팀-711, 2007.2.27.)

「상속세 및 증여세법」 제66조의 규정을 적용함에 있어 근저당권이 설정된 재산이 담보하는 채권액은 2 이상의 재산에 공동근저당권이 설정된 경우에는 당해 재산들이 담보하는 채권액을 평가기준일의 각 재산별로 같은법 제60조 내지 제65조의 규정에 의하여 평가한 가액으로 안분하여 계산하고, 동일한 재산이 2 이상의 채권을 담보하는 때에는 그 재산이 담보하는 채권액(공동근저당권이 설정된 재산은 안분한 채권액을 포함하며, 임대차계약이 체결된 재산은 임대보증금을 포함)을 합계하여 계산하는 것임.

▶▶ 동일한 재산이 다수의 채권의 담보로 되어 있는 경우 평가방법(서면4팀-2298, 2006.7.14.)

「상속세 및 증여세법」 제66조의 규정에 의하여 저당권 등이 설정된 증여재산은 증여일 현재 당해 재산이 담보하는 채권액과 같은법 제60조의 규정에 의한 평가가액 중 큰 금액으로 평가하는 것이며, 이 경우 '채권액'은 동일한 재산이 다수의 채권의 담보로 되어 있는 경우 같은법 시행령 제63조 제2항의 규정에 의하여 그 재산이 담보하는 채권액의 합계액으로 하는 것임.

▶▶ 채권·채무관계의 변동 없이 재산을 증여하기 전에 근저당을 말소하고 재산을 증여한 후에 동일한 조건의 근저당을 설정한 경우 평가방법(서사-1595, 2005.9.2.)

① 「상속세 및 증여세법 시행령」 제63조 제1항 제3호에서 규정한 '근저당권이 설정된 재산'이란 「민법」상 채권자와 담보제공자 사이에 체결된 근저당권 설정계약에 따라 평가기준일 현재 근저당권이 등기된 재산을 말하는 것으로서 평가기준일 전에 근저당권이 말소된 재산은 근저당권이 설정된 재산에 해당하지 아니하는 것임. 다만, 채권·채무관계의 변동없이 재산을 증여하기 전에 근저당권을 말소하고 재산

을 증여한 후에 동일한 조건의 근저당권을 설정하여 사실상 증여일 현재 근저당권이 말소된 것으로 볼 수 없는 경우에는 근저당권이 설정된 재산으로 보는 것이 타당하며, 귀 질의의 경우가 이에 해당하는지 여부는 담보로 제공할 다른 재산이 없음에도 근저당권이 말소된 구체적인 경위 등을 조사하여 판단할 사항임.

② 같은법 제60조 제1항·제2항 및 같은법 시행령 제49조 제1항·제5항의 규정에 의하여 증여재산의 가액은 증여일 현재의 시가에 의하는 것으로 증여일 전후 3월 이내의 기간 중 당해 재산 또는 당해 재산과 면적·위치·용도 및 종목이 동일하거나 유사한 다른 재산에 대한 매매가액 등은 증여재산의 시가로 인정될 수 있는 것이나, 증여일 전 또는 후 3월 이내에 당해 증여재산에 대하여 근저당권이 설정된 경우로서 당해 재산이 담보하는 채권액은 동 규정에 의한 시가에 포함되지 아니함.

▶▶ 실지로 채무가 모두 변제되어 말소되어야 할 근저당권 설정등기재산의 평가방법(서사-1049, 2005.6.24.)

「상속세 및 증여세법」 제66조(저당권 등이 설정된 재산평가의 특례) 및 같은법 시행령 제63조 규정의 당해 재산이 담보하는 채권액이라 함은 당해 재산이 담보하는 평가기준일 현재 남아 있는 채권액을 말하는 것임. 실지로 채무가 모두 변제되어 원인무효로서 말소되어야 할 근저당권 설정등기 재산은 담보로 제공된 재산으로 볼 수 없으므로 상속재산의 평가는 「상속세 및 증여세법」 제60조 규정에 의하여 평가하여야 함.

▶▶ 2개 이상의 자산이 동일한 채권의 담보로 제공된 경우의 평가방법(서사-1814, 2004.11.10.)

비상장법인의 순자산가액을 계산함에 있어 당해 법인의 자산을 「상속세 및 증여세법」 제60조 제3항 및 제66조의 규정에 의하여 평가한 가액이 장부가액보다 적은 경우에는 같은법 시행령 제55조 제1항 후단의 규정에 의하여 장부가액보다 적은 정당한 사유가 있는 경우를 제외하고는 장부가액으로 평가하는 것이며, 2 이상의 자산이 동일한 채권의 담보로 제공된 경우 그 채권액을 각 재산별로 같은법 제60조 제3항의 규정에 의하여 평가한 가액과 장부가액 중 큰 금액을 기준으로 안분한 가액을 각 자산이 담보하는 채권액으로 하여 위의 규정을 적용하는 것이 타당함.

▶▶ 근저당권이 설정된 재산의 평가는 담보하는 채권액과 동 재산의 평가가액 중 큰 금액으로 하는 것임(서사-1060, 2004.7.12.)

「상속세 및 증여세법」 제66조의 규정에 의하여 근저당권이 설정된 재산은 평가기준일 현재 당해 재산이 담보하는 채권액과 같은법 제60조의 규정에 의한 평가가액 중 큰 금액으로 평가하는 것임. 이 경우 '채권액'은 동일한 재산이 다수의 채권(전세금채권과 임차보증금채권을 포함)의 담보로 되어 있는 경우 같은법 시행령 제63조 제2항의 규정에 의하여 그 재산이 담보하는 채권액의 합계액으로 하는 것임. 근저당권이 설정된 재산이 담보하는 채권액이 사실상 전세금인 경우에는 당해 전세금과 같은법 제60조의 규정에 의한 구체적인 사실을 조사하여 판단하는 것임.

▶▶ **저당권이 설정된 상속재산의 평가방법**(재경부 재산 46014-207, 2001.8.21.)

저당권이 설정된 재산은 「상속세 및 증여세법」 제66조의 규정에 의하여 동법 제60조의 규정에 의하여 평가한 가액과 당해 재산이 담보하는 채권액 중 큰 금액으로 평가하는 것임. 이 경우 제3자의 채무액을 담보하기 위하여 저당권을 설정한 경우에도 동법 제66조의 규정에 의하여 평가하는 것임.

▶▶ **비상장주식평가 시 근저당권이 설정된 재산의 평가방법**(제도 46014-12668, 2001.8.16.)

① 「상속세 및 증여세법」 제66조 및 같은법 시행령 제63조 제1항 제3호의 규정에 의하여 근저당권이 설정된 재산을 평가할 때 평가기준일 현재 남아있는 채권액이 채권최고액을 초과하는 경우 당해 재산이 담보하는 채권액은 채권최고액을 말하는 것이며,

② 평가할 재산과 그 외의 재산에 동일한 공동근저당권 등이 설정되어 있는 경우 평가할 재산이 담보하는 채권액은 전체 채권액을 평가기준일의 각 재산별 가액으로 안분하여 계산하는 것이나,

③ 평가할 재산 외에 타인이 소유한 재산을 담보원용한 사실만으로 평가할 재산과 타인이 소유한 재산에 공동근저당권 등이 설정된 재산으로 보지는 아니하는 것임.

▶▶ **사실상 임대차계약이 체결되거나 임차권이 등기된 상속재산의 가액평가를 '당해 재산이 담보하는 채권액 등을 기준으로' 대통령령이 정하도록 위임한 구 「상속세법」 제9조 제4항 제4호가 「헌법」에 위반되는지 여부**(헌재 98헌바92, 2000.6.29.)

임차권도 임대보증금이나 차임을 지급하고 다른 사람 소유의 재산을 사용·수익하는 용익권의 하나로서 전세권과 그 기능이 유사하고, 통상 차임은 임대보증금을 기준으로 정해지고, 임대보증금은 전세금과 마찬가지로 당해 재산의 실제가액을 기준으로 정해지며 임대보증금반환청구권 등 임차인의 권리도 그 목적물과 관련하여 동시이행항변권이나 「주택임대차보호법」에 의하여 보호받고 있으므로 사실상 임대차계약이 체결되거나 임차권이 등기된 재산의 가액평가도 전세권이 등기된 재산의 가액평가를 전세금을 기준으로 하는 것과 같이 임대보증금이나 차임을 기준으로 할 것이라는 것을 짐작하기는 어렵지 아니함. 따라서 이 사건 법률 제9조 제4항의 입법취지와 전세권이 등기된 재산에 관한 같은 조항 제3호와의 관련성 등 이 사건 법률의 전반적 체계와 관련 조항에 비추어 이 사건 법률조항의 경우에도 사실상 임대차계약이 체결되거나 임차권이 등기된 재산에 관하여는 '임대보증금이나 차임을 기준으로' 그 가액을 평가하도록 위임한 것임을 충분히 예측할 수 있다고 할 것이므로 이 사건 법률조항은 「헌법」 제59조, 제75조에 위반된다고 볼 수 없음.

▶▶ **임대보증금을 받고 임대한 재산의 구체적 의미 및 가액평가방법**(재산상속 46014-752, 2000.6.23.)

사실상 임대차계약이 체결되거나 임차권이 등기된 재산을 평가할 때 당해 재산의 시가가 확인되는 경우 그 시가와 「상속세 및 증여세법」 제66조 제3호의 규정에 의하여 평가한 가액 중 큰 금액으로 평가하는 것이며, 당해 재산의 시가를 산정하기

어려운 경우 같은법 제61조 제1항 내지 제6항의 규정에 의하여 평가한 가액과 같은 조 제7항의 규정에 의하여 평가한 가액 중 큰 금액으로 평가하는 것임.

▶▶ 근저당권이 설정된 재산의 평가 시 '평가기준일 현재 당해 재산이 담보하는 채권액'의 계산(재산상속 46014－152, 2000.2.10.)

「상속세 및 증여세법」 제66조 및 같은법 시행령 제63조 제1항 제3호의 규정에 의하여 근저당권이 설정된 재산을 평가할 때 평가기준일 현재 당해 재산이 담보하는 채권액이란 평가기준일 현재 남아 있는 채권액을 말하는 것이며, 같은법 시행령 제63조 제2항의 규정에 의하여 수개의 근저당권이 설정된 재산은 평가기준일 현재 그 재산이 담보하는 채권액의 합계액과 같은법 제60조의 규정에 의하여 평가한 가액 중 큰 금액으로 평가하는 것임.

▶▶ 근저당권설정 전 이미 매매목적으로 감정평가한 상속재산의 평가방법(재삼 46014－1351, 1999.7.12.)

「상속세 및 증여세법」 제66조 및 같은법 시행령(1998.12.31. 대통령령 제15971호로 개정된 것) 제63조 제3호의 규정에 의하여 근저당권이 설정된 재산은 평가기준일 현재 당해 재산이 담보하는 채권액과 같은법 제60조의 규정에 의한 평가가액 중 큰 금액으로 평가하는 것임.

이 경우 채권액은 채권최고액을 말하는 것이 아니며, 평가기준일 현재 남아 있는 채권액을 말하는 것으로서 2 이상의 채권(채권의 종류에 관계없음)을 담보하는 때에는 그 합계액을 말하는 것임.

▶▶ 비상장주식평가를 위한 순자산가액 계산 시 근저당권설정재산의 평가방법(재삼 46014－1164, 1999.6.14.)

「상속세 및 증여세법 시행령」(1998.12.31. 대통령령 제15971호로 개정) 제55조 제1항의 규정에 의하여 비상장주식평가를 위한 순자산가액을 계산할 때 당해 법인의 자산 중 근저당권이 설정된 재산에 대하여는 같은법 제66조 및 같은법 시행령 제63조에 의한 평가특례규정을 적용하여 평가하는 것임.

▶▶ 근저당권설정 시 감정가액이 없는 상속재산에 대한 평가방법(재삼 46014－1072, 1999.6.4.)

상속개시일 현재 근저당권이 설정된 상속재산을 평가함에 있어서 당해 근저당권을 설정하기 위하여 「지가공시 및 토지 등의 평가에 관한 법률」에 의한 감정평가업자가 감정한 가액이 없는 때에는 구 「상속세법」 제9조 제4항 및 같은법 시행령 제5조의 2 제3호의 규정은 적용되지 아니하는 것임.

▶▶ 상속재산에 대한 감정횟수가 2회 이상인 경우 상속재산가액평가방법(재삼 46014－412, 1999.2.27.)

「상속세 및 증여세법」 제60조 제2항의 규정에 의하여 상속재산의 가액은 상속개시일 현재 시가에 의하는 것이며, 이 경우 '시가'란 같은법 시행령(1998.12.31. 대통령령 제15971호로 개정된 것) 제49조 제1항 각 호의 1에 해당하는 가액을 말하는 것임. 같은법 제66조 및 같은법 시행령 제63조 제3호의 규정에 의하여 근저당권이 설정된 토지의 가액은 시가(시가가 없을 때에는 개별공시지가)와 상속개시일 현재 당해 토지가 담보하는 채권액 중 큰 가액으로 평가하는 것임.

▶▶ 상속개시일 이후 근저당이 설정된 상속재산의 평가방법 및 피상속인이 상속인에게 5년 이내 증여한 재산가액에 증여의제가액의 포함 여부(재삼 46014-724, 1998.4.28.)

① 상속재산인 부동산을 평가함에 있어서 상속개시일 전후 6개월 내에 당해 부동산에 대한 공신력 있는 감정기관의 감정가액이 작성되어 확인되는 경우 그 감정가액은 근저당권설정 여부와 관계없이 구 「상속세법」 제9조 제2항의 규정에 의한 시가로 볼 수 있는 것이며,

② 동법 제34조의 6 규정에 의하여 증여세가 부과되는 경우에도 동법 제4조의 규정이 적용되는 것임.

Part 5

소득세법상 주식평가

Chapter 01 주식 등에 대한 기준시가

Chapter 02 기준시가

Chapter

01 주식 등에 대한 기준시가

1 의 의

「소득세법」에서는 주식 등의 양도에 따른 양도소득세는 특정한 경우에 과세한다. 이때 양도소득세 과세대상인 주식 등의 양도 및 취득가액은 원칙적으로 당해 자산의 양도자와 양수자간에 실제로 거래한 가액인 실지거래가액에 의한다. 다만, 예외적으로 비상장주식에 대한 실거래가액이 확인되지 아니하여 추계결정 시에 적용 적용되는 기준시가는 「소득세법」 제99조[기준시가의 산정] 제1항 제4호를 적용하게 된다(소법 §96 ①).

2 과세대상 주식 등의 범위

주식의 양도소득세는 원칙적으로 대주주에 해당하거나 상장주식 중 증권시장에서 거래되지 아니하는 장외거래주식 또는 출자지분(신주인수권을 포함)의 양도로 발생하는 소득세에 대하여 과세한다(소법 §94 ① 3호).

2.1 주권상장법인 주식

2.1.1 주권상장법인 대주주의 양도주식

소유주식의 비율·시가총액 등을 고려하여 대통령령으로 정하는 주권상장법인의 대주주가 양도하는 주식등의 양도에 대해 양도소득세가 부과된다.

2.1.2 장외거래주식

대주주에 해당하지 아니하는 자가 「자본시장과 금융투자업에 관한 법률」에 따른 증권시장에서의 거래에 의하지 아니하고 양도하는 주식등의 양도에 대해 양도소득세가 부과된다. 다만, 「상법」 제360조의 2 및 제360조의 15에 따른 주식의 포괄적 교환·이전 또는 같은 법 제360조의 5 및 제360조의 22에 따른 주식의 포괄적 교환·이전에 대한 주식매수청구권 행사로 양도하는 주식등은 제외한다.

2.2 주권비상장법인의 주식등

주권비상장법인의 주식등 양도에 대해 양도소득세가 부과된다. 다만, 소유주식의 비율·시가총액 등을 고려하여 대통령령으로 정하는 주권비상장법인의 대주주에 해당하지 아니하는 자가 「자본시장과 금융투자업에 관한 법률」 제283조에 따라 설립된 한국금융투자협회가 행하는 같은 법 제286조 제1항 제5호에 따른 장외매매거래에 의하여 양도하는 대통령령으로 정하는 중소기업(중소기업) 및 대통령령으로 정하는 중견기업의 주식등은 제외한다.

Chapter 02

기준시가

1 의 의

「소득세법」에 의한 양도소득세 계산 시 양도가액 및 취득가액의 산정과 「상속세 및 증여세법」에 의한 상속재산(또는 증여재산)가액 산정의 기준이 되는 정부가 정한 가액을 말한다. 즉, 토지·건물 등과 같은 양도소득세 과세대상 자산의 양도가액과 취득가액을 계산하기 위한 기준이 되는 가액으로서 「소득세법」 제99조 및 같은법 시행령 제164조 및 제165조에 의하여 국세청장이 고시하고 있다.

2 상장주식의 기준시가

2.1 평가원칙

유가증권시장에서 거래되는 주식 등의 기준시가는 「상속세 및 증여세법」 제63조 제1항 제1호 가목의 규정을 준용하여 평가한 가액으로 한다. 이 경우에 「상속세 및 증여세법」에 의한 평가액은 평가기준일 이전·이후 각 2월간 공표된 최종시가가액(거래실적의 유무를 불문)의 평균액으로 평가하고 있으나 「소득세법」에서 양도일·취득일 이전 1월간에 공표된 최종시세가액의 평균액으로 평가하고 있다(소법 §99 ① 3호).

예를 들어 상장회사가 7월 15일에 양도를 하였다면 그 상장주식에 대한 기준시가는 6월 16일부터 7월 15일까지의 최종시세가액을 평균하여 평가하는 것이다.

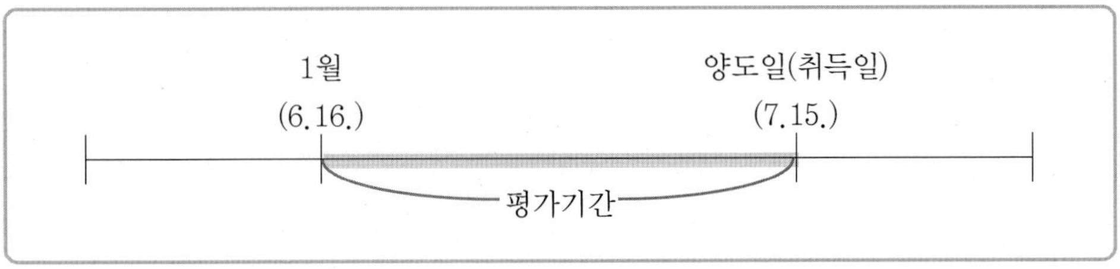

2.2 평가특례

양도일·취득일 이전 1월간에 공표된 최종시세가액의 평균액으로 평가하고 있으나 양도·취득일 이전 1월 이내에 증자·합병 등이 있는 경우에는 다음과 같이 평가한다.

2.2.1 양도일·취득일 이전 1월 이내에 증자·합병 등이 있는 경우

① 양도일·취득일 이전에 증자·합병 등의 사유가 발생한 경우에는 평가기준일 이전 동 사유가 발생한 날의 다음날부터 양도일·취득일까지의 날까지의 기간 공표된 최종시세가액의 평균액으로 평가하고 있다.

예를 들어 회사가 9월 1일에 증자를 하고 양도일이 9월 20일이라면 8월 21일부터 9월 20일까지의 최종시세가액을 평균하는 것이 아니라 9월 2일부터 9월 20일까지의 최종시세가액을 평균하는 것이다.

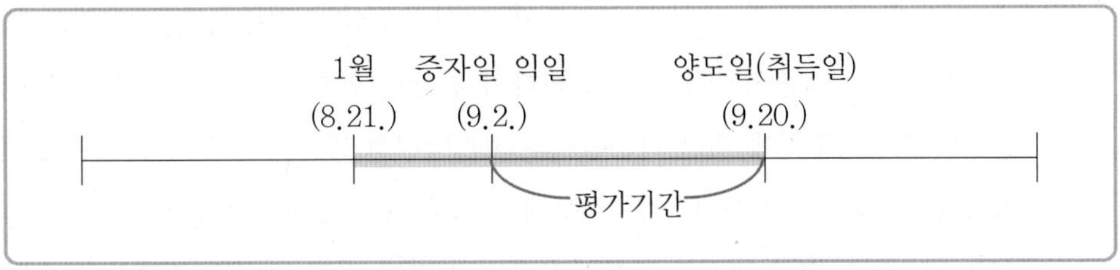

② 양도일·취득일 이전에 증자·합병 등의 사유가 발생한 경우에는 동 사유가 발생한 날(증자·합병의 사유가 2회 이상 발생한 경우에는 평가기준일에 가장 가까운 날)의 다음날부터 양도일·취득일까지의 날까지의 공표된 최종시세가액의 평균액으로 평가한다.

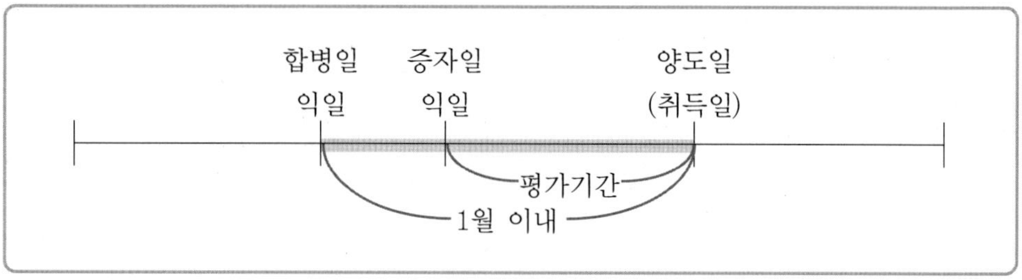

2.2.2 취득 당시에 비상장주식이었던 상장주식

(1) 원 칙

주식 등의 양도일 현재에는 제3항에 따른 주식 등에 해당되나 그 취득 당시에는 제3항에 따른 주식 등에 해당되지 아니하는 경우 취득 당시의 기준시가는 제4항에도 불구하고 다음 산식으로 계산한 가액에 따른다. 이 경우 취득일 현재의 제4항에 따른 평가액과 코스닥시장 또는 코넥스시장 상장일 현재의 제4항에 따른 평가액이 같은 경우에는 제9항을 준용하여 계산한 가액을 코스닥시장 또는 코넥스시장 상장일 현재의 제4항에 따른 평가액으로 한다.

주식 등의 양도일 현재에는 유가증권시장, 코스닥시장 또는 코넥스시장에 주권을 상장한 법인의 주식 등에 해당되나 그 취득 당시에는 주권상장법인 등의 주식 등에 해당되지 아니하는 경우 취득 당시의 기준시가는 다음 산식에 의하여 계산한 가액에 의한다. 즉, 당해 주식취득일 현재 비상장주식의 기준시가와 상장일 현재의 비상장주식의 기준시가의 비율에 의하여 환산한다(소령 §165 ⑤). 이 경우 취득일 현재의 비상장주식에 대한 기준시가와 코스닥시장 또는 코넥스시장 상장일 현재의 비상장주식의 기준시가가 같은 경우에는 해당 자산의 보유기간과 기준시가의 상승률을 고려하여 기획재정부령으로 정하는 방법에 따라 계산한 가액을 코스닥시장 또는 코넥스시장 상장일 현재의 비상장주식의 기준시가로 평가액으로 한다.

$$\text{상장일 이후 1월간에 공표된 매일의 코스닥시장의 기준가격 평균액} \times \frac{\text{취득일 현재의 비상장주식 기준시가}}{\text{등록일 현재의 비상장주식 기준시가}}$$

(2) 취득·양도가 동일 사업연도에 발생한 경우

당해 법인의 동일한 사업연도 내에 취득하여 양도하는 경우, 즉 취득 당시와 상장 당시가 동일한 사업연도에 해당되어 그 기준시가가 동일한 경우에는 다음의 산식에 의하여 계산한 가액으로 한다(소칙 §81 ④ 1호).

$$\text{양도 당시의 기준시가} = \text{취득일이 속하는 사업연도의 직전 사업연도의 기준시가} + \left[\text{취득일이 속하는 사업연도의 직전 사업연도 기준시가} - \text{취득일이 속하는 사업연도의 전전 사업연도 기준시가}\right] \times \frac{\text{양도자산 보유월수}}{\text{취득일이 속하는 사업연도의 직전 사업연도의 월수}}$$

그러나 취득 당시와 상장 당시가 동일한 사업연도가 아닌 경우에는 취득 당시와 상장 당시의 기준시가가 동일하더라도 양도 당시의 기준시가로 적용한다(소칙 §81 ④ 2호).

3 비상장주식

3.1 의 의

비상장주식의 양도가액의 적용은 「소득세법」 제96조 제1항에 의하여 당해 자산의 양도 당시의 실지거래가액에 의한다. 다만, 비상장주식에 대한 실거래가액이 확인되지 아니하여 추계결정 시에 적용되는 기준시가는 「소득세법」 제99조(기준시가의 산정) 제1항 제4호에 의하여 「상속세 및 증여세법」 제63조 제1항 제1호 나목의 규정을 준용하여 평가한 가액을 적용한다(소법 §99 ① 4호).

3.2 평가방법

3.2.1 일반적인 평가방법

「소득세법」상의 기준시가는 양도일 또는 취득일이 속하는 사업연도의 직전 사업연도 종료일 현재를 기준으로 「상속세 및 증여세법」상의 비상장주식에 대한 보충적 평가방법과 같이 1주당 순손익가치와 1주당 순자산가치를 각각 3과 2의 비율로 가중평균한 가액으로 평가하도록 하고 있다. 다만, 부동산과다보유법인의 경우에는 1주당 순손익가치와 순자산가치에 대하여 각각 2와 3의 비율로 가중평균한 가액으로 평가한다. 다만, 그 가중평균한 가액이 1주당 순자산가치에 100분의 80을 곱한 금액보다 적은 경우에는 1주당 순자산가치에 100분의 80을 곱한 금액을 평가액으로 한다(소령 §165 ④).

① 일반적인 법인(원칙)

$$1주당\ 순자산가치 = \frac{1주당\ 순손익가치 \times 3 + 1주당\ 순자산가치 \times 2}{5}$$

② 부동산과다보유법인

$$1주당\ 평가액 = \frac{1주당\ 순손익가치 \times 2 + 1주당\ 순자산가치 \times 3}{5}$$

Max[①가중평균액, ②순자산가치×80%)

(1) 1주당 순손익가치

비상장주식의 기준시가는 양도일 또는 취득일이 속하는 사업연도의 직전 사업연도 순손익액에 대하여 다음의 산식에 의하여 평가한 가액을 적용한다. 이때 적용되는 순손익액의 산정은 「상속세 및 증여세법」을 준용하여 평가하고 있다.

$$1주당\ 순손익가치 = \frac{1주당\ 순손익액}{기획재정부장관이\ 정하여\ 고시하는\ 이자율}$$

(2) 1주당 순자산가치

1주당 순자산가치는 다음의 산식과 같이 양도일 또는 취득일이 속하는 사업연도의 직전 사업연도종료일 현재 당해 법인의 장부가액(토지의 경우에는 「소득세법」 제99조 제1항 제1호 가목의 규정에 의한 기준시가)에 의하여 계산한 순자산가액을 발행주식총수로 나누어 계산한다(소령 §165 ④).

$$1주당\ 순자산가치 = \frac{당해\ 법인의\ 순자산가액}{발행주식총수}$$

3.2.2 순자산가치에 의한 평가

비상장법인에 대해서는 원칙적으로 양도일 또는 취득일이 속하는 사업연도의 직전 사업연도 종료일 현재의 1주당 순자산가치와 1주당 순손익가치에 대해서 가중평균한 가액으로 평가한다. 그러나 상속세 및 증여세 과세표준신고기한 이내에 평가대상법인의 청산절차가 진행 중이거나 사업자의 사망 등으로 인하여 사업의 계속이 곤란하다고 인정되는 법인, 사업개시 전의 법인, 사업개시 후 3년 미만의 법인과 휴업·폐업 중인 법인의 주식 등을 평가하는 경우에는 순자산가치에 의할 수 있다. 또한, 2023.2.28. 시행령 개정을 통하여 상속세 및 증여세법상의 평가방법과 같이 자산의 80% 이상이 부동산인 부동산 과다보유법인, 자산의 80% 이상이 주식인 법인, 법인설립시 존속기한이 확정된 법인으로서 평가기준일 현재 잔여 존속기한이 3년 이내인 법인도 순자산가치로 평가하는 대상에 포함하였다.

3.3 「상속세 및 증여세법」상의 평가방법과 비교

그동안 「소득세법」상의 비상장주식의 기준시가는 「상속세 및 증여세법」상의 평가방법을 준용하도록 하고 있으나 상당한 차이가 있었다. 2003.12.31. 「상속세 및 증여세법 시행령」이 개정되면서 비상장주식의 1주당 평가액은 원칙적으로 1주당 순손익가치와 1주당 순자산가치를 각각 3과 2의 비율로 가중평균한 가액으로 평가하고 있다. 다만, 부동산과다보유법인(「소득세법 시행령」 제158조 제6항 제1호에 해당하는 법인)의 경우에는 1주당 순손익가치와 순자산가치의 비율을 각각 2와 3으로 가중평균하도록 개정되었다(상증령 §54 ①). 그런데도 「소득세법 시행령」에서는 「상속세 및 증여세법」과 동일하게 반영하지 아니하고 1주당 순자산가치와 1주당 순손익가치 중 큰 금액으로 평가하도록 하였었다.

이에 대해서 2007.2.28. 개정되면서 「상속세 및 증여세법」과 같이 가중평균하는 방식으로 동일하게 적용하였다.

「소득세법」상의 기준시가와 「상속세 및 증여세법」상 평가액의 비교

구 분	「소득세법」상 기준시가	「상속세 및 증여세법」상 보충적 평가액	비 고
상장주식 및 코스닥상장주식	양도일·취득일 이전 1월 최종시세가액 평균액	평가기준일 이전·이후 각 2월간 최종시세가액 평균액	
비상장 주 식	① 1주당 순자산가액 : 장부가액(토지는 기준시가) ② 1주당 순손익액 : 양도일 또는 취득일이 속하는 사업연도의 직전 사업연도의 1주당 순손익액 적용	① 순자산가액 : 개별자산에 대하여 「상속세 및 증여세법」에 의한 평가액을 적용 ② 1주당 순손익액 : 최근 3년간 1주당 순손익액의 가중평균액	「소득세법」상 기준시가는 영업권평가액을 가산하지 않으나 「상속세 및 증여세법」에서는 원칙적으로 영업권을 평가하여 가산
할증평가의 특례	특례규정 없음.	최대주주 20% 가산	

예규

▶▶ 비상장주식의 실지거래가액(재경부 재산 46014-62, 2003.3.5.)

거주자가 특수관계에 있는 내국법인에게 비상장주식을 양도하는 경우 당해 주식의 양도가액은 양도 당시의 실지거래가액에 의하는 것이며, 주식의 양도 당시의 실지거래가액은 「소득세법 시행령」(2000.12.29. 대통령령 제17032호로 개정되기 전의 것) 제167조 제6항의 규정에 의하는 것임.

▶▶ 비상장주식의 의제취득가액산정 시 취득 당시 기준시가를 알 수 없는 경우의 산정방법(서일 46014-10597, 2002.5.7.)

※참고예규 : 재일 46014-413, 1997.2.25.

「소득세법」 제94조 제4호(현행 제3호)의 규정에 의한 비상장주식 등을 양도한 것에 대하여 동법 시행령 제167조 제1항(현행 제176조의2 제4항)의 규정을 적용하여 의제취득일 현재의 취득가액을 산정함에 있어 장부분실 등의 사유로 취득 당시 기준시가를 확인할 수 없는 경우에는 액면가액을 취득 당시의 기준시가로 적용하는 것임.

▶▶ 개인주주의 비상장주식 감자에 대한 의제배당 등 과세문제(서일 46011-10447, 2002.4.4.)

※참고예규 : ① 소득 46011-21166, 2000.9.22.

1. 비상장법인의 주식을 양도함으로 인하여 발생하는 소득은 「소득세법」 제94조 제4호의 규정에 의하여 양도소득에 해당되며, 양도소득이 있는 거주자가 특수관계 있는 자와의 거래로 인하여

양도소득세를 부당하게 감소시킨 것으로 인정되는 때에는 같은법 제101조 제1항의 규정에 의하여 그 거주자의 행위 또는 계산에 관계없이 소득금액을 계산할 수 있는 것임.

2. 법인이 자본감소절차의 일환으로「상법」제341조의 규정에 의하여 주주로부터 자기주식을 취득하여 이를 소각하는 경우 당해 주주가 법인으로부터 받는 금액이 당해 주식을 취득하기 위하여 소요된 금액을 초과하는 때에는 그 초과하는 금액은「소득세법」제17조 제2항 제1호의 규정에 의하여 의제배당에 해당하는 것이며, 이 경우 의제배당소득에 대하여는「소득세법」제41조의 규정에 의하여 부당행위계산의 부인을 하지 아니하는 것임.
3. 법인이 자본을 감소하기 위하여 주식을 소각함에 있어서 일부 주주의 주식을 소각함으로 인하여 그와 특수관계에 있는 대주주가 얻는 이익에 대하여는「상속세 및 증여세법」제39조 제1항 제2호의 규정에 의하여 증여세를 과세함.

② 소득 46011-21368, 2000.11.27.

1. 주식 또는 출자지분의 양도로 인하여 발생하는 소득은「소득세법」제94조 제3호 내지 제5호의 규정에 의하여 양도소득으로 함.
2. 주식의 소각이나 자본의 감소로 인하여 주주가 취득하는 금전 등의 가액이 그 주식의 취득가액을 초과하는 금액은「소득세법」제17조 제2항 제1호의 규정에 의하여 배당소득(의제배당)으로 함.
3. 법인이 주주로부터 주식을 매입하여 소각하는 경우 그에 따라 발생하는 주주의 소득이 주식의 양도로 인한 양도소득에 해당하는지, 자본의 환급으로 인한 배당소득(의제배당)에 해당하는지 여부는 그 거래의 실질내용에 따라 판단함. 그 매매의 경위와 목적, 계약체결과 대금결제의 방법 등에 비추어 그 매매가 법인의 주식소각이나 자본감소의 절차의 일환으로 이루어진 것인 경우에는 의제배당에 해당하는 것이며, 그 매매가 단순한 주식매매인 경우에는 양도소득에 해당하는 것임.
4. 법인이 증권거래소를 통하여 일반적인 매매방법으로 불특정다수의 주주로부터 취득한 자기주식을 그 후「상법」제343조 제1항 단서의 규정에 의하여 소각하는 경우에는 의제배당에 해당하지 아니하는 것임.

③ 재경부 재산 46014-175, 2000.6.15.

회사의 자본감자에 따라 주주의 소유주식을 회사에 반납하는 경우는「증권거래법」상 주권의 양도에 해당하지 아니하는 것이나, 주식을 환매도한 것으로서 주권의 양도에 해당되는 것임.

④ 재일 01254-2992, 1992.9.25.
「소득세법 시행령」 제44조 제6항의 주식 등과 「소득세법 시행령」 제44조의 2 제1항 제1호 및 제5호에 규정한 기타자산의 기준시가 산정은 같은법 시행령 제115조 제1항 제3호 및 같은법 시행규칙 제56조의 5 제8항의 규정에 의한 것이며, 양도소득세가 과세되는 '비상장주식 등'의 기준시가산정 시에는 「상속세법 시행령」 제5조 제6항 제1호 바목 및 사목 규정을 준용하지 아니하는 것임. 이 경우 비상장법인이 1986.1.1. 이후에 설립되어 직전 사업연도가 없는 경우의 취득 시 기준시가는 설립 당시 당해 법인의 순자산가액을 발행주식총수로 나눈 금액이 되는 것임.

▶▶ 비상장주식의 기준시가산정 시 1주당 순손익액의 계산(제도 46013-360, 2000.11.15.)
「소득세법 시행령」 제165조 제1항 제2호 및 동법 시행규칙 제81조 제2항 제2호 가목의 규정에 의하여 한국증권거래소에 상장되지 아니한 주식 등의 평가기준시가 나평가액을 산정하는 경우에 적용하는 1주당 순손익액은 「상속세 및 증여세법 시행령」 제56조 제3항에 규정된 방법으로 계산하는 것임.

▶▶ 증여받은 비상장주식을 양도하는 경우 취득가액산정방법(재산 46014-105, 2000.1.31.)
① 증여받은 자산을 실지거래가액에 의하여 신고하는 경우로서 취득가액의 계산은 「소득세법 시행령」 제163조 제9항의 규정에 따라 증여일 현재 「상속세 및 증여세법」 제60조 내지 제66조의 규정에 의하여 평가한 가액을 취득 당시의 실지거래가액으로 보는 것임.
② 법인의 분할로 의하여 취득한 주식의 취득가액의 산정은 분할 전 법인의 주식을 취득하는 데 소요된 금액(분할 시 의제배당으로 과세된 의제배당금액이 있는 경우에는 이를 가산하고 교부금을 교부받은 경우에는 이를 차감함)을 분할로 인하여 교부받은 주식수로 나누어 계산하는 것임.

▶▶ 비상장주식을 취득하여 당해 연도에 상장 후 양도하는 경우 취득가액 계산(재일 46014-1925, 1999.11.3.)
양도일 현재에는 주권상장법인의 주식에 해당되나 그 취득 당시에는 주권상장법인 및 협회등록법인의 주식이 아닌 경우 당해 주식의 취득 당시 기준시가는 「소득세법 시행규칙」 제81조 제2항 제3호에서 규정하는 '상장일 이후 1월간에 공표된 매일의 한국증권거래소의 최종시세가액평균액×취득 당시 비상장주식기준시가㉮÷상장 당시 비상장주식기준시가㉯'으로 하는 것이며, ㉮와 ㉯가 동일한 경우로서 당해 법인의 동일한 사업연도 내에 취득하여 상장된 경우 '상장 당시 비상장주식기준시가㉯'는 다음의 산식에 의하여 계산한 가액으로 하는 것임.

$$㉯ = ㉮ + (㉮ - ㉮\text{의 직전 사업연도의 기준시가}) \times \frac{\text{취득일부터 상장일까지 월수}}{\text{취득일 직전 사업연도 월수}}$$

▶▶ 1. 선입선출법에 의한 주식관리시 상장 전후의 주식양도차익산정방법
2. 자본전입으로 받은 무상주양도 시 취득가액 계산방법
3. 1984.12.31. 이전에 취득한 상장주식의 취득가액 계산방법(재일 46014-1681, 1999.9.14.)

1. 「소득세법」 제94조 제3호에서 규정하는 자산의 양도에 따른 양도차익을 산정함에 있어 그 양도가액 및 취득가액은 원칙적으로 당해 자산의 양도 및 취득 당시 실지거래가액에 의하는 것으로 이 경우 취득 당시 실지거래가액이라 함은 그 자산의 취득에 실지로 소요된 금액을 말하는 것임.
2. 법인의 잉여금을 자본에 전입함에 따라 주주가 무상으로 받은 주식 중 「소득세법」 제17조 제2항 제2호의 규정에 의하여 배당으로 과세된 주식의 취득가액은 같은 법 시행령 제27조 제1항 제1호 가목에서 규정하는 액면가액으로 하는 것이며, 같은법 제17조 제2항 제2호 단서의 규정에 의하여 배당으로 보지 아니하는 주식의 취득가액은 '0'으로 하는 것임.
3. 1984.12.31. 이전에 취득한 상장주식의 경우 취득가액은 같은법 시행령 제167조 제1항 제2호의 가액과 같은영 제166조 제2항 제1호 가목에 의하여 계산한 가액 중 많은 것으로 하는 것임.

▶▶ 증여받은 상장주식의 양도소득세산출방법(재일 46014-1606, 1999.8.25.)

「소득세법」 제94조 제3호의 규정에 의한 자산의 양도차익을 실지거래가액으로 산정함에 있어 양도가액 또는 취득가액 중 어느 하나만의 실지거래가액을 확인할 수 있는 때에는 실지거래가액을 확인할 수 있는 것은 실지거래가액에 의하여야 하고, 실지거래가액을 확인할 수 없는 다른 하나는 「소득세법 시행령」 제166조 제2항 제1호의 규정에 따라 환산한 가액에 의하여야 하는 것임.

▶▶ 비상장주식을 전부 외국법인에게 양도하는 경우 양도시기 판단, 양도가액 계산 및 외화환산방법(재일 46014-2332, 1998.12.1.)

① 자산의 취득·양도시기는 원칙적으로 당해 자산의 양도대금을 청산한 날로 하는 것이며, 「소득세법 시행규칙」 제78조 제3항의 규정에 의한 장기할부조건의 경우에는 첫회부불금의 지급일임. 다만, 대금을 청산(장기할부조건의 경우에는 첫회부불금 지급)하기 전에 소유권이전등기(등록 및 명의의 개서를 포함)를 한 경우에는 등기부·등록부 또는 명부 등에 기재된 등기접수일을 그 취득·양도시기로 하는 것임.
② 「소득세법」 제94조 제4호의 규정에 의한 자산의 양도가액은 원칙적으로 동법 제96조 제2호의 규정에 의하여 양도 당시 실지거래가액에 의하는 것임.
③ 앞 ②의 경우 '양도 당시 실지거래가액'이라 함은 양도 당시 자산의 양도와 직접 관련하여 양도대금으로 양도자와 취득자가 거래하는 금액을 말하는 것이므로 양도 당시에 거래하는 금액(기준가격에 해당함, 이하 같음)을 정하고 양도 당시 거래금액에 양도일(위 ①의 경우의 양도시기를 말함, 이하 같음) 이후에 발생하는 당기순이익의 결과에 따라 일정금액을 가감하기로 하는 경우에는 양도 당시

거래금액을 양도일의 양도가액으로 하는 것이며, 양도일 이후에 가감하기로 한 일정금액에 대하여는 그 일정금액을 각각 받기로 한 날에 양도가액을 경정하는 것임.

④ 「소득세법 시행령」 제97조 제3항의 규정에 의하여 화폐성외화자산·부채를 원화로 평가하는 경우에는 「외국환관리법」에 의한 기준환율 또는 재정환율에 의하여 계산하는 것임.

▶▶ **비상장주식을 특수관계자에게 시가에 미달하게 양도하는 경우 양도가액산정방법 및 부당행위계산대상 여부**(재일 46014-215, 1998.5.25.)

비상장주식의 양도에 대한 양도소득세의 부담을 부당하게 감소시키기 위하여 특수관계자에게 시가(시장성 없는 경우 「소득세법」 제96조 및 제97조 제1항 제1호의 규정에 의한 기준시가)가 미달하게 자산을 양도한 때에는 그 양도가액이 「상속세 및 증여세법」 제63조 제1항 제1호 다목의 규정에 의하여 평가한 가액에 해당하더라도 「소득세법」 제101조 제1항 및 동법 시행령 제167조 제4항의 규정에 의한 부당행위계산을 적용함.

▶▶ **비상장주식의 기준시가에 대한 질의**(재일 46014-342, 1998.2.27.)

비상장법인의 주식을 소유한 자가 잉여금의 자본전입으로 당해 비상장법인이 발행한 주식을 취득한 후 당초의 주식과 무상증자에 의하여 교부받은 주식을 양도하는 경우로서 그 양도에 대한 양도차익을 기준시가에 의하여 산정 시 적용할 양도 당시의 기준시가는 양도일이 속하는 사업연도의 직전 사업연도종료일 현재 당해 법인의 장부가액(단, 토지의 경우 「소득세법」 제99조 제1항 제1호의 규정에 의한 기준시가)과 발행주식수를 적용하여 계산하는 것임.

▶▶ **사업연도 중에 주식을 양도하는 경우 법인의 순자산가액평가방법**(재일 46014-2582, 1997.11.1.)

비상장주식의 양도에 대한 양도차익을 기준시가에 의하여 산정 시 적용할 1주당 가액을 평가함에 있어 순자산가액은 양도일이 속하는 사업연도의 직전 사업연도종료일 현재 당해 법인의 장부가액(토지의 경우에는 기준시가)에 의하는 것임.

▶▶ **비상장주식평가에 있어 순자산가액에 대한 질의**(재일 46014-2172, 1997.9.12.)

비상장주식 양도에 따른 1주당 가액을 기준시가로 평가함에 있어 순자산가액은 양도일이 속하는 사업연도의 직전 사업연도종료일 현재 당해 법인의 장부가액(토지의 경우에는 기준시가)에 의하는 것임. 이 경우 장부가액에 포함된 증여받은 자산을 「상속세법」(1993.12.31. 법률 제4662호로 개정된 것) 제29조의 2 제4항의 규정에 따라 당사자간의 합의에 의하여 반환하는 경우에는 처음부터 증여가 없었던 것으로 보는 것이므로 당해 법인의 장부가액에서 이를 제외하는 것이나, 증여자의 사망일 이후에 증여재산이 반환된 경우에 있어서는 당사자 사이의 합의에 의한 증여자산의 반환인지의 여부를 관할세무서장이 증여계약해제원인, 증여자의 사망일, 수증재산의 장부 등재 및 관리 등을 감안하여 사실판단하여 결정할 사항임.

▶▶ 비상장주식에 대한 기준시가평가 시 수증자산인 토지의 순자산가액평가 적용대상 여부(재경원 재산 46014-314, 1997.9.9.)

비상장주식양도에 따른 1주당 가액을 기준시가로 평가함에 있어 순자산가액은 양도일이 속하는 사업연도의 직전 사업연도종료일 현재 당해 법인의 장부가액(토지의 경우에는 기준시가)에 의하는 것임.

- 이 경우 장부가액에 포함된 증여받은 재산을 「상속세법」(1993.12.31. 법률 제4662호로 개정된 것) 제29조의 2 제4항의 규정에 따라 당사자간의 합의에 의하여 반환하는 경우에는 처음부터 증여가 없었던 것으로 보는 것이므로 당해 법인의 장부가액에서 이를 제외하는 것이나,
- 증여자의 사망일 이후에 증여재산이 반환된 경우에 있어서는 당사자 사이의 합의에 의한 증여재산의 반환인지의 여부를 관할세무서장이 증여계약해제원인, 증여자의 사망일, 수증재산의 장부등재 및 관리 등을 감안하여 사실판단하여 결정할 사항임.

▶▶ 1985.12.31. 이전에 취득한 비상장주식의 양도가액만 확인되는 경우 취득가액산정방법(재경원 재산 46014-300, 1997.8.30.)

1985.12.31. 이전에 취득하고 1991년도 중에 양도한 비상장주식의 양도차익을 계산함에 있어서 양도 당시 실지거래가액이 확인되는 경우에는 취득가액은 「소득세법 시행령」(1990.12.31. 대통령령 제13194호로 개정된 것) 부칙 제6조에 의하여 1986.1.1. 현재의 시가(시가를 알 수 없을 때에는 동법 시행령 제170조 제1항 제1호 가목 규정에 의하여 환산한 가액)와 실지거래된 취득가액에 그 취득일부터 1986.1.1. 직전일까지의 보유기간에 의한 도매물가상승률을 곱하여 계산한 금액을 합산한 가액 중 많은 금액을 취득가액으로 함.

05

3.4 평가사례

한국산업㈜의 재무자료는 다음과 같다. 이 자료를 기초로 2025.5.1. 현재의 기준시가를 산출하라.

- 발행주식총수 100,000주(액면 10,000원)
- 최대주주(50%)에 해당됨.
- 중소기업에 해당되지 아니함.

(1) 순자산가액 계산에 관련된 자료

대차대조표

2024.12.31. 현재

유동자산	5,535,000,000	유동부채	3,550,000,000
비유동자산	1,250,000,000	비유동부채	250,000,000
		자본금	1,000,000,000
		잉여금	1,985,000,000
	6,785,000,000		6,785,000,000

① 건물

장부가액	500,000,000
기준시가	350,000,000

② 토지

장부가액	400,000,000
기준시가	600,000,000

③ 퇴직급여충당금 150,000,000

(평가기준일 현재 퇴직금추계액 250,000,000)

④ 유보금액 70,000,000

퇴직급여충당금 부인액	50,000,000
선급보험료	20,000,000

(2) 순손익액 계산에 관련된 자료

(가) 2024.1.1.~2024.12.31. 사업연도

① 각사업연도소득	575,000,000
② 벌과금 손금불산입액	5,000,000
③ 지급이자 손금불산입액	25,000,000
④ 법인세 등 총결정세액	160,000,000

(나) 2023.1.1.~2023.12.31. 사업연도

① 각사업연도소득	250,000,000
② 국세환급금이자	5,000,000
③ 접대비한도초과액	30,000,000
④ 법인세 등 총결정세액	32,000,000

(다) 2022.1.1.~2022.12.31. 사업연도

① 각사업연도소득	125,000,000
② 업무무관비용 손금불산입한 금액	25,000,000
③ 손금용인되지 않는 공과금	12,000,000
④ 법인세 등 총결정세액	20,000,000

풀이

1. 순자산가치의 계산

(1) 순자산가치

① 자산총액

장부가액	6,785,000,000
평가차액(+)	200,000,000*
유보금액(+)	20,000,000*
계	7,005,000,000

② 부채총액

장부가액	3,800,000,000
퇴직급여충당금(−)	(150,000,000)
퇴직금추계액(+)	250,000,000
계	3,900,000,000

4.2.1 주식으로의 전환금지한 기간 중인 경우

(1) 신주인수권증권(A)

신주인수권부사채의 만기상환금액(만기 전에 발생하는 이자상당액)을 사채발행이율에 의하여 발행 당시의 현재가치로 할인한 가액에서 동 만기상환금액을 금융기관이 보증한 3년만기회사채의 유통수익률을 감안하여 국세청장이 정하여 고시하는 적정할인율에 의하여 발행 당시의 현재가치로 할인한 가액을 차감한 가액으로 평가한다. 이 경우 그 가액이 0원 이하인 경우에는 0원으로 한다.

(2) 전환사채 등(B)

만기상환금액을 사채발행이율과 적정할인율 중 낮은 이율에 의하여 발행 당시의 현재가치로 할인한 가액에서 발행 후 평가기준일까지 발생한 이자상당액을 가산한 가액으로 평가한다.

4.2.2 주식으로의 전환 등이 가능한 기간 중인 경우

(1) 전환사채(C)

상기 항 (B)의 평가액과 당해 전환사채로 전환할 수 있는 주식가액에서 배당차액을 차감한 가액 중 큰 가액

(2) 신주인수권부사채(D)

(B)의 평가액과 [(B) - (A) + (E)]하여 평가한 금액 중 큰 금액

(3) 신주인수권증권(warrant)(E)

신주인수권증권(A)의 평가액과 당해 신주인수권증권으로 인수할 수 있는 주식가액에서 배당차액과 신주인수가액을 차감한 가액 중 큰 금액

(4) 신주인수권증서(F)

당해 신주인수권증서로 인수할 수 있는 주식의 권리락 전 가액에서 배당차액과 신주인수가액을 차감한 가액. 다만, 당해 주식이 상장법인·코스닥상장법인 등에 해당하는 법인의 주식인 경우로서 권리락 후 주식가액이 권리락 전 주식가액에서 배당차액을 차감한 가액보다 적은 경우에는 권리락 후 주식가액에서 신주인수가액을 차감한 가액으로 한다.

(5) 기 타

기타 사채 등의 평가는 전환사채, 신주인수권부사채, 신주인수권증권의 평가규정을 준용하여 평가한 가액으로 평가한다.

Part 6

유형별 주식평가액 적용

Chapter 01 증여이익계산 유형별 주식평가액의 적용

Chapter 02 부당행위계산부인에 따른 주식평가액 적용

Chapter 03 합병 또는 주식의 포괄적 교환·이전 등에 대한 부당행위계산부인

Chapter 01

증여이익계산 유형별 주식평가액의 적용

1 합병에 따른 증여이익 계산 시 주식평가

1.1 의 의

회사의 합병이란 2개 이상의 회사가 「상법」상의 절차에 의하여 1개의 회사로 되는 것을 말한다. 기업이 합병을 하는 경우에는 합병법인은 피합병법인의 자산과 부채를 승계하고 그 대가로서 합병법인의 주식을 발행하여 피합병법인의 주주에게 교부를 하여야 한다. 피합병법인에게 교부하는 합병법인의 주식은 합병당사법인의 주식가치를 평가하여 합병당사법인간의 주식가액의 비율, 즉 합병비율에 의하여 결정된다. 피합병법인의 주주에게 합병법인의 주식을 교부함에 있어서 특수관계에 있는 법인간에 합병을 하는 경우에는 합병당사법인의 주식의 실제가치와 다르게 합병하는 경우에는 주주들 간 불공정한 합병에 기인하여 부당행위계산의 문제가 발생되고 있다. 즉, 합병당사법인 중 상대적으로 실제 주식가치보다 과대평가된 법인의 주주의 경우에는 불공정한 합병으로 인하여 경제적 이익을 얻을 수가 있다.

불공정한 합병은 특정기업이나 특정인을 고려한 합병을 하는 경우가 대부분인데, 불공정한 합병의 결과에 대해서 「상속세 및 증여세법」에서는 상대적으로 많은 경제적 이익을 얻는 자에게는 합병에 따른 이익에 대하여 증여세로 과세하고 있다.

1.2 과세방법

합병에 따른 증여이익의 계산은 특수관계에 있는 합병당사법인의 대주주가 소유하는 주식 또는 지분에 대하여 합병 직후와 합병 직전을 기준으로 평가하여 그 차액을 계산하게 된다. 이때 계산된 차액, 즉 증여이익에 대하여 증여세를 과세한다(상증법 §38 ②). 합병에 따른 이익에 대하여 증여가액을 계산하여 과세하려면 특수관계에 있는 법인간의 합병이 이루어지고, 대주주의 요건에 해당되어야 한다. 또한 합병 전의 평가액과 합병 후의 평가액이 30%를 초과하거나 합병에 따른 증여이익이 3억원을 초과하여야 증여세를 과세할 수 있다. 이때의 합병에 따른 이익의 계산은 다음의 산식에 의하여 계산한다(상증령 §28 ④).

증여재산가액
=(가−나)×주가가 과대평가된 합병당사법인의 대주주의 합병 후 주식수
가. 합병 후 신설·존속하는 법인의 1주당 평가가액
나. 합병 전 1주당 평가가액 :

$$\text{주가가 과대평가된 합병당사법인의 1주당 평가액} \times \frac{\text{주가가 과대평가된 합병당사법인의 합병 전 주식수}}{\text{주가가 과대평가된 합병당사법인의 합병 후 주식수}}$$

1.3 주식가액의 평가

1.3.1 합병 후 1주당 평가가액

합병에 따른 이익을 계산함에 있어서 합병 후 신설 또는 존속하는 법인의 1주당 평가가액의 계산은 다음과 같이 계산한다(상증령 §28 ⑤).

(1) 주권상장 또는 코스닥상장법인

주권상장 또는 코스닥상장법인의 합병 후 1주당 평가가액은 다음의 1주당 평가가액 중 적은 것을 선택하여 평가한다.

Min(①, ②)

① 합병등기 후 1주당 평가가액

$$② \text{ 단순평균액} : \frac{\text{합병법인의 합병직전 주식가액} + \text{피합병법인의 합병직전 주식가액}}{\text{합병 후 신설 또는 존속법인의 주식수}}$$

① 합병등기 후 1주당 평가가액

합병당사법인 또는 합병 후 신설·존속하는 법인이 법 제63조 제1항 제1호 가목 또는 나목에 해당하는 주권상장 또는 코스닥상장법인인 경우 당해 법인의 합병 후 1주당 평가가액은 합병등기일부터 2월이 되는 날까지의 기간 중 유가증권시장 최종시세가액 또는 코스닥시장 기준가격으로 평가한다(상증통 38－28…4). 다만, 1999.12.31. 이전은 합병등기일 전후 1월의 종가 평균액으로 평가한다.

② 단순평균액

주가가 과대평가된 합병당사법인의 합병직전 주식가액과 주가가 과소평가된 합병당사법인의 합병직전 주식가액을 합한 가액을 합병 후 신설 또는 존속하는 법인의 주식수로 나눈 가액을 적용한다.

(2) 비상장법인

비상장법인의 합병 후 1주당 평가가액은 주가가 과대평가된 합병당사법인의 합병직전 주식가액과 주가가 과소평가된 합병당사법인의 합병직전 주식가액을 합한 가액을 합병 후 신설 또는 존속하는 법인의 주식수로 나눈 가액을 적용한다. 즉, 위 '②'에서 설명한 단순평균액을 산출하는 방식에 의한다.

1.3.2 합병 전 1주당 평가가액

합병직전 주식가액의 평가기준일은 「상법」 제522조의 2의 규정에 의한 대차대조표 공시일 또는 「자본시장과 금융투자업에 관한 법률」 제119조 및 같은법 시행령 제129

조에 따라 합병신고를 한 날 중 빠른 날[비상장법인인 경우에는 「상법」 제522조의 2(합병계약서 등의 공시)의 규정에 의한 대차대조표 공시일]로 기준일로 하여 평가한다. 합병 전 주식의 1주당 평가가액은 「상속세 및 증여세법」 제60조 및 동법 제63조의 규정에 의하여 평가한 가액에 의한다. 이 경우에 분할합병을 하기 위하여 분할하는 분할법인의 분할사업부문에 대한 합병 직전 주식가액은 법 제63조 제1항 제1호 나목(보충적 평가방법)에 따른 방법을 준용하여 분할사업부문을 평가한 가액으로 한다. 이 경우 분할사업부문의 순손익액은 분할법인의 순손익액을 구분하여 계산한다(상증령 §28 ⑦).

(1) 주권상장 또는 코스닥상장법인

합병당사법인 또는 합병 후 신설·존속하는 법인이 법 제63조 제1항 제1호 가목에 해당하는 주권상장 또는 코스닥상장법인인 경우 당해 법인의 합병 전 1주당 평가가액은 합병등기일 전 2월이 되는 날부터 합병등기일 전일까지의 기간 중 유가증권시장 최종시세가액 또는 코스닥시장 기준가격에 의한다(상증통 38-28…4). 다만, 상장법인의 경우에는 선택이 가능하다. 즉, 「상속세 및 증여세법」 제60조 및 제63조 제1항 제1호 나목(비상장주식 평가방법)의 평가방법에 의한 평가가액의 차액(「상속세 및 증여세법 시행령」 제28조 제4항의 산식에 의하여 계산한 차액을 말함)이 법 제60조, 법 제63조 제1항 제1호 가목에 의한 주권상장 및 코스닥상장법인의 평가방법에 의한 평가가액의 차액보다 적게 되는 때에는 법 제60조 및 법 제63조 제1항 제1호 나목(비상장주식)의 방법에 의하여 평가할 수 있다(상증령 §28 ⑥).

(2) 비상장법인

비상장법인의 주식가액을 평가함에 있어서 2000.12.31.까지는 합병 전 주식가액의 평가기준일은 합병등기일이었으나 2001.1.1. 이후에는 「상법」상 합병대차대조표 공시일을 기준으로 하여 「상속세 및 증여세법」 제63조 제1항 제1호 다목의 규정을 적용하여 평가한다.

적용기간별 평가방법

1999.12.31. 이전	2000.1.1.~2003.12.31.	2004.1.1. 이후
$\frac{(순자산가치+순손익가치)}{2}$	Max (순자산가치, 순손익가치)	$\frac{(순자산가치\times2)+(순손익가치\times3)}{5}$

1.3.3 최대주주 등의 할증평가규정 적용 배제

합병 전 합병당사법인의 주식가액을 평가함에 있어서 「상속세 및 증여세법 시행령」 제28조 제2항 및 제3항의 규정에 의하여 대주주가 얻은 이익을 계산하는 경우에는 최대주주에 대하여 할증평가규정은 적용하지 아니한다(상증령 §53 ⑦ 3호).

2 증자에 따른 증여이익 계산 시 주식평가

2.1 의 의

주주는 주주의 자격에 기한 법률관계에 있어서는 원칙적으로 그가 가진 주식의 수에 따라서 평등한 취급을 받는다. 이를 주주평등의 원칙이라고 하는데, 법인이 자본을 증가시키기 위하여 새로운 주식 또는 지분(신주)를 발행하는 경우에 주주가 가지고 있는 주식수에 비례하여 동일하게 증자하여야 한다. 법인이 증자를 하면서 실권주가 발생하는 경우에는 그 실권주를 재배정하거나 재배정하지 아니함에 따라 지분의 변동이 발생하고, 지분의 변동으로 인하여 신주평가액이 신주인수가액을 초과하는 저가발행의 경우나 그와 반대의 고가발행의 경우에는 주주간에 주식가치의 무상이전인 증여의 효과가 발생한다. 「상속세 및 증여세법」에서는 신주의 저가발행과 고가발행 시에 발생하는 실권주의 배정 여부에 따른 실권주미배정, 실권주재배정으로 구분하여 증자와 관련된 증여이익에 대하여 증여세를 과세하고 있다.

2.2 과세방법

회사가 증자를 실시하면서 신주를 시가보다 낮은 가액으로 발행하거나 시가보다 높은 가액으로 발행하면서 주주의 일부가 신주를 배정받을 수 있는 권리의 전부 또는 일부를 포기한 경우에 그 포기한 신주인 실권주를 처리하는 방법으로 각각 3가지로 구분된다. 즉, 실권주를 배정하는 경우, 실권주를 재배정하지 않는 경우, 직접배정 또는 주주 초과배정하는 경우로 구분할 수 있다. 증여세의 과세는 이러한 증자의 유형 및 신주인수가액이 증자 전 주식평가액보다 낮느냐 또는 높으냐에 따라 과세요건을 다르게 규정하고 있다. 즉, 30% Rule이나 3억원의 초과 여부, 특수관계자 적용 여부에 대해서 증여의 유형과 저가·고가의 발행 여부에 따라 다르게 적용하므로 증자 유형별로 검토를 하여야 한다.

2.3 주식가액의 평가

2.3.1 저가 신주발행(신주발행가액<시가)에 따른 실권주 처리

(1) 증자 후 1주당 평가가액

(가) 주권상장 및 코스닥상장법인

증자 후의 1주당 평가가액은 원칙적으로 다음 산식과 같이 이론 권리락으로 평가한 가액을 1주당 평가가액으로 한다. 다만, 주권상장법인 등의 경우로서 증자 후의 1주당 평가가액이 이론적 권리락 1주당 평가가액보다 적은 경우에는 당해 가액으로 한다(상증령 §29 ② 1호).

Min(①, ②)

① 이론적 권리락 1주당 평가가액

$$\frac{\left(\text{증자 전 1주당 평가가액} \times \text{증자 전 발행주식총수}\right) + \left(\text{신주 1주당 인수가액} \times \text{증자 주식수}\right)}{\text{증자 전 발행주식총수} + \text{증자 주식수}}$$

② 권리락일 이후 2월간의 종가 또는 기준가격의 평균액

다만, 1997.11.10.~2000.12.31. 기간 중의 증자분은 이론적 권리락 1주당 평가가액을 증자 후 1주당 평가가액으로 적용하여 평가한다.

(나) 비상장법인

비상장법인의 경우 증자 후의 1주당 평가가액은 다음의 산식과 같이 이론적 권리락 1주당 평가가액으로 평가하여 적용한다.

$$\frac{\left(\text{증자 전 1주당 평가가액} \times \text{증자 전 발행주식총수}\right) + \left(\text{신주 1주당 인수가액} \times \text{증자 주식수}\right)}{\text{증자 전 발행주식총수} + \text{증자 주식수}}$$

(2) 증자 전 1주당 평가가액

(가) 주권상장 및 코스닥상장법인

주권상장 및 코스닥상장법인의 경우에는 증자 전의 1주당 평가가액은 당해 증자에 따른 권리락이 있는 날 전 2월이 되는 날부터 권리락이 있는 날의 전일까지 공표된 한국거래소 최종시세가액의 평균액으로 평가한다(상증통 39-29…2).

(나) 비상장법인

비상장법인의 경우 시가가 있는 경우에는 시가로 평가하고, 시가가 없는 경우에는 「상속세 및 증여세법」 제63조 제1항 다목의 규정을 적용하여 평가한다. 즉, 증자일인 주금납입일(주금납입일 이전에 실권주를 재배정받은 자가 신주인수권증서를 교부받은 경우에는 그 교부일)을 기준으로 당해 비상장법인의 1주당 순손익가치와 1주당 순자산가치를 각각 3과 2의 비율로 가중평균한 가액에 의한다. 다만, 부동산과다보유법인의 경우에는 1주당 순손익가치와 순자산가치의 비율을 각각 2와 3으로 한다.

적용기간별 평가방법

1999.12.31. 이전	2000.1.1.~2003.12.31.	2004.1.1. 이후
$\frac{(순자산가치+순손익가치)}{2}$	Max (순자산가치, 순손익가치)	$\frac{(순자산가치\times2)+(순손익가치\times3)}{5}$

(3) 최대주주 등의 할증평가규정 적용 배제

일반적으로 「상속세 및 증여세법」 제63조 제3항에 의한 최대주주 등에 해당되는 경우에는 1주당 평가가액에 할증평가를 하게 된다. 그러나 증자 시 실권주에 대한 증여이익을 계산하는 경우에 「상속세 및 증여세법 시행령」 제29조 제2항에 규정된 '증자 전 1주당 평가가액'을 산정하는 경우에는 「상속세 및 증여세법」 제63조 제3항의 규정은 적용되지 아니한다(재경부 재산 46014-3, 2001.1.5.).

2.3.2 고가 신주발행(시가<신주발행가액) 시의 실권주 처리

(1) 증자 후 1주당 평가가액의 적용

(가) 주권상장 또는 코스닥상장법인

증자 후의 1주당 평가가액은 원칙적으로 다음 산식과 같이 이론 권리락으로 평가한 가액을 1주당 평가가액으로 한다. 다만, 주권상장법인 등의 경우로서 증자 후의 1주당 평가가액이 이론적 권리락 1주당 평가가액보다 큰 경우에는 당해 가액으로 한다(상증령 §29 ③ 3호).

Max(①, ②)

① 이론적 권리락 1주당 평가가액

$$\frac{\left(\text{증자 전 1주당 평가가액} \times \text{증자 전 발행주식총수}\right) + \left(\text{신주 1주당 인수가액} \times \text{증자 주식수}\right)}{\text{증자 전 발행주식총수} + \text{증자 주식수}}$$

② 권리락일 이후 2개월간의 종가 또는 기준가격의 평균액

다만, 1997.11.10.~2000.12.31. 기간 중의 증자분은 ㉠ 이론적 권리락 1주당 평가가액을 증자 후 1주당 평가가액으로 적용하여 평가한다.

(나) 비상장법인

비상장법인의 경우 증자 후 1주당 평가가액은 다음의 산식과 같이 이론적 권리락 1주당 평가가액으로 평가하여 적용한다.

$$\frac{\left(\begin{array}{c}\text{증자 전}\\\text{1주당 평가가액}\end{array}\times\begin{array}{c}\text{증자 전}\\\text{발행주식총수}\end{array}\right)+\left(\begin{array}{c}\text{신주 1주당}\\\text{인수가액}\end{array}\times\begin{array}{c}\text{증자}\\\text{주식수}\end{array}\right)}{\text{증자 전 발행주식총수}+\text{증자 주식수}}$$

(2) 증자 전 1주당 평가가액

(가) 주권상장 및 코스닥상장법인

증자 전의 1주당 평가가액은 당해 증자에 따른 권리락이 있는 날 전 2월이 되는 날부터 권리락이 있는 날의 전일까지 공표된 한국거래소 최종시세가액의 평균액으로 평가하면 된다(상증통 39－29…2).

(나) 비상장법인

비상장법인의 경우 시가가 있는 경우에는 시가로 평가하고, 시가가 없는 경우에는 「상속세 및 증여세법」 제63조 제1항 다목의 규정을 적용하여 평가한다. 즉, 증자일인 주금납입일(주금납입일 이전에 실권주를 재배정받은 자가 신주인수권증서를 교부받은 경우에는 그 교부일)을 기준으로 당해 비상장법인의 1주당 순손익가치와 1주당 순자산가치를 각각 3과 2의 비율로 가중평균한 가액에 의한다. 다만, 부동산과다보유법인의 경우에는 1주당 순손익가치와 순자산가치의 비율을 각각 2와 3으로 한다.

(3) 최대주주 등의 할증평가규정 적용 배제

일반적으로 「상속세 및 증여세법」 제63조 제3항에 의한 최대주주 등에 해당되는 경우에는 1주당 평가가액에 할증평가를 하게 된다. 그러나 증자 시 실권주에 대한 증여이익의 계산하는 경우에 「상속세 및 증여세법 시행령」 제29조 제3항에 규정된 '증자 전 1주당 평가가액'을 산정하는 경우에는 「상속세 및 증여세법」 제63조 제3항의 규정은 적용되지 아니한다(재경부 재산 46014－3, 2001.1.5.).

3 감자에 따른 증여이익 계산 시 주식평가

3.1 의 의

감자란 회사의 자본금의 감소를 의미한다. 회사가 자본을 감소하는 경우에 모든 주주의 지분비율대로 감자하는 경우에는 주주간 지분의 변동이 생길 여지가 없다. 그런데 주식소각에 동의한 일부 주주의 지분만을 소각하는 임의소각의 경우에는 주주의 지분에 변동이 발생된다. 법인이 무상 또는 평가액과 다른 불평등한 방법으로 유상감자를 실시하게 되면 경제적 이익뿐만 아니라 주주간의 주주지분의 변동이 발생하게 된다. 즉, 주식을 소각당하지 아니한 주주가 감자 후에 지분비율의 증가나 주식평가액의 증가로 인하여 이익이 발생될 수 있다. 「상속세 및 증여세법」에서는 감자로 인하여 감자한 주식의 1주당 평가가액과 주식소각 시 지급한 1주당 금액과 차액이 발생하는 등 일정한 요건에 해당되는 경우에 증여세를 과세한다.

3.2 과세방법

주식을 소각당한 주주와 그렇지 않은 주주 사이에 특수관계가 존재하는 경우에 감자한 주식 1주당 평가가액과 소각 시 지급한 1주당 금액과의 차액이 일정한 요건에 해당되는 경우에 증여이익으로 계산하여 증여세를 과세한다. 즉, 감자에 따른 증여이익은 감자한 주식 1주당 평가액에서 주식소각 시 지급한 1주당 금액을 차감한 가액이 감자한 주식 1주당 평가액의 100분의 30 이상이거나 증여이익이 3억원 이상인 경우에 적용된다.

3.3 감자주식 1주당 평가가액

감자주식의 1주당 평가가액은 주식 감자를 위한 주주총회 결의일을 기준으로 평가를 한다. 이때 감자주식 1주당 평가가액의 평가방법은 감자한 법인이 한국거래소 상장법인과 비상장법인의 경우에 따라 다음과 같이 각각 적용한다.

(1) 주권상장 또는 코스닥상장법인

「상속세 및 증여세법」 제39조의 2 제1항 및 같은법 시행령 제29조의 2 제2항의 규정을 적용할 때 '감자한 주식 1주당 평가액'은 감자를 위한 주주총회 결의일을 기준으로 하여 같은법 제60조 및 제63조 제1항의 규정에 의하여 평가하다. 이 경우에 주권상장 및 코스닥상장법인은 감자를 위한 주주총회결의일 이전 2월간의 유가증권시장 최종시세가액 또는 코스닥시장 기준가격의 평균액을 시가로 적용한다(서사-1698, 2004.10.22.).

(2) 비상장법인

비상장법인의 경우 시가가 있는 경우에는 시가로 평가하되, 시가가 없는 경우에는 「상속세 및 증여세법」 제63조 제1항 다목의 규정을 적용하여 평가한다. 즉, 시가가 없는 경우에는 감자를 위한 주주총회 결의일을 기준으로 당해 비상장법인의 1주당 순손익가치와 1주당 순자산가치를 각각 3과 2의 비율로 가중평균한 가액에 의한다. 다만, 부동산과다보유법인의 경우에는 1주당 순손익가치와 순자산가치의 비율을 각각 2와 3으로 한다.

3.4 최대주주 등의 할증평가규정 적용 배제

일반적으로 「상속세 및 증여세법」 제63조 제3항에 의한 최대주주 등에 해당되는 경우에는 1주당 평가가액에 할증평가를 하게 된다. 그런데 「상속세 및 증여세법」 제39조의 2에 의한 감자에 따른 이익의 증여를 계산하는 경우에는 「상속세 및 증여세법 시행령」 제53조 제6항 제2호에 의하여 「상속세 및 증여세법」 제63조 제3항(최대주주 등의 할증평가규정)의 적용은 배제된다.

4 현물출자에 따른 증여이익 계산 시의 주식평가

4.1 의 의

현물출자란 금전 이외의 부동산, 채권, 유가증권, 무체재산권, 영업의 전부 또는 일부, 컴퓨터의 소프트웨어 등 재산적 가치가 있는 것을 출자의 목적으로 하는 것을 말한다. 주주가 현물출자를 하면서 출자에 따른 신주의 인수가액이 현물출자 전의 주식평가액보다 높거나 낮음에 따라 현물출자자 또는 기존주주가 이익을 얻는 경우에 증여이익이 발생할 수 있다. 이때 발생하는 증여이익은 「상속세 및 증여세법」 제39조(증자에 따른 이익의 증여)에 의한 증여재산가액 산정방법 등을 준용하여 계산하여 증여세를 과세한다.

4.2 과세방법

현물출자를 하는 경우에 출자에 따른 신주의 인수가액이 현물출자 전의 주식평가액보다 높거나 낮음에 따라 현물출자자 또는 기존주주가 이익을 얻는 경우에는 증여이익이 발생할 수 있다. 이때 발생하는 증여이익은 증자에 따른 이익의 증여와 경제적 실질이 동일하다. 따라서 증자 시의 증여재산가액 산정방법 등을 준용하여 계산한 이익을 증여세 과세대상으로 규정하고 있다.

4.3 주식가액의 평가

4.3.1 현물출자 후 1주당 평가가액

현물출자 후 1주당 평가가액의 계산방법은 「상속세 및 증여세법」 제39조(증자에 따른 이익의 증여)의 규정을 준용하고 있다. 이 규정을 준용하여 정리하면 다음과 같다.

$$\frac{(\text{현물출자 전 1주당 가액}\times\text{현물출자 전 주식수})+(\text{신주 1주당 인수가액}\times\text{현물출자로 인하여 증가한 주식수})}{(\text{현물출자 전 주식수}+\text{현물출자로 인하여 증가한 주식수})}$$

4.3.2 현물출자 전 1주당 평가가액

(1) 주권상장 또는 코스닥상장법인

주권상장 또는 코스닥상장법인에 대한 현물출자 전 1주당 평가가액의 계산에 대한 구체적인 평가규정은 없다. 다만, 현물출자에 따른 증여이익의 계산규정은 증자에 따른 이익의 증여계산방법을 준용하고 있으므로 이 규정을 준용하면 될 것으로 판단된다. 따라서 현물출자 전의 1주당 평가가액은 당해 현물출자 전 2월이 되는 날로부터 현물출자한 날의 전일까지 공표된 한국거래소 최종시세가액의 평균액으로 평가하면 될 것으로 판단된다(상증통 39－29…2).

(2) 비상장법인

비상장법인의 경우에는 출자한 날을 기준으로 시가로 평가하되, 시가가 없는 경우에는 「상속세 및 증여세법」 제63조 제1항 다목의 규정을 적용하여 평가한다. 즉, 시가가 없는 경우에는 현물출자일을 기준으로 당해 비상장법인의 1주당 순손익가치와 1주당 순자산가치를 각각 3과 2의 비율로 가중평균한 가액에 의한다. 다만, 부동산과다보유법인의 경우에는 1주당 순손익가치와 순자산가치의 비율을 각각 2와 3으로 하여 평가한다.

4.3.3 최대주주 등의 할증평가규정 적용 배제

일반적으로 「상속세 및 증여세법」 제63조 제3항에 의한 최대주주 등에 해당되는 경우에는 1주당 평가가액에 할증평가를 하게 된다. 그러나 「상속세 및 증여세법」 제39조의 3에 의한 현물출자에 따른 이익의 증여를 계산하는 경우에는 「상속세 및 증여세법 시행령」 제53조 제6항 제2호에 의하여 할증평가규정을 적용하지 아니한다. 즉, 「상속세 및 증여세법」 제63조 제3항(최대주주 등의 할증평가규정)의 적용은 배제된다. 다만, 최대주주 등이 소유하는 주식을 다른 비상장법인에 현물출자하는 경우 그 현물출자하는 주식에 대해서는 「상속세 및 증여세법」 제63조 제3항의 규정에 의하여 할증평가한다(서사-1180, 2004.7.27.).

5 전환사채 등의 주식전환 등에 따른 증여이익 계산 시의 주식평가

5.1 의 의

전환사채란 사채로 발행되나 일정 기간이 지나면 채권 보유자의 청구가 있을 때 미리 결정된 조건대로 발행회사의 주식으로 전환할 수 있는 특약이 있는 사채를 말한다. 이런 전환사채의 발행은 발행회사 측면에서는 일반사채보다 낮은 이자율로 발행하는 장점이 있고, 전환사채를 구입하는 사채권자는 발행회사의 영업성과가 좋아져서 주가가 상승하면 주식으로 전환할 수 있는 권리가 부여되는 유리한 장점이 있다. 이런 경우에 기업의 내부정보에 대하여 알 수 있는 계열회사 등의 기업과 특수관계에 있는 자가 전환사채를 매입하여 보유하고 있다가 당초에 약정된 전환가격보다 주식가액이 상승한 경우에 양도하면 주식의 평가가액과 전환사채 매입가액과의 차액에 상당하는 금액의 이익을 얻게 된다.

이에 대하여 전환사채를 이용하여 변칙적인 증여의 수단으로 악용되는 것을 방지하기 위하여 특수관계인으로부터 저가로 취득한 자가 얻은 이익에 대하여 증여세를 과세하도록 하고 있다.

5.2 과세방법

전환사채 등[전환사채, 신주인수권부사채(신주인수권증권이 분리된 경우에는 신주인수권증권을 말함) 기타 주식으로 전환·교환하거나 주식을 인수할 수 있는 권리가 부여된 사채]에 대한 증여세는 전환사채 등의 시가와 전환사채 등의 취득가액과의 차액에 대하여 과세한다(상증법 §40 ①).

5.3 주식가액의 평가

5.3.1 전환사채 등의 시가

전환사채 등의 시가는「상속세 및 증여세법」제60조 및 제63조 제1항 제2호에 의하여 평가한다. 즉, 시가가 있는 경우 시가로 평가하되, 시가에 해당하는 가액이 없는 경우에는 같은법 시행령 제58조의 2의 규정에 의하여 평가한다. 전환사채 등의 평가방법은 제4장 제3절에서 자세히 설명하고 있으므로 이를 참고하기 바란다.

5.3.2 전환사채 등의 인수·취득가액

전환사채 등을 인수하거나 취득하는 경우의 인수·취득가액은 전환사채 등을 인수·취득 시 지급하는 금액을 말한다.

5.3.3 교부받은 주식가액

(1) 일반적인 경우

전환사채 등을 특수관계에 있는 자로부터 취득하고 일정한 요건에 해당되는 경우에 증여세가 과세되는데, 이때 전환사채 등에 의하여 주식으로 전환·교환하거나 주식을 인수한 경우에 교부받은 주식가액은 다음 산식에 의하여 계산한 1주당 가액으로 한다(상증령 §30 ⑤ 1호).

$$\frac{\left[\left(\begin{matrix}\text{전환 등 전의}\\\text{1주당 평가가액}\end{matrix}\times\begin{matrix}\text{전환 등 전의}\\\text{발행주식총수}\end{matrix}\right)+\left(\begin{matrix}\text{주식 1주당}\\\text{전환가액 등}\end{matrix}\times\begin{matrix}\text{전환 등에 의하여}\\\text{증가한 주식수}\end{matrix}\right)\right]}{\text{전환 등 전의 발생주식총수}+\text{전환 등에 의하여 증가한 주식수}}$$

(2) 주권상장 및 코스닥상장법인

교부받은 주식가액을 계산함에 있어서 주권상장법인 등의 주식으로 전환 등을 한 경우로서 전환 등 후의 1주당 평가가액(2월간 종가평균액)이 상기 '(1) 일반적인 경우'의 1주당 가액보다 적은 경우(고가로 전환하는 경우에는 높은 가액)에는 당해 가액을 적용한다(상증령 §30 ⑤ 1호 단서).

5.3.4 교부받을 주식가액

(1) 일반적인 경우

양도일 현재 주식으로의 전환 등이 가능한 전환사채 등을 양도한 경우로서 당해 전환사채 등의 양도일 현재 주식으로 전환 등을 할 경우 다음 산식에 의하여 계산한 1주당 가액으로 평가한다(상증령 §30 ⑤ 2호).

$$\frac{\left[\left(\text{양도 전의 1주당 평가가액} \times \text{양도 전의 발행주식총수}\right) + \left(\text{주식 1주당 전환가액 등} \times \text{전환 등을 할 경우 증가하는 주식수}\right)\right]}{\text{양도 전의 발생주식총수} + \text{전환 등을 할 경우 증가하는 주식수}}$$

(2) 주권상장 및 코스닥상장법인

이 경우 주권상장법인 등의 경우로서 양도일을 기준으로 한 1주당 평가가액이 상기 '(1) 일반적인 경우'의 1주당 가액보다 적은 경우에는 당해 가액으로 한다. 즉, 양도일 현재의 1주당가액으로 평가할 수 있다(상증령 §30 ⑤ 2호 단서).

5.3.5 주식 1주당 전환가액 등

전환사채 등에 의하여 주식으로의 전환하는 경우에 신주를 인수할 때 지급하는 금액을 말한다.

5.3.6 최대주주 등의 할증평가규정 적용 배제

전환사채 등의 주식전환 등에 따른 이익의 증여를 계산함에 있어서 최대주주가 보유하는 전환사채를 특수관계자에게 양도하는 경우에 비상장주식 1주당가액의 계산은 「상속세 및 증여세법」 제63조 제3항의 규정에 의한 할증평가규정 적용은 배제한다(재삼 46014-2989, 1997.12.22.).

6 주식 등의 상장 등에 따른 증여이익 계산 시 주식평가

6.1 의 의

기업의 최대주주에 해당되거나 그 기업의 주식지분율이 일정비율 이상을 보유한 주주는 그 기업의 경영 등에 관하여 공개되지 아니한 내부정보를 알 수 있는 위치에 있다. 이러한 위치에 있는 최대주주 등과 특수관계에 있는 자는 법인이 유가증권시장 또는 코스닥시장에 상장함에 따른 거액의 시세차액을 얻을 수도 있다. 이런 경우에 기업의 내부정보를 이용할 수 있는 지위에 있다고 인정되는 자가 특수관계에 있는 자로부터 시가보다 낮은 가액으로 비상장주식을 취득한 후 5년 이내에 당해 주식이 한국거래소가 개설한 유가증권시장 또는 코스닥시장에 상장됨에 따라 얻은 이익에 대하여 증여세를 과세하고 있다(상증법 §41의 3 ①).

6.2 과세방법

최대주주 등 또는 지분율 25% 이상 보유한 자와 「상속세 및 증여세법 시행령」 제19조 제2항의 특수관계에 있는 자가 최대주주 등으로부터 주식 등을 증여받거나 양도받은 경우에 적용된다. 특수관계에 있는 자로부터 시가보다 낮은 가액으로 비상장주식을 취득한 후 5년 이내에 당해 주식이 한국거래소가 개설한 유가증권시장 또는 코스닥시장에 상장되는 경우에 적용된다. 이때 과세방법은 비상장법인이 상장된 후 3월이 되는 날, 즉 정산기준일을 기준으로 평가한 주식의 가격과 증여 또는 취득 당시의 비상장주식의 가격에 30% 이상 차이가 있거나 차액기준으로 3억원 이상 차이가 있는 경우에 증여세를 과세하거나 증여 또는 취득시점에서 과세한 증여세를 환급하게 된다. 이 경우에 상장일로부터 3월 이내에 당해 주식의 소유자가 사망하거나 당해 주식을 증여 또는 양도한 경우에는 그 사망일·증여일 또는 양도일을 정산기준일로 한다.

이 규정은 상장으로 인하여 주가가 상승하는 경우뿐만 아니라 주가가 하락하는 경우에도 모두 적용함으로써 주가의 변동에 대한 정산의 방법을 적용하고 있다.

증여재산가액=당초의 증여세 과세가액±주식 등의 상장 등에 따른 손익

주식 등의 상장 등에 따른 손익은 정산일 현재의 평가가액에서 증여 또는 취득 당시 증여재산가액 또는 취득가액과의 차액에 대하여 기업가치 실질증가분을 차감하여 계산한다.

6.3 주식가액의 평가

6.3.1 정산기준일 현재 1주당 평가가액

비상장주식 등의 상장일로부터 3개월이 되는 날(평가기준일)을 기준으로 평가한다. 이 때 평가액은 「상속세 및 증여세법」 제63조에 의한 평가액을 의미하므로 정산기준일 이전·이후 각 2개월간 최종시세가액의 평균액으로 평가한다. 다만, 당해 주식 등을 보유한 자가 상장일로부터 3개월이 되는 날까지의 사이에 사망하거나 당해 주식 등을 증여 또는 양도한 경우에는 그 사망일·증여일 또는 양도일을 기준으로 계산한다(상증법 §41의 3 ③).

6.3.2 증여 또는 취득 당시 증여세 과세가액 또는 취득가액

증여받은 주식가액은 주식 등을 증여받은 날이나 취득한 날 현재의 1주당 증여세과세가액 또는 1주당 취득가액을 적용한다. 즉, 증여받은 경우에는 증여일 현재의 「상속세 및 증여세법」 제60조부터 제66조까지의 규정에 의하여 평가한다. 이 경우에 부담부증여에 해당되는 경우에는 증여세 과세가액을 적용하며, 유상으로 취득한 주식은 그 취득가액을 말한다(상증령 §31의 3 ① 2호).

이 경우에 「상속세 및 증여세법」 제35조(저가·고가양도에 따른 이익의 증여 등)의 규정에 의하여 증여세가 과세된 경우에는 당해 증여세 과세가액을 적용한다.

6.3.3 1주당 기업가치 실질증가분

증여세 과세가액을 계산할 때 정산일을 기준으로 한 1주당 평가가액에서 증여 또는 취득 당시의 과세가액이나 취득가액을 차감하고, 여기에 1주당 기업가치 실질증가분을 차감하여 계산한다. 이때 1주당 기업가치 실질증가분은 다음의 산식에 의하여 계산한다(상증령 §31의 3 ⑤).

$$\frac{\text{비상장주식의 증여·취득일이 속하는 사업연도개시일로부터 상장·코스닥상장일 전일까지의 1주당 순손익액의 합계액}}{\text{증여·취득일의 사업연도개시일부터 상장 등의 전일까지 월수}} \times \text{증여·취득일부터 정산기준일까지의 월수}$$

1주당 순손익액의 합계액을 계산함에 있어서 한국거래소에 상장되지 아니한 주식 또는 출자지분(이하 "주식 등"이라 함)의 증여일 또는 취득일이 속하는 사업연도개시일부터 당해 주식 등의 상장일이 속하는 사업연도까지의 기간에 대한 순손익액은 「상속세 및 증여세법 시행령」 제56조 제4항의 규정에 의하여 각 사업연도단위별로 계산한 1주당 순손익액으로 한다(상증칙 §10의 4 ②).

다만, 1주당 순손익액을 산정하기 어려운 경우에는 상장일이 속하는 사업연도의 직전 사업연도의 1주당 순손익액을 당해 사업연도의 월수로 나눈 금액에 상장일이 속하는 사업연도개시일부터 상장일의 전일까지의 월수를 곱한 금액에 의할 수 있다(상증칙 §10의 4 ③).

7 합병에 따른 상장 등 증여이익 계산 시의 주식평가

7.1 의 의

한국거래소에 상장을 추진 중에 있는 비상장주식을 증여받거나 취득하여 상장이 된 후에 시세차액을 얻은 것에 대하여 「상속세 및 증여세법」 제41조의 3(상장시세차익과세)에 의하여 증여세를 과세하고 있다. 그런데 당해 비상장법인이 직접 상장을 하지 않고 특수관계에 있는 주권상장 또는 코스닥상장법인과 합병하여 상장주식을 교부받음으로써 얻게 되는 이익도 비상장법인이 상장하여 얻는 이익과 동일하다. 이에 대하여 「상속세 및 증여세법」 제41조의 3과 동일하게 과세하도록 함으로써 정상적인 합병을 가장한 변칙증여를 방지하기 위하여 과세하고 있다.

7.2 과세방법

당해 비상장법인의 주식을 특수관계에 있는 자로부터 시가보다 낮은 가액으로 비상장주식을 취득한 후 5년 이내에 특수관계에 있는 주권상장 또는 코스닥상장법인과 합병한 경우에 적용된다. 이때 과세방법은 비상장법인이 합병 후 3월이 되는 날, 즉 정산기준일을 기준으로 평가한 주식의 가격과 증여 또는 취득 당시의 비상장주식의 가격에 일정한 차이가 있는 경우에 증여세를 과세하거나 증여 또는 취득시점에서 과세한 증여세를 환급하게 된다.

이 경우에 합병등기일로부터 3월 이내에 당해 주식의 소유자가 사망하거나 당해 주식을 증여 또는 양도한 경우에는 그 사망일·증여일 또는 양도일을 정산기준일로 한다(상증법 §41의 5 ①).

7.3 주식가액의 평가

7.3.1 정산기준일 현재 1주당 평가가액

비상장주식 등의 상장일로부터 3월이 되는 날(평가기준일)을 기준으로 평가한다. 이때 평가액은 「상속세 및 증여세법」 제63조에 의한 평가액을 의미하므로 정산기준일 이전·이후 각 2개월간 최종시세가액의 평균액으로 평가한다. 다만, 당해 주식 등을 보유한 자가 상장일로부터 3개월이 되는 날까지의 사이에 사망하거나 당해 주식 등을 증여 또는 양도한 경우에는 그 사망일·증여일 또는 양도일을 기준으로 계산한다(상증법 §41의 3 ③).

7.3.2 증여 또는 취득 당시 증여세 과세가액 또는 취득가액

증여받은 주식가액은 주식 등을 증여받은 날이나 취득한 날 현재의 1주당 증여세과세가액 또는 1주당 취득가액을 적용한다. 즉, 증여받은 경우에는 증여일 현재의 「상속세 및 증여세법」 제60조부터 제66조까지의 규정에 의하여 평가한다. 이 경우에 부담부증여에 해당되는 경우에는 증여세 과세가액을 적용하며, 유상으로 취득한 주식은 그 취득가액을 말한다(상증령 §31의 3 ① 2호).

이 경우에 「상속세 및 증여세법」 제35조(저가·고가양도에 따른 이익의 증여 등)의 규정에 의하여 증여세가 과세된 경우에는 당해 증여세 과세가액을 적용한다.

7.3.3 1주당 기업가치 실질증가분

증여세 과세가액을 계산함에 있어서 정산일을 기준으로 한 1주당 평가가액에서 증여 또는 취득 당시의 과세가액이나 취득가액을 차감한 차액에 대하여 1주당 기업가치 실질증가분을 차감하여 계산한다. 이때 1주당 기업가치 실질증가분은 다음의 산식에 의하여 계산한다(상증령 §31의 3 ⑤).

$$\frac{\text{비상장주식의 증여·취득일이 속하는 사업연도개시일로부터 상장·코스닥상장일 전일까지의 1주당 순손익액의 합계액}}{\text{증여·취득일의 사업연도개시일부터 상장 등의 전일까지 월수}} \times \text{증여·취득일부터 정산기준일까지의 월수}$$

1주당 순손익액의 합계액을 계산함에 있어서 한국거래소에 상장되지 아니한 주식 또는 출자지분(이하 "주식 등"이라 함)의 증여일 또는 취득일이 속하는 사업연도개시일부터 당해 주식 등의 상장일이 속하는 사업연도까지의 기간에 대한 순손익액은 「상속세 및 증여세법 시행령」 제56조 제4항의 규정에 의하여 각 사업연도단위별로 계산한 1주당 순손익액으로 한다(상증칙 §10의 4 ②).

다만, 1주당 순손익액을 산정하기 어려운 경우에는 상장일이 속하는 사업연도의 직전 사업연도의 1주당 순손익액을 당해 사업연도의 월수로 나눈 금액에 상장일이 속하는 사업연도개시일부터 상장일의 전일까지의 월수를 곱한 금액에 의할 수 있다(상증칙 §10의 4 ③).

Chapter 02

부당행위계산부인에 따른 주식평가액 적용

1 「법인세법」상 주식평가액의 적용

1.1 「법인세법」상의 시가

1.1.1 원 칙

「법인세법」상 시가에 관한 규정은 「법인세법」 제52조에 의한 부당행위계산의 부인에서 규정하고 있다. 「법인세법」상의 시가는 '건전한 사회통념 및 상관행과 특수관계인이 아닌 자간에 정상적인 거래에서 적용되거나 적용될 것으로 판단되는 가격(요율·이자율·임대료 및 교환비율 기타 이에 준하는 것을 포함)'으로 규정하고 있다.

1.1.2 유사거래가액이 있는 경우

「법인세법」에서 시가에 관한 정의는 규정되어 있으나 구체적으로 당해 거래와 유사한 상황에서 당해 법인이 특수관계인 이외의 불특정다수인과 계속적으로 거래한 가격 또는 특수관계인이 아닌 제3자간에 일반적으로 거래된 가격이 있는 경우에는 그 가격에 의하도록 하고 있다.

1.1.3 주권상장법인주식

주권상장법인이 발행한 주식을 다음의 어느 하나에 해당하는 방법으로 거래한 경우 해당 주식의 시가는 그 거래일의 「자본시장과 금융투자업에 관한 법률」 제8조의 2 제2항에 따른 거래소최종시세가액(거래소 휴장 중에 거래한 경우에는 그 거래일의 직전 최종시세가액)으로 하며, 사실상 경영권의 이전이 수반되는 경우에는 「상속세 및 증여세법」 제63조 제3항을 준용하여 그 가액의 100분의 20을 가산한다.

① 「자본시장과 금융투자업에 관한 법률」 제8조의 2 제4항 제1호에 따른 증권시장 외에서 거래하는 방법

② 대량매매 등 기획재정부령으로 정하는 방법

1.1.4 시가가 불분명한 경우

시가의 정의에 부합되는 유사거래가액이 확인되지 아니하여 시가가 불분명한 경우에는 「감정평가 및 감정평가사에 관한 법률」에 의한 감정평가법인이 감정한 가액이 있는 경우 그 가액(감정한 가액이 2 이상인 경우에는 그 감정한 가액의 평균액)을 우선 적용하고, 감정가액이 없는 경우에는 「상속세 및 증여세법」 제38조·제39조·제39조의 2·제39조의 3, 제61조부터 제64조까지의 규정을 준용하여 평가한 가액을 적용한다.

2 주식가액의 시가 적용과 부당행위계산부인

2.1 의 의

「법인세법」에서는 내국법인이 그와 특수관계에 있는 자와의 거래와 관련하여 행위 또는 계산이 당해 법인의 소득금액을 부당히 감소시킨 것으로 인정되는 경우에는 부당행위계산부인의 규정이 적용된다. 납세지관할세무서장 등은 내국법인의 행위 또는 소득금액의 계산이 「국세기본법 시행령」 제1조의 2의 특수관계인과의 거래로 인하여 그 법인의 소득에 대한 조세의 부담을 부당히 감소시킨 것으로 인정되는 경우에는 그 법인의 행위 또는 소득금액의 계산에 관계없이 그 법인의 각 사업연도의 소득금액을 계산할 수 있다(법법 §52 ①).

2.2 부당행위계산 부인대상

2.2.1 적용대상거래

법인이 특수관계인과의 거래에서 조세의 부담을 부당히 감소시킨 것으로 인정되는 경우는 「법인세법 시행령」 제88조 제1항에서 9가지로 예시하고 있다. 그중 주식의 거래와 관련하여 적용되는 대상거래는 다음과 같이 나누어 설명할 수 있다.

(1) 주식 등의 고·저가 양수도

내국법인이 특수관계인으로부터 주식이나 부동산 등을 시가보다 높은 가액으로 매입하거나 시가보다 낮은 가액으로 양도한 경우에 부당행위계산부인의 대상이 된다. 이때 부당행위계산부인의 대상은 시가와 거래가액의 차액이 3억원 이상이거나 시가의 100분의 5에 상당하는 금액 이상인 경우에 한하여 적용한다.

(2) 자본거래로 인한 이익의 분여

자본거래로 인하여 주주 등인 법인이 특수관계인인 다른 주주 등에게 이익을 분여한 경우에 부당행위계산부인 규정이 적용되며, 그 대상은 다음과 같다.

① 특수관계인인 법인간의 합병(분할합병을 포함)에 있어서 주식 등을 시가보다 높거나 낮게 평가하여 불공정한 비율로 합병한 경우, 다만 「자본시장과 금융투자업에 관한 법률」 제165조의 4 제1항에 의하여 주권상장법인 또는 코스닥상장법인이 다른 법인과 합병한 경우에는 제외한다.

② 법인의 증자에 있어서 신주(전환사채·신주인수권부사채 또는 교환사채 등을 포함)를 배정받을 수 있는 권리의 전부 또는 일부를 포기(그 포기한 신주가 「자본시장과 금융투자업에 관한 법률」 제9조 제7항의 규정에 의한 모집방법으로 배정되는 경우를 제외)하거나 신주를 시가보다 높은 가액으로 인수하는 경우

③ 법인의 감자에 있어서 주주 등의 소유주식 등의 비율에 의하지 아니하고 일부 주주 등의 주식 등을 소각하는 경우

④ 기타 증자·감자, 합병(분할합병을 포함)·분할, 「상속세 및 증여세법」 제40조 제1항에 따른 전환사채 등에 의한 주식의 전환·인수·교환 등 법인의 자본(출자

액을 포함)을 증가시키거나 감소시키는 거래를 통하여 법인의 이익을 분여하였다고 인정되는 경우

2.2.2 부당하게 높은 가액 또는 낮은 가액의 범위

(1) 고·저가 양수도거래

법인이 특수관계인과의 거래에서 주식 등의 자산을 고가매입하거나 저가양도한 경우에 부당행위계산부인의 대상이 되는 부당하게 높은 가액 또는 낮은 가액은 시가를 기준으로 적용한다. 즉, 건전한 사회통념 및 상관행과 특수관계인이 아닌 자간의 정상적인 거래에서 적용되거나 적용될 것으로 판단되는 가격(요율·이자율·임대료 및 교환비율 기타 이에 준하는 것을 포함)을 기준으로 판단한다.

따라서 부당하게 높은 가액 또는 낮은 가액의 범위에는 비율기준인 30% Rule이나 차액기준인 3억원 조건은 적용되지 아니하고 시가와의 차액은 부당행위계산부인의 대상이 된다. 이때 부당행위계산부인의 대상은 시가와 거래가액의 차액이 3억원 이상이거나 시가의 100분의 5에 상당하는 금액 이상인 경우에 한하여 적용한다.

(2) 자본거래로 인한 이익의 분여

합병이나 증자 또는 감자 등의 자본거래와 관련하여 부당행위계산에 해당하는 경우에는 시가와의 차액 등을 익금에 산입하여 당해 법인의 각 사업연도의 소득금액을 계산한다. 이때 특수관계인에게 이익을 분여한 경우 익금에 산입할 금액의 계산은 그 유형에 따라 「상속세 및 증여세법」 제38조·제39조·제39조의 2·제39조의 3·제40조·제42조의 2, 동법 시행령 제28조 제3항 내지 제7항·제29조 제2항·제29조의 2 제2항·제29조의 3 제1항·제30조 제5항 및 제32조의 2의 규정을 준용한다(법령 §89 ⑥).

따라서 합병이나 증자, 감자 또는 이와 유사한 자본거래로 인하여 법인의 이익을 분여한 경우에는 「상속세 및 증여세법」을 준용하여 계산한 금액을 익금에 산입한다. 이상과 같이 주식거래와 관련된 고·저가 양수도 거래나 합병·증자·감자 등과 같은 자본거래와 관련된 부당행위계산부인의 적용은 「상속세 및 증여세법」을 준용하도록 하고 있다.

3 「소득세법」상 주식평가액의 적용

3.1 「소득세법」상의 시가

3.1.1 의 의

「소득세법」에서는 유가증권의 양도에 대하여는 사업소득으로 과세되지 아니하고 양도소득으로 과세된다. 유가증권에 대한 양도소득세 과세는 주권상장법인, 코스닥상장법인, 비상장법인의 주식의 양도에 대하여는 양도가액 또는 취득가액은 실지거래가액에 의한다. 그런데 「소득세법」상 양도소득의 계산에 적용되는 시가의 개념을 명백히 규정한 것은 없다. 다만, 「소득세법 시행령」 제167조(양도소득의 부당행위계산)에서 시가의 적용은 「상속세 및 증여세법」 제60조부터 제66조까지와 같은 법 시행령 제49조, 제50조부터 제52조까지, 제52조의 2, 제53조부터 제58조까지, 제58조의 2부터 제58조의 4까지, 제59조부터 제63조까지의 규정을 준용하여 평가한 가액에 의하도록 하고 있다.

이 규정을 근거로 「상속세 및 증여세법」을 준용하여 시가를 적용하면 시가는 불특정다수인 사이에 자유로이 거래가 이루어지는 경우에 통상 성립된다고 인정되는 가액으로 하고, 양도일 또는 취득일로부터 3개월 이내의 당해 재산에 대하여 매매·감정·수용·경매 또는 공매가 있는 경우에 그 가액으로 적용하게 된다.

3.2 주식가액의 시가 적용과 부당행위계산

3.2.1 의 의

세법에서는 사법상 적법하게 성립된 거래라도 세법적 관점에서 볼 때 납세자가 정상적인 경제인의 합리적인 거래형식에 의하지 아니하고 비정상적인 방식을 선택함으로써 조세의 부담을 부당하게 감소시킨 것으로 인정되는 경우에는 이를 부인하는 규정을 두고 있는데, 이를 부당행위계산의 부인이라 한다. 양도소득세 과세대상 유가증권을 거래한 거주자가 그와 특수관계에 있는 자와의 거래로 인하여 행위 또는 계산이 당해 소득에 대한 조세의 부담을 부당하게 감소시킨 것으로 인정되는 때에는 부당행위계산의 대상이 된다. 납세지관할세무서장 또는 지방국세청장은 양도소득이 있는 거주자의 행위 또는 계산이 그 거주자와 「소득세법 시행령」 제98조 제1항에 규정한 특수관계 있는 자와의 거래로 인하여 당해 소득에 대한 조세의 부담을 부당하게 감소시킨 것으로 인정되는 때에는 그 거주자의 행위 또는 계산에 관계없이 당해 연도의 소득금액을 계산할 수 있다(소법 §101 ①).

3.2.2 부당행위계산의 적용

(1) 적용대상거래

거주자가 특수관계에 있는 자와의 거래에 있어서 토지 등을 시가를 초과하여 취득하거나 시가에 미달하게 양도함으로써 조세의 부담을 부당히 감소시킨 것으로 인정되는 때에는 그 취득가액 또는 양도가액을 시가에 의하여 계산한다(소령 167 ④). 이 규정에서 조세의 부담을 부당하게 감소시킨 것으로 인정되는 때라 함은 시가와 거래가액의 차액이 3억원 이상이거나 시가의 100분의 5에 상당하는 금액 이상인 경우로서 다음과 같은 경우에 해당된다.

① 특수관계 있는 자로부터 시가보다 높은 가격으로 자산을 매입하거나 특수관계 있는 자에게 시가보다 낮은 가격으로 자산을 양도한 때

② 특수관계 있는 자에게 금전 기타 자산 또는 용역을 무상 또는 낮은 이율 등으로 대부하거나 제공한 때. 다만, 직계존비속에게 주택을 무상으로 사용하게 하고 직계존비속이 당해 주택에 실제 거주하는 경우를 제외한다.

③ 특수관계 있는 자로부터 금전 기타 자산 또는 용역을 높은 이율 등으로 차용하거나 제공받는 때

④ 특수관계 있는 자로부터 무수익자산을 매입하여 그 자산에 대한 비용을 부담하는 때

⑤ 기타 특수관계 있는 자와의 거래로 인하여 당해 연도의 총수입금액 또는 필요경비의 계산에 있어서 조세의 부담을 부당하게 감소시킨 것으로 인정되는 때

(2) 부당행위계산의 금액

부당행위계산의 금액은 「소득세법」 제94조에 의한 양도소득세 과세대상자산인 주식 등을 거주자가 특수관계인으로부터 고가양수하거나 저가양도하는 경우에 부당행위계산의 대상이 된다. 이때 고가양수·저가양도에 따른 부당행위계산의 대상금액은 시가와 대가와의 차액을 적용하게 된다. 이때 고가매수·저가양도에 따른 부당행위계산의 대상금액은 시가와 대가와의 차액을 적용하게 된다. 즉, 시가와 거래가액의 차액이 3억원 이상이거나 시가의 100분의 5에 상당하는 금액 이상인 경우에는 시가와 대가와의 차이에 대하여 전액 부당행위계산 대상이 된다.

(3) 부당행위계산 시의 시가

양도소득세 계산 시의 주식의 양도가액과 취득가액은 실지거래가액에 의한다. 그런데 주식 등을 거주자가 특수관계인으로부터 고가양수하거나 저가양도하는 경우에 부당행위계산의 대상이 되는 기준은 시가이다. 비록 거주자가 신고한 실거래가액이 고가양수에 해당되거나 저가양도에 해당되는지 여부, 즉 부당행위계산의 대상이 되는지는 「소득세법」상의 시가에 적합한지를 판단하여야 한다. 부당행위계산에 적용되는 시가는 「상속세 및 증여세법」 제60조부터 제66조까지와 같은 법 시행령 제49조, 제50조부터 제52조까지, 제52조의 2, 제53조부터 제58조까지, 제58조의 2부터 제58조의 4까지, 제59조부터 제63조까지의 규정을 준용하여 평가한 가액에 의하도록 하고 있다.

3.3 추계결정 시 주식가액의 적용

3.3.1 의 의

거주자가 주식을 양도하고 예정신고 또는 확정신고를 하지 아니한 경우에는 납세지관할세무서장 등은 「소득세법」 제96조 제1항에 의하여 실지거래가액에 의하여 양도소득 과세표준과 세액을 결정 또는 경정하여야 한다. 그러나 장부 기타 증빙서류에 의하여 당해 자산의 양도 당시 또는 취득 당시의 실지거래가액을 인정 또는 확인할 수 없는 경우에는 「소득세법」 제114조 제7항에 의하여 양도가액 또는 취득가액은 매매사례가액, 감정가액, 환산가액(실지거래가액·매매사례가액 또는 감정가액을 대통령령이 정하는 방법에 의하여 환산한 취득가액을 말함) 또는 기준시가 등에 의하여 추계조사하여 결정 또는 경정할 수 있다.

3.3.2 주식가액의 적용

납세지관할세무서장이 거주자의 양도소득에 대하여 결정 또는 경정하는 경우에는 「소득세법」 제96조 제1항에 의하여 실지거래가액에 의하여야 한다. 그러나 장부 기타 증빙서류에 의하여 당해 자산의 양도 당시 또는 취득 당시의 실지거래가액을 인정 또는 확인할 수 없어서 추계결정하는 경우에는 「소득세법」 제114조 제7항에 의하여 기준시가에 의할 수 있다. 따라서 주식의 양도소득을 계산함에 있어서 양도가액 또는 취득가액에 대하여 실지거래가액을 확인할 수 없는 경우에 한하여 기준시가를 적용할 수 있다.

Chapter 03

합병 또는 주식의 포괄적 교환 · 이전 등에 대한 부당행위계산부인

–추정이익에 의한 순손익가치평가의 적정성에 관하여–

1 개 요

우리나라는 지난 1997년 IMF 외환위기를 겪고 나서 국가적 차원에서 금융권 등의 기업구조를 조정하는 작업을 활발히 진행하여 상당한 성과를 거둔 것으로 평가받고 있다. 글로벌경제 시대에 접어든 지금에 이르러서는 다른 외국에서도 경영의 효율화, 지배구조의 투명화를 이뤄 세계적 표준을 달성하고 기업의 경쟁력을 높이는 차원에서 기업간 구조조정이 활발히 진행되고 있다. 우리나라에서도 금융산업에서 이업종의 겸영화 확대 현상이 두드러지고 있고, 제조업과 서비스업 부문에서도 대형화가 활발하게 진행되고 있다.

이러한 추세를 반영하여 정부에서는 2001년에 기업의 소유 및 지배구조의 효율적 재편성을 쉽게 해주기 위해 「상법」을 개정하면서 주식의 포괄적 교환과 이전을 신설하였다. 주식교환이나 이전이 「상법」상의 제도로 수용됨으로써 업종에 관계없이 모든 회사가 지주회사 설립을 간편하고 신속하게 할 수 있게 되었다. 특히 주식의 포괄적 교환과 이전은 특정의 타회사(자회사)를 완전히 지배하는 완전모회사, 소위 지주회사의 설립을 위한 방법으로서 활용되고 있다.

「법인세법」에서도 2009년 개정세법에서 주식의 포괄적 교환·이전은 2개 회사가 실질적으로 1개 회사로 통합된다는 점에서 합병과 유사하고, 자산의 포괄적 양도도 일정한 경우에는 합병과 유사하므로 합병과 동일한 특례 적용하도록 하였다. 이와 같은 지원추세에 따라 앞으로도 기업들은 주식의 포괄적 교환이나 이전 등을 통하여 기업의 지배구조를 개선하거나 대형화를 손쉽게 할 수 있게 되었다.

한편 이러한 추세에 따라 비상장법인의 우회상장, 주식의 포괄적 교환 또는 이전 등을 한 경우에 대해 과세당국에서는 주식의 평가액의 차이로 인하여 주주간에 자산의 무상으로 이전되는 것으로 판단하여 증여세 등을 부과하고 있다. 그 내용을 살펴보면, 개인주주에 대해서는 「상속세 및 증여세법」 제35조에 따른 고가·저가 양도에 따른 이익의 증여로, 같은법 제42조에 따라 그 밖의 이익의 증여로 각각 증여세를 과세하고 있고, 법인주주에 대해서는 「법인세법」 제52조에 따른 부당행위계산부인을 적용하여 법인세를 부과하고 있다.

더군다나 2004년부터 시행된 증여세완전포괄주의과세제도에 따라 특수관계가 없는 자와의 거래에 대해서도 증여세를 부과하고 있어서 납세자와의 분쟁이 지속되고 있다. 이에 최근에 이루어지고 있는 주식의 포괄적 교환 등에 대한 규정과 과세의 실태를 보면서 이에 대한 실태와 해결방안에 대해서 검토한다.

2 법인의 합병 등에 관한 제도

2.1 「상법」의 제도

2.1.1 회사의 합병

회사가 합병을 할 때는 총사원의 동의가 있어야 하며, 합병 후 존속하는 회사나 합병으로 인하여 설립되는 회사가 그 본점소재지에서 등기를 함으로써 그 효력이 생긴다. 회사가 합병을 하게 되면 합병 후 존속한 회사나 합병으로 인하여 설립된 회사는 합병으로 인하여 소멸된 회사의 권리의무를 승계한다(상법 §234·§235).

2.1.2 주식의 포괄적 교환에 의한 완전모회사의 설립

회사는 주식의 포괄적 교환에 의하여 다른 회사의 발행주식총수를 소유하는 회사(완전모회사)가 될 수 있고, 주식의 포괄적 교환에 의하여 완전자회사가 되는 회사의 주주가 가지는 그 회사의 주식은 주식을 교환하는 날에 주식교환에 의하여 완전모회사가 되는 회사에 이전하고, 그 완전자회사가 되는 회사의 주주는 그 완전모회사가 되는 회사가 주식교환을 위하여 발행하는 신주의 배정을 받음으로써 그 회사의 주주가 된다(상법 §360의 2).

2.1.3 주식의 포괄적 이전에 의한 완전모회사의 설립

회사는 주식의 포괄적 이전에 의하여 완전모회사를 설립하고 완전자회사가 될 수 있다. 주식이전에 의하여 완전자회사가 되는 회사의 주주가 소유하는 그 회사의 주식은 주식이전에 의하여 설립하는 완전모회사에 이전하고, 그 완전자회사가 되는 회사의 주주는 그 완전모회사가 주식이전을 위하여 발행하는 주식의 배정을 받음으로써 그 완전모회사의 주주가 된다(상법 §360의 15).

2.2 「자본시장과 금융투자업에 관한 법률」에 따른 법인의 합병 등의 절차와 방법

2.2.1 법인의 합병 등에 대한 주요사항보고서 제출

법인이 합병 등을 하는 경우에는 「자본시장과 금융투자업에 관한 법률」(구 「증권거래법」)의 적용을 받는다. 「자본시장과 금융투자업에 관한 법률」에 의하면 법인이 합병과 같은 중요한 사유가 발생할 때에는 금융위원회에 주요사항보고서를 제출하여야 하고, 「자본시장과 금융투자업에 관한 법률」 제161조(주요사항보고서의 제출)에 의하여 「상법」 제360조의 2(주식의 포괄적 교환에 의한 완전모회사의 설립), 제360조의 15(주식의 포괄적 이전에 의한 완전모회사의 설립), 제522조(합병계약서와 그 승인결의) 및 제530조의 2(회사의 분할·분할합병)에 규정된 사실이 발생하거나 그 밖에 중요한 영업 또는 자산을 양수하거나 양도할 것을 결의한 때에는 그 사실이 발생한 날의 다음 날까지 그 내용을 기재한 보고서(주요사항보고서)를 금융위원회에 제출하여야 한다.

2.2.2 합병 등의 요건과 방법

(1) 합병가액의 산정

주권상장법인이 다른 법인과 합병하려는 경우에는 다음의 방법에 따라 산정한 합병가액에 따라야 한다. 이 경우 주권상장법인이 다음의 '①' 또는 '②'의 '㉠' 본문에 따른 가격을 산정할 수 없는 경우에는 '②'의 '㉡'에 따른 가격으로 하되, 합병가액의 적정성에 대해서는 따른 외부평가기관의 평가를 받아야 한다(「자본시장과 금융투자업에 관한 법률 시행령」 §176의 5).

① 주권상장법인 간 합병의 경우에는 합병을 위한 이사회 결의일과 합병계약을 체결한 날 중 앞서는 날의 전일을 기산일로 한 다음 각 목의 종가를 산술평균한 가액(이하 "기준시가"라 함)을 기준으로 30%(계열회사 간 합병의 경우에는 10%)의 범위에서 할인 또는 할증한 가액. 이 경우 '㉠' 및 '㉡'의 평균종가는 종가를 거래량으로 가중산술평균하여 산정한다.

㉠ 최근 1개월간 평균종가. 다만, 산정대상기간 중에 배당락 또는 권리락이 있는 경우로서 배당락 또는 권리락이 있은 날부터 기산일까지의 기간이 7일 이상인 경우에는 그 기간의 평균종가로 한다.

㉡ 최근 1주일간 평균종가

㉢ 최근일의 종가

② 주권상장법인과 주권비상장법인간 합병의 경우에는 다음의 기준에 따른 가격

㉠ 주권상장법인의 경우에는 상기 '①'의 가격. 다만, '①'의 가격이 자산가치에 미달하는 경우에는 자산가치로 할 수 있다.

㉡ 주권비상장법인의 경우에는 자산가치와 수익가치를 가중산술평균한 가액으로 한다.

(2) 비상장법인과의 합병의 요건

주권상장법인이 주권비상장법인과 합병 등을 하여 주권상장법인이 되는 경우에는 다음의 요건을 충족하여야 한다(「자본시장과 금융투자업에 관한 법률 시행령」 §176의 5 ④).

① 합병가액의 적정성에 대하여 외부평가기관의 평가를 받을 것

② 합병의 당사자가 되는 주권상장법인이 주요사항보고서를 제출하는 날이 속하는 사업연도의 직전사업연도의 재무제표를 기준으로 자산총액·자본금 및 매출액 중 두 가지 이상이 그 주권상장법인보다 더 큰 주권비상장법인이 다음의 요건을 충족할 것

㉠ 법 제390조에 따른 증권상장규정에서 정하는 재무 등의 요건

㉡ 감사의견, 소송계류, 그 밖에 공정한 합병을 위하여 필요한 사항에 관하여 상장규정에서 정하는 요건

(3) 합병가액의 산정기준

(가) 합병가액의 산정방법

자산가치·수익가치의 가중산술평균방법은 자산가치와 수익가치를 각각 1과 1.5로 하여 가중산술평균하는 것을 말한다(「증권의 발행 및 공시 등에 관한 규정 시행세칙」 §4).

(나) 자산가치

자산가치는 분석기준일 현재의 발행회사의 주당 순자산가액으로서 다음 산식에 의하여 산정한다. 이 경우에 발행주식의 총수는 분석기준일 현재의 총발행주식수로 한다(시행세칙 §5).

자산가치＝순자산/발행주식의 총수

이 경우에 순자산은 주요사항보고서를 제출하는 날이 속하는 사업연도의 직전 사업연도말의 대차대조표상의 자본총계에서 다음의 방법에 따라 산정한다.

① 실질가치가 없는 무형자산 및 회수가능성이 없는 채권을 차감한다.
② 투자주식 중 취득원가로 평가하는 시장성 없는 주식의 순자산가액이 취득원가보다 낮은 경우에는 순자산가액과 취득원가와의 차이를 차감한다.
③ 퇴직급여채무 또는 퇴직급여충당부채의 잔액이 회계처리기준에 따라 계상하여야 할 금액보다 적을 때에는 그 차감액을 차감한다.
④ 최근 사업연도말 이후부터 분석기준일 현재까지 손상차손이 발생한 자산의 경우 동 손상차손을 차감한다.
⑤ 자기주식은 가산한다.
⑥ 최근 사업연도말 이후부터 분석기준일 현재까지 유상증자, 전환사채의 전환권 행사 및 신주인수권부사채의 신주인수권 행사에 의하여 증가한 자본금을 가산하고, 유상감자에 의하여 감소한 자본금 등을 차감한다.

⑦ 최근 사업연도말 이후부터 분석기준일 현재까지 발생한 주식발행초과금등 자본잉여금 및 재평가잉여금을 가산한다.

⑧ 최근 사업연도말 이후부터 분석기준일 현재까지 발생한 배당금 지급, 전기오류수정손실 등을 차감한다.

⑨ 기타 최근사업연도말 이후부터 분석기준일 현재까지 발생한 거래 중 이익잉여금의 증감을 수반하지 않고 자본총계를 변동시킨 거래로 인한 중요한 순자산 증감액을 가감한다.

(다) 수익가치

수익가치는 현금흐름할인모형, 배당할인모형 등 미래의 수익가치 산정에 관하여 일반적으로 공정하고 타당한 것으로 인정되는 모형을 적용하여 합리적으로 산정한다(시행세칙 §6).

(라) 상대가치

상대가치는 다음의 금액을 산술평균한 가액으로 한다. 다만, '②'에 따라 금액을 산출할 수 없는 경우 또는 '②'에 따라 산출한 금액이 '①'에 따라 산출한 금액보다 큰 경우에는 '①'에 따라 산출한 금액을 상대가치로 하며, '①'에 따라 금액을 산출할 수 없는 경우에는 이 항을 적용하지 아니한다.

① 발행회사와 한국거래소 업종분류에 따른 소분류 업종이 같은 주권상장법인(유가증권시장에 주권을 상장한 법인과 합병하는 주권비상장법인의 경우에는 유가증권시장에 주권을 상장한 법인으로 하고, 코스닥시장에 주권을 상장한 법인과 합병하는 주권비상장법인의 경우에는 코스닥시장에 주권을 상장한 법인으로 함) 중 매출액에서 차지하는 비중이 가장 큰 제품 또는 용역의 종류가 유사한 법인으로서 최근 사업연도말 주당법인세비용차감전계속사업이익과 주당순자산을 비교하여 각각 30% 이내의 범위에 있는 3사 이상의 법인(이하 "유사회사"라 함)의 주가를 기준으로 다음 산식에 의하여 산출한 유사회사별 비교가치를 평균한 가액의 30% 이상을 할인한 가액으로 한다(시행세칙 §7).

> 유사회사별 비교가치=유사회사의 주가×{(발행회사의 주당법인세비용차감전계속사업이익/유사회사의 주당법인세비용차감전계속사업이익)+(발행회사의 주당순자산/유사회사의 주당순자산)}/2

② 분석기준일 이전 1년 이내에 다음 각 목의 거래가 있는 경우 그 거래가액을 가중산술평균한 가액을 100분의 10 이내로 할인 또는 할증한 가액으로 한다.

㉠ 유상증자의 경우 주당 발행가액

㉡ 전환사채 또는 신주인수권부사채의 발행사실이 있는 경우 주당 행사가액

상대가치를 산정할 때는 고려사항은 다음과 같다.

① 유사회사의 주가는 해당 기업의 보통주를 기준으로 분석기준일의 전일부터 소급하여 1월간의 종가를 산술평균하여 산정하되 그 산정가액이 분석기준일의 전일종가를 상회하는 경우에는 분석기준일의 전일종가로 한다. 이 경우 계산기간내에 배당락 또는 권리락이 있을 때에는 그후의 가액으로 산정한다.

② 발행회사와 유사회사의 주당법인세비용차감전계속사업이익 및 주당법인세비용차감전계속사업이익은 다음 산식에 의하여 산정한다. 이 경우에 발행주식의 총수는 분석기준일 현재 해당 회사의 총발행주식수로 한다.

> 주당법인세비용차감전계속사업이익={(최근 사업연도의 법인세비용차감전계속사업이익/발행주식의 총수)+(직전 사업연도의 법인세비용차감전계속사업이익/발행주식의 총수)}/2

③ 발행회사의 주당순자산은 상기 '(3) ㈏'의 자산가치로 하며, 유사회사의 주당순자산 및 다음 '④'의 '㉡'의 주당순자산은 분석기준일을 기준으로 산출하되, 최근 사업연도말 이후부터 분석기준일 현재까지 발생한 배당금 지급, 전기오류수정손실 등 및 기타 최근사업연도말 이후부터 분석기준일 현재까지 발생한 거래 중 이익잉여금의 증감을 수반하지 않고 자본총계를 변동시킨 거래로 인한 중요한 순자산 증감액은 적용하지 아니한다.

④ 유사회사는 발행회사와 자본금, 매출액규모, 주요재무비율, 주당수익력 및 제품구성비 등이 가장 유사한 주권상장법인으로서 다음의 요건을 구비하는 2사 이상의 주권상장법인으로 한다.

㉠ 주당법인세비용차감전계속사업이익이 액면가액의 10% 이상일 것

㉡ 주당순자산이 액면가액 이상일 것

㉢ 상장일이 속하는 사업연도의 결산을 종료하였을 것

㉣ 최근 사업연도의 재무제표에 대한 감사인의 감사의견이 '적정' 또는 '한정'일 것

(마) 분석기준일

분석기준일은 주요사항보고서를 제출하는 날의 5영업일 전일로 한다. 다만, 분석기준일 이후에 분석에 중대한 영향을 줄 수 있는 사항이 발생한 경우에는 그 사항이 발생한 날로 한다.

2.3 주식의 포괄적 교환 등에 대한 합병의 요건과 방법 등의 준용

2.3.1 교환 또는 이전 비율 등의 산정

주식의 포괄적 교환 또는 포괄적 이전, 분할합병에 관하여는 「자본시장과 금융투자업에 관한 법률 시행령」 제176조의 5 제1항(분할되는 법인의 합병대상이 되는 부분의 합병가액 산정에 관하여는 같은항 제2호 나목)을 준용한다. 즉, 주식의 포괄적 교환 등의 교환비율 등을 결정할 때는 상기 합병가액의 산정방법을 준용한다. 다만, 주식의 포괄적 이전으로서 그 주권상장법인이 단독으로 완전자회사가 되는 경우에는 적용하지 아니하다(「자본시장법 시행령」 §176의 6).

2.3.2 외부평가기관의 평가

회사가 중요한 영업 또는 자산의 양수·양도, 주식의 포괄적 교환, 포괄적 이전(「상법」 제360조의 2 및 제360조의 15에 따른 완전자회사가 되는 법인 중 주권비상장법인이 포함되는 경우와 완전모회사가 주권비상장법인으로 되는 경우만 해당) 또는 분할합병을 하려는 경우

에는 각각 영업 또는 자산의 양수·양도 가액, 주식의 포괄적 교환 비율, 포괄적 이전 비율 또는 분할합병 비율의 적정성에 대하여 외부평가기관(제176조의 5 제8항에 따라 합병에 대한 평가를 할 수 없는 외부평가기관은 제외)의 평가를 받아야 한다. 다만, 중요한 자산의 양수·양도 중 증권시장을 통한 증권의 매매, 자산의 경매 등 외부평가기관의 평가 필요성이 적은 자산의 양수·양도로서 금융위원회가 정하여 고시하는 경우에는 외부평가기관의 평가를 받지 아니할 수 있다.

2.3.3 법률 규정에 따른 주식의 포괄적 교환 등에 대한 예외

법률의 규정에 따른 중요한 영업 또는 자산의 양수·양도, 주식의 포괄적 교환, 포괄적 이전 및 분할·분할합병에 관하여는 상기 합병 등의 규정은 적용하지 아니한다.

3 추정이익에 의한 비상장법인과의 합병비율 결정에 대한 쟁점사항

3.1 과세당국의 주장

과세당국에서는 법인이 합병, 주식의 포괄적 교환 또는 이전, 중요한 영업자산의 양수도 등에 대해서 「자본시장과 금융투자업에 관한 법률」에서 정한 절차와 방법에 의하여 이루어졌다고 하더라도 근본적으로 「국세기본법」 제14조에 의한 실질과세의 원칙 등에 따라 과세하고 있다. 이와 같은 과세당국이 과세 논리에 대하여 정리하면 다음과 같다.

3.1.1 특수관계법인의 거래추정

일반적으로 법인이 합병 등을 하는 경우에는 사전에 주식을 취득하여 경영권을 장악한 이후에 거래당사법인간에 합병 등이 이루어지게 된다. 비록 형식적으로는 특수관계인에 해당되지 않는 거래라고 하더라도 합병 등을 진행하기 위해서는 사실상 경영권을 확보한 상태에서 이루어지기 때문에 일반적인 거래관행상 이루어질 수 있는 정상적인 거래라고 할 수 없다. 이런 경우에는 부당행위계산부인의 대상이 되는 것으로 보아 세법적인 관점에서 평가한 가액으로 합병비율 등을 결정하는 것은 바람직하다.

3.1.2 1주당 추정이익의 산정의 부당성

과세당국과 분쟁이 발생하고 있는 사례 중에서 일반적으로 발생하는 유형은 추정이익에 의한 합병 또는 교환 비율 등을 결정이다. 이 경우 1주당 추정이익 등의 산정에 대해 사후적으로 검토하여 당초 주식 평가 시에 추정하였던 사실과 사후에 실제가 다르게 나타난 경우에는 이를 부인하는 입장이다. 1주당 추정이익은 「증권의 발행 및 공시 등에 관한 규정 시행세칙」 제6조에 따른 수익가치를 적용하여 산정하게 되는데, 이에 대해서 당초 평가 시에 추정하였던 미래 기업의 수익활동에 대하여 추정내용과 상이한 점을 부각하면서 실제와 차이가 발생된 경우에 이를 부인하고 있다.

3.1.3 평가기준일의 상이

법인이 합병 등을 하는 경우에는 법인이 사전에 합병비율 등을 분석하고 검토를 하여 합병 등을 결정하게 된다. 이때 합병당사법인은 절차에 따라 주주총회 등의 회사 내부의 절차와 주식의 평가 등을 외부평가기관에 의뢰하여 합병비율 등을 평가하고, 이를 금융당국에 신고를 감독을 받게 되는데, 이에 과세당국에서는 거래내용의 불합리성을 등을 이유로 「상속세 및 증여세법」상의 평가기준일을 적용하여 평가를 하고 있다. 이에 따라 실무적으로는 「법인세법」상의 평가기준일과 「상속세 및 증여세법」상의 평가기준일간의 차이에 의한 평가액에 차이가 발생하기도 한다.

3.2 납세의무자의 주장

법인이 상장법인과 비상장법인이 합병을 하거나 중요한 영업 또는 자산의 양수·양도, 주식의 포괄적 교환, 포괄적 이전 또는 분할합병을 하는 경우에는 「자본시장과 금융투자업에 관한 법률」에 따라 진행된다. 즉, 법인이 합병 등을 하는 경우에는 「자본시장과 금융투자업에 관한 법률」에서 정하는 요건과 절차에 따라 합병 등을 진행하여 금융위원회에 보고를 하게 된다.

이 경우에 합병 등이 진행될 때는 합병비율이나 교환비율 등을 결정할 때 일반적으로 상장법인의 경우에는 시장에서 자유롭게 거래되는 시장가액이 존재하기 때문에 그 비율 등을 결정하는 것은 문제가 발생되지 않는다. 반면에 비상장법인의 경우에는 「증권의 발행 및 공시 등에 관한 규정 시행세칙」에 따라 자산가치와 수익가치를 가중산술평균한 가액과 상대가치의 가액을 산술평균한 가액을 사용하여 그 비율을 결정하게 된다. 이때의 합병비율 등의 결정은 회계법인 등 외부평가기관의 평가를 받아서 이루어지게 된다.

이와 같이 납세의무자가 자율적으로 거래한 것에 대해 과세당국이 「상속세 및 증여세법」을 적용하는 것에 대하여 다음과 같은 문제를 제기하고 있다.

3.2.1 합병 등의 절차의 적정성

납세의무자의 입장에서는 비상장법인이 합병(분할, 분할합병 포함), 주식의 포괄적 교환·포괄적 이전, 중요한 영업·자산의 양수도 등에 대해서 「자본시장과 금융투자업에 관한 법률」상의 거래요건, 절차 등 관련사항을 신고하고, 해당 거래가액의 적정성에 대하여 외부평가기관의 적정한 평가를 받아서 이루어졌다. 또한 합병 등에 이루어지는 경우에는 해당 평가보고서는 금융당국에 제출하였기 때문에 신고서의 내용이 허위로 기재될 경우 등에 대해서는 거래를 정지 또는 금지할 수도 있다. 이와 같이 적법한 절차에 의하여 이루어진 합병 등에 대해서 조세법의 기준에 따라 조세를 부과하는 것은 부당하다.

3.2.2 평가액의 적정성

법인이 합병 등을 하는 경우에 발생되는 문제의 핵심은 주식의 1주당 평가액이다. 이 경우 주식의 1주당 가액의 평가는 회계법인 등과 같은 외부평가기관의 평가를 통하여 객관적으로 평가를 하고, 이를 근거로 거래당사자간에 협의를 통하여 자율적으로 거래한다. 주식가치는 현재의 자산가치뿐만 아니라 기업의 성장성 및 수익성을 고려하여 기업가치를 합리적이고 객관적으로 평가하게 된다. 이와 같이 외부평가기관이 평가한 주식가치에 대해서 주주의 동의를 얻어서 거래가 이루어진 것이므로 이에 대하여 평가액의 타당성을 검토하는 것은 불합리하다.

3.2.3 일방적인 세법 적용의 부당성

법인이 합병 등을 하는 경우에는 주주총회를 거쳐야 할 수 있는 것으로서, 주주가 합리적으로 판단하여 이루어진 거래이므로 거래당사자간에는 이익을 받거나 이익을 분여한 사실이 없다. 따라서 납세의무자의 거래내용은 건전한 사회통념 및 상관행에 비추어 경제적 합리성에 비추어 보아도 정당하다는 주장이다.

4 각 세법상의 시가의 적용

4.1 「법인세법」상의 시가 적용

4.1.1 원 칙

「법인세법」상 시가에 관한 규정은 「법인세법」 제52조에 따른 부당행위계산의 부인에서 규정하고 있다. 이 규정에서 시가는 '건전한 사회통념 및 상관행과 특수관계인이 아닌 자간에 정상적인 거래에서 적용되거나 적용될 것으로 판단되는 가격(요율·이자율·임대료 및 교환비율 기타 이에 준하는 것을 포함)'으로 규정하고 있다. 다만, 특수관계인 이외의 자와의 거래에 대하여는 정상가액의 개념을 적용하고 있다.

4.1.2 유사거래가액이 있는 경우

「법인세법」에서 부당행위계산의 부인을 적용할 때 시가는 해당 거래와 유사한 상황에서 해당 법인이 특수관계인 외의 불특정다수인과 계속적으로 거래한 가격 또는 특수관계인이 아닌 제3자간에 일반적으로 거래된 가격이 있는 경우에는 그 가격에 의한다. 이때 유가증권의 경우에는 주권상장법인이 발행한 주식을 한국거래소에서 거래한 경우 해당 주식의 시가는 그 거래일의 한국거래소 최종시세가액에 따르도록 하고 있다(법령 §89 ①).

4.1.3 시가가 불분명한 경우

시가의 정의에 부합되는 유사거래가액이 확인되지 아니하여 시가가 불분명한 경우에는 「감정평가 및 감정평가사에 관한 법률」에 의한 감정평가법인이 감정한 가액이 있는 경우 그 가액(감정한 가액이 2 이상인 경우에는 그 감정한 가액의 평균액)을 우선 적용하고, 감정가액이 없는 경우에는 「상속세 및 증여세법」 제38조 · 제39조 · 제39조의 2 · 제39조의 3, 제61조부터 제64조까지의 규정을 준용하여 평가한 가액을 적용한다.
이 경우 「상속세 및 증여세법」 제63조 제1항 제1호 나목 및 같은 법 시행령 제54조에 따라 비상장주식을 평가함에 있어 해당 비상장주식을 발행한 법인이 보유한 주식(주권상장법인이 발행한 주식으로 한정한다)의 평가금액은 평가기준일의 한국거래소 최종시세가액으로 하며, 「상속세 및 증여세법」 제63조 제2항 제1호 및 같은 법 시행령 제57조 제1항 · 제2항을 준용할 때 "직전 6개월(증여세가 부과되는 주식등의 경우에는 3개월로 한다)"은 각각 "직전 6개월"로 본다.

4.1.4 시가의 판단기준일

「법인세법」상 부당행위계산의 부인 규정의 적용은 그 행위 당시를 기준으로 하여 해당 법인과 특수관계인간의 거래(특수관계인 외의 자를 통하여 이루어진 거래를 포함)에 대하여 이를 적용한다(법령 §88 ②). 이 경우에 고가 또는 저가의 판단시점은 대금청산일이 아니라 계약 당시이며(국심 200서1555, 2001.1.27.), 법인이 특수관계인에게 양도하는 주식의 거래가액이 해당 주식의 매매계약일 현재 확정된 경우 거래가 부당행위의 유형에 해당하는지 여부는 매매계약일 현재를 기준으로 판단한다(법인 46012-1594, 2000.7.18.).

4.2 「상속세 및 증여세법」에서의 시가 적용

4.2.1 원 칙

「상속세 및 증여세법」에서 규정한 시가는 원칙적으로 「법인세법」과 「소득세법」 등에서 준용되고 있다. 이 법에서 시가는 불특정다수인 사이에 자유롭게 거래가 이루어지는 경우에 통상적으로 성립된다고 인정되는 가액을 말하고 있으며, 구체적으로는 사례가액을 적용하게 되고, 사례가액이 존재하지 않는 경우에는 보충적평가방법에 의하게 된다.

(1) 사례가액의 적용

시가는 원칙적으로 평가기준일 전·후의 매매·감정 등의 거래가 이루어지고 그 거래를 전후하여 가격변동이 없다면 이것을 시가로 본다. 즉, 평가기준일 전후 6월(증여재산의 경우 평가기준일 전 6개월부터 평가기준일 후 3개월) 이내에 매매·감정·수용·경매(「민사집행법」에 의한 경매) 또는 공매 등의 사례가액이 있는 경우에 이를 시가로 본다. 해당 재산의 사례가액 이외에도 2004년부터는 해당 평가대상재산과 면적·종류·용도, 종목, 기준시가 등이 동일하거나 유사한 다른 재산에 대한 사례가액 등의 유사사례가액이 있는 경우에는 이들 가격을 시가로 적용한다. 그 밖에 2005년부터는 평가기준일 전후 6월(증여재산의 경우 평가기준일 전 6개월부터 평가기준일 후 3개월)에 해당하지 아니하는 기간 중, 즉 평가기준일 전 2년 이내의 기간 중에 사례가액 또는 유사사례가액이 있는 경우에는 이를 시가에 포함시킬 수 있도록 하고 있다.

(2) 사례가액이 존재하지 아니한 경우

개별재산에 대한 사례가액이 확인되지 아니하여 시가를 확인하기 어려운 경우에는 최후의 방법으로 과세의 객관화를 위하여 「상속세 및 증여세법」 제61부터 제66조까지의 규정에 따른 보충적 평가방법을 적용하고 있다.

4.2.2 비상장주식에 대한 보충적 평가방법

(1) 평가방법

비상장법인의 주식 중 사례가액이 시가가 없는 경우에 적용되는 보충적 평가방법은 1주당 순손익가치와 1주당 순자산가치를 각각 3과 2의 비율로 가중 평균한 가액으로 평가하도록 하고 있다. 다만, 부동산과다보유법인의 경우에는 1주당 순손익가치와 순자산가치에 대하여 각각 2와 3의 비율로 가중 평균한 가액으로 평가한다(상증령 §54 ①). 예외적으로 상속세 및 증여세 과세표준신고기한 이내에 평가대상법인의 청산절차가 진행 중이거나 사업자의 사망 등으로 인하여 사업의 계속이 곤란하다고 인정되는 법인, 사업개시 전의 법인, 사업개시 후 3년 미만의 법인과 휴업·폐업 중인 법인의 주식 등을 평가하는 경우에는 순자산가치에 의할 수 있다(상증령 §54 ④).

(2) 1주당 순자산가치

자산가치는 해당 법인을 청산한다고 가정하였을 때 잔여재산 분배가액을 나타내는 것으로서 1주당 순자산가치는 다음과 같은 산식에 의하여 계산한다. 이때 해당 법인의 순자산가액은 평가대상법인의 자산총액에서 부채총액을 공제한 금액을 말한다. 이것은 실무적으로 「법인세법」에 의하여 작성한 자본금과 적립금 조정명세서(갑)에서 자본금과 잉여금 등의 변동, 유보금액의 증감, 부채로 미계상된 법인세 등을 반영하여 계산한 평가기준일 현재의 잔액을 의미한다.

$$1주당\ 순자산가치 = \frac{해당\ 법인의\ 순자산가치}{발행주식총수}$$

(3) 1주당 순손익가치

1주당 순손익가치는 최근 3년간의 순손익액을 가중 평균한 금액에 대하여 다음의 산식과 같이 순손익가치환원율로 나누어 평가한다. 여기에서 순손익액의 계산은 「법인세법」 제14조에 규정하는 각사업연도소득에서 「법인세법」상 익금불산입액, 손금불산입액 등을 가감한 금액에 의하여 계산한다.

$$1주당\ 가액 = \frac{1주당\ 최근\ 3년간의\ 순손익액의\ 가중평균액}{순손익가치환원율(10\%)}$$

4.2.3 할증평가

최대주주 등이 보유하는 주식을 거래할 때는 경영권프리미엄이 가산된 가액으로 거래될 수 있으므로 「상속세 및 증여세법」에서도 이와 관련하여 할증평가규정을 두고 있다. 경영권프리미엄과 관련된 할증평가는 최대주주 등이 보유한 주식 등을 평가할 때는 평가한 가액에 대하여 그 가액의 100분의 20을 가산한다.

다만, 대통령령으로 정하는 중소기업, 중견기업 및 평가기준일이 속하는 사업연도 전 3년 이내의 사업연도부터 계속하여 「법인세법」 제14조 제2항에 따른 결손금이 있는 법인의 주식 등 대통령령으로 정하는 주식 등은 제외한다.

5 법인의 합병 등에 대한 법인세 등의 부과근거

5.1 「법인세법」에 의한 부당행위계산부인

「법인세법」에서는 내국법인의 행위 또는 소득금액의 계산이 특수관계인과의 거래로 인하여 그 법인의 소득에 대한 조세의 부담을 부당하게 감소시킨 것으로 인정되는 경우에는 그 법인의 행위 또는 소득금액의 계산에 관계없이 그 법인의 각 사업연도의 소득금액을 계산할 수 있다. 이 경우에 내국법인이 자산을 시가와 거래가액의 차액이 3억원 이상이거나 시가의 100분의 5에 상당하는 금액 이상인 경우로서 시가보다 높은 가액으로 매입 또는 현물출자받았거나 그 자산을 과대 상각한 경우에 대하여 부당행위계산을 하고, 특수관계법인간 합병(분할합병을 포함)·분할에 있어서 불공정한 비율로 합병·분할하여 합병·분할에 따른 양도손익을 감소시킨 경우에도 부당행위계산부인대상이 된다. 다만, 「자본시장과 금융투자업에 관한 법률」 제165조의 4에 따라 상장법인의 합병특례규정이 적용되는 합병(분할합병을 포함)·분할의 경우는 제외한다.

5.2 「상속세 및 증여세법」 제35조에 의한 부당행위계산부인

5.2.1 과세의 개요

「상속세 및 증여세법」에서는 부당행위계산이라는 용어는 사용하지 아니한다. 다만, 재산의 무상이전에 대하여 일정한 과세요건에 해당되는 경우에는 증여세로 과세한다. 이때 증여는 그 행위 또는 거래의 명칭·형식·목적 등에 관계없이 경제적 가치를 계산할 수 있는 유형·무형의 재산을 직접 또는 간접적인 방법으로 타인에게 무상으로 이전(현저히 저렴한 대가로 이전하는 경우를 포함)하는 것 또는 기여에 의하여 타인의 재산가치를 증가시키는 것을 말한다(상증법 §2 ③).

이 규정은 2004년부터 증여세 완전포괄주의과세제도가 도입됨에 따라 「상속세 및 증여세법」에서 규정한 증여의 개념에 부합되는 거래에 대해서 증여세가 과세하며, 이에 개념에 따라 특수관계인 이외의 자에 대해서도 증여세를 과세하고 있는데, 거래의 당사자간에 특수관계에 있는지 없는지에 따라 그 방법을 달리하고 있다.

5.2.2 특수관계인간의 거래에 대한 부당행위계산부인

특수관계인과의 거래에 대해서는 양수한 재산의 경우에는 시가에서 그 대가를 차감한 가액이 시가의 100분의 30 이상 차이가 있거나 그 차액이 3억원 이상인 경우의 그 대가가 발생하는 낮은 가액의 거래이거나 양도한 재산의 대가에서 그 시가를 차감한 가액이 시가의 100분의 30 이상 차이가 있거나 그 차액이 3억원 이상인 경우의 그 대가가 발생하는 높은 가액의 거래에 대해서 과세한다. 이때 저가·고가 양·수도에 따른 증여이익의 계산은 그 대가와 시가와의 차액에 상당하는 금액을 말하는데, 이때의 증여이익은 시가에서 대가를 차감한 가액이 시가의 100분의 30 이상이거나 대가에서 시가를 차감한 가액이 시가의 100분의 30 이상인 경우에는 시가의 100분의 30에 상당하는 가액과 3억원 중 적은 금액을 차액에서 차감하여 계산한다(상증령 §35 ①, 상증령 §26 ②).

5.2.3 특수관계가 없는 자 간의 거래에 대한 부당행위계산부인

특수관계가 없는 자 간에 재산을 양수 또는 양도한 경우의 과세대상은 거래의 관행상 정당한 사유없이 시가보다 현저히 낮은 가액 또는 현저히 높은 가액으로 재산을 양수 또는 양도한 경우에 한하여 적용한다. 이 경우에 시가보다 현저히 낮은 가액은 양수한 재산의 시가에서 그 대가를 차감한 가액이 시가의 30% 이상 차이가 있는 경우의 그 대가를 말하고, 시가보다 현저히 높은 가액은 양도한 자산의 대가에서 그 시가를 차감한 가액이 시가의 30% 이상 차이가 있는 경우의 그 대가를 말한다.

이 경우에 저가·고가 양·수도에 따른 증여이익의 계산은 그 대가와 시가와의 차액에 상당하는 금액을 말한다. 이때 증여재산가액은 현저히 낮은 가액 또는 현저히 높은 가액과 시가와의 차액에서 각각 3억원을 차감하여 계산한다(상증법 §35 ②, 상증령 §26 ③, ④).

6 저가·고가 양도에 대한 증여이익 적용에 대한 해결방안

6.1 시가 적용에 대한 사전분석

6.1.1 평가기준일의 판단

일반적으로 시가의 평가는 「법인세법」 및 「소득세법」에서 「상속세 및 증여세법」을 준용하고 있어서 「상속세 및 증여세법」을 원칙적으로 적용한다. 그러나 평가기준일은 「법인세법」과 상이하게 적용된다. 「상속세 및 증여세법」은 상속재산이나 증여재산을 평가하기 위한 것을 입법목적으로 규정하고 있고, 「법인세법」에서는 사업을 목적으로 거래를 하는 경우에 적용되기 때문이다. 이에 「법인세법」에서는 부당행위계산의 부인 규정의 적용은 그 행위 당시를 기준으로 하여 해당 법인과 특수관계인간의 거래(특수관계인 외의 자를 통하여 이루어진 거래를 포함)에 대하여 이를 적용한다(법령 §88 ②). 따라서 고가 또는 저가의 판단시점은 대금청산일이 아니라 계약 당시가 된다(국심 200서1555, 2001.1.27.). 일반적으로 「소득세법」에서는 대금청산일을 기준으로 하기도 하지만 법인이 특수관계인에게 양도하는 주식의 거래가액이 해당 주식의 매매계약일 현재 확정된 경우 거래가 부당행위의 유형에 해당하는지 여부는 매매계약일 현재를 기준으로 판단한다(법인 46012-1594, 2000.7.18.).

6.1.2 주식 평가규정의 분석

법인이 합병 등을 하는 경우에 비상장법인의 주식을 평가할 때는 「증권의 발행 및 공시 등에 관한 규정 시행세칙」에 따라 평가를 하게 된다. 이에 반하여 과세당국에서는 추정이익의 산정 등에 대해서 부당성이 확인되는 경우에는 「상속세 및 증여세법」을 적용하게 된다.

이 경우에는 주식의 평가는 평가기준일의 적용의 문제와 함께 평가기준일이 상이함에 따라 발생되는 사례가액의 적용 및 비상장주식에 대한 보충적 평가방법의 적용이다. 「상속세 및 증여세법」 제63조 제1항 제1호 나목의 규정과 같은법 시행령 제54조에 따라 원칙적으로 1주당 순손익가치와 1주당 순자산가치를 각각 3과 2의 비율로 가중평균한 가액에 의하여 평가한다. 그러나 예외적으로 과거 수익의 흐름으로 평가하기 어려운 사업개시 전의 법인, 사업개시 후 3년 미만의 법인과 휴·폐업중에 있는 법인의 주식에 대해서는 순자산가치에 의하여 평가되기도 한다.

이에 대해서 과세당국은 납세의무자가 「자본시장과 금융투자업에 관한 법률」에 따라 합병 등을 한 거래에 대해서 이를 부인한 경우에는 「상속세 및 증여세법」에 따른 평가규정을 적용하여 평가하는 것이 일반적이다. 이 경우에는 「상속세 및 증여세법」을 적용하여 평가하기 위해서는 추정이익의 산정한 내용에 대한 부당성을 과세당국이 입증하여야 할 것이다. 이 경우에 비록 「상속세 및 증여세법」을 적용하여 평가를 하더라도 법인이 합병 등을 한 경우에는 「법인세법」의 적용을 받게 되므로 그 「법인세법」에 따른 평가기준일을 적용하여야 한다.

6.2 정당한 사유의 입증

2004년부터는 증여세완전포괄주의과세제도가 도입되면서 저가·고가 양도에 대한 증여이익을 계산할 때에는 특수관계가 없는 경우의 거래에도 증여세를 과세하고 있다. 이 경우에 특수관계인 이외의 자간에 재산을 양수하거나 양도한 경우로서 거래의 관행상 정당한 사유없이 시가보다 현저히 낮은 가액 또는 현저히 높은 가액으로 재산을 양수하거나 양도한 경우에는 그 대가와 시가의 차액에 상당하는 금액을 증여받은 것으로 추정하여 증여세를 부과하고 있다.

그러나 특수관계가 없는 자와의 거래에 대해서 모두 증여세를 부과하는 것이 아니라 거래의 관행상 정당한 사유가 있는 경우에는 예외를 인정하고 있다. 이러한 예외는 「상속세 및 증여세법 시행령」 제28조에 따른 합병에 따른 증여이익에 대해서도 규정하고 있다. 그것은 「자본시장과 금융투자업에 관한 법률」에 따라 상장법인이 다른 법인과 관련규정을 적용하여 합병을 하는 경우에는 비록 특수관계법인간의 거래라고 하더라도 특수관계법인간의 합병으로 보지 아니하도록 하고 있다. 이 규정은 「자본시장과 금융투자업에 관한 법률」에 의하여 시장에서 자율적으로 이루어진 거래이기 때문에 예외를 인정하는 것이다.

따라서 주식의 포괄적 교환 등의 방법에 의한 거래의 경우에도 「자본시장과 금융투자업에 관한 법률」에 따른 합병 관련 규정을 준용하고 있으므로 해당 법인간에 이루어진 거래에 대해서 정당하게 평가되어 적법하게 거래가 이루어졌는지를 확인하여 입증하여야 할 것이다.

논점 — 주식의 포괄적 교환에 대한 이익의 증여 적용 법령은?(저가 · 고가 양도, 불균등 증자, 기타이익의 증여?)

1. 개 요

회사는 주식의 포괄적 교환을 통하여 다른 회사의 발행주식의 총수를 소유하여 완전모회사가 될 수 있고, 주식의 포괄적 교환에 의하여 완전자회사가 되는 회사의 주주가 가지는 그 회사의 주식은 주식을 교환하는 날에 주식교환에 의하여 완전모회사가 되는 회사에 이전되고, 그 완전자회사가 되는 회사의 주주는 그 완전모회사가 되는 회사가 주식교환을 위하여 발행하는 신주를 배정받음으로써 그 회사의 주주가 된다(상법 §360의 2). 이처럼 「상법」상의 주식의 포괄적 교환은 완전자회사가 되는 회사의 주식이 완전모회사가 되는 회사에 이전되는 거래와 완전자회사가 되는 회사의 주주가 완전모회사가 되는 회사로부터 완전자회사가 되는 회사의 주식과 대가관계에 있는 신주를 배정받아 완전모회사가 되는 회사의 주주가 되는 거래가 결합하여 일체로 이루어진다.

이때 주식의 포괄적 교환과 관련되어 주식교환비율이 세법의 입장에서 보았을 때 적정하지 않으면 이때 발생된 증여이익에 대해 증여세를 부과하게 되는데, 일반적으로 연예기획사 등의 비상장법인과 경영권 확보가 비교적 용이한 코스닥상장법인간에 이루어진 거래에 대해 주로 과세하게 된다. 비상장법인의 주주가 유명 연예인 등이 포함되어 있으면 주식의 교환비율을 정할 때 그 비상장법인의 주식평가액은 미래 수익력이 높을 것으로 예상하여 높은 가액으로 평가하고, 상장법인의 주식은 시장가액에 의하여 평가하게 되는데, 상장법인의 주가는 주식의 포괄적 교환계약내용을 공시하면 주가가 폭등하는 경향이 있다. 이러한 경향에 따라 주식교환은 일정상 대체로 3개월 정도 소요되므로 계약 당시에 평가했던 평가액과 추후 주식교환일의 평가액에 큰 변화가 발생되고, 이때 발생된 평가차액으로 인하여 비상장법인의 주주에게 교환의 대가로 교부한 주식의 교환비율이 지나치게 높다는 이유로 증여세 과세하게 된다.

이에 주식교환비율의 차이에 따라 발생되는 증여이익을 산정할 때 그동안 적용하였던 법령은 「상속세 및 증여세법」 제35조에 따른 저가 고가 양도에 따른 이익의 증여, 법 제39조에 따른 증자에 따른 이익의 증여, 법 제42조 제1항 제3호에 따른 주식전환등 법인의 자본을 증가시키거나 감소시키는 거래로 얻은 이익 등 다양한 법령을 적용하였다. 「상법」 제360조의 2에 따른 주식의 포괄적 교환에 대한 증여세 부과는 그만큼 증여재산가액의 계산방법이 명확하지 않았다.

2. 주식의 포괄적 교환에 대한 증여 과세유형

(1) 저가·고가 양도에 따른 이익의 증여로 과세된 사례

주식의 포괄적 교환에 대해 과세당국에서 처음에는 「상속세 및 증여세법」 제35조에 따른 저가 고가 양도에 따른 이익의 증여로 과세를 하기 시작하였고, 법원(대법원 2011두11075, 2011.9.8. ; 대법원 2011두22075, 2011.12.22. 등)에서는 관련 법령의 절차에 따라 적법하게 진행된 경우에 대해 저가 고가 양도에 따른 이익의 증여로 과세하는 것은 위법하다고 판결하였다.

과세사례를 살펴보면 원고는 비상장법인과 코스닥 상장법인의 대표이사 및 대주주로서 2006.6.1. 포괄적 주식교환계약을 체결하고, 코스닥 상장법인의 주식은 1주당 2,150원과 비상장법인의 주식은 1주당 88,709원으로 평가한 교환비율 1 : 41.26으로 하여 교환함으로써 코스닥 상장법인은 완전모회사가 되고, 비상장법인은 완전자회사가 되었다. 이에 처분청은 거래 당시에 비상장회사의 주식이 수십 차례에 걸쳐 1주당 50,000원에 거래된 사실을 확인하고 이를 기준으로 쟁점주식의 교환거래를 특수관계자간 거래로서 고가양도에 해당한다고 보아 시가(1주당 50,000원)와 양도가액(1주당 88,709원)과의 차액에 「상속세 및 증여세법」 제35조에 따른 재산의 저가·고가 양도에 따른 이익의 증여로 보아 증여세를 부과하였다.

이에 원고는 「상속세 및 증여세법」에서는 법 제35조에서 재산의 저가·고가 양도에 따른 이익의 증여에 관한 규정과는 별도로 법 제38조에서 합병에 따른 이익의 증여에 관한 규정을 두고 있는바, 주식의 포괄적 교환은 「상속세 및 증여세법」 제35조에서 정하고 있는 재산의 양도, 즉 법인과 주주간의 양수도문제가 아니라 그와는 그 유형을 달리하는 자본거래, 즉 자회사 주주와 모회사 주주 사이의 이익분여문제이고, 그 실질이 합병과 유사할 뿐 아니라 「증권거래법」상 주권상장법인이 다른 법인과 주식의 포괄적 교환 등을 하고자 하는 경우에도 합병에 관한 규정을 준용하도록 되어 있으므로 「상속세 및 증여세법」 제35조가 아니라 법 제38조 및 그 시행령 제28조 등이 적용되어야 하며, 합병에 관한 규정(법 제28조 제1항 단서)에 따르면 「증권거래법」에 따른 주권상장법인이 다른 법인과 합병 등을 하는 경우에는 증여세를 부과할 수 없으므로 「상속세 및 증여세법」 제35조에 기하여 부과한 이 사건 처분은 위법하다.

이에 대해 하급심(서울고법 2011누17273, 2012.2.8.)에서는 재산의 저가·고가양도에 따른 이익의 증여(제35조), 합병에 따른 이익의 증여(제38조) 등 각 행위유형별로 증여재산가액을 계산하는 방법을 정하고 있을 뿐 재산의 양도와 자본거래를 구분하여 행위유형을 정하고 있지 아니하고, 조세법의 경우 조세법률주의의 원칙상 과세 요건이거나 비과세요건 또는 조세감면요건을 막론하고 조세법규의 해석은 특별한 사정이 없는 한 법문대로 해석할 것이고 합리적 이유 없이 확장해석하거나 유추해석 하는 것은 허용되지 않는 점 등에 비추어 보면, 이 사건과 같은 주식의 포괄적 교환의 경우는 법 제38조(합병에 따른 이익의 증여)를 적용할 것이 아니라 법 제35조(저가·고가양도에 따른 이익의 증여 등)를 적용함이 상당하다고 판단하였다.

이러한 하급심의 판결에 대해 대법원(대법원 2012두6797, 2014.9.26.)은 상법상 주식의 포괄적 교환거래의 구조와 특성, 「상속세 및 증여세법」상 관련 규정의 문언 내용과 입법 취지 및 체계 등을 종합하여 보면, 「상법」상의 주식의 포괄적 교환에 의하여 완전자회사가 되는 회사의 주주가 얻은 이익에 대하여는 '재산의 고가양도에 따른 이익의 증여'에 관한 법 제35조 제1항 제2호, 제2항이나 '신주의 저가발행에 따른 이익의 증여'에 관한 법 제39조 제1항 제1호 다목을 적용하여 증여세를 과세할 수는 없고, '법인의 자본을 증가시키는 거래에 따른 이익의 증여'에 관한 「상속세 및 증여세법」 제42조 제1항 제3호를 적용하여 증여세를 과세(대법원 2011두23047, 2014.4.24. 참조)하여야 하는 것으로 판단하였다.

그럼에도 「상법」상의 주식의 포괄적 교환에 의하여 완전자회사가 되는 회사의 주주가 얻은 이익에 대하여도 '재산의 고가양도에 따른 이익의 증여'에 관한 법 제35조 제1항 제2호를 적용하여 증여세를 과세할 수 있고, 명시적인 규정이 없는 이상 법 제42조 제1항 제3호를 적용할 수 없다고 보아, 비상장법인의 주주였던 원고가 「상법」 제360조의 2 등의 규정에 따라 이루어진 주식의 포괄적 교환과정에서 완전모회사가 되는 회사에게 시가보다 높은 가액으로 이 사건 주식을 양도함으로써 이익을 증여받았다는 전제에서, 피고가 법 제35조 제1항 제2호를 적용하여 이 사건 주식의 양도가액과 그 시가와의 차액을 증여 이익으로 계산하여 한 이 사건 증여세 부과처분이 적법하다고 판단한 원심은 주식의 포괄적 교환으로 인한 증여 이익에 대한 증여세 과세에 적용할 법령 및 계산방법 등에 관한 법리를 오해하여 판결에 영향을 미친 위법이 있다고 판시하였다.

⑵ 불균등 증자에 따른 이익의 증여로 보아 과세한 사례

주식의 포괄적 교환에 대해 일부에서는 「상속세 및 증여세법」 제39조에서 규정한 증자에 따른 이익의 증여로 과세한 사례도 있다.

이 과세사례를 살펴보면 원고들은 완전자회사(비상장법인)의 주주들로서 2004. 8.9. 코스닥상장법인(완전모회사)과 포괄적 주식교환계약에 따라 원고들은 완전자회사 주식 12,000,000주(액면가액 500원)를 완전모회사에게 양도하고, 그 대가로 완전모회사의 신주 12,029,040주(액면가액 500원)를 교부받았는데, 완전모회사 주식의 기준가격은 주당 2,064원으로 산정하여 주식교환을 하였다.

이에 처분청은 「상속세 및 증여세법」 제39조 제1항 다목 및 같은 법 시행령 제29조 제3항의 산식에 따라 완전모회사의 주식평가액 2,064원과 「상속세 및 증여세법」 제63조 제1항에 따라 산정한 증자 후 가액인 2,216원과의 사이에 주당 152원의 차이가 남에 따라 원고들이 신주를 저가에 인수하여 완전모회사의 기존 주주들로부터 이익을 증여받은 것으로 보아 증여세를 부과하였다.

이에 원고들은 「상속세 및 증여세법」에서는 상장기업 합병 시 증여세를 과세하지 않는 것으로 규정하고 있는데 주식의 포괄적 교환에 관하여는 「증권거래법」상 합병에 관한 규정을 준용하고 있는 점, 「증권거래법」 등 관련 규정에 따라 외부평가기관이 산정한 주식의 평가액은 특별한 사정이 없는 한 그 가치나 교환비율이 현저하게 불공정하다고 보기 어려운 만큼 위 주식 평가액은 당시 시가이거나 그에 근접한다고 봄이 상당한 점, 또한 완전모회사의 기존 주주들은 관련 규정에 따라 주식매수선택권 등을 부여받았을 뿐 아니라 공정하게 산정된 주식 평가액을 승인한 것으로 그들에게 증여의사가 있다고 볼 수도 없는 점 등에 비추어 포괄적 주식 교환으로 적법하게 취득한 것에 대한 과세의 위법성을 주장하였다.

이에 하급심(서울고법 2010누31340, 2011.8.24.)에서는 주식의 포괄적 교환은 완전자회사가 되는 회사 주주나 모회사의 입장에서는 자회사의 주식과 모회사의 신주를 서로 교환하는 것과 실질적으로 다를 바 없으므로 그 법률적 성질은 주식의 교환, 즉 재산의 양도로 볼 것이지 2개 이상의 회사가 한 회사로 되어 재산과 사원이 포괄적으로 이전·수용되는 합병으로 볼 수는 없고, 또한 교환으로 원고들이 시가보다 낮은 가격으로 이 사건 주식을 배정받은 이상 법 제39조 제1항 제1호 다목에 해당하므로 원고들이 주식의 포괄적 교환으로 이 사건 주식을 취득하였다고 하더라도 법 제39조 제1항 제1호 다목의 적용요건을 충족하는 이상 그에 따른 증여로 의제된다고 판단하였다.

이와 같은 하급심의 판결과는 달리 대법원(대법원 2011두23047, 2014.4.24.)에서는 「상법」상 주식의 포괄적 교환거래의 구조와 특성, 「상속세 및 증여세법」상 관련 규정의 문언 내용과 입법 취지 및 체계 등을 종합하여 보면, 「상법」상의 주식의 포괄적 교환에 의하여 완전자회사가 되는 회사의 주주가 얻은 이익에 대하여는 재산의 고가양도에 따른 이익의 증여에 관한 「상속세 및 증여세법」 제35조 제1항 제2호, 제2항이나 신주의 저가발행에 따른 이익의 증여에 관한 「상속세 및 증여세법」 제39조 제1항 제1호 다목을 적용하여 증여세를 과세할 수는 없고,

06

법인의 자본을 증가시키는 거래에 따른 이익의 증여에 관한 「상속세 및 증여세법」 제42조 제1항 제3호를 적용하여 증여세를 과세하는 것으로 하여 원심판결을 파기환송하였다.

⑶ 그 밖의 이익의 증여를 적용하여 과세한 사례

주식의 포괄적 교환에 대한 증여세 부과는 「상속세 및 증여세법」 제35조에 따른 저가·고가 양도에 따른 이익의 증여로 본 사례와 같은 법 제39조에서 규정한 증자에 따른 이익의 증여로 본 사례 이외에도 같은 법 제42조를 적용하여 증여세를 과세한 처분도 있다.

이러한 과세사례(조심 2012서1968, 2012.7.17.)를 보면, 코스닥상장법인과 비상장법인간 주식의 포괄적 교환에 따라 코스닥상장법인은 비상장법인의 주식 100%를 인수하여 완전모회사가 되고, 그 대가로 완전자회사의 주주들에게 완전모회사의 신주를 교부하여 비상장법인은 완전자회사가 되면서 청구인은 2005.8.10. 당시 완전자회사의 주식을 보유하고 있어 1 : 17.7609178에 따라 완전모회사의 주식을 취득하였다. 이에 처분청은 완전자회사와 완전모회사가 주식을 교환하면서 완전자회사의 주식을 과대평가하여 교환함으로써 청구인이 증여이익을 얻은 것으로 보아 「상속세 및 증여세법」 제42조를 적용하여 증여세를 부과하였다. 처분이유는 상법 제360조의 2에 따른 주식의 포괄적 교환으로 증여이익이 발생한 경우 관련예규(국세청 법규과－16, 46820, 2011.6.10. 및 기재부 재산세과－491) 등에 따라 「상속세 및 증여세법」 제42조를 적용하는 것은 타당하며, "주식의 포괄적 교환으로 증여이익이 발생한 경우 「상속세 및 증여세법」 제42조에 따라 증여재산가액을 계산하는 것은 적법하다.

이에 대해 심판원에서는 주식을 포괄적으로 교환하는 경우 교환 당시 모회사 및 자회사의 주식가치를 상호 비교하여 「상속세 및 증여세법」 제35조의 재산 고·저가 양수·도 여부를 따질 수 있고, 법문 규정이 없는 이상 주식을 포괄적으로 교환하는 경우에도 「상속세 및 증여세법」 제42조 제1항 제3호를 적용할 수 없으며, 주식을 포괄적으로 교환하는 것은 합병과 법률상 성질도 달리하므로 증여재산가액을 산정할 때에 합병에 관한 「상속세 및 증여세법」 제38조 제1항을 적용하지도 못하는 것(서울고등법원 2011누17273, 2012.2.8. 참고)이다.

따라서 「상속세 및 증여세법」 제35조(저가·고가 양도에 따른 이익의 증여 등)를 적용하여 과세하는 것은 별론으로 하더라도 주식의 포괄적 교환 과정에서 완전자회사의 쟁점주식이 과대평가된 것으로 보아 「상속세 및 증여세법」 제42조를 적용하고 같은 법 시행령 제31조의 9 제2항 제5호에 의거하여 산정한 증여이익으로 청구인에게 증여세를 과세한 처분은 위법한 것으로 결정하였다.

한편 이와 유사한 사례(조심 2012구510, 2013.3.29.)의 경우 처음에는 앞의 심판선례(조심 2012서1968, 2012.7.17.)를 따랐다. 그 사례를 살펴보면, 코스닥등록법인과 비상장법인간에 2005.12.5. 체결된 주식의 포괄적 교환계약에 따라 코스닥상장법인은 비상장법인의 주식 100%를 인수하였고, 그 대가로 완전자회사(비상장법인)의 주주들에게 완전모회사(상장법인)의 신주 12,966,977주(68.4%)를 교부하였다(교환비율 1 : 17.7609178). 청구인은 완전자회사의 주식 12,000주(쟁점주식)의 교환대가로 2006.2.21. 완전모회사의 주식 213,131주를 취득하고 교환에 따른 양도소득세를 신고·납부하였다.

이에 처분청에서는 「상속세 및 증여세법」 제42조를 적용하여 증여세를 부과하였다. 증여세 과세 이유로 상법 제360조의 2에 따른 주식의 포괄적 교환으로 발생한 증여이익에 대하여 「상속세 및 증여세법」 제42조를 적용하는 경우 증여재산가액은 「상속세 및 증여세법 시행령」 제31조의 9 제2항 제5호에 따라 제28조 제4항을 준용하여 증여이익을 계산한 것은 타당하다고 하였다.

이에 대해 심판원에서는 주식을 포괄적으로 교환하는 경우 교환 당시 모회사 및 자회사 주식가치를 상호 비교하여 「상속세 및 증여세법」 제35조의 재산 고·저가 양수·도 여부를 따질 수 있고, 법문 규정이 없는 이상 주식을 포괄적으로 교환하는 경우 「상속세 및 증여세법」 제42조 제1항 제3호를 적용할 수 없으며, 주식을 포괄적으로 교환하는 것은 합병과 법률상 성질도 달리하므로 증여재산가액을 산정할 때에 합병에 관한 「상속세 및 증여세법」 제38조 제1항을 적용하지도 못하는 것(서울고등법원 2011누17273, 2012.2.8. 참고)이다. 처분청이 「상속세 및 증여세법」 제35조의 저가·고가 양도에 따른 이익의 증여 등 규정을 적용하여 과세하는 것은 별론으로 하더라도 주식의 포괄적 교환 과정에서 완전자회사의 쟁점주식이 과대평가된 것으로 보아 「상속세 및 증여세법」 제42조를 적용하고 같은 법 시행령 제31조의 9 제2항 제5호에 의거하여 산정한 증여이익으로 청구인에게 증여세를 과세한 처분은 위법하다며 취소결정을 하였다.

이러한 취소결정 이후 처분청은 완전자회사와 완전모회사간의 교환거래에 대하여 증여세 부과가 취소된 「상속세 및 증여세법」 제42조 '기타이익의 증여'가 아닌 같은 법 제35조 '고·저가 양수도에 의한 이익의 증여'를 적용하여 완전모회사가 완전자회사의 주식을 고가양수한 것으로 보아 증여세를 재처분하였다.

이에 청구인은 심판청구(조심 2013구4075, 2014.3.5.)에서 당초 심판청구사건(조심 2012구510, 2013.3.29.)에 대하여 '「상속세 및 증여세법」 제42조를 적용하는 것은 부당하다'는 심판결정이 있었음에도 새로운 사실관계가 밝혀지지 아니한 상태에서 적용법규를 「상속세 및 증여세법」 제35조를 적용하여 과세한 처분은 부당하다고 주장하였고, 이에 처분청은 청구인의 이전 심판청구에 대하여 서울행정법원의 판결(2010구합19447, 2011.5.12.)을 참고하여 주식의 포괄적 교환을 자본거래가 아닌 재산의 양도로 보아 「상속세 및 증여세법」 제35조를 적용하여 과세하는 것은 별론으로 하고 「상속세 및 증여세법」 제42조를 적용할 수 없다고 결정하고, 「상속세 및 증여세법」 제35조를 적용하기 위한 과세요건 검토 후 이에 해당한다고 보아 과세한 처분으로 이건 재처분은 종전의 심판결정에 기속되지 아니한 정당한 처분으로 판단하였다.

이에 조세심판원은 "주식의 포괄적 교환을 자본거래가 아닌 재산의 양도로 보아 「상속세 및 증여세법」 제35조를 적용하여 과세하는 것은 별론으로 하고 「상속세 및 증여세법」 제42조를 적용할 수 없다"고 결정(조심 2012구510, 2013.3.29.)하였지만 추후 처분청이 「상속세 및 증여세법」 제35조를 적용하기 위한 과세요건 검토 후 이에 해당한다고 보아 과세한 처분은 종전의 심판결정에 기속되지 아니한 정당한 처분으로서 법 제42조 제1항 제3호에 따라 결정한 처분에 대해 취소결정을 한 후 법 제35조에 따른 저가·고가 양도로 재처분한 것은 정당한 것으로 보아 기각결정을 하였다.

3. 판례 동향과 과제

「상법」상 주식의 포괄적 교환거래에 따라 주식을 교환할 때 주식평가액과 교환비율의 차이에 따라 발생하는 차액은 「상속세 및 증여세법」 제2조 제3항에서 규정한 증여의 개념에 해당되는 것으로 보여진다. 그렇지만 주식교환의 방식과 특성이 특이하여 예시규정 어느 규정을 적용해야 할지 명확하지 않다는 것은 앞의 판례에서 논술한 바와 같다.

이에 처음에는 「상속세 및 증여세법」 제35조에 따른 저가 고가 양도에 따른 이익의 증여로 과세하기도 하고, 법 제39조에서 규정한 증자에 따른 이익의 증여로 과세한 사례도 있으며, 법 제42조 제1항 제3호에 따른 주식전환등 법인의 자본을 증가시키거나 감소시키는 거래로 얻은 이익에 해당되는 것으로 하여 과세되기도 하였다. 이러한 과세에 대해 법원에서는 「상속세 및 증여세법」 제35조에 따른 저가 고가 양도에 따른 이익의 증여와 법 제39조에서 규정한 증자에 따른 이익의 증여로 과세한 사례는 위법한 것으로 판결하였다. 즉, 대법원(대법원 2011두23047, 2014.4.24. ; 대법원 2012두6797, 2014.9.26.)에서는 주식의 포괄적 교환에 대해서는 법인의 자본을 증가시키는 거래에 따른 이익의 증여에 관한 「상속세 및 증여세법」 제42조 제1항 제3호를 적용하여야 하는 것으로 판결하였다.

이러한 대법원의 판례 변경으로 주식의 포괄적 교환에 대해서는 「상속세 및 증여세법」 제42조 제1항 제3호에 따른 주식전환등 법인의 자본을 증가시키거나 감소시키는 거래로 얻은 이익 또는 사업 양수·양도, 사업 교환 및 법인의 조직 변경 등에 의하여 소유지분이나 그 가액이 변동됨에 따라 얻은 이익으로 보아야 하고, 그에 따른 증여이익은 주식전환 등 당시의 주식가액에서 주식전환 등의 가액을 뺀 가액으로 하며, 주식전환 등이 아닌 경우에는 소유지분이나 그 가액의 변동 전·후 재산의 평가차액으로 하여 증여세를 부과하여야 할 것이다.

Part 7

주식의 취득과 양도에 따른 세무

Chapter 01 과점주주의 주식 취득에 대한 납세의무
Chapter 02 주식양도
Chapter 03 자기주식 취득과 감소

Chapter 01

과점주주의 주식 취득에 대한 납세의무

1 개 요

주주의 책임은 그가 가진 주식의 인수가액을 한도로 한다(상법 §331). 비상장법인의 경우에는 친인척 등과 같은 소수의 특수관계인으로 주주를 구성하는 경우가 많이 있다. 비상장법인의 과점주주가 된 경우 해당 법인의 자산에 대한 관리·처분권을 취득하게 되므로 실질적으로 해당 법인의 자산을 취득한 것이나 다름없게 된다. 이 경우에 자산의 이전이라는 사실 자체를 포착하여 거기에 담세력을 인정하고 유통세로서 취득세를 부과하고 있다.

과점주주에 대해 간주취득세를 부과하는 것은 공평과세 및 실질과세라는 공익에 비하여 개인의 재산권 제한은 재산의 이전에 의하여 실질적으로 발생한 담세력에 따른 조세부담의 증가에 있으며, 그 제한의 정도는 심판 대상조항이 추구하는 공익과 비교하여 결코 크다고 할 수 없으므로, 이 사건 법률조항은 법익의 균형성 원칙에 반한다고 볼 수 없다고 합헌결정(헌재 2015헌바282, 2016.6.30.)을 한 바 있다.

과점주주가 해당 법인이 자산을 취득한 이후에 주식을 추가로 취득한 경우에는 추가로 주식을 취득하면서 그 비율만큼 해당 법인의 자산에 대한 사실상 지배력을 새롭게 취득하게 되므로 그 주식의 추가 취득비율에 해당하는 취득세를 부과할 필요가 있다. 이에 '과점주주가 된 후 해당 법인이 자산을 취득하고 그 후 주식을 추가로 취득한 경우의 과점주주'에게만 추가로 취득한 주식의 비율에 해당하는 취득세를 부과한다.

2 과점주주

2.1 과점주주의 정의

과점주주는 해당 법인(주식을 「자본시장과 금융투자업에 관한 법률」에 따른 증권시장으로서 대통령령으로 정하는 증권시장에 상장한 법인은 제외)의 주주 또는 유한책임사원 1명과 특수관계에 있는 자로서 그들의 소유주식의 합계 또는 출자액의 합계가 해당 법인의 발행주식 총수 또는 출자총액의 100분의 50을 초과하면서 그에 관한 권리를 실질적으로 행사하는 자들을 말한다. 이에 대해 2023.03.14. 시행령 개정을 통하여 주주 또는 유한책임사원 1명의 특수관계인이 친족관계인 사람, 경제적 연관관계에 있는 사람 중에서 임원과 그 밖의 사용인, 경영지배관계에 있는 사람 중 법인의 경영에 대하여 직접적인 영향력을 행사하고 있는 자로 한정하였다(지령 §7 ⑤).

2.1.1 친족관계

① 6촌 이내의 혈족

② 4촌 이내의 인척

③ 배우자(사실상의 혼인관계에 있는 사람을 포함)

④ 친생자로서 다른 사람에게 친양자로 입양된 사람 및 그 배우자 · 직계비속

2.1.2 임원과 그 밖의 사용인 등 경제적 연관관계

① 주주

② 유한책임사원

2.1.3 주주·출자자 등 경영지배관계

① 본인이 개인인 경우

본인이 직접 해당 법인의 경영에 대하여 지배적인 영향력을 행사하고 있는 경우 그 법인

② 본인이 법인인 경우

㉮ 개인 · 법인 중 해당 개인 · 법인이 직접 본인인 법인의 경영에 대하여 지배적인 영향력을 행사하고 있는 경우 그 개인 · 법인

㉯ 법인 중 본인이 직접 또는 ㉮에 해당하는 자를 통해 어느 법인의 경영에 대하여 지배적인 영향력을 행사하고 있는 경우 그 법인

이 경우에 법인의 경영에 대한 지배적인 영향력의 기준에 관하여는「지방세기본법 시행령」제2조 제4항 제1호 가목 및 같은 항 제2호를 적용한다. 이 경우 같은 법인의 발행주식총수 또는 출자총액의 "100분의 30"은 각각 "100분의 50"으로 본다.

③ 해당 법인의 경영에 대하여 지배적인 영향력을 행사하고 있는 것으로 보는 경우

㉮ 영리법인인 경우

1) 법인의 발행주식 총수 또는 출자총액의 100분의 50 이상을 출자한 경우

2) 임원의 임면권의 행사, 사업방침의 결정 등 법인의 경영에 대하여 사실상 영향력을 행사하고 있다고 인정되는 경우

㉯ 비영리법인인 경우

1) 법인의 이사의 과반수를 차지하는 경우

2) 법인의 출연재산(설립을 위한 출연재산만 해당)의 100분의 30 이상을 출연하고 그 중 1명이 설립자인 경우

3 과점주주의 취득세 납세의무

3.1 납세의무의 범위

부동산, 차량, 기계장비, 항공기, 선박, 입목, 광업권, 어업권, 골프회원권, 승마회원권, 콘도미니엄 회원권, 종합체육시설 이용회원권 또는 요트회원권 등을 취득한 자에게는 취득세를 부과한다. 법인의 주식 또는 지분을 취득함으로써「지방세기본법 시행령」제10조 2에 따른 과점주주가 되었을 때에는 그 과점주주가 해당 법인의 부동산등 (법인이「신탁법」에 따라 신탁한 재산으로서 수탁자 명의로 등기·등록이 되어 있는 부동산등

을 포함)을 취득한 것으로 본다.

3.2 과점주주의 성립시기

과점주주의 성립시기에 대하여는 명문의 규정이 없다. 행정해석에서는 주식의 소유자로서 주주명부 등에 기재 유무와 관계없이 사실상 주주권을 가진 자를 말하며, 주권의 발행 전에 주식 또는 주주권이 양도된 경우에는 그의 양수인을 주주로 보고 있다. 따라서 과점주주가 되는 시점은 법인의 주식을 취득하여 사실상 주주로서의 권리를 행사할 수 있는 지위를 취득한 때로 해석하고 있다.

3.2.1 법인설립 시에 과점주주인 경우

법인설립 시에 발행하는 주식 또는 지분을 취득함으로써 과점주주가 된 경우에는 취득으로 보지 아니한다(지법 §7 ⑤).

3.2.2 과점주주가 아닌 자가 취득 등으로 최초 과점주주가 된 경우

법인의 과점주주가 아닌 주주 또는 유한책임사원이 다른 주주 또는 유한책임사원의 주식 또는 지분을 취득하거나 증자 등으로 최초로 과점주주가 된 경우에는 최초로 과점주주가 된 날 현재 해당 과점주주가 소유하고 있는 법인의 주식등을 모두 취득한 것으로 보아 법 제7조 제5항에 따라 취득세를 부과한다(지령 §11 ①). 따라서 45%의 주식을 보유하였다가 15%를 추가로 취득하여 60%가 되면 60% 모두 취득한 것으로 본다.

3.2.3 과점주주의 주식 등의 지분율이 증가한 경우

이미 과점주주가 된 주주 또는 유한책임사원이 해당 법인의 주식등을 취득하여 해당 법인의 주식등의 총액에 대한 과점주주가 가진 주식등의 비율이 증가된 경우에는 그 증가분을 취득으로 보아 법 제7조 제5항에 따라 취득세를 부과한다. 다만, 증가된 후의 주식등의 비율이 해당 과점주주가 이전에 가지고 있던 주식등의 최고비율보다 증가되지 아니한 경우에는 취득세를 부과하지 아니한다(지령 §11 ②). 따라서 감자 등으로 지분이 변동되어 과점주주가 되는 것은 납세의무가 없다.

3.2.4 과점주주가 과점주주 아닌 자로 되었다가 주식의 취득 후 과점주주가 된 경우

당초에 과점주주였으나 주식등의 양도, 해당 법인의 증자 등으로 과점주주에 해당되지 아니하는 주주 또는 유한책임사원이 된 자가 해당 법인의 주식등을 취득하여 다시 과점주주가 된 경우에는 다시 과점주주가 된 당시의 주식등의 비율이 그 이전에 과점주주가 된 당시의 주식등의 비율보다 증가된 경우에만 그 증가분만을 취득으로 보아 취득세를 부과한다(지령 §11 ③). 따라서 60%를 보유하였다가 처분하여 40%로 된 이후에 추가로 10%를 취득하면 50%가 되어 과세대상이 되지 아니하나 30%를 추가 취득하여 70%가 되었다면 당초 60%보다 증가한 10%에 대해서 납세의무가 있다.

3.2.5 과점주주 사이의 주식 이전

과점주주의 간주취득세 납세의무는 과점주주들이 소유하고 있는 주식 또는 지분의 비율이 증가한 경우에만 발생한다. 과점주주 1인의 주식 또는 지분의 증가를 기준으로 판단하는 것이 아니라, 과점주주를 구성한 구성원 모두가 소유한 전체 주식 또는 지분의 비율이 증가한 경우에 그 증가 부분에 대하여 취득세를 부과하는 것이다. 따라서 과점주주 간에 주식이나 지분이 이전하는 것은 총지분이나 주식의 비율이 증가하지 않았으므로 취득세 납세의무가 발생하지 아니한다(대법원 2007두10297, 2007.8.23.).

3.2.6 명의신탁주식의 실명전환에 대한 과점주주 취급

(1) 판례에 의한 취득세 과세제외

주주명부상 주식의 소유명의를 차명하여 등재하였다가 실질주주명의로 개서한 경우, 주주명부상 주식의 소유명의자로 기재되어 있던 차명인은 명의상의 주주에 불과하므로 주식의 실질주주가 위 주식에 관한 주주명부상의 주주명의를 자기명의로 개서하였다고 하더라도 이는 실질주주가 주주명부상의 명의를 회복한 것에 불과하여 구 「지방세법」(1997.8.30. 법률 제5406호로 개정되기 전의 것) 제105조 제6항에서 말하는 주주로부터 주식을 취득한 경우에 해당하지 않는다(대법원 1998두7619, 1999.12.28.).

(2) 행정해석에 의한 취득세 과세(1999년 이후 취득분)

(세정과-2924, 2006.7.12. ; 지방세정팀-5175, 2006.10.23.)

1. 「지방세법 시행령」 제78조 제1항에서 법인의 과점주주가 아닌 주주 또는 유한책임사원이 다른 주주 또는 유한책임사원의 주식 또는 지분을 취득함으로써 최초로 과점주주가 된 경우 또는 증자 등으로 인하여 최초로 과점주주가 된 경우에는 최초로 과점주주가 된 날 현재 당해 과점주주가 소유하고 있는 법인의 주식 또는 지분을 모두 취득한 것으로 보아 「지방세법」 제105조 제6항의 규정에 의하여 취득세를 부과한다고 규정하고 있으며,
2. 대법원 판결(98두7619, 1999.12.28.)은 구 「상속세 및 증여세법」(1998.12.28. 법률 제5582호로 개정되기 전의 것) 제43조에 의한 1998.12.31. 이전에 실질소유자 명의로 전환하는 경우에 한하여 실질주주가 명의를 회복한 것으로 보아 「지방세법」 제105조 제6항에서 말하는 주식을 취득한 경우에 해당하지 않는다고 하고 있다.
3. 대법원 판결은 1998.12.31. 이전에 주식을 실질소유자로 명의전환하는 경우에 한하여 취득으로 보지 않는 것이므로 주식의 명의신탁시점에 관계없이 실질소유자의 명의로 전환하는 시점이 1998.12.31. 이후인 경우에는 취득세과세대상에 해당하는 것이며 당해 주식의 취득시점은 명의신탁사실의 입증 여부에 관계없이 주주명부 등의 명의를 변경(실명전환)하는 날이 된다고 생각되나, 이에 해당 여부는 과세권자가 사실관계를 확인하여 판단할 사항이다.

(3) 실명전환에 대한 취득세 과세제외 재차확인

타인의 명의를 차용하여 주식을 인수하고 대금을 납부한 경우 실제로 주식을 인수하여 그 대금을 납입한 명의차용인이 주주가 되고 단순히 명의대여자에 불과한 자는 주주로 볼 수 없다 할 것이고, 주식이 명의신탁된 경우 명의신탁된 주식의 실질적인 주주는 신탁자라 할 것이어서 명의신탁자가 명의신탁된 주식에 관하여 주주명부상의 주주명의를 명의신탁자 앞으로 명의개서한다고 하더라도 이는 실질주주가 주주명부상의 명의를 회복한 것에 불과하고, 한편 “주식의 취득행위”는 그 자체가 취득세의 과세대상이 되는 것이 아니어서 취득세의 과세대상이 되는 취득행위와 동일선상에서 그 개념을 파악할 수 없다(대법원 98두7619, 1999.12.28.). 또한 구 「지방세법」 제7조 제5항 본문이 법인의 과점주주에 대하여 그 법인의 재

산을 취득한 것으로 보아 취득세를 부과하는 것은 과점주주가 되면 해당 법인의 재산을 사실상 임의처분하거나 관리운용할 수 있는 지위에 서게 되어 실질적으로 그 재산을 직접 취득하는 것과 다를 바 없으므로 그 과점주주에게 담세력이 있다고 보기 때문이다.

그러므로 간주취득세 납세의무를 부담하는 과점주주에 해당하는지 여부는 주주명부상의 주주 명의가 아니라 그 주식에 관하여 의결권 등을 통하여 주주권을 실질적으로 행사하여 법인의 운영을 지배하는지를 기준으로 판단하여야 한다(대법원 2009두7448, 2009.8.20. ; 대법원 2011두26046, 2016.3.10. ; 대법원 2018두44753, 2018.10.4. 등 참조).

4 과세표준 및 세율

4.1 과세표준

과세표준은 「지방세법」에 따라 직접적으로 세액산출의 기초가 되는 과세물건의 수량·면적 또는 가액(價額) 등을 말한다(지기법 §2 5호). 과점주주가 취득한 것으로 보는 해당 법인의 부동산등의 취득당시가액은 해당 법인의 결산서와 그 밖의 장부 등에 따른 그 부동산등의 총가액을 그 법인의 주식 또는 출자의 총수로 나눈 가액에 과점주주가 취득한 주식 또는 출자의 수를 곱한 금액으로 한다. 이 경우 과점주주는 조례로 정하는 바에 따라 취득당시가액과 그 밖에 필요한 사항을 신고하여야 한다(지법 §10의 6).

4.2 세 율

세율은 중과기준 세율(2011년부터 취득세와 등록세를 통합하면서 세액을 조정하기 위하여 설정한 기본세율을 말함) 2%를 적용한다. 농어촌특별세도 비과세대상이 아닌 경우에는 취득세액의 10%가 부과된다. 한편, 법인이 소유하고 있는 과세대상 물건이 사치성 재산 등 중과세대상일 경우에 과점주주에 대하여도 중과세를 해야 하는지에 대한 명문 규정은 없다. 취득세는 일반과세와 중과세는 각각 그 과세요건을 달리하고 있으므로, 획일적으로 법인이 중과세를 받았다 하여 과점주주도 법인이 이행한 취득세 납세의무에 부종성을 갖는 것으로 보는 것은 잘못된 것이라 하지 아니할 수 없다.
따라서 과점주주의 납세의무가 성립한 시점에 그것이 과점주주를 기준으로 중과세 요건을 갖추었는지를 판단하고 그에 따라 일반과세 또는 중과세를 하는 것이다(대법원 2000두3375, 2001.9.4.).

5 과점주주에 대한 취득세 부과징수

5.1 신고납부

과점주주가 된 날부터 60일 이내에 법인이 소유하고 있는 과세대상의 소재지 납세지를 관할하는 시장·군수·구청장에게 신고하여야 한다. 즉, 해당 법인이 소유하고 있는 취득세 과세대상의 장부상 가액에 과점주주의 비율이 증가된 것에 해당하는 비율만큼을 과세표준으로 하여 세율을 적용하여 세액을 계산한 후 각 과세대상이 소재한 납세지를 관할하는 시장·군수·구청장에게 신고하여야 한다.

5.2 보통징수

과점주주가 취득세를 신고납부하지 아니한 경우에는 과세대상의 소재지 납세지를 관할하는 시장·군수·구청장은 보통징수를 하게 된다. 이 경우에 과점주주의 취득세 과세자료를 확인한 시장·군수·구청장은 그 과점주주에게 과세할 과세대상 물건이 다른 시·군·구에 있을 경우에는 그 과세대상 물건을 관할하는 시장·군수·구청장에게 과점주주의 주식 또는 지분의 비율, 과세대상 물건 및 가격명세 기타 취득세 부과에 필요한 자료를 지체없이 통보하여야 한다(지령 §11 ④).

6 취득세 비과세

기업이 구조조정을 하는 과정에 과점주주가 된 경우에는 취득세를 비과세함으로써 기업의 구조조정을 지원하고 있다. 이에 따라 「지방세법」 제7조 제5항에 따라 과점주주가 해당 법인의 부동산등을 취득한 것으로 보아 부과하는 취득세를 2024.12.31.까지 면제한다(지특법 §57의 2 ⑤).

① 「금융산업의 구조개선에 관한 법률」 제10조에 따른 제3자의 인수, 계약이전에 관한 명령 또는 같은 법 제14조 제2항에 따른 계약이전결정을 받은 부실금융기관으로부터 주식 또는 지분을 취득하는 경우

② 금융기관이 법인에 대한 대출금을 출자로 전환함에 따라 해당 법인의 주식 또는 지분을 취득하는 경우

③ 「독점규제 및 공정거래에 관한 법률」에 따른 지주회사(「금융지주회사법」에 따른 금융지주회사를 포함하되, 지주회사가 「독점규제 및 공정거래에 관한 법률」 제2조 제12호에 따른 동일한 기업집단 내 계열회사가 아닌 회사의 과점주주인 경우를 제외)가 되거나 지주회사가 같은 법 또는 「금융지주회사법」에 따른 자회사의 주식을 취득하는 경우. 다만, 해당 지주회사의 설립·전환일부터 3년 이내에 「독점규제 및 공정거래에 관한 법률」에 따른 지주회사의 요건을 상실하게 되는 경우에는 면제받은 취득세를 추징한다.

④ 「예금자보호법」 제3조에 따른 예금보험공사 또는 같은 법 제36조의 3에 따른 정리금융회사가 같은 법 제36조의 5 제1항 및 제38조에 따라 주식 또는 지분을 취득하는 경우

⑤ 한국자산관리공사가 「한국자산관리공사 설립 등에 관한 법률」 제26조 제1항 제1호 가목에 따라 인수한 채권을 출자전환함에 따라 주식 또는 지분을 취득하는 경우

⑥ 「농업협동조합의 구조개선에 관한 법률」에 따른 농업협동조합자산관리회사가 같은 법 제30조 제3호 다목의 인수한 부실자산을 출자전환함에 따라 주식 또는 지분을 취득하는 경우

⑦ 「조세특례제한법」 제38조 제1항 각 호의 요건을 모두 갖춘 주식의 포괄적 교환·이전으로 완전자회사의 주식을 취득하는 경우. 다만, 같은 법 제38조 제2항에 해당하는 경우(같은 조 제3항에 해당하는 경우는 제외)에는 면제받은 취득세를 추징한다.

⑧ 「자본시장과 금융투자업에 관한 법률」에 따른 증권시장으로서 대통령령으로 정하는 증권시장에 상장한 법인의 주식을 취득한 경우

그리고 과점주주에 간주취득에 대하여 취득세가 면제되는 경우에 감면 최저한에 의하여 15%는 납부해야 하며, 2019.1.1.부터 적용된다(지특법 §177의 2, 부칙 §9 1호).

Chapter 02 주식양도

1 개 요

1.1 의 의

주주는 주식회사에 투자할 때에는 배당소득을 실현하기 위한 것이고, 최종적으로는 주식의 양도를 통하여 실현한다. 이 경우에 주식을 양도로 인하여 발생하는 소득은 그 본질이 자본이득이다. 자본이득이란 자본자산(capital assets)의 처분가액 또는 시가와 그 자산의 원가와의 차액, 즉 자본적 자산의 가치상승에 따른 이득을 말한다. 자본자산은 부동산, 주식과 채권, 기업의 매각, 파트너지분 등이 포함되며, 이들 거래의 결과 발생하는 이득과 손실에 대해서 과세하는 것이다.

자본이득에 대해 과세하는 양도소득세는 부동산에 대한 투기성향을 정책적으로 억제하고자 하는 정책적 목적과 과세기술상의 문제로 인하여 부동산과 일부의 유가증권 등의 양도소득에 대해 과세하고 있다. 「소득세법」에서는 양도소득세 과세대상은 토지와 건물, 부동산에 관한 권리, 기타자산, 주식, 파생상품 등에 대해 과세한다.

개인이 보유하고 있는 주식에 대한 과세대상은 상장법인 또는 코스닥상장법인의 주식을 양도함으로써 양도차익에 대해서는 원칙적으로 대주주의 범위에 해당하는 경우에 과세하고, 비상장주식에 대해서는 원칙적으로 모든 주주의 양도소득에 대해 과세한다. 본 절에서는 주식의 양도와 관련한 양도소득을 중심으로 정리한다.

1.2 양도의 정의

1.2.1 「소득세법」상의 양도의 정의

"양도"란 자산에 대한 등기 또는 등록과 관계없이 매도, 교환, 법인에 대한 현물출자 등을 통하여 그 자산을 유상(有償)으로 사실상 이전하는 것을 말한다. 부담부증여(負擔附贈與)의 채무액에 해당하는 부분은 양도로 본다(소법 §88 1호). 여기에서 "부담부증여(負擔附贈與)의 채무액에 해당하는 부분"이란 부담부증여시 증여자의 채무를 수증자(受贈者)가 인수하는 경우 증여가액 중 그 채무액에 해당하는 부분을 말한다. 다만, 배우자 간 또는 직계존비속 간의 부담부증여(「상속세 및 증여세법」 제44조에 따라 증여로 추정되는 경우를 포함)로서 같은 법 제47조 제3항 본문에 따라 수증자에게 인수되지 아니한 것으로 추정되는 채무액은 제외한다.

1.2.2 양도담보

채무자가 채무의 변제를 담보하기 위하여 자산을 양도하는 계약을 체결한 경우에 모두 갖춘 계약서의 사본을 양도소득 과세표준 확정신고서에 첨부하여 신고하는 때에는 이를 양도로 보지 아니한다.

① 당사자 간에 채무의 변제를 담보하기 위하여 양도한다는 의사표시가 있을 것
② 당해 자산을 채무자가 원래대로 사용·수익한다는 의사표시가 있을 것
③ 원금·이율·변제기한·변제방법 등에 관한 약정이 있을 것

양도담보의 계약을 체결한 후 계약 요건에 위배하거나 채무불이행으로 인하여 당해 자산을 변제에 충당한 때에는 그 때에 이를 양도한 것으로 본다.

1.2.3 명의신탁주식의 실명환원

명의신탁된 재산을 실제소유자 명의로 환원할 때 매매 등 형식을 불문하고 환원하는 것에 대하여는 양도소득세는 과세하지 않는다. 다만, 명의신탁된 자산이 사실상 유상으로 이전되는 때에는 양도에 해당되어 양도소득세가 과세된다. 이 경우에 양도소득의 계산에 있어서 당해 자산의 취득시기는 실지소유자 명의로의 환원여부에 불구하고 당초 명의자 명의로 취득할 때가 취득일이 된다(서면4팀-2370, 2005.11.30.).

2 과세대상 주식

2.1 주식 분류와 과세대상

2.1.1 주식 분류

「자본시장과 금융투자업에 관한 법률」에서는 법인을 다음과 같이 구분하고 있다(자본시장법 §8의 2 ⑮).

① 상장법인 : 증권시장에 상장된 증권(상장증권)을 발행한 법인

② 비상장법인 : 상장법인을 제외한 법인

③ 주권상장법인 : 다음 각 목의 어느 하나에 해당하는 법인

㉠ 증권시장에 상장된 주권을 발행한 법인

㉡ 주권과 관련된 증권예탁증권이 증권시장에 상장된 경우에는 그 주권을 발행한 법인

2.1.2 양도소득세 과세대상 주식

「소득세법」 중 양도소득세 관련 규정은 주권상장법인의 주식과 주권비상장법인의 주식등으로 구분하여 과세하고 있다. 주권상장법인에는 상장법인이 포함되는 개념으로 주권상장법인과 주권비상장법인으로 구분한다. 이에 따라 이해의 편의를 위하여 상장법인과 비상장법인으로 구분한다.

(1) 상장법인의 주식

상장법인의 주식등으로서 소유주식의 비율·시가총액 등을 고려한 상장법인의 대주주가 양도하는 주식등에 대하여 양도소득세를 과세한다. 그러나 대주주에 해당하지 아니하는 경우에도 「자본시장과 금융투자업에 관한 법률」에 따른 증권시장에서의 거래에 의하지 아니하는 장외거래주식에 대해서는 양도소득세를 과세한다. 다만, 「상법」 제360조의 2 및 제360조의 15에 따른 주식의 포괄적 교환·이전 또는 같은 법 제360조의 5 및 제360조의 22에 따른 주식의 포괄적 교환·이전에

대한 주식매수청구권 행사로 양도하는 주식등은 과세대상에서 제외한다(소법 §94 ① 3호 가목).

(2) 비상장법인의 주식

비상장법인의 주식은 원칙적으로 양도소득세 과세대상이다. 그러나 소유주식의 비율·시가총액 등을 고려하여 비상장법인의 대주주에 해당하지 아니하는 자가 「자본시장과 금융투자업에 관한 법률」 제283조에 따라 설립된 한국금융투자협회가 행하는 같은 법 제286조 제1항 제5호(증권시장에 상장되지 아니한 주권의 장외매매거래에 관한 업무)에 의하여 양도하는 대통령령으로 정하는 중소기업 및 대통령령으로 정하는 중견기업의 주식등은 제외한다(소법 §94 ① 3호 나목). 여기에서 "대통령령으로 정하는 중소기업"이란 「중소기업기본법」 제2조에 따른 중소기업에 해당하는 기업을 말하고, "대통령령으로 정하는 중견기업"이란 주식등의 양도일 현재 「조세특례제한법 시행령」 제6조의 4 제1항에 따른 중견기업에 해당하는 기업을 말한다(소법 §94 ① 3호 나목, 소령 §157의 2 ①·②).

(3) 외국법인 또는 외국시장에 상장된 주식

외국법인이 발행하였거나 외국에 있는 시장에 상장된 주식등으로서 다음의 어느 하나에 해당하는 주식등을 말한다(소법 §94 ① 3호 다목, 소령 §157의 3).

① 외국법인이 발행한 주식등[증권시장에 상장된 주식등과 제178조의 2 제4항(국외에 있는 자산으로서 법 제94조 제1항 제4호에 따른 기타자산과 법 제118조의 2 제2호에 따른 부동산에 관한 권리(부동산을 취득할 수 있는 권리, 지상권, 전세권과 부동산임차권)로서 미등기 양도자산을 말한다]에 해당하는 주식등은 제외한다.

② 내국법인이 발행한 주식등(국외 예탁기관이 발행한 제152조의 2에 따른 증권예탁증권을 포함한다)으로서 「자본시장과 금융투자업에 관한 법률 시행령」 제2조 제1호에 따른 해외 증권시장에 상장된 것

(4) 특정주식

법인이 보유하고 있는 자산 중에 토지·건물·부동산에 관한 권리(부동산등)가 차지하는 비율이 높은 법인의 주식을 양도하는 경우에는 부동산을 양도하는 것과 유사한 효과가 발생한다. 이에 따라 자산총액 중에 부동산등의 보유비율이 50%인 경우로서 3년 이내에 해당 법인 주식의 50% 이상 양도하는 경우를 "과점주주의 주식"으로 분류하고, 골프장·스키장·휴양콘도미니엄·전문휴양시설을 건설 또는 취득하여 직접 경영하거나 분양 또는 임대하는 사업으로서 해당 법인의 부동산의 비율이 80% 이상인 법인의 주식을 "부동산과다보유법인의 주식"으로 분류하여 이를 특정주식으로 과세한다. 주식의 양도는 원칙적으로 단일세율을 적용하지만 특정주식에 대해서는 기본세율(6~45%)을 적용하게 된다. 과점주주의 주식과 부동산과다보유법인의 주식은 다음에서 별도로 정리한다.

(5) 신주인수권

분리형 신주인수권부사채로서 그 거래 대가에 사실상 신주인수권의 가치를 포함하여 양도하는 경우 그 실질내용에 따라 사실상 신주인수권에 상당하는 양도소득에 대하여는 양도소득세가 과세되는 것으로 해석한 바 있다(서일 46014-11299, 2003.9.16.). 이러한 해석 이후에 신주인수권은 양도의 정의에서 과세대상으로 열거하고 있다(소법 §88 2호).

(6) 증권예탁증권

증권예탁증권은 「자본시장과 금융투자업에 관한 법률」 제4조 제2항 제2호의 지분증권을 예탁받은 자가 그 증권이 발행된 국가 외의 국가에서 발행한 것으로서 그 예탁받은 증권에 관련된 권리가 표시된 것을 말한다(소령 §152의 2). 증권예탁증권은 양도의 정의에서 과세대상으로 열거하고 있다(소법 §88 2호).

(7) 벤처기업 주식매수선택권 양도소득세 과세 선택(조특법 §16의 4)

벤처기업의 우수인력 유치를 지원하기 위하여 벤처기업 임직원에게 부여하는 적격스톡옵션에 대해 행사 시 근로소득으로 과세하지 아니하고 양도 시 양도소득으로 과세선택 가능하게 하였다. 이 경우에 적격스톡옵션은 「벤처기업 육성에 관한 특별조치법」에 따른 주식매수선택권으로 연간 행사가액의 합계가 3년간 5억원 이하인 경우에 해당한다.

예규

▶▶ 주식워런트증권이 양도소득세 과세대상에 해당하는지 여부(부동산거래관리－1092, 2010.8.24.)

「증권거래법 시행령」 제2조의 3 제1항 제6호의 규정에 의한 주식워런트증권(Equity Linked Waant)은 「증권거래세법」 제2조 제1항에서 규정하는 주권에 해당하지 않음. 따라서, 주식워런트증권(Equity Linked Waant)은 양도소득세 과세대상에 해당하지 않음.

▶▶ 양도세 과세대상인 주식에는 '전환사채'가 제외되나, 전환사채를 전환청구해 취득한 주식 양도 시는 포함됨(재일 46014－222, 1999.2.1.).

「소득세법 시행령」 제157조 제4항에서 규정한 양도소득세 과세대상이 되는 증권거래소에 상장된 주식 또는 출자지분에는 전환사채를 제외되는 것이나, 전환사채를 인수한 자가 전환을 청구하여 취득한 주식을 양도하는 경우 그 주식도 포함되는 것임.

2.2 대주주의 판정

2.2.1 원 칙

대주주의 범위는 주권상장법인, 코스닥시장상장법인, 코넥스시장상장법인, 비상장법인의 대주주로 구분하여 규정하고 있다. 대주주의 구분기준은 주식시장의 종류에 따라 지분율 기준과 시가총액을 기준으로 구분하여 규정하고 있으며, 지분율 기준 또는 시가총액 기준 중의 어느 하나에 해당하는 경우에는 대주주에 해당한다(소령 §157 ④). 그동안 대주주를 구분할 때 2017.2.3. 시행령 개정을 통해 단계적으로 축소하여 적용대상을 확대하였으며, 금융투자소득세 도입이 유예되면서 시가총액 10억원 이상을 적용하였고, 2022년 개정안에서는 시가총액은 100억원으로 추진하다가 금융투자소득세 도입을 또다시 2년 유예하면서 시가총액을 10억원으로 유지하게 되었다.

(1) 지분율 기준

대주주는 주주 1인이 주식 등의 양도일이 속하는 사업연도의 직전 사업연도 종료일(주식등의 양도일이 속하는 사업연도에 새로 설립된 법인의 경우에는 해당 법인의 설립등기일로 한다) 현재의 지분율 기준에 해당하는 경우를 말한다. 이 경우에 소유주식의 비율이 직전 사업연도 종료일 현재 그 기준에 미달하였으나 그 후 주식등을 취득함으로써 그 기준에 해당하게 되는 경우에는 대주주에 포함한다. 이 경우에 대주주의 지분율 기준으로 주권상장법인은 1% 이상, 코스닥시장상장법인 주식은 2%, 코넥스시장상장법인 주식과 비상장법인 주식은 4%로 규정하고 있다(소령 §157 ④·⑤·⑥).

(2) 시가총액 기준

대주주는 주주 1인이 주식 등의 양도일이 속하는 사업연도의 직전 사업연도 종료일 현재의 시가총액 기준에 해당하는 경우를 말한다. 이 경우에 시가총액 기준은 직전사업연도 종료일 현재를 기준으로 판정함에 따라 사업연도 중에 시가총액에 해당하더라도 대주주로 보지 아니한다.

사업연도 종료일의 최종시세가액이 없는 경우에는 직전 거래일의 최종시세가액에 의한다. 이에 따라 신규 코스닥시장 상장법인의 주식의 경우에는 당해 주식의 양도일이 속하는 사업연도의 직전사업연도 종료일에는 비상장법인에 해당됨에 따라 대주주 요건 적용 시 시가총액은 「소득세법 시행령」 제157조 제4항 제2호의 코스닥시장 상장법인의 시가총액기준을 적용하는 것이며, 시가총액은 같은 조 제6항 제2호(현 ; 제7항 제1호)를 적용하여 평가한다(부동산거래관리-627, 2010.04.30.). 대주주의 시가총액 기준은 주권상장법인과 코스닥스장상장법인, 주권비상장법인 주식의 시가총액 기준은 10억원 이상, 코넥스시장상장법인 주식은 10억원 이상으로 하고 있다(소령 §157 ④·⑤·⑥). 「자본시장과 금융투자업에 관한 법률 시행령」 제178조 제1항에 따라 증권시장에 상장되지 아니한 주권의 장외매매거래되는 「벤처기업육성에 관한 특별조치법」 제2조 제1항에 따른 벤처기업의 주식등의 경우에는 40억원으로 한다(소령 §167의 8 ① 2호 나목).

2.2.2 예외적 고려사항

(1) 신설법인 대주주 판정

대주주를 판정할 때 새로 설립된 법인의 경우에는 해당 법인의 설립등기일 현재로 한다(소령 §157 ④).

(2) 합병법인 대주주의 판정

피합병법인의 주주가 합병에 따라 합병법인의 신주를 지급받아 그 주식을 합병등기일이 속하는 사업연도에 양도하는 경우 대주주의 범위 등에 대해서는 해당 피합병법인의 합병등기일 현재 주식보유 현황에 따른다(소령 §157 ⑧).

(3) 분할법인 대주주 판정

분할법인의 주주가 분할에 따라 분할신설법인의 신주를 지급받아 그 주식을 설립등기일이 속하는 사업연도에 양도하거나 분할법인의 주식을 분할등기일이 속하는 사업연도에 분할등기일 이후 양도하는 경우 대주주의 범위 등에 대해서는 해당 분할 전 법인의 분할등기일 현재의 주식보유 현황에 따른다(소령 §157 ⑨).

(4) 대차주식 대주주 판정

주주가 일정기간 후에 같은 종류로서 같은 양의 주식등을 반환받는 조건으로 주식등을 대여하는 경우 주식등을 대여한 날부터 반환받은 날까지의 기간 동안 그 주식등은 대여자의 주식등으로 본다(소령 §157 ⑩).

(5) 사모펀드를 통한 간접소유주식 대주주 판정

거주자가 「자본시장과 금융투자업에 관한 법률」에 따른 사모집합투자기구를 통하여 법인의 주식등을 취득하는 경우 그 주식등(사모집합투자기구의 투자비율로 안분하여 계산한 분으로 한정)은 해당 거주자의 소유로 본다(소령 §157 ⑪).

2.2.3 단계적 적용에 따른 지분율 및 시가총액 요건

(1) 2024.1.1. 이후 양도

구분	비상장주식	유가증권시장	코스닥시장	코넥스시장	비상장벤처기업
지분율	4% 이상	1% 이상	2% 이상	4% 이상	4% 이상
시가총액	10억원 이상	50억원 이상	50억원 이상	50억원 이상	40억원 이상

(2) 2020.4.1.~2023.12.31.

구분	비상장주식	유가증권시장	코스닥시장	코넥스시장	비상장벤처기업
지분율	4% 이상	1% 이상	2% 이상	4% 이상	4% 이상
시가총액	10억원 이상	10억원 이상	10억원 이상	10억원 이상	40억원 이상

(3) 2018.4.1.~2020.3.31.

구분	비상장주식	유가증권시장	코스닥시장	코넥스시장	비상장벤처기업
지분율	4% 이상	1% 이상	2% 이상	4% 이상	4% 이상
시가총액	15억원 이상	15억원 이상	15억원 이상	10억원 이상	40억원 이상

(4) 2017.1.1.~2018.3.31.

구분	비상장주식	유가증권시장	코스닥시장	코넥스시장	비상장벤처기업
지분율	2% 이상	1% 이상	2% 이상	4% 이상	4% 이상
시가총액	25억원 이상	25억원 이상	20억원 이상	10억원 이상	40억원 이상

(5) 2016.4.1.~2016.12.31.

구분	비상장주식	유가증권시장	코스닥시장	코넥스시장	비상장벤처기업
지분율	2% 이상	1% 이상	2% 이상	4% 이상	4% 이상
시가총액	50억원 이상	25억원 이상	20억원 이상	10억원 이상	40억원 이상

⑹ 2013.7.1.~2016.3.31.

구분	유가증권시장	코스닥시장	코넥스시장	비상장벤처기업
지분율	2% 이상	4% 이상	4% 이상	4% 이상
시가총액	50억원 이상	40억원 이상	10억원 이상	40억원 이상

2.2.4 시가총액의 계산

⑴ 유가증권시장 및 코스닥시장

주권상장법인의 주식등의 경우에는 주식등의 양도일이 속하는 사업연도의 직전사업연도 종료일 현재의 최종시세가액을 기준으로 판단한다. 다만, 직전사업연도 종료일 현재의 최종시세가액이 없는 경우에는 직전거래일의 최종시세가액에 따른다.

⑵ 주권비상장주식

「소득세법 시행령」 제165조 제4항(기준시가)에 따른 평가액을 적용한다.

2.2.5 기타주주 합산 범위

대주주는 최대주주에 해당하는 경우와 최대주주에 해당하지 않는 경우로 구분하고, 최대주주에 해당하지 않는 경우에는 2023.1.1. 이후 양도분부터는 가족 등 기타주주 합산을 폐지하였다. 최대주주에 해당하는 경우에는 주주 1인과 기타주주가 주식 등의 양도일이 속하는 사업연도의 직전사업연도 종료일 현재 소유한 주식등의 합계액이 해당 법인의 주식등의 합계액에서 차지하는 비율에 따라 판정하고, 이 경우에 기타주주는 다음의 "친족관계", "경제적 관계" 또는 "경영지배관계"에 있는 자를 말한다. 그동안 특수관계인의 범위에 임원·사용인 등 경제적 연관관계인을 포함하여 적용하였으나 불합리하다고 판단하여 2013.2.15. 이후 양도하는 분부터는 기타주주의 범위를 친족관계 및 본인이 개인인 경우의 경영지배관계에 있는 특수관계인으로 조정하였고, 2023.1.1. 양도분부터는 친족의 범위를 그동안 6촌 이내의 혈족, 4촌 이내의 인척으로 하였으나 변화된 가족관계를 반영하여 4촌 이내 혈족, 3촌 이내 인척으로 축소되었다.

(1) 주주 1인의 범위

주주 1인은 개인주주뿐만 아니라 법인의 주식을 소유하고 있는 주주 1인에는 법인주주를 포함한다(서면4팀-299, 2004.03.20.).

(2) 기타주주

주주 1인 및 그와 「법인세법 시행령」 제43조 제8항 제1호에 따른 특수관계에 있는 자(주주 1인등)의 소유주식 비율의 합계가 해당 법인의 주주 1인등 중에서 최대인 지배주주에 해당하는 경우에는 다음의 어느 하나에 해당하는 자를 말한다. 다만, 2023.1.1. 이후 양도분부터는 최대주주에 해당하지 않는 경우에는 합산하지 아니한다.

(가) 친족관계

① 4촌 이내의 혈족
② 3촌 이내의 인척
③ 배우자(사실상의 혼인관계에 있는 자를 포함한다)
④ 친생자로서 다른 사람에게 친양자 입양된 자 및 그 배우자·직계비속
⑤ 본인이 「민법」에 따라 인지한 혼인 외 출생자의 생부나 생모(본인의 금전이나 그 밖의 재산으로 생계를 유지하는 사람 또는 생계를 함께하는 사람으로 한정한다)

(나) 본인이 개인인 경우의 경영지배관계법인

① 본인이 직접 또는 그와 친족관계 또는 경제적 연관관계에 있는 자를 통하여 법인의 경영에 대하여 지배적인 영향력을 행사하고 있는 경우 그 법인
② 본인이 직접 또는 그와 친족관계, 경제적 연관관계 또는 ①의 관계에 있는 자를 통하여 법인의 경영에 대하여 지배적인 영향력을 행사하고 있는 경우 그 법인

(3) 최대주주의 판정

최대주주는 「법인세법 시행령」 제43조 제8항 제1호에 따른 특수관계에 있는 자의

소유주식 비율의 합계가 해당 법인의 주주 1인등 중에서 최대인 지배주주에 해당하는 경우를 말한다.

(가) 해당 주주등이 개인인 경우

① 친족(「국세기본법 시행령」 제1조의 2 제1항에 해당하는 자를 말한다)

② 임원의 임면권의 행사, 사업방침의 결정 등 해당 법인의 경영에 대해 사실상 영향력을 행사하고 있다고 인정되는 자(「상법」 제401조의 2 제1항에 따라 이사로 보는 자를 포함한다)와 그 친족(「국세기본법 시행령」 제1조의 2 제1항에 따른 자를 말한다)의 관계에 있는 법인

③ 해당 주주등과 ① 및 ②에 해당하는 자가 발행주식총수 또는 출자총액의 100분의 30 이상을 출자하고 있는 법인

④ 해당 주주등과 그 친족이 이사의 과반수를 차지하거나 출연금(설립을 위한 출연금에 한한다)의 100분의 30 이상을 출연하고 그 중 1명이 설립자로 되어 있는 비영리법인

⑤ ③ 및 ④에 해당하는 법인이 발행주식총수 또는 출자총액의 100분의 30 이상을 출자하고 있는 법인

(나) 해당 주주등이 법인인 경우

경제적 연관관계 또는 경영지배관계 등 대통령령으로 정하는 관계에 있는 자로서 「법인세법 시행령」 제2조 제8항 각 호(제3호는 제외한다)의 어느 하나에 해당하는 관계에 있는 자를 말한다.

2.2.6 주주 1인과 기타주주의 범위

대주주의 범위는 지분율 기준과 시가총액의 기준은 '주주 1인과 기타주주'가 보유한 주식을 합산하여 계산한다. 주주 1인과 기타주주가 주식 등의 양도일이 속하는 사업연도의 직전사업연도 종료일 현재 소유한 주식등의 합계액은 해당 법인의 주식등의 합계액에서 차지하는 비율에 따라 판정한다.

2.3 특정주식

2.3.1 개 요

해당 법인이 보유한 자산 중에 토지·건물·부동산에 관한 권리(부동산등)의 보유비율이 높은 법인의 주식을 양도하는 경우에는 부동산을 양도하는 것과 유사한 효과가 발생한다. 그 이유는 주식을 양도하면 해당 법인이 보유하고 있는 부동산의 소유관계가 그대로 이전되기 때문이다. 이에 따라 해당 법인의 부동산 보유비율이 자산총액의 50%인 경우로서 3년 이내에 지분의 50% 이상을 양도하는 경우에는 일반주식과 구분하여 "과점주주의 주식"으로 과세한다. 또한, 골프장·스키장·휴양콘도미니엄·전문휴양시설을 건설 또는 취득하여 직접 경영하거나 분양 또는 임대하는 사업으로서 해당 법인의 부동산 비율 자산가액의 80% 이상인 법인의 주식은 "부동산과다보유법인의 주식"으로 구분하여 과세한다. 과점주주의 주식과 부동산과다보유법인의 주식을 특정주식이라고 하고, 기타자산으로 하여 일반 주식과 구분하여 기본세율을 적용한다.

2.3.2 과점주주의 주식

(1) 대상법인

과점주주의 주식은 다음의 요건을 충족한 법인의 주식을 50% 이상 양도하는 경우에는 그 주식은 양도소득세 과세대상이 된다(소령 §158 ① 1호). 과점주주의 주식 판정은 그들 중 1인이 주식 등을 양도하는 날부터 소급하여 그 합산하는 기간 중 최초로 양도하는 날 현재의 해당 법인의 주식 등의 합계액 또는 자산총액을 기준으로 한다(소법 §94 ① 4호 다목).

(가) 과점주주

과점주주란 법인의 주주 1인과 주권상장법인기타주주 또는 주권비상장법인기타주주가 소유하고 있는 주식등의 합계액이 해당 법인의 주식등의 합계액의 100분의 50을 초과하는 경우 그 주주 1인과 주권상장법인기타주주 또는 주권비상장법인기타주주 말한다.

07

(나) 부동산의 비율

해당 법인의 자산총액 중에 토지, 건물, 부동산에 관한 권리의 합계액과 해당 법인이 보유한 다른 법인의 주식가액에 그 다른 법인의 부동산등 보유비율을 곱하여 산출한 가액의 합계액이 차지하는 비율이 50% 이상인 법인

(다) 특수관계인의 보유비율

당해 법인의 주식 등의 합계액 중 주주 1인과 기타 주주가 소유하고 있는 주식 등의 합계액이 차지하는 비율이 50%를 초과(과점주주)하는 법인

(2) 양도비율

법인의 주주 1인 및 기타주주가 그 법인의 주식 등의 합계액의 50%를 초과하는 과점주주가 과점주주 이외의 자에게 그 법인의 주식 등의 50% 이상을 양도하여야 한다. 이 경우에 과점주주가 다른 과점주주에게 양도한 후 양수한 과점주주가 과점주주 외의 자에게 다시 양도하는 경우로서 과점주주가 해당 법인의 주식등의 100분의 50 이상을 과점주주 외의 자에게 양도한 주식등 중에서 양도하는 날(여러 번에 걸쳐 양도하는 경우에는 그 양도로 양도한 주식등이 전체 주식등의 100분의 50 이상이 된 날을 말함)부터 소급해 3년 내에 해당 법인의 과점주주 간에 해당 법인의 주식등을 양도한 경우를 포함한다.

이 경우에 과점주주의 주식을 과점주주 사이에 거래하면 단일세율(10% 또는 20%)이 적용되고, 이를 3년 이내에 50% 이상을 과점주주 이외의 자에게 양도하면 기본세율(6~45%)의 세율이 적용된다. 과점주주 사이에 주식을 양도하고 그 이후에 과점주주 주식의 과세요건에 해당하는 경우에는 축소된 양도차익에 대해 누진세율이 적용되므로 세부담의 축소를 가져오게 된다. 이에 따라 과점주주가 과점주주 이외의 자에게 50% 이상 양도한 주식 중에서 과점주주 외의 자에게 양도하기 전에 과점주주 사이에 양도·양수한 주식도 포함하는 것으로 할 필요성이 있었다. 과점주주 사이의 양도소득은 2019.1.1. 이후 과점주주 간 양도분에 대해 누진세율을 적용한다.

2.3.3 부동산과다보유법인의 주식

(1) 대상법인

다음의 '①'과 '②'를 모두 충족한 법인은 부동산과다보유법인에 해당되며, 해당법인의 주식 등을 양도하는 경우에는 당해 주식 등이 특정주식에 해당되어 양도소득세가 과세된다(소령 §158 ① 5호).

① 법인의 부동산 보유비율
당해 법인의 자산총액 중 토지, 건물, 부동산에 관한 권리의 합계액과 해당법인이 보유한 다른 법인의 주식가액에 그 다른 법인의 부동산등 보유비율을 곱하여 산출한 가액의 합계액이 차지하는 비율이 80% 이상인 법인

② 골프장·스키장·휴양콘도미니엄·전문휴양시설을 건설 또는 취득하여 직접 경영하거나 분양 또는 임대하는 사업을 하는 법인

(2) 양도비율과의 관계

부동산과다보유법인의 주식은 보유비율이나 양도비율에 관계없이 1주를 양도하는 경우라도 과세대상이 된다. 과점주주의 주식은 해당 법인의 주주 1인 및 기타주주가 그 법인의 주식 등의 합계액의 50% 이상을 주주 1인 및 기타 주주 외의 자에게 양도하는 경우에 양도소득세 과세대상이 되는 것과 구분된다.

(3) 부동산 등의 비율 계산

특정주식을 판정할 때 자산총액과 부동산 등의 가액은 「소득세법 시행령」 제158조 제3항의 규정에 의하여 장부가액(토지 또는 건물의 기준시가가 장부가액보다 큰 경우에는 기준시가)을 기준으로 판단하는 것이며, 이 경우에 자산총액은 다음의 금액을 차감하여 계산한다. 이 경우에 동일인에 대한 「법인세법」 제28조 제1항 제4호 나목에 따른 가지급금 등과 가수금이 함께 있는 경우에는 이를 상계한 금액을 자산총액으로 한다. 다만, 동일인에 대한 가지급금 등과 가수금의 발생 시에 각각 상환기간 및 이자율 등에 관한 약정이 있는 경우에는 상계하지 아니한다(소령 §158 ⑤).

① 「법인세법 시행령」 제24조 제1항 제2호 바목 및 사목의 규정에 의한 개발비 및 사용수익기부자산가액과 같은 무형고정자산의 금액

② 양도일부터 소급하여 1년이 되는 날부터 양도일까지의 기간 중에 차입금 또는 증자 등에 의하여 증가한 현금 · 대여금 및 기획재정부령으로 정하는 금융재산의 합계액

③ 건설중인 자산

건설중인 자산 중에 준공일(사용검사필증교부일), 임시사용승인일, 실제 사용개시일 중 가장 빠른 날이 양도일 현재 토지, 건물, 부동산에 관한 권리에는 포함되는 경우에는 건물 등에 해당되어 자산가액에 포함한다(부동산거래-330, 2011.4.19.).

(4) 다른 법인의 보유 부동산 등의 가액 합산의 의미

특정주식을 판정할 때 그동안 토지, 건물, 부동산에 관한 권리의 가액은 해당 법인의 현황을 기준으로 적용하였다. 그러나 자회사 등과 같은 다른 법인이 부동산 등을 보유한 경우에는 특정주식을 적용되지 아니하는 불합리한 점이 있었다. 이에 2015년 시행령 개정을 통하여 양도주식이 특정주식에 해당되는지 여부의 판정은 해당 법인이 투자한 다른 법인이 부동산 등을 보유한 경우에는 그 법인의 주식평가액 중에서 부동산 등의 가액이 차지하는 비율을 적용하여 계산한 금액을 가산하여 판정하도록 하였다.

이 경우에 다른 법인이 보유한 부동산은 「소득세법」 제94조 제1항 제1호(토지 · 건물)과 제2호(부동산에 관한 권리), 「국세기본법 시행령」 제1조의 2 제3항 제2호 및 같은 조 제4항에 따른 경영지배관계에 있는 법인이 발행한 주식가액에 대한 부동산등 보유비율을 곱하여 산출한 가액을 합한 것으로 한다(소령 §158 ⑦). 이 개정 규정은 2020.2.11. 개정하였으며, 2020.7.1.부터 적용한다.

$$\text{다른 법인의 부동산등 보유비율} = \frac{A + B + C}{D}$$

A : 다른 법인이 보유하고 있는 법 제94조 제1항 제1호(토지)의 자산가액
B : 다른 법인이 보유하고 있는 법 제94조 제1항 제2호(건물)의 자산가액
C : 다른 법인이 보유하고 있는 「국세기본법 시행령」 제1조의 2 제3항 제2호 및 같은 조 제4항에 따른 경영지배관계에 있는 법인이 발행한 주식가액에 그 경영지배관계에 있는 법인의 부동산등 보유비율을 곱하여 산출한 가액
D : 다른 법인의 자산총액

(5) 특정주식을 구분하는 이유

부동산 등을 양도하는 경우에 양도소득세의 세율은 원칙적으로 기본세율(6~45%)을 적용하지만 비상장주식을 양도하면 대주주는 20%, 기타주주는 10% 세율로 과세하게 되어 법인을 통하여 부동산을 이전하게 되면 상대적으로 낮은 세율로 과세될 수 있다. 이에 따라 「소득세법」 제94조 제1항 제4호 다목에서는 주식 등을 발행한 법인의 주주의 구성, 부동산의 보유현황 또는 사업의 종류 등을 고려하여 기타자산(특정주식)으로 구분하여 일반 부동산의 양도에 대하여 적용하는 기본세율(6~45%)로 과세하고 있다.

또한 비상장주식을 평가할 때에는 원칙적으로 1주당 순자산가치와 1주당 순손익가치를 각각 2와 3의 비율로 가중 평균하지만 해당 법인의 자산총액 중에 토지, 건물, 부동산에 관한 권리의 합계액과 해당 법인이 보유한 다른 법인의 주식가액에 그 다른 법인의 부동산등 보유비율을 곱하여 산출한 가액의 합계액이 차지하는 비율이 50% 이상인 법인(부동산과다보유법인)에 해당되는 경우에는 3과 2의 비율로 가중평균하고, 보유 부동산 등이 자산총액의 80% 이상인 법인은 순자산가치로 평가하도록 하고 있다.

부동산과다보유법인에 대한 개념은 비상장주식을 평가할 때 적용하는 「상속세 및 증여세법」과 특정주식으로 과세하는 「소득세법」상의 개념이 일치하지 아니한다.

예규

▶▶ 기타자산 여부 판정 시 건설가계정이 토지 및 건물로 포함되는 시점(서면4팀-938, 2007. 3.21.)

골프장업을 영위하는 해당 법인 주식이 「소득세법」 제94조 제1항 제4호 다목 및 동법 시행령 제158조 제1항 제5호 규정에 의한 기타자산에 해당하는지 여부를 판정함에 있어, 장부상 "건설중인 자산" 금액이 같은 법 제94조 제1항 제1호 및 제2호의 자산으로 포함되는 시점은 준공일(사용검사필증교부일), 임시사용승인일, 실제 사용개시일 중 가장 빠른 날이 되는 것임.

▶▶ 부동산 가액에 구축물의 포함 여부(재일 46014-1104, 1999.6.9.)

제1호, 제2호의 자산에 포함되지 아니하는 것이나, 같은조 제1항 제1호의 건물에는 같은법 시행령 제157조 제2항의 규정에 의하여 건물에 부속된 시설물과 구축물을 포함하는 것으로 하는 것임.

▶▶ 기타자산 여부 판정 시 건설가계정이 토지 및 건물로 포함되는 시점(서면4팀-938, 2007. 3.21.)

골프장업을 영위하는 해당 법인 주식이 「소득세법」 제94조 제1항 제4호 다목 및 동법 시행령 제158조 제1항 제5호 규정에 의한 기타자산에 해당하는지 여부를 판정함에 있어, 장부상 "건설중인 자산" 금액이 같은 법 제94조 제1항 제1호 및 제2호의 자산으로 포함되는 시점은 준공일(사용검사필증교부일), 임시사용승인일, 실제 사용개시일 중 가장 빠른 날이 되는 것임.

▶▶ 부동산 가액에 구축물의 포함 여부(재일 46014-1104, 1999.6.9.)

제1호, 제2호의 자산에 포함되지 아니하는 것이나, 같은조 제1항 제1호의 건물에는 같은법 시행령 제157조 제2항의 규정에 의하여 건물에 부속된 시설물과 구축물을 포함하는 것으로 하는 것임.

3 비과세

3.1 개 요

주식 또는 출자지분의 양도에 대해서는 원칙적으로 양도소득세를 과세한다. 그러나 증권시장의 육성과 발전을 위하여 상장주식의 경우에는 소액주주에 대해서는 과세를 하지 않고 대주주에 대해서만 과세하고 있다. 이에 따라 주권상장법인, 코스닥시장상장법인, 코넥스시장상장법인의 대주주가 양도하는 주식과 대주주가 아니더라도 유가증권시장, 코스닥시장, 코넥스시장 밖에서 거래하는 주식에 대해서는 양도소득세를 과세한다. 또한 양도소득세 과세대상 중에서도 「조세특례제한법」에서 규정한 일정한 경우에는 양도소득세를 비과세하고 있다.

3.2 창업자 등에의 출자에 대한 과세특례

(1) 개 요

중소기업창업투자회사 등에 출자함으써 취득하는 주식등의 양도에 대하여는 「소득세법」상 양도소득으로 보지 아니한다(조특법 §14 ①).

(2) 대상주식의 범위

다음의 어느 하나에 해당하는 주식 또는 출자지분(①부터 ⑦까지의 주식 또는 출자지분은 중소기업창업투자회사, 창업기획자, 벤처기업출자유한회사·신기술사업금융업자 또는 기금운용법인등이 직접 또는 창투조합등을 통하여 창업기업, 신기술사업자, 벤처기업 또는 신기술창업전문회사의 주식 또는 출자지분을 취득하는 경우를 말하며, 그 출자방법은 제한을 둔다.)의 양도에 대해서는 ①은 2009.12.31.까지 취득하는 경우, 나머지는 2025.12.31.까지 취득하는 경우에는 양도소득세를 비과세한다. 다만, ⑧,⑨를 제외하고는 타인 소유의 주식 또는 출자지분을 매입에 의하여 취득하는 경우는 제외한다.

① 중소기업창업투자회사 또는 「여신전문금융업법」에 따른 신기술사업금융전문회사에 출자함으로써 취득한 주식 또는 출자지분

② 벤처투자조합이 창업기업, 벤처기업 또는 신기술창업전문회사에 출자함으로써 취득한 주식 또는 출자지분

③ 농식품투자조합이 창업기업, 벤처기업 또는 신기술창업전문회사에 출자함으로써 취득한 주식 또는 출자지분

④ 신기술사업투자조합이 신기술사업자, 벤처기업 또는 신기술창업전문회사에 출자함으로써 취득한 주식 또는 출자지분

⑤ 벤처기업에 출자함으로써 취득(개인투자조합을 통하여 벤처기업에 출자함으로써 취득하는 경우를 포함한다)한 대통령령으로 정하는 주식 또는 출자지분
⑥ 창업기획자에 출자함으로써 취득한 주식 또는 출자지분
⑦ 전문투자조합이 창업기업, 신기술사업자, 벤처기업 또는 신기술창업전문회사에 출자함으로써 취득한 주식 또는 출자지분
⑧ 「증권거래세법」 제3조 제1호 나목에서 정하는 방법으로 거래되는 벤처기업의 주식(「소득세법」 제104조 제1항 제11호 가목의 대주주가 아닌 자가 양도하는 것으로 한정한다)
⑨ 「자본시장과 금융투자업에 관한 법률」 제117조의 10에 따라 온라인소액투자중개의 방법으로 모집하는 창업 후 3년 이내의 기술우수중소기업 등 대통령령으로 정하는 기업에 출자함으로써 취득한 대통령령으로 정하는 주식 또는 출자지분

(3) 주식출자방법의 제한

출자는 중소기업창업투자회사, 창업기획자, 벤처기업출자유한회사·신기술사업금융업자 또는 기금운용법인등이 직접 또는 창투조합등을 통하여 다음의 어느 하나에 해당하는 방법으로 창업기업, 신기술사업자, 벤처기업 또는 신기술창업전문회사의 주식 또는 출자지분을 취득하는 것으로 하되, 다만 ①부터④까지의 해당하는 경우 타인 소유의 주식 또는 출자지분을 매입에 의하여 취득하는 경우는 제외한다(조특법§13 ②).

① 해당 기업의 설립 시에 자본금으로 납입하는 방법
② 해당 기업이 설립된 후 7년 이내에 유상증자(有償增資)하는 경우로서 증자대금을 납입하는 방법
③ 해당 기업이 설립된 후 7년 이내에 잉여금을 자본으로 전입(轉入)하는 방법
④ 해당 기업이 설립된 후 7년 이내에 채무를 자본으로 전환하는 방법
⑤ ②에 따라 유상증자의 증자대금을 납입한 날부터 6개월 이내에 「조세특례제한법」 제16조 제1항에 따라 거주자가 소득공제를 적용받아 소유하고 있는 해당 유상증자 기업의 주식 또는 출자지분으로서 해당 거주자의 출자일 또는 투자일부터 3년이 지난 것을 매입하는 방법(②에 따라 납입한 증자대금의 100분의 30을 한도)

3.3 우리사주조합원 등에 대한 과세특례

우리사주조합원이 보유하고 있는 우리사주로서 다음의 요건을 갖춘 주식을 해당 조합원이 퇴직을 원인으로 인출하여 우리사주조합에 양도하는 경우에는 양도소득세를 과세하지 아니한다. 이 경우 그 양도차익이 3천만원을 초과할 때에는 그 초과금액에 대해서는 그러하지 아니하다(조특법 §88의 4 ⑭).

① 우리사주조합원이 우리사주를 우리사주조합을 통하여 취득한 후 1년 이상 보유할 것
② 우리사주조합원이 보유하고 있는 우리사주가 양도일 현재 증권금융회사에 1년 이상 예탁된 것일 것
③ 우리사주조합원이 보유하고 있는 우리사주의 액면가액 합계액이 1천800만원 이하일 것

3.4 벤처기업 주식매수선택권 행사이익 과세특례

(1) 개 요

벤처기업의 임원 또는 종업원으로서 해당 벤처기업으로부터 부여받은 주식매수선택권으로서 다음의 요건을 갖춘 적격주식매수선택권을 행사함으로써 발생한 벤처기업 주식매수선택권 행사이익에 대해서 벤처기업 임직원이 양도소득세로 과세받고자 신청한 경우에는 「소득세법」 제20조 또는 제21조에도 불구하고 주식매수선택권 행사 시에 소득세를 과세하지 아니할 수 있다(조특법 §16의 4 ①).

적격주식매수선택권 행사에 따라 취득한 주식(해당 주식의 보유를 원인으로 해당 벤처기업의 잉여금을 자본에 전입함에 따라 무상으로 취득한 주식을 포함한다)을 양도하여 발생하는 양도소득에 대해서는 양도소득세를 과세하며, 적격주식매수선택권 행사 당시의 실제 매수가액을 「소득세법」 제97조 제1항 제1호에 따른 취득가액으로 한다.

(2) 벤처기업 임직원의 요건

① 「벤처기업육성에 관한 특별조치법」 제16조의 3 제1항에 따른 주식매수선택권을 부여받은 임직원을 말한다.

② 「벤처기업육성에 관한 특별조치법」 제16조의 3 제1항에 따른 주주총회의 결의가 있는 날 현재 다음의 어느 하나에 해당하는 자는 제외한다.

㉠ 부여받은 주식매수선택권을 모두 행사하는 경우 해당 법인의 발행주식 총수의 100분의 10을 초과하여 보유하게 되는 자

㉡ 해당 법인의 주주로서 「법인세법 시행령」 제43조 제7항에 따른 지배주주등에 해당하는 자

㉢ 해당 법인의 발행주식 총수의 100분의 10을 초과하여 보유하는 주주

㉣ 위의 10% 초과보유 주주와 「국세기본법 시행령」 제1조의 2 제1항 및 같은 조 제3항 제1호에 따른 친족관계 또는 경영지배관계에 있는 자

(3) 적격주식매수선택권의 요건

① 「벤처기업육성에 관한 특별조치법」 제16조의 3 제1항에 따른 주식매수선택권으로서 다음의 요건을 갖추어야 한다.

㉠ 벤처기업이 주식매수선택권을 부여하기 전에 주식매수선택권의 수량·매수가액·대상자 및 기간 등에 관하여 주주총회의 결의를 거쳐 벤처기업 임직원과 약정할 것

㉡ 주식매수선택권을 다른 사람에게 양도할 수 없을 것

㉢ 사망, 정년 등 기획재정부령으로 정하는 불가피한 사유가 있는 경우를 제외하고는 「벤처기업육성에 관한 특별조치법」 제16조의 3 제1항에 따른 주주총회의 결의가 있는 날부터 2년 이상 해당 법인에 재임 또는 재직한 후에 주식매수선택권을 행사할 것

② 해당 벤처기업으로부터 부여받은 주식매수선택권의 행사일부터 역산하여 2년이 되는 날이 속하는 과세기간부터 해당 행사일이 속하는 과세기간까지 전체 행사가액의 합계가 5억원 이하일 것

(4) 적용절차

(가) 벤처기업 임직원

「자본시장과 금융투자업에 관한 법률」 제8조 제1항에 따른 금융투자업자를 통

하여 기획재정부령으로 정하는 계좌(주식매수선택권 전용계좌)를 개설하고, 기획재정부령으로 정하는 특례적용신청서에 기획재정부령으로 정하는 주식매수선택권 전용계좌개설확인서를 첨부하여 주식매수선택권 행사일 전일까지 해당 벤처기업에 제출하여야 한다.

(나) 벤처기업

특례적용신청서를 제출받은 벤처기업은 주식매수선택권 행사로 지급하는 주식을 주식매수선택권 전용계좌로 입고하고, 기획재정부령으로 정하는 주식매수선택권 행사주식지급명세서와 기획재정부령으로 정하는 특례적용대상명세서를 주식매수선택권을 행사한 날이 속하는 달의 다음 달 10일까지 원천징수 관할 세무서장에게 제출하여야 한다.

(다) 금융투자업자

금융투자업자는 주식매수선택권 전용계좌거래현황신고서를 매분기 종료일의 다음 달 말일까지 본점 또는 주사무소 소재지 관할 세무서장에게 제출하여야 한다.

(5) 사후관리

벤처기업 임직원이 적격주식매수선택권 행사로 취득한 주식을 증여하거나 행사일부터 1년이 지나기 전에 처분하는 경우에는 「소득세법」 제20조 또는 제21조에 따라 소득세로 과세하며, 이 경우 소득의 귀속시기는 주식의 증여일 또는 처분일이 속하는 과세연도로 한다. 다만, 다음과 같이 부득이한 사유가 있는 경우에는 그러하지 아니한다.

① 주식매수선택권을 부여한 벤처기업이 파산하는 경우
② 「채무자 회생 및 파산에 관한 법률」에 따른 회생절차에 따라 법원의 허가를 받아 주식을 처분하는 경우
③ 합병·분할 등에 따라 해당 법인의 주식을 처분하고 합병법인 또는 분할신설법인의 신주를 지급받는 경우

3.5 산업재산권 현물출자 이익에 대한 과세특례

(1) 개　요

특허권, 실용신안권, 디자인권, 상표권 또는 그 밖에 대통령령으로 정하는 산업재산권을 보유한 거주자가 벤처기업등에 산업재산권을 출자하고 해당 벤처기업등의 주식을 받은 경우에 그 현물출자에 따른 이익을 거주자가 해당 주식을 양도할 때 양도소득세로 납부할 것을 신청하는 경우에는 양도소득세로 과세한다.

(2) 산업재산권의 종류

① 「특허법」에 따른 특허권
② 「실용실안법」에 따른 실용실안권
③ 「디자인보호법」에 따른 디자인권
④ 「상표법」에 따른 상표권

(3) 적용대상의 제한

거주자가 다음과 같이 해당 벤처기업등의 특수관계인은 제외한다.

① 산업재산권의 현물출자로 주식을 받는 경우 해당 법인의 발행주식 총수의 100분의 30을 초과하여 보유하게 되는 자(현물출자 이전에 해당 법인의 발행주식 총수의 100분의 30을 이미 초과하여 보유하고 있는 주주를 포함)
② 해당 법인의 주주로서 「법인세법 시행령」 제43조 제7항에 따른 지배주주등에 해당하는 자
③ 해당 법인의 발행주식 총수의 100분의 30을 초과하여 보유하는 주주와 「국세기본법 시행령」 제1조의 2 제1항에 따른 친족관계에 있는 자, 같은 조 제2항에 따른 경제적 연관관계에 있는 자 또는 같은 조 제3항 제1호에 따른 경영지배관계에 있는 자

(4) 적용방법

거주자가 산업재산권의 출자로 인하여 받은 벤처기업등의 주식을 양도하여 발생하는 양도소득에 대해서는 「소득세법」 제94조 제1항 제3호 각 목에도 불구하고 같은 호에 따른 주식등에 해당하는 것으로 보아 양도소득세를 과세한다. 이 경우에 주식의 취득가액은 「소득세법」 제97조에도 불구하고 출자한 산업재산권의 취득가액으로 하고, 산업재산권의 취득가액의 계산은 산업재산권의 취득에 실제 소요된 비용으로서 대통령령으로 정하는 바에 따라 계산한 금액으로 한다. 즉, 개인이 산업재산권을 벤처기업에 현물출자하는 경우에는 이월과세를 하는 것을 말한다.

4 양도 또는 취득시기

4.1 개 요

납세의무는 각 세법이 정하는 과세요건을 충족하여 세법이 정하는 바에 따라 과세표준의 산정 및 세율의 적용이 가능하게 되는 때에 성립한다. 소득세의 경우에는 납세의무가 성립되면 납세의무자는 신고기한 내에 신고의무를 이행함으로써 납세의무가 확정된다. 소득세는 원칙적으로 기간 단위로 과세를 하고 있어 귀속 및 거래시기의 판단이 과세에 미치는 영향이 크지 않다. 반면에 양도소득세는 특성상 일시·우발적으로 발생하는 소득으로 양도소득세 과세제도가 도입할 당시부터 부동산 투기억제를 목적으로 도입되었고, 최근까지도 부동산 투기억제를 위하여 수시로 개정을 하여 그 시기에 따라 부담하는 세액은 현저하게 달라질 수 있다.

더구나 양도소득세 과세대상 자산의 거래는 계약을 체결하고 중도금과 잔금을 청산하면서 최종적으로 소유권이전등기를 하기까지는 상당한 기간이 소요된다. 이러한 과정에 어느 시점을 양도 또는 취득시기로 보느냐에 따라 세율, 장기보유특별공제, 감면의 적용 등에서 큰 차이가 발생할 수 있다.

양도소득세는 원칙적으로 1년의 기간 단위로 과세를 하지만 예정신고의무를 부여하고 있어 신고 및 납부를 이행하지 아니하면 가산세까지 납부하게 되어 양도 또는 취득시기의 판정은 대단히 중요하다.

4.2 원　칙

4.2.1 대금청산일

자산의 양도차익을 계산할 때 양도시기 및 취득시기는 해당 자산의 대금을 청산한 날로 한다. 자산의 대금에는 해당 자산의 양도에 대한 양도소득세 및 양도소득세의 부가세액을 양수자가 부담하기로 약정한 경우에는 해당 양도소득세 및 양도소득세의 부가세액은 제외한다(소법 §98).

4.2.2 대금청산일이 분명하지 아니한 경우

대금을 청산한 날이 분명하지 아니한 경우에는 등기부·등록부 또는 명부 등에 기재된 등기·등록접수일 또는 명의개서일로 하고, 대금을 청산하기 전에 소유권이전등기(등록 및 명의의 개서를 포함)를 한 경우에는 등기부·등록부 또는 명부 등에 기재된 등기접수일로 한다(소령 §162 ①).

4.3 장기할부조건부 매매

4.3.1 장기할부조건

장기할부조건은 자산의 양도로 인하여 해당 자산의 대금을 월부·연부기타의 부불방법에 따라 수입하는 것 중 다음의 요건을 갖춘 것을 말한다(소령 §162 ① 3호).

① 계약금을 제외한 해당 자산의 양도대금을 2회 이상으로 분할하여 수입할 것

② 양도하는 자산의 소유권이전등기(등록 및 명의개서를 포함) 접수일·인도일 또는 사용수익일 중 빠른 날의 다음날부터 최종 할부금의 지급기일까지의 기간이 1년 이상인 것

③ 소유권이전등기(등록 및 명의개서를 포함) 접수일·인도일 또는 사용수익일 중 빠른 날

4.3.2 장기할부조건부 매매의 양도 또는 취득시기

장기할부조건의 경우에는 소유권이전등기(등록 및 명의개서를 포함) 접수일·인도일 또는 사용수익일 중 빠른 날

4.4 자기가 건설한 건축물

자기가 건설한 건축물에 있어서는 「건축법」 제22조 제2항에 따른 사용승인서 교부일. 다만, 사용승인서 교부일 전에 사실상 사용하거나 같은 조 제3항 제2호에 따른 임시사용승인을 받은 경우에는 그 사실상의 사용일 또는 임시사용승인을 받은 날 중 빠른 날로 하고 건축 허가를 받지 아니하고 건축하는 건축물에 있어서는 그 사실상의 사용일로 한다(소령 §162 ① 4호).

4.5 상속 또는 증여자산

상속 또는 증여에 의하여 취득한 자산에 대하여는 그 상속이 개시된 날 또는 증여를 받은 날(소령 §162 ① 5호). 구체적으로 증여재산은 원칙적으로 재산을 인도한 날 또는 사실상 사용한 날로 하며, 재산을 인도한 날 또는 사실상 사용한 날은 권리의 이전이나 그 행사에 등기·등록을 요하는 재산에 대하여는 등기·등록일. 다만, 「민법」 제187조에 따른 등기를 요하지 아니하는 부동산의 취득에 대하여는 실제로 부동산의 소유권을 취득한 날로 한다(상증령 §24 ① 1호).

4.6 점유에 의한 취득

20년간 소유의 의사로 평온, 공연하게 부동산을 점유하는 자는 등기함으로써 그 소유권을 취득하는 「민법」 제245조 제1항의 규정에 의하여 부동산의 소유권을 취득하는 경우에는 당해 부동산의 점유를 개시한 날을 취득시기로 한다(소령 §162 ① 6호).

4.7 주식의 경우

4.7.1 원 칙

증여받는 재산이 주식등인 경우에는 수증자가 배당금의 지급이나 주주권의 행사 등에 의하여 해당 주식 등을 인도받은 사실이 객관적으로 확인되는 날에 취득한 것으로 본다. 다만, 해당 주식 등을 인도받은 날이 불분명하거나 해당 주식 등을 인도받기 전에 「상법」 제337조 또는 같은 법 제557조에 따른 취득자의 주소와 성명 등을 주주명부 또는 사원명부에 기재한 경우에는 그 명의개서일 또는 그 기재일로 한다(상증령 §24 ②).

4.7.2 과점주주의 주식

과점주주(법인의 주주 1인 및 기타주주가 소유하고 있는 주식등의 합계액이 해당 법인의 주식등의 합계액의 100분의 50을 초과하는 주주)가 주식등을 과점주주 외의 자에게 50% 이상을 양도한 날이다. 다만, 여러 번에 걸쳐 양도하는 경우로서 과점주주 중 1인이 주식등을 양도하는 날부터 소급해 3년 내에 주주 1인과 주권상장법인기타주주 또는 주권비상장법인기타주주가 주식등을 양도함으로써 해당 법인의 주식등의 합계액의 100분의 50 이상이 양도되는 날이 양도일이 된다(소령 §162 ① 10호). 이 경우에 취득시기는 해당 주식을 실제로 취득한 날이다.

4.7.3 현물출자 주식

법인에 현물출자를 한 경우의 양도 또는 취득시기는 다음과 같다.

① 현물출자의 대가로 주식을 교부받은 날, 교부받기 전에 명의를 개서한 경우에는 명의개서일

② 주식을 교부받기 전에 현물출자하는 자산의 소유권이전등기를 한 경우에는 등기부·등록부 또는 명부 등에 기재된 등기접수일

③ 주식을 교부받은 날이 불분명하거나 주식 자체를 발행하지 아니한 경우에는 증자등기일과 현물출자 부동산의 소유권을 법인 명의로 이전 등기한 접수일 중 빠른 날

④ 법인설립 시 현물출자한 경우에는 법인설립등기일을 현물출자일로 본다.

그 밖에 현물출자에 따른 이익의 증여규정에 따른 증여시기는 주금 납입일(주금 납입일 이전에 실권주를 재배정 받은 자가 신주인수권증서를 교부받은 경우는 그 교부일)로 본다(서면4팀-4140, 2006.12.21., 조심 2010서3537, 2011.6.29.).

4.7.4 타인의 기여에 의하여 재산가치가 증가한 경우

타인의 기여에 의하여 재산가치가 증가한 경우에 대해 증여세를 부과할 때 적용하는 취득시기는 주식등의 상장 및 비상장주식의 등록, 법인의 합병 : 주식등의 상장일 또는 비상장주식의 등록일, 법인의 합병등기일로 한다(상증령 §24 ① 3호 마목).

4.7.5 양도주식의 취득시기가 분명하지 아니한 경우

양도주식의 취득시기를 판정할 때 양도한 주식의 주권발행번호·별도의 계좌 등으로 취득시기를 확인할 수 있는 경우에는 그 확인되는 날이 취득시기가 되는 것이며, 양도주식의 취득시기가 분명하지 아니한 경우에는 먼저 취득한 주식을 먼저 양도(선입선출법)한 것으로 본다(소령 §162 ⑤).

4.8 취득시기 의제

4.8.1 개 요

양도소득을 계산할 때 취득시기는 취득가액을 계산하는 기준일이다. 양도소득은 취득일부터 양도일까지 발생한 양도차익을 계산해야 한다. 그러나 그동안 양도소득세 과세제도가 정비되지 아니한 측면도 있고, 기준시가 과세 등으로 증빙 보관의 필요성도 없어서 최초 취득 당시의 취득가액을 확인할 수 없는 경우가 발생한다. 이에 따라 일정한 기준일 이전에 취득한 자산의 취득가액은 일정한 기준일을 취득일로 하는 의제취득일 규정을 두고 있다.

4.8.2 부동산, 부동산에 관한 권리, 기타자산

주식 이외의 과세대상 자산인 부동산, 부동산에 관한 권리, 기타자산으로서 1984.12.31. 이전에 취득한 자산은 1985.1.1.에 취득한 것으로 본다(소법 부칙[1994.12.22. 법률 제4803호], 소령 §162 ⑥·⑦).

4.8.3 주 식

상장주식과 비상장주식에 대한 취득시기 의제일은 다음과 같다.

구분	적용시기	의제 취득일
상장주식	2001.1.1. 이후 양도분	1986.1.1.
	2000.12.31. 이전 양도분	1985.1.1.
비상장주식	1991.1.1. 이후 양도분	1986.1.1.

예규

▶▶ 사후정산형식 매매의 경우 양도시기와 양도가액 범위(법규재산 2011-452, 2011.11.25.)
비상장주식을 양도하고 잠정합의된 양도가액을 수령한 다음 약정에 의한 추가금액을 가감하는 경우 양도가액은 양도 당시 거래금액을 양도일의 양도가액으로 하고, 양도일 이후에 가감하기로 한 지급대가에 대해서는 그 대가를 각각 받기로 한 날의 양도가액으로 경정하는 것임. 이 경우 대가로 지급받는 주식의 가액은 그 주식을 받는 날의 주식가액을 양도가액에 추가하여 수정신고 하는 것임.

▶▶ 명의신탁 된 부동산을 명의신탁해지를 원인으로 소유권 환원등기를 하는 경우 취득시기(재산-576, 2009.10.27.)
「소득세법」 제88조의 규정에 의한 양도소득세가 부과되는 "양도"라 함은 자산의 등기 또는 등록에 관계없이 매도, 교환, 법인에 대한 현물출자 등으로 인하여 그 자산이 사실상 유상으로 이전되는 경우를 말하는 것이며, 명의신탁등기를 해지하는 경우에는 양도로 보지 아니하는 것이므로 명의 신탁된 부동산을 명의신탁해지를 원인으로 소유권 환원등기를 하는 경우에는 소유권 환원 등기시기에 불구하고 당초의 취득일이 자산의 취득시기가 되는 것임.

5 양도소득의 계산

5.1 양도소득세 계산구조

5.1.1 소득세 과세원리

소득세를 과세하는 원리는 1년 기준으로 과세를 하되 소득의 종류별로 구분하여 분류하여 과세한다. 분류과세의 기준은 경상적으로 발생하는 소득에 대해서는 종합소득, 퇴직과 관련하여 일시적으로 발생하는 퇴직소득, 그리고 자본자산의 양도와 관련하여 발생한 자본이득에 대해서는 양도소득으로 구분하여 과세한다. 양도소득에 대해 과세할 때에는 유사한 자산의 소득별로 구분하여 과세한다. 양도소득세의 납부세액 계산절차는 다음과 같다.

- 양도가액－필요경비(취득가액, 증권거래세)＝양도차익
- 양도차익－장기보유특별공제－양도소득기본공제＝양도소득과세표준
- 과세표준×세율＝산출세액
- 산출세액 { －기납부세액공제 / ＋가 산 세 } ＝납부할 세액

5.1.2 양도소득금액의 구분계산

(1) 양도자산별 구분

양도소득금액은 다음과 같이 부동산, 주식, 파생상품으로 구분하여 계산한다(소법 §102 ①).

구분	대상	비고
Ⅰ그룹	토지·건물·부동산에 관한 권리 기타자산	
Ⅱ그룹	주식 및 출자지분	
Ⅲ그룹	파생상품	

자산별로 소득금액을 구분하는 이유는 자산별 양도차익의 합산과 양도차손과 양도차손의 통산, 양도소득기본공제, 세율의 적용 등에서 다르게 적용되기 때문이다.

(2) 양도차손의 통산

(가) 그룹별 통산

양도소득금액을 계산할 때 해당 연도에 2 이상의 자산을 양도하여 양도차손이 발생한 자산이 있는 경우에는 그룹별로 해당 자산 외의 다른 자산에서 발생한 양도소득금액에서 그 양도차손을 공제한다(소법 §102 ②). 이 경우에 양도차손은 다음과 같이 해당 그룹의 자산의 양도소득금액에서 순차로 공제한다.

① 양도차손이 발생한 자산과 같은 세율을 적용받는 자산의 양도소득금액
② 양도차손이 발생한 자산과 다른 세율을 적용받는 자산의 양도소득금액

이 경우 다른 세율을 적용받는 자산의 양도소득금액이 2 이상인 경우에는 각 세율별 양도소득금액의 합계액에서 당해 양도소득금액이 차지하는 비율로 안분하여 공제한다.

(나) 결손금의 통산배제

소득금액을 계산할 때 발생하는 결손금은 다른 그룹의 소득금액과 합산하지 아니한다. 그러나 부동산과 같은 Ⅰ그룹과 주식 등과 같은 Ⅱ그룹의 소득금액과 서로 합산하지 아니한다(소법 §102 ①).

(다) 이월결손금 공제 배제

이 경우 소득금액을 계산할 때 발생하는 결손금은 다른 호의 소득금액과 합산하지 아니한다. 결손금은 해당 연도에 발생한 양도소득금액에 대해서만 통산하고 잔여 결손금은 이월하여 공제할 수 없다.

(라) 감면소득의 계산

양도소득금액에 감면소득금액이 포함되어 있는 경우에는 순양도소득금액(감면소득금액을 제외한 부분을 말함)과 감면소득금액이 차지하는 비율로 안분하여 당

해 양도차손을 공제한 것으로 보아 감면소득금액에서 당해 양도차손 해당분을 공제한 금액을 감면소득으로 본다(소령 §167의 2 ②).

5.2 양도가액

5.2.1 원 칙

주식의 양도차익을 계산할 때 양도가액은 그 자산의 양도 당시의 양도자와 양수자 간에 실지거래가액에 따른다(소법 §96 ①). 이 경우에 다음의 어느 하나에 해당하는 경우에는 그 가액을 해당 자산의 양도 당시의 실지거래가액으로 본다.

① 「법인세법」 제2조 제12호에 따른 특수관계인에 해당하는 법인(외국법인을 포함)에 양도한 경우로서 같은 법 제67조에 따라 해당 거주자의 상여·배당 등으로 처분된 금액이 있는 경우에는 같은 법 제52조에 따른 시가

② 특수관계법인 외의 자에게 자산을 시가보다 높은 가격으로 양도한 경우로서 「상속세 및 증여세법」 제35조에 따라 해당 거주자의 증여재산가액으로 하는 금액이 있는 경우에는 그 양도가액에서 증여재산가액을 뺀 금액

5.2.2 주식의 교환거래

주식 및 출자지분은 실지거래가액에 의하여 양도가액을 산정하는 것이며, 주식 등을 교환으로 양도하는 경우 당해 주식 등의 양도차익 및 증권거래세의 과세표준을 산정함에 있어서 양도가액은 교환계약서에 표시된 실지거래가액에 의하는 것이다. 다만, 교환계약서에 표시된 실지거래가액이 「소득세법 시행령」 제176조의 2의 규정에 해당하여 실지거래가액으로 인정 또는 확인할 수 없는 경우에는 「소득세법」 제114조 제5항의 규정에 의하여 산출한 가액으로 하는 것이다(서면4팀-895, 2005.6.4.).

5.2.3 양도가액을 모르는 경우

양도가액을 알 수 없는 경우에는 매매사례가액, 감정가액, 환산취득가액(실지거래가액·매매사례가액 또는 감정가액을 대통령령으로 정하는 방법에 따라 환산한 취득가액을 말

한다) 또는 기준시가 등에 따라 추계조사하여 결정 또는 경정할 수 있다. 이 경우에 양도가액을 추계 또는 경정하는 경우에는 다음 각 호의 방법을 순차로 적용(신주인수권의 경우에는 제3호를 적용하지 아니함)하여 산정한 가액에 의한다. 다만, ①에 따른 매매사례가액 또는 ②에 따른 감정가액이 특수관계인과의 거래에 따른 가액 등으로서 객관적으로 부당하다고 인정되는 경우에는 해당 가액을 적용하지 아니한다.

① 양도일 또는 취득일 전후 각 3개월 이내에 해당 자산(주권상장법인의 주식등은 제외)과 동일성 또는 유사성이 있는 자산의 매매사례가 있는 경우 그 가액

② 양도일 또는 취득일 전후 각 3개월 이내에 해당 자산(주식 등을 제외)에 대하여 둘 이상의 감정평가업자가 평가한 것으로서 신빙성이 있는 것으로 인정되는 감정가액(감정평가기준일이 양도일 또는 취득일 전후 각 3개월 이내인 것에 한함)이 있는 경우에는 그 감정가액의 평균액

③ 환산한 취득가액

④ 기준시가

5.3 취득가액

5.3.1 원 칙

거주자가 양도차익을 계산할 때 양도가액에서 공제하는 취득가액은 해당 자산의 취득에 든 실지거래가액을 말한다. 다만, 실지거래가액을 확인할 수 없는 경우에 한하여 매매사례가액, 감정가액(주식 등은 제외) 또는 환산취득가액을 적용한다(소법 §97 ① 1호 가목). 취득에 든 실지거래가액은 다음의 금액을 합한 것으로 한다.

① 「소득세법 시행령」 제89조(자산의 취득가액등) 제1항에 따라 계산한 취득원가에 상당하는 가액(제89조 제2항 제1호에 따른 현재가치할인차금과 「부가가치세법」 제10조 제1항 및 제6항에 따라 납부하였거나 납부할 부가가치세를 포함하되 부당행위계산에 의한 시가초과액을 제외). 이 경우에 현재가치할인차금을 취득원가에 포함하는 경우에 있어서 양도자산의 보유기간 중에 그 현재가치할인차금의 상각액을 각 연도의 사업소득금액 계산 시 필요경비로 산입하였거나 산입할 금액이 있는 때에는 이를 공제한다.

② 취득에 관한 쟁송이 있는 자산에 대하여 그 소유권 등을 확보하기 위하여 직접 소요된 소송비용·화해비용 등의 금액으로서 그 지출한 연도의 각 소득금액의 계산에 있어서 필요경비에 산입된 것을 제외한 금액

③ ①을 적용할 때 당사자 약정에 의한 대금지급방법에 따라 취득원가에 이자상당액을 가산하여 거래가액을 확정하는 경우 당해 이자상당액은 취득원가에 포함한다. 다만, 당초 약정에 의한 거래가액의 지급기일의 지연으로 인하여 추가로 발생하는 이자상당액은 취득원가에 포함하지 아니한다.

④ ①을 적용할 때 합병으로 인하여 소멸한 법인의 주주가 합병 후 존속하거나 합병으로 신설되는 법인(합병법인)으로부터 교부받은 주식의 1주당 취득원가에 상당하는 가액은 합병 당시 해당 주주가 보유하던 피합병법인의 주식을 취득하는 데 든 총금액(「법인세법」 제16조 제1항 제5호의 금액은 더하고 같은 호의 합병대가 중 금전이나 그 밖의 재산가액의 합계액은 뺀 금액으로 함)을 합병으로 교부받은 주식수로 나누어 계산한 가액으로 한다.

⑤ ①을 적용할 때 분할법인 또는 소멸한 분할합병의 상대방 법인의 주주가 분할신설법인 또는 분할합병의 상대방 법인으로부터 분할 또는 분할합병으로 인하여 취득하는 주식의 1주당 취득원가에 상당하는 가액은 분할 또는 분할합병 당시의 해당 주주가 보유하던 분할법인 또는 소멸한 분할합병의 상대방 법인의 주식을 취득하는 데 소요된 총금액(「법인세법」 제16조 제1항 제6호의 금액은 더하고 같은 호의 분할대가 중 금전이나 그 밖의 재산가액의 합계액은 뺀 금액으로 한다)을 분할로 인하여 취득하는 주식수로 나누어 계산한 가액으로 한다.

5.3.2 상속 또는 증여받은 주식가액

(1) 원 칙

상속 또는 증여(「상속세 및 증여세법」 제33조부터 제39조까지, 제39조의 2, 제39조의 3, 제40조, 제41조의 2부터 제41조의 5까지, 제42조, 제42조의 2 및 제42조의 3에 따른 증여는 제외)받은 자산에 대하여 법 제97조 제1항 제1호 가목을 적용할 때에는 상속개시일 또는 증여일 현재 「상속세 및 증여세법」 제60조부터 제66조까지의 규정에 따라 평가한 가액(법 제76조에 따라 세무서장등이 결정·경정한 가액이 있는 경우

그 결정·경정한 가액으로 한다)을 취득 당시의 실지거래가액으로 본다. 이 경우에 부담부증여의 채무액에 해당하는 부분을 포함한다(소령 §163 ⑨).

(2) 증여재산가액 증·감액의 가감조정

「상속세 및 증여세법」 제3조의 2 제2항, 제33조부터 제39조까지, 제39조의 2, 제39조의 3, 제40조, 제41조의 2부터 제41조의 5까지, 제42조, 제42조의 2, 제42조의 3, 제45조의 3부터 제45조의 5까지의 규정에 따라 상속세나 증여세를 과세받은 경우에는 해당 상속재산가액이나 증여재산가액(같은 법 제45조의 3부터 제45조의 5까지의 규정에 따라 증여세를 과세받은 경우에는 증여의제이익을 말함) 또는 그 증·감액을 취득가액에 더하거나 뺀다. 여기에서 증여세를 과세받은 경우 해당 증여재산가액 또는 더하거나 빼는 관련 증여이익의 내용은 다음과 같다.

① 특별연고자 또는 수유자가 영리법인인 경우로서 그 영리법인의 주주 등 중 상속인과 그 직계비속의 지분상당액(상증법 §3의 2 ②)
② 신탁이익의 증여(상증법 §33)
③ 보험금의 증여(상증법 §34)
④ 저가 양수 또는 고가 양도에 따른 이익의 증여(상증법 §35)
⑤ 채무면제 등에 따른 증여(상증법 §36)
⑥ 부동산 무상사용에 따른 이익의 증여(상증법 §37)
⑦ 합병에 따른 이익의 증여(상증법 §38)
⑧ 증자에 따른 이익의 증여(상증법 §39)
⑨ 감자에 따른 이익의 증여(상증법 §39의 2)
⑩ 현물출자에 따른 이익의 증여(상증법 §39의 3)
⑪ 전환사채 등의 주식전환 등에 따른 이익의 증여(상증법 §40)
⑫ 초과배당에 따른 이익의 증여(상증법 §41의 2)
⑬ 주식등의 상장 등에 따른 이익의 증여(상증법 §41의 3)
⑭ 금전 무상대출 등에 따른 이익의 증여(상증법 §41의 4)
⑮ 합병에 따른 상장 등 이익의 증여(상증법 §41의 5)
⑯ 재산사용 및 용역제공 등에 따른 이익의 증여(상증법 §42)

⑰ 법인의 조직 변경 등에 따른 이익의 증여(상증법 §42의 2)

⑱ 재산 취득 후 재산가치 증가에 따른 이익의 증여(상증법 §42의 3)

⑲ 특수관계법인과의 거래를 통한 이익의 증여 의제(상증법 §45의 3)

⑳ 특수관계법인으로부터 제공받은 사업기회로 발생한 이익의 증여 의제(상증법 §45의 4)

㉑ 특정법인과의 거래를 통한 이익의 증여 의제(상증법 §45의 5)

5.3.3 잉여금의 자본전입에 따른 무상주의 취득가액

법인의 잉여금을 자본에 전입함에 따라 주주가 무상으로 받은 주식 중 「소득세법」 제17조 제2항 제2호의 규정에 의하여 배당으로 과세된 주식의 취득가액은 액면가액으로 하는 것이며, 같은법 제17조 제2항 제2호 단서의 규정에 의하여 배당으로 보지 아니하는 주식의 취득가액은 "0"으로 하는 것이다(부동산납세-458, 2014.6.30.).

5.3.4 무상감자된 경우의 잔여주식의 취득가액

주식을 발행한 법인이 무상감자를 한 경우 당해 주식의 취득에 소요된 실지거래가액은 거주자의 주식양도차익 계산 시 양도가액에서 공제하는 취득가액에 포함하는 것이다(재재산-1495, 2004.11.10.). 즉, 무상감자를 하면 발행회사의 자산은 변동없는 상태에서 발행주식수만 감소되므로, 감자 후 1주당 주식가치는 무상감자 비율만큼 상승되므로 감자 후 1주당 주식의 취득가액은 무상감자 비율만큼 올려주는 조정이 필요하게 된다.

5.3.5 주식매수선택권으로 취득한 주식

주식매수선택권을 행사하여 취득한 주식을 양도하는 때에는 주식매수선택권을 행사하는 당시의 시가를 「소득세법」 제97조 제1항 제1호의 규정에 의한 취득가액으로 한다(소령 §163 ⑬).

5.3.6 저가 양수에 따라 상여 등으로 소득처분된 금액

근무하고 있는 기업으로부터 「법인세법」상의 시가보다 낮은 가격으로 주식을 취득하여 당해 주식을 양도하는 경우로서, 취득 당시 「법인세법」상 시가와 취득대가와의 차액에 대하여 상여 등으로 소득처분되어 종합소득세를 과세받은 경우에 당해 주식의 양도 시 양도가액에서 공제할 필요경비에는 이미 종합소득세로 과세받은 소득처분된 금액을 포함하는 것이다(서면4팀-44, 2005.1.5.).

5.3.7 의제취득일 전에 취득한 주식의 취득가액

의제취득일 전에 취득한 자산(상속 또는 증여받은 자산을 포함)에 대하여 의제취득일 현재의 취득가액은 다음의 가액 중 많은 것으로 한다.

① 의제취득일 현재 매매사례가액, 환산가액을 순차로 적용한 가액

② 취득 당시 실지거래가액이나 매매사례가액, 환산가액을 순차로 적용한 가액에 취득일부터 의제취득일의 직전일까지의 보유기간동안의 생산자물가상승률을 곱하여 계산한 금액을 합산한 가액

5.3.8 취득시기가 분명하지 아니한 경우 취득가액 적용

양도한 자산의 취득시기가 분명하지 아니한 경우에는 먼저 취득한 자산을 먼저 양도한 것으로 본다(소령 §162 ⑤). 「소득세법」 제98조 및 같은 법 시행령 제162조의 규정에 따른 양도자산의 취득시기를 판정할 때 주식의 취득시기가 각각 다른 경우로서 양도주식의 주권발행번호, 비치·기장한 장부 및 거래명세서, 별도의 계좌 등으로 취득시기를 확인할 수 있는 경우에는 그 확인되는 날이 취득시기가 되는 것이나, 양도자산의 취득시기가 분명하지 아니한 경우에는 먼저 취득한 자산을 먼저 양도한 것으로 보는 것이다(부동산납세-535, 2014.7.29.).

5.3.9 주식 등에 대한 이월과세

조세회피를 방지하기 위해 양도일 전 10년 이내에 증여받은 토지, 건물, 부동산 취득권 등에 대해서만 시행되었던 양도소득세 이월과세가 양도일 1년 이내 증여받은 주식 등을 포함하며 양도자산의 범위가 확대되었다. 이 개정 규정은 2025년 1월 1일 이후 증여받는 분부터 적용한다.

거주자가 양도일로부터 소급하여 1년 이내에 그 배우자 또는 직계존비속으로부터 증여받은「소득세법」제94조 제1항 제3호에 따른 자산의 양도차익을 계산할 때 양도가액에서 공제할 필요경비는 같은 법 제97조 제2항에 따르되, 다음의 기준을 적용한다.

① 취득가액은 거주자의 배우자 또는 직계존비속이 해당 자산을 취득할 당시의 취득가액으로 한다.

② 자본적지출액 등의 필요경비에는 거주자의 배우자 또는 직계존비속이 해당 자산에 대하여 지출한 금액을 포함한다.

③ 거주자가 해당 자산에 대하여 납부하였거나 납부할 증여세 상당액이 있는 경우 필요경비에 산입한다.

5.3.10 가업상속재산에 대한 이월과세

(1) 의 의

가업상속공제란 피상속인이 생전에 영위한 사업에 대하여 일정한 요건에 해당되는 경우에 상속인에게 승계하도록 함으로써 피상속인이 영위하던 가업이 상속인에게 승계되어 계속 영위할 수 있도록 지원하기 위하여 공제하는 것을 말한다. 가업상속공제는 일정한 요건에 해당하는 경우에는 상속공제를 함으로써 상속세를 부담을 면하게 하고 5년 이상 사후관리를 받도록 하고 있다. 가업상속공제는 2013년까지는 가업상속재산가액의 70% 공제하던 것을 2014년 이후에는 가업상속재산가액의 전액을 공제하되, 최대 500억원을 한도로 공제하도록 하고, 2023년 이후에는 최대 600억원 한도로 공제하도록 하고 있으며, 피상속인 단계에서 발생한 자본이득에 대해서는 이월과세를 하도록 하였다. 가업상속공제의 요건을 간략하게 정리하면 다음과 같다.

구 분	상속공제액
가업요건	가업에 해당하는 업종으로서 피상속인이 10년 이상 계속하여 경영한 중소기업 및 매출액 5천억원 이하의 중견기업
가업상속재산	•개인기업 : 가업에 직접 사용되는 토지, 건물, 기계장치 등의 사업용 자산 •법인기업 : 가업 법인의 주식가액×(총자산가액−사업무관자산가액)/총자산가액
가업상속공제	다음 ①, ② 중 적은 금액 ① 가업상속 재산가액에 상당하는 금액 ② 300억원(20년 이상 가업경영 시 400억원, 30년 이상 가업 경영 시 600억원)
피상속인 요건	•10년 이상 가업영위 •가업영위기간동안 50% 이상 또는 상속개시일 전 10년 중 5년 이상 대표자 재직 또는 10년 이상 재직(이후 상속인이 대표자 재직)
상속인 요건	•상속개시일 전 2년 이상 가업종사 •상속인 또는 배우자가 해당 가업 모두 상속 •상속인 2명 이상 공동상속도 가능 •상속세 신고기간까지 임원 취임, 2년 내에 대표이사 취임

(2) 가업상속공제 적용재산에 대한 이월과세 원리

상속재산의 양도에 따른 양도차익을 계산할 때 양도가액에서 공제하는 필요경비는 상속개시 당시의 상속재산가액을 공제한다. 이와 같은 필요경비의 적용은 가업상속공제를 한 상속재산의 경우에는 피상속인 단계에서 창출한 자본이득에 대해서는 상속세뿐만 아니라 양도소득세를 한 푼도 과세되지 아니하여 공평성 측면에서 문제 제기가 있었다. 이에 따라 2014년 개정세법에서는 가업상속공제는 가업상속재산가액의 전액을 공제하되 가업상속공제를 적용받은 재산 중에 양도소득세 과세대상 자산에 대해서는 피상속인 단계에서 발생된 자본이득에 대하여 상속인이 양도할 때 양도소득세로 과세하도록 개정하였다. 이 개정 규정은 2014년 이후에 가업상속재산을 상속받아 양도하는 분부터 적용한다.

(3) 가업상속공제가 적용된 자산의 양도 시 취득가액

가업상속공제가 적용된 자산의 양도차익을 계산할 때 양도가액에서 공제할 필요경비는 「소득세법」 제97조 제2항에서 규정한 필요경비를 적용한다. 다만, 취득가액은 다음의 금액을 합한 금액으로 한다(소법 §97의 2 ④).

① 피상속인의 취득가액(제97조 제1항 제1호 각 목의 어느 하나에 해당하는 금액)×해당 자산가액 중 가업상속공제적용률

② 상속개시일 현재 해당 자산가액×(1－가업상속공제적용률)

여기에서 “가업상속공제적용률”은 「상속세 및 증여세법」 제18조 2의 제1항에 따라 상속세 과세가액에서 공제한 금액을 같은 법 같은 항 제1호에 따른 가업상속재산가액으로 나눈 비율을 말한다.

$$\text{가업상속공제적용율} = \frac{\text{가업상속공제금액}}{\text{가업상속재산가액 합계액}}$$

피상속인의 취득가액을 계산할 때 「소득세법」 제97조 제1항 제1호 각 목의 어느 하나에 해당하는 금액이란 「소득세법」 제94조 제1항 각 호의 자산 취득에 든 실지거래가액(「소득세법」 제96조 제2항 각 호 외의 부분에 해당하는 경우에는 그 자산 취득 당시의 기준시가)을 말한다. 다만, 취득 당시의 실지거래가액을 확인할 수 없는 경우에는 매매사례가액, 감정가액 또는 환산가액을 말한다.

(4) 사후관리요건을 위반하여 상속세가 추징되는 경우

가업상속공제를 적용받은 가업상속자산에 대하여 사후관리위반으로 상속세를 부과할 때 「소득세법」 제97조의 2 제4항에 따라 이월과세가 적용되어 납부하였거나 납부할 양도소득세가 있는 경우에는 대통령령으로 정하는 바에 따라 계산한 양도소득세 상당액을 상속세 산출세액에서 공제하여 상속세 추징세액을 조정한다. 다만, 공제한 해당 금액이 음수(陰數)인 경우에는 영으로 본다(상증법 §18의 2 ⑩). 이 규정은 2014.1.1 이후 개시하는 과세기간 또는 사업연도분부터 적용한다.
이 경우에 “대통령령으로 정하는 바에 따라 계산한 양도소득세 상당액”이란 가업상속공제를 적용받고 양도하는 가업상속재산에 대하여 「소득세법」 제97조의 2

제4항 단서를 적용하여 계산한 양도소득세액을 말한다.

(5) 가업법인 주식 중 일부의 가업상속공제

가업상속공제 적용 시 상속받은 가업법인 주식 중 일부만 가업상속공제 받는 것으로 선택 가능하며, 상속공제 받지 않은 주식 일부를 사후관리기간 내 처분 시 사후관리 위반에 해당하지 않음(서면법규재산 2019-2982, 2022.12.22.).

5.4 기타 필요경비

5.4.1 원 칙

기타 필요경비는 자본적 지출액과 양도비를 말한다. 여기에서 자본적 지출액은 취득에 관한 쟁송이 있는 자산에 대하여 그 소유권 등을 확보하기 위하여 직접 소요된 소송비용·화해비용 등의 금액으로서 그 지출한 연도의 각 소득금액의 계산에 있어서 필요경비에 산입된 것을 제외한 금액을 말한다. 또한 양도비는 양도하기 위하여 직접 지출한 비용으로서 「증권거래세법」에 따라 납부한 증권거래세, 양도소득세과세표준 신고서 작성비용 및 계약서 작성비용, 공증비용, 인지대 및 소개비 등을 말한다.

5.4.2 신주인수권증서 구입비용

코스닥시장 상장법인의 유상증자 시 기존 주주인 거주자가 보유주식의 지분 비율에 따라 배정받은 신주인수권증서가 한국거래소에 상장되어 양도되는 경우로서 해당 양도차익을 계산하는 경우 양도가액에서 차감하는 신주인수권증서의 취득가액은 「소득세법」 제97조 제1항 제1호(자산의 취득에 든 실지거래가액)에 따른 가액으로 하는 것이다(서면법령해석재산 2015-22507, 2015.5.18.).

5.4.3 주식양도를 위한 평가비용

거주자의 양도차익을 계산함에 있어서 양도가액에서 공제할 필요경비 중 양도비는 「소득세법 시행령」 제163조 제5항 각 호의 경비를 말하는 것이며, 자산을 양도하기 위하여 직접 지출하는 비용에는 자산을 양도하기 위한 계약서 작성비용·공증비용·인지대·소개비 등을 포함한다(서면4팀-285, 2006.2.14.).

6 과세표준의 계산

6.1 개 요

과세표준은 세법에 따라 직접적으로 세액산출의 기초가 되는 과세대상의 수량 또는 가액(價額)을 말한다. 소득세는 1년 단위로 기간과세를 하되 해당 과세기간에 납세의무가 성립된 거래에 대한 수입금액과 그에 따른 소득금액을 산정한다. 양도소득은 자산별로 양도가액에서 필요경비를 차감하여 양도차익을 산정하고, 해당 연도에 2 이상의 자산을 양도하여 양도차손이 발생한 자산이 있는 경우에는 그룹별로 해당 자산 외의 다른 자산에서 발생한 양도소득금액에서 그 양도차손을 공제하여 양도소득금액을 산정한다. 양도소득금액을 산정한 다음에 각각의 양도소득금액을 과세기간별, 세율별로 합산하여 과세한다.

이와 같이 계산한 양도소득금액에 대해 장기보유특별공제와 양도소득기본공제를 하여 양도소득세 과세표준을 산정하게 된다.

6.2 장기보유특별공제

6.2.1 개 요

양도소득은 자본이득에 대해 과세하는 소득으로 장기간에 걸쳐서 발생한 소득을 일시에 과세한다. 이때 계산하는 양도차익은 양도가액에서 필요경비를 공제하여 계산하지만 장기간에 걸쳐서 발생하였으므로 물가상승으로 인하여 보유이익이 과도하게 누적될 수 있다. 이러한 점을 고려하여 양도소득을 계산할 때 자산의 양도차익에서 일정한 금액을 공제하는데, 이를 장기보유특별공제라고 한다.

양도소득세 과세대상 자산은 장기간 보유함에 따라 미실현 보유이익이 양도한 시점에 일시에 실현됨으로써 누진세율을 적용받는 현상(결집효과)이 발생하게 되고, 이러한 결집효과를 완화하기 위하여 물가상승분을 조정하는 차원에서 그 보유기간에 따라 차등하여 장기보유특별공제율을 적용하여 공제한다. 헌법재판소(헌재96헌바80, 1999. 7.22.)에서도 장기보유특별공제는 부동산의 장기보유를 유도하여 부동산 투기를 억제하고 국토의 효율적 이용을 촉진하기 위하여 장기보유 부동산에 대한 양도차익을 계산함에 있어서 특별히 일정한 금액을 공제하여 주기 위한 것이라고 설시한바 있다.

6.2.2 적용대상 자산

장기보유특별공제는 양도소득세 과세대상 자산 중 토지·건물 및 조합원입주권으로서 보유기간이 3년 이상인 경우에 적용한다. 이 경우에 비록 3년 이상된 토지·건물의 양도에 해당하더라도 미등기양도로 인한 발생하는 양도소득금액을 계산할 때는 공제하지 않는다.

6.2.3 특정주식에 대한 장기보유특별공제 배제

해당 법인이 보유한 자산 중에 토지·건물·부동산에 관한 권리(부동산등)의 보유비율이 높은 법인의 주식을 양도하는 경우에는 부동산을 양도하는 것과 유사한 효과가 발생한다. 이에 대해 부동산의 보유비율이 자산총액의 50% 이상인 경우로서 3년 이내에 지분의 50% 이상을 양도하는 경우에는 부동산의 양도와 같은 효과가 발생하므로 일반 주식과 구분하여 "과점주주의 주식"으로 과세한다.

또한 골프장·스키장·휴양콘도미니엄·전문휴양시설을 건설 또는 취득하여 직접 경영하거나 분양 또는 임대하는 사업으로서 해당 법인의 부동산의 비율이 자산가액의 80% 이상인 법인의 주식은 "부동산과다보유법인의 주식"으로 구분하고, 이와 같이 과점주주의 주식과 부동산과다보유법인의 주식을 기타자산으로 분류하여 일반 주식과 구분하여 기본세율(6~45%)로 과세한다. 이와 같이 특정주식에 대하여 기본세율을 적용하는 이유는 부동산의 양도로 취급하기 때문이라고 할 수 있다.

그러나 특정주식이 부동산의 양도와 같이 취급을 하더라도 장기보유특별공제는 적용하지 아니한다. 따라서 주식의 양도에 대해서는 장기보유특별공제를 적용하지 아니하므로 자세한 정리는 생략한다.

6.3 양도소득기본공제

양도소득세 과세표준은 양도소득금액에서 양도소득 기본공제를 한 금액으로 한다. 양도소득 기본공제는 다음과 같이 그룹별로 구분하여 각각 연 250만원을 양도소득금액에서 공제한다(소법 §103).

구분	대상	비고
Ⅰ그룹	토지·건물·부동산에 관한 권리 기타자산	미등기 양도자산은 제외
Ⅱ그룹	주식 및 출자지분	
Ⅲ그룹	파생상품	

양도소득기본공제는 각 그룹별로 연간 1회에 한하여 공제한다. 따라서 Ⅰ그룹, Ⅱ그룹, Ⅲ그룹 각각에 250만원의 공제를 할 수 있다. 양도소득 기본공제를 적용할 때 양도소득금액에 대해 「소득세법」 또는 「조세특례제한법」이나 그 밖의 법률에 따른 감면소득금액이 있는 경우에는 그 감면소득금액 외의 양도소득금액에서 먼저 공제하고, 감면소득금액 외의 양도소득금액 중에서는 해당 과세기간에 먼저 양도한 자산의 양도소득금액에서부터 순서대로 공제한다.

7 세액 계산

7.1 자산별 양도소득세율

거주자의 양도소득세는 해당 과세기간의 양도소득 과세표준에 세율을 적용하여 계산한 양도소득 산출세액을 그 세액으로 한다. 이 경우 양도소득세의 세율은 과세대상 자산별로 각각 규정하고 있고, 과세대상 자산일지라도 보유기간, 보유현황, 등기 여부 등에 따라 적용하는 세율이 달라진다. 하나의 자산에 적용되는 세율 중 둘 이상에 해당할 때에는 해당 세율을 적용하여 계산한 양도소득 산출세액 중 큰 것을 그 세액으로 한다.

(1) 부동산 및 부동산에 관한 권리

토지, 건물, 부동산에 관한 권리를 양도한 경우에는 보유기간, 다주택 여부, 비사업용 토지 여부, 조정대상지역 여부, 권리의 종류에 따라 세율이 달리 적용된다. 토지, 건물, 부동산에 관한 권리의 양도소득에 적용하는 세율은 2년 이상 보유한 경우에는 기본세율(6~45%)이 적용된다.

그리고 그동안 단기양도의 경우에는 단일세율로 하고, 보유기간이 1년 미만인 경우에 토지는 50%, 주택(부수토지 포함) 및 조합원입주권은 40%의 세율로 적용하고, 1년 이상 2년 미만인 경우에는 토지는 40% 세율, 주택(부수토지 포함) 및 조합원입주권은 기본세율이 적용된다. 그러던 것이 주택 및 분양권에 대해서는 2021. 6.1.부터 1년 미만은 70%, 1년 이상 2년 미만인 경우에는 60%가 적용된다.

그리고 2018.4.1. 이후 양도분부터 다주택자가 조정대상지역의 주택을 양도하는 경우에는 기본세율에 10%(1세대3주택 이상은 20%)를 가산하고, 2021.6.1.부터는 기본세율에 20%(1세대3주택 이상은 30%)를 가산한다(소법 §104 ⑦).

(가) 종합소득세율 및 2년 이상 보유 부동산 양도세율

(단위 : 원)

<table>
<tr><th rowspan="2">과세표준</th><th colspan="2">2014년~2016년</th><th colspan="2">2017년</th><th colspan="2">2018년 이후</th><th colspan="2">2021년~2022년</th></tr>
<tr><th>세율</th><th>누진공제액</th><th>세율</th><th>누진공제액</th><th>세율</th><th>누진공제액</th><th>세율</th><th>누진공제액</th></tr>
<tr><td>1,200만원 이하</td><td>6%</td><td></td><td>6%</td><td></td><td>6%</td><td></td><td>6%</td><td></td></tr>
<tr><td>1,200만원 초과~4,600만원</td><td>15%</td><td>1,080,000</td><td>15%</td><td>1,080,000</td><td>15%</td><td>1,080,000</td><td>15%</td><td>1,080,000</td></tr>
<tr><td>4,600만원 초과~8,800만원</td><td>24%</td><td>5,220,000</td><td>24%</td><td>5,220,000</td><td>24%</td><td>5,220,000</td><td>24%</td><td>5,220,000</td></tr>
<tr><td>8,800만원 초과~1억5천만원</td><td>35%</td><td>14,900,000</td><td>35%</td><td>14,900,000</td><td>35%</td><td>14,900,000</td><td>35%</td><td>14,900,000</td></tr>
<tr><td>1억5천만원 초과~3억원</td><td rowspan="4">38%</td><td rowspan="4">19,400,000</td><td>38%</td><td>19,400,000</td><td>38%</td><td>19,400,000</td><td>38%</td><td>19,400,000</td></tr>
<tr><td>3억원 초과~5억원</td><td rowspan="3">40%</td><td rowspan="3">29,400,000</td><td>40%</td><td>25,400,000</td><td>40%</td><td>25,400,000</td></tr>
<tr><td>5억원 초과~10억원</td><td rowspan="2">42%</td><td rowspan="2">35,400,000</td><td>42%</td><td>35,400,000</td></tr>
<tr><td>10억원 초과</td><td>45%</td><td>65,400,000</td></tr>
</table>

과세표준	2023년 이후	
	세율	누진공제액
1,400만원	6%	-
1,400만원 초과~5,000만원 이하	15%	1,260,000
5,000만원 초과~8,800만원 이하	24%	5,760,000
8,800만원 초과~1억 5천만원 이하	35%	15,440,000
1억 5천만원 초과~3억원 이하	38%	19,940,000
3억원 초과~5억원 이하	40%	25,940,000
5억원 초과~10억원 이하	42%	35,940,000
10억원 초과	45%	65,940,000

(나) 2년 미만 보유한 부동산, 부동산에 관한 권리, 주택(부수토지 포함) 세율

보유기간	주택, 조합원입주권, 분양권*		그 외 부동산	
	2021.5.31. 이전	2021.6.1. 이후	2021.5.31. 이전	2021.6.1. 이후
1년 미만	40%	70%	50%	70%
1년 이상 2년 미만	기본세율	60%	40%	60%

* 2021.5.31. 이전에 양도한 분양권은 보유기간에 불문하고 50% 단일세율 적용

(2) 주식 및 출자지분

(가) 원칙

주식 및 출자지분에 대한 양도소득세율은 대주주와 기타주주로 구분하여 세율을 적용한다. 다만, 대주주의 경우에는 2017.12.17. 개정하면서 2020.1.1. 이후 양도분부터는 과세표준이 3억원을 초과하는 경우에는 25%로 상향 조정하였다.

기업규모	주주구성	보유기간	과세표준	세율
중소기업	대주주	제한없음	3억원 이하분	20%
			3억원 초과분	6천만원+(3억원 초과액×25%)
	기타주주	제한없음	제한 없음	10%
중소기업 외	대주주	1년 이상	3억원 이하분	20%
			3억원 초과분	6천만원+(3억원 초과액×25%)
		1년 미만	제한 없음	30%
	기타주주	제한 없음	제한 없음	20%

* 중소기업의 대주주 주식으로서 과세표준이 3억원 초과하는 경우에 적용하는 25% 세율은 2020.1.1. 이후 양도분부터 적용한다. 여기에서 중소기업은 주식등의 양도일 현재 「중소기업기본법」 제2조에 따른 중소기업에 해당하는 기업을 말한다.

㈏ 외국법인 주식 또는 외국시장에 상장된 주식

외국법인이 발행하였거나 외국에 있는 시장에 상장된 주식등의 양도소득에 대해서는 2020.1.1. 이후 양도분부터는 중소기업의 주식등은 10%, 그 밖의 주식등은 20% 세율로 과세한다.

논점 – 비상장법인 대주주의 구분

비상장주식은 대주주 또는 소액주주의 구분 없이 원칙적으로 양도소득세 과세대상이 된다. 대주주를 구분하는 이유는 양도소득세의 세율적용에 차이가 있기 때문이다.

1. 비상장법인의 대주주

① 주식등의 양도일이 속하는 사업연도의 직전 사업연도 종료일 현재 주주 1인 및 주권비상장법인기타주주의 소유주식의 비율 합계가 100분의 4 이상인 경우 해당 주주 1인 및 주권비상장법인기타주주. 이 경우 직전 사업연도 종료일 현재 100분의 4에 미달하였으나 그 후 주식등을 취득함으로써 소유주식의 비율 합계가 100분의 4 이상이 되는 때에는 그 취득일 이후의 주주 1인 및 주권비상장법인기타주주를 포함한다.

② 주식등의 양도일이 속하는 사업연도의 직전 사업연도 종료일 현재 주주 1인 및 주권비상장법인기타주주가 소유하고 있는 해당 법인의 주식등의 시가총액이 10억원(「자본시장과 금융투자업에 관한 법률 시행령」 제178조 제1항에 따라 거래되는 「벤처기업육성에 관한 특별조치법」 제2조 제1항에 따른 벤처기업의 주식등의 경우에는 40억원으로 한다) 이상인 경우 해당 주주 1인 및 주권비상장법인기타주주

2. 비상장법인인 합병법인 대주주의 판정

피합병법인의 주주가 합병에 따라 합병법인의 신주를 지급받아 그 주식을 합병등기일이 속하는 사업연도에 양도하는 경우 대주주의 범위 등에 대해서는 해당 피합병법인의 합병등기일 현재 주식보유 현황에 따른다(소령 §167의 8 ④).

3. 비상장법인의 분할법인 대주주 판정

분할법인의 주주가 분할에 따라 분할신설법인의 신주를 지급받아 그 주식을 설립등기일이 속하는 사업연도에 양도하거나 분할법인의 주식을 분할등기일이 속하는 사업연도에 분할등기일 이후 양도하는 경우 대주주의 범위 등에 대해서는 해당 분할 전 법인의 분할등기일 현재의 주식보유 현황에 따른다(소령 §167의 8 ⑤).

4. 비상장법인의 대차주식 대주주 판정

주주가 일정기간 후에 같은 종류로서 같은 양의 주식등을 반환받는 조건으로 주식등을 대여하는 경우 주식등을 대여한 날부터 반환받은 날까지의 기간 동안 그 주식등은 대여자의 주식등으로 본다(소령 §167의 8 ⑥).

5. 비상장법인의 사모펀드를 통한 간접소유주식 대주주 판정

거주자가 「자본시장과 금융투자업에 관한 법률」에 따른 사모집합투자기구를 통하여 법인의 주식등을 취득하는 경우 그 주식등(사모집합투자기구의 투자비율로 안분하여 계산한 분으로 한정한다)은 해당 거주자의 소유로 본다(소령 §167의 8 ⑦).

(3) 비사업용토지 및 비사업용토지 과다보유 특정주식

비사업용토지에 적용하는 세율은 기본세율에 10% 가산하여 적용한다(소법 §104 ① 8호). 「소득세법」 제94조 제1항 제4호 다목(과점주주의 주식) 또는 라목(부동산과다보유법인의 주식)에 해당하는 주식등으로서 해당 법인의 자산총액 중 「법인세법」 제55조의 2 제2항에 따른 비사업용토지의 가액이 차지하는 비율이 100분의 50 이상인 법인의 주식등의 경우에도 기본세율에 10%를 가산한다(소법 §104 ① 9호). 이 경우에 같은 과세기간에 비사업용 토지와 비사업용토지를 50% 이상 과다보유한 특정주식을 양도하는 경우에 동일한 자산으로 보아 양도소득금액을 합산하여 세율을 적용한다.

(4) 파생상품

파생상품등의 거래 또는 행위로 발생하는 소득(제16조 제1항 제13호 및 제17조 제1항 제10호에 따른 파생상품의 거래 또는 행위로부터의 이익은 제외한다)에 대해서는 파생상품에 대한 양도소득 과세표준의 20%를 적용한다.

<table>
<tr><th>기업규모</th><th>주주구성</th><th>보유기간</th><th>과세표준</th><th>세율</th></tr>
<tr><td rowspan="3">중소기업</td><td rowspan="2">대주주</td><td rowspan="2">제한없음</td><td>3억원 이하분</td><td>20%</td></tr>
<tr><td>3억원 초과분</td><td>6천만원+(3억원 초과액×25%)</td></tr>
<tr><td>기타주주</td><td>제한없음</td><td>제한 없음</td><td>10%</td></tr>
</table>

8 가산세

8.1 개 요

소득세는 1년 단위로 기간 과세를 하는 세목이다. 양도소득세 과세대상 자산을 양도하는 경우에는 양도하는 날이 속하는 연도의 종료일에는 납세의무가 성립하고, 익년 5년 31일까지 신고하면 납세의무가 확정된다. 양도소득세의 경우에는 예정신고 납부의무가 있어 예정신고를 하는 경우에는 예정신고납부세액공제가 있었으나 단계적으로 폐지하였고, 예정신고를 하지 아니한 경우에는 무신고가산세를 적용하였다. 이에 따라 1년 단위로 양도소득세 과세대상 자산을 2회 이상 양도한 경우에는 각각에 대하여 예정신고를 하고 확정신고기간에 합산하여 신고하여야 한다.

가산세 규정은 2006년까지는 각 개별 세법마다 다르게 규정하고 있어서 가산세의 체계가 복잡하였다. 이에 2006.12.30. 각 세법상의 가산세 체계를 전면 개정하면서 기본적이고 공통적인 가산세는 「국세기본법」에서 통일적·체계적으로 규정하도록 하여 세목 간 가산세 형평 및 입법의 효율화를 도모하였다. 즉, 세목 전체에 대하여 공통적으로 적용되는 신고불성실가산세와 지연납부가산세를 「국세기본법」에 규정함으로써 각 세법의 중복적 규정을 피하고 일관된 가산세 체계를 유지하기 위해 「국세기본법」을 개정한 것이다.

8.2 무신고 가산세

납세의무자가 법정신고기한까지 세법에 따른 국세의 과세표준 신고(예정신고 및 중간신고를 포함하며, 「교육세법」 제9조에 따른 신고 중 금융·보험업자가 아닌 자의 신고와 「농어촌특별세법」 및 「종합부동산세법」에 따른 신고는 제외한다)를 하지 아니한 경우에는 그 신고로 납부하여야 할 세액(가산세와 세법에 따라 가산하여 납부하여야 할 이자 상당 가산액이 있는 경우 그 금액은 제외한 "무신고납부세액")에 다음 각 호의 구분에 따른 비율을 곱한 금액을 가산세로 한다(국기법 §47의 2 ①).

8.2.1 일반무신고 가산세

납세의무자가 법정신고기한까지 세법에 따른 국세의 과세표준 신고를 신고하지 아니한 경우에는 무신고납부세액의 20%를 가산세로 한다.

8.2.2 부당무신고 가산세

부정행위로 법정신고기한까지 세법에 따른 국세의 과세표준 신고를 하지 아니한 경우 : 100분의 40(국제거래에서 발생한 부정행위인 경우에는 100분의 60). 이 경우에 부당무신고가 있는 경우가 있는 경우에는 일반무신고와 구분하지 아니하고 전체 산출세액의 40%의 가산세를 적용한다.

이 경우에 부정행위는 다음의 어느 하나에 해당하는 행위로서 조세의 부과와 징수를 불가능하게 하거나 현저히 곤란하게 하는 적극적 행위를 말한다(조세범처벌법 §3 ⑥).

① 이중장부의 작성 등 장부의 거짓 기장

② 거짓 증빙 또는 거짓 문서의 작성 및 수취

③ 장부와 기록의 파기

④ 재산의 은닉, 소득·수익·행위·거래의 조작 또는 은폐

⑤ 고의적으로 장부를 작성하지 아니하거나 비치하지 아니하는 행위 또는 계산서, 세금계산서 또는 계산서합계표, 세금계산서합계표의 조작

⑥ 「조세특례제한법」 제5조의 2 제1호에 따른 전사적 기업자원 관리설비의 조작 또는 전자세금계산서의 조작

⑦ 그 밖에 위계(僞計)에 의한 행위 또는 부정한 행위

8.2.3 일반과소신고 가산세

납세자가 법정신고기한 내에 세법에 따라 과세표준신고서를 제출한 경우로서 신고한 과세표준이 세법에 따라 신고하여야 할 과세표준에 미달한 경우에는 과소신고한 과세표준상당액(과소신고분 과세표준)이 과세표준에서 차지하는 비율을 산출세액에 곱하여 계산한 금액의 100분의 10에 상당하는 금액을 납부할 세액에 가산하거나 환급받을 세액에서 공제한다(국기법 §47의 3 ①).

8.2.4 부당과소신고 가산세

납세의무자가 법정신고기한까지 세법에 따른 국세의 과세표준 신고를 한 경우로서 납부할 세액을 신고하여야 할 세액보다 부정행위로 과소신고한 경우에는 과소신고납부세액의 100분의 40(국제거래에서 발생한 부정행위로 과소신고한 경우에는 100분의 60)에 상당하는 금액을 가산세로 한다.

부정과소신고가산세 = 과소신고 납부세액(가산세 및 이자상당액 제외) × 40%(60%*)

* 국제거래에서 발생한 부정행위로 과소신고 시 60%

8.2.5 부정과소신고와 일반과소신고가 있는 경우

과소신고납부세액등 중에 부정행위로 인한 과소신고납부세액등(부정과소신고납부세액)과 그 외의 과소신고납부세액등(일반과소신고납부세액)이 있는 경우로서 부정과소신고납부세액과 일반과소신고납부세액을 구분하기 곤란한 경우 부정과소신고납부세액은 다음과 같이 계산한 금액으로 한다(국기령 §27의 2 ③).

$$\text{부정과소신고가산세} = \text{과소신고납부세액} \times \frac{\text{부정행위로 인해 과소신고한 과세표준}}{\text{과소신고 과세표준}} \times 40\%(60\%^{*})$$

* 국제거래에서 발생한 부정행위로 과소신고 시 60%

8.3 납부지연가산세

8.3.1 의 의

납부지연가산세는 미납부한 금액에 대하여는 금융혜택을 받은 것으로 보아 그 납부의무 위반에 대하여 가하는 행정상의 제재로 부과된다(대법 2014두44205, 2015.3.12.). 그동안 납부불성실가산세로 적용하였으나 납부지연에 따른 납부지연가산세로 가산세 명칭을 변경하였다.

8.3.2 납부지연가산세 적용방법

납세의무자(연대납세의무자, 납세자를 갈음하여 납부할 의무가 생긴 제2차 납세의무자 및 보증인을 포함)가 세법에 따른 납부기한까지 국세의 납부를 하지 아니하거나 납부하여야 할 세액보다 과소납부한 경우에는 다음과 같이 계산한 금액을 납부불성실가산세로 부과한다(국기법 §47의 4 ①). 여기에서 금융회사 등의 연체대출금에 대하여 적용하는 이자율 등을 고려한 이자율은 1일 10만분의 30을 적용하였으나 2019.2.12.「국세기본법 시행령」을 개정하면서 2020.1.1.부터 1일 10만분의 25로 적용하는 것으로 하였으며, 또 다시 개정을 통하여 2022.2.15.부터 1일 10만분의 22로 적용하는 것으로 하였다.

> 납부불성실가산세 = 납부하지 아니한 세액 또는 과소납부분 세액(세법에 따라 가산하여 납부하여야 할 이자 상당 가산액이 있는 경우에는 그 금액을 더한다)
> ×납부기한의 다음 날부터 자진납부일 또는 납세고지일까지의 기간
> ×22/100,000(22.2.14.까지는 25/100,000 19.12.31.까지는 30/100,000)

8.3.3 납부지연가산세의 적용제외

2020.12.29. 개정된「국세기본법」에는 제47조의 4 제3항 제6호가 신설되어, 상속세 또는 증여세를 법정신고기한까지 신고 · 납부한 경우에 평가심의위원회를 거치는 방법으로 과세표준을 결정 · 경정하는 경우에는 납부지연에 납세자의 귀책사유가 없는 것을 감안하여 납부지연가산세를 적용하지 않도록 규정하고 있다(2021.1.1. 이후 결

정 · 경정분부터 적용).

다만, 「상속세 및 증여세법 시행령」 제49조 제1항 제1호 나목 괄호안 부분에 따라 평가기간 내 거래가액이나 소액거래를 평가심의위원회 심의를 거쳐 시가에 포함시키는 경우는 「국세기본법」 제47조의 4 제3항 제6호 적용대상에 해당하지 아니한다(조심 2022서7673, 2022.11.30).

8.4 기장불성실가산세

8.4.1 주식거래명세의 기장의무

법인(중소기업을 포함)의 대주주가 양도하는 주식등에 대하여는 대통령령으로 정하는 바에 따라 종목별로 구분하여 거래일자별 거래명세 등을 장부에 기록·관리하여야 하며 그 증명서류 등을 갖추어 두어야 한다. 다만, 「자본시장과 금융투자업에 관한 법률」에 따른 투자매매업자 또는 투자중개업자가 발행한 거래명세서를 갖추어 둔 경우에는 장부를 비치·기록한 것으로 본다(소법 §115 ①).

8.4.2 가산세의 적용

법인의 대주주가 양도하는 주식등에 대하여 거래명세 등을 기장하지 아니하였거나 누락하였을 때에는 기장을 하지 아니한 소득금액 또는 누락한 소득금액이 양도소득금액에서 차지하는 비율을 산출세액에 곱하여 계산한 금액의 100분의 10에 해당하는 금액을 기장 불성실가산세로 산출세액에 더한다. 다만, 산출세액이 없을 때에는 그 거래금액의 1만분의 7에 해당하는 금액을 기장 불성실가산세로 한다(소법 §115 ②).

구 분	기장불성실가산세
원칙	산출세액 $\times \dfrac{\text{무기장·누락기장 소득금액}}{\text{양도소득금액}} \times 10\%$
산출세액이 없는 경우	거래금액 $\times \dfrac{7}{10{,}000}$

양도소득세 가산세 요약

종류	가 산 세 액
무신고가산세	무신고 납부세액×20%
부당 무신고 가산세*1	부당 무신고 납부세액×40%
일반과소신고(초과환급) 가산세	과소(초과)신고 납부(환급)세액×10%
부당과소신고(초과환급) 가산세	부당과소(초과)신고 납부(환급)세액×40%
납부지연가산세*2	납부하지 아니한 세액 또는 과소납부세액×미납기간×2.2/10,000 (미납기간 : 납부기한 다음날~자진납부일 또는 고지일)
주식 등에 대한 장부 비치·기록의무 및 기장 불성실 가산세*3	1. 일반적인 경우 : 산출세액×무기장 또는 누락한 소득금액/양도소득금액×10% 2. 산출세액이 없는 경우 : 무기장 또는 탈루한 거래금액×7/10,000

*1 부당한 방법(국기령 §12의 2)
1. 이중장부의 작성 등 장부의 거짓 기장
2. 거짓증빙 또는 거짓문서의 작성 및 수취
3. 장부와 기록의 파기
4. 재산을 은닉하거나 소득·수익·행위·거래의 조작 또는 은폐
5. 그 밖에 국세를 포탈하거나 환급 공제받기 위한 사기 그 밖의 부정한 행위

*2 지연납부가산세는 이자율은 3/10,000이었으나 2020.1.1. 이후에는 2.5/10,000를 적용하며, 2022.2.15. 이후에는 2.2/10,000를 적용한다.

*3 신고불성실가산세와 기장불성실가산세가 동시에 적용되는 경우에는 그 중 큰 금액에 해당하는 가산세만 적용하고 위 가산세의 금액이 같은 경우에는 신고불성실가산세액만을 적용한다.

9 양도소득세 신고

9.1 양도소득세 과세표준 예정신고

(1) 원 칙

자산을 양도한 거주자는 양도소득과세표준을 계산하여 양도일이 속하는 달의 말일부터 2월 이내에 관할 세무서장에게 신고하여야 한다.

(2) 주식 및 출자지분

(가) 신고기한

양도소득이 과세되는 자산을 양도한 거주자는 원칙적으로 그 양도일이 속하는 달의 말일부터 2개월 이내에 양도소득과세표준 예정신고를 하여야 한다. 반면에 소득세법 제94조 제1항 제3호 가목 및 나목에 해당하는 상장법인 주식 및 비상장법인 주식을 양도한 경우에는 그 양도일이 속하는 반기(半期)의 말일부터 2개월에 관할 세무서장에게 신고하여야 한다.

외형적으로는 주식 등에 해당하나 토지 및 건물과 같은 부동산의 양도소득에 대해 기본세율이 적용되는 소득세법 제94조 제1항 제4호 다목 및 라목에 해당하는 특정주식이나 부동산과다보유법인의 주식을 양도하는 경우에는 그 양도일이 속하는 달의 말일부터 2개월 이내에 양도소득과세표준 예정신고를 하여야 한다.

9.2 양도소득세 과세표준 확정신고

(1) 원 칙

해당 과세기간의 양도소득금액이 있는 거주자는 그 양도소득과세표준을 그 과세기간의 다음 연도 5월 1일부터 5월 31일까지 대통령령으로 정하는 바에 따라 납세지 관할 세무서장에게 신고하여야 한다.

(2) 예정신고를 한 경우에 대한 확정신고 예외

예정신고를 한 자는 해당 소득에 대한 확정신고를 하지 아니할 수 있다. 다만, 다음에 해당하는 경우에는 확정신고를 하여야 한다(소법 §110 ④, 소령 §173 ④). 해당 과세기간에 누진세율 적용대상 자산에 대한 예정신고를 2회 이상 하는 경우 등으로서 대통령령으로 정하는 경우에는 그러하지 아니하다.

① 당해 연도에 누진세율의 적용대상 자산에 대한 예정신고를 2회 이상 한 자가 법 제107조 제2항의 규정에 따라 이미 신고한 양도소득금액과 합산하여 신고

하지 아니한 경우

② 토지, 건물, 부동산에 관한 권리 및 기타자산을 2회 이상 양도한 경우로서 법 제103조 제2항의 규정을 적용할 경우 당초 신고한 양도소득산출세액이 달라지는 경우

③ 주식 등을 2회 이상 양도한 경우로서 법 제103조 제2항의 규정을 적용할 경우 당초 신고한 양도소득산출세액이 달라지는 경우

10 증권거래세의 신고 및 납부

10.1 과세대상

10.1.1 과세의 범위

주권 또는 지분(주권등)의 양도에 대해서는 이 법에 따라 증권거래세를 부과한다. 여기에서 양도(讓渡)란 계약상 또는 법률상의 원인에 의하여 유상(有償)으로 소유권이 이전되는 것을 말한다.

또한 주권은 「상법」 또는 특별한 법률에 따라 설립된 법인의 주권과 외국법인이 발행한 주권으로서 「자본시장과 금융투자업에 관한 법률」 제8조의 2 제4항 제1호에 따른 증권시장에 상장된 것을 말하며, 지분은 「상법」에 따라 설립된 합명회사·합자회사·유한책임회사 및 유한회사의 사원 지분을 말한다.

10.1.2 비과세

① 증권시장과 비슷한 시장으로서 외국에 있는 시장(외국증권시장)에 상장된 주권등을 양도하는 경우

② 외국증권시장에 주권 등을 상장하기 위하여 인수인에게 주권 등을 양도하는 경우

③ 「자본시장과 금융투자업에 관한 법률」에 따라 거래소허가를 받은 거래소로서 금융위원회가 지정하는 거래소(지정거래소)가 같은 법 제377조 제1항 제3호에 따라 채무인수를 하면서 주권등을 양도하는 경우

10.2 납세의무자

증권거래세의 납세의무자는 다음의 어느 하나에 해당하는 자로 한다(증권거래세법 §3).

(1) 전자등록기관 또는 한국예탁결제원

다음의 어느 하나에 해당하는 주권을 계좌 간 대체(對替)로 매매결제하는 경우에는 「주식·사채 등의 전자등록에 관한 법률」 제2조 제6호에 따른 「전자등록기관 또는 자본시장과 금융투자업에 관한 법률」 제294조에 따라 설립된 한국예탁결제원을 납세의무자로 한다.

① 증권시장에서 양도되는 주권

② 증권시장 밖에서 대통령령으로 정하는 방법에 따라 양도되는 주권

(2) 금융투자업자

「자본시장과 금융투자업에 관한 법률」 제8조 제1항에 따른 금융투자업자를 통하여 주권등을 양도하는 경우에는 해당 금융투자업자를 납세의무자로 한다.

(3) 기타의 경우에는 양도자 등

한국예탁결제원 또는 금융투자업자를 통하지 아니하고 주권등을 양도하는 경우에는 그 주권등의 양도자를 납세의무자로 한다. 다만, 국내사업장을 가지고 있지 아니한 비거주자 또는 국내사업장을 가지고 있지 아니한 외국법인이 주권등을 금융투자업자를 통하지 아니하고 양도하는 경우에는 그 주권등의 양수인을 증권거래세 납세의무자로 한다.

10.3 과세표준

증권거래세의 과세표준은 다음의 구분에 따른다(증권거래세법 §7).

(1) 전자등록기관 또는 한국예탁결제원

주권의 양도가액

(2) 기타의 경우

① 주권등의 양도가액을 알 수 있는 경우 : 해당 주권등의 양도가액. 다만, 다음의 어느 하나에 해당하는 경우에는 다음에 규정하는 가액으로 한다.

㉠「소득세법」 제101조,「법인세법」 제52조 또는「상속세 및 증여세법」 제35조에 따라 주권등이 시가(時價)보다 낮은 가액으로 양도된 것으로 인정되는 경우(「국제조세조정에 관한 법률」 제4조가 적용되는 경우는 제외)에는 그 시가액

㉡「소득세법」 제126조,「법인세법」 제92조 또는「국제조세조정에 관한 법률」 제4조에 따라 주권등이 정상가격보다 낮은 가액으로 양도된 것으로 인정되는 경우에는 그 정상가격

② 주권등의 양도가액을 알 수 없는 경우 : 대통령령으로 정하는 양도가액 평가방법에 따라 평가한 가액

10.4 세 율

(1) 원 칙

증권거래세의 세율은 10,000분의 35로 한다. 다만, 2021년 1월 1일부터 2022년 12월 31일까지는 1만분의 43으로 한다(증권거래세법 §8 ①).

(2) 탄력세율

자본시장 육성을 위하여 긴급히 필요하다고 인정될 때에는 증권시장에서 거래되는 주권에 한정하여 종목별로 대통령령으로 정하는 바에 따라 낮추거나 영(零)으로

할 수 있다(증권거래세법 §8 ②).

① 유가증권시장(「자본시장과 금융투자업에 관한 법률 시행령」 제176조의 9 제1항에 따른 유가증권시장을 말함)에서 양도되는 주권 : 0원, 다만, 2021.1.1.부터 단계적으로 인하한다.

② 코스닥시장에서 양도되는 주권과 「자본시장과 금융투자업에 관한 법률 시행령」 제178조 제1항에 따른 기준에 따라 금융투자협회를 통하여 양도되는 주권에 대해서는 10,000분의 15로 한다.

연도별 시장별	2022년	2023년	2024년	2025년
코스피	0.08%	0.05%	0.03%	0%
코스닥	0.23%	0.20%	0.18%	0.15%
금융투자협회	0.23%	0.20%	0.18%	0.15%

③ 코넥스시장(「자본시장과 금융투자업에 관한 법률 시행령」 제11조 제2항에 따른 코넥스시장을 말한다)에서 양도되는 주권: 1만분의 10

10.5 신고·납부 및 환급

증권거래세의 납세의무자는 다음 각 호의 구분에 따라 과세표준과 세액을 대통령령으로 정하는 바에 따라 관할세무서장에게 신고하여야 한다(증권거래세법 §10 ①).

① 전자등록기관 또는 한국예탁결제원, 금융투자업자를 통한 거래
매월분의 과세표준과 세액을 다음 달 10일까지 신고할 것

② 기타의 경우
매 반기(半期)분의 과세표준과 세액을 양도일이 속하는 반기의 말일부터 2개월 이내에 신고할 것

Chapter 03

자기주식 취득과 감소

1 의 의

법인으로 회사를 운영하면 회사가 벌어들인 돈을 투자자가 마음대로 사용할 수 없다. 이러한 한계 때문에 일부에서는 급여나 배당을 통하지 않고 인출하는 방안을 찾기도 하고, 가장 손쉽게 사용할 수 있는 방법은 회사의 자금을 사적으로 대여받아 사용하는 일명, 가지급금으로 사용하는 방법이다. 가지급금은 일시적으로 사용할 수 있지만 세법에서 정하는 이자율에 상당하는 금액을 회사에 지급하여야 하고, 그 이자 상당액으로 법인세 과세표준은 증가하게 되어 법인세 부담이 늘어나 언젠가는 가지급금에 따른 이자 상당액과 원금을 모두 회사에 갚아야 한다. 이러한 점 때문에 가지급금을 상환할 능력이 없는 경우에는 보유한 주식을 회사에 처분하는 방안까지 찾게 된다. 그러나 비상장주식을 처분하는 것은 쉬운 일이 아니므로 회사에서 자신이 발행한 주식을 취득하는 이른바, 자기주식을 취득하게 된다.

회사가 자기주식을 취득하는 경우에 그 목적에 따라 양도자에게 과세하는 방법이 상이하다. 이 경우에 일시보유목적으로 취득하는 경우에는 주주가 해당 법인에게 주식을 양도하는 것이므로 양도한 주주에게는 양도소득세와 증권거래세가 과세 된다. 반면에 주식소각·자본감소는 주주의 출자금액을 환급한 것과 같은 효과가 발생하기 때문에 감자 대가로 지급받는 금액과 해당 주식을 취득한 가액과의 차액에 대해서는 의제배당으로 과세한다. 자기주식의 소각은 그동안 자본 감자를 주로 하였으나 최근에는 컨설팅회사를 중심으로 배당가능이익으로 취득한 자기주식의 소각을 권장하기도 한다. 주식의 감자나 소각은 그 절차상의 차이가 있는데, 감자의 경우에는 주주총회의 특별결의를 하여야 하지만 주식소각의 경우에는 이사회의 결의로 진행할 수 있다. 이에 따라 최근에 관심의 대상이 되는 자기주식의 취득과 감소에 따른 절차와 과세문제를 정리한다.

2 자기주식의 취득

2.1 개 요

자기주식은 회사가 이미 발행한 주식을 일정한 사유나 특정 목적으로 재취득하여 보유하고 있는 주식을 말한다. 그동안 자기주식의 취득에 대해서는 특별한 목적 외에는 원칙적으로 제한하였다가 개정「상법」에서는 반대로 자본충실의 원칙을 해하지 않는 범위 내에서는 원칙적으로 자기주식의 취득을 인정하였다.

자기주식에 대해서는 미발행주식으로 보는 관점과 자산으로 보는 관점이 있다. 자산으로 보는 관점에서는 자기주식을 처분하는 미래에 현금이 유입되므로 자산으로 이해하는 것이나, 회사가 회사를 스스로 소유하게 되는 논리적인 모순을 발생시키고, 「상법」상 자기주식에 대해서는 이익배당청구권, 의결권 등의 주주권이 제한되어 자산으로서 경제적 효익을 향유할 수 없다는 점에서 타당하지 않다. 반면에 미발행주식설은 자기주식은 처음부터 주식을 발행하지 않은 것과 같다는 이론으로 한국채택국제회계기준에서는 미발행주식설에 바탕을 두고 있어서 자기주식은 취득목적에 관계없이 자본에서 차감하는 것으로 규정하고 있다.

2.2 자기주식 취득방법

회사는 자기의 명의와 계산으로 하여 각 주주가 가진 주식수에 따라 균등한 조건으로 취득하는 것으로 하여 모든 주주에게 자기주식 취득의 통지 또는 공고를 하여 주식을 취득하는 방법으로 자기의 주식을 취득할 수 있다. 다만, 그 취득가액의 총액은 직전 결산기의 대차대조표상의 순자산액에서 「상법」 제462조 제1항 각 호(① 자본금의 액, ② 그 결산기까지 적립된 자본준비금과 이익준비금의 합계액, ③ 그 결산기에 적립하여야 할 이익준비금의 액, ④ 대통령령으로 정하는 미실현이익)의 금액을 뺀 금액(배당가능이익)을 초과하지 못한다(상법 §341 ①).

회사가 자기주식을 취득하는 경우에 해당 영업연도의 결산기에 대차대조표상의 순자산액이 제462조 제1항 각 호의 금액의 합계액(배당가능이익)에 미치지 못할 우려가 있는 경우에는 자기주식을 취득하여서는 아니 된다(상법 §341 ③).

배당가능이익 =
재무상태표상의 순자산액 − (자본금 + 당해 결산기까지 적립된 자본준비금과 이익준비금의 합계액 + 당해 결산기에 적립해야 할 이익준비금)

2.3 자기주식의 취득절차

2.3.1 절차의 중요성

자기주식의 취득을 통한 다양한 절세방안을 설계하고 있으나 자기주식의 취득은 주주와 채권자 등에게 재산적 피해를 줄 수 있다. 회사의 자기주식 취득은 그동안 회사의 자본적 기초를 위태롭게 하여 회사와 주주 및 채권자의 이익을 해하고 주주평등의 원칙을 해하며, 대표이사 등에 의한 불공정한 회사지배를 초래하는 등의 여러 가지 폐해를 생기게 할 우려가 있으므로 「상법」이 일반 예방적인 목적에서 이를 일률적으로 금지하는 것을 원칙으로 하였고, 예외적으로 자기주식의 취득이 허용되는 경우를 유형적으로 분류하여 명시하고 있었다(대법원 2003.5.16. 선고 2001다44109 판결). 이러한 「상법」은 2011.4.14. 개정되면서 「상법」과 그 시행령이 정한 절차와 방법에 따른 자기주식 취득을 허용하였으며, 개정 전의 「상법」이 자기주식 취득을 원칙적으로 금지하고 있었던 취지에 비추어 볼 때, 관련 규정이 정한 절차와 방법에 따르지 않은 자기주식의 취득은 당연히 무효에 해당한다고 판시하였다(서울고등법원 2017.08.30. 선고 2017누35631 판결). 「상법」에서 정하는 절차를 무시하고 취득하여 무효에 해당하는 경우에는 법률상 원인 없이 자기주식의 취득 대가로 회사의 자금이 지급된 것이어서 업무와 무관하게 지급한 것으로 보아 가지급금으로 볼 수 있어 자기주식을 취득하는 절차는 대단히 중요하다.

2.3.2 주주총회의 소집

주주총회를 소집할 때에는 주주총회일의 2주 전에 각 주주에게 서면으로 통지를 발송하거나 각 주주의 동의를 받아 전자문서로 통지를 발송하여야 한다. 다만, 자본금 총액이 10억원 미만인 회사가 주주총회를 소집하는 경우에는 주주총회일 10일 전에 각 주주에게 서면으로 통지를 발송하거나 각 주주의 동의를 받아 전자문서로 통지를 발송할 수 있고, 자본금 총액이 10억원 미만인 회사는 주주 전원의 동의가 있을 경우에는 소집절차 없이 주주총회를 개최할 수 있고, 서면에 의한 결의로써 주주총회의 결의를 갈음할 수 있다(상법 §363).

2.3.3 주주총회의 결의

자기주식을 취득하려는 회사는 미리 주주총회의 결의로 취득할 수 있는 주식의 종류 및 수, 취득가액의 총액의 한도, 1년을 초과하지 아니하는 범위에서 자기주식을 취득할 수 있는 기간을 결정하여야 한다. 다만, 이사회의 결의로 이익배당을 할 수 있다고 정관으로 정하고 있는 경우에는 이사회의 결의로써 주주총회의 결의를 갈음할 수 있다(상법 §341 ②).

2.3.4 자기주식 취득의 상법상 규정

「상법」	「상법 시행령」
제341조(자기주식의 취득) ① 회사는 다음의 방법에 따라 자기의 명의와 계산으로 자기의 주식을 취득할 수 있다. 다만, 그 취득가액의 총액은 직전 결산기의 대차대조표상의 순자산액에서 제462조 제1항 각 호의 금액을 뺀 금액을 초과하지 못한다.	**제9조(자기주식 취득방법의 종류 등)** ① 법 제341조 제1항 제2호에서 "대통령령으로 정하는 방법"이란 다음 각 호의 어느 하나에 해당하는 방법을 말한다.
1. 거래소에서 시세(時勢)가 있는 주식의 경우에는 거래소에서 취득하는 방법	1. 회사가 모든 주주에게 자기주식 취득의 통지 또는 공고를 하여 주식을 취득하는 방법
2. 제345조 제1항의 주식의 상환에 관한 종류주식의 경우 외에 각 주주가 가진 주식수에 따라 균등한 조건으로 취득하는 것으로서	2. 「자본시장과 금융투자업에 관한 법률」 제133조부터 제146조까지의 규정에 따른 공개매수의 방법

「상법」	「상법 시행령」
대통령령으로 정하는 방법 ② 제1항에 따라 자기주식을 취득하려는 회사는 미리 주주총회의 결의로 다음 각 호의 사항을 결정하여야 한다. 다만, 이사회의 결의로 이익배당을 할 수 있다고 정관으로 정하고 있는 경우에는 이사회의 결의로써 주주총회의 결의를 갈음할 수 있다. 1. 취득할 수 있는 주식의 종류 및 수 2. 취득가액의 총액의 한도 3. 1년을 초과하지 아니하는 범위에서 자기주식을 취득할 수 있는 기간 ③ 회사는 해당 영업연도의 결산기에 대차대조표상의 순자산액이 제462조 제1항 각 호의 금액의 합계액에 미치지 못할 우려가 있는 경우에는 제1항에 따른 주식의 취득을 하여서는 아니 된다. ④ 해당 영업연도의 결산기에 대차대조표상의 순자산액이 제462조 제1항 각 호의 금액의 합계액에 미치지 못함에도 불구하고 회사가 제1항에 따라 주식을 취득한 경우 이사는 회사에 대하여 연대하여 그 미치지 못한 금액을 배상할 책임이 있다. 다만, 이사가 제3항의 우려가 없다고 판단하는 때에 주의를 게을리하지 아니하였음을 증명한 경우에는 그러하지 아니하다.	② 자기주식을 취득한 회사는 지체 없이 취득 내용을 적은 자기주식 취득내역서를 본점에 6개월간 갖추어 두어야 한다. 이 경우 주주와 회사채권자는 영업시간 내에 언제든지 자기주식 취득내역서를 열람할 수 있으며, 회사가 정한 비용을 지급하고 그 서류의 등본이나 사본의 교부를 청구할 수 있다. **제10조(자기주식 취득의 방법)** 회사가 제9조 제1호에 따라 자기주식을 취득하는 경우에는 다음 각 호의 기준에 따라야 한다. 1. 법 제341조 제2항에 따른 결정을 한 회사가 자기주식을 취득하려는 경우에는 이사회의 결의로써 다음 각 목의 사항을 정할 것. 이 경우 주식 취득의 조건은 이사회가 결의할 때마다 균등하게 정하여야 한다. 가. 자기주식 취득의 목적 나. 취득할 주식의 종류 및 수 다. 주식 1주를 취득하는 대가로 교부할 금전이나 그 밖의 재산(해당 회사의 주식은 제외한다. 이하 이 조에서 "금전등"이라 한다)의 내용 및 그 산정 방법 라. 주식 취득의 대가로 교부할 금전등의 총액 마. 20일 이상 60일 내의 범위에서 주식양도를 신청할 수 있는 기간(이하 이 조에서 "양도신청기간"이라 한다)

「상법」	「상법 시행령」
	바. 양도신청기간이 끝나는 날부터 1개월의 범위에서 양도의 대가로 금전등을 교부하는 시기와 그 밖에 주식 취득의 조건 2. 회사는 양도신청기간이 시작하는 날의 2주 전까지 각 주주에게 회사의 재무 현황, 자기주식 보유 현황 및 제1호 각 목의 사항을 서면으로 또는 각 주주의 동의를 받아 전자문서로 통지할 것. 다만, 회사가 무기명식의 주권을 발행한 경우에는 양도신청기간이 시작하는 날의 3주 전에 공고하여야 한다. 3. 회사에 주식을 양도하려는 주주는 양도신청기간이 끝나는 날까지 양도하려는 주식의 종류와 수를 적은 서면으로 주식양도를 신청할 것 4. 주주가 제3호에 따라 회사에 대하여 주식 양도를 신청한 경우 회사와 그 주주 사이의 주식 취득을 위한 계약 성립의 시기는 양도신청기간이 끝나는 날로 정하고, 주주가 신청한 주식의 총수가 제1호 나목의 취득할 주식의 총수를 초과하는 경우 계약 성립의 범위는 취득할 주식의 총수를 신청한 주식의 총수로 나눈 수에 제3호에 따라 주주가 신청한 주식의 수를 곱한 수(이 경우 끝수는 버린다)로 정할 것

2.3.5 자기주식 취득 회계처리

회사가 자기주식을 유상으로 취득하는 경우 그 원가로 계상하고, 유통 중인 주식이 아님을 공시하기 위하여 자본의 차감항목으로 하여 자본조정항목으로 재무상태표에 표시한다.

> [회계처리]
> 회사는 자본금 1억원(10,000주 액면가액 10,000원)으로 자기주식을 주당 50,000원에 2,000주를 1억원에 취득하였다.
> 차) 자기주식 100,000천원　　　　　대) 현금 100,000천원

2.3.6 자기주식 취득에 따른 세무

(1) 자기주식 취득법인

㈎ 유가증권을 저가로 매입한 경우

법인이 특수관계자로부터 저가로 매입하는 경우에는 원칙적으로 부당행위계산부인을 적용하지 않는다. 다만, 법인이 특수관계인인 개인으로부터 유가증권을 제52조 제2항에 따른 시가보다 낮은 가액으로 매입하는 경우 시가와 그 매입가액의 차액에 상당하는 금액은 익금으로 산입하여 법인세를 과세한다(법법 §15 ② 1호). 이것은 개인이 유가증권을 양도한 경우에는 소득세가 과세되지 않는 경우가 많아서 매도자에게 바로 과세할 수 없기 때문에 법인이 특수관계자인 개인으로부터 저가 매입한 유가증권에 대해서는 매수자에게 과세하기 위함이다. 이 경우에 익금산입된 금액에 대한 소득처분은 유보(법인세과-3465, 2008.11.19.)로 하여 관리하게 된다.

㈏ 유가증권을 고가로 매입한 경우

법인이 자산을 시가보다 높은 가액으로 매입 또는 현물출자받았거나 그 자산을 과대상각한 경우로서 조세 부담을 부당히 감소시킨 것으로 인정되는 경우에는 부당행위계산부인의 대상이 된다(법령 §88 ① 1호). 부당행위계산부인은 시가와

거래가액의 차액이 3억원 이상이거나 시가의 100분의 5에 상당하는 금액 이상인 경우에 한하여 적용한다. 유가증권의 거래내용이 부당행위계산부인의 대상이 되는 경우에는 시가와 거래가액의 차액에 대하여 손금불산입하고 그에 따른 소득처분은 배당·상여·기타소득·기타사외유출로 하며, 자산 감소분에 대해서는 손금산입 유보(△)처분한다.

(2) 주식을 양도한 개인주주

(가) 양도소득세 과세

법인이 주주로부터 주식을 매입하는 경우 당해 주주의 소득은 그 매매가 단순한 주식매매인 경우에는 양도소득세로 과세되며, 주식소각이나 자본감소 절차의 일환인 경우에는 배당소득(의제배당)에 해당한다(서면1팀-1565, 2007.11.13.).

(나) 저가 양도한 개인의 세무

거주자가 그와 특수관계에 있는 자에게 유가증권 등을 시가에 미달하게 양도함으로써 조세의 부담을 부당히 감소시킨 것으로 인정되는 때에는 그 양도가액은 시가에 의하여 계산한다(소령 §167 ④). 이 경우에 부당행위계산은 양수한 자가 개인 또는 법인 여부에 관계없이 시가와 거래가액의 차액이 3억원 이상이거나 시가의 100분의 5에 상당하는 금액 이상인 경우에 부당행위계산을 하게 된다.

(다) 고가 양도한 개인에 대한 세무

거주자가 특수관계인에게 자산을 고가로 양도한 경우에는 조세의 부담을 부당하게 감소시킨 것이 아니기 때문에 고가양도자에게 양도소득세 과세문제는 발생되지 아니한다. 부당행위계산의 대상은 거주자가 특수관계에 있는 내국법인에게 유가증권 등을 시가에 미달하게 양도함으로써 조세의 부담을 부당히 감소시킨 것으로 인정되는 때에는 그 양도가액을 시가에 의하여 계산한다(소령 §167 ④).

(3) 주식양도 개인주주에 대한 증권거래세

비상장주식을 양도할 때에는 원칙적으로 1,000분의 5의 세율로 증권거래세가 과세되며, 과세표준과 세액을 양도일이 속하는 반기의 말일부터 2개월 이내에 신고 하여야 한다(증권거래세법 §10 ① 2호).

예규

▶▶ 서면1팀-177(2005.2.3.)

법인이 자기주식을 매입하는 경우 당해 법인에게 주식을 양도하는 주주의 소득이 양도소득에 해당하는지 배당소득에 해당하는지 여부는 그 거래의 실질내용에 따라 판단하는 것으로서, 그 매매가 단순한 주식매매인 경우에는 양도소득에 해당하는 것이나, 주식소각이나 자본감소 절차의 일환인 경우에는 배당소득(의제배당)에 해당하는 것임.

▶▶ 소득46011-21368(2000.11.27.)

① 주식 또는 출자지분의 양도로 인하여 발생하는 소득은 「소득세법」 제94조 제3호 내지 제5호의 규정에 의하여 양도소득으로 함.

② 주식의 소각이나 자본의 감소로 인하여 주주가 취득하는 금전 등의 가액이 그 주식의 취득가액을 초과하는 금액은 「소득세법」 제17조 제2항 제1호의 규정에 의하여 배당소득(의제배당)으로 함.

③ 법인이 주주로부터 주식을 매입하여 소각하는 경우 그에 따라 발생하는 주주의 소득이 주식의 양도로 인한 양도소득에 해당하는지, 자본의 환급으로 인한 배당소득(의제배당)에 해당하는지 여부는 그 거래의 실질내용에 따라 판단함.
그 매매의 경위와 목적, 계약체결과 대금결제의 방법 등에 비추어 그 매매가 법인의 주식소각이나 자본감소의 절차의 일환으로 이루어진 것인 경우에는 의제배당에 해당하는 것이며, 그 매매가 단순한 주식매매인 경우에는 양도소득에 해당하는 것임.

④ 귀 질의와 같이 법인이 증권거래소를 통하여 일반적인 매매방법으로 불특정다수의 주주로부터 취득한 자기주식을 그 후 「상법」 제343조 제1항 단서의 규정에 의하여 소각하는 경우에는 의제배당에 해당하지 아니하는 것임.

2.3.7 자기주식의 처분에 따른 회계처리

회사가 취득한 자기주식을 외부에 처분하는 경우에는 그 처분 대가와 처분된 자기주식의 장부가액의 차이를 자기주식처분이익 또는 자기주식처분손실로 인식한다. 이 경우에 자기주식처분손실은 자기주식처분이익과 우선적으로 상계하고 그 잔액은 자본조정항목으로 계상한 후 이익잉여금의 처분으로 상계하여 보전한다. 이 경우에 자기주식(합병법인이 합병에 따라 피합병법인이 보유하던 합병법인의 주식을 취득하게 된 경우를 포함한다)의 양도금액은 법인의 수익에 해당한다(법령 §11 2호의 2).

처분 시	(차) 현금	×××	(대) 자기주식 자기주식처분이익	××× ×××

3 자기주식의 감자

3.1 개 요

자본의 감소란 「상법」상 주주총회의 특별결의와 채권자보호절차를 거쳐 자본금을 감소시키는 것으로 통상 감자라고 한다. 감자는 회사규모 등에 비해 자본금이 과잉인 경우 실제로 회사 재산의 일부를 주주에게 분배하는 실질적 감자와 회사의 결손금을 보전하기 위하여 행하여지는 형식적 감자가 있다.

〈실질적 감자 회계처리〉

차)	자본금	×××	대)	현금 등	×××
	감자차손	×××		감자차익	×××

〈형식적 감자 회계처리〉

차)	자본금	×××	대)	(이월)결손금	×××

3.2 감자 절차

감자는 주주의 이해관계에 변화를 초래하고 회사채권자의 담보를 감소시키게 되므로 주주총회의 특별결의를 거쳐야 한다. 특별결의는 출석한 주주의 의결권의 3분의 2 이상의 수와 발행주식총수의 3분의 1 이상의 수로써 하여야 한다(상법 §439 ①). 또한, 채권자 보호 절차로서 회사는 합병의 결의가 있은 날부터 2주 내에 회사채권자에 대하여 합병에 이의가 있으면 일정한 기간 내에 이를 제출할 것을 공고하고 알고 있는 채권자에 대하여는 따로 이를 최고하여야 한다. 이 경우 그 기간은 1월 이상이어야 한다(상법 §439 ②).

3.3 주식 감자에 따른 세무

3.3.1 감자법인

회사가 취득한 자기주식을 감자시키는 자본거래를 말한다. 자기주식의 소각은 자본금을 감소시키므로 감자거래에 해당된다. 주식을 소각할 때 소각되는 주식의 자본금을 감소시키고 자기주식의 장부가액인 취득원가와의 차이를 감자차익 또는 감자차손으로 인식한다. 이 경우에 자기주식을 취득하여 소각함으로써 생긴 손익은 각사업연도 소득계산상 익금 또는 손금에 산입하지 아니하는 것이나, 매각함으로써 생긴 매각차손금은 익금 또는 손금으로 한다. 다만, 고액매입 또는 저가양도액은 그러하지 아니한다(법인세법 기본통칙 2-2-14…9).

3.3.2 감자주주

(1) 의제배당

주식의 소각이나 자본의 감소로 인하여 주주가 취득하는 금전, 그 밖의 재산의 가액(價額) 또는 퇴사·탈퇴나 출자의 감소로 인하여 사원이나 출자자가 취득하는 금전, 그 밖의 재산의 가액이 주주·사원이나 출자자가 그 주식 또는 출자를 취득하기 위하여 사용한 금액을 초과하는 금액은 의제배당으로 과세한다. 즉, 주주가 주식을 취득한 금액보다 많은 금액을 감자의 대가로 받는 경우에는 이를 해당 주주, 사원, 그 밖의 출자자에게 배당한 것으로 본다(소법 §17 ② 1호).

(2) 실무상 고려사항

(가) 자기주식 취득일과 감자 결의일

회사가 자기주식을 취득하고 그 주식을 감자하는 경우에는 자기주식 취득일과 감자 결의일이 다른 사업연도에 하는 경우에는 감자차익 또는 감자차손이 발생할 수 있다. 이 경우에 불균등감자를 하면 「상속세 및 증여세법」 제39조의 2 [감자에 따른 이익의 증여] 제1항에 따라 일부 주주 등의 주식등을 소각함으로써 증여이익을 얻은 경우에는 감자(減資)를 위한 주주총회결의일을 증여일로 하여 그 이익에 상당하는 금액을 그 이익을 얻은 자의 증여재산가액으로 하여 증여세를 과세한다. 실무적으로 증여받은 주식을 회사가 자기주식으로 취득하고 그 주식을 소각하는 경우가 있으나 연말에 증여받은 주식을 자기주식으로 취득하고 그 다음 사업연도에 주주총회를 개최하여 소각을 결의하면 현행 비상장주식 평가방법에 따라 의제배당금액이 발생할 수 있다.

(나) 감자주식의 취득가액

거주자가 동일법인의 주식을 서로 다른 취득가액으로 취득·보유하던 중 그 주식의 일부가 소각되어 의제배당이 발생하는 경우 주식을 취득하기 위하여 소요된 금액 산정은 다음과 같이 규정하고 있다(소득세법 집행기준 17-27-3).

① 매매 또는 단기투자목적으로 주식을 보유하고 있는 사업자는 주식을 총평균법·이동평균법에 의한 평가방법 중 해당 납세지 관할세무서장에게 신고한 방법에 의하여 계산하되, 유가증권의 평가방법을 납세지 관할세무서장에게 신고하지 아니한 경우에는 총평균법에 따라 계산한다.

② 매매 또는 단기투자목적으로 주식을 보유하고 있는 사업자가 아닌 자(개인주주를 포함한다)는 총평균법에 따라 그 주식을 취득하기 위하여 소요된 금액을 계산한다.

③ 취득가액이 다른 주식을 보유한 비사업자인 개인주주의 주식을 특정하여 유상소각하는 경우, 의제배당 소득금액 계산 시 취득가액은 개별주식의 가액을 입증하는 경우 그 가액을 취득가액으로 한다.

4 자기주식의 소각

4.1 개 요

주식의 소각은 회사의 존속 중에 발행주식의 일부를 절대적으로 소멸시키는 회사의 행위이다. 「상법」에서 2011년 개정 이전에는 ① 자본금 감소의 규정에 따라 소각하는 것(상법 §343 ① 본문), ② 상환주식을 소각하는 것(상법 §345 ①), ③ 정관의 규정에 따라 주주에게 배당할 이익으로 소각하는 것(상법 §343 ① 단서), 그리고 ④ 주주총회의 특별결의에 의하여 주주에게 배당할 이익으로 소각하는 것(상법 §343의 2) 등 네 가지 유형이 있었다. 이러한 규정은 2011.4.24. 「상법」을 개정할 때 ①과 ②는 존속하고, ③과 ④는 폐지하면서 이에 갈음하여 자기주식의 소각이 신설되었다(상법 §343 ① 단서). 이에 따라 개정 전에는 ③과 ④를 이익소각이라 불렀는데, 현재에는 이를 갈음하는 자기주식의 소각을 실무에서 이익소각이라 부르는 것이 일반적이다.

요컨대, 현행 「상법」에서는 배당가능이익이 있다면 그 재원의 범위 내에서는 이사회 결의로 원칙적으로 자기주식을 자유롭게 취득할 수 있도록 하면서, 또한 보유한 자기주식은 이사회 결의로 자유롭게 소각할 수 있도록 하였다(상법 §341 ① 단서). 그 결과 개정 전 이익소각의 효과를 그대로 누릴 수 있게 된 셈이다. 주식소각은 「상법」 제343조 제1항 본문과 같이 자본금 감소의 방법으로 행하는 것은 주주총회의 특별결의, 채권자보호절차, 주권의 회수에 관한 절차 등이 필요하고 그 효과 또한 자본금 감소로 이어진다. 반면에 이익소각의 경우에는 이사회의 결의만으로 그 실행이 가능하며, 그 효과에 있어서도 자본금이 감소하지 않는 특징이 있다. 이에 따라 배당가능이익으로 자기주식을 소각하는 이른바, 이익소각의 경우에는 자본금은 변동하지 않고 발행주식의 수만 변경된다. 그 결과 감자의 경우에는 자본금이 감소하지만 이익소각의 경우에는 이익잉여금만 감소하고 자본금은 감소하지 않는다. 이러한 점 때문에 일정 규모 이상의 자본금을 유지해야 하는 건설업 법인의 경우에는 이익소각을 선호하게 된다.

4.2 자기주식의 소각에 따른 세무

4.2.1 의제배당

「소득세법」에서 의제배당의 하나로 "주식의 소각이나 자본의 감소로 인하여 주주가 취득하는 금전, 그 밖의 재산의 가액(價額) 또는 퇴사·탈퇴나 출자의 감소로 인하여 사원이나 출자자가 취득하는 금전, 그 밖의 재산의 가액이 주주·사원이나 출자자가 그 주식 또는 출자를 취득하기 위하여 사용한 금액을 초과하는 금액"을 규정하고 있다. 여기에서 '주식의 소각'이나 '자본의 감소'의 의미에 관하여 「소득세법」은 달리 정하는 바가 없는 한편, 주식의 소각에 관한 「상법」 제343조 제1항은 "주식은 자본금

감소에 관한 규정에 따라서만 소각(消却)할 수 있다. 다만, 이사회의 결의에 의하여 회사가 보유하는 자기주식을 소각하는 경우에는 그러하지 아니하다."라고 규정하고 있다. 이와 같이 이익소각이 자본감소(정확하게는 자본금 감소)를 동반하지 않는다고 하더라도 「상법」이 이를 주식소각의 하나로서 명시하고 있고, 「소득세법」 제17조 제2항 제1호가 "주식의 소각이나 자본의 감소"라고 규정하고 있는 이상 '주식의 소각'에 이익소각이 포함된다고 보아야 한다.

이익소각을 의제배당이 아닌 현금배당과 동일하게 취급하고자 하였다면 「소득세법」 제17조 제2항 제1호 중 '주식의 소각'이라는 문언은 불필요한 것이다. 「상법」상 자본감소가 동반되지 않는 주식소각은 이익 소각밖에 없으므로 「소득세법」 제17조 제2항 제1호 중 '자본의 감소' 외에 '주식의 소각'은 이익 소각을 염두에 둔 문언으로 보아야 한다. 따라서 이익소각의 방법으로 주식을 소각하고 그 대가로 지급한 것은 의제배당에 관한 「소득세법」 제17조 제2항 제1호의 적용을 받는다(대법원 2017.02.23. 선고 2016두56998 판결).

4.2.2 이익소각 주식의 취득가액

「소득세법」 제17조 제2항 제1호에서 주식소각의 대가 전액을 의제배당으로 보지 않고 소각되는 주식의 취득가액을 공제하도록 규정하고 있다. 자본감소가 동반되지 않는 이익소각의 경우에도 적용된다고 보는 이상 그로 인하여 소각되는 주식의 취득가액은 공제하여야 한다. 이익소각의 경우 자본금은 감소하지 않지만 회사의 현금자산(이익잉여금)이 외부로 유출됨으로써 전체 주식의 순자산가치는 감소하고, 주주도 소각되는 보유주식만큼의 순자산가치를 상실하게 되므로, 주주의 입장에서 이익소각 전후로 보유하는 주식의 실질에 변동이 없다고 보기 어렵다. 따라서 주식의 소각대가 중 "주주가 당해 주식을 취득하기 위하여 소요된 금액"을 초과하는 부분만을 의제배당소득으로 봄이 타당하다(대법원 2017.02.23. 선고 2016두56998 판결).

4.3 자기주식의 소각에 따른 주식등변동상황명세서 작성

배당가능이익으로 자기주식을 소각하는 경우 자본금은 변동 없이 발행주식의 수만 변경된다. 그 결과 자본금 총액은 변동 없이 발행주식 총수와 그 종류 및 각각의 수의 변경사항을 등기한다. 이러한 경우에 발행주식의 수만 감소하고, 자본금 총액이 변동하지 않은 것에 대해 실무적으로 우려하고 있다. 그러나 주식등변동상황명세서에서는 원인 코드를 '⑩ 이익소각'으로 입력하면 자본금 변동은 발생하지 않는다.

5 자기주식의 취득과 감소에 따른 회계처리 구분

5.1 자기주식 취득

회사는 자본금 1억원(10,000주 액면가액 10,000원)으로 자기주식을 주당 50,000원에 2,000주를 1억원에 취득하였다.

차) 자기주식	100,000천원	대) 현금	100,000천원

5.2 자기주식의 감자

상기와 같이 취득한 자기주식을 취득원가로 감자하였다.

차) 자본금	20,000천원	대) 자기주식	100,000천원
감자차손	80,000천원		

단위 : 천원

자기주식 취득 전		자기주식 취득 후		감자	
주식수	자본계정	주식수	자본계정	주식수	자본계정
10,000주	자본금 100,000 이익잉여금 400,000	10,000주	자본금 100,000 이익잉여금 400,000 자본조정 자기주식 (100,000)	8,000주	자본금 80,000 이익잉여금 400,000 자본잉여금 감자차손 (80,000)
10,000주	500,000	10,000주	400,000	8,000주	400,000

5.3 자기주식의 소각

상기와 같이 취득한 자기주식을 취득원가로 이익소각하였다.

차) 이익잉여금 100,000천원 대) 자기주식 100,000천원

단위 : 천원

자기주식 취득 전		자기주식 취득 후		이익소각	
주식수	자본계정	주식수	자본계정	주식수	자본계정
10,000주	자본금 100,000 이익잉여금 400,000	10,000주	자본금 100,000 이익잉여금 400,000 자본조정 자기주식 (100,000)	8,000주	자본금 100,000 이익잉여금 300,000
10,000주	500,000	10,000주	400,000	8,000주	400,000

보론

자기주식 거래에 대한 오해와 진실

1. 자기주식 거래에 대한 과세동향

최근 국세청에서는 자기주식 거래를 통해 의제배당이 발생하지 않도록 하고, 그 자금으로 법인의 가지급금 상환에 이용된 사례에 대해 특별히 감사를 진행하고 있는 것으로 알려지고 있다. 이와는 별도로 일선 세무서를 통하여 실제 내용에 대한 사실관계를 규명하여 사실과 다른 경우에는 수정신고를 권장하고 있어 자기주식의 거래가 있는 법인의 경우에는 예상하지 아니한 세금이 발생하지 않을까 전전긍긍하고 있다.

자기주식의 거래와 관련한 컨설팅 사례를 보면, 국세청이 점검하고 있는 바와 같이 배우자나 자녀에게 주식을 증여하고, 그 주식을 회사가 취득하는 이른바, '자기주식'을 취득하고 그 시점에 회사에서 감자하는 절차를 진행하면 감자대가와 취득가액이 같아 의제배당이 발생하지 않게 된다는 점을 활용하는 것이다. 이러한 거래는 주식증여가액에서 배우자 또는 자녀에게 증여하는 경우에는 6억원 또는 5천만원의 증여재산공제를 하게 되고, 과세표준이 낮은 단계에서는 증여세의 세율이 소득세의 세율보다 낮아 절세의 수단으로 활용하기도 한다.

국세청의 점검 지침에는 주식을 증여하고 감자하는 거래가 실질과는 달리 외형적인 형식만 취하여 의제배당을 회피하는 수단으로 활용되는 것을 방지하기 위한 것으로서, 자기주식 거래와 관련한 주식의 양도대금이 당초 주식보유자에게 귀속되었는지 여부를 점검하여 감자대가가 당초 증여자에게 귀속된 경우에는 명의신탁주식에 해당하는지도 검토하라는 것으로 이해된다. 이 점검의 내용은 배우자 및 자녀에게 증여한 사례에 초점을 두고 있으나 그 밖에 타인과의 거래에 대해 자금의 원천과 귀속에 초점을 두면 명의신탁주식을 정리한 사례도 확인될 수 있을 것이다.

이러한 점검으로 자기주식 거래를 조세회피수단으로 악용한 사례를 찾아낼 수도 있겠으나 적법한 절차와 실질 내용에 따라 컨설팅을 진행한 경우에는 염려할 사항이 아니라고 본다. 조세회피의 수단으로 악용된 것으로 판단하려면 당사자의 의사와 계약체결의 경위, 대금의 결정방법, 거래의 경과 등 거래의 전체과정을 실질적으로 파악하여 판단해야 하기 때문이다. 이에 따라 자기주식의 거래와 관련한 전반적인 내용을 정리하고, 이러한 사례를 절세의 수단으로 활용할 때 주의사항 및 국세청의 점검 요령에 따른 대응방안을 간략하게 정리한다.

2. 자기주식의 취득과 감자거래

자기주식은 회사가 이미 발행한 주식을 일정한 사유나 특정 목적으로 재취득하여 보유하고 있는 주식을 말한다. 그동안 자기주식의 취득에 대해서는 특별한 목적 외에는 원칙적으로 제한하였으나 「상법」의 개정으로 자본충실의 원칙을 해하지 않는 범위 내에서는 원칙적으로 자기주식의 취득을 허용하고 있다. 자기주식의 취득은 배당가능이익의 범위 내에서 「상법」에서 정하고 있는 절차에 따라 일시보유 목적 또는 감자, 소각목적으로 취득하게 된다. 일시보유 목적은 법인이 일시적으로 취득하여 보유하였다가 추후에 적절한 시기에 법인에서 외부에 처분하게 된다. 반면에 소각목적은 자본의 크기를 조정하거나 다른 목적으로 자본을 소각하게 된다.

일시보유 목적으로 자기주식을 취득하는 경우에는 양도한 주주에게는 양도소득세와 증권거래세가 과세된다. 반면에 주식소각 · 자본감소는 주주의 출자금액을 환급한 것과 같은 효과 때문에 감자대가로 지급받는 금액과 해당 주식의 취득가액과의 차액에 대해서는 의제배당으로 과세하고, 증권거래세는 출자금액의 환급에 해당하기 때문에 과세하지 않는다.

한편, 자기주식의 소각은 그동안 자본 감자를 하였으나 최근에는 이익소각을 활용하기도 한다. 감자나 이익소각은 그 절차상의 차이가 있는데, 감자의 경우에는 주주총회의 특별결의가 있어야 하지만 이익소각의 경우에는 이사회의 결의로 진행할 수 있다. 이러한 기례의 결과 감자의 경우에는 자본금이 감소하지만 이익소각은 이익잉여금만 감소하고 자본금은 감소하지 않는다. 이러한 차이점 때문에 일정 규모 이상의 자본금을 유지해야 하는 건설업과 같은 법인의 경우에는 이익소각을 선호하게 된다. 감자의 경우에는 회사의 책임재산이 감소하므로 회사채권자 등에게 불리하게 될 뿐만 아니라 주주에게도 영향을 미치게 된다. 따라서, 「상법」에서는 자본의 감소에 관한 정관변경의 특별결의와 결손의 보전(補塡)을 위한 자본금의 감소는 주주총회의 특별결의를 거치도록 하고 있다. 감자를 진행할 때 시가와 다른 가액으로 불균등 감자를 하면 증여세 과세 문제가 발생하고, 감자의 대가가 취득가액보다 높으면 그 차액은 의제배당이 발생할 수도 있지만, 시가대로 취득하고 같은 시기에 불균등 감자를 하더라도 증여세 및 의제배당은 추가로 발생하지 않는다. 다만, 자기주식의 취득과 감자를 할 때 연도가 걸치면 비상장주식에 대한 평가방법의 특성상 시가가 달라질 수 있어 의제배당이 발생할 수도 있다.

3. 절세전략과 과제

자기주식 거래의 핵심은 상법에서 정하는 절차, 세법에서 정하고 있는 시가, 그리고 실질과세원칙의 적용이라고 할 수 있다. 이러한 점검이 있다고 하더라도 전문가가 수행한 경우라면 문제될 것이 없겠지만 외형적인 요건만을 맞추어 무리하게 진행한 경우에는 문제가 될 수 있다. 주식을 배우자 또는 자녀에게 증여하고, 그 주식을 법인이 취득해서 감자하게 되면 감자 대가는 주식이 소각된 배우자 또는 자녀가 받아야 하며, 주식의 대가를 그 주식의 증여자가 인출하여 사용하는 경우에는 실질과세원칙에 배치될 수 있다. 「국세기본법」 제14조 제3항에서는 제3자를 통한 간접적인 방법이나 둘 이상의 행위 또는 거래를 거치는 방법으로 이 법 또는 세법의 혜택을 부당하게 받기 위한 것으로 인정되는 경우에는 그 경제적 실질 내용에 따라 당사자가 직접 거래를 한 것으로 보거나 연속된 하나의 행위 또는 거래를 한 것으로 보도록 하고 있다. 이러한 단계거래원칙은 형식상 여러 단계이지만 그 거래는 조세를 부당하게 감소하기 위하여 형성한 것으로 세법에서는 각 거래를 통합하는 것이 실질관계를 정확히 반영하고 있는 것으로 인정되는 경우에는 이들을 하나로 취급할 수 있다는 것이다. 따라서, 거래의 내용이 형식과 실질을 다르게 적용하는 것은 조세회피방지규정에 적용될 수 있으므로 단계거래원칙에 적용되지 않도록 형식과 그 거래의 실질은 동일해야 할 것이다.

한편, 배우자나 자녀에게 증여한 주식을 법인이 취득하고, 감자하는 일련의 과정을 단계거래원칙에 적용된다고 단정할 수 없다. 납세자가 선택하는 방법과 실행 시기 등에 따라 부담세액에서 크게 차이가 발생하며, 증여의 경우에는 10년마다 공제되는 증여재산공제를 적용했다는 점, 추후 새로운 증여가 발생하면 합산과세가 된다는 점 등 복합적으로 고려하여야 할 것이며, 주식거래의 결과로 받은 일부 재산을 증여자가 사용하였다고 하여 이를 부인하는 것은 재량의 한계를 벗어난 것이라고 할 수 있다. 대법원(대법원 2017.1.25. 선고 2015두3270 판결 참조)에서는 납세의무자가 경제활동을 할 때 특정 경제적 목적을 달성하기 위하여 어떤 법적 형식을 취할 것인지 임의로 선택할 수 있고 과세관청으로서도 특별한 사정이 없는 한 당사자들이 선택한 법적 형식에 따른 법률관계를 존중하여야 하고, 여러 단계의 거래를 거친 후의 결과에는 손실 등 위험을 부담한데 대한 보상뿐 아니라 당해 거래와 직접적 관련성이 없는 당사자의 행위 또는 외부적 요인 등이 반영되어 있을 수 있으므로, 최종적인 경제적 효과나 결과만을 가지고 그 실질이 직접 증여에 해당한다고 쉽게 단정하여 증여세의 과세대상으로 삼아서는 안 된다고 판시한 것만 보아도 알 수 있다.

한편, 사주가 의제배당 회피가 있는 경우에 배우자 또는 자녀에게 증여한 주식은 명의신탁재산에 대한 증여의제에 해당될 수 있는 것처럼 안내하고 있다. 「민법」에서 증여는 무상으로 재산을 상대방에게 준다는 의사를 표시하고, 수증자가 이를 승낙함으로써 성립된다. 이러한 증여재산에 대해 명의신탁재산이라고 주장하려면 실제소유자와 명의자가 다르다는 점을 과세관청이 입증해야 한다(대법원 2009.09.24. 선고 2009두5404 판결). 따라서, 주식을 실질적으로 배우자 또는 자녀에게 주식을 증여하는 행위를 한 경우에 대해 「상속세 및 증여세법」 제45조의 2에 따른 명의신탁재산에 대한 증여의제를 적용하는 데에는 한계가 있다고 할 수 있다.

보 론

배우자 등의 증여주식에 대한 이월과세 논란

1. 주식등에 대한 과세방법 개정 동향

정부에서는 주식등의 양도소득에 대하여 금융투자소득세를 도입하고 2년의 유예기간을 두면서 준비하여 왔다. 이러한 과세유예를 하면서 상장주식에 대한 대주주의 기준을 완화하고, 증권거래세의 세율을 인하하는 개정도 있었다. 이러한 개정 이후에 금융투자소득세 과세시기가 도래하면서 금융투자소득세 과세에 따른 세부담이 급격하게 증가하게 될 것을 우려하여 해외 증시로의 투자자가 이탈하고 국내 증시가 침체되는 부작용을 우려하는 여론이 확산되었다. 이러한 점을 고려하여 정치권에서도 이를 받아들여 오래도록 준비하여 2025년부터 시행하려던 금융투자소득세는 폐지하게 되었다. 이러한 개정으로 주식등의 양도차익에 대해서는 당초와 같이 양도소득으로 과세하게 된다. 이에 따라 주식등의 양도에 대해 양도소득세 과세는 비상장주식은 10억원 이상을 보유하거나 주식 지분율이 4% 이상인 경우, 상장주식은 종목별 50억원 이상 보유하거나 주식 지분율이 일정 규모(코스피 1% · 코스닥 2% · 코넥스 4%) 이상인 경우를 대주주로 분류하고 주식 양도차익에 대해 20%(과세표준 3억원 초과는 25%)로 과세하게 된다. 주식등과 같은 자산에서 발생하는 자본이득에 대한 과세는 부의 이전을 고려하는 납세자들에게는 과세방식의 변경에 관심이 집중되고 있다. 특히, 자기주식의 취득과 처분, 배우자 등에게 증여한 주식에 대한 양도소득의 필요경비 계산 특례규정, 이익소각에 따른 과세소득 산정 등에 대해 많은 관심이 있었다. 이에 따라 주식 등의 양도에 대한 과세방식의 변경과 관련한 소득금액의 계산에 대해 자세히 정리하고자 한다.

2. 일시보유 또는 소각목적의 자기주식 거래에 대한 과세방법

「소득세법」에서는 소득의 원천에 따라 종합소득, 퇴직소득, 양도소득으로 구분하여 분류과세하고 있다. 법인이 해당 법인의 주식을 매입하는 것이 주식의 소각 내지 자본의 환급에 해당하는가 또는 주식의 양도에 해당하는가에 따라 종합소득 또는 양도소득으로 과세하게 되므로 그 구분은 대단히 중요하다.

자기주식의 취득이 자본거래인지 또는 자산거래(손익거래)인지에 따라 과세상으로는 여러 가지 차이(소득구분, 적용세율, 원천징수의무 등)가 발생하게 된다. 양도소득과 배당소득의 구분에 대해 과세당국에서는 자기주식의 매매가 단순한 주식 매매인 경우에는 양도소득에 해당하는 것이나, 주식소각이나 자본감소 절차의 일환인 경우에는 배당소득(의제배당)에 해당하는 것으로 해석하고 있다. 따라서, 자기주식의 거래에 따라 발생하는 소득은 양도소득에 해당하는지 배당소득에 해당하는지는 그 거래의 실질 내용에 따라 판단한다.

종합소득으로 과세할 때 의제배당금액을 계산하는 필요경비와 양도소득으로 과세할 때 양도차익을 계산하는 필요경비는 법령상 서로 상이하다. 주식의 소각이나 자본의 감소와 같은 자본거래로 인하여 발생하는 의제배당은 「소득세법」 제17조 및 같은 법 시행령 제27조에 따라 계산하며, 주주가 취득하는 금전, 그 밖의 재산의 가액(價額)이 주주 · 사원이나 출자자가 그 주식 또는 출자를 취득하기 위하여 사용한 금액을 초과하는 금액을 말한다. 주식 또는 출자를 취득하기 위하여 사용한 금액이 불분명한 경우에는 그 주식 또는 출자의 액면가액 또는 출자금액을 그 주식 또는 출자의 취득에 사용한 금액으로 보며, 취득원인이 상속 또는 증여인 경우에 대해 집행기준에서는 상속 또는 증여재산가액과 해당 재산의 취득에 소요된 직접적인 부수비용을 가산하도록 하고 있다.

반면에 자산거래인 주식의 양도에 해당하는 거래에 대한 양도차익을 계산할 때의 필요경비는 「소득세법」 제97조 및 같은 법 시행령 제163조에서 취득에 든 실지거래가액을 필요경비로 계산하도록 하고 있다. 또한, 양도소득세를 계산할 때 양도소득은 주식등의 양도가액에서 필요경비를 공제하여 계산하고, 주식등의 양도에 따른 양도소득세를 계산할 때에는 같은 법 제97조의 2에서 양도일부터 소급하여 1년 이내에 그 배우자(양도 당시 혼인관계가 소멸된 경우를 포함하되, 사망으로 혼인관계가 소멸된 경우는 제외한다) 또는 직계존비속으로부터 증여받은 주식등의 양도소득금액을 계산할 때 주식등 양도가액에서 공제할 필요경비는 그 배우자 또는 직계존속의 취득 당시 취득가액을 적용한다.

이와 같이 양도소득세 과세대상 자산에 대한 이월과세는 확대되는 추세이기는 하나 주식의 자본거래에 해당하는 주식의 소각 등과 관련하여 발생하는 의제배당과 관련해서는 별도 규정이 신설되지 않고 있다. 따라서 「소득세법」 제97조의 2에서 규정한 양도소득의 필요경비 계산 특례규정은 적용되지 않는 것으로 판단된다. 기획재정부도 과거 금융투자소득세 계산을 위한 증여재산에 대한 이월과세 규정이 배당금액 계산에 관한 규정에서 배우자 이월과세 적용에 대해 별도로 규정하고 있지 않는 한, 해당 조항을 준용해서 의제배당금액을 계산할 수는 없을 것이라고 답변하기도 하였다.

3. 자기주식의 거래와 절세컨설팅

그동안 컨설팅 소재로 많이 활용되고 있는 자기주식의 거래에 대해 최근에 세무조사를 통해 추징된 사례가 있는 것으로 알려지면서 일부에서는 이를 조세회피행위로 이해하기도 한다. 그렇지만 자기주식의 거래는 비상장법인의 내부에 유보금액이 많이 있으나 주식의 처분이 자유롭지 않아 해당 법인의 자금을 융통하는 방법의 하나로 활용되기도 하며, 이때 거래되는 자기주식의 취득에 따른 과세문제는 그 목적에 따라 과세방법이 달라지게 된다.

일시보유의 목적으로 자기주식을 취득하는 경우에 대해 현재는 양도소득세로 과세되고, 주식의 소각 내지 자본의 환급을 목적으로 취득하는 경우에는 의제배당으로 하여 종합소득세로 과세된다. 일시보유목적의 경우에 대주주는 20%(과세표준 3억원 초과는 25%)의 세율로 양도소득세를 과세하고, 이익소각의 경우에는 종합소득세로 과세되나 주식을 증여하는 시기와 이익소각 시기가 유사한 경우에는 의제배당이 발생하지 않는 장점이 있다. 이러한 점으로 고려하여 이익소각을 하기 직전에 주식을 증여하면 10년마다 배우자의 경우에는 6억원, 성년 자녀에게는 5천만원의 공제가 가능한 증여재산공제를 활용할 수 있고, 그 초과금액에 대해서는 10억원 미만인 경우에는 10%~30% 세율이 적용되어 상대적으로 낮은 세율로 증여세가 과세되는 장점이 있다.

이러한 점을 고려하여 일부에서는 조세회피행위로 단정하기도 하나, 자기주식의 거래가 가장거래에 해당하지 아니하거나 「국세기본법」 제14조 제3항에서 규정한 조세회피방지규정에 해당되지 않는다면 위법하다고 단정할 수 없다. 대법원에서도 "납세의무자는 경제활동을 할 때 특정 경제적 목적을 달성하기 위하여 어떤 법적 형식을 취할 것인지 임의로 선택할 수 있고 과세관청으로서도 특별한 사정이 없는 한 당사자들이 선택한 법적 형식에 따른 법률관계를 존중하여야 한다. 또한, 여러 단계의 거래를 거친 후의 결과에는 손실 등 위험을 부담한 데 대한 보상뿐 아니라 당해 거래와 직접적 관련성이 없는 당사자의 행위 또는 외부적 요인 등이 반영되어 있을 수 있으므로, 최종적인 경제적 효과나 결과만을 가지고 그 실질이 직접 증여에 해당한다고 쉽게 단정하여 증여세의 과세대상으로 삼아서는 안 된다(대법원 2017.1.25. 선고 2015두3270 판결 참조)."고 판시하고 있다.

이익소각에 따른 의제배당을 계산할 때 배우자 또는 직계존속으로부터 1년 이내에 증여로 취득한 주식의 취득가액은 양도소득을 계산할 때 적용하는 이월과세 방식은 그대로 적용되는 것이 아닌 것으로 판단된다. 한편, 비상장주식에 대한 이익소각을 연말에 진행하는 경우에는 주식을 취득한 연도와 주식소각을 결정한 날이 2개의 사업연도에 걸쳐서 진행되면 비상장주식 평가방법의 특성상 그 평가액이 달라져서 의제배당이 발생할 수도 있다. 이러한 점을 고려하여 연도가 걸쳐지지 않도록 유의할 필요가 있다.

비상장
주식평가
실무

Profile

김 완 일

학력
한양대학교 회계학과 졸업
한양대학교 행정대학원 세무행정 졸업
경기대학교 대학원 회계학과(경영학박사)

강의
장안대학 세무회계과 겸임교수
한양대학교 디지털경영학부 겸임교수
경기대학교 경영학부 교수
고려대학교 법무대학원 교수
경희대학교 법무대학원 교수
한국세무사회 세무연수원 교수
한양대학교 공공정책대학원 겸임교수
국세공무원교육원 비상장주식평가실무 교수
사법연수원 증거조사론(감정) 강사

경력
국세청 근무
서울지방국세청 국세심사위원회 위원
국세청 비상장주식평가심의위원회 위원
기획재정부 세제발전심의위원회 위원
기획재정부 조세개혁특별위원회 위원
기획재정부 국세예규심사위원회 위원
법제처 국민법제관
행정안전부 지방세발전위원회 위원
서울지방세무사회 회장
국회입법조사처 국민공감입법 자문위원(현)
한국세법학회 고문(현), 한국지방세학회 부회장(현)
코스닥협회 자문위원(현)
세무법인 가나 대표세무사(현)
부설 주식평가연구원장(현) [02-470-6001]

연 | 구 | 논 | 문
세법상 비상장주식의 가치평가를 위한 기업특성에 관한 연구(박사학위, 2003)
기업가치의 평가와 세무처리에 관한 연구(국세청 연구보고서(공동), 2003)
인공신경망을 이용한 비상장주식가치 평가방법의 도입가능성(한국세무학회, 2005.6)
거래과세의 실가과세 구현방안(지방세-통권83호, 2004)
비상장주식의 매매가액 결정과 부당행위계산(국세월보, 2005.9)
상속세및증여세법상 유사사례가액 적용의 한계와 개선방안(국세월보, 2006.6)
신경제시대 우리나라 주식평가 및 과세체계의 개편방안(한국세무사회, 한국조세연구소, 2007.3)
상속세 및 증여세법상 유사상장법인 주가 비교평가방법의 적용과 한계(한국세무학회, 2007.4)
납세협력비용 감축방안에 관한 연구(기획재정부 · 한국조세연구포럼, 2008.11)
비상장주식의 명의신탁에 대한 증여의제 적용의 형평성(한국조세연구포럼, 2008.12)
납세환경의 변화에 따른 상속세 과세유형의 변경에 관한 연구(한국세법학회, 2009.12)
비상장주식 평가심의위원회 활성화에 관한 연구(국세청연구용역보고서, 2009.12)
가업승계의 지원과 자본이득과세제도 도입의 필요성에 관한 연구(한국세무학회, 2010.3)
현행 비상장주식 평가제도의 합리적인 개선방안 연구(국세청 연구보고서, 2010.12)
법인세 과세에 있어서 차입금 지급이자에 대한 손비처리(한국세법학회, 2011.8)
조세법에서의 준용규정의 적용실태와 개선방안(주요 세법상 시가의 적용을 중심으로)(한국조세연구포럼, 2011.8)
상속 · 증여세 재산평가제도 개선방안 연구(기획재정부 연구보고서, 2012.5)
새로운 유형의 증여에 대한 포괄주의과세제도 보완 연구(기획재정부 연구보고서, 2012.5)
영농사업자를 위한 가업상속지원제도 개선방안 연구(한국조세재정연구원, 2015.12) 외 다수

주 | 요 | 저 | 서
상속 · 증여세 실무편람, ㈜이택스코리아(2025)
부가가치세실무, ㈜영화조세통람(2014)
절세가인, 세정일보(2018년, 2019년)
세무업의 위기, 세무사의 기회, 월클(2024)

김 재 은

학력
이화여자대학교 사회생활학과 졸업
고려대학교 법무대학원 조세법학과(법학석사)
연세대학교 영CEO과정 7기 수료
고려대학교 대학원 법학과 박사과정

경력
세원세무회계 근무(전)
세무법인 가나 세무사(현)
한양여자대학교 겸임교수(현)

연 | 구 | 논 | 문
세법상 시가 개념에 관한 연구(고려대학교 법무대학원 석사학위, 2020)

주 | 요 | 저 | 서
가업승계의 모든 것, ㈜이택스코리아(2024)

비상장주식평가실무

저　　자　김완일, 김재은
발 행 인　서원진
편집·교정　류현수, 김영림
편집디자인　이은희, 황자애, 이미영
발 행 처　㈜조세통람
펴 낸 날　2010년 6월 17일 초판 발행
　　　　　2025년 4월 25일 개정12판 발행

저자와의 협의하에 인지생략

주　　소　서울특별시 중구 동호로 14길 5-6(신당동)
등　　록　1976. 11. 5. 제9-81호
대표전화　02) 2231-7027
F A X　02) 2234-1754
구입문의　02) 2231-7027

I S B N　979-11-6064-345-9
정　　가　**85,000원**

(주)조세통람은 좋은 책을 만들기 위해 독자 여러분의 의견을 기다립니다.

• 독자 의견 및 도서 문의 메일 : josetop@inaus.co.kr